Hans-Ulrich Wehler
Bismarck und der
Imperialismus

Suhrkamp

Dieser Titel ist zuerst 1969 im Verlag Kiepenheuer & Witsch erschienen; 3. Auflage 1972. 1976 erschien eine Ausgabe im Deutschen Taschenbuch Verlag. Für die hier vorliegende Ausgabe ist die Bibliographie ergänzt worden.

CIP-Kurztitelaufnahme der Deutschen Bibliothek
Wehler, Hans-Ulrich:
Bismarck und der Imperialismus /
Hans-Ulrich Wehler.
– 2. Aufl. – Frankfurt am Main:
Suhrkamp, 1985
ISBN 3-518-57689-5
NE: GT

Zweite Auflage 1985
© dieser Ausgabe Suhrkamp Verlag Frankfurt am Main 1984
Alle Rechte vorbehalten
Druck: Wagner GmbH, Nördlingen

Inhalt

VORWORT 11

1 EINLEITUNG 13

2 SOZIALÖKONOMISCHE KRISENZEIT 39

1. DIE WELTWIRTSCHAFTLICHEN WACHSTUMSSTÖRUNGEN
VON 1873 BIS 1896 43
2. DAS WIRTSCHAFTLICHE WACHSTUM IN DEUTSCHLAND 53
A. Die Hochkonjunkturperiode der »Industriellen Revolution« von 1850 bis 1873 und die Zweite Weltwirtschaftskrise von 1873 53
B. Die Wachstumsstörungen in Deutschland von 1873 bis 1890 61
a) Wachstumsraten – Nettoinlandprodukt – Nettosozialprodukt – Nettoinvestitionen – Wertschöpfung – Volkseinkommen 67
b) Export: Ausfuhrvolumen – Dumpingmethoden – Bimetallismus 71
c) Preisfall – Löhne – Streiks – Gewinnverteilung – Aktienkurse – Dividenden und Renditen 75
d) Kapitalüberhang – Zins- und Diskontsätze – Kapitalexport 84
e) Die Strukturelle Agrarkrise seit 1876 87
f) Der Konzentrationsprozeß: Großbetriebe – Kartelle – Nationalwirtschaftliches Protektionssystem von 1879 – »Mitteleuropa«-Pläne 95

3 DER IDEOLOGISCHE KONSENSUS:
EXPORTOFFENSIVE UND SOZIALIMPERIALISMUS ALS
KONJUNKTUR- UND GESELLSCHAFTSPOLITIK 112

1. WIRTSCHAFT UND GESCHÄFTSWELT 127
2. KONJUNKTUR- UND KRISENTHEORIEN 135
3. ÖFFENTLICHE MEINUNG 139
4. EXPANSIONSAGITATION 142
A. Exkurs: Die deutsche Auswanderung 155
5. EXPANSIONISTISCHE INTERESSENVERBÄNDE UND DER »DEUTSCHE KOLONIALVEREIN« VON 1882 158
6. PARTEIPOLITIKER UND MINISTERIALBÜROKRATIE 168
7. BISMARCK 180

4 TASTENDE EXPANSION 194

1. ERSTE SCHRITTE DER ÖKONOMISCHEN EXPANSION 197

A. *Ostasien* 197
 a) Preußens »Offene Tür« in China 197
 b) Hinterindische Kriegsziele 1870/71 201
 c) Der Anreiz des ostasiatischen Markts 205

B. *Der Pazifik* 206
 a) Deutsche Handelsinteressen in der pazifischen Inselwelt 208
 b) Der Kampf um die Samoa-Vorlage von 1880 215
 c) Erste Neuguinea-Pläne Hansemanns 223

C. *Anfänge der wirtschaftlichen Ausbreitung in Lateinamerika, im Nahen Osten und in Afrika* 225

2. EXPORTFÖRDERUNG IM BRENNPUNKT 230

A. *Konsulatswesen und Export* 231
B. *Exportmuseen* 234
C. *Überseebanken* 235
D. *Dampfersubventionen* 239

5 GESTEIGERTE EXPANSION
VOM »INFORMAL EMPIRE« ZUR KOLONIALHERRSCHAFT
IN DEUTSCHEN »SCHUTZGEBIETEN« 258

1. EIN »DEUTSCHES INDIEN« IN AFRIKA 263

A. *Südafrika* 263
 a) Lüderitz und Südwestafrika 263
 b) Fehlschlag in Südostafrika: Santa-Lucia-Bai und Zululand 292

B. *Westafrika* 298
 a) Woermann, Kamerun und Togo 298
 b) Fehlschlag: Mahinland, Dubreka und Sangareah-Bai 328

C. *Ostafrika* 333
 a) Peters und die »Gesellschaft für Deutsche Kolonisation« 333
 b) Fehlschlag: Witu und Somaliland 367

D. *Bismarcks »Offene Tür« in Afrika: Die Kongo-Freihandelszone* .. 373

2. EXPANSION IM PAZIFIK 391

A. *Hansemann, Bleichröder und Neuguinea* 391
B. *Ausblick auf Samoa* 398
C. *Fehlschlag: Der Karolinenstreit* 400

3. UNERFÜLLTE ERWARTUNGEN 407

6 BISMARCKS IMPERIALISMUS 412

1. DAS RÄTSELRATEN ÜBER DIE MOTIVE DER BISMARCKSCHEN
»KOLONIALPOLITIK« 412

2. DIE BEDEUTUNG DES BISMARCKSCHEN IMPERIALISMUS 423
A. *Pragmatische Expansionspolitik: wirtschaftliche Wachstumsstörungen und expandierender Markt* 423
 a) Freihändlerische Expansion als »Realpolitik« 424
 b) Depression, Konkurrenzkampf und Kolonialherrschaft 434
 c) Absatzhoffnungen und afrikanischer Großmarkt: imperialistische Außenhandelspolitik als antizyklische Konjunkturpolitik 445
B. *Manipulierter Sozialimperialismus* 454
 a) »Revolution von oben« und Bonapartismus 455
 b) Der »Kolonialenthusiasmus« als Krisenideologie und die Taktik des Sozialimperialismus 464
 c) »Kolonialrausch«, Anglophobie und Wahlkampf von 1884 474
 d) Sozialimperialismus unter dem Primat der Innenpolitik 486

7 ANHANG 503

1. ABKÜRZUNGSVERZEICHNIS 505

2. KRITISCHE BIBLIOGRAPHIE 507

3. QUELLEN- UND LITERATURVERZEICHNIS 517

   A. UNGEDRUCKTE QUELLEN 517

   B. LITERATUR 520

   C. ERGÄNZUNGSBIBLIOGRAPHIE 1983 567

4. REGISTER DER ZITIERTEN REDEN IM REICHSTAG 573

5. SACHREGISTER 575

6. PERSONENREGISTER 580

Vorwort

Vergleichende Geschichtsschreibung geht oft von einer fast selbstverständlich anmutenden Anregung aus. Ist dem Historiker ein Phänomen einer bestimmten Gesellschaft vertraut geworden, – so hat der große französische Mediävist Marc Bloch seine Erfahrungen einmal beschrieben –, dann drängt sich ihm die Vermutung auf, daß es in verwandter Form auch in anderen Gesellschaften vorkommen könnte. Hier bilde sich der Ansatzpunkt für eine sorgfältig die Ähnlichkeiten und Unterschiede prüfende, vergleichende Problemgeschichtsschreibung.

So ist es mir bei der Beschäftigung mit dem Imperialismus gegangen. Ursprünglich habe ich die Entwicklung des amerikanischen Imperialismus bis zum Ende des 19. Jahrhunderts verfolgt, wobei freilich die Auseinandersetzung mit einem solchen Komplexphänomen sogleich über enge nationalhistorische Grenzen hinausführte. Allmählich hat sich dabei eine Theorie herausgebildet, mit deren Hilfe sich die amerikanischen Probleme meines Erachtens am schlüssigsten unserem Verständnis erschließen lassen konnten. Von dieser Konzeption bin ich dann – gleichsam in Form einer ersten Forschungshypothese und voller Neugier, wie weit sie führen würde – ausgegangen, als ich mich dem deutschen Imperialismus zugewandt habe. Die folgenden Studien, die einige Bereiche der deutschen überseeischen Expansion von 1860 bis 1890 in ihrem sozialökonomischen Zusammenhang zu analysieren versuchen und sich ständig des Vergleichs mit der Entwicklung in anderen Ländern bedienen, werden erweisen müssen, inwieweit sich Ähnlichkeiten und Unterschiede herausgestellt haben, ob das Verfahren von den Ergebnissen her gerechtfertigt werden kann und ob es einen Beitrag zu der anzustrebenden historisch-empirisch erhärteten Theorie des okzidentalen Imperialismus zu liefern vermag.

Die Arbeit wurde Anfang 1965 konzipiert und im September 1967 abgeschlossen; vor der Drucklegung wurde sie im Sommer 1968 noch einmal überarbeitet und dabei auch erheblich gekürzt. Seither ist meines Wissens keine neue Literatur zum Thema erschienen, weitere Quellen habe ich auch nicht mehr ausfindig machen können. Die Archivreisen, auch den Kauf von Mikrofilmen, hat die »Deutsche Forschungsgemeinschaft« mit einer großzügigen Beihilfe erst möglich gemacht. Ein Forschungsstipendium des »American Council of Learned Societies« hatte 1962/63 die Erschließung des amerikanischen Materials gestattet; der Lücken, die unter anderem durch Forschungen in englischen und französischen Archiven und Nachlässen hätten geschlossen werden können, bin ich mir durchaus bewußt. Beiden Institutionen ist jemand, der die sozialökonomischen Gesichtspunkte unterstreicht, für ihren materiellen Beistand besonders zu Dank verpflichtet. – Auf Schloß Friedrichsruh, Schloß Derneburg und Schloß Schillingsfürst ist mir großzügige Gastfreundschaft gewährt worden. Für sie habe ich ebenso zu danken wie für die Erlaubnis, die mich interessierenden Nachlässe ohne Einschränkung einsehen zu dürfen. Desgleichen danke ich den Archivaren und Mitarbeitern der Archive, in denen ich monatelang ihre Hilfe erfahren habe, vor allem Prof. Dr. Lötzke, Dr. Enders, Dr. Brather, Dr. Schreyer (Deutsches Zentralarchiv I, Potsdam); Frl. Endler (Deutsches Zentralarchiv II, Merseburg); Dr. Ullrich †, Dr. Sasse, Dr. Weinandy, Dr. Gehling (Politisches Archiv des Auswärtigen Amts, Bonn); Dr. v. Vietsch, Dr. Boberach (Bundesarchiv Koblenz); Dr. Kausche (Staatsarchiv Hamburg); Herrn de Porré (Staatsarchiv Bremen); Dr. Friedland (Stadtarchiv Lübeck); Dr. Zimmermann (Hauptarchiv Berlin-Dahlem); Prof. Dr. Treue (Archiv des Bankhauses Oppenheim, Köln); Dr. Puchta (Bayerisches Hauptstaatsarchiv München); Dr. Gönner (Hauptstaatsarchiv Stuttgart) und der Commerzbibliothek Hamburg.

Für seinen steten kritischen Rat danke ich zuallererst meinem Freund Hans-Christoph Schröder; für Ratschläge, Hinweise und Anregungen auch Hans Albert, Franz Ansprenger, Helmut Böhme, Wolfgang Brüske, Dietrich Geyer, Jürgen Habermas, David S. Landes, Dieter Lindenlaub, Wolfgang J. Mommsen, Hartmut Pogge- v. Strandmann, Wolfgang Sauer, Hans-Gerd Schumann, Fritz Stern, Helmuth Stoekker, Henry A. Turner und – last not least – James J. Sheehan.

Mein Kölner Lehrer, Prof. Dr. Theodor Schieder, hat auch diese Arbeit wieder mit viel Geduld und Kritik gefördert. Prof. Dr. Erich Angermann hat mir in der Angloamerikanischen Abteilung des Historischen Seminars vorteilhafte Arbeitsbedingungen gewährt, ihnen beiden bin ich daher sehr dankbar. In einer Zeit tastenden Suchens, – aber auch stets seither –, hat mir Prof. Hans Rosenberg Anregungen gegeben und Mut gemacht. Ihm wie auch Prof. William A. Williams, der mir gleichfalls geholfen hat, danke ich herzlich.

Die vorliegende Untersuchung beruht auf einer ziemlich eingehend dargelegten, relativ einfachen Theorie, die den strengeren Ansprüchen der Wissenschaftstheoretiker schwerlich genügen wird. In der Arbeit wird versucht, Struktur- und Ereignisgeschichte miteinander zu verbinden, ohne daß die Spannungen, die notwendig zwischen abstrahierender Systematik und erzählender Darstellung entstehen, befriedigend überwunden werden. Wenn die Kritik jedoch anerkennen könnte, daß ein Problem wie das hier behandelte auf diese Weise einleuchtender, als das bisher geschehen ist, analysiert und interpretiert werden kann, – obwohl sich vermutlich mit Hilfe präziserer, verfeinerter Theorien und von einem breiteren empirischen Fundament aus noch mehr erreichen ließe –, dann wäre schon viel gewonnen. Denn die Problematik dieser Arbeit: das industriewirtschaftliche Wachstum und die dadurch bedingte Politik der Industriestaaten gegenüber den unentwickelten Ländern, wird fraglos, da sie ja die Hauptfrage unserer Zeit bildet, noch zahlreiche Sozialwissenschaftler, die aussichtsreiche Modelle für ihre Studien suchen, anziehen. Aber vornehmlich die Historiker müssen weiterhin dazu beitragen, die »Gegenwart als geschichtliches Problem« (G. Lukács) erkennen zu helfen.

Köln, 1. Oktober 1968

H.-U.W.

Einleitung

> »... daß aber die Anatomie der bürgerlichen Gesellschaft in der politischen Ökonomie zu suchen sei.«
>
> Karl Marx, 1859[1]

Der deutsche Imperialismus der Bismarckzeit ist bis heute ein umstrittener Gegenstand geblieben. Über seine Antriebskräfte, Verlaufsformen und Auswirkungen ist man sich uneins. Zahlreiche Probleme bilden noch immer eine wissenschaftliche Terra incognita. Das Rätselraten über die Motive, die Bismarck zum »Eintritt in die Weltpolitik« bestimmt haben, hält seit den 1880er Jahren an. Selbst die Frage, ob man überhaupt von Imperialismus sprechen solle, findet unterschiedliche Antworten. Dieser Stand der Diskussion ist nur zum geringeren Teil ein Ergebnis der unbestreitbaren Tatsache, daß jahrzehntelang die wichtigsten Quellen für die Forschung nicht zugänglich waren und folglich alle älteren Studien allein auf gedrucktem Material beruhen. Das gilt namentlich auch für die letzte zusammenfassende Darstellung, die vor – sage und schreibe – mehr als fünfzig Jahren entstanden ist: »Bismarcks Kolonialpolitik« von Maximilian v. Hagen. In dieser Hinsicht konnten freilich für die vorliegende Arbeit günstige Bedingungen geschaffen und ausgenutzt werden: sie beruht nicht nur auf dem umfangreichen gedruckten Material, sondern oft vornehmlich auf den großen ungedruckten Quellenbeständen der Akten der Reichsbehörden, wichtiger deutscher Einzelstaaten und der Hansestädte, aber auch zahlreicher Nachlässe führender Politiker (einschließlich Bismarcks) und wichtiger Persönlichkeiten der Wirtschaft und Verwaltung, der Publizistik und der unmittelbaren Interessengruppen. Zum erstenmal kann daher ein neuer Versuch, diese Problematik im Zusammenhang zu analysieren, von einem gesicherten Fundament ausgehen. Aber damit ist, wie gesagt, für solch eine Analyse nur eine Voraussetzung, – wenn auch gewiß eine sehr wichtige und bisher nicht gegebene –, geschaffen worden. Denn als wahrscheinlich noch nachteiliger für die Erforschung dieses frühen deutschen Imperialismus hat sich der Mangel an einer adäquaten Theorie erwiesen: grundlegend wichtige Wirkungszusammenhänge und Erklärungsmöglichkeiten sind deshalb bis jetzt übersehen worden.

Auch die historische Imperialismusforschung bedarf wie jede kritische wissenschaft-

---

1. K. Marx, Zur Kritik der politischen Ökonomie (1859), in: K. Marx, F. Engels, Werke (= MEW, s Verzeichnis der Abkürzungen im Anhang, 505 f.) 13. 1961, 8. – Zum Vorwort: die Beobachtungen von M. Bloch finden sich in: Pour une histoire comparée des sociétés européennes, Revue de Synthèse Historique 46. 1928, 15–50. G. Lukács, Geschichte u. Klassenbewußtsein, Berlin 1923, 173. – In der Einleitung werden einige Überlegungen zur Theorie angestellt, einige zu erwartende Einwände diskutiert – nicht zuletzt, um den Vorwurf des naiven ökonomischen Determinismus womöglich zu entkräften – und der Forschungsstand der deutschen Imperialismus- und Bismarckforschung umrissen. – Die Anmerkungen werden gewöhnlich abschnittsweise in der Reihenfolge der Stellen, die eines Belegs oder Verweises bedürfen, zusammengefaßt. Mehrere Druckorte und Übersetzungen werden meistens nur in der Bibliographie im Anhang aufgeführt. – Zur Definition des im Folgenden verwendeten Imperialismusbegriffs s. u. 23.

liche Analyse sozialökonomischer und politischer Prozesse der Theorie, um möglichst exakte, überprüfbare Ergebnisse und einleuchtende Erklärungen gewinnen zu können. Ohne eine Theorie, die ihre empirische Arbeit und ihre Interpretation leitet, kann sie weder den gegenwärtigen wissenschaftstheoretischen Ansprüchen genügen, noch dem ausgeprägten Wunsch unserer Zeit nach einer befriedigenden Erklärung historischer Entwicklungen gerecht werden. Da sie es mit einem komplexen Phänomen zu tun hat, muß sie Unterstützung annehmen, wo immer diese ungeachtet der traditionellen akademischen Fächergrenzen zu finden ist: vor allem von den Wirtschafts- und Sozialwissenschaften. Die folgende Untersuchung hat einer bestimmten, besonders in Kapitel I bis III ziemlich ausführlich dargelegten, kritischen Theorie viel zu verdanken. Diese war keineswegs a priori vorgegeben, sondern sie hat sich im Verlauf mehrjähriger Studien über den Imperialismus allmählich als die nützlichste und ergiebigste erwiesen. Daß es sich um eine historische, d. h. aus begrenzten historischen Erfahrungen gewonnene, in ihrer Gültigkeit zeitlich im allgemeinen eingeschränkte Theorie handelt, muß nachdrücklich unterstrichen werden. Unter einer kritischen Theorie soll dabei jene »theoretische Anstrengung« verstanden werden, »die mit dem Interesse an einer vernünftig organisierten zukünftigen Gesellschaft« die vergangene und gegenwärtige »kritisch durchleuchtet«, da sonst – ohne »konkrete Utopie«, wenn man so will – »der Hoffnung auf eine grundlegende Verbesserung der menschlichen Existenz der Grund entzogen würde«[2].

Es ist auch in der neueren Geschichtswissenschaft trotz wachsender Skepsis gegenüber der rein erzählenden, deskriptiven Darstellung mit ihren meist unreflektiert eingebauten theoretischen Vorstellungen noch keineswegs üblich, sich explizit über die Theorie, die jeweils mit einer Arbeit verknüpft ist, zu äußern, obwohl das Bedürfnis zusehends wächst, sich sowohl über die theoretischen Voraussetzungen historischer Studien klare Rechenschaft abzulegen, als auch in einigen Bereichen Theorien bewußt zu handhaben. Einige Einwände gegen die Anwendung von expliziten, kritischen Theorien durch Historiker lassen sich daher unschwer vorhersehen.

Bedenken gegen eine kritische Theorie können oft darauf zurückgeführt werden, daß es in dieser Hinsicht an einer lebendigen Tradition in der deutschen Geschichtswissenschaft fehlt, während z. B. in Frankreich und in den Vereinigten Staaten seit langem starke Strömungen diesem Impuls gefolgt sind. Der Historismus, von dem in Deutschland die anhaltendste Wirkung ausging, hat als Gegenstoß gegen Aufklärung und naturrechtliches Denken, zumal auch durch seine Verstehenslehre mit dem Individualitätsprinzip als zentraler Kategorie und der Betonung geschichtsimmanenter Maßstäbe, zu einer Auflösung allgemeiner Kriterien, an denen die Entwicklung gemessen werden konnte, beigetragen. Die Vertiefung des historischen Verständnisses durch den Historismus wird kaum jemand leugnen wollen, aber er hat doch oft dazu geführt, das historisch Gewordene als unvermeidlich, ja als notwendig anzusehen. Da sich zudem die Geschichtsschreibung im Deutschland des 19. Jahrhunderts in engster Verbindung mit dem Konservativismus auch im Gegenzug gegen die Auswirkungen der Französischen Revolution entfaltete, ist sie häufig zu einer konservativen Rechtfertigung des Bestehenden geworden. Zwar hat fraglos die nationalpolitisch-borussische Schule mit dem erstrebten Nationalstaat einen Maßstab besessen, der ihr schroffe Urteile über das Gewordene gestattete und die zukünftige

---

[2]. M. Horkheimer, Traditionelle u. kritische Theorie, Zeitschrift für Sozialforschung 6. 1937, 245–94. Jetzt am besten dazu: J. Habermas, Theorie u. Praxis, Neuwied 1967². – Vgl. hier MEW 23, 27.

politische Gestalt Deutschlands zur Richtschnur machte, aber nach der Reichsgründung breitete sich auch in der Geschichtsschreibung das Gefühl der Erfüllung aus. Und da ihr ohnehin – im Gegensatz zur nationalpolitischen Forderung – ein gesellschaftspolitisches Zukunftsprogramm ganz überwiegend fremd blieb, hat sie meist zur Unterstützung des gesellschaftlichen und damit auch des politischen Status quo beigetragen. Allgemein hat sich so im Laufe einer längeren Entwicklung eine Abneigung gegen Kritik ausgebildet, die sich bewußt zu dem Interesse an Veränderung der Gesellschaft und Politik in der Richtung etwa auf eine sozialstaatliche Demokratie bekennt. Da aber die Urteilskriterien des Historikers stets – auch die angeblich der Geschichte immanenten Wertmaßstäbe des Historismus – an Interessen gebunden sind, über die in seinem Erfahrungshorizont entschieden wird, wird man nach den Erfahrungen der jüngsten deutschen Geschichte dem Interesse an einer kritischen Theorie die Legitimität schwerlich bestreiten können. Ein freies, kritisches Gesellschaftsbewußtsein des Historikers muß sich heute bewähren, und die Geschichtswissenschaft kann sich auch, – wie das eine einflußreiche Richtung in der Soziologie seit je getan hat –, als kritische Gesellschaftswissenschaft verstehen[3].

Was andere Bedenken gegen explizite Theorien angeht, so kann man einräumen, daß eine Theorie gewissermaßen eine Schneise durch das Dickicht vergangener Ereignisse und Motive schlägt, sie schafft damit einen klaren Durchblick, aber sie lenkt deswegen auch den Blick besonders in eine Richtung und läßt einen mehr oder weniger großen Teil dessen, was einmal eine unendlich komplexe »Realität« bildete, unberücksichtigt. Die Präzision bestimmter Aussagen und Urteile, wie sie allein eine klare Theorie ermöglicht, muß durch den Verzicht auf die – allerdings fragwürdige – Absicht, diese Komplexität voll erfassen zu wollen, erkauft werden. In dem Gewinn an rational kontrollierbaren, genauen Analysen der für entscheidend gehaltenen Faktoren liegt jedoch die Rechtfertigung für dieses Vorgehen. Es soll daher nicht verhehlt werden, daß hier solch ein klarer Durchblick, der einem bestimmten theoretischen Erklärungsmodell zu verdanken ist, einer voreiligen und vagen Synthese oder einer Summierung, die keine Prioritätenskala erkennen läßt, vorgezogen wird. Gewiß wird sich der Historiker stets der ungeheuren Komplexität historischer Zusammenhänge bewußt bleiben, aber »das Ideal der vollständigen Beschreibung ist nicht konsequent vorzustellen«, ja schon als »Anspruch illegitim« (Habermas). Das ist der Forderung nach einer »integralen Geschichtsschreibung« zunächst einmal entgegenzuhalten, so wenig auch das Fernziel bestritten werden soll, mit Hilfe eines Bündels von Theorien einen möglichst großen Anteil der folgenreichsten Wirkungszusammenhänge einer Periode der Vergangenheit unserem Verständnis zu erschließen[4].

Auch hier wird nicht nur ein einziger Aspekt des deutschen Imperialismus der Bismarckzeit verfolgt, sondern die relativ weitgespannte Theorie, – die, wie man auch sagen könnte, mehrere Theorien unter einem vorherrschenden Gesichtspunkt koordiniert –, soll verschiedene, aber miteinander verknüpfte und zusammen für zentral

3. Ausführlicher hierzu meine Einleitungen zu: E. Kehr, Der Primat der Innenpolitik. Ges. Aufsätze zur preußisch-deutschen Sozialgeschichte im 19. u. 20. Jh., Hg. H.-U. Wehler, Berlin 1965, 1–29; Moderne Deutsche Sozialgeschichte, Hg. H.-U. Wehler, Köln 1968² (Neue Wissenschaftliche Bibliothek [= NWB] 10), 9–15; Imperialismus, Hg. H.-U. Wehler, Köln 1969, NWB. Allg. jetzt: J. Habermas, Erkenntnis u. Interesse, Frankfurt 1968.
4. J. Habermas, Zur Logik der Sozialwissenschaften, Tübingen 1967, 166. Vgl. J. Romein, Über integrale Geschichtsschreibung, Schweizer Beiträge zur Allgemeinen Geschichte 16. 1958, 207–20. Natürlich hat sich die Geschichtsschreibung immer, aus theoretischer und praktischer Notwendigkeit, bewußt oder unbewußt, für gewisse Schwerpunkte und bevorzugte Aspekte entschieden.

gehaltene Antriebskräfte, Verlaufsformen und Auswirkungen dieser Expansion überzeugender als bisher darstellen und erklären helfen. Die Theorie impliziert damit natürlich eine folgenreiche Vorentscheidung darüber, welchen Entwicklungstendenzen vor allem in der zweiten Hälfte des 19. Jahrhunderts sowohl im Hinblick auf die Nah-, als auch auf die Fernwirkungen eine zentrale Bedeutung zugemessen werden kann.

In einem sehr allgemeinen Sinn geht diese Arbeit von der Voraussetzung aus, daß das Schicksal der modernen Welt seit den Revolutionen des ausgehenden 18. Jahrhunderts in einem fundamentalen Sinn durch die Industrialisierung, jene tiefste Zäsur der Menschheitsgeschichte seit dem Neolithikum, mitbestimmt wird. Auch die Geschichtswissenschaft kann es daher nicht bei einer Anerkennung dieser Grundtatsache in der Form, daß sie traditionelle Untersuchungen über »die« Politik einige ornamentale Worte über die Industrielle Welt hinzufügt, bewenden lassen, sondern der zur Schablone erstarrte und vom unablässigen Gebrauch ausgehöhlte Begriff der »Industriellen Revolution« ist von ihr immer wieder ganz ernst zu nehmen, und die in ihm chiffrenartig zusammengezogenen ungeheuren Veränderungen in allen Bereichen des modernen Lebens müssen mit Hilfe ausführlicher, differenzierter historischer Analysen dargestellt und ihre Bedeutung bewertet werden. Auch der Imperialismus – als die neue und neuartige Phase der weit zurückreichenden okzidentalen Expansion über die Erde – wird hier als ein Ergebnis der wirtschaftlichen, gesellschaftlichen und politischen Entwicklungen während bestimmter Perioden der Industrialisierung angesehen. Wenn man statt dessen den Imperialismus aus diesem Zusammenhang der sozialökonomischen Transformation der okzidentalen Industriestaaten herauslöst und z. B. nur als Fortsetzung altvertrauter Mächterivalität auffaßt, läuft man mit Sicherheit Gefahr, sein Wesen zu verfehlen, da er dann von den eigentlich epochalen Veränderungen der Industriellen Welt isoliert wird. Auch im Hinblick auf Deutschland ist vielmehr die Annahme berechtigt, daß entscheidende Antriebskräfte seines Imperialismus, – auch in der hier untersuchten Phase vor 1890 –, dem Industrialisierungsprozeß mit seinen weitverzweigten Auswirkungen entspringen.

Diese allgemeine Vorstellung muß selbstverständlich näher erläutert werden. In aller gebotenen Kürze und deshalb zwangsläufig etwas abstrakt sollen vor allem sechs Elemente unserer Theorie hervorgehoben werden, damit einige wichtige Tendenzen nicht nur der deutschen Industrialisierungsgeschichte des 19. Jahrhunderts näher bestimmt werden können. In immer noch groben Umrissen wird dadurch gleichsam ein Rahmen abgesteckt, innerhalb dessen unsere speziellen Probleme diskutiert werden können.

1. Das stark zunehmende gesamtwirtschaftliche Wachstum vor der Industriellen Revolution im engeren Sinn – ja mancherorts auch während und nach derselben –, läßt sich nicht verstehen, wenn man nur den Fortschritt der maschinell in Fabrikunternehmen betriebenen Produktion bestimmter Industriezweige verfolgt. Vielmehr ist ein ruckartiges Wachstum dreier Leitsektoren der Volkswirtschaft zu beobachten: der Landwirtschaft, des Außenhandels und Verkehrswesens. Sie haben maßgeblich zu dem Kumulierungsprozeß beigetragen, den die Industrielle Revolution dann noch einmal in großen Stößen vorantreibt. (In Großbritannien hätte die Textilindustrie ohne die Ausfuhr nach Indien und Lateinamerika nicht ihre strategische Schlüsselstellung für die Industrielle Revolution gewinnen können. In den Vereinigten Staaten wäre ohne den Exporthandel mit Agrarprodukten die rapide Industria-

lisierung kaum möglich gewesen.) Während im Bereich der deutschen Staaten der Außenhandel und das Verkehrswesen vor dem Eisenbahnbau unter diesem Gesichtspunkt nicht dieselbe schlechthin fundamental wichtige Rolle wie in den beiden angelsächsischen Ländern gespielt haben, hat sich jedoch auch in Mitteleuropa, namentlich seit dem Beginn der sog. »Bauernbefreiung«, eine Agrarrevolution abgespielt. Durch sie wurde die Zahl der leistungsfähigen landwirtschaftlichen Großbetriebe vermehrt, die sowohl die rapide anwachsende Bevölkerung versorgen, als auch durch hohe Exporte zu der Kapitalakkumulation, die in der Handels- und Geschäftswelt, im Manufaktur- und Gewerbewesen, nicht zuletzt auch in fürstlichen Schatullen und Staatskassen stattfand, beitragen konnten. Auch der politische Status besonders der preußisch-deutschen Gutsbesitzerklasse ist durch diesen Aufschwung, der bis in die 1870er Jahre anhielt, erneut gestärkt worden[5].

2. Mit dem Durchbruch der Industriellen Revolution im engeren, genauen Sinn: einer relativ wenige Jahre umfassenden Phase sprungartiger Steigerung der durchschnittlichen jährlichen Investitionsraten, der Wachstumsraten der klassischen strategischen Industrien dieser Periode (der Textil-, Eisen-, Bergbau- und Maschinenbauindustrie, sowie mehrfach des Eisenbahnbaus) und des realen Bruttosozialprodukts, entsteht ein permanent expandierendes Wirtschaftssystem, dessen wichtigster Säkulartrend ein anhaltendes, auch von Kriegen und Katastrophen auf die Dauer nicht unterbrochenes Wachstum darstellt. Diese im Gegensatz zur vorindustriellen Welt kontinuierliche Expansion, die auf der Anwendung wissenschaftlichen Denkens und der ständigen Einführung technologischer Fortschritte basiert, bildet das eigentlich historisch Neue des Industriekapitalismus. »In universalgeschichtlicher Perspektive gesehen bedeutet die langfristige ›Entwicklung‹ der industrialisierten Volkswirtschaft den revolutionären Bruch mit der ökonomischen Bewegungsstruktur der vorindustriellen Vergangenheit. Modernes Wachstum hat säkularen Charakter in einem ganz spezifischen Sinn. Seinem Wesen nach ist es nicht bloß eine in der Richtung beharrliche Grund-, sondern zugleich auch eine auf ›historische Ewigkeit‹ ausgerichtete und noch dazu kumulative Dauerbewegung. Die ›Entwicklung‹ der industrialisierten, also der technologisch, institutionell und sozial revolutionierten Wirtschaft ist eine permanent gewordene Dauerbewegung« (H. Rosenberg). Ihre Wirkungen beschränken sich nicht jeweils auf das Industrieland, sondern führen sogleich zu einer über staatliche Grenzen hinausgreifenden, zunehmend intensivierten ökonomischen Ausbreitung mit zahlreichen Folgeerscheinungen. »Die eigentliche Aufgabe der bürgerlichen Gesellschaft« konnte daher frühzeitig nicht nur Marx in der »Herstellung des Weltmarkts« sehen[6].

3. Das industriewirtschaftliche Wachstum unter vorwiegend privat-liberalkapitalistischer Ägide verläuft jedoch gewissermaßen prinzipiell, seiner Natur nach ungleichmäßig; die Störungselemente liegen in der Struktur des Systems. Das Wachstum schreitet sprunghaft voran, zaudert, stagniert sogar manchmal, prellt wieder vorwärts –, kurzum, es ist Konjunkturschwankungen und Wachstumsstörungen, die die

---

5. Hierüber und zu den folgenden Punkten, auch mit ausführlichen Literaturangaben: H.-U. Wehler, Theorieprobleme der modernen deutschen Wirtschaftsgeschichte (1800–1945). Prolegomena zu einer kritischen Bestandsaufnahme der Forschung u. Diskussion seit 1945, in: Festschrift H. Rosenberg, Berlin 1969. Vgl. W. Fischer, Ökonomische u. soziale Aspekte der frühen Industrialisierung, in: ders. Hg., Wirtschafts- u. Sozialgeschichtliche Probleme der frühen Industrialisierung, Berlin 1968, 1–11; demn. ders. u. R. Braun Hg., Industrielle Revolution, Köln 1970, NWB, mit der Lit.
6. H. Rosenberg, Große Depression u. Bismarckzeit, Berlin 1967, 13. Marx an Engels, 8. 10. 1858, MEW 29, 360.

Form kurzlebiger leichter Rezessionen oder langjähriger schwerer Depressionen annehmen können, unterworfen. Der säkulare Aufwärtstrend kann daher durch heftige Oszillationen und Fluktuationen zeitweilig abgeknickt oder verwischt werden, und die langfristigen Trendperioden des Wirtschaftsablaufs haben in erster Linie eine Beschleunigung oder Verlangsamung des Wachstums zum Inhalt. Die Entwicklung des Systems leidet an einer inhärenten Labilität, die dem chronischen Mißverhältnis zwischen seiner entfesselten Produktionskraft und seiner beschränkten Konsumfähigkeit entspringt, der Spannung mithin zwischen Produktivkräften und Produktionsverhältnissen. Diese Produktionskraft ballt sich besonders in den jeweiligen Führungssektoren der Wirtschaft zusammen, wo gewöhnlich auch die meisten technologischen Innovationen eingeführt werden. Von dem Fortschritt dieser Schlüsselindustrien gehen dann starke langfristige Auswirkungen und Demonstrationseffekte auf die Gesamtwirtschaft aus. Da aber einerseits die Unüberschaubarkeit der neuen Marktverhältnisse der Industriewirtschaft eine sichere Kalkulation der Chancen gemäß dem Prinzip der Gewinnmaximierung erschwert und andererseits die Dynamik des Wachstums Ergiebigkeit der Investitionen suggeriert, kommt es – wie man meist erst rückblickend sagen kann – zu Überinvestitionen in bestimmten Sektoren mit dem Ausbau von Überkapazitäten und nachfolgender partieller Überproduktion. Durch diese forcierten Vorstöße wird zwar die Entwicklung vorangetrieben, aber zugleich der Grund für spätere Krisen gelegt. Denn die Bedürfnisse eines relativ statischen Binnenmarkts können nicht nur im Hinblick auf Konsumgüter, sondern auch auf die kapitalintensiven Investitionsgüter unerwartet schnell befriedigt sein, der Außenmarkt bringt nicht gleich unmittelbare Erleichterung, die Dynamik der alten Leitsektoren erschlafft, so daß ein überdimensioniertes Produktionssystem in Krise und Depression einen schmerzhaften Prozeß der Anpassung an die Aufnahmefähigkeit des Markts, der Mobilisierung neuer Nachfrage und oft des Übergangs zu neuen Leitsektoren erlebt. Seine Signatur ist die Crise pléthorique, da durch die soziale und politische Machtstruktur eine rationale Kontrolle des Wirtschaftsprozesses, die auf ein krisenfreies Wachstum hinzielt und zur Erweiterung des Binnenmarkts eine Umverteilung des Nationaleinkommens, z. B. auch mit Hilfe einer dynamischen Lohnpolitik, vornimmt, lange verhindert wird.

4. Eine Grundtatsache dieses Systems bildet daher das Problem der ungleichmäßigen Entwicklung, die freilich keineswegs auf diesen historischen Typus der Industriewirtschaft beschränkt ist, und zwar nicht nur einer ungleichmäßigen Entwicklung der einzelnen Unternehmen und Sektoren einer nationalen Verkehrswirtschaft, sondern auch einzelner Industriestaaten, ja ganzer Regionen des Globus im Verhältnis zu unentwickelten Agrarländern, wie z. B. der »dynamischen Kernländer« (R. Behrendt) des industrialisierten europäisch-amerikanischen Nordens im Gegensatz zu den Entwicklungsgebieten der südlichen Halbkugel oder Asiens. Ungleichmäßige Entwicklung scheint eine fast banale Feststellung zu bedeuten, aber die vielfältigen Folgen vor allem auch für die internationalen und interregionalen Beziehungen können kaum überschätzt werden, da erst das ungleichmäßige Wachstum im Zeichen der Industriewirtschaft ein Gefälle, das mancherorts schon früher zwischen okzidentalen und nichtokzidentalen Gesellschaften bestand, so ungeheuer verschärft hat, daß oft bis heute eine fundamentale Kluft fortbesteht, ja vertieft wird. Besonders seit einer bestimmten Phase der Industrialisierung ist eine ungleichmäßige Entwicklung in jeder Hinsicht verschärft worden: seit dem Übergang zur qualitativ neuen Stufe der Industriewirtschaft im »Corporation Capitalism«, im organisierten

Kapitalismus der Großunternehmen mit gewaltig gesteigerter wirtschaftlicher Leistungsfähigkeit[7].

5. Denn mit der fortschreitenden Ausdehnung der Industriewirtschaft ist ein Konzentrationsprozeß gekoppelt, der u. a. durch Tendenzen der ökonomisch-technologischen Rationalität: den Wunsch nach maximaler Ausnutzung der maschinellen Produktion und Erreichung des optimalen Grenznutzenwerts, und die steigende Bedeutung des fixen Kapitals gefördert wird. Er läßt sich vor allem in vier Bereichen verfolgen: an der Entstehung von Großunternehmen bis hin zu Konzernen und Trusts, an der Vereinigung einzelnen Branchen zu Kartellen und Syndikaten, an der Abschirmung ganzer Nationalwirtschaften nach außen und an übernationalen Zusammenschlüssen z. B. in der Form einer Zollunion oder Wirtschaftsgemeinschaft »Mitteleuropa«. Im Inneren schwindet der Wettbewerb der relativ gleichwertigen Unternehmen der liberalökonomischen Theorie, an seine Stelle rückt allmählich das System des oligopolistischen organisierten Kapitalismus, der einen gut Teil der inneren Rivalität nach außen in den Konkurrenzkampf staatlich geschützter Wirtschaftsinteressen verlagert.

Im Konzentrationsprozeß tritt auch besonders das zunehmende Bedürfnis zutage, die Labilität des unablässig weiterwachsenden Industrialismus mit seinem zeitweilig ungezügelten Wettbewerb einer wirksameren Kontrolle, als sie die vermeintlichen Gesetze des Markts ausüben, zu unterwerfen, damit endlich Gleichmäßigkeit der Wirtschaftsentwicklung, rationale Vorauskalkulierbarkeit der Marktchancen, soziale und politische Stabilität gewährleistet werden können. Der Konzentrationsprozeß vereinigt solche Kontrollmöglichkeiten in der Leitung von Großunternehmen und -banken, von Kartellen und Syndikaten usw. In engster Verbindung mit ihm steigt daher aber auch der moderne Interventionsstaat auf, da schließlich nur die staatliche Zentrale mit ihrem bürokratischen Apparat der ungeheuren Dimension der Probleme des unregelmäßigen und auf jeden Fall ungleichmäßigen ökonomischen Wachstums mit all seinen gesellschaftlichen und politischen Begleiterscheinungen und Folgen gewachsen zu sein scheint. Durch den organisierten Kapitalismus und den Interventionsstaat, der schließlich bewußt Konjunkturpolitik treibt, kann die liberalkapitalistische Industriewirtschaft potentiell und gelegentlich faktisch einer wirksamen Steuerung unterworfen und damit umgebildet werden.

Im Hinblick auf die politische Ordnung des Interventionsstaats wird während dieser Entwicklung tendenziell die große Alternative zwischen autoritären (z. B. bonapartistischen, letztlich dann auch faschistischen) Systemen einerseits und sozialstaatlichen Massendemokratien andererseits aufgeworfen. In Deutschland, wo über diese Alternative mit fatalen Folgen entschieden worden ist, bleiben die Lasten der Fehlentscheidungen im 19. Jahrhundert bis in unsere Gegenwart spürbar.

6. Wirtschaft und Gesellschaft, Politik und Ideen usw. bilden zusammen eine Totalität oder – wie man heute sagen könnte – ein interdependentes Regelsystem, in dem sich Veränderungen in einem Bereich auf zahlreiche andere Bereiche auswirken. Diese Wirkungszusammenhänge eines ständigen Interaktionsprozesses können nur zum Zweck der theoretisch-historischen Analyse zerlegt und sozusagen in einzelnen Strängen verfolgt werden. Die fortschreitende Industrialisierung führt z. B. zu Ver-

---

7. R. Behrendt, Soziale Strategie für Entwicklungsländer, Frankfurt 1965, 13 f. Auch Schumpeter hat recht früh das qualitativ Neue der von Großunternehmen beherrschten Industrie – die »Wasserscheide zwischen zwei Epochen« des Kapitalismus – erkannt: Theorie der wirtschaftlichen Entwicklung (1911), Berlin 1952⁵, 102.

änderungen der Gesellschaftsstruktur, von denen die Politik beeinflußt wird. Politische Maßnahmen wiederum, die ursprünglich eine Reaktion auf diese ökonomischen und sozialen Umwälzungen darstellen, greifen in das Gebiet des Gesellschafts- und Wirtschaftslebens ein und verändern dadurch seine Entwicklungstendenzen. Ideologien, die diesen Prozeß begleiten, können ohne Kenntnis der realen sozialökonomischen und politischen Situation nicht begriffen werden, wie umgekehrt die Wirksamkeit von Ideologien diese Situation verändern kann. Im Hinblick auf unsere Probleme ergibt sich daraus die Folgerung, daß der Imperialismus nicht ausschließlich ökonomisch, sondern nur unter Berücksichtigung auch der gesellschaftlichen, politischen und ideologischen Faktoren erklärt werden kann. Auf jeden Fall ist daher auch die säuberliche Trennung von Politik und Wirtschaft naiv, ja irreal, denn sowohl die Politik wird ständig von den wirtschaftlichen Verhältnissen als auch die Wirtschaft von politischen Entscheidungen mitgeformt; ein monokausales Abhängigkeitsverhältnis gibt es in der Regel weder in der einen, noch in der anderen Richtung.

Mit der Anerkennung eines Interdependenzverhältnisses wird es freilich unmöglich, von vornherein oder logisch schlüssig einen bestimmten Komplex für den in letzter Instanz wichtigsten zu halten und daher von ihm auszugehen. Eine Entscheidung kann aber aus zwei Gründen gefällt werden. Einmal muß die Forschung aus pragmatischer Notwendigkeit mit der Analyse eines Problemkreises beginnen und dann von dort aus fortschreiten. Und zum zweiten legitimiert die historische Erfahrung des 19. und 20. Jahrhunderts das Urteil, daß von der Industrialisierung, – wenn sie erst einmal voll eingesetzt hat und als Prozeß sowohl des quantitativen Wachstums als auch der qualitativen Veränderung verstanden wird –, eine umwälzende Wirkung auf die moderne Entwicklung ausgeht. Als die einzige »permanente Revolution« verändert sie direkt, vor allem aber auch in vermittelter Form alle Lebensbereiche. Deshalb bildet sie hier den Ausgangspunkt. Mit anderen Worten, wenn in dieser Arbeit das Schwergewicht auf Problemen und Auswirkungen des wirtschaftlichen Wachstums während einer bestimmten Periode liegt, dann läßt sich die Entscheidung: die Analyse von hier aus voranzutreiben, damit rechtfertigen, daß mit dem Durchbruch der Industriellen Revolution und der ihr folgenden ersten Phase der Hochindustrialisierung mit ihren unerwartet schweren Wachstumsstörungen sozialökonomische Prozesse eine ungewöhnliche, oft übermächtige Durchschlagskraft und Gewalt gewonnen haben; das hing auch nicht zuletzt mit der Neuartigkeit dieser Erfahrungen zusammen. Diesen Einschnitt kann heute eine historische Analyse des realhistorischen Ablaufs aufdecken, vor allem aber läßt sich auch der Niederschlag im Bewußtsein der Zeitgenossen, deren Handeln er entsprechend beeinflußt hat, erweisen, so daß man zu Recht die Dynamik und Problematik der Industrialisierung ins Zentrum rücken kann.

Einzelne Teile dieser Theorie sind seit dem frühen 19. Jahrhundert von vorausschauenden Köpfen wie Sismondi und mehreren Vertretern der englischen Politischen Ökonomie in kritischer Auseinandersetzung mit dem heranwachsenden Industriesystem gewonnen worden. Die meisten dieser theoretischen Einsichten aber hat Marx aufgrund seiner »realistischen, empirischen Kenntnisse« und seiner »brillanten Analyse der langfristigen Tendenzen des kapitalistischen Systems« erarbeitet und damit – wie der bedeutende amerikanische Nationalökonom W. Leontief weiter geurteilt hat –, eine »unübertroffene Serie erfüllter Prognosen« erzielt. Das Problem der ungleichmäßigen Entwicklung, das Marx nur gelegentlich berührt hat, ist von einigen englischen und schottischen Wirtschaftstheoretikern um die Wende vom

18. zum 19. Jahrhundert klar erkannt worden, aber vor allem Lenin ist später wieder darauf zurückgekommen und hat die ungleichmäßige Entwicklung zu einem Pfeiler seiner Imperialismustheorie gemacht. Insgesamt handelt es sich mithin um eine eklektische Theorie, die ihre wesentlichen Elemente kritischen Analytikern der Industriewirtschaft des 18. und 19. Jahrhunderts verdankt. Inzwischen sind sie vielfach, – sei es durch Keynes oder die moderne Wachstumsforschung, sei es durch die Wissenssoziologie, die sozialwissenschaftliche Systemforschung oder die Wirtschaftsgeschichte –, bestätigt worden[8].

Auch der Imperialismus als ein Phänomen der Industriellen Welt läßt sich am überzeugendsten verstehen und erklären, wenn man verschiedene Elemente dieser Theorie kombiniert und spezifiziert. Das hat Marx selber freilich noch nicht explizit getan, aber schon frühzeitig haben Wissenschaftler und Publizisten, die wie Brougham, Hume, Tucker, Sismondi, Wakefield, Torrens, J. S. Mill, Cairnes, Blanc, Hess und Rodbertus die ökonomischen und sozialen Bedingungen des Industriekapitalismus untersuchten, auch die imperialistische Expansion sowohl als eine notwendige Folge des kapitalistischen Systems wie auch zugleich als eine unabdingbare Voraussetzung für das Funktionieren seiner Mechanismen begriffen[9]. Aufgrund der histori-

---

8. W. Leontief, The Significance of Marxian Economics for Present-Day Economic Theory, American Economic Review (= AER) 28. 1938, Papers, 5. Marx' Theorie findet sich verstreut vor allem in: Grundrisse der Kritik der Polit. Ökonomie, Berlin 1953; Zur Kritik der Polit. Ökonomie, MEW 13, 7–160; Das Kapital, MEW 23–25; Theorien über den Mehrwert, MEW 26/1–3; Briefe, MEW 27–35. Eingehende Literaturangaben dazu in der »Kritischen Bibliographie« im Anhang, 510 f. Vgl. hier den aufschlußreichen Abriß von K. Kühne, K. Marx u. die moderne Nationalökonomie, Die Neue Gesellschaft 2. 1955, H. 1, 61–65; H. 2, 63–66; H. 3, 62–67; H. 4, 61–65; S. Pollard, Economic History, a Science of Society, Past & Present 30. 1965, 18 f.; H.-C. Schröder, Aspekte historischer Rückständigkeit im ursprünglichen Marxismus, in: Festschrift Th. Schieder, München 1968, 199–218 (dazu MEW 3, 61, 73; 22, 439; 23, 12–15; 27, 455; 34, 374). – W. I. Lenin, Der Imperialismus als höchstes Stadium des Kapitalismus (1917), in: ders., Werke, 4. Aufl., 22, Berlin 1960, 191–309; vgl. ebda., 4, 371–76; 8, 34–42, 259–66; 13, 66–73; 15, 176–83, 186–96; 19, 82 f.; 22, 107–19; 23, 18–71, 102–18; ders., Hefte zum Imperialismus, ebda., 39. 1965 (dazu: L. G. Churchward, Towards the Understanding of Lenin's Imperialism, The Australian Journal of Politics and History 5. 1959, 76–83; demn. H.-C. Schröder, Die Entstehung von Lenins Imperialismustheorie). Vgl. A. G. Meyer, Leninism, Cambridge/Mass. 1965³, vor allem 235–73 (dt. in: Imperialismus, Köln 1969), trotz einiger Schwächen die beste Analyse; T. Kemp, Theories of Imperialism, London 1967, 2, 8–29, 63–85, 72, 78, 80 f., 84, 160; P. Knirsch, Die ökonomischen Anschauungen N. I. Bucharins, Berlin 1959, 98–136; S. S. Iha, Marxist Theories of Imperialism, Kalkutta 1959; H. W. Kettenbach, Lenins Theorie des Imperialismus, I, Köln 1965 (rein begriffsgeschichtlich, bis 1902 führend); D. H. Kruger, Hobson, Lenin, and Schumpeter on Imperialism, Journal of the History of Ideas (= JHI) 16. 1955, 252–59; R. Aron, The Leninist Myth of Imperialism, in: ders., The Century of Total War, Boston 1955, 56–73; J. Freymond, Lénine et l'impérialisme, Lausanne 1951; E. W. Bahr, De l'impérialisme. Etude critique de la thèse de Lénine, Lausanne 1948. – Wie S. Kuznets (Modern Economic Growth, Rate, Structure, Spread, New Haven 1966, 498–500) auf die ungleichmäßige Entwicklung eingeht, knüpft er im Grunde an Lenin an.

9. Dazu der vorzügliche Überblick von H.-C. Schröder, Sozialismus u. Imperialismus, I, Hannover 1968, 31–103; B. Semmel, On the Economics of »Imperialism«, in: B. Hoselitz Hg., Economics and the Idea of Mankind, New York (= N. Y.) 1965, 202–19, 228; auch W. H. B. Court, The Communist Doctrines of Empire, in: W. K. Hancock, Survey of British Commonwealth Affairs, London 1940, II/1, 293–300. – Die (neo-)marxistische Imperialismustheorie knüpft, bewußt oder meist unbewußt, an diese Tradition an, wie Schröder klar gezeigt hat. Vgl. aus der großen Lit. nur: R. Hilferding, Das Finanzkapital (1910), Berlin 1947 (dazu: W. Gottschalch, Strukturveränderungen der Gesellschaft u. politisches Handeln in der Lehre von R. Hilferding, Berlin 1962); O. Bauer, Die Nationalitätenfrage u. die Sozialdemokratie (1907), Wien 1924², 461–507; R. Luxemburg, Die Akkumulation des Kapitals (1913), Frankfurt 1966 (dazu: R. Kowalik, R. Luxemburg's Theory of Accumulation and Imperialism, in: Festschrift M. Kalecki, Warschau 1964, 203–19; R. Banfi, Appunti sull'Accumulazione del Capitale di R. Luxemburg, Rivista storica del socialismo 3. 1960, 551–62; L. Laurat, L'Accumulation du Capital

schen Erfahrung, die sich in dieser Theorie niedergeschlagen hat, ließe sich etwa Folgendes sagen.

Das permanente Wachstum führt angesichts der Tatsache, daß zwar eine immanente Tendenz zum Ausbau von Überkapazitäten besteht, der Binnenmarkt sich jedoch nur allmählich und keineswegs proportional zum Entwicklungstempo der Leitsektoren ausweitet, zur wirtschaftlichen Expansion über die Grenzen hinaus: der Warenexport, dem wichtige Industrien öfters den Aufstieg in eine Schlüsselstellung verdanken, wendet sich gewinnbringenden Außenmärkten zu. Ihm folgt die Kapitalausfuhr bzw. die langfristig kreditierte Ausfuhr kapitalintensiver Investitionsgüter, wenn die Anlagechancen im Inneren für begrenzt und weniger vorteilhaft als auf auswärtigen Investitionsfeldern gehalten werden, so daß der Kapitalüberhang angesichts des tatsächlichen oder drohenden Falls der Profitrate über die Grenzen wandert. Zugleich treibt die Labilität des Systems die Wirtschaft dazu, in die Außenräume vorzustoßen, um durch die Ausdehnung des Absatz- und Investitionsmarkts die Stabilität, die ihr die eigene Volkswirtschaft versagt, zu gewinnen, bzw. von außen her der inneren Entwicklung Stützpfeiler zu verschaffen.

Besonders in den Zeiten der Krisen und Depressionen, wenn die Probleme einer schrankenlosen Produktionsdynamik, der Fluktuationen des Wirtschaftsverlaufs, aber auch der erhöhten Konkurrenz vehement gesteigert werden, wirkt sich eine Art Gesetz der wachsenden Exportbedeutung aus. Von den Wachstumsstörungen geht daher eine starke expansive Schubwirkung aus. Während solcher Krisenzeiten verschärfen sich auch ganz besonders die sozialen Fragen, die die Industrialisierung aufwirft, bis hin zur Furcht vor der Sozialrevolution. Der Sozialimperialismus, der in Kap. III näher charakterisiert wird, beabsichtigt deshalb, durch die imperialistische Expansion wirtschaftliche Prosperität zurückzugewinnen, damit den gesellschaftlichen und politischen Status quo zu erhalten und den Emanzipationsprozeß zu blockieren. Ohne die Berücksichtigung der realen oder befürchteten sozialen und politischen Veränderungen, welche die Industrialisierung wegen des Interdependenzverhältnisses zwischen Wirtschaft und Gesellschaft notwendig begleiten, ließe sich, um es noch einmal zu betonen, der Imperialismus nicht verstehen.

Der Konzentrationsprozeß erhöht ebenfalls das Bedürfnis, die Wirtschaftsdomäne nach außen zu erweitern; ihm entsprechen gleichsam monopolisierbare Außenmärkte, auch in der Form von Kolonien. Vor allem die ungleichmäßige Entwicklung führt

---

d'après R. Luxemburg, Paris 1930; J. Petit Hg., Einl. zu R. Luxemburg, L'Accumulation du Capital, Paris 1968; Kemp, 45–62; Iha, sowie P. Nettl, R. Luxemburg, Köln 1967, 797–808). Allg. H. B. Davis, Imperialism and Labor: An Analysis of Marxian Views, Science & Society 26. 1962, 26–45; P. Zieber, Die Entstehung der marxistischen Imperialismustheorie, Osteuropa-Wirtschaft 4. 1959, 100–8; C. Landauer, European Socialism, Berkeley 1959, II, 1573–1601; L. O'Boyle, Theories of Socialist Imperialism, Foreign Affairs (= FA) 28. 1950, 290–98; E. M. Winslow, The Pattern of Imperialism, N. Y. 1948; ders., Marxian, Liberal, and Sociological Theories of Imperialism, Journal of Political Economy (= JPE) 39. 1931, 713–58; F. Dulberg, Der Imperialismus im Lichte seiner Theorien, Basel 1936; O. Ziegel, Die marxistische Imperialismus- u. Krisentheorie, jur. Diss. Hamburg, Bochum 1933; H. Grossmann, Das Akkumulations- u. Zusammenbruchsgesetz des kapitalistischen Systems, Leipzig 1929; W. Guggenheimer, Der Imperialismus im Lichte der marxistischen Theorie, jur. Diss. München 1928; B. J. Hovde, Socialistic Theories of Imperialism Prior to the Great War, JPE 36. 1928, 569–91; A. Hovikian, L'impérialisme économique, Paris 1927; J. Hashagen, Marxismus u. Imperialismus, Jahrbücher für Nationalökonomie u. Statistik (= JNS) 113. 1919, 193–216. Demn. Schröder, II. – Auch einer der wenigen konservativen Theoretiker des Imperialismus wie C. A. Conant (s. u. 119) gelangte in vieler Hinsicht zu ganz ähnlichen oder denselben Auffassungen wie die kritischen Theoretiker.

sodann dazu, daß aus der Überlegenheit, die die entwickelten Industriestaaten gegenüber den unentwickelten Regionen besitzen, Herrschaft in unterschiedlicher Gestalt erwächst. Die ungleichmäßige Entwicklung bildet bis heute, – wo in den Industrieländern der Binnenmarkt gewaltig erweitert worden ist, eine dynamische Lohnpolitik stete Nachfrage schaffen und das Surplus durch Sozialinvestitionen, Rüstungs- und Weltraumprojekte abgeschöpft werden kann, so daß der Kapitalexport offensichtlich an Dringlichkeit verloren hat usw. –, ein entscheidendes Problem. An ihr kann die Imperialismustheorie der Gegenwart wohl am ehesten anknüpfen, um dem Formwandel moderner Abhängigkeit und Herrschaft im Verhältnis der entwickelten zur unentwickelten Welt zu verfolgen.

Unter Imperialismus wird hier nach alledem diejenige direkte-formelle und indirekte-informelle Herrschaft verstanden, welche die okzidentalen Industriestaaten unter dem Druck der Industrialisierung mit ihren spezifischen ökonomischen, sozialen und politischen Problemen und dank ihrer vielseitigen Überlegenheit über die weniger entwickelten Regionen der Erde ausgebreitet haben. Demgemäß läßt sich die neue Expansion Englands nach dem Verlust des ersten Empires, als der Zusammenhang von »Industry and Empire« erstmals scharf hervortrat und die Sonderstellung des ersten Industrielandes meist zu einem Monopol in Übersee führte, so daß sich London ohne Gefahr vielerorts mit den Methoden des »Informal Empire« freihändlerischer Prägung zufrieden geben konnte, als Imperialismus bezeichnen. Erst recht aber wird der Imperialismus zu einem grundlegend wichtigen Phänomen, als die Industriellen Revolutionen in mehreren anderen Ländern zwischen 1830 und 1873 durchbrechen, das industriewirtschaftliche Wachstum in ihnen fortab dieselben oder ganz ähnliche Probleme aufwirft und zur überseeischen Expansion antreibt. Dadurch wird auch der internationale Konkurrenzkampf beispiellos verschärft, er gibt dem Imperialismus jene charakteristische antagonistische Zuspitzung, die auch zeitweilig die formelle koloniale Besitzergreifung – freilich stets nur eine Form des Imperialismus neben anderen – in den Vordergrund treten läßt.

Seither auch tritt das Neuartige, das den Imperialismus von älteren Expansions- und Kolonisationsbewegungen unterscheidet, klar hervor. Der Imperialismus umfaßt die gesamte Erde, er schafft mit die Voraussetzungen für das allmähliche Entstehen der Einen Welt der industriellen Zivilisation, indem er in globalem Ausmaß Veränderungen einleitet. Aber zugleich verschärft er auch auf lange Sicht die Entwicklungsunterschiede zwischen Industrie- und Entwicklungsländern, er setzt die ungleichen Bedingungen, unter denen bis heute die Länder auf dem Weltmarkt aufeinandertreffen. Die Verbindung dieser Eigentümlichkeiten: der wahrhaft globale Charakter und die Schroffheit dieses historisch beispiellosen, durch die Ungleichheit der wirtschaftlichen Entwicklung bedingten dauerhaften Gefälles, das Abhängigkeit und Herrschaft in sich wandelnder Gestalt erhält, hat vor dem Imperialismus im Verhältnis zwischen Metropole und Kolonien gefehlt. Insofern muß man durchaus von einer neuartigen Formation, einer Epoche, sprechen und es vermeiden, den essentiellen Unterschied zu früheren Ausbreitungsbewegungen zu verwischen[10].

---

10. Dazu neigen etwas die vorzüglichen universalgeschichtlichen Synthesen von H. Lüthy: Colonization and the Making of Mankind, Journal of Economic History (= JEH) 21. 1961, 483–95 (dt. in: Imperialismus); ders., Ruhm u. Ende der Kolonisation, in: ders., Nach dem Untergang des Abendlandes, Köln 1964, 362–86; ders., Die Epoche der Kolonisation u. die Erschließung der Erde, in: ders., In Gegenwart der Geschichte, Köln 1967, 181–310. – H. Freyer (Weltgeschichte Europas, Stuttgart 1954², 547–612) leistet einer irreführenden Vorstellung Vorschub, da man nach der Entstehung der USA nicht mehr die europäische Expansion isoliert sehen darf, wie das oft in Europa und mit Vorliebe in

Zugleich ist hier hervorzuheben, daß nicht jede industriewirtschaftliche Expansion über staatliche Grenzen hinaus sogleich imperialistisch ist, d. h. notwendigerweise Herrschaft impliziert. Außenhandel und Kapitalexport zwischen entwickelten Industrieländern können allenfalls unter bestimmten Bedingungen quasiimperialistische Züge gewinnen, wenn z. B. ein Land aufgrund seines Vorsprungs in der zweiten Industriellen Revolution (Atomkraft, Automation, Kybernetik usw.) oder dank seiner rein machtpolitischen Dominanz eine gesteigerte Überlegenheit besitzt. Der Imperialismus bildet mithin nur einen Teilbereich der wirtschaftlichen Ausbreitung der Industriestaaten, für die die unentwickelten Länder im Sinn einer volkswirtschaftlichen Gesamtrechnung oft unbedeutend, manchmal aber doch auch (wie Indien und Lateinamerika für England, der Kongo für Belgien, die ostindischen Inseln für Holland) äußerst wichtig gewesen sind.

Nun hat Keith Hancock vor Jahren in einem oft wiederholten kategorischen Diktum behauptet, daß der »Imperialismus kein Begriff für Historiker« sei. Längst ist auch »der« Imperialismus sowohl zu einem »zentralen Kampfbegriff der kommunistischen außenpolitischen Doktrin« als auch zu einer Propagandastereotype der antikolonialistischen Emanzipationsbewegungen geworden. Man mag daher mit Fug und Recht fragen, ob nicht ein solcher Begriff, den zahllose Einzelne und Gruppen mit ihrem Haß aufgeladen und belastet haben, für den wissenschaftlichen Sprachgebrauch zu verschwommen und bis zur nichtssagenden Allgemeinheit aufgebläht worden ist. Jedoch gerade als Historiker kann man zwei Gründe anführen, um die Verwendung des Begriffs zu verteidigen. Einmal haben die Zeitgenossen des letzten Drittels des 19. Jahrhunderts damit ein Phänomen, das hier am deutschen Beispiel untersucht wird, zu bezeichnen begonnen. Das ist sozusagen ein historistisches Argument für die Übernahme des Worts. Zum zweiten aber werden hier unter Imperialismus bestimmte sozialökonomische und politische Prozesse verstanden, die noch keineswegs an ihr Ende gekommen sind und noch immer Herrschaft einschließen. In diesem Sinn handelt es sich, – das hat übrigens auch Lenin betont –, um ein Definitionsproblem, das besonders in historischer Perspektive auf diese Weise entschieden werden kann. Die Geschichtswissenschaft kann sich, wie Th. Mommsen einer ihrer grundlegenden Wesenszüge beschrieben hat, der »Pflicht der politischen Pädagogik« nicht entschlagen. Sie kann theoretisch und praktisch politische Wirkung überhaupt nicht vermeiden und sollte wegen dieser Notwendigkeit bewußt ihre Ziele abstecken. Mit anderen Worten: man kann ihr einen »moralischen Beruf« zuerkennen, da sie für die »Gegenwart Verbindlichkeiten, nämlich Einsichten zu erarbeiten« hat, »die ihr Verhalten mitbestimmen und die Zukunft mit zu bewirken vermögen«. Auch historische Theorie, erst recht eine kritische Theorie, impliziert daher immer auch eine Anleitung zur politischen Praxis[11].

Nordamerika geschieht, sondern sie mit der ungeheuren Ausdehnung der direkten und indirekten Herrschaft der USA zusammenfassen muß. Daher wird hier von den okzidentalen Staaten usw. gesprochen. – Unsere Definition würde den russischen und japanischen Imperialismus nach den 1880er Jahren mit umfassen können.

11. Hancock, 1; Th. Schieder, Imperialismus in alter u. neuer Sicht, Moderne Welt 2. 1960, 3. – A. Heuss, Th. Mommsen u. das 19. Jh., Kiel 1956, 224; J. Engel, Diskussionsbeitrag, Historische Zeitschrift (= HZ) 198. 1964, 64; vgl. R. Koselleck, Historia Magistra Vitae, in: Festschrift K. Löwith, Stuttgart 1967, 196–219. – Vgl. allg. R. Emerson u. D. K. Fieldhouse, Colonialism, International Encyclopaedia of the Social Sciences (= IESS) 3. 1968, 1–12; H. Daalder, Imperialism, ebda., 7, 101–9, wo ebenso eine kritische Theorie fehlt wie in: ders., Capitalism, Colonialism, and the Underdeveloped Areas, in: E. de Vries Hg., Essays on Unbalanced Growth, Den Haag 1962, 133–165. Außerdem: Th. Schieder, Imperialismus, in: K. Strupp u. H. J. Schlochauer Hg., Wörterbuch des

Aus der in unserer Gegenwart wirkenden Problematik des Imperialismus läßt sich auch die Berechtigung ableiten, heute einen Komplex noch einmal aufzugreifen, den man früher vorwiegend und arg verkürzend mit »Bismarcks Kolonialpolitik« umschrieben hat. Da das Deutsche Reich im Versailler Friedensvertrag glücklicherweise seinen Kolonialbesitz verloren hat, könnten diese Fragen ja etwas abgestanden und obsolet anmuten. Die Arbeit untersucht aber einen Ausschnitt aus der okzidentalen Expansion über die Erde, deren Auswirkungen auch heute noch nicht abgeschlossen sind. Geschichte wird hier als »politische Wissenschaft« verstanden, die an einem Beispiel einige Probleme analysiert, die das unterschiedliche Wachstum während einer Phase der Industrialisierung geschaffen hat. Das heißt, sie gehört in die Diskussion über die Hauptfrage unserer Zeit: die Entwicklungsländer. Sie geht dabei ganz bewußt, wie oben ausgeführt worden ist, doch ohne Überlegenheitsgefühl von dem zur Zeit viel und manchmal zu Recht kritisierten europazentrischen Gesichtspunkt aus, indem sie die treibenden Kräfte auch des deutschen Imperialismus in Deutschland selber sucht, ihn mithin nicht als eine Reaktion auf äußere Reizwirkungen, sondern als Ergebnis endogener Prozesse sieht. Auch der deutsche Imperialismus der hier behandelten Periode steht unter dem Primat der inneren Entwicklung, die freilich ganz entscheidend durch einschneidende weltwirtschaftliche Wachstumsprobleme mitgeformt worden ist[12].

Völkerrechts, II, Berlin 1961, 5–10; H. Maus, Imperialismus, Handwörterbuch der Sozialwissenschaften (= HSW) 5. 1956, 185–91; H. G. Zmarzlik u. G. Stavenhagen, Imperialismus, Staatslexikon 4. 1959, 203–10; M. J. Bonn, Imperialism, Encyclopaedia of the Social Sciences (= ESS) 7. 1953[10], 605–13. Ein kritischer Überblick: Kemp, sowie W. J. Mommsen, Das Zeitalter des Imperialismus, Frankfurt 1969; enttäuschend dagegen: A. P. Thornton, Doctrines of Imperialism, N. Y. 1966. – Die besten begriffsgeschichtlichen Untersuchungen stammen von R. Koebner, The Concept of Economic Imperialism, Economic History Review (= EHR) 2. 1949, 1–29; ders., The Emergence of the Concept of Imperialism, Cambridge Journal 5, 1952, 726–41; ders. u. H. D. Schmidt, Imperialism, Cambridge 1965[2], sowie Kettenbach.

12. Unlängst haben zwei englische Historiker (R. E. Robinson u. J. Gallagher, Africa and the Victorians. The Official Mind of Imperialism, London 1961; dies., The Partition of Africa, New Cambridge Modern History [= NCMH] 11. 1963, 593–640) an der spätviktorianischen englischen Politik mit Emphase nachzuweisen versucht, daß diese in der Verteidigung traditioneller Interessen oder unter der Einwirkung außereuropäischer Kräfte zur Erweiterung des formellen Kolonialreichs gedrängt worden und der Imperialismus primär ein »politisches Phänomen« sei. Sie haben dabei zwar den Anspruch auf Allgemeingültigkeit dieser These durchaus erhoben (XI), jedoch sogleich durch die atypische Sonderstellung, die England dank seines langjährigen Monopols in Übersee besaß, entkräftet. Indem sie die manchmal angeblich irrelevanten, manchmal verblüffend unterschätzten Wirtschaftsinteressen von dem Denken der Führungsschicht in strategischen oder allgemeinen (das ökonomische Interesse an Indien z. B. stets stillschweigend voraussetzenden) politischen Stereotypen abstrakt trennen, ignorieren sie, wie G. Barraclough (Introduction to Contemporary History, London 1966[2], 49 f.) sofort eingewandt hat, daß »die Unterscheidung zwischen Politik und Wirtschaft der Wirklichkeit nicht entspricht«. Ähnlich wie Robinson/Gallagher: D. K. Fieldhouse, Imperialism, EHR 14. 1961, 187–209; ders. Hg., The Theory of Capitalist Imperialism, London 1967, XIII–XIX, 192; A. G. L. Shaw, A Revision of the Meaning of Imperialism, Australian Journal of Politics and History 7. 1962, 198–213, auch Winslow, Pattern; rechts orthodox ist: C. J. Lowe (The Reluctant Imperialists, 1878–1902, 2 Bde., London 1967) u. k. Faber (The Vision and the Need. Late Victorian Imperialist Aims, London 1966), wo zwar die »vision«, aber nicht die »needs« behandelt werden. Zur Kritik: Kemp, 134–56; E. J. Hobsbawm, Industry and Empire, London 1968, 88–127; D. C. M. Platt, Economic Factors in British Policy During the »New Imperialism«, Past & Present 39. 1968, 120–38; ders., Finance, Trade, and Politics in British Foreign Policy, 1814–1914, Oxford 1968; speziell zu Robinson/Gallagher: J. Stengers, L'impérialisme colonial de la fin du XIXe siècle, mythe ou réalité?, Journal of African History (= JAH) 3. 1962, 469–91; C. W. Newbury, Victorians, Republicans, and the Partition of West Africa, ebda., 493–501; G. Shepperson, Africa, the Victorians, and Imperialism, Revue Belge de Philologie et d'Histoire 40. 1962, 1228–38; E. Stokes, Imperialism and the Scramble for

Wie bei jeder Theorie im Bereich der Sozialwissenschaften läßt sich auch der Wert dieser historischen Theorie, die bisher nur knapp skizziert worden ist und erst in der Arbeit selber schärfere Konturen gewinnen wird, vornehmlich nach Maßgabe von vier Kriterien bestimmen: er hängt ab von (1) ihrem Informationsgehalt, (2) ihrer prinzipiellen Überprüfbarkeit an Hand von Tatsachen, (3) ihrer Erklärungskraft und (4) ihrer Bewährung auf verschiedenen sozialkulturellen Prüfungsfeldern, d. h. für die Geschichtswissenschaft: vor allem beim Vergleich. Auch diese Theorie sollte daher möglichst viele empirisch überprüfbare Informationen über bestimmte nationalhistorische Entwicklungen umfassen, diese erklären können und ihren Erklärungswert auch bei einer vergleichenden Analyse des Imperialismus anderer Länder behaupten. Um die Theorie zu kontrollieren und verschärften Prüfungsbedingungen in verschiedenen Anwendungsbereichen auszusetzen, aber auch um dem Einwand: es werde die historische Erfahrung eines Landes verabsolutiert und zu ungerechtfertigten Schlüssen genutzt, vorzubeugen, wird daher im folgenden häufig der Vergleich gebraucht[13].

Neuerdings hat sich ja ein lebhaftes Interesse an einer komparativen Geschichtsschreibung entfaltet, – sicherlich kein Zufall, denn es spiegelt sich in dieser Entwicklung das »Zusammenwachsen« der Erde zu einem politischen Aktionsfeld«, das dem Historiker die Aufgabe aufdrängt, die vielen, sich zusammenfügenden Teile zu vergleichen. Trotz des Vorbilds, das hier in mancher Hinsicht noch immer Otto Hintzes Schriften bilden können, hat aber die deutsche Historiographie unter dem anhaltenden Einfluß des Historismus mit seinem Individualitätsdogma lange ihre Skepsis gegenüber dieser Methode, die in der Tat auch mit allgemeinen Theorien (des Feudalismus, der Bürokratie, des Imperialismus) arbeitet, nicht recht überwinden können[14].

Bei solchen vergleichenden Untersuchungen tut man nun gut daran, sich einer Maxime Hintzes bewußt zu bleiben. Der Vergleich kann nach ihm entweder dazu

Africa, o. O. 1963; R. Hyam, The Patrition of Africa, Historical Journal (= HJ) 7. 1964, 154–69. – Die subtile Apologetik, die dem Anspruch auf Allgemeingültigkeit der Robinson-Gallagherschen Thesen innewohnt, widersteht 1. nicht der empirischen Probe des Vergleichs, 2. läßt sie sich auch unter den politischen Aspekten unserer Gegenwart nicht so gut rechtfertigen wie die kritische Untersuchung der inneren Antriebskräfte der imperialistischen Staaten.
13. H. Albert Hg., Theorie u. Realität, Tübingen 1964, 3–70, 40, 50 f.; ders., Marktsoziologie u. Entscheidungslogik, Neuwied 1967, 26 f., 336, 367, passim. Vgl. E. Topitsch, Logik der Sozialwissenschaften, Köln 1965 (NWB 6). Zur Kritik – wenn auch nicht gegen diesen Katalog – Habermas, Zur Logik. – Theorie wird hier also nicht nur als »Orientierungshilfe für die Forschung« (O. Hintze, Rez. HZ 143. 1931, 525) aufgefaßt; an diese hat Ranke auch nur gedacht, als er gesprächsweise äußerte, der Historiker müsse »einen ununterbrochenen Strom« der Geschichte unterteilen, »um dem betrachtenden Geist Unterscheidung und Verknüpfung möglich zu machen«, nach: C. Rössler, Rankes Weltgeschichte, Preußische Jahrbücher (= PJ) 60. 1887, 153. – Hier werden Probleme einer allgemeinen Theorie der Sozialwissenschaften berührt, das auch für den Historiker problematisch bleibt. Aber dort, wo es Verbindungen und Gemeinsamkeiten gibt, sollte er diese offen zugestehen.
14. Th. Schieder, Möglichkeiten u. Grenzen vergleichender Methoden in der Geschichtswissenschaft, in: ders., Geschichte als Wissenschaft, München 1965, 187–211. Vgl. R. Bendix, The Comparative Analysis of Historical Change, in: Social Theory and Economic Change, Hg. T. Burns u. S. B. Saul, London 1967, 67–86; E. Nolte, Zur Konzeption der Nationalgeschichte heute, HZ 202. 1966, 618–20; F. Redlich, Toward Comparative Historiography, Kyklos 11. 1958, 362–88; D. Gerhard, Alte u. Neue Welt in vergleichender Geschichtsschreibung, Göttingen 1962. Ein vorzügliches Beispiel für den Vergleich der deutschen und der japanischen Industrialisierung und ihrer politischen Probleme: D. S. Landes, Japan and Europe, Contrasts in Industrialization, in: W. W. Lockwood Hg., The State and Economic Enterprise in Japan, Princeton 1965, 93–182; glänzend ist B. Moore, Social Origins of Dictatorship and Democracy, Boston 1967²; Siehe auch R. Bendix, Nation Building and Citizenship, N. Y. 1964, 177–213.

dienen, ein historisches Individuum »in seiner Individualität« noch schärfer, seine wirklich nur ihm eigentümlichen Züge zu erfassen, oder aber Gemeinsamkeiten verwandter, bzw. gleichartiger Phänomene herauszuarbeiten und damit eine allgemeine Theorie zu bestätigen. Beides sind durchaus legitime Aufgaben, wobei natürlich ohnehin jedes Urteil über Individualität schon allgemeine Maßstäbe voraussetzt. Die größere Gefahr wohnt vielleicht dem zweiten Verfahren inne, und vor einer vorschnellen Nivellierung unterschiedlicher historischer Erscheinungen oder der flüchtigen Summierung von ähnlich anmutenden Kennzeichen wird man sicher auf der Hut sein müssen. Marc Bloch hat daher schon frühzeitig vor den gefährlichen »Krypto-Ähnlichkeiten« gewarnt. Wenn sich jedoch eine Theorie beim Vergleich bewährt und erhärtet wird, gewinnt sie zusätzliche Überzeugungskraft, die sich auch der Darstellung mitteilt. Gerade die vergleichende Geschichtsschreibung ist zudem, wie auch Bloch wieder gesehen hat, von Anfang an auf die darstellende Synthese hin ausgerichtet. Sie muß dazu freilich eine allgemeine Theorie vor Augen haben, damit sie überhaupt diese Synthese als Fernziel anstreben und methodisch gesichert ermöglichen kann[15].

Unsere Theorie dürfte auch unter diesen Gesichtspunkten die Gewähr bieten, daß sie den Vergleich ermöglicht, um Unterschiede und Gemeinsamkeiten deutlich hervorzuheben. Zugleich ist sie so angelegt, daß die von ihr eingefangenen gemeinsamen Erfahrungen der okzidentalen Industriestaaten die Synthese anzuvisieren gestatten. Das heißt aber, daß sie auch Voraussetzungen für eine komparative, synthetische Darstellung des okzidentalen Imperialismus schaffen hilft. Wenn man Universalgeschichte nicht als die »möglichst vollständige Erfassung des geschichtlichen Ereignismaterials« auffaßt, – ein Ziel, das eingangs schon als utopisch und theoretisch illegitim charakterisiert worden ist –, sondern »dessen Ordnung und Deutung mit Hilfe eines einheitlichen Kategoriengefüges von universalem Charakter« anstrebt, dann soll unsere Theorie, die die Wachstumsproblematik der entwickelten Länder mit ihren gesellschaftlichen Veränderungen und ihrer Politik verknüpft, einen Beitrag zu solch einem einheitlichen Kategoriengefüge, d. h. hier: einer allgemeinen Imperialismustheorie, bilden[16].

15. O. Hintze, Soziologische u. geschichtliche Staatsauffassung (1929), in: ders., Soziologie u. Geschichte, Hg. G. Oestreich, Göttingen 1964, 251. Hintzes Forderung, die Suche nach dem Allgemeinen nur dem Soziologen, die nach dem Individuellen nur dem Historiker zuzuweisen, beruht auf einer willkürlichen bzw. nur wissenschaftsgeschichtlich zu verstehenden engen Definition der Aufgaben des Historikers. Zu Bloch oben 13/1. Vgl. vor allem A. Gerschenkron, The Typology of Industrial Development as a Tool of Analysis, in: ders., Continuity in History, Cambridge/Mass. 1968, 77–97, auch: 11–39, 40–56, 128–39; ders., Die Vorbedingungen der europäischen Industrialisierungen im 19. Jh., in: W. Fischer Hg., Probleme, 21–28; W. T. Easterbrook, Long-Period Comparative Study, JEH 17. 1957, 571–95; S. L. Thrupp, The Role of Comparison in the Development of Economic Theory, ebda., 554–70, sowie E. Salin, Zu Methode u. Aufgabe der Wirtschaftsgeschichte, Schmollers Jahrbuch (= Sch. Jb.) 45. 1921, 487.
16. W. J. Mommsen, Universalgeschichte, Fischer-Lexikon 24: Geschichte, Frankfurt 1961, 323. Vgl. hierzu J. Vogt, Wege zum Historischen Universum, Stuttgart 1961; R. Aron, The Dawn of Universal History, N. Y. 1961; R. Wittram, Die Möglichkeit einer Weltgeschichte, in: ders., Das Interesse an der Geschichte, Göttingen 1958, 122–36; O. Köhler, Versuch, Kategorien der Weltgeschichte zu bestimmen, Saeculum 9. 1958, 446–57; G. Barraclough, Universal History, in: H. P. R. Finberg Hg., Approaches to History, London 1962, 83–110; ders., Europe and the Wider World in the 19th and 20th Century, in: Festschrift G. P. Gooch, Hg. A. O. Sarkissian, London 1961, 364–82; ders., Introduction; F. Mauro, L'Expansion européenne, 1600–1870, Paris 1964; ders., Towards an ›Intercontinental Model‹: European Overseas Expansion Between 1500 and 1800, EHR 14. 1961, 1–17. Vgl. noch F. Wagner, Die Europazentrik des klassischen deutschen Geschichtsbilds u. ihre Problematik,

Der Verzicht auf eine Theorie, die dem Imperialismus als einem Phänomen der Industriellen Welt angemessen ist, hat den Wert zahlreicher – auch vieler deutscher – historischer Studien über die Probleme des Imperialismus gemindert. Und dieses Dilemma wird noch verschärft, wenn man nach Arbeiten Ausschau hält, die von einer kritischen Theorie ausgehen. In Deutschland hat seit 1933 die kritische historische Imperialismusforschung dreißig Jahre lang fast stagniert. Das gilt in erster Linie für die Erforschung des deutschen Imperialismus der Bismarckzeit, aber auch der folgenden Jahrzehnte und des Imperialismus anderer Staaten. Das mag zunächst als ein arg apodiktisches oder zumindest doch unvorsichtiges Pauschalurteil erscheinen. Wenn man jedoch sorgfältig prüft, was die geschichtswissenschaftliche Forschung in selbständigen Darstellungen und in Fachzeitschriften über diese Fragen hervorgebracht hat, wird das Urteil bestätigt. Das ist fraglos ein frappierender und zum Nachdenken auffordernder Tatbestand, der sich schwerlich mit einem Achselzucken oder dem Hinweis auf die vermeintlichen Zufälligkeiten, die so oft die Zickzacklinie des Forschungsstands bestimmen sollen, abtun läßt.

Unter der Herrschaft des Nationalsozialismus ist für eine kritische Erforschung des deutschen Imperialismus auch vor 1890 kaum Raum geblieben. Sieht man von der Fülle schriller Propagandaschriften, mit denen das Hitlerregime seine Forderung nach der Rückgabe der ehemaligen deutschen Kolonien zu begründen strebte, ebenso wie von dem Versuch ab, die pathologische Persönlichkeit eines Carl Peters für die Ahnengalerie des deutschen Faschismus in Anspruch zu nehmen und zum Heros deutscher Kolonialpolitik zu stilisieren, dann bleiben im Grunde nur eine Monographie zur Kongokonferenz von 1884/85 und die mit vielen Vorbehalten hinzunehmende erste Biographie eines Fachhistorikers über Lüderitz, den Mitgründer der Kolonie in Südwestafrika, übrig. Nach Lage der Dinge kein überraschendes Ergebnis[17].

Nach 1945 ist dann in der Bundesrepublik die historische Imperialismusforschung lange nicht recht in Gang gekommen. Erst allmählich entfaltet sich auf diesem Gebiet ein regeres Interesse, wobei man freilich nicht übersehen darf, daß der Zugang zu grundlegenden Aktenbeständen und Nachlässen jahrelang nicht immer offen war. In der DDR hingegen ist manche Studie in ein vulgärmarxistisches Schema, das mit der Marxschen Theorie kaum noch etwas gemein hat, eingezwängt worden. Die Kanonisierung von bestimmten Elementen der Leninschen Imperialismustheorie, die – wenn man sie historisch beurteilt und nicht nur auf die Kampfschrift von 1917 reduziert – weitaus mehr wichtige Gesichtspunkte enthält, als ihr oft zugebilligt wird, hat diesen Untersuchungen schwerlich zum Vorteil gereicht. Immerhin gibt es neuerdings einige Arbeiten, gegen die zwar zahlreiche Einwände erhoben werden können, die aber doch

---

Saeculum 14. 1963, 42–47; ders., Der Historiker u. die Weltgeschichte, Freiburg 1965; ders., Moderne Geschichtsschreibung, Berlin 1960; T. Locher, Die Überwindung des europäozentrischen Geschichtsbildes, Wiesbaden 1954. – Fast alle Historiker übersehen noch die Ansätze zur Gewinnung universalgeschichtlicher Modelle in der modernen Wachstumsforschung, z. B. bei Kuznets und Gerschenkron! Typisch hierfür auch: A. Heuss, Zur Theorie der Weltgeschichte, Berlin 1968.

17. Vgl. den Überblick in der »Kritischen Bibliographie«, 512 f. Im Rückblick bleibt das auf die Jahre von 1894 bis 1901 konzentrierte Werk Eckart Kehrs (Schlachtflottenbau u. Parteipolitik, Berlin 1930) in gewisser Hinsicht als ein erster Schlußpunkt kritischer Erforschung des frühen deutschen Imperialismus, zugleich aber auch noch als ein Ausgangspunkt für neue kritische Arbeiten bestehen. Sein »Querschnitt durch die innenpolitischen, sozialen u. ideologischen Voraussetzungen des deutschen Imperialismus« hat, wie ich meine, auch über drei Jahrzehnte hinweg und trotz der neuen Wege, die die geschichtswissenschaftliche Forschung heute gehen muß, erstaunlich wenig von seinem anregenden und modellhaften Charakter eingebüßt.

eine oft recht nüchterne und empirisch solide fundierte Darstellung einiger Probleme der deutschen Expansionspolitik bieten. Auch hier wird man indessen nicht bestreiten können, daß es sich erst um Anfänge handelt, die allerdings ernst genommen zu werden verdienen, zumal da in der Bundesrepublik Studien, die sich undogmatisch der Marxschen Methode bedienen, noch völlig fehlen. Nimmt man bei dieser Bestandsaufnahme hinzu, daß auch im Ausland seit dem Anfang der 1930er Jahre nur wenige nennenswerte, auf Quellenstudium beruhende oder anregende Interpretationen enthaltende Untersuchungen zu diesen Problemen der Bismarckzeit erschienen sind, so vertieft sich der unbefriedigende Eindruck, den diese erste Übersicht hinterläßt[18].

Es würde zu weit führen, an dieser Stelle ausführlich die Gründe darzulegen, weshalb es zu der eigentümlichen Stagnation der deutschen historischen Imperialismusforschung gekommen ist und weshalb vorher in den älteren deutschen Studien die staatliche Außenpolitik und Diplomatiegeschichte so eindeutig im Vordergrund gestanden haben. Im Grunde hängt diese Entwicklung mit der in der deutschen Geschichtswissenschaft lange tiefverwurzelten Abneigung dagegen zusammen, die moderne Geschichte auch von der Sozialökonomie her aufzuschlüsseln. Auf einige Faktoren, die diese Abneigung begründet und gefördert haben, sei aber wenigstens hingewiesen[19].

Das traditionelle Selbstverständnis der akademischen Fachhistorie beschränkte Geschichtsschreibung lange Zeit überwiegend auf die Schilderung von Politik und Diplomatie, von Krieg und Staatsaktion. Fraglos eine einseitige Auffassung, die sich aber seit dem 17./18. Jahrhundert (als auch die Ausbildung des modernen Staats grundlegend wichtige soziale Prozesse umschloß!) fest herausgebildet hatte und im 19. Jahrhundert durch Ranke und die nationalpolitisch-borussische Schule aufs Ganze gesehen besiegelt wurde. Diese Tradition wurde durch eine spezifische Staatsideolo-

---

18. Vgl. hierzu wieder die »Krit. Bibliographie«, 513 f.
19. Die kritische Übersicht über bestimmte Entwicklungen in der deutschen Historiographie seit dem 19. Jh., die hier ursprünglich eingeschoben worden war, würde den Rahmen der Einleitung sprengen. Vgl. die Hinweise in den Schriften oben Anm. 3. Eine kritische Geschichte der modernen deutschen Geschichtswissenschaft steht noch aus. Vgl. J. Streisand Hg., Studien über die deutsche Geschichtswissenschaft, 2 Bde., Berlin 1963/65; H. R. v. Srbik, Geist u. Geschichte vom deutschen Humanismus bis zur Gegenwart, München 1950/51, I, 239–400; II; E. Fueter, Geschichte der neueren Historiographie, München 1936³, 472–606; G. P. Gooch, History and Historians in the 19th Century, Boston 1962, 42–150. – Gegen unsere kritische Theorie mögen sich Vorbehalte regen, die nicht nur als rationale Gegenargumente, die natürlich zu diskutieren sind, vorgebracht werden. Solange noch die Feststellung, daß der Historiker des 19. u. 20. Jhs. unvergleichlich viel mehr von Marx als von Ranke lernen kann, heftig bestritten wird, erweist sich allerdings der Einfluß einer konservativen Tradition als gegenwärtig. Entscheidend ist nun auf jeden Fall, ob diese Theorie die erwähnten Bedingungen, die an sozialwissenschaftliche Theorien gestellt werden, erfüllt. Außerdem kann aber auch einmal an das offene Eingeständnis eines großen bürgerlichen Gelehrten, nämlich Ernst Troeltschs, erinnert werden, daß »die ganze marxistische Fragestellung selbst, soweit sie aus der Beobachtung hervorgeht und soweit sie von da aus einer lebendigen Einheit und Wechselwirkung materiell-ökonomischer und geistiger Tätigkeiten nachgeht, eine wirkliche Entdeckung« sei. »Es bleibt die Tatsache, daß der sozial-ökonomische Unterbau ... dem ganzen historischen Leben als festeste und dauerndste, am schwersten sich wandelnde und mit souveränem Wandel alle andere umwälzende Unterschicht zugrunde liegt«, so daß »die Abhängigkeit des ideologischen Überbaues weitaus die Regel« sei. »Die ökonomisierte Dialektik« bilde »eine äußerst fruchtbare« – »jedenfalls eine niemals zu umgehende« – »Fragestellung und eine Einstellung auf dynamische Lebenszusammenhänge, die in der letzten Wirkung der Historie ein stärkeres und konkreteres, an die Tiefe und breiteres Leben zugleich mit einer sichereren Gliederung mitzuteilen imstande sind«. E. Troeltsch, Der Historismus u. seine Probleme (Ges. Schriften III), Tübingen 1922, 349 f.; ders., Aufsätze zur Geistesgeschichte u. Religionssoziologie (Ges. Schriften IV), Tübingen 1925, 11. Zur Korrektur der mißverständlichen Vorstellung von Unter- und Überbau vgl. 112 f.

gie befestigt, zu der u. a. die vulgarisierte lutherische Obrigkeitstradition, der hegelianische Staatsidealismus und die Geschichtstheologie Rankes mit ihrer neoplatonisch gefärbten Staatsmetaphysik beitrugen. Weiter wirkte sich das häufig verabsolutierte Individualitätsprinzip der idealistischen Geschichtsphilosophie und die – trotz Droysens Betonung der »sittlichen Mächte« – auf die bedeutenden historischen Persönlichkeiten zugeschnittene Verstehenslehre, wie sie der klassische Historismus aus dem aristotelischen Intuitionsprinzip und der theologischen Hermeneutik entwickelt hatte, für die historische Erfassung von ökonomischen und gesellschaftlichen Kollektivphänomenen als ungemein hemmend aus. Überdies wurde in der Regel durch die soziale Herkunft der meisten deutschen Neuzeithistoriker aus dem protestantischen Bildungsbürgertum, – das seit der sog. »Deutschen Bewegung« des Idealismus durch bildungsaristokratische Vorstellungen mit ihrer charakteristischen Überzeugung von der Übermacht »des Geistes« geprägt wurde –, die Abneigung gegen die wirtschaftliche und gesellschaftliche Welt vorherbestimmt. Von hier aus ließ sich weit eher der Weg zur Geistes- und Ideengeschichte als zur Wirtschafts- und Sozialgeschichte einschlagen. Diese vielfältig motivierte Abneigung, die die Geschichtswissenschaft von der modernen Sozialökonomie fernhielt, ist dann durch die Auseinandersetzung mit dem Marxismus – und zwar sowohl als kritische Theorie wie als soziale und politische Emanzipationsbewegung – noch einmal verschärft worden. Sozialökonomische Geschichte galt als Oppositionswissenschaft, sie geriet nur zu leicht in den Bannkreis, der um den Marxismus gelegt wurde[20].

Zu lange sind daher viele deutsche Historiker von dem »Primat der Außenpolitik«, dessen Gültigkeit nur selten skeptisch und empirisch überprüft wurde, ausgegangen. Dieses Axiom hat freilich gerade gegenüber den Problemen des Imperialismus nicht weitergeführt. Die auf ihm beruhende Diplomatiegeschichte erstarrte zu einer Bewegungsphysik blutleerer Schemen, sie verlor sich in der Mechanik der Vertragsbeziehungen und Allianzsysteme, sie vergrub sich im Gewirr der diplomatischen Instruktionen und Botschaftsberichte, sie abstrahierte von dem tragenden Untergrund der »inneren Verhältnisse«, denen der vielbeschworene Leopold v. Ranke selber noch unmißverständlich eine »bleibende«, dauerhaftere Wirkung als den »sekundären«, »vorübergehenden« äußeren Beziehungen zugewiesen hatte. Der Mystifizierung des Staats und dem »Primat der Außenpolitik« entsprach dann auch eine eigentümlich nebulose Terminologie. Politische Entschlüsse entsprangen demnach etwa der »höheren Notwendigkeit preußischer Staatsraison«, und Politiker folgten dem »Gestirn der reinen Staatsvernunft«. Wer sich aber auf das »allgemeine Staatsinteresse« und die »höhere Staatsraison« beruft, bedient sich nur zu oft eines »nützlichen Verlegenheitsabstraktums« (H. Rosenberg), das eher einen Tatbestand verhüllt, als ihn so bloßlegt, wie das eine Analyse des Entscheidungsprozesses, der durch konkrete Inter-

20. Vgl. hierzu H. Heller, Hegel u. der nationale Machtstaatsgedanke, Aalen 1963²; W. Besson, Geschichte als Politische Wissenschaft, in: Festschrift H. Rothfels, Göttingen 1963, 66–85; M. Riedel, Der Staatsbegriff der deutschen Geschichtsschreibung des 19. Jh., Der Staat 2. 1963, 41–63; W. Hennis, Zum Problem der deutschen Staatsanschauung, Vierteljahrshefte für Zeitgeschichte (= VfZ) 7. 1959, 1–23; C. Hinrichs, Ranke u. die Geschichtstheologie der Goethezeit, Göttingen 1954; G. Ritter, Die Dämonie der Macht, Stuttgart 1947, 164. Dazu: H. Holborn, Der deutsche Idealismus in sozialgeschichtlicher Beleuchtung, HZ 174. 1952, 359–84, auch in: Mod. Dt. Sozialgeschichte, 84–108; H. Weil, Die Entstehung des deutschen Bildungsprinzips, Bonn 1930; W. Abendroth, Das Unpolitische als Wesensmerkmal der deutschen Universität, in: Universitätstage 1966, Berlin 1966, 189–208; W. F. Haug, Der Hilflose Antifaschismus, Frankfurt 1967 (u. die dort zit. Lit.), sowie K. F. Werner, NS-Geschichtsbild u. Geschichtswissenschaft, Stuttgart 1967; auch die drei letztgenannten Verf. lenken auf die Fehlentwicklung vor 1914 zurück.

Einleitung 31

essenkonflikte, die gesellschaftlichen Kräftekonstellationen, wirtschaftliche, strategische, politische Motive, Traditionen und Ideologien usw. bestimmt wird, tun sollte. Auch hier kann man sich an die vernachlässigte Mahnung Schumpeters erinnern, daß man »niemals... eigentlich sagen« sollte: »Der Staat tut das oder jenes. Immer kommt es darauf an zu erkennen, wer oder wessen Interesse es ist, der oder das die Staatsmaschine in Bewegung setzt und aus ihr spricht... nur diese Auffassung wird der Wirklichkeit gerecht«; denn »der Staat reflektiert jeweils die sozialen Machtverhältnisse«, wenn auch der moderne bürokratisierte Staatsapparat »kein bloßer Reflex derselben ist«. Die Aufforderung eines umstrittenen Außenseiters wie Karl Lamprecht, der die »Umwälzungen« des »modernen Expansionsstaats« als »tiefstes Produkt innerer Entwicklung« erfaßt sehen wollte, ist ungehört verhallt oder auf erbitterte Kritik gestoßen. Der neue Ansatz in den Forschungen von Eckart Kehr, Hans Rosenberg, Alfred Vagts, Arthur Rosenberg u. a. während der Weimarer Jahre wurde bald wieder verschüttet[21].

Erst seit einigen Jahren richtet sich ein kräftiges Interesse auf wirtschaftliche und gesellschaftliche Probleme der Neuzeit. Die Einsicht, daß die Geschichtswissenschaft heute den weiten Bereich der Sozialökonomie in ihr Forschungsfeld miteinbeziehen muß, beginnt sich allmählich breitere Bahnen zu brechen und in konkrete Untersuchungen umzusetzen. Unstreitig müssen hier schwierige Aufgaben, denen sich aber nicht noch länger ausweichen läßt, in Angriff genommen werden. Denn »Historie der neuesten Zeit ohne Beherrschung der ökonomischen Grundbegriffe, aber auch der soziologischen Methoden« hat sogar ein profilierter deutscher Vertreter des konservativen Stils der Geschichtsschreibung etwas unbeholfen eingeräumt, »führt zu bloßer Rhetorik ohne tieferen Erkenntniswert«[22].

Mit dem zum Klischee geronnenen »Primat der Außenpolitik« hing überdies oft eine irreführende Periodisierung eng zusammen, die zahlreiche deutsche Historiker dazu bestimmt hat, die »Epoche des Imperialismus« von Bismarcks Entlassung bis 1914/18 währen zu lassen. Damit wurde das Jahr 1890 als eine Epochenzäsur fixiert, die doch vielmehr an den durch die Industriellen Revolutionen bis zum Beginn der

---

21. Ranke zit. nach E. Kessel, Rankes Auffassung der amerikanischen Geschichte, Jahrbuch für Amerikastudien (= JbA) 7. 1962, 31 (Nachlaß P. 35, Nr. 1); überholt ist: M. v. Szczepanski, Rankes Anschauungen über den Zusammenhang zwischen der auswärtigen u. der inneren Politik, Zeitschrift für Politik (= ZfP) 7. 1914, 489–623. Vgl. solche Formulierungen bei G. Ritter, Das Bismarckproblem, Merkur 4. 1950, 673, 675; ders., Staatskunst u. Kriegshandwerk, 4 Bde., München 1954/68; kritisch dazu: H. Rosenberg, Bureaucracy, Aristocracy, and Autocracy. The Prussian Experience, Cambridge/Mass. 1966², 235; ders., Depression, 223. – J. A. Schumpeter, Die Krise des Steuerstaates, in: ders., Aufsätze zur Soziologie, Tübingen 1953, 68; vgl. L. Robbins, The Economic Causes of War, London 1939, 119. – K. Lamprecht, Deutsche Geschichte der jüngsten Vergangenheit u. Gegenwart, Berlin 1913, II, 516; vgl. aber E. Marcks, 420, Anm. 12. – Zum »Primat der Außenpolitik« am kritischsten die Aufsätze von Kehr, Primat der Innenpolitik, 87–183, u. K. D. Bracher, Kritische Betrachtungen über den Primat der Außenpolitik, in: Festschrift E. Fraenkel, Berlin 1963, 115–48. Vgl. noch O. Czempiel, Der Primat der auswärtigen Politik, Politische Vierteljahrsschrift (= PVS) 4. 1963, 266–87; H. Heffter, Vom Primat der Außenpolitik, HZ 171. 1951, 1–20; A. Novotny, Über den Primat der äußeren Politik, in: Festschrift H. Hantsch, Wien 1965, 311–23; H. Rothfels, Gesellschaftsform u. auswärtige Politik, Laupheim 1952; ders., Sinn u. Grenzen des Primats der Außenpolitik, in: ders., Zeitgeschichtliche Betrachtungen, Göttingen 1959, 167–78, u. (im Rückzugsgefecht gegen Kehr) A. Grabowsky, Der Primat der Außenpolitik, ZfP 17. 1928, 527–42. Allg. zur Theorie: E. Krippendorff, Ist Außenpolitik Außenpolitik?, PVS 4. 1963, 243–66.

22. G. Ritter, Gegenwärtige Lage u. Zukunftsaufgaben deutscher Geschichtswissenschaft, HZ 170. 1950, 21 f., ein Urteil, das auf Ritters Schriften seit 1950 angewendet zu einer aufschlußreichen Charakterisierung führen würde. Vgl. die Forderung von M. Silberschmidt, Wirtschaftshistorische Aspekte der Neueren Geschichte, HZ 171. 1951, 245 f.

1870er Jahre ausgelösten säkularen Strukturwandel der größten okzidentalen Staaten gebunden werden sollte, – eine These, die in der Arbeit noch begründet wird. Wenn man aber die beiden ersten Jahrzehnte des Deutschen Kaiserreichs von 1871 von einer derart verkürzten »Epoche des Imperialismus« scharf scheidet und damit der ursprünglich in eminentem Maße politisch bedingten rigorosen Abhebung der Bismarckära von der wilhelminischen Zeit folgt, dann verfehlt man die Kontinuität des deutschen Imperialismus ganz genau so, als wenn man z. B. in der amerikanischen Geschichte das Jahr 1898 nicht als Kulminations-, sondern als Ausgangspunkt des amerikanischen Imperialismus bezeichnen würde. Kurzum, die Konzentration auf den Staat, der »Primat der Außenpolitik« und eine weder theoretisch, noch empirisch fundierte Epochengliederung haben den Blick auf die Genesis und Entwicklungsgeschichte des deutschen Imperialismus versperrt. Eine auf diese Schwerpunkte festgelegte Historiographie mußte in der Tat an eine Grenze der Forschung geraten und stagnieren.

Aus dieser Sackgasse führt meines Erachtens am ehesten die entschlossene Hinwendung zu einer Theorie, die der sozialökonomischen Entwicklung voll Rechnung trägt, heraus. Eine solche Theorie, die im Verlauf der Untersuchung klarer hervortreten wird, ist oben umrissen worden. Hier gilt es noch, kurz ihren zeitlichen Anwendungsbereich abzustecken, worauf zu Beginn von Kap. II. näher eingegangen wird. Die Vorgeschichte des deutschen Imperialismus fällt in die Hochkonjunkturperiode von 1850 bis 1873, die Epoche der deutschen Industriellen Revolution. Im Mittelpunkt steht indessen die Trendperiode der industriewirtschaftlichen Entwicklung von 1873 bis 1896, die nicht nur in Deutschland, sondern in globalem Maßstab durch eine Reihe schwerer Wachstumsstörungen, einschneidender Depressionen und heftiger Konjunkturschwankungen, insgesamt durch eine »sehr erhebliche Erschwerung des langfristigen Wachstums der Gesamtwirtschaft«, gekennzeichnet war. Wenn hier einige wirtschaftliche und gesellschaftliche, ideologische und politische Probleme dieser Jahre untersucht werden, so rückt dabei der oben angedeutete Zusammenhang zwischen sozialökonomischer Krisenzeit und imperialistischer Expansion in den Vordergrund. Die Analyse des deutschen Imperialismus vor 1890 wird erweisen müssen, inwieweit sich diese Leitperspektive bewährt. Die Untersuchung schließt nicht mit dem Ende der Trendperiode um 1896, sondern mit 1890 ab: nicht wegen Bismarcks Entlassung, sondern weil die wesentlichen Entwicklungen dieser Phase des deutschen Imperialismus bis dahin alle abgeschlossen, bzw. eingeleitet waren[23].

Ein Überblick über die internationale Imperialismusforschung unterstützt diese

---

23. Rosenberg, Depression, 23. Vgl. dess. Vorentwürfe: Political and Social Consequences of the Great Depression of 1873–96 in Central Europe, EHR 13. 1943, 58–73; Wirtschaftskonjunktur, Gesellschaft u. Politik in Mitteleuropa, 1873–96, In: Mod. Dt. Sozialgeschichte, 225–53, 504–10. – Eine Trendperiode mag als eine ungewohnte Periodisierungseinheit für eine historische Untersuchung erscheinen. Inzwischen ist aber z. B. von der Geschichts- und Sozialwissenschaft vieler Länder in zahlreichen empirischen Arbeiten überzeugend begründet worden, daß der Weltwirtschaftskrise von 1929 mit der ihr folgenden Depressionsphase eine grundlegend wichtige Bedeutung für die Geschichte der 1930er Jahre zuzumessen ist. Wie wollte man ohne sie die stürmische Entfaltung des Nationalsozialismus, Roosevelts »New Deal« und Außenpolitik, die Entwicklung der modernen Konjunkturtheorie und -politik, um nur wenige einleuchtende Beispiele zu nennen, hinreichend erklären? (Vgl. dazu W. Conze u. H. Raupach, Die Staats- u. Wirtschaftskrise des Deutschen Reiches, 1929/33, Stuttgart 1967; L. C. Gardner, Economic Aspects of New Deal Diplomacy, Madison 1964; G. Haberler, Prosperität u. Depression, Tübingen 1955²; A. Predöhl, Das Ende der Weltwirtschaftskrise, Hamburg 1962.) Methodologisch ist es aber dann in demselben Maße berechtigt, die Krisen und Depressionen des 19. Jhs. zugrunde zu legen.

Entscheidung, von der Trendperiode zwischen 1873 und 1896, die von vielen Zeitgenossen als »Große Depression« empfunden und bezeichnet wurde, auszugehen. So hat man den englischen Imperialismus der spätviktorianischen Jahrzehnte ohne Umschweife ein »Phänomen der Großen Depression« nennen können. Die Entwicklungsphasen der amerikanischen Expansion nach dem Bürgerkrieg sind aufs engste mit den Konjunkturfluktuationen seit 1873 verflochten, und die französische Ausbreitung nach Nordafrika und Indochina entzieht sich, unbeschadet ihrer langen Vorgeschichte, ohne Berücksichtigung der wirtschaftlichen Störungen einer schlüssigen Interpretation[24].

Diese Forschungsresultate, in deren Gleichstimmigkeit sich der globale Charakter der Wachstumsprobleme widerspiegelt, legen auch die Antwort auf die Frage nahe, wo man denn die Erklärung für die seit je beobachtete Gleichzeitigkeit und Ähnlichkeit der imperialistischen Expansion zu suchen habe, – ein Problem, das hier vorerst nur angeschnitten werden kann. Da Weltwirtschaft aber erst eigentlich in der Epoche der Industrialisierung entstand und man folglich seit der Krise von 1857 von Weltwirtschaftskrisen sprechen kann, ja muß, hat auch die gemeinsame Erfahrung der weltweiten Wachstumsstörungen von 1873 bis 1896 strukturell ähnliche Voraussetzungen für die gleichzeitige Expansion geschaffen[25].

Wenn wir oben feststellten, daß die Erforschung des modernen Imperialismus durch die deutsche Geschichtswissenschaft lange gestockt hat, so galt bis vor kurzem allgemein ein ähnliches Urteil auch für die Bismarckforschung. Nach der Fülle der Studien

---

24. W. W. Rostow, British Economy of the 19th Century, London 1948, 131, 77, 89; Hobsbawm, 107; A. E. Musson, The Great Depression in Britain, 1873–96, JEH 19. 1959, 228; M. Dobb, Studies in the Development of Capitalism, N. Y. 1947, 313 f.; ders., Imperialism, in: ders., Political Economy and Capitalism, London 1950⁵, 223–69. Vgl. jetzt dazu: W. J. Mommsen, Nationale u. ökonomische Faktoren im britischen Imperialismus vor 1914, HZ 206. 1968, 618–64. – USA: W. A. Williams, The Tragedy of American Diplomacy, N. Y. 1962²; ders., The Contours of American History, N. Y. 1961; W. La Feber, The New Empire, Ithaca 1963; D. M. Pletcher, The Awkward Years. American Foreign Relations under Garfield and Arthur, Columbia 1962. In einigen Vorstudien zu einer zusammenfassenden Untersuchung des amerikanischen Imperialismus bis 1900 bin ich auch von dieser Theorie ausgegangen: 1889 – Wendepunkt der amerikanischen Außenpolitik. Die Anfänge des modernen Panamerikanismus – Die Samoakrise, HZ 201. 1965, 57–109; Sprungbrett nach Ostasien, Die amerikanische Hawaiipolitik bis zur Annexion von 1898, JbA 10. 1965, 153–81; Stützpunkte in der Karibischen See. Die Anfänge des amerikanischen Imperialismus auf Hispaniola, Jahrbuch für Geschichte Lateinamerikas (= JbLA) 2. 1965, 397–426; Handelsimperium statt Kolonialherrschaft. Die Lateinamerikapolitik der Vereinigten Staaten vor 1898, ebda., 3. 1966, 183–317; Cuba Libre u. amerikanische Intervention. Der kubanische Aufstand seit 1895 u. die Vereinigten Staaten bis zum Interventionsentschluß im Herbst 1897, ebda., 5. 1968, 303–45; Sendungsbewußtsein u. Krise. Studien zur Ideologie des amerikanischen Imperialismus, JbA 13. 1968, 98–133; demn. Der amerikanische Handelsimperialismus in China, 1844–1900, ebda., 14. 1969; ders., Schlachtflottenbau u. Imperialismus in den Vereinigten Staaten, 1865–1900. – Frankreich: H. Brunschwig, Mythes et Réalités de l'impérialisme colonial français, 1871–1914, Paris 1960, 71–78; C. Morazé, Das Gesicht des 19. Jhs., Düsseldorf 1959, 368–78; M. Reclus, J. Ferry, Paris 1947, 32–93.

25. Anstelle zahlreicher Äußerungen: E. Kessel, Vom Imperialismus des europäischen Staatensystems zum Dualismus der Weltmächte, Archiv für Kulturgeschichte (= AfK) 42. 1960, 239–66. K. hält ohne tiefere Frage nach den Ursachen verwundert als »Hauptsache« der Imperialismusforschung fest, daß »die Unterschiede der politischen und sozialen Struktur der hieran beteiligten Mächte, die ja an sich nicht gering waren, für die Erscheinung als Ganzes verhältnismäßig wenig ausgemacht haben«, so daß die Imperialismen sich in »ihrem Wesen kaum voneinander unterscheiden« (248 f.). K. irrt aber, wenn er »allein Amerika« eine »gewisse Sonderstellung« zubilligen möchte. Zu Recht wünscht auch K. Knorr (Theories of Imperialism, World Politics 4. 1951/52, 402–32) das Schwergewicht auf die Erforschung der Ursachen zu legen.

in den 1920er und zu Beginn der 1930er Jahre, als Bismarck einer Generation von Historikern als genialer Gestalter einer maßvollen, verantwortungsbewußten Außenpolitik erschien, als man seine Ära – oft viel zu scharf und der Gefahr der Idealisierung erliegend – von der Folgezeit, in der sich erst die unheilvolle Entwicklung bis hin zum Weltkrieg und zum Versailler Frieden angebahnt habe, abhob, als vornehmlich seine in der zweiten Hälfte des 19. Jahrhunderts fremdartigen, der alteuropäischen Welt verhafteten Züge hervorgehoben wurden, – nach dieser Zeit klang das seriöse Interesse unverkennbar ab. Es ist schon bemerkenswert, daß die deutsche Geschichtswissenschaft, die dem Bismarckproblem soviel Zeit und Kraft gewidmet hat, eine umfassende, wissenschaftlich-kritisch fundierte Bismarck-Biographie, die fraglos als eine enorme Aufgabe erscheinen muß, nicht hervorgebracht hat[26].

Die unbestreitbar wichtige, während des Zweiten Weltkriegs in der Schweiz erschienene Bismarck-Biographie Erich Eycks hat dann um 1950 herum zu einer kurz aufflackernden Debatte geführt. Sie kreiste vor allem um die Vorwürfe, daß Eyck Bismarcks Politik zu starr mit den Maßstäben der linksliberal-freisinnigen Opposition messe; indem er das Ideal eines liberal-bürgerlichen, parlamentarisch regierten deutschen Nationalstaats zugrunde lege, verfehle er angeblich die eigentliche Problematik des im ausgehenden 19. Jahrhundert gegründeten deutschen Nationalstaats. Schließlich versandete die Diskussion im Widerstreit großdeutscher und kleindeutscher Argumente. Die vor allem von Franz Schnabel verfochtene These von der historischen Lebensfähigkeit einer föderativen Lösung der deutschen Frage nach 1848, die »zwangsläufig zu einer übernationalen mitteleuropäischen Union geführt hätte«, hat zunächst einmal genausowenig wie die kleindeutsche Gegenposition neue empirische Untersuchungen angeregt. »Bedenkt man aber, daß auch die kleindeutsche Lösung sehr schnell über die nationalen Grenzen hinaustrieb, – schon unter Bismarck in der deutsch-österreichischen Allianz, dann vor allem in beiden Weltkriegen« –, so hat Wolfgang Sauer unlängst in einer scharfsinnigen Analyse zu bedenken gegeben, »so fragt sich, ob es überhaupt eine reale Alternative großdeutsch-kleindeutsch oder übernational-national gab, ob nicht der wirkliche Gegensatz der zwischen politisch-friedlicher und militärisch-kriegerischer Lösung war«, eine Frage, der wir noch nachzugehen haben[27].

An nachdenklichen, verständnisvollen Essays über Bismarck hat es zwar seit der Debatte über Eyck nicht gefehlt, – wie sich andererseits auch eine unbeschwerte Bismarckorthodoxie wieder entwickelt hat! –, aber neue kritische Arbeiten auf der Grundlage des vorhandenen gewaltigen Materials der Akten und Nachlässe blieben jahrelang aus. Es ist ja überhaupt eine eigentümliche Erscheinung, daß sich die deutsche Geschichtsschreibung, soweit sie der modernen deutschen Geschichte nachspürt, seit 1945 in einer Art revisionistischem Krebsgang bewegt. Nach der vordringlichen

26. Die älteren Arbeiten sind in den bekannten Handbüchern und Bibliographien verzeichnet: »Krit. Bibliographie«, 514 f. Vgl. W. Bussmann, Das Zeitalter Bismarcks, Konstanz 1968[4]; H. Andrews, Bismarck's Foreign Policy and German Historiography, Journal of Modern History (= JMH) 37. 1965, 345–46; D. Hillerbrand, Bismarck in der angelsächsischen Geschichtsschreibung seit 1945, AfK 48. 1966, 387–402.

27. E. Eyck, Bismarck, 3 Bde., Zürich 1941/44; eine Zusammenfassung in: Bismarck u. das Deutsche Reich, Zürich 1955. Die Eyck-Diskussion ist demn. zusammengestellt in: Bismarck in der deutschen Geschichte, Hg. L. Gall, Köln 1970, NWB. Vgl. auch A. Dorpalen, The German Historians and Bismarck, Review of Politics (= RoP) 15. 1953, 53–67. – W. Sauer hat seine Überlegungen in großem Zusammenhang ausgeführt in: Das Problem des deutschen Nationalstaats, in: Mod. Dt. Sozialgeschichte, 407–36, 544–50, Zit. 544, Anm. 1. Ganz enttäuschend ist: R. Ullner, Die Idee des Föderalismus im Jahrzehnt der deutschen Einigungskriege, Lübeck 1965.

Beschäftigung mit den Jahren der nationalsozialistischen Diktatur und der Weimarer Demokratie ist sie mit Vehemenz zur Neubewertung besonders der deutschen Politik im Ersten Weltkrieg zurückgeschritten. Damit wandte sich zwangsläufig die Aufmerksamkeit, ältere Forschungsinteressen vertiefend, der Vorkriegszeit zu, und es liegt ganz auf dieser Linie, daß jetzt wieder die Diskussion auf Bismarck und die Probleme des Reichs von 1871 zusteuert. So ist z. B. die »Reichsgründung« von H. Böhme neu analysiert worden. H. Rosenberg hat in seinem Buch über »Große Depression und Bismarckzeit« paradigmatisch einen neuen Forschungsansatz verfolgt, W. Lipgens eine Debatte über die Annexion von Elsaß und Lothringen entfacht. Aus russischen und deutschen Akten ist die Bismarcksche Rußlandpolitik der 1870er und 1880er Jahre von S. Kumpf-Korfes dargestellt worden. Th. Schieder hat das »Kaiserreich von 1871 als Nationalstaat« neu gewertet, E. R. Huber seine Verfassungsgeschichte breit ausgeführt, R. Morsey den Aufbau der Reichsverwaltung während der Bismarckzeit, I. Fischer-Frauendienst, jüngst auch E. Naujoks Bismarcks Pressepolitik untersucht. In Amerika ist der erste Band der Bismarck-Biographie O. Pflanzes, in England eine Neuinterpretation von Bismarcks Sturz erschienen[28].

Mancherorts regt sich mithin nicht nur ein frisches Interesse, sondern erscheinen jetzt auch Arbeiten, die das herkömmliche Bild revidieren. 150 Jahre nach Bismarcks Geburtstag hat unter kritischen Gesichtspunkten von breiter empirischer Basis aus eine Neubewertung Bismarcks und seiner Politik begonnen. Dazu möchte auch die vorliegende Studie beitragen, sind doch inzwischen fünfzig Jahre vergangen, seitdem die letzten zusammenfassenden Darstellungen zur Geschichte der deutschen Expansion zwischen 1860 und 1890 erschienen sind. Der Oncken-Schüler M. v. Hagen konnte sein Buch über »Bismarcks Kolonialpolitik«, das bereits vor dem Ersten Weltkrieg geschrieben worden war, erst 1923 veröffentlichen. Zwei Jahre vorher war die Arbeit der amerikanischen Historikerin M. E. Townsend über die »Ursprünge des deutschen Kolonialismus« von 1871 bis 1885 erschienen, worin sie eine unhaltbare These von der Zielstrebigkeit, mit der Bismarck seit jeher Kolonialerwerb angestrebt habe, vertrat. Hagens Arbeit dagegen teilte die Auffassung aller älteren deutschen Darstellungen zu diesem Thema: sie verengte den deutschen Imperialismus dieser

28. Vgl. »Krit. Bibliographie«, 515. H. Böhme, Deutschlands Weg zur Großmacht, Studien zum Verhältnis von Wirtschaft u. Staat während der Reichsgründungszeit, 1848–81, Köln 1966; ders. Hg., Die Reichsgründung, München 1967; ders. Hg., Probleme der Reichsgründungszeit, 1848–1879, Köln 1969 (NWB 26); ders., Big Business, Pressure-Groups und Bismarck's Turn to Protectionism, 1873–79, HJ 10. 1967, 218–236. – Rosenberg, Depression, dadurch u. Böhme zum großen Teil überholt: I. N. Lambi, Free Trade and Protection in Germany, 1868–1879, Wiesbaden 1963. – W. Lipgens, Bismarck, die öffentliche Meinung u. die Annexion von Elsaß u. Lothringen, HZ 199. 1964, 31–112; ders., Bismarck u. die Frage der Annexion 1870, HZ 206. 1968, 586–617; L. Gall, Zur Frage der Annexion von Elsaß u. Lothringen, 1870, HZ 206, 266–326; J. Becker, Baden, Bismarck u. die Annexion von Elsaß u. Lothringen, Zeitschrift für die Geschichte des Oberrheins (= ZGO) 115. 1967, 1–38. Vgl. allg. H.-U. Wehler, Elsaß-Lothringen von 1870 bis 1918, ZGO 109. 1961, 133–99 (demn. in: ders., Krisenherde des Kaiserreichs von 1871–1918. Studien zur Sozial- u. Verfassungsgeschichte, Köln 1969); ders., Das »Reichsland« Elsaß-Lothringen, 1870–79, in: Probleme der Reichsgründungszeit, Hg. H. Böhme, 431–47. – S. Kumpf-Korfes, Bismarcks »Draht nach Rußland«, Berlin 1968. Th. Schieder, Das deutsche Kaiserreich von 1871 als Nationalstaat, Köln 1961. E. R. Huber, Deutsche Verfassungsgeschichte seit 1789, III, IV, Stuttgart 1963/69. R. Morsey, Die oberste Reichsverwaltung unter Bismarck, 1867–90, Münster 1957. I. Fischer-Frauendienst, Bismarcks Pressepolitik, Münster 1963. – E. Naujoks, Bismarcks auswärtige Pressepolitik u. die Reichsgründung, 1867–71, Wiesbaden 1968. O. Pflanze, Bismarck and the Development of Germany, I: 1815–71, Princeton 1963. J. Röhl, The Disintegration of the Kartell and the Politics of Bismarck's Fall from Power, 1887–90, HJ 9. 1966, 60–89; ders., Staatsstreichplan oder Staatsstreichbereitschaft? Bismarcks Politik in der Entlassungskrise, HZ 203. 1966, 610–24.

Jahrzehnte auf formellen Landerwerb in Übersee, der unbedingt positiv, als natürlicher Zuwachs für eine aufstrebende Weltmacht bewertet wurde. Eine kritische Distanz hat hier ebenso gefehlt wie ein unpolemischer Vergleich mit der Entwicklung anderer Staaten, denn der eifersüchtige Hinweis auf das englische Empire war durchaus aktuell-politisch motiviert. Zudem wurde von vornherein durch die Einengung des Blickwinkels auf das Vorgehen Bismarcks auch das Imperialismusproblem in das Schema: daß die großen Persönlichkeiten die Geschichte machen, gepreßt[29].

Indem wir den deutschen Imperialismus unter der Regierung Bismarck einer bestimmten Phase der Industrialisierung zuordnen, versuchen wir, die Gefahren, die dem personalistischen Geschichtsverständnis der ausschließlich auf Bismarck ausgerichteten Literatur offensichtlich innewohnen, zu vermeiden, ohne doch Bismarcks durchdringenden Einfluß, den die Darstellung im IV. und V. Kapitel und die zusammenfassende Analyse im VI. Kapitel immer wieder erweisen wird, leugnen zu wollen. Wenn wir vor allem die sozialökonomischen Bedingungen, die den Aktionsraum der Bismarckschen Politik begrenzt haben, hervorheben, befinden wir uns im Einverständnis mit Bismarcks eigener, immer wieder geäußerter Auffassung: wie sehr der Politiker von den Kräften seiner Zeit abhängig sei. Der Mann, der von sich sagen konnte, daß er »einen angeborenen Respekt vor allen realen Mächten und Gewalten« besitze, hat in immer neuen Bildern diese Abhängigkeit des handelnden Staatsmanns, der auf dem Strom der Zeit zwar fahren, jedoch ihm nicht die Richtung vorschreiben könne, Ausdruck verliehen: »Fert unda, nec regitur«. So sehr auch eine kritische Überprüfung der Bedeutung und Glaubwürdigkeit dieser Auffassung Bismarcks geboten ist (Kap. VI), so besteht doch zunächst kein Anlaß, diese Worte Bismarcks über die Möglichkeiten und den Charakter seiner Rolle als Politiker zu übersehen[30].

Diese Akzentuierung der »objektiven« Bedingungen, die auf Bismarcks Politik als Antrieb wirkten und ihr Grenzen setzten, ließe sich auch noch erkenntnistheoretisch verteidigen. Denn jede im konventionellen Sinn streng biographisch ausgerichtete Studie würde in den Strudel um die Krise des Verstehensbegriffs gezogen, die andernorts näher erörtert worden ist[31]. Hier sei nur soviel gesagt, daß diese unbestreitbare Problematik ebenfalls den Verzicht auf die biographische Konzentration auf Bismarck nahelegt.

Es ist darüber noch zu streiten, ob Bismarck, der fraglos starke Strömungen seiner Zeit nutzte, aber auch ihre Richtung beeinflußte und sich zweifellos einigen der mächtigsten Tendenzen entgegenstemmte, um die Interessen einer bestimmten Sozial- und Herrschaftsordnung zu verteidigen, – ob Bismarck als virtuoser Pragmatiker der Politik hinreichend charakterisiert ist. Aber auch wenn man sich diese Auffassung zu eigen macht, wie es weithin geschieht, ergibt sich erst recht mit Notwendigkeit

---

29. M. v. Hagen, Bismarcks Kolonialpolitik, Stuttgart 1923 (zit. Hagen); ders., Voraussetzungen u. Veranlassungen für Bismarcks Eintritt in die Weltpolitik, Berlin 1914, bietet einen Vorabdruck daraus. M. E. Townsend, Origins of Modern German Colonialism, 1871–85, N. Y. 1921; Vgl. dies., The Rise and Fall of Germany's Colonial Empire, 1884–1918, N. Y. 1930, 30–152. Die älteren Darstellungen: »Krit. Bibliographie«, 512. Zu den Spezialstudien s. u. jeweils zu Beginn der Abschnitte von Kap. IV u. V.

30. H. R. v. Poschinger, Neue Tischgespräche u. Interviews, Stuttgart 1895, I, 68: H. Kohl Hg., Bismarck-Jahrbuch, III, Berlin 1896, 394. Vgl. H. Holborn, Bismarck's Realpolitik, JHI 21. 1960, 84–98; O. Pflanze, Bismarck's »Realpolitik«, RoP 20. 1958, 492–614.

31. H.-U. Wehler Hg., Geschichtswissenschaft u. Psychoanalyse, Frankfurt 1969; ders., Zum Verhältnis von Geschichtswissenschaft u. Psychoanalyse, HZ 1969.

die Aufgabe, die reale Situation, in die das Handeln dieses Politikers eingebettet war, konkret darzustellen, mithin die allgemeinen Zeitverhältnisse, denen sich der »Realpolitiker« gegenübersah, gebührend zu berücksichtigen.

Unsere Arbeit verfolgt Interessen auf zwei Forschungsfeldern, die, wie sich ergeben hat, eine Fülle unbeantworteter Fragen umschließen. Sie analysiert den deutschen Imperialismus bis 1890 und interpretiert – nicht nur aus diesem Zusammenhang heraus – aufs Neue die Bedeutung verschiedener Phasen und Aktionen der Bismarckschen Politik. Nicht zuletzt will sie damit einen Beitrag zu der erst vor kurzem wieder eröffneten Diskussion über das Problem der Kontinuität in der deutschen Geschichte namentlich seit dem 19. Jahrhundert beisteuern.

Das Buch zerfällt in drei Teile. Im II. und III. Kapitel werden die realen und ideologischen Antriebskräfte des deutschen Imperialismus in den Jahrzehnten von 1860 bis 1890 untersucht. Im IV. und V. Kapitel wird die Ereignisgeschichte der Expansion von den Anfängen über die koloniale Besitzergreifung bis hin zum Stand der Entwicklung um 1890 verfolgt, im VI. Kapitel die Bedeutung des deutschen Imperialismus in der Zeit der Regierung Bismarck zusammenfassend analysiert. Der erste Teil der Studien hat zur Aufgabe, die Grundlagen des Entscheidungsprozesses, d. h. hier: der Entscheidung für die imperialistische Expansion, herauszuarbeiten. Aus Gründen der theoretischen und praktischen Klarheit werden dabei die realhistorischen von den ideologischen Voraussetzungen unterschieden, obschon beide, wie sich zeigen wird, dicht aufeinander bezogen bleiben. Trotz der zuerst vielleicht etwas künstlich anmutenden Zerlegung eines historischen Entwicklungsprozesses soll letztlich die innere Einheit der Phänomene um so deutlicher in Erscheinung treten. Diesem systematischen Ansatz, von dem auch die Politische Wissenschaft und die Politische Soziologie bei ihren Analysen des »Process of Decision-Making« häufig ausgehen, ist sicher eine gewisse Abstraktion zu eigen, doch verdient er auf jeden Fall den Vorzug vor einer erzählenden Darstellung, die diese Probleme nicht adäquat erfassen kann.

In Kapitel II werden die Trendperioden von 1848 bis 1873 und von 1873 bis 1896, soweit ihr Verlauf und Inhalt für unsere Problematik von Bedeutung sind, untersucht. Mit anderen Worten: die realhistorischen, »objektiven« Grundlagen stehen hier im Mittelpunkt. Das erklärt auch die Häufigkeit quantifizierter, bzw. quantifizierbarer Aussagen[32]. Erst nach dieser Analyse kann in Kapitel III ganz aus dem Verständnis der Zeit heraus der ideologische Konsensus, der den Imperialismus getragen hat, verständlich gemacht werden. Der Beginn dieser beiden Kapitel ist dann auch der Ort, noch einmal auf einige theoretische Fragen einzugehen.

Hier sei nur noch abschließend erwähnt, daß ich mir der Fülle von theoretischen und praktischen Problemen bewußt bin, die sich hinter dem umfassenden, aber zugleich auch verkürzenden Begriff der Industrialisierung verbergen. Es handelt sich bei »der« Industrialisierung um ein Bündel von schier zahllosen, chronologisch keineswegs synchronisierten Veränderungen, um eine Revolution oder auch einen allmählichen Wandel im Bereich der Produktivkräfte, der gesellschaftlichen Strukturen und institutionellen Ordnungen, mithin der Produktionsverhältnisse im engen Sinn, aber auch der sozialkulturellen Wertsysteme, der psychischen Dispositionen usw. In der vorliegenden Arbeit liegt aber das Schwergewicht auf einigen wenigen: vor allem ökonomischen, dann gesellschaftlichen und politischen Fragen. Eine mög-

---

32. Zu diesen methodologischen Problemen: Wehler, Theorieprobleme, mit der neuen Lit.

lichst erschöpfende Systemanalyse wird hier nicht angestrebt, ihr fühle ich mich auch nicht gewachsen, zumal da sich zur Zeit – von den erheblichen praktischen Schwierigkeiten und den überall fehlenden Einzelstudien einmal ganz abgesehen – jeder Versuch, eine Phase des Modernisierungsprozesses in Deutschland mit Hilfe einer angemessenen Theorie zu untersuchen, zahlreichen komplizierten und meines Erachtens noch nicht hinreichend geklärten Problemen der Theorie- und Forschungskonzeption gegenübersieht. Kurzum, wenn im folgenden etwa von »endogenen« wirtschaftlichen Kräften die Rede ist, so handelt es sich in mancher Hinsicht um einen fragwürdigen Begriff, und ich sehe durchaus, daß diese »endogenen« Kräfte in ganz entscheidendem Maße gesellschaftlich mitbestimmt sind. Der Begriff wird mithin polemisch gebraucht gegen eine Auffassung, die wie selbstverständlich »dem« Staat oder »den« Ideen den Vorrang zuweist. Ich habe mich aber bemüht, zumindest einige Zusammenhänge zwischen Wirtschaft, Politik, Gesellschaft, Ideologien usw. freizulegen, mit anderen Worten: einige der für die Imperialismusproblematik wichtigen funktionellen und kausalen Abhängigkeiten im Rahmen eines bestimmten gesellschaftlichen Systems herauszuarbeiten[33].

33. Vgl. hierzu A. Löwe, Politische Ökonomik, Frankfurt 1968, 81, 87, 98–113, 204–17, 267–70, 313. Dazu auch A. Shonfield, Geplanter Kapitalismus, Köln, 1968, sowie allg. C. E. Black, The Dynamics of Modernization, N. Y. 1967², mit der Lit. 175–99.

Sozialökonomische Krisenzeit

> »Die Unterscheidung zwischen ›ökonomischen‹ und ›nichtökonomischen‹ Faktoren ist vom methodologischen Standpunkt aus tatsächlich ebenso nutzlos wie unsinnig und sollte durch die Unterscheidung zwischen ›relevanten‹ und ›irrelevanten‹ oder ›relevanteren‹ und ›weniger relevanten‹ Faktoren ersetzt werden.«
>
> Gunnar Myrdal, 1957[1]

Vor mehr als hundert Jahren fiel Karl Knies, einem der profilierten Vertreter der älteren Historischen Schule der deutschen Nationalökonomie, in einem Überblick über die Entwicklung der Industriestaaten »das Gleichartige und Übereinstimmende« auf. Die fortschreitende »Industrialisierung« lasse, wie er 1853 schrieb, den »Synchronismus« dieser Entwicklung »immer sichtbarer« hervortreten. Das »Gleichartige«, aber auch das wesentlich Unterschiedliche der Industrialisierungen haben inzwischen die moderne Wirtschaftsgeschichte, die Wachstums- und Konjunkturforschung herausgearbeitet, und der »Synchronismus« der industriewirtschaftlichen Entwicklung tritt besonders deutlich hervor, wenn man das Augenmerk darauf richtet, wie die durch den Weltmarkt verbundenen Industrieländer gleichzeitig Schwankungen des Wachstums und Konjunkturverlaufs ausgesetzt sind. An solche Perioden unterschiedlicher Wachstumsintensität wird man auch anknüpfen können, um die Frage: unter welchen Gesichtspunkten im Hinblick auf unsere Probleme des Imperialismus vor 1890 die sozialökonomische Entwicklung in Deutschland periodisiert und inhaltlich näher bestimmt werden soll, zu entscheiden[2].

Dabei könnte der Rückgriff auf die unlängst vieldiskutierte Stadientheorie W. W. Rostows angeraten werden. In seiner bildhaften Sprache hat Rostow fünf Stufen der wirtschaftlichen Entwicklung unterschieden: die traditionale Wirtschaftsverfassung, die Vorstufe des »Take-Off« (ein aus der technischen Sprache stammender Ausdruck

---

1. G. Myrdal, Ökonomische Theorie u. unterentwickelte Regionen, Stuttgart 1959, 8 (korrig. eigene Übersetz. nach: ders., Economic Theory and Underdeveloped Regions, London 1965, 10). Vgl. R. G. Hawtrey (The Economic Aspects of Sovereignty, London 1930, 120): »Die Unterscheidung zwischen ökonomischen und politischen Ursachen ist unrealistisch«, sowie mit diesen beiden bedeutenden Wirtschaftswissenschaftlern: Barraclough, Introduction, 51.
2. K. Knies, Die Politische Ökonomie vom Standpunkt der geschichtlichen Methode, Braunschweig 1853, 117. Vgl. hierzu allg. den brillanten Beitrag von D. S. Landes, Technological Change and Development in Western Europe, 1750–1914, in: Cambridge Economic History of Europe (= CEHE) VI/1. 1965, 274–601, vor allem 457–585. – Im folgenden stehen oft ökonomische Fragen im Vordergrund. Eigentlich müßte auch auf die gesellschaftlichen Probleme im gleichen Maß eingegangen werden. Die Veränderung der Sozialstruktur wirft aber sehr diffizile Forschungsprobleme auf, die bisher nur selten empirisch angegangen worden sind. Es bleibt deshalb hier bei ziemlich fragmentarischen Hinweisen, da z. B. eine genaue Untersuchung der schichtenspezifischen Anfälligkeit (etwa der von der Industrialisierung z. T. hart betroffenen alten Mittelschichten) für den Imperialismus als Ideologie und als Aktion eine eigene Arbeit darstellen würde.

für den Start von Flugkörpern), den »Take-Off« selber, dann den Vorstoß zur wirtschaftlichen Reife, auf die das Stadium des Massenkonsums folgt. In Deutschland sieht Rostow die »Vorstufe« bis 1850 währen, wonach der »Take-Off« bis 1873 einsetzt, dem von 1873 bis 1910 das Stadium der technologisch-wirtschaftlichen Reife folgt. Gewiß hat Rostow eine Theorie entwickelt, die den Vergleich von Wirtschaften, die allzu lange in nationaler Isolierung gesehen worden sind, erfordert. Andererseits ist er jedoch auch, von einer oft schmalen Basis ausgehend, dem unhistorischen Schematismus, der schon die zahlreichen älteren Theorien der Wirtschaftsstufen gekennzeichnet hat, und der »Fiktion einer chronologischen Aufeinanderfolge progressiv fortschreitender Stadien« erlegen. Letztlich erkennt er nur einen einzigen Typus der Industrialisierung: seinen pentametrischen Rhythmus an, der fraglos eine unhaltbare Simplifizierung darstellt. Gegen die offensichtlichen methodologischen und empirischen Schwächen dieser Theorie hat daher die wissenschaftliche Kritik einen fast vernichtenden Frontalangriff geführt. Rostows Theorie behält indessen den Vorzug, noch einmal die Bedeutung der Industriellen Revolution, des »Take-Off« in den Mittelpunkt zu stellen. Wenn sich deswegen auch der Kern der »Take-Off«-Theorie für die deutsche Wirtschaftsgeschichte als nützlich erweisen kann, wobei natürlich eine Differenzierung im einzelnen ganz unumgänglich erscheint, so verwischt doch z. B. das »Reife-Stadium« die tiefe Zäsur zwischen den Trendperioden von 1873 bis 1896 und 1896 bis 1913 in der Mitte der 1890er Jahre, – in der ökonomischen Geschichte der okzidentalen Industriestaaten allgemein eine förmliche Wasserscheide[3].

Wir wollen statt von solchen fragwürdigen Stufenkonstruktionen vielmehr zunächst von zwei allgemeinen, in der Einleitung umrissenen Vorstellungen ausgehen. Das industriewirtschaftliche Wachstum besitzt einen Aufwärtstrend, der über längere Zeiträume hinweg unleugbar kontinuierlich ansteigt. Die moderne Wirtschaftswissenschaft sieht daher häufig ausschließlich in diesem Trend die Hauptsache und tendiert im Gegensatz zur älteren Konjunktur- und Krisenforschung dahin, die Oszillationen der wirtschaftlichen Entwicklung bewußt zu vernachlässigen. Daß diesem Trend säkulare Bedeutung eigen ist, wird niemand bestreiten wollen. Er klettert jedoch, wenn man ihn graphisch darstellt, in bestimmten Perioden mehr oder erheblich weniger beharrlich nach oben, da der wirtschaftliche Wachstumsprozeß – »modo paulatim, modo saltatim« (Gerschenkron) – ungleichmäßig verläuft. Diese deutlich unterscheidbaren Trendperioden beschleunigten oder verlangsamten Wachstums des realen Bruttosozialprodukts sind seit dem 19. Jahrhundert immer wieder beobachtet und – unter welchen Bezeichnungen auch immer – heftig diskutiert worden.

3. W. W. Rostow, The Stages of Economic Growth, N. Y. 1962, 4–11, 38, 59. ders., Leading Sectors and the Take-Off, in: ders. Hg., The Economics of Take-Off into Sustained Growth, London 1963, 1–21; ders., The Process of Economic Growth, N. Y. 1962²; ders., The Take-Off into Self-Sustained Growth, Economic Journal (= EJ) 66. 1956, 25–48. Zur Kritik (vor allem Kuznets, Paulsen, Ohlin, Habakkuk, Cairncross, Hagen, Hobsbawm, Rosovksy) vgl. die Lit. in: Wehler, Theorieprobleme. – Rosenberg, Wirtschaftskonjunktur, 506. Eine gute Übersicht über die Stufentheorien: B. F. Hoselitz, Theories of Stages of Economic Growth, in: ders. Hg., Theories of Economic Growth, Glencoe 1965², 193–298. Vgl. noch hierzu: W. G. Hoffmann, Stadien u. Typen der Industrialisierung, Jena 1931, 71–93; S. Klatt, Zur Theorie der Industrialisierung, Köln 1959; P. Baran, The Political Economy of Growth, N. Y. 1960; P. Bairoch, Niveau de développement économique de 1810 à 1910, Annales 20. 1965, 1091–112. – W. G. Hoffmann (The Take-Off in Germany, in: Rostow Hg., 95–118) setzt für Deutschland die »Vorstufe« bis 1830/35, den »Take-Off« von 1830/35 bis 1855/60 an u. unterscheidet dann noch nach Regionen; vgl. die anderen Beiträge dieses Sammelbands. H. Mottek u. seine Schüler (54 f/1) lassen auch die Industrielle Revolution in Deutschland um 1873 enden.

So haben etwa Aftalion und Pareto, Sombart und Simiand diese Erscheinung deutlich gesehen, aber am bekanntesten sind wohl die »langen Wellen der Konjunktur« des russischen Ökonomen N. D. Kondratieff und die »wirtschaftlichen Wechselspannen« Arthur Spiethoffs geworden. Kondratieff hat aufgrund seiner statistischen Untersuchungen über Warenpreise und Kapitalzinsen, Löhne und Außenhandelsumsätze, über Produktion und Verbrauch der Montangüter usw. zu Beginn der 1920er Jahre, nachdem bereits marxistische Publizisten und Wirtschaftswissenschaftler wie Parvus-Helphand, Tugan-Baranowski, van Geldern und de Wolff in dieselbe Richtung gegangen waren, drei ca. 50–60jährige lange Wellen, die jeweils in eine Aufstiegs- und in eine Abstiegsphase zerfallen (die erste: 1780/90–1810/17–1844/51; die zweite: 1844/51–1870/75–1890/96; die dritte: 1890/96–1914/20), für nachweisbare gehalten. Der erste »Kondratieff«, wie diese Wellen nach ihm benannt wurden, ruht freilich auf einer besonders unsicheren Grundlage von Daten, da nur Großbritannien die Industrielle Revolution hinter sich hatte und die anderen untersuchten Länder erst von den Bedingungen der Frühindustrialisierung geprägt wurden. Der zweite »Kondratieff« umfaßt dann allerdings die Entwicklung mehrerer Industrieländer mit relativ »reinen« hochkapitalistischen Zügen, aber schon vor dem dritten »Kondratieff« beginnen der aufsteigende Interventionsstaat und der organisierte Kapitalismus die Struktur des liberalkapitalistischen Systems so zu beeinflussen und umzuformen, daß eine der kapitalistischen Wirtschaft vermeintlich endogenen Wellenbewegung gestört wird. Empirisch zuverlässig haben sich derartig lange Wellen der wirtschaftlichen Entwicklung, geschweige denn die Notwendigkeit ihrer Zyklizität, bisher nicht nachweisen lassen, obschon Schumpeter, – der den »wirtschaftlichen Prozeß der kapitalistischen Gesellschaft mit der Folge von Ereignissen..., die den Konjunkturzyklus« ausmachen, identifizierte –, Kondratieffs Theorie übernommen und weithin bekannt gemacht hat. Mit der Aufstiegsphase der zweiten langen Welle von 1844/51 bis 1870/75 und der Abschwungphase von 1870/75 bis 1890/96 hat Kondratieff aber durchaus zwei historische Epochenabschnitte, deren unterschiedliche wirtschaftliche Entwicklung nicht in Frage gestellt werden kann, zusammengefaßt[4].

4. Gerschenkron, Continuity, 11, 33 f. – N. D. Kondratieff, Die langen Wellen der Konjunktur, Archiv für Sozialwissenschaft u. Sozialpolitik (= ASS) 56. 1926, 573–609; ders., Die Preisdynamik der industriellen u. landwirtschaftlichen Waren, ebda., 60. 1928, 1–85. Die Lit. über Kondratieff: Krit. Bibliographie, 511. – J. A. Schumpeter, Konjunkturzyklen, 2 Bde., Göttingen 1961, Zit. I, 235. Vgl. früh ders., Die Wellenbewegung des Wirtschaftslebens, ASS 39. 1915, 1–32. Sch. geht allerdings sehr systematisierend vor und handhabt außer den »Kondratieffs« die 10–11jährigen Schwingungen der »Juglars« (nach: C. Juglar, De crises commercials et de leur retour périodique, Paris 1889²; ein Zyklus, der auch Marx und Engels vorschwebte: MEW 23, 39 f.; 25, 506; 34, 372; 36, 386, 433) und die 40monatigen »Kitchins« (nach: J. Kitchin, Cycles and Trends in Economic Factors, Review of Economic Statistics [= RES] 5. 1923, 10–16) als Beweise für seine Theorie der »Innovationen« ziemlich starr. Die Lit. über Schumpeter: Krit. Bibliographie, 511. – Vgl. Predöhl, 13–22, 35–39; U. Weinstock, Das Problem der Kondratieff-Zyklen, Berlin 1964, vor allem 35–66, 87, 106, 120–24; R. Barthelt, Trendfunktionen u. Konjunkturzyklen, wirtsw. Diss. Marburg 1960; G. Imbert, De Mouvements de longue durée Kondratieff, Aix 1959; S. Knetsch, Lange Konjunkturwellen u. Wirtschaftswachstum, wirtws. Diss. Marburg 1959; K. Schelle, Die langen Wellen der Konjunktur, staatswiss. Diss. Tübingen 1951, MS; S. P. Labini, Le problème de cycles économiques de longue durée, Economie Appliquée (= EA) 3. 1950, 481–95; H. W. Finck v. Finckenstein, Das Problem des Trend. Kurze, mittlere u. lange Wellen des wirtschaftlichen Ablaufs, Bern 1946; L. H. Dupriez, Einwirkungen der Langen Wellen auf die Entwicklung der Wirtschaft seit 1800, Weltwirtschaftliches Archiv (= WA) 42. 1935/II, 1–12; J. Kuczynski, Das Problem der langen Wellen, Basel 1934; W. Woytinski, Das Rätsel der langen Wellen, Sch. Jb. 55. 1931, 1–42; W. Däbritz, Die typischen Bewegungen im Konjunkturverlauf, Leipzig 1929, 17–32; E. Wagemann, Konjunkturlehre, Berlin 1928, 74–82. Die ältere Konjunktur- u. Krisenlit. u. 508 f.

Noch vor ihm hatte der Schmoller-Schüler Arthur Spiethoff unter dem Eindruck der Konjunkturschwankungen im letzten Drittel des 19. Jahrhunderts durchaus selbständig seine Theorie von den wirtschaftlichen »Wechsellagen« und den lange Schwingungen umfassenden »Wechselspannen« entwickelt. Spiethoff sah im Gegensatz zu dem damals noch vorherrschenden Denken in statischen Gleichgewichtsmodellen »das Normale der freien geldwirtschaftlichen, hochkapitalistischen Marktverfassung« im »Kreislauf der Wechsellagen« und wies in mühsamer empirisch-historischer Arbeit die ungleichmäßige Entwicklung moderner Wirtschaften im einzelnen und vergleichend nach.

Bei den langen Schwingungen in der Entwicklung der Produktionskapazität, des Arbeits- und Kapitalmarkts, der Produktivität und der Preise usw., – wie sie solchen Vorstellungen von den langen Wellen in wenn auch korrekturbedürftiger Form zugrunde lagen –, handelt es sich keineswegs um eine Erfindung marxistischer Wirtschaftswissenschaftler, wie man bis heute immer wieder behauptet hat, sondern um realhistorische Phänomene, die seit diesen älteren Vorarbeiten von einigen der bedeutendsten empirisch arbeitenden Ökonomen und Wirtschaftsstatistikern unserer Zeit, – wie S. Kuznets und W. A. Lewis, M. Abramovitz und A. F. Burns u. a. –, nachgewiesen worden sind. Vor allem Schwingungen von ca. 18–22jähriger Dauer werden inzwischen als Perioden des Säkulartrends anerkannt und vergleichenden wirtschaftshistorischen Wachstumsforschungen zugrunde gelegt[5].

Wir haben es hier mit zwei derartigen Trendperioden in Deutschland zu tun: mit dem Durchbruch der Industriellen Revolution in der Hochkonjunkturphase von 1850 bis 1873 und der Trendperiode von 1873 bis 1896, die aufgrund anhaltender, wiederholter Wachstumsstörungen eine auffällige Verlangsamung der Aufwärtsbewegung aufweist. »Nirgendwo jedoch war die Entwicklung der Wirtschaft« durch eine »langfristige Rückschritts- oder auch nur eine beharrliche Stagnationstendenz« gekennzeichnet. Aufs Ganze gesehen hat vielmehr das wirtschaftliche Wachstum weiterhin Fortschritte gemacht, der sich im »Großen Spurt« der 1850er und 1860er Jahre endgültig durchsetzende permanente Aufwärtstrend überstand auch die internationalen Depressionen der beiden folgenden Jahrzehnte, aber im Vergleich mit den Hochkonjunkturperioden von 1850 bis 1873 und von 1896 bis 1914 knicken viele Wachstumskurven für die Zeit von 1873 bis 1896 scharf ab und verlaufen dann abgeflacht weiter nach oben. Die wachstumstheoretischen und wirtschaftsstatistischen Kriterien gestatten es daher durchaus, von einer krisenhaften Entwicklungsphase zu sprechen. Durch den wissenschaftlichen Befund wird in mancher Hinsicht, wenn auch nicht generell, das Urteil zahlloser Zeitgenossen, die wegen mehrerer Depressionen, ab-

5. A. Spiethoff, Die wirtschaftlichen Wechsellagen, 2 Bde., Tübingen 1955 (= Neudruck des Art. »Krisen«, in: Handwörterbuch der Staatswissenschaften [= HSt] 6. 1925[4], 8–91), Zit. I, 195; ders., Overproduction, ESS VI/1, 513–17; ders., Vorbemerkungen zu einer Theorie der Überproduktion, Sch. Jb. 26. 1902, 721–59. Die Lit. über Spiethoff im Anhang, 511. – S. Kuznets, Economic Growth and Structure, N. Y. 1965; ders., Six Lectures on Economic Growth, Glencoe 1959; ders., Economic Change, N. Y. 1953; ders., Modern Ec. Growth; dess. ältere Arbeiten, Anhang 509. M. Abramovitz, The Nature and Significance of Kuznets Cycles, Economic Development and Cultural Change (= EDCC) 9. 1961, 225–48; W. A. Lewis u. P. J. O'Leary, Secular Swings in Production and Trade, 1870–1913, Manchester School (= M. Sch.) 23. 1955, 133–52. Vgl. A. Gerschenkron, Economic Backwardness in Historical Perspective, Cambridge/Mass. 1962; W. A. Cole u. P. Deane, The Growth of National Incomes, CEHE VI/1, 1–55; C. Kindleberger, Economic Development, N. Y. 1965[2]; den instruktiven Sammelband von B. E. Supple Hg., The Experience of Economic Growth, N. Y. 1963; C. Clark, The Conditions of Economic Progress, London 1957[3], sowie B. F. Hoselitz, Sociological Aspects of Economic Growth, Glencoe 1960.

rupter Konjunkturschwankungen und der in dieser Zeit anhaltenden Preisdeflation in einer Dauerkrise zu leben glaubten, bestätigt. Wenn die liberalkapitalistische Wirtschaft allgemein ein Janusgesicht besaß: hier ein beispielloser Produktionsanstieg mit zunehmendem Wohlstand für wachsende Schichten – dort Depressionen, chaotische Labilität, unvorhersehbare Gefahrenzonen, weitverbreitete Unfähigkeit und Abneigung, der Produktionsanarchie rational zu steuern, dann schien seit 1873 lange Jahre vornehmlich ihre dunkle Seite sichtbar zu sein. Damals ist daher auch schon frühzeitig der Epochenname der »Großen Depression« aufgetaucht, den wir aber nur gelegentlich als historischen Begriff verwenden, da der Bedeutungsgehalt, der hier mitschwingt, bei einer Trendperiode mit einem bemerkenswerten, im letzten Drittel sogar erstaunlichen, obschon behinderten Wachstum doch einen irreführenden Eindruck hinterlassen könnte[6].

Vergegenwärtigen wir uns erst knapp den internationalen Charakter der Trendperiode von 1873 bis 1896, ehe wir uns der Wirtschaftsentwicklung in Deutschland zuwenden.

1. DIE WELTWIRTSCHAFTLICHEN WACHSTUMSSTÖRUNGEN VON 1873 BIS 1896

Auf die globale Hochkonjunkturphase während des Aufschwungs nach 1850 folgte seit 1873 in den meisten okzidentalen Industriestaaten eine 22 Jahre lang währende Verlangsamung des wirtschaftlichen Wachstums: die überwiegend von Stockungsspannen bestimmte Trendperiode bis 1896. Sie zerfiel in drei zyklische Depressionen, die von zwei Aufschwüngen unterbrochen wurden. Die Zweite Weltwirtschaftskrise von 1873 ging in eine bis 1879 währende industrielle Tiefkonjunktur über, die durch schwere Stagnation, rapiden Preisverfall, ja zeitweilig sogar durch Schrumpfungserscheinungen auf der Mengenseite der Wirtschaft gekennzeichnet war. Vom Herbst 1879 bis Spätsommer 1882 hielt sich die aufsteigende Tendenz, ehe erneut mit Wucht eine zweite, bis 1886 dauernde Depression einsetzte. Nachdem soeben die ökonomische Entwicklung endlich wieder eine Tempozunahme erlebt und ein noch zaghafter Optimismus sich hervorgewagt hatte, wurde der Rückfall in die Depression um so stärker als Schock empfunden, – eine bittere Erfahrung, die außerdem durch eine strukturelle Agrarkrise, die sich gerade jetzt voll auszuwirken begann, eingeätzt wurde. Die tiefe Enttäuschung über den Rückfall, sowie die kumulative Wirkung der

---

6. Rosenberg, Depression, 27; Hobsbawm, 104, 269; Gerschenkron, Continuity, 33 f.; ders., Backwardness, 7, 353. – Einen Überblick über die nur mehr schwer zu überschauende Lit. gewinnt man aus: R. A. Easterlin u. a., Economic Growth, IESS IV, 395–429; J. R. T. Hughes u. W. E. Moore, Industrialization, ebda., VII, 252–70; A. F. Burns, Business Cycles, ebda., II, 226–49; H. König Hg., Wachstum u. Entwicklung der Wirtschaft, Köln 1968 (NWB 23), 401–24; B. Fritsch Hg., Entwicklungsländer, Köln 1968 (NWB 24), 436–448; W. Weber Hg., Konjunktur- u. Beschäftigungstheorie, Köln 1967 (NWB 14), 443–49; G. Bombach, Wirtschaftswachstum, HSW 12, 763–801; H. Besters, Wirtschaftliche Konjunkturen, Staatslexikon 8. 1963, 738–53; J. J. Clark u. M. Cohen Hg., Business Fluctuations, Growth, and Economic Stabilization, N. Y. 1963, 623–69; M. Teschner, Wirtschaftskonjunkturbewegung u. -theorien, Handwörterbuch der Betriebswirtschaft 4. 1962³, 6407–23; W. Jöhr u. G. Clausing, Konjunkturen, HSW 6. 1959, 97–141; W. Stützel, Konjunkturbeobachtung, -theorie, Enzyklopädisches Lexikon des Geld-, Bank- u. Börsenwesens, II, Frankfurt 1957, 1013–17, 1027–39; G. Haberler u. a. Hg., Readings in Business Cycle Theory, London 1944, 443–87.

industriellen und der agrarischen Stockung haben dieser zweiten Depression eine ungemein folgenreiche Bedeutung gegeben, die uns vor allem im Hinblick auf die deutsche, doch auch auf die amerikanische, englische und französische Geschichte noch beschäftigen wird.

1886 begann ein Aufschwung, der nach dem Boomjahr 1889 schon 1890 erneut unterbrochen wurde, weithin symbolisiert durch den Zusammenbruch des renommierten Londoner Bankhauses Baring. In Europa setzte sich nach der relativ schwachen dritten Depression bis Ende 1895 die seit den 1880er Jahren deutlich vordringende Aufschwungstendenz endlich durch, wogegen die Vereinigten Staaten seit 1893 noch eine (nur mit 1873/79 und 1929/34 zu vergleichende) Verschärfung der Depression erlebten. Der allgemein Ende 1896 voll einsetzende Aufstieg leitete 1897 in eine (nur 1900 und 1907 kurz unterbrochene) Hochkonjunkturphase der Weltwirtschaft bis 1913: ihr goldenes Zeitalter, über.

Aufgrund von statistischen Berechnungen, die von dem Frachtverkehr der Eisenbahnen der Welt und von der Industrieproduktion der dreizehn wichtigsten Industrieländer ausgehen, läßt sich eine universelle Zäsur im Trend der Wachstumsraten der Weltproduktion und des Weltverkehrs seit 1873 nachweisen. Vor allem verlangsamte sich das Entwicklungstempo der Weltproduktion an Kohle und Roheisen. Während die Weltkohlenproduktion in der Aufschwungphase bis 1873 jährlich um 5,2 Prozent gewachsen war, fiel sie zwischen 1873 und 1897 auf eine Jahresrate von 3,7 Prozent hinab. Das Wachstum der Weltroheisenproduktion, die von 1848 bis 1873 jährlich um 5,3 Prozent angestiegen war, sank zwischen 1873 und 1896 auf jährlich 3,3 Prozent. Seit 1873 erlitt mithin die Weltkohlen- und Weltroheisenproduktion im Vergleich mit der vorhergehenden Aufschwungperiode eine beträchtliche jährliche Wachstumsverlangsamung. Die Wachstumsrate der Weltdampfertonnage, die in den 25 Jahren vor 1873 jährlich 7,3 Prozent betragen hatte, verminderte sich zwischen 1873 und 1896 auf 5,8 Prozent im Jahr.

Die Jahresrate des Wachstums der Weltproduktion insgesamt sank zwischen 1873 und 1896/97 von ca. 4,6 Prozent um 1,5 Prozent auf eine jährliche Durchschnittsrate von 3,1 Prozent, die dann während der Hochkonjunkturperiode von 1897 bis 1913 auf 4,3 Prozent hinaufkletterte[1].

Errechnet man einen Index der Weltindustriewarenpreise (1870 = 100), so ergeben sich gemäß dem deflationären Säkulartrend für den Konjunkturverlauf während der Bismarckzeit folgende Meßziffern als Annäherungswerte. Von ihrem Hochstand im Jahre 1873 (= 147) fielen die Indexzahlen bis 1879:

            1874 – 122   1877 – 92
            1875 – 107   1878 – 82
            1876 – 98   1879 – 81

Sie zogen dann kurz an:

            1880 – 94
            1881 – 90
            1882 – 92

---

1. C. Snyder, Growth of World Trade vs. Basic Production, Revue de l'Institut International de Statistique 2. 1934, 26–36; A. Maddison, Growth and Fluctuation in the World Economy 1870–1960, Banca Nazionale del Lavoro Quarterly Review 15. 1962, 127–95; D. Paige u. a., Economic Growth. the Last 100 Years, National Institute Economic Review Nr. 16. 1961, 24–49; D. J. Coppock, The Causes of the Great Depression, M. Sch. 29. 1961, 214–26.

und sanken wieder, nunmehr zusammen mit den Agrarpreisen, bis 1886, wobei sie 1885/86 ihren Tiefstand erreichten:

        1883 – 87   1885 – 73
        1884 – 78   1886 – 73

Bis zum Baring-Krach und der dritten Depression stiegen sie:

        1887 – 76   1889 – 83 auf
        1888 – 81   1890 – 89 an[2].

Aufmerksamen zeitgenössischen Beobachtern ist der globale Charakter dieser Wachstumsstörungen vollauf bewußt gewesen. In den aufschlußreichen jährlichen »Übersichten der Weltwirtschaft« haben die Wiener Ökonomieprofessoren F. X. v. Neumann-Spallart und F. v. Juraschek ein ungeheures Material aus der internationalen Statistik zusammengetragen, das diese dreiphasigen Konjunkturschwankungen klar widerspiegelt. Schon am Ende der ersten Depression zog Neumann-Spallart daraus den Schluß, daß die Krise von 1873 »in den meisten Ländern« der Erde zu »einer chronischen Erkrankung« geführt habe. »Mit einer entmutigenden Wucht nahm die Depression ... allenthalben so unaufhaltsam zu«, ohne daß Anzeichen dauerhafter »Wiedergenesung bemerkbar« wurden. »Die Kaufkraft aller Völker des Erdballs nahm seit 1873 in einem vorher unerhörten Grade ab, und die ehernsten Grundfesten des Wohlstandes schienen den zerstörenden Gewalten keinen Widerstand leisten zu können. Industrielle Unternehmungen aller Zweige mußten ihren Betrieb einstellen, Hunderttausende von Arbeitern« wurden in Europa und Amerika entlassen, »die Preise der Industrieerzeugnisse sanken in einem nicht vorauszusehenden Grade, die Fallimentsstatistik von Nordamerika, Deutschland und Österreich gibt Ziffern, deren Höhe geradezu erschreckend ist«. Mit unbestechlicher Genauigkeit verzeichneten die »Übersichten« seither Jahr für Jahr sowohl die Dauer der Depressionsphasen als auch die wenigen Hochschwungjahre[3].

In England und Frankreich, in Belgien und Österreich stimmten Kenner der wirtschaftlichen Entwicklung mit diesem Urteil überein. In den Vereinigten Staaten, wo neben vielen anderen ein langjähriger Wirtschaftsberater der Regierung wie D. A. Wells und der erste »United States Commissioner of Labor« die allgemeine Stockung

---

2. Nach W. A. Lewis, World Production, Prices, and Trade, 1870–1950, M. Sch. 20. 1952, 105–38; P. Dieterlen, La dépression de prix après 1873 et en 1930, Revue d'économie politique 44. 1930, 1519–68; J. Pedersen u. O. S. Petersen, An Analysis of Price Behavior during the Period 1855–1913, London 1938.

3. F. X. v. Neumann-Spallart, Übersichten der Weltwirtschaft, I: 1878, Berlin 1878; II: 1879, 1880; III: 1880, 1881; IV: 1881/1882, 1884; V: 1883/1884, 1887; seit VI: 1885/89, 1896, Hg. F. v. Juraschek; vgl. Neumann-Spallart, Übersichten über Produktion Welthandel u. Verkehrsmittel, E. Behms Geographisches Jahrbuch 5. 1874, 390–471; ders., Die Krise in Handel u. Wandel, Deutsche Rundschau (= DR) 10. 1877, 410–28, 11. 1877, 98–119; ders., Die Lage des Welthandels, Meyers Deutsches Jahrbuch 1879/80, Leipzig 1880, 797–808; ders., Die wirtschaftliche Lage, DR 14, 1878, 447–65. – Zitat: Übersichten, I, 6 f.; II, 12 f. Vgl. noch außer Rosenbergs Arbeiten: R. Fels, Long Wave Depression, 1873–97, RES 31. 1949, 69–73; C. Wilson, Economic Conditions, NCMH 11. 1962, 49–75; J. T. W. Newbold, The Beginnings of the World Crisis, 1873–1896, Economic History, Suppl. des E. J., II/1930/32, 425–42; F. Pinner, Die großen Weltkrisen im Lichte des Strukturwandels der kapitalistischen Wirtschaft, Leipzig 1937, 151–260; R. Glenday, Long Period Economic Trends, Journal of the Royal Statistical Society 101. 1938, III, 511–52; W. O. Henderson, Trade Cycles in the 19th Century, History 18. 1933, 147–53; T. Vogelstein, Die finanzielle Organisation der kapitalistischen Industrie, Tübingen 1914, 222 f.

klar erfaßten, aber auch in Deutschland ist der weltwirtschaftliche Charakter dieser depressionsreichen Trendperiode deutlich gesehen worden[4].

»Wann wird es endlich besser werden«, fragte 1877 ein deutscher Großkaufmann, nachdem die »internationale Krisis« »seit mehr als drei Jahren« eine »Alltagsfrage nicht nur in kommerziellen und industriellen Kreisen, sondern weit über dieselben hinaus« sei. Der »gegenwärtige Zustand ist etwas nie Dagewesenes – überall Erschlaffung... alle Merkmale des chronischen, schleichenden Fiebers, allmähliche Entkräftung, langsame Verblutung«. In ihrer für die deutsche Zollpolitik wichtigen Denkschrift von 1878 konstatierte die Handelskammer Bochum lapidar: »Alle Industrieländer leiden gleich uns an Krisen und Überproduktion.« Im gleichen Tenor waren die Aussagen zahlreicher Wirtschaftsvertreter vor den Enquetekommissionen des Bundesrats gehalten, die nach angelsächsischem Vorbild durch Umfragen den Konjunkturstand wichtiger Industriezweige vor Deutschlands Übergang zum Schutzzollsystem zu erfahren strebten. Die »Depression« sei »allen Hauptkulturländern« gemeinsam, versicherten Textilindustrielle. Deutschland teile die Leiden der »allgemeinen Überproduktion in allen Ländern«, erscholl das Echo bei Repräsentanten der Eisenindustrie. Kein Wunder, daß ein volkswirtschaftlicher Experte die »industrielle Weltkrisis als Schreckgespenst« über allen Staaten drohen sah. Wenn er sich dabei offensichtlich an Rodbertus' Krisentheorie orientierte, so bedauerte doch auch ein prominenter Freihändler wie F. C. Philippson wenig später »die Wirkungen der Krise, die alle Länder der Welt verheerend« überziehe. Bis zum Ende der 1880er Jahre war diese Auffassung zum Gemeinplatz geworden. Der Reichstagsabgeordnete Gehlert betonte resignierend, daß die Depression sich durch »ihre außerordentliche Dauer, deren Ende noch gar nicht abzusehen ist« und ihren »Weltcharakter« von allen Vorgängerinnen unterscheide. Sie »erstreckt sich über die ganze Erde und zieht jede Form gesellschaftlicher Arbeit in Mitleidenschaft«. Nach Absatz schreit die ganze Welt«, hieß es in den »Grenzboten«, denn die »chronische Krisis«, in der sie sich befinde, lasse ihr keine andere Wahl[5].

Wegen der unübersehbaren Unterschiede der wirtschaftlichen Entwicklung in und zwischen den einzelnen nationalen Verkehrswirtschaften zeigte die Krisen- und Depressionszeit trotz aller Gemeinsamkeit und Einheitlichkeit der Erfahrungen doch

---

4. Vgl. V. Goschen, Essays and Addresses on Economic Questions, 1865–93, London 1905, 189–216; Final Report of the Royal Commission Appointed to Inquire into the Depression of Trade and Industry, London 1886 (C-4893); R. Giffen, Trade Depression and Low Prices, Contemporary Review (= CR) 47. 1885, 800–22; H. Denis, La dépression économique et sociale et l'histoire des prix, Brüssel 1895; D. A. Wells, Recent Economic Changes, New York 1889; ders., The Great Depression of Trade, CR 59. 1887, 275–93; C. D. Wright, Industrial Depressions (= 1. Annual Report of the Commissioner of Labor) Washington 1886; ders., The Industrial Evolution of the United States, New York 1897; A. Beer, Geschichte des Welthandels im 19. Jahrhundert, II/2, Wien 1884, 286–95.

5. H. Loehnis, Der Marasmus in Handel u. Industrie 1877, Straßburg 1878; F. Mariaux, Gedenkwort zum 100jährigen Bestehen der Industrie- u. Handelskammer (= IHK) Bochum, Bochum 1956, 488 (Denkschrift v. 15. 2. 1878, 487–91); Bericht der Enquetekommission für die Baumwoll- u. Leinen-Industrie, in: Drucksachen zu den Verhandlungen des Bundesrats des Deutschen Reichs 1879, 1, Nr. 39, 10; Bericht der Eisenenquete-Kommission, ebda., Nr. 24, 5; J. Zeller, Über die plötzlichen u. zeitweisen Stockungen der volkswirtschaftlichen Bewegung, Zeitschrift für die Gesamte Staatswissenschaft (= ZfGS) 35. 1879, 56; F. C. Philippson, Über Kolonisation, Berlin 1880, 4; A. Gehlert, Überproduktion u. Währung, Berlin 1887, 18, 13; vgl. MdR F. Kalle, Über die Welthandelskrisis, Die Gegenwart (= Geg.) 30. 1886, 193–94, 209–11; anonymer Verfasser (= an.), Überproduktion, Grenzboten (= Gb) 46. 1887/IV, 9, 14. Vgl. hierzu auch das Urteil von F. Engels, der die wichtigsten Ursachen der Wachstumsstörungen klar erkannte: an Danielson, 13. 11. 1885, MEW 36, 386; an F. Wischnewetzky, 3. 2. 1886, ebda., 433; Anm. zum »Kapital«, 1894, MEW 25, 506, vgl. 23, 39 f.

auch bemerkenswerte Eigentümlichkeiten des Verlaufs in den einzelnen Ländern. In Österreich-Ungarn und Deutschland, in Italien und den Vereinigten Staaten begann 1873 die Krise mit Börsenkrach, Panik und akuten wirtschaftlichen Störungen, die unmittelbar in die erste Depression überleiteten. Mit abgemilderten Rezessionserscheinungen senkte sie sich auf das Wirtschaftsleben Großbritanniens, Frankreichs und Rußlands hinab. Der seit dem Ende der 1860er Jahre zögernd voranschreitende Industriekapitalismus in Rußland wurde noch einmal gebremst, ehe er seit der Mitte der 1880er Jahre und dann in der Ära Witte mit einem Investitions- und Eisenbahnboom seinen »Take-Off« erlebte. Frankreich überstand die 1870er Jahre recht gut, obwohl auch sein Außenhandel, der von 1856 bis 1865 um 111 Prozent angewachsen war, von 1865 bis 1875 bereits nur mehr um 48 Prozent zunahm. Das Land wurde aber 1882 mit dem Zusammenbruch der »Union Générale« zu Beginn der zweiten weltwirtschaftlichen Depressionsphase in eine bis 1895 anhaltende Stockung hineingestoßen[6].

England andererseits wurde von der »Großen Depression«, wie man dort bald sagte, schon seit 1874 empfindlich getroffen. Karl Marx hatte 1867 im Vorwort zur ersten Auflage des »Kapitals« behauptet, daß »das industriell entwickelte Land ... dem minder entwickelten nur das Bild der eigenen Zukunft« zeige, – wovon nicht nur das »Nicht-Kommunistische Manifest« Rostows, sondern fast die gesamte Diskussion über die modernen Entwicklungsländer ausgeht. Bis in die zweite Jahrhunderthälfte hinein war England das bewunderte Modell der heranwachsenden Industriestaaten gewesen. Während seiner »Großen Depression« wurde diese Zukunft von den Vereinigten Staaten und von Deutschland gleichsam eingeholt. Da England seine Epoche der Hochindustrialisierung mit ihren ungeheuren Wachstumsraten bis 1873 schon längst durchmessen und als »Werkstatt der Erde« einen absolut sicheren Vorsprung zu besitzen schien, empfand seine Wirtschaft die relative Stagnation der »Großen Depression«, während der die Konkurrenten bedrohlich aufrückten, als besonders niederdrückend[7].

Der britische Warenexport, der 1840 bis 1850 um 40 Prozent, von 1850 bis 1860 während des weltwirtschaftlichen Boomjahrzehnts um 90 Prozent und von 1860 bis 1870 noch einmal um 47 Prozent angestiegen war, verzeichnete während des ersten Depressionsjahrzehnts nur mehr eine 12prozentige Zunahme; allein zwischen 1872 und 1876 schrumpfte er um 25 Prozent und erreichte erst um 1900 wieder die Ziffern von 1872. Schlüsselt man den Außenhandel nach Import und Export auf, dann gewinnt man folgende Prozentziffern für den durchschnittlichen jährlichen Anstieg des Außenhandels:

	Import	Export
1840–60	4,5	5,3
1860–70	4,4	4,4
aber für die »Große Depression«:		
1870–90	2,9	2,1

6. Die Lit. über die Wachstumsstörungen in Österreich-Ungarn, Italien, Rußland u. Frankreich findet sich im Anhang, 510.
7. K. Marx, Das Kapital, I, MEW 23. 1962, 12. – So der amerikanische Untertitel zu Rostows »Stages«. Vgl. B. Gustafson, Rostow, Marx, and Economic Growth, Science & Society 25. 1961, 229–44. – Ausführliche Literaturangaben über die »Große Depression« in England in der Krit. Bibliographie, 509.

Nachdem die jährlichen Wachstumsraten der britischen Industrie in den Jahren vor der Krise 3–4 Prozent betragen hatten, fielen sie seit 1873 unter 2 Prozent ab. Wie einschneidend und stark trotz des unleugbar weiter voranschreitenden Wachstums doch die Verminderung der Zuwachsraten ausgeprägt war, – und wie verständlich daher der Eindruck einer anhaltenden wirtschaftlichen Schlechtwetterzeit war –, kann man sich an einem Input-Output-Modell, das den Einfluß des Exports auf die britische Industrieproduktion mißt, klarmachen. Wenn der britische Export im selben Maße bis zur Krise von 1907 hin gestiegen wäre, wie er sich von 1854 bis 1873 vermehrt hatte, so hätte sich eine jährliche Wachstumsrate der Industrie von 4,1 Prozent (1854–73 = 3,5 Prozent) statt 1,75 Prozent eingestellt! Fraglos setzt dieses Modell die englische Exportstruktur als zu statisch voraus und unterschätzt auch die zunehmende Konkurrenz auf dem Weltmarkt, aber tendenziell illustriert es doch schlagend, was die Abschwungsphase nach 1873 für England bedeutete. In seinem Fall kam hinzu, daß gerade der jahrzehntelange Vorsprung der Monopolmacht im Konkurrenzkampf mit neuen Industriestaaten dahinschwand und sich veraltete Ausrüstung der Betriebe, konservatives Unternehmerverhalten, traditionelle Rekrutierung des Managements, Mangel an wissenschaftlicher Ausbildung usw. als retardierend auswirkten – ein Dilemma, das in mancher Hinsicht bis heute nicht überwunden worden ist[8].

Die Preise fielen auf der Insel durchschnittlich um 40 Prozent. Während das anlagesuchende Kapital anwuchs, verengte sich im Ausland das Investitionsfeld. Auf ein knappes Jahrzehnt hektischer Geschäfte mit Auslandsanleihen – z. B. an Ägypten und Rußland, an Ungarn und an die Staaten der »lateinamerikanischen Domäne« Großbritanniens –, vor allem aber mit Eisenbahninvestitionen folgte jahrelange Stockung. Daher stiegen die Reserven zur Finanzierung der Investitionsgüterproduktion für den Binnenmarkt, wodurch aber die Preise und Gewinnspannen letztlich weiter hinabgedrückt wurden. Als die »Königliche Kommission zur Untersuchung der Depression in Handel und Industrie« 1886 ihren Abschlußbericht vorlegte, betonte sie durchaus realistisch, daß das Wachstum der Wirtschaft, wenn auch beträchtlich verzögert, anhalte, der schlimme »Preissturz« und die »Verminderung der Profitrate« jedoch »ein weitverbreitetes Gefühl der Depression in Produzentenkreisen hervorgerufen« hätten.

Die allenthalben zunehmende Konkurrenz auf bisher ungefährdeten Märkten wurde der Kommission in grellen Farben geschildert. Das Sekuritätsgefühl, das aus der jahrzehntelang behaupteten Monopolstellung Englands erwachsen war, erlitt einen tödlichen Stoß. »Die Furcht vor der ausländischen Konkurrenz«, bemerkte die »Times« schon 1876, beginnt »uns zu verfolgen«[9].

---

8. Nach H. J. Habakkuk, Free Trade and Commercial Expansion, in: Cambridge History of the British Empire (= CHBE) 2. 1961, 803; W. Schlote, British Overseas Trade, Oxford 1952, 42; W. G. Hoffmann, British Industry, 1700–1950, Oxford 1955, 31–33; J. R. Meyer, An Input-Output Approach to Evaluating the Influence of Exports on British Industrial Production in the Late 19th Century, Explorations in Entrepreneurial History (= EEH) 8. 1955, 12–34. Zuletzt die allg. Analyse von A. L. Levine, Industrial Retardation in Britain, 1880–1914, N. Y. 1967. Vgl. die Kritik von C. P. Kindleberger, Foreign Trade and Economic Growth: Lessons from Britain and France, 1850–1913, EHR 14. 1961/62, 293 f.; Dobb, Studies, 309.
9. Musson, 203; Dobb, Studies, 305 f.; Rostow, British Economy, 58–89; Final Report, XI–XI; VIII, X, XX; Times 11. 12. 1876: R. J. S. Hoffman, Great Britain and the German Trade Rivalry, 1875–1914, Philadelphia 1933, 15. Vgl. hierzu: D. S. Landes, Entrepreneurship in Advanced Industrial Countries; The Anglo-German Rivalry, in: Entrepreneurship and Economic Growth, Cambridge/Mass. 1954, VI, F; B. W. Franke, Handelsneid u. Große Politik in den englisch-deutschen Beziehungen, ZfP 29. 1929,

In die Arena des weltwirtschaftlichen Wettbewerbs stiegen vor allem zwei Konkurrenten: die Vereinigten Staaten und Deutschland. In Nordamerika eröffnete der spektakuläre Bankkrach des Hauses Jay Cooke & Co., das nicht nur für den Norden den Bürgerkrieg finanziert, sondern seither die Hausse in den Hauptspekulationspapieren: den Aktien und Obligationen der Eisenbahngesellschaften angefacht hatte, die Depressionszeit jenseits des Atlantiks. Die Vereinigten Staaten hatten in der Hochkonjunktur vor dem Ausbruch des Bürgerkriegs ihre »Take-Off«-Position voll ausgebaut und den zweiten Platz als Industrienation hinter Großbritannien erreicht. Entgegen der herkömmlichen Legende hatte der Sezessionskrieg keineswegs der Industriellen Revolution erst zum Durchbruch verholfen, sondern die hohen Wachstumsraten spürbar gekappt. Die eigentliche Dynamik im Jahrzehnt zwischen Kriegsende und Depressionsbeginn ging von überhasteten Eisenbahnbau aus. Zwischen 1864 und 1874 verdoppelte sich nahezu das Eisenbahnnetz der Union: von 34 000 auf 72 000 Meilen Länge. An seiner Finanzierung beteiligten sich trotz des hohen Spekulationsrisikos europäische Kapitalgeber in hervorragendem Maße. Daher schlug die amerikanische Krise im Herbst 1873 auf die zum Teil schon von einer Börsenpanik heimgesuchten Geldplätze der Alten Welt zurück. Die New Yorker Börse mußte im September 1873 zeitweilig schließen, die wichtigsten Eisenbahnpapiere erlitten Notierungsverluste von 50 Prozent, im Winter 1873/74 glitt die Wirtschaft der Vereinigten Staaten sechs Jahre lang in die ärgste Tiefkonjunktur vor 1893/96 und 1929/34 hinein. Von 1873 bis 1878 sank der amerikanische Import aus Europa um 44 Prozent. Bis zum Juli 1878 wurde die Hälfte aller Hochöfen ausgeblasen. Im Frühjahr 1879 beklagte der Eisen- und Stahlverband die niedrigsten Preise seit der Kolonialzeit. Blutige Streiks in den Industriezentren erschütterten das Sozialgefüge. Die Bauprojekte der Eisenbahnen wurden eingefroren[10].

Da kamen 1879 Wetterkatastrophen in Europa zusammen mit einem industriellen Aufschwung der amerikanischen Wirtschaft zustatten. Rekordernten ermöglichten eine Verdreifachung des bisherigen, ohnehin schon hohen Weizenexports. Hohe Ausfuhrerlöse belebten die Industriewirtschaft. Die Eisen- und Stahlunternehmen erholten sich, sie zogen ihre Zubringerbetriebe bis 1880 steil nach oben mit, denn der Eisenbahnbau belebte sich im Nu. Von 1877 bis 1881 wuchs der amerikanische Export an Fertigwaren nach Europa um 41 Prozent. 1881 bildete das Spitzenjahr des Aufschwungs zwischen 1879 und 1882. 1882 galt wieder als ein Boomjahr des Bahnbaus. Plötzliche Mißernten führten aber zu einem enttäuschenden Agrarexport, der dem amerikanischen Außenhandel, der trotz der nunmehr sprunghaft zunehmenden Industriewarenexporte in alle Welt erst seit 1897 seinen Schwerpunkt ganz auf diesen Sektor verlagerte, im Verein mit dem industriellen Abschwung das Fundament entzogen. Die zweite Depressionswelle erfaßte auch die Vereinigten Staaten von 1882 bis 1886, ehe vier Jahre des Konjunkturanstiegs an die vielbeschworene »Krise der 1890er Jahre« heranführten[11].

455–75; A. Banze, Die deutsch-englische Wirtschaftsrivalität, phil. Diss. Berlin 1935. Allg. W. A. Lewis, International Competition in Manufactures, AER 47. 1957, 578–87.

10. T. C. Cochran, Did the Civil War Retard Industrialization, Mississippi Valley Historical Review 48. 1961/62, 197–210; S. L. Engerman, The Economic Impact of the Civil War, EEH 3. 1966, 176–99; D. C. North, Industrialization of the United States, CEHE VI/II, 673–705; ders., The Economic Growth of the United States 1790–1860, Englewood Cliffs 1961; Historical Statistics of the United States, Washington 1961¹, 427, 529–40; Wells, Changes, 6–12. – Die Lit. über diese Trendperiode in den USA: Anhang, 509 f.

11. G. Brandau, Ernteschwankungen u. wirtschaftliche Wechsellagen, 1874–1913, Jena 1936, 36 f.,

Auf die Entwicklung im Deutschen Reich, das seit dem Ende der 1870er Jahre mit weiten Schritten den Weltmarkt als Wettbewerber betrat, wird in den nächsten Abschnitten ausführlicher eingegangen.

Der globale Charakter dieser krisenreichen Trendperiode bedarf aber nicht nur der deskriptiv-statistischen Skizzierung. In aller gebotenen Kürze ist auch die sich hier aufdrängende Frage nach den Ursachen der damals vorherrschenden langfristigen Wachstumsstörungen aufzugreifen. In der Konjunktur- und Krisenliteratur hat man eine Fülle von Theorien hierzu entwickelt. Dem Historiker wird die Entscheidung insofern erleichtert, als er sich streng an die empirisch überzeugenden Erklärungsversuche halten kann. Alle exogenen Theorien, die auf dem Einfluß außerwirtschaftlicher Kräfte auf den Konjunkturverlauf beruhen (Kriege, Naturkatastrophen, Seuchen usw.), scheiden aus: die Industriestaaten erlebten damals Jahrzehnte des Friedens und ungeahnter Erfolge der Medizin. Alle monetären Theorien, die sich eine Zeitlang großer Beliebtheit erfreuten, versagen. Zahlreiche wirtschaftsgeschichtliche und -statistische Untersuchungen haben ergeben, daß während dieser Trendperiode alles andere als Geld- und Kapitalmangel, der zur Kontraktion des Wachstums hätte führen können, herrschte. Vielmehr haben sie das Urteil zahlloser Zeitgenossen bestätigt: daß eine förmliche Kapitalschwemme anhalte, daß sich nicht genügend Anlagemöglichkeiten mit tragbarem Risiko böten, daß minimale Zins- und Diskontsätze die Symbole von »cheap money« blieben, – eine rätselhafte »Armut in der Fülle« des Kapitals[12].

Wirtschaftshistorisch verifizierbar ist wahrscheinlich nur eine endogene, vom makroökonomischen Entwicklungsprozeß selber ausgehende Theorie. Wendet man sich von der verführerischen Statik der Gleichgewichtsmodelle ab und erfaßt statt dessen die hochkapitalistische liberale Wirtschaft als ein in die Wechsellagen von Krise-Stockung-Erholung-Aufschwung eingebettetes dynamisches System, begreift man die Konjunkturschwankungen als im System notwendige Fluktuationen des Aufwärtstrends der wirtschaftlichen Entwicklung, – dann gewinnen die Theorien des disproportionalen Wachstums, die Theorien der Überinvestition, Überkapazität und Überproduktion, eine Schlüsselrolle. Die klassische Ökonomie mit der Verabsolutierung ihres harmonisierenden Gleichgewichtsdenkens, – das trotz der Erfahrungen seit 1929 seine Anziehungskraft noch keineswegs verloren hat, jedoch nur heuristischen Wert besitzt –, hat diesen Theorien ihre Berechtigung abgestritten; freilich fehlte ihr auch noch die volle Anschauung industriewirtschaftlicher Wachstumsprobleme. Es sind aber auch später zuerst einmal wie Marx die Außenseiter (Spiethoff, Simiand, Kondratieff, Lescure u. a.) gewesen, die ihr Augenmerk auf die Ungleichgewichtslagen gelenkt haben, die also Krise und Depression nicht als abnorme, sondern als integrierende Bestandteile des Wirtschaftsprozesses realistisch anerkannt

---

59–62, 87 f.; Pletcher, 4–6; W. Trimble, Historical Aspects of the Surplus Food Production of the United States, 1862–1902, in: Annual Report of the American Historical Association 1918, I, Washington 1921, 223–39; D. E. Novack u. M. Simon, Commercial Responses to the American Export Invasion, 1871–1914, EEH 2. S. 3. 1966, 212–43; dies., Some Dimensions of the American Commercial Invasion of Europe, 1871–1914, JEH 24. 1964, 591–605. Allg. E. C. Kirkland, Industry Comes of Age, 1860–97, New York 1961. – In absehbarer Zeit hoffe ich, meine Studien über die »Elemente des amerikanischen Imperialismus« bis 1900 zusammenfassen zu können, dort wird ausführlich auf diese Trendperiode in Nordamerika eingegangen.

12. Hier fasse ich in äußerster Vereinfachung Ergebnisse der bisher zit. Lit. zusammen. Zum Kapitalüberfluß s. u. 84–87, u. Schumpeter, I, 376.

haben. Erst die »Keynesianische Revolution« in der Wirtschaftswissenschaft hat dieser Anschauung zu einer allgemeineren Anerkennung verholfen.

Begrifflich setzt die »Theorie der Überproduktion«, – wir greifen hier einmal Spiethoff als den großen Empiriker heraus, dessen Terminologie zudem einen engen Anschluß an die Begriffe der Zeitgenossen der 1870 und 1880er Jahre herstellt! –, eine vermeintlich überschaubare Aufnahmefähigkeit des Marktes zu einer bestimmten Zeit als bekannte Größe voraus. Nach seiner Sättigung wird die überschüssige Erzeugung zunächst in die Lagerhallen verbannt, wo sie des Verbrauchs harrt. Während eine allgemeine Überproduktion nicht nachweisbar ist, läßt sich historisch-empirisch die partielle Überproduktion einzelner Wirtschaftssektoren nachweisen. Angesichts des Grundproblems: nämlich einer ungenügenden Marktkenntnis, die bis heute ein Sorgenkind der Investitionstheorie geblieben ist, werden in der – später enttäuschten – Erwartung, daß sich bestimmte Nachfrageschwerpunkte ausbilden, Investitionen vorgenommen, die zum Ausbau von Überkapazitäten mit nachfolgender Überproduktion führen. Die Depression erwächst aus dem Bereich der Produktion, historisch zumeist dem der Investitionsgüter, während die entscheidende Stokkungserscheinung darin zum Ausdruck kommt, daß Absatz und Konsum mit der voraneilenden Produktion nicht Schritt halten.

Diese Entstehung von Disproportionalitäten hat die neuere Wachstumstheorie mit dem Begriff des »Sectoral Overshooting« bildhaft beschrieben. Die Entwicklung »führender Wirtschaftssektoren« schießt gleichsam über das Ziel des fingierten Gleichgewichts hinaus; genau diese Funktion, die Kuznets' »Cycle Leader« als dynamischer Motor erfüllt, hat auch Schumpeter mit seinen »Areas of Innovation« erfassen wollen! Die einzelnen Leitsektoren, deren Vorprellen jeweils erst eine Konjunktur auslöst, dann aber ein neues Ungleichgewicht und den Abschwung hervorruft, variieren während der Phasen der industriellen Entwicklung: die Trendperioden von 1850 bis 1896 stehen im Zeichen von Kohle, Eisen und Stahl, während die Konjunkturphase von 1886 bis 1914 von der Elektrotechnik, der Chemie und dem Verbrennungsmotor beherrscht wird[13].

Die wirtschaftliche Dynamik während der Aufschwungsphase bis 1873 wurde wohl entscheidend durch die »strategische Industrie« des Eisenbahnbaus ausgelöst. Von ihm ging der »Ausbreitungseffekt« des Führungssektors zu gewaltigen Investitionen in der Schwerindustrie und im Bergbau Europas und Nordamerikas aus. Zwischen 1850 und 1870 wuchs das Eisenbahnnetz der Welt jährlich um 8,8 Prozent. Allein in dem Jahrzehnt zwischen 1860 und 1870 nahm die Streckenlänge in den einzelnen Ländern ruckartig zu:

---

13. Vgl. Spiethoff, I, 38, 72, 195; Rostow, Process, 126; Kuznets, Change, 135; Schumpeter I, passim; Kondratieff, ASS 56, 591–609. – Man kann diese Problematik auf den drei Stufen der Überinvestition, Überkapazität und Überproduktion diskutieren, endet aber doch je bei demselben Ergebnis: dem Ausbau eines dem Konsum voraneilenden, überdimensionierten Produktionssystems. Daß die Gewinnerwartungen (im Sinn einer wirtschaftspsychologischen Theorie der Überinvestitionen) eine strategische Rolle bei der Auslösung von Krisen spielen, hat u. a. schon J. St. Mill erkannt. Da aber die Schwankungen des industriewirtschaftlichen Wachstums in hohem Maße durch die immobile Struktur des industriellen Kapitals mit seinem steigenden Anteil an fixem Kapital (wie Marx früh gesehen hat) verursacht werden, mithin auf eine Enttäuschung der Gewinnerwartungen meist keineswegs eine schnelle Umdisposition, der die gleichsam zähflüssige Immobilität des Investitionskapitals entgegensteht, folgen kann, empfiehlt sich auch aus diesem Grund, von den Problemen der Überkapazität und Überproduktion auszugehen. Vgl. Löwe, 215, 89, 94, 97.

	1860	1870
USA	49 292 km	85 130 km
Europa	51 862	104 914
England	16 787	24 999
Frankreich	9 825	17 391
Rußland	1 587	11 243
Öst.-Ungarn	4 543	9 589
Italien	1 800	6 134
Belgien	1 729	2 997
Holland	325	1 419[14].

In den meisten Ländern eilte der Bahnbau im Rausch des Eisenbahnfiebers den Bedürfnissen, die er – wie in den Vereinigten Staaten – zum guten Teil erst schaffen sollte, weit voraus. Mit anderen Worten: der Verkehr wuchs erst allmählich in das neue Bahnsystem hinein. Zwischen 1870 und 1897 fiel die jährliche Wachstumsrate im Welteisenbahnbau von den 8,8 Prozent der Hochkonjunkturperiode fast um die Hälfte auf 4,7 Prozent! Allein der Sturz der Zuwachsrate in dieser höchst wachstums- und kapitalintensiven Industrie mit zahlreichen Zubringerindustrien trägt schon vorzüglich zum Verständnis der verminderten allgemeinen Wachstumsraten dieser Jahre bei.

Obwohl das Wachstum der Eisenbahnlinien auch nach 1873, wenn auch gedämpfter, noch anhielt, so fehlte doch seither bis in die 1890er Jahre ein vergleichbarer Motor der Entwicklung. Als der Aufwärtstrend, dessen Kontinuität bzw. Rückkehr auch noch nach 1873 jahrelang erhofft wurde, scharf abknickte, wurde die sektorale Überkapazität vor allem der Metall- und Montanindustrie zu einem der Kernprobleme der Wirtschaft. Zwar eröffneten auch jetzt wichtige Erfindungen der Industrie neue Produktions- und Absatzbereiche: das Bessemer, das Siemens-Martin und dann das Thomas-Gilchrist-Verfahren verwandelten die Stahlindustrie; jedoch Stahl – statt Eisenschienen verminderten wiederum auf die Dauer die Nachfrage der Bahngesellschaften. Turbinen wurden entwickelt, Schiffs-, hydraulische und Werkzeugmaschinen verbessert. Stahlwalzen eroberten die Mühlen, der Siemenssche Tank-Schmelzofen veränderte die Glasherstellung. Nähmaschinen, Rotationspressen und landwirtschaftliche Mehrzweckmaschinen setzten sich schnell durch. Dennoch besaßen diese »Innovationen«, um Schumpeters Begriff zu verwenden, vergleichsweise keine so durchschlagende Wirkung wie die »Innovationen« bis 1873 oder das »Sectoral Overshooting« der Elektrotechnik, Großchemie und des Motorenbaus als Träger der Hochkonjunkturperiode nach 1896[15].

Vor allem wird man noch zweierlei im Auge behalten müssen. Die zunehmende

---

14. Coppock, 222; Schumpeter, I, 363; Historical Statistics, 427; M. Müller-Jabusch, So waren die Gründerjahre, Düsseldorf 1957, 15, 58. Vgl. Kuznets, Change, 135; ders., Growth and Structure, 199. – Zu Deutschland s. u. 55, 65. – Die Vorläufigkeit dieser These vom Leitsektor Eisenbahnbau mit seinem Ausbreitungseffekt sollte vielleicht betont werden, da ökonometrisch exakte Studien nach dem Beispiel der amerikanischen »Cliometriker« (die Lit. in Wehler, Theorieprobleme) Zweifel an ihr begründen könnten. Vorläufig fehlen aber solche Arbeiten über die deutsche Entwicklung, und auch im Hinblick auf die amerikanische Entwicklung scheint mir die Leitsektorentheorie empirisch haltbarer als es die hypothetischen Gegenkonstruktionen zugestehen wollen.

15. Dobb, Studies, 308; Musson, 207; Wells, Changes, 28. Ein glänzender Überblick bei Landes, CEHE VI/I. Vgl. A. Jacobsohn, Zur Entwicklung des Verhältnisses zwischen der deutschen Volkswirtschaft u. dem Weltmarkt in den letzten Jahrzehnten, ZfGS 64. 1908, 248–92.

Mechanisierung und technologische Verbesserung der Produktion, – die z. B. in Nordamerika teilweise 70–80 Prozent, häufig 50 Prozent, durchschnittlich aber ¹/₃ bis ²/₅ an Zeit und Energie gespart haben sollen! –, zusammen mit den Verkehrserleichterungen, der Steigerung der Produktivität und Arbeitsleistung, sowie dem Kapitaleinsatz für die erforderlichen hohen Investitionen haben ein breites, wenn auch zögerndes Wachstum ermöglicht, das die strukturelle Umwandlung der Unternehmen zu Großbetrieben beförderte. Aus der Trendperiode von 1873 bis 1896 ging das System des in modernen Großbetrieben organisierten Kapitalismus, des »Corporation Capitalism«, hervor, der die Zeit seither in einem fundamentalen Sinn mitgeprägt hat. Da das System der Großbetriebe eine qualitativ neue Stufe der industriewirtschaftlichen Entwicklung darstellt, kann man unter diesem Gesichtspunkt den Ausreifungsprozeß während der 1870er und 1880er Jahre auch als Strukturkrise bezeichnen.

Den Großbetrieben wuchsen während der Depressionsjahre Möglichkeiten einer gesteigerten, rationalisierten Produktion und eines vielfältigen Absatzes zu, denn zugleich ist diese Trendperiode unter einem anderen Gesichtspunkt eine krisenhafte Phase in der Entstehung der modernen Weltwirtschaft. Gerade diese Ausweitung der nationalen Verkehrswirtschaften zur Weltwirtschaft erschwerte die Transparenz des neuen Markts, des Weltmarkts, für die Kalkulation der Betriebsleitungen. Bisher ungeahnte variable Größen mußten bei den Investitions- und Produktionsentscheidungen berücksichtigt werden, der das Verhalten der Unternehmer in hohem Maße bestimmende Erwartungshorizont wurde durch die Weltwirtschaft grundlegend verändert. Das industrielle System mußte sich auf die neuen globalen Dimensionen einspielen, und auch Schumpeters verklärte Zentralfigur: der Unternehmer, – diese ins Ökonomische gewendete charismatische Führerpersönlichkeit Max Webers –, benötigte lange Jahre, um sich auf dieselben umzustellen.

Die gemeinsame Erfahrung der Industriestaaten mit den Wachstumsstörungen seit 1873 spiegelte den gemeinsamen, schmerzhaften Prozeß der Verflechtung in die Weltwirtschaft wider, über den der vom industriellen Wachstum erzeugte, säkulare Deflationstrend bis zum Beginn der 1890er Jahre seinen bedrückenden Schatten warf.

2. DAS WIRTSCHAFTLICHE WACHSTUM IN DEUTSCHLAND

A. DIE HOCHKONJUNKTURPERIODE DER »INDUSTRIELLEN REVOLUTION« VON 1850 BIS 1873 UND DIE ZWEITE WELTWIRTSCHAFTSKRISE VON 1873

Während der Hochkonjunkturperiode zwischen 1850 und 1873 erlebte Deutschland den Durchbruch der Industriellen Revolution. Diese »spezifische Komprimierung des Industrialisierungsprozesses in einer Periode rasanten Wachstums« (Gerschenkron) ermöglichte ihm den entscheidenden Schritt aus der Phase der Frühindustrialisierung hinüber zur Industriegesellschaft mit permanenter »Entwicklung«, d. h. mit dem Trend steigenden Pro-Kopf-Einkommens. Das gesamt-, speziell das industriewirtschaftliche Wachstum hatte seit Beginn der 1830er Jahre ein beschleunigtes Entwicklungstempo gezeigt. Um 1842/43 trat – nach Spiethoff und Schumpeter – eine plötzliche Steigerung der industriellen Wachstumsraten auf, 1843 auch wurden in Preußen bereits 1.574 Mill. Fabrikarbeiter (1802: 164 000) gezählt, die 43,5 Prozent der gewerblich Tätigen und immerhin ein Zehntel der Bevölkerung von 15,5 Millionen Menschen umfaßten. Auf die schwere Agrar- und Gewerbedepression bis 1847, deren Kenntnis für ein tieferes Verständnis auch der deutschen Revolutionen von 1848 unerläßlich ist, folgte noch eine durch die Revolutionen bedingte Rezession, ehe seit 1850/51 die Hochkonjunktur auf breiter Front vordrang.

Bis dahin hatten verschiedene Reformmaßnahmen die gesellschaftliche, institutionelle und wirtschaftliche Struktur vor allem Preußens stillschweigend revolutioniert. Zu den folgenreichsten Veränderungen, die schließlich auch das wirtschaftliche Wachstum am stärksten förderten, wird man wohl zählen dürfen: einmal die Schaffung eines großen einheitlichen Markts, wie ihn der Zollverein allmählich, aber mit all seinen Anreizen und langfristig wirksamen Impulsen für die Wirtschaft ausbaute. Sodann die zielstrebige Förderung der privatkapitalistischen Industrie- und Gewerbetätigkeit durch die Berliner Regierung, die – ganz ähnlich wie die japanische Führung während der Meji-Ära sechzig Jahre später – nach dem Schock der Niederlage ein Reformprogramm zur Modernisierung von Staat und Gesellschaft aus der Grundüberzeugung heraus; daß nur ein derart moderner Staat sich behaupten und weiterentwickeln könne, eingeleitet und vorangetrieben hatte; dazu gehörte auch die durchaus planwirtschaftliche staatliche Eigentätigkeit auf dem Industriesektor, wie sie die »Preußische Seehandlung« praktizierte. Andere deutsche Regierungen verfolgten verwandte Unterstützungsprogramme. Hinzu kam in den meisten deutschen Staaten ein schneller Ausbau des Bildungswesens, dessen erweiterte Möglichkeiten die Vergrößerung der technologischen und wirtschaftlichen Führungsschichten zur Folge hatte. Und nicht zuletzt mobilisierten die Agrarreformen mit der rechtlichen Abschaffung der Hörigkeit, der Ablösung der grundherrlichen Ansprüche und der kommunalen Wirtschaftseinheiten durch die Separationen und der Befreiung des Handels mit Grundeigentum von traditionell-ständischen Beschränkungen die gesamte Gesellschaft und förderten die »Agrarrevolution«, die sich unübersehbar im ökonomischen Wachstum der Landwirtschaft zeigte. Seit den 1840er Jahren saugte daher der Agrarsektor im Verhältnis zu früher nicht mehr soviel Kapital von außen auf, sondern ermöglichte durch seinen Wohlstand in einer doch weiter von Großagrariern dominierten Gesellschaft, daß Kapital in zunehmendem Maß in die Unternehmen des Eisenbahnbaus, des Bergbaus und der Metallindustrie fließen konnte.

Dieser Kumulierungsprozeß sozialer und wirtschaftlicher Veränderungen zeigte seit den 1850er Jahren spektakuläre Ergebnisse, die den Namen Industrielle Revolution verdienen. Die gesamtwirtschaftlichen Wachstumsraten stiegen steil an; im Verkehrswesen erwies sich der Eisenbahnbau als ein dynamischer Leitsektor der Wirtschaft, der Außenhandel vergrößerte sich sprunghaft (vgl. Kap. IV), und eine Grundbedingung dauerhaft beschleunigten wirtschaftlichen Wachstums wurde seither erfüllt, indem die durchschnittlichen jährlichen Investitionsraten auf ca. zehn bis zwölf Prozent des Volkseinkommens anstiegen[1].

---

1. Gerschenkron, Backwardness, 62; Landes, Japan, 149–82; die Lit. zur deutschen Industrialisierung bis ca. 1850 in: Wehler, Theorieprobleme; W. A. Lewis, Die Theorie des wirtschaftlichen Wachstums, Tübingen 1956. Über die erste Phase bis 1857/59 immer noch am besten: Rosenberg, Die Weltwirtschaftskrise von 1857/9, Stuttgart 1934. Über den gesamten Aufschwung bis 1873: Böhme, Großmacht, 57–82, 193–97, 199, 201, 203, 213–21, 284–86, 206–40. Vgl. Spiethoff, I, 83 f.; H. Mottek, Wirt-

In diesem Jahrzehnt nach der Jahrhundertmitte setzte sich die zukunftsreichste Organisationsform des industriellen Großunternehmens: die Aktiengesellschaft, durch. Trotz der staatlichen Reglementierung wurden jetzt allein in Preußen 107, in Sachsen 87 Aktiengesellschaften neu gegründet. Über sie lenkten die Banken die reichlichen Reservefonds des Privat- und Handelskapitals in den Industrialisierungsprozeß. Da Deutschland schon längst kein kapitalarmes Land mehr war, konnten sie mit hohen Kapitalsummen die Entwicklung anfachen[2].

Auch in Deutschland leitete der Eisenbahnbau den Durchstoß zur »Take-Off«-Periode ein. In Anerkennung der grundlegend wichtigen Bedeutung eines modernen Verkehrsnetzes hatte der preußische Staat seit 1842 begonnen, den Aktionären der wichtigen Bahnstrecken mit einer 3,5prozentigen Zinsgarantie das Investitionsrisiko zu erleichtern. Bis 1850 stieg die Streckenlänge in fünf Jahren von 2131 km auf 5822 km an, während man in Frankreich 2127, in Großbritannien schon 10 653 km zählte. Der Güterverkehr allein auf den preußischen Bahnen versiebenfachte sich: von 2256 auf 14 789 Millionen Tonnen.

Zwischen 1850 und 1860 wurden die Linien um 5822 km auf 11 326 km verdoppelt. Ihre Ausrüstung mit Lokomotiven und Waggons aus deutschen Maschinenbaufabriken nahm noch stärker zu. 1858 konnte Borsig bereits die 1000. Lokomotive in Betrieb stellen lassen, nachdem schon 1851 von 1084 Lokomotiven 679 deutsche Fabrikate gewesen waren. Das rapide Wachstum der Transportindustrie riß den Maschinenbau mit sich, er durchlief in den 1850er Jahren eine auffällig rasche Entwicklung[3].

schaftsgeschichte Deutschlands, II, Berlin 1964, 166–218; ders., Zum Verlauf u. einigen Hauptproblemen der industriellen Revolution in Deutschland, in: ders. u. a., Studien zur Geschichte der industriellen Revolution in Deutschland, Berlin 1960, 11–63; L. Baar, Die Berliner Industrie in der Industriellen Revolution, Berlin 1966; H. Blumberg, Die deutsche Textilindustrie in der industriellen Revolution, Berlin 1965; A. Schröter u. W. Becker, Die deutsche Maschinenbauindustrie in der industriellen Revolution, Berlin 1962; F. Zunkel, Der Rheinisch-Westfälische Unternehmer, 1834–1879, Köln 1962, 46–65. Die ältere u. allg. Lit. (Henderson, Price, Ritter, Benaerts, Baumont usw.) in: Wehler, Theorieprobleme. Vgl. R. Tilly, Germany, 1815–70, in: R. E. Cameron u. a., Banking in the Early Stages of Industrialization, N. Y. 1967, 151–82; ders., The Political Economy of Public Finance and the Industrialization of Prussia, 1815–66, JEH 26. 1966, 484–97; ders., Financial Institutions and Industrialization in the Rhineland, 1815–70, Madison 1966; J. Kuczynski, Die Geschichte der Lage der Arbeiter unter dem Kapitalismus, II. 1849–70; III. 1871–1900, Berlin 1962. K. Neidlinger (Studien zur Geschichte der deutschen Effektenspekulation, Jena 1930) führt nur bis ca. 1830, K. Bösselmann (Die Entwicklung des deutschen Aktienwesens im 19. Jahrhundert, Berlin 1939) bis ca. 1850; H. Leiskow, Spekulation u. öffentliche Meinung in der ersten Hälfte des 19. Jh., Jena 1930, 44–79. Zum Außenhandel jetzt G. Bondi, Deutscher Außenhandel, 1815–1870, Berlin 1958. – Über die Depression bis 1847 gibt es 120 Jahre später noch immer keine detailliertere Untersuchung. Während man in den letzten 20 Jahren erheblich intensivierte deutsche Vormärzforschung diesen wichtigen Fragen noch immer nicht nachgegangen ist, gewinnt man einen Eindruck von der Bedeutung dieser Krise durch den Vergleich mit England u. Frankreich (Labrousse, Ward-Perkins), vgl. allg. die Lit. in Wehler, Theorieprobleme. Eine vorzügliche Bibliographie: CEHE VI/II, 943–1007.

2. H. Blumberg, Die Finanzierung ... der Aktiengesellschaften, in: Mottek u. a., Studien, 176 f. Vgl. H. Thieme, Statistische Materialien zur Konzessionierung von Aktiengesellschaften in Preußen bis 1867, Jahrbuch für Wirtschaftsgeschichte (= JbW) 1960/II, Berlin 1961, 285–300; K. Borchardt, Zur Frage des Kapitalmangels in der 1. Hälfte des 19. Jhs. in Deutschland, JNS 173. 1961, 401–21; B. Brockhage, Zur Entwicklung des preußisch-deutschen Kapitalexports 1817–40, Leipzig 1910.

3. Zur Statistik der Kohlen- u. Eisenproduktion s. u. 70. Vgl. D. Eichholtz, Junker u. Bourgeoisie vor 1848 in der preußischen Eisenbahngeschichte, Berlin 1962; W. Linden, Eisenbahn u. Konjunktur, Karlsruhe 1926, 19; B. Schultz, Die volkswirtschaftliche Bedeutung der Eisenbahnen, Jena 1922, 164; Schumpeter, I, 357–63; Schröter/Becker, passim. Mottek, Verlauf, 37–39; ders., II, 169 f., 171–204. Vgl. G. Hermes, Statistische Studien zur wirtschaftlichen u. gesellschaftlichen Struktur des zollvereinten

Die Roheisenproduktion stieg zur selben Zeit dank der Kokshochöfen um 250 Prozent, 1866 wurde die Millionen-Tonnengrenze erreicht, 1870 wurden schon ca. 1,5 Millionen Tonnen Eisen erzeugt. Entsprechend wuchs die Kohlenproduktion zwischen 1850 und 1860 um 138 Prozent, zwischen 1860 und 1870 um 114 Prozent. Sie überschritt 1870 in absoluten Ziffern 26 Millionen Tonnen, – fast doppelt soviel wie man damals in Frankreich förderte. Von 1860 bis 1870 tat auch der Eisenbahnbau einen erneuten Sprung nach vorn. Das Eisenbahnnetz verdoppelte sich fast noch einmal auf 19 000 km. Der Bahnbau bestätigte seine Stellung als Führungssektor der anhaltenden Konjunktur; die Textilindustrie fiel dagegen relativ ab. Die Lebenshaltungskosten stiegen im Gefolge der Konjunktur scharf an, während die Durchschnittslöhne nicht Schritt halten konnten. Die jährliche Arbeitsleistung pro Arbeiter nahm zwischen 1850 und 1860 um 8,5 Prozent, dank der voraneilenden Industrialisierung im nächsten Jahrzehnt um 42 Prozent zu[4].

Zweimal unterbrachen Krisen den Aufwärtstrend. Die erste Weltwirtschaftskrise der Moderne von 1857/59 breitete sich von Nordamerika her aus. Nach Zahlungseinstellungen großer Bankhäuser im August 1857 folgte ein abrupter Kurssturz und Fall der Warenpreise. Im Oktober erreichte die Krise England und fand über das Handelszentrum Hamburg ein Einfallstor nach Deutschland. Bezeichnenderweise litt die deutsche Textilindustrie weitaus mehr unter der Krise als die Eisen- und Maschinenbauindustrie. Zudem folgte dieser ersten globalen Krise keine langanhaltende Depression. Freilich hemmte den Ausschwung, der sich 1860 kraftvoll durchgesetzt hatte, noch einmal die Krise von 1866. Doch die kurzlebigen milden Rezessionserscheinungen in ihrem Gefolge wurden im kleindeutschen Kaiserreich von 1871 sogleich durch die »Gründerjahre« bis 1873 mehr als wettgemacht. In den neuen Wirtschaftsraum strömte zudem mit überraschender Schnelligkeit der französische Milliardentribut ein. Er verschärfte durch erhöhte Liquidität, erleichterte Kreditbedingungen und Transaktionen die gefährliche Überheizung des Booms, mit dem Industrie und Banken die sich nach der Reichsgründung bietenden, lang ersehnten Entfaltungsmöglichkeiten ohnehin anerkannten[5].

Namentlich die deutschen Großbanken, die zwischen 1848 und 1873 entstanden, forcierten das Entwicklungstempo. Sie koordinierten die Gründungsprojekte und wuchsen im Prozeß der Bankenkonzentration zu jener Oligarchie der Haute Finance zusammen, die der deutschen Wirtschaftsentwicklung seither in so starkem Maße

---

Deutschland, ASS 63. 1929, 121–62. Recht wirr ist: C. Hildebrand, Der Einbruch des Wirtschaftsgeistes in das deutsche Nationalbewußtsein zwischen 1815 u. 1871, phil. Diss. Heidelberg 1936.

4. H. v. Festenberg-Packisch, Der deutsche Bergbau, Berlin 1886, 92; K. Flegel u. M. Tornow, Die Entwicklung der deutschen Montanindustrie, 1860–1912, Berlin 1915, 8–11; L. Beck, Die Geschichte des Eisens, IV. Abt., Braunschweig 1899, 689–716, 980–97; Blumberg, Textilindustrie, passim; Rosenberg, Weltwirtschaftskrise, 73; Mottek, Verlauf, 51.

5. Vgl. Rosenberg u. Böhme; H. Wätjen, Die Weltwirtschaftskrisis des Jahres 1857, WA 38. 1933, 356–67; H. Treutler, Die Wirtschaftskrise von 1857, Hamburger Überseejahrbuch 1927, 301–20; J. R. T. Hughes, The Commercial Crisis of 1857, Oxford Economic Papers (= OEP) 1956, 194–222; S. Rezneck, The Influence of Depression upon American Opinion, 1857–59, JEH 2. 1942, 1–23; W. B. Smith u. A. H. Cole, Fluctuations in American Business, 1790–1860, Cambridge/Mass. 1935, 87–139. – M. Wirth, Geschichte der Handelskrisen, Frankfurt 1890[4], 351–98. Zu 1866 jetzt eingehend: J. Schuchardt, Die Wirtschaftskrise vom Jahre 1866 in Deutschland, JbW 1962, II, 91–141. Böhme, 325–27; Schumpeter, I, 324 f. Vor allem: A. E. Monroe, The French Indemnity of 1871 and its Effects, RES 1. 1919, 269–81; F. Busch, Tribute u. ihre Wirkungen, untersucht am Beispiel der französischen Zahlungen nach dem Krieg 1870/71, wiso. Diss. Basel 1936; A. Soetbeer, Die 5 Milliarden, Berlin 1874; L. Bamberger, Die 5 Milliarden, PJ 31. 1873, 441–60.

ihren Stempel aufgedrückt hat. Wenn A. Gerschenkron eindringlich auf die zentrale Rolle der Banken während dieser Wachstumsphase einiger kontinentaleuropäischen Industriewirtschaften in der Epoche des »Great Spurt« – Rostows »Take-Off« –, aber auch danach hingewiesen hat, dann bietet die deutsche Erfahrung geradezu ein Musterbeispiel für seine Theorie. Die neuen deutschen Banken, die im Gegensatz zur Entwicklung in Großbritannien die Funktionen einer Depositenkasse mit der Aufgabe, langfristiges Kapital für die Industriefinanzierung zu beschaffen, verbanden, wurden zu einem »entscheidenden, strategischen Faktor in der Industrialisierung Deutschlands«, da sie in zunehmendem Maße das Investitionskapital für die Industrie sammelten, fehlende Voraussetzungen, wie sie England besaß, zum Teil wettmachten und durch verbesserte Organisationsmethoden und eine Art zentralisierte Kontrolle die relative Rückständigkeit des Landes zu überwinden halfen[6].

Während der Gründerjahre nahm nicht nur die Aktivität der Banken zu: mit ihrer Hilfe wurden allein in Preußen von 1871 bis 1874 ebensoviele Eisenhütten, Hochofenwerke und Maschinenfabriken gegründet wie in den siebzig Jahren seit 1800, wurden nach der Aufhebung der Konzessionspflicht (11. 6. 1870) 928 Aktiengesellschaften mit einem Nominalkapital von 2,8 Milliarden Mark gegründet, während alle preußischen Aktiengesellschaften zwischen 1826 und 1870 zusammengenommen ein Kapital von 3 Milliarden Mark gezählt hatten. Da zwischen 1851 und 1870 allein 2,4 Milliarden Mark neuen Aktiengesellschaften zugeflossen waren, wurden während der Hochkonjunkturperiode vor 1873 insgesamt 5,2 Milliarden Mark in Aktiengesellschaften angelegt, – sogar während der Aufschwungphase von 1897 bis 1914, wurden nur 5,2 Milliarden Mark erreicht.

Auch die Zahl der Banken selber schnellte im Gründungsfieber hoch. 1871 wurden 48, 1872 sogar 50 Banken mit einem Kapital von zusammen 585 Millionen Mark neu gegründet. In Berlin, wo man 1870 neun Banken gezählt hatte, gab es 1873 52 Bank-Aktiengesellschaften. Zwischen 1870 und 1872 wuchs die Zahl der deutschen Banken-Aktiengesellschaften von 31 auf 139. Von den Großbanken entstand nach der »Deutschen Bank« (1870) noch die »Dresdner Bank« im Jahre 1872, als die »Direktion der Disconto-Gesellschaft« unter A. Hansemann ihr Kapital bereits von 30 auf 60 Millionen Mark erhöhte.

Hatten sich während der Eisenbahnhausse der 1860er Jahre die Dividenden wichtiger Bahnen um 30 bis 90 Prozent erhöht:

Berlin-Anhaltische:	8,25 – 16
Berlin-Magdeburgische:	11,0 – 20
Bergisch-Märkische:	6,5 – 8
Rheinische Eisenbahn:	5,0 – 8,4 ,

so konnten die sie finanzierenden Banken zwischen 1871 und 1873 Dividenden von 12 bis 25 Prozent ausschütten:

Disconto-Gesellschaft:	20
Berliner Handelsgesellschaft:	12,5
Schaaffhausenscher Bankverein:	12,5
Berliner Bankverein:	16
Berliner Maklerbank:	25,2

---

6. Gerschenkron, Backwardness, 5–30, 353–64; ders., in: Fischer Hg., 23. Ein Überblick über die Lit zur deutschen Bankenkonzentration: Anhang 508. Zum Grundsätzlichen noch immer Hilferding.

1872 zahlten allein die Berliner Aktiengesellschaften, deren Aktien einen Kurswert von 1451 Milliarden Mark besaßen, 107 349 Millionen Mark Dividenden aus[7].

Im Eisenbahnbau und in den zahllosen Eisenbahnprojekten hat Schumpeter wohl zu Recht »das wichtigste Einzelelement« der Entwicklung bis 1873 gesehen. Die Eisenbahnen bedeuteten für die Revolutionierung des deutschen Wirtschaftssystems viel mehr als für England, wo der Außenhandel *der* strategische Sektor der Wirtschaft war. Am ehesten liegt der Vergleich mit ihrer Wirkung in den Vereinigten Staaten nahe. Zwischen 1870 und 1875 stieg das deutsche Eisenbahnnetz, trotz der abrupten Stagnation seit Anfang 1874, von 19 000 km auf 28 000 km, es nahm mithin während der knappen Spanne der Gründerjahre in einem typischen Fall von »Sectoral Overshooting« noch einmal um rund 50 Prozent zu. Die Erweiterung vollzog sich in einer Atmosphäre fiebriger, spekulativer Haussestimmung und mit Hilfe von zum Teil abenteuerlichen Finanzierungsmethoden. Die umstrittene Figur des Eisenbahnkönigs Strousberg verkörperte dieses Geschäft ebenso, wie es die Harriman, Hill und Stanford in den Vereinigten Staaten taten[8].

Der rheinische Wirtschaftsmagnat Gustav Mevissen glaubte im Juni 1872, daß »das Erwerbsleben des ganzen großen Deutschen Reiches ... sich in eine riesenhafte Aktiengesellschaft verwandeln zu wollen scheine«. Rückblickend urteilte Leopold Hoesch, einer der Großindustriellen des Ruhrreviers, man habe während der Gründerzeit bezweifelt, »ob überhaupt in der Welt genug Kohlen und Koks vorhanden seien, um das der Welt nötige Roheisen zu machen – eine Frage, die wir im Dortmunder Revier ein halbes Jahr ernsthaft diskutiert haben«. Nach einer zwanzigjährigen Hochkonjunkturphase schien der Boom eine selbstverständliche Steigerung zu bedeuten. Doch gerade als wegen der Auftragsflut innerhalb von vier Jahren die Arbeiterzahl in den Kruppschen Fabriken von 7000 auf 12 000 Mann angestiegen war, als mit zahlreichen anderen Unternehmern und Bankiers zusammen auch Alfred Krupp weitere Expansion plante, da schrieb ihm warnend sein Schwager, »daß der enorme Gründungsschwindel ... uns einer großartigen allgemeinen Geschäftskrisis entgegenführen muß«. Seit dem Mai 1873 ging seine Prophezeiung in Erfüllung[9].

Die zweite Weltwirtschaftskrise brach herein und eröffnete die erste der drei Depressionen der Trendperiode bis 1896. Die Krise von 1873 ging wie sechzig Jahre später von Wien aus, wo auch der Eisenbahnbau und die Weltausstellung zu einer maßlosen Börsenhausse geführt hatten[10]. Schon im März tauchten im Wirtschaftsteil

---

7. Wirth, 567; Wilson, 51; Spiethoff, II, Tafel 2; H. Stuebel, Staat u. Banken im preußischen Anleihewesen, 1871–1913, Berlin 1935, 22; K. Helfferich, G. v. Siemens, I, Berlin 1922², 213, 279–336; H. München, A. v. Hansemann, München 1932, 123; R. E. Lüke, Die Berliner Handelsgesellschaft, 1856–1956, Berlin 1956, 44; Müller-Jabusch, 16, 50, 62.

8. Schumpeter, I, 363, vgl. 357, 362, 365 f., 375; Müller-Jabusch, 15; G. Reitböck, Der Eisenbahnkönig Strousberg u. seine Bedeutung für das europäische Wirtschaftsleben, Beiträge zur Geschichte der Technik u. Industrie 14. 1924, 65–84; B. Strousberg, Dr. Strousberg u. sein Wirken, Berlin 1877; der Nl. Strousberg, Deutsches Zentralarchiv (= DZA) Merseburg, II, ist unergiebig. Vgl. allg. L. Girard, Transport, CEHE VI/I, 212–73.

9. J. Hansen, G. v. Mevissen, Berlin 1906, I, 773; vgl. W. v. Eisenhart-Rothe, Die volkswirtschaftlichen Anschauungen G. v. Mevissens, phil. Diss. Gießen 1930. P. H. Mertes, Das Werden der Dortmunder Wirtschaft, Dortmund 1942², 155; W. Berdrow, A. Krupp, Berlin 1927, II, 241.

10. Vgl. zur Krise von 1873: Rosenberg, Depression; Böhme, Großmacht, 341–59; Wilson 70 f.; H. Mottek, Die Gründerkrise, JbW 1966/I, 51–128; E. Hübener, Die deutsche Wirtschaftskrisis von 1873, Berlin 1905; A. Schäffle, Der große Börsenkrach des Jahres 1873, in: ders., Ges. Aufsätze, Tübingen 1886, II, 67–131; H. Cunow, Allgemeine Wirtschaftsgeschichte, Berlin 1931, IV, 103–25; F. C. Huber, 50 Jahre deutschen Wirtschaftslebens, Stuttgart 1906, 33–87; G. Schmoller, Grundriß der

der deutschen Zeitungen beunruhigende Börsenmeldungen auf. Mitte April schrieb man von ersten »Baisse-Tendenzen«, am 23. April brach in Wien die »Panik« aus. Als die ersten Insolvenzen bekannt wurden, tauchte die »Möglichkeit einer Katastrophe in Wien« auf. Mitte Mai war sie bereits eingetreten, »völlige Auflösung« machte sich breit. Hochwertige Papiere stürzten von 280 fl. auf 10 fl. – und blieben unverkäuflich. Allein vom 31. März bis zum 28. Oktober 1873 sank der Kurswert der österreichischen Industrieaktien um 49 Prozent. Das vielgelesene und glänzend informierte Frankfurter Börsenblatt »Der Aktionär« hielt die Baisse für die »naturgemäße Konsequenz« eines »mit Dampfkraft« betriebenen Emissionsgeschäfts, zeigte sich aber doch verwundert, wie »die Krisis mit einer Macht hereingebrochen, die ... unerwartet gekommen« sei. Schon im Juni galt auch die Berliner Börse als »lustlos«. Als es Ende Juli zu ersten Zahlungseinstellungen kam, wurde auch hier die Prognose der nahenden Krise gestellt[11].

Im August herrschte in Deutschland trügerische Ruhe, jedoch unmittelbar nach dem Ausbruch der amerikanischen Krise am 15. September wurden die deutschen Plätze in Mitleidenschaft gezogen. Der »Generalkrach« mit »bodenloser Flauheit« begann. Anfang Oktober stürzte die »Quistorpsche Vereinsbank«, ein typisches Gründerunternehmen, das mit 22 Gesellschaften verschachtelt war. Ein wahrer Rattenschwanz von Konkursen folgte. Zur gleichen Zeit erfaßte die Krise den Londoner Geldmarkt, das Zentrum der internationalen Finanzwelt. Seit dem Spätherbst 1873 durfte man von einer Weltkrise sprechen. Bereits im November zog der »Aktionär« eine erste Zwischenbilanz: allgemein herrsche die Überzeugung, »daß die Verhältnisse zu einer Katastrophe hindrängen«, die »das gesamte industrielle und kommerzielle Gebiet in schwere Mitleidenschaft ziehen wird. Mit einem Worte, die Handelskrisis steht vor der Tür.« Der »Rausch« der Gründerjahre, die »Tarantella, welche selbst die Besonnenen mitzurasen gezwungen wurden, bis endlich alle Welt ohnmächtig und ermattet zusammenbrach«, ging im Dezember in die Depression über[12].

Der Leiter des Preußischen Statistischen Büros berechnete bald, daß die Aktien von 444 Aktiengesellschaften, deren Kurswert Ende 1872 noch 4528 Milliarden Mark betragen hatte, Ende 1874 noch 2444 Milliarden Mark wert waren. Von 139 Kreditbanken mit einem Kapital von 1132 Milliarden Mark mußten in kurzer Zeit 73 mit 473 Millionen Mark Kapital liquidieren.

Von den großen Banken notierten	ultimo 1872:	jedoch ultimo 1873
Disconto-Gesellschaft:	335	179
Darmstädter Bank:	216	160
Berliner Handelsgesellschaft:	160	120

Ihre Dividenden sanken von 1872 bis 1876 von 27 auf 4, 15 auf 6, 12,5 auf 0 Prozent. Es war in der Tat, wie sich der erste Historiker der Krise von 1873 etwas martia-

---

allgemeinen Volkswirtschaftslehre, Leipzig 1904, II, 478–95, sowie die Untersuchungen zu den einzelnen Wirtschaftsregionen im Folgenden. Zu Österreich vgl. Anhang, 510.
11. Kölnische Zeitung (= KZ) 23., 25., 27. 4.; 9., 10. 5.; 2. 6. 1873; vgl. 12. 5. 1873; Der Aktionär 20.393 (4. 5. 1873); 433 (11. 5. 1873); 648 (27. 7. 1873); 658 (3. 8. 1873); vgl. 465 (18. 5. 1873); 560 (22. 6. 1873). Unbefriedigend ist: W. Genrich, Die Stellungnahme der Kölnischen Zeitung zu den handelspolitischen Strömungen der Bismarckschen Ära, wiso. Diss. Köln 1931.
12. Aktionär 20.731 (14. 9. 1873); 761 (28. 9. 1873); 778 (5. 10. 1873); KZ 12. 10. 1873; Aktionär 20.790 (12. 10. 1873); 820 (26. 10. 1873); 836 (2. 11. 1873); KZ 10. 11. 1873; Aktionär 20.850 (9. 11. 1873); vgl. 21. 11, 13, 19 (4. 2. 1874).

lisch ausdrückte, eine schwere »Kriegstribution, die der Kapitalismus bei seiner Eroberung des deutschen Vaterlandes« zu erheben begann[13].

Eine zeitgenössische Erhebung, die der Leiter der »Deutschen Kontinental-Gas-Gesellschaft« in Dessau, der Industrielle und nationalliberale Politiker Wilhelm Oechelhäuser vornehmen ließ, verdeutlicht die Zäsur, die die Krise und die nachfolgende Depression im deutschen Wirtschaftsleben markierten. Dabei tritt der steile Absturz der eigentlichen Gründerunternehmen besonders kraß hervor.

Es notierten zum Jahresende von bedeutenden	1872	1874	1875
1. Banken, die			
a) bis 1870 gegründeten,	146	110	92
b) nach 1870 gegründeten:	111	73	65
2. Bergwerks- und Hüttengesellschaften, die			
a) bis 1870 gegründeten,	206	125	85
b) nach 1870 gegründeten:	111	54	35
3. Industriegesellschaften, die			
a) bis 1870 gegründeten,	119	81	75
b) nach 1870 gegründeten:	97	40	30.

Die durchschnittlichen Dividendenzahlungen betrugen im Jahre 1874 für
die Gruppe 1a) 6,83 jedoch die Gruppe 1b) 2,89
2a) 9,96 2b) 2,91
3a) 5,88 3b) 2,03[14]

Im einzelnen nahmen die Kursverluste namentlich von bekannten Unternehmen der Gründerjahre aufsehenerregende Ausmaße an. Bei einigen Eisenbahnlinien, die vor kurzem noch in aller Munde gewesen waren, sanken die Kurse von Ende 1872 bis Herbst 1875:

Halle-Sorau-Guben	61	8
Hannover-Altenbeken	77	10
bei Banken:		
Schuster & Co.	116	21
Quistorpsche Vereinsbank	195	12
bei Montanwerken:		
Bochumer Verein	230	53
Phönix Ruhrort	400	46.

Im April 1874 konstatierte der »Aktionär« nüchtern, daß die von ihm vorhergesagte Depression ins Land gezogen sei. »Alles« dränge »zum Niedergang gewaltsam« hin. In der Eisen- und Stahlindustrie begann der Preissturz sich schon hart auszuwirken, die Erz- und Kohlenpreise folgten, die Löhne gerieten in Bewegung. Bis zum Mai 1874 wurden 50 Hochöfen ausgeblasen, was einen künftigen Jahresaus-

---

13. Cunow, IV, 106; Stuebel, 23; Helfferich, I, 288; A. Sartorius v. Waltershausen, Deutsche Wirtschaftsgeschichte 1815–1914, Jena 1923², 284; Hübener, 14, 66–103. Vgl. C. Gareis, Die Börse u. die Gründungen, Berlin 1874; R. Ehrenberg, Die Fondsspekulation u. die Gesetzgebung, Berlin 1883, 143–232; R. Lewinsohn, Das Geld in der Politik, Berlin 1931, 33–37; H. Gollwitzer, Die Standesherrn, 1819–1918, Göttingen 1964², 252–4.
14. W. Oechelhäuser, Die wirtschaftliche Krisis, Berlin 1876, 41, 44 f., 47, 147 f., 151–53. Vgl. H. Wagener, Erlebtes, Berlin 1884², II, 55–61.

fall von Millionen Tonnen Roheisen und ein entsprechendes Sinken des Kohlenbedarfs ankündigte.

Seit 1874 sahen sich Wirtschaft und Politik im Deutschen Reich der grimmigen Realität der Depression gegenüber. War das die »allgemeine Krise«, von der sich Karl Marx in London erhoffte, daß sie »durch die Allseitigkeit ihres Schauplatzes, wie die Intensität ihrer Wirkung selbst den Glückspilzen des neuen heiligen, preußisch-deutschen Reichs Dialektik einpauken« werde[15]?

Es ist von grundlegender Bedeutung, sich hier ganz klar zu machen, daß Bismarck die Reichspolitik zum größten Teil während einer Periode welt- und nationalwirtschaftlicher Wachstumsstörungen geleitet hat. Der volle hochkonjunkturelle Aufschwung setzte erst Jahre nach seiner Entlassung ein. Die Wirkungen und Folgen der Wachstumskrisen in Deutschland werden daher im folgenden unter allgemeinen wirtschaftlichen und politischen Gesichtspunkten, jedoch auch unter Berücksichtigung der Wirtschaftsentwicklung in wichtigen Industrieregionen, analysiert, um etwas von dem Gewicht dieser sozialökonomischen Krisenzeit spürbar werden zu lassen[16].

B. DIE WACHSTUMSSTÖRUNGEN IN DEUTSCHLAND VON 1873 BIS 1890

Wenn man den Verlauf auch der deutschen Industrialisierung von 1873 bis 1896 als Trendperiode heftiger Wachstumsstörungen charakterisiert, dann erfaßt man damit die »langfristigen Tendenzen in der Entwicklung der Gesamtwirtschaft«, den Konjunktur*trend*[17]. Diese Phase des Wirtschaftswachstums läßt sich in zwei ungefähr zehn-

15. Aktionär 21.313 (19. 4. 1874); 632 (16. 8. 1874); 819 (29. 11. 1874); Westfälische Zeitung 1. 5. 1874. – Marx, MEW 23, 28 (Nachwort v. 24. 1. 1873 zur 2. Aufl. des »Kapitals«).
16. Vgl. hierzu W. Conze, The German Empire, NCMH 11. 1962, 286 f.; C. Brinkmann, The Place of Germany in the Economic History of the 19th Century, EHR 4. 1932/33, 142–44; Lamprecht, I, III, 165. Wenn G. Mann (Bismarck and Our Times, International Affairs 38. 1962, 12) wie viele andere vor ihm von der »zunehmend deprimierenden, materialistischen, streitsüchtigen, erstickenden Atmosphäre« im Deutschland der 1870er und 1880er Jahre spricht, dann hat die Depressionszeit seit 1873 – wie dann in Kap. III gezeigt wird – die realhistorischen Voraussetzungen dafür geschaffen.
17. Allg. zu dieser Trendperiode in Deutschland: Rosenberg, Depression; ders., Wirtschaftskonjunktur; Böhme, Großmacht, 341–604; Spiethoff, I, 123–30; 146 f.; II, Tafel 1; mit ihm stimmt das vorzügliche Material überein, das das für jeden Historiker der deutschen Geschichte im 19. u. 20. Jh. wichtige Werk von W. G. Hoffmann u. a. (Das Wachstum der deutschen Wirtschaft seit der Mitte des 19. Jhs., Heidelberg 1965) neuerdings aufbereitet hat. Schumpeter, I, 324–78; Däbritz, 17–42; Wagemann, Konjunkturlehre, 76–82; W. L. Thorp, Business Annals, N. Y. 1926, 202–12; J. S. Pesmazoglu, Some International Aspects of German Cyclical Fluctuations, 1880–1913, WA 64. 1950, I, 77–110; J. Kuczynski (Studien zur Geschichte der zyklischen Überproduktionskrisen in Deutschland, 1873–1914, Berlin 1961, 73–102) bietet eine heterogene Materialsammlung, die ganz ungenügend interpretiert wird. F. Lütge, Deutsche Sozial- u. Wirtschaftsgeschichte, Berlin 1960[8], 450–59 (gehört zum Schwächsten des schwachen Teils des Buchs über das 19. u. 20. Jh.); W. Köllmann, Sozialgeschichte der Stadt Barmen im 19. Jh., Tübingen 1960, 283–5. – Vgl. von zeitgenöss. Schriften: F. Perrot, Der Bank-, Börsen- u. Aktienschwindel, 3 Bde., Rostock 1873–76; O. Glagau, Der Börsen- u. Gründungsschwindel in Berlin, Leipzig 1876; ders., Der Börsen- u. Gründungsschwindel in Deutschland, Leipzig 1877; ders., Der Bankrott des Nationalliberalismus u. die ›Reaktion‹, Berlin 1878[8]; R. Meyer, Politische Gründer u. die Korruption in Deutschland, Leipzig 1877; ders., Der Kapitalismus fin de siècle, Wien 1894; Wirth, 405–706; C. Ballod, Deutschlands wirtschaftliche Entwicklung seit 1870, Sch. Jb. 24. 1900, 493–516. – Rosenberg bietet die mit großem Abstand am stärksten theoretisch durchdrungene Analyse. Wieviel ich seinen Veröffentlichungen verdanke, wird jeder Leser bei einem Vergleich feststellen können. Vgl. über Rosenberg u. Böhme eingehend meine Rez. Neue Politische Literatur 14. Jg., 1969.

jährige Perioden gliedern. Nach der zweiten Weltwirtschaftskrise von 1873 hielt die erste Depression bis zum Herbst 1879, die Tendenz zögernder Entwicklung auch danach noch bis in die 1880er Jahre an. Seit der Mitte der 1880er Jahre drang der Aufschwung durch, ging aber erst 1896 in die Hochkonjunktur über. Die drei Depressionen von 1873/79, 1882/86 und 1890/94 wurden durch zwei Anstiegsperioden von 1879/82 und 1886/90 unterbrochen. Während aber die Hochkonjunkturperioden von 1849 bis 1873 und von 1897 bis 1913 jeweils zehn Hochschwungjahre zählten, hat Spiethoff für die Trendperiode von 1873 bis 1886 nur zwei als solche anerkannt: 1889 und 1896! Dreiviertel dieser Trendperiode standen im Zeichen von Stockungsjahren[18].

Unstreitig hat die erste Depression von 1873 bis 1879 objektiv den schärfsten Einschnitt bedeutet: das heißt die Meßziffern des industriewirtschaftlichen Wachstums zeigen für diesen Abschnitt – wie auch noch im einzelnen zu zeigen sein wird – die auffälligsten negativen Veränderungen an. Er umschloß die relativ schwerste und längste Tiefkonjunktur der modernen deutschen Wirtschaftsgeschichte. In jenen Jahren fiel z. B. der deutsche Eisenverbrauch, eine entscheidende Stockungserscheinung, um volle 50 Prozent. In einzelnen Industriezweigen traten sogar während dieser Epoche der Hochindustrialisierung Produktionsschrumpfungen auf. Im schwerindustriell bestimmten Kreis Dortmund fiel die Roheisenherstellung von 1873 = 2297 Mill. t auf 1875 = 1817 Mill. t, beim »Hoerder Verein« von 1873 = 55 849 t auf 1876 = 45 078 t. Die Walzproduktion der »Dortmunder Union« ging sogar von 1873 = 248 050 auf 1877 = 152 560 t, die Roheisenherstellung im Kreis Siegen von 1873 = 335 000 t auf 1875 = 298 000 t zurück[19].

»Gegen die Tatsache der schweren Krankheit der Industrie verschließt allmählich niemand mehr die Augen«, schrieb der Industriemanager und nationalliberale Politiker Friedrich Hammacher 1876 an den befreundeten Ruhrmagnaten Haniel. »Die Gründe der furchtbaren Krisis«, die er Jahr für Jahr im rheinisch-westfälischen Industrierevier verfolgte, sah er in dem Mißverhältnis von Erzeugung und Verbrauch. »Unser ganzes wirtschaftliches Leben ist krank«, wiederholte er verdrossen. Selbst der ununterbrochen zunehmende Güterverkehr, der von 1870 bis 1873 in Milliarden geleisteter Tonnenkilometer von 5,3 auf 9,9 gewachsen war, vermehrte sich während der ersten Depression bis 1879 nur mehr um 1,8 auf 11,9! Das Baugewerbe, gewöhnlich ein wichtiger Faktor des Konjunkturverlaufs, hatte bis 1873 eine maßlos überhitzte Boomzeit erlebt, wie sie erst wieder die Bundesrepublik Deutschland seit 1949 kennenlernte. Nach der Krise mit dem Zusammenbruch auch der hektischen Bau-

---

18. Spiethoff, II, Tafel 1; I, 83 f., 146 f. Vgl. hierzu Tab. 1 in Burns, IESS 2, 231, der aus dem riesigen statistischen Material des »National Bureau of Economic Research« die Depressions- und Aufschwungphasen in Deutschland wie folgt bestimmt:
Höhepunkt 1872 – Abschwung bis Febr. 1879
Höhepunkt Jan. 1882 – Abschwung bis Aug. 1886
Höhepunkt Jan. 1890 – Abschwung bis Febr. 1895.
19. Spiethoff, I, 124, 72; Schumpeter, I, 366; M. Sering, Geschichte der preußisch-deutschen Eisenzölle von 1818 bis zur Gegenwart, Leipzig 1882, 156; Statistisches Jahrbuch für das Deutsche Reich 3. 1882, 31; Mertes, 168; Hoerder Bergwerks- u. Hüttenverein, 50 Jahre seines Bestehens, 1852–1902, Aachen 1902, 25; H. W. Hinkers, Die geschichtliche Entwicklung der Dortmunder Schwerindustrie seit der Mitte des 19. Jhs., wiso. Diss. Köln, Dortmund 1926, 32, 47 f.; W. Bennauer, Die Übererzeugung im Siegerländer Eisenbergbau u. Hochofengewerbe von 1870 bis 1913, Jena 1935, 171. Vgl. R. Utsch, Die Entwicklung u. volkswirtschaftliche Bedeutung des Eisenerzbergbaus u. der Eisenindustrie im Siegerland, staatswiss. Diss. Tübingen, Görlitz 1913; E. Bähren, Strukturwandlung der Wirtschaft des Siegerlandes im 19. Jh., wiso. Diss. Köln, Weidenau 1931, 46–53; KZ 2., 18. 1. 1875; 5. 1. 1879.

spekulation wurde es hart getroffen. In Berlin z. B. sank die Zahl der polizeilichen Konzessionen für Fabrikneubauten von 196 im Jahre 1873 auf 10 im Jahre 1879, erreichte 1881 erst 27 und bis zum Ende der zweiten Depression nicht mehr als 1886 = 48[20].

Nach der beispiellosen Hochkonjunktur vor 1873 hat der Schock dieser sechs Jahre währenden ersten Depression die Grundlagen für eine Art traumatischer Erfahrung gelegt, die noch lange danach die Wirtschaft verfolgt hat. Als Ende 1879 ein verhaltener Aufstieg einsetzte, kehrte nur zögernd das Vertrauen zurück, obwohl doch das Bismarcksche Zollsystem soeben begonnen hatte, die während der Konjunktur unbestrittene »Privatisierung der Gewinne« mit einer entschlossenen »Sozialisierung der Verluste« aus der Depressionszeit zu verbinden. Tatsächlich war der Aufschwung vom Winter 1879/80 bis zum Spätsommer 1882 so schwach wie nie zuvor ein Anstieg aus einer deutschen Wirtschaftsdepression. 1880 und 1881 blieb der Eisenverbrauch unter den Ziffern von 1874–76 zurück; 1882 entsprach er denen von 1874, blieb also noch um 30 Prozent unter 1873, während jedoch die Eisenproduktion wieder stark anstieg. Immerhin schloß der »Deutsche Handelstag« aus den Jahresberichten der Handelskammern für die Jahre 1880 bis 1882, daß die »jahrelang andauernde wirtschaftliche Krise ihren Höhepunkt überschritten habe, daß die Erwerbsverhältnisse festere geworden, die Umsätze vermehrt seien, daß das durch die beispiellose Ungunst der letzten Jahre erschütterte Vertrauen endlich zurückgekehrt sei«, – ein voreiliger Schluß, wie sich bald erweisen sollte[21].

Der seit 1879 erneut vorangetriebene Ausbau des nordamerikanischen Eisenbahnnetzes wirkte sich nämlich nur drei Jahre lang mit seiner starken Nachfrage nach Eisen- und Stahlschienen auch auf die deutsche Schwerindustrie belebend aus. Ihr Export stieg ruckartig an, die Produktionsziffern kletterten hoch, zwischen 1879 und 1881 vermehrte sich die Arbeiterzahl in 128 Großbetrieben des Ruhrgebiets von 92 000 auf 110 000. Um ein Viertel auch erhöhte sich die Zahl der Eisenarbeiter im Saargebiet. Als der amerikanische Boom zusammenbrach und binnen kurzer Zeit in eine Depression überleitete, folgte im Herbst 1882 mit der europäischen Industrie auch die deutsche den Gesetzen der weltwirtschaftlichen Konjunkturverflechtung[22].

20. Hammacher an Haniel, 12. 3. 1876, Nachlaß (= Nl.) Hammacher, 21, DZA Potsdam, I. Vgl. die Klagen P. Natorps, eines Geschäftsführers des von Hammacher geleiteten »Vereins für die Bergbaulichen Interessen«: an Hammacher, 19. 3. 1876, 9. 6. 1877, 16. 9. 1879, ebda., 34. – Statistik der Bundesrepublik Deutschland, 199, Stuttgart 1958, 60. Vgl. W. Lotz, Verkehrsentwicklung in Deutschland seit 1800, Leipzig 1920⁴. Leider fehlen auch hier neuere Arbeiten zur deutschen Verkehrsgeschichte, wie sie z. B. G. R. Taylor (The Transportation Revolution, 1815–60, N. Y. 1962⁵) u. Kirkland für die Vereinigten Staaten bieten. – O. Wiedfeldt, Statistische Studien zur Entwicklungsgeschichte der Berliner Industrie, 1720–1890, Leipzig 1898, 110; K. Ehrke, Die Übererzeugung in der Zementindustrie von 1858–1913, Jena 1933, 72–103; G. Clausing, Die Übererzeugung in der Ziegelei von 1867 bis 1913, Jena 1931, 27 f., 174; Schumpeter, I, 370. Auf die Entwicklung des wachstumsintensiven Baugewerbes kann hier nicht näher eingegangen werden.
21. Rosenberg, 1857/59, 194; Spiethoff, I, 125; Sering, 156, 294. Deutscher Handelstag Hg., Das Deutsche Wirtschaftsjahr, 1. 1880, Berlin 1881; 2. 1881; 3. 1882, 1884, Zit. 3, 48. Vgl. W. Born, Die wirtschaftliche Entwicklung der Saar-Großeisenindustrie seit der Mitte des 19. Jhs., staatswiss. Diss. Tübingen, Berlin 1919, 34; R. Nutzinger u. a., K. Röchling, Saarbrücken 1931, 13; KZ 21. 7. 1880; Hammacher an Haniel, 15. 9. 1879, Nl. Hammacher 21; Münster an Erckert, 23. 7. 1881, Nl. Münster 13, Schloß Derneburg; E. Langen an?, 23. 2. 1882, Nl. Langen, Rheinisch-Westfälisches Wirtschaftsarchiv, Köln.
22. W. Beumer, 25 Jahre Tätigkeit des Vereins zur Wahrung der gemeinsamen wirtschaftlichen Interessen im Rheinland und Westfalen, Düsseldorf 1896, 104, 88; A. v. Brandt, Zur sozialen Entwicklung im Saargebiet, Leipzig 1904, 45 f.; A. Hasslacher, Das Industriegebiet an der Saar u. seine

»Illusionen beherrschten den Beginn des Jahres 1882«, kommentierte der »Deutsche Ökonomist« in seiner ersten Ausgabe diese bestürzende Entwicklung, ehe »die realen Verhältnisse doch endlich ihr Recht« forderten. In den »hauptsächlichsten industriellen Branchen« sei »gegen den Jahresschluß eine Art Stillstand eingetreten«. Und ein Jahr später, als von Illusionen keine Rede mehr sein konnte, hielt er die »Geschäftslosigkeit« für den »Hauptinhalt aller Klagen«, namentlich der Banken, denn der Reichsbankdiskontsatz hatte mit 3,28, der Privatdiskontsatz mit 2,16 seinen bisher niedrigsten Stand erreicht. Die schwache Bautätigkeit ließ seit dem Herbst 1882 noch einmal auffällig nach, nachdem die Ziegelpreise auch während der mäßigen Konjunkturjahre 1880 und 1881 gefallen waren, ein Niedergang, der bis 1887 konstant blieb[23].

Als 1882 die zweite Depression einsetzte, entstand insofern eine gefährliche Situation, als sofort die Erinnerung an die Depression bis 1879 eine tiefe Furcht vor der Wiederkehr derselben Zustände auslöste, dann aber auch die Agrarkrise, die sich seit der Mitte der 1870er Jahre auf Deutschland auszuwirken begann, zu der industriewirtschaftlichen Stockung hinzutrat, so daß sich fortab zwei Krisenfelder überlagerten. Die objektive Aufstiegstendenz war für die Zeitgenossen nur schwer erkennbar. Subjektiv ist daher die Angst vor dem Rückfall in die Depression, wie sie dann ja auch kam und die Befürchtungen bestätigte, nur zu verstehen. Während die deutsche Montanindustrie 1883/84 mit »wachsenden Schwierigkeiten«, erneutem »Rückgang der Preise« und angeblich der schlechtesten Konjunktur seit 1875 zu kämpfen hatte, spürte die Landwirtschaft in vollem Ausmaß den schmerzhaften Umstellungsprozeß auf einen Agrarweltmarkt, den überlegene Konkurrenten zu beherrschen begannen[24].

Die zweite Stockungsphase der Trendperiode seit 1873 dauerte zudem wieder ungewöhnlich lang, bis sich 1886 der Aufschwung durchsetzte. Das Bismarcksche Schutzzollsystem von 1879, das die kurze weltwirtschaftlich bedingte Konjunktur von 1879 bis 1882 nicht herbeigeführt hatte, vermochte jetzt auch nicht, die weltweite Tiefkonjunktur von 1882 bis 1886 von Deutschland abzuwenden. Sie traf Deutschland seit 1882 wieder genauso hart wie England, die Vereinigten Staaten und nunmehr

hauptsächlichsten Industriezweige, Saarbrücken 1912, 51 f., 126; Hinkers, 49; H. Röhll, Die wirtschaftlichen Wechsellagen in der Peine-Ilseder Eisenindustrie von 1860–1913, Jena 1940, 105–15; W. Rabius, Der Aachener Hütten-Actien-Verein in Rote Erde, 1846–1906, Jena 1906, 118; R. Plönes, Die Übererzeugung im rheinischen Braunkohlenbergbau von 1877 bis 1914, Jena 1935, 12–16; F. Lerner, Wirtschafts- u. Sozialgeschichte des Nassauer Raumes, 1816–1964, Wiesbaden 1965, 167; W. Köllmann Hg., IHK Wuppertal, 1831–1956, Wuppertal 1956, 172; Ilseder Hütte, 1858–1918, Hannover 1922, 293; F. Beck, Die wirtschaftliche Entwicklung in der Stadt Greiz während des 19. Jhs., Weimar 1955, 172–79; K. Doogs, Die Berliner Maschinenindustrie u. ihre Produktionsbedingungen seit ihrer Entstehung, Berlin 1928, 96 f.; Bennauer, 69; Ehrke, 111; Clausing, 33–51; Kuczynski, Studien, 73 f.; E. Struck, Die Weltwirtschaft u. die deutsche Volkswirtschaft in den Jahren 1881–83, Sch. Jb. 9. 1885, 1283–1300; L. Francke, Preußens Handel u. Industrie im Jahre 1881, Zeitschrift des Königl. Preußischen Statistischen Bureaus 23. 1883, 110–71.

23. Der Deutsche Ökonomist 1. 1 f. (30. 12. 1882); 1. 333 (1. 9. 1883); vgl. 465 (1. 12. 1883); Neumann-Spallart, Übersichten, 2. 23, 286; 4. 26, 66; Ehrke, 104; Clausing, 33, 46–51, 174.

24. Zeitschrift für das Berg-, Hütten- u. Salinen-Wesen im Preußischen Staate, 32. Berlin 1884, 609 f. (1883); 33. 1885, 315 (1884); KZ 31. 12. 1885; 20. 3., 4. 6. 1886. Vgl. W. Engels u. P. Legers, Aus der Geschichte der Remscheider u. Bergischen Werkzeug- u. Eisenindustrie, I, Remscheid 1928, 269–362; W. Hostert, Die Entwicklung der Lüdenscheider Industrie vornehmlich im 19. Jh., Lüdenscheid 1960, 77–83; H. Schäfer, Die Geschichte von Herne, Herne 1912, 18–25; H. Grewe, Die soziale Entwicklung der Stadt Essen im 19. Jh., wiso. Diss. Köln 1949, MS, II, 741–823. – Zur Agrarkrise s. u. 87–95.

ebenfalls Frankreich, – freihändlerische und protektionistische Länder durchmaßen die gleiche Depression. Die »Stagnation« seit der zweiten Hälfte des Jahres 1882 schränkte jedoch zu keiner Zeit mehr das Produktionsvolumen ein, der Eisenverbrauch stieg während dieser Stockungsspanne um 15 Prozent pro Kopf der Reichsbevölkerung. Sie äußerte sich vielmehr primär als Preisfall und geschäftliche Flaute; daher erfuhren Konsum und Handel zeitweilig eine fühlbare Beschränkung. Kredittransaktionen und Emissionen nahmen ab, die Konkurs- und Bankrotterklärungen aber zu. Die Rentabilität der Anlagepapiere sank, die Effektenbörsen reagierten empfindlich auf geringfügige Einflüsse, und die Diskontsätze verharrten auf ihrem niedrigen Stand. Die zweite Aufschwungphase von 1886 bis zum Baring-Krach von 1890 enthüllte dann den Aufwärtstrend seit der Mitte der 1880er Jahre. Die Montanproduktion nahm weiter zu. Der Geldmarkt für hohe Auslandsanleihen blieb flüssig, die Börsenspekulation verriet einen zuversichtlicheren Wirtschaftsgeist. 1889 galt auch im Deutschen Reich als ein Boomjahr. Doch schon wenige Monate nach Bismarcks Entlassung trafen auch die deutsche Wirtschaft noch einmal die Nachwehen der globalen Wachstumsstörungen[25].

Das Kernproblem dieser Trendperiode hat man auch in Deutschland in endogenen Problemen des industriewirtschaftlichen Wachstums zu suchen. Aus dem im Rahmen einer liberal-kapitalistischen Marktordnung zunehmend beschleunigten Prozeß der Hochindustrialisierung, der allenthalben den charakteristischen Ausbau von Überkapazitäten mit nachfolgender Überproduktion zeigte, erwuchsen die Spannungen, die in der spasmischen Wirtschaftsentwicklung zutage traten. Nachdem die Investitionstätigkeit bis 1873 im Banne utopischer Hoffnungen auf einem überaus hohen Stand angedauert hatte, trat »unvermeidlich eine Überkapazität der Ausrüstung auf. Ist die Überkapazität aber einmal da«, hat N. Kaldor gefolgert, »so ist es fast immer unmöglich, die Wirtschaftstätigkeit unvermindert zu bewahren«, wenn nicht staatliche Investitionen der Privatwirtschaft zur Hilfe kommen, – woran damals nur wenige Männer, wie der eine gezielte staatliche Konjunkturtherapie befürwortende Gustav Mevissen, dachten[26].

Auch in Deutschland hatte, wie oben gezeigt worden ist, der übereilte Eisenbahnbau als Leitsektor der Industrie beträchtliche Überkapazitäten durch die Induzierung von Investitionen in anderen Wirtschaftsbereichen geschaffen. Das deutsche Eisenbahnsystem hatte sich zwischen 1870 und 1875 um volle 50 Prozent vermehrt. Seine Streckenlänge stieg aber zwischen 1875 und 1879 nur mehr von 27 981 km um 5857 auf 33 838 km an. In dieser beträchtlich geringeren Zuwachsrate, hinter der sich ohnehin schon krasse Fehlinvestitionen verbargen, spiegelte sich die abnehmende Bedeutung des Bahnbaus für die Antriebskraft der deutschen Volkswirtschaft wider. Seither begann er seine führende Rolle als »das Rückgrat des deutschen Unterneh-

25. Neumann-Spallart, Übersichten, 4. 69 f.; Spiethoff, I, 128 f.; KZ 2., 17. 11., 22. 12. 1886. Vgl. M. Wirth, The Crisis of 1890, JPE 1. 1893, 214–36, sowie die Lit. zur europäischen Wirtschaftsgeschichte in Wehler, Theorieprobleme.
26. N. Kaldor, Stability and Full Employment, EJ 48. 1938, 653. Vgl. A. O. Hirschmann, The Strategy of Economic Development, New Haven 1958, 202 f.; Hoffmann, 43 f.; Hansen, I, 778; II, 620–26. Vgl. R. v. Gneists Urteil (Die nationale Rechtsidee von den Ständen u. das preußische Dreiklassenwahlsystem [1894], Darmstadt 1962, 248): »Unter meistens ungünstigen Konjunkturen des Weltmarkts erscheint die Klage über einen Notstand von allen Seiten ... Aber ist ein solcher Notstand im ganzen und großen wirklich vorhanden? ... Der vermeintliche Notstand entsteht vielmehr aus dem Gefühl der Unsicherheit des Gewinns infolge der Schwankungen der Konjunkturen in unserer noch nicht abgeschlossenen Epoche der Massenproduktion«. Gegen Ende unserer Trendperiode hat Gneist damit ein wichtiges psychologisches Moment richtig erfaßt, vgl. dazu Kap. III.

mer- und Finanzgeschäfts«, wie sich C. Fürstenberg von der »Berliner Handelsgesellschaft« ausdrückte, zu verlieren, und der Umstellungsprozeß auf neue industriewirtschaftliche Leitsektoren machte einen wesentlichen Aspekt dieser Trendperiode aus. Analysiert man die Struktur der deutschen Nettoinvestitionen, so läßt sich die erschlaffende Dynamik des Eisenbahnbaus eindringlich zeigen. Sein Anteil betrug nämlich in den Zeitspannen von 1870/74 = 23,8 Prozent, 1875/79 = 25,5 Prozent, aber 1880/84 = 13,5 Prozent und 1885/89 nur mehr 5,7 Prozent. Statt dessen verlagerten sich die Nettoinvestitionen immer mehr auf andere Gebiete der gewerblichen Wirtschaft[27].

Das Problem der Überkapazitäten als einer Hauptfrage der hochkapitalistischen Wirtschaftsverfassung blieb in diesen Jahren in Deutschland stets lebendig, denn allein die Nachwirkungen der Überinvestitionen vor 1873 waren bis in die 1880er Jahre hinein eine schmerzhafte Belastung. »Die Übererzeugung in all ihren Formen beherrschte das Feld«, hat Spiethoff die Trendperiode von 1873 bis 1896 charakterisiert, sie »ruhte wie ein Alp auf dem wirtschaftlichen Leben und dürfte an Schwere ihresgleichen suchen«. Diese Problematik wurde vertieft durch die Mechanisierung und Rationalisierung der Industrieproduktion, die nachfolgende konstante Senkung der Herstellungskosten, die Erleichterung der Marktversorgung dank einer ungeahnten Verdichtung des Verkehrsnetzes, sowie eine abrupt zunehmende inländische und internationale Konkurrenz. Das Produktionsvolumen nahm, von den schlimmen Ausnahmejahren abgesehen, stetig zu, doch der Wert der Waren, ihr Preis, sank. Immer reichlicher hergestellte Waren schienen zu immer niedrigeren Preisen nur mühsam oder auch gar nicht einen Abnehmer zu finden. Die Zeitgenossen haben diese sie bedrängenden Schwierigkeiten vorwiegend unter dem Begriff der Überproduktion, deren Nöte sie erlitten, erfaßt, und zahlreiche Konjunkturforscher späterer Jahre haben empirisch und theoretisch den richtigen Kern dieser Auffassung bestätigt. Der zunehmend erleichterte Ausbau von Überkapazitäten für einen noch längst nicht hinreichend erschlossenen Binnenmarkt und einen sich erst allmählich öffnenden Weltmarkt, denen beiden die Transparenz für annähernd marktgerechte Kalkulationen abging, führte mit dazu, daß ein überdimensioniertes Produktionssystem angesichts noch ziemlich statischer Bedürfnisse die Märkte mit Gütern förmlich überflutete. Der in die Augen springende Preissturz ist die sekundäre Begleiterscheinung dieser durch die Hochindustrialisierung ermöglichten, fast ungehemmten Expansion der Produktion, die ein Wesensmerkmal der liberalkapitalistischen Wirtschaft darstellt. Trotz »der rückgängigen Erscheinungen, wie sie im wirtschaftlichen Leben nicht nur des gesamten Deutschen Reiches, sondern auch der meisten anderen zivilisierten Länder seit Jahren« zutage getreten seien, schrieb der Wirtschaftsredakteur der »Kölnischen Zeitung« 1886, »sehen wir in allen Ländern die Erzeugung ... vorangehen, während der Verbrauch sich in möglichst engen Grenzen bewegt«. Daher erkläre sich »die vorherrschende Überfüllung der verschiedensten europäischen und überseeischen Märkte. Die Erzeugung richtet sich fast niemals nach dem Begehr, sondern überstürzt sich meist und kennt kein Maßhalten[28].«

---

27. Hoffmann, 142 f.: Tabelle 61, vgl. 145; C. Fürstenberg, Die Lebensgeschichte eines deutschen Bankiers, 1870–1914, Berlin 1931, 68. Als Beispiel: der Schienenabsatz des »Bochumer Vereins« im Inland sank von 1873 = 10,2 Mill. M. schon 1875 auf 2,4 Mill. M.; der Preis seiner Bessemer-Schienen von 1873 = 408 M./t, 1874 = 252 auf 1887 = 108 M./t: W. Bacmeister, L. Baare, Essen 1937, 128; W. Däbritz, Bochumer Verein, Düsseldorf 1934, 157–253.
28. Spiethoff, I, 127, 129; KZ 3. 7. 1886.

*a) Wachstumsraten – Nettoinlandsprodukt – Nettosozialprodukt –
Nettoinvestitionen – Wertschöpfung – Volkseinkommen*

An den Wachstumsraten der deutschen Volkswirtschaft kann man sich zuerst die Bedeutung der Trendperiode seit 1873 eingehender klarmachen. In der Konjunkturphase vor 1873 hatte die jährliche Gesamtzuwachsrate ca. 4–5 Prozent betragen, die gleiche Zahl erreichte sie wieder von 1896 bis 1913. Dazwischen sank sie jedoch auf 2,6–3 Prozent! Das Wachstum setzte sich also fort, aber in sehr wesentlich vermindertem Tempo, so daß die jährliche industrielle Wachstumsrate zwischen 1870 und 1913 trotz zwanzig Hochkonjunkturjahren im Durchschnitt nur 3,7 Prozent ausmachte. Dabei muß man noch bedenken, daß das industrielle Wachstum im Vergleich mit dem Bevölkerungsanstieg besonders unbefriedigend wirken mußte. Während die Bevölkerung Deutschlands (in den Grenzen von 1913) zwischen 1850 und 1873 um 17 Prozent gewachsen war, nahm sie von 1873 bis 1896 um 27 Prozent zu, obwohl während dieser Trendperiode mehr als zwei Millionen Deutsche auswanderten[29].

Die speziellen Wachstumsraten des Roheisen- und Kohlenverbrauchs, die für die Industriewirtschaft während dieser Trendperiode besonders wichtig waren, zeigen den Unterschied noch deutlicher. Zwischen 1850 und 1873 betrug die jährliche Wachstumsrate des Roheisenkonsums 7,5 Prozent, von 1873 bis 1896 jedoch 3–4 Prozent. Ähnlich sank die Rate des Kohlenverbrauchs von 7,5 auf 3 Prozent. Am Index der Gesamtproduktion von Industrie und Handwerk (1913 = 100) läßt sich das bemerkenswert zögernde Wachstum im Jahrzehnt nach 1873, in dem die Indexziffern konstant um 27 herum pendelten, sowie die Aufschwungtendenz seit 1883 = 29,3, namentlich aber dann seit dem Ende der zweiten Depression (1887 = 33,4, 1890 = 39,9) ablesen. Es verdient hier festgehalten zu werden, daß die kurze Erholung zwischen 1879 und 1882 auffällig niedrige Meßziffern ausweist, ja daß der Beginn der Depression seit 1882 mit 1882 = 27,1 einen der schwächsten Werte überhaupt zeigt[30].

29. R. Wagenführ, Die Industriewirtschaft. Entwicklungstendenzen der deutschen u. internationalen Industrieproduktion, 1860–1932, Vierteljahrshefte zur Konjunkturforschung (= VzK), Sonderheft 31, Berlin 1933, 13 f.; Hoffmann, 63: Tab. 15; Rosenberg, Depression, 40, sowie u. III, Exkurs über die Auswanderung; F. Hilgerdt, Industrialization and Foreign Trade, Genf 1945, 13; J. Svennilson, Growth and Stagnation in the European Economy, Genf 1954, 12 f., S. J. Patel, Rates of Industrial Growth in the Last Century, 1860–1958, EDCC 9. 1961, 316–30; B. Gleitze Hg., Wirtschafts- u. Sozialstatistisches Handbuch, Köln 1960, sowie H. v. Decken u. R. Wagenführ, Entwicklung u. Wandlung der Sachgüterproduktion, VzK 11. 1935, 145–63. – Die Konsumgüterindustrie kommt im folgenden leider zu kurz.

30. Wagemann, Struktur, 387; Coppock, 214; Hoffmann, 390–93: Tab. 76, Gesamtproduktion von Industrie u. Handwerk:

1873	26,2	1882	27,1
1874	27,4	1883	29,3
1875	27,4	1884	30,4
1876	27,6	1885	30,7
1877	27,0	1886	30,8
1878	27,6	1887	33,4
1879	27,2	1888	35,2
1880	26,1	1889	38,7
1881	27,2	1890	39,9.

Siehe auch die etwas anderen, aber tendenziell gleichartigen langen Zahlenreihen bei: G. Bry, Wages in Germany, 1871–1945, Princeton 1960, 325; Wagenführ, Industriewirtschaft, 18; Rosenberg, Depression, 38–51. Vgl. auch E. Varga Hg., World Economic Crises, 1848–1935, I, Moskau 1937, 178 f.

Das Nettoinlandsprodukt wuchs zwischen 1850 und 1913 jährlich um 2,6 Prozent, zeigte indessen während der 1870er und 1880er Jahre eklatante Stockungserscheinungen. Es ergeben sich nämlich an zehnjährigen Durchschnittswerten:
1861/67 – 1871/75 = 3817 Mill. Mark (Preise von 1913), aber
1871/75 – 1876/80 = 1601 und sogar
1876/80 – 1881/85 = 1514 Mill. Mark!

Für die allmähliche Erholung während der zweiten Phase gilt 1881/85 – 1886/90 = 2868, aber auch 1886/90 – 1891/95 = 3444 wurde der Wert der Hochkonjunkturjahre vor 1873 noch nicht wieder ganz erreicht. Schlüsselt man das Nettoinlandsprodukt nach den jährlichen Wachstumsraten auf, so tritt die harte Zäsur der 1870er Jahre, die Flaute des ersten Aufschwungs und der Anstieg nach einer nochmaligen Depression klar hervor[31].

Wenn man die Verwendung des Nettosozialprodukts prüft, so kommt man zu dem Ergebnis, daß es der deutschen Volkswirtschaft zwar seit der Hochkonjunktur der 1850er Jahre gelungen ist, eine Voraussetzung gesicherten und permanenten Wachstums zu erfüllen, nämlich die Investitionsquote auf jährlich rund 10 bis 12 Prozent des Volkseinkommens zu halten. Jedoch oszillierten die Werte bis zur Mitte der 1880er Jahre bis 11 Prozent, ja von 1880 bis 1884 sogar um 10,3 Prozent, ehe sie von 1885/90 = 11,8 Prozent und 1890/94 = 12,7 Prozent auf die Meßziffern der erneuten Hochkonjunkturperiode seit 1896 zusteuerten. Die Struktur der Nettoinvestitionen verrät im Hinblick auf die Industriewirtschaft den Rückschlag der ersten Depression und den Aufschwung der 1880er Jahre noch genauer. Obwohl der Anteil der gewerblichen Nettoinvestitionen während der Hochkonjunktur vor 1873 (1870/1874 = 32,6 Mill. M., Preise von 1913) bereits ein Drittel der Gesamtnettoinvestitionen betragen hatte, sackte er von 1875 bis 1879 auf 10,6 herab, d. h. er fiel das einzige Mal nach 1870 sogar unter die Quote der landwirtschaftlichen Nettoinvestitionen (1875/79 = 10,8)! Danach kletterte er sprungartig hoch (1880/84 = 37,5, 1885/90 = 45,3), während die Eisenbahninvestitionen, wie erwähnt, gleichzeitig abfielen[32].

Auch die Untersuchung der Wertschöpfung durch die gesamte Volkswirtschaft bestätigt das Bild von einer zweiphasigen Trendperiode. Zwischen 1873 und 1880 schwankte der Wert (1913 = 100, Mrd. M) um 17,5, stieg dann Anfang der 1880er Jahre spürbar an und erhöhte sich seit 1883 kontinuierlich um 6 Mrd. M. bis 1890 (1883 = 19,4, 1890 = 23,6). Einer verwandten Bewegung folgte das deutsche Volkseinkommen. Das Gesamtvolkseinkommen erhöhte sich nämlich (1860/69 = 10,67

200–4, 230–33, 258–61; J. Trachtenberg Hg., Monetary Crises, 1821–1938, Moskau 1939, 695, 703–8, 718 f., 724 f.

31. Hoffmann, 13, 14: Tab. 1, 26: Tab. 5a, Jährliche Wachstumsrate des Nettoinlandprodukts, Preise von 1913.

1873	4,2	1882	1,8
1874	7,3	1883	5,3
1875	–0,6	1884	2,6
1876	–0,6	1885	2,5
1877	0,6	1886	0,6
1878	4,6	1887	4,0
1879	–2,2	1888	4,2
1880	–0,9	1889	4,7
1881	2,5	1890	3,2

Vgl. H. Hesse u. B. Gahlen, Das Wachstum des Nettoinlandprodukts in Deutschland, 1850–1913, ZfGS 121. 1965, 452–97, Tab. 496 f.

32. Hoffmann, 104: Tab. 36; 142 f.: Tab. 61, vgl. oben 66.

Mrd. M., per capita: 272) von 1870 bis 1879 nur auf 13,59 (p. c. 320), jedoch von 1880 bis 1889 auf 18,95 (p. c. 406), bzw. von 1865 bis 1874 auf 11,7 (p. c. 228), von 1875 bis 1884 auf 15,97 (p. c. 358) und von 1885 bis 1894 auf 22,8 (p. c. 455)[33].

Trotz ihrer Wachstumsprobleme gelang es der deutschen Industriewirtschaft während dieser Trendperiode, den Gesamtproduktionsanteil, den Produktionswert und die Investitionshöhe der Landwirtschaft, die nur mehr eine jährliche Zuwachsrate der Erzeugung von 2,5 Prozent verzeichnete, zu überbieten. Den statistischen Kriterien nach vollzog Deutschland in diesen Jahren unwiderruflich den Übergang vom Agrar- zum Industriestaat. Der Anteil der Landwirtschaft am Nettoinlandsprodukt betrug vor der Krise von 1873 37,9 Prozent, der Anteil der gewerblichen Wirtschaft 31,7 Prozent. Bis 1885/90 zogen die beiden Sektoren ungefähr gleich (35,3 : 34,1), aber 1890/94 unterlag die Landwirtschaft schon 32,2 zu 36,8 Prozent, 1895/99 vollends mit 30,8 zu 38,5 Prozent. In der Beschäftigtenzahl, die 1870 noch 50,9 zu 27,6 Prozent zugunsten der Landwirtschaft betragen hatte, wurde sie freilich endgültig erst 1905/09 mit 35,8 zu 37,8 Prozent übertroffen.

Prägnanter noch zeigen die Nettoinvestitionen den Rückgang der deutschen Landwirtschaft. Sie verringerten sich von 1865/69 = 21,8 auf 1870/74 = 10,3 und überstiegen im Durchschnitt bis 1895 nicht 11,5, während die gewerblichen Nettoinvestitionen von 1865/69 = 14,5 und – den Konjunkturverlauf widerspiegelnd – auf 1880/84 = 37,5, 1885/90 = 45,3 (während der letzten Tiefkonjunktur von 1890 bis 1894 auf 34) emporstiegen. Obwohl die Industrie 1860 erst mit 40 Prozent an der gesamten Sachgüterproduktion beteiligt war, betrug ihr Anteil 1913 70 Prozent. Bereits 1890 übertraf aber der Wert der Industrieproduktion die Erzeugung der Landwirtschaft mit 6,5 zu 5,1 Mrd. Mark. Fast gleichzeitig spielte sich derselbe Vorgang in der amerikanischen Volkswirtschaft ab, während er in Großbritannien schon Jahrzehnte zurücklag und Frankreich noch bevorstand. Damit verlor aber die Landwirtschaft den Vorrang in der Gesamtwirtschaft, – mit allen Konsequenzen, die das schließlich für die politische Verfassung, die Sozial- und Rollenstruktur, das Status- und Prestigesystem der nationalen Gesellschaften im Deutschen Reich, wo dieser Tatbestand allzu spät anerkannt wurde, und in den anderen Ländern zur Folge hatte[34].

Die Industrie verdankte ihren Primat den bereits angeführten Gründen: der Mechanisierung der Produktion und dem Ausbau des rationalisierten, überaus leistungsfähigen Großbetriebs, den technologischen Innovationen und sinkenden Transportkosten usw. Zu ihren Gunsten wirkte sich aber auch die zunehmende Arbeitsproduktivität aus. Denn parallel mit einer immer mehr maschinell betriebenen Produktion, wachsender Kapitalintensität und -produktivität verlief die soziale Eingewöhnung der Industriearbeiterschaft in die industrielle Arbeitswelt. Die verbesserte Effizienz der Herstellung führte zu einer Steigerung der Indexziffern für die Arbeitsproduktivität von 1875 = 100 auf 1895 = 154. Die Richtigkeit von Marx' These aus dem »Kapital«, daß gerade in Krisenzeiten Innovationen bereitwilliger eingeführt und die Produktivität gesteigert würden, bestätigte sich auch in Deutschland. Nicht

---

33. Hoffmann, 454: Tab. 103; ders. u. a., Das deutsche Volkseinkommen, 1851–1957, Tübingen 1959; A. Hölling, Das deutsche Volkseinkommen, 1852–1913, rer. pol. Diss. Münster 1955 (MS); P. Jostock, The Long-Term Growth of National Income in Germany, in: Income and Wealth, Serie V, S. Kuznets Hg., London 1955, 82, 97, 102, 106 (kritisch dazu: Gerschenkron, Backwardness, 440 f.); E. Bennathan, German National Income, 1850–1960, Business History, 5. 1962/63, 47. Durch die neueren Untersuchungen korrigiert: P. Studenski, The Income of Nations, N. Y. 1958, 374–90.

34. Wagenführ, Industriewirtschaft, 7, 13; Hoffmann, Wachstum, 33: Tab. 6; 35, 142: Tab. 61; 310: Tab. 56. Vgl. F. A. Shannon, The Farmer's Last Frontier, N. Y. 1961².

zuletzt aber profitierte die Industrie von einem typischen Phänomen dieser Wachstumsphase. Die Produktionsgütererzeugung stieg schneller an als die Konsumgüterproduktion, und zwar in einem Verhältnis der durchschnittlichen jährlichen Zuwachsraten von 4,5 zu 3,5 Prozent. Das bedeutete aber, daß die Industriewirtschaft eine unaufhaltsam verbreitete Basis gewann; aus dieser Zeit ging daher ein hochindustrialisiertes Deutschland hervor.

Die strukturelle Umwandlung der deutschen Industriewirtschaft zum »Organisierten Kapitalismus« der Großbetriebe brachte eine gewaltige Ausweitung der Produktionskapazität mit sich. Die Schere zwischen der steigenden Produktion und einem Konsum, der mit dieser Entwicklungsgeschwindigkeit nicht Schritt halten konnte, öffnete sich. Daher die förmliche Besessenheit, mit der die Zeitgenossen die »Überproduktion« beschworen, daher die schmerzhafte Erfahrung eines wirtschaftlichen Wachstums, das sich unter Krisen und Depressionen vollzog[35].

Besonders an den Zuwachsraten der Montanindustrie, des Kohlen- und Erzbergbaus, der Eisen- und Stahlbetriebe, die während dieser Trendperiode das Fundament der industriewirtschaftlichen Entwicklung bildeten, kann man diese Erscheinung nachweisen. Zwischen 1873 und 1890 betrug (in Mill. t) die deutsche:

	Steinkohlen-	Braunkohlen-	Eisenerzförderung	Roheisen-	Stahlerzeugung	Vorhandene Hochöfen	Hochöfen im Betrieb
1873	36,392	9,753	6,178	2,241	0,303	475	379
1874	35,918	10,740	5,137	1,906	0,354	472	339
1875	37,436	10,368	4,730	2,029	0,352	463	297
1876	38,454	11,096	4,712	1,846	0,378	466	246
1877	37,530	10,700	4,980	1,918	0,403	308	212
1878	39,590	10,930	5,462	2,137	0,483	298	212
1879	42,026	11,445	5,859	2,216	0,478	291	210
1880	46,974	12,145	7,239	2,713	0,624	314	246
1881	48,688	12,852	7,601	2,897	0,840	313	251
1882	52,119	13,260	8,263	3,364	1,003	316	261
1883	55,943	14,500	8,757	3,454	0,860	318	258
1884	57,234	14,480	9,006	3,585	0,894	308	252
1885	58,320	15,355	9,158	3,673	0,955	298	229
1886	58,057	15,626	8,486	3,515	1,164	285	215
1887	60,334	15,899	9,351	4,009	1,299	271	212
1888	65,386	16,574	10,664	4,321	1,425	271	211
1889	67,347	17,631	11,002	4,511	1,614	264	213
1890	70,238	19,053	11,406	4,651		268	222[36]

35. Wagenführ, Industriewirtschaft, 8, 16, 58 f.; Hoffmann, Wachstum, 24: Tab. 4; Spiethoff, II, Tafeln 20, 21, 23 (wo die langen Zahlenreihen einen vorzüglichen Vergleich mit Frankreich, England u. den USA ermöglichen). Vgl. W. N. Parker, Coal and Steel Output Movements in Western Europe, 1880–1956, EEH 9. 1956/57, 214–30; Die Deutsche Volkswirtschaft am Schluß des 19. Jh., Hg. Kaiserliches Statistisches Amt, Berlin 1900, 3, 21. Lewis, Theorie, 1; Spiethoff, I, 73; Wagemann, Konjunkturlehre, 80 f. Zur zeitgenöss. Reaktion ausführlich Kap. III.

36. Kombiniert nach: Spiethoff, II, Tafel 20; Statistisches Handbuch für das Deutsche Reich, I, Berlin 1907, 259; Hoffmann, Wachstum, 340, 353; H. Marchand, Säkularstatistik der deutschen Eisen-

Sämtliche langen Zahlenreihen zeigen den stark verzögerten Wachstumsprozeß während der ersten Depression, ja zum Teil bis in die beginnenden 1880er Jahre hinein. Der relative Rückgang der Zuwachsraten fällt jeweils in die Stockungsjahre der ersten und zweiten Depression; bei der Steinkohlenförderung: 1874, 1877, 1886; der Braunkohlenförderung: 1875, 1877, 1884; der Eisenerzförderung: 1874–76, 1886; der Roheisenerzeugung: 1876, 1886; der Stahlerzeugung: 1875, 1879, 1883–86. Das Sinken der Zahl der betriebenen Hochöfen deckt sich fast genau mit der Dauer der beiden Depressionen, wobei man natürlich den Übergang zu den leistungsfähigeren Großöfen mit in Betracht ziehen muß.

b) Export: Ausfuhrvolumen – Dumpingmethoden – Bimetallismus

Angesichts jedoch der vor allem in den 1880er Jahren enorm steigenden Produktion kann es nicht verwundern, daß die deutsche Industrie der Enge des von Krisen und Depressionen geplagten Binnenmarktes zu entkommen und neue Absatzwege zu den Märkten des Auslands zu gewinnen strebte. Export wurde zum Zauberwort, das den Gewinn, den der verstopfte Inlandsmarkt versagte, zu verheißen schien. Als seit der Mitte der 1880er Jahre »die Erzeugung regelmäßig vom heimischen Markt nicht mehr aufgenommen wurde«, so hat Spiethoff ein Resümee seiner Studien gezogen, »wurde die steigende Mehrausfuhr in der Stockung ein wichtiges Mittel zur Aufrechterhaltung und Steigerung der Erzeugung in der Stockung und zur Bekämpfung der Übererzeugung. Seit dieser Zeit kommt die Übererzeugung in steigenden Ausfuhrziffern der Stockung zum Ausdruck«. Dieses Urteil bestätigt der neueste Exportvolumenindex des deutschen Außenhandels (1913 = 100):

1873	17,7	1882	23,9
1874	19,0	1883	25,0
1875	20,8	1884	26,4
1876	21,2	1885	25,9
1877	23,9	1886	28,1
1878	26,1	1887	29,4
1879	24,9	1888	29,6
1880	22,4	1889	28,3
1881	23,0	1890	29,3 [37]

industrie, wiso. Diss. Köln, Essen 1939, 103, 116 f., 120 f., 131; Flegel-Tornow, 12–18; Sering, 229; J. Grunzel, Der Sieg des Industrialismus, Leipzig 1911, 121; R. Martin, Die Eisenindustrie in ihrem Kampf um den Absatzmarkt, Leipzig 1904, 47; Beck, V, 1377. – Regionale Beispiele: die Ruhrkohlenförderung bei E. Jüngst, Festschrift zur Feier des 50jährigen Bestehens des Vereins für die Bergbaulichen Interessen, Essen 1908, 5. In Duisburg waren von 1873 = 12 Hochöfen 1876 nur 5 in Betrieb, H. Averdunck u. W. Ring, Geschichte der Stadt Duisburg, Essen 1949², 249 f. Im Ruhrgebiet 1877 = 90 von 191, Beumer, 64, vgl. Mertes, 168; Bacmeister, 127 f. N. G. Pounds u. W. N. Parker, Coal and Steel in Western Europe, London 1957, 210–46; ders., The Ruhr, London 1952, 61–95. An der Saar waren 1878 = 8 von 23 in Betrieb, Hasslacher, 118. Zu Elsaß-Lothringen: H. Herkner, Die oberelsässische Baumwollindustrie, Straßburg 1887, 282–93; A. Greger, Die Montanindustrie in Elsaß-Lothringen seit Beginn der deutschen Verwaltung, phil. Diss. München 1909, 33–101; M. Schlenker, Die wirtschaftliche Entwicklung Elsaß-Lothringens, 1871–1918, in: Das Reichsland Elsaß-Lothringen, I, Frankfurt 1931. Zur Eisenerzförderung u. Roheisenherstellung im Siegerland: Bennauer, 171, 180–18–23.
37. Spiethoff, I, 74; Hoffmann, Wachstum, 530 f.: Tab. 122, s. 537 f.: Tab. 131 (Importindex),

Der relativ stärkste Anstieg fiel also in die Zeit der ersten Depression mit einer Vermehrung von 8,4. Der Wert der Exportwaren des »Bochumer Vereins« erhöhte sich z. B. zwischen 1873 und 1879 von 2,68 auf 8,2 Mill. M. Der deutsche Export von Roheisen stieg zwischen 1872 und 1878 von 151 000 auf 419 000 t, der Schienenexport von 70 700 auf 207 000 t, der Maschinenexport von 37 300 auf 72 300 t, der Eisen- und Stahlwarenexport allein von 1876 bis 1878 von 807 000 auf 1 300 000 Mill. t. Zugleich sanken die Importe in diesen Warengruppen, z. B. des Roheisens zwischen 1873 und 1878 von 690 000 auf 330 000 t, der Eisenimport aus England zwischen 1873 und 1880 von 24,4 auf 8,7 Prozent des deutschen Gesamtverbrauchs.

Im Verlauf der zweiten Depression wuchs die Ausfuhr nur mehr um 4,2 Indexeinheiten. Während der beiden Aufschwungphasen stagnierte sie oder sank sogar zeitweilig ab! Die wegen der zunehmenden Konkurrenz mühsamere Steigerung des Exports während der zweiten Stockungsspanne konnte bereits als eine »Krisis« des lebenswichtigen Exporthandels empfunden werden[38].

Da sich die Industrie der Entlastung, die eine steigende Ausfuhr für sie bedeutete, – des »regulierenden Einflusses auf Produktion und Absatz«, wie die Handelskammer Saarbrücken es formulierte –, durchaus bewußt war, scheute sie sich auch nicht, einer Maxime zu folgen, die der amerikanische Stahlkönig Andrew Carnegie stolz als das »Carnegiesche Gesetz« verkündet hatte. Carnegie ging von seiner Erfahrung aus, daß die Schließung von Fabrikbetrieben während einer wirtschaftlichen Stockung (und in ihrem Gefolge der Verschleiß stillstehender Maschinen und der Verlust von Facharbeitern) auf längere Sicht verlustreicher war, als den komplizierten Mechanismus der Produktion dennoch weiterlaufen zu lassen. Eine wenn auch eingeschränkte Fortführung der Erzeugung während der Depression sei profitabler als radikale Stilllegung, denn der Absatz lasse sich durch Exporte ohne Gewinne gewährleisten. Das bedeutete, das Dumping auf Außenmärkten mit den Zwangsläufigkeiten der depressionsgestörten modernen Industrieproduktion zu rechtfertigen[39].

Auch der deutsche schwerindustrielle Export arbeitete aus demselben Grund unter

---

149–57. R. Wagenführ, Die Bedeutung des Außenmarkts für die deutsche Industriewirtschaft. Die Exportquote der deutschen Industrie, 1870–1936, VzK, Sonderheft 41, Berlin 1936, 36–47; 61; F. Soltau, Statistische Untersuchungen über die Entwicklung u. die Konjunkturschwankungen des Außenhandels, VzK 1. 1926, Erg. H. 2, 15–48 (1881–1913); allg. K. Berrill, International Trade and the Rate of Economic Growth, EHR 12. 1960, 351–59. Vgl. die Exportwerte (in Mill./t u. Mrd. M) in Stat. Handbuch, II, 1907, 9, 265 f.:

1873	19,0 Mill. t	2,5	1882	17,2	3,3
1874	10,4	2,5	1883	19,2	3,3
1875	11,9	2,6	1884	19,2	3,3
1876	13,–	2,6	1885	18,8	2,9
1877	14,–	2,8	1886	18,9	3,0
1878	15,4	2,9	1887	19,5	3,2
1879	15,4	2,8	1888	20,7	3,4
1880	16,4	3,–	1889	18,3	3,3
1881	16,7	3,1	1890	19,4	3,4

38. Bacmeister, 128; Statistisches Jahrbuch 2. 1881, 86, 135; Sering, 159 f.; Martin, 218; F. Kestner, Die deutschen Eisenzölle, 1879–1900, Leipzig 1902, 10 f.; Export 6. 357–9 (3. 6. 1884) mit einer ausführlichen Analyse der »Krise«. Vgl. Kap. III.

39. Jahresbericht (= Jber.) HK Saarbrücken 1887, 8; Carnegie hat sein »Gesetz« mehrfach verkündet, z. B. in: ders., Deutschland u. Amerika in ihren wirtschaftlichen Beziehungen, Berlin 1907, 16 f.; Kirkland, 172 f. Vgl. zu dieser Problematik: E. A. G. Robinson, Structure of Competitive Industry, N. Y. 1932, 85 f.; überzeugender statistischer Nachweis für die USA: I. Mintz, American Exports During the Business Cycles, 1879–1958, N. Y. 1961.

dem Druck der Notlage allgemein mit Dumpingmethoden. Vor der Enquetekommission des Bundesrats, die 1878 den Konjunkturpegel der deutschen Eisenindustrie zu erfahren suchte, gaben die Vertreter der großen Firmen ganz offen diese Praxis zu: »durch forcierten Export« müsse man »dem Ausland jene Produkte zuführen, die im Inland nicht mehr abgesetzt werden können«. Die »Hüttenwerke Phoenix« in Duisburg z. B. forderten für den Export geringere Preise als auf dem deutschen Markt. Die saarländischen de Wendel-Werke führten nach demselben Prinzip aus und verkauften Roheisen sogar unter dem Selbstkostenpreis. Allgemein berechnete man an der Saar den Exportpreis von einer Tonne Stahl mit 80 Mark, den Inlandpreis mit 125 Mark. Die »Westfälische Union« in Hamm nahm für die exportierte Tonne Walzdraht 130 Mark, in Deutschland 142 Mark. Der Bochumer Verein berechnete Schienen für den Export mit 115 M./t, für das Inland mit 145 M./t, Hoesch mit 102, bzw. 140 M/t. Der »Lokomotiven-Verband«, in dem zehn norddeutsche Lokomotivenfabriken unter Führung der Berliner Industriellen Schwartzkopff und Borsig zusammengeschlossen waren, forderte weit höhere Inlands- als Auslandspreise.

Der hochprotektionistisch eingestellte Chef der Reichskanzlei, Christoph v. Tiedemann, der an der Einführung des Schutzzollsystems von 1879 aktiv beteiligt war, gestand, daß »große Eisenwerke unter dem Selbstkostenpreis exportierten, um nicht völlig den Markt an das Ausland« zu verlieren. Unwidersprochen konnte der Linksliberale Eugen Richter im Reichstag die Methoden von Krupp, der »Dortmunder Union« und der »Bochumer Gußstahlfabrik« anprangern, auf dem deutschen Markt »teuer zu verkaufen«, aber »billig zu exportieren«. Die Handelskammer Bochum wehrte sich jedoch dagegen, daß »dieser entschlossene Versuch unserer Industrie, sich neue Märkte, wenn auch mit großen ... Opfern zu erobern«, der Industrie zum Vorwurf gemacht werde. Und wegen der »trostlosen Zustände« in der Eisenindustrie sah es der 1871 gegründete »Verein zur Wahrung der gemeinsamen wirtschaftlichen Interessen im Rheinland und Westfalen«, der »Langnam-Verein«, als seine Aufgabe an, mit allen Mitteln »den Export deutscher Waren zu heben«, um »aus dem Wettkampf mit den Industrien fremder Nationen siegreich hervorzugehen«[40].

Namentlich die deutsche Eisenindustrie wurde schon während der Stockungsspanne von 1873–79 zu einem ernstzunehmenden Wettbewerber im internationalen Außenhandel. In einem Augenblick unvorsichtiger Offenheit konnte sogar ein führender Montanindustrieller des Saarreviers, der Freiherr v. Stumm-Halberg, die eigenen schutzzöllnerischen Argumente entkräften, indem er einmal im Reichstag zugab, »daß die deutsche Eisenindustrie keineswegs ein zartes Pflänzchen« sei, das »des Schutzes bedürfe«. Mit Rücksicht auf die steigende Ausfuhr sprachen sich auch zahlreiche Industrielle, von den oft noch freihändlerisch orientierten Handelskammern zu schweigen, gegen allzu hohe Schutzzollsätze aus, da sie den Vergeltungsschlag:

---

40. Bericht der Eisenenquetekommission, 4, 9, 25, 33, 261, 410 (natürlich wird man die Färbung der Aussagen beachten müssen!); Reden des Freiherrn C. F. v. Stumm-Halberg, II, Saarbrücken 1906, 23, 62, 147; v. Brandt, 43, 49; B. Beer, L. Schwartzkopff, Leipzig 1943, 128; vgl. 100 Jahre Borsig-Lokomotiven, 1837–1937, Berlin 1937, 4 f.; A. v. Borsig, Die Kartellgeschichte der deutschen Lokomotivindustrie, staatswiss. Diss. München 1927; Doogs, 96 f.; C. v. Tiedemann, Aus 7 Jahrzehnten, II, Leipzig 1909, 249; Richter: Stenographische Berichte über die Verhandlungen des Deutschen Reichstages, 4. Legislaturperiode, 2. Session, 2. Bd. (= RT 4:2:2), 1252 f. (16. 5. 1879); ebenso Broemel, RT 6:2:2:681 (21. 1. 1886); Mariaux, 489; Beumer, 64, 96. Vgl. J. Winschuh, Der Verein mit dem langen Namen, Berlin 1932; K. Bloemers, W. T. Mulvany, Essen 1922, 113 f.; Rabius, 36; Lambi, 72 f.; H. Müller, Die Übererzeugung im Saarländer Hüttengewerbe von 1856 bis 1913, Jena 1935, 31 f.

eine Beeinträchtigung ihres Exports, fürchteten. Die Exportschwierigkeiten der 1880er Jahre wurden dann auch immer wieder auf diesen Bumerangeffekt zurückgeführt[41].

Auch der in Deutschland heute völlig vergessene Bimetallismusstreit um das Nebeneinander von Gold- und Silberwährung, der aber z. B. in den Vereinigten Staaten noch unter Franklin D. Roosevelt eine wichtige Rolle gespielt hat, drehte sich im wesentlichen um eine dem Export förderliche Überlegung seiner Verfechter: Rohstoffe sollten gegen Silberzahlung aus den meist unterentwickelten Silberwährungsländern importiert, der eigene Export in Länder mit Goldwährung ausgeführt werden, so daß man das Währungsgefälle voll ausnutzen konnte. Namentlich die Agrarier konnten sich auch nachdrücklich für den Bimetallismus einsetzen, da eine Silberwährung für sie als Exportprämie gewirkt hätte[42].

Insgesamt stieg die Wachstumrate der industriellen Ausfuhr Deutschlands auch während der Trendperiode von 1873 bis 1896 fast doppelt so schnell wie die der deutschen Industrieproduktion, während diese wieder beträchtlich mehr zunahm als die Einfuhr, nämlich (1875 = 100) von 1875 bis 1895 im Verhältnis von 224 zu 175. Dabei verlagerte sich das Schwergewicht des Exports immer stärker auf die Investitionsgüter, deren Ausfuhr beständig steil anstieg, und auf Fertigwaren. Ihr Anteil hatte 1873 38 Prozent der Gesamtausfuhr betragen, überstieg 1896 die Hälfte und machte vor Kriegsausbruch 63 Prozent aus. Bereits 1880 erreichte Deutschland, Frankreich überflügelnd, in der Weltrangliste der Exportländer den dritten Platz, weit hinter Großbritannien, jedoch den Vereinigten Staaten dicht auf; als die Hochkonjunkturperiode nach 1896 einsetzte, war es schon unmittelbar dicht an die zweite Stelle herangerückt. Im Hinblick auf den Gesamtanteil am Welthandel behauptete Deutschland von 1880 bis 1914 knapp vor den Vereinigten Staaten den zweiten Platz hinter Großbritannien. Hatte der prozentuale Anteil der beiden führenden Länder 1880 noch 22,4 zu 10,3 betragen, so bestand 1914 nur mehr ein Verhältnis von 14,2 zu 12,3[43].

41. Stumm: RT 4:2:2:1242 (16. 5. 1879); (über St. F. Hellwig, Freiherr v. Stumm-Halberg, Heidelberg 1936; Böhme, 317 f.; A. Ascher, Baron v. Stumm, JCEA 22. 1962, 271–285; K. Keller, K. F. Freiherr v. Stumm-Halberg, in: H. v. Arnim u. G. v. Below, Deutscher Aufstieg, Berlin 1935, 277–86). Vgl. Martin, 218 f.; Sering, 165 f.; Kestner, 10 f.; R. Sonnemann, Die Auswirkungen des Schutzzolls auf die Monopolisierung der deutschen Eisen- u. Stahlindustrie 1879–1892, Berlin 1960, 10–22, 91–103; E. Richter, Die neuen Zoll- u. Steuervorlagen, Berlin 1879, 19; W. Fischer, Herz des Reviers. 125 Jahre Wirtschaftsgeschichte des IHK-Bezirks Essen, Mülheim, Oberhausen, Essen 1965, 193–212; H. F. Brandt, Von der Fürstlich-Hessischen Commerz-Cammer zur IHK Kassel, 1710–1960, Kassel 1960, 90; S. Moltke, Die IHK Leipzig, 1862–1937, Leipzig 1937, 23–44; A. Cohen u. E. Simon, Geschichte der HK München, München 1926, 128–33; W. Mosthaf, Die württembergische IHK Stuttgart, Heilbronn, Reutlingen, Ulm, II, Ulm 1955, 296 f.; K. van Eyll, Die Geschichte einer HK: Essen 1840–1910, Köln 1964, 89; Die IHK Krefeld, 1804–1954, Krefeld 1954, 7–17; Köllmann Hg., 65 f.; F. C. Huber, Festschrift zur Feier des 50jährigen Bestehens der württembergischen HK, I, Stuttgart 1906, 164 f. Allg. H. Tarnowski, Die deutschen IHK u. die großen geistigen, politischen u. wirtschaftlichen Strömungen ihrer Zeit, staatswiss. Diss. Mainz 1952, MS, 69–79; W. Fischer, Unternehmerschaft, Selbstverwaltung u. Staat. Die HK in der deutschen Wirtschafts- u. Staatsverfassung des 19. Jhs., Berlin 1964, 69–122.

42. Vgl. die Resolution der HK Dortmund für den Bimetallismus: Mertes, 182; A. Allard, Die wirtschaftliche Krisis, Berlin 1885; ausführlich über die Diskussion bis 1906: A. Vagts, Deutschland u. die Vereinigten Staaten in der Weltpolitik, I, N. Y. 1935, 482–526; Puhle (u. 94, Anm. 80) 232 f. Zu denselben Absichten führender amerikanischer Bimetallisten wie Lodge, B. Adams u. a. vgl. E. B. Andrews, The Bimetallist Committee of Boston and New England, Quarterly Journal of Economics (= QJE) 8. 1894, 319–27; La Feber, 155–59.

43. Wagenführ, Industriewirtschaft, 10, 12; Lütge, 458 f.; Landes, CEHE, 463, 485, 553. Vgl. Tabelle 6. 3 bei Kuznets, Modern Ec. Growth, 306 f. (nach Mulhall u. Hilgerdt), Anteil am Welthandel:

c) Preisfall – Löhne – Streiks
Gewinnverteilung – Aktienkurse – Dividenden und Renditen

Bis 1896 stand jedoch auch die deutsche Volkswirtschaft unter dem Einfluß eines Säkulartrends, der mit am eindringlichsten dazu beigetragen hat, daß die Konjunkturperiode von 1873 bis 1896 eine »Große Depression« genannt werden konnte: des Preisfalls seit der Depression nach 1815. Er nahm während der 1870er und 1880er Jahre besonders schroffe Formen an, so daß man schon damals mit widerwillig gezollter Anerkennung von einer »großartigen Preisrevolution« gesprochen hat[44].

»Die großen weltgeschichtlichen Prozesse vollziehen sich nicht nur auf den Schlachtfeldern und durch die großen Aktionen der Staaten«, formulierte ein berühmter deutscher Nationalökonom noch ganz unter ihrem Eindruck. »Es gibt vielmehr Vorgänge und Geschehnisse, die sich ganz lautlos und oft in der Stille der Kontore und in den Rechnungsbüchern abspielen und die doch höchst wichtige Momente im Dasein der Völker darstellen. Dazu gehören die grundstürzenden Änderungen in den Preisen der Waren. Sie markieren in der Geschichte immer folgenschwere Wendepunkte des wirtschaftlichen und sozialen Lebens, deren Tragweite erst die Nachwelt ganz zu überblicken vermag. Die Preise sind nun einmal der empfindlichste Gradmesser des wirtschaftlichen Lebens.« Und da »in der Gegenwart eine engste Beziehung zwischen äußerer Politik und Wirtschaft« bestehe, könnten »die äußeren Geschehnisse, die auf dem Welttheater sich abspielen ... mittelbar und unmittelbar mit den scheinbar fernabliegenden Problemen der Preise aufs engste zusammenhängen«. Dieselbe Folgerung zog der Bonner Kathedersozialist Prof. Nasse für die deutsche Innenpolitik, wenn er die Bedeutung Bismarcks auch danach bemaß, wie »derselbe die Anforderungen, welche die Preisbewegung im Kampf der wirtschaftlichen Interessen« hervorrief, »mit divinatorischem Blick erkannt und danach seine Maßregeln bemessen hat«[45].

Global gesehen fielen die Preise im 19. Jahrhundert in einer ersten Phase von 1815/18 bis 1848. Die Hochkonjunkturperiode von 1850 bis 1873 brachte eine spektakuläre Unterbrechung, an der die Produzenten und Händler nach 1873 sehnsüchtig ihre eigenen Verhältnisse maßen. Allein zwischen 1869 und 1873 waren die deutschen Industriestoffpreise um 40 Prozent, die Kohlenpreise um 100 Prozent, die

	England	Deutschland	USA
1880	22,4	10,3	9,8
1881/85	19,1	10,4	10,–
1886/90	18,5	10,9	9,7
1891/95	18,–	11,–	10,5
1913	14,2	12,3	10,5
Dazu Lewis/O'Leary für 1887:	16,5	11,7	10,9

Schon 1874 forderte der Langnam-Verein (Beumer, 38), daß »eine weise Handelspolitik die Einfuhr von Rohmaterialien begünstigt, welche ... als Fabrikate exportiert, dem Lande Wohlstand von außen zuführen«.

44. F. Kral, Geldwert u. Preisbewegung im Deutschen Reiche, 1871–1884, Jena 1887, 88. Vgl. allg. A. Jacobs, Art. Preis, I. Preisgeschichte, HSW 8, 475 f.; R. Mandrou, Wirtschaftsgeschichte – Neuzeit, HSW 12, 166–77; Spiethoff, I, 76; Wilson, 70 f.; K. Helfferich, Das Geld, Leipzig 1910^8, 576 (mit Tabelle nach Sauerbecks Index); O. Schmitz, Die Bewegung der Warenpreise, Berlin 1903; L. Hertel, Die Preisentwicklung der unedlen Metalle u. der Steinkohlen seit 1850, phil. Diss. Halle 1911, 42; Hobsbawm, 105; M. Bouvier-Ajam, Les Mouvements cycliques des Prix, Paris 1948^3, sowie o. 42.
45. F. Eulenburg, Die Preissteigerung des letzten Jahrzehnts, Leipzig 1912, 5 f.; E. Nasse, Das Sinken der Warenpreise während der letzten 15 Jahre, JNS 17. 188, 51.

Roheisenpreise um 90 Prozent, die Baustoffpreise um 50 Prozent gestiegen! Während der ersten Depression nach der Krise von 1873 sank dagegen der Gesamtindex der Großhandelspreise (1913 = 100) um mehr als ein Drittel: von 1873 = 120 auf 1879 = 81. Im selben Zeitraum fielen die Preise der Industriestoffe nach demselben Index von 136 auf 77 (–59), speziell der Steinkohle von 116 auf 49 (– 67), des Eisens von 181 auf 76 (– 105), der Textilwaren (kombinierter Index von Baumwolle, Leinen und Wolle ungewichtet) von 108 auf 83, aber selbst der Landwirtschaft schon von 95 auf 77. Die jährlichen Durchschnittspreise von hundert Hamburger Handelsartikeln stiegen von 1848 = 100 bis 1873 auf 138. Dann stürzten sie bis 1879 auf 117 und bis 1886 noch einmal auf 104 hinab.

Seit 1880 sackte der Index der deutschen Großhandelspreise bis zum Ende der zweiten Depression auf 72, bis 1896 auf 70. Vor allem während der Stockungsjahre von 1882 bis 1887 fiel er noch einmal relativ stark. Nicht vor 1897 trieb die Konjunktur nach dem Ende der zweiten Phase des säkularen Preisfalls die Preise wieder hoch, obwohl auch in der Preisgeschichte die 1880er Jahre mit ihrer allgemeinen Aufschwungstendenz schon wieder eine unverkennbare Beruhigung gebracht hatten – wie es sich heute im Licht der Statistik darstellt. Erst 1908 erreichte indes der Preisindex für Industriestoffe den Stand von 1872, der der Lebensmittel sogar erst 1910[46].

Angesichts des wachsenden Erzeugungsvolumens handelte es sich um eine typische Mengenkonjunktur mit Preisverfall, ein Phänomen, das durchaus in das liberalökonomische Modell des marktgerechten Verhaltens von Angebot und Nachfrage hineinpaßte (während in der Gegenwart die Mengenkonjunktur der Zweiten Industriellen Revolution mit einem inflationären Preisanstieg einhergeht, vor deren Ausbalancierung eine streng liberale Theorie versagen muß). Die Gründe des Preisfalls seit 1873 sind die gleichen, mit denen die gewaltige Produktionssteigerung bereits skizzierend erklärt worden ist. Die vervollkommneten maschinellen Produktionsbedingungen, die Senkung der Erzeugungskosten, oft auch der Löhne, dazu die Steigerung der Arbeitsproduktivität und des Verkehrs, die Erschließung der überseeischen Agrargebiete usw., sie haben das Überangebot an Waren ermöglicht, das eine fortschreitende Senkung der Preise jahrelang zur Folge hatte, insofern ist der Preissturz ein »Barometer der europäischen Industrialisierung«. Gerade durch die Massenproduktion hofften die Erzeuger andererseits, die geringen Verdienstspannen wieder wettzumachen, während dann tatsächlich nur zu oft die Spirale der Schleuderkonkurrenz von Massengütern begann. Immer wieder hieß es z. B. in den Handelskammerberichten, daß »nur durch Ausdehnung der Erzeugung« überhaupt »ein Verdienst zu erzielen« war. Ein Rückgang in der Erzeugung von Waren« habe daher »im Ganzen nicht mehr stattgefunden«, vielmehr sei »das Gegenteil der Fall«, so daß die Gewinnspanne immer schmaler werde. Gelegentlich wurde sogar die ketzerische Forderung laut, »mit dem Begriff des angemessenen Unternehmernutzens eine andere Vorstellung zu verbinden, als bisher im allgemeinen damit verknüpft war«. Diesem Schluß wollte sich der Langnam-Verein zwar nicht anschließen, doch mit der Diagnose stimmt auch er überein: die Depression äußere sich nicht »in einer Abnahme der Produktion«, sondern vielmehr »in dem starken Sinken der Preise«[47].

---

46. A. Jacobs u. H. Richter, Die Großhandelspreise in Deutschland von 1792 bis 1934, Berlin 1935, 43 f., 78 f., vgl. 66–68, 75–83, 52–101; Bry, 325; Nasse, 52 (nach der Hamburger Statistik Soetbeers); Däbritz, 17; Eulenburg, 18 f.; Landes, CEHE, 460 f.

47. KZ 13. 7., 31. 12. 1885; 29. 4. 1886; Bericht des Langnam-Vereins v. 15. 4. 1884: Kuczynski, Studien, 74. Gegen Ende der »Großen Depression« urteilte Rudolf v. Gneist (Rechtsidee, 246): »Wie

Die Grundstoffindustrie dieser Trendperiode, die Montanindustrie, litt besonders hart. Der Kohlenpreis pro Tonne hatte 1873 allgemein 14 bis 15 Mark erreicht, aber 1879 schwankte er zwischen 4,15 und 5,20 M. Der Ruhrkokspreis verminderte sich fast um Dreiviertel von 30 auf 8,25 M. Kein Wunder, daß Hammacher vom »Verein für die Bergbaulichen Interessen« stete Klagen über die »fortwährend rückläufige Bewegung« der Preise hörte: »Die Kohlen werden zu jedem Preis abgegeben, und niemand wagt, dem Schleudern Einhalt zu gebieten.« Während der zweiten Depression pendelten die Kohlenpreise auch nur zwischen 4,60 und 5,60 M/t, wogegen der Koks noch tiefer auf 6,50 M ging. Bei generell steigender Förderung der Ruhrzechen sank ihr Verkaufswert von 1873 = 180,4 Mill. M (16,4 Mill. t) auf 1879 = 84,4 Mill. M (20 Mill. t). Für die gesamte deutsche Bergwerksproduktion ergaben sich in derselben Zeit 535,7 Mill. M (54 Mill. t) und 318,1 Mill. M (61,6 Mill. t). Die spürbare Erholung während der zweiten Stockungsspanne zeichnete sich dann auch im Preisbild der Ruhrkohlen ab: 1882 brachten 25,9 Mill. t 118,8 1886 28,5 Mill. t doch 133,7 Mill. M. Die deutsche Produktion von 76,9 bzw. 85,2 Mill. to hatte einen Wert von 412,9 bzw. 439,9 Mill. M. Immerhin wurde erst 1889 wieder der Wert von 1873 eingestellt, als die Förderung an der Ruhr statt 16,4 Mill. t auch schon das Doppelte: 34 Mill. t betrug[48].

Ebenso einschneidende Einbußen mußten die Eisen- und Stahlindustrie hinnehmen. Bessemer-Stahlschienen kosteten im Ruhrgebiet 1873 408 M/t, jedoch 1874 252 M/t, bis 1878 sogar nur mehr 147 M/t; Stabeisen fiel derweilen von 280 auf 143 M, Eisenblech von 326 auf 203 M. Im siegerländischen Eisengewerbe stieg zwar die Roheisenherstellung von 1873 = 105 600 t bis 1879 auf 123 700 t, jedoch der Verkaufswert fiel von 16,5 auf 7,2 Mill. M (1878: 145 300, 8,6 Mill. M). Am Ende der zweiten Depression betrug das Verhältnis 270 000 t : 11,7 Mill. M. Vor allem 1882/83 stürzten die Preise »unter die schlechtesten des vergangenen Jahrzehnts hinunter«. An der Saar sanken die Eisenpreise 1874 um 25 Prozent, 1875 um 26 Prozent, 1876 um 13 Prozent. 1882 setzte sich die fallende Linie erneut fort: saarländisches Roheisen kostete 1873 = 170, 1879 = 56, 1886 = 38 M/t, Trägereisen 340, 120,80 M/t.

Der Wert der deutschen Eisenerzförderung und Roheisenproduktion fiel von 1873 bis 1879 von 43,4 auf 26,7 bzw. 248,6 auf 112,3 Mill. M. Trotz der sachten Aufschwungstendenz während der 1880er Jahre betrugen am Ende der zweiten Stockungsphase die Zahlen erst 29,6 bzw. 142,3 Mill. M.[49]

---

der landesübliche Kapitalzins in ungefähr einem Menschenalter von 5 auf 3,5% herabgesunken, wie der Reingewinn der Industrieunternehmungen, der Banken, der Reedereien, der Bergwerksanlagen, ja selbst des Kleinhandels durchschnittlich wohl um 20–50% herabgesunken ist, so trifft das Schicksal nun auch den Grundbesitz, – anscheinend unabänderlich im Zusammenhang mit der Massenproduktion, welche nur den Arbeitslohn langsam erhöht, den Kapital- und Unternehmergewinn aber stetig herabsetzt«.

48. E. Müssig, Eisen- u. Kohlenkonjunkturen seit 1870, Augsburg 1929⁴, 18, 21; Grunzel, 121; Festschrift zum 8. Allgemeinen Deutschen Bergmannstag, o. O. 1901, 175 u. Tab. 33; Jüngst, 4 f.; K. Bergmann, Die wirtschaftsgeschichtliche Entwicklung des Ruhrkohlenbergbaus seit Anfang des 19. Jhs., wiso. Diss. Köln, Kettwig 1937, 25. Vgl. Natorp an Hammacher, 8. 5. 78, Nl. Hammacher 34; W. Herrmann, Entwicklungslinien montanindustrieller Unternehmungen im rheinisch-westfälischen Industriegebiet, Dortmund 1954, 19–25; H. H. G. Schacht, Zur Finanzgeschichte des Ruhrkohlenbergbaus, Sch. Jb. 37. 1913, 1267–69.

49. Bacmeister, 123; F. Kempken, Die wirtschaftliche Entwicklung der Stadt Oberhausen, Stuttgart 1917, 32; Rabius, 36; Röhll, 104; Bennauer, 180, 69; v. Brandt, 43 f.; Born, 33; Müller, 32 f.; Müssig, 33, 41; Marchand, 103, 107, 116 f., 120 f.; Stat. Handbuch, I, 1907, 256, 259.

Viele Werke überstanden diese Preisdeflation nur durch den forcierten Export und zugleich durch eine radikale Senkung aller Kosten. Beispielsweise gelang es der Peine-Ilseder Eisenindustrie, von 1874 bis 1879 die Herstellungskosten pro Tonne von 47,94 auf 25,20 M (47%), die fixen Kosten von 19,61 auf 9,10 M (54%) zu drücken; daher konnte sie die Verdoppelung ihrer Produktion in diesem Zeitraum überhaupt finanzieren. Sogar der »Zentralverband Deutscher Industrieller« räumte ein, daß man den »Preisdruck« zum Teil auf »natürliche Gründe«, nämlich die »fortgesetzte Verminderung der Erzeugungskosten und Steigerung der Produktion«, zurückführen müsse[50].

Man muß sich hier klarmachen, was die neuen Herstellungsverfahren für die Eisen- und Stahlindustrie bedeuteten, denn daß es gelang, die Kosten so rasant zu senken, war nicht zuletzt ihrer Einführung zu verdanken. Das Bessemer-Verfahren fand in Deutschland vor allem zu Beginn der 1870er Jahre Eingang. Wenn es bis dahin 24 Stunden gedauert hatte, um im Puddelofen drei Tonnen Roheisen zu frischen, so benötigte nun eine Bessemer-Birne zwanzig Minuten für die gleiche Menge Stahl. Die Krise von 1873 überschnitt sich daher auch mit dem Niedergang des Puddelverfahrens. Wenige Jahre später schon wurde das Thomas-Gilchrist-Verfahren, das nicht mehr an importierte phosphorarme Erze gebunden war, sondern die Verwendung der einheimischen, vor allem der lothringischen Minette-Erzsorten gestattete, eingeführt: 1879 z. B. vom »Hoerder Verein«, 1882 von der »Gutehoffnungs-Hütte« in Oberhausen, bis dahin auch an der Saar. Das Thomas-Verfahren, dem der Siemens-Martin-Ofen folgte, ermöglichte eigentlich erst die Massenproduktion und förderte damit auch die Entwicklung zum Großbetrieb, der durch wachsende Erzeugung zu sinkenden Kosten den Preisfall ertragen konnte[51].

Die Einkommensentwicklung der deutschen Lohnarbeiterschaft ist während der ersten Hälfte der Trendperiode seit 1873 von der Preisgestaltung gar nicht so verschieden gewesen. Doch deutlicher unterscheiden sich die Trends während der zweiten Phase. Auch das durchschnittliche jährliche Arbeitseinkommen in Industrie und Handwerk schmolz zwischen 1873 und 1879 empfindlich zusammen: von 620 um 62 auf 558 M. Der Index der durchschnittlichen Industriewochenlöhne (1913 = 100) ging von 63 auf 53, der der wöchentlichen Reallöhne von 79 auf 74 hinunter. 1880 erreichte er mit 80 seinen absoluten Tiefstand, wobei noch ungewiß ist, wie sehr die Wochenreallöhne durch Kurzarbeit gemindert wurden[52].

Vor der Eisenenquetekommission gaben die Industriellen zu Protokoll, daß die Löhne zwar zwischen 1869 und 1873 um 30 bis 60 Prozent zugenommen hätten, in-

50. Röhll, 324, vgl. W. Treue, Die Geschichte der Ilseder Hütte, Peine 1960; Rabius, 47; Müller, 32 f.; KZ 5. 10. 1885 (ZDI).
51. Glänzend allg. hierzu: Landes, CEHE, 477–96. Vgl. H. R. Schubert, The Steel Industry, in: C. Singer u. a., The History of Technology, V, Oxford 1958, 53–71; Beck, V, 253–69, 980–1083; Mertes, 124, 167; Hoerder Verein, 28 f.; C. Matschoss, Ein Jahrhundert deutscher Maschinenbau, Berlin 1919, 89 f.; Kempken, 30–33; Müller, 30 f.; Röhll, 141; Rabius, 118; F. Schunder, Tradition u. Fortschritt, 100 Jahre Gemeinschaftsarbeit im Ruhrbergbau, Stuttgart 1959, 212; demnächst R. Rürup Hg., Moderne Technikgeschichte, NWB.
52. Hoffmann, Wachstum, 468: Tab. 108, vgl. 492: Tab. 119; Bry, 329. Vgl. F. Grumbach u. H. König, Beschäftigung u. Löhne der deutschen Industriewirtschaft, 1888–1954, WA 79. 1957, II, 125–55; C. v. Tyszka, Löhne u. Lebenskosten in Westeuropa im 19. Jh., München 1914; R. Kuczynski, Arbeitslohn u. Arbeitszeit in Europa u. Amerika, 1870–1909, Berlin 1913, ders., Die Entwicklung der gewerblichen Löhne seit der Begründung des Deutschen Reiches, 1871–1908, Berlin 1909. Zum Vergleich: E. H. Phelps-Brown u. S. V. Hopkins, The Course of Wage-Rates in Five Countries, 1860–1939, OEP 2. 1950, 226–96.

zwischen (1878) jedoch unter das Niveau von 1869 gefallen seien. Phoenix-Duisburg z. B. zahlte 2,10 statt 3,30 M Tagelohn, die siegerländische Heinrichshütte 2,43 statt 2,50. Generaldirektor Baare vom »Bochumer Verein« glaubte, daß die Arbeiter mit den Löhnen seines Betriebs »nicht bestehen« könnten, dennoch erböten sie sich, für 1,50 M zu arbeiten, »nur um die Stelle zu behalten«. Der jährliche Durchschnittslohn des »Vereins« machte 1874 noch 1190, aber 1880 nur 875 M aus, d. h. er lag um 29 M unter dem Satz von 1870. Krupp kündigte im Dezember 1874 in einem Zirkular eine drastische »Ermäßigung der Löhne« an: »Jeder Ausdruck von Unzufriedenheit ist als Kündigung anzusehen.« Bis 1879 hatte Krupp die Lohnsumme seiner Arbeiter halbiert. Auch der durchschnittliche Schichtlohn eines Hauers im Oberbergamtsbezirk Dortmund betrug 1873 5 M, 1879 aber fast die Hälfte: 2,55 M. Nicht viel anders sah es an der Saar, im Siegerland und im Nassauischen aus. Bis 1878 sanken die Löhne der Berg-, Eisen- und Stahlarbeiter um mindestens 50 Prozent unter den Lohnspiegel von 1869/73[53].

Zur selben Zeit wurden nicht nur die Nominallöhne reduziert, sondern auch überall Entlassungen vorgenommen. Während die deutsche Bergbauproduktion von 1873 bis 1879 von 49,9 auf 61,5 Mill. t anwuchs, fiel die mittlere Belegschaft von 289 000 auf 275 000, in der Hüttenproduktion von 38 000 auf 32 000 Arbeiter hinunter. Die Zechenarbeiterzahl im Oberbergamtsbezirk Dortmund ging von 84 000 auf 77 000 zurück. Auf 110 Zechen, die dem »Verein für die Bergbaulichen Interessen« angehörten, wurden von 45 000 Mann bis Mitte Februar 1877 8000, fast ein Fünftel, entlassen, denn »die Lage der Kohlenindustrie ist eine außerordentlich gedrückte«, schrieb sein Geschäftsführer, und die »Arbeiterentlassungen werden vielleicht einige Hilfe bringen«. Der »Hoerder Verein« verminderte von 1873 bis 1879 seine Belegschaft von 4709 auf 2640, der »Bochumer Verein« von 4077 auf 2507 Arbeiter. Die »Dortmunder Union« entließ schon 1874 4100 Arbeitnehmer und halbierte von 1873 bis 1877 die Beschäftigtenzahl von 12 102 auf 6322. Die Industrie am Niederrhein kündigte ebenso pausenlos wie die Betriebe des Saarreviers. Nach den Listen der Berliner Invalidenkasse waren 1875 von 30 000 registrierten Metallarbeitern nur 18 300 beschäftigt, davon 1200 – statt 2100 wie 1873 – in den Schwartzkopffschen Lokomotivenfabriken. Der Lagebericht des Berliner Polizeipräsidenten vom Dezember 1879 ging daher von der »sehr bedenklichen Wahrnehmung« aus, »daß die noch immer andauernden Erwerbsstörungen und die in einer ganzen Reihe von Ländern herrschenden ausgesprochenen Notstände die Zweifel an der Richtigkeit der heutigen Wirtschafts- und Gesellschaftsordnung und die Unzufriedenheit mit dem Bestehenden in immer weitere, sonst sehr ruhige und gemäßigte Kreise der Bevölkerung tragen«. Ähnliche Verhältnisse herrschten aber auch in den anderen Industrieländern, – allein die Vereinigten Staaten zählten 1878 fast zwei Millionen Arbeitslose[54]!

53. Bericht der Eisenenquetekommission, 36; Stumm, Reden, II, 15, 122; Bacmeister, 209; R. Ehrenberg, Durchschnittsverdienste u. Verdienstklassen der Arbeiterschaft von F. Krupp in Essen, 1845–1906, Thünen-Archiv 2. 1909, 204–20; Zirkular Krupps: KZ 2. 1. 1875; L. Pohle, Bevölkerungsbewegung, Kapitalbildung u. Periodische Wirtschaftskrisen, Göttingen 1902, 70; Grunzel, 121; Festschrift, 191; Lambi, 9 f. Vgl. E. Denzel, Wirtschafts- u. Sozialgeschichte der Stadt Wetter, Dortmund 1952, 231–33; L. Beutin, Geschichte der Südwestfälischen IHK zu Hagen, Hagen 1956, 284; Lerner 166 f.; v. Brandt, 43; Rabius, 47; Beck, 211–15; J. Grassmann, Die Entwicklung der Augsburger Industrie im 19. Jh. Augsburg 1894, 163 f.; Neumann-Spallart, DR 14, 454; KZ 1. 2. 1875.
54. Pohle, 89; Natorp an Hammacher, 5. 2. 1877, Nl. Hammacher 34; Jüngst, 5; Hoerder Verein, 27; Mertes, 165; Mariaux, 228, 235; T. Kellen, F. Grillo, Essen 1913, 52; L. v. Winterfeld, Geschichte

Es kann schwerlich überraschen, daß die Streiks in Deutschland trotzdem ruckartig zurückgingen, da während dieser Stockungsspanne das Risiko für eine finanzschwache, sich eben erst organisierende Arbeiterschaft kaum mehr tragbar war. Selbst wenn man einräumt, daß Unternehmen gemeinhin während einer Depression weniger Arbeitskämpfen als sonst ausgesetzt sind, ist das Ergebnis einer zuverlässigen Streikstatistik doch überraschend. Von 1873 bis 1879 schmolz die Zahl der Streiks von 225 (103–43–41–6–13) auf drei zusammen, während die Vereinigten Staaten mit ihrer vom Marxismus nicht beeinflußten Arbeiterschaft einige der blutigsten Streiks ihrer Geschichte erlebten. Die von einer egalitären Ideologie beeinflußte und leistungsorientierte amerikanische Industriearbeiterschaft erwies sich als militanter denn die deutsche, da ihr individualistisches Leistungsprinzip das Streikrisiko und den von den Unternehmern mit brutalen Mitteln geführten Machtkampf nicht scheute. In Deutschland gab der vordringende Marxismus dagegen der Arbeiterschaft Selbstbewußtsein und Zielvorstellungen, in gewisser Hinsicht trug er eben dadurch allmählich zu einer – in Deutschland ohnehin aus starken Traditionen gespeisten – Disziplinierung und Integration der Arbeiterschaft bei. Vorerst schien sich freilich der Groll der deutschen Industriearbeiter gleichsam unterirdisch aufzustauen, weshalb das Sekuritätsgefühl der bürgerlichen Welt trotz der nachlassenden Arbeitskämpfe keineswegs gefestigt wurde, erst recht nicht durch die Ergebnisse der Reichstagswahlen. Das industriewirtschaftliche Wachstum förderte zunächst nicht die Stabilität des Sozialsystems, sondern Konflikte im Kampf um die Verteilung des Sozialprodukts[55]!

Ernst Michel hat mit guten Gründen diese Zeit als die »sozial-chaotische Epoche« des liberalkapitalistischen Wirtschaftssystems bezeichnet. Jedoch darf man den aufsteigenden Trend der 1880er Jahre auch zugunsten der Arbeiterschaft nicht aus dem Auge verlieren. Das gilt besonders für die Löhne. Das durchschnittliche jährliche Arbeitseinkommen zeigte seit 1880 = 565 M eine kontinuierliche Aufwärtsbewegung bis 1890 = 711 M., wobei allerdings während der zweiten Depression der Zuwachs nur 42 M, im gesamten Jahrzehnt aber 146 M (1873 bis 1879 dagegen ein Verlust von 62 M!) betrug. Die durchschnittlichen Industriewochenlöhne (1913 = 100) stiegen auch während der zweiten Depression von 1882 = 56 bis 1886 = 58 (1896 = 68), die wöchentlichen Reallöhne sogar von 75 auf 85, bis 1896 aber auf 94, d. h. seit dem Tiefstand von 1880/81 = 70 um 35 Prozent. Der durchschnittliche Schichtlohn eines Hauers im Herzen des Ruhrreviers schwankte zwar von 1882 bis 1886 zwischen 3,15 und 2,92 M, kletterte aber bis 1890 auf 3,98 und mit der einsetzenden Hochkonjunktur 1897 auf 4,32 M, also fast auf den Satz von 1872 = 4,50 M. Ebenso erhöhten sich jetzt die Belegschaftszahlen im Bergbau – 1880 bis 1890 um

der freien Hanse- u. Reichsstadt Dortmund, Dortmund 1960³, 177 f.; A. Thun, Die Industrie am Niederrhein u. ihre Arbeiter, Leipzig 1879, I, 46, 49, 47–73, 126; II, 168 f., 98–105, 146–48; Köllmann Hg., 170; Bennauer, 23–31; Stumm, II, 40, 59; Tiedemann, 65; Beer, 114 f.; Wiedfeldt, 99; Neumann-Spallart, Übersichten 4, 54; R. Höhn Hg., Die vaterlandslosen Gesellen, 1878–1914, I, Köln 1964, 29.

55. W. Steglich, Eine Streiktabelle für Deutschland, 1864–80, JbW 1960/II, 242, 269–82; falsch dagegen: E. Engelberg, Deutschland von 1871 bis 1897, Berlin 1965, 147. R. V. Bruce, 1877: Year of Violence, Indianapolis 1959, P. H. Douglass, An Analysis of Strikes, 1881–1921, Journal of the American Statistical Association, 18. 1923, 869–72; R. G. Ridker, Discontent and Economic Growth, EDCC 11. 1962, 1–15. – S. M. Lipset, The First New Nation, N. Y. 1963, 170–205. Vgl. V. R. Lorwin, Working-Class Politics and Economic Development in Western Europe, AHR 63. 1958, 338–51; R. Bendix, The Lower Classes and the ›Democratic Revolution‹, Industrial Relations 1. 1961, 110, u. W. Köllmann, Politische u. soziale Entwicklung der deutschen Arbeiterschaft, 1850–1914, Vierteljahrsschrift für Sozial- u. Wirtschaftsgeschichte (= VSWG) 50. 1964, 480–504.

100 000 Mann von 294 670 auf 395 339 – und im Hüttengewerbe (36 393 – 47 630), jedoch auch hier blieb der Zuwachs während der zweiten Tiefkonjunktur sehr gering, nämlich 17 000 bzw. nur 400 Mann[56].

Unleugbar umschloß die zweite Phase der Trendperiode seit 1873 auch für die Löhne schon eine Aufwärtsbewegung. Seit dem Beginn der 1880er Jahre folgten Nominal- und Reallöhne einem steigenden Säkulartrend, der die Nominallöhne in Deutschland bis 1910 vergleichsweise außergewöhnlich kontinuierlich ansteigen ließ. Oder weniger passiv ausgedrückt: die Arbeiterschaft konnte, unterstützt durch das kontinuierliche industrielle Wachstum, den Arbeitgebern hohe Nominallöhne abringen, obwohl diese der dynamischen Tendenz der Arbeitsproduktivität noch längst nicht entsprachen.

Die Reallöhne freilich vermochten damit nicht Schritt zu halten. Einmal folgten die Einzelhandelspreise, Mieten, überhaupt generell die Lebenshaltungskosten, nicht dem Sturz der Großhandelspreise. Im Gegenteil: in Deutschland stiegen die Mietpreise, vor allem aber verhinderten die Zollgesetze seit 1879 und die agrarierfreundlichen Schutzmaßnahmen der »Sammlungspolitik«, daß die deutschen Konsumenten den Vorteil der niedrigen Weltpreise für Nahrungsmittel ausnutzen konnten. Immerhin fiel der Lebenskostenindex (1913 = 100) vom Krisenjahr 1873 bis zum Beginn des zweiten Aufschwungs 1887 von 80 auf 68, so daß man vermutlich doch die »Erhöhung des Reallohnniveaus« einen »eindrucksvollen Fortschritt« in der Einkommensentwicklung der Arbeiterschaft nennen darf. Überblickt man freilich die Spanne von den 1880er Jahren bis hin zum Kriegsausbruch, während der die Reallöhne jährlich durchschnittlich um etwa ein Prozent anstiegen, so muß man bei einem Vergleich mit Großbritannien, Frankreich, Schweden und den Vereinigten Staaten festhalten, daß die deutschen Reallöhne hinter der Entwicklung in diesen Ländern »weit zurück« blieben. Indessen, auch in Deutschland bedeutete auf längere Sicht dieser allmähliche Anstieg des Reallohnniveaus eine Ausweitung des Binnenmarkts, wachsenden Lebensstandard mit erhöhtem Konsumgüterverbrauch, damit aber sowohl eine Minderung der sozialen Spannungen im deutschen Industriestaat, als auch andererseits wachsende Emanzipationsansprüche auf volle politische und gesellschaftliche Gleichberechtigung[57].

Eng verwandt mit der Bewegung der Preise und Löhne ist natürlich auch die Entwicklung der Kapitalbildung und des Gewinns, den die Kapitalanlagen abwarfen, gewesen. Das läßt sich im Bereich der Aktiengesellschaften instruktiv nachweisen. Waren während der Gründerjahre (1871–73) allein 928 Aktiengesellschaften mit einem Nominalkapital von 2,8 Mrd. Mark gegründet worden, so kam es während der ersten Depression nur zu 318 Neugründungen mit nicht mehr als 284 Mill. Mark Kapital, eine Summe, die während der kurzen ersten Aufschwungspanne auch schon

---

56. E. Michel, Sozialgeschichte der industriellen Arbeitswelt, Frankfurt 1960⁴, 155; Hoffmann, Wachstum, 468; Bry, 329, 361, vgl. dort die speziellen Lohnreihen: 333, 335, 339, 346; Pohle, 70, 89; Jüngst, 5; W. Döhler, Die ökonomische Lage der Zwickauer Bergarbeiter im vorigen Jh., Leipzig 1963, 67–87.

57. Tyszka, 276, 279, 288; Bry, 325; Rosenberg, Wirtschaftskonjunktur, 239; Grumbach/König, 153. Wenn Hoffmann (Volkseinkommen, 14) das Nominaleinkommen p. c. auf 1871/75 = 364, 1891/95 = 445, das Realeinkommen p. c. aber auf 352, bzw. 555 schätzt, dann sind die Realeinkommenswerte wahrscheinlich zu hoch angesetzt, da die Kaufkraft bisher eher zu großzügig (meist anhand der Großhandelspreise) bestimmt worden ist. Zu den Einzelhandelspreisen jetzt Hoffmann, Wachstum, 578 f.: Tab. 141. Vgl. hierzu zuletzt: A. V. Desai, Real Wages in Germany, 1871–1913, Oxford 1968, sowie L. Schneider, Der Arbeiterhaushalt im 18. u. 19. Jh., Berlin 1967.

erreicht wurde. Im Verlauf der zweiten Depression wurden immerhin wieder 622 Aktiengesellschaften mit 501 Mill. M Kapital gegründet. Während der gesamten Trendperiode bis 1896 wurde jedoch in 2913 Aktiengesellschaften nur 2,9 Mrd. Mark Kapital investiert, mithin nur 100 Mill. Mark mehr als von 1871 bis 1873, aber jeweils 2,3 Mrd. Mark weniger als in den langen Prosperitätsperioden von 1849–73 und 1897–1913! Das wird man als eine ganz außergewöhnliche Verlangsamung des Wachstums der privatwirtschaftlichen Investitionen bezeichnen dürfen, vermehrte sich doch allein von 1880 bis 1890 die preußische Staatsschuld von 1,5 um 3,3 auf 4,8 Mrd. Mark[58].

Ganz analog verlief die Abwärtsbewegung der unverteilten und verteilten Gewinne der Kapitalgesellschaften. Die unverteilten Gewinne, die Differenz zwischen ausgewiesenen Gewinnen einerseits und ausgeschütteten Dividenden und Tantiemen andererseits, pendelten während der vierzig Jahre vor 1914 im Durchschnitt zwischen 30 und 36 Prozent, erreichten aber durchweg die geringsten Werte zwischen 1873 und 1887, wonach die Aufschwungstendenz die Neigung, diese Gewinnanteile zurückzubehalten, zu fördern begann. Im Jahresdurchschnitt sollen die unverteilten Gewinne während des Booms vor 1873 142, während der Trendperiode bis 1896 125, aber während der Hochkonjunktur von 1897 bis 1913 432 Mill. Mark betragen haben. Zwischen 1881 und 1885 (= 84) wurde sogar der zweitniedrigste Wert in der Epoche der deutschen Hochindustrialisierung erreicht[59].

Im Verein mit der generellen Preisflaute sanken auch die verteilten Gewinne ab. Fallende Aktienkurse fanden ihr getreues Spiegelbild in fallenden Dividenden und Renditen. Der Index der deutschen Aktienkurse (1913 = 100) bewegte sich von seinem Höhepunkt von 102,4 vor der Krise von 1873 in gewaltigen Sprüngen auf den Tiefstand von 1877 = 36,8 hinunter, schwankte während der zweiten Depression ganz unregelmäßig zwischen 60,7 und 70,8 und erreichte 1890 den Wert von 88,4. Der deutsche Fondsindex überholte erst 1911 den Stand von 1870! Auch hier bietet sich wieder das vertraute Bild, das die erste Depression objektiv weitaus radikaler die Konjunktur zerstörte als die gemilderte Depression der 1880er Jahre. Zwischen 1873 und 1879 stürzten die Kurse großer Montanunternehmen des Ruhrreviers steil ab. Zum Beispiel notierten:

---

58. Spiethoff, II, Tafel 2; E. Wagon, Die finanzielle Entwicklung deutscher Aktiengesellschaften, 1870–1900, Jena 1903, 16–172; O. Dermietzel, Statistische Untersuchungen über die Kapitalrente der größeren deutschen Aktiengesellschaften, 1876–1902, phil. Diss. Göttingen 1906; R. Grabower, Die finanzielle Entwicklung der Aktiengesellschaften, Leipzig 1910; Volkswirtschaftliche Chronik für das Jahr 1901, Jena 1902, 542; W. Wygodzinski, Wandlungen der deutschen Volkswirtschaft im 19. Jh., Köln 1907, 76; Pohle, 83; Stuebel, 43. Vgl. S. Kuznets, International Differences in Capital Formation and Financing, in: M. Abramovitz Hg., Capital Formation and Economic Growth, Princeton 1956, 19–106; J. S. Pesmazoglu, A Note on the Cyclical Fluctuations of the Volume of German Home Investment, 1880–1913, ZfGS 107. 1951, 151–71; W. G. Hoffmann, Long-Term Growth and Capital Formation in Germany, in: F. A. Lutz u. D. C. Hague Hg., The Theory of Capital, London 1961, 118–40; H. Sauermann, Kapitalbildung u. Kapitalverwendung im volkswirtschaftlichen Wachstumsprozeß, Berlin 1953, 25–43.

59. W. G. Hoffmann, Die unverteilten Gewinne der Kapitalgesellschaften in Deutschland, 1851–1957, ZfGS 115. 1959, 277 f., 285 (Basis: Gesellschaften, deren Aktien an Berliner Börsen gehandelt wurden); ders., Volkseinkommen, 29, 16; ders., Wachstum, 785: Tab. 224 (ab: 1882).

	1873	1878
Harpener AG	475	70
Arenberg AG	390	103
Bochumer Gußstahl	240	25
Pluto	221	40
Dortmunder Union	185	7
Hoerder Verein	144	23
Hibernia	108	34

Die »Harpener AG« hatte 1873 eine bombastische Dividende von 40 Prozent gezahlt. 1875/76 war sie außerstande, überhaupt eine Dividende auszuschütten, die seit 1878 gewöhnlich 2,5 Prozent betrug. Ähnlich ging der »Bochumer Verein« von 17 Prozent (1873) nach vier Jahren Pause auf 2 Prozent; der »Hoerder Verein« sah sich 16 Jahre lang, von 1874 bis 1895, überhaupt nicht in der Lage, eine Dividende auszuwerfen. Allgemein konnten die deutschen Aktiengesellschaften 1877/78 keine Gewinne mehr verteilen und mußten nicht nur jahrelang mit Verlust arbeiten, sondern während der Stockungsspanne von 1882 bis 1886 erneut die wachsenden Gewinne reduzieren[60].

In den schlimmen Jahren 1875/76 zahlten im Ruhrrevier von 32 Bergbau-Aktiengesellschaften nur neun, von 154 Gewerkschaften nur 45 eine kleine Dividende oder Ausbeute. Höchstens ein Drittel aller Ruhrzechen konnte von 1873 bis 1890 eine Ausbeute verteilen. In der Eisenindustrie hatten 21 von 95 Mitgliedsunternehmen des »Langnam«-Vereins von 1874 bis 1876 eine Unterbilanz. Auf dem Kurszettel wurde ein Kapitalwert rheinisch-westfälischer Industriebetriebe in Höhe von 600 Mill. Mark bis 1879 auf 35 Prozent reduziert. Kein Wunder, daß der Verein gegen die »auf allen Gebieten der gewerblichen Tätigkeit herrschende und sich verschärfende Krise« Protestresolutionen faßte. Freilich büßten zahlreiche Werke jetzt auch für die maßlose Überkapitalisierung aus den Gründerjahren. Die »Gutehoffnungs-Hütte«, die 1872 mit 30 Mill. Mark Aktien-Nominalkapital ausgestattet worden war,

---

60. Däbritz, 42 f.; R. Schneider, Die Entwicklung des niederrheinisch-westfälischen Bergbaus u. der Eisenindustrie seit der Mitte des 19. Jhs., Bochum 1899, 14; Lambi, 78 f.; Schunder, 212; H. Lüthgen, Das Rheinisch-Westfälische Kohlensyndikat, Leipzig 1926, 4; Bergmann, 25; Mariaux, 223, 228, 235; Mertes, 166; Bacmeister, 131; Wagon, 175–212 (mit vorzüglichen statistischen Tabellen, die deutlich den Rhythmus der Depressionen anzeigen); Festschrift, Tab. 33:

	Aktienkapital (von 82 Prozent der die Ruhrförderung vertretenden Zechen)	Ausbeute in M.	in Prozent d. Kapitals
1873	260,3	47,4	18,2
1874	260,3	31,7	12,1
1875	272,2	12,2	4,5
1876	280,2	5,8	2,1
1877	280,2	4,2	1,5
1878	292,7	4,3	1,5
1879	307,7	4,8	1,5
1880	323,6	9,–	2,8
1881	334,5	7,6	2,3
1882	356,5	9,1	2,6
1883	373,9	14,3	3,8
1884	379,7	9,1	2,4
1885	387,3	8,3	2,1
1886	387,3	8,4	2,2

ging 1877 auf 6 Mill. Mark hinunter und überschritt erst 1910 die 30-Mill.-Mark-Grenze. Die verbreiteten Kapitalherabsetzungen, z. B. des »Hoerder Vereins«, der »Westfälischen Union«, von »Phoenix«, Poensgen und Borsig, zeigten daher oft einen Prozeß der Gesundschrumpfung an, da das bewußt irreführende, aufgeblähte Gründungskapital den realen Werten selten entsprach.

In anderen Industrieregionen sah es nicht besser aus. Von 1883 bis 1886 blieben die siegerländischen Montan-Aktiengesellschaften außerstande, einen Gewinn auszuschütten. Der Kapitalwert der in Berlin domizilierenden Industrie-Aktiengesellschaften fiel von 1872 = 1500 auf 1877 = 60 Mill. M, die Summe ihrer Dividenden bis 1878 auf ein Viertel der Höhe von 1872. Der Kurswert aller Berliner Kapitalgesellschaften sank von 1872 = 1451 Mrd. Mark auf 1879 = 810 Mill. M, ihre Dividendenzahlung von 107 auf 31 Mill. Mark. Die Kursbildung am deutschen Aktienmarkt zeigte daher einen schroffen Abfall von der Hochkonjunktur von 1870 bis 1873 = 12,49 auf 7,08 während der Trendperiode 1896 (1897–1913 = 9,83). Etwas weniger ausgeprägt sank die Rendite, nämlich von 8,64 auf 5,03 (5,37)[61].

d) Kapitalüberhang – Zins- und Diskontsätze – Kapitalexport

Schmale Gewinne, ja Stagnation und Verlust bestimmten nach der geschäftlichen Hypertrophie bis 1873 jahrelang die Entwicklung der Privatwirtschaft. Je weniger aber das Investitionskapital an Gewinn abwarf, um so mehr wuchs die Anlagescheu. Hinzu kam jetzt, daß der kapitalintensive Eisenbahnbau zurückging und zunehmend geringere Mittel des Kapitalmarkts beanspruchte. Dadurch wuchs rasch ein hoher Kapitalüberhang an. Bereits 1874 beurteilte der »Aktionär« die »Geldplethora« eher »als eine Verlegenheit denn als einen Segen«. Damit schlug er einen Ton an, der fortab in der deutschen Finanzwelt mit monotoner Regelmäßigkeit erklang. Über den »Kapitalüberfluß«, der »das deutsche Kapitalistenpublikum ... in aller Herren Länder« Anlagen suchen lassen, klagte zehn Jahre später der »Deutsche Ökonomist«. »Mit dem wachsenden Überfluß disponibeln, unbeschäftigten Kapitals« verringerten sich die Bank- und Börsengeschäfte. Vergeblich seien bisher alle Anstrengungen gewesen, »einen Ausweg aus dem verhängnisvollen Zirkel zu erspähen, in dem man sich durch Geldüberfluß und Geschäftslosigkeit gebannt sieht«. »In Deutschland« befinde sich »das überflüssige, unbeschäftigte Kapital wegen seiner Verwertung ... in Verlegenheit«, warb die »Deutsch-Ostafrikanische Gesellschaft« 1886 für die »Gewinnchancen großer kolonialer Unternehmungen«. Und auch Gerson v. Bleich-

---

61. Festschrift, 175 f.; Beumer, 64 f.; Böhme, 358; R. Keibel, Aus 100 Jahren deutscher Eisen- u. Stahlindustrie, Essen 1920², 28. Die Rendite berechnet aus Kurshöhe v. H. u. Dividende p. a. – Bennauer, 72; Wiedfeldt, 98 f.; Müller-Jabusch, 62; O. Donner, Die Kursbildung am Aktienmarkt, VzK, Sonderheft 36, Berlin 1934, 97. Vgl. J. Bouvier u. a., Le mouvement du profit en France au XIXe siècle, Paris 1965 (wo sehr instruktiv drei Sektoren – Kohle, Metallurgie, Maschinenbau – exemplarisch verfolgt werden: 13–21, 23–29, 31–267; 269 f. u. 281–456: die langen Schwingungen anhand der Profite); J. M. Gillman, The Falling Rate of Profit, London 1957, App. 3, 4, sowie für Berlin (S. Buff, Das Kontokorrentgeschäft im deutschen Bankgewerbe, Stuttgart 1904; W. Prion, Das deutsche Wechseldiskontgeschäft, Leipzig 1907, G. Motschmann, Das Depositengeschäft der Berliner Großbanken, Leipzig 1915) und Süddeutschland (J. Ruby, Die Badische Bank, 1870–1908, Karlsruhe 1911, 14 f., 34 f., 44, 50–56; J. Kahn, Münchens Großindustrie u. Großhandel, München 1913), wie sich anhand der statistischen Angaben über die angekauften Inlandswechsel, die Rentabilität der Wechselanlagen, des Lombardverkehrs und der Effektenanlagen der Konjunkturverlauf gut verfolgen läßt.

röder, der Bankier des deutschen Reichskanzlers, riet seinem wertvollsten Kunden wegen »der großen Flüssigkeit des Kapitals« wiederholt zu sicheren Anlagen[62].

Als unmittelbare Folge der Kapitalfülle sank der Zinsfuß auf einen Stand, »von dem wir«, wie man damals glaubte, »in der Finanzgeschichte kein Beispiel kennen«. Mit ihm fiel der Hypothekenzins bis in die Mitte der 1890er Jahre. Der durchschnittliche Marktdiskontsatz, der 1848-73 4,8 Prozent und 1897-1913 4,5 Prozent betrug, hielt sich während der Zwischenzeit bei 3,9 Prozent, während der geringe Reichsbankdiskontsatz, der den Konjunkturschwankungen aufs engste folgte, ebenfalls die Sättigung des Geldmarkts verriet. Er erreichte 1892 seinen Tiefpunkt und 1908 den Stand von 1868 (der »Preußischen Seehandlung«)[63]!

Wegen des augenfälligen Risikos und der geringen Rendite wanderte das mobile Leihkapital schon seit 1874 zu den festverzinslichen, soliden Staats- und Kommunalpapieren ab, wo es durch die Sicherheit für die geringen Nominal- und Realzinssätze entschädigt wurde. Denn die öffentlichen Körperschaften nutzten die ungewohnte Konjunktur für sich aus, um allgemein die fünfprozentigen Schuldbriefe, Obligationen usw. in vierprozentige zu konvertieren, wie z. B. Preußen seine sämtlichen Anleihen. Die Depressionszeit ließ nicht nur die festverzinslichen Werte unberührt, sondern steigerte noch ihren Kurswert (z. B. der Pfandbriefe von 1873 bis 1879: 90,5 auf 100). Mit der Flaute des Aktienmarkts kontrastierte daher die Belebung des Obligationenmarkts, als die Höhe und Rentabilität der Kapitalinvestitionen zurückging. Für die öffentliche Hand umschloß diese Trendperiode folglich »eine Ära billiger, leicht placierbarer Anleihen«, was in Deutschland, wie Hans Rosenberg es prägnant formuliert hat, »den Staatskapitalismus verstärkte, das autoritäre Regieren leichter machte und den Einfluß der Parlamente schwächte«. Darüber dürfen die beredten Klagen der Regierungsvertreter und auch Bismarcks über ihre Finanzsorgen nicht hinwegtäuschen. Während der Trendperiode von 1872 bis 1896 gelang es dem preußisch-deutschen Staat verhältnismäßig häufig, sich der vor allen von 1859 bis 1871 und von 1896 bis 1913 währenden engen Verbindung mit den Konsortien der Großbanken zu entwinden. Das zögernde Wachstum nach 1873 mit seinem liquiden Geldbestand und den geringen Zinssätzen eröffnete ihm durch die fast mühelose Unterbringung seiner Anleihen einen Handlungsspielraum, den ihm die Bedingungen der Banken während der Konjunkturspannen verwehrten[64].

62. Der Aktionär 21.490, 520 (14., 28. 6. 1874); Deutscher Ökonomist 1. 128 f. (31. 3. 1883); 350 (15. 9. 1883); Kurze Darstellung der Entwicklung u. Lage der Deutsch-Ostafrikanischen Gesellschaft, Berlin 1886, 8 (Privatdruck, Nl. J. Pfeil, 29, DZA I); Bleichröder an Bismarck (= B.) 13. 8. 1877, Nl. Bismarck, Schloß Friedrichsruhe (ungeordnetes Archiv Schönhausen [= A. Sch.], 21).

63. M. Wirth, Die Quellen des Reichtums mit Rücksicht auf Geschäftsstockungen u. Krisen, Köln 1886, 2; K. R. Bopp, Die Tätigkeit der Reichsbank von 1876-1914, WA 72. 1954, 48, 181-83; Varga, 50 f.; Däbritz, 19-21; Helfferich, Geld 577 f. Vgl. allg. J. Kahn, Geschichte des Zinsfußes in Deutschland seit 1815, Stuttgart 1884, 183-206; E. Voye, Über die Höhe der verschiedenen Zinssätze. Die Entwicklung des Zinsfußes in Preußen 1807-1900, Jena 1902, 60-76; P. Homburger, Die Entwicklung des Zinsfußes in Deutschland von 1870-1903, Frankfurt 1905, 16-46; P. Wallich, Beiträge zur Geschichte des Zinsfußes von 1800 bis zur Gegenwart, JNS 97. 1911, 289-312; Spiethoff, II, Tafel 12.

64. Rosenberg, Wirtschaftskonjunktur, 238; Stuebel, 99 (die hierzu grundlegende Studie); Spiethoff, II, Tafel 11. Vgl. H. Blömer, Die Anleihen des Deutschen Reiches von 1871-1924, staatswiss. Diss. Bonn 1947 (MS); S. Cohn, Die Finanzen des Deutschen Reiches seit seiner Begründung, Berlin 1899; Kahn, 185, 189; Voye, 62, 65 f.; Deutscher Ökonomist 1. 3 (30. 12. 1882); H. Gebhard, Die Berliner Börse von den Anfängen bis zum Jahre 1905, phil. Diss. Erlangen, Berlin 1928, 31-102; 77 f.; G. Buss, Die Berliner Börse, 1865-1913, Berlin 1913, 138; J. Helten, Die Kölner Börse, 1553-1927, Köln 1928, 55 f.; Hoffmann, Wachstum, 108, sowie allg. S. Andic u. J. Veverka, The Growth of Government Expenditure in Germany Since the Unification, Finanzarchiv 23. 1963/64, 169-278.

Im Hinblick auf die Entwicklung der deutschen Banken förderte der Kapitalüberhang nachweislich weiter den Konzentrationsprozeß. Die Großbanken vermochten es am ehesten, heil durch die Engpässe niedriger Zinssätze und schrumpfender privatwirtschaftlicher Anlagebereitschaft hindurchzulavieren. Wenn die »Berliner Handelsgesellschaft« von 1876 bis 1878 mit Verlust arbeitete, 1878 keine Dividende und 1880 5,5 Prozent Dividende zahlte, so war das zwar nicht repräsentativ – zumal ihr eigentlicher Aufstieg mit der »Harpener AG« und der »AEG« Ernst Rathenaus unter Leitung von Carl Fürstenberg noch bevorstand –, aber auch die großen D-Banken (Disconto-Gesellschaft, Dresdener, Darmstädter und Deutsche Bank) zahlten ein Drittel oder bestenfalls einmal die Hälfte der Dividenden, die vor 1873 möglich gewesen waren. Wie schwer die erste Depression für die Banken durchzustehen war, verdeutlicht der Index der deutschen Bankenproduktion (1913 = 100). Er kletterte von 1873 = 6,2 bis zur zweiten Depression (1882 = 9,4) nur um 3,2 Meßziffern, seitdem jedoch mit starken Fluktuationen bis 1896 auf 25,7. Dementsprechend profitierten die Großbanken wiederum davon, daß sie ihr Oligopol während der Jahre nach 1873 ausgedehnt hatten: sie alle erhöhten ihr Eigenkapital vor allem während des Aufschwungs von 1887 bis 1890 zur Bewältigung der vermehrten Aufgaben:

	1880	1890
Darmstädter Bank	60	80
Disconto-Gesellschaft	60	75
Deutsche Bank	45	75
Dresdner Bank	10	60
Berliner Handelsgesellschaft	30	50 [65]

Unverkennbar hat es aber auch der billige kurz- und langfristige Kredit der Wirtschaft gestattet, Investitionen sogleich dann vorzunehmen, wenn sie sich dazu entschlossen hatte. Gerade die kapitalintensive Ausrüstung konnte so verbessert, die Kostensenkung und Rationalisierung vorangetrieben werden. Weiter aber ermöglichte es die Kreditfülle, die Exportgeschäfte vorzufinanzieren. Es ist ja ein wichtiger Unterschied zur Außenhandelsgeschichte späterer Jahre, daß das anlagesuchende Kapital zunächst die langfristige Finanzierung von Exporten (also die Kreditgewährung an einheimische Firmen und Händler) übernahm, ehe es zu dem finanzpsychologisch und -technisch anspruchsvolleren direkten Kapitalexport überging, wobei wiederum die deutsche Kapitalausfuhr in weit größerem Ausmaß als z. B. die französische auch Unternehmertätigkeit im Ausland mit Aufträgen für die deutsche Ausrüstungsindustrie bedeutete. Während der 1880er Jahre freilich begann Deutschland sich an der »Kapitalisierung« der neukapitalistischen überseeischen und der unterentwickelten Länder namentlich durch den Erwerb ausländischer Wertpapiere zu beteiligen. Und Wertschwankungen dieser »Exoten« ließen den deutschen Investor noch nachhaltiger den internationalen Charakter der Depressionen spüren. Nach der Emissionsstatistik des »Deutschen Ökonomist« stieg zwischen 1883 und 1890 der

---

65. Lüke, 48, 54, 65; Stuebel, 23; Fürstenberg, 129 ff.; Hoffmann, Wachstum, 437: Tab. 94 (ebda., 430-33, die etwas vom Üblichen – Produkt aus Kreditmenge u. Zins – abweichende erweiterte Definition der Bankproduktion). Vgl. Böhme, 343-53; F. Steffen u. W. Diehm, Die Bayerische Staatsbank, 1870-1955, München 1955, 194; Gebhard, 107-9. Spiethoff, II, Tafeln 4-7, 10, u. Anhang, 508, mit der Lit. zur Bankenkonzentration.

geschätzte deutsche Kapitalexport auf fast 10 Mrd. Mark an, da die höher verzinslichen Auslandseffekten den niedrig verzinsten einheimischen Staatspapieren häufig vorgezogen wurden, z. B. entfielen allein von den 4,6 Mrd. Mark, die 1883–87 in festverzinslichen Papieren angelegt wurden, fast die Hälfte (2,2 Mrd. Mark) auf Auslandspapiere. Der Anlagehunger während der zweiten Phase der Trendperiode seit 1873 ist um so bemerkenswerter, wenn man sich vergegenwärtigt, daß zwischen 1890 und 1913 die Summe der deutschen Auslandsinvestitionen sich ›nur‹ noch auf 20 Mrd. Mark verdoppelte[66]!

Bei dieser Steigerung der Kapitalausfuhr handelte es sich keineswegs um ein spezifisch deutsches Problem. In seinen »Übersichten der Weltwirtschaft« vermerkte v. Neumann-Spallart, daß »die Überfülle von Kapital ... in Europa seit einigen Jahren nicht mehr genügend Beschäftigung« finde und »lohnende Aufnahme« in Übersee suche. In England und Frankreich erklangen dieselben Beschwerden über die »Schwemme des Leihkapitals«, während in den Vereinigten Staaten womöglich noch schriller über »Cheap Money« geklagt wurde. Wie hoch z. B. die Liquidität des New Yorker Börsenplatzes während eines absoluten Tiefs in der dritten amerikanischen Depression (1893–96) war, bewies seine Reaktion auf die Baisse vom 20. Dezember 1895, als der amerikanisch-englische Konflikt um die venezolanische Grenze, d. h. um die wirtschaftliche Vorherrschaft in Südamerika, zur Kriegsgefahr und Börsenpanik führte. Nach einem Tag hatten amerikanische Gegenkäufe das Überangebot von Papieren aufgefangen und – allen monetären Krisentheorien zum Trotz – ihren Kapitalüberschuß effektiv eingesetzt. An anlagesuchendem Kapital, das dank der voranschreitenden Industrialisierung ständig zunahm, war damals in den okzidentalen Industriestaaten kein Mangel. Nicht nur der Warenreichtum als Folge hoher Überkapazitäten, sondern auch die Überfülle des Kapitals bestätigten den Eindruck, mit einer zählebigen Verstopfung und Stagnation der nationalen Wirtschaftssysteme kämpfen und um jeden Preis Abzugskanäle schaffen zu müssen[67].

e) Die Strukturelle Agrarkrise seit 1876

Hat hier bisher die Wachstumsproblematik der deutschen Industriewirtschaft durchaus im Vordergrund gestanden, so gilt es jedoch auch noch, die strukturelle Agrarkrise seit dem letzten Viertel des 19. Jahrhunderts wenigstens knapp zu umreißen. Von 1800 bis 1850 hatten das agrarwirtschaftliche Angebot und die Konsumnachfrage um ein niedriges Versorgungsniveau gependelt. Zwischen 1850 und der Mitte der 1870er Jahre, – also mit dem Aufschwung der Hochkonjunktur und dem von ihr mitgetragenen Bevölkerungsanstieg auch in Deutschland: 1850 = 35 Mill. (ohne

---

66. Schumpeter, I, 377; Stuebel, 43, 37; Deutscher Ökonomist 1. 1883–8. 1890. Vgl. W. Christians, Die deutschen Emissionshäuser u. ihre Emissionen in den Jahren 1886–1891, Berlin 1893; Hoffmann, Wachstum, 262: Tab. 43; H. Feis (Europe, the World's Banker, 1870–1914, New Haven 1930, 60–80, 160–80) ist wenig differenziert u. bietet fast nichts für die Zeit bis 1890. Die Lit. zum Kapitalexport: Anhang, 507 f.

67. Neumann-Spallart, Übersichten, 5. 83 f.; ders., Von den europäischen Kolonien, DR 37. 1883, 374; ähnlich M. Wirth, Ursachen der gegenwärtigen Geschäftsstockung, Vierteljahrsschrift für Volkswirtschaft, Politik u. Kulturgeschichte (= VVPK) 23. 1886, 91, 130; vgl. W. W. Rostow, Investment and the Great Depression, EHR 7, 136–58; Musson, JEH 19, 203, u. die Literatur zum engl. Kapitalexport, Anhang 508. Zum französ. Kapitalexport: Anhang, 508 u. S. B. Clough, France. A History of National Economics, 1789–1939, N. Y. 1964², 214–28; Wehler, JbLA 3, 308 f.

Elsaß-Lothringen), 1875 = 42 Mill. (Grenzen von 1913) –, wuchsen sowohl Nachfrage als auch Angebot ruckartig an. Der deutsche Konsum an Agrargütern konnte überwiegend von der heimischen Produktion befriedigt werden. Die Restmengen lieferte der europäische und überseeische Getreidehandel, der während der 1850er und 1860er Jahre ohne das Hemmnis von Zöllen ausgeglichene Preise aufwies. Auch Preußen-Deutschland trieb von 1865 bis 1879 einen freihändlerischen Getreideaußenhandel, der auf seine Interessen als Exporteur einiger Getreidearten zugeschnitten war. Ein Alarmzeichen leuchtete 1876 auf, als zum erstenmal der Ausfuhrüberschuß des Weizens entfiel. Seither ist Deutschland ein Weizenimportland geblieben. Zugleich entwickelte sich seit dem Ende der 1870er Jahre eine internationale Krise der Agrarwirtschaft, die in der westlichen Welt bis heute ein Überangebot zur Regel hat werden lassen[68].

Ein weltweiter Preisfall setzte seit 1879 ein. Bis 1885 fielen die Agrarpreise um ca. 20 Prozent, fingen sich wieder etwas und bewegten sich von 1890 bis 1896 erneut abwärts. Erst 1912 wurde das durchschnittliche Preisniveau der 1870er Jahre überschritten. Als Gustav Schmoller 1882 die Lage der mitteleuropäischen Landwirtschaft eingehend untersuchte, mußte er bereits konstatieren, es lagere »seit über zwei Jahren über den verschiedensten Teilen Europas ein Mißbehagen, ein Klagen, ein Druck in den weitesten landwirtschaftlichen Kreisen, der als eine schwere Krisis« aufgefaßt werde. Er hielt den Schluß für unvermeidlich, – und wie sich erweisen sollte: ganz zu Recht –, »daß wir an einem großen und tiefgreifenden Wendepunkt« unserer agrarischen Zustände angekommen sind«. Sein ernster, betroffener Ton kehrte in der breit gefächerten, aufschlußreichen zeitgenössischen Literatur über die Agrarkrise, oft bis zu beschwörenden, ja verzweifelten Ausbrüchen gesteigert, immer wieder[69].

---

68. Hierzu das unstreitig brillante Werk von W. Abel, Agrarkrisen und Agrarkonjunktur, Berlin 1966², 257–64; ders., Art. Agrarkonjunkturen, HSW 1, 49–59; ders., Die drei Epochen der deutschen Agrargeschichte, Hannover 1964², 107–9; ders., Wirtschaftliche Wechsellagen, Berichte über Landwirtschaft NF. 21, Berlin 1936, 1–23 (ders., Geschichte der deutschen Landwirtschaft, Stuttgart 1962, führt leider nur bis zum Anfang des 19. Jhs., leider: da H. Haushofer, Die deutsche Landwirtschaft im technischen Zeitalter, Stuttgart 1963; S. v. Frauendorfer, Ideengeschichte der Agrarwirtschaft u. Agrarpolitik, München 1957, I, 325–442, u. R. Krzymowski, Geschichte der deutschen Landwirtschaft, Berlin 1961³ dagegen sehr abfallen). Vorzüglich u. international vergleichend: S. v. Ciriacy-Wantrup, Agrarkrisen u. Stockungsspannen, Berlin 1936, 103–75, 322–31, 378, 401; Brandau, 29–73, u. H. Rosenberg, Die Pseudodemokratisierung der Rittergutsbesitzerklasse, in: Moderne Deutsche Sozialgeschichte, 287–308; ders., The Economic Impact of Imperial Germany, Agricultural Policy, JEH, Suppl. 3. 1943, 101–7. Vgl. Böhme, Großmacht, 398–404; L. Rathmann, Die Getreidezollpolitik der deutschen Großgrundbesitzer in der 2. Hälfte der 70er Jahre des 19. Jhs., phil. Diss. Leipzig 1956, MS. Unergiebig ist: K. Ritter, Agrarwirtschaft u. Agrarpolitik im Kapitalismus, I, Berlin 1955, 393–421; ausgezeichnet dagegen: A. Gerschenkron, Bread and Democracy in Germany, Berkeley 1943, 42–7. S. noch: E. Lagler, Theorie der Landwirtschaftskrisen, Berlin 1935; an., Die Getreidepreise in Deutschland seit dem Ausgang des 18. Jhs., Vierteljahrshefte zur Statistik des Deutschen Reiches, 44. Berlin 1935, H. 1, 273–321; R. Plate, Die Getreidekrisen in der 2. Hälfte des 19. Jhs. u. in der Gegenwart, phil. Diss. Berlin 1933; R. Schäffner, Zur Geschichte der Agrarkrisen im 19. Jh., staatswiss. Diss. Heidelberg, Bruchsal 1933; C. v. Dietze, Agrarkrisen, Konjunkturzyklen u. Strukturwandlungen, JNS 134. 1931, 513–28; M. Sering, Agrarkrisen u. Agrarzölle, Berlin 1925; H. W. Finck v. Finckenstein, Die Getreidewirtschaft Preußens von 1800 bis 1930, VzK, Sonderheft 35, Berlin 1934; ders., Die Entwicklung der Landwirtschaft in Preußen u. Deutschland, 1800–1930, Würzburg 1960; H. Schunck, Die Ausfuhr landwirtschaftlicher Erzeugnisse aus dem Deutschen Reich seit 1880, staatswiss. Diss. Tübingen, Lübeck 1912.

69. Ciriacy-Wantrup, 106; Abel, Agrarkrisen, 257; Gerschenkron, Bread, 42 f.; H. Wergo, Freihandel u. Schutzzoll, Jena 1928, 108; O. Baumgarten, Freihandel u. Schutzzoll als Mittel der Agrarpolitik, jur. Diss. Halle 1935, 5–10; G. Schmoller, Die amerikanische Konkurrenz u. die Lage der

Es war vergleichsweise zunächst weniger wichtig, daß die deutsche Landwirtschaft im neuen Reich schon bald mit steigenden Produktionskosten und zunehmender hypothekarischer Verschuldung, auch mit der Auswanderung und dem anhebenden Abwanderungssog zu den Industriezentren hin zu kämpfen hatte. Ihr durchschnittliches jährliches Arbeitseinkommen nahm nämlich von 1872 = 406 Mark noch auf 1876 = 475 Mark zu, hielt sich auch 1877 = 458 Mark und 1878 = 431 Mark noch recht hoch, ehe es 1879 = 402 Mark unter den Stand von 1872 abfiel. Ausschlaggebend waren dafür die Wirkungen, die von dem entstehenden Agrarweltmarkt im Zeichen harter internationaler Konkurrenz ausgingen.

Daß Südrußland über das Schwarze Meer Getreide zu exportieren begann, war ein Anzeichen für die auftauchende Bedeutung der neuen Großanbaugebiete. Für die Agrarkrise im Rahmen der Trendperiode seit 1873 gingen jedoch die entscheidenden Veränderungen von den Vereinigten Staaten aus. Um 1850 hatten sie sich noch unwesentlich an der Versorgung Europas beteiligt. Vom Bürgerkrieg bis 1880 wuchs jedoch ihre Weizenanbaufläche in 15 Jahren von 15 auf 38 Mill. Acres (und stieg bis 1897 nur mehr auf 40,8 Mill. Acres an!), ihre Weizenernte von 152 auf 499 Mill. Bushels (bis 1897 nur ein Fünftel mehr). 1880 und 1881 verzeichnete die Exportstatistik Rekordausfuhren des Weizens: 153 und 151 Mill. Bushels wurden nach der von Mißernten geplagten Alten Welt verschifft; das Volumen von 1880 wurde erst 1892, sein Wert von 191 Mill. Dollars erst 1915 übertroffen. Mit der Gewalt einer Naturkatastrophe brach der billige amerikanische Weizen seit 1879/80 in die europäischen Agrarmärkte ein. Ein österreichischer Wirtschaftspolitiker, das Reichsratsmitglied Alexander Peez, nannte diese amerikanische Konkurrenz »zweifellos die bedeutendste wirtschaftliche Tatsache der Neuzeit«[70].

Die Erschließung gewaltiger Neulandgebiete im Mittleren und Fernen Westen durch Eisenbahnbau und Besiedlung hatte diese Steigerung des amerikanischen Anbaus ermöglicht. Erstaunlich frühzeitig wurde die Landwirtschaft wegen des Arbeitskräftemangels in großem Stil mechanisiert und als Industrie betrieben. Eine halsabschneiderische Konkurrenz der transkontinentalen Bahnen in sogenannten »Frachtsatz-Kriegen« verbilligte den Transport zu den Atlantikhäfen bis auf eine No-

---

mitteleuropäischen Landwirtschaft, Sch. Jb. 6. 1882, 249, 280, 283. Einen ausgezeichneten Eindruck gewinnt man aus den wichtigsten zeitgenössischen Schriften zur Agrarkrise: H. Paasche, Über die wachsende Konkurrenz Nordamerikas für die Produkte der mitteleuropäischen Landwirtschaft, JNS 33. 1879, 92–125, 195–231; F. Kapp, Die amerikanische Weizenproduktion, Berlin 1880; R. Pallmann, Der deutsche Exporthandel der Neuzeit u. die nordamerikanische Konkurrenz, Hamburg 1881; E. Heitz, Ursachen u. Tragweite der nordamerikanischen Konkurrenz mit der westeuropäischen Landwirtschaft, Berlin 1881; A. Peez, Die amerikanische Konkurrenz, Wien 1881; H. Semler, Die wahre Bedeutung u. die wirtschaftlichen Ursachen der nordamerikanischen Konkurrenz in der landwirtschaftlichen Produktion, Wismar 1881; M. Wirth, Die Krisis in der Landwirtschaft, Berlin 1881; R. Blum, Die Entwicklung der Vereinigten Staaten von Nordamerika in Hinsicht ihrer Produktion auf landwirtschaftlichem Gebiet, Leipzig 1882; R. Meyer, Die Ursachen der amerikanischen Konkurrenz, Berlin 1883; M. Sering, Die landwirtschaftliche Konkurrenz Nordamerikas, Leipzig 1887; ders., Die landwirtschaftliche Konkurrenz Nordamerikas in Gegenwart u. Zukunft, Sch. Jb. 12. 1888, 685–93; C. Jentsch, Die Agrarkrisis, Leipzig 1899. Vgl. Schmoller, Sch. Jb. 6, 247–84; ders., Die Wandlungen der europäischen Handelspolitik im 19. Jh., ebda. 24. 1900, 373–82; L. Brentano, Die deutschen Getreidezölle, Stuttgart 1911. – Vermutlich war jedoch die Agrarkrise der 1820er Jahre die schwerste des 19. Jhs., vgl. Abel, Agrarkrisen, 210–25; ders., HSW 1, 59 f.

70. Rosenberg, Policy, 102 f.; Hoffmann, Wachstum, 492: Tab. 119; Abel, Agrarkrisen, 258 f.; an., 277–85; Shannon, 127, 190–92, 417; Trimble, 223–39; Ciriacy-Wantrup, 132–35; Peez: United States Department of Agriculture, Report 1883, 342; ebenso Peez, Konkurrenz; ders., Zur neuesten Handelspolitik, Wien 1895, passim.

minalgebühr von wenigen Cents. Ohne den Eisenbahnbau wäre diese stürmische Entwicklung zum landwirtschaftlichen Weltmarkt unmöglich gewesen. Von 1870 bis 1890 vermehrte sich das Schienennetz der Vereinigten Staaten um 110 000 Meilen! Mit Nachdruck hat deshalb einer der bedeutendsten neueren Wirtschaftshistoriker diesen enormen Zuwachs den vielleicht wichtigsten Beitrag von weltweiter Bedeutung genannt, den ein einzelnes Land zur Entstehung der modernen Industriewelt geleistet habe[71].

Aber nicht nur die Transportkosten im amerikanischen Inland machten in diesen Jahren nur Cents pro Tonne für Tausende von Kilometern aus. Auch die Frachtraten der Ozeandampfschiffahrt, die jetzt die Segelschiffe verdrängte, sanken abrupt. 1894 betrugen sie im Transatlantikverkehr durchweg ein Fünftel der Sätze von 1873. Die Exportfirmen, die 1873 für die Verschiffung eines Bushels Weizen von New York nach Liverpool 21 Cents bezahlt hatten, entrichteten dafür 1901 noch drei Cents. Generell sanken die Frachtkosten noch stärker als die Getreidepreise, zumal da der um die Jahrhundertwende auftauchende australische und indische Weizen den Weg durch den zeit- und kostensparenden Suezkanal nehmen konnte. Mit ihm traf russischer Weizen aus Sibirien, kanadischer Weizen aus Manitoba und argentinisches Getreide, für das der heimische Währungsverfall wie eine Exportprämie wirkte, in Europa ein. Die Revolutionierung der Verkehrs- und Nachrichtenmittel in der zweiten Hälfte des 19. Jahrhunderts durch die konsequente Anwendung der Technologie und Auswertung aller Innovationen führte zu quantitativ und qualitativ ungeahnten Ergebnissen. In ihrem Zeichen aber entwickelte sich der moderne globale Agrarmarkt, dessen Genesis nicht zufällig mit der Vollendung des weltumspannenden Systems unterseeischer Telegraphenverbindungen, die buchstäblich die Welt zu einem Markt zusammenschlossen, verknüpft war[72].

Dem Anprall dieses seit dem Ende der 1870er Jahre auftauchenden billigen Angebots, das von einem langfristigen Trend der Kostensenkung unterstützt wurde, zeigte sich auch die deutsche Getreidewirtschaft, die sofort ihren wichtigsten Exportmarkt: England, verloren hatte, nicht gewachsen. Ihr Preisgefüge brach zusammen, ihr Wachstum wurde unterbrochen, fast zehn Jahre lang war Stagnation »die zentrale Entwicklungstendenz in der Agrarwirtschaft«. Ihr durchschnittliches jährliches Arbeitseinkommen schwankte von 1879 bis 1889 zwischen 402 und 410 Mark, – das der Industrie stieg von 558 auf 702 Mark. Erst 1890 = 417 Mark setzte ein langsamer Anstieg ein, der dank zahlreicher Unterstützungsmaßnahmen bis zur Dritten Weltwirtschaftskrise vierzig Jahre später anhalten sollte[73].

---

71. Historical Statistics, 427; J. Clapham, An Economic History of Modern Britain, Cambridge 1963², II, 213. Vgl. Kirkland, 75–96.

72. D. C. North, Ocean Freight Rates and Economic Development, 1750–1913, JEH 18. 1958, 537–55; H. Soetbeer, Kosten der Beförderung von Getreide u. Sinken der Getreidepreise seit 1870, JNS 66. 1896, 866–81; Schumpeter, I, 334; Abel, Agrarkrisen, 258 f.; Clapham, II, 217. Vgl. R. G. Albion, The ›Communications Revolution‹, AHR 37. 1932, 718–20; M. E. Fletcher, The Suez Canal and World Shipping, 1869–1914, JEH 18. 1958, 556–9. Ausgezeichnet in der Zeit selber: Wells, Vf, 29–36; jetzt: C. P. Kindleberger, Group Behavior and International Trade, JPE 50. 1951, 30–46.

73. Rosenberg, Wirtschaftskonjunktur, 234; Hoffmann, Wachstum, 310: Tab. 56 (landwirt. Produktion in Preisen von 1913); 492 f.: Tab. 119, vgl: Tab. 108. Hinsichtlich der ähnlichen Wirkungen auf andere Landwirtschaften vgl. allg. H. Heaton, The Economic History of Europe, London 1948², 515–670; W. Bowden u. a., An Economic History of Europe since 1750, N. Y. 1937, 581–94; J. H. Clapham, Economic Development of France and Germany, 1815–1914, Cambridge 1961⁴, 195–231; A. Studensky, Entwicklungslinien der landwirtschaftlichen Weltproduktion, WA 31. 1930, 471–90; M. Sering, dass., ebda. 32. 1930, 223–34. England: M. Rothstein, America in the International

Nach dem übereinstimmenden Urteil der besten Kenner dieser Agrarkrise sind die 1880er Jahre, vor allem die Spanne zwischen 1879 und 1886, die Zeit gewesen, in der sich das internationale Überangebot und die internationale Preissenkung am einschneidendsten für die deutsche Landwirtschaft auswirkten. Der deutsche Weizenpreis sank zwischen 1880 und 1886 von 221 auf 161 Mark/t, der politisch empfindlichere Preis in Preußen, – wo die Hektarerträge übrigens unter dem Reichsdurchschnitt lagen! – sogar auf 157 M./t. Der Roggenpreis ging gleichzeitig von 185 auf 130, der Gerstenpreis von 171 auf 141 hinunter; auch Wolle (50 kg gewaschen) kostete jetzt 160 statt 226 Mark. Zusammen mit der industriewirtschaftlichen Aufschwungsphase trat dann seit 1887 ein Anstieg ein, nachdem sich die zweite Industriedepression mit der absoluten Tiefkonjunktur der Agrarkrise fünf Jahre lang gedeckt hatte[74]!

Von der Landwirtschaft wurde der Preissturz nach einer jahrzehntelangen Konjunktur um so härter empfunden, als zugleich die Nominallöhne der Landarbeiter – wenn auch nicht der Insten – weiter anstiegen. Sie blieben zwar absolut hinter dem Einkommen der Industriearbeiterschaft zurück, überschritten jedoch die Grenze, die die weitaus geringere Arbeitsproduktivität der Landwirtschaft setzte (die Verhältniszahlen: 1880 = 565 zu 403, 1890 = 711 zu 417!). Fraglos war in den 1880er Jahren die Erhöhung der Betriebskosten und die Verminderung des Nettoeinkommens für die »meist hoch verschuldeten landwirtschaftlichen Unternehmer« eine drückendere Last als sie die Industriewirtschaft in diesen Jahren zu tragen hatte. Litt die deutsche Industrie vornehmlich unter ihren eigenen Überkapazitäten, so sah sich die Landwirtschaft einem gewaltigen internationalen Überangebot ausgesetzt. Auch »auf die Frage nach den Ursachen der Agrarkrise« hat Wilhelm Abel, der bedeutendste deutsche Agrarhistoriker der Gegenwart, aus jahrzehntelangen Studien geschlossen, »biete sich die Theorie der Überproduktion als die immer noch beste Antwort« an[75].

Von der Agrarkrise ging vor allem deshalb eine brisante Wirkung aus, da sie besonders die traditionelle preußisch-deutsche Führungsschicht traf und die autoritären

---

Rivalry for the British Wheat Market, 1860–1914, Miss. V. Hist. Rev. 47. 1960, 401–18; Lord Ernle, English Farming, London 1961, 377–84. Frankreich: Clough, 214–25. Österreich: Peez.

74. Abel, Agrarkrisen, 259; Ciriacy-Wantrup, 137; Brandau, 60; Rosenberg, Policy 102 f.; Schumpeter, I, 325; Hoffmann, Wachstum, 552: Tab. 135; B. Foeldes, Die Getreidepreise im 19. Jh., JNS 3. F. 29. 1905, 467–514; E. J. Gläsel, Die Entwicklung der Preise landwirtschaftlicher Produkte, Berlin 1917, 11–14; W. Troeltsch, Über die neuesten Veränderungen im deutschen Wirtschaftsleben, Berlin 1899, 36–41; W. Senkel, Wollproduktion u. Wollhandel im 19. Jh., Erg. Heft 2, ZfGS, Tübingen 1901; Brandau, 70–73; K. Ritter, I, 394, 420; J. Conrad, Agrarkrisis, HSt, I³, 215. – Speziell über die hier nur angeschnittenen Probleme der deutschen Agrarwirtschaft dieser Zeit vgl. außer der zit. Lit. noch: E. Bittermann, Die landwirtschaftliche Produktion in Deutschland, 1800–1950, Halle 1956; G. Helling, Zur Entwicklung der Produktivität in der deutschen Landwirtschaft im 19. Jh., JbW 1966/I, 129–141; dies., Berechnung eines Index der Agrarproduktion in Deutschland im 19. Jh., ebda. 1965/IV, 125–43; E. Lohmeyer, Die Entwicklung der Getreidepreise in Deutschland u. im internationalen Verkehr, landwirt. Diss. Jena 1953 (MS); E. A. Blatzheim, Die Gestaltung der landwirtschaftlichen Betriebsgrößen in der Zeit von 1871–1914 in Deutschland, wiso. Diss. Köln 1947 (MS); M. Thurn, Landwirtschaftliche Preisstützungen, wiso. Diss. Köln, Emsdetten 1936; R. Theophile, Die Verschuldung des deutschen ländlichen Grundbesitzes u. die Entschuldungsmaßnahmen im 19. u. 20. Jh., wiso. Diss. Frankfurt 1934; T. H. Middleton, The Recent Development of German Agriculture, London 1916 (C – 8303), sowie u. Anm. 75, 76, 77, 80.

75. Rosenberg, Wirtschaftskonjunktur, 240; Hoffmann, Wachstum, 469, 492; Gläsel, 22–25; F. Wunderlich, Farm Labor in Germany, 1820–1945, Princeton 1961, 11–27. Vgl. K. W. Hardach, Die Haltung der deutschen Landwirtschaft in der Getreidezolldiskussion von 1878/79, Zeitschrift für Agrargeschichte u. Agrarsoziologie 15. 1967, 33–48; H. Stuth, Preußisch-deutsche Innenpolitik zum Schutze der Landwirtschaft im letzten Viertel des 19. Jhs., wiso. Diss. Köln, Gelsenkirchen 1927. – Abel, Agrarkrisen, 264; auch Ciriacy-Wantrup, 128, 137; Hardach (Anm. 92 u.), 86.

Züge der Gutsbesitzerklasse noch verschärfte. Diese wußte allerdings ihren verletzten Interessen sogleich Rechnung zu tragen, indem sie politische Mittel zur Erhaltung ihrer Vorrangstellung, welche durch die Ergebnisse der »Agrarrevolution« in den vergangenen zwei Generationen bekräftigt worden war, einsetzte: 1879 bei der Einführung des Schutzzollsystems, 1885 und 1887 mit der Erhöhung der Agrarzölle, denn, wie Bismarck es ausdrückte: »Wer die Klinke der Gesetzgebung in der Hand hat, wird sie auch gebrauchen.« Mit Agrarzöllen auch ging Deutschland seit 1879 voran, während andere Länder zunächst nur ihre Industrien schützten. Tatsächlich milderten die Zölle den Druck auf die Agrarproduzenten ab, indem sie den Stand der Inlandgetreidepreise auf Kosten der Verbraucher gegenüber den Weltmarktpreisen verbesserten. Ohne den staatlichen Schutz wären sie vermutlich bis zur Jahrhundertwende doppelt so tief gesunken, wie es tatsächlich der Fall war. Das Gefühl der anhaltenden »Bedrohung« wurde aber durch die Milderung der Verluste nicht beseitigt[76].

Gerade für Bismarck bildete die Notlage der Landwirtschaft einen entscheidenden Antrieb für den Übergang zum Protektionismus. »Wenn der Scheffel so wenig gilt wie jetzt«, klagte er nach der Ernte von 1878 über die geringe Rendite auch seiner Güter, dann gehe »unsere ganze Landwirtschaft ... dabei zugrunde«. 1879 sah er die »ackerbautreibende Bevölkerung Deutschlands ... ihrem Ruine nahe« und bestand darauf, im Zolltarif »die Landwirtschaft pari passu mit der Industrie zu halten«. Das war eine zurückhaltende Formulierung, denn Bismarck billigte, ohne im vertrauten Kreis ein Hehl daraus zu machen, dem Schutz der Landwirtschaft den Vorrang zu. Er sei nur solange bereit, »in der schutzzöllnerischen Strömung mitzuschwimmen, als der Landwirtschaft auch ein Schutz gewährt werde«. »Nur im Einverständnis mit den Vertretern landwirtschaftlicher Interessen« wollte Bismarck den Reichstag zur Annahme der Schutzzölle bewegen, »sonst würde er es wieder mit den Freihändlern versuchen«[77].

Beobachter seiner Zollpolitik von sehr unterschiedlicher politischer Couleur gaben sich über diese Präferenz keinen Zweifeln hin. »In erster Linie«, notierte sich der konservative bayerische Gesandte Graf v. Lerchenfeld-Koefering, »haben die wachsenden Schwierigkeiten der deutschen Landwirtschaft den Fürsten veranlaßt, zum Protektionismus überzugehen.« »Der Gang des Gedankens bei Bismarck«, hielt der Linksliberale Ludwig Bamberger 1879 in seinem Tagebuch fest, »führte zum Schutzzoll offenbar von der agrarischen Protektion aus. Die industriellen Schutzzölle wurden als Vorspann genommen.« Wenn Bismarck die Einkünfte aus seinem Trittauer Besitz um 60 Prozent geschmälert fand, dann erfuhr er freilich sehr unmittelbar, wo-

---

76. W. Kulemann, Politische Erinnerungen, Berlin 1911, 87 f.; Abel, Agrarkrisen, 259; ders., Epochen 109; an., Getreidepreise 281. Vgl. I. Suttner, Die Sonderstellung des Getreidemarkts in der deutschen Handelspolitik, staatswiss. Diss. München 1946 (MS); T. Mühlbauer, Die deutschen Agrarzölle, staatswiss. Diss. Erlangen 1926 (MS); H. Dade, Die Agrarzölle, Leipzig 1901, Schriften des Vereins für Sozialpolitik (= Sch. VfS) 91/2, 1–102; H. Wendland, Die deutschen Agrarzölle, phil. Diss. Leipzig, Berlin 1892.

77. O. v. Bismarck, Gesammelte Werke (Friedrichsruher Ausgabe = GW), 8, 278, 295; 14/2, 902; Tiedemann, 326; Böhme, 531–7; GW 8, 237. Vgl. I. N. Lambi, The Agrarian-Industrial Front in Bismarckian Politics, Journal of Central European Affairs (= JCEA) 20. 1961, 378–96; L. Rathmann, Bismarck u. der Übergang Deutschlands zur Schutzzollpolitik 1873/75–79, Zeitschrift für Geschichtswissenschaft (= ZfG) 4. 1956, 899–944; O. Forkel, Fürst Bismarcks Stellung zur Landwirtschaft, 1847–90, phil. Diss. Erlangen, Bamberg 1910; vgl. Hatzfeldt an Rottenburg, 7. 8. 1888, Nl. Rottenburg 9, Hauptarchiv Berlin-Dahlem (=HA); Die Geheimen Papiere F. v. Holsteins, Hg. W. Frauendienst, II, Göttingen 1957, 246 (5. 8. 1885).

hin die Agrarkrise führte, und persönlichen materiellen Verlusten gegenüber zeichnete ihn stets eine hochgradige Sensibilität und schnelle Reaktion aus. Vom Landwirtschaftsminister Lucius v. Ballhausen verlangte er rigorosen »Ressortpatriotismus« zugunsten der Agrarier. Lucius habe »für die Produzenten und nicht für die Konsumenten« zu sorgen. Auf seiner Auffassung, daß er »jede Herabminderung der landwirtschaftlichen Schutzzölle für ein großes vaterländisches Unglück« halte, bestand er bis zuletzt, da er nicht aufhörte, die Wirkungen auf die Sozial- und Herrschaftsordnung seines Reiches zu fürchten.

Dem Protest der »Konsumenten« gegen die teuren Nahrungsmittelpreise ließ er in der regierungsoffiziellen »Provinzial-Korrespondenz«, – mit Worten die auch er häufig gebrauchte –, das ideologisierte Selbstverständnis des Junkertums entgegenhalten: daß »das wohlerwogene Staatsinteresse die Aufrechterhaltung eines Grundbesitzerstandes« gebiete. Er verdiene jeden Schutz, da er ein »den Bau des Staates vorzugsweise zu tragen berufenes Gesellschaftselement« sei. Den Widerstand gegen die Hilfsmaßnahmen, »die Notlage des Grundbesitzes zu mildern«, denunzierte sie als einen tückischen Angriff der »Anhänger des demokratisch-demagogischen Staatsideals«. Tatsächlich bestand die gesellschaftliche Bedeutung des Agrarprotektionismus einmal darin, die »kollektive Besitzstellung der zunehmend verschuldeten Erwerbsklasse der Großgrundeigentümer« zu erhalten und den »Status quo in der Klassenstruktur der Bodenbesitzverteilung« einzufrieren, auf der anderen Seite aber die Bevölkerungsschichten in den unteren Einkommensgruppen zu belasten, die sozialen Spannungen zu erhöhen und die Fiktion einer Wohlfahrtpolitik zugunsten der Gesamtnation zu enthüllen[78].

Die weitverästelten Wirkungen der Agrarkrise beschränkten sich indessen nicht nur auf die immer lauter vorgetragenen Forderungen nach höheren Zollmauern, sondern zeigten sich auch auf zahlreichen anderen Gebieten, von denen zwei noch berührt seien. In der Nationalitätenpolitik des Deutschen Kaiserreichs von 1871 bedeuteten die Jahre 1885/86 insofern eine Wendung zur Verschärfung, als jetzt das Sprachenrecht entschiedener gegen die fremdsprachigen Minderheiten angewendet wurde und vor allem die Bekämpfung der preußischen Polen nach der Vertreibung von ca. 32 000 Polen aus den östlichen Grenzgebieten (seit dem März 1885) mit dem preußischen Ansiedlungsgesetz von 1886 in eine Phase aggressiver Germanisierungspolitik eintrat. Man hat dieses Gesetz vom 26. April 1886, das den Aufkauf polnischer Güter durch eine Immediatkommission und ihre Parzellierung zugunsten deutscher Siedler ermöglichen sollte, vorwiegend als Defensivmaßnahme gegen das Vordringen des Polentums und als Ausfluß des militanten Nationalismus gedeutet, der sich seit diesen Jahren im Reich entfaltet hat. Die Motive Bismarcks und der konservativ-junkerlichen Mehrheit des preußischen Landtags werden durch diese Interpretation freilich in kein helles Licht getaucht. Während für den Reichskanzler vielleicht der innen- und parteipolitische Integrationseffekt der eigentlich nationalpolitischen Zielsetzung übergeordnet war, läßt sich die Entscheidung der Agrariermehrheit des

---

78. H. v. Lerchenfeld-Koefering, Erinnerungen u. Denkwürdigkeiten, 1848–1925, Berlin 1935², 275; L. Bamberger, Bismarcks großes Spiel. Die geheimen Tagebücher, Frankfurt 1934², 330; vgl. Böhme 532–7, 559–61; GW 9, 360; GW 14/2, 901. Die politischen Reden des Fürsten Bismarck, H. Kohl Hg., 14 Bde., Stuttgart 1892–1905 (= RB) 10, 136 (9. 5. 1884); 498 (12. 2. 1885); Lucius: GW 14/2, 919; 8, 374; 9, 147. Prov.-Korrespondenz 12. 10. 1881 (ähnlich: GW 15, 15); Rosenberg, Depression, 187, vgl. ders., Pseudodemokratisierung. – Zu Bismarcks derbem Egoismus als Gutsbesitzer u. Fabrikant: Bamberger, 337; H. v. Gerlach, Von Rechts nach Links, Zürich 1937, 84–101; E. Westphal, Bismarck als Gutsherr, Leipzig 1922; GW 8, 463.

Landtags nur vor dem Hintergrund der landwirtschaftlichen Krise voll verstehen. Der Anstieg der Güterpreise in Preußen, der seit 1855 bis zum Krisenbeginn im Jahresdurchschnitt 5,8 Prozent betragen hatte, fiel bis 1888 auf 1,7 Prozent, bis 1900 auf ein Prozent hinab. Die Ansiedlungskommission mit ihrem hohen Etat bot zahlreichen verschuldeten Grundbesitzern die Chance, nach der Drohung: an die finanzstarken polnischen Genossenschaften zu verkaufen, ihren Besitz zu überhöhten Preisen an die Kommission zu veräußern. Von Anfang an und in zunehmender Zahl wurden daher auch weit mehr deutsche als polnische Güter von der Kommission erworben: von 1886 bis 1906 überwies sie 220 Mill. Mark auf deutsche, aber nur 30 Mill. Mark auf polnische Konten. Der in das Gewand nationaler Stabilisierungspolitik gekleidete »lukrative Patriotismus« der Agrarier hat bis 1914 eine Milliarde Goldmark für die »Germanisierung des Bodens« bewilligt. Der Hektarpreis in den umstrittenen Gebieten stieg von 1886 = 560 M. auf 1912 = 1800 M. Pointiert hat daher Franz Mehring, einer der großen Publizisten der Linken im wilhelminischen Deutschland, die Ansiedlungskommission als die »Rettungsbank« des krisengefährdeten Großgrundbesitzertums im Osten bezeichnet, das »mit dem ihm eigenen Ungestüm auch ›germanisiert‹ zu werden« verlangte[79].

Unter der Wucht der anhaltenden Krise auch wurden Großagrarier und Bauern in einem Interessenverband, der einen rücksichtslosen Gruppenegoismus verfocht, zusammengeführt. Auch die Landwirtschaft organisierte sich ganz wie die Industrie in einer Pressure Group. Zunächst in der »Vereinigung der Steuer- und Wirtschaftsreformer« von 1876, die sieben Tage nach der Gründung des »Zentralverbands Deutscher Industrieller« entstand. Im »Bund der Landwirte« bildete sich dann seit 1893 eine geschlossene »Grüne Front«, die innen- und außenpolitisch, sei es auf Sammlungspolitik und Zolltarif, Flotten- und Mittellandkanalbau, einen maßgeblichen Einfluß ausübte und über den Zusammenbruch von 1918 hinaus im »Reichslandbund« und »Reichsnährstand« Kontinuität wahrte[80].

Von Auswirkungen der Agrarkrise ist hier die Rede gewesen, denn der Historiker wird sich scheuen, allzu gradlinig oder gar in monokausaler Eindeutigkeit von bestimmten Folgen zu sprechen. Wohl aber kann man den Nachweis führen, daß die industrie- und agrarwirtschaftlichen Wachstumsprobleme als »Ursachenkomplex« eine Reihe von historischen Prozessen gehemmt oder komprimiert, ihr Verlaufstempo beschleunigt oder verzögert, daß sie manchmal auch neue Entwicklungen in Gang gesetzt oder ihnen zum Durchbruch verholfen haben[81]. Eben dieser Nachweis

---

79. Ciriacy-Wantrup, 117. Zur Polenpolitik: Wehler, Sozialdemokratie, 101 f., 167–71; ders., Die Polenpolitik im Deutschen Kaiserreich, 1871–1918, in: Festschrift für Th. Schieder, 297–316.
80. Vorzüglich jetzt: H. J. Puhle, Agrarische Interessenpolitik u. preußischer Konservatismus im wilhelminischen Reich, 1893–1914. Hannover 1966, mit der Lit. Vgl. Böhme, 400–4, 408 f.; K. H. Schade, Die politische Vertretung der deutschen Landwirte seit 1867, landwirt. Diss. Bonn 1956 (MS), 41–122; W. Herrmann, Bündnisse u. Zerwürfnisse zwischen Landwirtschaft u. Industrie seit der Mitte des 19. Jhs., Dortmund 1965, 15–17.
81. R. Wittram, Möglichkeiten u. Grenzen der Geschichtswissenschaft in der Gegenwart, in: Festschrift für K. v. Raumer, Münster 1966, 20. – Die Einwirkungen der Wachstumsstörungen seit 1873 ließen sich nicht nur in Wirtschaft, Gesellschaft und Politik, sondern auch in der Literatur nachweisen: Spielhagens »Sturmflut« spiegelt die Krisenzeit seit 1873 wider. Polenz' »Grabenhäger« zeigen den ostelbischen Adel in dieser Zeit; Polenz läßt auch schon von seinem Graf v. Katzenberg für die Sammlungspolitik zur Bekämpfung der Notlage plädieren! Hierzu angesichts des Fehlens neuerer Arbeiten zur Literatursoziologie immer noch am besten: E. K. Bramsted, Aristocracy and the Middle Classes: Social Types in German Literature, 1830–1900, Chicago 1964², 109, 231–39; L. Niemann, Soziologie des naturalistischen Romans, Berlin 1934, 13–18, 28–40, 51 f., 95 f. Eine breite sozialkritische Literatur

ist jetzt Hans Rosenberg am Beispiel der mitteleuropäischen Geschichte, außer ihm aber zahlreichen Historikern und Ökonomen in Studien über die Trendperiode von 1873 bis 1896 in anderen Ländern gelungen. Hier soll nur noch beispielhaft einer Linie nachgegangen werden, ehe ein anderer Entwicklungsstrang: die deutsche imperialistische Expansion in ihren verschiedenen Formen verfolgt werden kann.

f) Der Konzentrationsprozeß:
Großbetriebe – Kartelle – Nationalwirtschaftliches Protektionssystem von 1879 –
»Mitteleuropa«-Pläne

Max Weber hat eindringlich den Großbetrieb als das universelle ökonomische, gesellschaftliche und politische Organisationsprinzip der neuen Industriewelt beschrieben. Im Grunde sagte er damit nichts Neues. Denn bei diesem Phänomen handelte es sich natürlich erneut um jener frühen Analysen und Prognosen von Marx, in denen dieser u. a. den Konzentrationsprozeß als unvermeidbare Entwicklungsrichtung der Industriewirtschaft erkannt hatte. Dieser unleugbare, empirisch genau nachzuweisende Konzentrationsprozeß läßt sich im Deutschen Reich gewissermaßen auf vier Ebenen verfolgen:
1. im Bereich der entstehenden Großbetriebe,
2. auf dem Feld der Kartellbewegung und der Interessenverbände,
3. im Hinblick auf die nationalwirtschaftlichen Protektionsmaßnahmen und
4. auf die Pläne supranationaler Zusammenschlüsse zur Gewinnung eines Großmarkts und zur Verteidigung gegen mächtige Konkurrenten[82].

Unter der Druckglocke der Wachstumsprobleme seit 1873 hat sich der industrielle Großbetrieb in einem Geflecht weiterer Großorganisationen herausgebildet, zumal da die immanenten Tendenzen der maschinellen Produktion und der technologischen Rationalität ohnehin auf ihn zusteuerten. Dieser Vorgang tritt am Aufstieg des »Corporation Capitalism« in den Vereinigten Staaten, aber auch des Organisierten Kapitalismus in Deutschland, den beiden Neuankömmlingen im damals kleinen Kreis der Industrienationen, plastisch hervor.

Die Vorteile einer rationalisierten Produktion, einer auch vom Preisfall geforderten Senkung der Kosten und der zunächst kostspieligen Einführung der neuen Herstellungsverfahren konnten sich, wie die Erfahrungen während Depressionen ein-

---

hat der deutsche Naturalismus dieser Zeit freilich nicht hervorgebracht (wie sie z. B. in Nordamerika entstand: R. E. Spiller, u. a. Literary History of the United States, N. Y. 1948, I, 792 f.; La Feber, 13–16), sondern sich oft auf vertrauten Gleisen in das Gehäuse der Innerlichkeit zurückgezogen. Vgl. F. Martini, Die Literatur des bürgerlichen Realismus, 1848–98, Stuttgart 1962, 3, 12 f., 15, 21–23; C. David, L'Epoque Bismarckienne, in: Histoire de la Littérature Allemande, Hg. F. Mossé, Paris 1959, 719–84; G. Lukács, Deutsche Realisten des 19. Jh., Berlin 1956; H. Mayer, Der deutsche Roman des 19. Jh., in: ders., Deutsche Literatur u. Weltliteratur, Berlin 1955, 268–84; R. Pascal, The German Novel, Manchester 1953; J. Kuczynski, Zur politökonomischen Ideologie in Deutschland, 1850–1914, Berlin 1961, 167–90.

82. Weber, Wirtschaft u. Gesellschaft, I, 28; II, 503, 551–61, 833. Vgl. G. v. Schulze-Gävernitz, Der Großbetrieb, Leipzig 1892; Spiethoff, I, 199; Schumpeter, I, 367; H. v. Beckerath, Großindustrie u. Gesellschaftsordnung, Tübingen 1954, 14–26. Ganz allg., ohne kritische Theorie u. folglich sehr enttäuschend ist: W. Treue, Konzentration u. Expansion als Kennzeichen der politischen u. wirtschaftlichen Geschichte Deutschlands im 19. u. 20. Jh., Dortmund 1966. Zur amerikanischen Entwicklung: Kirkland, mit der neuen Lit.

dringlich lehrten, in erster Linie große Betriebseinheiten zunutze machen. Nur sie fanden auch die anhaltende Unterstützung durch die deutschen Großbanken, wenn sie nicht gar, wie es immer häufiger vorkam, von ihnen gegründet oder fusioniert wurden. Die ebenfalls von Marx vorhergesagten steigenden fixen Kosten der Großproduktion führten Unternehmen und Banken vor allem während der Stockungsspannen in dem Wunsch nach Sicherung der Investitionen und Renditen noch enger zusammen. Gemeinsam entwickelten sie auch die höhere Produktionsstufe des vertikalen Verbunds. So wuchs z. B. die Firma Borsig durch den Kauf von Kohlen- und Eisenerzbergwerken, den Bau von Hochöfen, Puddel- und Walzwerken aus einer Lokomotivenfabrik in dieser Zeit zum »gemischten« Stahlunternehmen heran. Dieselbe Entwicklung durchliefen zahlreiche andere Unternehmen der deutschen Schwerindustrie, wie es sich im einzelnen an der Ausdehnung der Werke der Haniel, Grillo, Krupp, Stinnes, Pastor, Guilleaume und Thyssen, der Stumm, Röchling, Mannesmann und der adligen schlesischen Industriemagnaten nachweisen ließe. Auf diesem neuen, vertikal durchgliederten Produktionsniveau waren die Großunternehmen den Schwankungen der Konjunktur besser gewachsen. Zugleich bildeten sie aber damit ein strukturell und qualitativ andersartiges System der Industriewirtschaft aus[83].

Der Konzentrationsprozeß der Industriewirtschaft ließ während der Trendperiode seit 1873 die Zahl der Betriebe in vielen Branchen zusammenschmelzen, während zugleich ihre Größe, Erzeugung und Belegschaft zunahmen. Im rheinisch-westfälischen Industrierevier schrumpfte die Anzahl der bedeutenden Bergwerke ständig von 1873 = 268, 1880 = 193 auf 1890 = 164, während ihre Produktion von 11,8 auf 22,5 und 35,5 Mill. t, ihre Belegschaft von 51 400 auf 80 000 und 128 000 Mann anstieg. Von der Krise von 1873 bis zum Ende der zweiten Depression verloren rund hundert Bergwerke, – es blieben 171 von 268 – ihre Selbständigkeit, wogegen sich die durchschnittliche Förderung von 56 900 auf 176 000 t verdreifachte. Das industrielle Ballungszentrum um Dortmund z. B. beherrschten zu Beginn der Hochkonjunkturperiode seit 1886 sechs Großunternehmen der Montanindustrie: die »Harpener AG« unter Robert Müser (vor Kriegsausbruch die größte Bergbaugesellschaft des Ruhrgebiets); die »Gelsenkirchener Bergwerks-AG«, die Kirdorf und Hansemann auf den zweiten Platz brachten; die »Phoenix«-Werke, die 1906 durch die Fusion mit dem »Hoerder Verein« erneut wuchsen, Hoesch sowie Stinnes' »Deutsch-Luxemburgische Bergwerke- und Hütten AG«[84].

Insgesamt nahm die Zahl der gewerblichen Betriebe von 1875 bis 1895 nur um

---

83. Vgl. z. B. Böhme, Großmacht, passim; W. Treue, Wirtschafts- u. Sozialgeschichte Deutschlands im 19. Jh., in: B. Gebhardt, Handbuch der Deutschen Geschichte, III, Stuttgart 1960⁸, 314–413, mit Lit.; W. Däbritz, Unternehmergestalten aus dem rheinisch-westfälischen Industriebezirk, Jena 1929; O. Schlier, Der deutsche Industriekörper seit 1860, Tübingen 1922; K. Wiedenfeld, Ein Jahrhundert rheinischer Montanindustrie, 1815–1915, Bonn 1916; Rheinisch-Westfälische Wirtschaftsbiographien (= RWB) 1. 1932 ff.; F. Redlich, Der Unternehmer, Göttingen 1966; W. Zorn, Typen u. Entwicklungskräfte deutschen Unternehmertums, in: Moderne Deutsche Wirtschaftsgeschichte, Hg. K. E. Born, Köln 1966 (NWB 12), 25–41; W. Treue, Deutsche Wirtschaftsführer im 19. Jh., HZ 167. 1942, 558–65, sowie jetzt Neue Deutsche Biographie (= NDB) 1. 1953–7. 1966.

84. K. Wiedenfeld, Das Rheinisch-Westfälische Kohlensyndikat, Bonn 1912, 15 f.; Lüthgen, 2; Bergmann, 82, 140; Hinkers, 34; Mertes, 241 f.; Müller 30 f.; Troeltsch, 59; H. Hellgrewe, Dortmund als Industrie- u. Arbeitsstadt, Dortmund 1951, 16, 20 f.; W. Treue, Die Feuer verlöschen nie. A.-Thyssen-Hütte, 1819–1926, Düsseldorf 1966; A. M. Prym, Staatswirtschaft u. Privatunternehmung in der Geschichte des Ruhrkohlenbergbaus, Essen 1950, 28; C. Goldschmidt, Über die Konzentration im deutschen Kohlenbergbau, Karlsruhe 1912; G. Gebhardt, Ruhrbergbau, Essen 1957; G. Goldstein, Die Entwicklung der deutschen Roheisenindustrie seit 1879, Halle 1908.

13 Prozent, ihre Beschäftigtenzahl aber um 56 Prozent zu. Zwischen 1882 und 1895 stieg die Zahl der Großbetriebe (51 und mehr Personen) von 9974 auf 18 953, ihre Belegschaft von 1,61 auf 3,04 Millionen; die Betriebe mit über 1000 Personen Belegschaft vermehrten sich von 127 auf 255, die Zahl ihrer Beschäftigten von 213 160 auf 448 731. Aber auch die Mittelbetriebe (6–50 Personen) wuchsen von 112 715 auf 191 301, ihre Belegschaft von 1,39 auf 2,45 Millionen. Während der Trendperiode seit 1873 wurde jene Entwicklung vorangetrieben, die die Anzahl der Industriebetriebe mit mehr als 200 Beschäftigten von 1882 = 1839 bis 1907 = 5474 um 300 Prozent, ihre Arbeitnehmerzahl (850 000–2 750 000) noch stärker ansteigen ließ[85].

Sozialgeschichtlich und politisch aber wurde es von höchster Bedeutung, daß die Konzentration zum Großbetrieb im Industrie- und vor allem auch im Bankwesen auf der Kommandobrücke der deutschen Wirtschaft eine kleine Führungsschicht von Unternehmern, Managern und Finanziers ließ, die den Entscheidungsprozeß im Kernbereich der Wirtschaft kontrollierten. Ihrer sozialen Integration in die feudalisierte Gesellschaftshierarchie des Kaiserreichs entsprachen ihre autoritären Verhaltens- und Denkformen. Militärische »Herrschaftsanschauungen wurden in die Betriebsleitungen auf dem Wege über das Reserveoffizierswesen, die akademische Ausbildung der Oberschichten und das Korpswesen überführt«. Trotz des »streng liberalen Eigentumsbegriffs«, der doch eigentlich »öffentliche Funktionen negierte und schon deshalb nicht die Attribute etwas so spezifisch Öffentlichen wie des Militärischen hätte beanspruchen dürfen«, wurde der Betrieb dennoch als das »erweiterte Haus« angesehen und die Belegschaft vom »Herrn im Hause« im Sinne seiner »militärischen Führungs- und Befehlsideologie« dirigiert. Staat, Gesellschaft und Wirtschaft durchzogen verwandte autoritäre Prinzipien. »Bismarck, Deutschland, Politik, Wirtschaft, Eisenindustrie und ›Bochumer Verein‹«, konnte man prägnant von seinem Generaldirektor Baare sagen, waren »für ihn ein und dasselbe«[86].

Der gleiche Trend zum Zusammenschluß in umfassenderen Einheiten mit höherer Effizienz und gesteigertem Durchhaltevermögen im Wettbewerb namentlich um eine Monopolstellung führte zur Kartellbildung. Hier ist der Einfluß der Depressionen ganz unmittelbar aufweisbar. Schon der erste Theoretiker der Kartelle, der österreichische Jurist F. Kleinwächter, nannte sie 1883 in einer nachmals vielzitierten Formulierung die »Kinder der Not« seit 1873, deren »Zweck war, dem Sinken der Preise, das durch die Überproduktion der vorangegangenen Jahre veranlaßt worden war, ... Einhalt zu gebieten«. Nicht nur im unverkennbaren Streben nach dem Ideal der monopolistischen Preisdiktatur, sondern in der Herstellung des gestörten »volkswirtschaftlichen Gleichgewichts zwischen Bedarf und Produktion« sah A. Schäffle im selben Jahr die Entstehungsursache ganz ähnlich. Und als B. Schoenlank 1890 einen eindringlichen Überblick über das Kartellwesen schrieb, schloß er, daß »der Kampf gegen die Überproduktion und das Sinken der Preise« den Kartellen »als die nächste

---

85. K. Rieker, Die Konzentrationsbewegung in der gewerblichen Wirtschaft, 1875–1905, Tradition 5. 1960, 129; Tab. 1 u. 2; K. Helfferich, Deutschlands Volkswohlstand, Berlin 1917[7], 40 f.; Statistisches Jahrbuch 1886, 6; 1887, 11; 1909, 10; Böhme, 341 ff., der die Konzentration auch herausarbeitet. Allg. vorzüglich hierzu: H. Arndt Hg., Die Konzentration in der Wirtschaft, 3 Bde., Berlin 1960, die Lit. III, 1799–1886, sowie ders. Hg., Bibliographie Konzentration 1960–66, Berlin 1967.
86. G. Briefs, Betriebsführung u. Betriebsleben in der Industrie, Stuttgart 1934, 120; Mariaux, 218: Vgl. P. Küppers, L. Baare, RWB 1. 1932, 230–45; Böhme, 318 f., 351, 359, 398, 579–86. Eine Studie über diese Entwicklung bis 1890 fehlt noch. Vgl. vorerst: W. Zapf, Wandlungen der deutschen Elite, München 1965; H. Jaeger, Unternehmer in der deutschen Politik, 1890–1914, Bonn 1967, 187–200 (zu sehr referierend); M. Knight, The German Executive, 1890–1933, Stanford 1952.

und vorzüglichste Aufgabe« erschien. »Hier regulierend einzugreifen, stellte sich dar als ein dringendes Gebot einer in bitteren Erfahrungen herangereiften Einsicht.« Die gleiche Einsicht ließ den meist dogmatisch manchesterliberal urteilenden Lujo Brentano die Kartelle als »Fallschirme« für die »zu hoch geflogene Produktion« empfehlen[87].

Wenn Friedrich Engels den fraglos frappanten Gegensatz zwischen der durchdachten, rationalen »Organisation der Produktion in der einzelnen Fabrik und der Anarchie der Produktion in der ganzen Gesellschaft« während dieser Zeit besonders augenfällig aufklaffen sah, dann lassen sich die Kartelle als Formen einer Kryptoplanung makroökonomischer Vorgänge zur Milderung dieser »Anarchie« verstehen. Sogar Brentano billigte, daß die »Kartelle« aus dem Bedürfnis der Praktiker heraus durch die »Anpassung der Produktion an den Bedarf einer Überproduktion« vorbeugen wollten. Mit ihm räumte der linksliberale Politiker Max Broemel schon 1885 ein, daß die »Signatur der gegenwärtigen Wirtschaftslage ... eigentlich die Koalition« sei, die der »Kölnischen Zeitung« zufolge eine »verständige Bewirtschaftung« gewährleistete. In Kartellen und dann im Syndikat, das ganze Produktionszweige zentralen Direktiven unterwarf, sah Friedrich Hammacher, einer der entschiedensten Kartellförderer der Ruhrindustrie, das »einzige Mittel, unsere Industrie von der Krisis zu befreien«, als die Wachstumsstörungen schon vierzehn Jahre lang gewährt hatten: »Wunderbarerweise erfaßt jetzt der Gedanke der Organisation der Produktion zur Vermeidung von Überproduktionskrisen die weitesten, ... auch die politischen Kreise«. Präziser ließ sich das ursprünglich wohl stärkste Motiv der deutschen Kartellbewegung schwerlich beschreiben[88].

Sie durchlief während der Trendperiode seit 1873 zügig die Stufen der Preiskonvention und des Kontingentierungskartells bis hin zum Syndikat. 1876 schlossen die Chlorkaliumfabriken, 1882 die Zementindustrie, im gleichen Jahr die Puddeleisenwerke in Rheinland-Westfalen und Nassau erste Preiskartelle. Preiskonventionen wurden 1879 für Gaskohlen, 1881 für Gasflammenkohlen und Messingwaren, 1882 für Koks vereinbart. Seit dem Ende der 1870er Jahre wurden im Bergbau Pläne einer Förderkonvention erwogen. Schon 1877 hatte der »Verein für die Bergbaulichen Interessen« auf Drängen Haniels und Mulvanys in einer Entschließung konstatiert, daß »eine angemessene Reduktion der Förderung« das »unerläßliche Mittel« sei, den »üblen Wirkungen der Überproduktion ein baldiges Ende zu setzen«. Während der »Rheinisch-Westfälische Kohlenausfuhrverein« im selben Jahr mit seiner Absicht,

---

87. F. Kleinwächter, Die Kartelle, Innsbruck, 1883, 143; A. Schäffle, Die Kartelle, in: ders., Aufsätze, I, 1885, 153; B. Schoenlank, Die Kartelle, Archiv für soziale Gesetzgebung u. Statistik 3. 1890, 493; L. Brentano, Über die Ursachen der heutigen sozialen Not, Leipzig 1889, 24. Über Brentano jetzt: J. J. Sheehan, The Career of Lujo Brentano, Chicago 1966, 108–27. Die beste historische Einführung geben: E. Maschke, Grundzüge der deutschen Kartellgeschichte bis 1914, Dortmund 1964, 16–25 (M. bereitet eine Gesamtdarstellung bis 1914 vor); V. Holzschuher, Soziale u. ökonomische Hintergründe der Kartellbewegung, staatswiss. Diss. Erlangen–Nürnberg 1962; dort (216–30), bei Maschke (48–65), L. Mayer (Kartelle, Kartellorganisation u. Kartellpolitik, Wiesbaden 1959, 329–72), u. A. Wolfers (Das Kartellproblem im Lichte der deutschen Kartell-Literatur, Leipzig 1931, 184–70), die wichtigste Literatur. Vgl. noch T. F. Marburg, Government and Business in Germany, Public Policy Towards Cartels, Business History Review 38. 1964, 78–101.

88. Vgl. Hasselmann (RT 4:1:1:151, 10. 10. 1878): Die »Planlosigkeit der Produktion nebst den Handelskrisen« schaffe »die Ursachen des Elends«. Brentano, Ursachen, 23; Broemel, 27. I. 1885, Reichstagsakten (= RTA) 2625, 373, DZA I; KZ 7. 9. 1885; Hammacher an Haniel, 3. 5. 1887, Nl. Hammacher 21. Vgl. Wolfers, 30–33; ders., Überproduktion, fixe Kosten u. Kartellierung, ASS 60. 1928, 382–95.

den anderen Weg einer »Erweiterung des Absatzgebietes« einzuschlagen, scheiterte, wurde 1878 der erste Förderungsvertrag geschlossen, in dem die Unternehmen, dem Zwang der Tiefkonjunktur gehorchend, ihre innerbetriebliche Entscheidung über das Produktionsvolumen erstmals begrenzten. Mit geringem Erfolg wurden diese kurzfristigen Förderkonventionen bis 1885 mehrfach erneuert. Immerhin stimmten 1886 die Zechen, die 91,5 Prozent der Förderung des Ruhrreviers repräsentierten, einer 54prozentigen Reduktion zu. Allen Konventionalstrafen zum Trotz stieg die Erzeugung aber weiter an[89].

In der chemischen Industrie sprangen die Kartelle seit 1876 in allen Branchen aus dem Boden. Als 1896 die Hochkonjunktur einsetzte, zählte sie 82 Kartelle. Trotz der Zollmauern von 1879 schloß sich die Eisenindustrie bis 1882 in 18 Kartellen zusammen. Zugleich setzte in der Textil- und Glasindustrie dieselbe Bewegung ein. Allein zwischen 1879 und 1886 dürften rund 90 Kartelle in Deutschland entstanden sein. Ebenso schnell wie sie während der Stockungsspannen entstanden, lösten sich viele wieder während der Konjunkturphasen auf, entstanden aber nach dieser unvorsichtigen Hast mit dem nächsten Abschwung aufs Neue[90].

Seit 1887 arbeitete Hammacher kraftvoll auf das Monopol einer Vertriebsgesellschaft für die gesamte Ruhrkohlenproduktion hin. Sie biete »die Chance der Zukunft und die Rettung aus der jetzigen Not«. Sechs Jahre später erreichte er sein Ziel. Im Februar 1893 entstand das »Rheinisch-Westfälische Kohlensyndikat«, das 87 Prozent der Produktion im engeren Ruhrrevier kontingentierte, den Absatz zusammenfaßte und die Preise fixierte. Im damals »wichtigsten Bereich der deutschen Grundstoffindustrie« hatten die Folgen der weltwirtschaftlichen Konjunkturschwankungen den Widerstand gegen die vollendete Form des marktbeherrschenden Monopolkartells, des Syndikats, zerbrochen. Weitere Syndikate folgten sogleich, schon 1894 das siegerländische Eisenerzsyndikat. Fraglos gaben die Großbetriebe auch im Kartell den Ton an, jedoch die Zeit völligen Einzelgängertums war vorbei, auch in Deutschland begann die Zeit der verbandsstrukturierten Wirtschaft. Ohnehin entsprach die Gruppensolidarität der Unternehmer im Kartell dem »Solidarprotektionismus« (H. Rosenberg) des Bismarckschen Systems seit 1879[91].

Was das Kartell für eine Industriebranche, das Syndikat für einen ganzen Produktionsbereich einer Nationalwirtschaft erstrebte, das versuchte das Bismarcksche Schutzzollsystem für die deutsche Volkswirtschaft insgesamt zu leisten. Die Erfahrungen mit der Depression seit 1873 bildeten den Hauptgrund für den Übergang zum nationalwirtschaftlichen Protektionismus. »Die volkswirtschaftliche Krisis« bezeichnete G. Schmoller als die »geburtshelferische Zange«, die der neuen »Wirtschafts-

---

89. Bergmann, 66 f. (Resol. v. 22. 12. 1877); Natorp an Hammacher, 13. 10. 1879, Nl. Hammacher 34; Festschrift, 177; Kellen, 79; Hinkers, 51; Wiedenfeld, Kohlensyndikat, 18; Maschke, 18 f., 21; Holzschuher, 17–48, 87–97. Vgl. KZ 17. 10. 1879; Frankfurter Zeitung 24. 4. 1882.

90. L. F. Haber, The Chemical Industry During the 19th Century, Oxford 1959, 228 f.; J. J. Beer, The Emergence of the German Dye Industry, Urbana 1959, 118; J. Schönemann, Die deutsche Kali-Industrie, Hannover 1911, 6; Bennauer, 55 f.; v. Brandt 51 f.; Born, 51; Sonnemann, 57–63; Maschke, 19–21, 25; Holzschuher, 49–86, 98–132.

91. Hammacher an Haniel, 15. 5. 1887, Nl. Hammacher 21; A. Bein, F. Hammacher, 1824–1904, Berlin 1932, 99; vgl. ders., F. Hammacher, RWB 2. 1934, 46–67; Böhme, 314 f.; Prym, 28 f.; Maschke, 20; Schunder, 213; allg. Lüthgen u. Wiedenfeld, Kohlensyndikat; W. Goetzke, Das Rheinisch-Westfälische Kohlensyndikat, Essen 1905; Bennauer, 32; J. Kuczynski, Studien zur Geschichte des deutschen Imperialismus, Berlin 1952, I, 82; H. v. Poschinger, Fürst Bismarck als Volkswirt, III, Berlin 1891, 255 (Kohlenexport dank der Regierungsunterstützung von 1875 = 4,5 auf 1888 = 9 Mill. t gestiegen!).

politik großen Stils zum Leben« verhalf. Ganz pragmatisch und sich gleichsam noch unsicher vorantastend begann Bismarck ein ganzes Bündel von Maßnahmen zur Bekämpfung der Depression einzusetzen, er probierte, – wie wir heute sagen würden –, die Wirksamkeit von Mitteln einer antizyklischen Konjunkturpolitik aus, die noch keinem ausgefeilten theoretischen System folgte, sondern experimentierend vorging[92].

Das Deutsche Reich stand mit dieser Entwicklung, die es unter dem Sporn der ersten schmerzhaften Depression mit anderen Ländern zusammen durchlief, keineswegs isoliert da. Österreich-Ungarn wandte sich seit 1877, z. T. freilich in Reaktion auf die enttäuschenden Handelsvertragsverhandlungen mit Deutschland, dem Ausbau eines schutzzöllnerischen Tarifs zu, der den Interessen vornehmlich der zisleithanischen Reichshälfte entgegenkam. Italien führte 1878 Schutzzölle ein, Frankreich richtete bis hin zum Tarif von 1881 ein autonomes Zollsystem ein, nachdem sich die meisten Handelskammern schon 1875/76 für Wertzölle ausgesprochen und die Exportprämien der Titres d'acquit à caution den Erfolg staatlicher Förderungsmaßnahmen erwiesen hatten. Rußland erhob seit 1877 Goldwertzölle, die eine 50prozentige Erhöhung bedeuteten und bis zum Tarif von 1882 zunehmend im protektionistischen Sinn – besonders für Eisen- und Textilwaren – ausgestaltet wurden. In den Vereinigten Staaten wurde die extrem schutzzöllnerische Linie seit dem Morrill-Tarif von 1861, dem eine Art Erstgeburtsrecht des modernen Hochprotektionismus gebührt, beibehalten, im Tarif von 1883 bestätigt und durch den McKinley-Tarif von 1890 besiegelt. Sogar in Großbritannien wurde der Protektionismus seit 1877 zum Tagesgespräch. 1881 entstand die auf Schutzmaßnahmen bedachte »National Fair Trade League« in Abwendung vom Cobdenschen Freihandelssystem, das Lord Randolph Churchill im selben Jahr als »die unbestreitbare Ursache der seit langem anhaltenden Depression« anklagte[93].

---

92. G. Schmoller, Zur Sozial- u. Gewerbepolitik der Gegenwart, Leipzig 1890, 464; inzwischen von der Forschung immer wieder bestätigt: Rosenberg, Depression; Böhme, Großmacht, 359–604 (die Abschnitte, die das Entstehen des Systems von 1879 schildern, sind die besten des Buchs); K. W. Hardach, Die Bedeutung wirtschaftlicher Faktoren bei der Wiedereinführung der Eisen- u. Getreidezölle in Deutschland 1879, Berlin 1967 (am besten über die Agrarprobleme, aber mit unhaltbarer, traditioneller Trennung von Wirtschaft u. Politik); Lambi, 73. Die ältere Literatur ist im allg. überholt, vgl. noch L. Maenner, Deutschlands Wirtschaft u. Liberalismus in der Krise von 1879, Berlin 1928; G. Körner (Bismarcks Finanz- u. Steuerpolitik, phil. Diss. Leipzig 1944, MS) behandelt die Zeit bis 1878; G. Freye (Motive u. Taktik der Zollpolitik Bismarcks, staatswiss. Diss. Hamburg 1926, MS), von 1878–87; O. Schneider, Bismarcks Finanz- u. Wirtschaftspolitik, München 1912; ders., Bismarck u. die preußisch-deutsche Freihandelspolitik, 1862–76, Sch. Jb. 34. 1910, 1048–1108; M. v. Hagen, Bismarcks Freihandelspolitik, Gb 70. 1911/I, 57–64; G. Brodnitz, Bismarcks nationalökonomische Anschauungen, Jena 1902; L. Zeitlin, Fürst Bismarcks sozial-, wirtschafts- u. steuerpolitische Anschauungen, Leipzig 1902; ganz unergiebig: A. Böthlingk, Bismarck als Nationalökonom, Wirtschafts- u. Sozialpolitiker, Leipzig 1908, u. M. Biermer, Fürst Bismarck als Volkswirt, Greifswald 1899². Vgl. noch W. Zorn, Wirtschafts- u. sozialgeschichtliche Zusammenhänge der deutschen Reichsgründungszeit, 1850–79, HZ 197. 1963, 318–43, auch in: Mod. Dt. Sozialgeschichte, 265–70. H. Rittershausen (Die deutsche Außenhandelspolitik von 1879–1948, ZfGS 105. 1949, 129–33; ders., Internationale Handels- u. Devisenpolitik, Frankfurt 1955², 455–60, wie auch W. Röpke, German Commercial Policy, London 1934, 7–12) zeigt außer erstaunlicher wirtschaftshistorischer Unkenntnis einen ebenso auffälligen liberalistischen Dogmatismus, der Bismarck und den 1870er Jahren überhaupt nicht gerecht wird.

93. J. v. Bazant, Die Handelspolitik Österreich-Ungarns, 1875–1892, Leipzig 1894, 1855; A. Matlekovits, Die Zollpolitik der österreichisch-ungarischen Monarchie seit 1868, Leipzig 1891, 3–60; A. Beer, Die österreichische Handelspolitik im 19. Jh., Wien 1891, 452–4. – N. Porri, La Politique

Allenthalben wurden die Regierungen während der Depressionszeit gezwungen, mit staatlicher Hilfe der hart angeschlagenen Wirtschaft beizuspringen. Eine maßgebliche Rolle dabei, diesen Zwang an die Politik zu vermitteln, begannen die neuen Interessenverbände zu spielen. Schon im November 1873 schlossen sich in Westdeutschland auf Drängen Baares die Eisen- und Stahlfirmen zusammen. Im Dezember wurde die Verbindung mit der schlesischen Industrie hergestellt. Zwei Monate nach Krisenausbruch war sich die deutsche Schwerindustrie »über die Gründung eines gesamtdeutschen Interessenvereins« einig. Im Oktober entstand derselbe in Gestalt des »Vereins Deutscher Eisen- und Stahlindustrieller« (VDEStI) unter Führung Baares vom »Bochumer Verein« und Servaes' von »Phoenix«. Sein Sekretär wurde H. A. Bueck, der bereits seit 1873 als Generalsekretär des Langnam-Vereins und seit April 1874 auch als Sekretär der »Nord-Westlichen Gruppe« des VDEStI fungierte, der Prototyp des mächtigen Interessensyndikus[94].

Seit 1875 kurbelte der VDEStI die Zollagitation an, denn am 1. Januar 1877 sollten in Vollendung der preußisch-deutschen Freihandelspolitik die letzten Eisenzölle fallen. Geschickt wurde eine verletzende antifreihändlerische Tendenz zunächst vermieden, die Operationsbasis von dem rührigen Bueck erweitert, denn der Widerstand gegen den als wirtschaftspolitische Errungenschaft des Zeitalters betrachteten Freihandel mußte zäh um Verständnis werben. Auch in der Industrie selber: Ende 1875 bedauerte ein Geschäftsführer des »Vereins für die Bergbaulichen Interessen« den »Fanatismus, womit hier in manchen Kreisen für die Zölle eingetreten wird«, man könne meinen, »das Heil der Welt und die ganze Zukunft unseres Landes hänge nur davon ab ... Aber auch dieser Paroxysmus wird vorübergehen.«

Das glaubte auch die überwiegend wirtschaftsliberale Bürokratie in der Reichshauptstadt. Als der Kaiser, der dem Wert der geplanten Zollaufhebung skeptisch gegenüberstand, informiert zu werden wünschte, fixierte eine Denkschrift des Reichskanzleramts vom Oktober 1875 das Credo der freihändlerischen Handelsexperten: »die Produktionskosten müssen vermindert und das Absatzgebiet vergrößert werden«, um der Depression zu begegnen. »Beides aber wird durch Schutzzölle nicht erreicht.« Trotz der ziemlich resoluten Opposition Wilhelms I. setzte sich der Protagonist des Free Trade par excellence, der Chef des Reichskanzleramts Rudolf v. Delbrück, noch einmal durch, obwohl es bemerkenswert ist, daß Bismarck schon im Vor-

---

commerciale de l'Italie, Paris 1934, 9–26. A. Landry, La Politique commerciale de la France, Paris 1934; A. Devers, La Politique Commerciale de la France depuis 1860, Sch. VfS 41, Leipzig 1892, 127–208; B. Franke, Der Ausbau des heutigen Schutzzollsystems in Frankreich, Leipzig 1903, 3–15; E. Rausch, Französische Handelspolitik vom Frankfurter Frieden bis zur Tarifreform von 1882, Leipzig 1900. – Kumpf-Korfes, 7 f., 17; E. Zweig, Die russische Handelspolitik seit 1877, Leipzig 1906, 26–32. – Kirkland, 182–85. B. H. Brown, The Tariff Reform Movement in Great Britain, 1881–95, N. Y. 1943, 9, 15, 17–28, 61; S. H. Zebel, Fair Trade: An English Reaction to the Breakdown of the Cobden Treaty System, JMH 12. 1940, 161–86; der allg. Überblick in: Sch. VfS 49. 1892; Lambi, Free Trade, 74; Böhme, Großmacht, 496, 525; K. Rathgen, Freihandel u. Schutzzoll, in Festschrift G. Schmoller, Leipzig 1908, II, XXVII (1–54), sowie allg. W. Corden u. a., International Trade Controls, IESS 8, 113–39.

94. Böhme, Großmacht, 359–66 (Bueck: 365). Vgl. H. A. Buecks materialreiche Laudatio: Der Zentralverband Deutscher Industrieller, 1876–1901, 3 Bde., Berlin 1902. Zuletzt – aber enttäuschend über den Einfluß auf die Politik – die Studie von H. Kaelble, Industrielle Interessenpolitik in der Wilhelminischen Gesellschaft. Zentralverband Deutscher Industrieller, 1895–1914, Berlin 1967 (mit der Lit.). Allg. Th. Nipperdey, Interessenverbände u. Parteien in Deutschland vor dem Ersten Weltkrieg, PVS 2. 1961, 262–80, auch: Moderne Deutsche Sozialgeschichte, 369–88; G. Schulz, Über Entstehung u. Formen der Interessengruppen, PVS 2. 1961, 124–54; demn. H. J. Varain Hg., Interessenverbände in der deutschen Politik, NWB.

jahr erstmals gegen ihn Stellung genommen hatte und im November 1875 durchblicken ließ, er könnte Delbrück eventuell fallenlassen[95].

Mit der Gründung des »Zentralverbandes Deutscher Industrieller« (ZDI) unter der Ägide des Freikonservativen Wilhelm v. Kardorff, der die industriellen und agrarischen Interessen zugleich verkörperte, entstand eine Pressure Group der deutschen Industrie, die ihren Forderungen eine bisher unbekannte Durchschlagskraft verlieh; erst mit der »National Association of Manufacturers« der Vereinigten Staaten trat 1895 eine vergleichbare Dachorganisation auf. Und ein führender VDEStI- und ZDI-Politiker wie der Ruhrindustrielle Servaes formulierte auch sogleich eine Maxime aller zukünftigen Verbandsaktivität, nämlich unter Vermeidung des Instanzenwegs »soviel als möglich ... direkt an den Reichskanzler zu geben«. Bismarck aber legte dem ZDI sofort die Kooperation mit den Agrariern nahe, die nach anfänglichen Bedenken der Schwerindustrie auch aufgenommen wurde: hier wurden die Grundlagen der »Sammlungspolitik« gelegt, auf denen die Politik des Reichs bis 1918 ruhte[96].

Der »Deutsche Handelstag« versuchte, die freihändlerische Opposition zu organisieren, versagte aber schon bald. Seine Position wurde aufgeweicht, im Frühjahr 1876 ging er vom strengen Freihandel zur Forderung nach Reziprozitätsverträgen über. Dem »Verlangen der Industriellen«, die infolge »der langen Dauer der traurigen Wirtschaftslage ... immer ungestümer« auf einer »Änderung der Wirtschaftspolitik« bestanden, zeigte er sich nicht gewachsen. Der »Zentralverband« unterhöhlte ihn und degradierte ihn von 1878 bis 1890 zu seiner »Nebenstelle«. Den Einzelprotesten der Handelskammern mangelte es an wirksamer Bündelung zu einer massiven Aktion, wie sie der ZDI zustande brachte. Für ihren Widerstand rächte sich Bismarck durch den Erlaß vom 30. November 1881, in dem er die »Einreichung des Jahresberichts vier Wochen vor der Publikation behufs ministerieller Korrekturlesung« forderte, mithin wie schon ähnlich von 1863 bis 1866 die amtliche Zensur zur Steuerung eines einflußreichen, doch widerspenstigen Teils der öffentlichen Meinung einführte[97].

Als Delbrück im Juni 1876 entlassen wurde, brach ein Kernstück aus der bürokratischen Opposition gegen die Schutzzollagitation heraus. Zugleich begann die

---

95. Böhme, Großmacht, 367–71; Natorp an Hammacher, 4. 12. 1875, Nl. Hammacher 34. Vgl. Sering, Eisenzölle; Kestner; W. Däbritz, 75 Jahre Verein Deutscher Eisenhüttenleute, 1860–1935, Stahl u. Eisen 55. 1935, 1289–1346; I. N. Lambi, The Protectionist Interests of the German Iron and Steel Industry, 1873–79, JEH 22. 1962, 59–70. – Böhme, 376, 386, 388; Lucius v. Ballhausen, Bismarck-Erinnerungen, Stuttgart 1921, 79. Vgl. Bismarcks Kritik von 1873 (!, GW 6c, 32) an der »sog. Volkswirtschaft der Liberalen«.

96. Böhme, Großmacht, 387–95, 405–9; S. v. Kardorff, W. v. Kardorff, 1828–1907, Berlin 1936 (über K.: Böhme, 316 f.; K. Keller, W. v. Kardorff, in: v. Arnim/v. Below, 261–76); Beer, Schwartzkopff, 139; W. Frauendienst, Th. Hassler, Aufzeichnungen über Bismarck u. den ZDI, Tradition 7. 1962, 223–33. – A. K. Steigerwalt, The National Association of Manufacturers, 1895–1914, Ann Arbor 1964. – Über die schutzzöllnerisch aktive Textilindustrie, die durch die elsaß-lothringischen Textilfabriken einen erheblichen Kapazitätszuwachs erfahren hatte: G. Jacobs, Die deutschen Textilzölle im 19. Jh., phil. Diss. Erlangen, Braunschweig 1907; Herkner, 282–7; Lambi, Free Trade, 80–82; Böhme, Großmacht, 392–5. Über die ebenfalls pronounciert protektionistische Sodaindustrie, die die Zollsenkung von 1873, vor allem aber die Revolution des kostensenkenden Ammoniakverfahrens spürte: J. Goldstein, Deutschlands Sodaindustrie, Stuttgart 1896, 58–95.

97. Der Deutsche Handelstag, 1861–1911, Berlin 1913, II, 429–35, Zit. 432. Vgl. J. Gensel, Der deutsche Handelstag, 1861–1901, Berlin 1902, 66–69; Geschichte der HK zu Frankfurt, Frankfurt 1908, 817–20; Die HK zu Breslau, 1849–1924, Breslau 1924, 105–9; Die Korporation der Kaufmannschaft von Berlin, 1820–1920, Berlin 1920, 430–40. Vgl. die Lit. o. 74, Anm. 41; Böhme, Großmacht, 395–8, 407–10; F. Fischer, Fürst Bismarck u. die HK, Köln 1882; Mertes, 174; Beutin, 108.

»Säuberung« der Beamtenschaft von den »liberalen Räten« anzulaufen, die Minister v. Puttkamer mit Bismarcks Unterstützung zum System streng konservativer Beamtenpolitik ausbaute. Die protektionistische Agitation wurde inzwischen vehement vorgetragen. Schon im Mai 1876 forderte der »Zentralverband« in einer Petition, nach bewährtem angelsächsischen Vorbild eine Enquete über den Stand der deutschen Industrie, in deren Ergebnissen er den kräftigen Widerhall seiner Notrufe zu finden hoffte. Er verschärfte im Sommer nochmals den Ton, taktierte aber auch geschickt, indem er das Verlangen nach Eisenzöllen mit dem Ruf nach Reziprozitätsverträgen ohne Meistbegünstigungsklausel verband. Bis eine vorläufig utopische universelle Zollbeseitigung in Kraft trete, so unterstützte ihn die bayerische Regierung, sei doch »wenigstens der heimische Markt solange« zu »bewahren«. Der Kaiser warf, von Bismarck ermutigt, erneut die Frage auf, »woher es denn komme, daß ein Eisenfabrikunternehmen nach dem anderen seine Öfen ausblase, seine Arbeiter entlasse«. Die Antwort seines liberalen Ministers Camphausen, »bei solchen allgemeinen Kalamitäten müßten einzelne zugrunde gehen, das sei nicht zu ändern«, entsprach zwar wirtschaftsliberalem Axiom, aber nach Wilhelms Meinung keineswegs einer »staatsweisen Auffassung«. Von Krupp »unterrichtet« beharrte er auf einer Kronratssitzung im Oktober 1876 wieder darauf, daß »der Zustand der Eisenindustrie inzwischen nicht günstiger geworden und deren Ruin zu befürchten« sei, wenn die Zollaufhebung nicht verschoben werde. Vergebens, die protektionistischen Kräfte reichten noch nicht ganz aus zu verhindern, daß seit dem Januar 1877 nur noch wenige feinste Eisenwaren verzollt wurden[98].

Das lieferte dem »Zentralverband« neue Argumente. Bismarcks Wünschen folgend, nahm er im Februar offiziell die Zusammenarbeit mit den landwirtschaftlichen Vereinen auf und arrangierte sich mit der neuen Pressure Group der Agrarier, dem »Verein der Steuer- und Wirtschaftsreformer«. Zum ersten Mal griffen die Interessenverbände 1877 mit Wucht in die Reichstagswahlen ein. Sie wiederholten ihren Anfangserfolg im Sommer 1878 nach einem liberalen Pyrrhussieg. Generalsekretär Bueck begann, den Nationalismus auf die Mühlen des »Zentralverbands« zu lenken. »Es ist Zeit«, forderte er, »daß auch wir daran gehen, den nationalen Gedanken in der Wirtschaftspolitik zu entwickeln.« Schmoller, der mit seinem staatstreuen Kathedersozialismus an die Tradition merkantilistischer Wohlfahrtspolitik anknüpfte, stimmte ihm zu: »Vom Standpunkt des nationalen Egoismus« aus »haben wir mit der Freihandelspolitik« gefehlt. Als besonders durchschlagskräftig aber mußte sich nach fünfjähriger Krisenzeit das Argument des ZDI erweisen, daß sich weder Industrie- noch Staatsführung länger passives Abwarten gestatten könnten. »Sollen wir länger die Hände in den Schoß legen und die wirtschaftlichen Krisen, die immer wieder in das unbewehrte Land einbrechen und Elend und Verderben über dasselbe verbreiten, als eine unabwendbare Notwendigkeit ansehen«, fragte Bueck in einem Appell zur Intervention, »oder sollen wir versuchen, auch hier schöpferisch zu ver-

---

98. Schneider, Wirtschaftspolitik, 53–56; Böhme, 412, 421, 425, 431; Tiedemann, 94–100. Zur Beamtenpolitik am besten noch immer E. Kehr, Das soziale System der Reaktion in Preußen unter dem Ministerium Puttkamer, in: ders., Primat der Innenpolitik, 64–86, ein Beweis für die Lücken in der Erforschung der deutschen Verwaltungsgeschichte. Hervorragend ist H. Heffter, Die deutsche Selbstverwaltung im 19. Jh., Stuttgart 1950, 623–731; vgl. H. v. B. an Rantzau 4. 11. 1881, Nl. Bismarck 41 (u. in: W. Bussmann Hg., Staatssekretär Graf H. v. Bismarck, Aus seiner politischen Privatkorrespondenz, Göttingen 1964, 109 f.); 7. 11. 1881, Nl. Bismarck 41. Vgl. Morsey, 242–86; N. v. Preradovich, Die Führungsschichten in Österreich u. Preußen, 1804–1918, Wiesbaden 1966², 104–23; Böhme, 569–72; H. Jacobs, German Administration Since Bismarck, New Haven 1963.

fahren und die Natur, wo sie sich ungenügend erweist, zu ergänzen und zu supplieren.« »Soll die widersinnige Erscheinung beständig wiederkehren, daß ... während auf der einen Seite Überproduktion vorhanden ist, in dem größeren Teil der Gesellschaft die Kaufkraft fehlt?« Vor der in diesem Gedankengang angelegten Konsequenz: einer dynamischen Lohnpolitik zur Hebung der Massenkaufkraft, schreckte freilich in erster Linie der ZDI selber zurück[99].

Auf einer Tagung im Februar 1878 einigten sich der »Zentralverband«, die »Steuerreformer« und der »Kongreß Deutscher Landwirte« auf ein Aktionsprogramm, das, – von Tiedemann im Auftrag Bismarcks begrüßt –, Industrie- und Agrarzölle vorsah. Im März sicherte Bismarck selber Kardorff offen seine Unterstützung zu. Seit dem Oktober schloß sich die protektionistische »Freie Wirtschaftliche Vereinigung« von 200 Reichstagsabgeordneten unter Führung des mit Bismarck eng zusammenarbeitenden Württembergers Varnbüler dem Ruf nach einer Enquete an. Auf der Höhe des Wahlkampfs von 1878 setzte der Bundesrat tatsächlich Enquetekommissionen für die Eisen- und Textilindustrie ein; mit dem »Delbrück des Bundesrats«, dem mecklenburgischen Vertreter Karl Oldenburg, wurde der hartnäckigste Opponent bald beseitigt. Die Fragebögen wurden nach den Richtlinien des »Zentralverbands« entworfen, die Auswahl der Kommissionsmitglieder und die Zusammensetzung der aussagenden Vertreter der Industrie von ihm mitbestimmt. Ihre Klagen wurden unter Ausschluß der Öffentlichkeit protokolliert. Im »Kaiserhof« wurden die Sachverständigen jeweils noch von Bueck instruiert und die stenographischen Berichte korrigiert. Lange blieb dies sorgsam geplante Zusammenspiel allerdings nicht verborgen. Schon im Februar 1879 konnte Eugen Richter das Preußische Abgeordnetenhaus mit dieser Praxis bekannt machen[100].

Zu dieser Zeit tagte bereits die ebenso sorgfältig zusammengestellte Zolltarifkommission des Bundesrats, in der die »wesentlichen Positionen« in »schutzzöllnerische Hände« gelegt worden waren. Vorsitzender der Tarifkommission des Reichstags war der nationalliberale Abgeordnete Wilhelm Löwe geworden: Direktor der »Dortmunder Union« und Schwager Baares, mit dem er sein Vorgehen abstimmte. Der ZDI-Entwurf eines Wertzolltarifs wurde fast ohne Änderung in die preußische Vorlage übernommen. Die Interessenverbände begannen, die sie interessierenden Gesetze selber zu schreiben. Von 1878/79 führt ein gerader Weg zur gegenwärtigen »Gemeinsamen Geschäftsordnung« der Bundesministerien, die es den Referenten vorschreibt, die Interessenten »hinreichend« vor der Abfassung eines Entwurfs »heranzuziehen«.

Als die Agrarzölle die Beratungen doch noch einmal gefährdeten, schaltete sich Bismarck ultimativ ein, gab schließlich in der Höhe der Zollsätze etwas nach und erhielt im März 1879 die gewünschte Vorlage, die die Agrar- mit den Industriezöllen verkoppelte. Als typisch für die Konzessionsbereitschaft der wichtigsten Industrierepräsentanten mag die Einwilligung Hammachers gelten. »Ich bin wahrhaftig nicht doktrinär genug«, schrieb er Haniel, »um einen kleinen Zoll auf Getreide für so

---

99. Böhme, Großmacht, 446–9, 504 f.; Bueck, I, 357 (vgl. Bueck an Bamberger 8. 7. 1882, Nl. Bamberger, DZA I, 28); G. Schmoller, Korreferat über die Zolltarifvorlage, Sch. VfS 16. 1879, 24; Bueck in: Verhandlungen, Mitteilungen u. Berichte des ZDI, 8. 1878, 3. Vgl. A. Ascher, Professors as Propagandists: The Politics of the Kathedersozialisten, JCEA 23. 1963/64, 282–302; A. Oncken, Die Maxime Laissez-Faire, Bern 1884, 130 (»Rechtfertigungsmaxime der herrschenden Klassen«).

100. Böhme, Großmacht, 485, 491, 506, 510, 515 f.; Tiedemann, 228; Kardorff, 142; GW 8, 255, vgl. GW 6c, 116; 9, 450; K. Oldenburg, Aus Bismarcks Bundesrat, 1878–85, Hg. W. Schüssler, Berlin 1929, 22 f.

gefährlich zu halten, daß ich denselben unter Gefährdung wichtiger industrieller Interessen ablehnen sollte.« Der Reichstag ratifizierte das Bündnis zwischen Verbänden und Regierung, in dem er am 12. Juli das Tarifgesetz mit 217 zu 117 Stimmen annahm. Die Hoffnung auf hohe Zolleinnahmen wurde zwar fortab enttäuscht, jedoch konnten Landwirtschaft und Industrie, die, wie Stumm für die Eisenindustrie konzediert hatte, ein so »zartes Pflänzchen« nicht mehr war, im Schutz der wachsenden Zollmauern ungestörter den »heimischen Markt... ausbeuten« (Brentano). Die Depression seit 1882 vermochten die Zölle aber auch nicht fernzuhalten. Unverhüllt klagte der »Langnam«-Verein dem Düsseldorfer Regierungspräsidium, daß »die Preisbildung in einem höheren Sinne wirtschaftlich für die einzelnen Produktionsgebiete« nicht »zu gestalten« sei, »dazu war auch der Schutzzoll nicht imstande, die Preise der Jahre 1884–87 sind die niedrigsten bisher bekannten«[101].

Es wäre ganz unsinnig, in Bismarck nur das ausführende Organ der industrie- und landwirtschaftlichen Interessenten zu sehen, wie es ein flacher Vulgärmarxismus wahrhaben will. Bei allem Verständnis für die materiellen Interessen, denen er in einer Krisenzeit ohne Rücksicht auf die Postulate manchesterliberaler Theorie Rechnung zu tragen hatte, ging es ihm doch in erster Linie um eine Stabilisierungspolitik zugunsten der gefährdeten traditionellen politischen und gesellschaftlichen Machthierarchie, in die er die neuen Kräfte der Industriewelt einfügte. Diesem Ziel dienten nicht nur Protektionismus, Sozialistengesetz und auch die überseeische Expansion – wie bald zu zeigen ist –, sondern auch die Umformung des Beamtenapparats unter hochkonservativem Vorzeichen und die Sprengung der Liberalen. Hierhin gehörten die Pläne einer Steuer- und Finanzreform, die, – wie die »Norddeutsche Allgemeine Zeitung« Ende 1878 das »Reformprogramm« Bismarcks wiedergab –, anstelle einer Vermehrung der direkten Besteuerung der Produzenten die »unvermeidlichen Lasten auf die weniger drückenden indirekten Steuern«, d. h. auf die Verbraucherschichten abwälzen sollte, aber auch die Pläne des Tabak-, Branntwein- und Reichseisenbahnmonopols[102].

Man wird dabei betonen müssen, daß die von zahlreichen Historikern im Banne Bismarcks zustimmend bewertete Absicht, das Reich, dessen Finanzen unter den nachlassenden Einkünften der Bundesstaaten während der Depressionen litten, durch diese »Reformen« und »Monopole« wieder finanziell zu kräftigen, auch das auto-

---

101. Böhme, Großmacht, 519, 521–4, 531–7, 540–5, 556–63; W. Hennis, Verfassungsordnung u. Verbandseinfluß, PVS 2. 1961, 23–35; Hammacher an Haniel, 20. 2. 1879, Nl. Hammacher 21. Vgl. die Berichte von Friedberg an den Kronprinzen, 8., 19. 5. 1879, Nl. Richthofen, Politisches Archiv des Auswärtigen Amts, Bonn (= PA), 1/1–2, Brentano, Getreidezölle, 9; Sonnemann, 66. Auch Baare (Mariaux, 229) vertrat lange freihändlerische Ansichten, nur für die Eisenindustrie nicht; er wußte wie Hammacher, wie Agrarzölle die soziale Frage und das Lohnproblem verschärften. – Allg. vgl. hierzu: H.-G. Caasen, Die Steuer- u. Zolleinnahmen des Deutschen Reiches 1872–1944, staatswiss. Diss. Bonn 1953 (MS); R. Müller, Die Einnahmequellen des Deutschen Reiches u. ihre Entwicklung in den Jahren 1872–1907, Mönchen-Gladbach 1907; P. Langen, Das Zollsystem u. die Zollpolitik in Deutschland seit der Reichsgründung von 1871, staatswiss. Diss. Bonn 1957 (MS); F. Rips, Die Stellung der deutschen Eisenindustrie in der Außenhandelspolitik, 1870–1914, jur. Diss. Jena 1941, 16–78.

102. Schneider, Wirtschaftspolitik, 124; 258–63; H. v. Poschinger, Bismarck u. das Tabakmonopol, Sch. Jb. 35, 1911, 213–25; M. Alberty, Der Übergang zum Staatsbahnsystem in Preußen, Jena 1911; F. Jungnickel, Staatsminister A. v. Maybach, Stuttgart 1910; A. v. d. Leyen, Die Eisenbahnpolitik des Fürsten Bismarck, Berlin 1914; R. Rottsahl, Bismarcks Reichseisenbahnpolitik, phil. Diss. Frankfurt, Gelnhausen 1936; H. Mottek, Die Ursachen der Eisenbahnverstaatlichung des Jahres 1879, ök. Diss. Berlin 1950, MS; E. Rehbein, Zum Charakter der preußischen Eisenbahnpolitik von ihren Anfängen bis zum Jahre 1879, ök. Diss. Dresden 1953, MS (Teildruck: Wiss. Zeitschrift der Hochschule für Verkehrswesen 2. 1954, 57–79); Morsey, 139–60.

kratische Element der deutschen Politik verstärken sollte, den Reichstag entmachtet und eine Parlamentarisierung, erst recht die Demokratisierung in weiter Ferne hintan gehalten hätte.

Dieser »Stärkung der wirtschaftlichen Machtstellung des Reiches« konnte der liberale Hamburger Senator Versmann schon 1878 nur mit bösen Vorahnungen entgegensehen. Und als der überaus kluge und weitschauende rheinische Unternehmer Gustav Mevissen den Erfolg der Bismarckschen Reichseisenbahnpolitik befürchtete, notierte er sich: »Welche Machtfülle muß aus der Verfügung ad nutum über diese immense ... Beamten- und Arbeiterschar entspringen, welche ihrerseits die produzierende und distribuierende Tätigkeit unseres Volkes auf weiten Gebieten beherrscht. Eine solche Machtfülle, in einer Hand konzentriert«, lege die Befürchtung »nur zu nahe, daß dadurch auf dem wirtschaftlichen Gebiete jener Absolutismus wieder ins Leben gerufen werden könnte, welchen die Kulturstaaten Europas nur nach harten Kämpfen in feste, verfassungsmäßige Schranken eingedämmt haben«. Wenn auch Bismarck mit den Reichseisenbahnplänen letztlich scheiterte, mithin die Aufsicht über den gesamten deutschen Schienenverkehr nicht gewann, so gab die Tarifhoheit über die verstaatlichten preußischen Bahnen dem Reichskanzler doch ein nicht zu unterschätzendes wirtschaftspolitisches Machtinstrument an die Hand. Daß Bismarck allen Widerständen zum Trotz an der Verstaatlichung des Transportwesens festhielt, »bekundete seinen überlegenen Machtsinn«, da »in der Trendperiode von 1849 bis 1873 die Expansion des Eisenbahnwesens mit ihrem ökonomischen Kettenreaktionseffekt im Mittelpunkt der Revolutionierung des Wirtschaftslebens gestanden« hatte und der Reichskanzler offensichtlich den Leitsektor der Industriellen Revolution in ihrer Übergangsphase zur Hochindustrialisierung unter seine Kontrolle bringen wollte[103].

Der Bismarckschen Stabilisierungspolitik in einer Krisenzeit entsprang das System des Solidarprotektionismus, das auf der Interessenkoppelung der Industrie- und Agrarwirtschaft beruhte und das Fundament schuf, von dem aus der politisch-soziale Status quo verteidigt, der Emanzipationsprozeß aber immer wieder blockiert werden konnte. Schon A. Lohren, Industrieller und ZDI-Publizist, hatte den »Schutz der nationalen Arbeit in Industrie, Handwerk und Landwirtschaft« postuliert und die »Solidarität aller volkswirtschaftlichen Arbeit« unterstellt. Sein Mitstreiter Stöpel bezeichnete unverblümt die »gesellschaftlichen Krankheitserscheinungen« als »Folgen der ungezügelten Konkurrenz« der liberalkapitalistischen Wirtschaft. Der Staat müsse »Dämme und Deiche gegen die Überflutungen einer – »wie die Sozialisten nicht mit Unrecht sagen« – »anarchischen Konkurrenz errichten« und zugleich den »heimischen Markt« gegen ausländische Konkurrenz schützen. 1876 hielt der »Zentralverband« die »Interessen der einzelnen Industrie-Branchen für durchaus solidarisch«, 1877 betonte er, daß er »nicht einseitig« nur »den eigenen Vorteil« anstrebe, sondern sogar die Interessen der »ganzen bürgerlichen Gesellschaft« vertrete. Und für die agrarischen »Steuerreformer« erklärt es v. Knebel-Döberitz als ihr Ziel, zum »Patriarchalstaat« zurückzukehren. Man mochte, wie der konservative Soziologe Wil-

---

103. Tagebuch (= Tb) Versmann, 30. 10. 1878, Nl. Versmann, A 4, 59, Staatsarchiv (= StA) Hamburg; Hansen, I, 799; Fürstenberg, 260; Rosenberg, Depression, 179. – Wie deutlich die Sozialdemokratie diese Steigerung der Macht Bismarcks erkannt u. befürchtet hat, zeigt S. Miller, Das Problem der Freiheit im Sozialismus, Frankfurt 1964, 87 ff. Die erhaltenen Briefe Bleichröders an B. (Nl. Bismarck, A. Sch.) bestätigen Böhmes Auffassung (Großmacht, 533, 556, 567), daß die Verstaatlichung der preußischen Bahnen über Bleichröder ausgeführt worden ist.

helm Heinrich Riehl, Bismarcks Versuch, »das Volk durch die Gesellschaft zu verstaatlichen, den politischen Sondergeist durch die sozialen Sonderinteressen zu beugen«, beifällig begrüßen, aber auf lange Sicht hin erwies sich in Deutschland »der Gedanke« als alles andere als »genial und zukunftsreich«[104].

Die Ausbalancierung der staatlich geschützten Interessen in einem von der politischen Spitze manipulierbaren Verbandssyndikalismus, der die überkommene Sozial- und Herrschaftsstruktur mittrug, – das war ein grundlegend wichtiges Ergebnis der Einwirkungen der wirtschaftlichen Wachstumsstörungen auf die deutsche Gesellschaft und Politik. Die Krisenzeit trieb die Wirtschaft dazu an, ihren Einfluß auf die Politik zu vergrößern. Diese mußte sich jetzt den Einflüssen mehr denn zuvor öffnen, sie verwandelte sich in ein durchaus neuartiges Zusammenspiel mit den machtvollen, gelegentlich schon gleichberechtigten Interessenverbänden, deren Wünschen sie in dem Maße entgegenkam, wie diese als Stabilisierungsfaktoren dem politischen System eingefügt werden konnten. Von einem »Blankoscheck für die Interessenten« sollte man wegen der politischen Bedingungen ebensowenig sprechen, wie ausgesprochen oder implizit diese neue Form der Innenpolitik moralisch oder womöglich aus einem unreflektierten Affekt gegen die moderne Industriegesellschaft verurteilen.

Der Begriff der pluralistischen Gesellschaft ist ja inzwischen zum Klischee erstarrt, und man vergißt nur zu häufig, daß sie in der Zeit Bismarcks nicht früher und nicht später, in die deutsche Geschichte eintrat. Kritische Zeitgenossen haben unter der Wirkung der Neuartigkeit des Phänomens überaus scharf auf ihr erstes großes politisches Resultat, den Solidarprotektionismus von 1879, reagiert. »In den besitzenden Klassen« sei eine »Gesinnung« entstanden, klagte Rudolf v. Gneist, »welche die Erhöhung des eigenen Einkommens auf Kosten des Gesamtwohls als patriotische Realpolitik proklamiert«. Den Weg Deutschlands unter der »Herrschaft« des »Schutzzöllnertums« konnte sich der enragierte Brentano nur als »organisierte Brutalität« vorstellen; er erregte sich über die »Schamlosigkeit der mammonistischen Interessen«. Der Hamburger Liberale und Gründer des »Norddeutschen Lloyds«, H. H. Meier, sah im Reichstag, daß »der Protektionismus durch ... einen Kompromiß zwischen Agrariern und Fabrikanten von der Regierung durchgesetzt worden war«, hielt das aber für den »reinen Schacher«, den »ersten Schritt zur parlamentarischen Korruption«, obwohl doch die Freihändler geradezu klassische Interessenpolitik betrieben hatten. Auch Theodor Mommsen zog gegen diese »gemeinste Interessenpolitik« der »Kornspekulanten und Branntweinbrenner« vom Leder, gegen die »Politik des Schwindels«, die »dadurch um so nichtswürdiger ist, weil die Interessen miteinander eine Koalition schließen, um diejenigen auszubeuten, die sich ihr nicht anschließen«. Ein Nachklang findet sich in dem Vorwurf gegen die »Massenkorruption organisierter Wirtschaftsgruppen, bei der sich ganze Berufsstände organisiert und unpersönlich auf Kosten anderer Schichten« im Kaiserreich bereicherten[105].

---

104. A. Lohren, Das System des Schutzes der nationalen Arbeit, Potsdam 1880, 25; F. Stöpel, Die Handelskrisis in Deutschland, Frankfurt 1875, 4–6; Böhme, Großmacht 421, 403; Tiedemann, 183; W. H. Riehl, Land u. Leute, Stuttgart 1908[11], 27. Vgl. A. Werner, Erlebnisse u. Eindrücke, 1870–90, Berlin 1913, 291 (B. im Juli 1880: die deutsche Einigkeit werde »durch einen soliden eisernen Reifen besser gewahrt ... als durch das schwarz-weiß-rote Bändchen«); GW 8, 449.

105. Böhme, Großmacht, 578; R. v. Gneist, Der Rechtsstaat u. die Verwaltungsgerichte (1879), Darmstadt 1958, 328 f.; Brentano an Schmoller, 22. 10. 1878, Nl. Brentano 59, Bundesarchiv Koblenz (= BA); Wahlrede H. H. Meiers, 11. 10. 1881, Nl. Meier, XXV, StA Bremen; Mommsens Rede v. 24. 9. 1881: L. M. Hartmann, Th. Mommsen, Gotha 1908, 120; M. J. Bonn, Schlußwort, in: C. Landauer u. H. Honegger Hg., Internationaler Faschismus, Karlsruhe 1928, 140. – Auch der Links-

Fraglos sind die Interessenten mit einem ganz unverhüllten Gruppenegoismus hervorgetreten, dem die Berufung auf die Menschheitsideale des klassischen Freihandels abging. »Die Industrie«, erklärte damals Direktor Caro von der »Badischen Anilin- und Soda-Fabrik«, »ist der Bauherr; der Jurist, d. h. der Staat ist der Architekt; wir kommen zu ihm und zeigen ihm, daß es bei uns einregnet und verlangen von ihm Abhilfe.« Als die »wahre Parole der bürgerlichen Gesellschaftsordnung« hat man daher die »private Mobilisierung der staatlichen Macht« zu »kräftiger Intervention auf dem Gebiet der Wirtschaft« bezeichnen können.

Man wird hier aber zweierlei nicht übersehen dürfen. Daß im Zuge der Hochindustrialisierung sich auch in Deutschland die pluralistische Gesellschaft auszubilden begann, besitzt den Charakter des Unvermeidbaren. Daß viel Abstoßendes diesen Vorgang begleitete, vermöchte nur Ignoranz oder harmonisierende Apologetik zu leugnen. Entscheidend sind aber nicht die Erscheinungsformen, sondern vielmehr die Konsequenzen gewesen, daß sich die spezifische Ausprägung dieser Gesellschaftsform der Moderne in Deutschland mit einer extrem sozialkonservativen Politik sogleich aufs engste verband; man kann daher auch nicht davon ausgehen, – wie es eine modische Formulierung wahrhaben will –, diesen Pluralismus direkt mit Demokratisierung im strengeren Sinn gleichzusetzen. Vielmehr konnte nur äußerst mühsam ein Gegengewicht gegen die Übermacht der Produktionsinteressen entstehen und allmählich politisch wirksam werden. Eine effektive Kontrolle des Entscheidungsprozesses wurde durch das eindeutige Übergewicht einer Seite, das der Staat förderte und sich zunutze machte, verhindert. Der Emanzipationsprozeß zugunsten eines ausgeglicheneren Systems ebenbürtiger Kräfte, das eine Voraussetzung für die sozialstaatliche Massendemokratie bildet, führte daher in Deutschland zu außergewöhnlichen Spannungen und Zerreißproben, denen die über ihre historische Zeit hinaus gerettete Staats- und Gesellschaftsordnung schließlich nicht gewachsen war[106].

Unter den Einwirkungen der Depressionen gewann die Frage nach den Möglich-

---

liberale Friedrich Kapp (an Cohen, 9. 11. 1878, 5. 4. 1879, Slg. Kapp, Library of Congress [= LC]) beklagte die »Ausgeburten der frechsten Interessenpolitik«, den »Wettlauf der kleinlichsten engherzigsten Interessen«. Vgl. E. Lenel, F. Kapp, Leipzig 1935, die Kapps immer bittereres Urteil über die deutsche Politik seit 1878 verschweigt. Dagegen jetzt: H.-U. Wehler Hg., F. Kapp. Vom radikalen Frühsozialisten des Vormärz zum liberalen Parteipolitiker des Bismarckreichs, Briefe 1843–1884, Frankfurt 1969. Vgl. den Sozialkonservativen R. Meyer (Kapitalismus, 82; vgl. H. J. Schoeps, Ein Beitrag zur Ideengeschichte des Sozialismus. R. Meyer u. der Ausgang der Sozialkonservativen, in: ders., Studien zur unbekannten Religions- u. Geistesgeschichte, Göttingen 1963, 335–44): »Die Interessenten hängen ihren egoistischen Wünschen ein nationales und loyales Mäntelchen um, und unter dem Gekläff der Pressemeute, welche sich auf die wehrlosen Arbeiter stürzt, beginnt die Periode der Bereicherung durch die Zölle, nachdem die Bereicherung durch den Schwindel unmöglich geworden war.« Bamberger an Hillebrand, 12. 3. 1879, Nl. Bamberger 91 u. Tb. 39 (»Wir bekommen jetzt den Bodensatz in Bismarcks Persönlichkeit, die sich mit dem Schlamm der Bevölkerung vermählt. Ich halte den materiellen Schaden, den er in dem ganzen Haushaltsapparat der Nation anrichtet, für unberechenbar. Er hat weder Gefühl noch Verständnis dafür, der Barbare de Génie kommt immer mehr heraus.«). Vgl. L. Haupts, K. Hillebrand, phil. Diss. Köln 1959, 197–221, sowie die Eindrücke von A. Bebel (Aus meinem Leben, Frankfurt 1964, 692) u. K. Bücher (Lebenserinnerungen, I, Tübingen 1919, 238) über die Aktivität der Lobbies.

106. R. Sonnemann u. S. Richter, Zur Rolle des Staates beim Übergang vom vormonopolistischen Kapitalismus zum Imperialismus in Deutschland, JbW 1964/II–III, 241 (Caro); dies., Zur Problematik des Übergangs vom vormonopolistischen Kapitalismus zum Imperialismus in Deutschland, JbW 1963, II, 39–78; H. Heller, Staatslehre, Leiden 1934, 113; 138. Vgl. F. Neumann, Ökonomie u. Politik im 20. Jh., in: ders., Demokratischer u. autoritärer Staat, Frankfurt 1967, 248–60, sowie W. Fischer, Staatsverwaltung u. Interessenverbände im Deutschen Reich, 1871–1914, in: Festschrift G. v. Eynern, Berlin 1967, 452 f.

keiten: die Spannungen der Industrialisierung abzumildern, die Suche nach neuen Wegen: um Wirtschaft, Gesellschaft und Staat von dem Druck der Krisenzeit zu entlasten, allgemein eine ungewöhnliche Dringlichkeit. Es ist deshalb kein Zufall, daß der expansive Hochkapitalismus weltwirtschaftlicher Wachstumsstörungen über national begrenzte Lösungen schon hinaustrieb. Über die Konzentration der Großunternehmen, das Kartell- und Syndikatswesen, den nationalwirtschaftlichen Protektionismus der Staaten führte derselbe Trend hin zum internationalen Kartell: zu den Plänen einer mitteleuropäischen Zollunion als einer übernationalen Vereinigung zur Regulierung von Märkten, deren Gefüge Depression und Konkurrenzkampf erschütterten. Diese Unionspläne der 1870er und 1880er Jahre besaßen sowohl einen defensiven Aspekt: die gemeinsame Verteidigung gegen übermächtige Wettbewerber von außen, als auch einen dynamischen Aspekt: die Erweiterung des Markts im Inneren. An ihn dachte Heinrich v. Treitschke in erster Linie, als er 1886 seinen Aufsatz »Unser Reich« nach einer Übersicht über das Panorama zeitgenössischer Probleme schrieb: »Überall verlangt der Gewerbefleiß nach neuen Absatzgebieten, der mitteleuropäische Zollverein ... gehört heute nicht mehr in das Reich der Träume[107].«

Im allgemeinen verbanden sich jedoch in diesen Jahren noch defensive Vorstellungen mit dem Kartell Mitteleuropa, denn das Vordringen der überseeischen Agrarkonkurrenz löste meistens die Unionsimpulse aus. Die Projekte des französischen Ökonomen und Publizisten G. de Molinari, der 1878/79 eine westeuropäische Zollunion vorschlug, und des ungarischen Abgeordneten G. v. Baussnern, die wie auch Peez eine deutsch-österreichisch-ungarische Zollunion anregte, die Deutschland zum »Regulator des gesamten Welthandels« machen werde, wurden trotz ihrer Akzentuierung der landwirtschaftlichen Notlage von Bismarck noch abgelehnt, da die Schwierigkeiten auf dem Gebiet des Industriewarenaustauschs noch unüberwindlich schienen. Keineswegs wählte er jedoch eine schroffe Form der Absage. Denn Molinari gegenüber hielt er es zwar für »nicht wahrscheinlich, namentlich in der Zeit einer industriellen Krise, daß Frankreich bereit wäre«, deutsche Industrieexporte »frei einzulassen«, verhehlte aber keineswegs das Kernproblem, »daß die deutschen Fabrikanten auch nicht »geneigt seien, vor einer weiteren Erstarkung die ausländische Konkurrenz auf dem deutschen Markt« sich wieder freier bewegen zu lassen. Und Baussnern hörte von ihm, man dürfe trotz der gegenwärtigen Hindernisse »das letzte Ziel, die Zolleinigung zwischen Deutschland und Österreich-Ungarn« nicht aus dem Auge verlieren.

107. H. v. Treitschke, Historische u. Politische Aufsätze, II, Leipzig 1886⁵, 569. Von der anfangs primär ökonomischen Motivierung der Mitteleuropaideen geht Böhme (Großmacht, passim) richtig aus u. verfolgt dieselben bis 1880. Nur kurze allg. Bemerkungen bei: J. Pajewski, Mitteleuropa, Posen 1959, 1–23; H. C. Meyer, Mitteleuropa in German Thought and Action, 1815–1945, Den Haag 1955, 58–61; J. Droz, L'Europe Centrale, l'évolution historique de l'idée de Mitteleuropa, Paris 1960, 155–57. Allg. noch H. Rosenberg, The Struggle for a German-Austrian Customs Union, 1815–1939, The Slavonic and East European Review 14. 1936, 332–42; W. Halbenz, Handelspolitische Zusammenschlußbestrebungen in Mitteleuropa im 19. u. ersten Drittel des 20. Jhs., phil. Diss. Hamburg 1947, MS; W. O. Henderson, Mitteleuropäische Zollvereinspläne, 1840–1940, ZfGS 122. 1966, 130–62, sowie D. C. Long, An Austro-German Customs Union, in: University of Michigan Historical Essays, XI, Ann Arbor 1937, 45–74; E. Francke, Zollpolitische Einigungsbestrebungen in Mitteleuropa, Sch. VfS 90. 1900, 289–93; L. Bosc, Zollallianzen u. Zollunionen, Berlin 1907; C. v. Kresz, Die Bestrebungen nach einer mitteleuropäischen Zollunion, phil. Diss. Heidelberg 1907; H. Oncken, Das alte u. das neue Mitteleuropa, Gotha 1917. A. Robinski, Die Vorkämpfer eines größeren Deutschlands in zollpolitischer Hinsicht, bis 1914, phil. Diss. Heidelberg 1917; J. Pentmann, Die Zollunionsidee, Jena 1917. Die Lit. bis 1917: A. Matlekovits, Bibliographie der Mitteleuropäischen Zollunionsfrage, Budapest 1917.

Das hatte Bismarck auch selber nicht getan, als er 1879 mit dem Vorschlag eines »organischen« Bundes mit Österreich-Ungarn, – woraus der Zweibund der beiden Kaiserreiche hervorging –, auch die seit 1877 erwogene »Zollunion« verband, die, ohne der Landwirtschaft Nachteile zu bringen, durch die Abschließung gegenüber anderen Staaten (außer Frankreich wegen der Meistbegünstigungsklausel des Frankfurter Friedens von 1871!) die deutsch-österreichische Verbindung fest verklammern sollte[108].

Überhaupt waren mit dem Anhalten der industriewirtschaftlichen Depression und der Agrarkrise die innerdeutschen Äußerungen zunehmend positiver gestimmt. Auch schon 1879 hatte der Präsident der Handelskammer im elsässischen Mülhausen ein »Zollbündnis der Staaten des europäischen Kontinents« verlangt. Daß der vorwiegend pragmatisch denkende Schmoller 1882 in Anbetracht der amerikanischen Getreidekonkurrenz die »mitteleuropäische Zollsolidarität« wünschte, um dem »sich in Extremen« bewegenden Wettbewerb »auf dem heutigen Weltmarkt« gewachsen zu sein, konnte weniger verwundern, als daß Brentano in dasselbe Horn stieß. Die Bestürzung, die er über die Krise der Landwirtschaft empfand, wirkte bei ihm, der mit der Idealisierung englischer Freihandelspolitik auch Getreidezölle perhorresziert hatte, während der 1880er Jahre so tief, daß er die Agrarzölle billigen konnte und diesen Abwehrring auch um eine mitteleuropäische »Zollunion« legen wollte. Es ist bezeichnend für das defensive Element in diesen frühen deutschen Mitteleuropaideen, daß sie außer der »Fortdauer unserer jetzigen Weltstellung« zwar auch »ihre Erweiterung«, wie sich Brentano z. B. ausdrückte, nicht ausschlossen, daß aber doch die Behauptung gegen die autarken Weltreiche des Britischen Empire, der Vereinigten Staaten und Rußlands (»vielleicht« auch Chinas, fügte Brentano hinzu) im Vordergrund stand. Nur im sicheren Gefüge einer Zollunion könne das Deutsche Reich überhaupt seine Position behaupten, erst von dieser erweiterten Basis aus sie auch ausbauen, um hinter den voranschreitenden Weltreichen nicht abzufallen. Der konkrete Anlaß, die plötzliche Agrarkonkurrenz, verwies zunächst auf die Verteidigung, wie auch die gleichzeitig anlaufende Washingtoner Politik eines panamerikanischen Kartells der Staaten der westlichen Hemisphäre in erster Linie durchaus das Übergewicht der britischen Konkurrenz abbauen und damit erst dem eigenen Imperialismus Entfaltungsmöglichkeiten verschaffen wollte.

Alle diese meist noch maßvollen deutschen Stimmen gingen freilich unausgesprochen von der Voraussetzung aus, daß der kleindeutsche Staat zehn Jahre nach seiner Gründung durch die welt- und nationalwirtschaftliche Entwicklung gedrängt werde, über seine Grenzen hinaus in einen größeren mitteleuropäischen Verband und dann in die Welt hineinzutreten. Die Dynamik der modernen Wirtschaft warf die unabweisbare Frage auf, ob mit der Versicherung: »territorial saturiert« zu sein, ein grundlegendes Problem der Bismarckschen Reichsgründung nicht zu eng gefaßt worden war[109].

108. Böhme, Großmacht, 443, 528 f., 587–604 (der das defensive Motiv, das bei den Franzosen in der Wendung gegen Rußland u. die USA scharf hervortritt, unterschätzt); Henderson, 151 f.; Matkovits, 845–53.
109. Herkner, 291; Tiedemann, 335; Norddeutsche Allgemeine Zeitung (= NAZ) 4. 10. 1879; Schmoller, Sch. Jb. 6, 283; L. Brentano, Über eine zukünftige Handelspolitik des Deutschen Reiches, ebda., 9. 1885, 21 f.; ders., Mein Leben im Kampf um die soziale Entwicklung Deutschlands, Jena 1931, 123 f.; Sheehan, 108–14. Vgl. H. Dietzel, Die Theorie von den drei Weltreichen, Berlin 1900. Zum frühen Panamerikanismus: Wehler, HZ 201, 60–85. – Vgl. Bismarck im Reichstag (11. 1. 1887): »wir gehören zu den ... saturierten Staaten«, RB 12, 177.

Über Großbetrieb, Kartell, nationalwirtschaftlichen Protektionismus und »Mitteleuropa«, das damals freilich noch im Bereich planender Erwägungen blieb, führten der Konzentrationsprozeß und die expansiven Antriebskräfte des deutschen Industriekapitalismus zum überseeischen Imperialismus in seinen vielfältigen Formen weiter. Vor allem er hat schon in derselben Zeit eben dieses Problem des kleindeutschen Staats unterstrichen. Welche Bedeutung ihm die Zeitgenossen mit dem Anhalten der Wachstumsprobleme zumaßen, was sie sich von ihm als Krisentherapie versprachen, – diesen Fragen gilt es jetzt nachzugehen.

3

Der ideologische Konsensus:
Exportoffensive und Sozialimperialismus als
Konjunktur- und Gesellschaftspolitik

> »Werden nicht ... für die Überproduktion der deutschen Arbeit regelmäßige, weite Abzugskanäle geschaffen, so treiben wir mit Riesenschritten einer sozialistischen Revolution entgegen.«
>
> Ernst v. Weber, 1878[1]

An einer abgelegenen Stelle seiner religionssoziologischen Studien hat Max Weber einmal eine Formulierung gefunden, die auch eine sachgerechte Analyse des Komplexphänomens Imperialismus erleichtern kann. »Interessen (materielle und ideelle), nicht Ideen, beherrschen unmittelbar das Handeln der Menschen«, konstatierte er dort. »Aber: die ›Weltbilder‹, welche durch ›Ideen‹ geschaffen werden, haben sehr oft als Weichensteller die Bahnen bestimmt, in denen die Dynamik der Interessen das Handeln fortbewegte.« Hier ist das Scharnier, das Interessen und »Weltbilder« verbindet, deutlich – wenn auch im Hinblick auf die Abhängigkeit der Wirksamkeit dieser »Ideen« von der gesellschaftlichen Realität noch nicht scharf genug – gesehen worden. An diesem Zusammenhang muß auch eine Untersuchung des ideologischen Konsensus, der als ein »Weltbild« die Interessendynamik im Deutschland der 1870er und 1880er Jahre in die Expansion kanalisiert hat, ansetzen[2].

Eine solche Analyse des Konsensus und seiner Funktion beruht offensichtlich auf einigen Prämissen. Sie geht zuerst einmal davon aus, daß die sozialökonomischen Verhältnisse, die Produktionsverhältnisse im weiten Sinn, mit der approximativen Gültigkeit einer wissenssoziologischen Regelmäßigkeit das Denken mitbestimmen. Es leidet dabei schwerlich einen Zweifel, daß für die moderne ideologiekritische Forschung in der Sozial- und Geschichtswissenschaft nicht die französische Aufklärungsphilosophie eines Condillac oder Destutt de Tracy, auch nicht die Einsicht Tocquevilles, sondern die erkenntnistheoretische Kritik von Marx den Ausgangspunkt bildet. Die stärkste anregende Wirkung ist hier von der pointiert zugespitzten These ausgegangen, daß »das gesellschaftliche Sein« der Menschen »ihr Bewußtsein« bestimmt. Dabei wurde das »gesellschaftliche Sein« (das bei Marx immer schon das *bewußte* Verhältnis des Menschen zur äußeren Welt in sich schließt!) häufig als »Unterbau« mißverstanden, über dem sich in kausaler Abhängigkeit ein ideeller »Überbau« erhebt; Marx selber hat freilich mit der Vehemenz einiger Formulierungen seiner antiidealistischen Polemik einer solchen Vorstellung Vorschub geleistet. Aber entgegen dieser weitverbreiteten Auffassung hat Marx durchaus, wie eine genauere Interpretation zeigt, ein Interdependenzverhältnis zwischen Bewußtsein und

---

1. E. v. Weber, Vier Jahre in Afrika, 1871–75, Leipzig 1878, II, 564.
2. M. Weber, Die Wirtschaftsethik der Weltreligionen, in: ders., Ges. Aufsätze zur Religionssoziologie, Tübingen 1963⁵, 252.

Denken einerseits, Gesellschaft und »ökonomischer Struktur« andererseits vor Augen gestanden; er hat es auch immer wieder explizit entwickelt[3].

Im Sinne eines solchen Interaktionsprozesses läßt sich die Wirksamkeit von bestimmten »Weltbildern« ohne eine Analyse der spezifischen sozialökonomischen Verhältnisse einer Gesellschaft nicht begreifen. Deshalb sind hier die Umrisse der Krisenepoche nach dem Durchbruch der Industriellen Revolution in Deutschland gezeichnet worden, ehe die Ideologie des frühen Imperialismus untersucht wird. Mit anderen Worten: auch der Historiker muß der unbestreitbaren »Ereignisbedingtheit« der Ideen und Ideologien gerecht werden, wie es Th. Schieder in einer klaren Absage an eine spiritualistisch verdünnte »reine« Ideengeschichte unlängst betont hat: Ideen »haben keine absolut selbständige Existenz, ihre Geschichte ist Teil der realen Geschichte und nur innerhalb dieser verständlich.« »Ideenträger in der Geschichte« sind »nicht einfach Marionetten einer von außen hereingreifenden geistigen Spielleitung«, sondern »stets Mitgestalter«. Indem Schieder »die Abhängigkeit der Ideengeschichte von dem äußeren Ereigniszusammenhang der allgemeinen Geschichte« unterstrich, bezeichnete er die »Ereignisbedingtheit« als einen »gewaltig wirkenden Faktor im geistigen Leben. Äußere Umstände können Ideen ... zum Zuge bringen ... Große Geschehnisse können die Erlebnisvoraussetzungen für ›Ideen‹ schaffen«, – ein Zusammenhang, den schon Herbert Spencer aus der auf Bacon zurückgehenden Tradition der angelsächsischen pragmatischen Epistomologie heraus ganz ähnlich beschrieben hat[4].

Der ideologische Konsensus über die Notwendigkeit der wirtschaftlichen, schließlich auch der kolonialen Expansion läßt sich als ein »Weltbild« verstehen, das sowohl durch die sozialökonomischen Umwälzungen während der Trendperiode nach 1873 mitgeschaffen worden ist, als auch einigen dynamischen Antrieben der Zeit den Weg gewiesen hat. Die Untersuchung seiner wesentlichen Elemente wird diese lebendige Wechselwirkung und die »Ereignisbedingtheit« durch diese krisenhafte Phase der Industrialisierung klar hervortreten lassen. Im Wirkungszusammenhang dieser Zeit entstand der Konsensus. Er entsprach ihren Bedingungen und konnte deshalb nicht nur als weithin einleuchtende Diagnose der Ursache der Wachstumsstörungen, sondern auch als überzeugungskräftige Aufforderung zum Handeln anerkannt werden. Damit erfüllt er zwei wesentliche Funktionen einer Ideologie: er enthielt eine – wenn

---

3. Vgl. hierzu sehr einleuchtend S. Avineri, The Social and Political Thought of K. Marx, Cambridge 1968, 69–77. Dazu MEW 13, 8 f.; 8, 139; 3, 30 f.; Marx, Grundrisse, 26 f. Engels ist mit den behutsamen Formulierungen seiner bekannten Briefe aus der Spätzeit (an C. Schmidt, 5. 8. 1890; J. Bloch, 21./22. 9. 1890; F. Mehring, 14. 7. 1893; W. Borgius [bisher irrtümlich H. Starkenburg], 25. 1. 1894, MEW 37, 436 f.; 463–65. 39, 96–98; 205–7) im Grunde zur eigentlichen Position von Marx zurückgekehrt. – Vgl. H. Freyer, Die Bewertung der Wirtschaft im philosophischen Denken des 19. Jhs., Leipzig 1939², 63, 88. – A. de Tocqueville Über die Demokratie in Amerika, Stuttgart 1959, I, 54. Allg. zur Ideologiekritik die vorzüglichen Arbeiten von K. Lenk Hg., Ideologie, Neuwied 1967²; H. Barth, Wahrheit u. Ideologie, Zürich 1961²; Th. Geiger, Ideologie u. Wahrheit, Stuttgart 1953; H. J. Lieber, Wissen u. Gesellschaft, Tübingen 1952; J. Habermas, Erkenntnis u. Interesse, 36–87; ders., Theorie, passim. – Die Vorrangigkeit einer humanistischen Kritik vor allem an den Produktionsverhältnissen, die wahrscheinlich doch dauerhafter als z. B. tradierte hierarchische Wertvorstellungen Emanzipation erschweren, wird durch die Anerkennung des erwähnten Interdependenzverhältnisses nicht aufgehoben.

4. Th. Schieder, Über Ideen u. Ideologien in der Geschichte, in: Festschrift P. H. Pfeiffer, Düsseldorf 1965, 526, 528; Spencer: M. Dobb, Organisierter Kapitalismus, Frankfurt 1866, 62. – H. Friedjung (Das Zeitalter des Imperialismus, I, Berlin 1919, 4) hat zwar den Imperialismus die »neue Leidenschaft der Völker« genannt, aber auf die Analyse ihrer Entstehung mit vielen anderen zusammen verzichtet.

auch verzerrte – Erkenntnis gesellschaftlicher Probleme und verband sie mit der Anleitung zu einem bestimmten praktischen Handeln.

Das ist für die Analyse des politischen Entscheidungsprozesses von hoher Wichtigkeit. Nachdem der realhistorische Zusammenhang der sozialökonomischen Veränderungen zumindest skizziert worden ist, muß jetzt nach der ideologischen Basis gefragt werden, um die tragenden Grundlagen des politischen Entscheidungshandelns weiter freizulegen. Indem aber diese ›subjektive‹ Reaktion untersucht wird, werden trotz der Systematik keine ex post gewonnenen Maßstäbe an das Material herangetragen, sondern zeitgenössische Auffassungen pointiert hervorgehoben, um einen Zugang zu dem Verständnis, das die Zeit von sich selber besaß, zu gewinnen. Dieses Verständnis brauchte natürlich nicht objektiv mit der realen Situation (d. h. »real« in dem Sinn, wie diese sich heute wissenschaftlich rekonstruieren läßt) übereinzustimmen, um historisch wirksam zu werden. Wann könnte man das von der Auffassung, die eine Zeit von sich besitzt, schon sagen? Es hätte ganz einer idealisierten Vergangenheit verhaftet oder auf die Zukunft gerichtet gewesen sein können. Das Erstaunliche aber ist einerseits, wie realitätsnah im Rahmen des Systems manche zeitgenössischen Vorstellungen über die Wirtschaftslage auch vom Standpunkt gegenwärtiger Forschung aus gewesen sind, während andererseits die revolutionäre Neuartigkeit des industriellen Wachstums einen zutiefst ambivalenten Eindruck hinterließ und die Furcht vor seinen gesellschaftlich-politischen Auswirkungen, besonders vor der Sozialrevolution, zwar oft echt, aber übertrieben war. Beides gerann zu einer überaus wirkungsvollen Ideologie. Dabei kann man durchaus die Forderung berücksichtigen, daß »der Name der Ideologie ... dem seiner Abhängigkeit nicht bewußten, geschichtlich aber bereits durchschaubaren Wissen, dem vor der fortgeschrittensten Erkenntnis bereits zum Schein herabgesunkenen Meinen, im Gegensatz zur Wahrheit vorbehalten werden« sollte (Horkheimer); denn vom fortgeschrittensten Denken wurden bereits die planrationale Kontrolle der wirtschaftlichen Entwicklung und die sozialstaatliche Massendemokratie als Lösungen für die industriegesellschaftlichen Probleme anvisiert. Aber aus dieser Ideologie mit ihrer Mischung von begründeter Einsicht und anhaltender Furcht erklärt sich die Durchschlagskraft und die politische Tragfähigkeit des ideologischen Konsensus.

Dieser Konsensus erhielt Übereinstimmung über die Notwendigkeit der überseeischen Expansion aus vornehmlich sozialökonomischen Motiven und aus Rücksicht auf die Stabilität einer bestimmten politischen Ordnung. Er begründete und forderte den modernen Wirtschafts- und Sozialimperialismus. Was wir dabei unter Sozialimperialismus verstehen, der immer auch ökonomische Expansion impliziert, ist vorab knapp zu definieren. Die Industrialisierung und der technologische Fortschritt haben in der weltwirtschaftlichen Krisenphase nach 1873 zuerst die industrie-, dann auch die agrarwirtschaftliche Wachstumsproblematik ungeheuer verschärft. Die Mitlebenden haben intensiv nach Auswegen aus ihrer bedrängten Lage gesucht. Eine Aushilfsmöglichkeit schien die ökonomische Expansion über die nationalen Grenzen hinweg, mithin der Waren- und Kapitalexport zu bieten. Das entsprach vollauf der Motorik des stetig sich ausdehnenden, prinzipiell grenzenlosen Marktes der kapitalistischen Wirtschaft, wie sie seit den großen Theoretikern der bürgerlich-liberalkapitalistischen Gesellschaft, seit Hobbes, Locke, Smith, immer wieder anerkannt worden war; hierauf drängten unwiderstehlich systemimmanente Antriebskräfte hin.

Außerdem aber ist vielen Zeitgenossen der unauflösliche Zusammenhang von Wirtschafts- und Gesellschaftsverfassung so bewußt gewesen, daß ihn die Generation, die die Depression seit 1929 miterlebte, nicht deutlicher gesehen hat. In einem für das politische Entscheidungshandeln womöglich noch dringenderen Sinn hofften sie daher, die Sprengkraft, die von den ökonomischen Erschütterungen her auf die Gesellschaft einwirkte, durch die Expansion abmildern und die traditionelle Gesellschaftsverfassung dadurch von einem unerträglichen Druck entlasten zu können. Sie hielten die Überproduktion für die Ursache der Depressionen und fürchteten als ihre Folge die Sozialrevolution. Die ideologische Furcht übersteigerte, oft bis zum Extrem, die Bedeutung der ohnehin schwerwiegenden realen Probleme. Der Sozialimperialismus erkannte in dem sozialökonomischen Transformationsprozeß, den die Industrialisierung vorantrieb und während der Konjunkturschwankungen schmerzhaft verschärfte, eine tödliche Gefahr für die überkommene Gesellschaftsordnung, die unter dem Anprall der wirtschaftlichen und sozialen Veränderungen zu zerreißen drohte. In der Expansion nach außen glaubte er, ein Heilmittel zu finden, das den Markt erweiterte, die Wirtschaft sanierte, ihr weiteres Wachstum ermöglichte, die Gesellschaftsverfassung damit ihrer Zerreißprobe entzog und die inneren Machtverhältnisse aufs neue stabilisierte.

Mehr noch als der ökonomische Vorteil und das Streben nach Gewinnmaximierung war die gesellschaftliche Ruhelage sein Ziel, aber er blieb sich des Abhängigkeitsverhältnisses von wirtschaftlicher Prosperität und Erhaltung des Sozialgefüges vollauf bewußt. Dieser fundamentalen Einsicht entsprangen seine Aktionen. Das gilt sowohl für seine eher unreflektierte, naiv-selbstverständliche, sozusagen ehrlich an wirtschaftliche Abhilfe glaubende, auf unmittelbare Erleichterung gerichtete, als auch für seine bewußte, manipulatorische Form – oder die Verquickung beider in der historischen Wirklichkeit. Vor allem aber der manipulatorische, auf Ersatzbefriedigung zielende Sozialimperialismus strebte danach, die Dynamik der Wirtschaft und der sozialen und politischen Emanzipationskräfte in die äußere Expansion zu leiten, von den inneren Mängeln des sozialökonomischen und politischen Systems abzulenken und durch reale Erfolge seiner Expansion oder zumindest die Steigerung des nationalideologischen Prestiges zu kompensieren. In jedem Fall behielt er das Wirtschafts- und Sozialsystem als Ganzes und die konservative Utopie einer gleichsam bewegungsarmen Gesellschaftsordnung mit einer ungefährdeten Sozial- und Machthierarchie im Auge. Das bildete trotz aller Dynamik seinen zutiefst konservativen, seinen statischen Zug, der ihn in der Industriellen Welt letztlich zum Scheitern verurteilte.

Das häufig ausschließlich betonte dynamische Element, das in dem Wachstum der Industrie mit ihrer Überproduktion und der hektischen Suche nach Märkten zutage trat, verschlang sich von Anbeginn an mit einer bewußt sozialdefensiven Haltung, die sich des Imperialismus als gesellschaftspolitischen Integrationsmittels bedienen wollte. Auch dem frühen deutschen Imperialismus war die Funktion einer »Abwehrideologie« (Bracher) gegen die auflösenden Einwirkungen der Industrialisierung auf das Sozial- und Wirtschaftsgefüge zu eigen. Der Sozialimperialismus war die moderne, in entscheidendem Maße sozialökonomisch motivierte Form einer alten, schon von Machiavelli beschriebenen Herrschaftstechnik: um der Bewahrung des sozialen und politischen Status quo willen die inneren Bewegungskräfte und Spannungen nach außen abzulenken[5].

5. M. Horkheimer, Ideologie u. Handeln, in: Sociologica II, Frankfurt 1962, 47. – Vgl. Brachers (136 f.) gute, jedoch etwas engere Definition; ders., Deutschland zwischen Demokratie u. Diktatur, München 1964, 359, 151; die theoretischen Überlegungen bei Kehr, Schlachtflottenbau, 310–18, 384–87,

Ebenso wie die Wachstumsstörungen nach 1873 ein weltweites Phänomen bildeten, ist der Sozialimperialismus eine internationale Erscheinung gewesen. Das läßt sich hier kurz am englischen, französischen und amerikanischen Beispiel verfolgen, ehe auf die deutsche Ausprägung eingegangen wird; aber auch die russische Politik unter Witte und Stolypin wird, – mit der charakteristischen Variante, daß die imperialistische Expansion die Modernisierung der innerrussischen Wirtschaft ermöglichen sollte –, von dieser Theorie noch miterfaßt.

Dem sozialökonomischen Entwicklungsniveau entsprechend ist in Großbritannien dieser Zusammenhang von Wirtschaftslage, Gesellschaftsverfassung und Zwang zur Expansion schon seit den 1830er Jahren klar gesehen worden. Namentlich einige der »Philosophical Radicals«, unter ihnen vor allem Wakefield und Torrens, aber auch Nationalökonomen wie John St. Mill und Ricardo und Schriftsteller wie Th. Carlyle haben zum Teil in Anlehnung an ältere Vorstellungen von Sismondi u. a. diesen Zusammenhang eindringlich beschrieben[6].

Wenn daher der neuseeländische Premierminister Sir Julius Vogel 1878, am Ende der ersten Depression nach 1873, warnte, England werde »der Schauplatz eines erbitterten Krieges zwischen Arbeitern und Besitzenden« werden, sobald man ihm seine »überseeischen Herrschaftsgebiete« nehme, dann knüpfte er an eine jahrzehntelang wachgehaltene sozialimperialistische Tradition an. In den folgenden Jahren haben sich Äußerungen dieser Art gehäuft, bis Cecil Rhodes 1895 seine berühmte Alternative formulierte: »Wenn man den Bürgerkrieg vermeiden will, muß man Imperialist werden[7].«

In Frankreich verkörperte Ministerpräsident Jules Ferry den »neuen« Imperialismus. »Leuchtet es nicht ein«, fragte er 1884 vor der Abgeordnetenkammer, um die vermeintliche Notwendigkeit der französischen Kolonialexpansion zu beweisen, »daß die großen Staaten des modernen Europa in dem Augenblick, in dem ihre industrielle

---

430–41, 445–58 (auch: Imperialismus); ders., Primat der Innenpolitik, 87–183. – Zur Theorie des expandierenden Markts das hervorragende Buch von C. B. Macpherson, The Political Theory of Possessive Individualism, Oxford 1964². Über Hobbes auch H. Arendt, Elemente u. Ursprünge totaler Herrschaft, Frankfurt 1955, 218–29 (auch: Imperialismus), leider häufen sich im Abschnitt über Imperialismus falsche Fakten u. Interpretationen. Ein nationalhistorisches Beispiel: Williams, Contours. Über Machiavelli: S. S. Wolin, Politics and Vision, Boston 1960, 218 f. Der von mir verwendete Begriff des Sozialimperialismus unterscheidet sich von dem »Sozialimperialismus« oder »Sozialchauvinismus« der älteren sozialdemokratischen u. leninistischen Polemik (z. B. wird hier u. a. mehr auf die Intentionen der Führungsschichten abgezielt als an die Mitwirkung der Arbeiterschaft gedacht), auch von der Definition B. Semmels (Imperialism and Social Reform, 1885–1914, Cambridge 1960, 13–28). Hobson u. Lenin haben den Sozialimperialismus auch in unserem Sinn deutlich gesehen. Vgl. A. G. Meyer, 21/8 u. H. C. Schröder, Einl. zu J. A. Hobson, Der Imperialismus, Köln 1968, 9–27.

6. B. Semmel, The Philosophical Radicals and Colonization, JEH 21. 1961, 513–25 (dt. in: Imperialismus); ders., Economics, 192–232; demnächst dess. Buch darüber; D. N. Winch, Classical Political Economy and Colonies, London 1965; ders., Classical Economics and the Case for Colonization, Economica 30. 1963, 387–99; K. Knorr, British Colonial Theories, 1570–1850, London 1963². G. S. L. Tucker, Progress and Profit in British Economic Thought, 1650–1850, Cambridge 1960. Vorzügliche Zusammenfassung in: Schröder, Sozialismus u. Imperialismus, 7–104, speziell 12–16, 116–18.

7. M. Goodwin Hg., Nineteenth-Century Opinion, Harmondsworth 1951, 274 (Vogel, 19th Century, April 1878). Allg. Semmel, Imperialism (Kap. über Chamberlain dt. in: Imperialismus, vgl. dazu: S. B. Saul, The Economic Significance of »Constructive Imperialism«, JEH 17. 1957, 184–96), u. immer noch J. A. Hobson, Imperialism (1902), London 1954, 80 f., 89, 174 f.; ders., Die neue Phase des Imperialismus, Jahrbuch für Soziologie, 2. 1926, 317; Hoffman, 13–80; Brown, 85–128; T. F. Tsiang, Labor and Empire. A Study of the Reaction of British Labor to British Imperialism Since 1880, N. Y. 1923, 11–95. Rhodes zit. nach der Wiedergabe eines Gesprächs mit W. T. Stead, in: ders., History of Mystery, London 1897, vgl. S. G. Millin, Rhodes, London 1952, 174 f.

Macht begründet ist, sich einem ungeheuren und komplizierten Problem gegenübersehen, das die Grundlage der Industriewelt, die Bedingung seiner Existenz darstellt – der Frage nach Märkten?« Für alle »modernen Nationen« sei deshalb Expansionspolitik »eine Notwendigkeit wie der Markt selber«. »Die Kolonialpolitik ist ein Ergebnis des Industrialismus«, erklärte er wenig später. »Für die reichen Staaten, wo Kapital im Überfluß vorhanden ist..., wo das Industriesystem zunehmend wächst..., ist der Export eine essentielle Voraussetzung des allgemeinen Wohlstands. Kapitalproduktivität wie Arbeitsaufträge bemessen sich nach der Größe der Außenmärkte«, und »der soziale Frieden im industriellen Zeitalter der Menschheit ist eine Frage der Absatzmärkte«! Die anhaltende Wirtschaftsdepression habe ganz Europa hart getroffen, gestand Ferry. Man müsse, da der europäische Markt schon zu »saturiert« sei, »in anderen Teilen der Welt Verbraucherschichten ins Leben rufen – oder aber man liefert die moderne Gesellschaft dem Bankrott aus und bereitet für den Beginn des 20. Jahrhunderts eine katastrophale soziale Liquidation« vor, deren »Folgen sich gar nicht abschätzen lassen«. Aus denselben Vorstellungen heraus konnte der einflußreiche französische Nationalökonom P. Leroy-Beaulieu 1882 in einer Neuauflage seines bekannten Buches »De la colonisation chez les peuples modernes« den Erfolg expansionistischer Politik, deren »eigentliche Triebkraft« er für Frankreich schon im Kapitalexport sah, als eine »Frage auf Leben und Tod« bezeichnen[8].

Noch härter ist diese Problematik in den Vereinigten Staaten empfunden worden, wo sich ohne die Hemmnisse traditionaler Belastungen die kapitalistische Wirtschaftsgesellschaft katexochen entfaltet hatte und die Wachstumsstörungen seit 1873 den Sozialoptimismus, den die amerikanische Ideologie der aufstiegsfördernden mobilen Gesellschaft getragen hatte, zutiefst erschütterte. Wie sehr auch in Nordamerika die politischen und wirtschaftlichen Führungsschichten in den Überkapazitäten eines gigantischen Wirtschaftssystems die Ursache der Krisenzeit nach 1873 erblickten, hat die neuere Forschung ausführlich nachgewiesen[9].

8. J. Ferry, Le Tonkin et la Mère Patrie, Paris 1890, 40, 42; auch in: ders., Discours et Opinions, P. Robiquet Hg., Paris 1897, 5, 557–64; H. Goldberg Hg., French Colonialism, N. Y. 1959, 3 f.; L. L. Snyder Hg., The Imperialism Reader, Princeton 1962, 123 f.; M. Dubois u. A. Terrier, Les Colonies Françaises, Paris 1902, 401 f. Vgl. F. Pisani-Ferry, J. Ferry et le partage du monde, Paris 1962; T. F. Power, J. Ferry and the Renaissance of French Imperialism, N. Y. 1944; M. Aldao, Les idées coloniales de J. Ferry, Paris 1933; C. A. Julien, J. Ferry, in: ders. Hg., Les Politiques d'Expansion Impérialiste, Paris 1949, 11–72; M. Reclus, J. Ferry et la »doctrine« coloniale, Revue Politique et Parlamentaire, 188. 1946, 148–62; A. Rambaud, J. Ferry, Paris 1903, 390 f.; Brunschwig, 74. – P. Leroy-Beaulieu, De la colonisation chez les peuples modernes, Paris 1902[5] (Vorwort von 1882, 1874[1]); ders. (Essai sur la repartition des richesses, Paris 1881) hatte schon vorher die Wirkungen der Kapitalanhäufungen prophezeit. Weniger ergiebig für den hier verfolgten Zusammenhang sind: J. F. Cady, The Roots of French Imperialism in Eastern Asia, Ithaca 1954; H. J. Priestley, France Overseas. A Study of Modern Imperialism, N. Y. 1938; S. H. Roberts, History of French Colonial Policy, 1870–1925, 2 Bde., London 1963[2], wohl aber: A. Murphy, The Ideology of French Imperialism, Washington 1948, 103–225. Vgl. H. Deschamps, Les méthodes et les doctrines coloniales de la France, Paris 1953, 124–37; H. Brunschwig, La colonisation française du pacte colonial à l'union française, Paris 1949; G. Hardy, Histoire de la colonisation française, Paris 1947[5]; ders., La politique coloniale, Paris 1937; G. Hanotaux u. A. Martineau, Histoire des colonies françaises, 6 Bde., Paris 1903–33.

9. Vgl. die Arbeiten 33. Anm. 24, sowie T. McCormick, Insular Imperialism and the Open Door: The Spanish-American War and the China Market, Pacific Historical Review (= PHR) 32. 1963, 155–70 (dt. in: Imperialismus); ders., China Market. America's Quest for Informal Empire 1893–1901, Chicago 1967; R. Ginger, The Age of Excess, 1877–1914, London 1965; Hobson, Imperialism, 78–80.

Angesichts der damals wie heute weitverbreiteten harmonisierenden Auffassung von der amerikanischen Gesellschaft als einem von friedlichen Wettbewerb, aber nicht von Klassenkämpfen bestimmten Gemeinwesen ist die in denselben Schichten lebendige Furcht vor der Sozialrevolution noch bemerkenswerter. Schon in den blutigen Streiks von 1877 glaubte der Eisenbahnmagnat Jay Gould die Anfänge »einer großen sozialen Revolution« zu erkennen, und über neuen Arbeitskämpfen im Jahre 1886 sah Gouverneur J. Rusk von Wisconsin die »rote Flagge der Anarchie« wehen. »Wir müssen über unsere Grenzen hinaus« expandieren, schrieb John A. Kasson 1881 zu Beginn seiner Laufbahn als Gesandter und Wirtschaftsdiplomat, oder »wir werden bald im Inneren auf Unzufriedenheit schauen«. Das Ansteigen der »Produktion über die Konsummöglichkeiten« berühre Amerikas »ureigenste Wohlfahrt«, erklärte S. O. Thacker, der 1885 im Auftrag des Kongresses den lateinamerikanischen Markt mit einer Studienkommission erkundet hatte, vor einem Senatsausschuß. »Wie nie zuvor in unserer Geschichte hängen zukünftiges Wachstum, Frieden und Ruhe davon ab, daß wir mehr Verbraucher für unser Angebot finden.«

In den Vereinigten Staaten ging die eigentliche Schockwirkung jedoch von der dritten Depression von 1893 bis 1897 aus, als die anderen Industrieländer schon wieder der Konjunktur zustreben. Als sich das Land seit dem Winter 1893/94 mit dem Absturz in eine neue Tiefkonjunktur konfrontiert sah, vermehrten sich die Kassandrarufe[10].

Wenn »kein radikaler Wandel« eintrete, prophezeite Senator Tillman, einer der Führer des agrarreformerischen Populismus im Frühjahr 1894, »wird unser Land eine blutige Revolution erleben. Die Arbeitslosen werden sie einleiten«, und »die vernichtende Springflut wird sich über Abertausende von Toten hinweg ihren Weg bahnen«. Derweilen sah der Eisenbahnkönig J. Hill in den unruhigen Großstädten schon »die Herrschaft des Terrors wüten«. Beide befürworteten dieselbe Politik des Handelsimperialismus, die Außenminister Gresham als Folge seiner Einsicht in die Auswirkungen der Depression betrieb. Die amerikanische Industrie könne »den Binnenmarkt in sechs bis sieben Monaten versorgen«, nahm Gresham an. Werde kein Absatzweg nach außen gefunden, so drohe Amerika »dieselbe Gefahr wie Europa«, nämlich eine »Revolution«, deren »Symptome« er schon in den Streiks und Protestmärschen der Arbeitslosen aufleuchten sah. »Wir müssen Veränderungen durchsetzen, oder wir gehen einer Katastrophe entgegen.« »Düstere Anzeichen«, gestand er seinem Staatssekretär, schienen »die Revolution zu verheißen«, auf die ein bonapartistischer Cäsarismus folgen könne, wenn der Wirtschaft nicht bald geholfen werde[11].

Bis zur Präsidentschaftswahl von 1896 hatten sich diese Befürchtungen so verdichtet, daß republikanische Konservative in dem milden Reformliberalismus des demokratischen Kandidaten William J. Bryan die »Revolte der Nichtprivilegierten

---

Vorzügliche empirische Kritik an der Mobilitätsideologie: S. M. Lipset u. R. Bendix, Social Mobility in Industrial Society, Berkeley 1962².

10. Bruce, 26, 310 f., 317; Rusks Rede von 1886, Nl. Rusk, Wisconsin State Historical Society, Madison, Wisconsin; E. Younger, J. A. Kasson, Iowa City 1955, 294; Thacker nach: W. A. Williams, The Shaping of American Diplomacy, I: 1750–1900, Chicago 1962³, 381f.; vgl. Wehler, HZ 201, 73, 76 f. Allg. über die Depression 1893–97: Anhang 509 f.

11. B. Tillman an W. Barker, 3. 5. 1894, Nl. Barker, LC; Hill an Lamont, 7. 7. 1894, Nl. Lamont, LC; Gresham an C. E. Dyer, 2. 6. 1894, ähnlich an J. S. Cooper, 26. 7. 1894, an W. MacVeagh, 7. 5. 1894, Nl. Gresham, LC; Aufz. Moores über Gespräch mit Gresham, 4./5. 5. 1894, Nl. Moore, LC.

gegen die Privilegierten«, den »Aufruhr Calibans«, ja, wie Senator Lodge meinte, »fast die Revolution« drohen sahen. Lodge hielt überhaupt diese Jahre für »eine Zeit der sozialen Umwälzungen«, hier liege »das große Problem der Zukunft, das wir lösen müssen«. Welche Dringlichkeit dieses Problem für ihn gewonnen hatte, trat auch bei ihm klar hervor, als er den amerikanischen Imperialismus während des spanisch-amerikanischen Krieges von 1898 begründen mußte. »Wenn wir nicht Absatzmärkte für unsere Waren und Ausdehnungsmöglichkeiten in Asien und in der Karibischen See finden«, bekannte er vor Friedensschluß einem Freund, »werden wir nur wenig Schutz gegen eine große soziale Revolution finden«. »Unser industrieller Fortschritt verlangt nach großen Außenmärkten«, beschwor H. N. Fisher, der das Panamerikanische Büro in Washington übernehmen sollte, gleichzeitig Marineminister John D. Long, »da wir zu Hause die zunehmende Gefahr eines Konflikts zwischen Arbeiterschaft und Kapital wegen des Mangels an solchen Märkten auf uns zukommen sehen.« »Wir müssen den [chinesischen] Markt gewinnen«, rief Senator Frye auf dem Kapitol aus, »oder wir werden eine Revolution erleben[12].«

Diesen Befürchtungen, die nicht nur die amerikanische »Power Elite« hegte, hat der Wirtschaftspublizist Charles A. Conant um die Jahrhundertwende prägnanten Ausdruck verliehen. Auch er sah in den »Überkapazitäten der großen Industrienationen« die »wahre Ursache« der anhaltenden Depressionen. Angesichts der »Überproduktion im eigenen Lande« könne die »gegenwärtige Gesellschaftsstruktur« nur dann bewahrt werden, wenn das »vitale« Problem: »ausländische Absatzmärkte zu gewinnen«, gelöst werde: »Wie notwendig sind doch Abzugskanäle für die Rettung« Amerikas, »wenn nicht die gesamte Ordnung des derzeitigen Wirtschaftsgefüges durch eine soziale Revolution erschüttert werden soll«! Wie mancher Imperialismustheoretiker nach ihm hat Conant auch ganz klar Alternativen diskutiert. Den »Sozialismus« lehnte er ab, obwohl er einräumte, daß ein »maßvoller Schuß Staatssozialismus« eine Zeitlang einen Ausweg biete, »ohne daß die Pfeiler der bestehenden Sozialordnung brüchig werden«. Der Ausweitung des Binnenmarkts und Anhebung der Verbraucherkaufkraft vertraute er nicht, wie er überhaupt einige Jahre vor Hobson eine Gegenposition zu diesem bezog, da er eine Unterkonsumtionstheorie ablehnte, die Einkommensverteilung nicht reformieren wollte und einen »grundlegenden Umbau der gegenwärtigen Gesellschaftsordnung« perhorreszierte. Eine dauerhafte Lösung erblickte Conant nur im »Imperialismus«, worunter er die von der Staatsgewalt unterstützte wirtschaftliche und koloniale Expansion verstand, die der Industrie anhaltende Prosperität und der Gesellschaft den stabilisierten Status quo garantierte[13].

12. S. Bancroft an Bayard, 12. 10. 1896, Nl. Bayard, LC; J. Hay an W. Reid, 7. 11. 1896, Nl. Reid, LC; H. C. Lodge an T. Roosevelt, 1. 8. 1896, Nl. Roosevelt, LC; Lodge an Chandler, 23. 10. 1897, Nl. Chandler, LC; ders. an Hayes, 18. 5. 1898, Nl. Lodge, Massachusetts Historical Society, Boston; H. N. Fisher an J. D. Long, 23. 7. 1898, Nl. Long, ebda. Frye nach: Williams, Tragedy, 26. Ausführlicher hierzu Wehler, Der amerikanische Handelsimperialismus in China, JbA 14.
13. C. A. Conant, The United States in the Orient, N. Y. 1901, III, VII, 3, 25, 63, 79 f., 94, 116. C., der darin Aufsätze aus den Jahren 1898 bis 1900 (auch den bekannteren unter dem Titel: The Economic Basis of Imperialism, zuerst: North American Review 167. 1898; hier 1–33) zusammenfaßte, hat übrigens auch die »Oversaving«-Theorie von J. M. Keynes u. zahlreiche Gedanken von Hobson vorweggenommen, Webers Großbetriebs-These geteilt und alle monetären Krisentheorien abgelehnt, vgl. 5, 10, 29 f., 73, 92, 98, 105, 160. Noch heute ist dieses höchst interessante Buch eines konservativen Imperialismustheoretikers, der auch die Ähnlichkeit der Problematik der 1830er und 1840er Jahre in England und der 1880er und 1890er Jahre in Europa und Amerika gesehen hat, von der Geschichtsschreibung des Imperialismus nicht berücksichtigt worden.

Die Vermutung ist naheliegend, daß der hier knapp umrissene Sozialimperialismus als eine Form des Eskapismus vor den gewaltigen inneren Problemen der Länder, die von der Industrialisierung umgeformt wurden, auch Historikern der internationalen imperialistischen Politik als ein charakteristisches Wesensmerkmal aufgefallen ist. Tatsächlich sind einige hervorragende Kenner der modernen Expansionsgeschichte auf ihn eingegangen. So hat der amerikanische Historiker William L. Langer den neuen Imperialismus »im Grunde« als das »völlig natürliche Ergebnis der sich verändernden Bedingungen des europäischen Wirtschaftslebens, das Resultat des stetig zunehmenden sozialen Druckes in den industrialisierten Regionen der Welt« bezeichnet. Er entsprang, bekräftigte er später, der »ungeheuer angewachsenen Produktionskapazität der europäischen Industrie«, er war »eine Begleiterscheinung der voranstürmenden Industriellen Revolution«; als »Sicherheitsventil für den im eigenen Lande sich aufstauenden Druck« suchte er denselben »nach außen« abzuleiten. Ganz ähnlich hat der englische Historiker Geoffrey Barraclough den Imperialismus als das »Unvermögen Europas« charakterisiert, »seine internen Probleme zu lösen und Spannungen, die zu einem Krieg oder zu einer Revolution oder zu beiden führen könnten, aus der Welt zu schaffen; anstatt zu heilen«, suchte es »jenseits der Grenze Ventile für die Unzufriedenheit im Lande«. Auf der »Flucht vor den eigenen unlösbaren Problemen« fand »Europa im letzten Viertel des 19. Jahrhunderts ein Ventil in kolonialen und imperialistischen Abenteuern«. Und in einem vergleichenden Überblick über die europäische Geschichte eben dieser Zeit hat Theodor Schieder diese Linie weitergezogen: »So ist der Imperialismus... nur das Ventil für innere Veränderungen und Umwandlungen, gleichsam die politische Form, in der die industrielle Revolution von Europa aus die ganze Welt erfaßt.« Dieser bemerkenswerte historiographische Konsensus, der freilich die Vereinigten Staaten mit umschließen muß, soll hier an einem nationalhistorischen Beispiel überprüft werden[14].

Auch in Deutschland war das industrielle Wachstum während der Trendperiode von 1873 bis 1896 mit ungeheuren, komplizierten Problemen verbunden. Zugleich

14. W. L. Langer, European Alliances and Alignments, 1871–90, N. Y. 1962², 317, vgl. 283; ders., The Diplomacy of Imperialism, 1890–1902, N. Y. 1960², 95; ders., Farewell to Empire, FA 41. 1962, 120, 129. – G. Barraclough, Das europäische Gleichgewicht u. der neue Imperialismus, in: G. Mann Hg., Propyläen Weltgeschichte, 8, Berlin 1960, 737 f., vgl. ders., Introduction, 17, 51 f. – Th. Schieder, Europa im Zeitalter der Nationalstaaten u. europäische Weltpolitik bis zum Ersten Weltkrieg, in: ders. Hg., Handbuch der Europäischen Geschichte, VI, Stuttgart 1968, 5 f., vgl. 151, 9, 12, 80–94; ähnlich ders., Political and Social Developments in Europe, NCMH 11. 1962, 245. Vgl. P. E. Schramm, Das 19. Jh. Europa im Zeichen der Kräfteausweitung nach Übersee, Die Sammlung 3. 1948, 458. An diesen Zusammenhang hat wohl auch M. Weber (Wirtschaft u. Gesellschaft, Tübingen 1956², II, 527) mitgedacht, als er schrieb, daß »jede erfolgreiche imperialistische Zwangspolitik nach außen ... normalerweise ... »im Inneren« das Prestige und damit die Machtstellung und den Einfluß derjenigen Klassen, Stände, Parteien«, stärke, »unter deren Führung der Erfolg errungen ist«; ganz ähnlich: Hilferding, 506; O. Bauer, 494. Im »modern-kapitalistischen Zeitalter« sei, meinte W. (II, 522, 525) das »vorwaltend beherrschende« Motiv »der politisch gestützten ökonomischen Expansion« das »Absatz-Interesse nach Fremdgebieten«. Im übrigen hat auch die ältere Imperialismusdiskussion den Sozialimperialismus mehrfach betont, vgl. C. Brinkmann, Weltpolitik u. Weltwirtschaft im 19. Jh., Leipzig 1921, 51; A. Löwe, Zur ökonomischen Theorie des Imperialismus, in: Festschrift F. Oppenheimer, Frankfurt 1924, 223; F. Sternberg, Der Imperialismus, Berlin 1926, 264 (vgl. ders., Der ›Imperialismus‹ u. seine Kritiker, Berlin 1929; H. Grossmann, Eine neue Theorie über Imperialismus, Archiv für die Geschichte des Sozialismus 13. 1928, 141–92); A. Meusel, Der klassische Sozialismus, in: G. Briefs Hg., Die Wandlungen der Wirtschaft im kapitalistischen Zeitalter, Berlin 1932, 48; F. Neumann, Behemoth, London 1944², 210–18. – Mit A. Grabowskys verwirrenden Ausführungen (Der Sozialimperialismus als letzte Etappe des Imperialismus, Basel 1939) hat unser Begriff nichts zu tun.

wurde seit 1873 »die soziale Frage unter Treibhauswärme gestellt« (Rodbertus). Die explosiven Kräfte, die die wirtschaftlichen und gesellschaftlichen Umformungsprozesse entbanden, haben den Zeitgenossen immer wieder das höchst aufschlußreiche Bild abgenötigt, daß Deutschland einem Dampfkessel unter Hochdruck gleiche. Das »Elend der Überproduktion« und die Gefahr der herannahenden »alles verschlingenden Revolution« vor Augen fand der Kolonialpublizist Wilhelm Hübbe-Schleiden ein »Sicherheits-Ventil« für sie »allein« in der »Erweiterung unseres nationalen Wirtschaftsgebietes«. »Unsere wirtschaftlichen und sozialen Verhältnisse gleichen einem stark geheizten Kessel«, stimmte ihm Franz Moldenhauer in der »Deutschen Kolonial-Zeitung« bei, »eine der Grundbedingungen, von denen die Wohlfahrt unserer Zukunft abhängt«, liege in der Notwendigkeit, »die zu stark gespannten Dämpfe« in die »Kanäle« überseeischer Ausbreitung zu leiten. Vor einer Reichstagskommission warnte auch Friedrich Hammacher, daß »unsere deutsche Industrie... momentan einem überheizten Dampfkessel« gleiche, dem durch Expansion »Luft gemacht werden müsse«. Nicht nur von dem sozialdemokratischen Parteiführer August Bebel wurde diese Metapher »mit Vergnügen akzeptiert« – auch die den anderen Parteien angehörenden Kommissionsmitglieder griffen sie sofort zustimmend auf, da sie ihren eigenen Eindruck in eine treffende Formulierung gefaßt sahen. Vom »Sicherheitsventil« der Expansion sprach man allenthalben in den Vereinigten Staaten, und auch Ferry nannte zur gleichen Zeit Frankreich einen »Dampfkessel ohne Sicherheitsventil, wenn es nicht durch eine gesunde und ernsthafte Kolonialpolitik... entlastet« werde[15].

Schlug sich in diesem Vergleich ein offensichtlich weit verbreiteter allgemeiner Eindruck von dem inneren Zustand der Industrieländer nieder, so hatte doch Deutschland noch das drückende Gewicht besonderer historischer Belastungen zu ertragen. Deutschland ist das einzige große okzidentale Land ohne moderne politische Revolution. Zwar hatte die »Fürstenrevolution« (Rosenstock-Huessy) des 16. Jahrhunderts auf die deutschen Verhältnisse einen tiefgreifenden Einfluß ausgeübt, für den Fortschritt der deutschen Territorialstaaten in die eigentliche Neuzeit seit dem 18. Jahrhundert aber überwiegend als Hemmschuh gewirkt. Auch der »kleine Vorsprung«, den die »deutsche Sonderform« des aufgeklärten Absolutismus diesen Staaten zeitweilig verschafft hatte, »führte in eine Sackgasse«. Die begrenzten und mit halbem Herzen durchgeführten Reformen von oben genügten jedoch, die Impulse zu lähmen, die auf eine grundlegende Umgestaltung hindrängten. In historischer Perspektive gesehen konnten ihre kurzlebigen Erfolge für das »Ausbleiben einer normalen revolutionären Pubertätskrise der deutschen Entwicklung« keinen Ersatz bieten. Vor allem seit dem Scheitern des revolutionären Anlaufs von 1848/49 kreiste

---

15. Rodbertus nach: H. Dietzel, Bismarck, HSt 3. Jena 1903³, 65; W. Hübbe-Schleiden, Deutsche Kolonisation, Hamburg 1881, 62, 97; F. Moldenhauer: Deutsche Kolonialzeitung (= DKZ) 1. 1884, 141 f.; Hammacher, 9. 12. 1884, RTA 2625, 11; dieselbe Formulierung auch im gedruckten Bericht: RT 6:1:6, Anl. 208, 805; Bebel an Engels, 28. 12. 1884, in: A. Bebels Briefwechsel mit F. Engels, Hg. W. Blumenberg, Den Haag 1965, 208. Allg. RTA 2625. Ferry: Dubois, 402, sowie das Zitat aus dem Jahre 1897 bei H. Russier, Le Partage de l'Oceanie, Paris 1905, 165 f. (»Infolge der zunehmenden Schwierigkeiten des Lebens, die nicht nur auf den Arbeitermassen, sondern auch auf den Mittelklassen lasten, sieht man, wie sich in allen Ländern der alten Zivilisation Ungeduld, Empörung und Haß ansammeln, die den öffentlichen Frieden bedrohen, wie sich deklassierte Energien, tumultuarische Gewalten anhäufen, die es einzudämmen gilt, um sie für irgendeine große Sache außerhalb des Landes zu gebrauchen, soll nicht eine Explosion im Inneren erfolgen«).

»das Gift einer unausgetragenen verschleppten Krise ... im Körper des deutschen Volkes. Es war die typische Krankheit des Landes ohne Revolution« (Stadelmann)[16].

Es ist eins der Ergebnisse des politischen Wirkens von Otto v. Bismarck gewesen, daß es ihm gelungen ist, die Revolution von oben in ihrer militärischen Phase bis zur Reichsgründung erfolgreich weiterzuführen, den politischen und sozialen Status quo in Preußen-Deutschland noch einmal zu zementieren und die Lebensdauer der alten Gewalten des Militär-, Beamten- und Großagrarierstaats zu verlängern. Heute, da uns die Folgen dieses unheilschwangeren Erfolgs bewußt sind, wird daher eine Beurteilung des kleindeutschen Kaiserreichs von 1871 auch von dem Grundtatbestand auszugehen haben, daß sich die Hochindustrialisierung Deutschlands in dem Gehäuse eines konservativen Obrigkeitsstaats mit einer neofeudalistisch strukturierten Gesellschaft entfaltete. Das hat zu ungeheuren Spannungen geführt, die das Ausmaß der ohnehin gewaltigen Belastungen, die der Durchbruch zur modernen Industriegesellschaft auch den anderen okzidentalen Staaten im 18. und 19. Jahrhundert auferlegte, doch noch weit übertrafen. Das Land ohne Revolution, die die Weichen auf die moderne Entwicklung hätte umstellen können, erlebte die Industrielle Revolution und die nachfolgende Hochindustrialisierung in einem Staatswesen, in dem eine historisch überholte Gesellschafts- und Staatsordnung gegen den Ansturm der neuen Zeit zäh verteidigt wurde.

Dieser Anprall mußte deshalb noch so überaus wuchtig wirken, – wie Thorstein Veblen wohl als erster klar erkannt hat –, weil Deutschland als Spätankömmling von seinen fortgeschritteneren Nachbarn das Industriesystem in seiner hochentwickelten Form übernehmen konnte und wirtschaftlich in einer damals beispiellos kurzen Zeit den Sprung nach vorn tat. Das verschärfte jedoch den Antagonismus alter und neuer Tendenzen ganz ungemein, zumal da man sich vergegenwärtigen muß, daß eine entscheidende Phase in die Trendperiode der Wachstumsstörungen nach 1873 hineinfiel. Die einschneidenden Probleme, die durch sie aufgeworfen wurden, bestätigen auch für Deutschland die allgemeine Theorie Alexander Gerschenkrons, daß die Industrialisierung selber und ihre weitverästelten gesellschaftlichen und politischen Auswirkungen um so komplizierter und komplexer sind, je ruckartiger der Sprung von »unentwickelten« zum entwickelten Industrieland und je komprimierter der Durchbruch der Industriellen Revolution im engeren Sinn verlaufen[17].

Daß das kleindeutsche Reich als Nationalstaat entstand und sich als solcher verstand, hat diese Probleme keineswegs grundlegend gemildert. Denn die Folgen der

---

16. R. Stadelmann, Deutschland u. die westeuropäischen Revolutionen, in: ders., Deutschland u. Westeuropa, Laupheim 1948, 14, 27 f., 31; E. Rosenstock-Huessy, Die Europäischen Revolutionen u. der Charakter der Nationen, Stuttgart 1961³. Vgl. H. Plessner, Die verspätete Nation, Stuttgart 1963³; glänzend hierzu L. Krieger, The German Idea of Freedom, Boston 1957 (fraglos das wichtigste Buch eines gebürtigen Amerikaners über die neuere deutsche Geschichte!).

17. T. B. Veblen, Imperial Germany and the Industrial Revolution (1915), Ann Arbor 1966, 245 f. Gerschenkron, Backwardness; Typology; Vorbedingungen. Vgl. D. S. Landes, Industrialization and Economic Development in 19th Century Germany, in: Première Conférence Internationale d'Histoire Économique, Stockholm 1960, Paris 1960, 83–86; ders., The Structure of Enterprise in the 19th Century: the Cases of Britain and Germany, in: ders. Hg., The Rise of Capitalism, N. Y. 1966, 99–111. S. auch R. Dahrendorf, Demokratie u. Sozialstruktur in Deutschland, in: ders., Gesellschaft u. Freiheit, München 1961, 260–99; ders., Demokratie in Deutschland, München 1965, 43–75; T. Parsons, Demokratie u. Sozialstruktur in Deutschland vor der Zeit des Nationalsozialismus, in: ders., Beiträge zur soziologischen Theorie, Neuwied 1964, 256–81; R. M. Lepsius, Parteiensystem u. Sozialstruktur: zum Problem der Demokratisierung der deutschen Gesellschaft, in: Festschrift F. Lütge, Stuttgart 1966, 371–93.

rapiden Industrialisierung Deutschlands haben im Verein mit der Bismarckschen Politik die vom Nationalstaat intendierte und verheißene innere Einheit der Nation sogleich während der Depression der 1870er Jahre als Fiktion enthüllt, und diese Diskrepanz zwischen Wunschbild und Realität des deutschen Nationalstaats fügte ein weiteres Spannungselement zu den ohnehin vorhandenen hinzu. Die vom Liberalismus zeitweilig anvisierte klassenlose Mittelstandsgesellschaft erwies sich als Illusion. Die Integrationskraft der bürgerlichen Nationalstaatsidee drang zwar in Deutschland bis 1914 erstaunlich weit vor, aber ebenso bemerkenswert und historisch folgenreich sind die Spannungsfelder gewesen, die sie nicht zu überbrücken vermochte.

Auf der deutschen Entwicklung lastete mithin eine außergewöhnlich schwere historische Bürde. Und wenn selbst in Ländern mit einer vielleicht glücklicheren Geschichte des Übergangs in die Industrielle Welt – wie den Vereinigten Staaten und auch Großbritannien – der moderne Imperialismus aus den Konflikten der inneren ökonomischen und gesellschaftlichen Entwicklung entsprang, um wieviel mehr konnte dann die hochgradig gefährliche Krisenlage in Deutschland mit ihren grobkörnigen Reibungsflächen zwischen Industrie- und Feudalgesellschaft, über die das Gefühl selbstgefälliger Zufriedenheit im neuen Reich nur zeitweilig hinwegtäuschen konnte, zu einem Ausbruch nach außen verführen, der nach einem von Bismarck gebändigten Auftakt in den 1880er Jahren von Mal zu Mal eruptiver und maßloser wurde.

Die Ablenkung innerer Spannungen in den Sozialimperialismus konnte vor allem auch deshalb im Deutschen Reich entschlossen betrieben werden, da sich die preußische Herrschaftstechnik der Revolution von oben gegen die Revolution von 1789, gegen weitgespannte Ansprüche der preußischen Reformbewegung, gegen die Revolution von 1848 und dank Bismarcks Erfolgen zwischen 1862 und 1871 gegen die großdeutsche Nationalbewegung bewährt zu haben schien. War es bisher gelungen, die Kräfte der Revolution und einer grundlegenden Reform abzulenken und Unzufriedenheit durch eine Politik wirtschaftlichen Entgegenkommens – wie nach 1807, 1819, 1830 und 1849 – zu dämpfen, so mochte es in der Tat naheliegen, der gleichen Methodik zu folgen, als es darum ging, den wirtschaftlichen Erschütterungen und sozialen Emanzipationskräften im Gefolge der Industriellen Revolution zu begegnen. Einem Politiker wie Bismarck, der bewiesen hatte, wie souverän er die Revolution von oben zu handhaben verstand, konnte es gewiß nicht entgehen, welche Möglichkeiten erprobte Mittel auch jetzt wieder boten[18].

Der ideologische Konsensus über die Notwendigkeit der deutschen Expansion, wie er sich während der Trendperiode nach 1873 ausbildete, wird hier untersucht, indem chronologische Längs-, aber auch Querschnitte durch das Meinungsbild einzelner Sozialschichten, Bereiche der öffentlichen Meinung und Gruppen im politischen Entscheidungsprozeß gelegt werden. Auf die Frage nach den Ursachen der anhaltenden Depressionen ergab sich sehr bald ein Konsensus, der nach wenigen Jahren auch die Freihändler, deren ökonomische Theorie dem zuerst entgegenstand, umfaßte. Die

---

18. Darüber ausführlicher u. Kap. VI. Vgl. GW 8, 459 (Bismarck zu Napoleon III: »Revolution machen in Preußen nur die Könige«). Vorzüglich hierzu: Sauer, 418-33; Rosenberg, Bureaucracy, 175-228; E. Kehr, Zur Genesis der Preußischen Bürokratie u. des Rechtsstaats, in: ders., Primat der Innenpolitik, 31-52; ders., Die Diktatur der Bürokratie, ebda, 244-53. Vgl. auch L. Kofler, Zur Geschichte der Bürgerlichen Gesellschaft, Neuwied 1966³; R. Koselleck, Staat u. Gesellschaft in Preußen, 1815-48, in: Mod. Dt. Sozialgeschichte, 55-84; ders., Preußen zwischen Reform u. Revolution, 1791-1848, Stuttgart 1967.

Ursachen wurden ganz überwiegend in den Überkapazitäten einer rapide ausgebauten Industrie mit ihrer nachfolgenden Überproduktion gefunden. Auf die nächste Frage: nach einem Ausweg aus dem Dilemma, bildete sich ebenso schnell eine Übereinstimmung heraus. Forcierter Export, intensivierter Außenhandel, Gewinnung neuer Absatzgebiete für die auf dem eigenen Markt nicht mehr absetzbare Produktion wurden sowohl von den Anhängern des Protektionismus wie erst recht von den Freihändlern, von der Sozialdemokratie, von Nationalökonomen und wichtigen Gruppen der öffentlichen Meinung als wirksamstes Heilmittel, namentlich auch gegen die von vielen befürchtete Sozialrevolution, angesehen.

Es ist ganz irrig anzunehmen, es habe in dieser Hinsicht einen tief klaffenden Unterschied zwischen den Verfechtern des neuen nationalen Solidarprotektionismus und den Anhängern des internationalen Freihandels gegeben. Nein, beide Lager hielten den Binnenmarkt für zu eng und verstopft. »Schutzzöllner und Freihändler«, schrieb ein Sachkenner wie der Roscher-Schüler Robert Jannasch noch 1879, im Jahr der heftigsten Gegensätze, »stimmen darin überein, daß eine Steigerung unserer Ausfuhr und die Blüte des Exporthandels sowohl im Interesse unserer Industrie wie der Landwirtschaft« liege.

Nachdem beide Seiten eine breite Basis gemeinsamer Anschauungen über die Unabdingbarkeit der wirtschaftlichen Expansion über Deutschlands Grenzen hinaus geteilt hatten, bestand der entscheidende Unterschied vielmehr im Hinblick auf die Wahl der Mittel, mit deren Hilfe der Außenmarkt vergrößert werden sollte. Hier neigte dann die eine Seite dazu, auch formellen Besitz überseeischer Gebiete zu befürworten, um Sicherheit des Absatzes zu gewinnen und überlegene Wettbewerber fernzuhalten, d. h. sie bejahte die koloniale Gebietsherrschaft. Auf der anderen Seite vertraute das freihändlerisch orientierte Gegenlager auf die Leistungsfähigkeit der deutschen Industrie und des von günstigen Handelsverträgen, von Konsuln und Kriegsschiffen unterstützten Exportkaufmanns in der Arena der internationalen Konkurrenz, d. h. es verließ sich auf den Gewinn aus den Wirtschaftsbeziehungen mit den Industrieländern oder auf die Vorteile des »Informal Empire«, das dem wirtschaftlich Überlegenen in unentwickelten Regionen zuwächst.

Gerade weil jedoch die Konkurrenz wegen des wirtschaftlichen Wachstums und seiner Schwankungen zunahm, bestand die eine Seite auf exklusiven Märkten, die vor allem eigene Kolonien zu bieten schienen. Auch sie besaß meist keine A-priori-Vorliebe für Kolonien, sondern strebte Ziele an, die – wie es schien – sich in Kolonien am ehesten verwirklichen ließen. Und da die freihändlerische Gegenseite die von Jahr zu Jahr zunehmende Härte des Konkurrenzkampfs – dessen wohltätige, den Wirtschaftsablauf selbsttätig regulierende Wirkung sie eher als freies Kräftemessen zu idealisieren als zu unterschätzen geneigt war und den sie auf jeden Fall als unabänderliche Grundbedingung des kapitalistischen Wirtschaftssystems vollauf akzeptierte –, genausowenig wie die staatlichen Hilfsmaßnahmen zugunsten des Außenhandels in anderen Ländern leugnen konnte, wurden die Argumente, mit denen sie den Streit um die angemessenen Mittel austrug, allmählich brüchig. Indem sie die verschärfte Konkurrenz als »Kampf ums Dasein« offen anerkannte, den erbitterten »Welthandelskampf« nicht übersehen konnte, betrat sie die Brücke, die zur Anerkennung des Gegners führte. Und indem sie weiter den Weg von Bambergers ursprünglicher konjunkturpolitischer Devise: »Selbst ist der Mann« (1874), deren individualistisches Prinzip einzelunternehmerischer Verantwortung den hochkapitalistischen Depressionen völlig unangemessen war, bis hin zur Forderung nach stärkerer staatlicher Hilfe für die wirtschaftliche Expansion, – wie derselbe Bamberger sie 1885 vertrat! –, in wenigen Jahren zurücklegte, tat sie die nächsten Schritte, bis hin zur völligen Kapitulation vor dem Imperialismus in den Bülowschen Blockwahlen von 1907[19].

Der Einwand, daß sehr häufig bei gemeinsamer Ausgangslage in der Einschätzung einer Situation die Auseinandersetzung über die richtigen Mittel doch den Inhalt der Politik ausmache, ist gewiß berechtigt. In diesem Sinn ist der hier skizzierte Dissensus ganz unstreitig von grundlegender Bedeutung. Zahlreiche Einwände gegen den Kolonialimperialismus erwiesen sich binnen kurzem als nur zu stichhaltig. Aufs Ganze gesehen haben in Deutschland seine linksliberalen und sozialdemokratischen Gegner Recht behalten, – wie gering die Zahl derer auch blieb, die den subtileren Methoden des Handelsimperialismus der überlegenen Industrienation eine Absage erteilten. Aber unter dem Druck der sozialökonomischen Probleme jener Zeit und des von ihnen intensivierten Konkurrenzkampfs hat sich die Opposition fast immer mit der Rolle des einstweiligen Verlierers abfinden müssen. Denn da Übereinstimmung hinsichtlich der Diagnose einer Notlage herrschte und die Notwendigkeit durchgreifender Hilfsmaßnahmen allgemein anerkannt wurde, vermochte der Widerstand gegen eine aktiv auf Abhilfe gerichtete Politik nicht zum Erfolg zu führen. Angesichts einer so weitreichenden Einigkeit, wie sie sich damals im Hinblick auf die Bekämpfung der Krisenprobleme ausbildete, konnte die Regierung, die in letzter Instanz über die Wahl der Mittel bestimmte, der Billigung ihrer Entschlüsse durch eine Mehrheit gewiß sein. Die sichtbare Aktion des Interventionsstaats zur Linderung der Notlage erwies sich der Kritik und den Gegengründen, die das weithin erschütterte Vertrauen auf einen Selbstheilungsprozeß von Wirtschaft und Gesellschaft beschworen, zuerst einmal überlegen. Damit setzte sich auch in der deutschen Auseinandersetzung, die in den 1870er und 1880er Jahren über die Methoden der Außenhandelspolitik geführt wurde, der Imperialismus durch, zumal da Bismarck zur Verwirrung der Freihändler ihre Methoden keineswegs verschmähte, sondern sie wo eben möglich beibehielt und um wirtschaftstheoretischen Purismus unbekümmert sie mit protektionistischen Maßnahmen verband. Unbezweifeltes Ziel aller Gruppen blieb die Ausweitung des Exports, die Überwindung der Wachstumsstörungen, der gesellschaftlichen und politischen Probleme der Industrialisierung. Ein Gegensatz tat sich jedoch auf zwischen den Befürwortern kolonialer Expansion einerseits und den Verteidigern des auf Gebietsbesitz verzichtenden Handelsimperialismus andererseits. Wer von den Möglichkeiten sicheren Absatzes auf eigenen Außenmärkten fasziniert war, ließ sich dabei von den unwiderlegbaren Einwänden freihändlerischer Linksliberaler, daß Export nicht ohne Import möglich sei, daß doch auch Konsumentenschichten in den unentwickelten Ländern erst allmählich entstehen müßten, nicht lang irritieren[20].

Ein liquider Kapitalmarkt gestattete es, die Ausfuhrgeschäfte zu kreditieren und eventuell eine langfristige Verschuldung der Abnahmeländer hinzunehmen. Einer ausgeglichenen Handelsbilanz, die die Freihändler forderten, wurden hohe Über-

---

19. R. Jannasch, Exporthandel u. Kolonisation, Geographische Nachrichten für Welthandel u. Volkswirtschaft (= GN) 1. 1879, 341; H. Simonsfeld, Die Deutschen als Kolonisatoren in der Geschichte, Hamburg 1885, 50; L. Bamberger, Die Geschäftswelt angesichts der Geschäftslage in Deutschland, Mainz 1875, 23; ders. RT 6:1:3:2027 (23. 3. 1885, für Exportprämien).
20. Richter: RT 5:4:2:1072 (26. 6. 1884); 6:1:3:1818 (24. 3. 1885); Bamberger: RT 5:4:2:725 (14. 6. 1884); RTA 2621, 91 (23. 6. 1884); Meier, ebda. 489 f. (19. 1. 1885).

schüsse der Ausfuhr, die dann mehr und mehr aus dem Staatshaushalt unterstützt wurde, übergeordnet. Gegen diesen bis zur Gegenwart anhaltenden Trend, der in den 1880er Jahren auch in Deutschland einsetzte, erwies sich schon damals verbaler Widerspruch als unzulänglich. Die Entwicklungskraft eines dauernd neue Überkapazitäten hervorbringenden Systems durchlöcherte die herkömmlichen Vorstellungen, die erst allmählich durch die Einsicht ersetzt wurden, daß wenn auf die planrationale Beherrschung der makroökonomischen Prozesse verzichtet wird, das hochkapitalistische System wegen des chronischen Konflikts zwischen Produktivität und Konsumkraft auf ein permanentes Übergewicht der Waren- und Kapitalausfuhr oder auf die Abschöpfung des Surplus durch den »Steuerstaat« angewiesen ist.

Eine Parallele zur deutschen Entwicklung findet sich wieder in der amerikanischen Geschichte. Auch dort schien in den 1890er Jahren der Gegensatz zwischen Imperialisten und Anti-Imperialisten von unüberbietbarer Schroffheit zu sein. Auch hier aber gingen die Kontrahenten von dem gemeinsamen Fundament aus, daß die wirtschaftliche Expansion der Vereinigten Staaten ganz unleugbar gefördert werden müsse, wenn das Land nicht im eigenen Reichtum mit verheerenden gesellschaftlichen Folgen ersticken wolle. Der Streit drehte sich auch hier um die Wahl der Mittel: ob Kolonialherrschaft oder Handelsexpansion ohne Territorialbesitz in Übersee den politischen Traditionen und aktuellen Bedürfnissen Amerikas adäquat seien. »Was für Meinungsunterschiede die Amerikaner auch im Hinblick auf die Politik territorialer Ausbreitung trennen mögen«, schrieb der ehemalige Außenminister John W. Foster Ende 1900, als der Streit um die Erwerbung formeller amerikanischer Kolonien, – die ja tatsächlich nur ein kurzlebiges Zwischenspiel in der Geschichte des amerikanischen Imperialismus bedeuten sollten –, abklang, »alle scheinen aber übereinzustimmen, daß wirtschaftliche Expansion nicht nur wünschenswert ist, sondern daß die Notwendigkeit anerkannt werden muß, neue und größere Märkte für unsere Agrar- und Industrieprodukte zu finden«. Oder wie gleichzeitig ein Abteilungsleiter des State Departments die amerikanische Expansionspolitik erläuterte: »Die territoriale Ausbreitung ist in der Tat nur ein Nebenergebnis der kommerziellen Ausdehnung gewesen... Unsere neuen Erwerbungen sind nur Vorposten unseres zukünftigen Handels, und ihre Hauptbedeutung besteht nicht in ihrem Potential, sondern in ihrem unbestreitbaren Wert als Pforten zur Entwicklung des Handels mit... dem Fernen Osten.« Die in ihrer historischen Bedeutung nur mit der Monroe-Doktrin vergleichbare Theorie und Praxis einer Politik der »Offenen Tür«, die die überwiegende Mehrheit der Amerikaner im Vertrauen auf die Überlegenheit des ökonomischen Potentials ihres Landes billigte, suchte dem amerikanischen Handelsimperialismus der indirekten Herrschaft freie Bahn zu schaffen. 1899/1900 wurde sie in den berühmten Noten Außenminister Hays formalisiert. Seither ist sie das Axiom und die bewährte Grundlage der amerikanischen Expansion geblieben[21].

---

21. Foster nach: Williams, Tragedy (44), wo er auch glänzend die »Offene-Tür«-Politik analysiert; F. Emory nach: McCormick, China Market, 105; zum amerikanischen Konsensus um 1900: ders., passim; La Feber, 207–17.

1. WIRTSCHAFT UND GESCHÄFTSWELT

Die zweite Weltwirtschaftskrise von 1873 war soeben in die Depression übergegangen, als auch in Deutschland das Suchen nach den Ursachen des jähen Konjunkturabbruchs begann. »Die in der Periode der Gründungen auf fast allen Gebieten ... emporgeschnellte industrielle Produktion« habe eine »maßlose Überproduktion« zur Folge gehabt, schrieb Gustav Mevissen im Sommer 1874, als die Handelskammer Essen die Hoffnungen auf schnelle Änderung schon für »eitel« hielt. Jetzt räche sich die »Überproduktion« der Vorjahre, »die nur durch Eröffnung neuer Absatzwege einen Ausgleich« finden könne[1].

»Die Ursachen der jetzigen Kalamität« seien darin zu suchen, glaubte auch Friedrich Hammacher 1875, daß zahlreiche Industriewerke sich »in einen Zustand gebracht haben, bei dem sie erheblich mehr produzieren und fabrizieren, als der deutsche Markt abnehmen kann«. »Die kritische Lage«, in die die Industrie »durch die den wirklichen Bedarf weit übersteigenden produktiven Kräfte, welche in den Jahren 1870–73 geschaffen wurden« geraten sei, strebe erst ihren Höhepunkt zu, stimmte ihm der ebenso sachkundige Mevissen zu. Die »aus der Überproduktion ... notwendig folgende Krise kann nicht umgangen werden«. Auch im Ruhrgebiet sah man den »Grund« dieser Krise »in der Massenproduktion« der »Großindustrie«, »welcher bei dem geringen Konsum des inneren Markts nur durch den Export genügender Absatz geschaffen werden kann«[2].

Mochte es sich dabei noch um vereinzelte Stimmen gehandelt haben, die es gegen die von der klassischen Ökonomie dogmatisierte Überzeugung des Wirtschaftsliberalismus: eine Überproduktion sei höchstens einmal als gleichsam punktuelles Durchgangsstadium von kaum greifbarer Dauer in einzelnen Wirtschaftszweigen möglich, schwer hatten, so gewannen sie doch allmählich Zustimmung, als die Depression unentwegt anhielt. Die Agitation der großen neuen Interessenverbände legte zwar zunächst das Schwergewicht auf die Abschirmung des Binnenmarktes, der – wie Henckel v. Donnersmarck sich sehr typisch ausdrückte – nicht länger mehr einen »freien Tummel- und Abladeplatz der Überproduktion des Auslandes« abgeben dürfe[3].

Aber gerade die maßgeblichen Männer dieser Verbände gaben sich keinem Zweifel darüber hin, daß der Protektionismus nur einen Teilerfolg darstellte: die Monopolisierung einer für die deutsche Industrieproduktion bereits zu kleinen Domäne. Unmittelbar nachdem dieses Nahziel, die Verabschiedung des Zolltarifs von 1879,

---

1. Hansen, II, 603 f. (10. 6. 1874); Jber. HK Essen 1874 (alle Zitate aus den Jber. der HK – jeweils im Folgejahr gedruckt – stammen aus dem allg. Überblick im Anfangsteil, wenn sie ohne Seitenzahl zitiert werden). Auch Barraclough (Introduction, 44, 52) hält »Überproduktion« für die »direkte Ursache der ›Großen Depression‹«. Vgl. Schieder, NCMH 11, 247 f. – Der Beschreibung eines Konsensus ist eine gewisse »Wiederkehr des gleichen« eigen, jedoch werden die Unterschiede der Auffassungen stärker in den ereignisgeschichtlichen Kap. IV u. V behandelt. Außerdem wird der Leser in einem Land, dessen Wirtschaft in hohem Maße exportabhängig ist, Verständnis für die Absatzschwierigkeiten während einer langanhaltenden Depressionszeit und für ihre gesellschaftlichen Folgen aufbringen.
2. Bein, 72 (16. 12. 1875); Jber. HK Hagen 1875; Hansen, II, 609 (8. 6. 1875); Jber. HK Essen 1876.
3. Henckel an Bismarck, 28. 3. 1878; nach: Böhme, Großmacht 490 f., vgl. 450 (Buecks Petition für den Langnamverein, 24. 3. 1877). Ähnlich der Hagener Fabrikant Funcke (8. 1. 1878), »die Ausländer« würfen »ihre Überproduktion ... hierher«, Beutin, 184, Anm. 73, u. die Denkschrift der HK Bochum v. 15. 2. 1878 (Mariaux, 488: der Import »der Überproduktion der anderen Länder« erschwere »die Gesamtkrisis in der gefahrvollsten Weise«).

erreicht worden war, läutete daher Geschäftsführer Beutner auf der dritten Generalversammlung des »Zentralverbandes« die neue Offensive ein: »Heute erklären wir, daß wir gesonnen sind, alle legitimen und loyalen Bestrebungen, die den deutschen Export heben und fördern wollen, aufs Kräftigste zu unterstützen. Denn die deutsche Industrie ist ... so gestaltet, daß sie der innere Markt kaum noch vollauf beschäftigen kann und daß wir genötigt sind, einen Export herbeizuführen, wenn wir materielle Wohlfahrt ... auf allen Gebieten des industriellen Lebens« wieder »erzielen wollen«. Dieser Kurs entsprach durchaus einem kräftigen Tenor der Äußerungen vor der Eisenenquete-Kommission, daß Deutschland die »allgemeine Überproduktion in allen Ländern« teile, da die »Produktionsfähigkeit« seiner Industrie »den Bedarf überrage«. Deshalb, versicherte wie Krupp und Baare auch der saarländische Industrielle de Wendel, »findet allerdings eine Überproduktion in Deutschland statt«. Sicherlich wurde vor den Enquete-Kommissionen die »Not der Industrie« mit grellen Farben herausgestrichen, und unbestreitbar kennzeichnete viele Aussagen ein Zwiespalt, da einmal der Import der ausländischen Überproduktion, dann aber auch die Überproduktion im eigenen Land als das Grundübel angeklagt wurde. Aber das Ausschlaggebende ist in unserem Zusammenhang, daß sich auch in dieser Ambivalenz das gleiche Denkmuster: die Überproduktion für die Depression verantwortlich zu machen, durchsetzte. Ihre Wirkungen hielt der kluge Mevissen für so gefährlich, daß er es für »eine der wesentlichsten Aufgaben einer jeden Regierung« hielt, »rechtzeitig und weit vorausschauend auf die Zügelung eines alles Maß überschreitenden Fortschritts in der Produktion ... hinzuwirken« – nicht nur im Jahre 1878 die Stimme eines Predigers in der Wüste. Der Export müsse vermehrt und der »Erwerb eigener Kolonien ... in Angriff genommen werden«, forderte aber Mevissen auch schon 1880, »wenn dem nationalen Körper nicht aus der Überfülle seiner Lebenskraft im Inneren schwere Gefahren erwachsen sollen«[4].

Wenn die deutschen Freihändler auch Schutzzölle mit der Rückkehr zu unzivilisierten Zuständen gleichzusetzen geneigt waren und als Mittel der Wirtschaftspolitik zuerst kategorisch ablehnten, so konnten sie doch mit der Analyse und dem Hilfsprogramm der Kräfte, die den Interventionsstaat forderten und schließlich trugen, weitgehend übereinstimmen. Fraglos leide die Industrie »an einem Übermaß von Erzeugnissen«, »welches uns erdrückt«, gestand ein freihändlerischer Industrieller 1879. »Die Krisis wird nur dann aufhören, wenn das Gleichgewicht durch eine Minderproduktion oder durch Eröffnung neuer Märkte wiederhergestellt sein wird.« »Wenn dem Übel ernstlich abgeholfen werden soll, muß um jeden Preis ein Absatz ins Ausland gefunden«, müssen »neue Märkte in fernen Ländern gesucht werden«. Als die damals streng freihändlerische »Korporation der Berliner Kaufmannschaft« 1880 eine »Sachverständigen-Kommission« zur Untersuchung der Depressionsfolgen einsetzte, betonte ihr Bericht »das Bedürfnis der deutschen Industrie, vermehrte und zuverlässige Absatzgelegenheit im überseeischen Ausland für ihre Erzeugnisse zu gewinnen«. Unerfahrenheit und Mißstände im deutschen Exporthandel, auf die das regierungsoffizielle »Deutsche Handelsarchiv« soeben mit pädagogischer Absicht eingehend hingewiesen hatte, würden bald überwunden werden, hieß es dazu in

---

4. Bueck, I, 411; Bericht der Eisenenquetekommission, 4, 47; vgl. Bericht der Baumwollenquetekommission, 10, 48, 99; Stumm, Reden, 62, 224, 334; Berdrow, II, 344, vgl. 328 f.; KZ 7. 1. 1879 (über die »unvernünftige Überproduktion fast aller Industrieerzeugnisse«); Hansen, II, 618 (10. 6. 1878), I, 846 (17. 6. 1880), vgl. I, 811.

»Schmollers Jahrbuch«, da »das Ausfuhrbedürfnis vieler Industriezweige bei uns bereits zu lebendig« sei[5].

Die schleppende und nur kurzlebige Erholung zwischen dem Herbst 1879 und 1882 hat die allmähliche Konsolidierung dieser Auffassungen gefördert, schien doch die Wiederkehr der Konjunktur, die sechs Jahre zurücklag, noch immer unmöglich zu sein. Der anhaltende Preisfall, urteilte die Handelskammer Köln, sei »eine natürliche Folge der meistenteils auf einen normalen Bedarf berechneten«, jetzt »nur schwer unterzubringenden Produktion«. Die Organisationen der Wirtschaft hätten dafür zu sorgen, schrieb die Handelskammer Bingen, »daß unserer aufblühenden Industrie neue Absatzgebiete im Auslande erschlossen werden«. Vielleicht seien dazu »überseeische Erwerbungen« nötig, gab die »Kölnische Zeitung« zu bedenken, deren »kein Land aus wirtschaftlichen Gründen dringender bedürfte als unser neues Reich«, da sie »uns allmählich Raum schaffen« würden »für überschüssige, jetzt allzu beengte Kräfte« und als »Heilmittel« für die »drückenden wirtschaftlichen und sozialen Notstände« wirken könnten[6].

»Seit dem Jahre 1873«, gab die einflußreiche Zeitschrift »Export« 1881 ein Resümee der Entwicklung, »ist der Verlauf der industriellen und kommerziellen Tätigkeit in Deutschland ein ungesunder und abnormer gewesen. Daß ein Volk in mächtiger und gesicherter Stellung während des tiefsten Friedens eine so lange Reihe ungünstiger Geschäftsjahre durchmachen mußte, daß in fast sämtlichen Industriezweigen ... steigende Beschäftigungslosigkeit vorherrschte, daß Arbeitslöhne und Geschäftserträgnisse nach und nach auf ein immer tieferes Niveau herabsanken, daß Konkurse, Zwangsverkäufe und Vertrauenslosigkeit fast stetig zunahmen, das sind Symptome ... einer schweren wirtschaftlichen Krankheit«. Daß in Deutschland im Gegensatz zu anderen Ländern von einer Besserung »immer noch erst wenig zu merken sei«, müsse auf »ausnehmend erschwerte Umstände« zurückgeführt werden. Sie fand der »Export« darin, daß Deutschland »auf fremden Wirtschaftsgebieten einen noch nicht genügenden umfangreichen und sicheren Boden für den Absatz seiner Industrieprodukte gewonnen« habe und »eigene überseeische Wirtschaftsgebiete ... garnicht besitzt«. »So ist denn eine durchaus natürlich und folgerichtige Einwirkung« dieser »Überproduktion«, daß »die Forderung, der deutschen Industrie Absatzgebiete außerhalb der jetzigen nationalen Grenzen zu öffnen und zu erwerben, von allen Seiten laut erhoben wird«.

5. A. Goldenberg, Über die projektierten Zollgesetze u. die Handelskrise, Straßburg 1879, 22, 32. Vgl. A. Berliner, Die wirtschaftliche Krisis, Hannover 1878, 80 f.; Korporation, 430–36; ähnlich: Die Ältesten der Kaufmannschaft von Berlin Hg., Übersicht über die Entwicklung des Handels u. die Industrie von Berlin 1870–94, Berlin 1895, u. Bericht im »Export«, 3. 590 (11. 10. 1881); Deutsches Handelsarchiv (= HAr) 1880, Nr. 8–9; an., Deutsche Seeschiffahrt u. deutscher Export, Sch. Jb. 5. 1881, 337, 341; KZ 28. 10. 1880. – Was die neuen Schutzzölle für die deutschen Linksliberalen bedeuteten, hat A. Heuss (Mommsen, 189–220) eindringlich formuliert.

6. Jber. HK Köln 1880; Bingen 1879/81; KZ 4., 7. 8. 1881. Die meisten Pressestimmen habe ich selbst gesammelt, z. T. fanden sie sich in Akten und Nachlässen (natürlich sind nur die verifizierbaren Ausschnitte zit. worden), z. T. auch werden sie zit. nach: S. Rost, Bismarcks Kolonialpolitik im Spiegel der fränkischen Presse, phil. Diss. Erlangen 1957 (MS); G. Strohschneider, Die Stellungnahme der Hamburger Presse als Ausdruck der öffentlichen Meinung zu den Anfängen der Bismarckschen Kolonialpolitik, phil. Diss. Hamburg 1956 (MS); L. Saur, Die Stellungnahme der Münchener Presse zur Bismarckschen Kolonialpolitik, phil. Diss. München, Würzburg 1940; H. Eisenbacher, Die Stellung der württembergischen Presse zu den Anfängen von Bismarcks Kolonialpolitik in den Jahren 1878–1885, phil. Diss. Tübingen, Stuttgart 1926; Geschichte der Frankfurter Zeitung, Frankfurt 1911². – A. Dresler (Die deutschen Kolonien u. die Presse, Würzburg 1942) ist ebenso unergiebig wie P. Wolfframm (Die deutsche Außenpolitik u. die großen deutschen Tageszeitungen, 1871–90, Leipzig 1936).

Von allen Seiten – diese Behauptung traf vor allem auch auf die Jahresberichte der deutschen Handelskammern, das Spiegelbild der regionalen Wirtschaftsentwicklung, zu. Die Handelskammer Dortmund unterstrich, »daß das bedeutende Absatzbedürfnis, der meisten deutschen Industrien, denen der Konsum des Inlandes weitaus nicht mehr genügt, die Aufmerksamkeit aller Beteiligten auf diejenigen Mittel richtet, welche den Export entwickeln und zu einem regelrechten Abzugskanal für die Erzeugnisse des deutschen Gewerbefleißes machen könnten«. »Für die Zukunft«, hieß es in Duisburg, seien »auf die Zunahme der Exportfähigkeit der deutschen Industrie hauptsächlich die Hoffnungen der heimischen Produzenten gerichtet«. »Nur bei gesteigerter Ausfuhr seiner Erzeugnisse«, schloß sich Mülheim an der Ruhr an, »vermöge der deutsche Gewerbefleiß ... befriedigende Ergebnisse zu erzielen.« Köln konstatierte erneut, »daß der heimische Konsum für die Menge der erzeugten Fabrikate schon lange nicht mehr ausreichend« sei, und die Mainzer Kammer sah »in dem Mangel an Absatzgebieten« den »vornehmlichen Grund« für die »auffallend lange Dauer der wirtschaftlichen Krise in Deutschland«. Von Bochum, wo Baare die Handelskammer »wie ein absoluter Monarch« beherrschte, wurde schon »zur Hebung des Exporthandels« die »Anbahnung einer energischen Kolonialpolitik« gefordert. Zumal England finde für seine »Überproduktion« im Empire »gewissermaßen monopolisierte Abzugskanäle«, wurde das englische Freihandelssystem verdreht, um den eigenen Wünschen zu entsprechen, während Deutschland »nur auf das neutrale Gebiet im Ausland, wo der Wettkampf um den Absatz der Überproduktion am heftigsten geführt werde, angewiesen« sei. Dieser Auffassung stimmte Wiesbaden bei: »die Überproduktion des Mutterlandes« werde in Kolonien »einen natürlichen Abfluß finden«. Besonders eingehend fiel die Analyse aus, die der Sekretär der Stuttgarter Handelskammer, Dr. F. C. Huber, vorlegte. »In allen Ländern und auf allen Produktionsgebieten« herrsche »dasselbe Leiden: Mangel an Absatz. Es unterliegt keinem Zweifel, daß viele Industriezweige Deutschlands mehr produzieren, als das Inland aufzunehmen vermag, daß die gegenwärtigen schlimmen Handels- und Industrieverhältnisse zum großen Teil dieser über unseren Bedarf gesteigerten Produktion zuzuschreiben sind und daß eine nachhaltige Besserung nicht erwartet werden kann, wenn nicht für die Überproduktion Luft geschaffen und ein verstärkter Absatz gewonnen« werde. Das »einzige Mittel gegen die Krisen und die heutige Überproduktion« liege »in der Erschließung neuer Absatzgebiete«[7].

Als diese Berichte im Herbst 1881 erschienen waren, griff der »Deutsche Handelstag«, seit je das Bollwerk der deutschen Freihändler, diese Probleme auf. Auf seiner zehnten Tagung im Dezember 1881 hielt Generalsekretär W. Annecke es für überflüssig, der Versammlung zu beweisen, daß die deutsche Industrie, »die zu einem so hohen Grade der Produktionsfähigkeit gelangt ist«, »mit Notwendigkeit eines erweiterten Absatzgebietes bedarf«. Die Industrie leide »nur an einer Schwierigkeit«: nämlich »ihre Fabrikate im Auslande in genügender Menge abzusetzen«. »Soll für unsere Überproduktion Luft geschaffen werden«, pflichtete ihm Huber sofort bei, dann dürfe in der Exportfrage, »die seit dem Ausbruch der Krisis die öffentliche Mei-

---

7. Export 3, 589 f. (11. 10. 1881), ganz ähnlich: 3. 1, 529 (4. 1. u. 13. 9. 1881); Jber. HK Dortmund, Duisburg, Mülheim, Köln, Mainz, Bochum (vgl. Mariaux, 199), Wiesbaden, Stuttgart 1880. Vgl. Export 3. 605 f., 623 f., 637 f. (18., 25. 10., 1. 11. 1881); S. Blankertz, Die Ursachen der Stockungen im Erwerbsleben der modernen Industriestaaten, Zeitschrift für Deutsche Volkswirtschaft 2. 1881, 717–38; 3. 1882, 378–403 (718, 727: Der »Überfluß an Produktionskräften und Mitteln ... an welchem wir leiden, und welcher alle Mittel zur Linderung der besonderen sozialen Übelstände ... leider zur ärmlichen Palliativen macht«).

nung in ungewöhnlichem Maße beschäftigt«, auch staatliche Hilfe nicht verschmäht werden. In der freihändlerischen Bastion vermochte diese Mahnung noch keinen Widerhall zu wecken, doch wurde der Resolutionsantrag der Hamburger Delegierten, die mit am schärfsten gegen eine »Regierungsenquete über Exporthilfe« und staatliche Exportsubventionen opponiert hatten, einstimmig angenommen, »daß die Förderung des Exporthandels eine Lebensfrage der deutschen Industrie ist«. Die »Mitwirkung der Reichsregierung« erbat sich der »Deutsche Handelstag« freilich nur für den »Abschluß günstiger Handelsverträge« und die »Verbesserung des Konsulatswesens«. Da die »erzielten Produktionsmengen den vorhandenen Bedarf erheblich übersteigen«, ließ er im folgenden Jahr in seiner Veröffentlichung »Das deutsche Wirtschaftsjahr 1882« wiederholen, der »inländische Konsum aber ... bei weitem nicht in dem Maße« zunehme, in welchem »die Produktion gesteigert wird«, sei »Deutschland vor allen Dingen gezwungen, an die Erweiterung des Außenhandels zu denken«. Das sei in der Tat »die Losung« in allen Industrieländern, sekundierte der »Export«. »Überall, wohin wir blicken, dieselbe Regsamkeit, um der heimischen Industrie größere Absatzgebiete zu verschaffen ..., um in diesem kommerziellen bellum omnium contra omnes möglichst viele Vorteile zu erobern«[8].

Diese Formulierung war symptomatisch für die erhöhte Dringlichkeit, mit der seit dem Einbruch der zweiten Depression die Diskussion fortgesetzt wurde. »Daß Deutschland je mehr es Industriestaat wird, auf Ausdehnung des Exports angewiesen ist«, hielt die Handelskammer München nun für eine »unbestrittene Wahrheit«. Der »Verein der Industriellen« im Regierungsbezirk Köln verabschiedete eine Resolution, »daß eine dauernde Besserung der wirtschaftlichen Lage Deutschlands nur möglich ist durch eine Vermehrung des Exports von Industrieerzeugnissen«, während der »Export« ganz unverhohlen deutsche Kolonien zu fordern begann. »Glaubt man, daß unsere wirtschaftliche Überproduktion uns auf die Dauer veranlassen wird«, fragte er, »fremde überseeische Märkte nur aufzusuchen, um uns dort als Gäste zu Tisch zu setzen?« Bald werde »die Stunde kommen, in welcher wir ... angesichts des durch unsere wirtschaftlichen Verhältnisse uns auferlegten Drucks gezwungen werden, eigene ... Märkte uns zu schaffen«. »In einer Zeit ..., in welcher mehr und mehr von Tag zu Tag der wirtschaftliche Zwang die europäischen Industrievölker drängt, ihrer ungeheuren Produktion« in Afrika und Asien »neue Absatzgebiete zu erschließen und dort um jeden Preis sich Eingang zu gewinnen, in einer Zeit, in welcher von der größeren oder geringeren Teilnahme an der Weltwirtschaft die ökonomische Macht und Leistungsfähigkeit, sowie der wirtschaftliche Vorteil abhängig ist, in einer solchen Zeit kann ein Volk wie das deutsche seine Expansivkraft nicht dauernd verleugnen«, mahnte die Zeitschrift. »Weder der Wille noch der Widerstand der einzelnen vermag eine Bewegung zu beseitigen, welche durch die ganze Gestaltung der Verhältnisse ins Leben gerufen ist«[9].

Ganz ähnlich beklagte der »Deutsche Ökonomist« die »auf allen Gebieten vorhandene Überproduktion. Unsere Produktionskraft hat schon jetzt eine solche Höhe erreicht, daß auch bei nur mittlerer Ausnutzung derselben nur mit größter Mühe und

---

8. Verhandlungen des 10. Deutschen Handelstags 1881, Berlin 1882, 43, 45–48, 50, 54; vgl. Der Deutsche Handelstag, I, 734, 675–81; ganz unergiebig: Der Deutsche Industrie- u. Handelstag in seinen ersten 100 Jahren, Hg. DIHT, Bonn 1962; Das Deutsche Wirtschaftsjahr 3. 1882, 50; Export 4, 447 (25. 7. 1882).
9. Jber. HK München 1883, 17 (vgl. Cohen-Simon, 103, 158–60); ähnlich Jber. HK Düren 1883; Export 5, 2 (2. 1. 1883), 313–15 (8. 5. 1883), vgl. 5, 277–79; 294, 329 f., 365–69 (24. 4., 1., 15., 29. 5. 1883).

nur zu gering lohnenden Preisen Absatz für die hergestellten Produkte gefunden werden kann«. Export und Kolonisation – »diese Fragen bewegen« daher »seit einigen Jahren weite Kreise und so ziemlich alle denkenden Köpfe der geschäftstreibenden und politischen Welt. Der letzte Grund, welcher gebieterisch dazu treibt, diesen Fragen theoretisch und praktisch näher zu treten, findet sich in der gewaltigen Ansammlung von deutschem Kapital und deutscher Arbeitskraft. Weder das eine, noch die andere vermögen im Inlande ausreichende Beschäftigung zu finden, beide sind daher zum großen Teil auf das Ausland angewiesen«.

Werde nicht bald eine Erleichterung geschaffen, so könne man »am fernen Horizont ein Gewitter aufsteigen« sehen, warnte der »Ökonomist«, gegen das die »Konservativen« »beizeiten ihr eigenes Haus mit Blitzableitern versehen« müßten. Denn soviel sei nach langen Depressionsjahren »jedenfalls richtig: daß etwas geschehen muß, um die ökonomische Lage der untersten Klasse zu heben, damit die gewaltige soziale Revolution, welche sich unverkennbar vorbereitet, keine gewaltsame werde«. Damit griff auch das konservative Wirtschaftsblatt ein Motiv auf, das namentlich die Kolonialpublizistik im engeren Sinn immer wieder verfolgt hat. Auch die liberale Münchener »Süddeutsche Presse« fand die »sozialen Verhältnisse beunruhigend« und forderte deshalb, durch alle »förderlichen Schritte den deutschen Export zu heben und dadurch den in der Industrie beschäftigten Kräften immer neue vermehrte Arbeitsgelegenheit zu schaffen«[10].

Überhaupt schossen diese Auffassungen von den Entwicklungstendenzen des deutschen Industriesystems und seinen Auswirkungen auf Gesellschaft und Politik gerade in den Jahren, in denen Deutschland Kolonien gewann, zu einer Überzeugung von nur selten bezweifelter Selbstverständlichkeit zusammen. Die »Überproduktion« der deutschen Industrie sei »das notwendige und unvermeidbare Ergebnis der heutigen wirtschaftlichen Entwicklung«, gestand der Unternehmer K. Eichhorn. Daher hielt er es für »eine richtige und begründete Maßregel, der Überproduktion in Deutschland durch Erweiterung seines Exporthandelsgebiets entgegenzuarbeiten« und auch »durch Eintritt in kolonialpolitische Unternehmungen ein größeres Absatzgebiet zu schaffen«. Allerdings fürchtete er, »daß die Produktivkraft unserer Industrie in stärkerer Progression gewachsen ist als die Konsumptivkraft des heimischen wie auswärtigen Absatzgebiets«. Dennoch könne nur »auf dem Gebiet des Exporthandels der inländische Markt mit Erfolg entlastet werden«.

Ähnlich äußerte sich 1884 die Hamburger Handelskammer, als die Wirtschaftsgremien der anderen Hansestädte noch streng freihändlerisch dachten. »Überall ist die Produktion derart gesteigert worden, daß der Konsum die Mengen der Waren nicht mehr aufzunehmen vermag, daß alle Märkte überfüllt sind und die Preise eine stetig rückläufige Bewegung verfolgen.« Wenn die »Landwirtschaft gegenwärtig besonders lebhaft« klage, so müsse doch »hervorgehoben werden, daß ähnliche Verhältnisse auf allen Gebieten wirtschaftlicher Tätigkeit obwalten«. Daraus leitete die Kammer die Forderung nach »Gewährung weitestreichenden Schutzes für den deutschen Handel« ab, »geeignetenfalls auch durch Ausdehnung der deutschen Autorität über überseeische Gebiete – wobei die Form, in der dies geschieht, ob Protektorat, ob direkte Besitzergreifung, von den konkreten Verhältnissen abhängig gemacht werden muß«. Auf diesem Wege könnten »dem deutschen Handel und der deutschen Indu-

---

10. Deutscher Ökonomist 1. 350 (15. 9. 1883), 287 f. (28. 7. 1883), 61 f. (17. 2. 1883); Süddeutsche Presse 12. 8. 1884; vgl. KZ 30. 12. 1884.

strie neue Felder der Tätigkeit, neue Absatzgebiete« erschlossen werden. Deutschland denke nicht daran, unterstrich der Jahresbericht für 1883, »in ehrsüchtiger Absicht weite ... Länderstrecken« zu erwerben, sondern fern allem nationalistischen Prestigebedürfnis »bei seinem kolonialen Vorgehen stets das praktische Bedürfnis seines Handels, die Erweiterung des Absatzgebietes im Auge zu behalten« und nur »soweit« vorzugehen, »als dieses praktische Bedürfnis es erfordert«.

Entschieden begrüßten auch die industriellen Verbände die deutsche Expansionspolitik, entspreche sie doch, wie die rheinischen Industriellen 1884 meinten, »einem längst empfundenen Bedürfnis unserer Produktionsfähigkeit auf allen Gebieten«. In einer Petition des »Langnam«-Vereins wurde dem Reichstag wenig später erklärt, »daß die industrielle Produktion durch die Fortschritte der Wissenschaft und Technik und unterstützt von der schnellen Zunahme des mobilen Kapitals in allen Ländern, in denen die gewerbliche Tätigkeit sich überhaupt auf höherer Stufe befindet, einen Umfang erreicht hat, der den Absatz im eigenen Lande wie im internationalen Verkehr ungemein erschwert«. Deshalb werde »die Notwendigkeit ... allgemein anerkannt, den Export tunlichst zu fördern«, die »deutschen Handelsniederlassungen« zu unterstützen und die »Bestrebungen zur Errichtung deutscher Kolonien ihrem Ziel näher zu führen«. Für die Generalversammlung des »Vereins Deutscher Eisenhüttenleute« handelte »es sich bei der Kolonialbewegung nicht um den Handel allein, sondern vor allem auch um die deutsche Industrie, die für ihre stets zunehmende Überproduktion neue Absatzgebiete haben muß«. Und F. C. Huber, der rührige Vertreter der badischen Handelskammern, begrüßte 1885 die deutsche Ausbreitung mit unverhohlener Erleichterung, denn »die steigende Überproduktion« nähere Deutschland »mehr und mehr den gespannten Verhältnissen Englands, das gezwungen ist, die Welt zu annektieren, um seine Arbeitsbevölkerung vor Not zu schützen. Für unsere Industrie bildet daher die Erweiterung unseres Anteils an dem überseeischen Absatz eine Lebensfrage«[11].

Diese Überzeugung teilten 1885 auch zahlreiche Handelskammern, die seit dem Ende der 1870er Jahre, vor allem aber seit der Zäsur von 1879, stärker die Interessen der Industrie als die des längere Zeit noch freihändlerisch gesinnten Handels vertraten und sich in die »Industrie- und Handelskammern« verwandelten. München bedauerte, »das alte Lied von der Zuvielerzeugung« wieder anstimmen zu müssen, doch habe sich ja, wie es auch im Paussauer Bericht hieß, »die Erkenntnis von der Notwendigkeit, unsere Ausfuhr zu erhöhen« durchgesetzt. »Die auf die Dauer unhaltbaren Zustände«, von denen Limburg sprach – und die man in Offenbach ganz richtig als »Fortsetzung der Krise aus den 70er Jahren« auffaßte – würden »erst dann ein Ende nehmen, wenn wieder ein richtiges Verhältnis zwischen Erzeugung und Verbrauch eingetreten ist. Bemühen wir uns daher um neue Absatzgebiete«. Auch Mülheim sah wie Bremen und Köln, Trier und Elberfeld die »Ursache der gedrückten Geschäftslage« in der »allgemeinen Zuvielerzeugung«, die »den Wettbewerb von Jahr zu Jahr« verschärfe. »Die Zuvielerzeugung bzw. die übergroße Erzeugungsfähigkeit«, schrieb die Aachener Kammer 1885, »hat im vergangenen Jahr noch zugenommen«, doch »wir erkennen in unseren überseeischen Besitzungen den Keim zu neuen Absatzgebieten für unsere jetzt schwer bedrängte Industrie«. Trotz dieses Fortschritts

---

11. Export 6, 620 (30. 3. 1884); Jber. HK Hamburg 1884; vgl. KZ 30. 12. 1884; Frankfurter Zeitung 13. 6. 1884; Petition v. 21. 6. 1884: RTA 2621, 147 f.; z. T. in: an., Deutsche Kolonialpolitik, Gb 43. 1884, III, 159; DKZ 2. 1885, 17 f.; F. C. Huber, Die Ausstellungen u. unsere Exportindustrie, Stuttgart 1886, 147.

müsse Deutschland jedoch »auf allen Weltmärkten unbeirrt« den Kampf zum »Nutzen unseres Gewerbebetriebs und seiner Arbeiter« fortsetzen[12].

Immerhin tue England schon gut daran zu begreifen, »daß die Zeit seines Welthandelsmonopols vorbei ist«, mahnten die traditionell anglophilen »Hamburger Nachrichten«. »Angesichts des allgemeinen Stillstandes in Handel und Gewerbe«, räumte die »Kölnische Zeitung« in Kommentaren zu »unserer wirtschaftlichen Lage« ein, glaube man nicht mehr an einen Erfolg des Zolltarifs von 1879, zumal da seine Verfechter »die ausschlaggebende Wichtigkeit der Warenausfuhr nach dem Ausland« zeitweilig verkannt hätten. Zwar beharrte sie einerseits auf dem wirtschaftsliberalen Axiom, daß letztlich »regelrechte Zustände ... von selbst« wieder kämen, dennoch müßte jetzt »die erste Aufgabe des Reichstags und der Reichsregierung die tunlichste Förderung der Ausfuhr sein, um der inländischen Erzeugung Luft zu schaffen«. Eine solche Unterstützung stehe ja »auch im vollsten Einklang mit der neubegonnenen Kolonialpolitik«. Auf jede Weise müsse der Staat bemüht bleiben, wiederholte das nationalliberale Blatt seinen Ruf nach der hilfreichen Staatsintervention, »für die Ausfuhr-Industrie ... möglichst den auswärtigen Markt« zu erweitern, denn »der Zinsfuß ist erheblich gesunken« und »der Kapitalist ... muß mit einer kleinen Rente vorlieb nehmen«, aber »die Industrie kann das Kapital nicht mehr brauchen, weil allerorten ein Übermaß der Gütererzeugung sich zeigt«. Jedoch nur »in dieser Industrie liegt das Mittel, ein Volk ... wahrhaft reich zu machen«, und »der eigentliche harte Entscheidungskampf ... mit dem Ausland« stehe Deutschland ja noch erst bevor[13].

Bis zur Mitte der 1880er Jahre hatte sich ganz wie in den Kreisen der deutschen Wirtschaft auch in den anderen Industrieländern nach zögernden Anfängen eine Übereinstimmung über den Krisenerreger und die Therapie einer wirtschaftlichen Expansionspolitik nach außen ausgebildet. Während die Mehrheit im Abschlußbericht der englischen Parlamentskommission zur »Untersuchung der Depression in Handel und Industrie« die »Überproduktion als eins der herausragenden Kennzeichen der jüngsten Wirtschaftsentwicklung« bezeichnete, führte die zahlenmäßig nur wenig schwächere Minderheit »die Depression ... ganz unzweifelhaft auf diese eine Ursache« zurück. Volle Einmütigkeit herrschte indessen darüber, daß die »Überproduktion, der der heimische Markt nicht genügt, exportiert« werden müsse.

In den Vereinigten Staaten hielten nicht nur Wirtschaftsexperten wie D. A. Wells und C. D. Wright die »Überproduktion« für ein folgerichtiges Ergebnis eines technologisch stets verbesserten Industrialismus, sondern auch die Politiker machten sich diese Meinung zu eigen. Finanzminister Windom warnte 1882 die New Yorker Handelskammer vor der »gewaltigen Verstopfung des Binnenmarkts, wenn wir dabei versagen, ... die Weltmärkte zu erschließen«. Im Abgeordnetenhaus bezeichnete S. W. Moulton »Außenmärkte für unsere Überproduktion« als das »große Desideratum« der Vereinigten Staaten, die »unendlich vielmehr produzieren, als sie je verbrauchen können«. Über die Folgen einer von diesen Gegebenheiten ausgehenden Politik machte er sich keine Illusionen. Die Vereinigten Staaten müßten in jenes

---

12. Jber. HK München, Passau, Limburg, Offenbach, Mülheim, Bremen, Köln, Trier, Elberfeld, Aachen 1885, Hamburg 1884; ähnlich: Stuttgart, Krefeld, Wiesbaden, Hanau, Plauen, Essen, Bochum, Iserlohn 1885.
13. Hamburger Nachrichten 29. 5. 1884; KZ 14. 10., 22. 12., 16. 7., 10. 4., 22. 1., 30. 4., 2., 4. 6., 12., 16., 29., 30. 7., 25. 8., 3., 6., 25. 9. 1886 (zustimmende Kommentare u. Beiträge zur Wirtschaftslage).

»große Ringen der Nationen« um die Vorherrschaft auf dem Weltmarkt eingreifen, das »heute mit unnachgiebiger Entschlossenheit« geführt werde.

In seiner Jahresbotschaft vom Dezember 1884 gab Präsident Arthur eine gleichsam regierungsamtliche Erklärung über die amerikanische Wirtschaftslage ab. Auch er ging davon aus, daß die Union »ein Produktionssystem entwickelt hat, das mehr als hinreicht, um unsere Nachfrage zu befriedigen«. Für den Export der »Überproduktion« setzte er deshalb dem amerikanischen Handelsimperialismus in Lateinamerika, in Asien und im Pazifik feste Ziele. Amerika, ergab die umfassende Meinungsumfrage einer Kongreßkommission in den Kreisen der amerikanischen Geschäftswelt, habe »in seiner inneren Entwicklung einen Punkt erreicht, wo der Export für seinen Wohlstand unabdingbar ist«. Von dieser Vorstellung, vermerkte der Bericht ausdrücklich, sei man im ganzen Land »förmlich besessen«[14].

Nachdem die Stockungsphase von 1873 bis 1879 das Forschen nach den Gründen der Tiefkonjunktur und die Suche nach Auswegen von Jahr zu Jahr dringlicher gemacht hatte, verschmolzen sich während der kurzfristigen Erholung und dann erst recht nach dem Einsetzen der zweiten Depression die Auffassungen über Diagnose und Therapie zu einem Konsensus der Wirtschaft, der durchaus das Wohl und Wehe des gesamten Gesellschaftssystems vor Augen stand. Dieser Konsensus bildete einen Stützpfeiler für die Expansionspolitik der 1880er Jahre.

2. KONJUNKTUR- UND KRISENTHEORIEN

Obwohl die Traditionen der klassischen Ökonomie mit ihren statischen Modellen und ihrer Mißachtung des wirtschaftlichen Ungleichgewichts als schwerer Ballast auf der zeitgenössischen Wirtschaftswissenschaft lasteten, haben doch auch die Konjunktur- und Krisentheorien seit den 1870er Jahren allmählich den Wachstumsstörungen und damit dem hochkapitalistischen Konjunkturverlauf Rechnung getragen. Namentlich den Empirikern der Historischen Schule der Nationalökonomie drängten sich Schlußfolgerungen auf, die von den Praktikern des Wirtschaftslebens geteilt wurden. So ist es auch kein Zufall gewesen, daß sich in Eugen v Bergmanns berühmtem, bis heute nicht ganz überholtem Buch von 1895 über die Krisentheorien der Politischen Ökonomie das Urteil fand: die Auffassung, »daß ein allgemeines Übermaß an Gütern erzeugt wird«, sei »gegenwärtig in weiten Kreisen verbreitet«[1].

Schon frühzeitig hatte ein so streng statistisch und historisch arbeitender Wirtschaftswissenschaftler wie F. X. v. Neumann-Spallart die herrschenden Lehrmeinungen übergangen, als er seit 1877 in der »fast bei allen Massengütern erfolgten Überproduktion ... eine der Ursachen der 1873 über die meisten Länder der Erde

---

14. Final Report, I, XVII, LVII; R. J. S. Hoffman, 31, 42; Wells u. Wright: 45 f. 46/4; Wehler, HZ 201, 73–75.

1. E. v. Bergmann, Die Wirtschaftskrisen, Geschichte der nationalökonomischen Krisentheorien, Stuttgart 1895, 57 f. Vgl. K. Zimmermann, Das Krisenproblem in der neueren nationalökonomischen Theorie, Halberstadt 1927; F. E. Trautmann, Das Problem der Wirtschaftskrisen in der klassischen Nationalökonomie, staatswiss. Diss. München 1926; T. W. Hutchison, A. Review of Economic Doctrines, 1870–1929, Oxford 1953, 344–408; J. A. Schumpeter, Geschichte der ökonomischen Analyse, Göttingen 1965, I, 900–15; II, 1355–78. Literaturüberblick in: A. Montaner Hg., Geschichte der Volkswirtschaftslehre, Köln 1967 (NWB 19), 435–53.

hereinbrechenden wirtschaftlichen Krise« erkannte. An dieser Einsicht hielt er fortab fest. Zugleich entging ihm auch nicht, wie »die wirtschaftlichen Leiden den Zustand des gesellschaftlichen Lebens aufwühlten«. Überall sei die »sozialistische Agitation innig ... mit dem Marasmus« verbunden. Schleppe sich »das wirtschaftlich tief gesunkene Europa noch lange ... in wirtschaftlicher Reaktion und Tatenlosigkeit dahin, ohne jene Geister zu bannen«, fürchtete er 1878, so »können sie den wahren Freunden des Fortschritts fürwahr noch die Fahne ... des Friedens« entreißen, denn die »neuen Phasen des Sozialkommunismus sind ein ... Reflex der wirtschaftlichen Zustände«. Diese hätten auch die Abhängigkeit Europas von den »überseeischen Gebieten« vertieft, wiederholte er mehrfach in seinen »Übersichten der Weltwirtschaft«, »weil wir dieselben als Abnehmer der Produktions-Überschüsse der europäischen Industrien unentbehrlich benötigen«. Es entsprach auch ganz dieser Auffassung, daß er in heftiger Abwehr monetärer Krisentheorien, die damals hohes Ansehen genossen, »primäre Veranlassungen« im Bereich der Produktion für den »gewaltigen Preissturz der wichtigsten Warenkategorien« seit 1873 verantwortlich machte[2].

Ebenso früh hat in Deutschland von den bürgerlichen Nationalökonomen wohl nur noch Erwin Nasse seit 1879 die Meinung vertreten, daß die »Überproduktion« die »Depression der gewerblichen Tätigkeit« hervorgerufen habe. Nasse, der einer der klügsten theoretischen Köpfe des »Kathedersozialismus« war, sah wie später Aftalion oder Rostow im »Sectoral Overshooting« die Ursache der »Überhitzung«, billigte aber der durchaus befürworteten antizyklischen staatlichen Konjunkturpolitik nur zu, daß sie Depressionen verkürzen, aber nicht verhindern könne[3].

Staatliche Intervention wäre dem Apostel ungetrübten Freihandels, als der Lujo Brentano zuerst auftrat, vor 1873 Anathema gewesen. Gegen Ende der ersten Depression empfahl er schon mäßige Zölle und Exportprämien zur Ankurbelung der Erzeugung. 1884 aber hatte seiner Meinung nach jede »zukünftige Handelspolitik des Deutschen Reiches« von der »kolossalen Überproduktion« in Deutschland auszugehen. Seine Industrie sei so entwickelt, »daß auch die absolute Beherrschung des heimischen Marktes für den Absatz ihrer Produkte nicht ausreicht. Sie bedarf zu ihrer Existenz dringend der Ausfuhr«, ja der »Garantie eines Absatzgebiets«. Daher begrüßte er »freudig« die deutsche Kolonialpolitik, die allerdings durch eine mitteleuropäische Zollunion ergänzt werden müsse[4].

Bei einem Mann, der ganz im Bann der englischen Free-Trade-Theoretiker gestanden hatte, wog diese Konzession an die Realität schwerer als bei dem Schmoller-Schüler Struck, der 1885 alle Klagen über die anhaltende Tiefkonjunktur als »Symptome der Überproduktion« ansah. Gegen sie bleibe »nur der Ausweg des Exports«. Schmoller selbst dachte durchaus in denselben Kategorien, wie auch ein Finanz-

2. Neumann-Spallart, DR 10. 1877, 413; ders., Meyers Jahrbuch 1879, 800; ders., DR 14, 1878, 464 f.; auch ders., Übersichten 2, 22; 4, 71 f.; 5, 83 f.; ders., Einleitung zu Kral, 15.
3. E. Nasse, Über die Verhütung der Produktionskrisen durch staatliche Fürsorge, Sch. Jb. 3. 1879, 150 f.; ders., JNS 17, 62. Nasse hat darin übrigens auch Hilferdings Theorie vom Gründungsprofit und Schumpeters Innovationstheorie vorweggenommen!
4. L. Brentano, Die Arbeiter u. die Produktionskrisen, Sch. Jb. 2. 1878, 631 (fast wörtlich in: ders., Die Arbeiterversicherung, Leipzig 1879); ders., ebda., 9. 16, 19, 21; vgl. ders., Ursachen, 23 f., u. Sheehan, 108. Auch Brentanos gleichgesinnter Kollege W. Lotz (Die Ideen der deutschen Handelspolitik, 1860–91, Leipzig 1892, 125, 129) sah das »Grundübel« der »immer trostloser werdenden Absatzkrise« seit 1873 darin, daß die »Produktionsfähigkeit übermäßig ausgedehnt« worden war. Vgl. R. E. May, Das Grundgesetz der Wirtschaftskrisen, Berlin 1902, 17, dagegen E. Busch, Ursprung u. Wesen der wirtschaftlichen Krisis, Leipzig 1892.

wissenschaftler aus Neumann-Spallarts Seminar 1887 die deutsche »Krise« darauf zurückführte, daß der Industrie »der Markt im Inneren immer kleiner geworden« sei, so daß sie »gezwungen« wurde, »den Weltmarkt aufzusuchen«. »Daß die sozialen Reibungen im Deutschen Reich sich gerade seit dem Anfang der 1870er Jahre so bedeutend verschärft haben«, liege in seinem »plötzlichen Übergang« zum »Industrialismus unter den ungünstigen Verhältnissen« seit 1873 begründet[5].

Auch der in Zürich lehrende Volkswirtschaftsprofessor J. Wolf fürchtete 1888, daß die »wirtschaftliche Kalamität ... revolutionäre Keime hierhin und dorthin« lege, und die »ausgesprochene Überproduktion auf vielen Gebieten« sei eine Entwicklung, die »die Krise ganz besonders charakterisiert«. Im selben Jahr wurden in Conrads »Jahrbüchern für Nationalökonomie und Statistik« die »wirtschaftliche Überproduktion und die Mittel zu ihrer Abhilfe« behandelt. Der Verfasser stützte sich auf die Erfahrung, daß »wir offensichtlich an Überproduktion leiden« und sah für die nahe Zukunft die »Abhilfe« darin, »daß wir die ausländischen Märkte für unsere deutsche Ware« erobern[6].

Bis zum Beginn der 1890er Jahre hatte sich unter führenden deutschen Nationalökonomen die Anerkennung der Überproduktionstheorie soweit durchgesetzt, daß sie sich in den wirtschaftswissenschaftlichen Handbüchern niederschlug. Aufschlußreich ist vor allem die Erklärung, die von den profilierten Vertretern der bürgerlichen Volkswirtschaftslehre angeboten wurde. Einer der Herausgeber des »Handwörterbuchs der Staatswissenschaften«, der Geheime Oberregierungsrat und Göttinger Professor Wilhelm Lexis, hielt in diesem vielgerühmten enzyklopädischen Nachschlagewerk die »Überproduktion« für die »natürliche«, »fast unvermeidliche« Folge der »kapitalistischen Produktionsweise«. Sie sei der »Vermittlungsprozeß, durch welchen bei der planlosen Konkurrenz der selbständig produzierenden Einzelunternehmungen« die Preise reguliert würden. Dieser Auffassung schloß sich der Brentano-Schüler Heinrich Herkner im »Krisen«-Artikel desselben Kompendiums vorbehaltlos an, ja, er entschied sich im Anschluß an Rodbertus und Engels für die »Sozialisierung« als ein Heilungsmittel.

Als der internationales Ansehen genießende Berliner Finanzwissenschaftler Adolph Wagner 1894 seine »Grundlegung der Politischen Ökonomie« neu erscheinen ließ, räumte er ein, daß die Wurzel des »Übels« der »Überproduktion« in der »heutigen Rechtsbasis des privatwirtschaftlichen Systems« zu suchen sei. Die Planlosigkeit der Produktion sei die unmittelbare Ursache der »Krisen« seit 1873. Daß eine »partielle Abhilfe« in der »partiell möglichen planmäßigen Regelung der Produktion«

---

5. Struck, Sch. Jb. 9. 1885, 1287; vgl. Schmoller, Korreferat, 24; ders., Grundriß, II, 495; ders., Die wirtschaftliche Zukunft Deutschlands u. die Flottenvorlage, in: ders. Hg., Handels- u. Machtpolitik, Stuttgart 1900, I, 1–38; Kral, 91 f.; ebenso: Christians, VI. – W. Neurath (Die wahren Ursachen der Überproduktionskrise, Leipzig 1892, 5 f., 29 f.) stimmte ihm zu: »Heute ist es nicht so sehr der Mangel als die Fülle, die uns am meisten ängstigt«, denn »das Übel, das uns drückt und noch furchtbarer bedroht ... ist die Überproduktion«, vgl. ders., Elemente der Volkswirtschaftslehre, Wien 1892, 321–35, 391–97, 437–80.

6. J. Wolf, Die gegenwärtige Wirtschaftskrise, Tübingen 1888, 3, 18, 21; D'Avis, Die wirtschaftliche Überproduktion u. die Mittel zu ihrer Abhilfe, JNS 51. 1888, 465 f. Vgl. K. Wasserab, Preise u. Krisen, Stuttgart 1889, 35 f., 46–74, 200. Wie viele Sozialdemokraten (Schröder, 104–81) vertrat auch D'Avis à la longue eine Unterkonsumtionstheorie (489); ebenso: an., Gb 46, 11, 68, 72; Clausen, PJ 1879, 491, 501, 517; Schippel, 244, 291, 301; Delbrück, PJ 1886, 315 f. (140 Anm. 6): alle also in den 1880er Jahren! Vgl. damit J. M. Keynes' Urteil (Allgemeine Theorie der Beschäftigung, des Zinses u. des Geldes, Berlin 1952, 308): bis 1889, als Hobsons »Physiology of Industry« erschien, hätten die Unterkonsumtionstheorien »einen Winterschlaf gehalten«.

zu finden sei, müsse nach den von ihm unbefangenen anerkannten Vorarbeiten von Rodbertus, Marx und Engels als »lösbare Aufgabe« anerkannt werden. Das »zersplitterte absolutistische Regime der Produktion«, stimmte ihm der an der Wiener Universität lehrende Wilhelm Neurath bei, müsse, um der »über alles Maß hinausgehenden Vermehrung der Güter« zu begegnen, »in ein einheitlich organisiertes konstitutionelles Regime« umgewandelt werden[7].

Derselbe Entwicklungsprozeß der volkswirtschaftlichen Theoretiker vollzog sich auch in den Vereinigten Staaten, wo die Überproduktionstheorien von Crocker, Hawley und Commons, von Conant, Wright und Wells bis zur Mitte der 1890er Jahre neben den liberalökonomischen Axiomen ihren Platz gewonnen und behauptet hatten. Auch die Wirkung der Schriften von Karl Rodbertus, der in Deutschland in den 1880er Jahren entdeckt wurde und vor allem die »Kathedersozialisten« nicht unberührt ließ, da die Depressionen seiner frühen Krisen- und Imperialismustheorie nunmehr einen günstigen Resonanzboden boten, strahlte bis nach Nordamerika aus, wo 1898 eine erste Übersetzung seiner wichtigsten Arbeiten erschien[8].

Seit den 1890er Jahren, seitdem die Wachstumsstörungen nach 1873 die universelle Gültigkeit der klassischen liberalökonomischen Theorie radikal in Zweifel gestellt hatte, wie es die kurze Krise von 1857/59 noch nicht vermocht hatte, traf die Überproduktionstheorie in Deutschland auf geringeren Widerstand. Der Tübinger Ökonom W. Troeltsch ging 1899 von der »Überproduktion« als einer allgemein anerkannten Tatsache aus, die »an allen Ecken und Enden bemerkbar« sei und »die Pflege« des »Absatzes nach auswärts« gebieterisch vorschreibe. Um die Jahrhundertwende begannen die wichtigen Untersuchungen des Schmoller-Schülers Arthur Spiethoff zu erscheinen, und F. C. Huber, inzwischen auch als Professor tätig, konnte jetzt unangefochten schreiben, daß der deutsche »Export zum Sicherheitsventil gegen die periodisch wiederkehrende Überproduktion« geworden sei, nachdem seit den 1870er Jahren das »Gleichgewicht zwischen der gewaltig ansteigenden Leistungsfähigkeit unserer Industrie und der Aufnahmefähigkeit« unwiderruflich »gestört« worden war. Seine Beobachtung traf den Kern der damals vieldiskutierten Umwandlung Deutschlands zum »Industriestaat«[9]. An ihrer Richtigkeit hat sich seither wenig geändert.

---

7. W. Lexis, Überproduktion, HSt 6. 1894, 296, 299 f.; ders., Überproduktion, Wörterbuch der Volkswirtschaft (= WV), Jena 1898, II, 712–14; ders., Krisen, 119–25; H. Herkner, Krisen, HSt 4. 1892, 900, 909 f.; A. Wagner, Grundlegung der Politischen Ökonomie, Leipzig 1894³, II, 147; Neurath, Ursachen, 6, 30. Vgl. die frühe Arbeit von K. Wicksell, Überproduktion und Überbevölkerung, ZfGS 46. 1890, 1–12.

8. P. Barnett, Business-Cycle Theory in the United States, 1860–90, Chicago 1941, 25–63; K. Rodbertus, Overproduction and Crises, N. Y. 1898. Über seine Spätwirkung in Deutschland jetzt am besten Schröder, passim. Veblen (Imperial Germany, 202) urteilte über die deutsche Kolonialpolitik: »Es ist selbstverständlich, daß das Wachsen des Außenmarkts mit dem Wachstum der Produktionskapazitäten nicht Schritt halten konnte ... Das gilt als eins der Motive für die Kolonialpolitik« Bismarcks.

9. Troeltsch, 72, 125; Huber, Festschrift, I, 1906, 164; II, 1910, 21*; vgl. ders., Deutschland als Industriestaat, Stuttgart 1901, 89; Spiethoffs Schriften 42 Anm. 5. Vgl. dazu noch E. Heimann, Soziale Theorie der Wirtschaftssysteme, Tübingen 1963, passim; H. Becker, Die Entwicklung der nicht-monetären Überproduktions- u. Überinvestitionstheorien als Krisen- u. Konjunkturerklärung, staatswiss. Diss. Bonn 1952 (MS), die von Malthus bis einschließlich Spiethoff knapp die Theorien analysiert; H. Neisser, General Overproduction, in: Readings in Business Cycle Theory, London 1944, 385–404; F. Sternberg, Die extensive Ausdehnung der kapitalistischen Produktionsweise, Kölner Vierteljahrshefte für Soziologie 8. 1929, 165–89; ders., Krise u. Außenhandel, WA 29. 1929, I, 247–73; W. Fellner, Zum Problem der universellen Überproduktion, ASS 66. 1931, 522–56; L. Miksch, Gibt es eine allgemeine Überproduktion?, jur. Diss. Tübingen, Jena 1929; L. V. Birck, Technischer

3. ÖFFENTLICHE MEINUNG

An der Haltung, welche in der öffentlichen Meinung zu diesen Problemen der Depressionszeit eingenommen wurde, läßt sich ebenfalls das allmähliche Vordringen derselben Vorstellungen verfolgen. Freilich kann hier nicht *die* deutsche öffentliche Meinung in der ganzen Breite ihres Spektrums untersucht werden, zumal da sich seit eben diesen Jahren jener fundamentale »Strukturwandel der Öffentlichkeit« (Habermas) anbahnte, in dem die kritisch-räsonnierende, öffentliche, politische Meinung des liberalbürgerlichen Rechtsstaats allmählich in die weitgehend von den Massenkommunikationsmitteln geschaffene, »demonstrative und manipulative« Öffentlichkeit überging. Immerhin können hier einige Ausschnitte aus der in Zeitschriften und Zeitungen, Broschüren und Kampfschriften sich äußernden öffentlichen Meinung beleuchtet werden, ehe auf die eigentliche Expansions- und Kolonialpublizistik eingegangen wird[1].

Es war gleichsam ein Vorgriff auf die Agitation nach 1879, wenn einer der herausragenden Köpfe und Mitgründer des »Zentralverbandes Deutscher Industrieller«, Wilhelm v. Kardorff, schon 1875 in seinem bekannten Pamphlet »Gegen den Strom« nicht nur der Monopolisierung des Binnenmarkts das Wort redete, sondern zugleich erklären konnte, daß »der Export ... als die Lebensfrage« für die deutsche Industrie bestehen bleibe. Allerdings könne sie, hieß damals sein taktisch bedingtes Argument, »nur« dann »eine nachhaltige Exportfähigkeit« behaupten, wenn sie »einen sicheren Markt im Inland« besitze. Sei dieser aber erst einmal gewährleistet, dann folge natürlich die Eroberung von Außenmärkten. Die entscheidende Ursache der englischen Handelssuprematie, unter der auch das deutsche Wirtschaftsleben so sehr leide, sah Kardorff im Riesenmarkt des Britischen Empire. Auch F. Stöpel verlangte im selben Jahr zunächst eine »Konzentration« hinter einem Schutzzollwall, ehe eine »Politik der Expansion« wieder aufgenommen werden könne. Vor allem müsse der Staat bald etwas gegen die »gesellschaftlichen Krankheitserscheinungen« der »Überproduktion« unternehmen, denn sonst müsse sie »ohne allen Zweifel über kurz oder lang eine Explosion hervorrufen, die leicht unser ganzes Wirtschaftssystem über den Haufen werfen könnte.«

Zu vorbeugenden Maßnahmen gegen die »Gefahren, welche aus revolutionären, sozialen Bewegungen für das Gesamtwohl zu erwachsen drohen«, vor denen Gustav Schmoller schon 1872 bei der Gründung des »Vereins für Sozialpolitik« und seither immer wieder eindringlich gewarnt hatte, rief auch 1877 die »Provinzial-Korrespondenz« auf, damit noch »rechtzeitig die vereinte Macht aller erhaltenden Kräfte der Nation« gegen sie eingesetzt werden könne. Eine höchst aufschlußreiche sozialimperialistische Konsequenz zog der Heidelberger Staatsrechtslehrer Johann Caspar Bluntschli aus dieser Revolutionsfurcht der »erhaltenden Kräfte«, die durch die zunehmende Aktivität der jungen »Sozialistischen Arbeiterpartei«, die 1875 aus der Vereinigung der Lassalleaner mit den Marxanhängern um Bebel und Liebknecht her-

---

Fortschritt u. Überproduktion, Jena 1927. Zum »Industriestaats«-Problem: W. Sombart, Entwickeln wir uns zum Exportindustriestaat?, Soziale Praxis 8. 1898/99, 633–37; Schmoller, Sch. Jb. 24, 373–82; M. Victor, Das sog. ›Gesetz der abnehmenden Außenhandelsbedeutung‹, WA 36. 1932, 59–85. Zuletzt dazu H. Lebovics, ›Agrarians‹ versus ›Industrializers‹. Social Conservative Resistance to Industrialism and Capitalism in Late 19th Century Germany, International Review of Social History 12. 1967, 31–65.

1. J. Habermas, Strukturwandel der Öffentlichkeit, Neuwied 1965², 157–69, auch in: Mod. Dt. Sozialgeschichte, 197–221.

vorgegangen und 1877 mit mehr als 500 000 Stimmen schon die viertstärkste Partei des Reichstags geworden war, fraglos angefacht wurde. »In unserer Zeit, in der ein großer Teil der unteren Volksklassen ein Mißbehagen empfindet«, schrieb Bluntschli 1878 in der »Deutschen Revue«, »kann es geradezu zur zwingenden Notwendigkeit werden, ... einen Abfluß zu verschaffen.« Da keine begründete Aussicht auf Ausdehnung in Europa bestehe, die »Triebe des deutschen Volkes ein Wachstum« aber »verlangen, so muß dieses sich auf außereuropäische Gegenden richten«. Wie der »deutsche Handel« zum »Welthandel geworden« sei, müsse das Reich zur überseeischen Kolonialpolitik übergehen –« ohne sie »ist die soziale Frage schwerlich zu lösen«[2].

1879 beklagten nicht nur die rechtsliberalen »Preußischen Jahrbücher« die »Überproduktion« als das »am meisten in die Augen fallende Symptom« der »noch nicht völlig überwundenen Produktionskrisis in Deutschland«, sondern auch die »Vierteljahrsschrift für Volkswirtschaft, Politik und Kulturgeschichte«, das Hauptorgan der deutschen Freihändler, konzedierte jetzt, daß die vehemente Industrialisierung zu einer »Überproduktion« geführt habe, »daß die Produktion den Bedarf weit« übersteige. Von diesem Mißverhältnis ging auch E. Hessel, Fabrikant und Mitglied des »Preußischen Volkswirtschaftsrats« aus, als er den nationalliberalen Parteiführer Rudolf v. Bennigsen vor einer ihrer Folgen, der »sozialdemokratischen Epidemie«, warnte. Gegen sie »muß uns die Sozialreform schützen, ehe das unglückselige ›Zu spät‹ ertönt. Aller Sozialreform muß aber eine materielle Verbesserung ... vorhergehen. Das ist die Hauptsache aller Politik. Wenn wir dieser Aufgabe nicht gerecht werden, so laden wir den Fluch der kommenden Generation auf uns.« Wie aber hielt Hessel die »materielle Verbesserung« für möglich? »In Zentralafrika bietet sich den deutschen Kolonisations- und Kultivationsbestrebungen ein Gebiet dar, wo Deutschland« für Jahrhunderte »seinen Überschuß ... plazieren« und außerdem seine Bedürfnisse an Rohstoffen ... befriedigen« könne. Ein neuer »Akt« deutscher Politik müsse beginnen: »und zwar nach innen mit der sozialen Friedensstiftung und nach außen durch Erwerbung eigener Kolonien«. Gegen die Tiefkonjunktur forderte auch der spätere Leiter des »Fränkischen Bauernvereins«, der Freiherr v. Thüngen-Roßbach, nicht weniger dringlich staatliche Wirtschaftshilfe, denn sonst nehme die Sozialdemokratie überhand, »und die soziale Revolution ist fertig, die mit dem Cäsarismus endet«[3].

Der Philosoph Eduard v. Hartmann erhob 1881 den Besitz sicherer Absatzgebiete zu einer »Lebensfrage für die deutsche Industrie«. Sie könne »am sichersten durch die Erwerbung und Anlegung von Kolonien« beantwortet werden, hieß es in einer Petition des Greifswalder Professors Schüller an das Auswärtige Amt, durch sie werde das notwendige »größere Absatzgebiet für deutsche Rohprodukte und Industrieerzeugnisse eröffnet werden«. Die »Notwendigkeit« werde »immer dringender«, für die deutschen »Erzeugnisse ein größeres Absatzgebiet zu erwerben«, konstatierte

2. W. v. Kardorff, Gegen den Strom, Berlin 1875, 30 f., 41, 24 f.; Stöpel, 9, 4, 43; Schmoller, Sozial- u. Gewerbepolitik, 2 f.; ders., Die soziale Frage u. der Preußische Staat, PJ 33. 1874, 323–42; Provinzial-Korrespondenz 11. 4. 1877; J. C. Bluntschli, Das Wachstum des Deutschen Reiches, Deutsche Revue (= DRev) 3. 1878, I, 404 f. Allg. zur Revolutionsfurcht: Th. Schieder, Das Problem der Revolution im 19. Jh., in: ders., Staat u. Gesellschaft, 11–57.

3. H. Claussen, Überproduktion u. Krise, PJ 44. 1879, 499, 504; M. Wirth, Über die Ursachen des jüngsten Fallens der Preise, VVPK 64. 1879, 149, 152 f.; ebenso ders., ebda. 91. 1886, 148, 160 f.; ders., Quellen, 5, 33. – E. Hessel an Bennigsen, 30. 8. 1881, Nl. Bennigsen, 195, DZA I; Thüngen-Rossbach an W. v. B., RB 8, 53.

eine andere Eingabe, »diesem Bedürfnis entspricht die Agitation für den Erwerb überseeischer Kolonien«. Um »für seine in immer steigenden Progressionen sich entwickelnde Industrie überseeische Absatzgebiete zu sichern«, werde Deutschland »dahin gedrängt«, glaubte die »Magdeburger Zeitung«, »den auswärtigen Handelsbeziehungen ... sorgfältigere Pflege zuzuwenden und die Erwerbung eigener Kolonien ins Auge zu fassen«. Eine Lösung dieser »Kolonialfrage« habe deshalb »hohe, ja höchste Bedeutung« für Deutschland gewonnen, ergänzte das »Deutsche Volksblatt«, denn »sonst verfällt es sozialistischen und kommunistischen Ideen«[4].

Zwar stehe »Deutschland unter den großen Industriestaaten voll und ganz als Gleichberechtigter« da und seine Exportindustrie sei »mündig« geworden, behauptete 1882 Prof. Diezmann von den Technischen Lehranstalten im sächsischen Industriezentrum Chemnitz. Damit sei aber auch »allgemein« die Frage aufgetaucht: »Wo finden wir neue große Absatzfelder für unsere Industrie?« Diezmann verwies in ausführlichen Marktanalysen auf Afrika und den Pazifik. Dem »Berliner Tageblatt« war die Expansionsrichtung gleich, die Hauptsache sei, dem »Überfluß an deutscher Arbeitskraft« einen »heilbringenden Abflußkanal zu eröffnen«. Darüber könne kein Zweifel geduldet werden, pflichtete ihm der »Börsen-Kurier« bei, daß es »ein gebieterisches Erfordernis« sei, »die vorhandenen Absatzgebiete zu behaupten und auf die Erwerbung neuer Bedacht zu nehmen«. Max Schippel, der sich später zu einem der Exponenten des sozialdemokratischen Revisionismus entwickelte, erklärte 1883 das »moderne Elend« seit 1873 als ein Ergebnis der »Überproduktion«. Sie sei »in allen industriellen Ländern eingezogen, überall ruft sie nach Kolonien, späht sie nach überseeischem Absatz aus«, wozu auch die »verzweifelte Lage der arbeitenden Klassen« antreibe. In einer Besprechung im »Export« unterstrich der Reichstagsabgeordnete Otto Arendt beifällig Schippels These, daß die Kolonialpolitik auf dem »praktischen Bedürfnis nach Erweiterung des Absatzgebiets für die industriellen Erzeugnisse« beruhe und »zur Beseitigung der nationalen Notstände« beitrage, während Schippel damals noch der Überzeugung war, »daß einzig die Verwirklichung der Reformvorschläge von Rodbertus« Deutschland auf längere Sicht »vor der sozialen Revolution zu retten vermag«[5].

Karl Rodbertus-Jagetzow wurde von deutschen Universitätsprofessoren – mit Ausnahme einiger bedeutender Nationalökonomen – in dieser Zeit nicht sonderlich ernst genommen, aber Hans Delbrück beklagte in den »Preußischen Jahrbüchern« das »Übermaß der Produktion« als Ursache der »ungeheuren Krise, wie wir sie jetzt [1886] in einer gesteigerten Intensität durchmachen« und entpuppte sich dann als Verfechter einer Unterkonsumtionstheorie, die in mancher Hinsicht an Rodbertus erinnerte. Delbrücks Vorgänger auf seinem Berliner Lehrstuhl, Heinrich v. Treitschke aber, dem ein weites Echo im Bürgertum gewiß war, verkündete – ähnlich wie Rodbertus – im Jahre 1884 apodiktisch: »Für ein Volk, das »wie Deutschland« an

---

4. E. v. Hartmann, Zwei Jahrzehnte deutscher Politik, Leipzig 1888, 137 (1881); Eingabe Prof. Schüllers, 16. 4. 1881, Akten des Reichskolonial-Amts (= RKA), 7159, 30–34, DZA I; Eingabe H. Loehnis, Mai 1881, ebda., 53–56; Magdeburger Zeitung 17. 12. 1881; vgl. 28. 12. 1881; Weimarer Zeitung 29. 4. 1880; Norddeutsche Presse 29. 12. 1881; Deutsches Volksblatt 21. 9. 1880.

5. M. Diezmann, Deutschlands außereuropäischer Handel, Chemnitz 1882, 99 f., 4 f.; vgl. die Rez. Export 4, 393 (27. 6. 1882); Berliner Tageblatt 17. 1. 1882, ähnlich Berliner Börsenkurier 12. 4. 1882; Allg. Zeitung 20. 1. 1882; M. Schippel, Das moderne Elend u. die moderne Übervölkerung – ein Wort gegen Kolonien, in: M. Wirth, Wagner, Rodbertus, Bismarck, Leipzig 1883, 1885², 221, 244, 322; Rez. in: Export 5. 855 f. (11. 12. 1883, O. Arendt!); dazu Schippel, ebda. 6, 10 (1. 1. 1884, Beilage).

einer beständigen Überproduktion leidet..., wird die Kolonisation zur Daseinsfrage.« Damit nahm auch Treitschke einen Leitgedanken auf, der seit Jahren im Zentrum der deutschen Expansionspublizistik gestanden hatte[6].

4. EXPANSIONSAGITATION

Die öffentliche Diskussion über die Notwendigkeit einer deutschen überseeischen Expansion und Kolonialpolitik setzte gegen Ende der 1870er Jahre voll ein. Sie ging mit erstaunlicher Scharfsichtigkeit und Präzision von dem Zusammenhang zwischen Wirtschaftsdepression und gesellschaftlicher Gärung aus. Daraus leitete sie ihre expansionistischen Postulate ab. Wenn man sich vergegenwärtigt, mit welcher wuchtigen Eindringlichkeit dieses Abhängigkeitsverhältnis den Zeitgenossen seit der ersten Tiefkonjunktur nach 1873 vor Augen geführt wurde, wird man diese Stimmen wohl für ausgesprochen repräsentativ halten dürfen. Im Grunde findet sich auch in den seit 1878/79 erscheinenden Schriften der drei markantesten frühen Expansionspublizisten: Ernst v. Weber, Wilhelm Hübbe-Schleiden und Friedrich Fabri, die gesamte Argumentation der folgenden Jahre voll ausgebildet vor.

Aber auch schon ihre unmittelbaren, jedoch unbekannteren Vorläufer begründeten ihre Forderungen ganz ähnlich wie sie. Das »neue Indien«, in das Zentralafrika für die europäischen Staaten verwandelt werden könnte, wie J. J. Sturz 1875 glaubte, werde »für manche Zweige unserer gedrückten Industrie von der höchsten Bedeutung« sein. »Welches Land wäre wohl durch seine volkswirtschaftliche Lage mehr darauf angewiesen als gerade Deutschland«, fragte er, »sich die Teilnahme an dem Handel und Wandel mit einem noch unerschlossenen Weltteil zu sichern?« Als der Afrikaforscher Clemens Denhardt im selben Jahr um Spenden für eine Reise zur »Erschließung von Ost-Äquatorialafrika« bat, plädierte er mit dem Hinweis auf die »schlechte Lage des Handels und Gewerbes«, die Deutschland zwinge, »jede, auch die unscheinbarste Gelegenheit zur Ausdehnung seiner Beziehungen zu ergreifen«, für sein Projekt. Der bekannte Geograph Prof. Petermann von der Gothaer Geographischen Anstalt unterstützte ihn mit einem Gutachten: »Alles, was dazu beitragen kann«, den »traurigen und schmachvollen Übelständen« seit 1873 »entgegenzuarbeiten«, wie Denhardts Unternehmen, »welches deutscher Industrie und deutschem Handel neue Gebiete erringen soll«, müsse »mit der größten Freude begrüßt werden«. »Jetzt, wo uns... erweiterte Absatzgebiete für industrielle Erzeugnisse mehr not tun als irgendeinem andern Staat der Welt«, »verlangt das Volk ein Expansionsgebiet«, z. B. in »Innerafrika«, belehrte F. H. Moldenhauer 1878 die Mitglieder des Frankfurter Geographischen Vereins. »Ein gesunder Industriestaat« müsse »auch ein Kolonialstaat« sein. Deshalb denke auch in Großbritannien »niemand... im Ernste daran, gewaltsam die gesellschaftliche Ordnung zu zertrümmern«, denn England besitze

---

6. H. Delbrück, Die wirtschaftliche Not. Die Überproduktion. Die Währungsfrage, PJ 57. 1886, 315 f.; H. v. Treitschke, Die ersten Versuche deutscher Kolonialpolitik (PJ 54. 1884, 555–66), in: ders., Deutsche Kämpfe, Leipzig 1896, Zit. 344. Vgl. ders., Politik, Berlin 1922⁵, I, 124, 145. Zur Genesis dieser Anschauungen: W. Bussmann, Treitschke, Göttingen 1952, 260 f. Vgl. ders., Treitschke als Politiker, HZ 177. 1954, 249–79; A. Dorpalen, H. v. Treitschke, New Haven 1957; G. W. F. Hallgarten, H. v. Treitschke, History 36. 1951, 227–43.

»ein gewaltiges Sicherheitsventil« im Empire. Deutschlands »zukünftige nationale Entwicklung und Wohlfahrt« hänge daher »angesichts unserer heutigen gesellschaftlichen Mißstände« »aufs innigste mit der Erwerbung eigener Kolonien zusammen«[1].

1878 erschien auch das erste Buch Ernst v. Webers, eines vermögenden, weitgereisten sächsischen Rittergutsbesitzers, der sich einige Jahre in Afrika aufgehalten hatte. Er empfahl die Gründung eines »Neudeutschlands in Südafrika«, forderte aber auch ganz im Sinn des von ihm postulierten und ausdrücklich mit der »Manifest Destiny« der Vereinigten Staaten verglichenen »respektierlichen Zukunftsplanes«, daß »Südamerika ... uns gehören« solle. Warum sah Weber in ihnen ein »Eldorado für die Zukunft«? »Mit jedem Jahr steigt die gebieterische Anforderung, den Erzeugnissen der deutschen Industrie ... neue Märkte zu eröffnen«. Während »das Mißverhältnis zwischen der Zahl der Besitzenden und der Besitzlosen« steige, werde »das Gleichgewicht zwischen Produktion und Konsumtion ... immer mehr gestört«. Nur »weite Abzugskanäle« für die »Überproduktion der deutschen Arbeit« könnten in »dem erstickenden Gedränge unserer Industriebezirke, wo die sozialistische Revolution ... immer drohender ihr Schlangenhaupt erhebt«, Luft schaffen. Kolonialerwerb bedeutete also »einen Akt der Selbstrettung«, ein »Vorbeugen blutiger Revolutionen, die uns in Zukunft mit mathematischer Sicherheit bevorstehen, wenn ihre Ursache ... nicht nachdrücklich ... vermindert wird«.

Schon im nächsten Jahr stieß Weber mit Vorträgen und dem Pamphlet »Die Erweiterung unseres Wirtschaftsgebiets«, die er im Untertitel als ein »dringendes Gebot unserer wirtschaftlichen Notlage« charakterisierte, nach. Dank dieser »immer mißlicher werdenden« Notlage, sei die Aufmerksamkeit der Öffentlichkeit nicht nur auf die »Eröffnung neuer Märkte für unsere Arbeitserzeugnisse« gelenkt worden. Sie erkenne auch, daß der »materielle ... Sumpfboden«, den die Depression geschaffen habe, zusammen mit dem »Mangel an hinreichenden ausländischen Absatzmärkten« den »Giftpflanzen der sozialistischen Wühlereien das üppigste Gedeihen« biete. »Wir leben im wahrsten Sinne des Worts auf einem Vulkan«, zeichnete Weber erneut ein Menetekel drohenden Untergangs. »Diese Verhältnisse werden sich, wie ich fürchte, von Jahr zu Jahr verschlimmern, und es könnte leicht kommen, daß schon der hundertste Jahrestag der Französischen Revolution unser schönes Vaterland von einem Meer von Blut überschwemmt finden würde.« »Nur dadurch kann in der

1. J. J. Sturz, Der wiedergewonnene Weltteil, ein neues gemeinsames Indien, Berlin 1875, 1877², 23, 43, 8; ders.: Berliner Tageblatt 1. 8. 1875. In seiner 1875 geschriebenen, aber wegen einer Drucksperre der Marineleitung erst 10 Jahre später veröffentlichten Schrift mahnte Vizeadmiral O. Livonius (Kolonialfragen, Berlin 1884, 4, 65; vgl. G. Freytag an A. v. Stosch, 18. 4. 1875, in: H. F. Helmolt Hg., G. Freytags Briefe an A. v. Stosch, Stuttgart 1914, 104 f.), »daß nicht länger gezögert werden dürfe, unserem überseeischen Handel« neue »Absatzgebiete zu erschließen« u. daß »durch Kolonien ... neue Märkte geschaffen« würden. – Mitteilungen über ein Unternehmen zur Förderung der Erschließung von Ost-Äquatorialafrika, Stuttgart 1877, 6, 25 (Petermann); ähnlich F. Robert, Afrika als Handelsgebiet, Wien 1883, 19 (»Die Überproduktion Deutschlands, die Überfüllung des eigenen Marktes« seien »die Ursachen, daß man neue Absatzgebiete« entdecken müsse), vgl. Rez. KZ 18. 8. 1883. – F. H. Moldenhauer, Erörterungen über Kolonial- u. Auswanderungswesen, Frankfurt 1878, 6, 3, 17, 21, vgl. Rez. GN 1. 1879, 37 f. Vgl. N. Grünewald, Wie kann Deutschland Kolonialbesitz erwerben?, Mainz 1879, 2 f. (»Die Not in den unteren Schichten der Bevölkerung« entspringe der »Überproduktion«, »es gilt also das Arbeitsfeld der Industrie zu vergrößern durch Ausweitung unseres Marktes«), u. die Zuschrift süddeutscher Nationalliberaler an Bennigsen, Juni 1879 (H. Oncken, R. v. Bennigsen, Stuttgart 1910, II, 411), »daß die Erwerbung eigener Kolonien durch das Reich für Deutschland eine Lebensfrage geworden« sei. Über die zahlreichen, in den Akten des Auswärtigen Amts abgelegten Projekte (1860–1901) vgl. RKA 7154–61.

gefährlichen Gesamtstimmung unserer unteren Volksschichten eine durchgreifende Änderung herbeigeführt werden«, daß der Export der »Überproduktion« eine »wirtschaftliche Verbesserung« schaffe. Zugleich solle der Staat die Auswanderung als »Massenexport revolutionären Zündstoffes«, worunter Weber »die sozialistische Gärung in den Köpfen unserer ... vermögenslosen Massen« verstand, zu fördern beginnen. In Kolonien könnten sie sich vielleicht sogar zu »überseeischen deutschen Herrennationen« entwickeln, statt daheim »die immer gefährlicher werdenden Proletariermassen zu vermehren«[2].

Ganz unabhängig von Weber hat der Hamburger Jurist Wilhelm Hübbe-Schleiden, der in Afrika Erfahrungen als Kaufmann gesammelt hatte, 1879 seine überaus fruchtbare Tätigkeit als Kolonialschriftsteller aufgenommen. »Deutschlands Geographie« müsse korrigiert werden, forderte er provozierend in seiner ersten Schrift, wenn es »vor der Versumpfung« gerettet werden soll. »Wir können freilich Deutschland nicht verlegen – ausdehnen aber können wir sein Wirtschaftsgebiet«. Denn da »die Wirtschaft eines Landes ... durchaus von der Ausdehnung seines auswärtigen Absatzgebietes« abhänge, lasse sich der »gegenwärtig niedere Stand der Gewinne und Löhne« in Deutschland »nur« als eine Folge »mangelnder Ausdehnung ... des Wirtschaftsgebiets« erklären. Freilich warnte Hübbe-Schleiden zuerst noch vor »einer Kolonialpolitik um jeden Preis«. »Nicht Kolonien wollen wir haben ..., sondern unser Wirtschaftsgebiet muß sich ausdehnen«, bekräftigte er das freihändlerische Credo seiner Heimatstadt.

Bis 1881, als sein Buch über »Deutsche Kolonisation« erschien, hatte er sich die Forderung nach Kolonien indessen zu eigen gemacht. »Die sämtlichen Kräfte unserer Volkswirtschaft kranken an der räumlichen Beschränkung unseres Wirtschaftslebens«, so daß das »Elend der wirtschaftlichen Überproduktion« weiter anhalte. Aus dieser »chronischen Verstopfung« resultierten »Arbeitslosigkeit, Unzufriedenheit, Zunahme der Verbrechen und die Sozialdemokratie«. »Eine Erweiterung unseres nationalen Wirtschaftsgebiets« in Form einer »exklusiven Kulturpolitik in überseeischen Ländern«, worunter Hübbe-Schleiden in seiner eigenwilligen, gespreizten Terminologie Kolonialerwerb verstand, sei »allein im Stande, unserem Volksleben und dem Wohlstande unserer Nation eine normale Fortentwicklung zu sichern«. Ohne sie sei Deutschland der »Bankrott sicher«, so daß es »in unmittelbarster Weise auf exklusive Entwicklung angewiesen« sei. Den »Millionen arbeitsfähigen deutschen Männern und Frauen, die heute mehr als je ihren verzweifelten Ideen nachbrüten« und die »unser unglückliches Vaterland« – »jetzt schon eine Brutstätte des Pauperismus« – völlig zum »Lande des Proletariats« machen könnten, scheine »nur deshalb die Hoffnung auf eine soziale Revolution der einzige Trost« zu sein, da sie »einen exklusiven Kulturaufschwung unserer wirtschaftlichen Verhältnisse« nicht »für möglich« hielten. Ohne Kolonien – das »einzige Mittel«, das »wirtschaftliche Wohlfahrt« garantiere – werde deshalb unabwendbar die »alles verschlingende Revolution unter uns ausbrechen«.

2. E. v. Weber, 4 Jahre, II, 331, 337, 553, 562–64, 568; ders., Die Erweiterung des deutschen Wirtschaftsgebiets u. die Grundlegung zu überseeischen deutschen Staaten, Leipzig 1879, 2, 4, 7, 60 f. (W. nahm hier einige Formulierungen aus »4 Jahre« fast wörtlich wieder auf: 7, 22, 50 f., 59 f.). Vgl. Rez. Sch. Jb. 5. 1881, 225–45. Ähnlich ders., Deutschlands Interesse in Südost-Afrika, GN 1. 1879, 259–73; ders., Der Unabhängigkeitskampf der niederdeutschen Bauern in Südafrika, Export 3, 143–50 (8. 3. 1881, Beil.); vgl. H. Lange, Zur Kolonisationsfrage in Deutschland, Deutsche Rundschau für Geographie u. Statistik 2. 1880, 197–202, 261–66.

In seinen »Motiven zu einer überseeischen Politik Deutschlands«, die 1881 gleich mehrfach gedruckt wurden und vor den Reichstagswahlen eine breite Öffentlichkeit erreichten, faßte Hübbe-Schleiden thesenartig sein Programm zusammen. »Die andauernde Ungunst der wirtschaftlichen Lage unseres Vaterlandes«, hieß es darin, »die ungenügende Zunahme des Absatzes unserer Industrie, die mehr und mehr abnehmende Rentabilität der Kapitalanlagen, ... die steigende Unzufriedenheit der meisten Berufskreise ..., die zunehmende Not unseres Mittelstandes und das immer stärkere Anwachsen unseres Proletariats, die drohenden Übelstände unseres Volkslebens, veranlaßt durch solche gedrückten Wirtschaftsverhältnisse, ... die fortwährend mit Verbitterung wühlende sozialdemokratische Bewegung ... – diese Tatsachen sind es vornehmlich, welche uns unabweislich auf die Bahn einer überseeischen Politik hindrängen³!«

Wenn auch Weber und Hübbe-Schleiden mit Nachdruck ihren Lesern und Zuhörern ihre beschwörenden Warnungen einhämmerten, so ist doch wohl die stärkste Wirkung von den Schriften des Barmer Missionsinspektors Friedrich Fabri ausgegangen, da er mit noch einprägsameren Formulierungen in dieselbe Kerbe hieb. Hübbe-Schleiden hatte keinen Zweifel daran gelassen, daß »Wirtschaftsfragen ... heutzutage das Grundelement aller Politik« darstellten. Auch Fabri stellte sich auf den Boden dieser Überzeugung. Es sei »ein Grundgesetz der heutigen Weltentwicklung, daß die wirtschaftlichen Fragen sich überall bestimmend in den Vordergrund des Völkerlebens stellen«. Im »Leben der Völker« seien es »stets«, zumal aber »in der Gegenwart« »materielle Interessen«, die »den Anstoß zu großen Bewegungen und Veränderungen geben«. Aus diesen prinzipiellen Anschauungen eines bürgerlichen ökonomischen Determinismus leitete Fabri klar und direkt seine Folgerungen ab. »Unsere industrielle und gewerbliche Produktion ist nun seit Jahren in eine unerhörte Stockung geraten und liegt tief darnieder« – diese Tatsache »der Notstände und des Drucks« nahm auch Fabris »politisch-ökonomische Betrachtung« zum Ausgangspunkt, als er 1879 seine berühmte Frage »Bedarf Deutschland der Kolonien?« aufwarf.

Daß die »nun schon so lange währende Handelskrisis ... auf allen Kulturstaaten« lastete, galt ihm als »leidiger Trost«, da er wie viele Zeitgenossen der Meinung war, daß Deutschland »wohl in der ungünstigsten Lage« verharre. »Die Grundlage der gegenwärtigen Krisis, sofern sie sich als eine allgemeine, fast den ganzen Erdball umspannende darstellt, ist ohne Zweifel die ... Überproduktion«, gegen die gerade Deutschland »neuer, fester Absatzmärkte«, also auch »unabweisbar kolonialer Besitzungen« bedürfe. Werde hier nicht bald »Abhilfe« geschaffen, so folgte Fabris düstere Prognose, wie solle dann »eine soziale Revolution bei uns aufgehalten wer-

---

3. W. Hübbe-Schleiden, Ethiopien, Hamburg 1879, 383, 386, 393 f., 402 (vgl. Rez. Globus 35. 1879, 138; A. Lammers, Kolonial-Prospekte, DR 19. 1879, 486–88; GN 1. 1879, 388 f.); ähnlich ders., Weltwirtschaft u. die sie treibende Kraft, Hamburg 1882, 29. Vgl. Rez. Export 4. 1882, 245; ders., Rentabilität der Kultur Afrikas, DRev 3. 1879, III, 382; ders., Die Erschließung des Inneren Afrikas, Greifswald 1882; ders., Kolonisation, 57, 62, 68, 96 f., 101, vgl. 65, 70 u. Rez. Export 3. 1881, 301; ders., Überseeische Politik, I, Hamburg 1881, 141 (vgl. 116 u. Rez. Export 2. 1880, 385–88; KZ 7. 2. 1881; Allg. Zeitung 22. 2. 1881, Beil.; Sch. Jb. 5. 1881, 225–45); ders., Überseeische Politik, II, Hamburg 1883, 121; ders., Motive zu einer überseeischen Politik Deutschlands, DR 4. 8. 1881; auch in: Export 3. 474 f. (16. 8. 1881); ders., Warum Weltmacht?, Hamburg 1906, 35–42. Vgl. E. R. Flegel (Drei Briefe an die Freunde der deutschen Afrika-Forschung, kolonialer Bestrebungen u. der Ausbreitung des deutschen Handels, Berlin 1885, 13) über Hübbe-Schleiden, »der in seinen herrlichen Motiven ... das für die gegenwärtigen sozialen Bedürfnisse unseres Vaterlandes geleistet hat, was der große Reformator in den 95 Wittenberger Thesen für die religiösen seiner Zeit«!

den«? Deshalb »gestaltet sich für uns mehr und mehr« die koloniale Ausbreitung »zu einer Existenzfrage«.

Allerdings komme der dringenden »Erörterung« dieser Frage, wie Fabri seine erstaunlich klare Einsicht in die sozialökonomischen Grundlagen des anhebenden Kolonialenthusiasmus formulierte, »die durch unsere wirtschaftliche Lage erzeugte Stimmung« entgegen. Überhaupt wünschte er zwar den »Erwerb kolonialer Besitzungen als eine wirtschaftliche Notwendigkeit« anerkannt zu sehen, nachdem »die Überproduktion im wirtschaftlichen Gebiete uns in eine tiefe Krise gebracht und nahezu zur Unproduktivität verurteilt« habe, aber sein Hauptziel war doch die gesellschaftspolitische Stabilisierung der »drückenden«, »wirklich bedenklichen« Lage »im neuen Reich«. Dabei dachte auch er vornehmlich an den Aufstieg der Sozialdemokratie, der wegen »unserer ungesund schnell entwickelten Industrie mit ihrem Gefolge von Krisen, Überproduktion und Arbeitslosigkeit« bedrohliche Schnelligkeit angenommen habe.

Den Sozialisten nachzuweisen, daß ihre wirtschaftlichen Forderungen irreal seien, genüge nicht. Vielmehr gehe es darum, vor den »Irregeleiteten und wirklich sich bedrückt Fühlenden« ein »neues, nicht unerreichbares Hoffnungsbild« aufzupflanzen. Schon durch den günstigen »psychologischen Eindruck« werde der »um sich fressenden Unzufriedenheit« eine erste »Schranke gesetzt«. »Vor allem wirtschaftliche«, aber »in ihrem Gefolge auch politische« Gründe geböten eine deutsche Kolonialpolitik, konnte daher Fabri fordern. Mit seinem Ruf nach einer »Gegenutopie« gegen den sozialistischen Zukunftsstaat bewies Fabri erneut seine Begabung, eine bemerkenswert realistische, auch sozialpsychologisch einleuchtende Analyse mit illusionären Hoffnungen zu verbinden. In diesem Sinn auch galt ihm die Kolonialpolitik »als eine Art Sicherheitsventil«, durch sie könne die »sozialdemokratische Krise im wesentlichen gelöst werden«[4].

Hier stimmte auch Hübbe-Schleiden mit ihm überein. »Nur« ein »ferneres, größeres Ziel« könne »unser nationales Leben« vor dem »Zerfall bewahren«, erklärte er

---

4. F. Fabri, Bedarf Deutschland der Kolonien? Eine politisch-ökonomische Betrachtung, Gotha 1879, III, 2, 20, 23, 45, 47, 70, 81, 86, 88, 98, 110 (vgl. Allgemeine Deutsche Biographie 48. 1904, 473–76); Fabri an Hohenlohe-Schillingsfürst, 5. 6. 1880, RKA 2098, 38 f. (»Der Erfolg dieser Schrift in der öffentlichen Meinung Deutschlands hat meine Erwartungen weit übertroffen«). – Von den zahlreichen Rez.: DR 19, 486–88; Sch. Jb. 5. 1881, 225–45; GN 1. 1879, 235–40, 389 ff.; Post 15. 3. 1879; National-Zeitung 28. 3. 1879; Augsburger Allg. Zeitung 29. 4. 1879; die offiziösen »Grenzboten« (an., Bedarf Deutschland der Kolonien?, Gb 38. 1879, II, 165–73) unterstrichen einmal, daß »die soziale Frage in ein immer bedenklicheres Stadium« trete. Sodann sei auch das Interesse an wirtschaftlichen Fragen gewachsen, »als das Darniederliegen von Gewerbe und Industrie deutlich zu zeigen anfing, daß das Wohlbefinden eines Staates durch Entfaltung militärischer Macht und politischen Einflusses allein nicht aufrecht erhalten werden kann«). KZ 22. 3. 1879: »Unter dem Einfluß unserer anhaltenden ökonomischen Bedrängnis« erwache das Interesse an einer Kolonialpolitik. »Einer der stärksten Faktoren, welche der sozialdemokratischen Propaganda einen so breiten Eingang in unsere besitzlosen Klassen verschafft haben, ist ohne Zweifel die wirtschaftliche Hoffnungslosigkeit des modernen Industriearbeiters. Kein Wunder, wenn die Leute dem Fanatismus der Utopie verfallen.« Kolonialerwerb biete »nicht allein« ein »Sicherheitsventil«, sondern werde »eine Gegenwirkung gegen jene chimärischen Hoffnungen üben«. Vgl. KZ 23. 3. 1879; 3. 4. 1879; 29. 7. 1879; 27. 10. 1880; 28. 10. 1880; 29. 10. 1880. Ders., Deutsch-Ostafrika, Köln 1886, 8, 30; ders., Ein dunkler Punkt, Gotha 1880, 18; ders., Fünf Jahre deutscher Kolonialpolitik, Gotha 1889, X (im Rückblick: »die schwere wirtschaftliche Krise« habe den »entscheidenden Anstoß zur deutschen Kolonialbewegung gegeben«). Hübbe-Schleiden, Überseeische Politik, I, 121; J. J. Rein, Zur Kolonial- u. Auswanderungsfrage, Im Neuen Reich 11. 1881, I, 585 (es bedurfte »erst der wirtschaftlichen Not nach der Gründungszeit«, um »vielen die Augen« für die Kolonialfrage zu öffnen). Das treffende Wort von der »Gegenutopie« bei Schröder, 117.

1881. Für seinen »inneren Zusammenhalt« benötige Deutschland das »gemeinsame wirtschaftliche Interesse einer überseeischen Politik«. »Nur durch solche äußere Entfaltung ... kann auch die Einheit unseres Volkes ... konsolidiert werden.« Wenn man sich diese hervorstechende sozialimperialistische Tendenz aller namhaften deutschen Expansionspublizisten verdeutlicht, wird man auch im frühen deutschen Imperialismus die »Abwehrideologie« denkbar klar erkennen. Das dynamische Element des wirtschaftlichen Wachstums, das von diesen Publizisten allgemein als Präponderanz der Wirtschaft in der modernen Welt anerkannt wurde, verband sich in ihren Schriften mit sozialdefensiven Befürchtungen, die eine Sicherung der nationalen »Wohlfahrt« von der imperialistischen Expansion abhängig machten[5].

Diesem Gedankenkreis blieb die Expansionsagitation, die seit 1879 an Schwung gewann, fortab verhaftet. Fabri, Hübbe-Schleiden und Weber waren alles andere als Einzelgänger. Sie verschufen vielmehr, indem sie noch dumpfe allgemeine Vorstellungen unzweideutig artikulierten, einem Denkmuster Anerkennung, dem auch die Schar ihrer Nachfolger treu blieb. Und die Fortdauer der Wachstumsstörungen wirkte wie eine ständige Bestätigung dieser Warnrufe.

Das Verständnis für ihre Forderung, daß der Erfolg der unumgänglichen wirtschaftlichen Expansion am ehesten durch eigene Kolonien gewährleistet werde, wuchs wohl auch in dem gleichen Maße, in dem in Deutschland der Solidarprotektionismus Anerkennung fand, aber auch in den anderen Staaten der Übergang zum Schutzzollsystem erfolgte. Konnte es doch wie eine einleuchtende Verlängerung derselben Politik nach Übersee erscheinen, wenn der Schutz, der dem nationalwirtschaftlichen Binnenmarkt gewährt wurde, auch auf überseeische Märkte ausgedehnt werden sollte. Das aber hatte schließlich die Verfügungsgewalt über Territorialbesitz zur Voraussetzung. Der Wunsch nach sicheren, wenn eben möglich monopolisierbaren Außenmärkten wurde zudem durch die auf allen Gebieten des Wirtschaftslebens zunehmende Konkurrenz vertieft. Ihr widmete die Expansionspublizistik einen großen Teil ihrer Aufmerksamkeit, hielt sie es doch, wie es in einer überaus typischen Feststellung hieß, für »sonnenklar«, daß »bei der tödlichen internationalen Konkurrenz« der Absatz nur wirklich gesichert sei, »wenn wir neue überseeische Absatzgebiete in unseren Händen haben«.

Dieser Tatsache des unleugbar verschärften Wettbewerbs wollten auch die Freihändler keineswegs widersprechen, die nach der entscheidenden Niederlage von 1879 noch längst nicht völlig kapituliert hatten. Nach der ersten Stockungsphase gestanden sie sowohl die mit einer kurzen Handelskrise nicht mehr vergleichbare Dauer und Intensität der Depression, die Deutschland wie »alle Länder der Welt verheerend« überziehe, als auch die »Überproduktion« als eine Folge des tief gestörten Verhältnisses von Angebot und Nachfrage zu. Die »Erweiterung des äußeren Wirtschaftsgebiets« galt auch den deutschen Freihändlern seit je als eine Selbstverständlichkeit, die den Bedürfnissen des wachsenden Wirtschaftspotentials des Landes ganz natürlich entsprang und seit Sismondi und J. St. Mill auch theoretisch als die axiomatische Grundlage des freihändlerischen Handelsexpansionismus anerkannt worden war[6].

5. Kolonisation, 8 f., vgl. 50–57; ders., Überseeische Politik, I, 124, ähnlich auch in den »Motiven«.
6. Philippson, 4, 16, vgl. o. 123–26. Über das Konkurrenzmotiv ausgiebig: Weber, Erweiterung, 62, 69; ders., GN 1, 343; Hübbe-Schleiden, Kolonisation, 50; ders., Motive; An., Sch. Jb. 5, 245; Brüggen, PJ 49. 1882, 316; Baumgarten (u. Anm. 16), 16. Vorzüglich über England u. S. 231/1. Vgl. J. S. Galbraith, Myths of the »Little England« Era, American Historical Review (= AHR) 67. 1961, 34–48; D. G. Creighton, The Victorians and the Empire, Canadian Historical Review 19. 1938, 138–53.

Das Verlangen nach Kolonien aber wurde – ganz wie der Zollprotektionismus – als Rückfall in den Merkantilismus verachtet. Freihändler wie Friedrich Kapp und F. C. Philippson hielten sie für einen »Anachronismus«, eine »Don Quichotterie« »verworrener, unklarer, nebelhafter, unhistorischer, romantischer« Köpfe, als sie vor dem 19. Kongreß Deutscher Volkswirte, der 1880 in Berlin tagte, die »so ungestüm in den Vordergrund der öffentlichen Debatte« getretene Kolonialfrage behandelten. Gegen die »Kolonisations-Chauvinisten«, die in W. Annecke vom »Deutschen Handelstag« immerhin schon einen kräftigen Fürsprecher auf dem Kongreß fanden, beharrte Kapp auf den traditionellen Voraussetzungen freihändlerischer Expansion. Deutschland benötige nur »Kohlen- und Flottenstationen zum Schutze« seines Handels. Handelsverträge sicherten heutzutage die »Vorteile und Wohltaten«, »welche man in früheren Zeiten durch die Kolonisation zu erreichen suchte«. Aber Philippson, der sich – wie später auch der Kongreß – Kapp im allgemeinen anschloß, hob doch zugleich die »kritischen Veränderungen der Weltwirtschaft« hervor, worunter er die verschärfte Konkurrenz, vor allem die »Furcht vor dem vernichtenden Einfluß der amerikanischen Produktion« verstand.

Das Konkurrenzmotiv unterstrich auch Admiral v. Henk, dem der »gegenwärtige Stand unseres Arbeitsmarkts, das Sinken des Zinsfußes, also eine gewisse Übersättigung mit Kapital« einen »unmittelbaren Anlaß« zur Intensivierung des Außenhandels bot. »Handels- und Schiffahrtsstationen« müßten ihm zwar als »feste und dauernde Stützpunkte« dienen, wogegen Kolonien – wie nicht nur er mit den Freihändlern fürchtete – »unser Friktionsgebiet« ausdehnen müßten. Und der berühmte Berliner Völkerkundler Prof. A. Bastian, ebenfalls ein engagierter Freihändler, sah in seinem krausen Deutsch »zwei durchgreifende Motore« arbeiten, die dem Deutschen Reich Kolonialbesitz als eine »Panacea« für »temporär gefühlte Volksschäden« aufdrängen möchten. »Die Arbeiterfrage schreckt mit dem nihilistisch drohenden Gespenst« einerseits, und andererseits treffe die »Ausbreitung deutschen Handels unter Erweiterung des industriellen Absatzgebietes« auf die wachsenden Schwierigkeiten des internationalen Wettbewerbs. Solange nur der Freihandel erhalten bleibe, beteuerte er, sei jedoch auch ohne Kolonien mit dem »Aufschwung von Handel und Industrie« zu rechnen[7].

Solche Versicherungen mußten angesichts der andauernden Depression und des tatsächlich wachsenden Konkurrenzkampfes nicht nur schal klingen, sondern allmählich unglaubwürdig werden. Vor allem aber mußten die Freihändler mit der schlechthin unumgänglichen Anerkennung des »kommerziellen bellum omnium contra omnes« der Kolonialagitation einen wichtigen Argumentationspunkt konzedieren. Ein fundamentaler Konsensus verband beide Gruppen insoweit, als sie die Depression

---

7. Bericht über die Verhandlungen des 19. Kongresses Deutscher Volkswirte, 1880, Berlin 1880, 110-49 (Kapp u. Philippson), 110 f., 121 f., 130, 138-45, 145-47. Vgl. Kapp an Cohen, 11. 11. 1880, Slg. Kapp; Lenel, 154-57; KZ 25. 10. 1880; A. Thun, Der 19. volkswirtschaftliche u. der erste handelsgeographische Kongreß in Berlin im Oktober 1880, Sch. Jb. 1881, 319-31. Gegen Kapp vehement: Hübbe-Schleiden, Kolonisation, 10. Philippson, Kolonisation, 19; v. Henk, Deutsche Auswanderung u. Kolonisation, DRev 8. 1883, III, 172 f., 176. Vgl. Protokolle HK Hamburg 1881, 203-14 (Woermann, 17. 10., 204: »Die Bewegung für Kolonisation sei jedoch im Inlande so stark geworden«, daß strikte Ablehnung unmöglich sei); B. Beheim-Schwarzbach, Bedarf Deutschland eigener Kolonien?, Geg. 24. 1883, 257-59; Compass, Informationsblatt für Exporthandel, Nov. 1884; Fränkischer Kurier 18. 6. u. 26. 7. 1883; A. Bastian, Die Kolonie der Tagesdebatte u. koloniale Vereinigungen, Berlin 1884, 1 f., 19, vgl. 21, 30 f. Vgl. ders., Einige Blätter zur Kolonialfrage, Berlin 1884; ders., Zwei Worte über Kolonialweisheit, Berlin 1883. Über B. jetzt: I. Winkelmann, Die bürgerliche Ethnographie im Dienst der Kolonialpolitik des Deutschen Reichs, 1870-1900, phil. Diss. Berlin 1966 (MS).

und Überproduktion als Ursachen der wirtschaftlichen und gesellschaftlichen Notlage seit 1873 anerkannten und in der Ausdehnung des Exporthandels und Gewinnung aufnahmefähiger Absatzgebiete den erfolgversprechenden Ausweg, den allerdings die Konkurrenz der Handelsrivalen mit Hindernissen besetzte, erblickten. Der eigentliche Dissensus entstand hinsichtlich der Wahl der angemessenen Mittel, um Deutschland eine schnelle und dauerhafte Erleichterung zu verschaffen. Hier verließen sich die Freihändler zunächst auf die bewährten Methoden freihändlerischer Außenhandelspolitik. Da aber die Kolonialagitation von den gleichen Prämissen her diese Mittel für ungenügend erklärte, um die sofort notwendige Entspannung zu gewährleisten, und auf den »Kampf ums Dasein« der Industriestaaten verwies, in dem vor allem unbezweifelbarer Kolonialbesitz, nicht mehr nur das »Informal Empire« Vorteile gewährte, sahen sich die Freihändler einer undankbaren Aufgabe gegenüber. Sie verteidigten angesichts des neuen imperialistischen Wettbewerbs traditionelle Methoden der Handelsexpansion, begründeten aber ihre Entscheidung für sie zum guten Teil aus denselben Motiven wie die Gegenseite.

Unter der Last der Erfahrungen mit einer zugespitzten weltwirtschaftlichen Rivalität zerbröckelte ihre Position, auch ihre Opposition im Reichstag, der keine prinzipiell andersartige Auffassung von den Erfordernissen des deutschen Industriestaats zugrunde lag. »Überproduktion im Inneren, Abschneidung oder Schmälerung des auswärtigen Marktes und des Absatzes in das Ausland« durch Konkurrenten und Schutzzölle waren die »Symptome« der »rückläufigen wirtschaftlichen Bestrebungen« seit den 1870er Jahren, gestand der Linksliberale Karl Braun-Wiesbaden 1886 ein. »Daraus ist dann erwachsen der überall immer heftiger zutage getretene Not- und Schmerzensschrei nach Absatz, nach neuen Märkten, endlich nach Kolonien. Das scheint mit der Hauptgrund der ›Kolonialbewegung‹ zu sein, und der paßt nicht nur auf Deutschland, sondern mehr oder weniger auch auf eine Reihe von anderen Ländern«[8].

Bis dahin waren die Kerngedanken der Weber, Hübbe-Schleiden und Fabri immer wieder aufgegriffen worden. Es sei »in den letzten Jahren Mode geworden«, die neue Expansionspolitik der Industrienationen als »Imperialismus« zu bezeichnen, schrieb 1881 der welterfahrene Großkaufmann H. Loehnis, ein schreibfreudiger, doch offensichtlich nüchterner Beobachter. In Deutschland verbänden seine Verfechter mit einer »überseeischen Kolonisation« die »Hoffnung, durch Ablenkung der Aufmerksamkeit nach außen den mit der wachsenden Mißstimmung großer Volksklassen drohenden Verlegenheiten im Inneren entgegenzuwirken«. Gegen diese »sozialen Krankheiten, unter denen das Deutsche Reich leidet«, böten Innungswesen und Unfallversicherung »nur Palliativmittel selbstbetrügerischer Art«, dozierte W. Liesenberg. Allein eine »rationelle Kolonialpolitik« schaffe echte Hilfe, denn ihretwegen »treten sozialdemokratische Ideen in England weniger gefährlich auf«.

Wenn »nach außen hin keine Ableiter« gefunden würden, befürchtete der rheinische Oberregierungsrat Wülffing, »werden die sozialen Leiden in fortwährend größeren Progressionen zunehmen«. »Reiche Absatzgebiete« seien daher »für Deutsch-

---

8. K. Braun, Die Kolonisationsbestrebungen der modernen europäischen Völker u. Staaten, Berlin 1886, 24 f. Vgl. M. Wirth, VVPK 91, 160–63, der freihändlerische Publizist konnte 1886 die Verstaatlichung wichtiger Schlüsselindustrien als Mittel zur Bekämpfung der »Überproduktion« ganz unpolemisch diskutieren und selber entschieden »öffentliche Arbeiten« zur Konjunkturbelebung empfehlen; ders., Quellen, 29 (Verstaatlichung von Eisenbahnen und Bergbau!). Vgl. F. v. Hellwald, Zur Frage der Auswanderung u. Kolonisation, Geg. 29. 1886, 65–67.

lands Gewerbe und soziale Lage schon zu einer wahren Existenzsache geworden«. Die »industrielle Tätigkeit hat Dimensionen angenommen«, schrieb der Göttinger Professor H. Wagner, daß »zwingende Gründe« eingetreten seien, die »Erweiterung des deutschen Wirtschaftsgebietes über die Grenzen des Landes« hinaus zu erstreben. Die Leipziger »Weltpost« Richard Lessers stellte die Alternative, Kolonien zu erwerben oder »auf die soziale Revolution« zu warten, »welche dem Vierten Stand entkeimen kann«, zumal da sich die »Intelligenz« zunehmend mit »jenen sozialpolitischen Umsturzgedanken« befreunde.

Nach einer Weltreise für die »Kölnische Zeitung« pflichtete ihr erster Chefreporter H. Zöller diesen Voraussagen bei: »Hätten wir eine Kolonie, so würden wir niemals den Sozialismus gehabt haben, und bekommen wir keine Kolonie, so wird uns der Sozialismus sehr bald als der milde Anfang der noch bevorstehenden Revolutionsgefahr erscheinen.« Gegen solche tief eingefressenen Befürchtungen vermochte der Spott des »Fränkischen Kuriers« wenig auszurichten, wenn er die »Kolonisationsschwärmer ... gleich den Impfgegnern, Vegetariern und Antivivisektionisten« mit »den religiösen Sekten« verglich[9].

In den »Preußischen Jahrbüchern« brach Freiherr v. d. Brüggen 1882 eine Lanze für die deutsche Expansion. »Das soziale Leben eines Volkes wird vorzüglich geregelt und getragen durch die Verhältnisse der Arbeit und des Erwerbs. Wo dem Erwerbsbedürfnis und der Arbeitsfähigkeit aller Klassen stets reichliche und freie Verwertung geboten wird«, glaubte er, »ist für das soziale Wohlbefinden besser gesorgt als durch die beste Staatsverfassung.« Die schwache »Besserung« der »Geschäftslage« seit 1879 genüge deshalb nicht, dieses seit zehn Jahren gestörte Wohlbefinden wiederherzustellen. »Das Bedürfnis nach Kolonien wächst« daher, konstatierte v. d. Brüggen, »wir brauchen ... neue Absatzgebiete für die wirtschaftlichen Kräfte unseres Volkes«. Davon versprach auch er sich einen »neuen, weiteren Inhalt des Lebens, der die Innenpolitik entspannen werde. »Nichts wäre unserem nationalen wie staatlichen Leben so förderlich als ein großes deutsches Feld der Kolonisation«, denn »heilsamer« und »nachhaltiger« noch »als der Krieg« wirke für »die nationale Kräftigung« solch »ein gemeinsames wirtschaftliches Interesse«. Fabrikanten und Kaufleute suchten Absatz: »Man öffne neue Gebiete für die Zukunft.« »Welch frischer Hauch müßte in die dumpfen Werkstätten fahren, darin heute ohne Lust und Hoffnung gearbeitet wird, weil man nicht weiß, wie das Geschaffene soll verwertet werden.« »Heute wollen wir leben, arbeiten, erwerben. Heute bedürfen wir der Kolonien«, denn »unsere Lebensinteressen« und »unser nationales Gedeihen daheim« stünden auf dem Spiel.

»Unsere Produktion leidet an chronischer Vollblütigkeit« – das hielt auch der Straßburger Rechtslehrer Heinrich Geffcken, der später in der für Bismarck so unrühmlichen Affäre um das Tagebuch Friedrichs III. hervortrat, für unbezweifelbar. Der »Kampf ums Dasein« werde dadurch verschärft, »und in dieser sozialen Unzu-

9. H. Loehnis, Die Europäischen Kolonien, Bonn 1881, 50, 102 (vgl. Rez. Export 3. 1881, 433 f.; KZ 14. 8. 1881; Der Staatssozialist 3. 10. 1881); W. Liesenberg, Wohin auswandern? Oder Neudeutschland über dem Meere, Berlin 1881², 2, 9 f., 147–49; Wülffing, Der Erwerb von Ackerbau- u. Handelskolonien durch das Deutsche Reich, Köln 1881, 3, 5, 26 (Rez. KZ 14. 8. 1881); H. Wagner, Über Gründung deutscher Kolonien, Heidelberg 1881, 17, 22; ähnlich E. Hasse, der spätere Leiter des »Alldeutschen Verbandes«: Auswanderung u. Kolonisation, JNS NF 4. 1882, 306–25 (320: »Kraftvolle überseeische Politik« sei eine »Existenzfrage für Deutschland«); ders., DKZ 1. 1884, 67; W. Frey, Gebt uns Kolonien, Chemnitz 1881. – Weltpost I. 1881, 1882², 150; II. 1882, 79; H. Zöller, Rund um die Erde, Köln 1881, II, 424, vgl. 427, 448 (nach dem »großen Rückschlag« seit 1873 »stagniert« die deutsche Wirtschaft, »dauerndere Impulse als die durch eine Kolonialpolitik erzeugten« könne »man sich wohl nicht denken«). Vgl. KZ 19. 4. 1880; 20. 4. 1880; 22. 4. 1880; Fränkischer Kurier 23. 8. 1881.

friedenheit wurzelt die Triebkraft der Sozialdemokratie«. Die überseeische Ausbreitung werde »am sichersten« der »Industrie neue Absatzgebiete« gewinnen, »ohne welche wir in Gefahr sind zu versumpfen«. Entschlossene Kolonialpolitik bezeichnete daher auch Geffcken als das »beste Gegenmittel« gegen »Unzufriedenheit« und »inneren Hader«. »Verschwunden oder doch zur völligen Unschädlichkeit gebracht sind Sozialdemokratie und Umsturzpartei«, sobald Deutschland Kolonien besitze, sagten gleichzeitig die »Grenzboten« voraus. »Das Wachstum der Sozialdemokratie«, versprach die Kolonialbroschüre H. Solgers, »würde durch Gründung deutscher Kolonien sowohl direkt als indirekt abgeschwächt werden[10]«.

Auch Zeitungen der unterschiedlichsten politischen Provenienz machten sich seit Beginn der 1880er Jahre diese Argumentation zunehmend zu eigen. Die liberale »Augsburger Allgemeine Zeitung« räumte wie Geffcken ein, daß »der Kampf ums Dasein ... immer schwieriger« werde, »tiefgehende Verstimmung und Unzufriedenheit bemächtigt sich weiter Kreise der unteren Volksschichten, und nirgends gedeiht die Sozialdemokratie besser als auf solchem Boden«. Sie drohe alle Ordnung »durch Revolution gewaltsam zu zersprengen«. Dagegen biete die Erwerbung von Kolonien ein »Sicherheitsventil für den Staat«, denn sie »würden für das Deutsche Reich mit seiner industriellen Überproduktion ... gewissermaßen monopolisierte Abzugskanäle werden«. »Auf diese Weise könnte unser Wirtschaftsgebiet die Erweiterung erlangen«, die für Deutschlands innere Ruhe »so nötig ist«. »Nur durch Kolonien«, stimmte die liberalkonservative »Deutsche Reichspost« ein, sei »Deutschland vor sozialer Revolution gesichert«. Und das Organ des altpreußischen Konservativismus, die »Kreuz-Zeitung«, wollte »die innere Reform ... gewiß nicht vernachlässigt« sehen. »Aber Hand in Hand mit ihr muß die Ausdehnung unseres Wirtschaftsgebiets durch Besitzergreifung neuer Kulturgebiete gehen, »ohne welche wir Gefahr laufen zu versumpfen«[11].

Im Hauptjahr der deutschen Kolonialexpansion, 1884, wurde dieser expansionistische Konsensus noch einmal erhärtet. Der Handelskammersekretär Dr. Thimotheus Fabri kennzeichnete wie sein Vater Kolonien »als Bedürfnis unserer nationalen Entwicklung«. »Die Folgen unserer Überproduktion« fordern »zur Stunde die Gründung deutscher Kolonien«, sie seien eine »unausbleibliche Folge« der Anstrengung, mit der die deutsche Industrie »den Kampf begonnen« habe, »auf dem Weltmarkt zur Geltung ... zu gelangen«. »Pauperismus und Sozialdemokratie ist die unabwendbar herannahende Losung«, wenn das »heilige Gebot«: die »Erweiterung unseres Wirtschaftsgebiets durch überseeischen kolonialen Besitz« zu fördern, länger mißachtet werde. Der »gewaltigen Zunahme unserer industriellen Anlagen und Leistungen« entspringe Deutschlands »bedenkliche Überproduktion«, der sich nur durch »sichere

---

10. Freiherr Ernst v. d. Brüggen, Auswanderung, Kolonisation u. Zwei-Kindersystem, PJ 49. 1882, 290, 309–12, 315 f. Vgl. ders., Einige Worte zur Kolonisation, PJ 54. 1884, 41; ders., Unsere überseeische Politik u. ihre Gegner, Gb 43. 1884, IV, 545–63; an. (d. i. F. Geffcken), Deutsche Kolonisation, DR 31. 1882, 44, 219; ders., Deutsche Kolonialpolitik, DR 41. 1884, 121–23, 126; fast wörtlich ders. in: Dresdner Journal 9. 1. 1884 u. DKZ 1. 1884, 69–72. Flegel, 13; ders. in: Süddeutsche Korrespondenz 16. 5. 1883 u. Ausland 1883, 395; an., Die Pflichten des Reiches gegen die deutsche Auswanderung, Gb 42. 1883, II, 122. Vgl. an., Die deutsche Ansiedlung in außereuropäischen Ländern, PJ 52. 1883, 52–77; H. Solger, Für deutsche Kolonisation, Leipzig 1882, 7 f., 10.

11. Augsburger Allg. Zeitung, 18. 1. 1882 (Beil., H. Gebauer, Zur deutschen Kolonisationsfrage); Deutsche Reichspost, 10. 10. 1882; Kreuz-Zeitung 11. 11. 1882, 12. 4. 1882; Schweinfurter Tageblatt 22. 4. 1882; Münchener Neuste Nachrichten 2. 2. 1882; Potsdamer Zeitung 16. 3. 1882; Frankfurter Zeitung 20. 12. 1882; Post 19. 8. 1883. Vgl. A. Lammers, Kolonisation u. Kultivation, Geg. 22. 1882, 353.

Absatzgebiete« begegnen lasse, erläuterte C. Patzig dem Nationalliberalen Verein in Hannover. »Notgedrungen« müsse das Reich »nach solchen Wirtschaftsgebieten« greifen, hieß es in Worms, denn ohne ein »Zukunftsgermanien« werde bald »ein sozialer Zustand im Vaterland« herrschen, der »den Krieg nötig macht«, um Deutschlands Ausdehnung gegen andere Kolonialmächte zu erzwingen.

Als Wilhelm Roscher, neben Knies und Hildebrand eins der drei Häupter der Älteren Historischen Schule der Nationalökonomie, in diesem Jahr sein bekanntes Buch über »Kolonien«, das 1848 erstmals erschienen war, überarbeitete, ergab sich auch ihm und seinem Mitarbeiter R. Jannasch aus »unserer permanenten Überproduktion« der Zwang »zur Erschließung neuer Produktions- und Konsumtionsgebiete«. Der »Notwendigkeit«, diese »Erweiterung in der Ferne zu suchen«, unterlag Deutschland ganz so wie alle »europäischen Länder mit ihrer ... fortgesetzten industriellen Überproduktion«. Eine andere Lösung sei »absolut nicht zu ersehen«, wohl aber müßten die Politiker bedenken, »daß ein Hindernis der Bewegung notwendigerweise zu einer ... sozialen Kalamität Veranlassung geben muß«. Sogar die freihändlerischen »Hamburger Nachrichten« wollten jetzt anerkannt wissen, »daß auch Deutschland Licht und Luft in der Welt zur Entfaltung seiner überschüssigen Kräfte braucht«[12].

In den Jahren unmittelbar nach dem Übergang Deutschlands zur Politik formeller Kolonialherrschaft ist den zeitgenössischen Beobachtern und frühen Historikern seiner Expansion dieser realhistorische Zusammenhang von Depression, »Überproduktion« und drohender »sozialer Revolution«, in den auch die Kolonialpolitik eingebettet wurde, vollauf bewußt geblieben. So hat noch 1885 Admiral v. Henk unterstrichen, daß »wirtschaftliche Gesichtspunkte und Motive« bei der deutschen Kolonialexpansion »von Anfang an im Vordergrund« standen. Auch die gleichzeitig in verschiedenen europäischen Ländern entstehende »Sympathie für koloniale Bestrebungen konnte nicht auf einem bloßen Zufall beruhen«, sondern entsprang vielmehr dem allen gemeinsamen »Bedürfnis für erweiterte Produktions- und Konsumtionsgebiete«. Indessen vergaß auch v. Henk nicht, in vorsichtiger Umschreibung noch ein weiteres Motiv hervorzuheben. Da »bei der allgemeinen Gärung der Gemüter ... die Gegensätze immer schärfer, unvermittelter« hervortraten, sei es »ein Gebot der Klugheit wie der Selbsterhaltung« gewesen, »jene Kräfte ... auf Ziele hinzuleiten, wo sie nicht destruktiv« wirken könnten.

12. Th. Fabri, Kolonien als Bedürfnis unserer nationalen Entwicklung, Heidelberg 1884, 10, 20, 25 f. In der von ihm herausgegebenen »Kolonial-Politischen Korrespondenz« (= KPK) schrieb er (Nr. 1, Jan. 1883): »An die handelspolitische Krisis reihten sich unmittelbar, wie mit innerer Notwendigkeit, die ersten Versuche, neuen sozialpolitischen Aufgaben gerecht zu werden..., von hier datiert der Beginn unserer heutigen Kolonialbewegung«. In Nr. 6, Juni 1883, bezeichnet er es als die Aufgabe der Kolonialpolitik, »wesentlich« zur »Lösung der sozialen Frage beizutragen«, indem sie einen »passenden Kanal« schaffe, durch denselbe »ausströmen« könne, bevor sie »an gefährlicher Stelle ausbrechen wird«; ähnlich KPK Nr. 9/10, Sept./Okt. 1883. C. A. Patzig, Deutsche Kolonial-Unternehmung u. Postdampfer-Subvention, Hannover 1884, 14, 17, 22. W. Roscher u. R. Jannasch, Kolonien, Kolonialpolitik u. Auswanderung, Leipzig 1885³, 361, 375, 428 (vgl. die Rez.: G. [?] / DR 43. 1885, 151; A. Thun, Zur Kolonialfrage, Geg. 26. 1884, 376; Ratzel, DKZ 2. 1885, 19–22). Hamburger Nachrichten 23. 8. 1884. Vgl. noch H. Sewin, Wie kann dem deutschen Gewerbe durch Gründung überseeischer Kolonien geholfen werden?, Konstanz 1884; J. Wagner, Unsere Kolonien in Westafrika, Berlin 1884, 4; B. Schwarz, Ein deutsches Indien u. die Teilung der Erde, Leipzig 1884, 9; E. Deckert, Die Kolonialreiche u. Kolonisationsobjekte der Gegenwart, Leipzig 1884, 1888², 2, 196 f.; ähnl. an., Gb 43. 157; G. Weisbrodt, Überseeische Eroberungen, Geg. 25. 1884, 385; DKZ 1. 1884, 51 f., 67; Tägliche Rundschau 13. 8. 1884; Bamberger Journal 4. 12. 1884, 3. 12. 1885; Würzburger Zeitung 12. 2. 1884; Der deutsche Wochenbote 1. 6. 1884; Volksblatt 6. 1. 1884, 13. 1. 1884.

Triumphierend glaubte jetzt v. d. Brüggen auf die Probleme der vergangenen Jahre zurückblicken zu dürfen. »Die innere Not, Erwerbsstörung, Überproduktion ... sozialistische Theorien und Kämpfe nahmen das Interesse ausschließlich in Anspruch«, und »erstickt von der schweren Luft« schien Deutschland »im Inneren einer trostlosen Zukunft entgegenzusehen«. Doch zugleich »wurde durch die wirtschaftlichen Kämpfe«, als »die Not im Lande stieg« und »Absatz auf dem Weltmarkt zu schaffen«, die Parole wurde, der Kolonialgedanke gefördert. Nun »sind wir durch die Not in Bahnen gedrängt worden, die zu betreten für uns höchste Zeit war«. Als v. d. Brüggen den angelsächsischen Lesern der vielgelesenen »Contemporary Review« die deutsche Kolonialpolitik erklärte, fügte er bemerkenswert aufrichtig hinzu, »seit längerem« schon habe sich »die Überzeugung verbreitet«, daß man in der Bismarckschen »Sozialreform« »keinen dauerhaften Schutz gegen den gefährlichen Druck der Überproduktion erblicken« könnte.

Die deutsche Kolonialpolitik nannte auch der Breslauer Nationalökonom A. v. Miaskowski »den natürlichen Ausweg aus der Sackgasse, in die wir geraten«. Als das Reich »für seine in den letzten Jahrzehnten kolossal gesteigerte industrielle Produktion keinen genügenden Absatz« mehr fand, drängte »alles dahin, der Nation neue Erwerbsquellen in anderen Weltteilen zu erschließen« und »dem deutschen Kapital neue Anlagestätten zu eröffnen«[13].

Vor dem dreizehnten »Deutschen Handelstag« in Berlin konnte der Hamburger Unternehmer Adolph Woermann, einer der unmittelbaren Interessenten der deutschen Afrikapolitik, es 1885 als »absolute Notwendigkeit« bezeichnen, daß Deutschland sich in seinen Kolonien »ein großes Absatzgebiet« gesichert habe, nachdem schon »jahrelang ... alles das als gut und national angesehen worden ist, was auf die Vermehrung und Erweiterung« des deutschen »Absatzgebietes« hindrängte, und »alle diejenigen Bestrebungen als nützlich angesehen wurden, welche dem Export dienen sollten«. Nachdem der freihändlerische Block im »Deutschen Handelstag« 1884 noch jede Diskussion über die Kolonialfrage verhindert hatte, wurde jetzt einstimmig die deutsche Kolonialpolitik begrüßt, »da durch dieselbe der deutschen Industrie neue Absatzgebiete erschlossen« würden. Einen Monat später faßte die Generalversammlung des »Zentralverbandes Deutscher Industrieller« eine ganz ähnliche Beifallsresolution, weil »die deutsche Produktion vermehrten Absatz« in den Kolonien finden werde[14].

Als im folgenden Jahr der »Allgemeine Deutsche Kongreß zur Förderung über-

---

13. v. Henk, Deutschlands Kolonien, DRev 10. 1885, III, 102 f., 105; vgl. Koblenzer Zeitung 4. 2. 1885. E. v. d. Brüggen, Der Kanzler u. die Kolonisation, PJ 55. 1885, 171; ders., The Colonial Movement in Germany, C Rev. 47. 1885, 42-44, 47; ders., DKZ 2. 1885, 55. A. v. Miaskowski, Zur deutschen Kolonialpolitik der Gegenwart, Sch. Jb. 9. 1885, I, 280 f. Ähnlich Beelitz, Die deutsche Kolonisation an der Westküste Afrikas, Köln 1885, 19; A. Totzke, Deutschlands Kolonien u. seine Kolonialpolitik, München 1885, 11, 302.

14. A. Woermann, Die deutsche Kolonialpolitik, in: Verhandlungen des 13. Deutschen Handelstags zu Berlin, 27. 1. 1885, Berlin 1885, 2, 5-8; vgl. ebda. 8 f.; Deutscher Handelstag, II, 735-37; DKZ 2. 1885, 86; Kuczynski, Imperialismus, II, 238. Vgl. noch D. Charpentier (d. i. A. Zimmermann), Entwicklungsgeschichte der Kolonialpolitik des Deutschen Reiches, Berlin 1886, 6, 46 (»die Handelskrisis und das Bedürfnis der Industrie ... Absatzgebiete zu erwerben« führten zur Kolonialpolitik; der Nl. Zimmermanns [HA], der damals Beamter des Auswärtigen Amts war, ist unergiebig); W. Breitenbach, Kurze Darstellung der neuesten deutschen Kolonialgeschichte, Hamburg 1888, 6; M. Schön, Die deutsche Auswanderung u. Kolonisation, Minden 1888, 6, 16 f.; H. Soyaux, Deutsche Arbeit in Afrika, Leipzig 1888, 179 f.; G. Engler, Koloniales, Hamburg 1889, 139, 145; W. Wolff, Die Verwertung unserer äquatorialen Kolonien in Westafrika, Berlin 1889, 62.

seeischer Interessen«, – das erste Sammelbecken des »Pangermanismus«, den man dort vertrat, und der unmittelbare Vorläufer des »Alldeutschen Verbandes«, – in Berlin seine Gründungstagung abhielt, wurde die deutsche Kolonialpolitik unter zwei Gesichtspunkten enthusiastisch gefeiert. Da es in Deutschland »wie überall« »unwiderstreitbar zum allgemeinen Bewußtsein gekommen« war, daß »die Ausdehnungskraft der Industrie die Grenzen weit überschritten hat, welche die Aufzehrung ihrer Erzeugnisse in der Heimat ... denkbar erscheinen läßt«, gab es »nur ein Mittel«, die »herrschende Krise für längere Zeit zu beseitigen«, nämlich »die Ausdehnung des Absatzgebiets« auch in eigenen Kolonien. Daneben ging Vizeadmiral Livonius, seit 1875 ein Verfechter deutscher Ausbreitung in Übersee, von der »sozialen Frage« aus. Auch in Deutschland könnten »leicht« jene »gefährlichen Spannungen« noch zunehmen, die »möglichenfalls zu Katastrophen führen, wenn nicht darauf Bedacht genommen wird ..., den explosiven Kräften einen angemessenen Ausweg zu eröffnen«. Doch nun biete die deutsche Kolonialpolitik »ohne Zweifel« ein solches »Sicherheitsventil gegen Explosionen«, sie eröffne einen »Heilungsprozeß«, der »schädliche Säfte und Stoffe aus dem Körper ausscheidet«[15].

In seiner Geschichte der »Deutschen Kolonien« faßte Johannes Baumgarten 1887 noch einmal diese beherrschenden Vorstellungen zusammen. Der »internationale Kampf um das Dasein«, von dem auch er in einer der Zeit überaus geläufigen sozialdarwinistischen Wendung ausging, habe bis 1884 auch in den »industriellen Kreisen« Deutschlands nicht nur die allgemeine »Überzeugung von der zwingenden Notwendigkeit, die überseeischen Absatz- und Eintauschgebiete zu vergrößern«, besiegelt, sondern auch den Wunsch vertieft, sich für »unsere kolossal sich entwickelnde Industrie neuer und in deutschen Händen sich befindender Gebiete zum Absatz ihrer Produktion und zur Beschaffung ihrer Rohstoffe« zu bemächtigen. Namentlich die »industrielle Überproduktion« habe auf eine »wirtschaftliche Notlage« hingesteuert, »die in ihrem Schoß die längst prophezeite, aber sicherlich noch abzuwehrende soziale Revolution trägt«. Deshalb wurde aber der Drang nach »neuen überseeischen Absatzgebieten in unseren Händen« einer »der zwingendsten Hauptgründe der ganzen Kolonialbewegung«. Der Besitz von »überseeischen Kolonien« und »ausgedehnten Absatzgebieten« sei »eine wahre Lebensfrage für unsere Städte und industriellen Distrikte« geworden, wiederholte Baumgarten. Deshalb werde »gegenwärtig« die Furcht vor den Folgen der »industriellen Überproduktion« als »eine der Haupttriebfedern der ganzen Kolonialbewegung allgemein anerkannt«. Gerade diesen Punkt unterstrich auch der Rezensent der »Kölnischen Zeitung« mit seinem Urteil: »Nicht der nationale Übermut« habe die deutsche Kolonialpolitik angetrieben«, sondern »die Vorboten der Not«, »Überproduktion« und »schreckensvolle soziale Umwälzungen«, zwangen Deutschland auf die Bahn der Kolonialexpansion.

---

15. Bericht über die Verhandlungen des Allg. Deutschen Kongresses zur Förderung überseeischer Interessen in Berlin, Berlin 1886, 29, 55, 71; vgl. RKA 7010; Reichsamt des Inneren (= RdI) 2980. O. Arendt, Ziele deutscher Kolonialpolitik, Berlin 1886, 15; KZ 14., 15., 16., 17. 9. 1886. KPK, N. F., I. 1885, Nr. 21; II, 1886, Nr. 20, 38 f., 43, 51. In den Arbeiten über den »Alldeutschen Verband« (A. Kruck, Geschichte des Alldeutschen Verbandes, 1890–1939, Wiesbaden 1954; L. Werner, Der Alldeutsche Verband u. die deutsche Kolonialpolitik der Vorkriegszeit, phil. Diss. Greifswald 1935; M. S. Wertheimer, The Pan-German League, 1890–1914, N. Y. 1924; O. Bonhard, Geschichte des Alldeutschen Verbandes, Berlin 1920) wird dieser Vorläufer überhaupt nicht gebührend berücksichtigt. Vgl. F. F. Müller (u. 336, Anm. 89), 177–191, 513–20; jetzt dazu auch K. Schilling, Beiträge zu einer Geschichte des radikalen Nationalismus in der wilhelminischen Ära, 1880–1909, phil. Diss. Köln 1968, 20–44.

In seinem Rückblick auf »Fünf Jahre Deutscher Kolonialpolitik« vermochte Friedrich Fabri 1889 seine Auffassung, daß Deutschlands »überseeische Ausbreitung« eine »notwendige Tatsache«, – »begründet in seiner wirtschaftlichen und sozialen Lage«, – und wegen der »Gefahren, welche in der sozialen Frage hervortreten«, fraglos eine »sozialpolitische Notwendigkeit« war, nur noch einmal zu bekräftigen. »In den 1880er Jahren«, erinnerte sich Jahrzehnte später der sozialistische Theoretiker Karl Kautsky, der damals auch geglaubt hatte, Deutschland werde »an der Überproduktion zugrunde« gehen, habe es so ausgesehen, als ob »das Ende« der »kapitalistischen Produktionsweise« gekommen sei, und nur in der Politik des Imperialismus schien sich die rettende Möglichkeit seiner Lebensverlängerung aufgetan zu haben[16].

A. EXKURS: DIE DEUTSCHE AUSWANDERUNG

Ein Phänomen, das die Expansionspublizistik, aber gelegentlich auch allgemein die Öffentlichkeit und Regierung beschäftigt hat, ist die deutsche Auswanderung nach Übersee gewesen. Sie wurde häufig als schwerwiegender Verlust nationaler Kraft empfunden, als ein schlimmer Aderlaß, der das Reich wertvoller Substanz beraube. Anstatt als »Völkerdünger« wirtschaftlichen Konkurrenten wie vor allem den Vereinigten Staaten zugute zu kommen, sollte die Auswanderung in deutschen Siedlungskolonien gleichsam wieder aufgefangen und nutzbar gemacht werden. Eingehende statistische Spekulationen wurden darüber angestellt, welche Summen der Staat für die Auswanderer vor ihrer Abreise aufgebracht habe und welch hoher Prozentsatz deutschen Volksvermögens alljährlich auf diese Weise verloren gehe. Binnen kurzem würden sich daher Ausgaben für Siedlungskolonien mit ihren Exportkunden rentieren. Überlegungen dieser Art tauchten in der Expansionsagitation immer wieder auf, zumal da eine zielstrebig gesteuerte Auswanderung – wie Ernst v. Weber eine weitverbreitete Hoffnung ausdrückte – auch die unumgängliche »Entlastung von unseren alljährlich immer zahlreicher und gefährlicher werdenden Proletariermassen« bringen könne. Da die Bevölkerungsvermehrung ein »rapides Wachstum des Pauperismus und der sozialen Not« herbeigeführt habe, stimmte ihm Fabri zu, sei die staatliche »Organisation einer starken deutschen Auswanderung ... zu einer Lebensbedingung des Deutschen Reiches« geworden. Wie solle, wenn hier keine Abhilfe geschaffen werde, »eine soziale Revolution bei uns aufgehalten werden«[17]?

Seit den napoleonischen Kriegen hatte die deutsche Auswanderung vor allem aus Süddeutschland von Jahrzehnt zu Jahrzehnt sprunghaft zugenommen (1820–30: 8000; 1830–40: 177000; 1840–50: 485000; 1850–60: 1130000; 1860–70: 970000) und in den beiden Hochkonjunkturdekaden nach 1848, als die rapide Entwicklung der Vereinigten Staaten mit ihrem freieren politischen Leben steigende Einwandererscharen anzog, einen Höhepunkt erreicht. Zugleich erfolgte eine Verlagerung der

---

16. J. Baumgarten, Die deutschen Kolonien u. die nationalen Interessen, Köln 1887, 3, 6, 9, 16, 21, 25, vgl. 34; KZ 30. 11. 1886; Fabri, 5 Jahre, 141, 131 f.; K. Kautsky, Sozialismus u. Kolonialpolitik, Berlin 1907, 35.

17. Weber, Erweiterung, 50 f.; Fabri, Bedarf, 20, 23 f.; Bluntschli, Wachstum, 405, u. außer den Veröffentlichungen von Hübbe-Schleiden, Brüggen, Geffcken, Lange, Schön z. B. C. Herzog, Was fließt den Vereinigten Staaten von Amerika durch die Einwanderung zu u. was verliert Deutschland durch überseeische Auswanderung?, Sch. Jb. 9. 1885, 31–73; E. Hasse, Auswanderung u. deutsche Kolonisation, in: Meyers Konversationslexikon 18, 2. Suppl.-Bd. 1880/81, Leipzig 1881, 70–82; Bericht des 19. Kongresses Deutscher Volkswirte, 114–19.

Herkunftsgebiete. Das mit einem halben Jahrhundert preußischen Landesausbaus verbundene starke Bevölkerungswachstum der nordostdeutschen Agrargebiete hielt auch noch weiter an, als ihr wirtschaftliches Wachstum sich seit dem Ende der 1860er Jahre verlangsamte und dann stagnierte. Als die Gesetzgebung des Norddeutschen Bundes und des Reiches die weiträumige Freizügigkeit abhängiger Landbewohner ermöglichte, nahm die Auswanderung aus Preußen zu. Trotz der Reichsgründung, von der sich die Kritiker der Auswanderung eine Gegenwirkung versprochen hatten, zogen von 1871 bis 1880 626 000, während der ersten 25 Jahre des Reichs mehr als zwei Millionen Deutsche nach Übersee. Allein die Stockungsspanne von 1873 bis 1896, die die Anziehungskraft des schwer getroffenen Nordamerika minderte (1875–1880: 231 000 deutsche Einwanderer), hielt diese Zahl so relativ niedrig, denn unmittelbar verknüpft mit dem Aufschwung in Amerika schnellten die Auswandererzahlen seit 1880 wieder in die Höhe (1881 auf 220 000, 1882 auf 203 000), ehe sie während der zweiten Stockungsphase (1883: 173 000, 1884: 149 000, 1885: 110 000) wieder abfielen. Immerhin wanderten von 1880 bis 1885 noch einmal 856 000 Deutsche aus, die Amerika eine dauerhaftere Konjunktur und höhere soziale Mobilität zutrauten. In diesem Jahrfünft wurde der Gipfel während der Zeit des Kaiserreichs erreicht, denn nun sanken die Auswandererziffern kontinuierlich ab (1885–90: 485 000; 1890–95: 403 000; 1895–1900: 127 000) und blieben bis 1914 niedrig. Seit den 1890er Jahren mit ihrer Hochkonjunktur seit 1897 trat in zunehmendem Maß an ihre Stelle die erhöhte Binnenwanderung zu den Industrierevieren, der zufolge 1900 der Anteil der Stadtbevölkerung den der Landbevölkerung mit 55 zu 45 Prozent (1890 noch 47 zu 53 Prozent!) übertraf[18].

Auch die Auswanderung bildete einen Aspekt der gewaltigen Bevölkerungszunahme im Deutschen Reich, das 1871: 41, 1880: 45,1, 1890 aber schon 49,3 Millionen Einwohner zählte. Mit dieser generativen Vermehrung konnte das gestörte industrielle Wachstum kaum Schritt halten. Unter der Überproduktion, die während dieser Jahre so ausgiebig diskutiert wurde, verstand man daher manchmal auch, wie z. B. Heinrich v. Treitschke, die »Überproduktion an Menschen«. Sie strömten z. T. im Zuge der Urbanisierung in die Städte, wo eine dem Besitz- und Bildungsbürgertum als explosiv geltende Zusammenballung von Menschenmassen unter dem zunehmenden Einfluß sozialistischer Gedanken erfolgte. Zum Teil nahmen sie den Weg nach Übersee: mehr als 90 Prozent der Auswanderer aus dem Reich gingen jeweils in die Vereinigten Staaten; von 1870 bis 1880 wanderten dagegen nur 1200 Deutsche nach Afrika aus.

Die Zeitgenossen, die wie die Expansionspublizisten die Auswanderung von einer Million Deutschen von 1870 bis zu Beginn der 1880er Jahre als nationales Unheil kritisierend und klagend verfolgten, haben allerdings auch immer wieder erkannt, wie sehr das Motiv der ökonomischen Verbesserung und der Gewinnung sozialer Aufstiegschancen im Vordergrund stand, wie direkt also der Konjunkturpegel der Wirtschaftsentwicklung die Höhe der Auswandererzahlen beeinflußte. Erhole sich

---

18. Hasse, 71; G. Ipsen, Die atlantische u. die deutsche Wanderung des 19. Jh., Ostdeutsche Wissenschaft 8. 1961, 48–62; F. Burgdörfer, Migrations Across the Frontiers of Germany, in: W. F. Willcox Hg., International Migrations, II, N. Y. 1931, 323, 333, 338; Hoffmann, Wachstum, 173; Hoffmann u. Müller, 39 f.; Wagenführ, Industriewirtschaft, 8. Vgl. W. Mönckmeyer, Die deutsche überseeische Auswanderung, Jena 1912; M. Walker, Germany and the Emigration, 1816–85, Cambridge/Mass. 1964. Die Literatur zur Binnenwanderung in: H.-U. Wehler, Die Polen im Ruhrgebiet bis 1918, VSWG 48. 1961, 203–35, auch: Mod. Dt. Sozialgeschichte, 437–55.

»unser heimisches Wirtschaftsleben« endlich, sagte Wilhelm Hübbe-Schleiden 1882 voraus, dann werde »dadurch eine Auswanderung« fast »ganz überflüssig werden«. Die Entwicklung seit dem anhaltenden Aufschwung nach 1897 gab ihm darin recht. Obwohl die Industriewirtschaft unter den Wachstumsstörungen nach 1873 litt, vermochte sie doch weit nachhaltiger die Menschen an die Industriegebiete zu binden und zu ernähren als die Landwirtschaft mit ihren beschränkten Möglichkeiten. Die fortschreitende Industrialisierung schwächte allgemein, wie man durchaus erkannte, den Antrieb zur Auswanderung. Da die Absorbierung des Bevölkerungszuwachses seit den 1840er Jahren von der Industrieentwicklung abhing, bedeutete die Auswanderung in einer Zeit stockenden Wirtschaftswachstums gleichsam eine Zwischenlösung: der Menschenexport begleitete den Warenexport, der mit der Hochkonjunktur dann ganz in den Vordergrund trat.

Auch Bismarck hat diesen Zusammenhang deutlich gesehen. Er glaubte 1882, »daß der Mangel an einer Industrie, an Schutzzöllen ..., den Hauptgrund dafür abgibt, daß gerade die ›Agrarprovinzen‹ die höchste Zahl der Auswanderung haben. Es ist das Veröden der Hoffnung in dem Menschen, was ihn zur Auswanderung treibt.« Bismarck zeigte kein Verständnis für den Auswanderer, »der sein Vaterland abstreift wie einen alten Rock«, er »ist für mich kein Deutscher mehr«. Aber er erkannte 1884 die »auffällige Tatsache, daß gerade die bevölkerten Landstriche Deutschlands, die wir die industriellen nennen dürfen, von der Auswanderung so gut wie frei sind, und daß diejenigen Landstriche, in denen keine Industrie ist ..., das Hauptkontingent der Auswanderer liefert. Geben Sie denen Industrie«, riet er, »geben Sie denen Export, geben Sie denen Schutzzölle, und die Leute werden nicht mehr auswandern. Gerade die Förderung des Exports ... hindert die Auswanderung[19].«

Als direktes Motiv für die deutsche Kolonialpolitik ist die Auswanderung oft sehr überschätzt worden. Daß die Gebiete vergeben waren, zu denen es deutsche Auswanderer hinzog, wußten auch die Verfechter der Pläne deutscher Siedlungskolonien, wenn sie auch z. B. manchmal hofften, daß sich ein deutsches Südbrasilien einst selbständig machen werde. Bismarck zudem hat die deutsche überseeische Expansion während seiner Regierungszeit niemals und nirgendwo unter dem Gesichtspunkt betrieben, noch aufnahmefähige »Ackerbaukolonien« für deutsche Siedler erwerben zu können. Da aber andererseits die Auswanderung einmal als eine Folge der noch nicht schnell genug voranschreitenden Industrialisierung, dann aber auch immer wieder als eine der Wirkungen der Depressionszeit, die Amerikas Möglichkeiten verlockender erscheinen ließ, angesehen wurde, hat sie mittelbar, wie zahlreiche andere Symptome der Tiefkonjunkturen, das Drängen auf Abhilfe verstärkt. Von einem Erfolg der deutschen Außenhandelsoffensive, innerhalb derer die Kolonialpolitik eine Stoßrichtung neben anderen bedeutete, schien die Genesung der Nationalwirtschaft und damit der Rückgang der Auswanderung abzuhängen. In diesem Sinn hat die Auswanderung als Mahnung gewirkt, daß nur die wirtschaftliche Erholung, die von der kommerziellen Expansion über die deutschen Grenzen hinaus abhängig gemacht wurde, den Menschenabfluß dauerhaft unterbinden könnte.

---

19. Treitschke, Deutsche Kämpfe, 344; Hübbe-Schleiden, Weltwirtschaft, 29; RB 9, 388 (RT, 14. 6. 1882); 10, 208 f. (RT, 26. 6. 1884); ebenso 10, 346 f. (RT 8. 1. 1885). Vgl. G. Franz, Bismarcks Nationalgefühl, Leipzig 1926, 95; Poschinger, Stunden, 87; ders., Aktenstücke, I, 189 f.; ders., Neues Bismarck-Jahrbuch 1, 220; Walker, 193–245; Hagen, 218–31.

5. EXPANSIONISTISCHE INTERESSENVERBÄNDE UND DER »DEUTSCHE KOLONIALVEREIN« VON 1882

Die erste Tiefkonjunktur nach 1873 hatte ihr Ende noch nicht erreicht, die wirtschaftliche und auch schon die koloniale Expansion Deutschlands wurden jedoch bereits mit größerem Nachdruck gefordert, als sich die ersten organisatorischen Keimzellen bildeten, an denen diese Bestrebungen einen institutionellen Rückhalt finden konnten. Am 9. Oktober 1878 wurde in Berlin dank der Initiative Robert Jannaschs, einiger anderer Nationalökonomen, Geographen und Forschungsreisender der »Zentralverein für Handelsgeographie und Förderung deutscher Interessen im Ausland« gegründet. In einem Aufruf erklärte der Verein, er sei »hervorgegangen aus dem berechtigten Bestreben, dem deutschen Handel und der deutschen Industrie neue Absatzgebiete zu eröffnen«, und in seinen Satzungen wurde die Hoffnung ausgesprochen, »die Errichtung von Handels- und Schiffahrtsstationen, sowie die Begründung deutscher Kolonien bewirken zu können«. »Nur durch den ... billigen Erwerb kolonialer Rohprodukte, durch Ausdehnung ihres Absatzgebietes« könne sich die deutsche Industrie im Konkurrenzkampf behaupten, erläuterte Jannasch die »Aufgaben der Kolonialpolitik«. Zu ihnen rechnete er jedoch auch »die Beseitigung der den herrschenden Zuständen sich nicht unterordnenden Kräfte«, die »in der Gesellschaft revolutionär, zerstörend, negierend wirken« und daher nach »fernen Ländern« abgeleitet werden müßten[1].

Der »Zentralverein« stand vor allem auch mit den deutschen Afrikaforschern in enger Verbindung. Schon frühzeitig hatte die »Deutsch-Afrikanische Gesellschaft« in ihrem »Korrespondenzblatt« betont, daß »die Wege«, die die »Pioniere der Forschung« erschlössen, »früher oder später zu Verkehrsmärkten, nach denen bald der Kaufmann folgt«, führten. Die geographische Forschung, zu der deutsche Wissenschaftler in der zweiten Hälfte des 19. Jahrhunderts einen wichtigen Beitrag leisteten, komme »Handel und Industrie zu Nutzen«. Wer sie nicht fördere, verliere auch »alle die Verdienste, die für die Ausdehnung kommerzieller Zwecke zu erhoffen stehen«. In diesem Sinne äußerte der Geograph Paul Güßfeldt nach der ersten Expedition der 1873 von A. Bastian gegründeten »Deutschen Gesellschaft zur Erforschung Äquatorial-Afrikas« seine Zweifel an einer »Kulturmission« Deutschlands in Afrika. »Wieviel erfreulicher und greifbarer tritt uns aber die kommerzielle und wissenschaftliche Aufgabe entgegen«, gestand er. »Hier ist die Berechtigung keinem Zweifel unterlegen. Dem Handel fällt es zu, die Schätze Afrikas zu heben.« Nachdem sich 1878 die »Deutsch-Afrikanische Gesellschaft« mit der »Deutschen Gesellschaft zur Erforschung Äquatorial-Afrikas« zur »Afrikanischen Gesellschaft in Deutschland« zusammengeschlossen hatte, hoffte dieselbe auf nachhaltigere Unterstützung als beide Vereine sie bisher erfahren hatten, da »in den Industriellen- und Handelskreisen die Bedeutung der Erschließung Afrikas ... mehr und mehr gewürdigt« werde. Im Reichstag aber machte sich gerade jetzt Widerstand gegen die seit längerem alljährlich bewil-

---

1. R. Jannasch, Die Aufgaben des Zentralvereins für Handelsgeographie u. Förderung deutscher Interessen im Ausland, GN 1. 1879, 1–10; Satzungen: ebda., 44–47, Aufruf, 48 f. Vgl. ders., Der Zentralverein für Handelsgeographie, Sch. Jb. 7. 1883, 177–92; E. Jung, Handelsgeographische Gesellschaften, Meyers Jb. 1879/80, 813–18; Wiche, Die Ziele der handelsgeographischen Vereine in Deutschland, Oberhausen 1883, 22–30; E. Hasse, Kolonien u. Kolonialpolitik, HSt 4. 1892, 753–57; Globus, 35. 1879, 14; Deutsche Rundschau für Geographie 1. 1879, 273; KZ 25. 4. 1879.

ligten 100 000 Mark zur Unterstützung der deutschen Afrikaforschung bemerkbar. Gegen diese Zweifel, ob »der deutsche Gewerbefleiß für seine Erzeugnisse und seinen Handel in Afrika ein weites Absatzgebiet finden werde«, – wie sie Friedrich Kapp vorbrachte –, ließ die »Afrikanische Gesellschaft« betonen, ihre Forscher bahnten dem Handel, der die Eingeborenen »für den deutschen Warenabsatz ... konsumtionsfähig zu machen habe«, den Weg².

Mit den Vertretern solcher Auffassungen konnte der »Zentralverein« eng zusammenarbeiten. Schnell entstanden jetzt Zweigvereine in Barmen, Chemnitz, Freiburg, Jena, Kassel, Stuttgart, auch der »Verein für Handelsgeographie und Kolonialpolitik« in Leipzig unter dem rührigen E. Hasse, dem späteren Leiter des »Alldeutschen Verbandes«, und der »Münchener Verein zum Schutze deutscher Interessen im Ausland« unter dem Geographen Friedrich Ratzel. Bereits 1880 veranstaltete der »Zentralverein« als Dachverband einen »Ersten Kongreß für Handelsgeographie« in Berlin. Jannasch setzte hier in seinem Referat voraus, daß das »Gleichgewicht zwischen Konsumtion und Produktion gestört« sei, ja, daß sogar die Grenzen der »Konsumtionsfähigkeit ... nahezu, namentlich zur Zeit erreicht« seien. Auf seine Frage, wie »denn nun die Konsumtionskraft gesteigert werden« könne, gab er die eine Antwort: »Vermehrung des Exports«. »Unsere gefüllten Lager, die niedrigen Löhne, die brachliegenden Kapitalien, der niedrige Zinsfuß, – alles deutet an, daß in der Gegenwart in der Tat bei uns eine Überproduktion vorhanden ist, welche wir suchen müssen, abzusetzen.« »Erobern wir ... den ausländischen Markt«, stimmte ihm W. Liesenberg zu, während Prof. Markwald hoffte, die »Einsicht« werde bald noch mehr Platz gewinnen, »daß die Hebung des Exporthandels im Interesse unserer Industrie und unseres Handels durchaus notwendig« sei, da Deutschland für »neue Abzugskanäle sorgen« müsse, »um unserer Überproduktion Abfluß zu verschaffen«. Friedrich Fabri unterstrich, daß die »wirtschaftlichen Voraussetzungen« heute »wirksam bestimmend in den Vordergrund« träten. »Nicht aus kolonialem Enthusiasmus«, betonte er, »sondern aus wirtschaftlichen und nationalen Notwendigkeiten«, worunter er auch die Gefahren eines allgemeinen »Pauperismus« verstand, werde Deutschland auf die Bahn kolonialer Ausbreitung getrieben. Und Jannasch verstand auf dem Berliner Kongreß unter dem »Agitationsprogramm« des »Zentralvereins« in erster Linie nicht weniger konkret, »die Interessen des deutschen Exporthandels zu fördern«³.

Das versuchte der »Zentralverein« mit seinen Zeitschriften »Export« und »Geographische Nachrichten für Welthandel und Volkswirtschaft«, die bald eine hohe Auflage erzielten, mit dem »Deutschen Exportbüro« zur Beratung der Außenhandelsinteressenten und seinem »Handelsmuseum« zu erreichen. Schon 1880 zählten A. v. Hansemann, W. Siemens, W. Annecke und der Geheime Legationsrat Heinrich v. Kusserow aus dem Auswärtigen Amt zu seinen Mitgliedern; G. Siemens, der Chef der »Deutschen Bank«, und der Industrielle H. Gruson (Buckau) unterstützten ihn. Aber überwiegend vertrat der »Zentralverein« doch die Interessen der exportinteressierten kleinen und mittleren Fertigwarenindustrie des Rheinlandes, Süddeutsch-

---

2. Korrespondenzblatt der Afrikanischen Gesellschaft, I: 1873–76, Berlin 1877, 2, 5; P. Güßfeldt u. a., Die Loango-Expedition 1873–76, Leipzig 1879, I, 223 (Nl. Güßfeldt, HA, ist unergiebig); Deutsche Rundschau für Geographie 1, 321; Die Natur 1879, 87; H. Soyaux, Der deutsche Reichstag u. die deutsche Afrikaforschung, Gb. 37. 1878, II, 215. Vgl. Winkelmann.

3. Bericht über die Verhandlungen des Ersten Kongresses für Handelsgeographie u. Förderung Deutscher Interessen im Ausland, 26.–28. 10. 1880, Berlin 1880, 4, 7, 20 f., 23, 28, 30. Vgl. Thun, Sch. Jb. 5, 319–31; Hamburger Nachrichten 28. 10. 1880; Hamburg. Korrespondenz, 30. 10. 1880.

lands, Sachsens und Thüringens, auch der norddeutschen Reederei. Unermüdlich wirkte Jannasch vor allem publizistisch für die Ziele des »Zentralvereins«. »Nichts ist... natürlicher, als daß ein industrielles Land suchen muß,... das Absatzgebiet für seine Produkte zu vergrößern« und »die Überproduktion der heimischen Industrie durch Gewinnung gesicherter Absatzgebiete zu mindern«. Als das »Endziel« behielt er stets »die Begründung deutscher Handelskolonien« im Auge, die »den deutschen Industrieerzeugnissen« einen »gesicherten Markt« böten[4].

Ein Jahr nach dem »Zentralverein für Handelsgeographie« entstand unter maßgeblicher Mitwirkung Friedrich Fabris der »Westdeutsche Verein für Kolonisation und Export«. Am 29. Januar 1881 folgten »sechzig der hervorragendsten Vertreter der rheinisch-westfälischen Großindustrie und des Großhandels«, wie es in der Presse hieß, der Einladung zur Gründungsversammlung in Düsseldorf. »Immer lebhafter wird in Deutschland das Bedürfnis überseeischer Kolonien empfunden«, hatte es in der Einladung zu ihr geheißen, »die dem Kapital sichere und hohe Rente, der Industrie vermehrten Absatz, Handel und Schiffahrt neue Gelegenheit zu gewinnbringender Tätigkeit eröffnen«. Weshalb, wurden zudem die Großindustriellen gefragt, »treten »sozialdemokratische Ideen in England weniger gefährlich auf? Hauptsächlich deshalb«, weil das britische Weltreich einen weiten Betätigungs- und Wirtschaftsraum biete. In seinen Statuten verlangte daher der »Westdeutsche Verein« unter der Rubrik »Hauptzweck« auch für Deutschland Kolonien und die »Förderung des deutschen Exports«. Offensichtlich hatte der Berliner »Zentralverein« den Vorstellungen im westdeutschen Industriegebiet nicht ganz entsprochen, so daß man jetzt dort eine selbständige Institution zu schaffen bereit war. Der Kölner Großindustrielle Eugen Langen übernahm den Vorsitz, aber zur Führungsspitze gehörten auch so bekannte Industrielle wie Weyermann (Leichlingen), Friedrichs (Remscheid), Pfeiffer und Andreae (Köln), Carl Lueg aus Oberhausen, der die »Gutehoffnungshütte« zu einem Weltunternehmen machte, einem der mächtigen Männer des »Zentralverbandes Deutscher Industrieller«, dessen Generalsekretär H. A. Bueck ebenfalls Vorstandsmitglied wurde. Bald stieß auch Emil Kirdorf, der Generaldirektor der »Gelsenkirchener Bergwerks-Aktiengesellschaft«, hinzu, während sich aus Bremen H. H. Meier vom »Norddeutschen Lloyd« anschloß und der Hamburger Hübbe-Schleiden zeitweilig als Geschäftsführer fungierte[5].

Zusammen mit den anderen Vereinen schaltete sich auch der »Westdeutsche Verein«, in dem sich ein beträchtliches Interessenpotential sammelte, in die Reichstagswahlen von 1881 ein. Auf sie zielten auch die »Motive zu einer überseeischen Politik Deutschlands«, die Hübbe-Schleiden jetzt in Düsseldorf entwarf. Wie der »Zentralverein für Handelsgeographie« und der Leipziger Verein Hasses strich auch der Düsseldorfer Verband in Wahlaufrufen heraus, daß »die seit zwei Jahren in Fluß gekommene Bewegung für die Erweiterung des deutschen Wirtschaftsgebietes, für eine überseeische Ausbreitung des Deutschen Reiches« – wie es in einem Atem hieß! – »in unserem Volke immer weitere Kreise« ziehe. »Alle unseren legislatorischen wirtschaftlichen Reformen«, offensichtlich also auch der Zolltarif von 1879, auf den

---

4. Export 1. 1879, 106; 2. 1880, 6, 175, 220; 4. 1882, 43; Jannasch, Sch. Jb. 7. 180-83; vgl. Wiche, 22, 25; Weltpost 3. 1883, 75.

5. KZ 30. 1. 1881; Export 3. 70 (1. 2. 1881, Beil.); Weltpost 2. 1882, 78; Baumgarten, 56; DKZ 2. 1885, 405; Fabri an Mevissen, 15. 5. 1881, Nl. Mevissen, 119, Historisches Archiv der Stadt Köln; Hohenlohe-Langeburg an Langen, 25. 9. 1888, Nl. Langen, 7; vgl. B. Kuske, E. Langen, RWB 1. 1932, 264-97; Akten des »Westdeutschen Vereins« habe ich nicht ausfindig machen können, auch nicht im StA Düsseldorf.

die Prominenten des »Westdeutschen Vereins« über den »Zentralverband Deutscher Industrieller« so viel Mühe verwandt hatten, könnten »nur dann ihren Zweck erreichen«, wenn »gleichzeitig unserer nationalen Arbeitskraft neue und lohnende Absatzwege eröffnet werden«. »Vielseitige und energische Versuche zur Erweiterung unseres Wirtschaftsgebietes« seien »für uns zu einem nationalen Bedürfnis geworden«.

Die Kolonialfrage habe sich in der öffentlichen Diskussion schon durchgesetzt, lobte die »Kölnische Zeitung« diese Wahlagitation der handelsgeographischen und Kolonisationsvereine, »eine überseeische Ausbreitung« werde nicht zuletzt dank ihrer Aktivität als »notwendig« anerkannt. »Die Erweiterung des deutschen Wirtschaftsgebietes« wiege »im Hinblick auf die Gesamtentwicklung des Deutschen Reiches und seiner Zukunft mindestens ebenso schwer« wie die Zoll- und Steuerfragen[6].

Auf seiner ersten Generalversammlung im März 1882 konnte der »Westdeutsche Verein« wegen des liberalen Wahlerfolgs den erhofften politischen Fortschritt noch nicht feiern. Zwar konstatierte Fabri, es sei gelungen, in den letzten drei Jahren »die Frage einer überseeischen Ausbreitung Deutschlands, speziell einer Erweiterung des deutschen Wirtschaftsgebiets auf die Tagesordnung zu stellen«. Sie bezeichne »ein nationales Bedürfnis«, da sie »aus dem Kernpunkt unserer sozialen Lage ihr treibendes Motiv entnommen« habe. Aber im allgemeinen klang seine Prognose doch wieder recht finster. »Wir leiden auf allen Gebieten des Erwerbslebens an einer großen Überproduktion«, und »die wirtschaftliche Lage der bürgerlichen Gesellschaft in Deutschland stellt... einen starken Rückgang des nationalen Wohlstandes, eine Zunahme des Pauperismus in sichere Aussicht. Die sozialen Umsturzgedanken, welche in der internationalen und unserer Sozialdemokratie weithin Boden gewonnen haben«, schüfen »eine dunkle Perspektive«. Stoße erst einmal die arbeitslose »Intelligenz« zur Sozialdemokratie, dann bestehe »große imminente Gefahr« – offensichtlich neigte Fabri wie mancher andere Beobachter dazu, die vorwiegend obrigkeitsgläubige Untertanenmentalität breiter Schichten des deutschen Bildungsbürgertums mit dem sozialrevolutionären Elan der russischen Intelligentsia dieser Jahre zu verwechseln. Gegen diese Schrecken, die Fabri ausmalte, vermöge nur die gesteigerte Warenausfuhr und der Kapitalexport, dem angesichts des sinkenden Zinsfußes in Deutschland nur im Ausland eine höhere Rendite winke, zu helfen[7].

Kurz vorher war in Berlin ein »Deutscher Handelsverein« und eine »Deutsche Handelsgesellschaft« für den Export in die Levante entstanden, und im Februar 1882 wurde auch im Südwesten des Reichs ein weiterer regionaler Interessenverband, der »Württembergische Verein für Handelsgeographie und Förderung deutscher Interessen im Ausland« unter dem Protektorat des Prinzen Wilhelm von Württemberg, aber im wesentlichen auf Drängen zahlreicher Unternehmen – namentlich der »Badi-

---

6. Export 3, 473–5 (16. 8. 1881), 554 (20. 9. 1881, Beil.); 561 f. (27. 9. 1881); Hamburg. Korrespondenz 30. 8. 1881; KZ 4. 8. 1881. – So informative Wahlstudien wie die über die Wahlen von 1907 (Crothers, Fricke) und 1912 (Bertram) fehlen leider für die früheren Reichstagswahlen. Auch die neueren regionalen Wahlstudien gehen auf den Einfluß der Interessenverbände auf die Wahlen von 1877, 1878, 1881 und 1884 nicht ein. Vgl. dazu die im Hinblick hierauf überprüften Studien von Kaiser, Steil, Hombach, Möllers, Müller, Graf, Haseloff, Franz, Ehrenfeuchter (alle verzeichnet in: Mod. Dt. Sozialgeschichte, 570–82).

7. KZ 4. 3. 1882, vgl. 2. 3. 1882; KPK Nr. 3, März 1883; Weltpost 2, 79 f. Vgl. auch: Der Deutsche Handelsverein in Berlin, Bonn 1881 (s. seine Eingabe von 1886 bei Schulze [u. 215/24], II, 36). H. Loehnis, Denkschrift über die Stiftung der deutschen Handelsgesellschaft für die Levante, 1881; über diese: Export 3. 1881, 573, u. KZ 6. 1. 1882.

schen Anilin- und Sodafabriken« (BASF) in Ludwigshafen, und der Duttenhoferschen Pulverfabriken in Rottweil, – aber auch großer Handelsfirmen im Verein mit der Stuttgarter Handelskammer gegründet worden. Ihr Präsident, Ferdinand Auberlen-Ostertag bezeichnete als den Anlaß der Gründung die »Krisis«, die seit acht Jahren »wie andere Länder so auch das Deutsche Reich auf dem Gebiete des Handels und der Industrie heimgesucht hat«. Sie habe den »Mangel an lohnendem Absatz für die Fabrikerzeugnisse und an gehöriger Verwertung der Arbeitskräfte, das Zurückgehen des Wohlstandes vieler Tausender« verursacht. Daher »lenkte sich der Blick immer mehr auf den überseeischen Markt... Daher der Drang nach Export, der jetzt von einem Ende des Reiches zum anderen geht«. Unter der Ägide F. C. Hubers widmete sich der »Württembergische Verein« der Aufgabe, die ihm die Satzungen vorschrieben: die Exportbestrebungen des Königreichs« »durch Rat und Tat zu unterstützen«. Bald wurde aber auch vor seinem Forum die »Lösung der sozialen Frage« als vordringlichste Aufgabe der deutschen Politik charakterisiert. Diese »Frage ist aber auch eine nationale Lebensfrage«, hieß es, »im Unterlassungsfalle nämlich«. Nur eine erfolgreiche Kolonialpolitik könne hier schnelle Erleichterung schaffen, denn »Existenzfragen« wie diese »leiden keinen Aufschub«[8]!

Das gleiche Phänomen, das sich die Interessenten der wirtschaftlichen und kolonialen Expansion seit dem Ende der 1870er Jahre in zahlreichen Vereinen, die vor allem in den Industriezentren und Gewerbelandschaften wie Pilze aus dem Boden schossen, organisierten, läßt sich auch in anderen Ländern beobachten. In Frankreich z. B. entstanden in denselben Jahren die wirtschaftsgeographischen Vereine, in denen ganz ähnlich wie in Deutschland debattiert und geplant wurde. Während aber die deutschen und französischen Vereine in erster Linie eine aggressive Handelspolitik befürworteten, forderten die englische »National Fair Trade League« von 1881, die »Primrose League« von 1883, die »Imperial Federation League« von 1884 und schließlich auch die erst 1891 gegründete »United Empire League« nach dem offensichtlichen Zusammenbruch des Freihandels und in bewußter Reaktion auf die Depressionen, den Riesenmarkt des Empires gegen die Konkurrenz abzuschirmen und Großbritannien die Vorteile eines Präferenzsystems zu sichern. »Allein« von dem Erfolg einer solchen Abkapselung, wie sie »diese neue Kolonialbewegung« verlange, versprach sich 1884 das »Chamber of Commerce Journal« »die Wiederbelebung der Wirtschaft«. Jedoch erst Chamberlains Erfolg von 1895 signalisierte den Fortschritt dieser englischen Bestrebungen[9].

Noch 1882, wenn auch bezeichnenderweise erst nach dem Einbruch der zweiten Depression im Herbst dieses Jahres, kam es zur Gründung des »Deutschen Kolonialvereins« (DKV). In der Phase der Vorbereitung ging der Anstoß von dem mecklenburgischen Freiherrn Hermann v. Maltzan aus, der nach längeren Reisen in Afrika im Frühjahr 1882 in der »Augsburger Allgemeinen Zeitung«, bald auch in einer

---

8. 1. u. 2. Jahresbericht des Württembergischen Vereins für Handelsgeographie u. Förderung deutscher Interessen im Ausland, 1882/84, Stuttgart 1884, VII, IX–XV, 4. 5. u. 6. Jahresbericht, 1886/88, Stuttgart 1888, 3 f.; vgl. Magdeburger Zeitung 2. 3. 1882. – Im Stuttgarter »Linden-Museum«, das aus dem Exportmuseum des »Württembergischen Vereins« hervorgegangen ist, habe ich keine Unterlagen zur Frühzeit finden können.

9. D. V. McKay, Colonialism in the French Geographical Movement, 1871–81, Geographical Review 33. 1932, 214–32; Murphy, 1–40; Brown, 17–28, 91, 94, 109, 142; C. A. Bodelsen, Studies in Mid-Victorian Imperialism, London 1960², 205–14; J. H. Robb, The Primrose League, 1883–1906, N. Y. 1942; J. E. Tyler, The Struggle for Imperial Unity, 1868–95, London 1938, 37, 107 f.; F. Salomon, Der britische Imperialismus, Leipzig 1916², 189 f.

selbständigen Schrift, »Handelskolonien« wegen der »wachsenden Überproduktion« als eine »Lebensfrage für Deutschland« bezeichnet hatte. Er stand in enger Verbindung mit dem Exportkaufmann F. Colin, dessen Bruder, einem Direktor der »Württembergischen Vereinsbank«, und Generaldirektor G. Siegle von der BASF –, einer Gruppe, die an der Gründung einer Handelsfaktorei an der westafrikanischen Küste interessiert war. Zu ihnen stieß im Sommer Fürst Hermann zu Hohenlohe-Langenburg, der als Reichstagsabgeordneter der »Deutschen Reichspartei« seit Jahren für eine deutsche Kolonialpolitik eingetreten war und nun nach der Lektüre der Maltzanschen Broschüre eine Besprechung in Frankfurt arrangierte. Aus seinem vordringlichen Motiv für diese Initiative machte er in einem vertraulichen Brief an den Chef der Familie Hohenlohe, den damals als deutschen Botschafter in Paris wirkenden Fürsten Chlodwig zu Hohenlohe-Schillingsfürst, kein Hehl. »Immer mehr befestigt sich in mir die Überzeugung«, gestand er ihm im Oktober 1882, »daß wir in Deutschland die Gefahr... des Sozialdemokratismus nicht wirksamer bekämpfen können, als wenn wir uns in überseeischen Ländern Luft schaffen, und zwar so bald wie möglich«. In denselben Tagen warb er den Freiherrn v. Stumm-Halberg für die Kolonialbestrebungen, indem er die »Kolonisation« als den »besten Ableiter für die sozialdemokratische Gefahr, die uns bedroht«, hinstellte. Zugleich schrieb er auch Maltzan, daß vom Gelingen einer Kolonialpolitik »die Lösung der sozialpolitischen Frage abhängt«. Mit einem Erfolg dieser Politik verband auch die unweit von Schloß Langenburg erscheinende »Oberfränkische Zeitung« ganz ähnlich die Hoffnung, daß sie »der Gesellschaft Zufriedenheit oder doch wenigstens größere Sicherheit vorm Kommunismus« verschaffe[10].

Für das Frankfurter Treffen am 26. August gelang es Hohenlohe-Langenburg und Maltzan vor allem, den Frankfurter Oberbürgermeister Johannes Miquel, den Bankier Guido Henckel v. Donnersmarck, sowie die Handelskammern Frankfurt und Offenbach zu gewinnen. Man beschloß, »einen deutschen Kolonialverein zu gründen«, dessen Aufgabe vornehmlich darin bestehen sollte, »Länder ausfindig zu machen, wo deutsche Handelsniederlassungen geeignet etabliert werden könnten«. Für sie sollte der Verein »den Schutz des Reiches erwirken«, sobald sie »ihre Handelsbeziehungen nach den Hinterländern« ausgedehnt hätten. »Pekuniäre Unterstützung« sollte bis dahin nicht gewährt werden, die »Niederlassungen sollen ganz auf eigenen Füßen stehen«. Maltzan hatte das Auswärtige Amt vorher eingehend informiert, auch Hohenlohe-Langenburg setzte jetzt den Fachreferenten Kusserow ins Bild, ohne jedoch bei Bismarck selber vorstellig zu werden.

Der Aufruf zur Gründung des »Deutschen Kolonialvereins« in Frankfurt bescherte den Initiatoren nach dieser Absicherung »einen überraschenden Erfolg«, da zahl-

---

10. H. v. Maltzan, Handelskolonien, eine Lebensfrage für Deutschland, Berlin 1882. Über M.: F. Schupp, H. v. Maltzan, Mod. Rundschau 3. 1891, 308–14. Vgl. Weltpost 2. 1882, 289–91. R. Piloty, G. Siegle, Stuttgart 1910; Hohenlohe-Langenburg an Hohenlohe-Schillingsfürst, 3. 10. 1882, Nl. Hohenlohe-Schillingsfürst 53, Schloß Schillingsfürst (der Nl. Hohenlohe-Schillingsfürst, DZA I, enthält nur wenige unwichtige Stücke; den Nl. Hohenlohe-Langenburg habe ich wegen der Räumungs- und Bauarbeiten im Gefolge eines Brands auf Schloß Langenburg nicht einsehen können). Hohenlohe-Langenburg an Stumm, 29. 9. 1882, in: Hellwig, 336; Hohenlohe-Langenburg an Maltzan, Herbst 1882, Akten der »Deutschen Kolonialgesellschaft« (= DKG), 256a, 17, DZA I; Oberfränkische Zeitung 28. 11. 1882. Vgl. allg. hierzu: aus den Akten jetzt K. Klauss, Die Deutsche Kolonialgesellschaft u. die deutsche Kolonialpolitik bis 1895, phil. Diss. Berlin 1966 (MS), 99–136. R. V. Pierard, The German Colonial Society, 1882–1914, phil. Diss. Iowa State Univ. 1964 (MS); E. Prager Hg., Die Deutsche Kolonialgesellschaft 1882–1907, Berlin 1908, 9–51; W. Stuemer, 50 Jahre Deutsche Kolonialgesellschaft, Berlin 1932; Zur 50-Jahrfeier der Deutschen Kolonialgesellschaft 1882–1932, Berlin 1932.

reiche führende Persönlichkeiten aus Politik und Industrie, Handel und Bankwesen, aus den Kreisen der Wissenschaft und Kolonialpublizistik ihre Unterschrift gaben. Die Zeit für einen kolonialpolitischen Dachverband, der die von Hohenlohe-Langenburg beklagte »Menge kleiner Sondervereine« zusammenbündeln konnte, schien reif zu sein. »Die Frage der deutschen Kolonisation wird von Tag zu Tag dringender«, behauptete dieser Aufruf. »Die Notwendigkeit der Erweiterung unseres Absatzgebiets, die steigende Bedeutung des überseeischen Handels ... haben in immer größerem Umfang die allgemeine Aufmerksamkeit auf diese Frage gelenkt. Wir sind von der Überzeugung durchdrungen, daß die Kolonialfrage nicht willkürlich aufgeworfen, daß sie vielmehr aus den gesamten Verhältnissen ... des deutschen Volkes entsprungen eine endliche, nur zu sehr verzögerte Lösung unbedingt erheischt.« Der freihändlerische Senator Klügmann aus Lübeck lehnte allerdings seine Unterschrift mit der bezeichnenden Begründung ab, daß er »von Kolonien nicht die nötige Vermehrung des Absatzes industrieller Erzeugnisse« erwarten könne[11].

Auf der konstituierenden Versammlung, die am 6. Dezember 1882 in Frankfurt abgehalten wurde, warf die neue Tiefkonjunktur ihre Schatten. Maltzan konnte deshalb mit besonderem Nachdruck erklären, daß die »immer höher gespannte Produktionskraft ... unabweisbar eine Erweiterung unseres Absatzgebietes« fordere. Auch Hohenlohe-Langenburg, soeben zum ersten Präsidenten gewählt, bekräftigte die Überzeugung, »daß namentlich für unseren Handel und unsere Industrie in überseeischen Ländern neue Absatzgebiete« geschaffen werden sollten, damit sich endlich »neue Hoffnungen« regen könnten. Und Miquel versprach sich von einer regen Tätigkeit des Vereins, »daß wir gute Absatzgebiete bekommen«. Vor allem aber reizte ihn auch als nationalliberalen Politiker die integrierende Wirkung, die er von der Kolonialbewegung ausgehen sah. Deshalb pries er die »Aufgabe«, »an der nicht nagt der Streit der Konfessionen, der religiösen, politischen und sozialen Gegensätze«. Deshalb auch rief der Verein, dessen Vizepräsident er wurde, nicht nur zur »Erweiterung« der »Wirtschaftssphäre des Deutschen Reiches« auf, sondern lenkte auch die Aufmerksamkeit auf die »Lebensfrage« der Kolonialpolitik, da sie »geeignet« sei, »die innere Entwicklung unseres Vaterlandes neu zu beleben«, – sehr allgemein formulierte Hoffnungen, die die Kolonialagitation seit 1878 geteilt hatte.

In seinen Statuten stellte sich der »Deutsche Kolonialverein« die Aufgabe, »das Verständnis der Notwendigkeit, die nationale Arbeit dem Gebiet der Kolonisation zuzuwenden, in immer breitere Kreise zu tragen«, für die Kolonialbestrebungen »endlich einen Mittelpunkt zu bilden und eine praktische Lösung der Kolonialfrage anzubahnen«. Darunter verstand er zunächst sehr bescheiden und einseitig, daß »die Errichtung von Handelsstationen als Ausgangspunkt für größere Unternehmungen« gefördert werden solle.

---

11. Protokoll der Sitzung v. 26. 8. 1882, DKG 253, 3–8; Hohenlohe-Langenburg an Hohenlohe-Schillingsfürst, 3. 10., 22. 11. 1882, 12. 4. 1883, Nl. Hohenlohe-Schillingsfürst, 53. Aufruf: DKG 253, 42, 74. Es unterzeichneten u. a. von Politikern: Bennigsen, Bötticher, Hammacher, Miquel, Varnbüler, Friedenthal; aus dem politisch tätigen Adel: Arnim-Boitzenburg, Frankenberg-Tillowitz, Hohenlohe-Langenburg, Marschall, Stolberg-Wernigerode, Türckheim, der Herzog v. Ratibor; aus Industrie und Handel: Baare, Bueck, Brüning, Colin, Engelhard, Friedrichs, Haurand, Heimendahl, Jantzen, Thormählen, v. Jobst, Loesener, Lotichius, Meier, de Neufville, Stumm, sowie: v. d. Brüggen, Dehnhardt, Fabri, Rohlfs, Lenz, Freytag, Schliemann, v. Hellwald, Hübbe-Schleiden, Jung, Kirchhoff, Ratzel, Lammers, v. Maltzan, Moldenhauer, Nasse, Schmoller, Roscher. Vgl. Hamburger Nachrichten, 29. 8.; 9. 10. 1882; Süddeutsche Korrespondenz 22. 11. 1882; Stuemer, 9–17; H. Herzfeld, J. v. Miquel, Detmold 1938, II, 37–47; Böhme, Großmacht, 316 f.

In der Öffentlichkeit erklang überwiegend ein positives Echo. Vor allem »das starke Exportinteresse Rheinland-Westfalens soll zu Anfängen bewußter... Kolonisation führen«, schloß der Herausgeber des »Bremer Handelsblatts«, A. Lammers, aus der Anwesenheit der führenden Männer des »Westdeutschen Vereins«. Der Freiherr v. d. Brüggen dagegen, der sogleich Mitglied geworden war, hielt – ganz im Einklang mit Miquel – die sozialimperialistische Aufgabe des Vereins fest. Seit 1873 seien »unsere staatlichen Grundlagen erschüttert worden von gewaltsamen wirtschaftlichen Regungen, die auf das soziale Gebiet übersprangen. Unsere Sorge und Mühe ist seit Jahren darauf gerichtet«, berichtete er noch einmal in den »Preußischen Jahrbüchern«, »den Ausgleich der entstandenen sozialen Gegensätze« herbeizuführen. »Schaffen wir draußen lohnenden Erwerb..., so werden wir damit den Boden unserer gegenwärtigen Kämpfe erheblich verengen.« Von der Kolonialpolitik, die der »Deutsche Kolonialverein« fördern wolle, erwartete er »reichen Segen in ihrer Rückwirkung auf unsere inneren Zustände«[12].

Im Gründungsmonat gewann der »Deutsche Kolonialverein« 200 Mitglieder, deren Zahl 1883 auf 3260, 1884 in 43 Zweigvereinen auf 9000 anstieg. Der »Westdeutsche Verein« trat dem »Deutschen Kolonialverein« geschlossen bei, der Berliner »Zentralverein für Handelsgeographie«, die Leipziger und Münchener Vereine Hasses und Ratzels blieben zunächst noch selbständig, waren aber durch ihre Vorsitzenden im Vorstand des »Deutschen Kolonialvereins« vertreten. Rein zahlenmäßig überwogen unter den Mitgliedern in den ersten drei Jahren mittlere Unternehmer, Kaufleute und Angehörige des Bildungsbürgertums. Bei einem näheren Blick auf die strukturelle Zusammensetzung des »Deutschen Kolonialvereins« enthüllt er sich jedoch als ein Aggregat von wirtschaftlichen und politischen Kräften, deren Zusammenballung in der neuen Pressure Group nicht nur die geschäftige Aktivität und den beachtlichen Einfluß Hohenlohe-Langenburgs und Miquels verrieten, sondern vor allem auch als Indiz für das Interesse dieser Kräfte an den Zielen des Vereins gewertet werden darf.

So repräsentierten die wenigen Namen aus der Welt der Industrie und Banken, der Politik und Wissenschaft Machtfaktoren, deren Gewicht schwer in die Waagschale fiel. Hansemann, Russel, Salomonsohn und v. Eckardstein-Prötzel vertraten die »Disconto-Gesellschaft«, Siemens, Steinthal und Wallich die »Deutsche Bank«, Schwabach das Bankhaus Bleichröder, Fürstenberg die »Berliner Handelsgesellschaft«, H. Oppenheim »Warschauer & Co.«, D. Oppenheim und Mendelssohn ihre Berliner und Kölner, Stern und de Neufville ihre Frankfurter Häuser. Von wenigen Ausnahmen abgesehen waren also vor allem die Berliner Großbanken von Anfang an vertreten. Aus der westdeutschen und saarländischen Schwerindustrie kamen Krupp, Haniel, Hoesch, Kirdorf, Baare und Hammacher, Röchling und Stumm, aus Berlin und Schlesien Schwartzkopff und Kardorff, die Herzöge von Ujest und Ratibor, Fürst Pless, die Grafen Schaffgotsch und Henckel v. Donnersmarck hinzu. Von der Fertigwarenindustrie traten Brüning, Meister, Duttenhofer, Heimendahl, Friedrichs, Hasenclever, vom Rath, Pastor, Wolff und Langen dem Verein bei. Der »Zentralverband

---

12. Rede Maltzans, 6. 12. 1882, DKG 253, 67; Statut u. Aufrufe, ebda., 42, 76; J. v. Miquels Reden, Hg. W. Schultze u. F. Thimme, 3, Halle 1913, 110–12; Frankfurter Journal 6., 7. 12. 1882; Süddeutsche Korrespondenz 29. 3. 1883; Stuemer, 17–22; Klauss, 105–12; Lammers, Geg. 353; E. v. d. Brüggen, Der ›Deutsche Kolonialverein‹, PJ 51. 1883, 61, 68 f.; vgl. ders. an Herb. Bismarck, o. D. (Anfang 1883), Nl. Bismarck, 5. Im Stadtarchiv Frankfurt und im Hessischen StA, Zweigstelle Frankfurt, findet sich kein Material über den DKV.

Deutscher Industrieller«, der »Verein Deutscher Eisen- und Stahlindustrieller« und der »Verein Deutscher Eisenhüttenleute« gehörten wie 23 Handelskammern, 16 großstädtische Magistrate mit ihren Oberbürgermeistern und 15 Handelsvereine dem »Deutschen Kolonialverein« korporativ an. Das Reederei- und Außenhandelsgeschäft der Hansestädte verkörperten H. H. Meier, Woermann, R. Sloman, Jantzen und Thormählen. Aus der Politik stießen die Minister Lucius v. Ballhausen, Friedenthal und Hobrecht mit Bennigsen, Varnbüler, den Grafen Frankenberg-Tillowitz, Mirbach-Sorquitten, Stolberg-Wernigerode, Arnim-Boitzenburg und A. Stöcker, aus der Wissenschaft Treitschke, Sybel, Ranke, Ratzel und Kirchoff, Schmoller, A. Wagner, Nasse, Wislicenus und Schliemann zu ihm.

Auch in den Ortsvereinen traten einflußreiche Männer an die Spitze: Kirdorf in Gelsenkirchen, Langen in Köln, Servaes in Essen, Duttenhofer in Rottweil, Bennigsen in Hannover, Nasse in Bonn, H. Wagner in Göttingen, der Handelskammerpräsident Bertelsmann in Bielefeld. Im allgemeinen schlossen sich mithin in »Deutschen Kolonialverein« gerade die Kräfte erneut zusammen, die das Bismarcksche System des Solidarprotektionismus mitgeschaffen hatten und seit 1879 trugen. Auf dem Boden des »Deutschen Kolonialvereins« wurde die Sammlungspolitik seit der Mitte der ersten Stockungsphase nach 1873 fortgeführt[13].

Das verriet besonders augenfällig auch die Mitgliedschaft des Berliner Zweigvereins. Dem Aufruf zur Gründung, den Hammacher, Frankenberg, Annecke, Arnim-Boitzenburg, v. Eckardtstein-Prötzel, Wallich, Friedenthal, Hobrecht, v. d. Brüggen und Jannasch unterzeichnet hatten, folgten 300 Interessenten zu einer ersten Versammlung. Einleitend versicherte Hohenlohe-Langenburg, daß »keine Bestrebung so geeignet ist, die soziale Frage, die gegenwärtig alle Geister rege hält, zu heben wie gerade die Bestrebungen unseres Vereins. Ein jeder, der dem Verein beitritt, trägt somit auch ein Scherflein bei zur Lösung dieser schwierigen Frage«. »Die innere Reform soll gewiß nicht vernachlässigt werden«, beteuerte Prof. Geffcken erneut, »aber Hand in Hand mit ihr muß die Ausdehnung unseres Wirtschaftsgebietes gehen, ohne welche wir in Gefahr sind zu versumpfen.« »Sollten wir in unfruchtbarem Ringen daheim unsere Kraft verzehren?« Ihm pflichtete Generalsekretär Annecke vom »Deutschen Handelstag« bei, ehe der bedeutende preußische Agrarhistoriker Prof. A. Meitzen hervorhob, daß »Berlin in den letzten Jahren eine der größten Fabrikationsstädte der Welt geworden« sei, es bedürfe daher »immer neuer Absatzquellen«. »Das größte Interesse dürften« daher »die Handeltreibenden« der Reichshauptstadt daran besitzen, »Einrichtungen zu treffen, wodurch sie in der Lage sind, die Konkurrenz auf dem Weltmarkt erfolgreich bestehen zu können«.

Der Vorstand des Berliner Vereins (Frankenberg, Hammacher, v. Henk, Meitzen,

---

13. DKG 253, 136; 254, 256a, 170; statistische Auswertung bei Klauss, 109–16. Vgl. Weltpost 3. 1883, 150; KPK Nr. 4, April 1883; Hohenlohe-Langenburg an Bennigsen, 9. 7. 1884, in: Oncken, Bennigsen, II, 521 f.; Böhme, Großmacht, 539 (dort auch, passim, Informationen über den politisch-ökonomischen Status der meisten hier erwähnten Persönlichkeiten). Vgl. noch H. v. Petersdorff, Graf Fred Frankenberg, in: Deutscher Aufstieg, 223–26; ders., Lucius v. Ballhausen, ebda, 227–32. – Die seit 1. 1. 1884 erscheinende DKZ kündigte der »Deutsche Kolonialverein« (Rundschreiben 15. 11. 1883, DKG 253, 113) als ein Organ an, das »vor allem« zur »Hebung des Ausfuhrhandels und zur Wertschätzung der deutschen Industrie auf dem Weltmarkt« das Seine beitragen solle. In ihrer ersten Ausgabe (DKZ 1. 1884, 1, vgl. 24) beanspruchte sie programmatisch für das Reich das »Recht«, »einen weit größeren Anteil am Weltmarkt unter offener deutscher Flagge in Anspruch zu nehmen, als es bisher geschehen«. Der »Überproduktion« auf »industriellem Gebiete« gelte es, »neue Bahnen ausfindig zu machen«. Die Auflage stieg angeblich bis Febr. 1885 auf 15 000 (DKZ 2. 1885, 186).

Schwartzkopff, v. Schleinitz u. a.) konnte bald auf illustre Mitglieder verweisen. Es beteiligten sich nicht nur die Großbanken: »Disconto-Gesellschaft«, Bleichröder, »Deutsche Bank«, »Berliner Handelsgesellschaft«, der »Zentralverband Deutscher Industrieller« und der »Verein Deutscher Eisen- und Stahlindustrieller«, sondern auch Kardorff und Spindler von der »Königs- und Laurahütte«, R. Hardt vom Bankhaus Hardt & Co., zugleich auch Vorsitzender der »Ältesten der Berliner Kaufmannschaft«, H. H. Meier, Lucius, Treitschke, Cuny und Wislicenus, sowie H. v. Kusserow vom Auswärtigen Amt. Überhaupt wurde bis 1884 der Kontakt zur Reichspolitik und -bürokratie gefunden, so daß Hohenlohe-Langenburg jetzt mit verhaltenem Stolz gestehen konnte, daß der »Deutsche Kolonialverein« im Auswärtigen Amt »ein freundliches Entgegenkommen« finde[14].

Auf seiner ersten Generalversammlung im Januar 1884 in Frankfurt und auf einer außerordentlichen Tagung im September in Eisenach schaltete sich dann der »Deutsche Kolonialverein« mit Nachdruck und wohlbekannten Argumenten in die intensivierte Debatte über die anhebende deutsche Kolonialexpansion ein. Hohenlohe-Langenburg hoffte überschwenglich, daß der »Deutsche Kolonialverein« – wie vor dreißig Jahren der Zollverein – eine »Basis« schaffen könne, »mit Hilfe welcher unsere Industrie jenseits der Meere in ungeahnter, selbständiger Weise erblüht«. Auch Fabri sah darin das Ziel der deutschen Kolonialbewegung. »Sie hatte ... in ihrem Ursprung« und »in ihrer Tendenz durchaus nicht einen politischen Charakter«, wiederholte er, »wirtschaftliche Gesichtspunkte und Motive standen dabei von Anfang an im Vordergrund und sollten auch allezeit«, wie er unter lebhafter Zustimmung der Delegierten forderte, »im Vordergrund bleiben«, denn »Deutschland bedarf für seine politische Machtstellung keine überseeische Ausbreitung«. Das Ziel der »Hebung unseres Exports« und der »Vermehrung unseres Anteils an dem Welthandel« zwinge Deutschland, glaubte der Bonner Kathedersozialist Prof. Nasse, sich »an der wirtschaftlichen Besitzergreifung von unkultiviertem Gebiete nach Möglichkeit« zu beteiligen. J. Miquel argumentierte ganz ähnlich. »Der heruntergehende Zinsfuß und die wachsende Kapitalkraft Deutschlands« galten dem ehemaligen Geschäftsinhaber der »Disconto-Gesellschaft« als die »Dinge, welche dem Volke die Notwendigkeit einer Kolonialpolitik klar gemacht haben«. Dazu betonte er freilich auch »die soziale Notwendigkeit für uns, auf diesem Gebiet noch weiter vorwärts zu gehen«. »Die nächsten Jahrzehnte wird die soziale Frage ausfüllen«, hatte er Hohenlohe-Langenburg anvertraut, »es heißt mit unverbittlicher Energie die revolutionären Ausbrüche niederhalten«. Gerade von diesen »sozialen Notwendigkeiten« her, an die ja auch Hohenlohe-Langenburg von Anfang gedacht hatte, wurde dann seine Sammlungspolitik um die Jahrhundertwende in entscheidendem Ausmaß bestimmt[15].

Zwischen diesen beiden Tagungen des »Deutschen Kolonialvereins« war in Berlin

---

14. G. Grunert, Zehn Jahre deutsche Kolonialbestrebungen in der Abteilung Berlin der Deutschen Kolonialgesellschaft, 1884–1894, Berlin 1894, 8–11; Klauss, 115, 122–25; DKZ 1. 1884, 73, 192 f.; DKG 899, 63. Vgl. des Geschäftsführer des Berliner Vereins, Prof. Eggert, über das Ziel des Kolonialvereins, den »tiefen Wunsch des Volkes: eine Abhilfe für die heimische Krise sofort kommen zu sehen«, zu erfüllen, KZ 3. 5. 1886.

15. DKZ 1. 1884, 49 f.; KZ 7. 1. 1884; auch Hohenlohe-Langenburg auf der 2. Generalversammlung, 21. 2. 1885 (DKZ 2. 1885, 182 u. 208). – DKZ 1, 377 (Fabri), 385 f. (Nasse), 393 (Miquel), dazu Miquel, Reden, III, 169; Herzfeld, II, 33 (an Hohenlohe-Langenburg); Böhme, Großmacht, 315 f.; Prager, 27. Über die Sammlungspolitik s. u. Kap. VI. Vgl. Hamburg. Börsenhalle 22., 23., 27. 9. 1884; Hamburg. Nachrichten 20., 22. 9. 1884; Hamb. Korrespondenz 22. 9. 1884; Reform 23. 9. 1884; KZ 3. 5. 1886; DKZ 3. 1886, 291–304.

am 28. März 1884 die »Gesellschaft für Deutsche Kolonisation« von Carl Peters und seinem Fördererkreis gegründet worden. Auch diesem mit dem »Deutschen Kolonialverein« zunächst hartnäckig rivalisierenden Verband ging es unter anderem darum, einen »unter allen Umständen sicheren Absatzmarkt«, der »unserer Industrie« noch fehle, in deutschen Kolonien zu gewinnen. Obwohl der »Deutsche Kolonialverein« ein Interessenkartell vorderhand ablehnte, kam es doch schon im Dezember 1887 vor allem dank Miquels Drängen, der hier eine Art Sammlungspolitik der Kolonialinteressenten betrieb, zur Verschmelzung beider Vereine in der »Deutschen Kolonialgesellschaft« mit 15 000 Mitgliedern, deren Zahl bis 1914 auf 45 000 anstieg. Bis dahin hatte sich auch die »Deutsche Kolonialgesellschaft« als einer der großen und machtvollen Interessenverbände erwiesen, die vor allem der Innenpolitik des wilhelminischen Deutschlands ihr charakteristisches Gepräge gaben[16].

6. PARTEIPOLITIKER UND MINISTERIALBÜROKRATIE

Wenn die Zusammenarbeit verschiedener politischer Kräfte im »Deutschen Kolonialverein« auch als ein Beispiel für die Sammlungspolitik des Solidarprotektionismus seit 1879 angesehen werden darf, dann zeigte der ideologische Konsensus der im Reichstag vertretenen politischen Parteien, daß er nicht nur die »staatserhaltenden« Parteien, sondern das gesamte politische Spektrum von rechts nach links umfaßte, solange es um die Analyse der Ursachen der Depression und die Entscheidung für eilige Gegenmaßnahmen ging. Dieser Konsensus der Parteipolitiker kann jeweils an kleinen, aber repräsentativen Gruppen aufgewiesen werden – an den Sprechern nämlich, die von den Parteien bei den Reichstagsdebatten über die wirtschaftliche und koloniale Expansion Deutschlands in den Jahren 1884/86 vorgeschickt bzw. von ihnen in die Beratungskommissionen des Reichstags delegiert wurden.

Dieser Querschnitt durch das parteipolitische Meinungsbild in der Mitte der 1880er Jahre wird freilich durch die Analyse der Entwicklung bis hin zu dieser Zeit (in den Kap. IV und V) ergänzt werden. Aber in dieser Phase gesteigerter Aktivität, die den Parteien ein zu begründendes Urteil abnötigte, lassen sich die drei wesentlichen Elemente des Konsensus wieder besonders deutlich herausschälen. Einmütigkeit herrschte sowohl über die Ursachen des Konjunkturverlaufs seit 1873, als auch über die Notwendigkeit, weitere Maßregeln gegen die seit 1882 erneut herrschende Depression zu ergreifen. Die einzige Divergenz entstand in der Diskussion über die angemessenen Mittel, wobei sich erneut erwies, daß der liberal-freihändlerische Flügel bis hin zu den Sozialdemokraten zwar mit der allgemeinen Diagnose konform ging, auch die Dringlichkeit der Abhilfe nicht leugnete, jedoch zumeist den traditionellen Weg des freihändlerischen Expansionismus, des »Informal Empire«, weitergehen wollte. Wer sich aber allein in dieser Hinsicht von den politischen Rivalen, die die Regierungspolitik unterstützten, unterschied, besaß von vornherein keinen allzu fe-

16. Prager, 36 f.; 51 f.; Klauss, 112 f., 202–7. Vgl. C. Peters, Der deutsche Kolonialverein u. die Gesellschaft für deutsche Kolonisation, Geg. 29. 1886, 273–4. Eine kritische Analyse der Kolonialverbände und der »Kolonialgesellschaft« von 1878 bis 1918 steht ebenso noch aus wie die Untersuchung der meisten Interessenverbände des Kaiserreichs: zum »Zentralverband« und »Bund der Landwirte« s. o. Kap. II.

sten Stand. Alsbald waren auch die Vorwürfe: angeblich veraltete Mittel nützten gegen den doch allseitig anerkannten Notstand nicht mehr, wie die Erfahrungen der Gegenwart eindringlich lehrten, nur schwer mehr zu widerlegen.

Dem Einwand, ob denn bei diesen Diskussionen überhaupt die wahren, die eigentlichen Motive der Parteien zutage getreten seien, läßt sich entgegenhalten, daß sie in öffentlichen Reichstagsdebatten und in vertraulichen Kommissionsberatungen in der Überzeugung vorgebracht wurden, gewichtig genug zu sein, um in einer bestimmten Phase des Entscheidungsprozesses den Ausschlag geben zu können. In jedem Fall wurde frei und womöglich direkter, als es ein ausgefeiltes Redekonzept zuläßt, gesprochen. Natürlich auch »zum Fenster hinaus«, wobei man sich doch offensichtlich von diesen Argumenten die nachhaltigste Wirkung auf die Öffentlichkeit versprach, da die bisher geschilderten Auffassungen den Politikern durchaus vertraut waren. Zumindest glaubte man in einer Zeit, die noch nicht den Fetisch der Meinungsumfrage verehrte, sie sich davon versprechen zu dürfen. Und diese Überzeugung ist es, die für unsere Untersuchung hier das ausschlaggebende Gewicht besitzt[1].

Wilhelm v. Hammerstein, der Führer des hochkonservativen Flügels der Deutsch-Konservativen Partei, die sich auf preußischen Adel und Großgrundbesitz, protestantische Geistlichkeit und Beamtentum stützte und 1884 ihre Abgeordnetenzahl im Reichstag von 50 auf 78 vermehrt hatte, sah Deutschland deshalb in den »wirtschaftlichen Kampf« der »Kolonialpolitik« eintreten, da sie »zur Existenzfrage« des Reiches geworden sei. Denn »die Überproduktion, die auf allen Gebieten sich geltend macht, zwingt alle modernen und industrietreibenden Länder, sich neue Handelswege zu suchen, und wer uns die verlegen will, der wird damit zu rechnen haben, daß wir um unsere Existenz kämpfen«. Ähnlich militant ging Wilhelm v. Minnigerode von dem »krampfhaften Wettbewerb der Nationen in bezug auf den Export« aus. Daher müsse »das Entscheidende geschehen«, um auch dem deutschen »Export vollends gerecht zu werden«. Auch Graf Conrad v. Holstein stand »unter dem Eindruck«, »daß in neuerer Zeit ein wahres Wettrennen stattfindet«, um »auf Gegenden, die noch als Absatzgebiete für die reiche Entwicklung der Industrie zu eröffnen sind, die Hand zu legen«. »Wenn der deutsche Handel nicht überflügelt werden..., der deutsche Export weiter Absatzwege finden soll«, wie es die »Stimmung in sämtlichen Produzentenkreisen in Deutschland« verlange, müsse ihm der Staat beistehen. »Man kann

---

1. Vgl. hierzu u. zum Folgenden: M. Schwarz Hg., MdR. Biographisches Handbuch der deutschen Reichstage, Hannover 1965, 115–251, 798–800; Mommsen, Parteiprogramme, 790–93. – L. Bergsträsser u. W. Mommsen, Geschichte der Politischen Parteien in Deutschland, München 1965[11], 121–50, darin die gute Bibliographie von H. G. Schumann, 271–301; W. Tormin, Geschichte der deutschen Parteien seit 1848, Stuttgart 1966, 46–96; D. Fricke Hg., Die bürgerlichen Parteien, 1830–1945, I, Leipzig 1968. – Allg. ganz vorzüglich: T. Nipperdey, Über einige Grundzüge der deutschen Parteigeschichte, in: Festschrift für H. C. Nipperdey, München 1965, II, 815–41; ders., Die Organisation der deutschen Parteien vor 1918, Düsseldorf 1961; Th. Schieder, Die geschichtlichen Grundlagen u. Epochen des deutschen Parteiwesens, in: ders., Staat u. Gesellschaft, 133–71. Weiterhin: E. Maschke, Die Industrialisierung Deutschlands im Spiegel der Parlamentszusammensetzungen von 1848 bis heute, Tradition 10. 1965, 230–55; Preradovich, 154–59; K. Demeter, Die soziale Schichtung des Deutschen Parlaments seit 1848, VSWG 39. 1952, 1–29; W. Kremer, Der soziale Aufbau der Parteien des Deutschen Reichstags 1871–1918, phil. Diss. Köln 1934; A. Borell, Die soziologische Gliederung des Reichsparlaments als Spiegelung der politischen u. ökonomischen Konstellationen, phil. Diss. Gießen 1933; L. Rosenbaum, Beruf u. Herkunft der Abgeordneten zu den deutschen u. preußischen Parlamenten, 1847–1919, Frankfurt 1923. Sehr unbefriedigend sind H. Spellmayer, Deutsche Kolonialpolitik im Reichstag, Stuttgart 1931, u. H. Lackner, Koloniale Finanzpolitik im Reichstag, 1880–1919, staatsswiss. Diss. Königsberg, Berlin 1939, 8–30.

es nicht leugnen: es ist der Moment, wo eine zweite Teilung der Welt erfolgt...
Lassen Sie uns nicht zu spät kommen[2]!«

»Wenn wir uns überhaupt« bei »der ganzen wirtschaftlichen Lage der Welt« behaupten wollen, sekundierte ihm der konservative Parteiführer Graf Otto v. Helldorf, müsse die Regierung das Ihre tun, um »den Exportverkehr mit dem Auslande zu heben«. Helldorf hielt das »Hinaustreten in den Welthandel« auch für »eine Konsequenz der gesteigerten Macht« Deutschlands, was insofern zutraf, als Deutschlands Aufstieg zur industriellen Großmacht es allerdings auf den Weltmarkt vorrücken hieß. Hammachers Bild vom Dampfkessel vor Augen beschwor auch Helldorf »die Gefahr des Krachs für eine Industrie, die keinen Absatz mehr findet«. Deshalb rühmte er »andere Nationen«, die »im Interesse ihrer Absatzverhältnisse schon kostspielige Kriege« geführt hätten und wieder zu führen bereit seien. »Die Signatur unserer Zeit sind zu niedrige Preise«, stimmte Arnold Frege, einer der politischen Exponenten der Großagrarier und späteren Leiter des »Bundes der Landwirte«, in das Klagelied der Produzenten während der Depressionsjahre ein. Deshalb unterstütze er jeden Versuch, »neue Absatzquellen zu eröffnen.« Sein Fraktionskollege Hermann Gerlich glaubte, in »allen Kreisen das Bedürfnis nach erweiterten Märkten konstatieren« zu können. Die Gegner der Regierungspolitik müßten den Beweis erbringen, wie sie »die Überproduktion unserer Industrie und den geringen Anteil unseres deutschen Handels im Weltverkehr« beseitigen wollten. »Unseren Export nach draußen zu vergrößern«, sei die vordringliche Aufgabe. Parallel zur »nationalen Handelspolitik im Inneren« müsse jetzt »nationale Politik auch nach außen« getrieben werden, – eine Forderung, wie sie der »Zentralverband Deutscher Industrieller« seit 1879 auch erhoben hatte[3].

Auch der Freikonservative Arnold Lohren, seit 1876 unablässig in den Führungsgremien des »Zentralverbandes« tätig, forderte erneut Regierungshilfe, um jetzt »die Schlachten unserer wirtschaftlichen Unabhängigkeit« im Außenhandel zu schlagen. Die Freikonservativen, deren 28 Abgeordnete im Reichstag als »Deutsche Reichspartei« firmierten, hatten durch ihre führenden Persönlichkeiten, die in der Partei »Bismarck sans phrase« die Allianz von Großindustrie und Großagrariern verkörperten, sowohl den Solidarprotektionismus, als auch die wirtschaftliche Expansion seit zehn Jahren unterstützt. Die Kardorff, Stumm, Hohenlohe-Langenburg standen vollauf hinter den Erklärungen ihres Fraktionssprechers, Graf Karl v. Behr-Behrenhoff, der endlich »das Absatzgebiet für unsere Industrie erweitert« sehen wollte. »Das ganze Streben Deutschlands geht jetzt nach außen«, rief er, keine »kleinlichen Rücksichten« dürften mehr der »Hebung des Exports« der »Förderung des ganzen Verkehrs und der Industrie« entgegenstehen. Mochten auch einige Deutsch- und Freikonservative der industriewirtschaftlichen Expansion fernstehen, so fand doch bei fast allen Konservativen im Reichstag die sozialimperialistische Komponente der Überseepolitik Unterstützung, da sie zur Bewahrung ihrer politischen Machtstellung und der überkommenen Sozialordnung beitrug. Auch Konservative, die nicht die unmittelbaren ökonomischen Interessen einsahen bzw. wie zahlreiche Abgeordnete

2. Hammerstein: RT 6:1:1:538 (10. 1. 1885); Minnigerode: RT 5:4:2:1068 (26. 6. 1884); Holstein: RT 5:4:2:736 (14. 6. 1884), 6:1:1:127 f. (1. 12. 1884). Vgl. die Lit. (vor allem Booms, Neumann, Stock) bei Bergsträsser, 289 f. Eine neue Gesamtdarstellung fehlt noch.
3. Helldorf: RT 6:1:3:2031, 1787, 1791 (23. 3., 13. 3. 1885); 7:2:1:661 (20. 1. 1886); RTA 2725, 192 (16. 2. 1884). Frege: RT 6:2:2:687 (21. 1. 1886); RTA 2621, 69 (18. 5. 1884); Gerlich: RTA 2625, 30 f. (11. 12. 1884); RT 6:1:1:145 (1. 12. 1884); vgl. G. Hartwig, RT 6:1:1:507 f. (9. 1. 1885).

der »Reichspartei« mit ihnen aufs engste verbunden waren, ließen sich bereitwillig für eine sozialreaktionäre Sammlungspolitik im Zeichen des Imperialismus gewinnen. Von daher läßt sich dann auch in erster Linie die Unterstützung der Konservativen für die wilhelminische »Weltpolitik« und den Schlachtflottenbau verstehen. Auch hier aber kann man wieder eine Kontinuität der Motive und Zielvorstellungen bis in die Bismarckzeit zurückverfolgen[4].

Im Gegensatz zur Reichspartei war das Zentrum, das Katholiken aller Sozialschichten in der einzigen Konfessionspartei des Reichstags vereinigte, in erbitterter Gegnerschaft zu Bismarck seit 1881 mit 100 Abgeordneten (1884: 99) zur stärksten Fraktion mit der Möglichkeit, das Zünglein an der Waage zu beeinflussen, aufgestiegen. »Unsere Produktion an Waren«, gestand aber jetzt Ludwig Windthorst Bismarck in einer Kommissionssitzung zu, »braucht einen Export, und da ist eine gewisse Begeisterung für Kolonien natürlich«. Die »Überproduktion« biete Anlaß genug, »die Kolonisation zu wünschen«, wiederholte er auch vor dem Reichstagsplenum, sofern sie »irgendwelchen Erfolg für den Export von Waren« gewährleiste. Wenn er auch vor »übertriebenen Hoffnungen« warnte, und wie andere Zentrumspolitiker Bedenken gegen koloniale Territorialherrschaft nicht unterdrücken konnte, so hielt er doch 1885, als die »Kolonialpolitik ein außerordentlich großes Absatzgebiet« für die »heimische Überproduktion« eröffnet hatte, die »Aussicht« für »die Ausfuhr von Erzeugnissen unseres Vaterlandes« für günstig. »Die Frage des Güterexports« betrachtete mit ihm der Abgeordnete Rintelen als den »Kernpunkt« der deutschen Expansionspolitik. »Sind die Verhältnisse bei uns in Deutschland derart«, fragte er, »daß eine Ausdehnung des Exporthandels erforderlich ist? Diese Frage beantworte ich unbedingt mit Ja.« Obwohl der Bismarckschen Politik »überall der Gedanke der Staatsomnipotenz zugrunde« liege, hielt er staatliche Hilfe in diesem Fall doch für notwendig, damit der Absatz »ganz bedeutend vermehrt« werde[5].

Von dem mächtigen Block der 155 nationalliberalen Abgeordneten des Jahres 1874 waren nach den harten Schlägen, die die erste Depression und Bismarck gegen ihn geführt hatten, nach der Abspaltung der freihändlerischen »Sezessionisten« in der »Liberalen Vereinigung« 1881 noch 47, 1884 51 Abgeordnete übrig geblieben, die als Repräsentanz großbürgerlicher Interessen denselben Stimmenanteil (17,6%) wie die Linksliberalen auf sich vereinigen konnten. Mehr denn zuvor galt Friedrich Hammacher in den 1880er Jahren als eine der Säulen der zusammengeschmolzenen nationalliberalen Fraktion im Reichstag – wie auch im Abgeordnetenhaus des Preußischen Landtags –, wo er die Interessen der rheinisch-westfälischen Großindustrie, der Sodafabriken und der Kartellanhänger wirkungsvoll vertrat. Als er 1880 die kurzlebige Erholung geradezu als erneuten »Rückschlag« empfand, hielt er Haniel gegenüber

---

4. Lohren: RT 6:1:3:1852 (16. 3. 1885); Behr: RT 6:1:1:1351 (1. 12. 1884); 6:1:3:1802 (13. 3. 1885); über Kardorff, Stumm u. Hohenlohe-Langenburg s. o.; vgl. auch den Freikonservativen Gehlert, Überproduktion, 13–18. Die Lit. (vor allem Aandahl, Viebig, Wolfstieg) bei Bergsträsser, 289 f. Eine Gesamtdarstellung fehlt auch hier.

5. Windthorst: RTA 2621, 96 (18. 5. 1884); RT 5:4:2:1055 f. (26. 6. 1884); 6:1:1:505 (9. 1. 1885, vgl. ebda., 530, 539, 544, 10. 1. 1885); 6:1:3:1507 (2. 3. 1885); vgl. 6:1:3:1803–6 (13. 3. 1885); so auch Racke: RT 6:1:3:1867 (16. 3. 1885), RTA 2625, 47 (12. 12. 1884); Rintelen: RT 6:1:3:1793 (13. 3. 1885). Vgl. die Lit. (namentlich die für diese Zeit noch überholte Gesamtdarstellung von Bachem, III, IV) bei Bergsträsser, 291 f. sowie H. Pehl, Die deutsche Kolonialpolitik u. das Zentrum, 1884–1914, phil. Diss. Frankfurt, Limburg 1934; D. v. Hirsch, Stellungnahme der Zentrumspartei zu den Fragen der Schutzzollpolitik, 1871–90, wiso. Diss. Köln, München 1926; M. v. Hagen, Zentrumskolonialpolitik unter Bismarck, Gb 72. 1913/IV, 262–9.

die »Gestaltung einer fruchtbaren Kolonialpolitik« schon für ein »dringendes Bedürfnis« des Deutschen Reiches. »Wir stecken überall in Überproduktion«, klagte er, »und müssen uns nach dem Auslande Luft machen. Gelingt das nicht, so kommen wir nicht auf einen grünen Zweig und werden sich die Schwierigkeiten ... unlösbar erhöhen.«

Bis 1884 hatte sich bei Hammacher dieses Gefühl einer fast verzweifelten Dringlichkeit so gesteigert, daß er von dem »überheizten Dampfkessel« der deutschen industriellen Überkapazitäten sprechen konnte. »Wir haben in allen großen Industriezweigen Deutschlands das dringende Bedürfnis, den Absatzkreis für die Fabrikate und Produkte zu erweitern«, beschwor er den Reichstag, denn »die Tatsache der Überproduktion ist nicht zu bestreiten, und die Lösung der Frage, wie wir für eine vermehrte Produktion Absatz finden, steht unter den wichtigsten und präjudiziellsten für die moralische, politische und wirtschaftliche Wohlfahrt unseres deutschen Vaterlandes«. Komme jetzt nicht bald staatliche Hilfe, so »können große, aus der Überproduktion hervorgehende Leiden über unser Vaterland hereinbrechen«. Im zähen »Wettstreite« der Staaten »um die wirtschaftliche Beherrschung überseeischer Länder« müsse Deutschland mithalten, denn »dies Streben beruht auf einer richtigen, staatsmännischen Voraussicht«, behauptete Hammacher. »Auf der ganzen Linie herrscht jetzt in allen Staaten Europas dieselbe Krisis der Überproduktion, die nur gehoben werden kann durch eine Besserung der Konsumptionsfähigkeit der Bewohner der europäischen Staaten«, wie er einsichtig konzedierte, vor allem aber »durch die Eröffnung neuer Absatzgebiete«. »Wer bei diesem Kampf der Kräftigste ist und am kräftigsten eintritt, der wird die Zukunft seines Landes am besten und vollkommensten sicher stellen[6].«

Nicht nur Miquel teilte diese Auffassungen Hammachers. Bürgermeister Stephani aus Leipzig, der die Nationalliberalen auch im Reichstag vertrat, hatte schon vorher betont, daß »Deutschland ... notwendig größere Gebiete zum Absatz seiner Fabrikate« brauche. Auch der Abgeordnete Niethammer, der aus seinem Wahlkreis her die Sorgen des sächsischen Industrierevieres kannte, wollte »eine Kolonialpolitik, die geeignet ist, unserer Industrie neue Absatzgebiete zu eröffnen ... mit Freuden begrüßen«. Und der Berliner Abgeordnete Stadtrat Weber, der Vater Max Webers, plädierte dafür, daß in den »ungünstigen Zeiten«, über die sein Parteifreund Robert v. Benda klagte, »dem deutschen Unternehmungsgeist, dem die Heimat zu eng wird, neue Bahnen und Ziele von größter Entwicklungsfähigkeit« gezeigt würden.

Nur der Vorsitzende des »Norddeutschen Lloyds«, H. H. Meier, der sich zögernd von seinen freihändlerischen Ansichten löste, warnte vor übertriebenen Erwartungen, forderte aber auch, daß »Deutschland bei der Hand sein« müsse, »um im Wettkampf der Nationen« vor allem »einen Teil des unermeßlichen Handels«, der sich mit Ostasien entwickeln werde, »zu sichern«. Als dann die Regierung staatliche Subventionen für Dampferlinien anbot, vollzog er die Abkehr von der Freihandelsdoktrin der Hansestädte erstaunlich schnell, ehe er sich für seinen »Lloyd« um diese Beihilfe bewarb[7].

6. Hammacher an Haniel, 30. 5. 1880, 7. 2. 1882, Nl. Hammacher 21; ders., RTA 2625, 11 (9. 12. 1884); RT 6:1:3:1830 f. (14. 3. 1885); Bein, 91; Goldstein, 83. Vgl. allg. Krieger, 398-470; L. O'Boyle, Liberal Political Leadership in Germany, 1867-1884, JMH 28. 1956, 338-52; der Lit. (hier vor allem Block, Matthes, Bussmann) bei Bergsträsser, 285-88. Eine Gesamtdarstellung steht noch aus.

7. Stephani u. Niethammer: Export 3. 653 (8. 11. 1881); Benda: RTA 2621, 67 (18. 5. 1884); Weber: Koburger Zeitung 6. 9. 1884; Meier: RTA 2625, 20 f. (11. 12. 1884), 489 f. (19. 1. 1885): RT 5:4:2:744 f. (14. 6. 1884), vgl. u. Kap. IV/2D.

Mit langsam zerbröckelnder Entschlossenheit verteidigten unterdessen die linksliberalen Gruppen der »Liberalen Vereinigung«, die 1881 46 Abgeordnete besaß, des »Fortschritts«, dem 1881 60 Abgeordnete angehörten, und der aus ihnen hervorgehenden »Deutsch-Freisinnigen Partei« von 1884 mit 67 Abgeordneten trotz der Niederlage von 1879 noch die freihändlerische Politik, wie sie auch in Preußen-Deutschland bis zur Wende von 1879 vorgeherrscht hatte und von diesen Parteien des Handels, des demokratisch-liberalen Kleinbürgertums und mit freihändlerischen Ideen großgewordenen Akademikertums weiter gefordert wurde. Das hinderte Georg v. Bunsen aber nicht daran, ganz wie Fabri und Hübbe-Schleiden die »Veranlassung zu der großen Begeisterung«, mit der die Kolonialexpansion »in beinahe allen Teilen Deutschlands« begrüßt werde, »ohne allen Zweifel in der Hoffnung« zu sehen, daß »ein Absatzgebiet... für die Überproduktion der Industrie« gefunden werde. »Einem solchen Zweck wird ein jeder von uns die wärmste Sympathie entgegentragen.« Ebensosehr wünschte Max Broemel »Ausdehnungen der nationalen Industrie und des nationalen Marktes«, denn, wie ihm sein Fraktionskollege Stiller assistierte, »heute stellen unser Handel und unsere Industrie gebieterischer als jemals die Forderungen nach Hebung der deutschen Arbeit und nach Eröffnung neuer Absatzgebiete für die deutschen Erzeugnisse«. Staatliche Hilfe, bekräftigte Franz Schenk v. Stauffenberg, sei »notwendig« und »zweckmäßig«.

»Die Hoffnung auf Vermehrung und Stärkung überseeischer Handelsverbindungen – das ist dasjenige, was in der ganzen Nation... überall mit großer Sympathie aufgenommen wird«, darin stimmte sogar Ludwig Bamberger mit Bunsen überein. »Das Bedürfnis, für den Industrieexport nach überseeischen Ländern mehr zu sorgen«, sei auch »nicht nur in Deutschland entstanden«, denn andere Länder litten »an derselben Überproduktion wie die deutsche« Industrie. Als der »wahre Kern« der staatlich geförderten Exportbestrebungen erschien auch ihm der Wunsch, »den Export unserer Fabrikate zu vermehren«. Wenn er sicher sein könne, auf diese Weise »unsere deutsche Industrie aus der Verlegenheit herauszubringen, in der sie gegenwärtig ist«, würde er frohen Herzens die Regierungspolitik unterstützen. Mit dem Eingreifen des Staats werde aber keine echte Hilfe geleistet, verteidigte er seine Oppositionshaltung des Laissez faire. »Wir sind in einer höchst interessanten, aber noch zu großen Prüfungen führenden Übergangsepoche der ganzen modernen Industrie mit ihrer gesamten Technik«, beobachtete er ganz richtig. Es sei bekannt, daß deshalb »in der ganzen Welt ein kritischer Zustand in dem Verhältnis zwischen Produktion und Konsumtion... eingetreten ist, dessen Ende noch nicht abzusehen. Wir können ruhig sagen, daß überall ein Zustand der Hypertrophie eingetreten ist«, daß es zwar »an Lust... zum Produzieren wahrlich nicht mangelt, aber an Absatz«. Deshalb müsse man die Wirtschaft sich selbst überlassen, die »großen Prüfungen« keineswegs mit staatlicher Unterstützung abkürzen, den Prozeß der Gesundschrumpfung, an die Bamberger mit der manchesterliberalen Theorie glaubte, abwarten und keine künstlichen Anreize schaffen[8].

---

8. Bunsen: RT 6:1:1:522 f. (10. 1. 1885; der Nl. Bunsen, DZA II, ist unergiebig); Broemel: RTA 2625, 12 (9. 12. 1884); Stiller: ebda., 10; Stauffenberg: RT 6:1:1522 (10. 1. 1885); Bamberger: RT 5:1:2:724 (14. 6. 1884); RTA 2625, 102 (12. 12. 1884, vgl. ebda. 275, 12. 1. 1885); RT 6:1:1:137, 140 (1. 12. 1884); vgl. RTA 2621, 91 (23. 6. 1884); RT 5:4:2:1063–66 (26. 6. 1884); 6:1:3:2022–30 (23. 1. 1885). Vgl. M. v. Hagen, Freisinnige Kolonialpolitik unter Bismarck, Gb 72. 1913/IV, 193–201; ders., Bismarcks parlamentarischer Kampf um die Kolonien, Das Neue Deutschland 1. 1912/13, 400–3; ders., Staatsstreichgedanken Bismarcks bei den parlamentarischen Kämpfen um die Kolonien, PJ 153.

Das leitete zu der Polemik gegen den Interventionsstaat und das Schutzzollsystem über, als dessen »notwendige Konsequenz« auch Theodor Barth und Max Broemel nicht nur die deutsche, sondern die »durch unsere Zollpolitik mitveranlaßte« »internationale Überproduktion« hinstellten, die den »gegenwärtigen Kriegszustand« der internationalen Wirtschaftsbeziehungen verursacht habe. Wenn aber Eugen Richter, der langjährige Führer der »Deutschen Fortschrittspartei« von der »stagnierenden Volkswirtschaft«, von der »Depression unseres Wirtschaftslebens im Inland«, dem »Herabgehen des Zinsfußes« und »der Gefahr der Abwanderung des Kapitals in das Ausland« sprach, dann führte er die Tiefkonjunktur noch unzweideutiger und in erster Linie auf die »fortgesetzte Beunruhigung von Handel und Gewerbe« durch die schutzzöllnerische Wirtschaftspolitik Bismarcks zurück, die es der Wirtschaft verwehre, wieder zu einer harmonischen Aufwärtsentwicklung gemäß ihren immanenten Gesetzen zurückzufinden. Staatliche Exportförderung und Kolonialerwerb attackierte Richter rücksichtslos als neue Varianten des Bismarckschen Protektionismus, die gleichfalls keine Erleichterung verschaffen könnten, während Rudolf Virchow die sozialimperialistische Tendenz durchschaute, als er gegen die Neigung polemisierte, »gerade in der Kolonialpolitik eine Art von Blitzableiter zu sehen, der die bösen elektrischen Entladungen nach außen führt«[9].

Nicht minder deutlich als der freisinnige Berliner Pathologe erklärte auch der hochkonservative Welfe Heinrich Freiherr v. Langwerth-Simmern, »daß wir allerdings mannigfache überschäumende Kräfte in Deutschland haben, die ... eines Abflusses nach fernen Weltteilen bedürfen«. Langwerth dachte dabei auch an »die große Gefahr von seiten der katilinarischen Existenzen«, deren »Abzug ... nach fernen Weltteilen von größtem Segen sein wird«. »In einer Kolonialpolitik« sah er daher »ein Heilmittel gegen die sozialen Gefahren«. Hugo Zorn v. Bulach und Charles Grad von der elsaß-lothringischen Protestpartei, die vom Widerstand gegen die Annexion des »Reichslandes« lebte, erblickten wiederum deshalb in ihr »eine vollständige Notwendigkeit«, da Deutschland, das »immer neue Absatzgebiete« brauche, gerade

---

1913, 121-24. Über Bamberger: Böhme, Großmacht, 313 f.; NDB I, 572-74 (mit der Lit.: Bussmann, Kelsch, Oncken, Hartwig). Allg. über den Linksliberalismus u. z. T. recht instruktiv: G. Seeber, Zwischen Bebel u. Bismarck. Zur Geschichte des Linksliberalismus in Deutschland, 1871-93, Berlin 1965 (dort die gesamte Lit.). Einige Nachlässe liberaler Politiker enthalten zu unseren Fragen nichts: R. v. Delbrück, v. Forckenbeck, v. Gneist, Wehrenpfennig, alle DZA II.

9. Barth: RT 6:2:1:670 (20. 1. 1886, der Nl. Barth, DZA II, ist hierzu unergiebig); Broemel: RT 6:2:2:680 f., 684 (21. 1. 1886); Richter: RT 1:1:147 (1. 12. 1884); 6:1:3:1811 f. (14. 3. 1885); 5:4:2: 1072 f. (26. 6. 1884); ebda. 7388-43 (14. 6. 1884); RTA 2625, 116-29 (15. 12. 1884). Über Richter: H. Röttger, Bismarck u. E. Richter im Reichstage 1879-90, phil. Diss. Münster, Bochum 1932, 13-74; M. Harden, E. Richter: in: ders., Köpfe, Berlin 1911³⁸, I, 213-45; die Lit. über Richter (vor allem Rachfahl, Delbrück, Rohfleisch) bei Seeber. – Virchow: RT 6:1:3:1860 (16. 3. 1885). – Für die liberale Süddeutsche »Volkspartei« G. Haerle (RT 6:1:3:1762, 12. 3. 1885). Vgl. auch die Auffassung des liberalen mecklenburgischen Bundesratsdelegierten K. Oldenburg (98, 101), daß die Depression »in erster Linie durch die heimische Überproduktion hervorgerufen« sei und vor allem die »Großindustrie ... infolge der immensen Überproduktion schwer darniederliegt« und einen »Heilprozeß« durchlaufen müsse. Ebenso die steten Klagen des liberalen badischen Freiherrn F. v. Roggenbach (J. Heyderhoff Hg., Im Ring der Gegner Bismarcks, 1865-96, Leipzig 1943, 122, 196, 199, 212 f., 142, 144) über den »schrecklichen Ernst der wirtschaftlichen und sozialen Notlage«, und die »unleugbaren, drückenden Notstände«. Der Verzicht auf die Freihandelspolitik könne diesem »Zustande der wirtschaftlichen Erschöpfung ... der fast ohne Beispiel ist und leider noch lange ohne Ende ist«, nicht abhelfen. Bismarcks Wirtschaftspolitik »erschüttere« das Erwerbsleben, das deshalb »in fortwährendem Rückgang bleibt«; genauso F. Kapp, Briefe.

»außerhalb Deutschlands und Europas« »dringend... neue Absatzquellen« benötige[10].

Unmittelbar an die Anschauungen Langwerths, jedoch mit kritischer Spitze, schloß sich der Sozialdemokrat Wilhelm Liebknecht an. Das »Wettrennen nach Kolonien«, die der »Überproduktion... steuern« sollten, zeige die bürgerliche Gesellschaft »am Ende ihres Lateins. Weil man im Inneren die Waren nicht los werden kann, will man nach außen hin sich Märkte verschaffen.« Zugleich versuche man »einfach, die soziale Frage« zu »exportieren«. Dagegen verfocht Liebknecht die Überzeugung, daß nur »im Lande selbst... die soziale Frage gelöst werden« könne, »niemals durch Kolonialpolitik in der Ferne«. »Wir wollen nicht«, wiederholte er, »daß die soziale Frage nach Afrika exportiert und deportiert werde, wir wollen nicht, daß die Blicke des Volkes von den wahren Schäden und deren Ursachen abgelenkt werden, indem man ihm eine Fata Morgana vorgaukelt. Man wolle das Volk glauben machen, es könne sich aus der Misere der Wirtschaftslage erheben, »wenn es das auf jenen Sandwüsten sich emporhebende Trugbild erreicht«. Dagegen unterstrich Liebknecht, »daß die wirtschaftlichen Schäden unmöglich durch die Kolonialpolitik geheilt werden können, ... daß die soziale Frage ihre Lösung im Inneren des Staats- und Gesellschaftsorganismus finden muß, ... daß die Übel der sogenannten Überproduktion... in unserer wirtschaftlichen Anarchie ihren Ursprung haben«. Man wird schwerlich bestreiten können, daß Liebknecht die Hoffnung, die v. Weber, Hübbe-Schleiden, Fabri und ihre Epigonen, die zahlreiche Männer der Wirtschaft und Politik mit der wirtschaftlichen und kolonialen Expansion verbanden und immer wieder unmißverständlich ausgesprochen hatten, durchschaut und eine große Alternative umrissen hat. Auch später hat Liebknecht noch mehrfach betont, daß der Binnenmarkt das wahre Hauptabsatzgebiet moderner Industrieländer sei, eine »wirkliche, nützliche Kolonialpolitik« solle man daher in Deutschland betreiben. Und Georg v. Vollmar durchschaute ganz genauso die sozialimperialistische Tendenz der deutschen Expansion, als er deren eigentliches Ziel darin erkannte, »das Interesse und die Aufmerksamkeit von dringenden Bedürfnissen unseres Volkes, von Verfassungs-, Freiheits-, politischen und sozialökonomischen Reformbestrebungen« abzulenken. Die Einsicht dieser frühen Kritiker und die sozialreformerisch-verfassungspolitische Gegenposition, die sie bezogen, verdient um so mehr Respekt und Anerkennung, als sie gegen eine große Mehrheit verteidigt werden mußte. Die Zukunft aber hat schon bald die Berechtigung dieser kritischen Alternative bestätigt[11].

In der sozialdemokratischen Fraktion, die seit 1884 24 Abgeordnete zählte, dachte die Mehrheit, die staatssozialistischen Anschauungen keineswegs feindlich gegenüberstand, in der Mitte der 1880er Jahre jedoch anders. Als ihr Repräsentant ging Johann H. W. Dietz davon aus, daß »zugestandenermaßen sich bereits auf allen Gebieten eine Überproduktion« zeige. Hier müsse »der Staat organisieren und heilend eingreifen«. »Auch Deutschland hat, gleich England und Frankreich die Pflicht, der

10. Langwerth: RT 6:1:1521 f. (10. 1. 1885); 6:1:3:1810 (13. 3. 1885); Bulach: RT 6:1:3:1849 f. (16. 3. 1885); Grad: RT 6:1:1:132 (1. 12. 1884).
11. Liebknecht: RT 6:1:3:1540 f. (4. 3. 1885); 6:2:1:46 f. (24. 11. 1885). Ähnlich Hasenclever (6:1:2:743 f., 20. 1. 1885), er befürchte, daß durch die Kolonialpolitik die Lösung der Arbeiterfrage im eigenen Lande« vernachlässigt werde. – Liebknecht RT 7:4:1:38, 28. 11. 1888; 8:2:1:76, 1. 12. 1892, ebenso Hasenclever (6:1:2:744, 20. 1. 1885) u. Bebel (9:2:1:104, 27. 11. 1893). Vollmar: 8:1:1: 43 f., 12. 5. 1890. Vgl. hierzu die vorzügliche u. erstmals die 1870er u. 1880er Jahre eingehend u. von breiter Quellenbasis aus behandelnde Arbeit von Schröder, 104–81. Dort, bei Bergstrasser (292–301) u Wehler, Sozialdemokratie u. Nationalstaat, Würzburg 1962, 221–73 die Lit.

deutschen Industrie neue Absatzgebiete zu eröffnen«. Auch Dietz glaubte, daß Hammachers Bild »von dem überheizten Dampfkessel« zutreffe. »Das Bohren von Ventilen sei« daher »notwendig, um das Platzen zu verhüten«, erklärte der Vertreter einer Partei, die sich in sozialrevolutionärer Rhetorik erging. Staatliche Exporthilfe »sei ein solches Ventil, und er wolle seine Mitwirkung, die hohe Dampfspannung zu beseitigen, nicht versagen«. »Ein vorzeitiges Platzen«, entschuldigte sich der wackere Sozialdemokrat vor einer Reichstagskommission für seine unerwartete Hilfsbereitschaft, »sei zu vergleichen mit dem Pflücken einer unreifen Frucht, er wünsche die Frucht vollsaftig reif zu genießen«. Auch vor dem Forum des Reichstags bedauerte Dietz, daß »die Überproduktion ... in wahrhaft erschreckender Weise zugenommen« habe und »daß wir genötigt sind, irgend etwas zu tun«. »Jede verständige Regierung hat dafür zu sorgen«, bestätigte er der Regierung Bismarck, »daß neue Absatzgebiete eröffnet, daß die nötigen Kanäle geschaffen werden«.

Über dieser Frage, ob die Sozialdemokratie die staatliche Exportsubventionierung billigen solle, kam es fast zur Spaltung der »Sozialistischen Arbeiterpartei«. Und August Bebel gestand der Reichstagskommission, die diese Probleme beriet, ganz offen, daß er sich in seiner Fraktion mit seiner ablehnenden Haltung in der Minderheit befinde. Aber auch Bebel selber, der die Metapher vom »überheizten, gespannten Dampfkessel« gern übernahm und verkündete, nichts könne verhindern, daß »der Kessel platze«, führte dann doch den Druck dieses Kessels auf die »verkehrte Zollpolitik« zurück! »Es ist wünschenswert«, gestand auch er, »daß der Absatz vermehrt und verbesserte Verkehrsverbindungen hergestellt werden«. Eine Subvention sei freilich seines Erachtens überflüssig, »gerade weil er eine so hohe Meinung von der Kolonisationsfähigkeit der Deutschen habe«. Wie so oft in diesen Jahren setzte sich mangels eindeutiger politischer Anweisungen von Marx und Engels für den Tageskampf einer parlamentarischen Partei in dem Verbalprotest der Sozialdemokratie gegen den autoritären Obrigkeitsstaat auch bei Bebel, wie sein zwiespältiges Schwanken zeigt, die liberal-freihändlerische Tradition, die mit dem liberaldemokratischen Erbe seit 1848 in die deutsche Arbeiterbewegung eingedrungen war, kräftig durch. Bebel eröffnete aber auch Karl Kautsky während der zweiten Depression, wie sehr er sich »freue«, daß »alles sich zu einem großen Weltkladderadatsch zusammenzieht«, und meldete Friedrich Engels als »außerordentlich günstig«: »Wir kommen aus der Überproduktion nicht mehr heraus«[12].

Nichts wäre jedenfalls irriger, als anzunehmen, nur die deutschen Sozialdemokraten hätten im Sinne der Marxschen Krisen- und Gesellschaftstheorie Überproduktion und soziale Revolution in ihrer Analyse der Depressionszeit zusammengesehen. Vielmehr fügten sie sich in einen umfassenden bürgerlichen Konsensus ein, und an Vehemenz der Kritik nahmen es öfters die linksliberalen Politiker mit Liebknecht und Bebel durchaus auf.

12. Dietz: RTA 2625, 89–91 (12. 12. 1884); RT 6:1:3:1846 (16. 3. 1885); ebenso: RT 6:1:3:1773 (12. 3. 1885; RTA 2625, 31 f. (11. 12. 1884); auch Hasenclever RT 6:1:3:1777 (2. 3. 1885) u. schon 5:2:1303 f., 5. 2. 1883. Bebel: RTA 2625, 31 f. (11. 12. 1884); Bebel an Kautsky, 14. 3. 1886, Nl. Kautsky, D III/14, Internationales Institut für Sozialgeschichte, Amsterdam; ders. an Engels, 9. 3. 1886, Briefwechsel, 262. Vgl. 19. 9. 1885, ebda., 237: »Unsere wirtschaftlichen Zustände verschlechtern sich trotz aller kolonialpolitischen Unternehmungen zusehends. Vorausgesetzt, daß diese Arznei dem Patienten überhaupt helfen könnte, würde sie erst zu wirken anfangen, wenn der Patient kaputt ist.« S. auch Eugen Richters Feststellung (RT 6:1:2:747, 20. 1. 1885), das Kolonialfieber habe die Sozialdemokratie »in ganz bedenklicher Weise« ergriffen. Dazu Schröder, 123, 152, sowie u. Kap. IV/2D.

Der deutsche Reichstag der 1870er und 1880er Jahre stand freilich, worüber die Leidenschaftlichkeit seiner Debatten nicht hinwegzutäuschen vermag, in der Pyramide der Machtfaktoren unstreitig unter der von ihm ziemlich unabhängigen Reichsleitung unter Bismarck und seinem Exekutivorgan: der preußisch-deutschen Ministerialbürokratie. Gerade das autoritäre Regiment Bismarcks hat ja die Traditionen, die Deutschland zu einem Beamtenstaat gemacht haben, nicht nur erneut befestigt, sondern durch die preußischen Ministerien und die neuen Reichsbehörden den Einfluß der Bürokratie auf den politischen Entscheidungsprozeß sogar noch gesteigert. Das Selbstbewußtsein der freihändlerisch gesinnten Bürokratie, die im Grunde seit den 1820er Jahren die preußische Handelspolitik mit unleugbarem Erfolg bestimmt hatte, wurde indessen auch von der konservativen Beamtenschaft, die die Bismarck-Puttkamersche Personalpolitik seit 1876 dem kleindeutschen Reich als böse Last mit auf den Weg gab, schwerlich übertroffen.

Mit der falschen Geduld und vorschnellen Resignation, zu der der Glaube an die letztlich alles glücklich ordnende, »unsichtbar leitende Hand« der Smithschen Theorie die Anhänger des Wirtschaftsliberalismus verführte, konnte Rudolf v. Delbrück zwei Jahre nach Beginn der Depressionszeit 1873 vor dem Reichstag sein Credo wiederholen: »Wenn in Handel und Verkehr ... gegenwärtig eine der Stagnationen stattfindet, wie sie im Laufe der Zeit periodisch wiederkehren, so liegt es bisher nicht in der Macht der Regierungen, diesem Übelstande abzuhelfen, der sich in anderen Ländern in gleicher Weise wie in Deutschland fühlbar macht.« Ebenso selbstsicher und ungerührt konstatierte der liberale preußische Finanzminister Otto v. Camphausen bei der Eröffnung des Landtags nur den Druck, der »auf vielen Zweigen des Handels und der Industrie lastet«. Als Staatsminister Karl v. Hofmann 1876 Delbrücks Amt übernommen hatte und vor den Reichstag trat, wiederholte er fast gleichlautend diese Feststellungen. »Eine unmittelbare und durchgreifende Abhilfe liegt bei der Allgemeinheit der obwaltenden Übelstände und nach der Natur derselben nicht in der Macht eines einzelnen Landes«, beteuerte er, jedoch wies der Zusatz, es werde »die Aufgabe der deutschen Handelspolitik« sein, »von der heimischen Industrie Benachteiligungen abzuwenden«, auf den sich anbahnenden Verzicht auf passives Abwarten hin[13].

Während der nun folgenden verschärften Auseinandersetzung zwischen Freihandel und Protektionismus dachten selbst liberale Minister bald zur Erklärung der Depression in Kategorien, die dem Manchesterliberalismus bislang als schlechterdings falsch gegolten hatten. Camphausen räumte schon im Oktober 1876 auf einer Kronratssitzung ein, daß der »Grund der Krankheit« vor allem »der Eisenindustrie« in der während der Hochkonjunktur »erfolgten Vermehrung und Erweiterung der Produktionsanstalten« zu suchen sei, »deren Warenerzeugung den Bedarf weitaus überschritten habe und noch überschreite«. Damit erkannte er wider die klassische Theorie ein dauerhaftes Ungleichgewicht an, gegen das er als einziges »Rettungsmittel aus dieser traurigen Lage die Beschränkung der Produktion« forderte. Deutschlands Nachbarn würden sich auch »kaum« dem deutschen Export weiter öffnen, wurde gegen Handelsminister Heinrich v. Achenbach geltend gemacht, da »überall Überproduktion« in Europa herrsche.

Das bestätigten auch die Berichte der Regierungspräsidenten aus den Industrie-

---

13. RB 6, 290 (Reichtstagseröffnung durch Delbrück, 27. 10. 1875); 6, 243 (Camphausen, 16. 1. 1875, ebenso 16. 1. 1876, ebda., 359); 6, 445 (Hofmann, 31. 10. 1876). – Zuletzt über den Reichstag: J. J. Sheehan, Political Leadership in the German Reichstag, 1871–1918, AHR 74. 1968, 511–28

revieren des Reiches. Aus Düsseldorf klagte Karl Hermann Bitter, seit 1879 der Nachfolger Camphausens im Finanzministerium, daß es im Ruhrgebiet »keine Anzeichen der Besserung«, wohl aber »viel Unzufriedenheit« gebe, über die das Präsidium Oppeln aus Schlesien als Folge »mangelnden Absatzes« »schlechter Preise« und »Überproduktion« gleichfalls zu berichten hatte. »Leider dauert die gedrückte Lage, in welcher Handel und Verkehr« sich in den letzten Jahren befunden hätten, »bei uns wie in anderen Ländern weiter fort«, hieß es daher 1877 in der Thronrede des Kaisers, und auch Camphausen gestand noch einmal, – ehe Bismarck ihn fallen ließ –, die »Schwierigkeiten« ein, die dem »deutschen Gewerbefleiß ... bei der leider noch immer fortdauernden ungünstigen Lage der allgemeinen Verkehrsverhältnisse« als »lästig erscheinen« müßten[14].

Gegen diese lästigen Schwierigkeiten errichtete die Regierung Bismarck in engster Zusammenarbeit mit den Interessenverbänden zuerst das Protektionssystem von 1879. In der unmittelbaren Umgebung Bismarcks hatte Tiedemann als Chef der Reichskanzlei unermüdlich für eine aktive Staatspolitik zugunsten der Industrie gewirkt. »Das Gleichgewicht zwischen Produktion und Nachfrage ist ganz gestört«, darin erkannte auch er seit 1876 die Ursache »der gegenwärtigen ungünstigen Lage der Industrie«. Die Konjunkturentwicklung vor 1873 habe »die Grenzen des Konsums ... verkannt« und »schließlich zu einer Überproduktion« geführt. Da der ehemalige Freikonservative Tiedemann besonders an der Montanindustrie interessiert war, unterstrich er, daß »die Überproduktion in der gesamten Eisenindustrie« einen »erbitterten Wettkampf auf Leben und Tod erzeugt« habe. Auch die »lange Dauer der Krisis« führte er auf das »übermäßig starke Anwachsen der Produktion« zurück. Seine Denkschriften trugen das Ihre dazu bei, daß die deutsche Großindustrie zwei Jahre nach der Aufhebung der letzten Eisenzölle wieder eine Zollmauer um den deutschen Binnenmarkt erhielt. »Alle Gedanken« werden »bei uns ... einzig und allein von der Wirtschaftspolitik eingenommen und beherrscht«, stellte Staatssekretär Heinrich v. Friedberg aus dem Reichsjustizamt 1879 fest. »Hatten jene wirtschaftlichen Fragen auch schon lange ... einen breiten Raum eingenommen«, so seien sie doch jetzt »vollends zur Alleinherrschaft« gelangt[15].

Mit diesem Urteil hätte sich der Reichskanzler trotz der Energie und Zeit, die er in den vorhergehenden Jahren auf die Wirtschaftspolitik verwendet hatte, schwerlich einverstanden erklärt. Indes welche Bedeutung er auch weiterhin diesen Fragen beimaß, läßt sich daraus ermessen, daß er nach dem großen Ministerrevirement von 1878/79 schließlich im September 1880 all seinen Staatsämtern noch das Preußische Handelsministerium hinzufügte. Mit dem neuen Arbeitsbereich nahm er es überaus genau, so daß Staatsminister Karl Heinrich v. Boetticher, der ebenfalls seit 1880 als Staatssekretär des Reichsamts des Inneren tätig war, aber praktisch auch das Handelsministerium führte, nach Bismarcks strikten Anweisungen wirkte. Boetticher, von dem übrigens seit 1882 bekannt war, daß er Handelskolonien nach freihändlerischem

---

14. Böhme, Großmacht, 431, 423, 426; vgl. Sonnemann, 64; RB 7, 14 (Wilhelm I., 22. 2. 1877, vgl. ders. ebenso, 28. 10. 1879, RB 8, 160); 7, 79 (Camphausen, 6. 2. 1878, vgl. ders. ebenso, 21. 10. 1877, ebda, 204).
15. Tiedemann, 58 f., 63, 70 f., 76. Vgl. über T.: Böhme, Großmacht, 445 f.; O. Brandt, Tiedemann, in: Deutscher Aufstieg, 233–42; Friedberg an Kronprinz Friedrich, 4. 5. 1879, Nl. Richthofen, 1, PA; vgl. NDB 5, 444 f. – Die Nachlässe einiger Diplomaten enthalten zu unseren Fragen nichts: K. v. Eisendecher, PA; P. v. Eulenburg-Hertefeld, BA; R. v. Keudell, DZA II; J. M. v. Radowitz, ebda.; K. v. Schloezer, PA; L. v. Schweinitz, DZA I; ebensowenig der Nl. Moritz Busch, DZA II.

Vorbild befürwortete, fiel es daher auch zu, die staatliche Hilfe für die deutsche Wirtschaftsexpansion vor dem Reichstag zu vertreten.

»Das Bedürfnis« für eine solche Unterstützung, lautete sein Hauptargument, entspringe »der Rücksicht auf die wirtschaftliche Lage der deutschen Industrie«. Da »man dem wachsenden Gewerbefleiß Deutschlands keinen Hemmschuh anlegen« könne, entstehe »das Bedürfnis, den Erzeugnissen dieses Gewerbefleißes neue Absatzquellen zu eröffnen«. Diese »Ausbreitung des Absatzgebietes der deutschen Produkte« sei für die Regierung am »Wesentlichsten«, wenn sie Handel und Industrie »im Wettbewerb mit dem Ausland« beistehe. Er komme aus Delbrücks streng freihändlerischer »Schule«, versicherte Boetticher, aber »unter den gegenwärtigen Verhältnissen« hätte »der Minister Delbrück« dieselbe Politik auch befürwortet. Mit staatlicher Hilfe wollte Boetticher, wie er 1889 dem »Zentralverband Deutscher Industrieller« versicherte, »die deutsche Arbeit... bis zum Ziele« unterstützen: »Deutschland soll der erste Industriestaat der Welt werden[16].«

Neben Boetticher mußte vor allem auch der Generalpostmeister und Staatssekretär des Reichspostamts, Heinrich v. Stephan, diese Politik dem Parlament erläutern. Stephan hatte schon 1878 die Forderung des befreundeten Mevissen nach einer zielbewußten staatlichen Konjunkturpolitik als »goldene Worte« bezeichnet. Da Stephan einen gewaltigen Bereich des Nachrichtenwesens mit unbestreitbarem Erfolg in staatliche Regie genommen hatte, konnte er in dem Übergang zur Wirtschaftspolitik des Interventionsstaats seit 1879 die bewährten Prinzipien seiner Behörde erkennen. Staatshilfe für den Export verspreche »eine mächtige Förderung der deutschen Verhältnisse«, erklärte er. Angesichts der Konkurrenz gelte es, »einen Anteil zu gewinnen an dem Handel und Verkehr« mit den überseeischen Ländern, nicht aber »anderen gewissermaßen das Praevenire zu lassen«. »Wer sich jetzt nicht rührt, hat das Nachsehen«, mahnte Stephan, wenn »in dem jetzigen Jahrzehnt die kommerzielle Welt... weggegeben wird«. Der Regierung gehe es daher um den »allgemeinen und nationalen Gesichtspunkt«: »die Erweiterung des Absatzmarkts, die Steigerung des Werts der einheimischen Produktion, die Förderung des Exports«[17].

Als Staatssekretär Franz Burchard vom Reichsschatzamt im Januar 1886 vor dem Reichstag ein Resümee der Regierungsbemühungen zog, betonte er, daß »jede starke Industrie« das »Bestreben« habe, »sich auszudehnen, und wenn sie den inländischen Markt versorgt hat, ist sie natürlich darauf angewiesen, die Mehrproduktion in das Ausland zu exportieren«. Noch immer sei es »anzuerkennen«, räumte Burchard ein, »daß viele Industrie- und Erwerbszweige bei uns in gedrückter Lage sind... infolge der Überproduktion« und der durch sie bedingten »niedrigen Preise«. Die »Überproduktion« aber hielt Burchard für eine »Folge des Erstarkens unserer Industrie, und die Regierung ist mit allen Mitteln bemüht gewesen, der Industrie, nachdem sie so erstarkt war, die Wege zu ebnen, daß sie mit ihrem Export Absatz im Ausland finde«[18].

16. H. H. Borchard, 50 Jahre Preußisches Ministerium für Handel u. Gewerbe, 1879–1929, Berlin 1929, 25–37; Boetticher: H. v. Bismarck, Aufzeichnungen, 68, Nl. Bismarck; Holstein, II, 18 f. (11. 4. 1882); RTA 2625, 53 f. (12. 12. 1884), vgl. 33 (11. 12. 1884), 190 f. (16. 12. 1884); NDB 2, 413 f.; Bueck, I, 241, vgl. Kaelble, 148.

17. Hansen, I, 811; Stephan: RTA 2625, 26 f. (11. 12. 1884), vgl. 492 (19. 1. 1885); RT 5:4:2:722 f. (14. 6. 1884, vgl. ebenso 737). Vgl. M. Bartholdy, Der Generalpostmeister H. v. Stephan, Berlin 1938, 164–66; O. Grosse, Stephan, Berlin 1931, 219–33; K. Techentin, H. v. Stephan, Leipzig 1899, 102–8; E. Krickeberg, H. v. Stephan, Dresden 1897, 181–85.

18. Burchard: RT 6:2:1:674 f. (20. 1. 1886), ebenso: 6:2:2:685 f. (21. 1. 1886); NDB 3, 31; Kritik des Freisinns: ebda., 680–84, u. RT 6:2:1:670 f. (Broemel u. Barth, 20., 21. 1. 1886).

Diese Beteuerungen wurden Burchard nicht bestritten, denn mochten auch freisinnige Kritiker in diesen Bemühungen der Reichsregierung die Quelle des anhaltenden Übels entdecken, so konnte ja gerade ihre Polemik die Wirkungen des staatlichen Förderungsprogramms nicht leugnen. Daß es mit so anhaltender Zähigkeit verfolgt wurde, wäre ohne die Unterstützung, die ihm der Reichskanzler aus Einsicht in ihre Bedeutung lieh, schwerlich möglich gewesen. Denn Bismarck hatte unter dem Druck der Wachstumsstörungen seit 1876 begonnen, auch die Weichen der deutschen Wirtschaftspolitik selber zu stellen.

7. BISMARCK

»Auf den ersten Blick«, hat Ranke einmal geschrieben, biete »der Fortschritt einer angefangenen Entwicklung den Anblick des Unabänderlichen dar. Tritt man aber näher, so zeigt sich nicht selten, daß das Grundverhältnis... fast persönlich« sei. Auch eine Darstellung, die sich an einer Trendperiode des wirtschaftlichen Wachstums orientiert, kann die Bedeutung, die das persönliche Element in eben dieser Zeit in der Persönlichkeit und Machtstellung Otto v. Bismarcks gewonnen hatte, nicht nur beiläufig zugestehen. Denn Bismarck übte, wie ein der Bismarckfeindschaft so unverdächtiger Historiker wie Friedrich Meinecke unumwunden gesagt hat, »im neuen Reich eine Art von Diktatur aus«[1].

Diese einsame Sonderstellung Bismarcks an der Spitze der preußisch-deutschen Machthierarchie ist nach der Reichsgründung bis hin zum Ende der 1880er Jahre von Freund und Feind gelobt oder kritisiert, immer aber als unbestreitbare Grundtatsache des deutschen politischen Lebens anerkannt worden. Es ist verständlich, daß namentlich die Vorwürfe der geschlagenen Liberalen seit 1879 bitterer denn je ausfielen. Der badische Freiherr v. Roggenbach, der den »allmächtigen Gewalthaber« – den auch sein Landesherr Großherzog Friedrich I. den »Usurpator« nannte – mit der einseitigen Scharfsichtigkeit des Enttäuschten seit langem kritisierte, schrieb jetzt an Bamberger, daß »sich die tatkräftige Tyrannis, die wir im Interesse der Reichsbildung heran haben wachsen lassen, in eine Gewaltherrschaft frivoler und grillenhafer Einfälle eines vom lebendigen Verkehr mit den allgemeinen Volksinteressen losgelösten, allmächtig gewordenen Landjunkers verwandt hat«. Dagegen nahmen sich Richters und Laskers wiederholte Vorwürfe gegen die Bismarcksche »Kanzlerdiktatur« und das »autokratische Element ... in der Form des Scheinkonstitutionalismus« noch vergleichsweise zurückhaltend aus.

»Für Bismarck gibt es überhaupt nur eine Regierungsform: das ist er allein«, spottete der nach anfänglicher Begeisterung bitter enttäuschte Linksliberale Friedrich Kapp gegenüber seinem Studienfreund Eduard Cohen, Bismarcks Hamburger Hausarzt. Deshalb brauche er auch im Parlament nur »eine Eunuchenmehrheit, die das Maul nicht auftun darf«. »Ihm ist jeder unabhängige Charakter ein Greuel, als ein

---

1. L. v. Ranke, Die römischen Päpste in den letzten vier Jh., in: ders., Sämtliche Werke (= SW) 38. 1874, 345; F. Meinecke, Reich u. Nation von 1871–1914, in: ders., Staat u. Persönlichkeit, Berlin 1933, 167. Vgl. H. Hefter, Die Kanzlerdiktatur Bismarcks, Abhandlungen der Braunschweig. Wissenschaftl. Gesell. 1962, 14/1, 73–89. Die »Steuerreformer« hatten übrigens im Febr. 1876 eine »Art Diktatur« gefordert: Böhme, Großmacht, 574. Ausführlicher Kap. VI/2B.

durch und durch gewalttätiger Mensch muß er seinen Willen durchsetzen.« »Unter der Herrschaft dieses Jupiter«, notierte sich der liberale Bundesratsdelegierte Karl Oldenburg, gehe alles »in dem angepaßten Takt und leistet stummen Gehorsam. Jede Energie ist lahmgelegt. Niemand wagt, selbständig zu denken ... es beugt sich alles ruhig unter das Joch.« »Der Fürst steht in diesem Augenblick auf dem Höhepunkt seiner Macht«, glaubte 1881 auch der rheinische Unternehmer Mevissen, sein »Absolutismus« – denn Bismarck sei »längst allmächtig« geworden – mache ein Zusammenarbeiten mit ihm »fast unmöglich«[2].

In solchen Äußerungen liberaler Männer wurden die enormen Widerstände, die Bismarck im Verfolg seiner Politik jeweils zu überwinden hatte, fraglos unterschätzt. Aber auch von seinen Anhängern und Mitarbeitern wurde doch unverschnörkelt zugegeben, daß »alles ... ganz allein von Bismarck« abhänge, wie der hochkonservative Botschafter in St. Petersburg, Lothar v. Schweinitz, 1879 in Berlin erkannte. »Nie gab es eine so vollständige Alleinherrschaft«, der eine »so allgemeine Unterwürfigkeit« entspreche. Bismarck sage nicht einmal »wie Louis XIV ›L'État c'est moi‹, sondern ›Moi je suis l'État‹«. In dieser »Eigenart, den Egoismus mit dem Patriotismus vollständig zu verschmelzen«, fand Schweinitz »genau soviel Selbstaufopferung wie Selbstsucht«. In einer Mischung aus feudalaristokratischer Herablassung und verletztem Stolz glaubte Schweinitz, daß »die Diktatur Bismarcks ... in bezug auf die Masse des deutschen Volkes eine erziehende und im ganzen wohltätige Wirkung ausübt, während sie die höheren Schichten der amtlichen Welt erniedrigt«. Wenn »wir nicht ... eine Dynastie hätten, so würde Bismarck eine solche gründen«. »Jede männliche und selbständige Regung wird unterdrückt«, beschwerte sich Hammacher, während sich der Geschäftsführer des »Bergbau«-Vereins trotz der Erfolge der Ruhrindustrie in Berlin nicht verhehlte, daß auf längere Sicht »das Vertrauen auf den allein selig machenden Bismarck« »unsere politische Lethargie« immer »trostloser« werden lasse[3].

2. Heyderhoff Hg., 139 (an Augusta, 10. 2. 1879); Roggenbach an Bamberger, 11. 2. 1879, Nl. Bamberger, 173 (»Ein neues, so schwach fundamentiertes Reich aber«, fuhr Roggenbach fort, »kann überhaupt nicht bestehen, mit einer niemals anders als persönlich leidenschaftlich inspirierten Führung. Es erscheint mir geradezu einfältig, wenn – wo die subjektive Quelle des Übels so manifest ist –, immer von der Unentbehrlichkeit für die auswärtigen Beziehungen des Reiches gefaselt wird.« Übrigens beklagte R. 1886 [9. 12., an Freytag, in: E. Schröder, C. F. v. Stockmar, Essen 1950, 35] sogar »unsere tatenscheue, inaktive Politik, die überhaupt kein Ziel verfolgt als das rein negative der Erhaltung des Friedens, à tout prix«). Vgl. O. Gildemeister an Bamberger, 25. 10. 1882, ebda., 64; auch die Äußerung der englischen Kronprinzessin von 1875: »Sein Wille ist hier Gesetz«, F. Ponsonby Hg., Briefe der Kaiserin Friedrich, Berlin 1929, 148. – Richter: RT 5:4:2:1117 (27. 6. 1884), ders., Im Alten Reichstag, Berlin 1896, II, 54; Lasker: RT 4:4:1:199 (8. 3. 1881); Kapp an Cohen, 23. 8. 1879, 9. 7. 1881, 18. 11. 1883, Slg. Kapp; Oldenburg, 10, 38, 55 (1879–81); Hansen, I, 843; vgl. Seeber, passim. Auch das Urteil vieler rechter Nationalliberaler blieb gespalten, vgl. J. C. Bluntschli (Denkwürdigkeiten, III, Nördlingen 1884, 218): »Es ist in dem antediluvianischen Mann eine seltsame Verbindung von lauterster Offenheit und tiefster Verschlagenheit, von rückhaltloser Wahrhaftigkeit und bewußter Täuschung.«

3. L. v. Schweinitz, Denkwürdigkeiten, Berlin 1927, II, 83 (18. 11. 1879), 270 (April 1884), 307 (Aug. 1885), vgl. 211, 254, 313); ders., Briefwechsel, Berlin 1928, 214 (Mai 1886), sowie mit Schweinitz' Aufzeichnungen das bewegende Urteil E. Richters aus derselben Zeit (RT 6:1:3:1820, 14. 3. 1885). »Es ist unleugbar, und es läßt sich dies psychologisch auch erklären, daß es dem Herrn Reichskanzler nach allen seinen großen Erfolgen immer schwerer fällt, einen Widerspruch anderer richtig zu würdigen, daß er nur zu geneigt ist, das, was er selbst ... für richtig hält, auch als das unzweifelhaft und unfehlbar für die Nation und das Land Richtige zu halten und daß er dadurch immer mehr geneigt wird, seine Absicht mit der Wohlfahrt des Landes gleichzustellen und daß er jeden Widerspruch

Ausländische Diplomaten, die zu Hause häufigen politischen Wechsel gewöhnt waren, teilten diese Auffassungen. Lord Odo Ampthill, der seit den frühen 1870er Jahren mit Bismarck recht eng bekannte britische Botschafter, charakterisierte den Reichskanzler 1882 als »den deutschen Diktator, dessen Macht im Zenith steht«, denn nicht nur in Berlin übe er einen »absoluten Einfluß« aus, sondern auch »in St. Petersburg, Paris und Rom bedeutet sein Wort das Evangelium«. Auch der amerikanische Gesandte John A. Kasson nannte Bismarck 1885 einen »im Prinzip allmächtigen Diktator«, dessen »Prestige ... zur Zeit ohne Vorbild in der europäischen Geschichte ist«. Wie eine echte Freudsche Fehlleistung enthüllte ein Marginal Kaiser Wilhelms I. die wahren Autoritätsverhältnisse in Berlin, als er Bismarck beim großen Ministerwechsel des Sommer 1879 zugestand: »Ihre Untergebenen müssen Ihr Vertrauen besitzen[4]!«

In all diesen Urteilen wurde immer wieder ein Tatbestand deutlich beschrieben: die bonapartistische Diktatur Bismarcks, auf deren Charakter noch eingehender (Kap. VI) einzugehen ist. Von den Entschlüssen dieses Reichskanzlers wurde in der Tat das politische Entscheidungshandeln in Berlin in außergewöhnlich hohem Maße bestimmt. Ohne die zusammenfassende Analyse im Schlußteil vorwegnehmen zu wollen, wird man daher doch an dieser Stelle kurz danach fragen müssen, inwieweit Bismarck sich der wirtschaftlichen Wechsellagen während seiner Regierungszeit bewußt war, wie er ihre gesellschaftlichen Auswirkungen, – insbesondere die von so vielen Zeitgenossen befürchtete drohende Sozialrevolution –, beurteilte und wie er sich zuerst zur überseeischen Ausbreitung Deutschlands einstellte.

Am Anfang von Bismarcks politischer Laufbahn steht 1848 seine Einsicht: »Wir leben in der Zeit der materiellen Interessen«, an ihrem Ende, im Jahr seiner Entlassung, das auf lange Erfahrung gegründete Urteil: »Jeder Staat steht doch schließlich für die Interessen seiner Industrie«; er teilte damit das Urteil von Friedrich Engels aus derselben Zeit: »Alle Regierungen, seien sie noch so selbstherrlich, sind en dernier lieu nur die Vollstrecker der ökonomischen Notwendigkeiten der nationalen Situation. Sie mögen diese Aufgabe in verschiedener Weise – gut, schlecht oder leidlich – besorgen; sie mögen die ökonomische Entwicklung und ihre politischen und juridischen Konsequenzen beschleunigen oder aufhalten, à la longue müssen sie ihr folgen.« In den Jahrzehnten bis 1880 hat Bismarck mehrfach seiner Auffassung Ausdruck verliehen, daß jede Epoche ihre vorrangig bestimmenden Kräfte besitze, zu denen er in seiner Zeit die wirtschaftlichen rechnete. Es war daher im Einklang mit seiner Überzeugung – daß der »Einzelne ... den Strom der Zeit nicht hervorrufen«, die »Geschichte überhaupt nicht machen«, sondern »auf ihrem Strom« das »Staatsschiff« allenfalls klug steuern könne – nur folgerichtig, daß Bismarcks Politik von 1862 bis zur Depression nach 1873 auch aus einer engen Zusammenarbeit mit den

---

gewissermaßen als einen Angriff auf die Einheit der Nation, auf die nationalen Interessen betrachtet.« Vgl. Lucius, 310 (9. 3. 1885). Hammacher an seine Frau, 19. 3. 1882, Nl. Hammacher, 20; Natorp an Hammacher, 7. 7. 1879, ebda., 34.

4. P. Knaplund Hg., Letters from the Berlin Embassy, Washington 1944, 256 (Ampthill an Granville, 11. 3. 1882; auch 18. 12. 1880, 172); E. Fitzmaurice, The Life of Lord Granville, London 1905[5], II, 207; vgl. A. Ramm Hg., Political Correspondence of Mr. Gladstone and Lord Granville, 1876–1886, Oxford 1962, II, 263 (Granville an Gladstone, 20. 9. 1884). – Kasson an Bayard, 30. 4. 1885, in: O. Stolberg-Wernigerode, Deutschland u. die Vereinigten Staaten im Zeitalter Bismarcks, Berlin 1933, 327–33. – GW 6c, 156 (Wilhelms I. Marg., 4. 7. 1879, Vorbemerkung zum Immediatschreiben v. 5. 7. 1879; der Hg. W. Frauendienst fühlte sich bemüßigt, diese Aufzeichnung ausdrücklich als staatsrechtlichen Irrtum zu kennzeichnen).

liberal-freihändlerischen Kräften hervorging, wie sie andererseits seither entschlossen auf die schutzzöllnerische Linie des Solidarprotektionismus einschwenkte⁵.

Daß die Tiefkonjunktur seit 1873 den herkömmlichen Honoratiorenparlamenten den Garaus machte und daß im Zeitalter der Massenproduktion und des Massenkonsums auch die massive Wirtschaftsinteressen vertretenden Massenparteien dank dem allgemeinen Wahlrecht auf das Zentrum der politischen Willensbildung vorrückten, hat Bismarck – wie manche andere Auswirkung der Wirtschaftsentwicklung – auch mit aller Klarheit erkannt. In seiner Politik vor allem mit den Interessenverbänden stellte er sich darauf ein. »Die Gelehrten ohne Gewerbe, ohne Besitz, ohne Handel, ohne Industrie, die von Gehalt, Honoraren und Coupons leben«, schrieb er 1878 dem preußischen Finanzminister Hobrecht, »werden sich im Laufe der Jahre den wirtschaftlichen Forderungen des produzierenden Volkes unterwerfen oder ihre parlamentarischen Sitze räumen müssen.« Die »Parlamentarier ohne produktive Beschäftigung«, notierte er sich in Friedrichsruh, »haben weder Interesse noch Verständnis für die wirtschaftliche Not ihrer produzierenden Wähler«. Bismarck begrüßte durchaus die zunehmende ökonomische Fundierung des Parteiwesens, da dieser Prozeß die Chancen der Manipulierung erhöhte: wirtschaftliche Interessen ließen sich berücksichtigen und politisch dienstbar machen, während national- oder verfassungspolitisch orientierte Parteien in ideologisch-starrer Unzugänglichkeit verharren konnten. Außerdem äußerte sich natürlich auch in Bismarcks Urteil ein gut Teil Verachtung für die »Ideologen«! Als Mitte der 1890er Jahre dieser Prozeß tatsächlich rasch vorangeschritten war, konnte Bismarck zu Recht sein Urteil unterstreichen, daß die »Grundlage für die Formation rein politischer Parteien mehr und mehr verloren« gegangen sei. »Wir werden uns in Zukunft hauptsächlich mit wirtschaftlichen Parteien zu beschäftigen haben.« Er hätte wohl Rudolf v. Gneists Urteil aus derselben Zeit gebilligt, daß »der industriellen Gesellschaft ... die Stabilität der alten« fehle, »deshalb knüpfen sich die sozialen Parteibildungen an die starken Depressionen, welche auf dem Weltmarkt periodisch wiederkehren und größere Klassen der Gesellschaft in zeitweise Notstände versetzen«. Unübersehbar verwandelten sich die Parteien in »Verbände zur Verteidigung materieller Interessen«. Gerade diese Entwicklung hatte der Bismarcksche Interventionsstaat im Kampf mit der Tiefkonjunktur – auch durch seine Experimente mit berufsständischen Körperschaften! – nachhaltig gefördert⁶.

5. GW 15, 28 (1848); GW 9, 59 (5. 7. 1890). »Aber das spürt man doch«, hielt E. Marcks nach seinem ersten Besuch in Friedrichsruh fest (GW 9, 323, 14. 3. 1893): »wirtschaftliche und persönliche Gedanken nehmen den Vordergrund seines stets heiß bewegten Geistes und Fühlens ein, und beide sind politisch angeschaut«. Engels an Danielson, 18. 6. 1892, MEW 38, 365. – Vgl. RB 10, 56; 13, 105, 130; 12, 380; 4, 192.
6. GW 6c, 111 f. (an Hobrecht, 25. 5. 1878); B. an Mittnacht (Herbst 1878), Nl. Bismarck 67; GW 9, 431 (1895); vgl. RB 10, 56 (RT, 15. 3. 1884); Gneist, Rechtsidee, 248. Vorzüglich hierüber Rosenberg, Depression; vgl. Böhme, 502; R. H. Bowen, German Theories of the Corporative State, 1870–1919, N. Y. 1947; K. Marzisch, Die Vertretung der Berufsstände als Problem der Bismarckschen Politik, phil. Diss. Marburg 1934; auch noch immer: E. Lederer, Das ökonomische Element u. die politische Idee im modernen Parteiwesen, ZfP 5. 1912, 535–57. Vgl. H. Delbrück (A. Thimme, H. Delbrück als Kritiker der Wilhelminischen Epoche, Düsseldorf 1955) 1896: »Unsere Parteien ... sind bloß noch Verbände zur Verteidigung materieller Interessen«; R. Stadelmann, Die neue Kurs in Deutschland, Geschichte in Wissenschaft u. Unterricht (= GWU) 4. 1953, 547. So schon 1876 der Freiherr v. Stein an E. Lasker (22. 6., in: J. Heyerhoff u. P. Wentzke, Hg., Deutscher Liberalismus im Zeitalter Bismarcks, II, Bonn 1926, 105 f.): »Die volkswirtschaftlichen Fragen sind es, welche mit großer Wahrscheinlichkeit – weil innerer Notwendigkeit – eine Zersetzung der jetzigen politischen Parteien herbeiführen werden, ja z. T. schon herbeigeführt haben.« Hammacher an seine Frau (28. 5. 1879, Nl.

Ebenso wie Bismarck erfaßte, daß die Transformation der Honoratiorenparteien in »wirtschaftliche Parteien«, der Prinzipienpolitik in Interessenpolitik von den Entwicklungen der neuen Industriewelt unmittelbar abhängig war, neigte er auch dazu, ein geradezu lineares Abhängigkeitsverhältnis zwischen ökonomischen Verhältnissen und politischem Bewußtsein zu unterstellen. Wenn man so will, erschien seiner vielgerühmten realistischen Menschenkenntnis politische Gesinnung als eine Art ideologischer Überbau: änderte man die materielle Lage der Menschen, so veränderte man auch ihr staatsbürgerliches Bewußtsein. Auf diesem Leitgedanken beruhte nicht nur häufig sein historisches Denken, sondern z. B. seine Sozialpolitik und sein Zusammenspiel mit den Interessenverbänden. Zwischen Bismarcks Realismus und Marx' wissenssoziologischer Theorie läßt sich hier ein deutlicher Berührungspunkt feststellen. Noch aus persönlicher Erfahrung heraus hat auch Maximilian Harden über Bismarck geurteilt, daß er »dem ökonomischen Determinismus innerlich viel näher stand als der Pathetiker der marxistischen Kirche«, da er überzeugt gewesen sei, »hinter jedem Glaubensbekenntnis laure ein wirtschaftliches oder soziales Bedürfnis, die Regung eines gesunden Egoismus oder Klassengefühls, gegen die mit Redekünsten doch nichts«, wohl aber mit materiellem Entgegenkommen etwas »auszurichten« sei[7].

Den Verlauf der Depression seit 1873 hat Bismarck von Anbeginn an sorgsam verfolgt. Abgesehen von all den schlechthin unübersehbaren Informationen, die jedem Zeitungsleser – vor allem einem so leidenschaftlichen wie Bismarck – unmittelbar zugänglich waren, abgesehen auch von seiner Verwicklung in »Gründungsaffairen«, hielten ihn amtliche Berichte der Regierungspräsidien und Ministerien auf dem laufenden. Dazu übernahm sein Bankier Gerson v. Bleichröder die Aufgabe, mit den allmonatlichen Kontoauszügen eine mehr oder minder ausführliche konjunkturpolitische Tour d'horizon zu geben, für die er sich seiner vorzüglichen internationalen Geschäftsbeziehungen bediente. Bleichröder setzte Bismarck regelmäßig, sogar aus dem Kuraufenthalt heraus, sowohl über den Stand der deutschen wie der internationalen Konjunkturlage eingehend ins Bild, und es kann bei einem solchen vertrauten Kenner des zeitgenössischen Wirtschaftslebens auch nicht verwundern, daß er mit großer Genauigkeit die Stockungs- und Aufschwungsphasen erkannte und kommentierte. Er durchschaute daher die kurzlebige Erholung seit 1879, er prophezeite genau und rechtzeitig den französischen Bankenkrach von 1882, er erklärte Bismarck ungeschminkt die anhaltende zweite Depression bis 1886. Man kann sich unschwer vorstellen, daß Bismarck, der Bleichröders sachkundiges Urteil zeit seines Lebens außerordentlich schätzte, die zuverlässigen monatlichen Konjunkturdiagnosen

---

Hammacher, 20): »Eine politische Partei (sc. Nationalliberale), die sich hoch in den Wolken nicht um wirtschaftliche Beschwerden des Landes kümmert oder gar standespolitische Verschiedenheiten mit theologischem Übermut behandelt, muß untergehen«; auch Bamberger an Hillebrand, 24. 9. 1880, Nl. Bamberger, 91.

7. Harden, Richter, 237; V. Gitermann, Die geschichtsphilosophischen Anschauungen Bismarcks, ASS 51. 1924, 404–14, 436, 439. Eine Beschäftigung mit dem hier angeschnittenen Problem gemeinsamer Denkweisen, aber auch mit der Frage, wie sich bestimmte Aspekte des Denkens und der Politik Bismarcks mit Marxschen Kategorien erschließen lassen, vermißt man bei H. Rothfels, Bismarck u. Marx, Jahresheft 1959/60 der Heidelberger Akademie der Wissenschaften, Heidelberg 1961, 51–67; unbefriedigend ist M. Fehling, Bismarcks Geschichtskenntnis, Stuttgart 1922. – Natürlich haben auch schon lange vor Marx kluge und realistische Politiker diesen Zusammenhang zwischen gesellschaftlich-ökonomischer Lage und politischem Bewußtsein gekannt und auch auf Begriffe gebracht. Man denke nur an die politische Theorie der amerikanischen »Founding Fathers«, wie sie im »Federalist« hervortritt und von C. A. Beard u. v. a. herausgearbeitet worden ist.

genauso sorgfältig wie seine Kontoauszüge las. Insbesondere, wenn Bleichröder Bismarcks Ansichten entgegenkam, indem er z. B. seit dem November 1875 unmißverständlich forderte, daß »unsere Handelspolitik eine Änderung erfahren« müsse, »wenn nicht die Industrie in Deutschland vollends zugrunde gehen soll«[8].

Wenn Bismarck auch unmittelbar nach dem Empfang dieses Briefes Lucius v. Ballhausen gegenüber erwähnte, er werde sich »in der vorhandenen wirtschaftlichen Kalamität ... vorläufig nicht engagieren«, so hatte es mit dieser Vorläufigkeit bald ein Ende. Dazu bewogen ihn der Stand der andauernden Tiefkonjunktur, die Klagen von Interessenverbänden, die zu ignorieren äußerst untunlich schien, und nach Delbrücks Entlassung der Zwang, selber die Direktiven der Wirtschaftspolitik geben zu müssen. Seit 1876/77, sagte er später, sei ihm »die Not des Landes, das Ausblasen aller Hochöfen, das Zurückgehen des Lebensstandes, der Industrie, der Arbeiter, das Darniederliegen aller Geschäfte äußerlich so nahe« getreten, »daß ich mich um diese Dinge kümmern mußte«. Bismarck verfolgte seitdem zwei Ziele: erst einmal »bei der jetzigen ungünstigen Lage der Industrie« ihr die Konkurrenz zu erleichtern, d. h. den Binnenmarkt gegen den Import der »Überproduktion«, die wie in Deutschland »überall stattfindet«, zu schützen[9].

Daneben – und seit dem Zolltarif von 1879 noch intensiver – strebte er danach, dem Export staatliche Förderung zuteil werden zu lassen. Vorerst stand ihm die defensive Aufgabe im Vordergrund. Wenn man behauptete, »nicht durch Erhöhung der Zölle ..., sondern durch Vermehrung der Ausfuhr« der Industrie helfen zu können, wandte er sich deshalb im September 1876 gegen Camphausens und der meisten Freihändler Krisenrezept, so bleibe doch die Frage offen, ob das »tunlich sei, wenn überall Überproduktion ist«. Deshalb auch unterrichtete er im Oktober 1876 die Verbündeten Regierungen, er sehe »vom Standpunkt des auswärtigen Geschäfts und bei der allgemeinen Überproduktion keine Möglichkeit einer Absatzausdehnung«. Mit dem Glaubensartikel des »Zentralverbandes Deutscher Industrieller«: »daß die deutsche Industrie auf dem deutschen Markt das erste und natürlichste Anrecht besitze und daß sie des Schutzes bedürfe gegen die Konkurrenz solcher Länder«, die »unsere bestehende Produktion überflügeln und schließlich unterdrücken können«, erklärte er sich mit Emphase »einverstanden«[10].

Bis 1879 richtete er also seine Anstrengungen gemäß der Lasalleschen Devise, daß »die Kunst praktischen Erfolgs« darin bestehe, »alle Kraft ... auf den wichtigsten Punkt zu konzentrieren«, in erster Linie auf den nationalwirtschaftlichen Protektionismus. Zugleich vernachlässigte er jedoch den Exportaspekt keineswegs völlig.

8. Vgl. Bleichröder an B., 25. 7. 1873; 27. 7. 1874; 7. 11. 1875 (Zit.), Nl. Bismarck, A. Sch. 21; 25. 10. 1876, ebda. 19; 3. 12. 1878; 18., 30. 1., 3. 12. 1879; 2. 12. 1882; 3. 10. 1886, ebda., 21. Vgl. A. Oppenheim an Bleichröder, 20. 12. 1876 (»das völlige Darniederliegen der Industrie«), 3. 12. 1876, Archiv des Bankhauses Oppenheim, Köln, 27a; Aufz. Ferrys, März 1884, Documents Diplomatiques Français (= DDF) V, 242–44 (Bleichröder über Deutschland »zehn Jahre nach dem Krach von 1873«). Über Bleichröder: Böhme, Großmacht, passim; O. Jöhlinger, Bismarck u. die Juden, Berlin 1921, 91–110; V. Valentin, Foreign Policy and High Finance in the Bismarckian Period, JCEA 5. 1945/46, 165–75; demnächst die Geschichte seines Bankhauses von D. S. Landes u. F. Stern.

9. Lucius, 75 (27. 10. 1875); RB 9, 142 (29. 11. 1881); H. v. B. an Tiedemann, 15. 9. 1876, in: Tiedemann, 53; H. v. Poschinger Hg., Aktenstücke zur Wirtschaftspolitik des Fürsten Bismarck, Berlin 1890, I, 238 (Bericht, 9. 10. 1876, vgl. Votum, 30. 9. 1876, ebda., I, 233); ders. Hg., Stunden bei Bismarck, Wien 1910, 154 (B. an Lüders, 14. 8. 1876).

10. Böhme, Großmacht, 424 (19. u. 9. 10. 1876); GW 14/2, 897 f. (an Günther, 19. 12. 1878); vgl. Tiedemann, 99 (Kronrat 3. 12. 1876); Lucius, 99 (22. 1. 1877: »Nur der Wunsch, die verfahrenen wirtschaftlichen Verhältnisse wieder in die Reihe zu bringen, halte ihn im Amt.«).

Im Herbst 1877 unterstrich er, es sei für die deutsche Industrie dringend notwendig, »ausländische Märkte« stärker »als bisher zugänglich zu machen«. Dem Bundesrat versprach er 1878 die Ankurbelung der deutschen Produktion nicht nur durch die Abschirmung des deutschen Markts, sondern durch die Erleichterung des Exports. Und auch in der bekannten Denkschrift zum Zolltarif vom April 1879 unterstrich er, daß zwar wegen »mannigfaltiger Überproduktion« und der »gegenwärtigen Notlage der deutschen Industrie« Zölle den »deutschen Markt« gegen die »fremde Industrietätigkeit« schützen müßten, aber als Ziel hob er explizit auch hervor, daß erst dadurch »die Exportfähigkeit der deutschen Industrie zu erhalten« sei[11].

Seit 1879 billigte er dem zweiten Ziel: den Förderungsmaßnahmen, die »dem deutschen Exportgeschäft dienen«, die Priorität zu, obwohl der Ausbau des Schutzzollsystems nicht vernachlässigt wurde. Nachdem die Operationsbasis gesichert worden war, wie Clausewitz' Maxime lautete, trat er zum Angriff auf die Außenmärkte an. Als Handelsminister stets über den Konjunkturstand genau unterrichtet, verteidigte er die staatliche Außenhandelsförderung damit, daß »die Spitze unserer Industrie ... die Exportindustrie« sei. Gegen Bambergers wirtschaftsliberalen Fatalismus: »das Kismet ist eben die Überproduktion, es muß ausgestanden und muß abgewartet werden ... der Staat ist hilflos«, wie Bismarck spottete, setzte der Reichskanzler die Überzeugung, daß die »Überproduktion ... gewiß in allen Branchen« herrsche, die Regierung sich aber gerade deshalb bemühe, »unser Vaterland gegen die Folgen dieser Überproduktion nach Möglichkeit zu schützen, indem wir ihm wesentlich den inneren Markt zu wahren suchen«, ihm jedoch vor allem auch »den Absatz im Ausland erkämpfen«. Gegen die anhaltende »Stockung des Absatzes« am Ende der zweiten Depression ließ er den König, in der wie stets von Bismarck sorgfältig redigierten Thronrede von 1886 versprechen, daß die Regierung bestrebt bleiben werde, »dem deutschen Fabrikat im Wettbewerb mit den konkurrierenden Industriestaaten den Vorsprung zu sichern«.

Mit zahlreichen Maßnahmen: seien es vorteilhafte Eisenbahntarife für Exportgüter, Zollvergünstigungen für Waren, die für die Ausfuhr verarbeitet wurden, oder staatlichen Subventionen für Dampferlinien nach aussichtsreichen Märkten, durch den Ausbau des Konsulatswesens und amtliche Beratung des Außenhandels suchte Bismarck diese Zusagen zu erfüllen«. »Unser großer Staatsmann«, lobte der Historiker Karl Biedermann schon 1885 Bismarcks Politik der staatlichen Ausfuhrförderung, »hat es auch verstanden, dem deutschen Unternehmungsgeist neue Wege und neue Märkte jenseits des Ozeans zu erschließen«. »Kein einzelner Mensch«, versicherte ein enger Mitarbeiter Bismarcks, Ludwig Raschdau, der als Konsul und Referent im Auswärtigen Amt tätig war, habe seit dem Ende der 1870er Jahre »mehr« als Bismarck »für die Hebung der deutschen Industrie auf den auswärtigen Märkten getan«. Was man herkömmlicherweise Bismarcks »Kolonialpolitik« genannt hat, umfaßt – wie zu zeigen sein wird – nur einen Ausschnitt aus diesen zielstrebigen konjunkturpolitischen Bemühungen, der deutschen Industrie gesicherte Absatzmärkte zu verschaffen[12].

11. Böhme, Großmacht, 468 (15. 9. 1877); GW 6c, 126; H. v. Poschinger Hg., Fürst Bismarck als Volkswirt, Berlin 1889, I, 168 f. (an den Bundesrat, 12. 11. 1878); RB 8, 9 (Denkschrift 13. 4. 1879), dazu im Reichstag, ebda., 28–31 (2. 5. 1879): da Deutschland »die Ablagerungsstätte aller Überproduktion des Auslandes geworden« sei, befinde es sich »in leidenden Zuständen«, ja in einem »Verblutungsprozeß«. Vgl. GW 6c, 184 (Votum 13. 5. 1880); Lassalle: Wehler, Sozialdemokratie, 30.

12. GW 6c, 212 (an Maybach, 19. 4. 1881); vgl. ebda., 285; H. H. Borchard, Bismarck als preußischer Handelsminister, ZfP 19. 1929/30, 576–80; F. Facius, Wirtschaft u. Staat. Die Entwicklung der

Fragt man nun danach, wie Bismarck den Zusammenhang von Wirtschaftsdepression und Sozialrevolution beurteilt hat, so gilt es zunächst, festzuhalten, daß Bismarck sich natürlich schon in den zehn Jahren vor 1873 immer wieder mit der Bedeutung und den Gefahren der sozialistischen Bewegung beschäftigt hat. Sein Kontakt mit Lassalle, seine staatssozialistischen Interessen, seine schroffe Wendung gegen die Bebel-Liebknechtsche Partei, – besonders nachdem Bebel in einer Solidaritätserklärung den Kommune-Aufstand als »kleines Vorpostengefecht« der herannahenden allgemeinen Revolution begrüßt hatte –, sind hinlänglich bekannt. Hat sich mithin, vor allem seitdem die Pariser Ereignisse »die sozialistischen Bedrohungen des Lebens und des Eigentums« offenkundig gemacht hätten, bei Bismarck geradezu ein »cauchemar des révolutions« – wie Th. Schieder es einprägsam formuliert hat – ausgebildet, wie ja auch breite Schichten des bürgerlichen Deutschlands seit der Krise der 1840er Jahre das »Gespenst des Kommunismus« nicht mehr vergessen konnten[13]?

Unbestreitbar ist zuerst einmal, daß Bismarck nach der Reichsgründung die Probleme, die die sozialistische Bewegung aufwarf, sowohl durch begrenztes Entgegenkommen als auch durch gleichzeitige Repression bewältigen wollte. So konnte er im Herbst 1871 ziemlich unbefangen fordern, »daß man realisiert, was in den sozialistischen Forderungen als berechtigt erscheint und« – wie es sogleich hieß – »in dem Rahmen der gegenwärtigen Staats- und Gesellschaftsordnung verwirklicht werden kann«. Im übrigen sei es zwecklos, nachdem »die sozialistischen Theorien und Postulate bereits so tief und breit in die Massen eingedrungen« seien, »dieselben ignorieren oder die Gefahren derselben durch Stillschweigen beschwören zu wollen«. Vielmehr solle die Regierung in öffentlicher Diskussion die »irregeleiteten Massen« aufklären, »was an ihren Forderungen ... möglich und unmöglich ist«. Zugleich aber müßten die »staatsgefährlichen Agitationen durch Verbots- und Strafgesetze« gehemmt werden.

Sowohl durch Reformmaßnahmen gegen die »Hindernisse«, die »der Erwerbsfähigkeit der besitzlosen Klassen im Wege stehen« – wiederholte er 1872 in einem Bericht an den Kaiser –, als auch durch entschiedene Verteidigung der »Gesellschaft

---

staatlichen Wirtschaftsverwaltung in Deutschland, Boppard 1959, 62–73. RB 10, 436 (15. 1. 1885), 475, 477, 488 (»Wir wollen eben beides nicht aufgeben, weder den inländischen Markt..., noch den ausländischen, soweit wir dazu nicht gezwungen sind«, 12. 2. 1885); 11, 405 (14. 1. 1886). Vgl. E. Seidler u. A. Freud, Die Eisenbahntarife in ihren Beziehungen zur Handelspolitik, Leipzig 1904, 7; H. Burmeister, Die geschichtliche Entwicklung des Gütertarifwesens der Eisenbahnen Deutschlands, Leipzig 1899. Allg. Kap. IV/2. – K. Biedermann, Zum 1. 4. 1885 (zuerst in »Nord u. Süd« 1885), in: ders., 50 Jahre im Dienste des nationalen Gedankens, Breslau 1892, 193; L. Raschdau, Unter Bismarck u. Caprivi, Berlin 1939², 6. Vgl. auch das überschwengliche Lob Carl Alex. v. Weimars (an Lüderitz, 13. 11., 8. 12. 1884, Nl. Lüderitz, 3a. 3h, StA Bremen) für das »so rege Interesse« Bismarcks »an der Erweiterung der Handelsinteressen« u. der »Entwicklung der vaterländischen Handels- und Kolonialbeziehungen«.

13. GW 6c, 7 f. (an Schweinitz, 7. 6. 1871); Bebel: RT 1:1:2:921 (25. 5. 1871); Schieder, Problem, 38–42, Zit. 40. Vgl. W. Poels, Sozialistenfrage u. Revolutionsfurcht, Lübeck 1960, 27 f., die ebenso apologetisch argumentiert wie G. A. Rein, Die Revolution in der Politik Bismarcks, Göttingen 1957; dagegen: Eyck, III, 221. Vgl. noch: W. Conze u. D. Groh, Die Arbeiterbewegung in der nationalen Bewegung, Stuttgart 1966, 114–26; O. Hammen, The ›Spectre of Communism‹ in the 1840's, JHI 14. 1953, 404–20; W. Conze Hg., Staat u. Gesellschaft im deutschen Vormärz 1815–48, Stuttgart 1962; R. Stadelmann, Soziale u. Politische Geschichte der Revolution von 1848, München 1948, 1–21 (auch in: Mod. Dt. Sozialgeschichte, 137–55); P. Noyes, Organization and Revolution. Working-Class Associations in the Germany Revolutions of 1848/9, Princeton 1966; C. Jantke u. D. Hilger Hg., Die Eigentumslosen, Freiburg 1965.

gegen den Versuch eines gewaltsamen Angriffs auf den Bestand des Besitzes« solle der Staat jener »die ganze zivilisierte Welt durchziehenden Krankheit« entgegentreten. Unter dieser »Krankheit« verstand Bismarck die soziale Emanzipationsbewegung in ihrer ersten: der sozialpolitischen Phase, denn »diese Krankheit hat ihre Ursache darin, daß die besitzlosen Klassen in dem Maße, als ihr Selbstgefühl und ihre Ansprüche am Lebensgenuß allmählich steigen, sich auf Kosten der besitzenden Klassen die Mittel zur Befriedigung dieser Ansprüche zu verschaffen streben«. Der »sozialistischen Bewegung« maß er im gleichen Jahr eine »mehr symptomatische Bedeutung« für »die soziale Frage« zu[14]!

Nicht zuletzt wegen des Widerstands gegen staatliche Reformen, den die orthodox freihändlerische Staatsverwaltung und liberale Politiker in den frühen 1870er Jahren im Vertrauen auf die Illusion des selbsttätigen Interessenausgleichs der Wirtschaftsgesellschaft zum Nutzen aller leisteten, trat die Repression unübersehbar in den Vordergrund. Sie trieb die Arbeiterbewegung, deren nationaldemokratischen Vorstellungen das Bismarckreich ohnehin nicht entsprach, noch stärker in die Isolierung, aus der heraus ihre Angriffe gegen die bürgerliche Gesellschaft und den preußisch-deutschen Obrigkeitsstaat in sozialpsychologisch verständlicher Schroffheit noch heftiger wurden.

Während der Depression seit 1873 suchte sich Bismarck die Angst, die solche Angriffe auslösten, zunutze zu machen und die Jagd nach Sündenböcken auf die Sozialdemokratie zu lenken. »Die sozialistisch-demokratischen Umtriebe haben wesentlich mit dazu beigetragen, den geschäftlichen Druck, unter dem wir uns befinden, zu schaffen«, wünschte er den Reichstag glauben zu machen. »Deshalb klage ich die Führer der Sozialisten an, daß sie an der Not ... wesentlich mitschuldig sind: sie haben die Leistungsfähigkeit der deutschen Arbeiter vermindert und unsere Konkurrenzfähigkeit gegenüber den Fremden herabgedrückt.« Diese Anklage, die gleichzeitig von zahlreichen Unternehmern erhoben wurde, hat Bismarck unermüdlich wiederholt. »Solange die sozialistischen Bestrebungen diese bedrohliche Höhe haben, wird aus Furcht vor der weiteren Entwicklung das Vertrauen und der Glaube im Inneren nicht wiederkehren.« Unverhüllt bat er um »das Maß von, nennen wir es Diktatur ..., das wir zur erfolgreichen Bekämpfung des Übels brauchen«. »Wie solle denn die Unternehmungslust erwachen«, fragte er, »wenn der Kommunismus ameisenartig um sich greift, wenn man das Erarbeitete durch Brand und Plünderung zu verlieren fürchten muß und noch dazu die Aussicht hat, dafür, daß man etwas hat, massakriert zu werden[15]?«

Zur selben Zeit hat er aber auch ganz deutlich gesehen, daß die Depression wie eine Bestätigung der düsteren Prognosen der Sozialdemokratie wirken konnte und die Radikalisierung der Arbeiterschaft förderte. Es handle sich daher, schrieb er 1878, »nicht bloß um die Rettung der Gesellschaft vor Mördern und Mordbrennern, vor den Erlebnissen der Pariser Kommune, sondern auch um die Besserung der wirtschaft-

---

14. Bismarck an Itzenplitz, 17. 11. 1871, in: Poschinger, Aktenstücke, I, 164–68 (GW 6c, 10 f.); 21. 10. 1871, ebda., I, 160 (GW 6c, 10); an Wilh. I, 4. 4. 1872, in: H. Rothfels Hg., Bismarck u. der Staat, Darmstadt 1958², 331 f. (GW 6c, 18); vgl. ebda. 329–31; an Reuss, 10. 6. 1872, GW 6c, 22.
15. RB 6, 346 f. (9. 2. 1876); 7, 287 (9. 10. 1878); Poschinger, Stunden, 98. Vgl. B. am 1. 2. 1877: Wenn »wir« nicht den kommunistischen Ameisenhaufen mit der inneren Gesetzgebung austreten, werden wir keinen Aufschwung haben«, da der »Kommunismus« eine »der Hauptursachen« sei, die »Europa nicht zur Ruhe« kommen ließen, in: W. Andreas Hg., Gespräche Bismarcks mit dem badischen Finanzminister M. Ellstätter, ZGO 82. 1930, 449; ähnlich: Oechelhäuser, 71–81; Hammacher an Haniel, 26. 3. 1882, Nl. Hammacher 21.

lichen Zustände« und »Krankheiten«, »deren Symptome die sozialistischen Bedrohungen der Gesellschaft sind«!

In den »angebahnten und geplanten« Reformen auf »wirtschaftlichem Gebiet«, erklärte er Ludwig II. von Bayern, liege der »wirksamste Schutz gegen die Gefahren«, mit denen »sozialistische Bewegungen das Reich bedrohen könnten«. Je früher die Wirtschaft stabilisiert werde, »desto früher werden die Fortschritte politischer und sozialer Revolution zum Stillstand gebracht«[16].

Wie die Expansionspublizistik oder Wissenschaftler wie Neumann-Spallart und Schmoller hat auch Bismarck das Abhängigkeitsverhältnis zwischen Depression und sozialrevolutionärer Gefahr präzis erkannt. Das heißt aber, er war sich vollauf bewußt, daß von einer wirtschaftlichen Erholung die Minderung der gesellschaftlichen Spannungen zu erwarten stand, daß von einer wirksamen Konjunkturpolitik im weiteren Sinn die Stabilität der Gesellschaftsverfassung abhing. Erfolge im Kampf mit der Depression mußten, – gerade auch im Sinn seiner prinzipiellen Anschauungen, die durch das Verhalten der SPD während der Hochkonjunktur vor 1914 bestätigt wurden! – den Radikalismus der sozialistischen Arbeiterbewegung entschärfen.

Als die Sozialdemokratie bei den Wahlen stetig zunahm und der Solidarprotektionismus, der vornehmlich den Produzenten zugute kam – »die Reichsregierung betreibt zur Zeit nur eine einseitige Interessenpolitik der besitzenden Klassen auf Kosten der nichtbesitzenden«, urteilte Kapp bitter –, auf die Arbeiterschaft aber wenig Eindruck zu machen schien, hat Bismarck die Unterdrückung mit den verschärften Mitteln des Sozialistengesetzes fortgesetzt, aber sie zugleich durch seine »Sozialpolitik« abzumildern versucht, da er sich nicht häufig der Täuschung hingab, einer großen Bewegung allein mit Repression begegnen zu können. Von 1878 bis 1881 stand sie indessen ganz im Vordergrund.

Nur »wenn man berechtigt sei, über die Barrieren hinwegzusetzen, die die Verfassung« – die auch Bismarck gewiß nicht sakrosankt war, – »in übergroßer doktrinärer Fürsorge zum Schutz des Einzelnen und der Parteien in den sogenannten Grundrechten errichtet« habe, werde die Sozialdemokratie »ins Herz« getroffen. Gegen das »Anwachsen ... der bedrohlichen Räuberbande, mit der wir gemeinsam unsere größeren Städte bewohnen«, forderte er einen »Vernichtungskrieg«, da der »Staat im Zustande der Notwehr ... nicht zimperlich in der Anwendung der Mittel sein« dürfe: »A corsaire corsaire et demi«. Dem Anspruch der Sozialdemokratie, das preußisch-deutsche Staatswesen nach dem Durchbruch der Industriellen Revolution gemäß den Erfordernissen der neuen Industriewelt umzubauen, es mithin, wie es Friedrich Engels, der neben Bismarck »stärkste politische Kopf Deutschlands seit 1870« (A. Rosenberg), 1887 formulierte, »bewußt und endgültig auf die Bahn der modernen Entwicklung zu leiten, seine politischen Zustände seinen industriellen Zuständen anzupassen« – diesem Anspruch stand Bismarck mit einer in der Epoche der Hochindustrialisierung fatalen Ablehnung gegenüber[17].

Man sollte annehmen dürfen, daß in derselben Zeit der Alpdruck eines revolutio-

---

16. B. an Mittnacht, o. D. (Herbst 1878, Konzept), Nl. Bismarck 67; F. v. Mittnacht (Erinnerungen an Bismarck, Berlin 1904⁵; NF. 1905²) geht darauf nicht ein. B. an Ludwig II., 31. 7. 1881, GW 14/2, 929.

17. Kapp an Cohen, 27. 8. 1880, Slg. Kapp; Tiedemann, 258; B. an Ludwig II., 12. 8. 1878, GW 14/2, 894; Lucius, 153 (18. 2. 1879); GW 8, 298; F. Engels, Die Rolle der Gewalt in der Geschichte, MEW 21. 1962, 454; A. Rosenberg, Entstehung u. Geschichte der Weimarer Republik, Frankfurt 1955, 95. Vgl. dazu Nipperdey, Grundzüge, 835. Zur Funktion der Sozialpolitik s. u. Kap. VI. Die Lit. über das Sozialistengesetz: Bergsträsser, 295–301 (vor allem: Pack, Hellfair, Lidtke); eine aufschluß-

nären Ausbruchs besonders schwer auf Bismarck gelastet habe. Aber schon 1878 berichtete Joseph Maria v. Radowitz, der damals im Auswärtigen Amt unmittelbar für Bismarck tätig war und von dort aus die im Schatten der Sozialistenfrage stehenden Reichstagswahlen beobachtete, es sei »gut und heilsam«, »daß einige Sozialdemokraten in den Reichstag kommen«. »Wenn keine da wären, würde die Bewegung ... den deutschen Philister nicht erschrecken, und man würde sich mit dem Gefasel vom ›freien deutschen Bürgertum‹ und der ›Abwehr durch geistige Entwicklung‹ begnügen.« Wahrscheinlich doch hatte Radowitz Hinweise auf den hochgradig manipulatorischen Charakter der Bismarckschen antisozialistischen Politik in seinem Berliner Tätigkeitsbereich erhalten.

Von Angst vor der Sozialdemokratie war jedenfalls Bismarck keine Rede, als er vor den Reichstagswahlen von 1881 die geheimen Presseanweisungen ausgab. »Papa sagt«, instruierte Herbert v. Bismarck seinen Schwager Kuno v. Rantzau im Auswärtigen Amt, »mit den Sozialisten können wir entweder paktieren oder sie niederschlagen, der jetzigen Regierung können sie niemals gefährlich werden. Der Sieg der Fortschrittler ist aber = Republik, in der die Regierung so geschwächt wird, daß der Staat zugrunde gehen muß.« In diesem Sinn sei die Sprachregelung für die abhängige Presse zu fassen, da »Papa der Ansicht ist, nicht nur bei Stichwahlen, sondern generell seien Sozialdemokraten besser als Fortschritt«. Das, fügte Herbert warnend hinzu, »darf man mit Rücksicht auf die Attentate nicht aussprechen, Privatansichten sind aber frei«[18].

Allerdings waren Bismarcks als Presseinstruktionen geäußerte Privatansichten 1881 besonders privat und auch freier als die von anderen deutschen Zeitgenossen, aber daß ihm damals die Sozialistenfurcht vornehmlich als ein Vehikel antiliberaler Wahlpolitik diente, wird sich schwerlich bestreiten lassen. 1884 beherrschte die Kolonialpolitik die Wahlen. 1887 warf die angebliche Bedrohung durch auswärtige Mächte im rechten Augenblick ihren Schatten auf die »Kartell«-Wahlen. Trotz des Wachsens der Sozialdemokratie trat die Sozialistenfurcht beide Male sehr zurück. Zwar vertrat Bismarck auch weiterhin die Ansicht, daß jeder Staat »mehr durch an-

---

reiche Regionalstudie: L. Gall, Sozialistengesetz u. innenpolitischer Umschwung. Baden u. die Krise des Jahres 1878, ZGO 111. 1963, 473–577, wo aber (480–82) Bismarcks Sozialistenfurcht überschätzt u. seine Äußerung zu Ellstätter, die sich auf die erste Depression bezieht, mißverstanden wird.

18. J. M. v. Radowitz, Aufzeichnungen u. Erinnerungen aus dem Leben des Botschafters, 1839–90, Hg. H. Holborn, Stuttgart 1925, II, 71 (13. 8. 1878). Vgl. damit die frappierend ähnliche Äußerung Bismarcks (RB 10, 246; 26. 11. 1884): »Denn die Sozialdemokratie ist ... ein Menetekel für die besitzenden Klassen ... und insofern ist ja die Opposition ... ganz außerordentlich nützlich. Wenn es keine Sozialdemokratie gäbe, und wenn nicht eine Menge Leute sich vor ihr fürchteten, würden die mäßigen Fortschritte, die wir überhaupt in der Sozialreform bisher gemacht haben, auch nicht existieren, und insofern ist die Furcht vor der Sozialdemokratie ... ein ganz nützliches Element.« H. v. B. an Rantzau, 29., 30. 10. 1881, Nl. Bismarck, 41. (Vgl. Bussmann Hg., 108 f.) Diese und zahlreiche ähnlich interessante Briefe (z. B. über die Beamtenpolitik, zum Antisemitismus usw.) sind nur z. T. in der Briefausgabe von Bussmann enthalten. – Die meisten Untersuchungen zur Pressepolitik Bismarcks (z. B. Fischer-Frauendienst; R. Noell v. d. Nahmer, Bismarcks Reptilienfonds, Mainz 1968; E. Naujoks, Bismarck u. die Organisation der Regierungspresse, HZ 205. 1967, 46–80; H. Neu, Bismarcks Versuch einer Einflußnahme auf die Kölnische Zeitung, Rheinische Vierteljahrsblätter 30. 1965, 221–33; R. Morsey, Zur Pressepolitik Bismarcks, Publizistik 1. 1956, 177–81; K. Forstreuter, Zu Bismarcks Journalistik, Jahrbuch für Geschichte Mittel- u. Ostdeutschlands 2. 1954, 191–210; H. Schulze, Die Presse im Urteil Bismarcks, Leipzig 1931) bedürfen der Ergänzung durch Arbeiten aus dem Nl. Bismarck (vgl. Bussmann Hg., 98–105) u. aus den Akten, aus denen das Maß der Einflußnahme durch Bismarck denkbar deutlich hervorgeht, z. B. auch aus dem Nl. Pindter (PA), des Chefredakteurs der NAZ.

archische Entwicklungen im Inlande als durch die Macht seiner Nachbarn bedroht«
sei. Er beharrte auf der aufgedrungenen »Notwehr von seiten der staatlichen und
gesellschaftlichen Ordnung« gegen die »verbrecherischen Umsturztheorien im Sinne
der Sozialdemokratie«. Es trug auch nicht wenig zu seinem Sturz bei, daß er die
Sozialdemokratie, die sich »mit dem Staate im Kriegszustand« befinde, auch 1889
noch »nach Kriegsrecht« behandeln wollte, wie er auch nach seiner Entlassung die
Sozialdemokraten »die Ratten im Lande« nannte, die »vertilgt werden sollten«.

Es sieht aber doch so aus, als ob Bismarck trotz aller sorgenvollen Einsicht in die
Gefahren, die seinem Staat von der Sozialdemokratie zu drohen schienen, sich stets
überlegen glaubte, sei es auch mit Hilfe der Säbelherrschaft, und die bürgerliche
Sozialistenfurcht ebenso souverän manipulierte wie den Haß auf die anderen »Reichsfeinde«. Da er andererseits die vermeintliche Gefahr auch keineswegs unterschätzte,
– wenn er sich auch die Zähmung z. B. durch »Paktieren« mit der Sozialdemokratie
zutraute –, hat er Maßnahmen zu ihrer Minderung nicht ganz fehlen lassen. Wie
sehr aber die gesellschaftliche Ruhelage, die eins seiner Fernziele bei der Verteidigung
des Status quo blieb, auch vom Stand der Wirtschaftskonjunktur abhing, hat ihm
stets klar vor Augen gestanden[19].

Der utopischen Hoffnung der Expansionsagitation, die sich von überseeischem
Besitz ein unmittelbar wirksames »Sicherheitsventil« versprach, hat Bismarck wohl
nicht nachgehangen. Bei aller Unterstützung, die er der preußisch-deutschen Wirtschaft nach Möglichkeit zuteil werden ließ und die auch seit den 1860er Jahren die
Förderung freihändlerischer Wirtschaftsexpansion mitumschloß, behielt er vorerst
eine unüberwindbare Abneigung gegen formelle koloniale Territorialherrschaft. Als
sich die Kolonialprojekte, die ununterbrochen dem Auswärtigen Amt vorgelegt wurden, wieder einmal häuften, hat er 1868 seine ablehnende Haltung Albrecht v. Roon
gegenüber eingehend begründet.

»Einerseits beruhen die Vorteile, welche man sich von Kolonien für den Handel
und die Industrie des Mutterlandes verspricht, zum größten Teil auf Illusionen«,
motivierte er seine »erheblichen Bedenken« gegen »die Einleitung von Kolonisa-
tionsplänen« durch den Staat, »denn die Kosten, welche die Gründung, Unterstützung und namentlich die Behauptung der Kolonien veranlaßt, übersteigen, wie die
Erfahrungen der Kolonialpolitik Englands und Frankreichs beweisen, sehr oft den
Nutzen, den das Mutterland hieraus zieht, ganz abgesehen davon, daß es schwer zu
rechtfertigen ist, die ganze Nation zum Vorteil einzelner Handels- und Gewerbe-
zweige zu erheblichen Steuerlasten heranzuziehen«. Zudem besitze Preußen bzw. der
Norddeutsche Bund keine schlagkräftige Kriegsmarine, und die Wehrpflicht könne
auch schwerlich den Dienst in den Tropen einschließen, wenn es zu den durchaus
möglichen Konflikten mit anderen Kolonialmächten kommen sollte. Nur Privatleute
sollten in Übersee ihrem ökonomischen Vorteil nachjagen, eine Staatsaktion sei ganz
fehl am Platz[20].

Dieses kritische Urteil Bismarcks von 1868, das in nuce alle seine Bedenken ent-

---

19. GW 14/2, 955 (an Franz Josef, 18. 10. 1884); 6c, 392 (6. 8. 1888); 6c, 409 (13. 2. 1889); 9, 355 (1893). Vgl. Sauer, 433, gegen Poels u. E. R. Huber (Bismarck u. der Verfassungsstaat, in: ders., Nationalstaat u. Verfassungsstaat, Stuttgart 1965, 188–223), Vertreter einer neuen Bismarck-Orthodoxie, die jede Entschlossenheit denkbar verharmlosen. Vgl. Nipperdey, Grundzüge, 834 (die »von Bismarck geschickt manipulierte Angst vor dem roten Gespenst«), u. Roehl, HJ 9.

20. B. an Roon, 6. 1. 1868, RKA 7155, 11 (Konzept Delbrück!), verstümmelte und falsch datierte Kurzfassung bei: A. Zimmermann, Geschichte der deutschen Kolonialpolitik, Berlin 1914, 6 f.; Projekte in RKA 7154 (1860–67), 7155 (1868–70).

hält, trifft auf die deutsche Kolonialpolitik von 1884 bis 1918 mit bestechender Genauigkeit zu, und es wird deshalb eingehend danach zu fragen sein, warum Bismarck selber schließlich diesen Weg einschlug. Als 1871 kurz das Problem auftauchte, ob Frankreich das hinterindische Pondicherry oder das indochinesische Saigon an das Deutsche Reich abtreten solle, bekräftigte Bismarck wiederum ganz unzweideutig-sarkastisch: »Ich will auch gar keine Kolonien. Die sind bloß zu Versorgungsposten gut.« Für »uns in Deutschland« wären sie »genau so wie der seidene Zobelpelz in polnischen Adelsfamilien, die keine Hemden haben«. »Kolonien wünsche er nicht«, wiederholte Bismarck 1873 dem englischen Botschafter Odo Russell, sie seien »nur ein Grund der Schwäche, denn sie könnten nur durch eine machtvolle Flotte verteidigt werden, und Deutschlands geographische Lage zwinge es nicht zum Aufbau einer erstklassigen Kriegsmarine ... Zahlreiche Kolonien seien ihm angeboten worden – er habe sie zurückgewiesen«.

Allerdings, und darin zeigte sich Bismarck durchaus als Anhänger des freihändlerischen Expansionismus, erstrebte er, »Stützpunkte« auf dem Vertragswege für den deutschen Überseehandel zu gewinnen. Auch als der Kronprinz im Sommer desselben Jahres ein Projekt »für die Hebung des deutschen Handels« befürwortete, in dem der Militärinstrukteur Constantin v. Hanneken eine Kolonie unter deutscher Landeshoheit an der chinesischen Küste anregte, konzedierte Bismarck sogleich, daß der »Besitz von Flottenstationen an sich« durchaus »wünschenswert« erscheine. Jedoch, ließ er dem Auswärtigen Amt als Entwurf für eine Antwort auf die Petition mitteilen, sei es ja »wohlbekannt, daß der Herr Reichskanzler bis in die neueste Zeit alle Anerbietungen zum Erwerb der Landeshoheit in überseeischen Gebieten entschieden abgelehnt hat. Bestimmend hierfür waren insbesondere politische Rücksichten auf befreundete Länder und die Erwägung, daß unsere Marine im Falle von Konflikten mit fremden Seemächten nicht wohl im Stande sein würde, solche unserer Landeshoheit unterworfenen Gebiete gegen ernstliche Angriffe voraussichtlich überlegener maritimer Streitkräfte des Feindes zu behaupten, während doch der Verlust derartiger Positionen für Deutschland die nachteiligen Wirkungen einer Niederlage ausüben würde«. Daß »die deutschen Handelsbeziehungen zu China durch den vorgeschlagenen Erwerb einer Konzession erheblich gefördert werden dürften«, sei »allerdings nicht zu bezweifeln. Gleichwohl erscheint es nicht angemessen, daß das Reich, welches sonst mit keinerlei gewerblichen Unternehmungen befaßt ist, lediglich aus diesem Gesichtspunkt Millionen verausgabt, um in fremden Staaten Ländereien zu erwerben, Magazine und Hafenanlagen zu bauen und für eigene Rechnung zu verwalten. Die Bereitstellung von Reichsmitteln für derartige, vorwiegend dem Handelsstand zugute kommende Unternehmungen werde voraussichtlich den größten Schwierigkeiten begegnen« – die im Reichskanzleramt mit Rudolf v. Delbrücks streng freihändlerischem Widerstand begonnen hätten[21].

Diese abweisende Haltung gegenüber Vorschlägen zum Kolonialerwerb hat Bis-

---

21. M. Busch, Tagebuchblätter, Leipzig 1899, II, 157 (9. 2. 1871); vgl. Poschinger, Volkswirt, I, 63; Fitzmaurice, II, 337 (Russell an Granville, 11. 2. 1873), vgl. L. Newton, Lord Lyons, London 1930, II, 60 f. – Kronprinz an Bismarck, Aug. 1873, Befürwortung des Projekts von Hanneken, RKA 7157, 43; Reichskanzleramt an Auswärtiges Amt (= AA), 15. 8. 1873, ebda., 97 f. Vgl. hierzu: G. S. Graham, Cobden's Influence on Bismarck, Queen's Quarterly 38. 1931, 441 f.; J. März, Aus der Vorgeschichte der deutschen Kolonialpolitik, Koloniale Rundschau (= KR) 26. 1934, 86–101; P. E. Schramm, Der deutsche Anteil an der Kolonialgeschichte bis zur Gründung eigener Kolonien, in: Göttinger Beiträge zur Kolonialgeschichte 1940, 34–63; ders., Deutschland u. Übersee, Berlin 1950, 217–470; ders., Hamburg, Deutschland u. die Welt, Hamburg 1952², sowie u. Kap. IV/1.

marck auch in den folgenden Jahren mehrfach bekräftigt, da ihn Einwände gegen seine durchaus einleuchtenden Gründe, weshalb er das junge Reich nicht mit ihnen belastet sehen wollte, nicht überzeugten. Freilich fügte er diesen Gründen ein beachtenswertes Argument hinzu, als er 1876 in einer Unterredung mit Ernst v. Weber und einem Begleiter, die ihn wegen der »mißlichen Lage, in welcher sich die deutsche Industrie« wegen »der großen wirtschaftlichen Krisis« befinde, zur »Anlage einer deutschen Kolonie« in Südafrika, wo »ein großes Absatzgebiet für unsere Industrie« geschaffen werden könne, bewegen wollten. Konziliant räumte Bismarck ein, daß vielleicht Deutschland »auf die Länge der Kolonien nicht entbehren könne«, jedoch sei »die Frage schwierig«, und vor allem wolle »ohne einen Impuls aus der Nation« die Sache nicht in die Hand nehmen; daher müsse er ablehnen. »Zu einem so bedeutenden Projekt gehört eine tiefgehende Bewegung der Nation, und davon ist bisher keine Spur vorhanden.«[22]

Diese Feststellung traf 1879, am Ende der ersten Stockungsspanne der Depressionen seit 1873 nicht mehr voll zu. Bald konnte Guido Henckel v. Donnersmarck, einer der oft im stillen wirkenden, mit Bismarck vertrauten Exponenten des Solidarprotektionismus, zumindest zeitweilig der Illusion erliegen, daß eine »aktive... Auslandspolitik« der »folgenreichste Schritt zur Lösung der sozialen Frage« sein werde. Und wenn Bismarck auch noch weiterhin darauf beharrte, wie er 1880 Chlodwig zu Hohenlohe-Schillingsfürst sagte, er wolle von Kolonien »nach wie vor nichts wissen«, so begann doch die seit 1879 auch von ihm vorangetriebene wirtschaftliche Ausbreitung Deutschlands nach Übersee eine solche Bedeutung anzunehmen und in Expansionsfelder konkurrierender Staaten hineinzustoßen, daß die Frage des Übergangs zu formell okkupierten Staatskolonien mit neuer Dringlichkeit aufgeworfen wurde. Wenn er auch noch Kolonien für »eine Gefahr und Quelle von Ausgaben« hielt, wie 1878 der französische Botschafter Saint-Vallier von ihm hörte, so seien doch gesicherte »Absatzmärkte für den deutschen Handel« notwendig.

Die Etappen der deutschen Expansionspolitik, die in einer eigentümlichen – wenn auch keineswegs nur auf Deutschland beschränkten – Verbindung von freihändlerischen und staatsprotektionistischen Methoden voranschritt, gilt es nun bis hin zu der Zeit zu verfolgen, wo Bismarck erklären konnte, bisher habe er es zwar abgelehnt, »der Kolonialfrage näher zu treten, weil ich das Experiment für zu teuer hielt. Ganz anders aber liegt die Frage, wenn der deutschen Gesamtheit das Kleid zu Hause zu eng wird... In diesem Fall sind wir genötigt, dem deutschen Unternehmungsgeist die wünschenswerte Protektion zuteil werden lassen.«[23]

22. L. Hahn u. K. Wippermann Hg., Fürst Bismarck, Berlin 1891, V, 3 f.; Poschinger, Volkswirt, I, 117 f.; v. Weber, 4 Jahre, II, 329; 543 f.; ders., GN 1, 267; KPK 1, 7. 1. 1885.
23. Henckel nach: H. Böhme, Prolegomena zu einer Sozial- u. Wirtschaftsgeschichte Deutschlands im 19. u. 20. Jh., Frankfurt 1968, 89; Denkwürdigkeiten des Fürsten Chlodwig zu Hohenlohe-Schillingsfürst, Hg. F. Curtius, Stuttgart 1907⁴, II, 291 (22. 1. 1880, eine Überprüfung mit dem Nl. Hohenlohe-Schillingsfürst ergibt zahlreiche unvermerkte Kürzungen und Unstimmigkeiten). St. Vallier an Duclerc, 20. 11. 1882, DDF, IV, 539; vgl. auch Aubigny an St. Hilaire, 30. 9. 1881, ebda., 141 f. (Bismarck sei über Pressemeldungen über deutsche Kolonialprojekte »sehr verärgert«. »Er wisse, daß Deutschland auf lange Zeit hinaus nur eine drittklassige Seemacht sein werde... im Kriegsfall sei es unter diesen Umständen der Gefahr ausgesetzt, daß seine Kolonien von Anfang an besetzt würden und es nicht in der Lage sei, ihnen wirksame Hilfe zu leihen... er lehne allgemein den Kolonisationsgedanken ab.«). So auch: W. Taffs, Ambassador to Bismarck, Lord O. Russell, London 1938, 365 (an Granville, 27. 2. 1882). Bismarck: RTA 2621, 86 (23. 6. 1884 vor der Budgetkommission); dieses Protokoll ist bisher nur in nicht wörtlich zitierender, offiziöser Zusammenfassung bekannt gewesen: NAZ 25. 6. 1884; StA 43, 361–64; RB 10, 167–71; GW 12, 471–475; KZ 24. 6. 1884.

4

Tastende Expansion

»We want trade and not dominion«.

Ludwig Bamberger, 1884[1]

In zögernden, vorantastenden Bewegungen hat sich die deutsche Wirtschaftsexpansion nach Übersee seit der Hochkonjunktur der Industriellen Revolution zwischen 1848 und 1873 entfaltet. Mit ihrem Durchbruch hängt unmittelbar auch der volle Eintritt der deutschen Wirtschaft in den Welthandel zusammen. Hamburger und Bremer Reedereien schufen sich seit 1855/57 eigene transatlantische Verbindungen. Hanseatische Handelsfirmen auch begannen in Afrika und Lateinamerika, in Asien und im Stillen Ozean ihre Niederlassungen einzurichten. Die Kölner Bankiers Oppenheim und Mevissen erwogen schon, eine Zentralbank mit ausländischen Kommanditen und hundert Millionen Talern Kapital für das aufblühende Außenhandelsgeschäft zu gründen, – ein Vorhaben, das nur David Hansemanns ablehnende Haltung zunichte machte. Mit noch vagen Konturen tauchten zukünftige Entwicklungstendenzen auf, ehe die erste Weltwirtschaftskrise von 1857 die Prosperität kurz, doch schroff unterbrach. Der Hamburger Überseehandel, der auch den Großteil des Exports aus dem deutschen Bundesgebiet umschloß und allein von 1851 bis 1857 um 90 Prozent gewachsen war, schrumpfte empfindlich zusammen. Der Exportwert fiel von 1857 = 111,96 Mill. Talern auf 1858 = 77,94 Mill. Taler und erreichte erst 1860 114,92 Mill. Taler[2].

Von der kurzen Depressionszeit, die der Krise von 1857 folgte, ging eine Schubwirkung aus, die den Plänen zur Förderung des deutschen Außenhandels aus der Mitte der 1850er Jahre zugute kam. Wie 25 Jahre später richteten sich angesichts der Krise im Inneren die Blicke auf aufnahmefähige Außenmärkte, und mit der voranschreitenden Industrialisierung ist das Exportproblem nicht mehr aus der Diskussion über die deutsche Wirtschaftsentwicklung verschwunden. Die deutsche ökonomische Expansion hat sich fortab auf entwickelte Industriestaaten, – wo sie keinen imperialistischen Charakter, d. h. keine Herrschaft, die der Begriff des Imperialismus notwendig umschließt, wohl aber ihre besten Kunden gewann! –, und auf die wirtschaft-

---

1. RT 5:4:2:1066 (Bamberger, 26. 6. 1884) – der Leitgedanke des freihändlerischen Imperialismus, der in Großbritannien und in den Vereinigten Staaten zahllose Male formuliert worden war. Vgl. noch kurz vor der Jahrhundertwende Salisburys »mid-victorian« Ideal: »Unser Ziel (ist) nicht Landbesitz, sondern Erleichterung für den Handel«, an Monson, 28. 1. 1898, in: British Documents on the Origins of the War, I. 1926, 139. – Unergiebig hierzu: G. Mayer, Die Freihandelslehre in Deutschland, Jena 1927, 78–112. Wenn die Ereignisgeschichte der beginnenden und gesteigerten imperialistischen Expansion Deutschlands relativ ausführlich in Kap. IV und V behandelt wird, so läßt sich das damit rechtfertigen, daß sie hier zum erstenmal im Zusammenhang aufgrund der Akten und Nachlässe geschildert werden kann.

2. Rosenberg, 1857/59, 157, vgl. 194–210; auch ders., Die zoll- u. handelspolitischen Auswirkungen der Weltwirtschaftskrisis von 1857–59, WA 38. 1933, 368–83; W. Däbritz, Gründung u. Anfänge der Disconto-Gesellschaft Berlin, 1850–75, München 1931, 240; M. Peters, Die Entwicklung der deutschen Reederei seit Beginn dieses Jahrhunderts, II, Jena 1905, 100–62.

lich unentwickelten Regionen, wo sie zum Imperialismus wurde, gerichtet. Mithin ist nicht die gesamte wirtschaftliche Ausbreitung seit der Jahrhundertmitte imperialistisch gewesen, sondern bestimmte Stoßrichtungen in weniger entwickelte Gebiete hinein. Nicht alle Maßnahmen, die der wirtschaftlichen Expansion nach Übersee dienten (z. B. der unten geschilderte Ausbau des Konsulatswesens, namentlich etwa in den Vereinigten Staaten!), sind daher per se imperialistisch gewesen, aber sofern sie die unentwickelten Gebiete miterfaßten, unterstützten sie auch den Imperialismus. Dieses Janusgesicht der wirtschaftlichen Ausbreitung nach Übersee gilt es, sich vor allem im folgenden Kapitel stets vor Augen zu halten.

Bis zum Beginn der 1880er Jahre ist der deutsche Außenhandel und die wirtschaftliche Expansion nach Übersee den Prinzipien und Methoden des Freihandels, wie sie Großbritannien in der Epoche seiner industriellen Suprematie als wirksamste Instrumente seiner Wirtschaftspolitik ausgebildet hatte, konsequent gefolgt. Den rapiden Aufschwung der deutschen Industrialisierung begleitete – ungeachtet aller zeitweilig vorherrschenden Unterlegenheitsgefühle gegenüber England – ein bis 1873 ungedämpfter Optimismus, daß die freihändlerische Expansion die Überlegenheit des wachsenden deutschen Wirtschaftspotentials am ehesten zur Geltung bringen werde. Und auch noch nach dem Einbruch der Depressionen seit 1873 hat es zehn Jahre lang gedauert, ehe sich die Überzeugung Bahn brach, daß der Rückgriff auf die merkantilistische Politik staatlicher Wirtschaftsförderung und auch exklusiven Kolonialbesitzes vielleicht unvermeidlich sei. Uneingeschränkt hat sie sich freilich auch dann nicht durchgesetzt, sondern in einer eigentümlichen Verbindung mit freihändlerischen Elementen – z. B. in der Chinapolitik der okzidentalen Mächte – bestanden. Auch die deutsche Außenhandelsexpansion bediente sich zunächst nur der bewährten Methoden, mit denen England die lukrativste Form ökonomischer Überlegenheit: das »Informal Empire« der indirekten Herrschaft des Industriestaats über weniger entwickelte Länder, ausgebildet hatte[3].

Handelsverträge wurden abgeschlossen, die volle Verkehrs- und Handelsfreiheit, möglichst auch die Meistbegünstigung gewährten, die »Souveränität« oder »Neutralität« des Landes formell ungeschmälert ließen, aber dank dieser Politik der »Offenen Tür« dem überlegenen Industriestaat den Ausbau seiner wirtschaftlichen Vorrangstellung gestatteten und ein Gefälle oft wenig greifbarer, aber nicht minder wirksamer Abhängigkeiten schufen. Der Stand der Verkehrstechnik führte dabei oft zur Erwerbung von Marinestationen mit Kohlendepots und Dockanlagen, ohne daß jedoch die formelle Gebietsherrschaft als erstrebenswert gegolten hätte. Der Besitz oder die »Pacht« von Häfen und Stationen erschien eher als ein Notbehelf, der zur Aufrechterhaltung und Sicherung des Verkehrs noch unerläßlich blieb. Ohne sich mit der Mühsal und den Kosten, der Verantwortung und den Gefahren territorialer Gebietsherrschaft zu belasten, gewährte das Informal Empire ein Maximum an ökonomischen

---

3. Der Begriff des »Informal Empire« ist m. W. wissenschaftlich sozusagen hoffähig gemacht worden durch C. R. Fay, Imperial Economy, Oxford 1934, 36; dann ders., The Movement Towards Free Trade, CHBE II. 1961², 399. Vgl. Robbins, 82; den grundlegend wichtigen Aufsatz von J. Gallagher u. R. E. Robinson, The Imperialism of Free Trade, EHR 2. S. 6. 1953, 1–15 (dt. in: Imperialismus, Hg. Wehler), kritisch dazu: O. McDonagh, The Anti-Imperialism of Free Trade, ebda. 14. 1961, 489–501, sowie neuerdings D. C. M. Platt, The Imperialism of Free Trade: Some Reservations, EHR 21. 1968, 296–306, vgl. dagegen die Lit. 231, Anm. 1. Vgl. H. S. Ferns, Britain and Argentina in the 19th Century, Oxford 1960; ders., Britain's Informal Empire in Argentina, 1806–1914, Past & Present 1953. H. 3, 60–75; ders., Investment and Trade between Britain and Argentina in the 19th Century, EHR 3. 1950, 208–18; A. K. Manchester, British Preeminence in Brazil, Chapel Hill 1933. Zur amerikanischen Ausbreitung: Williams, La Feber, McCormick, Wehler. Vgl. Landes, CEHE VI, 467.

Vorteilen solange, bis die Konkurrenz anderer Industriestaaten die Abwehr der Rivalen und daher die Formalisierung der bisher indirekten Herrschaft nahelegte.

Diese freihändlerische Expansion der »Offenen Tür« wurde wie in England und Amerika auch in Deutschland von den Liberalen seit den 1850er Jahren uneingeschränkt unterstützt. Sie entsprach ihren wirtschaftspolitischen Prinzipien und den Antriebstendenzen dieser Phase der bürgerlichen Wirtschaftsgesellschaft. Die Regierung durfte sich mit dieser Politik in voller Übereinstimmung mit einer Mehrheit der politischen Parteien – einschließlich der am Agrarexport interessierten, damals noch freihändlerischen Konservativen – wissen, die die Handelsverträge und allgemein die freihändlerische Außenhandelspolitik der Regierung billigten und mittrugen. Ebenso wie die preußischen Liberalen die liberale Handelspolitik der Regierung Bismarck trotz der Härte des Verfassungskonflikts mit großer Mehrheit gebilligt hatten, unterstützten die Liberalen des deutschen Reichstags die freihändlerische Außenhandelspolitik ungeachtet der erbitterten Zolltarifkämpfe im Inneren und der Zerschlagung der Nationalliberalen Partei. Erst als die Regierung mit der Samoa-Vorlage vom April 1880 die Bahn dieser bewährten Politik zu verlassen schien, traf sie auf ebenso entschiedene Opposition, wie sie kurz vorher noch für den Handelsvertrag mit Samoa Beifall erhalten hatte.

Für die deutschen Liberalen haben vor allem die Abgeordneten v. Bunsen und Kapp die Grundsätze der freihändlerischen Expansion dargetan und die Vorteile, die das klassische Instrumentarium zur Gewinnung des Informal Empire bot, beschrieben. »Das Prinzip« des indirekt beherrschten Handelsimperiums, erläuterte G. v. Bunsen 1880 dem Reichstag, »geht dahin, daß man die fremden Länder erstens wesentlich sich selbst überläßt, durch eingeborene Fürsten mit eingeborenen Gesetzen und nach eigenen Formen verwalten läßt und nur mittelbar auf die Verwaltung dieser Länder einen Einfluß zu gewinnen trachtet. Das Prinzip zielt ferner darauf, daß man von deutscher Seite entschlossen« die »Offene Tür« verteidigt, um »zu verhindern, daß solche noch unabhängigen Ländergebiete und Inselgruppen einem europäischen oder amerikanischen Staat zu alleiniger Oberherrschaft überwiesen werden. So aufgefaßt, ist es ein Prinzip, welchem jeder Freihändler mit vollem und bestem Gewissen sich anschließen kann«, da er in ihm »den besten Ausdruck des Freihandelsgrundsatzes« ausgesprochen finde: »Das Land verwaltet sich selbst«, kein Industriestaat übe »eine unbedingte Oberherrschaft« aus, und »diejenigen Mächte« gewinnen »einen Vorrang, deren Mitbürger durch kaufmännischen oder Landbaubetrieb sich einen Einfluß zu erwerben gewußt haben«. Die Erwerbung von Kohlenstationen hielt Friedrich Kapp aus denselben Überlegungen heraus für die »unerläßliche Schlußfolgerung« aus Deutschlands wirtschaftlicher »Stellung«. »Überall«, wo es deutsche Handels- und Flotteninteressen erforderten, sollten solche Stützpunkte erworben werden aus der »Einsicht dessen, was Not tut und was unumgänglich geschehen muß, um unsere deutschen Kaufleute zu schützen«. Die »Gründung von Kolonien« jedoch, hielten mit diesen Politikern auch liberale Zeitungen für etwas »Bedenkliches« und den Erfolg zumindest für »zweifelhaft«. »Lassen sich deshalb dieselben Zwecke, d. h. Förderung und Erweiterung unserer Handelsbeziehungen« durch die Erwerbung von Flottenstationen und den Abschluß von Handelsverträgen erreichen, so sei dieser Weg« einer Kolonie bei weitem vorzuziehen[4].

---

4. RT 4:3:2:948 (v. Bunsen, 27. 4. 1880); RT 3:1:1:378 f. (Kapp, 11. 4. 1877); Korrespondent von u. für Deutschland 13. 10. 1880. – Nur sporadisch und vorwurfsvoll wird in der älteren deutschen Literatur diese Freihandelspolitik erwähnt, vgl. Hagen, 63 f., 87.

Ein Konflikt brach erst dann zwischen der Regierung Bismarck und der Mehrheit der Liberalen aus, als Elemente des staatlichen Solidarprotektionismus in die freihändlerische Außenhandelspolitik eingefügt werden sollten. Er erreichte seinen Höhepunkt, als auch Deutschland formelle Gebietsherrschaft über eigene Kolonien übernahm. Bis zum Beginn der 1880er Jahre indessen trug ein breiter Konsens den deutschen kommerziellen Laissez-faire-Expansionismus.

1. ERSTE SCHRITTE DER ÖKONOMISCHEN EXPANSION

A. OSTASIEN

a) Preußens »Offene Tür« in China

Es ist höchst aufschlußreich, daß sich schon während der 1850er Jahre auch in Deutschland die Aufmerksamkeit dem Fernen Osten zuwandte, wo das Chinesische Reich, überhaupt Ostasien, unermeßliche Absatzmärkte zu bieten schien. Dicht hintereinander hatten Perry 1854 das japanische Inselreich, England 1856/57 mit Waffengewalt China für den europäisch-amerikanischen Handel endgültig erschlossen. Allerdings enthielt der China 1858 aufgezwungene Vertrag mit England und Frankreich, den Vereinigten Staaten und Rußland nicht mehr die automatisch allen Ausländern seit 1843 gewährte Gleichstellung mit den englischen Kaufleuten, so daß erstmals der Abschluß einer deutsch-chinesischen Vereinbarung dringlich wurde. Schon 1855 hatte auch der deutsche Chargé in Washington, Freiherr v. Gerolt, die Aussichten einer deutschen Ostasienexpedition mit Commodore Perry, der einen Erfolg für wahrscheinlich hielt, erörtert. Im Spätherbst 1859 nun entschloß sich die Berliner Regierung, eine solche Expedition, die mit China, Japan und Siam Handelsverträge abschließen und diplomatische Beziehungen herstellen sollte, zu entsenden. »Ohne Schädigung unserer materiellen Interessen« durfte Preußen »keine Zeit verlieren«, urteilte der eigentliche Kopf der Berliner Handelspolitik, Rudolf v. Delbrück, über dieses neuartige Vorgehen, wenn es in die Reihe der bevorrechteten Mächte in Ostasien miteintreten wollte. Die »Vossische Zeitung«, die sich gleichzeitig für eine schlagkräftige Kriegsmarine und überseeische Stützpunkte zur Unterstützung des Außenhandels einsetzte, hielt einen »Aufschub der Expedition aus handelspolitischen Gründen nicht »für ratsam«. Zudem müßten Einwände der »großen Idee«: »Preußen an der Spitze Deutschlands in sein Teilhaberrecht am Weltmarkt einzuführen«, untergeordnet werden. Darin klang ein Motiv an, das von der Regierung der »Neuen Ära« auch bei diesem Projekt verfolgt wurde: durch ein sowohl reale Wirtschaftsinteressen befriedigendes als auch die Phantasie beschäftigendes »nationales Unternehmen« sich an die Spitze der deutschen Bundesstaaten zu setzen, neue Energie in die Bahnen der preußischen Politik im Kampf um die Vorherrschaft im Bund zu leiten, zugleich aber auch von den Schattenseiten der innenpolitischen Reaktionszeit abzulenken. Auch der Eintritt in die ostasiatische Politik läßt sich unverwechselbar als eine weitere Maßnahme in der Tradition der preußischen »Revolution von oben«, wie sie gerade wieder seit 1849 verfolgt wurde, einordnen. »Der Preuße«, formulierte Bismarck in einer Denkschrift aus dem Jahre 1858, »vergißt über jeder Erhöhung seines Selbstgefühls gegenüber dem Auslande leicht dasjenige, was ihn an den inneren Zuständen verdrießt.« »Einer Regierung, die uns nach außen hin Bedeutung gibt«, hatte er gerade Leopold v. Gerlach geschrieben, »halten wir vieles zugute und lassen uns viel gefallen dafür, selbst im Beutel[1].«

Tatsächlich gelang es der preußischen Diplomatie, die Zustimmung aller Bundesstaaten außer Österreich dazu zu gewinnen, daß sie von Preußen als ihrem gemeinsamen Vertreter in Ostasien repräsentiert werden sollten. Mit dem Auftrag, das »Terrain in wissenschaftlicher und kommerzieller Beziehung« zu erforschen, notfalls mit Waffengewalt zusammen mit den anderen okzidentalen Mächten vorzugehen (sich also am zweiten »Opiumkrieg« gegen China zu beteiligen!) und im Pazifik oder in Südamerika einen Stützpunkt, ja eventuell eine Kolonie zu gewinnen, stach das Expeditionsgeschwader im Frühjahr 1860 in See. Namentlich Frankreich, das sich vermutlich von der preußischen Präsenz ein gewisses Gegengewicht gegen England und Rußland versprach, hatte Berlin die Gewinnung eines Stützpunkts nahegelegt: ohne ihn sei die Durchsetzung von Verträgen auf die Dauer schier unmöglich. Ministerpräsident v. Hohenzollern-Sigmaringen, Außenminister v. Schleinitz und Prinz Adalbert v. Preußen als Marinechef griffen den Vorschlag auf. Sie gaben der Expedition entsprechende Instruktionen mit, jedoch blieben alle Erkundungen in dieser Hinsicht ergebnislos. Wohl aber wurden Verträge mit Siam, Japan und China geschlossen. Der Vertrag mit China vom September 1861 gewährte den deutschen Staaten die Rechte der meistbegünstigten Nation, aber Preußen allein das Recht ihrer diplomatischen Vertretung in Peking. Auf seiner Basis beruhten rechtlich die deutsch-chinesischen Beziehungen bis zum Ersten Weltkrieg!

Im Deutschen Bund wurde der Erfolg der preußischen Expedition, den der fortschrittliche Abgeordnete Virchow mitten im Verfassungskonflikt als eine »nationaldeutsche Angelegenheit« feierte, zur Ausdehnung preußischen Einflusses genutzt; im Inneren gewann er der umstrittenen Regierung ein gewisses Prestige, das sie in der Auseinandersetzung mit Landtag und Bürgertum gebrauchen konnte. Die Unkosten von nicht einmal einer halben Million Taler seien »sehr gut verwendet«, fand Delbrück. »Der sofort in die Augen fallende Gewinn lag in der Stellung, welche wir als Großmacht ... in der politischen Vertretung des ganzen, nicht zu Österreich gehörenden Deutschland« errungen hatten; sodann habe sich Preußen zum »Träger der realen Interessen Deutschlands im Fernen Orient« aufschwingen können. Diese realen Interessen sollten zwar erst nach zwei Jahrzehnten größere Bedeutung gewinnen, jedoch ist die Genesis der deutsch-chinesischen Beziehungen deshalb nicht weniger aufschlußreich. Zudem ist es für das Verständnis der späteren deutschen Chinapolitik nicht unwichtig, einen Blick auf die Teilnehmer an der Ostasienexpedition zu werfen. Sie stand unter der Leitung von Friedrich Graf zu Eulenburg, der nach der Rückkehr bis 1878 als preußischer Innenminister fungierte; der Arzt Dr. Lucius wurde unter Bismarck Landwirtschaftsminister, Graf August zu Eulenburg Oberhof-

---

1. Die erste grundlegende, sorgfältig aus den Akten erarbeitete u. im allg. nüchtern urteilende Studie über die deutsche Chinapolitik bis ca. 1890 stammt von H. Stoecker, Deutschland u. China im 19. Jh., Berlin 1958 (s. 49–54), ihr bin ich hier durchgehend verpflichtet; Kap. 3 vorher in: ZfG 5. 1957, 249–63. B. Siemers, Japans Eingliederung in den Weltverkehr, 1853–69, Berlin 1937, 127; T. Dennett, Americans in Eastern Asia, N. Y. 1963², 260–77, 607–10; R. v. Delbrück, Lebenserinnerungen, Leipzig 1905, II, 177; GW 5, 114; J. Ziekursch, Politische Geschichte des Neuen Deutschen Kaiserreichs, I, Frankfurt 1932, 27, u. GW 14/I, 447 (Bismarck an Gerlach, 25. 8. 1856, worin er zu einem »eklatanten kleinen Coup« der Marine riet, um die Bevölkerung zu begeistern).

meister Kaiser Wilhelms II., Max v. Brandt von 1872 bis 1893 deutscher Ministerresident in Tokio und Gesandter in Peking. Der Geologe Freiherr Ferdinand v. Richthofen beeinflußte die deutsche Chinapolitik bis hin zur Eroberung Kiautschous. Von den 64 Offizieren und Kadetten des Geschwaders rückten 23 in den Admirals- und Generalsrang auf; Vizeadmiral Heusner und Admiral Hollmann wurden Staatssekretäre des Reichsmarineamts. Aus den Erfahrungen dieser jungen Offiziere entsprang zum Teil das lebhafte Interesse, das auch die deutsche Kriegsmarine seit den 1890er Jahren an ostasiatischen Stützpunkten zeigte[2].

Vorerst zerschlugen sich alle Pläne, einen solchen Stützpunkt zu gewinnen, obwohl vor allem Prinz Adalbert fortfuhr, diese Frage immer wieder aufzuwerfen. Bei der Erörterung solcher Projekte, die manchmal auch schon eine lebhafte öffentliche Diskussion auslösten, tauchte besonders häufig die Forderung auf, von Formosa Besitz zu ergreifen. Hier könne Deutschland eine sichere Operationsbasis für seine Ostasienpolitik gewinnen. Schon 1867 wünschte E. Friedel für sie mit Nachdruck, ein deutsches »Hongkong« zu erwerben. Dreißig Jahre später wurde der Ruf nach dem »Erwerb ... eines deutschen Hongkong« vor der deutschen Intervention in China wieder aufgenommen, aber auch amerikanische Interessengruppen bewog der vielbeneidete englische Zentralstützpunkt zur analogen Forderung eines »amerikanischen Hongkongs«, das die Regierung McKinley 1898 in Manila zu finden hoffte. Rekognoszierungsbesuche preußischer Kriegsschiffe und konsularischer Vertreter in den Jahren von 1863 bis 1867 blieben ohne Ergebnis, aber nicht nur Friedrich Fabri lenkte 1879 noch einmal den Blick auf Taiwan, sondern auch Louis Baare befürwortete 1883 die Annexion der Insel. Immerhin wurde 1867 in Jokohama ein preußisches Marinedepot eingerichtet, bis zum Februar 1870 auch ein kleineres Geschwader aus Korvetten und Kanonenbooten als »Ostasiatische Schiffsstation«, die erste »Station« der preußisch-deutschen Marine in Übersee, gebildet[3].

Bismarck hatte seit seinem Amtsantritt im September 1862 diese Entwicklung verfolgt und gebilligt, aber wegen vordringlicher innerdeutscher Aufgaben und aus Bedenken gegen ein schnelles Engagement eine allzu auffällige, Komplikationen in sich bergende Aktivität abgebremst. In den Bundesreformentwurf vom 4. Juni 1866 ließ er einen Abschnitt (Art. X) aufnehmen, der die staatliche Aufsicht »über die Kolonisation« vorsah. Diese Formulierung wurde dann in die Verfassung des Norddeutschen Bundes vom 16. April 1867 (Art. IV, 1) übernommen. Schon im Januar 1867 hatte Bismarck dem württembergischen Gesandten v. Spitzemberg gegenüber die »Kolonisation«, aber auch die »Organisation des Schutzes des deutschen Handels im Ausland, der Schiffahrt, der Flagge, des Konsulatswesens etc.« zum Aufgabenbereich des erörterten »weiteren Bundes« gerechnet. In den »Grundzügen« ihres »politischen Programms« teilte die Regierung diesen Teil des Verfassungsentwurfs der Öffentlichkeit im Februar 1867 mit, und Bundeskommissar v. Savigny erläuterte

2. Nach Stoecker, 54–61; Die Preußische Expedition nach Ostasien, Berlin 1864–73, I, XII–XVII; II, 163; IV, 82–94; B. Siemers, Preußische Kolonialpolitik, 1861–62, Nippon 3. 1937, 21 f.; H. Cordier, Histoire des Relations de la Chine avec les Puissances Occidentales, Paris 1901, I, 141; Delbrück, II, 182–84.

3. Stoecker, 66, 69–71; E. Friedel, Die Gründung preußisch-deutscher Kolonien im Indischen u. Großen Ozean mit besonderer Rücksicht auf das östliche Asien, Berlin 1867, 100 (eine von ca. 30 Schriften dieser Jahre über Formosa!); DKG an Hohenlohe-Schillingsfürst, 4. 10. 1895, DKG 129, 117; Fabri, Bedarf, 87; McCormick, China Market, passim; Siemers, Nippon 3, 24; Kaiser Friedrich III., Tagebücher von 1848–66, Hg. H. O. Meisner, Leipzig 1929, 126; März, 88, 97; Hagen, 43 f., 89; Zimmermann, 46.

im März dem »Konstituierenden Reichstag« den Passus dahin, daß zunächst an die Gründung von Flottenstützpunkten gedacht sei.

Das sollte sich ziemlich bald als zutreffend erweisen, denn im April 1870 erklärte Bismarck dem preußischen Gesandten in Peking, Guido v. Rehfues, die Bildung der »Ostasiatischen Schiffsstation« damit, daß »die Interessen des deutschen Handels... die dauernde Unterhaltung« von Kriegsschiffen »in den ostasiatischen Gewässern« bedingten. »Obwohl es nicht an Ermunterungen und Anerbietungen hierzu gefehlt hat, so glauben wir uns doch aus ökonomischen und vorzugsweise politischen Gründen das Betreten einer Kolonialpolitik bzw. die Erwerbung der Landeshoheit über fremdländische Gebiete versagen zu sollen«, wiederholte er erneut seine Bedenken gegen staatlichen Gebietserwerb. Indessen lasse sich jetzt »ohne erhebliche Nachteile« die »Gründung von Marinedepots« »nicht länger hinausschieben«, da Jokohama den Anforderungen nicht voll genüge. »Wir wünschen daher sobald als möglich, auch mit der chinesischen Regierung ein Abkommen zu treffen«, in dem dem Norddeutschen Bund der Besitz eines »ausreichenden Terrains an einem zentralgelegenen Punkte der chinesischen Küste oder auf einer derselben benachbarten Insel... kauf- oder pachtweise« überlassen werde. Rehfues sollte »in möglichst vertraulicher Form« Verhandlungen eröffnen, dabei aber nachdrücklich betonen, daß »die Erwerbung der Souveränität über chinesisches Territorium« »nicht beabsichtigt sei«, »sondern daß es uns lediglich auf die Möglichkeit ankommt, in angemessener Weise für die notwendigsten Bedürfnisse« der deutschen Kriegsschiffe »Vorsorge zu treffen. Wir wünschen vielmehr, daß die zu erwerbende Lokalität durch die Fortdauer chinesischer Souveränität der Rückwirkung europäischer Kriege entzogen werde.« Politische Konkurrenz, »namentlich mit den Vereinigten Staaten«, sei ihm »sehr unerwünscht«, schärfte Bismarck dem Gesandten ein, der Auftrag sei daher mit aller diplomatischen Umsicht auszuführen. Den Bemühungen von Rehfues war jedoch kein Erfolg beschieden[4].

Wenige Monate später führte Bismarck den dritten Krieg um die preußische Hegemonialstellung in Deutschland. Die Konstellation der Mächtebeziehungen veränderte sich durch die deutschen militärischen Erfolge und die Entstehung des kleindeutschen Reichs so grundlegend, daß Bismarck das Vorhaben vorerst nicht weiter verfolgte, vielmehr ähnliche Wünsche, die seit dem Herbst 1870 an ihn herangetragen wurden, zurückwies. Was aber hatte ihn und die Norddeutsche Bundesregierung zur Einrichtung der »Ostasiatischen Station« und zur Einleitung von Stützpunktverhandlungen bewogen? Welche Interessen drängten während des Krieges erneut auf die Festsetzung in Ostasien? Präzise Angaben lassen sich wegen der Mängel der frühen deutschen und chinesischen Außenhandelsstatistik nicht machen, jedoch hatten sich bis zum Ende der 1860er Jahre deutsche Handelsfirmen einen wichtigen Anteil am

---

4. O. Becker u. A. Scharff, Bismarcks Ringen um Deutschlands Gestaltung, Heidelberg 1958, 278 f. (dort wird auch die falsche Ansicht [z. B. von R. Krauel, Persönliche Erinnerungen an den Fürsten Bismarck, in: E. Marcks u. a. Hg., Erinnerungen an Bismarck, Berlin 1915³, 7; Hagen, 44] widerlegt, Lothar Bucher, der allerdings im Februar 1867 in der »NAZ« für deutsche Kolonien eingetreten war [Timor, Philippinen, St. Thomas], habe Bismarck zur Aufnahme der »Kolonisations«-Klausel überredet; Entwurf vom 4. 7. 1867 von Hapke). E. R. Huber Hg., Quellen zum Staatsrecht der Neuzeit, Tübingen 1949, I, 318, 346; März, 89; Böhme, Großmacht, 239 (288 stimmen weder die Jahresangaben der Handelsverträge, noch das Urteil, daß 1868 »erste Kolonialprojekte« aufgetaucht seien!); Stoecker, 71; Bismarck an Rehfues, 2. 4. 1870, ebda., Anhang 272–74, vgl. 73 f. Offensichtlich falsch ist die Behauptung bei H. Hofmann (Fürst Bismarck, Stuttgart 1913, II, 415 f.), Bismarck habe 1870 schon Kiautschou besetzen wollen.

Chinahandel hinter der freilich weit überlegenen englischen und neben der amerikanischen Konkurrenz gesichert. Vor allem aber dominierten deutsche Schiffe in der Küstenschiffahrt so eindeutig, daß zeitgenössische Schätzungen aus den 1860er Jahren übereinstimmend zu dem Schluß kamen, etwa 3/4 aller im chinesischen Küstenhandel laufenden Schiffe befänden sich in den Händen deutscher Reedereien!

Da auch damals schon die Fata Morgana des unermeßlichen chinesischen Marktes vor den Augen der westlichen Kaufleute gaukelte, schien es angebracht zu sein, die günstige deutsche Ausgangsposition nicht nur zu behaupten, sondern auszubauen. Darum bemühte sich auch eine der jungen Berliner Großbanken. Die im März 1870 entstandene »Deutsche Bank«, die mit dem ausdrücklichen Hinweis auf die Notwendigkeit einer leistungsfähigen deutschen Außenhandelsbank begründet worden war, wollte »das überseeische Bankgeschäft in Deutschland« pflegen und im Außenhandel die Zwischenstellung englischer Bankfirmen ablösen, da bisher »trotz der Bedeutung der großen überseeischen Märkte für die deutsche Industrie die Vermittlung des sehr ausgedehnten Warenverkehrs ... fast ausschließlich durch englische Hände« gehe. Schon im Dezember 1871 entschloß sich die »Deutsche Bank«, den Aufbau eines ausländischen Clearing-Netzes durch die Einrichtung von Filialen in Schanghai und Jokohama in Angriff zu nehmen. Obwohl die Zweigstelle in Schanghai mit zwei Millionen Talern ausgestattet wurde, um »die wenig gebräuchliche« deutsche Valuta einzuführen, mußte das Unternehmen 1875 als gescheitert gelten. Indessen bleibt dieser erste Versuch doch aufschlußreich für die Erwartungen, die sich um 1870 mit dem Ostasienhandel auch in Deutschland verbanden[5].

b) Hinterindische Kriegsziele 1870/71

Schon im Spätsommer 1870 trat im Zusammenhang mit der Diskussion der deutschen Kriegsziele im Frankreichfeldzug die Frage nach einem ostasiatischen Stützpunkt erneut auf. In der »Kreuz-Zeitung« wurde schon am 18. September gefordert, »auf keinen Fall Frieden mit Frankreich ohne deutsche Kolonialakquisitionen« zu schließen. Zwei Tage später warf Ernst v. Weber in der »National-Zeitung« in die Debatte über den »Kampfpreis, den wir von Frankreich fordern müssen«, einen Vorschlag, der fortab einige Monate im Vordergrund bleiben sollte. Da die Annexion von Elsaß und Lothringen als Kriegsentschädigung nicht genüge, müsse Frankreich noch »eine größere Sühne« auferlegt werden. »Deutschland braucht Kolonien«, forderte v. Weber schon damals, Frankreich aber besitze in dem von Napoleon III. unlängst eroberten »Cochinchina« eine »Kolonie, deren Akquisition für Deutschlands Zukunft von einer unberechenbaren Wichtigkeit sein würde.« »Jeder, der die stetig fortschreitende Zunahme des Handels in den Ostasiatischen Meeren kennt und weiß, welcher ungeheuren Entwicklung derselbe noch in Zukunft fähig ist«, müsse Deutschland dazu drängen, »sich in den Besitz einer so günstigen merkantilisch und strategisch gleich wichtigen Position zu setzen«, die »den Kern eines zukünftigen deutsch-indischen

---

5. Stoecker, 47 f., 85–94, 93; R. Hauser, Die deutschen Überseebanken, Jena 1906, 18 f.; Böhme, Großmacht, 323, 345–47; J. Riesser, Die deutschen Großbanken u. ihre Konzentration, Jena 1912[4], 345 (§ 2 der Statuten der »Deutschen Bank«); G. Diouritch, L'expansion des banques allemandes à l'étranger, Paris 1909, 358–77; O. Lindenberg, 50 Jahre Geschichte einer Spekulationsbank, Berlin 1903, 201 f.; H. Wallich, Aus meinem Leben, Berlin 1929, 141; M. Müller-Jabusch, 50 Jahre Deutsch-Ostasiatische Bank, 1890–1939, Berlin 1940, 4–8, vgl. Helfferich, Siemens, I.

Kolonialreichs abgeben würde, welches sich naturgesetzlich nach und nach ... um diesen Kern herumkristallisieren« werde. »Der deutsche Handel wird eine ähnlich großartige Ausdehnung« in Ostasien gewinnen, glaubte v. Weber prophezeien zu können, »wie der englische in den indischen Provinzen Großbritanniens gewonnen hat, und auf diese Weise mächtig zur Bereicherung des Mutterlandes beitragen«. Während andere Publizisten beistimmten, sandten noch im September Bremer Reeder und Kaufleute eine von dem Reeder Peter Rickmers, dessen Schiffe alle im Ostasienverkehr liefen, und dem späteren Abgeordneten Mosle verfaßte Petition dem Reichstag des Norddeutschen Bundes ein, in der 35 Bremer und drei Berliner Firmen, sowie der berühmte Jurist Prof. v. Holtzendorff »die Erwerbung der französischen Flottenstation von Saigon im Hinblick auf die zukünftigen Friedensverhandlungen zur Erwägung« empfahlen. Zwar regte sich sogleich heftiger Protest in dem streng freihändlerischen Hamburg, doch auf Beschluß der Petitionskommission hin wurde der Antrag Ende November 1870 »in Anerkennung der großen Wichtigkeit des Gegenstandes« dem Plenum vorgelegt[6].

Im Reichstag entspann sich nun eine kurze, aber heftige Debatte. Der Hannoveraner Adickes verfocht die Petition mit der Begründung, daß »die Erwerbung Saigons oder vielleicht die Erwerbung Cochinchinas eine große Quelle des Reichtums für Deutschland werden« könne. Mit ihm wies der Geschäftsinhaber der »Disconto-Gesellschaft«, der Nationalliberale Miquel, wie schon in der Kommission darauf hin, daß der Aufstieg der französischen Schiffahrt in Hinterindien für den realen Nutzen Saigons zeuge. Indessen zeigte sich ihnen die Opposition der hanseatischen Freihändler überlegen. Wie die »Grenzboten«, die soeben »die ganze Politik des Kolonialhandels dem Kreise längst überwundener sittlicher Vorstellungen« zugerechnet hatten, sah der Hamburger Kaufmann Ross in der »Kolonialpolitik« einen »der gefährlichsten Wege ..., die betreten werden können«, denn sie habe »überall« zu »großen Übelständen« geführt. Kolonialerwerb hielt nicht nur der Altonaer Abgeordnete Schleiden für »entschieden verderblich«, sondern auch der »Lloyd«-Gründer H. H. Meier für »einen überwundenen Standpunkt«. In seiner für den freihändlerischen Expansionismus charakteristischen Entscheidung für den Antrag, hielt er jedoch we-

6. G. Körner, Die norddeutsche Publizistik u. die Reichsgründung im Jahre 1870, Hannover 1908, 323-28 (andere Stimmen u. Gegenmeinungen ebda.) Eingaben von Rickmers, Mosle u. v. Holtzendorff, Sept. 1870, RKA 7155, 240-42, 245; 7156, 67-71; Denkschrift Rickmers' mit zustimmenden Presseurteilen: Archiv HK Bremen, Hp II, 90, Nr. 2; Petition: RT (Norddeutscher Bund) 1:2:Anl. 13, Nr. 15, 44; Hamburger Börsenhalle 6., 8. 9. 1870; National-Zeitung 29. 9. 1870; Frankfurter Zeitung 20. 9. 1870, Bremer Courier 23. 11. 1870; Bremer Handelsblatt 19., 26. 11., 17. 12. 1870. Vgl. hierzu D. Glade, Bremen u. der Ferne Osten, 1782-1914, Bremen 1966, 126-30; Stoecker, 75-78; März, 99. Böhme (Großmacht 301 f.) geht auffälligerweise hierauf nicht ein. 1834-1934, 100 Jahre Rickmers, Hamburg 1934, 26-30; E. Baasch, Die HK zu Hamburg, 1665-1915, Hamburg 1915[2], II/2, 317; ders., Geschichte Hamburgs, Gotha 1925, II, 360; A. Coppius, Hamburgs Bedeutung auf dem Gebiete der deutschen Kolonialpolitik, Berlin 1905, 127-30; E. Wiskemann, Hamburg u. die Welthandelspolitik, Hamburg 1929, 221, vgl. 217-31; RT (Norddeutscher Bund) 1:2:Anl. 14, Nr. 2, 45. – Vgl. außerdem zur freihändlerisch-antikolonialistischen Einstellung der Hansestädte: T. Barth, Die handelspolitische Einstellung der deutschen Seestädte, Berlin 1880; E. Hieke, Hamburgs Stellung zum deutschen Zollverein, 1879-1882, phil. Diss. Hamburg 1935; L. Beutin, Bremen u. Amerika, Bremen 1953, 128-34; ders., Handel u. Schiffahrt in Bremen bis zum Weltkrieg, in: H. Knittermeyer u. D. Steilen Hg., Bremen, Bremen 1941[2], 292-317; H. Abel, Bremen u. die deutschen Kolonien, ebda., 318-32; H. Kastendieck, Der Liberalismus in Bremen, phil. Diss. Kiel 1952, MS; F. Rauers (Bremer Handelsgeschichte im 19. Jh., Bremen 1913) führt leider nur bis 1849; L. Friedrichsen, Familien- u. Lebenserinnerungen, Hamburg 1941; F. Marwedel, 200 Jahre Commerz-Collegium zu Altona, Hamburg 1938; 41 f.; 100 Jahre IHK u. Kaufmannschaft zu Lübeck, Lübeck 1953, 57 f.

gen der »großen Wichtigkeit des Platzes Saigon« die Erwerbung eines Stützpunkts für durchaus wünschenswert und ungefährlich. Nachdem jedoch noch der Führer der Fortschrittspartei, Freiherr v. Hoverbeck, überseeische Garnisonen und Forts als Anachronismus verspottet und der Leipziger Sozialist Mende entschieden gegen jede Annexion protestiert hatte, wurde der Antrag, die Petition an den Bundeskanzler weiterzuleiten, abgelehnt[7].

Den Abgeordneten war nicht bekannt, daß die französische Kaiserin Eugenie im Oktober Bismarck Cochinchina hatte anbieten lassen, jedoch ehe im Versailler Hauptquartier diese Frage endgültig entschieden wurde, forderte auch eine Berliner Interessengruppe, die in der »Gesellschaft für Erdkunde« ihren Wortführer fand, im Januar 1871 wegen »Deutschlands Interessen in Ostasien« einen Flottenstützpunkt. China werde »für die europäischen Fabrikate einen ungeheuren Absatzmarkt eröffnen«, hieß es auch schon in dieser Denkschrift, und daher gelte es, Deutschland »seinen gebührenden Anteil an einem Verkehr zu sichern, in dem die höchsten Werte des Welthandels umgesetzt werden«. Sobald Eisenbahn und Telegraf das Himmlische Reich den »Einflüssen des europäischen Zeitgeistes« ganz geöffnet hätten und Chinas »nach Myriaden zählende Einwohner als Konsumenten« in Erscheinung träten, stünden »gewaltigste Konvulsionen« bevor, in denen nur Staaten mit »achtungsgebietender Macht« »ihren Einfluß und also eine Teilnahme an den möglichen Handelsvorteilen« bewahren könnten. »Das nationale Interesse scheint deshalb in jeder Weise eine Besitzergreifung in den ostasiatischen Gewässern zu verlangen«, damit »Industrie und Handel« sich »entwickeln mögen«. Dabei dachte der Verfasser, der Geograph und Ethnologe A. Bastian, auch an Saigon, von dem aus sich ein Protektorat über das untere Indochina ausbilden lasse. Ein deutscher Stützpunkt im Fernen Osten, wiederholte er eindringlich, »wäre durch seinen Handel dorthin nicht nur gerechtfertigt«, sondern werde »im Grunde durch die Ausdehnung desselben schon längst verlangt«. Gleichzeitig reichten einige Hamburger Großkaufleute, die mit der scharf ablehnenden Haltung ihrer Handelskammer nicht übereinstimmten, eine Petition ein, die ebenfalls die Abtretung Cochinchinas und noch anderer französischer Kolonien vorschlug[8].

Im Januar und Februar 1871 wurden diese kolonialen Kriegsziele der Interessenten in Versailles beraten. Zu ihren Fürsprechern machten sich Prinz Adalbert von Preußen, der nach jahrelangem Drängen seine Stunde gekommen sah, und der badische Großherzog Friedrich I., der sich des Wohlwollens seines Schwagers, des Kronprinzen Friedrich, versicherte. Auch hier zeigte sich wieder, daß die liberal-nationalen Politiker nachhaltiger als z. B. Bismarck weitgesteckte Kriegsziele ins Auge faßten. Prinz Adalbert hatte schon im Dezember 1870 über Roon bei Bismarck vorfühlen lassen, aber eine ganz ausweichende Antwort erhalten; auch war der Widerstand

---

[7]. RT (Norddeutscher Bund) 1:2:40-43 (Adickes, Miquel, Ross, Schleiden, Meier, Hoverbeck, Mende, 30. 11. 1870); Körner, 323; Herzfeld, I, 244 f.; F. Hardegen u. K. Smidt, H. H. Meier, Berlin 1920, 211; L. Parisius, Hoverbeck, Berlin 1900, II/2, 240; Hagen, 47-50.

[8]. GW 7, 382 (Bismarck zu Gautier, 24. 10. 1870: »Cochinchina. Das ist aber ein sehr fetter Brocken für uns; wir sind aber noch nicht reich genug, um uns den Luxus von Kolonien leisten zu können«). Deutschlands Interessen in Ostasien, Berlin 1871, auch als Anhang zu: A. Bastian, Europäische Kolonien in Afrika, Berlin 1884, 41-60, Zit. 43 f., 47, 50, 59. Vgl. Zeitschrift der Gesellschaft für Erdkunde zu Berlin 6. 1871, 91-95 (7. 1. 1871); zu Bastian 148/7. B. schlug hier auch schon eine deutsche Postdampferlinie und Bankfiliale vor. – Zimmermann, 12; Poschinger, Bismarck u. die Anfänge der deutschen Kolonialpolitik, KZ 19. 8. 1907; Kaiser Friedrich III., Das Kriegstagebuch von 1870/71, H. O. Meisner Hg., Berlin 1926, 275 (14. 12. 1870).

Delbrücks sofort zutage getreten. Anfang Januar 1871 stieß Großherzog Friedrich noch einmal nach. Ganz offen erklärte ihm daraufhin Delbrück, »daß er entschiedener Gegner solcher Stationen sei, da sie die Anlage von Kolonien anbahnen sollten, und das erachte er für ein Unglück für Deutschland«. Kolonien erforderten eine schlagkräftige Flotte, die Preußen-Deutschland – wie auch Roon und Bismarck vorher hervorgehoben hatten – weder besitze noch benötige. Noch nicht entmutigt versuchte der Großherzog am 6. Februar über den Geheimrat Abeken einen Seitenweg zu Bismarck zu finden. »Cochinchina in unseren Händen« und Saigon als »Zentralplatz« der Marine im Fernen Osten würden Deutschland, behauptete er, »mit einem Schlage eine bedeutende Machtstellung in Ostasien geben, die nur segensreich auf unseren schon sehr bedeutenden Handel nach China und Japan zurückwirken könnte«.

Am Vortage hatte Bismarck aber die diplomatischen Vertreter in London und Washington streng angewiesen, Pressemeldungen über deutsche Absichten auf Pondicherry mit der Versicherung entgegenzutreten, daß das neue Reich keine überseeischen Erwerbungen beabsichtige. Offensichtlich wollte er die ohnehin komplizierte Lage nicht auch noch durch weitschweifende Kolonialpläne erschweren, wohl auch einer englischen Interventionsneigung keine Nahrung geben. In diesen Instruktionen drückte sich seine eigentliche Meinung offener aus als in der unverbindlich-höflich hinhaltenden Äußerung Abekens gegenüber dem hohen Fragesteller, daß Bismarck »die etwas schroffen Ansichten Delbrücks« nicht teile. Er sei »deshalb auch nicht prinzipiell gegen die Erwerbung von überseeischen Punkten, vielmehr sei er diesem Gedanken sehr geneigt«. Unbedingt müsse aber ein Konflikt mit einer Seemacht vermieden werden. Martinique, auf das Friedrich I. mit den Hamburger Kaufleuten verwiesen hatte, falle daher aus Rücksicht auf die Monroe-Doktrin von vornherein aus. Für Saigon werde sich Bismarck aber »wohl interessieren, da die deutschen Handelsbeziehungen zu Ostasien schon sehr lebhaft geworden sind«. Die Berliner Denkschrift über »Deutschlands Interessen in Ostasien« wollte Abeken auch weitergeben. Indessen dachte wahrscheinlich Bismarck in der schwierigen zweiten Phase des Krieges gegen Frankreich nie ernsthaft daran, seiner Politik die Bürde einer überseeischen Ausbreitung gerade jetzt aufzulasten. Schon am 9. Februar spottete er im engsten Kreis über solche Pläne, und am 20. Februar ließ er Großherzog Friedrich mitteilen, »es sei noch zu früh für unsere Marine, solche Stationen zu bilden, denn sie kosteten mehr als sie nützen«. Konziliant vertröstete er Friedrich I. auf die ferne Zukunft: »Wenn aber später eine Station gewonnen werden könne, so sei dies in Ostasien jedenfalls sehr am Platz...« Damit waren, wie der Großherzog ganz zutreffend die Entscheidung in seinem Tagebuch festhielt, diese Fragen »abgetan«[9].

9. Batsch, Admiral Prinz Adalbert v. Preußen, Berlin 1890, 309 f. (1. 12. 1870); H. Oncken Hg., Großherzog Friedrich I. von Baden u. die deutsche Politik von 1854-71, Berlin 1927, II, 287 (3. 1. 1871), 340 (25. 1. 1871), 357-61 (6. 2. 1871, Badens Interesse sei gegeben, »da ein Teil unserer Industrie in regem Verkehr mit Ostasien steht und dort gute Geschäfte macht«), 387 (20. 2. 1871); Kaiser Friedrich III., Kriegstagebuch, 372 (7. 2. 1871); O. Lorenz, Kaiser Wilhelm u. die Begründung des Reichs, 1866-71, Jena 1902², 508, 516 f.; K. Jacob, Bismarck u. die Erwerbung Elsaß-Lothringens, 1870/71, Straßburg 1905, 80 f., Anhang 24 f.; GW 6b, 687 f. (4. 2. 1871); Busch, I, 157 (9. 2. 1871); unergiebig: H. Abeken, Ein schlichtes Leben in bewegter Zeit, Berlin 1898; demnächst hierzu: E. Kolb, Bismarck u. der Krieg von 1870/71, phil. Habil.-Schrift Göttingen 1969.

c) Der Anreiz des ostasiatischen Markts

Schon bald nach dem Krieg tauchten freilich ähnliche Pläne und Vorschläge wieder auf. Im Februar 1872 bereits schlug der Ministerresident in Tokio, v. Brandt, dem Chef der Admiralität, Albrecht v. Stosch, vor, einen Stützpunkt in Ostasien zu erwerben; außerdem riet er zu einer subventionierten Dampferlinie, die eine regelmäßige Verbindung zwischen deutschen Häfen und dem Fernen Osten herstellen sollte, – eine Forderung, auf die er 1875 zurückkam, als nach dem Einsetzen der Depression der Handel einen »beträchtlichen Ausfall« zeigte und die Fabrikanten hofften, wie v. Brandt berichtete, »durch die Ausdehnung des ihren Waren geöffneten Gebiets eine Änderung zu ihren Gunsten zu erreichen«. Inzwischen hatte v. Stosch in seiner Denkschrift über den Aufbau der Reichskriegsflotte vom Mai 1872 dem Reichstag eröffnet, daß »die maritimen Interessen, welche Deutschland im transozeanischen Ausland in so hohem Grade hat«, keine Benachteiligung erfahren sollten. »Der Erwerb einiger gesicherter Stützpunkte für Flottenoperationen im Ausland – wobei aber jeder Gedanke an Kolonisation ausgeschlossen bleibt«, wie er sich hinzuzufügen beeilte, »darf daher nicht aus dem Auge verloren werden«.

Vorerst blieb es jedoch bei solchen platonischen Erklärungen. Das Interesse an den wirtschaftlichen Möglichkeiten Ostasiens schlief aber nicht ein. Die Erschließung Chinas werde bald »eine Umwälzung zur Folge haben«, hieß es 1874, »die sich in ihren Wirkungen noch der Berechnung entzieht«, auf jeden Fall biete es Absatzmöglichkeiten für »große Mengen unserer Fabrikate«. Angeregt durch die europäischen und nordamerikanischen Erfahrungen der 1860er und 1870er Jahre wurde besonders vom Eisenbahnbau in China eine wahre Wunderwirkung erwartet. In seinem Gefolge müsse China »ein Handelsgebiet von großartigster Bedeutung werden«, berichtete 1881 ein deutscher Kaufmann. Mit regelmäßigen Verkehrsverbindungen »hätte Deutschland sich dort ... ein Land friedlich erobert, welches uns die fehlenden Kolonien ersetzt hätte.« Noch »unendlich größer und nicht wieder einzubringen« würde jedoch der Schaden sein, wenn Deutschland bei der noch zu erwartenden großartigen Entfaltung des Handels »nicht« am »Platz« wäre[10].

Zunächst erreichte das Reich im März 1880 durch eine Zusatzkonvention zum Handelsvertrag von 1861 die Öffnung neuer Häfen. »Es ist nunmehr Sache des deutschen Handelsstandes«, mahnte eine Denkschrift der Regierung, »sich den gebührenden Anteil in den Verkehrsbeziehungen mit China zu sichern.« Dort entwickele sich »ein größeres Indien«, sagte A. Bastian voraus. »Hier also bietet sich ein lohnendes Beutestück, hier greife man zu« – wobei er allerdings an die Durchsetzung eines Freihandelsvertrags dachte. Vorher schon, 1882, hatte der Chinaexperte Freiherr v. Richthofen erstmals die »künftige Bedeutung« des Besitzes von Kiautschou hervorgehoben. Durch eine Eisenbahn mit dem Inneren der reichen Provinz Schantung verbunden, werde der Hafen als ein »leichter Ausweg« für die Produkte des Inlands dienen, während »den Importen ein billiger Zugang zu einigen der wichtigsten Gebiete« des Mandschureichs verschafft werde. Wenn auch Stosch im Herbst 1883 noch einmal äußerte, Deutschland solle endlich »eine Festsetzung in China ins Auge fas-

---

10. M. v. Brandt, 33 Jahre in Ostasien, Leipzig 1901, III, 324–29; RT 1:3:3:Anl. 57, 224 (Denkschrift 6. 5. 1872). Vgl. R. Foerster, Politische Geschichte der preußischen u. deutschen Flotte bis zum ersten Flottengesetz von 1898, phil. Diss. Leipzig, Dresden 1928, 28–51; KZ 6. 6. 1874; 6. 6. 1879. An., Die Abgeschlossenheit der Chinesen unter besonderer Berücksichtigung des deutschen Handels, Hildesheim (1881), 22, 25 f.; Stoecker, 79, 95 f.

sen«, so sollte es doch noch fünfzehn Jahre bis zur Verwirklichung solcher Absichten dauern. Aber seit der Mitte der 1880er Jahre begann sich im Zuge der allgemeinen wirtschaftlichen Expansion Deutschlands auch die Verbindung mit China enger zu gestalten[11].

Noch zögernder als sich der deutsche Handel mit Japan entwickelte, bahnten sich Beziehungen mit dem Königreich Korea, einem chinesischen Vasallenstaat, an, in dem Japan, die Vereinigten Staaten, schließlich auch Rußland seit den 1870er Jahren um den vorherrschenden Einfluß rangen. Nachdem die Japaner seit 1876 einen deutlichen Vorsprung gewonnen hatten, konnte der amerikanische Commodore Shufeldt 1882 einen Vertrag mit Korea schließen, der das fast hermetisch gegen die okzidentalen Staaten abgeschlossene Land dem Eindringen des Handelskapitalismus öffnete. Die Engländer folgten unverzüglich nach, und im Sommer 1882 gelang es auch dem Pekinger Gesandten v. Brandt, einen Handelsvertrag mit Korea zu schließen. Da der Vertrag Deutschland nicht alle Vorteile der meistbegünstigten Nation sicherte, wurde er nicht ratifiziert, sondern im November 1883 durch einen günstigeren ersetzt, von dem sich die Berliner Regierung versprach, daß er sich als »vorteilhaft für den deutschen Handel« erweisen werde. Eine Hoffnung, die zwar im Reichstag geteilt, jedoch im 19. Jahrhundert nicht mehr durch die Gewinne der einzigen deutschen Firma in Korea erfüllt wurde. Auch hier richteten sich die Erwartungen zunächst mehr auf die potenziellen als auf die unmittelbar realisierbaren Möglichkeiten. Wie sich aber gerade in der Zeit der Verabschiedung des Koreavertrages erweisen sollte, vermochten auch solche Erwartungen durchaus dazu beizutragen, die Reichspolitik auf der Bahn der staatlichen Außenhandelsförderung voranzutreiben[12].

B. DER PAZIFIK

Das hatte sich schon in den vorhergehenden Jahren gezeigt, als sich die Aufmerksamkeit deutscher Kaufleute und der Berliner Regierung auch dem Stillen Ozean zugewandt hatte. Hier bot sich den okzidentalen Staaten ein im buchstäblichen Sinn schier unermeßliches Expansionsfeld. Seit dem 18. Jahrhundert besaß England von

---

11. RT 4:4:4:Anl. 126, 723–50 (Konvention 31. 3. 1880 u. Denkschrift 12. 5. 1881, Zit. 738). Vgl. Beutner, Die deutschen Handels-, Freundschafts-, Schiffahrts-, Konsular- u. literarischen Verträge, Berlin 1883, 71–77; H. v. Poschinger Hg., Die wirtschaftlichen Verträge Deutschlands, II, Berlin 1892, 34–66; Reichsamt des Innern Hg., Die Handelsverträge des Deutschen Reiches, Berlin 1906; dazu M. Schraut, System der Handelsverträge u. die Meistbegünstigungsklausel, Leipzig 1884; Bastian, Kolonie, 40; F. v. Richthofen, China, II, Berlin 1882, 266; Stoecker, 83 f., 112; P. Koch, Albrecht v. Stosch als Chef der Admiralität, Berlin 1903, 78 (St. an Hollmann, Stabschef der Admiralität, später Staatssekretär des Reichsmarineamts). Vgl. E. Schröder, A. v. Stosch, Berlin 1939; zuletzt: F. B. M. Hollyday, Bismarck's Rival. A. v. Stosch, Durham 1960, 136–77; O. E. Schüddelkopf, Die Stützpunktpolitik des Deutschen Reiches, 1870–1914, Berlin 1941.
12. C. O. Paullin, The Opening of Corea by Commodore Shufeldt, Boston 1910; H. J. Noble, The United States and Sino-Korean Relations 1885–87, PHR 2. 1932, 292–304; F. H. Harrington, God, Mammon, and the Japanese, Dr. H. N. Allen and Korean-American Relations 1884–1905, Madison 1944; H. Conroy, The Japanese Seizure of Korea, 1868–1910, Philadelphia 1960; P. Renouvin, La Question d'Extrème-Orient, 1840–1940, Paris 1946; D. J. Dallin, The Rise of Russia in Asia, New Haven 1949; Dennet, 450–88; J. M. Shukow, Die internationalen Beziehungen im Fernen Osten, 1870–1950, Berlin 1955, 40; E. V. G. Kiernan, British Diplomacy in China, 1880–85, Cambridge 1939, 73–85, 101–12; Stoecker, 134–37; R. v. Moellendorf, P. G. v. Moellendorf, Leipzig 1930, 27–108. – RT 5:4:4:Anl. 171, 1303–22 (Korea-Vertrag 26. 11. 1883, Zit. 1320); Beratung: RT 5:4:2:1050–86 (26. 6. 1884), 1162 (28. 6. 1884).

seinen Positionen in Australien und Neuseeland, dann von Hongkong und Singapur her ein zunächst unangefochtenes Übergewicht, besonders im Südpazifik. Das holländische Kolonialreich auf den ostindischen, indonesischen Inseln zeigte sich ebenso wie einer der Restbestände des ehemals weltumspannenden spanischen Kolonialbesitzes: die philippinische Inselgruppe zu weiterer Ausdehnung unfähig. Beide Metropolis-Staaten versuchten nur mehr, ihren Besitzstand nach Kräften zu wahren und zu verteidigen. Noch weniger zählten geringfügige portugiesische Splitterkolonien. Frankreich war durch sein alle Kräfte beanspruchendes Engagement in Afrika und Hinterindien gebunden; immerhin gelang es ihm doch noch, im Südpazifik die nahezu geradlinige Perlenschnur der melanesischen Neuhebriden und Neukaledoniens, sodann der polynesischen Gesellschafts-, Tuamotu- und Marquesasinseln zu erwerben. Ungleich kraftvoller stießen die Vereinigten Staaten in den Stillen Ozean vor. Seit dem frühen 19. Jahrhundert verstanden sie sich trotz aller Unvollständigkeit ihres Kontinentalbesitzes auch schon als pazifische Macht, deren Leitbild William H. Seward, später Lincolns Außenminister, in den 1850er Jahren entwarf. Nur die auf Stützpunkten aufruhende Herrschaft des klassischen Freihandelsimperialismus galt ihm als das »wirkliche Empire«. Angesichts der ungeheuren potentiellen Möglichkeiten des ostasiatischen Großmarktes werde der Pazifik in naher Zukunft zum »Hauptschauplatz wichtiger Ereignisse« aufsteigen – wer ihn beherrsche, dem falle die ökonomische Weltherrschaft zu. Dieser handelsimperialistischen Konzeption von mehr als nur visionärem Zuschnitt diente die Erwerbung Alaskas und der Insel Midway, die Erschließung Japans, aber auch die enge Bindung des hawaiischen Königreichs an die Union[13].

Jedoch auch auf Nordborneo suchte die amerikanische Kriegsmarine 1872 einen Stützpunkt zu gewinnen; im selben Jahr schloß Kapitän Meade einen ersten Vertrag mit Häuptlingen auf der samoanischen Insel Tutuila, um die Hafenbucht von Pago Pago zu sichern. 1873 wurde die Erwerbung von Pearl Harbor auf Oahu erstmals erwogen. Das amerikanische Interesse an der polynesischen Inselwelt schien dem englischen Kolonialamt so bedrohlich anzuwachsen, daß es deshalb im Oktober 1874 die Fidschiinseln als Kronkolonie annektieren ließ, worauf Washington erbost die Annexion Hawaiis als Gegenschlag erwog. Ganz wie Seward sahen aber amerikanische Politiker das amerikanische Handelsimperium im Pazifik auch ohne solche spektakulären Schritte Gestalt annehmen.

Die anhebende englisch-amerikanische Rivalität im Pazifik, die seit dem Beginn der 1870er Jahre spürbar zunahm, weitete sich aber bald zu einem internationalen Konkurrenzkampf aus, als erst das Deutsche Reich, dann auch wieder Frankreich im Gefolge ihrer Kaufleute auf dem Schauplatz erschienen. Vor allem deutsche Interessen traten im Malaiischen Archipel und in Mikronesien, in Melanesien und Polynesien

---

13. W. P. Morrell, Britain in the Pacific Islands, Oxford 1960; J. M. Ward, British Policy in the South Pacific, 1780–1893, London 1950²; A. Ross, New Zealand Aspirations in the Pacific in the 19th Century, Oxford 1964, 173–93. Wehler, JbA 10, 153–56; F. R. Dulles, America in the Pacific, Boston 1932; N. Peffer, The United States in the Far East, Political Science Quarterly (= PSQ) 54. 1939, 1–14; Pletcher, 126–28; LaFeber, passim; M. Plesur, Across the Wide Pacific, PHR 28. 1959, 73–80; enttäuschend ist: W. Clement; Die amerikanische Samoapolitik u. die Idee des Manifest Destiny, phil. Diss. Marburg 1949, MS.–F. C. Langdon, Expansion in the Pacific and the Scramble for China, NCMH 11. 1962, 641–67; Barraclough, Introduction, 70; J. I. Brookes, International Rivalry in the Pacific Islands, 1800–75, Berkeley 1941; J. W. Ellison, Opening and Penetration of Foreign Influence in Samoa to 1880, Corvallis 1938; S. Mastermann, The Origins of International Rivalry in Samoa, 1845–84, Stanford 1934; G. H. Scholefield, The Pacific, London 1919, 148–78.

während der 1870er Jahre fast ruckartig hervor und zogen erste staatliche Unterstützungsmaßnahmen nach sich[14].

a) Deutsche Handelsinteressen in der pazifischen Inselwelt

1876 suchte der österreichische Baron v. Overbeck, der auf die damals übliche abenteuerliche Art sogenannte »Rechte« auf Nordborneo erworben hatte, Unterstützung für seine Pläne in Deutschland, scheiterte aber wie v. Weber im selben Jahr an der kühlen Zurückweisung Bismarcks. Dagegen gelang es der englischen Export- und Importfirma Dent mit Unterstützung des Unterstaatssekreträs J. Pauncefote, einflußreiche Gruppen der englischen Führungsschicht an Nordborneo zu interessieren. Das Argument, daß Borneo die Flanke des englischen Chinahandels decken werde, verschaffte ihnen im Frühjahr 1879 Salisburys Zustimmung. Overbeck drängte daraufhin durch Vermittlung des Bremer Reichstagsabgeordneten Mosle noch einmal in Berlin auf Hilfe, ohne indessen Entgegenkommen zu finden. Als Siegerin ging aus diesem Wettbewerb die im November 1881 gegründete »British North Borneo Company« hervor, die bis 1946 Einfluß behielt. Mit ihr wurde die erste Charter-Gesellschaft nach dem Niedergang der »East India Company« im Jahre 1858 gegründet und als Mittel imperialistischer Expansion eingesetzt. Sie diente nicht nur als Modell für eine ganze Reihe der seither neuentstehenden englischen Charter-Gesellschaften – z. B. nachweisbar für die »Royal Niger Company« Goldies von 1886, die »Imperial East Africa Company« McKinnons von 1888 und Rhodes' »British South Africa Company« von 1889! –, sondern sie übte auch auf die Form der ursprünglichen deutschen Kolonialexpansion eine unmittelbare Wirkung aus. In Deutschland wurde allerdings 1881 zunächst nur die versäumte Chance bedauert. »Das Bedürfnis Deutschlands, für seine in immer steigenden Progressionen sich entwickelnde Industrie überseeische Absatzgebiete zu suchen«, habe doch »schon längst dahin gedrängt, den auswärtigen Handelsbeziehungen ... eine sorgfältige Pflege zuzuwenden und die Erwerbung eigener Kolonien ins Auge zu fassen«, hieß es. »Die Eröffnung neuer, fast unbegrenzter Absatzgebiete für den überseeischen deutschen Handel und die deutsche Industrie« von der Basis in Borneo aus, müsse »als so groß und in die Augen springend anerkannt werden«, daß ein beherztes Zugreifen allgemein anerkannt worden wäre[15].

Weiter östlich, auf dem zu den Philippinen gehörigen Sulu-Archipel hatten deut-

---

14. K. G. Tregonning, American Activity in North Borneo, 1865–81, PHR 23. 1954, 357–72; G. H. Ryden, The Foreign Policy of the United States in Relation to Samoa, New Haven 1933; J. M. Schofield u. B. S. Alexander, Report on Pearl Harbor 1873, AHR 30. 1925, 561–9; M. D. McIntyre, Anglo-American Rivalry in the Pacific and the British Annexation of the Fiji-Islands in 1874, PHR 29. 1960, 370–76; J. D. Legge, Britain in Fiji, 1858–80, London 1958, 151–201; Morrell, 151–68, 361–400; Wehler, HZ 201, 86–89.

15. K. G. Tregonning, Under Chartered Company Rule. North Borneo 1881–1946, Singapur 1958, 12, 21, 24–30; J. S. Galbraith, The Chartering of the British North Borneo Company, The Journal of British Studies 4. 1965, 102–26; Poschinger, Volkswirt, I, 118 f.; Magdeburger Zeitung 17., 28. 12. 1881; Norddeutsche Presse 29. 12. 1881. Vgl. hierzu: H. H. Kraft, Chartergesellschaften als Mittel zur Erschließung kolonialer Gebiete, Hamburg 1943, 10–75; Wolf. Treue, Koloniale Konzessionsgesellschaften, KR 33. 1942, 173–83; C. de Wiart, Les Grandes Compagnies Anglaises du XIXe Siècle, Paris 1899, sowie u. S. 274 über die Anregung für Berlin. – Daß der strikt antikolonialistische Gladstone, der sich in der Borneo-Frage übergangen gab, informiert war, zeigt Dilke: S. Gwynn u. G. W. Tuckwell, Life of Sir Charles Dilke, London 1917, I, 388–90.

sche Handelsfirmen Fortschritte gemacht, ehe spanische Zollschikanen ihre Entwicklung zu hemmen begannen. Ganz im Stil des traditionellen Kolonialmerkantilismus wurden auch Schiffe aufgebracht, ihre Eigentümer erst Jahre später entschädigt. Nachdem Berlin 1876 entschieden gegen diesen Versuch, das »für die Entwicklung des fremden Handels ungünstige« philippinische Kontrollsystem auch auf die Sulu-Inseln auszudehnen, protestiert hatte, erzwang Deutschland im Verein mit England im März 1877 von Spanien ein Protokoll, in dem Madrid »die vollständige Freiheit des Handels und des direkten Verkehrs« anerkennen mußte. Zölle durften fortab nur dort erhoben werden, wo Inseln »effektiv besetzt« waren, wo also »Spanien die für die Sicherheit und Erleichterung des Handels notwendigen Beamten und Einrichtungen dauernd unterhält«. Ebenso erfolgreich war ein deutscher Protest schon 1875 verlaufen, als plötzlich die spanische Regierung deutschen Handelsschiffen gebührenpflichtige Erlaubnisscheine zum Anlaufen der Karolinen- und Palauinseln, der seit dem Spätmittelalter von Madrid beanspruchten größten mikronesischen Inselgruppe, abverlangte. Berlin weigerte sich umgehend, eine Zollhoheit der spanischen Gouverneursbehörden in Manila anzuerkennen, da ein Rechtstitel auf die Inseln weder vertraglich »sanktioniert« sei noch »faktisch ausgeübt« werde. »Wenn sich die Regierung des Kaisers die Verfolgung einer eigentlichen Kolonialpolitik versagt«, hieß es in einer charakteristischen Wendung, »so hat sie um so mehr den Beruf, den deutschen Handel gegen unberechtigte Eingriffe in die Freiheit seiner Bewegung zu schützen. Sie kann daher nicht zugeben«, daß Spanien »aus den von deutschen Staatsangehörigen mit großen Kosten, Mühen und Gefahren angeknüpften Handelsbeziehungen und begründeten Faktoreien einen Gewinn« ziehe, »auf den nur selbst gebrachte Opfer und die Gewährung staatlichen Schutzes einen Anspruch verleihen«. Auch hier genügte der entschiedene Widerstand, um zehn Jahre lang den deutschen Kaufleuten die Bahn freizuhalten.

Mit einem Bündel von »Handelsverträgen«, die deutsche Seeoffiziere 1878/79 mit Eingeborenenhäuptlingen schlossen, wurde das Übergewicht hanseatischer Handelsfirmen auf den ebenfalls mikronesischen Duke of York-, Marshall- und Ralick-, den Ellice- und Gilbert-Inseln sowie auf den Gesellschaftsinseln abgeschirmt. In Mioko und Makado auf den Duke of York-Inseln, aber auch in Jaluit auf Bonham sicherte sich die Marine Kohlenstationen; hier gewann auch die spätere »Jaluit-Gesellschaft« ihre Hauptniederlassung[16].

Das südlich gelegene Melanesien, das die australischen und neuseeländischen Kolonialregierungen für ihre natürliche Einflußsphäre hielten, zog erst seit 1879 in stärkerem Maße deutsche Interessenten, namentlich nach Neuguinea, an, obwohl auf den östlich vorgelagerten Inselketten schon vorher deutsche Händler Verbindungen angeknüpft hatten. Das eigentliche Zentrum der deutschen Handelsentwicklung im Stillen Ozean aber lag in der polynesischen Inselwelt. Ganz im Osten wurden deutsche Firmen von der britischen Annexion der Fidschiinseln betroffen. Bismarck hatte keinerlei Bedenken dagegen geäußert, vielmehr das geordnete Regiment englischer Kolonialbehörden für vorteilhaft gehalten. Als die englische Verwaltung zum Schutz der Eingeborenen und zur Unterstützung britischer Firmen alle vor 1871 eingegangenen Schuldverpflichtungen der Insulaner nicht anerkannte und damit, wie

---

16. RT 3:1:3:Anl. 205, 554–57 (Denkschrift 2. 5. 1877 zum Protokoll v. 11. 3. 1877); Protestnote v. 4. 3. 1875 nach: Hahn-Wippermann, 5, 173–76. Vgl. K. Herrfurth, Bismarck als Kolonialpolitiker, Zeitschrift für Kolonialpolitik (= ZKKP) 11. 1909, 727; Wolf. Treue, Die Jaluit-Gesellschaft, Tradition 7. 1962, 107–23; F. Hernsheim, Südsee-Erinnerungen, Berlin 1883.

sich herausstellte, auch beträchtlichen, wenn auch mit oft dubiosen Methoden erworbenen Grundbesitz in deutscher Hand entschädigungslos enteignete, begann ein stetes Rinnsal von Protesten der Betroffenen, zu denen der deutsche Konsul Sahl zählte, nach Berlin zu fließen. Dort vertröstete man die Bittsteller, deren Ansprüche im Laufe der Zeit – bei einer Firma auf 125 000 Pfund Sterling – anwuchsen, und fragte gelegentlich in London nach, wo der deutsche Botschafter Graf Münster fast zehn Jahre lang vertröstet wurde. Erst dann schaltete sich Bismarck ein und benutzte die Verschleppung einer befriedigenden Antwort als Druckmittel bei den Kolonialverhandlungen mit England[17].

Ganz im Norden Polynesiens gelangte dagegen die deutsche Handelspolitik früh an ihr Ziel: zum Abschluß eines Handelsvertrags mit Hawaii. Ein erster Vertrag des Inselreichs mit dem Norddeutschen Bund war zwar 1870 in Berlin, aber aus Rücksicht auf die Reziprozitätsverhandlungen mit den Vereinigten Staaten nicht in Honolulu ratifiziert worden. 1875 gelang es endlich auch den amerikanischen Unterhändlern, in einem Vertrag allein der Union die Meistbegünstigung zu sichern, Hawaii damit »wirtschaftlich zu einem Teil der Vereinigten Staaten« zu machen und statt einer formellen Annexion ein nur notdürftig verschleiertes Protektorat über den »Thermophylen des Stillen Ozeans« zu errichten. Die Außenzölle trafen den deutschen Handel so empfindlich, daß Berlin bald auf neue Verhandlungen hinsteuerte, die im November 1879 zum Abschluß kamen. Die absolute Meistbegünstigung wurde Deutschland zwar verwehrt, die den Vereinigten Staaten exklusiv gewährten Rechte durfte es nicht beanspruchen, jedoch hob Ministerialdirektor Max v. Philipsborn vom Auswärtigen Amt während der Reichstagsberatungen an dem »eigentümlichen« Verhältnis Hawaiis zu Amerika hervor, daß es die »Konsumtionsfähigkeit« des Königreichs stärke, damit aber »wächst unser Absatz dorthin.« Wenn die Denkschrift der Reichsregierung zum Vertragswerk die »hervorragende Bedeutung Hawaiis« auch für den deutschen Handel damit erklärt hatte, daß die »Inselgruppe ... an der großen Verkehrsstraße des amerikanischen Kontinents nach Australien, Japan und China« liegt, so hoffte im Parlament der Linksliberale v. Bunsen, daß das Abkommen »es dem deutschen Handelsstand in der Südsee, der so mächtig seine Schwingen entfaltet, möglich machen« werde, »auch auf den hawaiischen Inseln eine größere Geltung sich zu verschaffen«. Nicht ohne Argwohn hat das State Department seither die deutschen Handelsbeziehungen mit Hawaii verfolgt. Als Außenminister Bayard schließlich den deutschen Gesandten in Washington offiziell warnte, die amerikanischen Vorrechte anzuzweifeln, beklagte sich zwar Herbert v. Bismarck, »der Stille Ozean« werde immer mehr »wie an American Lake« behandelt, aber sein Vater war trotz aller sarkastischen Kommentare über die Anmaßungen der Monroe-Doktrin nie geneigt, wegen Hawaiis eine deutsch-amerikanische Verstimmung entstehen zu lassen[18].

An der nördlichen Peripherie Polynesiens konnte sich kein Schwerpunkt deutscher Interessen mehr ausbilden, wohl aber im Kerngebiet: auf den Samoa- und Tonga-

---

17. Legge, 151–201; Morrell, 151–68, 361–400; RKA 8950 (Fidschi 1872–76); 2822, 12; RT 6:1:5: Anl. 115, 419–55 (Deutsche Landreklamationen auf Fidschi, sog. Fidschi-Weißbuch [= Wb], vgl. J. Sass, Deutsche Weißbücher zur auswärtigen Politik, 1870–1914, Berlin 1928, 52–55), hier 423–26; StA 44, 13–20; Hagen, 65–68.

18. RT 4:3:3:Anl. 49, 329–50, Zit. 348; Beutner, 140–50; RT 4:3:1:405 (Philipsborn, 15. 3. 1880), 408 (Bunsen), vgl. ebda., 822, 823–27 (19., 20. 4. 1880); Aufz. T. F. Bayards 7. 12. 1887, Nl. Bayard, LC; Aufz. H. v. B., 24. 8. 1887, in: Die Große Politik der Europäischen Kabinette (= GP) 1871–1914, Berlin 1926⁸, IV, 176; ausführlich: Wehler, JbA, 153–81; Stolberg-Wernigerode, 233 f.

inseln. Hier hatte das Hamburger Handelshaus Johann Cesar Godeffroy ein unbezweifelbares Übergewicht gewonnen. Die Firma hatte seit den 1830er Jahren den Handel mit Lateinamerika gepflegt und sich von Valparaiso aus die Südsee bis hin zu den östlichen polynesischen Inseln erschlossen. 1857 schon war ihre erste Faktorei auf dem samoanischen Upolu in Apia entstanden. Ihre zahlreichen Handelsniederlassungen, Plantagen und Kokospflanzungen bildeten ein weitmaschiges Netz, das auch die Ellice- und Gilbert-, die Marshall-, Karolinen- und Palauinseln umspannte. 1862 hatte die Firma 29 große Segelschiffe und hundert kleine Schiffe im Verbindungsverkehr laufen. Eingeführt wurden Textilien, Eisenwaren und vor allem Waffen mit Munition, während Kokosöl, Kopra, Baumwolle, Perlmutt und Schildpatt nach Europa verschifft wurden. Als 1874 noch Stationen östlich von Neuguinea auf den New Britain-, aber auch auf den Admiralitäts- und Hermitinseln hinzukamen, erstreckte sich die Interessensphäre der Godeffroys über ein Gebiet von 9000 km Länge und 4000 km Breite.

Von dem amerikanischen Abenteurer Oberst Steinberg, der mit Billigung Präsident Grants die Samoainseln unter amerikanisches Protektorat stellen sollte, ließ sich die Firma Godeffroy vorsorglich und vertraglich ihr Quasimonopol im selben Jahr verbriefen. Ihr Hauptvertreter in Polynesien, Theo Weber in Apia, fungierte zugleich als deutscher Konsul. Er vereinbarte im Frühjahr 1876 einen Handelsvertrag mit den Samoa- und den benachbarten Tongainseln, der nach dem Vorbild des amerikanischen Vertrags von 1872 auch für Deutschland eine »Kohlenstation« vorsah. Hier hakte Bismarck sogleich mißtrauisch ein: »Was wird unter dem Begriff Kohlenstation verstanden? Gebäude? Befestigungen? Wird eine ausschließliche Hafenbenutzung für uns beansprucht? Wenn nicht, warum Stipulation darüber?«, notierte er in Kissingen zu dem Entwurf. »Ich bin bei der zu gebenden Vollmacht nicht ohne Sorge, daß wir durch faktisches Vorgehen der Marine schließlich doch in eine Gründung hineingeraten, die einer Kaiserlich Deutschen Kolonie gleichsteht.« Genüge es nicht, »ohne Vertrag« Gebäude zu mieten, fragte er und sprach schließlich im August 1876 die Ermächtigung zum Vertragsabschluß nur unter der Bedingung aus, »daß von einer Erwerbung der Souveränität über irgendein Stück Land durch uns nicht die Rede sein soll«[19].

Da Weber mit den untereinander zerstrittenen samoanischen Häuptlingen trotz seines beträchtlichen Einflusses noch kein abschließendes Ergebnis erzielen konnte, kam zunächst nur im November 1876 der Vertrag mit den Tongainseln zustande, in dem Deutschland die »vollständige Freiheit des Handels«, das Meistbegünstigungsrecht und eine Kohlenstation in der Vavau-Gruppe »unbeschadet aller Hoheitsrechte des Königs von Tonga« zugestanden wurde. »Der Schutz der deutschen Handels-Unternehmungen in den großen Archipeln des Stillen Ozeans bildet seit einigen Jahren den Gegenstand erhöhter Fürsorge der Reichsregierung«, erläuterte das Aus-

---

19. NDB 6, 494 f.; R. Hertz, das Hamburger Seehandelshaus J. C. Godeffroy u. Sohn, Hamburg 1922; K. Schmack, J. C. Godeffroy u. Söhne, Hamburg 1938, 284–95; E. Suchan, Die deutsche Wirtschaftstätigkeit in der Südsee vor der ersten Besitzergreifung, phil. Diss. Berlin, Hamburg 1940; M. F. Bahse, Die Wirtschafts- u. Handelsverhältnisse der Fidschi-, Tonga- u. Samoainseln, Leipzig 1881; Vagts, I, 636 f.; einen Nl. Godeffroy habe ich nicht finden können, auch nicht im StA Hamburg. Promemoria über den Schutz der deutschen Interessen in der Südsee, 2. 7. 1876, dazu Notiz von B., o. D. (20. 7.), RKA 2809, 140–47; vgl. A. v. Brauer an Kusserow, 20. 7. 1876, in: H. v. Poschinger, Aus den Denkwürdigkeiten H. v. Kusserows, DRev. 63. 1908, 189; ders., KZ 31. 8. 1906; ders., Aus dem Briefwechsel L. Buchers mit dem Geheimrat v. Kusserow, Tägl. Rundschau 4. 9. 1906, Beil.; ders., Stunden, 293; B. an Weber, 1. 8. 1876, RKA 2810, 23–27.

wärtige Amt dem Reichstag. Der »Gedanke« an die Gründung einer Kolonie sei jedoch »bei den Erwägungen der Reichsregierung vollständig und ausdrücklich ferngehalten« worden. »Um auch von vornherein jeden Zweifel darüber auszuschließen, daß es sich nicht um eine Gebietserwerbung für das Deutsche Reich handelt, ward absichtlich die Bezeichnung ›Kohlenstation‹ gewählt und die volle Landeshoheit des Königs von Tonga hierbei gewahrt.« Von der »Abtretung eines Hafens«, hatte Bismarck auch schon im »Reichsanzeiger« nachdrücklich unterstreichen lassen, sei »in dem Vertrag nicht die Rede«. »Es sind solche Angaben ebenso unbegründet, wie die von Zeit zu Zeit in Kurs gesetzten falschen Nachrichten über angebliche Absichten Deutschlands auf Kolonisierung in fremden Weltteilen[20].«

Diese Methodik freihändlerischer Expansion entsprach durchaus den Auffassungen der liberalen Reichstagsmehrheit. Als ihr Sprecher entwickelte damals Friedrich Kapp, der vielleicht wegen seines zwanzigjährigen Aufenthalts in den Vereinigten Staaten einen besonders scharfen Blick dafür besaß, den »Grand Design« der deutschen Freihändler für die überseeische Ausbreitung. Wegen der »Erwerbung einer Kohlenstation im Stillen Ozean« – dem »innersten Wesen« des Vertrags – bedürfe das Abkommen zwar der »ernstesten Erwägung«, erklärte Kapp, doch habe Deutschland nur »die unerläßliche Schlußfolgerung aus seiner Stellung« gezogen und dürfe jetzt »auf einmal betretenem Wege nicht stehenbleiben«, sondern müsse »in einer noch größeren Ausdehnung in allen Meeren unsere maritimen Interessen zu sichern streben. Wir sind auf diesem Gebiet bisher viel zu bescheiden gewesen«, klagte Kapp, es sei an der Zeit, »endlich mit dieser zögernden und zuwartenden Politik« zu brechen. Vor allem »in dem ostasiatischen Teile jenes Ozeans« habe Deutschland »große und bedeutende Handelsinteressen zu schätzen und wo möglich zu erweitern«. »Ich meine, wir müssen und werden dahin kommen, überall da Kohlenstationen zu erwerben, wo auch unsere Flotten stationiert sind«, forderte er. Im Golf von Mexiko, im Atlantischen, Indischen und Pazifischen Ozean gebe es »noch Inseln genug, auf welchen wir derartige Stationen vorläufig leicht und ohne zu große Opfer erwerben können«, um der deutschen Handelsexpansion sichere Stützpunkte zu verschaffen.

»Als einen Anfang in der Einsicht dessen, was Not tut und was unumgänglich geschehen muß, um unsere deutschen Kaufleute ... zu schützen«, begrüßte Kapp den Vertrag ganz so uneingeschränkt wie G. v. Bunsen, der in ihm den »Anfang einer neuen Ära« der deutschen »Politik der großen Inselwelt gegenüber« sah und ihn als ein »unseren kommerziellen Interessen« geschuldetes Abkommen lobte. Beide Männer sprachen nur das zuversichtliche Credo der freihändlerischen Liberalen aus, daß Handelsverträge den überlegenen Industriestaaten die Tore zu überseeischen Märkten offen zu halten hätten, wogegen Kolonialbesitz ein Anachronismus sei. »Unser Heil liegt in den Handelsverträgen«, glaubte damals auch noch Friedrich Hammacher, »nicht in autonomer Zollpolitik.« Beifällig nahm der Reichstag zur Kenntnis, daß Staatssekretär Bernhard Ernst v. Bülow und M. v. Philipsborn den widerspruchslos angenommenen Vertrag als »Grundstein« künftiger Vereinbarungen zur Wahrnehmung deutscher »Handels- und Flotteninteressen« bezeichneten, gelte es doch, »große und bedeutende Niederlassungen aus den Hansestädten von sehr bedeutendem Umfang« in der Südsee zu schützen[21].

20. RKA 2810, 143–46; RT 3:1:3:Anl. 80, 278–81 (Vertrag 1. 11. 1876); Beutner, 349–51; Denkschrift 26. 3. 1877:RT 3:1:3:Anl. 80, 281–84; Reichsanzeiger 5. 2. 1877. Vgl. HAr 1877, I, 560; National-Zeitung 8. 2. 1877, u. das Material im StA Hamburg, Senat, Cl. VI, Nr. 17b, Fasc. 6.

Tatsächlich kreuzten seit 1875 regelmäßig deutsche Kriegsschiffe im Pazifik: allein von 1877 bis 1880 entstanden der Marine dadurch Unkosten in Höhe von 2,8 – bis 1899 von 25 – Millionen Mark. Das «zügige Vordringen der anderen Staaten – sei es der Engländer 1874 auf den Fidschiinseln, sei es der Amerikaner 1875 auf Hawaii – verstärkte zusammen mit der anhaltenden Depression die Neigung, dem deutschen Pazifikhandel Beistand zu leisten. Deshalb bemühte sich Konsul Weber auch weiterhin darum, einen Vertrag mit den Samoanern abzuschließen. 1878 kamen ihm jedoch zunächst die Amerikaner zuvor, als Sewards Sohn, Staatssekretär F. W. Seward, im Januar einen Vertrag unterzeichnete, der den Vereinigten Staaten Pago Pago, dessen »Besetzung« Weber 1876 noch vorgeschlagen hatte, zusicherte. Der an wirtschaftsdiplomatische Sonderaufträge gewöhnte Commodore Shufeldt fügte mit scharfem Blick das Samoa-Abkommen in die Kontinuität amerikanischer Pazifikpolitik ein: »Die Erwerbung Alaskas und der Aleuten, die Verträge mit Japan, Hawaii und Samoa sind nur natürliche Folgeerscheinungen, solange man eins sicher voraussetzt: daß der Stille Ozean in naher Zukunft die Wirtschaftsdomäne Amerikas wird.« Das State Department erwog jetzt sogar, die »asiatischen Interessen« Amerikas unter den Schutz der elastisch dehnbaren Monroe-Doktrin zu stellen. Glaubwürdig versicherte zwar Seward dem deutschen Gesandten v. Schloezer, daß die Union ihrem handelsexpansionistischen Axiom gemäß »nicht Herrschaft, sondern Handel« begehre, aber gerade das war ja auch das erklärte Ziel der deutschen Politik. Beunruhigt durch den Erfolg der »Abenteurer aus Kalifornien«, von denen Staatssekretär v. Bülow herablassend sprach, hielt das Auswärtige Amt Weber zu energischerem Vorgehen an, obwohl es, wie die offiziösen »Grenzboten« schrieben, auch klar erkannte, daß »mit der Ausbreitung unserer maritimen Beziehungen und des deutschen Handels über alle Länder ... naturgemäß auch die Konflikte« zunähmen, »denen eine große handeltreibende Nation in überseeischen Ländern nicht entgehen kann«[22].

Endlich, im Januar 1879, noch ehe auch die Engländer einen Vertrag abschließen konnten, kam das Abkommen zustande. Es gewährte Deutschland Exklusivrechte auf den Hafen von Saluafuata als Marinestützpunkt, dazu auch wieder die völlige Handelsfreiheit und Meistbegünstigung. Es sicherte also die wirtschaftliche Ausbeutung der Samoainseln. Im Reichstag durfte v. Bülow mit bereitwilliger Zustimmung rechnen, als er »im Hinblick auf die große Bedeutung dieser Sache für den deutschen Handel« um eine schnelle Entscheidung bat. Gerade in den vergangenen drei Jahren war auch dieser deutsche Handel beträchtlich angewachsen und hatte seine Monopolstellung behauptet. Von einem Gesamtimport dieser polynesischen Inselgruppe von 1876 = 1,606, 1877 = 1,587 und 1878 = 1,596 Mill. Mark betrug der deutsche Anteil jeweils 1,290, 1,247 und 1,396 Mill. Mark, von dem Gesamtexport von 2,566, 2,503 und 2,576 Mill. Mark jeweils 2,386, 2,217 und 2,427 Mill. Mark.

21. RT 3:1:1:378 f. (Kapp, 11. 4. 1877); 3:1:2:638 f. (Bunsen, 20. 4. 1877); 633, 369 (Philipsborn, Bülow, 20. 4. 1877); Hammacher an Haniel, 12. 3. 1876, Nl. Hammacher 21. Sehr trocken: P. Albers, Reichstag u. Außenpolitik, 1871–79, Berlin 1927, 99–103; K. Meine, England u. Deutschland in der Zeit des Übergangs vom Manchestertum zum Imperialismus, 1871–76, Berlin 1937; Spellmayer, 4–8.
22. Webers Berichte an AA, Dez. 1875 u. Jan. 1876, RKA 2808, 139, 159, 167 f.; Ryden, 173–206; F. W. Seward, Reminiscences of a War-Time Statesman and Diplomat, 1830–1915, N. Y. 1916, 438 f. (an Schloezer, 3. 1. 1878), vgl. GN 1. 1879, 149; Wehler, HZ 201, 88 f.; Bülow: St. Vallier an Waddington, 21. 11. 1878, DDF, II, 402; 2.5.1879, ebda., 487 f.; vgl. 494–96. A. Rauchhaupt, Die Samoainseln u. der Konflikt mit Deutschland, Gb 37. 1878/IV, 333; S. Gopcevic, Die Samoainseln, Unsere Zeit 15/II. 1879, 641–48; Stolberg-Wernigerode, 247–98; die Befürchtungen des Abg. Haerle: RT 4:2:2:1614 (13. 6. 1879).

Zudem hob v. Bülow aber auch ein handelsstrategisches Moment hervor, das zunehmend für die deutsche und internationale Pazifikpolitik an Bedeutung gewinnen sollte und sowohl in Amerika als auch in England und seinen südpazifischen Kolonien mit ähnlichen Worten beschrieben wurde. »So gewiß« die geographische Lage der Samoainseln »zwischen dem mächtig wachsenden Westamerika, Australien, China, Japan eine Weltstellung ist«, so sicher werde der deutsche Südseehandel stetig zunehmen, prophezeite er. Den deutschen Kaufleuten sei allerdings eingeschärft worden, daß sie ihre Niederlassungen »nicht als Kolonien des Reiches« betrachten könnten, es werde in Berlin »durchaus keine Kolonial- oder Monopolisierungspolitik« beabsichtigt. Diese Versicherung und die angedeutete weitblickende Konzeption wirkten auf die Abgeordneten durchaus bestechend. Bamberger wollte diese Form der Unterstützung des Handels ganz so aufrichtig »befürworten«, wie er dem »Grundgedanken« der Regierung: »Wir wollen nicht kolonisieren« zustimmte. »Ein hervorstechendes Interesse« der deutschen Politik liege aber auch darin zu verhüten, »daß Amerika und England sich hier als Kolonialmächte festsetzen« und die deutschen Interessen verdrängten. Mit Hilfe einer »Monopolpolitik« seien früher Kolonien, die »man zum Zwecke der Bereicherung von Handel und Industrie« erwerbe, ausgebeutet worden. Heutzutage biete die Freihandelspolitik bessere Möglichkeiten, deshalb »hat sich die Sache vollständig gewandelt«.

Wenn einer der entschiedensten Gegner des soeben erfolgreichen Solidarprotektionismus dieser Regierungsvorlage zustimmte, konnte es schwerlich verwundern, daß der nationalliberale Bremer Abgeordnete Mosle weit darüber hinausging, indem er die »Angelegenheit eigener Kolonien« als eine »notwendige Maßregel« forderte. Er bedauerte die Vorsicht der Regierung, da Kolonialpolitik keineswegs, wie die engagierten Freihändler meinten, eine »längst abgetane alte Schatteke« sei. Deshalb verlangte er auch Regierungssubventionen für den deutschen Außenhandel und Unterstützung für regelmäßige »Dampfschiffsverbindungen mit Polynesien« und Ostasien. Diesen Wunsch griff der Regierungskommissar, Legationsrat v. Kusserow vom Auswärtigen Amt, lebhaft auf, und als der hocharistokratische Zentrumsabgeordnete Fürst Radziwill etwas degoutiert mäkelte, daß der Samoa-Vertrag »lediglich unter dem Gesichtspunkt der bloßen merkantilen Interessen«, anstatt auch der Heidenmission diskutiert werde, bekräftige v. Kusserow sofort sehr entschieden: man habe es allerdings »hier mit deutscher Handelspolitik zu tun«[23].

23. RT 4:2:6:Anl. 239, 1539 (Vertrag 24. 1. 1879); Beutner, 286–90; StA 36, 210–14; Verträge u. Übereinkünfte des Deutschen Reichs mit den Samoainseln, Hamburg 1879; Drucksachen zu den Verhandlungen des Bundesrats des Deutschen Reiches, 1878/79, Nr. 96; StA Hamburg, Cl. VI, Nr. 17b, Fasc. 7; die durchweg zustimmende Pressereaktion: GN 1. 1879, 147–210; Aus allen Weltteilen 9. 1878, 31; Augsburger Allgemeine Zeitung 29. 4. 1879 (trotz aller Beteuerungen der Reichsregierung, »sei nicht länger zu bezweifeln, daß Fürst Bismarck die Erwerbung von Kolonien für das neue Deutsche Reich in sein Programm aufgenommen hat«!); KZ 28. 5. 1879; 3. 12. 1879; Weser-Zeitung 21. 5., 9. 6. 1879; Berliner Tageblatt 27. 5. 1879; Berliner Börsen-Zeitung 27. 5. 1879; NAZ 27. 5. 1879; Tribüne 27. 5. 1879; Magdeburger Zeitung 29. 5. 1879; Elberfelder Zeitung 3. 6. 1879; Schlesische Zeitung 29. 5. 1879; Kreuz-Zeitung 10. 6. 1879. – Zur Handelsentwicklung: HAr 1876/2, 547; 1877/I, 550; 1878/I, 606: 1879/2, 554; W. Stieda, Deutschlands Handel in Ozeanien u. Australien, Ausland 57. 1884, 706, 724. – RT 4:2:2:1602 f., 1614 (Bülow, 13. 6. 1879); 1608 f. (Bamberger, 13. 6. 1879, vgl. ähnl. H. v. Sp., Die deutschen Handelsbeziehungen mit den Südseeinseln, Geg. 16. 1879, 411); 1603–5 (Mosle, 13. 6. 1879; Kastendieck, 97); 1605, 1653 (Kusserow, 13., 16. 6. 1879); 1652 (Radziwill, 16. 6. 1879). Vgl. allg. zu dieser Phase der deutschen Samoapolitik vor allem A. Weck, Deutschlands Politik in der Samoafrage, phil. Diss. Leipzig, Waldenburg 1933, 3–30; E. Staley, War and the Private Investor, N. Y. 1935, 209–27; Strohschneider, 23–48; Hagen, 70–90. –

b) Der Kampf um die Samoa-Vorlage von 1880

Diese Debatte über den Handelsvertrag mit Samoa überschnitt sich bereits mit den Anfängen einer anderen Diskussion über die deutschen Interessen auf diesen Inseln. Das Haus Godeffroy hatte sich nämlich mit seinen hohen Gewinnen aus dem Südseegeschäft stark in rheinisch-westfälischen Montanwerten engagiert, war aber durch unkluge Spekulationen während der Depression dem Bankrott nahegekommen. 1878 mußte es wegen Zahlungsschwierigkeiten das Unternehmen in die »Deutsche Handels- und Plantagen-Gesellschaft« (DHPG) umwandeln, deren Aktien und Plantagen jedoch bald zur Befriedigung der Gläubiger, vor allem dem Londoner Bankhaus Baring & Co., einem der bedeutendsten Institute der City, verpfändet werden mußten. Im selben Augenblick, als das Reich feste Vertragsbeziehungen mit Samoa herstellte und die Marine in Saluafuata Fuß faßte, tauchte die Gefahr auf, daß das deutsche Handelsmonopol und 160 000 Hektar Land nach dem Ablaufen der Baring-Kredite in englische Hände übergingen. Die Godeffroys waren indessen nicht so hilflos, wie es zunächst aussehen mochte. Sie gehörten zu den wenigen prononcierten Schutzzöllnern der Hansestadt Hamburg, eine auffällige Tatsache, die Bismarck wohlwollend zur Kenntnis genommen hatte. Sie waren eng mit Staatssekretär v. Bülow verwandt, der allerdings im Oktober 1879 starb; das Vermögen seines Sohnes Bernhard stammte später größtenteils aus dem Godeffroyschen Erbe. Gustav Godeffroy, der es abgelehnt hatte, als Nachfolger Camphausens preußischer Finanzminister zu werden, fungierte als Vorsitzender des Aufsichtsrats der »Norddeutschen Bank«, die nicht nur 50 Prozent des Stammkapitals der »Norddeutschen Allgemeinen Zeitung« kontrollierte, sondern seit 1871 auch enge Kontakte zur »Disconto-Gesellschaft« Hansemanns gewonnen hatte[24].

Im Frühsommer 1879 entschlossen sich die Interessenten, mit der Bitte um eine Unterstützungsaktion an die Reichsregierung heranzutreten. Bald war es ein offenes Geheimnis, daß Bismarck Interesse gezeigt hatte. Die Brisanz, die nun diese neue Samoafrage seit dem Sommer 1879 gewann, läßt sich nur verstehen, wenn man sich vergegenwärtigt, daß nach jahrelangen erbitterten Kämpfen erst im Juli 1879 der Zolltarif verabschiedet worden war. Das Entgegenkommen Bismarcks schien einen weiteren Schritt in der Richtung des Staatsinterventionismus zu bedeuten. Würde das

---

G. W. F. Hallgarten, Imperialismus vor 1914, München 1963², I, 212 f. H. gibt sich hier wie überwiegend in seinen Bänden (vgl. die wirre Schilderung der Bismarckzeit, 160–287, der »Kolonialpolitik«, 206–22) in auffälliger Bescheidenheit damit zufrieden, im individuellen Profitmotiv und in Verwandtschaftsbeziehungen eine hinreichende Erklärung imperialistischer Politik zu finden; zu dieser ins Vulgärmaterialistische gewendeten personalistischen Geschichtsschreibung mit negativen Vorzeichen s. meine Rez. Kölner Zeitschrift für Soziologie 17. 1965, 146–50, die ich heute noch kritischer fassen würde.

24. G. Godeffroy, Schutzzoll u. Freihandel, Berlin 1879; Mosle an Treitschke, 17. 12. 1879, in: Heyderhoff/Wentzke Hg., II, 284 f.; E. Cohen an Kapp, 3. 12. 1879, Nl. Cohen, BA; H. v. Poschinger Hg., Fürst Bismarck u. seine Hamburger Freunde, Hamburg 1903, 234; Hertz, 64; Wiskemann, 222; Strohschneider, 34; Böhme, Großmacht, 489, 505; R. Martin, Deutsche Machthaber, Leipzig 1910⁸, 296; Model, 27, 156; H. Wulff, Die Norddeutsche Bank, 1856-1906, Hamburg 1906, 12–17; H. A. Simon, Die Banken u. der Hamburger Überseehandel, Stuttgart 1909, 4–26 (1895 fusionierte die »Norddeutsche Bank« mit der »Disconto-Gesellschaft«). Vgl. B. Schulze, Der Disconto-Ring u. die deutsche Expansion, 1871–90, phil. Diss. Leipzig 1965, MS, 65, 71, 88–105 (Sch. verläßt sich ohne empirische Nachprüfung auf trübe Quellen, bietet manchmal eine interessante Materialsammlung, ist aber im allg. platt, voller Widersprüche u. von wirtschaftstheoretischen u. -historischen Kenntnissen unberührt). – Die Nl. B. v. Bülow d. Ä. (PA) u. B. v. Bülow d. J. (BA) ergeben leider nichts zur Samoafrage. Vgl. Export Nr. 10–12 (9., 16., 23. 12. 1879), KZ 3. 12. 1879.

Reich einer bankrotten Firma mit Reichsmitteln beispringen? Darauf reduzierte die freihändlerisch-liberale Opposition das Problem.

Welche Motive aber bestimmten wahrscheinlich die Berliner Politik, seitdem sich Bismarck im Juli »mit Rücksicht auf das nationale Interesse, welches sich an die fortdauernde Entwicklung des deutschen Handels und die damit verbundene Befestigung des deutschen Einflusses auf die Südseeinseln knüpft«, nicht »abgeneigt« erklärt hatte, »unter gewissen Modalitäten« den von G. Godeffroy erbetenen Reichszuschuß für die DHPG »in nähere Erwägung zu nehmen«? Zuerst einmal ließ sich nicht bestreiten, daß die hanseatischen Firmen Robertson, Hernsheim & Co., Hachfeldt & Co., Wilkens & Co., Hedemann & Co., Henning, Ruge, Wachsmuth & Krogmann, an ihrer Spitze aber Godeffroy dem deutschen Handel auch in Polynesien den ersten Platz gewonnen hatten. Im Export und Import besaßen sie seit 1879 ein Monopol, das den Händlern anderer Nationen nur eine schmale Marge ließ. Daß sich beträchtliche Interessen in der Südsee entwickelt hatten, bewies auch die Aufmerksamkeit, die ihnen die Kriegsmarine seit einigen Jahren widmete. Wenn Handel und Besitz der deutschen Hauptfirma in englische Hände übergingen, konnte die Präponderanz des deutschen Handels in der Tat gefährdet erscheinen.

Vielleicht noch schwerer wogen die Argumente, die auf die zukünftige Bedeutung des Pazifik und Australiens hinweisen. Soeben hatte v. Bülow im Hinblick auf den wachsenden Handel von der strategischen »Weltstellung« der Samoainseln gesprochen; die Weltausstellung in Sydney im selben Jahr lenkte die Blicke auf einen »konsumtions- und zahlungsfähigen Markt«, dessen Möglichkeiten zwar, wie sich herausstellte, stark überschätzt wurden, der aber gegen Ende der ersten Depression der »deutschen Industrie«, die »immer noch an Folgen einer Überproduktion leidet«, verheißungsvolle Chancen zu bieten schien. Schon jetzt liege der Südseehandel zu $^5/_6$ in deutscher Hand. »Mit geringer Mühe« könne er »verzehnfacht«, vielleicht verhundertfacht werden«, vermutete man überoptimistisch. »Ein solcher Länderkomplex ist keine Lappalie«, er fordere vielmehr angesichts der zunehmenden Konkurrenz zu erhöhten Anstrengungen heraus. Vor allem aber werde das Potenzial der pazifischen Inselwelt »für den Welthandel« erschlossen werden, sobald ein transisthmischer Kanal die mittelamerikanische Landenge durchstoße, die Verkehrswege gewaltig verkürze, und einen steilen Aufschwung des Handels herbeiführen werde. Vom Dienst in der Südsee zurückgekehrt wies Kapitän Darner Anfang 1879 darauf hin, daß der soeben von Lesseps in Angriff genommene Bau des Panamakanals auch »sehr wichtige Interessen« Deutschlands berühre. »Die Wichtigkeit der australischen Inselgruppe ... wird durch die Abkürzung des Weges bedeutend erhöht«, und hierbei sei Deutschland »durch seinen Verkehr mit den Samoainseln und den nördlich davon liegenden Inselgruppen wesentlich interessiert«! Als Legationsrat v. Kusserow später behauptete, »die Bedeutung Samoas für Deutschland werde durch den Panamakanal erheblich wachsen«, vermerkte eine Marginalie Bismarcks: »Das ist die Hauptsache.« »Daß die Samoainseln in der Linie Panama–Australien« lägen und »mit der Eröffnung des Kanals« an »Wert bedeutend gewinnen werden«, hielt zugleich auch Herbert v. Bismarck für einen »Punkt« von »zweifellos ... hoher Bedeutung«[25].

---

25. Philipsborn an Hofmann, 2. 7. 1879, in: H. v. Poschinger Hg., Neues Bismarck-Jahrbuch, I, Wien 1911, 273; GN 1. 1879, 248 (Sydney); KZ 28. 1. 1880; vgl. HAr 1881, Nr. 29; Post 30. 1. 1882; Darmer in: GN 1. 1879, 234; vgl. Export 2. 100 (23. 3. 1880); Kusserow an B., 30. 8. 1885, Marginal (= Marg.) B., RKA 2518, 59; Aufz. H. v. B., 2. 9. 1885, ebda., 68–72.

Die Interessen der Gegenwart und vor allem die Chancen der Zukunft zu wahren, dürfte mehr noch als der unleugbare Einfluß, den die Godeffroys im Zentrum der Berliner Politik geltend machen konnten, Bismarck dazu bestimmt haben, das Prinzip des nationalwirtschaftlichen Protektionismus einmal versuchsweise auf den Außenhandel zu übertragen. Auf nachhaltiges Drängen des Reichskanzlers hin, der sich dabei wieder der Vermittlung Bleichröders bediente, begann Hansemann, ein Konsortium der Berliner Großbanken zu bilden, das Möglichkeiten einer Stützung der DHPG erwog und über Hansemanns Schwiegersohn v. Kusserow jeden Schritt mit dem Auswärtigen Amt abstimmen konnte. Anfang Januar 1880 hatte Bismarck den Unterstaatssekretär des Reichsschatzamts A. v. Scholz angewiesen, mit der »Preußischen Seehandlung« wegen einer »Reichshilfe« für die DHPG Verbindung aufzunehmen, um Mittel zur »Abwendung dieser im nationalen Interesse bedauerlichen« Notlage der Godeffroys aufzubringen. Die Staatsbank zögerte jedoch, »an die Spitze eines Konsortiums angesehener Bankhäuser« bei diesem Vorhaben zu treten, wie »Vizekanzler« Graf zu Stolberg den Kronprinzen ins Bild setzte, so daß schließlich die »Disconto-Gesellschaft« diese Aufgabe übernahm. Am 11. Januar 1880 ließ das Auswärtige Amt bereits dem Hause Godeffroys die bevorstehende Hilfe vertraulich ankündigen[26].

Inzwischen hatte auch die regierungstreue Presse die finanziellen Schwierigkeiten der Godeffroys aufgegriffen. Während einmal die wirtschaftlichen Interessen kräftig herausgestrichen wurden, so daß der deutsche Südseehandel, der doch absolut und relativ damals – und stets bis 1914 – einen minimalen Anteil des deutschen Gesamtaußenhandels ausmachte, in leuchtenden Farben erschien, wurde andererseits auch heftig die nationale Trommel gerührt. Denn daß der Deckmantel der »nationalen Interessen« über den selbstverschuldeten drohenden Bankrott der Godeffroyschen DHPG geworfen werden mußte, wenn der Reichstag zu ihrer Sanierung Geld bewilligen sollte, war den Inspiratoren der Pressepropaganda im Auswärtigen Amt seit den Heeresetat- und Zollkämpfen eine nur zu vertraute Methode. Als »eine nationale Pflicht«, die »in zahlreichen Äußerungen der vaterländischen Presse« erkannt werde, bezeichnete jetzt die »NAZ« die »finanzielle Förderung eines Unternehmens, welches die Erhaltung der in der Südsee gewonnenen kommerziellen Stellung bezweckt«. »Die politische Ehre der deutschen Nation« sei »geradezu engagiert«, entrüstete sich das »Berliner Tageblatt« und schlug vor, an der Stelle des Parlaments der »patriotischen Regierung ... ohne alles Bedenken« die Sanierung zu »übertragen«, da sonst das »allgemeine Wohl nachweislich« Schaden erleide. Eine »Demütigung des Deutschen Reiches« und böse Rückwirkungen auf den für Samoa angeblich »ungewöhnlich erwärmten Nationalgeist« befürchtete auch die »Kölnische Zeitung«. Zusammen mit dem »Deutschen Handelsblatt« hoffte sie, daß die Diskussion über die Samoafrage »einer durch volkswirtschaftliche Notwendigkeiten gebotene Kolonialpolitik« Auftrieb gebe[27].

26. B. an Scholz, 1. 1. 1880, in: Poschinger, Volkswirt, I, 269 u. RT 4:3:3:Anl. 101, 747 f.; A. v. Scholz (Erlebnisse u. Gespräche mit Bismarck, Stuttgart 1922) schweigt hierzu. Stolberg an Kronprinz Friedrich, 3. 1. 1880, Nl. Richthofen 1/1; Philipsborn an v. Wenzel, 11. 1. 1880, StA Hamburg, Cl. VI, Nr. 17b, Fasc. 7b, vgl. das Material »Reichshilfe für Godeffroy«, 1879/80, ebda., u. O'Swalds Handakte darüber, ebda., Fasc. 7c. – Über die Mittlerrolle Bleichröders demnächst ausführlich Stern/Landes; aufgrund desselben Archivmaterials schon D. S. Landes, Some Thoughts on the Nature of Economic Imperialism, JEH 21. 1961, 503 (dt. in: Imperialismus).

27. NAZ 2. 1. 1880; vgl. 14., 22., 30. 1., 16. 2. 1880; Berliner Tageblatt 11. 12. 1879, vgl. 27. 12. 1879; KZ 23. 12. 1879; vgl. 28. 1., 23. 4. 1880. Eine kritische Inhaltsanalyse des Begriffs der »natio-

Während die wohltönenden Phrasen vom »nationalen Interesse« am Geschick der Firma Godeffroy gedruckt wurden, gründete Hansemanns Konsortium am 13. Februar eine »Deutsche Seehandels-Gesellschaft« (DSG). Die Einladung zur Subskription wurde um vier Millionen Mark erheblich überzeichnet, da Bismarcks Beistand gewiß war. Auf der konstituierenden Generalversammlung am 23. Februar wurde das Grundkapital auf zehn Millionen Mark festgesetzt, von dem vorsichtshalber zunächst nur 15 Prozent bei der »Preußischen Seehandlung« eingezahlt wurden, damit die Godeffroys die dringendsten Verpflichtungen erfüllen konnten. Drei Tage später schloß die neue Gesellschaft, an deren Spitze Hansemann, Bleichröder und Wallich von der »Deutschen Bank« getreten waren, einen Vertrag mit der DHPG, dem die Bevollmächtigten der Barings bereitwillig beitraten. Die englischen Bankleute zeigten überhaupt alles andere als die befürchtete Eile, die DHPG so schnell wie möglich zu übernehmen. Das gesamte Eigentum der DHPG ging als Sicherheit für die Anzahlung an die neue Berliner Gesellschaft unter der Voraussetzung über, daß sie von ihren Verpflichtungen zurücktreten konnte, wenn bis zum 1. Mai keine reichsgesetzliche Klärung der Unterstützung erfolgt war.

In den Verhandlungen namentlich mit Staatssekretär Burchard vom Reichsschatzamt hatte das Konsortium die Bedingungen formuliert, unter denen es trotz der vorsichtigen Abstinenz der »Preußischen Seehandlung« bereit war, der DHPG beizuspringen. Diese Bedingungen enthielt der von Burchard und Bleichröder konzipierte Gesetzentwurf zur »Unterstützung der Deutschen Seehandels-Gesellschaft«, den Bismarck Anfang April 1880 dem Bundesrat, der ihm sofort trotz der ablehnenden Haltung des hamburgischen Vertreters zustimmte, und anschließend dem Reichstag mit der Aufforderung zuleitete, er solle darin doch eine notwendige Konsequenz der seit Jahren unter Zustimmung der Volksvertretung befolgten Politik: »dem deutschen Handels- und Schiffsverkehr in der Südsee ... Rückhalt zu gewähren«, erkennen. Hansemann wünschte die Garantie für einen Reinertrag des Grundkapitals von zehn Millionen Mark in der Form zu erhalten, daß das Reich zwanzig Jahre lang einen Zuschuß zur Dividende bis zu drei Prozent des Grundkapitals (also 300 000 Mark jährlich) zahlte; bei steigender Dividende sollte das Reich seinen Zuschuß zurückerhalten, auch ihn nicht mehr zahlen müssen, wenn er fünf Jahre lang hintereinander nicht in Anspruch genommen wurde. Diese »Dividendengarantie« akzeptierte und begründete die Regierung als unumgängliche Vorbeugungsmaßnahme gegen die drohende Gefahr des Übergangs der DHPG in englischen Besitz – ein Verlust, der »eine schwer zu überwindende Schädigung Deutschlands, seines Ansehens und seiner kommerziellen Stellung in der ganzen Südsee« zur Folge haben müsse. Eine direkte »Unterstützung der notleidenden Firma aus öffentlichen Mitteln« komme »selbstverständlich« genausowenig wie die Erwerbung der DHPG durch das Reich in Frage. Keine Bedenken dagegen bestünden gegen eine Gewinngarantie, die der Staat tatsächlich früher schon bei Eisenbahnen, zuletzt neun Jahre lang beim Bau der Gotthardbahn, geleistet hatte. Wie die englischen und holländischen Kolonialgesellschaften könne die DSG »ein Mittel zur Hebung des Nationalreichtums werden«, wenn der Reichstag bis zum 1. Mai den Entwurf billige; andernfalls löse sie sich auf, und damit drohe der unabwendbare Ruin der DHPG[28]!

---

nalen Interessen« seit 1871 (etwa nach dem Beispiel L. Perlas, What is ›National Honor‹?, phil. Diss. Columbia Univ., N. Y. 1918) gibt es leider noch nicht.

28. Münch, 224–27; Die Disconto-Gesellschaft 1851–1901, Berlin 1901, 223–27; Export 2. 62 (17. 2. 1880); die offiziöse Broschüre: Die Samoavorlage im Reichstage, Berlin 1880, 7, 21; RT 4:3:3:Anl. 101,

Derart nach bewährter Bismarckscher Taktik auch zeitlich unter Druck gesetzt, begann der Reichstag unverzüglich am 22. April mit den Beratungen und traf fünf Tage später seine Entscheidung. Hand in Hand mit den Freikonservativen verteidigten die Regierungsvertreter die Vorlage, mußten jedoch sofort feststellen, daß sie auf den Widerstand einer entschlossenen Freihändlergruppe stießen. Unterstaatssekretär v. Scholz versuchte, die Abgeordneten zu überzeugen, daß der Entwurf »vollkommen in dem Geleise« der »bisher befolgten und anerkannten Politik« einer »Fürsorge des Reiches« für den deutschen Pazifikhandel liege. Dieses »nationale Interesse« dürfe die Regierung jetzt nicht »preisgeben«. Auch Fürst Chlodwig zu Hohenlohe-Schillingsfürst, der nach Bülows Tod kurz interimistisch als Staatssekretär im Auswärtigen Amt tätig war, befürchtete, daß das Ansehen Deutschlands »geschmälert« werden könne. Heinrich v. Kusserow versicherte dagegen, daß die Südseeinseln »eines unermeßlichen Aufschwungs fähig« seien. Verliere aber Deutschland mit Samoa »den Zentralpunkt des Handels«, so könne es ihn nicht mehr »wirksam« schützen. Und Franz Reuleaux, der das Reich auf den Weltausstellungen von Philadelphia (1876) und Sydney (1879) als Kommissar vertreten hatte, sah in der Vorlage die folgerichtige Fortsetzung der Förderung des deutschen Außenhandels. Ihnen sprang für die Reichspartei Fürst Hermann zu Hohenlohe-Langenburg bei, indem er dafür plädierte, solche »hoch- und handelspolitischen Interessen« nicht »vom rein finanziellen Standpunkt«, ganz »krämerhaft nach Prozenten« zu bewerten. Als Folge einer Ablehnung müsse »nicht nur der Handel unendlich notleiden . . ., sondern das ganze politische Ansehen Deutschlands in jenen Ländern«[29].

Vergebens – die Opposition zeigte sich durch die Mischung von halbwahren und übertriebenen Wirtschafts- und Prestigeargumenten ungerührt. Warum solle das Reich für ein »verkrachtes Unternehmen« eintreten, fragten die Liberalen Loewe und H. H. Meier ohne weitere Umschweife. Als der eigentliche Exponent des kompromißlosen Wirtschaftsliberalismus trat aber wieder Bamberger auf. Er argwöhnte, daß die Samoa-Vorlage als »Versuchsfeld« für »koloniale Experimentalphysik« dienen sollte, kritisierte die Geschäftsführung der Firma Godeffroy, nannte ihren Plantagenbesitz eine »Lotterie«. Er deckte den Zusammenhang und Einfluß der Interessenten auf, enthüllte das bescheidene Volumen des Samoahandels und prophezeite, die neue Gesellschaft werde bald »einen Invalidenfonds nötig haben«. Wenn die Regierung auch bona fide handle, so sei es doch »aussichtslos, das Geld der deutschen Steuerzahler zu verschwenden«. Mit einem brillanten Feuerwerk kritischer Einwände verwahrte er sich gegen die »Schwärmer der Kolonialpolitik unter uns, die immer in Ekstase geraten«, wenn eins der »himmelblauen Kolonialprojekte« auch »nur von weitem« auftauche. »Welcher Art sind denn hier in Sachen des Handels die nationalen Interessen?« stieß er durch die Dunstschwaden vorgeschobener Motive. »Wenn

---

720–49 (Zit. 723 f.; 741–49: Statuten der DSG, zum Gesetzentwurf v. 14. 4. 1880); Protokolle über die Verhandlungen des Bundesrats 1880, 155; H. v. Poschinger, Fürst Bismarck u. der Bundesrat, Berlin 1898, IV, 270 f.; Strohschneider, 24, 36. Vgl. auch Archiv Bankhaus Oppenheim, 112 (Unterlagen zur DSG-Gründung 1879/80).

29. RT 4:3:2:858 f., 895 (Scholz, 22. 4. 1880); 946 (Hohenlohe-Schillingsfürst, 27. 4. 1880, vgl. H. Rust, Reichskanzler Fürst Chlodwig zu Hohenlohe-Schillingsfürst, Düsseldorf 1897, 173 f.; im Nl. findet sich nichts hierzu; ders., Denkwürdigkeiten, II, 295 [15. 5. 1880], vgl. 235 [14. 6. 1878]); 887, 960 (Kusserow, 23., 27. 4. 1880); 950 (Reuleaux, 27. 4. 1880, vgl. C. Weihe, F. Reuleaux, Berlin 1925; Langen an A. Schmidt, 5. 8. 1881, Nl. Langen 8; Boetticher an B., 24. 9. 1881, Nl. Boetticher, BA, 45); 859 f., 949 f. (Hohenlohe-Langenburg, 22., 27. 4. 1880); ebenso der Deutsch-Konservative Staudy (890, 23. 4. 1880), der Reichstag sei der »nationalen Auffassung« seine Zustimmung schuldig.

je ein Wort sich eingestellt hat, wo Begriffe fehlen, so hier gar oft das Wort national.«
»Am Ende« komme daher »das, was schließlich immer noch bleibt, wenn man gar keine anderen Argumente hat; die Enthüllung der nationalen Fahne unter Trommelschlag und Trompetenschall, die nur gehört zu werden brauchen, damit das Urteil verwirrt wird«. Warum, fragte Bamberger, solle deutschen Handelsfirmen auf einmal durch eine staatlich gestützte Gesellschaft Konkurrenz gemacht werden?

Wie gespalten jedoch die Liberalen, auch die Linksliberalen, schon unter sich waren, erwies sich, als G. v. Bunsen Kusserows taktisch bedingte Behauptung, es gehe der Regierung doch nur um »die Gleichstellung des deutschen Handels« mit dem der anderen Nationen«, als bare Münze akzeptierte, die »volle Gleichberechtigung« als freihändlerisches »Prinzip« natürlich guthieß und mit der Wendung, »ein allzu kritisches Messer« wolle er diesmal nicht »anlegen«, die Vorlage unterstützte. Mit einem Ausfall gegen linksliberalen »Doktrinarismus« tat das der Rechtsliberale Mosle auch, da die Regierung den »indirekten, unberechenbar großen Nutzen« schützen müsse. »Mit Naturnotwendigkeit«, fügte er wieder hinzu, werde ohnehin »in ganz kurzen Jahren« die Frage des Kolonialerwerbs an uns »herantreten«.

Nur mit skeptischer Erwartung sah die Regierung der Abstimmung am 27. April entgegen, nachdem Hohenlohe-Schillingsfürst zwischen der ersten und der zweiten Lesung sogar das Gerücht, sie lege nicht mehr viel Gewicht auf die Annahme, hatte dementieren müssen. Die Frei- und Deutsch-Konservativen sowie der rechte Flügel der Nationalliberalen unter Bennigsen stimmten fast geschlossen mit 112 Stimmen für den Entwurf, die Linksliberalen und Richter, Forckenbeck und Bamberger, dazu das Zentrum jedoch mit 128 Stimmen dagegen. Diese entschiedene Minderheit des Parlaments gab den Ausschlag, da 140 Abgeordnete, von Skrupeln über die Vor- und Nachteile der Samoa-Vorlage geplagt oder eine Aufführung des »Faust« vorziehend, es vorzogen, sich der Stimme zu enthalten; sie besiegelten erst die Niederlage der Regierung[30].

Bismarck zögerte nicht, die Opposition als Rache der Freihändler für 1879 und den »Kulturkampf« zu charakterisieren. In einer »die Existenzbedingungen« des Reiches angehenden Frage wie »der Samoagarantie« habe das Zentrum die »reichsfeindliche Bestrebung unter seinen Schutz genommen«, schlug er scharf übertreibend unverzüglich zurück. »Statt durch Annahme der Vorlage der heimischen Industrie neue Absatzgebiete für nationale Arbeit zu eröffnen«, ließ er erklären, sei die Opposition wieder ihrem engstirnigen Parteiegoismus erlegen. Wenn Fabri jetzt Bismarck zu trösten versuchte, gerade die Ablehnung der Samoa-Vorlage könne »sehr nützliche Wirkungen haben und unsere jugendliche colonial ascendancy kräftig fördern«, so wurde er schroff zurückgewiesen. Bismarck hatte sich zwar im Reichstag keinmal sehen lassen, aber nach dem Eindruck der Öffentlichkeit so sehr mit der Vorlage identifiziert, daß der Mißerfolg von einer kritischen süddeutschen Pressestimme zu Recht dahin gedeutet werden konnte, daß »der Reichskanzler zum ersten Male in einer Angelegenheit, welche er persönlich betrieben hat, eine Niederlage« erlitten habe;

---

30. RT 4:3:2:947 (Loewe, 27. 4. 1880); 881–84 (Meier, 23. 4. 1880; Hardegen-Smidt, 236 f.; H. Wolff an Meier, 10. 2. 1878, 17. 7. 1879 [Nl. Meier, 26] über die trüben Geschäftsaussichten in der Südsee; vgl. Export 2, 155–57, 179 f. [22. 4., 11. 5. 1880]); 862–64, 868 f., 894, 958 (Bamberger, 22., 23., 27. 4. 1880; ders., Die Nachfolge Bismarcks, Berlin 1889², 13: »Hätte ich mich Samoa zunichte gemacht«, schrieb er damals [an Hillebrand, o. D., Nl. Bamberger, 91], »so hätten wir jetzt auch die Anfänge solchen Blödsinns« wie der französischen »folie coloniale«.); 948 (Bunsen, 27. 4. 1880); 875 f., 879 (Mosle, 23. 4. 1880); Samoa-Vorlage, 54, 56 f.; Coppius, 68 f.

sie »verschärft sich noch dadurch, daß in dieser Angelegenheit der Kanzler der Börse gegenüber und vor dem großen Publikum die Aktienzeichnung für Samoa durch das Gewicht seines Namens unterstützt hat«. Die durch Vermittlung ihres Redakteurs Dr. Fischer häufig den Wünschen des Auswärtigen Amts folgende »Kölnische Zeitung« mußte jetzt eingestehen, daß die Abstimmung eine »so empfindliche Niederlage« bedeute, »wie sie in einer politischen Frage dem leitenden Staatsmann kaum je bereitet worden ist«. Sie bedauerte dieses Ergebnis um so mehr, als sie die Vorlage als »erste Regung der deutschen Reichsregierung zur Einleitung einer deutschen Kolonialpolitik« mißverstanden hatte. »Dieses Bestreben hat einen mächtigen Hintergrund in der öffentlichen Meinung Deutschlands im letzten Jahre empfangen. Es ist eine unbestreitbare Tatsache, daß der Gedanke, Deutschland bedarf aus wirtschaftlichen Gründen der Kolonien, in der öffentlichen Meinung bei uns bereits einen festen Halt gewonnen hat.« Das »nationalpolitische Interesse« hätte daher die »Rentabilitätsbedenken« vordrängen müssen[31].

Diese Bedenken waren während der überaus heftigen Pressekampagne, die vom Dezember 1879 bis zum Mai 1880 die Entwicklungsetappen der Samoa-Vorlage begleitete, immer wieder von den Blättern der freihändlerisch-liberalen Opposition geäußert worden. Eine »Gründung, die das Licht scheut«, hatte die Hamburger »Reform« die DSG genannt, hoffentlich verschwinde bald »der Schwindel über die ›nationale Ehrenpflicht‹« aus den Zeitungen. In Godeffroys Südseegeschäften seien »keine patriotischen Taten zu sehen«, sie mußten aber so betrieben werden, daß sie die Prosperität in sich selbst finden«, sekundierte ihr die »Börsenhalle«. »Eine Vermischung dieser Dinge mit ... sogenannten patriotischen Tendenzen« ergebe schließlich, daß das Reich »seine Kasse den Aktionären« zur Verfügung stelle. »›Keine Garantie – kein Patriotismus‹, sagten die Gründer der DSG. Wir unsererseits möchten nicht gerne dreiprozentig garantierten deutschen Patriotismus im Kurszettel notiert sehen!« Vor allem die hanseatischen Wirtschaftsliberalen vermochten nicht einzusehen, warum der geschäftliche Mißerfolg der Godeffroys, denen sie ohnehin ihre Schutzzollneigungen verargten, die deutsche Handelsstellung in der Südsee tödlich gefährden solle, da dort doch mehrere andere große deutsche Firmen tätig seien. Daß diese Rivalen der DHPG »vermittelst der Reichsgarantie« für das Hansemannsche Unternehmen »tot gemacht« würden, fürchtete auch Senator Versmann. Warum solle man solche »von oben herab dekretierten ... Treibhausprodukte«, die an der frischen Luft »der Konkurrenz ohnehin rasch zerfallen«, unterstützen? Koloniale Experimente »zugunsten einzelner Klassen« hielt der »Kongreß Deutscher Volkswirte« ebenfalls für ganz »unzulässig«[32].

Diese Auffassung wurde noch unnachgiebiger vertreten, als die »NAZ« nach anfänglichen Dementis die Samoa-Vorlage Ende April 1880 als ein »Vorspiel« deutscher Kolonialpolitik aufzuwerten suchte. Ihre Gegner könnten Deutschland nicht von einem Kurs abbringen, der für andere Nationen vorteilhaft sei. Möglichst viele

---

31. B. an Reuss, 14. 5. 1880, GW 6c, 186; Samoa-Vorlage, 59; Fabri an Stolberg, 30. 4. 1880, RKA 2098, 5–10 (ebda. B.s Antwort, er habe »nicht viel Vertrauen in Herrn Fabri und dessen Pläne« [Erwerb Transvaals], auch überhaupt »keine Neigung«, diese jetzt »in ernste Erwägung zu ziehen«; F. hatte schon in seiner ersten Schrift [Bedarf, 95] den Erwerb Samoas befürwortet); Korrespondent von u. für Deutschland 29. 4. 1880; KZ 29. 4. 1880; vgl. 28. 1., 23. 4., 1. 5. 1880.
32. Reform 15. 2. 1880; vgl. 13., 15. 1. 1880; Hamburg. Korrespondenz. 17. 2. 1880; Weser-Zeitung 25., 29. 4. 1880; Geschichte der Frankfurter Zeitung, 464; Hamburg. Börsenhalle 16. 2., 16. 4., 28. 4. 1880; Reform 22. 4. 1880; Hamburg. Nachrichten 14. 7. 1880; Tb. Versmann 1. 3. 1880, Nl. Versmann A 4/175; Börsenhalle 19. 4. 1880; Bericht 19. Kongreß Deutscher Volkswirte, 110 f.

»deutsche Samoas« wünschte sich sogar die konservative »Deutsche Reichspost«, da der deutsche Außenhandel dadurch »große Vorteile« gewinne. So argumentierte auch der junge Berliner »Zentralverein für Handelsgeographie«, vor dem der Vorsitzende der »Afrikanischen Gesellschaft«, Freiherr v. Schleinitz, auf eine Ablehnung der Vorlage den »Untergang des ganzen deutschen Südseehandels«, der »den ersten Keim zu einem großen deutschen Welthandel« enthalte, folgen sah. Dieser sei »von eminenter Bedeutung für den Wohlstand« Deutschlands, denn »nur« nach diesem Vorbild »können für die deutsche Exportindustrie... neue und ausgedehnte Absatzgebiete gewonnen werden«. Da »die vorhandene Überproduktion... zu einer Erweiterung der ausländischen Absatzgebiete« dränge, hielt es auch Jannasch für »zweifellos« notwendig, »im Interesse unseres Exporthandels... direkte Verbindungen« mit ihnen herzustellen[33].

Durch all diese Erwartungen zog die Abstimmungsniederlage einen Strich. Bismarck Versuchsballon platzte. Obwohl seine Absichten auch hier nicht in voller Deutlichkeit zu erkennen sind, scheint es ihm doch am Ende der Stagnation seit 1873 um die Probe gegangen zu sein, ob die unmittelbare Unterstützung des Außenhandels aus Reichsmitteln möglich sei. Die Ausgangslage: die unbestreitbare Vorrangstellung der DHPG im Südpazifik, schien günstig zu sein, die potentielle Bedeutung dieser Region wurde auch von ihm hoch eingeschätzt. Den Schwung der Zollagitation ausnutzend erweiterte er das staatliche Interventionsprogramm um eine Unterstützungsaktion für ein Privatunternehmen. Die Großbanken nötigten ihm keineswegs dieses Vorhaben auf, sie folgten vielmehr seinen »Anregungen« und erklärten sich erst dann bereit, »die Sache in die Hand zu nehmen«, als die Reichshilfe zugesagt und sicher im Gesetzentwurf verankert wurde.

Kolonialerwerb in der Südsee hat Bismarck damals wie später gar nicht angestrebt. Angesichts »der Krise, die Industrie und Handel« belaste, erklärte er im November 1878 dem Staatsministerium, das sich mit der Samoafrage befaßte, müsse zwar deutschen Kaufleuten in Übersee Schutz gewährt und nach Kräften gefördert werden, doch kostspielige Kolonialunternehmen habe das Reich weiterhin zu vermeiden. Als Konsul Weber im Dezember 1880 die Annexion Samoas, eventuell ein Protektorat, jedenfalls »die tatkräftigsten Mittel zum Schutz der deutschen Interessen« – die doch bei der neubelebten DHPG in guten Händen lagen – forderte, lehnte Bismarck sogar ein vages deutsches »Aufsichtsrecht« ab: das »wäre Protektorat«, notierte er und befahl, »keine Annexion, kein Protektorat«. Formelle Gebietsherrschaft war nie sein Ideal. Die Vorstöße in der inspirierten Presse dienten wohl dazu, die Anhänger der Kolonialexpansion zu mobilisieren, damit sie ihr Gewicht in die Waagschale der öffentlichen Diskussion über die Samoa-Vorlage warfen. Den Mißerfolg erkannte Bismarck als ein Warnsignal, das ihm angesichts des vielleicht nicht ganz so vehement erwarteten Widerstands der freihändlerischen Liberalen die staatliche Außenhandelsförderung behutsamer vorantreiben ließ.

Fraglos hat die Samoa-Vorlage in der öffentlichen Meinung hohe Wellen geschlagen, nicht zuletzt deshalb, weil sie verriet, daß Bismarck sich mit dem Zolltarif allein noch nicht zufrieden gab. Fabri hatte daher so unrecht nicht, als er auf eine »nützliche« Auswirkung der Samoadiskussion hinwies. Bald verkündete auch die »NAZ«, daß »die Polemik über diese Frage die Nation aus ihrer äußeren Gleichgültigkeit gegenüber ihren überseeischen Interessen aufgerüttelt« habe. Im Wahlkampf von

33. NAZ 28. 4. 1880, vgl. 17. 4. 1880; Deutsche Reichspost 1. 9. 1880, vgl. 7. 9. 1881; KZ 30. 4. 1880; Export 2, 76 f. (2. 3. 1880).

1881 spielte die überseeische Politik dann schon eine unübersehbare Rolle. Die Freikonservativen forderten in einem Wahlaufruf die Regierung auf, der Kolonialfrage näher zu treten. Berlin werde sich mit »dem ablehnenden Votum« zur Samoa-Vorlage »nicht bescheiden«, vermuteten die »Münchener Neuesten Nachrichten«, sondern bald »in einer oder anderen Form auf die in weiten Kreisen des Volkes populäre Sache zurückkommen«[34].

Trotz der Schlappe im Reichstag war auch Hansemanns Konsortium von seinem Vorhaben nicht abgekommen. Die DSG löste sich zwar, als die »Dividendengarantie« ausblieb, auf, nachdem sich auch die Regierung formell zurückgezogen hatte. Aber Hansemann hatte inzwischen erkannt, daß die Substanz der DHPG durchaus gesund war und allein die unvorsichtige Geschäftsführung der Godeffroys eine temporäre Notlage herbeigeführt hatte. Er vergewisserte sich, was der Reichskanzler davon halte, wenn er das ursprüngliche Ziel der »Stützung« der DHPG wieder verfolge. »Im nationalen Interesse« freute sich Bismarck, daß die Banken »in dem Vertrauen auf die Zukunft des deutschen Handels und der deutschen Schiffahrt in der Südsee... aus eigenen Kräften Hand anzulegen« gewillt seien, »um die bisherige Blüte unseres Verkehrs in der Südsee vor Verfall zu schützen«. Bis zum Frühjahr 1881 gelang es dem Konsortium, die DHPG unter ihrem alten Namen zu »rekonstruieren« und ohne staatliche Beihilfe als hochrentable Südseefirma der Berliner Banken zu erhalten. »Unsere Handelsdomäne« in »der verheißungsvollen Inselwelt des Großen Meeres« sei damit verteidigt worden, erklärte der Geograph Prof. Kirchhoff erleichtert. Das auch von den anderen Mächten anerkannte »Übergewicht der deutschen Wirtschaftsinteressen« auf den Samoainseln, von dem Staatssekretär Moore vom State Department sprach, blieb tatsächlich ungefährdet, so daß Deutschland nach unablässigen Streitigkeiten um die Beherrschung der Inselgruppe bei der Teilung von 1899, die das unbefriedigende deutsch-amerikanisch-englische Konprotektorat ablöste, den wertvollsten Anteil erhielt[35].

c) Erste Neuguinea-Pläne Hansemanns

Nachdem Hansemann sich einmal mit Erfolg auf den wichtigsten polynesischen Inseln engagiert hatte, fiel sein Augenmerk auch auf die größte melanesische Insel: auf Neuguinea, dessen Westspitze im Ausstrahlungsbereich des holländisch-ostindischen Kolonialreichs lag, dessen Südseite jedoch von den australischen Kolonien zu ihrer Einflußsphäre gerechnet wurde. Vielleicht lenkte auch Kusserow, der sich in dieser Zeit besonders intensiv mit der Südsee zu beschäftigen hatte – so daß man sie

---

34. Vgl. 216/25; vage hierzu Böhme, Großmacht, 538–40; DDF II, 403 (Staatsministeriumssitzung, Nov. 1878); Prom. Webers, 2. 12. 1880, RKA 2927, 197–202, Marg. B., ebda.; NAZ 2. 8. 1881; Münchener Neueste Nachrichten 19. 9. 1881. Vgl. Wolf. Treue Hg., Deutsche Parteiprogramme, 1861–1954, Göttingen 1961³, 69 f., s. o. 160 f. Auch Miquel (26. 8. 1882, DKG 253, 6) meinte: »In der Samoa-Frage hat nicht die Frage der Kolonisation die Sache zum Fall gebracht, sondern... das Stützen eines bankrotten Hauses.«

35. B. an DSG, 7. 5. 1880, in: Poschinger, Volkswirt, I, 332 f.; Münch, 225; Disconto-Gesellschaft, 226 f.; Export 2, 216, 340, 457 (25. 5., 31. 8., 30. 11. 1880); einen Nl. Hansemanns habe ich nicht finden können. – A. Kirchhoff, Die Südseeinseln u. der deutsche Südseehandel, Heidelberg 1880, 41, 48; J. B. Moore an C. Schurz, 4. 3. 1898, Nl. Schurz, LC. Vgl. J. W. Ellison, The Partition of Samoa: a Study in Imperialism and Diplomacy, PHR 8. 1939, 259–88; Morrell, 205–38; Vagts, I, 638–932; Weck, 30–47, 76–157; Wehler, HZ 201, 90–107; s. u. Kap. V / 2 B.

in der Wilhelmstraße »Kusserowien« nannte –, Hansemanns Aufmerksamkeit auf Melanesien. Jedenfalls reicht der Chef der »Disconto-Gesellschaft« im November 1880 dem Auswärtigen Amt eine Denkschrift ein, in der er sein lebhaftes Interesse an der Nordostküste Neuguineas erläuterte.

Das »weitgehende Ziel« seines Konsortiums könne nur »auf die Gewinnung von deutschen Kolonien, auf die Förderung von Handel und Schiffahrt durch eigene Kolonialinteressen gerichtet sein«, behauptete er darin. Denn nur so »ließen sich die Interessen von Handel, Industrie und Schiffahrt in Deutschland dauernd heben und günstige Wirkungen für die wirtschaftliche Bilanz Deutschlands erreichen«. Angesichts der verschärften Rivalität auf dem Weltmarkt gewährten Kolonien auch »einen Vorsprung in der Konkurrenz«. Eine staatlich subventionierte Dampferlinie, die in Mioko bereits einen ersten Hafen anlaufen könne, – »gleichzeitig« müßten freilich »andere Häfen als Kohlenstationen für die deutsche Marine gesichert werden« –, sollte die Expansion erleichtern, bis Neuguinea mit Niederlassungen besetzt und als Handelskolonie erworben werden könne. Nur Neuguinea biete dafür das Land »mit weiterem Hinterground«, jedoch sollten möglichst auch die Samoainseln in Besitz genommen werden, da »sich in weiterer Zukunft nach Herstellung des Panama-Kanals die Wichtigkeit dieser Stellung der Samoainseln noch erhöhen« werde. Vier Jahre vor der tatsächlichen Kolonialexpansion Deutschlands in der Südsee wurde hier ihre Marschroute vorgezeichnet[36].

Ehe Bismarck diese Denkschrift Anfang 1881 in die Weihnachtsfereien nachgeschickt erhielt, wurde Kusserow, dessen Referat die Eingabe zu bearbeiten hatte, Gelegenheit geboten, in einem ausführlichen Memorandum zur deutschen Überseepolitik Stellung zu nehmen. Das »deutsche Kapital« sei auch trotz der Reichstagsniederlage bereit, die »nationale Aufgabe zu erfüllen«, das beweise die Sanierung der DHPG, hieß es darin. »Die Nation« habe sich »mehr als zuvor der Frage überseeischer Unternehmungen zugewendet«, »überall« sei »die Überzeugung erwacht, daß die industriellen Interessen Deutschlands eine Beteiligung des Reichs an der Erschließung und Ausbeutung überseeischer Produktions- und Absatzgebiete bedingen«. Deutschland stehe daher, glaubte Kusserow, vor der »Notwendigkeit«, vor allem in der Südsee möglichst viele wertvolle »Punkte« in Besitz zu nehmen. »Wie sich das Reich von anderen Illusionen des kosmopolitischen Freihandelssystems zur Begründung seiner wirtschaftlichen Unabhängigkeit frei gemacht hat«, interpretierte er den Zolltarif von 1879, so beginne es zu erfassen, daß es nicht »die Konkurrenz der anderen seefahrenden Nationen im Welthandel erfolgreich« bestehen könne, wenn nicht seinen »überseeischen Interessen durch Kolonialbesitz eine sichere Grundlage« gegeben werde. Kolonien böten »die sichersten Absatzgebiete für die Industrie des Mutterlandes«, wiederholte er ein geläufiges Thema. »Auf die Dauer« aber der »Befriedigung« eines solchen »nationalen Bedürfnisses entsagen, hieße soviel wie sich selbst verstümmeln«. Glücklicherweise seien aber die »Finanzkräfte« hinter der DSG bereit, zunächst den Verkehr mit der Südsee »zu einem für Handel, Schiffahrt und Industrie Deutschlands gleich zukunftsvollen nationalen Interesse zu gestalten«.

---

36. Denkschrift Hansemanns, 9. 9. 1880 (9. 11. eingereicht), RKA 2927, 9–34; Hansemann an AA, 11. 11. 1880, ebda., 2–7; vgl. Disconto-Gesellschaft, 227 f.; Poschinger, Neues Bismarck-Jahrbuch 1, 275–82; StA 44, 106 f.; RT 6:1:6; Anl. 167 (Wb.: Deutsche Interessen in der Südsee, II) 691; ausführlich Morrell, 238–62; M. G. Jacobs, The Colonial Office and New Guinea, Historical Studies, Australia and New Zealand 5. 1952, Nr. 18, 106–18; dies., Bismarck and the Annexation of New Guinea, ebda. 5, Nr. 17, 14–26.

Die beschwörende Suada von Hansemanns Schwiegersohn vermochte Bismarck noch nicht zu beeindrucken. Sein Bleistift füllte die Schriftstücke mit pointierten Marginalien. An eine »Besetzung« sei überhaupt nicht zu denken: »Mit Geheimräten? ... Der Staat ist nicht im Besitz der Beamten, um ›Kolonien‹ damit zu gründen; die englischen Kolonisten gehen mit 16 Jahren dahin, ohne studiert zu haben ... Die Vereinigten Staaten und England und Holland haben die Kolonien nicht gemacht, nur akzeptiert.« »Die Sache«, das blieb Bismarcks Überzeugung, »müßte kaufmännisch entstehen.« »Kolonisten und Kaufleute gehen aber nicht hin. Es liegt das nicht in der preußischen Erziehung; höchstens in den Hansestädten, und die gehen eigene Wege.« Gegen eine Dampfersubvention äußerte er freilich »keine Bedenken – außer Geld«, das der Reichstag kaum bewilligen werde: »die meisten würden schon deshalb dagegen sein, weil ich es vorschlage. Mit Samoa-Majoritäten läßt sich nichts derart unternehmen.« Dazu »müßten wir ein nationales Parlament hinter uns haben, aber nicht bloß Fraktionen«.

In diesem Sinn wurde Hansemann von Graf Limburg-Stirum im Auswärtigen Amt beschieden. Bismarck halte es »nach der Ablehnung der Samoa-Vorlage« für »untunlich, eine kräftige Initiative« zur »Unterstützung des deutschen Handels« zu ergreifen, wie Hansemanns Kolonialprojekt sie voraussetze. Nur dann könne die Regierung aktiv vorgehen, »wenn sie einen starken Rückhalt seitens der Nation hinter sich« habe. Falls sich jedoch eine »Privatunternehmung« zu »nennenswerten Erfolgen emporgeschwungen« habe, dann werde »der maritime und konsularische Schutz nicht fehlen«. Ohne Reichshilfe wollte Hansemann jedoch kein zweites Südseeunternehmen auf eigenes Risiko hin wagen. Er verschob die Realisierung seiner Pläne für einige Jahre. Bis dahin hatte sich auch der expansionistische Konsensus, den Bismarck als »starken Rückhalt« verlangte, herausgebildet. Von dem Fehlen »irgendeines lebhaften Interesses« für überseeische »Unternehmungen«, das noch 1880 »dem überwiegenden Teil der Nation nicht beiwohnte«, konnte nach dem Einbruch der zweiten Depression bald keine Rede mehr sein[37].

C. ANFÄNGE DER WIRTSCHAFTLICHEN AUSBREITUNG IN LATEINAMERIKA, IM NAHEN OSTEN UND IN AFRIKA

Auch in andere Expansionsfelder des okzidentalen Imperialismus, auf denen Deutschland bis zur Jahrhundertwende eine unübersehbare Position gewinnen sollte, begann der deutsche Handel, später auch der deutsche Kapitalexport seit den Hochkonjunkturjahren vor 1873 hineinzustoßen. Vorsichtig knüpfte er seine Verbindungen an, und noch ganz einer freihändlerischen Außenhandelspolitik folgend zog die Regierung mit Handelsverträgen nach.

Im Norden Lateinamerikas gelang es hanseatischen Kaufleuten, aufgrund günstiger Umstände bis 1868 gut $2/3$ des mexikanischen Außenhandels unter ihre Kontrolle zu bringen. Das traditionelle englische Monopol war zerbrochen, als die Marionettenregierung Kaiser Maximilians von der politischen Emanzipationsbewegung unter Benito Juarez beseitigt und die konservative Vorherrschaft, auf die Großbritannien gesetzt hatte, zerschlagen wurde. In das zeitweilig entstehende Vakuum

---

37. Prom. Kusserows, 21. 12. 1880, RKA 2927, 203–57, Zit. 220 f., 233, 242, 245; Busch an B., 3. 1. 1881, ebda., 189–91; Resümee von Hansemanns Schreiben v. 9. 9. u. 11. 11. 1880, ebda., 192–96; Notiz Limburg-Stirums, 26. 1. 1881, ebda., 258 f.

stießen die deutschen Kaufleute hinein und nutzten die Gunst der Stunde, so daß sie Ende der 1860er Jahre »den Handel in Mexiko fast monopolisieren« konnten, wie der Vertreter der Hansestädte in Mexiko urteilte. Freilich handelte es sich bei dem kurzlebigen Übergewicht bis in die 1870er Jahre hinein um einen etwas künstlichen, prekären Erfolg, da er offensichtlich von einer vorübergehenden Konstellation abhing. Tatsächlich kehrten bald nicht nur englische Firmen zurück, tauchten amerikanische Unternehmer auf, sondern vor allem französische Kaufleute drangen schnell auf dem mexikanischen Markt vor. Da die deutschen Geschäfte ganz überwiegend mit französischen und englischen Waren gehandelt hatten – der Export deutscher Waren nach Mexiko stieg erst seit 1884 spürbar an –, verloren sie in wenigen Jahren ihre günstige Mittlerstellung an die direkten Vertreter der französischen und englischen Firmen. Der deutsch-mexikanische Handelsvertrag vom Dezember 1882, der dem Reich die Meistbegünstigung einräumte, änderte daran nichts mehr. Erst seit 1888, als ein Bankensyndikat unter Bleichröder eine Staatsanleihe gab, machte der deutsche Finanzeinfluß etwa fünf Jahre lang die Verluste im Handelsgeschäft etwas wett. In dieser Zeit stieg dann auch der Anteil des deutschen Exports an der mexikanischen Einfuhr von sieben auf elf Prozent[38].

Von der Ausnahmesituation im Mexiko der Nachkriegszeit abgesehen, gewannen deutsche Kaufleute in den anderen lateinamerikanischen Staaten während der 1870er Jahre erst allmählich an Boden. Vor allem in Bolivien, Kolumbien und Venezuela, aber auch in Chile, Argentinien und Brasilien drangen sie in die wirtschaftliche Domäne, die Großbritannien dort seit den 1820er Jahren entwickelt hatte, ein und galten den gleichzeitig vorrückenden Amerikanern als scharfe Konkurrenz. Wegen des spürbar ansteigenden südamerikanischen Handels konnte Admiral Werner 1880 den Vorschlag machen, den Niederlanden Curaçao abzukaufen, um für diesen Handel einen eigenen Marinestützpunkt zu gewinnen. Jedoch in diesem Jahr betrug der deutsche Handel mit ganz Lateinamerika erst 0,95 Prozent des gesamten deutschen Außenhandels, während er vor dem Ersten Weltkrieg, 1913, immerhin 7,6 Prozent ausmachte; auch die deutschen Kapitalanlagen, die dort 1913 eine Höhe von 600 Millionen Dollar, d. h. zehn Prozent der gesamten deutschen Auslandsinvestitionen und 10,5 Prozent der gesamten ausländischen Kapitalinvestitionen in Lateinamerika, erreichten, bewegten sich noch im Bereich minimaler Beträge. Hinter den bis 1914 ziemlich eindeutig ihren Vorsprung behauptenden Engländern kamen die Deutschen nie über den vierten Platz hinter den Vereinigten Staaten und Frankreich hinaus. Allgemein sahen erst die 1890er Jahre eine erfolgreichere deutsche Aktivität, wobei zum Teil der Einfluß auf die Heeresorganisationen einiger südamerikanischer Staaten dem deutschen Waffenexport zustatten kam[39].

38. Die erste grundlegende, aus zahlreichen Archiven erarbeitete, wenn auch weitschweifige u. positivistische Studie über die »deutsche Politik in Mexiko, 1870–1920«: F. Katz, Deutschland, Diaz u. die mexikanische Revolution, Berlin 1964, 87–108, vor allem 88–91, 95–97, 100, 107. Vgl. ders., Hamburger Schiffahrt nach Mexico, 1870–1914, Hansische Geschichtsblätter 83. 1965, 94–108; R. Darius, Die Entwicklung der deutsch-mexikanischen Handelsbeziehungen, 1870–1914, wiso. Diss. Köln 1927, 18–34; E. Turlington, Mexico and Her Foreign Creditors, N. Y. 1930, 212–22; Pletcher, Rails, Mines, and Progress: Seven American Promoters in Mexico, 1867–1911, Ithaca 1958; Beutner, 198–205.

39. R. Werner Erinnerungen u. Bilder aus dem Seeleben, Berlin 1880, 344 f.; Stolberg-Wernigerode, 229–33; Katz, Deutschland, 88 f.; J. Hell, Deutschland u. Chile von 1871–1918, Wiss. Zeitschrift der Universität Rostock, Gesell. u. Sprachw. Reihe 14. 1965, 81–105; R. v. Borght, Das Wirtschaftsleben Südamerikas, insbesondere seine Beziehungen zu Deutschland, Köthen 1919, 89–95; J. F. Rippy,

Noch weitaus unbedeutender waren die vereinzelten Kontakte, die mit dem Nahen Osten aufgenommen wurden. Ungefähr gleichzeitig, als die Ostasiatische Expedition aufbrach, hatte Preußen zwar 1860 die erste deutsche Gesandtschaft in Teheran eingerichtet, doch wurde die Verbindung mit Persien auch noch nicht durch den Handelsvertrag von 1873 enger gestaltet. Bismarck hielt sich äußerst behutsam von diesem Konkurrenzgebiet widerstreitender englischer und russischer Interessen zurück. Allenfalls sah er sein Fernziel darin, Persien eine gewisse Autonomie miterhalten zu helfen, damit das englische und russische Übergewicht nicht vollends erdrückend wurde, sondern den deutschen Interessen Entfaltungsmöglichkeiten gewahrt blieben. Auch der amerikanische Gesandte in Teheran hielt diese Berliner Politik: ein friedliches Gleichgewicht und die persische Formalsouveränität zu erhalten, den deutschen Interessen für förderlich. Deutschland »unternimmt alle möglichen Anstrengungen, seinen Handel auszudehnen und Märkte für seine Industrieerzeugung zu gewinnen«, notierte er sich Anfang der 1880er Jahre, und dieser Tendenz passe sich Bismarcks vorsichtige Politik an.

In diesem wohlverstandenen Eigeninteresse suchte der Reichskanzler auch gewöhnlich auf eine Milderung des englisch-russischen Gegensatzes in dieser Region hinzuwirken. »Wir haben auch die Kriege anderer Mächte« im Nahen Osten »zu scheuen«, hielt er 1880 während eines Aufenthaltes in Friedrichsruh in einer Denkschrift fest, und zwar »wegen der unvermeidlichen Rückwirkungen auf unsere wirtschaftlichen Interessen«. Nur während der englisch-russischen Nahostkrise von 1884/85 fachte er, um der deutschen Politik Bewegungsfreiheit zu verschaffen, die Gegensätze kräftig an. »Ein Krieg zwischen England und Rußland«, gestand er schon im August 1884 Kálnoky in Varzin, »wäre ja von unserem Standpunkt nur wünschenswert.« Einen »englisch-russischen Krieg zu verhindern«, liege zur Zeit nicht im deutschen Interesse, im Gegenteil könne eine Schwächung Rußlands »uns ja nur konvenieren«. Er hütete sich indessen, ein sichtbares deutsches Engagement gegen das Zarenreich im Nahen Osten einzugehen, auch als Salisbury ihn 1885 die Reutersche Konzession in Persien als Druckhebel mitbenutzen lassen wollte[40].

Seit dieser Zeit aber richtete sich das Interesse deutscher Firmen auch stärker auf den Nahen Osten. Der »Deutsche Kolonialverein« befürwortete jetzt ebenfalls ein

German Investments in Latin America, The Journal of Business of the University of Chicago 21. 1948, 63–73; Schulze, 146–55; Feis, 192; März, 90; RKA 7158; F. T. Epstein, Argentinien u. das deutsche Heer, in: Festschrift O. Becker, Wiesbaden 1954, 286–294; Beutner, 78–89; Schramm, Deutschland, 57 f. – Vgl. J. F. Rippy, British Investments in Latin America, 1822–1949, Minneapolis 1959; Ferns Arbeiten; H. Ramírez Necochea, Englands wirtschaftliche Vorherrschaft in Chile, 1810–1914, in: Lateinamerika zwischen Emanzipation u. Imperialismus, Berlin 1961, 112–66; zur amerikanischen Offensive: Wehler, HZ 201, JbLA 2, 3, 5 u. die dort verzeichnete Lit.

40. G. B. Martin, German-Persian Relations, 1873–1912, Den Haag 1959, 21–49, hier 21, 33, 38. Vgl. N. Rezai, Die Beziehungen zwischen dem Iran u. Deutschland, 1870–1914, phil. Diss. Heidelberg 1958, MS; W. O. Henderson, German Economic Penetration in the Middle East, 1870–1914, EHR 18. 1948, 54–64; Beutner, 252–58; S. G. W. Benjamin, Persia and the Persians, Boston 1887, 491 f.; Denkschrift B. über die deutsche Politik im Orient, 7. 11. 1880, Nl. Richthofen 1/1, auch GP IV, 17; vgl. 11–28, vor allem 124–6. H. Stoecker, Zur Politik Bismarcks in der englisch-russischen Krise von 1885, ZfG 4. 1956, 1187–1202; H. Krausnick Hg., Neue Bismarck-Gespräche, Hamburg 1940, 34 f. (nach Notizen Kálnokys). Vgl. Malet an Granville, 25. 4. 1885 (Knaplund, 399), Bleichröder halte »den Krieg für unvermeidlich . . . jeder Tag, um den die Kriegserklärung hinausgezögert werde, erhöhe unsere Schwierigkeiten«; Rantzau an H. v. B., 9. 8. 1885 (Nl. Bismarck, 47), Bleichröder habe in Varzin gehört, Rußland wolle »im November den Krieg machen«. »Das stimmt mit der Ansicht des Papa« überein. P. Kluke, Bismarck u. Salisbury, HZ 175. 1953, 285–300; A. P. Thornton, British Policy in Persia, English Historical Review (= Eng. HR) 69. 1954, 554–79; 70. 1955, 55–71.

energischeres Vorgehen. Paul Dehns vielgelesene Schriften, die »im Zeitalter der materiellen Interessen« eine deutsche Wirtschaftsoffensive in den Orient vor allem in Gestalt des Eisenbahnbaus als ebenso aussichtsreich wie unumgänglich hinstellten, begannen seit 1883 zu erscheinen. Allmählich wurde auch eine engere Verbindung mit der Türkei angeknüpft. Wie nach China und nach Lateinamerika gingen erneut deutsche Militärinstrukteure 1882 ins Osmanische Reich und bahnten dem Export von Rüstungsmaterial den Weg. Aber erst der für imperialistische Konflikte typische Wettbewerb im Eisenbahnbau lenkte seit 1888/89, gegen Ende der Bismarckzeit, auch das deutsche Kapital und die Berliner Politik dauerhafter in den Nahen Osten[41].

Ihren Auftakt erlebte seit den 1870er Jahren auch die deutsche Afrikapolitik. Ein unklares Schutzgesuch des Sultans von Sansibar wurde zwar von Bismarck 1870 ebenso abgelehnt, wie er schon 1869 das Projekt einer Kolonie um Mozambique zurückgewiesen hatte und 1876 die Besetzung der Santa-Lucia-Bai abschlug. Aber die Niederlassungen der Bremer und Hamburger Firmen breiteten sich ungestört in Ost- und Westafrika aus. Die O'Swalds und Hansings spielten seit den 1860er Jahren auf Sansibar eine führende Rolle, wie sie auch an der Goldküste um Lagos seit 1849 und 1853 schon Faktoreien besaßen. C. Woermann faßte 1849 an der westafrikanischen Küste Fuß und richtete 1854 in Liberia, 1862 in Gabun und 1868 in Kamerun seine Handelshäuser ein. Dort rivalisierten seit 1875 seine früheren Angestellten Jantzen und Thormählen mit ihm, während die Firma Wölber & Brohm seit 1879 die Sklavenküste und das Bremer Haus Vietor seit 1856 Togo zu erschließen suchte; Gaiser & Witt brachten 1875 in Lagos den deutschen Handel an die zweite Stelle. Auf eine Anfrage des Auswärtigen Amts im Jahre 1874, ob die Woermannschen Interessen in Westafrika schutzbedürftig seien, wünschte der damalige Filialleiter im Kamerungebiet, J. Thormählen, den gelegentlichen Besuch eines Kriegsschiffs und die Einrichtung eines Konsulats. Seit 1879 ließ Woermann auch den ersten Dampfer neben seinen Segelschiffen im Direktverkehr nach Westafrika laufen[42].

---

41. DKZ 2. 1885, 8–10, 46–48; P. Dehn, Deutschland u. Orient in ihren wirtschaftspolitischen Beziehungen, München 1884, I; ders., Deutschland u. die Orientbahn, München 1883 (vgl. Deutscher Ökonomist 2. 278 f., 21. 6. 1884; 361 f., 23. 8. 1884); neuerdings hierzu: Kumpf, 171–87; H. Holborn, Deutschland u. die Türkei, 1878–90, Berlin 1926, 11–15; Hohenlohe-Schillingsfürst, Denkwürdigkeiten, II, 302 (15. 7. 1880); A. v. Waldersee, Denkwürdigkeiten, Hg. H. O. Meisner, Stuttgart 1923, I, 232 (18. 11. 1883). Vorzüglich über die englisch-russische Rivalität: B. H. Sumner, Tsardom and Imperialism in the Far East and Middle East, 1880–1914, Proceedings of the British Academy 1941, London o. J., 25–65 (dt. in: Imperialismus). Vgl. H. Boge, Wirtschaftsinteressen u. Orientalische Frage, wiso. Diss. Frankfurt 1958; E. R. J. Brünner, De Bagdadspoorweg, Groningen 1956; H. S. W. Corrigan, British, French, and German Interests in Asiatic Turkey, 1881–1914, phil. Diss. London 1954; M. K. Chapman, Great Britain and the Bagdad Railway, 1888–1914, Northampton 1948; L. Ragey, La question du Chemin de fer de Bagdad, 1893–1914, Paris 1936; E. M. Earle, Turkey, the Great Powers, and the Bagdad Railway, N. Y. 1923; L. Rathmann, Die Nahostexpansion des deutschen Imperialismus vom Ausgang des 19. Jh. bis zum Ende des Ersten Weltkriegs, phil. Habil.-Schrift Leipzig 1961, MS; ders., Berlin–Bagdad, Berlin 1962; ders., Zur Legende vom ›antikolonialen‹ Charakter der Bagdadbahnpolitik, in: Zur Geschichte des Kolonialismus, Sonderheft ZfG 11. 1961, 246–70; H. Pönicke, Die Hedschas- u. Bagdadbahn, Düsseldorf 1958; Schulze, 129–35. Instruktiv ist: J. Bouvier, A propos des origines de l'impérialisme: l'installation des groupes financières au Moyen-Orient, 1860–82, La Pensée 100. 1961, 57–68; 101. 1962, 115–29.

42. RKA 7157; 7155; 7158; März, 94 f.; Hagen, 18 f.; Coppius, 48–62, 121, 128. Vgl. E. Hieke u. P. E. Schramm, Zur Geschichte des deutschen Handels mit Ostafrika. Das hamburgische Handelshaus W. O'Swald & Co. I: 1831–70, Hamburg 1939; ders., Das hamburgische Handelshaus O'Swald & Co. u. der Beginn des deutschen Afrikandels 1848–53, VSWG 30. 1937, 347–74; Die Geschichte des Hauses O'Swald, Hamburg 1931, 30–53; T. Bohner, Der deutsche Kaufmann über See, Berlin 1939, 463–86; K. Brackmann, 50 Jahre deutscher Afrikaschiffahrt, Berlin 1935; E. Hieke,

Aber auch auf Nordafrika richtete sich seit der Prosperitätsphase der 1860er Jahre die Aufmerksamkeit, und frühzeitig geriet insbesondere Marokko ins Blickfeld. Schon 1865 wurde Bismarck von deutschen Kaufleuten darauf hingewiesen, daß das scherifische Sultanat »in kommerzieller Beziehung... für die deutschen Produkte einen großen Absatzmarkt« biete, »sobald der deutsche Handel sich eines wirksamen Schutzes zu erfreuen hätte«. Jedoch erst acht Jahre später wurde in Tanger das erste deutsche Konsulat eingerichtet; seit 1874 ließ Bismarck einen Handelsvertrag vorbereiten, nachdem bisher nur England 1856 und Spanien 1861 einen solchen Vertrag mit Marokko hatten schließen können. Da »ein Vertragsverhältnis mit Marokko den deutschen Interessen entsprechen würde«, wie Staatssekretär v. Bülow es formulierte, wurde 1877 der Konsul beauftragt, Verhandlungen über den Abschluß eines Handelsvertrags aufzunehmen – ein Unternehmen, das sich freilich bis 1890 hinziehen sollte. Wenn Bülow dabei von den »nicht unerheblichen Handelsbeziehungen Deutschlands zu Marokko« sprach, so stellte das unbestreitbar entweder eine Schönfärberei oder Rücksichtnahme auf geringe Handelschancen dar, denn noch 1880 betrug der deutsche Handelsanteil am marokkanischen Import nur 0,43, am Export 0,44 Prozent[43].

Seit 1877 befürwortete auch der Afrikareisende G. Rohlfs, daß Deutschland in Nordafrika, auch in Marokko, Handelskolonien erwerben solle. Trotz der französischen Ansprüche lasse sich von deutschen Niederlassungen aus in Marokko ein vorteilhafter Markt gewinnen. An solch eine Festsetzung dachte Bismarck, dem die Bindung Frankreichs an nordafrikanischen Besitz durchaus erwünscht war, keineswegs; er lehnte auch dieses Projekt scharf ab. Noch nicht entmutigt kam Rohlfs 1882 noch einmal auf seine Anregung zurück und forderte die »Eroberung« Marokkos, die »natürlich nur durch den Staat geschehen« könne, »wie ja überhaupt alle nordafrikanischen Länder nur mit Gewalt kolonisiert, kultiviert und zivilisiert werden können«.

Aber nicht nur Rohlfs wiederholte seinen Vorschlag, auch der Afrikaforscher Lenz betonte, daß Deutschland »in Marokko ein gutes Absatzgebiet« haben könne. Unter diesem Gesichtspunkt hatte schon 1878 Friedrich Krupp dem ehemaligen Offizier

G. L. Gaiser, Hamburg-Westafrika, Hamburg 1949, 46–60; ders. u. A. Dreyer, Zur Geschichte des deutschen Handels mit Westafrika, das hamburgische Haus G. L. Gaiser, Hamburg 1941; voll schiefer Urteile: Schramm, Deutschland, 110, 359, 370, 391; F. Prüser, Bremer Kaufleute als Wegbereiter Deutschlands in Übersee, KR 33. 1942, 71–91; J. Prüser, Die Handelsverträge der Hansestädte Lübeck, Bremen u. Hamburg mit überseeischen Staaten im 19. Jh., Bremen 1962; allg. Townsend, Origins, 15–110 (sehr ungenau!). Vgl. auch M. Nussbaum, Vom ›Kolonialenthusiasmus‹ zur Kolonialpolitik der Monopole. Zur deutschen Kolonialpolitik unter Bismarck, Caprivi, Hohenlohe, Berlin 1962, ein handwerklich u. theoretisch unglaublich grobschlächtig u. ungenau gearbeitetes Buch in erbärmlichem Propagandastil.

43. H. Nimschowski, Marokko als Expansionssphäre der deutschen Großbourgeoisie im letzten Viertel des 19. Jhs., in: Kolonialismus u. Neokolonialismus in Nordafrika u. Nahost, Berlin 1964, 11–68, Zit. 17 f., 20; HAr 1881, 14. Am eingehendsten jetzt hierüber: P. Guillen, L'Allemagne et le Maroc, 1870–1905, Paris 1967, 3–258; ders. u. J. L. Miège, Les débuts de la politique allemande au Maroc, 1870–77, Revue Historique (= RH) 234, 1965, 323–52; vorzüglich: J. Miège, Le Maroc et l'Europe, IV, Paris 1963, 13–35, 170–206. F. T. Williamson, Germany and Morocco before 1905, Baltimore 1937, 75–83; vgl. A. J. P. Taylor, British Policy in Morocco, 1886–1902, Eng. HR 66. 1951, 342–74. Überholt sind: H. Hallmann, Bismarck u. Marokko, Sch. J. 60. 1936, 195–208; F. Charles-Roux, L'Allemagne et les questions de Tunisie, du Maroc et d'Égypte de 1879 à 1884, L'Afrique Française 38. 1928, Suppl. 6: Renseignements Coloniaux, 345–55. Zum französischen Engagement in Nordafrika: J. Ganiage, Les origines du protectorat français en Tunisie, 1861–81, Paris 1959; W. L. Langer, The European Powers and the French Occupation of Tunis, AHR 31. 1925, 55–78, 251–65.

v. Conring den Auftrag erteilt, »die industriellen und kommerziellen Verhältnisse von Marokko an Ort und Stelle zu untersuchen. Hierdurch sollte die Einleitung vorteilhafter Handelsverbindungen mit jenem wenig bekannten Reiche vorbereitet werden.« Als auch die Expansionspublizistik 1881/82 das Thema aufgriff, hielt sich der englische Botschafter in Berlin, dessen Land am Eingang zum Mittelmeer strategisch und ökonomisch die höchsten Interessen besaß, doch für verpflichtet, über die kursierenden Gerüchte: daß nämlich der Kauf einer deutschen Kolonie in Marokko bevorstehe, nach London zu berichten[44].

Davon durfte aber damals im Auswärtigen Amt gar nicht ernsthaft gesprochen werden. Bismarck stimmte vielmehr sorgfältig sein Vorgehen mit London und Paris ab und gewährte den deutschen Wirtschaftsinteressen, die sich seit der Mitte der 1880er Jahre intensiver um Marokko bemühten, auch dann noch nicht die staatliche Unterstützung in einem umstrittenen Gebiet, in dem eine allzu aktive deutsche Politik notwendig mit den französischen und englischen Interessen zusammenprallen mußte. Ihm genügte es vorerst, daß die Madrider Konvention von 1880 die Privilegien der europäischen Nationen und der Vereinigten Staaten in Marokko bestätigt und Deutschland das Recht der Meistbegünstigung gegeben hatte. Als Schlußstein galt ihm ein Handelsvertrag, der aber erst nach seiner Entlassung, im Juli 1890, zustande kam.

2. EXPORTFÖRDERUNG IM BRENNPUNKT

Die Samoa-Vorlage von 1880 hatte vor allem auch deshalb zu einer so lebhaften Diskussion geführt und das Vordringen des Interventionsstaats augenfällig erwiesen, weil der Reichstag zur Bewilligung der »Dividendengarantie« für das Bankenkonsortium um Hansemann eingeschaltet werden mußte. Weniger fielen jedoch andere Bemühungen auf, die die Regierung Bismarcks seit derselben Zeit zur Unterstützung des Außenhandels unternahm. Diese Maßnahmen wurden aus der Machtbefugnis der Exekutive heraus auf dem Verordnungsweg eingeleitet; sie schalteten zum Teil den Apparat der Reichsbehörden selber ein oder dienten zur Unterstützung von Anstrengungen der Privatwirtschaft. In allen diesen Fällen haben die Wirtschaftsliberalen nichts gegen das staatliche Förderungsprogramm, das von Bismarck mit großer Zielstrebigkeit ausgeführt wurde, einzuwenden gehabt. Einerseits hing also die freihändlerisch-liberale Opposition Wunschbildern einer angeblich von staatlichen Eingriffen völlig freien Vergangenheit des ungeschmälerten Laissez faire nach, andererseits nahm sie staatliche Hilfe in weniger auffälliger Form durchaus als selbstverständlich hin. Das traf übrigens auch auf England zu, wo das Laissez-faire-Sy-

---

44. F. Facius, C. A. v. Weimar u. die deutsche Kolonialpolitik, 1850–1901, KR 32. 1941, 345 (Rohlfs Denkschriften 21. 5. 1877, 4. 5. 1880), 346 (19. 9. 1882); G. Rohlfs, Welche Länder können Deutsche noch erwerben?, Unsere Zeit 1882/II, 356, 361; vgl. ders., Neue Beiträge zur Entdeckung u. Erforschung Afrikas, Kassel 1881², 28; ders. war schon 1871 (Augsburger Allg. Zeitung 16., 17. 4. 1871) für Stützpunkte u. Handelskolonien eingetreten. Vgl. K. Günther, G. Rohlfs, Freiburg 1912, 108, 256 f., 263; Hagen, 31; Nimschowski, 14 f.; O. Lenz, Timbuktu, Reise durch Marokko, die Sahara u. den Sudan, Leipzig 1884, I, 426; A. v. Conring, Marokko, Berlin 1880 (1884²), III; C. F Bläser, Deutschlands Interesse an der Erwerbung u. Kolonisation der nordafrikanischen Küsten Tunis u. Tripolis, Berlin 1882; Wülffing; Taffs, 364.

stem nie wirklich konsequent durchgeführt wurde: der Staat baute z. B. die indischen Eisenbahnen, unterstützte mit kostspieligen Kriegsschiffsbesuchen den Handel und subventionierte ständig Dampferlinien! Im entscheidenden Fall machten auch die in der Wolle gefärbten britischen Freihändler stets irgendeine Reservatio mentalis zugunsten »höherer« Interessen[1].

Dieselbe widersprüchliche Haltung hat den Widerstand der deutschen Liberalen gegen den Interventionsstaat von vornherein erschwert. Aber erst die vorgeschlagene Regierungssubvention für Exportschiffahrtslinien hat dann wieder zu einer harten Auseinandersetzung geführt.

A. KONSULATSWESEN UND EXPORT

Seit dem Jahr der großen innen- und wirtschaftspolitischen Entscheidung, seit 1879, hat Bismarck begonnen, auch das deutsche Konsulatswesen zügig umzubauen und in den Dienst des Außenhandels zu stellen. Hatten die Konsuln bisher ganz überwiegend mit rechtlichen Fragen – Paß- und Schiffahrtsproblemen, der Betreuung von Reisenden und Hilfe für deutsche Staatsangehörige in Notfällen – zu tun gehabt, so wurden sie nun im Januar 1879, als zeitweilig sinkende Exportziffern das Reichskanzleramt zu alarmieren begannen, von Bismarck aufgefordert, detaillierte, statistisch untermauerte Berichte über die Wirtschaftslage ihrer Gastländer, die Chancen und den Stand des deutschen Außenhandels einzusenden, »um der deutschen Industrie und den Behörden Genauigkeit zu geben«. Zugleich wurden diese konsularischen Berichte schneller an die Handelskammern und anderen Organisationen der Wirtschaft zur Information weitergesandt. Auch wurde der nunmehr einsetzende Ausbau des Konsulatswesens mit den Unternehmen, Banken und Interessenverbänden sorgsam abgestimmt. Die von ihnen empfohlenen Spezialisten wurden bevorzugt eingestellt. Obwohl das Reich schon 1871 rund 450 Konsulate unterhalten hatte, besaß es auch 1879 noch nicht mehr als 488 Konsulate (7 Generalkonsulate, 296 Konsulate, 185 Vizekonsulate), neben die allerdings ebenfalls 488 Wahlkonsulate und 86 konsularische Agenturen traten. Ende 1881 aber vertraten fast 700 Konsuln die deutschen Interessen im Ausland. Sie wurden zudem zunehmend mit konsularischen Berufsbeamten besetzt, wie sie die Handelskammer Breslau schon während der Prosperitätsperiode der 1850er Jahre gefordert hatte[2].

In einer Denkschrift vom Oktober 1880 betonte Bismarck erneut, daß der deutschen Industrie von den Konsuln, von Handelsspezialisten an den Gesandt- und Botschaften und von Außenhandelsstellen geholfen werden müsse, denn die Pflege

---

1. Darüber vorzüglich die Studien von Robinson u. Gallagher, sowie: L. Robbins, The Theory of Economic Policy in English Classical Political Economy, London 1952; J. B. Brebner, Laissez Faire and State Intervention in 19th Century Britain, JEH, Suppl. 8. 1948, 59–73; W. J. McPherson, Investment in Indian Railways, 1845–75, EHR 8. 1955, 177–86; P. Harnetty, The Imperialism of Free Trade: Lancashire and the Indian Cotton Duties, 1859–62, EHR 18. 1965, 333–49; R. J. Moore, Imperialism and Free Trade Policy in India, 1853–54, EHR 17. 1964, 135–45; D. Thorner, Investment in Empire, Philadelphia 1950, 168–82, u. unten IV/2, D.

2. Böhme, Großmacht, 534, 539; Morsey, Reichsverwaltung, 113–15; A. v. Brauer, Im Dienste Bismarcks, Hg. H. Rogge, Berlin 1936, 50; Nimschowski, 47; HK Breslau, 108. Ausführlich hierzu: A. Steinmann-Bucher, Die Reform des Konsulatswesens aus dem volkswirtschaftlichen Gesichtspunkte, Berlin 1884 (Rez. Export 6. 1884, 121 f., vgl. 50 Jahre Verein der Industriellen des Regierungsbezirks Köln, Köln 1931, 33–62). B. v. König, Handbuch des deutschen Konsularwesens, Berlin 1902⁶; an., Die diplomatische u. die Konsularvertretung des Deutschen Reiches, PJ 47. 1881, 383 f.

des Exports »bedürfe einer größeren Berücksichtigung«. Die Konsuln wurden seither von Bismarck streng angehalten, nicht nur über die Ausfuhrmöglichkeiten, sondern auch über Verstöße »in der Aufmachung, zu knapper oder unvorschriftsmäßiger Lieferung von Fall zu Fall zu berichten«. Von Berlin aus wurde dann auf die jeweiligen Handelskammern eingewirkt, die Mängel zu beheben. 1881 postulierte die »NAZ« einen »Exportbeirat«, der der Industrie und dem Außenhandel beratend zur Seite stehen sollte. Fortab sollte der Ruf nach einem staatlichen Informations- und Beratungsbüro für die Exportinteressen nicht mehr verstummen, zumal da das »Deutsche Exportbüro« des »Zentralvereins für Handelsgeographie« nur einen sehr begrenzten Wirkungsbereich gewinnen konnte. Im selben Jahr noch sprach sich Bismarck für eine »kaufmännische Schulung unserer Berufskonsuln« aus und drang immer wieder auf eine »Reform« des Konsulatswesens in diesem Sinn[3].

Die Wirtschaft unterstützte ihn dabei und griff bereitwillig die Forderung, die auf dem Ersten Kongreß für Handelsgeographie laut geworden war, auf: die Konsuln zu »kaufmännischen Agenten des Deutschen Reiches und Vertretern der wirtschaftspolitischen Interessen« zu machen. Der zehnte Deutsche Handelstag von 1881 verlangte die »Verbesserung des Konsulatswesens« aus der »Erkenntnis, daß die Förderung des Exporthandels eine Lebensfrage der deutschen Industrie ist«. F. C. Huber schlug die Institution des »Konsul-Attachés« vor, wie überhaupt die Verbände anregten, die Auslandsmissionen durch »kommerziell, technisch und volkswirtschaftlich gebildete Kräfte« zu ergänzen – ein Wunsch, der freilich erst nach 1918 mit den Handelsattachés erfüllt wurde. Immerhin wurde der bisherige Generalkonsul Dr. Clemens August Busch im März 1881 von Bismarck mit der Begründung als Unterstaatssekretär des Auswärtigen Amts vorgeschlagen, daß er sich wohl aufgrund seiner handelspolitischen Erfahrungen auch in Berlin auf diesem »zur Zeit so wichtigen Gebiet« bewähren werde. In der Handelspolitischen Abteilung (II.) des Auswärtigen Amts, die Busch bis 1885 unterstand, wurde nun die Erweiterung und die Berichterstattung des Konsulatswesens koordiniert.

Darüber könne doch »kein Zweifel bestehen«, meinte der Berliner »Börsenkurier«, daß Deutschland »mit einem großen Teil seiner Produktion auf den Konsum des Auslands angewiesen« und es »daher ein gebieterisches Erfordernis« sei, »die vorhandenen Absatzgebiete zu behaupten und auf die Erwerbung neuer Bedacht zu nehmen«, darin liege aber die Aufgabe auch des Konsulatswesens. Ein »zahlreiches, aus tüchtig geschulten Persönlichkeiten bestehendes und richtig organisiertes Konsularkorps« werde »unserem Handel unschätzbare Dienste leisten«. Denn die Regierung habe »die Pflicht, mittels ihrer Konsularbeamten dem deutschen Exporthandel eine tatsächliche und moralische Unterstützung zu leisten«. Einen straffen Einsatz der Konsuln »im Sinne der wirtschaftlichen Interessenvertretung« wünschte sich auch der »Deutsche Ökonomist«. Kein Wunder, daß Abgeordnete wie Hammacher und Woermann die Etatforderungen der Regierung für den Ausbau des Konsulatswesens mit der Begründung kräftig unterstützten, daß »der Wunsch nach Berufskonsuln in den Handelskreisen immer lauter geworden« sei[4].

3. Böhme, Großmacht, 573; Steinmann-Bucher, 110–13; Raschdau, 6 (aus eigener Erfahrung). Vgl. W. Ohnesseit, Unter der Fahne Schwarz-Weiß-Rot, Erinnerungen eines kaiserlichen Generalkonsuls, Berlin 1926; H. v. Poschinger Hg., Bismarck-Portefeuille, Stuttgart 1898, I, 29 f.; NAZ 24. 1. 1881; Export 4, 263 f. (2. 5. 1882); Roscher, 462; Poschinger, Volkswirt, II, 94 (30. 11. 1881); ders., Aktenstücke, II, 161 f. (W. v. B. an AA, 11. 8.1884).

4. 1. Kongreß für Handelsgeographie, 32; vgl. schon Jannasch, GN 1. 1879, 250; Goldenberg, 23; 10.

Innerhalb weniger Jahre wurde das deutsche Konsulatswesen zu einer Kampfinstitution umgeformt, die dazu diente, dem deutschen Exporthandel in dem stetig zunehmenden Konkurrenzkampf beizustehen und den gewaltigen Vorsprung Großbritanniens auf dem Weltmarkt zu verringern. Mit genau derselben Zielsetzung wurde in denselben Jahren das amerikanische Konsulatswesen namentlich von Außenminister Evarts ausgebaut, während England zwar noch von der Überlegenheit jahrzehntelang bewährter Handelsbeziehungen zehrte, jedoch argwöhnisch oder gar mit widerwillig gezollter Anerkennung die Leistungen der Konsuln seiner Rivalen beobachtete. Schon 1877 hatte Evarts die amerikanischen Konsuln instruiert, dem amerikanischen Export zu helfen. In seinem ersten »Jahresbericht über die Handelsbeziehungen der Vereinigten Staaten« erklärte er den Erfolg der großen europäischen Industrieländer »hauptsächlich« damit, daß »ihr Außenhandel von den Regierungen geschickt überwacht, geschützt und dirigiert wird«. Der gleichen Maxime als »einer Notwendigkeit ersten Ranges« wollte fortab die Washingtoner Regierung folgen, da Amerika jetzt »in den Kampf um den Welthandel« eintrete. Seit dem Oktober 1880 unterstützte das State Department mit monatlich veröffentlichten Konsulatsberichten die anhebende amerikanische Außenhandelsoffensive[5].

»Das Losungswort ... heißt noch immer Export«, verkündete 1884 der spätere Redakteur der »Deutschen Industrie-Zeitung«, Arnold Steinmann-Bucher, der damals als Publizist für den »Zentralverband Deutscher Industrieller« und als Geschäftsführer des konservativen »Vereins der Industriellen im Regierungsbezirk Köln« tätig war, in seiner »Reform des Konsulatswesens auf dem volkswirtschaftlichen Gesichtspunkt«. Dem deutschen »Exportenthusiasmus«, der die »Auffindung neuer Absatzgebiete« erstrebe, müßten auch die Konsuln dienen. Da »einzelne Staaten dem Drang nicht widerstehen können, den bislang unabhängigen Völkern Asiens, Afrikas und Australiens ihre Oberhoheit« in der Hoffnung »aufzudrängen, daß sie damit »ihr Absatzgebiet durch an sie festgekettete und von ihnen abhängige Konsumentenmillionen ... konsolidieren« könnten, werde sich »der Kampf zwischen den Mitbewerbern« um die »Ableitungskanäle« für die »Überproduktion« verschärfen. Um in dieser Auseinandersetzung mit der Konkurrenz, vor allem der »englischen industriellen Hegemonie«, bestehen zu können, müßten die deutschen Konsuln dem Außenhandel »sorgsame Pflege« zuteil werden lassen, nur dann könne »der Überproduktion Abfluß verschafft« werden. In den »meisten Staaten« werde inzwischen dieser »Zusammenhang zwischen Export und Konsulatswesen« erkannt, behauptete Steinmann-Bucher, deshalb müsse auch Deutschland auf dem Wege der zielstrebigen Konsulatsreform zugunsten seiner Exportwirtschaft fortschreiten. »Im Interesse einer

---

Deutscher Handelstag, 46, 50, 54; Deutscher Handelstag, II, 681–84; Baasch, Handelskammer, II/2, 576–78; Morsey, Reichsverwaltung, 114; Börsen-Kurier 12. 4. 1882; Deutscher Ökonomist 1, 296 (4. 8. 1883); RT 6:1:1:381 f. (Hammacher, Woermann, 16. 12. 1884); vgl. RT 5:1:1:113–21 (30. 11. 1881, über Konsulatswesen).

5. B Dyer, The Public Career of William M. Evarts, Berkeley 1933, 234–38; C. L. Barrows, W. M. Evarts, Chapel Hill 1941, 376 f.; Foreign Relations of the United States 1877, App. 1–3; Annual Report Upon the Commercial Relations of the United States, House Executive Document 102, 45:2 (Nr. 1814), 52 f.; Details: E. Schuyler, American Diplomacy and the Furtherance of Commerce, N. Y. 1886, 1895[2]. Vgl. M. Plesur, Rumblings Beneath the Surface, America's Outward Thrust, in: H. W. Morgan Hg., The Gilded Age, Syracuse 1963, 140–68; ders., America Looking Outward: the Years from Hayes to Harrison, Historian 22. 1959/60, 280–95; ders., Looking Outward, American Attitudes Toward Foreign Affairs in the Years from Hayes to Harrison, 1877–89, phil. Diss. University of Rochester 1954, MS, 15–29, u. die beiden Aufsätze von Simon u. Novack. Über England: D. C. M. Platt, The Role of the British Consular Service in Overseas Trade, EHR 15. 1963, 494–512.

intensiveren Förderung des heimischen Exports« habe sich die Regierung »in Übereinstimmung mit den Anschauungen der berufensten Exportindustrie- und Handelsfirmen die fortschreitende Vermehrung der Zahl unserer Berufskonsuln sowie auch die praktische Ausbildung der Konsulardienstbewerber ... angelegen sein lassen«, nahm das »Deutsche Tageblatt« Steinmann-Buchers Appell auf. »Bei der derzeitigen Lage unserer sehr dringlich auf den Export angewiesenen Industrie« bedürfe diese »der Mithilfe und in vielen Fällen der Initiative seines Konsularkorps«, um »im Exportgeschäft gehörig in den Sattel« gehoben zu werden.

Bismarck behielt ein wachsames Auge für den Konsulardienst und zog erprobte Beamte häufig ins Auswärtige Amt. Gegen Ende seiner Regierungszeit, im Winter 1889/90, dachte er daran, als Voraussetzung für die Tätigkeit im Auswärtigen Amt stärker kaufmännische und wirtschaftspolitische Erfahrung zu verlangen. Es erschien ihm sogar als wünschenswert, den Eintritt in den diplomatischen Dienst von einer »praktischen Beschäftigung in einem Handelsgeschäft, in der Industrie oder in der Landwirtschaft abhängig« zu machen. So deutlich hatte Bismarck die wachsende Bedeutung allgemeiner wirtschaftlicher und vor allem außenhandelspolitischer Fragen erkannt, daß er diesen Schritt ernsthaft erwägen konnte[6].

B. EXPORTMUSEEN

Ganz aus dem Kreis der exportinteressierten Geschäftswelt ging der Wunsch nach der Einrichtung von »Handelsmuseen« oder »Exportmusterlagern« hervor. An den Weltausstellungen als Paraden wirtschaftlicher Errungenschaften hatten deutsche Firmen seit je teilgenommen, und das pointierte Urteil, das Franz Reuleaux, einer der bedeutendsten Technologieprofessoren der damaligen Zeit, als Reichskommissar über die deutschen Waren auf der Weltausstellung zu Philadelphia im Jahre 1876 gefällt hatte: »Billig und schlecht«, hatte nicht nur böse Kritik hervorgerufen, sondern doch auch als Ansporn – auch für die Handelspolitische Abteilung des Auswärtigen Amts – gewirkt, auf eine Qualitätsverbesserung hinzuarbeiten. Da die seit Jahrzehnten eingeführten englischen Häuser große Musterlager besaßen, wurde in verschiedenen Ländern fast gleichzeitig, nämlich während der Stockungsphase nach 1873, die Forderung erhoben, dem in- und ausländischen Kaufmann ebenso umfassende Warenlager zur Verfügung zu stellen. Vor allem auch der einheimische Exporthandel sollte einen Überblick gewinnen. Innerhalb kurzer Zeit entstanden nun solche »Exportmuseen« in Wien, Budapest, Paris, Brüssel, Amsterdam, Mailand, Lissabon und das erste deutsche »Handelsmuseum« in Bremen. Schon im Gründungsjahr 1879 wollte auch der »Zentralverein für Handelsgeographie« in Berlin ein »Handelsgeographisches Museum« gründen, in dem Warenausstellungen mit Ausbildungskursen für Kaufleute verbunden werden sollten. Jedoch erst 1882 gelang es dem Verein dank der »immer mehr hervortretenden Notwendigkeit einer Erweiterung des Absatzgebiets für die Erzeugnisse der deutschen Industrie«, die Mittel aufzubringen und das »Deutsche Handelsgeographische Museum« in Berlin zu gründen.

---

6. Steinmann-Bucher, 2 f., 4 f. (nach Vorträgen vor dem »Zentralverband« u. Aufsätzen im »Export«); vgl. Export 5. 175-77, 194-98 (13., 20. 3. 1883); auch der »Verein der Industriellen im Regierungsbezirk Köln« forderte 1885 die Einstellung von Wirtschaftsattachés: KZ 9. 7. 1885; Deutsches Tageblatt 10. 8. 1884; F. v. Rottenburg, Eine falsche Anklage gegen den Fürsten Bismarck, DRev. 31. 1906/IV, 283; Morsey, Reichsverwaltung, 115.

Exportförderung im Brennpunkt 235

Inzwischen hatte sich auch 1881 der Deutsche Handelstag das Verlangen nach »Handelsausstellungen und Exportmuseen« zu eigen gemacht, nachdem der Staatssekretär im Reichsjustizamt, Hermann v. Schelling, solchen Unternehmen »moralische Unterstützung« zugesagt hatte[7].

Mit der Unterstützung der Wirtschaftsorganisationen und Zuschüssen der Staatsregierungen entstanden jetzt außer dem Berliner Museum das »Exportmusterlager« in Stuttgart (1883), wo der rührige »Württembergische Verein für Handelsgeographie« die Gründung förderte, das bayerische Exportmusterlager in München (1885), aber auch die Ausstellung des »Exportvereins für das Königreich Sachsen«. Vor allem F. C. Huber, die treibende Kraft in Stuttgart, entwickelte sich zum Fürsprecher auch dieser Institutionen, in denen er überschwenglich die »wichtigsten Förderungsmittel für unseren Export« zu erblicken glaubte. Obwohl »allerorts die Parlamente und Kabinette, die Volkswirte und Industriellen neue Mittel und Wege zur Hebung des Exports aufzufinden und den wachsenden Schwierigkeiten abzuhelfen« suchten, »mit denen der Welthandel zu kämpfen hat«, sei doch besonders der deutsche »Ausfuhrhandel ... einer weiteren Ausdehnung ebenso fähig als bedürftig«. Seine detaillierten Ausführungen über zentrale Exportmusterlager wurden in Deutschland an einigen Orten verwirklicht, aber ebenso wie das in den 1890er Jahren in Philadelphia gegründete »Museum of Commerce«, von dem sich nicht nur der amerikanische Außenhandel, sondern auch die Washingtoner Regierung eine nachhaltige Förderung ihrer Exportanstrengungen versprach, sind auch die deutschen Handelsmuseen nach der Jahrhundertwende bald wieder in Vergessenheit geraten[8]. Obwohl die Institution in gewisser Hinsicht den Kartelltendenzen der Zeit entgegenkam, verließen sich die Großunternehmen und Handelsfirmen doch eher auf ihre eigenen Warenproben und Auslandsvertretungen, anstatt den unmittelbaren Vergleich mit der Konkurrenz in einem Exportmuseum herauszufordern.

C. ÜBERSEEBANKEN

Für die Zukunft unstreitig größere Bedeutung besaßen die Projekte, die sich in dieser Zeit mit der Gründung deutscher Banken in überseeischen Ländern befaßten. Hier schaltete sich auch die Reichsregierung nachhaltiger, ja geradezu als der eigentlich drängende Teil ein, bis sich die lang diskutierten Pläne seit 1886 zu verwirklichen begannen. Nachdem die Filialen der »Deutschen Bank« in Ostasien 1875 hatten geschlossen werden müssen, wurden die geplanten Zweigstellen in Nordamerika, in Afrika und im Nahen Osten nicht mehr eingerichtet; in Lateinamerika hatte sie zwar noch 1874 die »La Plata-Bank« übernommen, jedoch auch diese mußte nach ständigen Mißerfolgen 1884 liquidieren. Um die Mitte der 1870er Jahre mußten im Grunde die allzu selbstbewußten ersten Versuche, in einem schwungvollen Anlauf private deutsche Überseebanken zu gründen, als gescheitert gelten.

---

7. F. Reuleaux, Briefe aus Philadelphia, Braunschweig 1877², 5; Weihe, 31 f.; Export 1, Nr. 4 (28. 10. 1879); GN 1. 1879, 381 f.; 1. Kongreß für Handelsgeographie, 33; Export 4, 49 (24. 1. 1882); 10. Deutscher Handelstag, 48.

8. Export 5, 229 f., 444 (3., 4., 26. 6. 1883); Jahresberichte des Württembergischen Vereins, I/II, 1882/84; Huber, Festschrift, I, 165; ders., Ausstellungen, III, XV, 147; DKZ 1. 1884, 246; Cohen-Simon, 158; Hübbe-Schleiden, Weltwirtschaft, 13 f.; Allg. Deutscher Kongreß 1886, 71; Roscher, 463; Baumgarten, 57 f. Über das »Philadelphia Commercial Museum«: LaFeber u. McCormick, passim.

Die Depression nach 1873 absorbierte auch die ungeschmälerte Aufmerksamkeit der Großbanken, die mit der Unterstützung und Konsolidierung der von ihnen geförderten Unternehmen vollauf beschäftigt waren. Der »Zentralverein für Handelsgeographie« hatte zwar gelegentlich auf die »Verluste« hingewiesen, die dem deutschen Außenhandel durch die Monopolstellung der englischen Bankinstitute entstanden, jedoch setzte sich bezeichnenderweise als erste die Reichsregierung im Mai 1881 wieder für die »Begründung einer Bank« im Dienst des Außenhandels ein, da er bislang gezwungen werde, seine Wechsel vor allem auf London zu trassieren. Der deutsche Fabrikant habe die Verluste, die sich aus der vier- bis sechsmonatigen Sichtzeit ergäben, zu tragen. Deshalb sollten ungeachtet der Enttäuschungen der »Deutschen Bank« Filialen »mit direkten Beziehungen zu Deutschland« eingerichtet werden, und wenn die Privatbanken nicht »fähig und geneigt« seien, könnte die »Preußische Seehandlung« »ihre Tätigkeit nach diesen... Richtlinien hin ausdehnen«. Das Angebot wurde jedoch vorerst nicht aufgegriffen. Erst im März 1883, als eine Berliner »Anregung« die Hamburger Handelskammer erreichte, wurde der Gedanke weiterverfolgt. Hamburger Bankleute besprachen zusammen mit dem Reeder Woermann die Gründung einer privaten Überseebank mit dem Präsidenten der »Reichsbank«, Hermann v. Dechend, ohne jedoch ein konkretes Vorhaben entwickeln zu können. Inzwischen hatten Handelskammern und Wirtschaftszeitungen den Gedanken zu unterstützen begonnen, da sich die deutsche Zahlungsbilanz durch die Zinsgewinne des damals gemeinhin üblichen Rembourskredits und durch rentable Auslandsanlagen verbessern lasse. »Eine solche Bank«, glaubte Hammacher »ein wesentliches Förderungsmittel des deutschen Ausfuhrhandels werden«. Die »Deutsche Exportbank«, die der aktive »Zentralverein für Handelsgeographie« im März 1884 unter der Leitung von Robert Jannasch gründete, gewann jedoch wegen ihrer minimalen Kapitalausstattung nie eine nennenswerte Bedeutung[9].

Zwei Monate später leitete Dechend vorsichtig die ersten Schritte ein, die zur Gründung einer deutschen Überseebank hinführen sollten. Er besprach am 14. Mai das Projekt, das eine »Anlehnung« an die »Reichsbank« und Aufsichtsrechte für den Reichskanzler vorsah, mit dem Präsidenten der »Preußischen Seehandlung«, Rötger, sowie Hansemann, Bleichröder, Siemens und Jonas von der »Deutschen Bank«, Mendelsohn, Hardt und Düllberg von der »Darmstädter Bank«, mußte aber dann selber noch die endgültige »Entscheidung« Bismarcks abwarten. Im Juni erklärte sich Bismarck »einverstanden«, wie Dechend dem Hamburgischen Bevollmächtigten beim Bundesrat, Versmann, erzählte, lehnte aber »jede direkte Beteiligung der Reichsbank an dem Unternehmen« strikt ab. In diesem Sinn arbeitete Dechend eine Denkschrift aus, die Bismarck »anfangs... sehr zusagte«, aber schon im Oktober 1884 beiseite gelegt wurde, da der Reichskanzler – hierin von Stephan und Boetticher unterstützt – die Diskussion über die Subvention von Dampferlinien mit diesem zweiten »Unternehmen« nicht belasten wollte[10].

9. Hauser, 19–22; RT 4:4:4:Anl. 200, 1045 f.; Baasch, HK, II/1, 339 f.; Cohen-Simon, 160 f.; Börsenkurier 12. 4. 1882; Hammacher an B., 24. 6. 1884, RKA 1997, 12; DKZ 1. 1884, 293; Export 6, 185 f. (18. 3. 1884). Vgl. Stoecker, China, 200 f.; M. Steinthal, H. Wallich, Der Deutsche Volkswirt 2. 1928, H. 36, 1230–33; Disconto-Gesellschaft, 75.

10. Dechend an Boetticher, 22. 5. 1884, Nl. Boetticher, 31; DKZ 1. 1884, 216 f.; Versmann an Kirchenpauer, 21. 6. 1884, StA Hamburg, Berichte des Bevollmächtigten beim Bundesrat, I, 1, XVIII; W. v. B. an Boetticher, 1., 3. 10. 1884, Nl. Boetticher, 46; B. an Boetticher, 7. 10. 1884, ebda. u. GW 6c, 306 f.; Krüger an Petersen, 22. 10. 1884, StA Hamburg, Hanseatische Gesandtschaft in Berlin, Ältere Registratur, Cl. I, Lit. S^d, Nr. 2, vol. 4b, Fasc. 60. Vgl. dazu Deutscher Ökonomist 2,

Allerdings wurden die Erörterungen mit den Banken, unter denen die »Disconto-Gesellschaft« dank ihrem Angebot, sich sogleich mit sechs Millionen Mark zu beteiligen, schnell eine führende Rolle übernahm, fortgeführt. Dabei stellte sich heraus, daß die Großbanken nicht nur wie auch später bei der Bildung der Kolonialgesellschaften auf der Umgehung des neuen Aktiengesellschafts-Gesetzes, – das gegen Exzesse, wie sie in der Gründerzeit vorgekommen waren, schärfere Kontrollen vorschrieb –, bestanden, sondern sich auch noch die Rücknahme der Stempelsteuer ausbedangen! Für einen »Erfolg des deutschen Wechsels« im Überseegeschäft wollten die Banken nur gegen schwerwiegende, rechtswidrige Konzessionen tätig werden. Zunächst bestand daher die Regierung darauf, daß die hanseatischen Exportfirmen zu dem neuen Plan ihre Zustimmung gäben. Anfang 1885 und noch einmal im September desselben Jahres diskutierte die Hamburger Handelskammer den Berliner Entwurf »zur Errichtung einer deutschen überseeischen Bank«. Aber wie nachdrücklich sich auch der inzwischen eng mit der »Disconto-Gesellschaft« liierte Woermann dahin aussprach, anfängliche Gründungsverluste nicht zu scheuen, so unnachgiebig lehnte doch die Mehrheit den Entwurf ab. Ein letzter Versuch im Juni 1886 scheiterte ebenfalls, da die Banken weiterhin unter Umgehung des Reichsgesetzes zur Regelung des Aktiengesellschaftswesens vorangehen wollten, während der preußische Finanzminister und Staatssekretär des Reichsschatzamts v. Scholz trotz des Drängens von Bismarck, Unterstaatssekretär v. Berchem und Legationsrat Raschdau aus dem Auswärtigen Amt: doch endlich einzuwilligen, sich nicht außerhalb der Legalität reichsrechtlicher Vorschriften bewegen wollte[11].

Man wird mit hinreichender Eindeutigkeit die Regierung, der die günstigen Auswirkungen für das Gesamtsystem der deutschen Wirtschaft vor Augen standen, als den aktiven Förderer all dieser Pläne bezeichnen dürfen. Die Banken bestanden auf staatlicher Rückendeckung und einer weitgespannten rechtlichen Ausnahmestellung; sie zögerten jahrelang, ohne diese Vergünstigungen gegen die übermächtige englische Konkurrenz ein so risikoreiches Unternehmen in Angriff zu nehmen. Das Finanzkapital wahrte auch während der zweiten Depression vorsichtige Zurückhaltung und zog sichere Anlagen dem ungewissen Ausgang eines Kräftemessens in Übersee vor. Enttäuscht beklagte Berchem, der Motor der deutschen Handelspolitik in der Spätbismarckzeit, im Juli 1886 den »Pedantismus hiesiger Bankverwaltungen«. Nur »durch fortgesetzte Beeinflussung« werde das Auswärtige Amt »unseren größeren Instituten eine kosmopolitischere Geschäftsbehandlung beizubringen imstande sein«. Und Raschdau, der in Verhandlungen mit den Banken diese »Beeinflussung« ausübte, hörte von Hansemann wiederholt ein defensives: »Wir sind pedantisch«, während ihm die »Deutsche Bank« endlich einen Vorstoß zusagte: »nur um dem Auswärtigen Amt einen Gefallen zu erweisen«!

Das erleichterte ihr die Aufschwungsphase der Konjunktur, die sich seit dem Herbst 1886 deutlich abzuzeichnen begann. Im Oktober 1886 wurde unter der Ägide der

---

223 f. (17. 5. 1884: »Die Hebung des Exports ist gegenüber der auf allen Gebieten herrschenden Überproduktion in der Tat zur unabweisbaren Notwendigkeit geworden.« Da Kapital »überreichlich vorhanden« sei, müßten auch überseeische Banken eingerichtet werden), vgl. 287 (21. 6. 1884); W. Annecke, Zur Begründung einer deutschen überseeischen Bank, Zeitschrift für Deutsche Volkswirtschaft 1886, 50–54.

11. Baasch, HK, II/1, 340; Wiskemann, 234–38; M. Müller-Jabusch, 50 Jahre, 323 f.; Disconto-Gesellschaft, 213; Schulthess' Europäischer Geschichtskalender, 1884, 55, 63 f., 95; J. Scharlach, Koloniale u. Politische Aufsätze u. Reden, Hg. H. v. Poschinger, Berlin 1903, 111 f.; Schulze, 135–45; vgl. Frankfurter Zeitung 5. 8. 1886.

»Deutschen Bank« die »Deutsche Überseebank« mit zehn Millionen Mark Nominalkapital gegründet, ihre erste Filiale in Buenos Aires eingerichtet. Beifällige Pressestimmen hofften auf weitere Zweigstellen, denn »um so rascher werden unser Handel und unser Gewerbefleiß aus der Not der gegenwärtigen Überproduktion herauskommen«. Zusammen mit Godeffroys »Norddeutscher Bank« rief jetzt auch Hansemann im August 1887 die kleine »Brasilianische Bank« ins Leben; im Februar 1889 kam die von der »Disconto-Gesellschaft« seit 1886 angestrebte Gründung der »Deutsch-Asiatischen Bank« durch ein Konsortium der Großbanken zustande, nachdem es auch hier die Regierung Bismarck nicht an Impulsen hatte fehlen lassen.

Die Motive der Banken, während der Konjunkturbelebung endlich den langgewünschten Schritt zu tun, wird man in dem Wunsche sehen dürfen, sich von der Vorherrschaft des Londoner Geldmarkts zu emanzipieren und die finanziellen Transaktionen des deutschen Überseehandels selber zu kontrollieren. Wohlwollender Unterstützung von seiten der Reichsregierung durften sie gewiß sein, zugleich bewiesen ihre Gründungen jedoch auch, daß sie ihren Kapitalreserven den Alleingang endlich zumuten zu können glaubten. Der wachsende Kapitalexport seit der Mitte der 1880er Jahre, der allenthalben bemerkte deutsche Kapitalüberhang, konnte sie darin bestärken. Deutschland sei »nun stark genug«, »um auch wirtschaftlich seinen Weg zu gehen«, drückten die »Hamburger Nachrichten« dieses wachsende ökonomische Selbstbewußtsein aus, denn »die deutsche Industrie und der deutsche Handel« könnten jetzt »als gleichberechtigt auf der Welt erscheinen«, wenn nur »dem deutschen Unternehmungsgeist neue Mittel und Wege« auch durch eigene Auslandsbanken geboten würden. Da »unsere deutsche Industrie ... jetzt auf den meisten Gebieten ebenbürtig im Weltverkehr« stehe, stieß die »Kölnische Zeitung« in dasselbe Horn, müßten es ihr eigene Überseebanken erleichtern, den »direkten Verkehr auszudehnen« und »neue Absatzwege zu erschließen«. »Alle Fortschritte« hingen von dieser »Erleichterung des Geldverkehrs« ab, doch werde es dank der staatlichen Förderung den »Bemühungen der deutschen Kaufleute« sicher gelingen, »die englische Alleinherrschaft zu brechen«.

Auch hier zeigt ein Blick auf die amerikanische Entwicklung, daß nach gleichzeitigen vergeblichen Anläufen bis 1890, als die unter dem Druck der Interessenten von der Ersten Panamerikanischen Konferenz befürwortete amerikanische Export- und Importbank vom Kongreß keine Charter erhielt, seither eigene Bankinstitute im Ausland entstanden. Auch in den Vereinigten Staaten machte man aus der Absicht keinen Hehl, die Abhängigkeit von der englischen Finanzmetropole abzustreifen, da der Kapitalüberschuß der Union die Gewähr bot, die Kreditprobleme des Außenhandels meistern zu können[12]. Die Parallelität auch dieser Vorgänge unterstreicht erneut, daß nicht der legendäre Kapitalmangel der monetären Theoretiker, sondern die Überkapazitäten der Industriestaaten das entscheidende Problem der Wachstumsstörungen seit 1873 bildeten!

12. Berchem an v. Brandt, 16. 7. 1886, in: Stoecker, China, Anhang, 278; Raschdau, 18; Hauser, 22, 37, 51; KZ 29. 9. 1886; Deutsche Überseeische Bank, 1886–1936, Berlin 1936, 13–20; B. an Boetticher, 18. 5. 1888, in: Müller-Jabusch, 50 Jahre, 324 f.; Hamburg. Nachrichten 29. 5. 1884; KZ 11. 7. 1884; vgl. 12. 7., 14. 7., 13. 9. 1884. – USA: Wehler, HZ 201, 79, 83. Es ist aufschlußreich, wie Bismarck (an Maybach, 1. 12. 1887, in: Schulze, 149) die Bitte der »Disconto-Gesellschaft« um staatliche Hilfe beim Bau der Venezuelabahn unterstützte: »Hier werde ich auch von der Erwägung geleitet, daß erst seit kurzem deutsche Kapitalisten beginnen, mit der deutschen Industrie in überseeischen Gebieten Hand in Hand zu gehen ... Ein gewisses Entgegenkommen seitens der staatlichen Organe ..., dürfte daher im allgemeinen Interesse wohl angezeigt sein.«

D. DAMPFERSUBVENTIONEN

Die staatliche Subventionierung von Dampferlinien, die zu Märkten mit hocheingeschätzten potentiellen Absatzmöglichkeiten hinführen sollten, darf als ein besonders aufschlußreiches Paradigma der Exportförderung durch die Reichsregierung angesehen werden. Denn vier Jahre lang ist diese Frage lebhaft diskutiert worden, und das wesentliche an dieser Auseinandersetzung ist, daß nicht eine spezifische Interessengruppe unablässig gedrängt und sich endlich durchgesetzt hat – so eindeutig auch schließlich in der letzten Phase ein Interessent, der »Norddeutsche Lloyd«, in den Vordergrund trat –, sondern daß Bismarck zusammen mit der Ministerialbürokratie und den Auslandsvertretungen ungeachtet aller linksliberal-parlamentarischen Widerstände dem System der deutschen Wirtschaft Exporterleichterungen verschaffen wollte. Im Sinn einer exakten Rentabilitätsrechnung vermochte die Regierung Bismarck ihre freihändlerischen Kritiker nie ganz davon zu überzeugen, daß der deutschen Warenausfuhr durch subventionierte Linien unmittelbar und spürbar geholfen werden könne. Aber Bismarck und seinen Beratern ging es bei dieser neuen Notstandsmaßnahme gegen die anhaltende Depression darum, keine langfristigen Entwicklungschancen zu versäumen; sie sahen in diesem Projekt nicht primär eine Beihilfe für ein einzelnes Reedereiunternehmen, sondern versprachen sich von ihm allgemeine günstige Auswirkungen für Schiffahrt und Handel und Exportindustrie, nicht zuletzt aber auch eine krisenpsychologisch wichtige Stärkung des Vertrauens der Wirtschaft darauf, daß ihr der Staat beim Aufstieg aus der Talsohle des Konjunkturabschwungs weiter beistehen werde.

Wenn Bismarck später des öfteren vorwurfsvoll behauptet hat, die Ablehnung der Samoa-Vorlage habe ihn so enttäuscht, daß er manches andere Unterstützungsvorhaben »ad acta Samoa« gelegt habe, dann zeigte doch die beharrliche Verfolgung der Pläne einer Schiffahrtssubvention, wie wenig er sich tatsächlich durch Rückschläge entmutigen ließ, weiter nach Auswegen aus der drückenden Wirtschaftslage zu suchen. Seine Empörung über die anhaltende Opposition wird man deshalb nur zum Teil als taktisch notwendiges Druckmittel, mit dem der Kanzler wie so oft seinen Willen durchsetzen wollte, ansehen dürfen. In ihr drückte sich vielmehr auch der unverhüllte Ärger eines verantwortlichen Politikers aus, der ohne Rücksicht auf wirtschaftsliberale Dogmen dem sozialökonomischen System als Ganzem belebende Impulse vermitteln wollte, jedoch wegen des anhaltenden Widerstandes die geplante Hilfeleistung, die ihm vielleicht sofort, auf längere Sicht aber sicher einen Erfolg zu verbürgen schien, vertagen mußte. Andererseits war dieser Widerstand in einer Zeit, die staatliche Exportversicherungen, Ausfallbürgschaften und Anleihegarantien noch nicht kannte, durchaus verständlich, bewies doch seinen Exponenten der Plan einer Reichssubvention in Höhe von mehreren Millionen Mark, wie schroff sich der Staat von der Laissez-faire-Politik abgewandt hatte, wie unaufhaltsam unter dem Zwang der Tiefkonjunktur der Interventionsstaat, der den Sieg von 1879 nur als Ausgangspunkt betrachtete, in die Domänen der Privatwirtschaft einrückte. Dieser Interventionsstaat, der sich in unverkennbarer Abhängigkeit von der Wirtschaftsentwicklung des in Großbetrieben organisierten Hochkapitalismus mit seinen Konjunkturschwankungen entwickelte, beschnitt seinerseits seit 1879 deutlich die Unabhängigkeit und Entscheidungsfreiheit der liberal-kapitalistischen Wirtschaft. In diesem seither anhaltenden Prozeß markierte die staatliche Exportförderung auch mit Hilfe von Dampfersubventionen eine heftig umstrittene Etappe.

Überschaut man die internationale Entwicklung auf diesem Gebiet, so bedeutete freilich der deutsche Subventionsplan gar nichts Außergewöhnliches. Schiffsbau- und Fahrtprämien oder -subventionen wurden seit Jahrzehnten in mehreren Ländern gezahlt. Großbritannien, der Hort des Freihandels, hatte von 1838 bis 1876 Subventionen gewährt, danach freilich in der verschleierten Form von sogenannten Posttaxen gezahlt. Für den Verkehr mit Nord- und Südamerika, Südafrika, Indien, Australien und mit den Kronkolonien wurden jährlich immerhin 11,5 Millionen Mark ausgeworfen, zu denen noch jeweils 5,4 Millionen Mark kamen, die von den Kolonialregierungen bewilligt wurden. Frankreich zahlte seit 1852 Subventionen, von denen 1881 acht Linien mit 21 Millionen Mark profitierten; zusätzlich gewährte es 6 Millionen Mark Postprämien, und außerdem wurde der Ausbau der Handelsmarine nachhaltig vom Staat unterstützt. 3,5 Millionen Mark erhielt jährlich der österreichisch-ungarische »Lloyd« in Triest, während Italien außer seinen Bauprämien 7 Millionen Mark, Rußland 3 Millionen Mark und selbst so wirtschaftsliberale Länder wie Belgien und Holland 650 000 bzw. 265 000 Mark bewilligten. Nur in den Vereinigten Staaten verhinderte ein freihändlerischer Block im Kongreß die Bewilligung direkter Subventionen, die erst seit der Zeit des McKinley-Tarifs von 1890, einem Gipfelpunkt des Protektionismus, in der Form der früher schon einmal üblichen Postprämien eingeführt wurden[13].

Ehe die Reichsregierung im Frühjahr 1881 ihren ersten Vorstoß auf diesem Gebiet unternahm, waren solche Subventionen nicht nur seit 1876 von v. Weber, Mosle, Kusserow, Hübbe-Schleiden und Hansemann mehrfach angeregt worden, sondern schon 1872 hatte eine der ältesten deutschen Chinafirmen, das Haus Pustau, der Regierung eine Dampferlinie nach Ostasien vorgeschlagen, deren Kapital von 30 Millionen Mark fünf Jahre lang eine Dividende von vier bis fünf Prozent garantiert werden sollte. Die Krise von 1873 unterband eine eingehendere Erörterung, doch seit 1874 begann sich der Generalpostmeister v. Stephan für den Subventionsgedanken zu interessieren. Seither wies auch der Pekinger Gesandte v. Brandt unermüdlich darauf hin, daß nur regelmäßig verkehrende, staatlich unterstützte Linien die Konkurrenz mit Großbritannien, Amerika und Frankreich durchzuhalten gestatteten. Erst dann, wiederholte er 1880 in einer Denkschrift für das Auswärtige Amt, werde den »Bemühungen der deutschen Industrie, ständige Absatzmärkte für ihre Erzeugnisse in überseeischen Ländern zu gewinnen«, ein »befriedigenderer Erfolg« beschieden

---

13. Allg., vor allem auch für den internationalen Vergleich: R. Meeker, History of Shipping Subsidies, Publications of the American Economic Association 6. 1905, 1–171; W. Greve, Schiffahrtssubventionen der Gegenwart, Hamburg 1903, 22–101; E. Philippovich, Dampfersubvention, HSt 3. 1900², 101–8; R. v. d. Borght, Dampfersubvention, WV I. 1898, 535–37, 1086 f.; W. Annecke, Die staatlich subventionierten Dampferlinien in Deutschland, Sch. Jb. 10. 1886, 47–67; H. Keiler, Amerikanische Schiffahrtspolitik, Kiel 1913. Speziell für Deutschland: G. Jaensch, Die deutschen Postdampfersubventionen, Berlin 1907, 4–33; P. Neubaur, Die deutschen Reichspostdampferlinien nach Ostasien u. Australien in 20jährigem Betriebe, Berlin 1906, 10, 23, 27–94; P. A. Müller, Die Entwicklung der subventionierten Reichs-Postdampferlinien, Berlin 1901. Vgl. Glade, 77–90; Schröder, Sozialismus, 125–36; Stoecker, China, 175–83; Weck, 48–57; Strohschneider, 80–117; Wiskemann, 232–38; Hagen, 97–114, sowie M. F. Bahse, Zur Frage der Subvention deutscher Postdampfer u. der Errichtung deutscher Bankfilialen im Ausland, Leipzig 1884 (DKZ 1. 1884, 220–23); A. Koch, Deutsche Schiffs- u. Seeposten, Archiv für Deutsche Postgeschichte 1964/1, 1–46, 2, 21–52; G. Leckebusch, Die Beziehungen der deutschen Seeschiffswerften zur Eisenindustrie an der Ruhr 1850–1930, Köln 1963, 23 f. Da das neue Material es gestattet, soll dieser Aspekt staatlicher Wirtschaftsförderungen einmal detaillierter verfolgt werden, um die Verbindung allgemeiner Gesichtspunkte und engerer Interessenpolitik bei der Entstehung eines Subventionsgesetzes zu beleuchten.

sein. Kurz vorher hatte übrigens der Zolltarif vom Juli 1879 Schiffsbaumaterial auf die Freiliste gesetzt! In seiner Südsee-Eingabe vom November 1880 hatte Hansemann dann erneut eine subventionierte Dampferlinie vorgeschlagen, die die »NAZ« im März 1881 mit auffallendem Wohlwollen diskutierte[14].

Schon im April stieß Bismarck mit einer Denkschrift für den Reichstag nach; in ihr ließ er das neueste französische Gesetz zur Unterstützung der Handelsmarine, das »auch auf die Schiffahrtsverhältnisse anderer Staaten, insbesondere Deutschlands, nicht ohne Einfluß sein wird«, aber auch das Subventionswesen anderer Staaten analysieren. Vorsichtig wurde gegen Schluß in »ernste Erwägung« gestellt, »ob unter den gegebenen Verhältnissen Deutschlands Schiffahrt und Deutschlands Handel gegenüber der durch staatliche Mittel begünstigten Mitbewerbung anderer Nationen in gedeihlicher Weise sich wird fortentwickeln können«. Einen Monat später wurde in der Denkschrift zur deutsch-chinesischen Konvention von 1880 unübersehbar darauf hingewiesen, daß der Anteil der westlichen Staaten am Chinahandel von der Zahl der eingesetzten Dampfer abhängig sei; mehr als ein Drittel aller China anlaufenden Dampfschiffe gehöre aber bereits staatlich subventionierten Reedereien. Und noch im Mai 1881 legte Bismarck eine dritte Denkschrift vor, die – gestützt auf die Berichte des Gesandten in Peking und des Generalkonsuls für Australien – die Möglichkeiten zur »Erhaltung und Hebung des deutschen Ausfuhrhandels« prüfte. Sie empfahl auch subventionierte Dampferlinien nach China und Australien, denn »ohne gewisse positive Maßregeln« werde »eine nachhaltige Hebung des deutschen Exporthandels nicht zu erwarten sein«. Gegen seinen »trägen Fortgang« bedürfe es der »Herstellung einer regelmäßigen Frachtverbindung Deutschlands mit überseeischen Absatzmärkten«. Die bestehende private Hamburger »Kingsin-Linie« der »Deutschen Dampfschiffs-Reederei« nach China genüge nicht den gegenwärtigen Anforderungen an »Schnelligkeit und Präzision der Verbindung«.

»Dagegen würde eine regelmäßige zwischen China und Deutschland stattfindende Verbindung« bald »eine Steigerung des direkten Handelsverkehrs hervorrufen und damit der vaterländischen Industrie nicht bloß den vermehrten Absatz ihrer Produkte, sondern auch den erleichterten Bezug vieler Rohstoffe ermöglichen«. Deutschland böten sich in China »günstige Aussichten«. »Heute ist es noch nicht zu spät«, warnte die Denkschrift, in Zukunft aber werde »für die deutsche Industrie das Bedürfnis, neue Absatzgebiete zu gewinnen, gewachsen sein«, während die Schwierigkeiten wahrscheinlich noch stärker zugenommen hätten. Auch mit Australien, das nach den Ausstellungen in Sydney und Melbourne »der deutschen Industrie einen neuen Absatzmarkt zu schaffen verspricht«, müsse schnell eine Verbindung hergestellt werden, ehe Großbritannien wieder den Handel mit ihm monopolisiere. Zugleich könnte die australische Linie an den Tonga-, Samoa- und Fidschiinseln vorbeigeführt werden und doch noch dem deutschen Handel beistehen, nachdem der Reichstag »die Südseepolitik der Regierung desavouiert« habe.

Vielleicht falle zuerst kein Gewinn ab, konzedierte die Denkschrift, aber »Dampferlinien können eben nicht bloß mit Rücksicht auf den gegenwärtigen Verkehr, sondern vornehmlich in Vorbereitung des Zukünftigen ... ins Leben gerufen werden«,

---

14. Brandt, III, 328; Krauel, 7; über v. Weber, Mosle, Kusserow, Hansemann, s. o. IV/1. Hübbe-Schleiden, Weltwirtschaft, 13 f.; Brandts Denkschrift von 1880: DZA II, Rep. 89 H, Zivilkabinett, Generalia, Abt. XII, dieser Teil wörtl. in der Denkschrift v. 27. 5. 1881, Anm. 15. Schneider, Bismarcks Wirtschaftspolitik, 124; R. J. S. Hoffman, 64 f.; NAZ 1. 3. 1881.

um der »Gesamtheit des deutschen Handels und damit der deutschen Volkswirtschaft zugute« zu kommen. »Die natürlichen Verhältnisse«, hieß es sodann in einer bemerkenswerten, den Geist des hegelianischen Staatsidealismus und preußischer Wohlfahrtspolitik atmenden Formulierung, die statt der immanenten Gesetze der liberalkapitalistischen Wirtschaft die Intervention durch die vermeintliche Pouvoir neutre des Staats als »natürlich« hinstellte, »weisen also auf die Notwendigkeit des Eingreifens derjenigen Macht hin, der vermöge ihrer über der Masse der vergänglichen Einzelinteressen befindlichen Stellung die Wahrnehmung der bleibenden und zukünftigen Interessen der Gesamtheit obliegt«. Wer den »Aufschwung des deutschen Handels« wünsche, werden diese Staatssubvention begrüßen. »Das heute noch offene Feld ... wird, wenn Deutschland die Gelegenheit ungenutzt vorübergehen läßt«, bald von anderen Nationen völlig »eingenommen sein«[15].

Sofort applaudierte der »Export«, es liege »auf der Hand«, daß Deutschland, »welches seit ... Jahren an einer permanenten Überproduktion leidet«, »gezwungen ist, in möglichst direkten Verkehr mit den überseeischen Absatzgebieten zu treten«. Aber schroff wiesen 49 Hamburger Reeder, die 325 Schiffe mit 230 000 Bruttoregistertonnen ihr eigen nannten, unter Woermanns Führung den Vorschlag sogleich zurück, da sie »alle natürlichen Krisen ... dank der im freien Kampfe gewonnenen Zähigkeit und Energie glücklich überstanden« hätten. Ähnlich ergebnislos verliefen Sondierungen des preußischen Gesandten in den Hansestädten. »Warum«, fragte die »Reform« selbstbewußt, »sollen Hamburger Kaufleute auf Krücken gehen, wenn sie eigene Beine haben?« Im Reichstag wurde nicht einmal über die Regierungsdenkschrift diskutiert[16].

Im Reichstagswahlkampf des Herbstes 1881 spielte die Subventionsfrage in den Hansestädten noch einmal eine gewisse Rolle. Kusserow versuchte, H. H. Meier in Bremen sein Mandat abzujagen. Die Samoa-Vorlage »sollte ein Beginn sein zu einer aktiven überseeischen Politik, welche doch nicht mit Rosenwasser gemacht werden kann«, plädierte er in seiner ersten Wahlversammlung. »Sobald der Panama-Kanal vollendet« sei, werde die Südsee noch »an Wichtigkeit gewinnen«. Deshalb sei auch eine Absage an subventionierte Schiffslinien gleichbedeutend mit dem Verzicht, dort »jemals konkurrenzfähig zu werden«. »Alle Schichten der Bevölkerung« seien aber doch »von der Überzeugung durchdrungen, daß der allgemeine Wohlstand im Reiche nur dadurch kräftig gefördert werden könne, daß dem Handel alle Wege geebnet werden«. Die freihändlerischen Bremer Wähler waren von diesem Credo der Berliner

---

15. RT 4:4:3:Anl. 95, 528–35 (Zit. 528, 535, Denkschrift 6. 4. 1881); RT 4:4:4:Anl. 126, 723–50 (Denkschrift 12. 5. 1881); RT 4:4:4:Anl. 200, 1045–50 (Denkschrift 27. 5. 1881).
16. Export 3, 333 f. (7. 6. 1881), ebenso 4, 263–65 (2. 5. 1881), die Denkschrift sei »nicht nur durch die im Inlande leider immer noch dauernde Überproduktion hinreichend motiviert, sondern wird auch geradezu provoziert durch die auf Gewinnung der überseeischen Märkte gerichteten Bestrebungen ... des konkurrenzfähigen Auslandes«. Zustimmend: Berliner Tageblatt 6. 11. 1881, 18. 5. 1882; NAZ 19., 22., 24. 11. 1881; Petition der HK Hamburg, 7. 5. 1881, RTA 2621, 12–19, sowie Protokolle der HK Hamburg 1881, Beilagen, 175a (ebenso contra: HK Stettin, 12. 5. 1881; HK Blankenese, 25. 5. 1881, ebda. 23 f., 30 f.); Reform 8. 6. 1888; so auch Vossische Zeitung 26. 11. 1881; Tribüne 27. 11. 1881; Hamburger Börsenhalle 28. 8. 1882. Vgl. Baasch, HK, II/2, 18; Strohschneider, 82 f.; C. F. Freytag, Die Entwicklung des Hamburger Warenhandels, 1871–1900, Berlin 1906, 49–53; O. Mathies, Hamburgs Reederei, 1814–1914, Hamburg 1924, 89–156, hier 115, 120; K. Scherzer, Wirtschaftliche Tatsachen zum Nachdenken, Leipzig 1881, 66 f.; Bahse, Wirtschaftsverhältnisse, 24; 10. Deutscher Handelstag, 43–46; Huber, Festschrift, I, 165 f.; HAr 1881, 42–44; Poschinger, Volkswirt, II, 32 f., 65; ders., Aktenstücke, II, 42 f.

Handelspolitik keineswegs durchdrungen, sie erteilten Kusserow eine unzweideutige Abfuhr[17].

Wenn Bismarck den Ausflug seines AA-Referenten in die Parteipolitik als erneuten Test verstand, dann bestätigte ihm der Wahlausgang, wie vorher das Verhalten des Reichstags, daß die »Mehrheit der Volksvertretung der Gewährung von Subsidien nicht in dem Maße geneigt ist, um die Verbündeten Regierungen jetzt zu weiteren Anträgen ... zu ermutigen«. Er wartete zwei Jahre lang ab. Als sich aber dann die zweite Depression voll auszuwirken begann und in Hamburg ein auffälliger Umschwung erfolgte, so daß die Handelskammer, unterstützt von der Senatsdeputation für Handel, in einer Denkschrift vom Juli 1883 staatliche Förderungsmaßnahmen für den deutschen Überseehandel forderte, dazu auch andere Handelskammern den Subventionsplan wieder aufgriffen, ordnete Bismarck im September an, eine neue Subventionsvorlage über Linien nach China und Australien auszuarbeiten. Aus Verhandlungen zwischen dem Auswärtigen Amt, dem Reichspostamt, dem Reichsamt des Inneren und der Marineleitung ging ein Entwurf hervor, an dem Bismarck »sein besonderes Interesse« durchblicken ließ.

»Der Vorsprung«, korrigierte er in das Konzept, »den namentlich England und Frankreich erlangt haben«, lasse sich »nur mit Anwendung derselben Mittel, welche jene Staaten ihm verdanken, ... einholen«. »Mit besonderer Wärme«, wußte der hanseatische Gesandte in Berlin darüber zu berichten, habe Bismarck wieder »sein Interesse in neuester Zeit unseren Beziehungen zum Auslande« zugewandt. Noch ehe der Reichstag mit seiner starken liberalen Gruppe Ende Mai 1884 den Gesetzentwurf zugeleitet erhielt, applaudierte der »Deutsche Kolonialverein« diesem »wichtigen Schritt zur Förderung des nationalen Anteils am Welthandel«. Seiner Grundauffassung entsprechend, doch wohl auch schon mit einem Blick auf die herannahenden Reichstagswahlen im Herbst 1884, bezeichnete es Bismarck daraufhin Hohenlohe-Langenburg gegenüber als seine »Pflicht«, »sich von der Anregung solcher Einrichtungen, von denen ... eine Förderung nationaler Wohlfahrt« zu erwarten sei, »durch die Unwahrscheinlichkeit der Zustimmung des jeweiligen Reichstags nicht abhalten zu lassen«. Und ebenfalls Anfang Mai machte in Berlin das Gerücht die Runde, daß der »Norddeutsche Lloyd« sich schon bereit erklärt habe, beide Linien zu übernehmen[18].

Die neue Dampfersubventionsvorlage vom 23. Mai schlug eine erste vierwöchentliche Hauptlinie bis Hongkong mit Anschlußlinien über Schanghai und Korea nach Jokohama, sodann eine zweite Hauptlinie nach Australien mit einer Anschlußlinie nach Polynesien vor. Als Motiv wurde die Notwendigkeit zuverlässiger Postverbin-

---

17. Export 3. 607 f., 649–52, 680 f., 713–18, 740–43 (18. 10.; 8., 22. 11.; 6., 20. 12. 1881); Schlesische Zeitung 21. 10. 1881; DKZ 1. 1884, 220–23; Kastendieck, 92, 99 f.; vgl. H. v. Kusserow, Fürst Bismarck u. die Kolonialpolitik, DKZ 15. 1898, 297.

18. RT 4:4:4:1045; Hamburger Denkschrift v. 6. 7. 1883: StA Hamburg, Cl. VI, Nr. 15, vol. 6, Fasc. 4; allerdings stimmten die Handelskammer und die Senatsdeputation für Handel sofort gegen die erste Vorlage von 1884 (ebda., Deputation für Handel, II, Spezialakten, XXI, C 2, Nr. 3, 1. Bd., 7. u. 8. 5. 1884), nur wenn sie »verbessert« werde, wünschten sie die subventionierte Linie nach Hamburg zu ziehen, damit der Bremer Rivale nicht gestärkt werde; vgl. StA 43, 226 ff.; Jber. HK Essen 1883, 12; Krüger an Petersen, 27. 4. 1884, StA Hamburg, Cl. VI, Sᵈ, Nr. 2, vol. 4b, Fasc. 60, vgl. 13. 5. 1884, ebda.; Poschinger, Aktenstücke, II, 139, 154, 173; DKZ 1. 1884, 189, 212; B. an Hohenlohe-Langenburg, 4. 5. 1884, GW 14/2, 950; Krüger an Kirchenpauer, StA Hamburg, Cl. VI, Sᵈ, Nr. 2, vol. 4b, Fasc. 60; vgl. den Aufruf des Kolonialvereins, 29. 5. 1884, DKG 263; Patzig; Totzke, 299–333; Roscher, 427, 438; an., Gb 43, 156–66; A. Zetzsch, Die Ozean-Dampfschiffahrt u. die Postdampflinien, Weimar 1886.

dungen vorgeschoben, weshalb die Mittel auch aus dem Postetat des Reichshaushalts entnommen werden sollten. Der Privatreederei, die diese Linie übernehmen würde, bot die Regierung eine Subvention von höchstens vier Millionen Mark jährlich für die Dauer von fünfzehn Jahren an. »Zur Erweiterung des Absatzmarkts für deutsche Erzeugnisse in den betreffenden überseeischen Ländern würde ... die Herstellung direkter deutscher Postdampferlinien mit China, Japan und Australien von wesentlichem Nutzen sein«, behauptete die »Begründung« der Vorlage. »Sie würden als ein wirksames Mittel zur Anknüpfung bzw. Erweiterung direkter Geschäftsverbindungen, Vermehrung des Absatzes der Erzeugnisse des heimischen Gewerbefleißes, Begründung neuer Unternehmungen anzusehen sein.« Vor allem teilte die Denkschrift die weitverbreitete Hoffnung, daß »durch die immer näherrückende Erschließung des chinesischen Reiches« auch der deutsche Handel »ohne Zweifel gewaltigen Steigerungen entgegengehen« werde.

Diese verlockende Schimäre des ostasiatischen Großmarkts schwebte damals vor den Augen vieler Unternehmer, Kaufleute und Publizisten in den depressionsgeplagten westlichen Industrieländern. »Über viele Bedenklichkeiten und über die gegenwärtige Krise käme man hinweg«, so wurde dieser Wunsch auch in Deutschland ausgedrückt, »wenn sich die europäischen Industriestaaten vereinigten, um Ostasiens Grenzen der europäischen Überproduktion zu öffnen«, »dieses Ziel ist und bleibt das Ceterum censeo der gemeinschaftlichen auswärtigen Wirtschaftspolitik der europäischen Kulturstaaten und zugleich für eine lange Reihe von Jahren hinaus das einzige Mittel, um die permanente industrielle Überproduktion ... zu beseitigen.« »Nur ein Gebiet existiert zur Zeit noch, dessen Erschließung der europäischen Überproduktion auf Jahrzehnte hinaus ein Ende bereiten würde: China«, darin waren sich Ökonomen wie Jannasch und v. Neumann-Spallart völlig einig. Generalsekretär Annecke vom »Deutschen Handelstag« glaubte, daß »die Erzeugung der wirtschaftlichen Güter« sich auch in Deutschland »so gewaltig vermehrt« habe, »daß der Bedarf der alten Absatzgebiete zu deren Verbrauch nicht mehr ausreicht«, jedoch in China mit seinen vierhundert Millionen Einwohnern sei »der deutsche Handel ... in einem ganz unberechenbaren Maße entwicklungsfähig«. Vor allem, wenn es gelinge, »den Bau der chinesischen Eisenbahnen in deutsche Hände zu bringen und mit deutschen Kapitalien auszuführen«, werde »die deutsche Eisenindustrie für viele Jahre hinaus reichliche und lohnende Beschäftigung« haben. »Wirtschaftlich höchst bedeutungsvolle Ereignisse« sah auch Karl Rathgen, der damals als Professor in Tokio lehrte, mit der Erschließung Chinas bevorstehen. Auch für die deutsche »wirtschaftliche Produktion« eröffneten sich dort »unermeßliche Perspektiven«[19].

Auf die Suggestionskraft dieser Perspektiven baute auch die Dampfervorlage, und die Vertreter der Reichsregierung, die sie im Juni 1884 im Parlament verteidigten, hoben unterstützt von Reichspartei, Deutsch-Konservativen und rechten Nationalliberalen, immer wieder den »allgemeinen Gesichtspunkt« der »Erweiterung des Absatzmarkts«, der »Steigerung des Werts der einheimischen Produktion«, der »Förderung des Exports« hervor. »Wenn wir zu spät kommen, wird das Himmlische Reich geschlossen sein«, rief Graf Holstein, »und wir haben das Nachsehen.« H. H. Meier

---

19. RT 5:4:4:Anl. 111, 826–30 (23. 5. 1884). Vgl. die Kommissionsberatung, 18. 5. 1884, RTA 2621, 63–71; Export 7, 509, 793 (21. 7., 17. 11. 1883); v. Neumann-Spallart, Übersichten, 4, 71 f.; 5, 83 f.; Annecke, 57, 66 f.; K. Rathgen, Der deutsche Handel in Ostasien, Sch. Jb. 9. 1885/2. 226, 232. Vgl. zur selben Erwartung in England: Kiernan, passim, u. N. A. Pelcovits, Old China Hands and the Foreign Office N. Y. 1948; USA: McCormick; LaFeber, passim; Frankreich: Murphy, passim.

hatte im März die Subventionsfrage erstmals mit Bismarck besprochen; in der vertraulichen Kommissionssitzung wollte er einen »Aufschwung des Absatzes nach Ostasien« wohltuend skeptisch noch nicht erwarten, forderte aber jetzt vor dem Plenum »einen Teil dieses unermeßlichen Handels« mit den »dreihundert Millionen« Chinesen für Deutschland. »Indirekt« werde sich dann doch die Subvention rentieren. Und wenn er auch noch einmal die Ablehnung der Samoa-Vorlage wegen der »Unterstützung eines kaufmännischen Geschäftes« bekräftigte, so gab er doch jetzt mit enthüllender Inkonsequenz offen zu, daß der »Lloyd« auf die Ausschreibung dieser Subvention allerdings mit einem Angebot eingehen werde.

Treffsicher warf ihm daraufhin Eugen Richter vor, er sei »mehr Interessent, als es jemals ein Eisenwerksbesitzer bei den Schutzzöllen gewesen ist«. Aber schärfer noch als Richter die »Vergeudung von Steuergeldern« und die »künstliche Mache« anprangerte, geißelte Bamberger die »himmelschreiende Verschwendung«, wenn 45 Millionen Mark für einen Verkehr ausgegeben würden, »der sich viel besser noch entwickeln wird, wenn man diese Summe nicht hineinsteckt«. Auch er sei von dem Wunsch beherrscht, angesichts der Stagnation »den Warenexport vermehrt zu sehen«. Da jedoch schon 70 Dampfer aus westeuropäischen Häfen regelmäßig nach Ostasien und 65 nach Australien ausliefen, zudem der deutsche Export dorthin noch ganz gering sei, schrieb er es einem »falschen chauvinistischen Standpunkt« zu, »lediglich mit deutschen Schiffen deutsche Waren führen zu wollen«. »Vom einfachen geschäftlichen Standpunkt« ruhiger Rentabilitätskalkulation opponierte er gegen den Versuch, »in einer Schützenfeststimmung« »Revanche für Samoa« zu nehmen, worin er wie Richter »ein Stück Wahlpolitik erkannte«[20].

Der Beifall für die Führer der Linksliberalen aus den Reihen der »Liberalen Vereinigung«, der »Fortschrittspartei« und des Zentrums, dessen Sprecher ihnen zustimmten, verriet die Stimmung der Parlamentsmehrheit. Da Bismarck seit dem Winter 1883/84 seine Autorität zugunsten der Vorlage in die Waagschale geworfen hatte, verteidigte er auch jetzt wie bei den großen Zollkämpfen seit 1877 seine Politik selber. Von der unmittelbaren Nützlichkeit, soviel konzedierte er den freihändlerischen Rentabilitätseinwänden, könne er die Abgeordneten nicht überzeugen, doch »im Interesse des Volks, der deutschen Nation, ihres Exports, ihrer Arbeit, der Reederei liegt es, die Sache zu prüfen«. Fraglos habe die deutsche Schiffahrt schon einen steilen Aufstieg aus eigener Kraft erlebt, aber sollten nicht mit staatlicher Subvention »alle die Vorteile, die für die nationale Arbeit, für den Handel, für den Export gewonnen werden können, sich in noch größeren Maßstäben zeigen?« fragte er. »Wollen wir uns nicht an der Weiterentwicklung des Verkehrs beteiligen? Wollen wir nichts tun für die Seefahrt, die Arbeit, die Erhaltung unseres Exports, zur Vorbeugung von Nahrungslosigkeit im Lande wegen Mangel an Export und Mangel an Arbeit? Wollen wir nicht vielmehr jedes Mittel wählen, die Ausfuhr zu fördern – auch solche Mittel, für deren Rentabilität wir nicht vorher den Beweis liefern können, an die wir aber glauben?« Die Verantwortung für versäumte Chancen liege jetzt

20. RT 5:4:2:720 (Stephan, 14. 6. 1884, vgl. ders., 736–38, u. die Biographien o. S. 179/17); 1053 f. (Boetticher, 26. 6. 1884); 735 f. (Holstein, 14. 6. 1884); 1068–70 (Minnigerode, 26. 6. 1884). Meier: RTA 2625, 20 f. (11. 12. 1884); RT 5:4:2:1071 (26. 6. 1884); 744 (14. 6. 1884); Hardegen-Smidt, 236 f., 245 f.; Richter: 1072 (26. 4. 1884); 738–43 (14. 6. 1884); Bamberger: 724–33 (14. 6. 1884); 1063–66 (26. 6. 1884); vgl. Kapp, 1051 f. Kritik der KZ (16. 6. 1884), daß Bamberger nur an »unmittelbare Rentabilität« statt »in größeren Zeiträumen« bis zu 50 oder 100 Jahren denke, vgl. 22. 6., 2. 5. 1884.

allein beim Reichstag, drohte er, lehne dieser die Vorlage ab, so »werden wir die Sache ad acta Samoa schreiben«[21].

Indes, zu einer Abstimmung kam es erst gar nicht. Der Antrag des Zentrumsabgeordneten Reichensperger, die Vorlage zur erneuten Beratung an die Budgetkommission zu verweisen, wurde vom Block der Gegner, die wie die Linksliberalen aus prinzipiellen wirtschaftspolitischen Überzeugungen oder wie das Zentrum aus überwiegend taktischen Motiven Bismarcks Vorlage ablehnten, sofort angenommen. Zwei Wochen vor Ende der Session und der Legislaturperiode dieses Reichstags, die diese flüchtige Parteienallianz mit einer Niederlage Bismarcks beschließen wollte, bedeutete eine solche Entscheidung ein stillschweigendes Begräbnis für den Entwurf.

Zur allgemeinen Überraschung erschien jedoch Bismarck zum erstenmal seit 1871 wieder in einer Kommissionssitzung, ließ sich von Hammacher, der die Frage »lediglich nach ihrer kommerziellen Seite« beurteilt und die »großen wirtschaftlichen Vorteile« gewahrt sehen wollte, die Bitte um eingehende Erläuterung der Vorlage zuspielen und wiederholte dann seine Reichstagsargumente. Entgegen den wirklichen Intentionen bezeichnete er dort auch die Dampfervorlage als unabtrennbaren Bestandteil der neuen Kolonialpolitik. Die Entscheidung der Kommission wollte er daher als Verdikt über die Chancen der deutschen Kolonialexpansion betrachten. Wenn Bismarck gehofft hatte, damit eine weitere Angriffsfläche für den Wahlkampf gewinnen zu können, so ging dieser Wunsch in Erfüllung. Seine überseeische Politik, schloß er, lege ihm Verantwortlichkeiten auf, die er nur dann übernehmen könne, »wenn die Nation mit Begeisterung der Regierung zur Seite steht«.

Aber nicht nur schlug die Kommission Bismarcks Bitte um eine neue Plenardebatte: »damit die Nation und die Wähler in ihr erkennen, wie die einzelnen Parteien und Abgeordneten ... zu dieser Frage stehen«, rundheraus ab, sondern Bamberger gelang es sogar, mit Hilfe vertraulicher und vor allem zutreffender Informationen der Vorlage den Makel einer Gründungsaffäre anzuheften. Hansemann und v. Ohlendorff, der Besitzer der »NAZ«, hätten, sobald der Plan einer Südseelinie ihnen zu Ohren kam, die restlichen DHPG-Aktien aus dem Besitz der Barings mit einem Nennwert von 100 000 Pfund Sterling für 19 000 Pfund erworben, und sodann, als die Vorlage öffentlich bekannt wurde, samoanische Ländereien zu hohen Spekulationspreisen verkaufen können. Überdies hatte Bamberger von Hansemanns Absichten auf Neuguinea erfahren, so daß er die Südseelinie als Begünstigung eines einflußreichen kleinen Interessentenklüngels angreifen konnte. Unleugbar mußte dieser Kreis von der Südseelinie profitieren, und er sollte es wohl auch, da jede staatliche Wirtschaftsförderung schließlich auch irgendwelchen Interessengruppen zugute kommen mußte. Das langfristige Ziel dieser staatlichen Exportsubvention verlor diese Kritik dabei jedoch aus den Augen. Gleichwohl, jetzt wurde die Vorlage von der

---

21. Bismarck: RT 5:4:2:733–35, 1059–62, 1074–77 (14., 26. 6. 1884; vgl. RB 10, 149–219, 193–97, 200–9, 273–80; 11. 65–149); Versmann an Kirchenpauer, 19., 21. 6. 1884, StA Hamburg, Bevollmächtigte, I, 1, XVIII; Tb. Versmann, 15. 6. 1884, Nl. Versmann A 5, 64; vgl. hierzu auch Protokolle HK Hamburg 1884, 205–16 (30. 4.), 222–29 (5. 4.), 367–71 (31. 10.), 382–87 (8. 11.), 414 f. (22. 11.), 416 (24. 11.). 1885, 18 f. (10. 1.). – H. an W. v. B., 20. 6. 1884, Nl. Bismarck 26; DKZ 1. 1884, 275–79, 293; Export 6. 404–8, 421 (24. 6., 1. 7. 1884); Deutscher Ökonomist 2. 215 f. (10. 5. 1884: »die Tore des ungeheuren chinesischen Reiches öffnen sich immer weiter ... Wer sich jetzt einen erklecklichen Anteil dieses kommerziellen Verkehrs sichert, der ist der felix possessor und hat als solcher einen ungeheuren Vorsprung ... Deutschland muß energischer als bisher seinen Außenhandel kultivieren ... Ganz ohne ausdrückliche Absicht zeigt sich diese Sachlage in dem jährlich steigenden Drang unserer Industrie nach auswärtiger Absatzgelegenheit, nach Kolonien usw.«).

Kommission endgültig beiseite gelegt, während die Zeitungsfehde über das Für und Wider: für eine »Reichsbeihilfe für die deutsche Exportindustrie« und gegen den »überseeischen Chauvinismus« hinter der »Seeverkehrspolitik der Berliner Geheimräte« weiter hohe Wellen warf[22].

Daß die Vorlage nicht in Vergessenheit geriet, dafür sorgten die Regierung mit der inspirierten Presse, aber auch die Interessenverbände und der Parteienstreit während des Wahlkampfs. Durch »erbärmliche, krämerhafte Philister« seien die Hoffnungen auf »Inaugurierung einer Welthandelspolitik Deutschlands« zunichte gemacht worden, klagte Hohenlohe-Langenburg. Da aber die »Entrüstung über die Behandlung der Dampfersubvention ... eine allgemeine und tiefgehende« sei, rief der »Deutsche Kolonialverein« zu »Massenkundgebungen« gegen die »engherzige Kritik einzelner Parteiführer« auf. Auf einer außerordentlichen Generalversammlung in Eisenach unterstützte er die Vorlage als ein »unerläßliches Mittel«, aus »Reichsmitteln« den »deutschen Ausfuhrhandel zu fördern«. Gelinge es, sich mit Hilfe der asiatischen Linie »des Eisenbahnbaus in China zu bemächtigen«, so werde die deutsche Eisenindustrie »für lange Jahre hinaus vollauf beschäftigt sein, und dann werden die Reichtümer Ostasiens in breiten Strömen nach Deutschland hinüberfließen«.

Die Interessenverbände der Industrie, der »Zentralverband Deutscher Industrieller« und der »Verein Deutscher Eisenhüttenleute«, die Industrie- und Handelskammern sandten ihre Petitionen ein. Die »volle Konkurrenzfähigkeit unserer Industrie«, betonte der »Langnam«-Verein, hätte »nicht ohne die schützende Hand des Staates erreicht werden können«, auch jetzt müsse er trotz der heftig kritisierten Opposition der Parlamentarier weiterhelfen, »den Export tunlichst zu fördern«. »Im Kampf mit einer vielseitigen Konkurrenz« müßten die deutschen Unternehmen für den »sich prozentual stetig verringernden Gewinn Ersatz ... suchen in fortschreitender Ausdehnung der Produktion«, mahnte die Handelskammer Mülheim. Deshalb müsse »die Exportfähigkeit der heimischen Industrie mit allen Mitteln« gefördert werden. »Sollte Herr Bamberger ... vergessen haben«, polemisierte die »Kölnische Zeitung«, »daß die Ursache dieser Krisis ... die allgemeine Überproduktion sei und daß die Wirkung dieser Ursache nicht eher verschwinden würde, als bis die Überproduktion selbst beseitigt sei? Wo gibt es heutzutage einen Industriezweig in Deutschland, der nicht für die Ausfuhr arbeitet und der nicht auf eine noch wesentliche Steigerung dieser Ausfuhr angewiesen wäre?« »Wem nicht solche Kenntnis unserer wirtschaftlichen Lage, der Lebensbedürfnisse unserer Industrie und unseres Handels innewohnt, daß er ihre Ausdehnungsfähigkeit auf dem Weltmarkt, insbesondere aber in Ostasien und Australien nicht zu bejahen vermag, dem vermögen wir nicht die Eigenschaften eines Volksvertreters zuzusprechen.« Unvergleichlich bösartiger benutzte Wilhelm Wehrenpfennig, der zusammen mit Treitschke von allen Rechts-

---

22. RT 5:4:2:746 f. (Reichensperger, 14. 6. 1884); RTA 2621, 83–100 (Budgetkommission, 23. 6. 1884), NAZ 25. 6. 1884; RB 10, 166–71; Kusserows lahme Verteidigung Hansemanns: RTA 2621, 113–17, seine Duellforderung wurde beigelegt. Vgl. KZ 24., 28. 6., 1. 7. 1884; GW 14/2, 951 f. Zustimmung z. B. bei: Bennigsen an Miquel, 7. 6. 1884, in: Oncken, Bennigsen, II, 519; Allg. Zeitung für Franken, 3. 5. 1884; Export 6, 293 f. (6. 5. 1884); Münchener Neueste Nachrichten, 8. 5. 1884; Korrespondent von u. für Deutschland 25. 5. 1884; Neue Würzburger Zeitung 6. 6. 1884; KZ 24., 30. 6. 1884; Fränkische Tagespost 24. 6. 1884. Ablehnend: Reform 11., 12., 15., 17., 20., 24., 29. 6. 1884; Fränkischer Kurier 3., 22. 6. 1884. – H. v. Poschinger Hg., Fürst Bismarck u. die Parlamentarier, Breslau 1896, III, 133; Bamberger an Broemel, 24. 8. 1884, Nl. Bamberger 9. Ganz naiv urteilt: M. E. Townsend, The Impact of Imperial Germany, Commercial and Colonial Policies, JEH Suppl. 3. 1943, 124–34.

liberalen am nachhaltigsten Bismarck seit Jahren publizistisch unterstützte, in den »Preußischen Jahrbüchern« den aufkommenden Antisemitismus als Vehikel seiner Kritik. Wenn Linksliberale wie Bamberger behaupteten, daß »Handel wichtiger als Herrschaft« sei, so denunzierte er dies freihändlerische Prinzip als den »Standpunkt des Schacherjuden«, der sich »als Parasit eigennützig und unselbständig andrängt«; auch das »Verhalten des Fortschritts« sei in diesem Sinne »jüdisch, nicht bloß jüdisch, sondern schacherjüdisch«[23]!

Unmittelbar nach den Sommerferien ließ Bismarck eine neue Vorlage im Reichsamt des Innern vorbereiten. In Boettichers Auftrag übernahm es Reuleaux, Anfang Oktober den Entwurf zusammen mit Bismarck in Friedrichsruh durchzuarbeiten. In ihm wurde das bisher vorgeschobene »postalische Interesse« in den Hintergrund verwiesen und dem »kaufmännischen Interesse«, wie Bismarck, Boetticher zur Eile antreibend, erläuterte, »zu seinem Rechte« verholfen; das sollte auch zunächst die »Verschmelzung« mit dem Plan einer Überseebank unterstreichen. Nach dem seit den Zollverhandlungen der 1870er Jahre bewährten Vorbild des direkten Zusammenspiels mit den Interessenten suchte sodann Reuleaux »in amtlichem Auftrag« um eine »vertrauliche Rücksprache« mit dem Chef des »Norddeutschen Lloyd«, H. H. Meier, nach. Meier hatte schon soeben mit dem preußischen Gesandten in den Hansestädten, v. Wenzel, die Berliner Vorlage erstmals durchgesprochen; sie sah die Gründung einer Aktiengesellschaft mit einem Grundkapital von 60 Millionen Mark vor, mit denen sie die subventionierte Linie und die »Kolonialbank« betreiben sollte. In das »Kuratorium« an ihrer Spitze sollte der Bundesrat zwölf, der Reichskanzler sieben Mitglieder und den Vorsitzenden entsenden dürfen. Eindringlich suchte Meier dem Gesandten Wenzel klarzumachen, daß eine Verbindung der beiden Projekte, wiewohl jedes für sich notwendig sei, grundfalsch sei. Er sei bereit, Bismarck selber das zu erklären.

Als nun Reuleaux erschien, griff Meier nach dreistündiger Debatte sogar zu der Drohung, er müsse im Reichstag gegen ein solches Doppelvorhaben stimmen, verteidigte aber seine eigene Vorstellung, daß die Regierung auf die staatliche Überseebank vorerst ganz verzichten solle, so geschickt, daß Bismarck ihn nach Reuleaux' Bericht zu sich nach Friedrichsruh einlud. Mitte Oktober gelang es Meier dort, den finanziellen Vorteil und den Prestigegewinn für den »Lloyd« vor Augen, so beredt seine »entschiedenen Einwände« vorzutragen, daß er, – wie er glaubte –, den Bankplan torpedieren konnte. Jedenfalls empfand Bismarck die Koppelung seither als Belastung für die vordringliche Subventionsvorlage und ließ den Gedanken zeitweilig zurücktreten. Wahrscheinlich erhielt Meier, der auf ein glänzend organisiertes und konsolidiertes Unternehmen mit vorzüglichen Schnelldampfern und einem Stamm bewährter Seeleute verweisen konnte, jetzt auch schon, wie Herbert v. Bismarck annahm, »verbindliche Zusagen« des Reichskanzlers, der die Vorteile des »Lloyds« zu

---

23. Hohenlohe-Langenburg an Hohenlohe-Schillingsfürst, 21. 6. 1884, Nl. Hohenlohe-Schillingsfürst 53; Aufruf des Kolonialvereins, 24. 6. 1884, DKG 253, 117; DKZ 1. 1884, 373–95, auch DKG 899, 129, Zit. 374, 391; Petitionen: RTA 2621, 147 f.; Export 6, 557 (2. 9. 1884); NAZ 11. 8. 1884; Bamberger an Broemel, 9. 9. 1884, Nl. Bamberger 9; P. C. Hansen, Die Errichtung direkter Postdampfschiffsverbindungen zwischen Deutschland u. Ostasien sowie Australien, PJ 54. 1884, 338; KZ 30. 4., 29. 9., 2., 21., 3. 10. 1884; W(ehrenpfennig), Dampfersubventionen, PJ 54. 1884, 97 f., zum Antisemitismus s. 471–74, sowie hier A. Bein, »Der jüdische Parasit«, VfZ 13. 1965, 128–30. – Sogar der expansionsfeindliche Botschafter Münster begrüßte die Dampfersubvention entschieden: an Bennigsen, 15. 5., 26. 10., 16. 11. 1884, in: Oncken, Bennigsen, II, 519 f.; ders. Hg., Aus den Briefen R. v. Bennigsens, DRev. 32. 1907/IV, 22–24, 26; Münster an Werthern, 12. 3. 1885, Nl. Münster.

schätzen wußte und der »Hamburg-Amerikanischen-Packetfahrt-Actien-Gesellschaft« (HAPAG) vielleicht noch den Fehlschlag mit einer Subventionszahlung für ihre Mexikolinie im Jahre 1880/81 nachtrug. Am 26. Oktober bat Reuleaux bereits um die Berechnungsunterlagen für die »Lloyd-«Offerte, um die Regierungsvorlage ganz darauf abzustimmen. Seither hielten v. Boetticher und Staatssekretär Robert Bosse vom Reichsjustizamt Meier über jeden Fortschritt vertraulich auf dem laufenden[24].

In den ersten Novembertagen wurde bekannt, daß die Regierung erneut einen Subventionsentwurf vorlegen werde, der mit Rücksicht auf die neuen afrikanischen »Schutzgebiete« eine dritte: eine afrikanische Hauptlinie via Kamerun, Kapstadt, Sansibar, sodann auch noch eine indische Zweiglinie nach Bombay vorsehe, da »jetzt auch der so überaus lohnende und kaufkräftige indische Markt zu den deutschen Handels- und Industrieplätzen in direkte Beziehung gebracht werden soll«. Wer aber »die Hauptsache, die Ausbeutung Afrikas und seines Reichtums, zunächst für die deutsche Industrie und den deutschen Handel will«, wurden die Reichstagsabgeordneten ermahnt, »der wird nicht zaudern können, das wichtigste Hilfsmittel zu bewilligen, das für eine siegreiche... Erweiterung des Absatzgebietes... und damit für die Hebung unseres Volkswohlstandes von der hervorragendsten Bedeutung« sei. Am 3. November billigte der Preußische Staatsrat nach einem lebhaften Referat Miquels den Entwurf, der sogleich von Bismarck beschleunigt als Präsidialantrag beim Bundesrat eingebracht wurde. Staatssekretär v. Stephan ließ jetzt den hanseatischen Gesandten wissen, daß der Reichskanzler die allgemeine Submissionsklausel gestrichen habe, statt ihrer sei die engere Submission zwischen einzelnen Unternehmen vorgesehen. Dieses Alarmzeichen, das auch von der Presse sofort als Begünstigung des »Lloyds« aufgefaßt wurde, bewog die Hamburger Handelskammer und den Senat zu einer entschlossenen Volte face: beide Gremien forderten Mitte November, die Dampfersubvention nur an ein Hamburger Unternehmen zu vergeben[25]!

Inzwischen hatten die Reichstagswahlen vom Oktober 1884, die zum großen Teil mit Parolen der deutschen überseeischen Expansion bestritten worden waren, die linksliberale Sammelpartei der »Deutsch-Freisinnigen« vierzig Sitze gekostet. Dagegen hatten die Konservativen 28 und die Sozialdemokraten zwölf Mandate hinzugewonnen, während die Freikonservativen, die Nationalliberalen des »Heidelberger Programms« und das Zentrum ihre Fraktionsstärke ungefähr behaupten konnten.

24. W v. B. an Boetticher, 1., 10. 10. 1884, Nl. Boetticher 46; Holstein an H. v. B., 6., 17. 10. 1884, Nl. Bismarck 44; B. an Boetticher, 7., 9. 10. 1884, Nl. Boetticher 46 u. GW 6c, 306 f.; Reuleaux an Meier, 10., 26. 10. 1884, Nl. Meier 34; Bosse an Meier, 25. 10. 1884, ebda. 33; Aufz. Meiers über Gespräche mit Wenzel u. Reuleaux, o. D. (nach 11. 10.), ebda., 20; H. an W. v. B., 5., 20. 6. 1885, Nl. Bismarck 86; vgl. Meier an Boetticher, 8. 12. 1885, 29. 4. 1888, Nl. Boetticher 82; Meier an Rottenburg, 8. 12. 1885, 24. 6. 1886, Nl. Rottenburg 9; Krüger an Petersen, 14., 22. 10. 1884, StA Hamburg, Cl. I, Lit. Sd, Nr. 2, vol. 4b, Fasc. 60; E. Langen an A. Langen, 28. 10. 1884, Nl. Langen; Lerchenfeld an Crailsheim, 19. 10. 1884, Bayerisches Haupt-StA München, Gesandtschaftsakten Berlin, 1054. Ganz unergiebig sind für unsere Fragen die württembergischen Akten im Haupt-StA Stuttgart (s. Anhang, 519). Katz, Schiffahrt, 83, 99 (Stephan kündigte den Vertrag mit der HAPAG von 1880, der ihr eine Postprämie für ihre Mexikolinie gewährt hatte, schon 1881).

25. KZ 5 11. 1884, vgl. 7. 11. 1884; Staatsratssitzung, 3. 11. 1884, P 135/4976, BA (der Bestand 4976-78 enthält sonst fast nur die Reichstagsprotokolle); Marschall an Turban, 4. 11., auch 5. 11. 1884, Generallandesarchiv (= GLA) Karlsruhe, Gesandtschaftsberichte Berlin 1874-85, 233 (49), Fasc. 57; Krüger an Petersen, 13. 11. 1884, StA Hamburg, Cl. I, Lit. Sd, Nr. 2, vol. 4b, Fasc. 60; KZ 22. 11. 1884; Denkschrift der HK Hamburg, 11. 11. 1884, StA Hamburg, Bevollmächtigte, V, 7; E. Langen an G. Mevissen, 9. 12. 1884, Nl. Mevissen 119; J. Hansen, I, 846; Herzfeld, I, 506; II, 24.

Diese für die weitere parteipolitische Entwicklung entscheidende Schlappe des deutschen Linksliberalismus führte die regierungstreue Presse triumphierend auf seinen Widerstand gegen die staatlich geförderte »fortschreitende Kraftentfaltung unserer wirtschaftlichen Positionen im Ausland« zurück. »Die klugen Doktrinäre aber, denen der Freihandel Richtschnur und Leitstern ihrer ganzen Politik war, haben jetzt die größte schutzzöllnerische Mehrheit in den Reichstag gebracht, die er jemals aufwies«, spottete sie. »Das hat mit seinem Gejammer gegen die Dampfervorlage ... Herr Ludwig Bamberger erreicht.« Erfahrene Beobachter des Berliner politischen Lebens rechneten jetzt sicher mit der Annahme der neuen Vorlage. Namentlich die dezimierten »Deutsch-Freisinnigen« hätten »ein so dringendes Interesse«, urteilte der badische Gesandte Marschall v. Bieberstein, »einen möglichen neuen Wahlkampf unter der Parole ›Dampfersubvention‹ zu vermeiden, daß sie wie beim Sozialistengesetz die Vorlage durchbringen werden.«

Unter solchen Auspizien legte Bismarck dem neuen Reichstag die überarbeitete Vorlage, die neue »Sonde« für die Parlamentsstimmung, wie er sie charakterisierte, vor. Da es »grundsätzlich kaum jemals bestritten« worden sei, unterlief sie gleichsam die freihändlerischen Argumente, »daß der Staat berufen ist, positiv schaffend und fördernd in das Gebiet der Verkehrsmittel und des Transportwesens einzugreifen. ... trifft das gleiche auch für die überseeischen Verbindungen zu«, die für die »Gewinnung neuer Absatzmärkte unentbehrlich« sind. Da alle europäischen Staaten Subventionen gewährten, seien deutsche Unterstützungsmaßnahmen »schon zur Aufrechterhaltung der Konkurrenzfähigkeit geboten« und lägen »im dringenden Interesse der exportierenden deutschen Industrie, des Handels und der Reederei«. Die afrikanische Linie wurde als Zubringer zu einem »wichtigen Zukunftsgebiet« mit deutschen Kolonien gerechtfertigt. Für die ostasiatische Hauptlinie ließ Bismarck in schnell zusammengestellten Konsulatsberichten erneut »die Eröffnung einer neuen Handelsära in China« heraufbeschwören. Ein »so gewaltiges und dicht bevölkertes Reich«, dessen »Import- und Exportfähigkeit von Jahr zu Jahr steigen müsse«, werde, wenn erst einmal die »Anlage von Eisenbahnen« beginne, den »deutschen Waren und Industrieerzeugnissen einen größeren Absatz« sichern. An den ökonomischen Nationalismus wurde mit dem Argument appelliert, daß der »Schutz der nationalen Arbeit« auch die »nationale Pflicht« in sich schließe, die deutschen Werften zu fördern – nur auf ihnen sollten die Neubauten der subventionierten Linien auf Kiel gelegt werden. Noch im Dezember wurden entsprechende Petitionen einer Versammlung »deutscher Schiffsbau-Interessen« unter Woermanns Regie, auf der die Stettiner »Vulcan«-Werft, die Howaldtwerke AG, Blohm & Voss aus Hamburg und die Berliner »Germania-Maschinenbau AG« unter ihrem Aufsichtsratsvorsitzenden Admiral a. D. Livonius vertreten waren, veröffentlicht; ein Kartell aller deutschen Schiffswerften für die neuen Aufgaben wurde sogleich mitangeregt. Die Spitze gegen den »Lloyd«, der sich auf seine neuen Atlantikdampfer verlassen wollte, war dabei nicht zu übersehen[26].

26. F. S., Zur Dampfersubventionsvorlage, Gb 43. 1884/IV, 58; Export 6, 793 f. (9. 12. 1884); Allg. Zeitung für Franken 20. 11. 1884; Schweinfurter Tageblatt 29. 11. 1884, Beil.; DKZ 2. 1885, 17 f., 32; KZ 1. 11. 1884; Marschall an Turban, 14. 12. 1884, GLA 49/57; Versmann an Kirchenpauer, 28. 11., 2. 12. 1884, StA Hamburg, Bevollmächtigte, I, 1, XVIII. – RT 6:1:1:142 f. (Bismarck, 1. 12. 1884), RT 6:1:5:Anl. 16, 70–78 (Denkschrift 20. 11. 1884); RTA 2621, 184–87, auch StA Hamburg, Bevollmächtigte, V, 7 (Konsulberichte, 14. 12. 1884); KZ 22. 11. 1884; RTA 2625, 200, 223, 350 (Woermann: »Koalition der deutschen Schiffsbauer« sei erwünscht); Hamb. Korrespondent 12., 17., 19. 12. 1884.

Im Reichstag gab v. Stephan unverhohlen zu, daß die neue Vorlage den »Hauptakzent auf die handelspolitischen ... Interessen« lege, »auf die Steigerung unserer Exportfähigkeit durch Erweiterung des Absatzgebietes«. Zudem komme, wie auch Woermann beharrlich betonte, der Bau von »Postdampfern« »dem deutschen Arbeiter und der deutschen Industrie wieder zugut«, für die »man gerade in grauen Momenten« etwas tun müsse. Diesem »Appell an den Patriotismus« fügte der Deutsch-Konservative Gerlich eilfertig den gehässigen Vorwurf hinzu, die »fortschrittliche Linke« mit ihren »pathologischen Existenzen« könne sich ja doch nicht »in nationale Fragen hineindenken«. Sofort lebte der Streit mit Bamberger und Richter wieder auf, ehe der Entwurf an die Kommission verwiesen wurde, wo die Auseinandersetzung in einem Dutzend Sitzungen bis Ende Januar 1885 ebenso heftig weitergeführt wurde. Die Regierungsvertreter gingen, ohne auf grundsätzlichen Widerstand zu stoßen, davon aus, daß »Deutschlands Handel und Industrie gebieterischer als jemals die Forderung nach Hebung der deutschen Arbeit und nach Eröffnung neuer Absatzgebiete für deutsche Erzeugnisse« erhöben. Da »man der wachsenden Gewerbetätigkeit Deutschlands keinen Hemmschuh anlegen« könne, sei der »Aufschluß neuer Absatzgebiete eine unabweichbare Notwendigkeit«. Konsul Dr. Krauel vom Auswärtigen Amt sah wieder das chinesische Traumbild des »endlich bevorstehenden Baus von Eisenbahnen« eine »neue Ära im deutschen Handel« verheißen; man dürfe der Konkurrenz, mahnte v. Stephan, doch nicht »das Praevenire« gestatten.

Als August Bebel, dessen Partei in dieser Frage tief gespalten und der Gefahr des Zerbrechens ausgesetzt war, einwandte, »selbst die chinesischen Eisenbahnen« könnten nicht verhindern, daß »der Kessel platze«, appellierten v. Stephan und v. Boetticher gleichsam über seinen Kopf hinweg an die die Vorlage bejahende Mehrheit der SAP-Fraktion, den Nutzen für die »deutsche Arbeiterbevölkerung« im Auge zu behalten, die gerade auch in Bebels »rheinischer Heimat« das »allergrößte Interesse« an einer Exportsteigerung besitze. Die Vorlage sei doch, meinte v. Boetticher, »eines unter den vielen anderen Mitteln, der wirtschaftlichen Lage der Arbeiter aufzuhelfen«, – eine Argumentation, der sich der Sozialdemokrat Dietz unverzüglich anschloß! Die Freisinnigen brachten ihre hinlänglich bekannten Einwände gegen Staatshilfe vor, jedoch die asiatische Linie wollte selbst Bamberger akzeptieren. Er warnte zwar noch einmal vor diesem »Staatssozialismus«, der trotz eines Überangebots noch neue Frachtlinien schaffen wolle: solle man denn etwa auch aus der »Überproduktion« der Schwerindustrie, »dem Bestehen der großen Zahl von Hochöfen und Stahlwerken folgern ..., nun müsse der Staat eingreifen, um noch mehr Hochöfen zu schaffen«?

Die Asienlinie wurde zusammen mit der australischen Linie von der Kommission 10:9 gebilligt, wogegen die afrikanische Linie ebenso knapp 9:10 abgelehnt wurde. Auch im Hinblick auf die Fronten in ihrer Fraktion stellten zudem Bebel und Dietz zwei Anträge: einmal sollten die Neubauten tatsächlich nur »deutschen Werften« übertragen werden, sodann attackierten sie die Reeder Meier und Woermann, – beide Kommissionsmitglieder, – mit der Forderung, daß Mitglieder des Reichstags »bei Strafe des Verlusts ihres Mandats weder als Eigentümer noch als Teilhaber einer subventionierten Postdampferschiffslinie beteiligt sein, noch dem Verwaltungs- oder Aufsichtsrat« angehören dürften. Der erste Antrag, klagte Meier zuerst, schließe den »Lloyd«, der seine neuen transatlantischen Schnelldampfer ausgeschaltet sehen mußte, »von der Konkurrenz aus«. Darauf komme ihm auch, da ein Gewinn fraglich sei, »nicht besonders viel an.« Als er aber spürte, wie die Regierungsvertreter, die eine Bindung an Exklusivaufträge für deutsche Werften ursprünglich abgelehnt hatten, diesem politisch zugkräftigen Antrag zugunsten »der nationalen Arbeiter« jetzt zuneigten, schwenkte er innerhalb weniger Minuten vollständig um: der »Lloyd« werde »sich nicht nur fakultativ, sondern unbedingt verpflichten«, »ergänzte« er hastig, »die neuen Schiffe«, und zwar sofort »mindestens sechs neue Dampfer auf deutschen Werften« bauen zu lassen. Damit nahm er Woermann und dessen geplantem Konkurrenzkartell den Wind aus den Segeln, die Kommission aber billigte den Antrag 10:8.

Gemeinsam verteidigten sich dann beide Reeder gegen den beantragten Ausschluß von der Submission. Im Vergleich mit den Interessen der Agrarier und Industriellen an den Getreide- und Eisenzöllen sei sein »pekuniäres Interesse unbedeutend«, versicherte Meier, »Seide« lasse sich mit der Subvention »nicht spinnen«, allenfalls könne man »bei der größten Rührigkeit vielleicht auskommen«. Und Woermann fügte mit geradezu rührend-biedermännischer Treuherzigkeit hinzu, er halte »den Reichstag für viel zu hoch, als daß er dadurch beeinflußt werden könnte, wenn wirklich ein oder zwei Mitglieder in ihrem eigenen Interesse wirken sollten. Außerdem müsse man doch der Regierung das Vertrauen schenken«, daß sie dieselben nicht noch bevorzuge! Die Kommission zeigte sich nicht sonderlich beeindruckt, folgte aber dem realistischen Hinweis des Zentrumsabgeordneten Racke, daß »Strohmänner« jederzeit »Privatinteressen« wahrnehmen könnten, – man müsse dann auch alle Hersteller von zollgeschützten Waren aus dem Reichstag verbannen, kritisierte der »Deutsche Ökonomist« konsequent diesen Antrag –, und lehnte diese altmodisch konzipierte Vorbeugungsmaßregel gegen unmittelbare Interessenten 11:10, die ursprüngliche Regierungsvorlage 14:7 ab[27].

Mit den von der Kommission empfohlenen Ergänzungen und Beschneidungen gelangte die Vorlage, vom Pressekampf und den Resolutionen der Interessenverbände erneut begleitet, im März 1885 an den Reichstag zurück. Über die Notwendigkeit der Exportförderung waren sich dort alle Parteien während der zweiten Tiefkonjunktur der Depressionen seit 1873 einig, nur gegen die seit längerer Zeit ungewohnte, hohe und direkte Staatshilfe regte sich weiterhin Widerstand, obwohl ihn der Wahlaus-

---

27. RT 6:1:1:120 f. (Stephan), 133 f. (Woermann), 145 (Gerlich, alle 1. 12. 1884, die ganze Debatte: 120–48); Protokolle der 13 Kommissionssitzungen: RTA 2625, 1–546; Krauel, 22 f.; Bebel, 31 f., 347; Stephan, 26 f., 106, 377; Boetticher, 33, 55 f., 190 f. Vgl. auch den Abg. Hartmann (Tb. 12. 12. 1884, in: Poschinger, Parlamentarier, III, 157 f.): »Mit Gottes Hilfe wird der Segen bald sichtbar werden, vor allem unsere Industrie und unser Handel die Früchte einheimsen können. Das Wort Bebels, der Arbeiter werde nichts davon haben, ist ganz und gar töricht. Vermehrte Arbeitsgelegenheit und in der weiteren Entwicklung auch höhere Löhne können gar nicht ausbleiben, wenn unserer Industrie neue und gesicherte Absatzgebiete von unabsehbarer Ausdehnung gewonnen werden.« Dietz, 89–91; Bamberger, 93 f., 102, 275; Richter, 116–29; Broemel, 12, 373; Woermann, 350; Meier, 362–4, 378 f. (9. 12. 1884–30. 1. 1885). Der gedruckte Bericht: RT 6:1:6:Anl. 208, 803–24, s. 804–6, 817; vgl. Anl. 243–44, 250, 254, 272, 278, 279; Deutscher Ökonomist 31. 1. 1885; KZ 12., 13. 12. 1884; 2., 20., 25. 2. 1885; National-Zeitung 13., 14., 17. 3. 1885; Fränkischer Kurier 2. 2. 1885; Hamburg. Korrespondenz 2.–7. 2.; 24. 3. 1885; Fremdenblatt 5., 8. 2. 1885; Börsenhalle 5., 18.–21., 23. 2.; 17., 18. 3. 1885; Hamb. Nachrichten 4. 2., 10. 3. 1885; Reform 27. 1. 1885; Export 7. 169 f., 189 f. (10., 17. 3. 1885); DKZ 2. 1885, 208, 405–10; auch: Archiv für Post 13. 1885, 193–219; 14. 1886, 185–89, 341–44, 449–60. Zur schwankenden Haltung der Sozialdemokratie u. der realen Gefahr der Parteispaltung am besten Schröder, Sozialismus, 125–36 (mit der bisherigen Lit.: Kampffmeyer, Mehring, Brandis, W. Schröder, Rothe, Gemkow, Engelberg, Bernstein); ders. demnächst: Der Dampfersubventionsstreit in der deutschen Sozialdemokratie. V. Lidtke, The Outlawed Party. Social Democracy in Germany, 1878–90, Princeton 1966, 193–204.

gang spürbar gedämpft hatte. Selbst Freisinn und Zentrum befürworteten die Asienlinie. »Die Phantasie kann sich wenigstens ausmalen«, gestand Richter, »daß hier eine Entwicklungsfähigkeit des Exports möglich ist, von der man gegenwärtig noch kaum eine Vorstellung hat«; »welche Entwicklung« werde erst möglich, wenn in China endlich »Eisenbahnen gebaut werden«. Jedoch die Afrikalinie zugunsten der neuen Schutzgebiete lohne nicht, da es sich doch nur um »kleine Faktoreien« abseits der »großen Weltstraßen« handle. Die Mahnung von Reuleaux, bei der Australienlinie »das zukünftige Exportinteresse« nicht zu vernachlässigen, blieb nicht ganz ohne Wirkung, doch die Opposition gegen Bismarcks »Staatsomnipotenz«, – wie sich der Zentrumsabgeordnete Rintelen entrüstete –, gab sich nicht so schnell geschlagen. Mit bissiger Schärfe forderte gegen sie der Konservative Graf Helldorf, die »Herstellung eigener direkter Verbindungen«, »wenn wir uns – »bei der ganzen wirtschaftlichen Lage der Welt«! – überhaupt »auf diesem Boden behaupten wollen«. Angesichts der allgemeinen »Krisis der Überproduktion« stand auch für Hammacher »so viel fest, daß, wenn Deutschland die gegenwärtige Periode vorübergehen läßt, ohne sich bei dem Wettstreite um die wirtschaftliche Beherrschung überseeischer Länder zu beteiligen, daß dann in Zukunft Deutschland den Poetenanteil bekommt«.

Wenn sich schließlich am 23. März 1885 eine eindeutige konservativ-nationalliberale Mehrheit von jeweils einem Dutzend Stimmen für die Ostasien- und die Australienlinie fand, die fünfzehn Jahre lang mit 4,4 Millionen Mark unterstützt werden sollten, während die Afrikalinie definitiv schon in der zweiten Lesung abgelehnt worden war, war dies Ergebnis nicht nur der bis in die Reihen der Sozialdemokratie hinein verbreiteten Einsicht zu verdanken, daß der Staat nach so vielen Depressionsjahren der Wirtschaft unter die Arme greifen müsse. Sie kam auch durch das Eingreifen Bismarcks zustande, der tagelang den Sitzungen folgte, mit unbestreitbarer Leidenschaft und rhetorischer Eloquenz, aber auch ebenso unleugbarer Bedenkenlosigkeit in drei großen Reden an den emotionellen Nationalismus und an die tiefeingefressene Abneigung gegen »die Parteien« appellierte, mit Bildern aus der germanischen Mythologie – der Ermordung Hödurs durch Loki – die Hemmung der Reichspolitik durch engstirnigen Fraktionsgeist beschwor, um sein Ziel zu erreichen. Gegen diese rednerisch brillante, skrupellose Zielstrebigkeit wirkte Bambergers redliche Auflehnung gegen die »pathetischen Formeln« und den »doktrinären Charakterzug« ebenso blaß wie seine Verwahrung, man sei doch nicht gleich »philiströs«, wenn man gewissenhaft Steuergelder nachrechne. Für skeptische Einwände gegen die dritte Dampfervorlage hatte Bismarck jetzt nur mehr scharfzüngigen Hohn und Spott, mitleidlose Polemik und den Vorwurf der »Reichsfeindschaft« bereit. Auch Bismarck ließ deutlich erkennen, daß ihm die Asienlinie am wichtigsten erschien. Seines Erfolges gewiß gestand er auch offen zu, bereits »Verhandlungen mit Unternehmern« aufgenommen zu haben, wobei er v. Stephan, der wenige Minuten vorher dem Reichstag mit Nachdruck das Gegenteil versichert hatte, ungerührt desavouierte. Sei diese Vorlage erst angenommen, sagte Bismarck sogar voraus, »werden die Erfahrungen ... sehr bald das Bedürfnis, daß auf diesem Wege unserem Export und unserer Schiffahrt noch weiter geholfen werde, klarer als bisher zur Erkenntnis aller bringen«.

»Der erste große Schritt für einen mächtigen Aufschwung unseres Handels und unseres Exports ist damit getan«, begrüßte Gustav Schmoller das Abstimmungsergebnis. Jetzt würden die Bemühungen »erleichtert«, lautete der Tenor der zustimmenden Presseurteile, »der deutschen Industrie denjenigen Platz auf dem ostasiatischen und australischen Markt zu erobern, der ihr kraft ihrer ... hohen Entwicklungsstufe zukommt«. Diese »uns gebührende Stufe der gewerblichen Entwicklung werden wir aber nur erreichen«, urteilte Annecke aus demselben Selbstbewußtsein heraus etwas vorsichtiger, »wenn wir den Export unserer Industrieerzeugnisse« weiter mit staatlicher Hilfe fördern[28].

In »klarer Erkenntnis« der bevorstehenden »Erteilung des Zuschlags« beschloß die Generalversammlung der »Lloyd«-Aktionäre auf Antrag des Verwaltungsrats schon am 28. April eine Kapitalerhöhung von fünfzehn Millionen Mark, um für die weitere Entwicklung gewappnet zu sein, denn inzwischen war schon monatelang ein erbitterter Kampf der Reedereiinteressenten ausgetragen worden. Anfang Januar hatte die Hamburger »Börsenhalle« herausgefunden, daß die Regierungsvorlage auf Angaben des »Lloyds« beruhte. Obwohl diese Entdeckung den Vorsprung der Bremer Reederei deutlich enthüllte, bildete sich noch im selben Monat ein Konsortium vornehmlich Hamburger Unternehmer, dem unter A. Woermanns Leitung andere Reedereien wie Laeisz, R. Sloman & Co. und die »Deutsche Dampfschiffs-Reederei«, dazu die Bankhäuser Berenberg Gossler & Co. und G. Godeffroys »Norddeutsche Bank« angehörten. Diese Gruppe hoffte, dem »Lloyd« den sich abzeichnenden Erfolg doch noch streitig machen zu können, womit Woermann zu seinem Vorrang im Westafrikahandel eine Spitzenstellung im Reedereigeschäft gewonnen hätte. Allerdings zerschlug sich auch noch im Januar trotz Woermanns und Godeffroys Beziehungen die Hoffnung, die mächtige »Disconto-Gesellschaft« heranziehen zu können. Sie lehnte eine Konsortialbeteiligung definitiv ab, – vielleicht weil sie zu den Mitgründern des »Lloyds« gehörte und die Verbindung seither nicht verloren hatte; vielleicht weil sie die Rivalität mit Bleichröder, dessen Bank durch seinen Sohn Georg im Verwaltungsrat des »Lloyds« repräsentiert wurde, vermeiden wollte; vielleicht auch weil sie gerade stark in ihren Samoa- und Neuguinaprojekten engagiert und auch nach Bambergers Angriffen in der Öffentlichkeit exponiert war, so daß Hansemann vor der Finanzierung der subventionierten Linie nach seinen melanesischen und polynesischen Handelskolonien zurückgescheut haben mag.

H. H. Meier erfuhr sofort von dieser Absage durch Geschäftsinhaber Lent von der »Disconto-Gesellschaft« und konnte, vielleicht auch hier Bismarcks Einfluß gewiß, in Ruhe weitere Vorbereitungen treffen. Als Bismarck nach der Verabschiedung des Gesetzentwurfs durch den Reichstag ganz wie in der Kolonialpolitik ein Syndikat der Bremer und Hamburger Interessenten anregen ließ, lehnte Meier selbstbewußt ab. Daraufhin wandte sich die Woermann-Gruppe, die die von ihr veranschlagten zwölf Millionen Mark Grundkapital durch Zeichnungen nicht voll aufbringen konnte, mit

---

28. Die abschließenden Parlamentsdebatten: RT 6:1:3:1755–83 (12. 3.); 1785–1810 (13. 3.); 1811–35 (14. 3.); 1839–83 (16. 3.); 1886–92 (17. 3.); 2019–42 (23. 3. 1885); Richter: 1813, 1817; Reuleaux: 1842; Rintelen: 1793; Helldorf: 2031; Hammacher: 1831; knapp dafür auch Meier (1869 f.) u. Woermann (2034–6); Bamberger: 2026, 2029; B.: 1798–1801, 1821–28, 1862–65; Hödurrede: 13. 3. 1885 (dazu Kronprinz Wilhelm an B., 13. 3. 1885: »die schönen, kernigen, deutschen Worte«, Nl. Bismarck, 16); vgl. RB 11, 75–149; KZ 12. 4. 1885. Schmoller, Nachschrift zu Rathgen, Sch. Jb. 9/2, 232, einleitend (211) lobte er die »weittragenden amtlichen u. nichtamtlichen Bestrebungen zur Hebung der deutschen Ausfuhr«; Annecke, ebda., 10, 58. – Der 1885 abgelehnten Afrikalinie wurde nach einer Vorlage vom 5. 1. 1890, die eine jährliche Subvention von 900 000 Mark vorsah, durch Reichsgesetz vom 1. 2. 1890 diese Unterstützung zugesagt. Daraufhin wurde am 19. 4. 1890 sofort die »Deutsch-Ostafrika-Linie« unter Woermann gegründet, Jaensch, 33–35; F. Rode, Die Entwicklung der deutschen Seeschiffahrt nach Afrika, phil. Diss. Marburg 1930, 5–21, D. Hauth, Die Reedereiunternehmungen im Dienste der deutschen Kolonialpolitik, rer, pol. Diss. TH München 1943 (MS), 86–151.

der Bitte um eine »Beihilfe« an den Hamburger Senat, der für drei Millionen Mark Aktien übernehmen sollte. Für Hamburg stand sein Ruf als Zentrum des deutschen Außenhandels auf dem Spiel, zudem drohte der mit elf Dampfern nach Ostasien fahrenden »Kingsin«-Linie der »Deutschen Dampfschiffs-Reederei« und der Australien anlaufenden Sloman-Linie eine vom Reich unterstützte Konkurrenz, die wichtige Export- und Importgeschäfte, Zwischenhandel und Prestige nach Bremerhaven ziehen konnte. Angesichts dieser drohenden Gefahr stimmte der Senat Mitte April 13:5 für die Übernahme der vorgeschlagenen Aktien aus der Schatulle der Hansestadt, um »unwägbare wirtschaftliche Nachteile«, wie sich Senator Versmann ausdrückte, wenn möglich noch abzuwenden.

Bis dahin waren jedoch trotz Woermanns Bemühungen die Berliner »Submissionsbedingungen« noch »nicht eingegangen«. Als sie am 3. Mai eintrafen, enthielten sie unter anderem die Bedingung, daß die Offerte, die bis zum 15. Mai in Berlin vorliegen mußte, alle Linien zu umfassen hatte. Die Ausschreibung erzeugte im Hamburger Senat eine »verblüffende Wirkung«, man war sich einig, daß sie »dem ›Norddeutschen Lloyd‹ auf den Leib zugeschnitten sei, der die Sache von vornherein habe machen sollen«. Versmann betrachtete sogleich »die Sache ... als verloren«. Ein langes Gespräch am 14. Mai mit Staatssekretär v. Boetticher, der soeben das »Lloyd«-Angebot vom 13. Mai erhalten hatte, bestätigte ihn in seiner Auffassung, daß der »Lloyd« nicht mehr zu schlagen sei. Tatsächlich wurden die Hamburger Bewerber bald abgelehnt, der »Lloyd« erhielt die offizielle Zusage. Hamburg mußte in der Rivalität mit Bremen, die sich auch in einer monatelangen Polemik der Zeitungen beider Hansestädte widergespiegelt hatte, eine Niederlage hinnehmen[29].

Anfang Juni lag der Vertrag zwischen Reichsregierung und »Lloyd« schon paraphiert vor, am 3. und 4. Juli wurde er von Bismarck und H. H. Meier unterzeichnet, im November vom Reichstag gebilligt. Der »Lloyd« verpflichtete sich darin, gegen eine jährliche Subvention von 4,4 Millionen Mark innerhalb von 18 Monaten den Betrieb auf den beiden Hauptlinien mit je dreizehn Fahrten im Jahr, auf einer Nebenlinie von Triest nach Alexandrien mit 26 Fahrten aufzunehmen. Von den fünfzehn vorgesehenen Dampfern durften neun aus der Atlantikflotte des »Lloyds« übernommen, die sechs neuen Schiffe mußten »aus deutschen Werften und tunlichst unter Verwendung deutschen Materials gebaut werden«. Eine außerordentliche Generalversammlung der »Lloyd«-Aktionäre erhöhte im Juli das Kapital noch einmal: auf zwanzig Millionen Mark; es wurde zur einen Hälfte durch neue Aktien, zur anderen durch eine Anleihe beschafft, wobei sich die »Disconto-Gesellschaft« führend an der Emission beteiligte. Alle Bauaufträge wurden an die Stettiner »Vulcan«-Werft vergeben, deren Aufstieg zum größten deutschen Schiffsbauunternehmen von Weltrang

29. Hamburg. Börsenhalle 7. 1. 1885, vgl. 27. 1. 1885; National-Zeitung 1. 5. 1885; Baasch, HK, II/2, 18–25; F. Achelis an Meier, 30. 1. 1885 (Mitteilung Lents), Nl. Meier 7; Versmann an Petersen, 26. 3. 1885, StA Hamburg, Bevollmächtigte, V, 7; Protokoll der Senatssitzung, 10. 4. 1885, u. Aufruf der Interessenten, 31. 3. 1885, ebda., V, 8; dazu Tb. Versmann, 18. 4., auch 22., 24. 4.; 3., 9. 5. 1885, Nl. Versmann A 5, 70–72; Versmann an Petersen, 12., 17., 26., 31. 3., 14., 16. 5. 1885, StA Hamburg, Bevollmächtigte, I, 1, XIX; Lloyd-Angebot 13. 5. 1885, Nl. Meier 7; Vergeblich willigte der Hamburger Senat am 11. 5. (Bevollmächtigte, V, 8) ein, sieben statt vier Mill. M in Aktien zu übernehmen. Zum Pressestreit vgl. Hamburg. Korresp. 16., 18., 22. 4.; 2., 6., 7., 11., 20. 5. 1885; Hamb. Nachrichten 31. 3.; 8., 30. 4.; 6., 11., 20. 5. 1885; Hamb. Fremdenblatt 18., 19., 21. 5. 1885; 2., 3., 6., 12., 13., 20., 21. 5. 1885; Hamb. Bürgerzeitung, 5., 9. 5. 1885; Börsenhalle 24. 3., 11. 4., 5. 5. 1885; Reform 3., 11., 18., 24. 4.; 2., 20. 5. 1885; KZ 17. 3. 1885; Vgl. RT 6:2:1:315–19 (12. 12. 1885).

vor 1914 dadurch ausschlaggebend gefördert wurde, waren doch bis 1886 alle großen Passagierdampfer in England gebaut worden[30].

Ende Juni und Anfang Juli 1886 liefen die ersten »Lloyd«-Dampfer nach Ostasien und Australien aus. Die Linie Bremerhaven–China war über Hongkong hinaus nach Schanghai – mit Anschlußlinien nach Japan und Korea! – verlängert worden; die Australienlinie stellte zugleich eine Verbindung mit den Samoa- und Tongainseln her, die sich jedoch nie rentierte und 1893 aufgegeben wurde. Der Beginn der »Lloyd«-fahrten »ist hoch bedeutungsvoll für die Entwicklung der wirtschaftlichen Stellung Deutschlands im Weltenreiche«, hieß es in der sympathisierenden Presse. Da »die heimischen Klagen von der Zuvielerzeugung und dem Absatzmangel ... geradezu auf die Eröffnung neuer Absatzwege« hindrängten und »überreiche Geldmittel in der Heimat keine Verwendung zu finden« wüßten, nehme Deutschland mit diesen Dampfern »den Wettbewerb mit jeder ausländischen Industrie und jedem ausländischen Handel« auf, um »reiche neue Absatzverbindungen dem deutschen Gewerbefleiß« zu erschließen. Der Londoner »Spectator« nahm das Ereignis als einen weiteren Beweis für »die hervorspringende Tatsache in der industriellen Welt ... den wirtschaftlichen Aufstieg des deutschen Volkes«, auf den er die anhaltende Depression in Großbritannien zurückführte. Hätte die »deutsche Konkurrenz nicht die neuen oder noch neutralen Weltmärkte attackiert und fast im Sturm genommen«, wäre die Stagnation »längst vorbei«. »Wenn wir uns behaupten wollen«, forderte ein »Times«-Leitartikel, müßten die Methoden des deutschen Vordringens kopiert werden. Vorerst jedoch arbeitete der »Lloyd« auf allen Linien mit Verlust: 1886 mit einem Defizit von 250 000 Mark, 1887 von 745 000 Mark, 1890 gar von zwei Millionen Mark; auch der »Vulcan«-Werft brachten die neuartigen Dampferbauten zunächst eine Unterbilanz ein. »Alle Vorteile« für »die nationale Arbeit«, triumphierte der seit je kritische »Fränkische Kurier«, »sind ganz und gar ausgeblieben«, während die »Deutsche Kolonial-Zeitung« trotzig diesen »armseligen Krämerstandpunkt« zurückwies, da Deutschland ohne Rücksicht auf Rentabilität »Weltpolitik betreiben« müsse. Erst seit 1894 stellte sich der erwartete und fortab stetig steigende Gewinn bei allen beteiligten Unternehmen ein.

Zehn Jahre nach den letzten Reichstagsdebatten begannen sich Bismarcks langfristige Erwartungen zu bestätigen: die Ostasienlinie vor allem trug zur Steigerung der deutschen Ausfuhr bei, verdrängte den lange Zeit maßgeblichen englischen Zwischenhandel und erfüllte die ihr zugedachten Aufgaben. Der Bau moderner Dampfer auf deutschen Werften wurde entscheidend vorangetrieben. Mit dem Aufstieg des »Lloyds« rückte Bremerhaven zu einem der führenden europäischen Häfen empor,

---

30. W. v. B. an v. Boetticher, 14. 6. 1885, Nl. Boetticher 46; Versmann an Kirchenpauer, 2. 7. 1885, StA Hamburg, Bevollmächtigte, I, 1, XIX; Tb. Versmann, 30. 6., 27. 7. 1885, Nl. Versmann A 5, 72 f.; Poschinger, Hamburger Freunde, 31–38; RT 6:2:4:Anl. 9, 57–63 (Vertrag 4. 7. 1885, dazu die Unterlagen StA Hamburg, Bevollmächtigte, V, 9). Vgl. M. Lindeman, Der Norddeutsche Lloyd, Bremen 1892, 90–112; P. Neubaur, Der Norddeutsche Lloyd, 1857–1907, Leipzig 1907, I, 55–85; ders., DKZ 3. 1886, 440–42; W. Ehlers, 50 Jahre Norddeutscher Lloyd, Bremen 1907, 32–34; G. Bessell, Norddeutscher Lloyd, 1857–1957, Bremen 1957, 49–57; L. Beutin, Der Norddeutsche Lloyd, in: ders., Bremen u. Amerika, 79–87; Hardegen-Smidt, 247–50; das Archiv des »Lloyds« enthält dazu kein Material mehr: Glade, 77. – Disconto-Gesellschaft, 146. Vgl. B. an Caprivi, 3. 8. 1887, GW 6c, 362 (Bitte um Förderung der »Vulcan«-Werft, deren Bedeutung B. mit Krupp verglich); E. Fitger, Die wirtschaftliche u. technische Entwicklung der deutschen Seeschiffahrt von der Mitte des 19. Jhs. bis zur Gegenwart, Leipzig 1902.

wurde Bremen ein fast gleichwertiger Rivale Hamburgs[31]. Vom Standpunkt der nationalwirtschaftlichen Expansion und Förderung der deutschen Volkswirtschaft, und von ihm war die Regierung Bismarck in erster Linie ausgegangen, erwies sich diese Maßnahme der von Bismarck inaugurierten deutschen Überseepolitik als Erfolg.

---

31. KZ 30. 6. 1886; R. J. S. Hoffman, 74, 80; Fränkischer Kurier, 1. 6. 1887; DKZ 5. 1888, 33; Greve, 94 f.; Jaensch, 16–25; Lindeman, 105–8, 112; E. Murken, Die großen transatlantischen Linienreederei-Verbände, Pool- u. Interessengemeinschaften bis zum Ausbruch des Weltkriegs, Jena 1922, 19 f. Die »Kingsin«-Linie erlag 1898 der Konkurrenz des »Lloyds« u. wurde von der HAPAG übernommen. A. Petzet, H. Wiegend, Bremen 1932, 44 f.; vgl. L. Cecil, A. Ballin: Business and Politics in Imperial Germany, 1886–1918, Princeton 1967.

5

Gesteigerte Expansion

*Vom »Informal Empire« zur Kolonialherrschaft
in den deutschen »Schutzgebieten«*

> »Ein deutsches Indien in Afrika«
>
> Wilhelm Hübbe-Schleiden, 1882

> »Ich will keine Kolonialpolitik nach französischem Muster ... Ich will kaufmännische Unternehmungen nach Analogie der ostindisch-englischen Kompagnie.«
>
> Bismarck, 1884[1]

Während sich seit dem Ende der ersten Depression nach 1873 ein Konsensus über die Ursachen der Stagnation und über die Therapie des forcierten Außenhandels ausbildete und die deutsche Ausbreitung nach Übersee in der Form des Handelsexpansionismus, aber auch der Kolonialherrschaft nachhaltig befürwortet wurde, entwickelte sich allmählich auch ein strategischer Konsensus über die geographische Stoßrichtung einer künftigen deutschen Kolonialexpansion. Dabei entfielen von vornherein Nordamerika und Australien als Zielgebiete. Trotz einiger phantastischer Pläne, die eine lateinamerikanische Kolonie im Anschluß an überwiegend deutsche Siedlungsgebiete vor allem in Südbrasilien anvisierten, ist doch im allgemeinen anerkannt worden, daß die süd- und mittelamerikanischen Staatswesen hinreichende politische Konsistenz und Widerstandsfähigkeit besäßen, um sich gegen die Ausbreitung formeller europäischer Kolonialherrschaft zumindest auf längere Sicht erfolgreich behaupten zu können. Vor allem ließ es auch die Monroe-Doktrin der nordamerikanischen Hegemonialmacht nicht als ratsam erscheinen, in ihrem elastisch dehnbaren Geltungsbereich einen Konflikt mit Washington heraufzubeschwören.

Auf Ostasien hingegen begannen sich schon frühzeitig die Blicke zu richten, wenn auch der Vorstoß der okzidentalen Mächte auf breiter Front erst nach der chinesischen Niederlage im Krieg mit Japan, also nach dem Frieden von Schimonoseki im April 1895 mit seinen folgenschweren Reparationsverpflichtungen, einsetzte. Immerhin trafen sie ja auch hier auf einen zwar morschen, doch traditionsreichen Staatsorganismus, der – sieht man von einigen Stützpunkten und Pachtgebieten ab – in erster Linie durch die Politik der »Offenen Tür« unter die indirekte Herrschaft dieser Mächte gebracht wurde. Seit der Mitte der 1870er Jahre schaltete sich der deutsche Handel, unterstützt von der Berliner Regierung, auch in den internationalen Konkurrenzkampf im Pazifik ein, und zwischen 1884 und 1899 verschaffte sich dort das Reich auch formellen Kolonialbesitz.

---

1. W. Hübbe-Schleiden in: Der Weltmarkt, Korrespondenzblatt für die Interessen des deutschen Handels, 1882, Nr. 4, 14 f.; vgl. Weltpost 2. 1882, Beil.; Augsburger Allg. Zeitung 22. 2. 1882, Beil.-B.: RTA 2621, 88, 95 (23. 6. 1884).

Als letzter gewaltiger Kontinent, der dem okzidentalen Einfluß noch nicht unterworfen war, blieb Afrika, das seit den 1870er Jahren das wache Interesse der Industriestaaten auf sich zog. Utopisch-illusionäre Hoffnungen begannen jetzt wieder, wie schon vor Jahrhunderten, die vermeintlich unabsehbaren Möglichkeiten einer »Erschließung« Afrikas zu umranken. In Deutschland hat J. Sturz schon 1875 in »Zentralafrika ein gemeinsames Indien« der europäischen Staaten erblickt und damit einen Vergleich gebraucht, der zur selben Zeit in vielen Ländern eine starke Faszinationskraft ausgeübt hat. Im ausgehenden 19. Jahrhundert galt Britisch-Indien, das nach dem großen Sepoy-Aufstand von 1857/58 und der Auflösung der »Ostindischen Gesellschaft« in eine staatliche Verwaltungskolonie umgewandelt worden war, als die Schatzkammer des zweiten Empires und Quelle unermeßlicher Reichtümer, – eine Vorstellung, die durchaus der Wirklichkeit entsprach und entsprechend das Handeln der Londoner Politik beeinflußt hat. Mit dem Wort Indien verband sich die Erinnerung an fabelhafte Gewinne, deren Höhe sich nur neidvoll-bewundernd schätzen ließ. Der Vergleich mit Indien ist daher ein beliebter Topos auch der deutschen Expansionspublizistik gewesen.

Der Forschungsreisende Gerhard Rohlfs versicherte 1876, daß Afrika »in nicht allzu ferner Zeit« dazu »bestimmt« sei, »in Ergiebigkeit reicher Produkte Indien abzulösen«. Ernst v. Weber hielt 1879 ein deutsches »Weltreich« in Zentralafrika für »reicher und wertvoller« als Indien, während auch Friedrich Fabri etwas vorsichtiger hoffte, daß »Zentralafrika ... allerdings ein neues Indien werden« könne. Wilhelm Hübbe-Schleiden sprach die Erwartung, »ein deutsches Indien in Afrika« finden zu können, mehrfach aus. Denselben Gedanken griff die Handelskammer Hagen auf, die deshalb Afrika als »das Land der Zukunft« bezeichnete, das »dem Unternehmungsgeist ein unendliches Feld eröffnet«. Dieses »Second India« bot auch der »Schlesischen Zeitung« »alle Vorteile und alle Chancen, um die Kolonialbestrebungen Deutschlands auf sich zu konzentrieren«. Im »Westdeutschen Verein« glaubte man, »daß Deutschland für seine natürliche Expansion nur Raum in Zentralafrika«, das »das deutsche Ostindien werden solle«, finden könne. Und noch 1886 urteilte Fabri, daß »es jedenfalls an Deutschland läge, wenn Ostafrika nicht ... zu einem deutschen Indien werden sollte«[2].

---

2. G. Brunn (Deutschland u. Brasilien, 1889–1914, phil. Diss. Köln 1967, MS) zeigt wie auch Vagts, daß die deutschen Südamerikapläne nie weit gediehen sind. – Sturz, 42; dagegen F. M. Gehre, Über die europäische Kolonisation in der südlichen Hälfte des tropischen Afrika, phil. Diss. Leipzig 1877, 32–55. Rohlfs, Beiträge, 28; ders., Welche Länder, 359; Weber, Erweiterung, 22; Fabri, Bedarf, 98; Hübbe-Schleiden, Überseeische Politik, I, 140; Jber. HK Hagen 1882 (dazu RKA 4192, 81 f.); Schlesische Zeitung 4. 9. 1883, vgl. Deutsche Reichspost 3. 8. 1883; KZ 6. 7. 1884; Fabri, Deutsch-Ostafrika, 25; Schwarz, Ein deutsches Indien. Vgl. P. Darmstädter, Geschichte der Aufteilung u. Kolonisation Afrikas, II, Berlin 1920, 22 f.; Langer, Alliances, 290. – Allg. P. Berteaux, Afrika, Frankfurt 1966, 175–250; R. u. M. Cornevin, Geschichte Afrikas, Stuttgart 1966; B. Davidson. Vom Sklavenhandel zur Kolonialisierung. Afrikanisch-europäische Beziehungen 1500–1900, Reinbek 1966; E. G. Jacob, Grundzüge der Geschichte Afrikas, Darmstadt 1966 (ganz apologetisch – wie auch ders., Deutschland u. die koloniale Expansion, Afrikanischer Heimatkalender 30. 1959, 70–75 – u. bösartig in der Literaturauswahl, wo die wichtigsten Arbeiten fehlen, aber Neofaschisten wie P. Kleist u. a. vertreten sind); D. K. Fieldhouse, Die Kolonialreiche seit dem 18. Jh., Frankfurt 1965; H. Brunschwig, L'avènement de l'Afrique noire du XIXe siècle à nos jours, Paris 1963, 77–178; ders., L'expansion allemande outre mer du XVe siècle à nos jours, Paris 1957, 91–144, ganz allgemein u. ziemlich enttäuschend wie überwiegend auch W. O. Henderson, The German Colonial Empire, 1884–1918, in: ders., Studies in German Colonial History, London 1962, 1–10. Die letzte Gesamtdarstellung des »Scramble«: Robinson u. a. – Allg. zur deutsch-englischen Rivalität: J. Stengers, British and German Imperial Rivalry, in: Britain and Germany in Africa, New Haven 1967, 237–47; R. Louis, Great

Je ungenauer die Kenntnis des Schwarzen Kontinents, um so erwartungsvoller konnten sich phantasievolle Erwartungen auf seine Entwicklungsmöglichkeiten richten. Sozialpsychologisch bot die Suche nach einem Eldorado in Afrika – oder später in China – eine gewisse Ablenkung von der trüben Realität der heimischen Wirtschaftsdepression, kamen doch diese Illusionen vom afrikanischen »Indien« der Neigung entgegen, vor der Alltagsmisere in übersteigerte Vorstellungen von einem maßlos überschätzten exotischen Land flüchten zu können. Ganz verwandte Gedanken tauchten in Großbritannien und Frankreich, in Belgien und Italien auf. Aber auch in den Vereinigten Staaten suchte man in Lateinamerika »unser Indien« – wie Senator John F. Miller 1884 verkündete – zu gewinnen, und in Kreisen der englischen Exportwirtschaft begann man mit dem Nachlassen der Supergewinne in Britisch-Indien auf das Chinesische Reich als »unser zweites Indien« hinzublicken. Überall lenkten die Wachstumsstörungen die Aufmerksamkeit auf die noch relativ unerschlossenen Regionen des Erdballs, denn ihre Märkte erschienen den wirtschaftlichen Interessengruppen der krisengeplagten Industrieländer ungewöhnliche Chancen für den erhofften neuen Aufschwung zu bieten. »Das einzige dem Handel noch zu erschließende Land sei Afrika«, faßte Staatssekretär Paul v. Hatzfeldt Anfang 1884 die Meinung im Auswärtigen Amt zusammen, »auf diesen Weltteil müsse man sein Augenmerk richten.«

Als Ziel der deutschen Expansion in Afrika blieb von diesen Anschauungen soviel erhalten, daß die »Schutzgebiete« an der Küste von Anfang an als Etappen auf dem Weg ins Innere des Kontinents angesehen wurden. Jahrelang erhielt sich das Wunschbild des potentiellen innerafrikanischen Großmarkts als eine verlockende Schimäre, der auch der deutsche Imperialismus gefolgt ist. Erst 1918, endgültig erst im Zweiten Weltkrieg, riß die Kontinuität dieser Vorstellungen, die die kolonialen Kompensationsverhandlungen bis 1914 begleitet und die Kriegszielprogramme der Weltkriegszeit beibehalten, ja belebt hatten, ab[3].

Bismarcks Überseepolitik hat zunächst auch nach dem Einbruch der zweiten Depression seit 1882 den Charakter behutsamen Vorantastens nicht verloren. Er bewegte sich auf dem fremden, ungewohnten Gelände mit seinen unüberschaubaren Problemen nur höchst vorsichtig voran, aber vorwärts ging es in der Tat. Es widerstrebte ihm, die bevorzugten Methoden des Informal Empire zu verlassen, auf seine zahlreichen Vorteile zu verzichten. Auch als ihn der Druck der Umstände dazu zwang, mochte er seine häufig bekundete Vorliebe für es nicht leugnen. Sein immer wieder bekräftigtes Ziel blieb die Unterstützung des deutschen Außenhandels, dem der staatliche Schutz wegen der vermuteten wirtschaftlichen Chancen, der anhaltenden Stagnation im Inneren und des zunehmenden Konkurrenzkampfes der allgemein von Wachstumsstörungen geplagten und auf die Außenmärkte hindrängenden Industriestaaten allmählich nachdrücklicher gewährt wurde, bis in einem gleitenden Übergang dann doch der Schritt hin zu »Schutzgebieten« unter die Oberherrschaft der vom Kaiser vertretenen Reichsgewalt getan wurde. In Südwestafrika und West-

---

Britain and German Imperialism in Africa, 1884–1914, ebda., 3–46; J. D. Fage, British and German Colonial Rule, ebda., 691–706.
3. Miller: Wehler, HZ 201, 74; Pelcovits, 101–259; Times 15. 9. 1875; Hatzfeldt: RKA 4192, 61. Vgl. u. VI, sowie F. Fischer, Griff nach der Weltmacht, Düsseldorf 1964³; G. E. L. v. Glahn (The German Demand for Colonies, phil. Diss. Northwestern University, Evanston, 1940, MS) scheint mir besser zu sein als W. W. Schmokel, Dream of Empire. German Colonialism 1919–45, New Haven 1964; demnächst über denselben Zeitraum die Habil.-Schriften von A. Rüger (Berlin) u. H.-G. Schumann (Marburg).

afrika läßt sich diese allmähliche Entwicklung 1883/84 besonders deutlich verfolgen. In Ostafrika dagegen ist Bismarck erheblich zügiger vorgegangen, da er 1885 die überseeischen Fragen schon besser überschaute. Staatliche Verwaltungskolonien hat er auch in den 1880er Jahren nicht angestrebt. Eher widerwillig fand er sich mit ihnen ab. Auch als das Reich schon Kolonialherrschaft ausübte, beharrte er darauf, daß sein »Programm« nicht Landbesitz, sondern Schutz des Handels gewesen sei und bleibe.

Unbestreitbar ist ihm die günstige außenpolitische Situation seit 1882 bei diesen überseeischen Unternehmungen zustatten gekommen. »Die auswärtige Politik mache ihm keine einzige schlaflose Stunde« mehr, gestand er erleichtert und selbstbewußt schon im April 1882, »die Sache sei seit zehn Jahren so aufgezogen, daß sie von selbst ginge«. Deshalb habe er jetzt auch, wie er in für unseren Zusammenhang aufschlußreichen Worten hinzufügte, Zeit für »die innere Politik« und die »höchst nötigen Reformen«. Der Zerfall des britisch-französischen Kondominats in Ägypten im Juli 1882 hat dann die Bismarcksche Außenpolitik noch mehr entlastet, er öffnete ihr neue Möglichkeiten, denn beide Mächte wußten fortab den Wert einer Unterstützung durch das Reich noch nachhaltiger zu schätzen. Rund vier Jahre lang hat der Streit um das Land des Khedive der deutschen Außenpolitik als ein Hebelpunkt dienen können. Immer wieder hat daher Bismarck auch kein Hehl daraus gemacht, daß »diese ganze ägyptische Frage ... für uns so günstig wie nur möglich« sei. Sie erleichterte es ihm, wie man auch in England einräumte, tatsächlich als »Schiedsrichter Europas« zu fungieren. »Berlin und nicht Kairo«, schrieb Baring im Februar 1886 an Rosebery, »bildet den eigentlichen Schwerpunkt der ägyptischen Angelegenheiten[4].«

Während die aktivierte deutsche Überseepolitik 1883 anlief, übernahm Großbritannien zur Sicherung des Weges nach Indien immer mehr Verantwortung in Ägypten, bis Gladstone, der sich als antikolonialistischer Verfechter des mittelviktorianischen Informal Empire nach Kräften gegen diesen Sog gesträubt hatte, nach einer Kabinettssitzung im April 1884 resigniert-sarkastisch erklärte: »Wir haben unsere ägyptischen Fragen behandelt, wir sind die Regierung Ägyptens.« Da sich Frankreich aber seit 1882 anzuerkennen weigerte, daß das englische Vorgehen in Ägypten nach der Bombardierung Alexandriens eine unwiderrufliche Entscheidung

---

4. GW 8, 446 (11. 4. 1882, zu Cohen); H. v. B. an W. v. B., 28. 6. 1884, Nl. Bismarck 36; G. (d. i. Escott), England's Foreign Policy, Fortnightly Review 41. 1884, 708; Baring an Rosebery, 9. 2. 1886, in: G. N. Sanderson, England, Europa, and the Upper Nile, 1882–99, Edinburgh 1965, 21. Vgl. Lucius, 310 (9. 3. 1885); Fitzmaurice, II, 424. – Die Bismarcksche Ägyptenpolitik müßte von der Grundlage des heute verfügbaren Materials (z. B. PA, Ägypten, Reihe 1–7) unbedingt einmal neu analysiert werden. Vgl. hierzu GW 8, 451; 6c, 304, 308; GP III, 418, 428–31, 439–43, 445 f.; IV, 31, 36–41, 49, 52, 57, 77 f.; 89, 93, 96, 107 f., 156, 162–68; Wb Ägypten, RT 6:1:7: Nr. 371, 1879–97; H. v. B. an B., 16. 12. 1881; an W. v. B., 1. 6. 1882, in: Bussmann Hg., 111, 137 f.; Rantzau an AA, 1. 3. 1884, RKA 8955, 83 f.; H. v. B. an W. v. B., 1. 9. 1884, Nl. Bismarck 36, u. Bussmann Hg., 259; H. v. B. an Münster, 20. 4. 1885, Nl. Münster 5; Bleichröder an Hohenlohe-Schillingsfürst, 22. 4. 1884, Nl. Hohenlohe-Schillingsfürst 100; Holstein, II, 224; Knaplund Hg., 168, 224, 250, 314, 332 f., 338, 340, 360, 365 f., 379, 380 f., 381 f., 387; Ramm, II, 87, 237, 291, 341, 343, 383; Aydelotte. 166. Aus der Literatur: Robinson u. a., 76–159; D. S. Landes, Bankers and Pashas. International Finance and Economic Imperialism in Egypt, London 1958; W. J. Mommsen, Imperialismus in Ägypten, München 1961; W. Windelband, Bismarck u. die europäischen Großmächte 1879–85, Essen 1942², 283–412; ders., Bismarcks Ägyptenpolitik, Bulletin of the International Committee of the Historical Sciences 12. 1943, 115–27; F. Charles-Roux, Allemagne, Question d'Egypte et Affaires Coloniales de 1884 à 1887, L'Afrique Française 38. 1928, Suppl. Nov., 665–77; M. Klein, Deutschland u. die ägyptische Frage, 1875–90, phil. Diss. Münster, Greifswald 1927; L. J. Ragatz, The Question of Egypt in Anglo-French Relations, 1875–1904, Edinburgh 1922; M. v. Hagen, England u. Ägypten, mit besonderer Rücksicht auf Bismarcks Ägyptenpolitik, Bonn 1915.

gegen das Kondominat bedeutete, boten sich Bismarck zahlreiche Wege, den unerwartet auftauchenden englischen Widerstand gegen die deutsche überseeische Expansion durch Gegendruck in der ägyptischen Politik, kurze Zeit sogar durch enges Zusammengehen mit Frankreich, zu überwinden. Er hat davon immer wieder Gebrauch gemacht, als England sich »die Anwendung der Monroe-Doktrin auf die ganze Welt anmaß«, wie der Reichskanzler grollte, um die deutsche Konkurrenz auszuschließen.

Zugleich hat er die durch Rußlands Vorstoß in Mittelasien entstehende Bedrohung Indiens in einen Vorteil für die deutsche Politik gewendet. Dabei handelte er, wie er Salisbury ganz offen wissen ließ, nach dem »Grundsatz«, »in der auswärtigen Politik nicht Gefühle, sondern Interesse und Gegenseitigkeit zur Richtschnur zu nehmen. Gefälligkeiten ohne Erwiderung erzeigt man nur im Privatleben«, denn »Dienste, die unabhängige Mächte erweisen, beruhen immer auf Gegenseitigkeit, namentlich solche, die nicht ganz kostenfrei sind«. Je nach der englischen Reaktion auf die deutsche Ausbreitung richtete Bismarck seine Ägyptenpolitik, seine »Dienste« in St. Petersburg und Konstantinopel ein, ohne »daß wir eine Verstimmung... empfänden; wir trieben einfach praktische Politik nach dem Satze ›eine Hand wäscht die andere‹«. An dieser charakteristischen Beschreibung seiner Handlungsmaxime ist hier vor allem bemerkenswert, daß Bismarck die deutschen überseeischen Interessen zeitweilig für wichtig genug hielt, sie nach diesem Grundsatz auch England gegenüber zu verfolgen. Seit 1887 veränderte sich dann jedoch die Gewichteverteilung, und gegen Ende von Bismarcks Kanzlerzeit konnte London – ebenso wie Berlin einige Jahre früher – ganz nach dem britischen Interessenkalkül in Kolonialfragen seine Wünsche durchsetzen[5].

5. Gwynn-Tuckwell, II, 46. Vgl. R. Jenkins, Sir C. Dilke, London 1958; B. an Münster, 17. 2. 1885, PA, Botschaft London, Allg. Kolonialpolitik 1; GP IV, 170, 172. – Zum deutsch-englischen politischen Verhältnis in der Bismarckzeit fehlt leider eine mit P. R. Andersons vorzüglicher Studie (The Background of Anti-English Feeling in Germany, 1890–1902, Washington 1939) vergleichbare Untersuchung. Vgl. R. J. Sontag, Germany and England, 1848–1894, N. Y. 1964², 194–210; R. Beazley, Zur Geschichte der deutsch-englischen Beziehungen, 1885–95, Europäische Revue 14. 1938, 943–51; M. v. Hagen, Bismarck u. England, Stuttgart 1941; R. J. P. Bünemann, The Anglo-German Colonial Marriage, 1885–94, B. Litt. Thesis, Oxford 1955; M. Adams, The British Attitude to German Colonisation. 1880–85, M. A. Thesis, Univ. of London 1935 (vgl. Bulletin of the Institute of Historical Research 15. 1937, 190–93); G. Diener, Die preußische u. die deutsche Politik im Verhältnis zu England u. zu Rußland in der 2. Hälfte des 19. Jh., phil. Diss. München 1951, MS. Blaß ist: P. E. Schramm, Englands Verhältnis zur deutschen Kultur zwischen der Reichsgründung u. der Jahrhundertwende, in: Festschrift H. Rothfels, Düsseldorf 1951, 135–75; ders., Deutschlands Verhältnis zur englischen Kultur nach der Begründung des Neuen Reiches, in: Festschrift S. A. Kaehler, Düsseldorf 1950, 289–319; E. M. Baum, Bismarcks Urteil über England u. die Engländer, München 1936, u. die Diss. von R. J. Lamer, Der englische Parlamentarismus in der deutschen politischen Theorie im Zeitalter Bismarcks, 1857–90, Lübeck 1963. Vgl. noch R. J. S. Hoffman; F. Thimme, Das Memo. E. A. Crowes vom 1. 1. 1907, Berliner Monatshefte (= BM) 7. 1929, 732–68; ders., Das »berühmte Schwindeldokument« E. A. Crowes, ebda., 874–79; Fitzmaurice, II, 328–35, 370, 422–35; E. Daniels, Rez. von Fitzmaurice, PJ 123. 1906, 220–60; Knaplund Hg., 389 f.; C. Lowe, The Tale of a Times Correspondent, London 1928, 194–208; an., History of the »The Times«, III, London 1947, 17–42, 158–79; J. R. Rodd, Social and Diplomatic Memoirs, I, London 1921, 42 f., 55, 63–68.

Zum deutsch-französischen politischen Verhältnis dieser Jahre, worüber auch eine neue Darstellung fehlt, vgl. E. M. Caroll, French Public Opinion and Foreign Affairs 1870–1914, London 1965², 84–109; P. B. Mitchell, The Bismarckian Policy of Conciliation with France, Philadelphia 1935; R. H. Wiesenfeld, Franco-German Relations 1878–85, Baltimore 1929, 136–70; B. Foss, Die deutsch-französischen Beziehungen in den Jahren 1881–85, phil. Diss. Berlin 1935; E. Halévy, Franco-German Relations Since 1870, History 9. 1924, 18–29; E. Daudet, La France et l'Allemagne après le Congrès de Berlin, 2 Bde. Paris 1918.

Wie sehr aber auch Bismarck die Gunst der außenpolitischen Konstellation ausgenutzt hat, – aus der Außenpolitik allein oder doch aus ihr vornehmlich läßt sich die Bismarcksche Expansion nach Übersee nicht erklären. Alle jene älteren Darstellungen, die im Banne des vermeintlichen »Primats der Außenpolitik« diese These verfochten haben, sind von der gewiß eindrucksvollen diplomatischen Regelung der Konflikte, die durch die deutsche Ausbreitung ausgelöst wurden, fasziniert gewesen, ohne doch damit die Ursachen von Bismarcks Vorgehen freizulegen. Sie haben beschrieben, wie Bismarck die kaum vorhersehbare, aber anhaltende außenpolitische Vorzugsstellung auch zugunsten seiner Überseepolitik sogleich, als es ihm notwendig schien, wahrgenommen hat. Sie haben behauptet, daß er auf diesen opportunen Augenblick nur gewartet habe, aber sie haben dabei stillschweigend die Motive und Antriebskräfte der Zeit, die ihn zu einer solchen Politik vorangetrieben haben, vorausgesetzt, ohne sie zu präzisieren und zu analysieren[6].

Die Außenpolitik im herkömmlichen Sinn tritt auch im folgenden Kapitel zumeist an die Peripherie. Die möglichst dicht an dem ungedruckten Material der Akten und Nachlässe orientierte Ereignisgeschichte der gesteigerten deutschen Expansion steht nun bewußt im Vordergrund, während eine zusammenfassende Analyse der Bismarckschen Politik, ihrer Motive, Intentionen und der Bedingungen, unter denen sie sich entfalten mußte, im Schlußteil folgt.

1. EIN »DEUTSCHES INDIEN« IN AFRIKA

A. SÜDAFRIKA

> »Ein Kaufmann macht keine Geschäfte aus Patriotismus, sondern er macht sie nur dann, wenn er glaubt, dabei Vorteil zu haben.«
>
> Der Bremer Kaufmann A. Duckwitz[1]

a) Lüderitz und Südwestafrika

In ihrer ersten Phase richtete sich die anhebende deutsche Kolonialexpansion nach Südwestafrika. Sie überschnitt sich dann bald mit der Festsetzung auch an der westafrikanischen Küste. In Südwestafrika entstand jedoch das erste »Schutzgebiet«. Am

---

6. Aus der diplomatiegeschichtlich-außenpolitisch orientierten Literatur vgl. vor allem außer Hagen (118–43, 487–94, 571–75): Windelband, Bismarck, 551–656; E. M. Carroll, Germany and the Great Powers, 1866–1914, N. Y. 1938, 172–207; A. J. P. Taylor, Germany's First Bid for Colonies, 1884–85, London 1938; R. J. Sontag, European Diplomatic History, 1871–1932, N. Y. 1933; Langer, Alliances, 281–318; W. Stuhlmacher, Bismarcks Kolonialpolitik, Halle 1927; W. Naef, Bismarcks Außenpolitik, St. Gallen 1925, 55–63; H. Rothfels, Bismarcks englische Bündnispolitik, Stuttgart 1924, 70–88; H. Rogge, Bismarcks Kolonialpolitik als außenpolitisches Problem, Historische Vierteljahrsschrift 21. 1922, 305–33, 423–43; H. Goldschmidt, Mitarbeiter Bismarcks, PJ 235. 1934, 39–47; 236. 1934, 237–51; A. O. Meyer, Bismarck, Stuttgart 1949², 569–88; Ziekursh, II; A. Wahl, Deutsche Geschichte von der Reichsgründung bis zum Ausbruch des Weltkriegs, II, Stuttgart 1929, 57–111; F. Rachfahl, Deutschland u. die Weltpolitik, 1881–1914, I, Stuttgart 1923, 399–518, sowie die unten zu Beginn der Abschnitte von Kap. V und Kap. VI jeweils zit. Lit.

1. R. Engelsing, Bremen als Auswandererhafen, 1683–1880, phil. Diss. Göttingen 1954, 218.

bekanntesten ist hier die Figur des Bremer Kaufmanns F. A. E. Lüderitz geworden, doch bereits im Sommer 1884 trat die wichtige Interessentengruppe um Hansemann und Bleichröder in den Vordergrund, den Lüderitz als gescheiterter Mann schon Anfang 1885 verlassen mußte.

Seit Jahrzehnten war die »Rheinische Missions-Gesellschaft« in dem Sandwüstengebiet zwischen dem Oranjefluß im Süden und Portugiesisch-Angola im Norden tätig geworden. Ihre 1870 gegründete »Missions-Handels-Aktiengesellschaft« betrieb einen lebhaften Handel mit den Eingeborenen, besonders mit Waffen und Munition, und als 1880 ein Krieg zwischen den Stämmen der Damaras und Namaquas diese deutschen Missions- und Handelsstationen gefährdete, bat im Oktober ihr Inspektor, Friedrich Fabri, in Berlin um Schutz, da die Rheinische Missions-Gesellschaft »mit etwa 4,5 Millionen im Lande engagiert« sei. Da er bereits im Juni 1880 die diplomatische und konsularische Vertretung der Interessen seiner Missionsgesellschaft, auch Kriegsschiffbesuche angeregt hatte, wurde jetzt im Auswärtigen Amt erwogen, wie man Fabris Gesuch entsprechen könne[2].

»Unsererseits England zur Annexion der fraglichen Gebiete« im Hinterland der seit 1878 britischen Walfisch-Bai »gewissermaßen zu drängen, haben wir wohl keinen Anlaß«, gab Legationsrat v. Kusserow zu bedenken, jedoch könne man London bitten, den Schutz für englische Bürger während des gegenwärtigen Stammeskriegs auch auf deutsche Staatsangehörige auszudehnen. Ende November erhielt Botschafter Münster von Außenminister Granville bereitwillig die Zusicherung, daß die englischen Behörden »gern auf die Deutschen« ihren Schutz ausweiten würden, jedoch könne London »nicht verantwortlich gemacht werden ... für irgendwelche Ereignisse außerhalb des britischen Territoriums, das nur Walfisch-Bai und ein ganz kleines Gebiet in deren Umgebung begreift«. Von dieser für die geschäftstüchtigen deutschen Missionare nicht sonderlich vielversprechenden Auskunft – blieb ihnen doch oft nur die Flucht nach Walfisch-Bai – »können wir Akt nehmen«, notierte sich Kusserow[3].

---

2. Fabri an AA, 14. 10. 1880, RKA 2098, 65 f.; Denkschrift, 3. 6. 1880, ebda., 11–17; Bericht Büttners, 12. 11. 1879, ebda., 24–31, über Waffenhandel. Vgl. hierzu H. Loth (Die christliche Mission in Südwestafrika. Zur destruktiven Rolle der Rheinischen Missionsgesellschaft beim Prozeß der Staatsbildung in Südwestafrika, 1842–93, Berlin 1963, 85–134), der einen wichtigen Aspekt sehr grobschlächtig verfolgt. Typisch für den Zusammenhang: V. A. v. Merernsky, Kolonisation u. Mission, Allg. Konservative Monatsschrift 42. 1885/I, 406–12.

3. Aufz. Kusserows, 4. 11. 1880, RKA 2098, 67–71; AA an Münster, 4. 11. 1880, ebda., 72–76; Münster an AA, 2. 12. 1880, ebda., 80; Note Granvilles, 29. 11. 1880, ebda., 81 f. Einige der hier zitierten Stücke auch in Wb Angra Pequena, RT 6:1:5: Nr. 61, 160–87; StA 43. 1885, 274–319; 44, 91–116; Jahrbuch der Deutschen Kolonialpolitik, 5 Hefte, Leipzig 1885; Die deutsche Kolonialpolitik, Leipzig 1886; wobei der Kürzungen wird nur nach den Originalen im RKA zitiert. – Im Dezember 1880 warnte Kolonialminister Kimberley die Kapregierung (an Robinson, 30. 12. 1880, StA 43, 165), daß die englischen Besitzungen nicht über den Oranje hinaus oder um die Walfisch-Bai herum auszudehnen seien. – Über Kusserow, der bis April 1885 diese Fragen bearbeitete und auf eine aktive Überseepolitik seit den 1870er Jahren hindrängte, vgl. H. v. Poschinger, Der Gesandte v. Kusserow, in: ders., Bismarck-Portefeuille, V, Stuttgart 1900, 71–161; ders., Bismarck in Kusserowscher Beleuchtung, in: ders., Stunden bei Bismarck, Wien 1910, 199–206; ders., Hamburger Freunde, 239–42; Krauel, 6 f.; Holstein, II, 172; Günther, 335; J. v. Eckardt, Lebenserinnerungen, II, Leipzig 1910, 115; Bussmann Hg., 283; Hohenlohe-Langenburg an Hohenlohe-Schillingsfürst, 31. 7. 1885, Nl. Hohenlohe-Schillingsfürst; Nachruf: KZ 16. 1. 1900. – Über Münster: H. v. Nostitz, Bismarcks unbotmäßiger Botschafter. Fürst Münster v. Derneburg, 1820–1902, Göttingen 1968, 133–57; U. Koch, Botschafter Graf Münster, phil. Diss. Göttingen 1937, 33–100, ebenso trocken wie A. Pfitzer, Prinz H. VII. Reuss, General v. Schweinitz, Fürst Münster als Mitarbeiter Bismarcks, phil. Diss. Tübingen 1931; demn. W. Sühlo, Münster, phil. Diss. FU Berlin. Vgl. auch Holstein an Hohenlohe-Schillingsfürst, 22. 1. 1885, Nl. Hohenlohe-Schillingsfürst; Münster an C. A. Busch, 10. 9. 1884, Nl. Busch.

Die anhaltenden Kämpfe setzten der »Missions-Handels-AG« in der Folgezeit so hart zu, daß Fabri, kurz bevor sie tatsächlich Bankrott machte, im August noch einmal in der Wilhelmstraße vorstellig wurde. »In einem Augenblick, wo von allen Seiten die Stärkung des deutschen Exports und die Anlegung deutschen Kapitals in überseeischen Unternehmungen erstrebt und befürwortet wird, erscheint es doppelt bedauerlich«, klagte er, »daß eine seit Jahren solide geführte ... deutsche Handelsunternehmung aus Mangel an genügendem politischen Schutz von seiten der britischen Regierung zugrunde gehen muß.« Erneut wurde die Londoner Botschaft bemüht, da die »bedrängte Lage« der Missionare eine zweite Bitte um Schutz rechtfertige. Aber wiederum wurde Münster vom Foreign Office, das damals den liberalkapitalistischen Methoden des Freihandelsimperialismus noch uneingeschränkt den Vorzug vor formellem Landerwerb gab, versichert, daß kein Europäer »im Inneren über den Bereich britischen Einflusses hinaus noch Schutz verlangen« könne. Das besiegelte das Schicksal der »Missions-Handels-AG«, jedoch behielt Fabri die vertrauten Geschäftsmöglichkeiten in Südwestafrika im Auge und begann schon 1882 wieder, sie nunmehr im Kreis des »Westdeutschen Vereins« zu fördern[4].

Ein Jahr lang entschwand nach diesem Intermezzo das Damaraland der Aufmerksamkeit des Auswärtigen Amtes, bis im November 1882 der Bremer Kaufmann Lüderitz, der seit kurzer Zeit ziemlich erfolglos im Westafrikahandel tätig war und sich wegen des drohenden Reichstabakmonopols auf das ererbte Tabakgeschäft nicht allein verlassen wollte, bei ihm den Antrag stellte, daß ein Faktoreigrundstück, das er an der Küste südlich der Walfisch-Bai erwerben wolle, »sofort bei Abschluß der Kontrakte unter den Schutz der deutschen Reichsflagge« gestellt werde. Lüderitz beabsichtigte, einmal den Waffenhandel wiederaufzunehmen und dabei die englischen Einfuhrzölle zu umgehen. Da die Kapbehörden zur Kontrolle des Waffenhandels die Walfisch-Bai besetzt und die Küste seither bewacht hatten, gab er offen zu, daß ihm »ohne den Schutz der deutschen Flagge ... die benachbarten Engländer bald genug das Handwerk legen« würden. »Damit« aber werde auch seine zweite Absicht zunichte gemacht: »ein bedeutendes Absatzgebiet für die deutsche Industrie« zu gewinnen und »die reichen Mineralschätze« zu heben. Auf die vermuteten Erzvorkommen sollten sich dann auch fortab die Anstrengungen tatsächlich konzentrieren, wenn sie auch erst zwanzig Jahre später einen Erfolg zeitigten[5].

4. Fabri an AA, 28. 8. 1881, StA 43, 277 f.; Wb. 165 f.; Busch an Münster, 20. 10. 1881, ebda.; Münster an B., 27. 10. 1881, RKA 2099, 47 f.
5. Lüderitz an AA, 16. u. 23. 11. 1882, RKA 1994, 9 f. (wie einige der Lüderitzschen Eingaben, Briefe u. Bericht auch in: C. B. Lüderitz Hg., Die Erschließung von Deutsch-Südwestafrika durch A. Lüderitz, Oldenburg 1945, 14–16; vgl. Lüderitz an Lesser, 11. 10. 1884, ebda., 12 f.). Allg. hierzu: W. Schüssler, A. Lüderitz, Bremen 1936, 41–82, der zur Unterstützung der NS-Kolonialpropaganda (ebda., 10 f., 15–17, 56, 237) in schwülstig-romantisierendem Pathos Lüderitz, der ein unternehmungslustiger, auf schnellen Profit bedachter, halsstarriger »Merchant Adventurer« war, zu einer Zentralfigur der deutschen Kolonialpolitik machen möchte. Knapp u. klar: H. A. Turner, Bismarck's Imperialist Venture – Anti-British in Origin?, in: Britain and Germany in Africa, 47–82. Überholt: Hagen, 294–321, 332–36, 356–80, 396–424, 477–79; C. Oehlrich, A. Lüderitz, Neue Rundschau 50. 1939, II, 166–76; H. Henoch, A. Lüderitz, Berlin 1909. S. noch: F. Prüser, C. A. v. Weimar u. A. Lüderitz, Tradition 4. 1959, 174–88. Zuletzt H. Drechsler, Südwestafrika unter deutscher Kolonialherrschaft, 1884–1915, Berlin 1966, 23–66. Vgl. J. H. Esterhuyse, Suidwes-Africa, 1880–94, phil. Diss. Cape Town Univ. 1964; A. Neubert, Die Schutzherrschaft in Deutsch-Südwestafrika, 1884–1903, phil. Diss. Würzburg 1954, MS; Strohschneider, 49–79; Klauss, 141–54, 170–90. O. Hintrager (Südwestafrika in der deutschen Zeit, München 1955) bietet nur verklärende Beamtenerinnerungen. Reine Diplomatiegeschichte: W. O. Aydelotte, Bismarck and British Colonial Policy, 1883–85, Philadelphia 1937, 41–52; ders., The First German Colony and Its Diplomatic Consequences, Cambridge Historical

Da Lüderitz im Gegensatz zu Fabri in der Wilhelmstraße völlig unbekannt war, erkundigte sich das Auswärtige Amt routinemäßig über ihn beim preußischen Generalkonsul in Bremen, der den »eigenartigen« und in der Hansestadt nicht sonderlich gelittenen Kaufmann ziemlich wohlwollend beurteilte und die Ansicht äußerte, »daß die afrikanischen Unternehmungen des pp. Lüderitz in Rücksicht auf die Hebung des deutschen Exports gewiß Schutz und Unterstützung verdienen«. In Berlin vertrat man daraufhin die naheliegende Auffassung, Lüderitz solle sich »zunächst selbst an der afrikanischen Küste Bahn brechen«; erst dann könne ein Schiffsbesuch erwogen werden. Die Referenten des Auswärtigen Amts erwarteten offenbar, daß Lüderitz genauso wie andere hanseatische Firmen vor ihm in West- und Ostafrika erst einmal seine Faktorei einrichten sollte. Reibungen mit »englischen Etablissements« hielten sie freilich nicht für »ausgeschlossen«, da er den lukrativen Waffenhandel betreiben wolle.

Im Januar 1883 erschien Lüderitz selber im Auswärtigen Amt und erbat Schutz, vor allem durch den deutschen Konsul in Kapstadt, gegen »Störungen«, wenn möglich auch den Besuch eines Kriegsschiffs. Auf Wunsch sei er bereit, »unentgeltlich« ein »Kohlendepot« für die Marine auf seinem zukünftigen Besitz anzulegen. Staatssekretär v. Hatzfeldt hielt jetzt »eine allgemein gehaltene mündliche Zusage« für »unbedenklich«, ein Entschluß, der von Bismarck gebilligt wurde, wenn auch der Reichskanzler »auf der Karte sehen« wollte, wo Lüderitz sich ungefähr niederzulassen beabsichtigte, da er »die Entfernung von der Grenze der englischen, portugiesischen und der neuesten französischen Ansprüche« zu erfahren wünschte. Er wurde sofort informiert, daß England sich »ausschließlich auf die Position bei der Walfisch-Bai beschränkt« habe, worüber Münsters Bericht vom November 1881 »eine bündige Erklärung der englischen Regierung« enthielt[6].

Mit dieser voll zutreffenden Versicherung gab sich Bismarck jedoch noch nicht zufrieden. Durch seinen Sohn Herbert, der damals als Geschäftsträger der Londoner Botschaft angehörte, ließ er das Foreign Office ausführlich unterrichten. Obwohl es »die Ausübung einer Staatsgewalt in jenen Gebieten nicht in Anspruch« genommen habe und folglich »an sich nichts im Wege steht, dem betreffenden Unternehmen diesen Schutz in der Art und in dem Maße zu gewähren, in welchem das Reich ihn den Interessen seiner im Auslande lebenden Angehörigen überhaupt angedeihen läßt«, wünschte er doch, die englische Regierung »von diesen Plänen für den Fall unterrichtet zu sehen, daß dieselbe jetzt etwa in jenen Gegenden Souveränitätsrechte ausüben oder auszuüben beabsichtigen sollte«. Herbert hatte ganz im Sinn der bisherigen deutschen Politik nachdrücklich zu bekräftigen, »daß uns jetzt wie früher alle

Journal 5, 1937, 291–313; R. W. Bixler, Anglo-German Imperialism in South Africa, 1880–1900, Baltimore 1932; 1–56; R. J. Lovell, The Struggle for South Africa, 1875–99, N. Y. 1934, 75–113; R. W. Logan, The German Acquisition of South Africa, Journal of Negro History 18. 1933, 369–95; A. L. Hodge, Angra Pequena, phil. Diss. München 1936; Cambridge History of British Foreign Policy, III. 1922, 37–64; CHBE III, 114–22. Vgl. noch: P. Knaplund, Gladstone and Britain's Imperial Policy, London 1927, 155–57; ders., Gladstone's Foreign Policy, London 1935, 84–130; E. Eyck, Gladstone, Zürich 1938, 432–37; Deutsches Kolonial-Lexikon, Berlin 1920, I, 410–46, 578–82; F. Lange Hg., Deutscher Kolonial-Atlas, Berlin 1939[11], Nr. 5; J. D. Fage, An Atlas of African History, London 1951, Nr. 40–44.

6. AA an Delius, 27. 11. 1882, RKA 1994, 12; Delius an AA, 29. 11., 6. 12. 1882, ebda., 13–15; Aufz. Dez. 1882, ebda., 16 f.; Aufz. Hollebens über Lüderitz' Besuch, 12. 1. 1883, ebda., 23 f.; Lüderitz an AA, 22. 1. 1883, ebda., 50; Hatzfeld an B., 17. 1. 1883, ebda., 27 f. (Marg. B.) Über Hatzfeld vgl. H. Krausnick, Botschafter Graf Hatzfeldt u. die Außenpolitik Bismarcks, HZ 167. 1943, 566–83, denn die Auswahl aus dem Nl. von G. Ebel.-Aufz. Hollebens, 19. 1. 1883, RKA 1994, 29.

überseeischen Projekte und insbesondere jede Einmischung in vorhandene britische Interessen fernlägen, sowie daß wir es nur gern sehen würden, wenn England eventuell deutschen Ansiedlern in jenen Gegenden seinen wirksamen Schutz angedeihen lassen wollte«. Nur wenn das noch immer nicht möglich sei, behalte es Berlin sich »selbstverständlich« vor, »diesen Schutz unsererseits... eintreten zu lassen«.

Es gibt keinerlei Anlaß, daran zu zweifeln, daß dieser Auftrag Bismarcks Auffassung Anfang 1883 genau widerspiegelte. Da er in Übersee stets das geringere Kosten und Verantwortung verursachende »Informal Empire« einem direkten Engagement des Reichs vorzog, wäre ihm vermutlich eine, auch jetzt erst erklärte englische Vorherrschaft in Südwestafrika willkommen gewesen, da die englische Freihandelspolitik den deutschen Interessen – wenn auch nicht Lüderitz' Waffenschmuggel – genutzt und das Reich von formeller politischer Verantwortung freigehalten hätte. Genau so wenig braucht man ihm aus der Perspektive der späteren Entwicklung heraus eine Art juristischen Macchiavellismus gegenüber London zu unterstellen. Diese Vorstellung gehört in den Bereich der Heroisierung des Kanzlers als eines alles voraussehenden Politikers mit geradezu divinatorischem Instinkt.

Bismarck ging vielmehr vorsichtig vor, da ihn die überseeische Politik in heikle, unbekannte Probleme verstricken konnte. Eine Verstimmung im Foreign Office wünschte er, wenn eben möglich, zu vermeiden. Eine »Kumulierung deutschen und englischen Schutzes« könne »nicht in unserer Absicht liegen«, ließ er im April 1883 notieren; mehr als Schiffsbesuche dürfe Lüderitz nicht erwarten, »da dauernde Schutzmaßnahmen auf das Gebiet der Kolonisationspolitik führen würden«, die Bismarck vermeiden wollte. In derselben Zeit berichtete Botschafter Ampthill, wie schon so oft vorher, daß Bismarck einer Kolonialpolitik weiter »strikt abgeneigt« sei. Solange der Fürst Reichskanzler bleibe, werde er »den Kauf und die Gründung von Kolonien« zu »vermeiden wissen«. Auf derselben Linie unterstrich nun Herbert v. Bismarck, als er bei Unterstaatssekretär Pauncefote vorsprach, daß seiner Regierung nur an hinreichendem »Schutz« für einen deutschen Staatsangehörigen gelegen sei, »ohne daß sie die geringste Absicht hege, in Afrika Fuß zu fassen«. Auch Münster vertrat im Foreign Office noch einmal diese Position, bevor Granville und Pauncefote konziliant erklärten, sie seien »gern bereit«, einer deutschen Faktorei Schutz zu gewähren, wenn die »Distanz« zur Walfisch-Bai »nicht zu groß« sei. Deswegen baten sie um nähere geographische Angaben über die Niederlassung[7].

Lüderitz, der zunächst an dem schier endlosen Küstenstrich zwischen dem portugiesischen Kap Frio und dem kapländischen Oranje noch keinen genauen Punkt ins Auge gefaßt hatte, war inzwischen durch den Landeskundigen Dr. Th. Hahn in Kapstadt auf die einsame Hafenbucht von Angra Pequena, die ein paar hundert Kilometer südlich der Walfisch-Bucht lag, aufmerksam gemacht worden. Eine kleine Expedition, die er unter seinem Bevollmächtigten H. Vogelsang nach Kapstadt entsandt hatte, landete am 2. April 1883 in Angra Pequena in der Hoffnung, daß im »Handel großartige Geschäfte gemacht« und »im Inneren reiche Kupferminen« ge-

---

7. Hatzfeldt an H. v. B., 4. 2. 1883, RKA 1994, 33–35 (vgl. H. v. B. Aufz. 41, Nl. Bismarck, sowie: Ampthill an Granville, 3., 17. 7., 4. 12. 1880, 26. 11., 17. 12., 24. 12. 1881, 3. 2. 1883, in: Knaplund Hg. 152, 154, 171, 238, 291). Aufz. Bojanowskis, 26. 4. 1884, RKA 4189, 7–9; Ampthill an Granville, 29. 3. 1883, in: Aydelotte, 42; Aufz. Pauncefotes, 7. 2. 1883 (Gespräch mit H. v. B., Granvilles Antwort, 22. 2. 1883), in: Fitzmaurice, II, 348; Münster an B., 26. 2. 1883, RKA 1994, 89 f.; Aufz. Kusserows, April 1883, ebda. 94 f. Vgl. R. B. Mowat, The Life of Lord Pauncefote, Boston 1929, 29–98.

funden werden könnten; als »Schuldner« würden die Eingeborenen »bald die Stellung von Vasallen annehmen«. Am 1. Mai verkaufte Häuptling Joseph Fredericks von Bethanien als »gegenwärtiger Besitzer« die Sandbucht von Angra Pequena gegen hundert Pfund Sterling und zweihundert Gewehre an Lüderitz, der Ende Juli die Kaufurkunden in Bremen erhielt. Im August tauchten die ersten Meldungen über Lüderitz' Unternehmen in deutschen Zeitungen auf[8].

Fabri war über Lüderitz' Vorhaben unterrichtet gewesen, er hielt die Absicht, »als Handelsgesellschaft vorzugehen«, für »äußerst riskiert«. »Selbst beim Einsetzen großer Mittel« werde Lüderitz »in wenigen Jahren bankrott, bzw. in Liquidation sein«, sagte er korrekt voraus, da der Bremer »offenbar Land und Leute nicht genügend« kenne und die minimalen Handelschancen völlig überschätze. »Lukrative Unternehmungen lassen sich dort nur auf Minenbau basieren«, zu diesem Schluß war Fabri nach den Erfahrungen mit der gescheiterten »Missions-Handels-AG« gekommen. Seit Anfang 1883 ließ er daher zusammen mit Geschäftsfreunden aus dem »Westdeutschen Verein«, namentlich dem bergischen Industriellen F. A. Hasenclever, Gesteinsuntersuchungen »im Hereroland« vornehmen, um von »gründlichen Expertisen« ausgehen zu können. Sobald er von der Niederlassung in Angra Pequena erfahren hatte, bot er Lüderitz eine Fusion ihrer Interessen an, die der Bremer Kaufmann jedoch ausschlug. Lüderitz hoffte zwar auch von Anfang an auf reiche Erzfunde, wobei er an Kupfer und Eisen, Gold und Silber, auch schon an Diamanten dachte, wollte sie aber allein ausbeuten[9].

Die Erwartung, daß Erzvorkommen von Angra Pequena aus erschlossen werden könnten, wurde nicht nur von Fabri und Lüderitz gehegt. Der Missionar Büttner, der lange in Südwestafrika gelebt hatte, sah den »Hauptreichtum des Landes« in »seinen Metallschätzen«. »Kupfererze in gewaltigen Mengen« lägen »dort aufgespeichert«, dazu »unerschöpflich scheinende Schätze von Malachit«. Auch Moritz Lindeman, der Herausgeber der »Deutschen Geographischen Blätter«, rühmte jetzt das »kupferreiche Namaqualand«, das für die aufstrebende deutsche Elektro- und Metallindustrie von »großem Wert« sein könne. Zugleich wurde aber auch die Vorstellung verfochten, daß Angra Pequena nur als »die Pforte in ein Gebiet« dienen werde, »welches dem verständigen Unternehmer reichen Lohn verheißt«: in die »Hochländer von Bighé und Damaraland«, das angeblich reiche Handelsgebiet im Inneren Südwestafrikas. Darum unbekümmert spottete der »Fränkische Kurier«, daß Lüderitz sich in einem Land festgesetzt habe, »im Vergleich zu welchem die Lüneburger Heide ein Paradies genannt werden muß«. Daß das »Lüderitzsche Sandgut« eine Siedlungskolonie abgeben könnte, – die es später nur in sehr beschränktem Maße wurde –, glaubten damals selbst die Optimisten der Auswanderungspublizistik nicht[10].

8. Hahn an Lüderitz, 31. 3. 1883, Nl. Lüderitz 3a. 3b; Tb. des Expeditionsteilnehmers Pestalozzi, Anfang o. D., ebda., 3a. 1; vgl. Lüderitz Hg., 16–58; Vertrag 1. 5. 1883, ebda., 54; Lüderitz an AA, 25. 7. 1883, RKA 1994, 48; Weser-Zeitung 27. 3. 1889.
9. Fabri an Lahusen, 20. 7. 1883; an Lüderitz, 8., 16. 8. 1883, Nl. Lüderitz 3a. 3a; vgl. Lüderitz Hg., 61, 69, 76 f., 87, 103, 105 f., 109 f., 122, 151; Schüssler, 215; Schramm, Deutschland, 311 f., 593; DKZ 2. 1885, 135; Koloniales Jahrbuch 1. 1888, 136. Fabri in: KZ 9.–12. 9. 1883; ders., Angra Pequena u. Südwestafrika, in: Deutsche Kolonialbestrebungen, Elberfeld 1884, 11–28; RKA 2004, 9 f., auch RB 11, 77 (RT, 13. 3. 1885).
10. G. Büttner, Angra Pequena, Das Ausland 56. 1883, 714–16, 935; vgl. 697; M. Lindeman, ebda., 813; ebenso Vossische Zeitung 11. 11. 1883; Export 6, 126 f., 325 f. (19. 2., 20. 5. 1884); Fränkischer Kurier 12. 9. 1883. Vgl. G. Büttner, Das Hinterland von Walfisch-Bai u. Angra Pequena, Heidelberg 1884; J. Olpp, Angra Pequena u. Groß-Nama-Land, Elberfeld 1884; G. Rohlfs, Angra Pequena, die

Mitte August 1883 meldeten deutsche Zeitungen, daß die Lüderitzsche Expedition als »Zeichen der Besitzergreifung« die deutsche Fahne gehißt habe, was tatsächlich am 12. Mai geschehen war. Unverzüglich reagierte Bismarck scharf mit der Feststellung, daß dazu die »Genehmigung von Kaiser und Reich erforderlich« gewesen wäre. »Es würde deshalb ein frivoles Beginnen sein, wenn solches ohne Auftrag geschehen wäre.« Soeben hatte auch Lüderitz, am 7. und 8. August, auf dem Auswärtigen Amt vorgesprochen und dem Geheimrat v. Bojanowski gegenüber sogar »Hoheitsrechte« aus seinem Landkauf abgeleitet. Sofort versuchte ihm der Beamte klarzumachen, ein solches »Privatgeschäft vermöge nicht Souveränitätsrechte zu übertragen«; wenn Lüderitz »etwa meine, daß das von ihm erworbene Land fortab als zum Deutschen Reich gehörig angesehen werden solle«, so könne »einer derartigen Unterstellung nicht bestimmt genug entgegengetreten werden«. Bei Schwierigkeiten mit den Eingeborenen sei ihm auch »nur Selbsthilfe« anzuraten, eine Warnung, die den Bremer nicht von der Ankündigung abhielt, er werde bald sogar die Engländer aus Walfisch-Bai »vertreiben«.

Als der Reichskanzler die Aufzeichnung Bojanowskis von Hatzfeldt als Beweis dafür in die Sommerferien eilig zugeschickt bekam, daß das Auswärtige Amt Lüderitz über den Rechsstatus seiner Faktorei hinreichend aufgeklärt habe, bekräftigte Bismarck nachdrücklich seine freihändlerische Expansionsauffassung. Selbst wenn Lüderitz vertraglich Souveränitätsrechte erworben haben sollte, konstatierte er, »so wären solche Rechte nicht auf das Reich, sondern auf Lüderitz als Souverän von Angra Pequena übergegangen«. Noch einmal bat er, »namentlich die etwaigen Ansprüche Englands« zu prüfen: »Hat dieses nicht Besitz erworben oder ergriffen, so steht die Landeshoheit entweder bei dem betreffenden Negerfürsten oder bei Lüderitz, nicht beim Reich.« Freilich gestand Bismarck sogleich auch zu, daß Lüderitz den herkömmlichen Schutz für deutsche Kaufleute im Ausland genießen werde: »seine rite erworbenen Rechte werden wir immer zu schützen suchen, solange er deutscher Untertan ist«. Eine feindselige Haltung gegenüber den Engländern müsse sich Lüderitz jedoch »vergehen lassen, vielmehr gute Beziehungen zu englischen Behörden suchen«. In diesem Sinn ließ Bismarck selber der Londoner Botschaft erneut eine »vorsichtige Erkundigung empfehlen«, denn daß England zwei Jahre nach dem ersten Burenkrieg »bei der deutschen Tendenz eines Teils der holländischen Bauern ein deutsches Etablissement vier Tagereisen von Kapstadt nicht gern sieht, ist anzunehmen.«

Unbeirrbar verfolgte Bismarck weiter seine Richtschnur behutsamer Rücksichtnahme auf mögliche fremde Interessen bei der Förderung deutscher Handelsinteressen in Übersee. Mit dem von Hatzfeldt angeregten Pressedementi, daß es sich »nur um ein Privatunternehmen eines Bremer Kaufmanns« handle, erklärte er sich daher einverstanden, wünschte aber dabei angesichts der Erfahrungen, die er zur selben Zeit mit der Entwicklung in Westafrika zu sammeln begann, doch zwei Punkte hervorzuheben. Einmal solle ruhig »mehr als es dem pp. Lüderitz gegenüber geschehen, akzentuiert« werden, »daß die Bremer Firma auf den Schutz der deutschen Regierung rechnen könne, so weit ihr Unternehmen nicht mit fremden Rechten kollidieren würde«. Sodann entschloß sich Bismarck, die öffentliche Meinung und die Reichs-

---

erste deutsche Kolonia in Afrika, Leipzig 1884; A. Kirchhoff, Was bedeutet uns Angra Pequena?, Unsere Zeit 20/II. 1884, 145–52, sowie: Schenk an Lüderitz, 2. 12. 1884; Schinz an H. Lüderitz, 3. 5. 1885, in: Lüderitz Hg., 98–100.

tagsstimmung erneut daraufhin zu prüfen, ob sich jetzt die inzwischen breiter fundierte Meinung für eine aktivere Überseepolitik auswirken werde. Deswegen sollte »hervorgehoben« werden, »wie die Regierung nicht weitergehen könne, nach der Erfahrung, die sie bei der Ablehnung der Vorlage wegen Samoa gemacht hätte, wo es sich um sehr viel weiter entwickelte deutsche Interessen gehandelt hätte. Durch die Behandlung der Samoafrage seitens der Volksvertretung, bei der eine sehr geringe Geldforderung verweigert worden, sei die Regierung entmutigt und glaube nicht, für eine überseeische Politik auf Sympathien im Reichstage rechnen zu können«.

Die häufig vom Auswärtigen Amt inspirierte freikonservative »Post« entledigte sich dieser neuen Aufgabe anhand einer genauen Instruktion. Betrachte sich Lüderitz als Rechtsnachfolger des Häuptlings von Bethanien, so sei es seine Sache, ob er diese Souveränität auch behaupten könne, erklärte sie am 18. August. Niemand könne doch auf den Gedanken kommen, daß »landeshoheitliche Rechte des Reiches« begründet worden seien. Halte sich freilich Lüderitz nur für den Inhaber eines Privateigentums auf fremdem Boden, so könne er »auf Reichsschutz rechnen«. Mehr dürfte man nicht erwarten, denn da »die Manchesterdoktrin im Reichstag noch derartig einflußreich« sei, so polemisierte die »Post« gegen den linksliberalen Block von 1881, würden die »lebhaftesten Anstrengungen« der Regierung in Übersee stets durchkreuzt.

Am selben Tag instruierte Bismarck Konsul Lippert in Kapstadt, daß Lüderitz fortab konsularischen Schutz erhalten solle, – das berühmte Telegramm an Lippert vom 24. April 1884 bestätigte nur noch einmal diesen Auftrag[11].

Lüderitz selber wurde nach seinem Flaggenintermezzo strenge Zurückhaltung empfohlen; vor allem »die angebliche Stellung der kaiserlichen Regierung zu seinen Projekten« habe er völlig »unerörtert zu lassen.« Verheißungsvoll aber mußte es für Lüderitz klingen, daß das Kanonenboot »Nautilus«, wie er Ende September erfuhr, Angra Pequena besichtigen werde, obwohl seine »Anwesenheit ... nicht zu Demonstrationszwecken benutzt werden« dürfe. Nach der Sommerpause wurde Münster im November angewiesen, auf seine Anfrage vom Februar jetzt noch einmal »mündlich, aber amtlich« zurückzukommen, »ob englischerseits Ansprüche auf das Gebiet von Angra Pequena erhoben« würden und worauf sich eventuell »diese Ansprüche« gründeten. Da das Colonial Office seit den Meldungen über Angra Pequena genügend Zeit gehabt hatte, sich über solche Ansprüche zu informieren, teilte es ganz korrekt das negative Ergebnis: daß »Ihrer Majestät Regierung weder Ansprüche noch Hoheitsrechte« geltend machten, dem Foreign Office mit. In diesem Sinne lag deshalb dort schon im Oktober der Entwurf einer Note für Münster vor, noch ehe derselbe nachfragte.

Zu diesem Zeitpunkt schaltete sich jedoch der in London weilende Premierminister der Kapkolonie, Thomas Scanlen, ein. Ihm gelang es, starken Einfluß auf das Colonial Office unter Lord Derby auszuüben und durch seine unermüdlichen Mahnungen die bisherige Gleichgültigkeit gegenüber Lüderitz' Projekt in eine Haltung argwöhnisch-zurückhaltender Aufmerksamkeit zumindest im Kolonialministerium zu

---

11. Post 10. 8. 1883; Lüderitz Hg., 35 (Tb. Pestalozzi 12. 5. 1883); Aufz. H. v. B., ca. 12. 8. 1883, RKA 1994, 65; Hatzfeldt an B., 13. 8. 1883, ebda., 70; Aufz. Bojanowskis, 8. 8. 1883, ebda., 58–64 (Marg. B.); H. v. B. an AA, 15. 8. 1883, ebda., 80; B. an Lippert, 18. 8. 1883, ebda., 81; Post 18. 8. 1883. Vgl. Vossische Zeitung 14. 7. 1883; Weser-Zeitung 29. 7. 1883; Export 5, 569, 606 (14., 28. 8. 1884); Deutscher Ökonomist 1. 316 f. (18. 8. 1883); KZ 22. 8., 10. 9. 1883; Münchner Neueste Nachrichten 31. 8. 1883; Frankfurter Zeitung 7. 9. 1883.

verwandeln. Ihm schwebte – zehn Jahre vor Cecil Rhodes – vor, daß England »mindestens« behaupten solle, »zwischen Kap Frio im Westen und der Delagoa-Bai im Osten erstrecke sich der Bereich einer südafrikanischen Monroe-Doktrin, allen europäischen Mächten sollte zu verstehen gegeben werden, ihre Finger davon zu lassen«. Ähnliche Vorstellungen einer »natürlichen« Interessensphäre machten auch die australischen Kolonien zur gleichen Zeit gegenüber dem deutschen, französischen und amerikanischen Vordringen im Pazifik geltend, jedoch noch weiter gingen die Wünsche einer südafrikanischen Deputation, die Salisbury gegenüber zugab, man habe ihr berichtet, »daß die Deutschen gute Nachbarn seien. Aber wir ziehen es vor, überhaupt keine Nachbarn zu haben«[12].

Aus Rücksicht auf die vom Colonial Office kraftvoll vertretenen Wünsche der Kapkolonie vollzog nun auch das Foreign Office eine Kehrtschwenkung. Münster mußte einer Note Granvilles vom 21. November die erstaunliche Anmaßung entnehmen, daß die englische Regierung, »wenn sie auch formell nur Besitz von einzelnen Punkten genommen habe, doch ein Protektorat« – »irgendwelche Souveränitäts- oder Jurisdiktionsansprüche« – »an der afrikanischen Küste von der portugiesischen Grenze vom 18. Breitengrad ab bis zur Kapkolonie« beanspruchte und die »Souveränität einer anderen Macht«, von der bisher gar keine Rede gewesen war, »in ihre legitimen Rechte eingreifen« würde. Das Foreign Office machte sich in der Tat Scanlens »südafrikanische Monroe-Doktrin« zu eigen, deren Anerkennung von Berlin jetzt gefordert wurde.

Bismarck reagierte auf Münsters Bericht zunächst nur mit einem verdutzten »wie so?«, begann aber dann, zusammen mit Hatzfeldt und Unterstaatssekretär Busch, nachzubohren. In »Form amtlicher Note« sei die Anfrage erneut zu wiederholen, »Quo jure Protektorat« von London beansprucht werde und »welche Einrichtungen England daselbst habe, um unseren Landsleuten Rechtsschutz zu gewähren, wenn wir denselben nicht selbst ausüben«. Vor allem Hatzfeldt betonte, wie sehr Englands Haltung in krassem Gegensatz zu früheren Erklärungen stehe, zumal da Hoheitsrechte nur »bei faktischer Ausübung« anerkannt würden. »Eine Deutschland für die Zukunft bindende Anerkennung der nunmehr geltend gemachten territorialen Ansprüche wird zu vermeiden sein«, lehnte Bismarck daraufhin die »südafrikanische Monroe-Doktrin« ab. Vielmehr dürfte es sich »empfehlen«, zog er Mitte Dezember die Konsequenzen aus den Schwierigkeiten an der westafrikanischen Küste und mit den Fidschi-Reklamationen, »überall, wo England nicht tatsächlich Jurisdiktion ausübt und unseren Angehörigen ausreichenden Schutz gewährt, diesen Schutz selbst in die Hand zu nehmen bzw. in der Hand zu behalten«, eine Forderung, die – wenn sie nur konsequent vertreten wurde – den gleitenden Übergang vom Informal Empire staatlich unterstützter Handelsinteressen über die geschützte Handelskolonie zum Formal Empire staatlichen Kolonialbesitzes enthüllte.

Die neuen »Erfahrungen« ließen es jetzt als »ratsam erscheinen, daß wir in den bisher unabhängigen Gebieten, wo nunmehr England die Ausübung von Hoheitsrechten zu übernehmen willens sein sollte, uns nicht mehr lediglich auf das Wohlwollen und die Gerechtigkeit englischer Behörden verlassen, sondern rechtzeitig auf Arrangements mit der englischen Regierung Bedacht nehmen, durch welche die

---

12. Rantzau an AA, 10. 11. 1883, RKA 1995, 7; Hatzfeldt an Münster, 12. 11. 1883, ebda.; Walsham an Granville, 31. 8. 1883, StA 44, 91 f.; Colonial Office an Foreign Office, 2. 10. 1883, in: C-4190, Nr. 16; Notenentwurf Okt. 1883, in: Aydelotte, 34 f.; Scanlen an Merriman, 29. 11. 1883, in: P. Laurence, Life of J. X. Merriman, London 1930, 85; Langer, Alliances, 296.

deutschen Eigentumsmittel gegen spätere Anfechtungen sichergestellt werden«. Aber auch nachträglich versuchte Bismarck jetzt noch hinsichtlich Angra Pequenas ein solches Arrangement zu treffen, indem er Münster dringend zu erforschen bat, worauf sich die überraschenden englischen Ansprüche gründeten und welche Institutionen bestünden, um auch Deutschen den »Rechtsschutz zu gewähren«, der »das Reich der Pflicht überhöbe, seinen Angehörigen in jedem Gebiet selbst und direkt... Schutz zu gewähren«; in diesem Zusammenhang erinnerte Bismarck an den gemeinsamen deutsch-englischen Protest von 1875 gegen das spanische Vorgehen in Mikronesien. Eine entsprechende Note wurde von Münster am 31. Dezember 1883 im Foreign Office abgegeben, jedoch sollten sechseinhalb Monate vergehen, bis Bismarck eine Antwort zuteil wurde[13]!

Eine unzweideutige Antwort hatte aber schon im November 1883 deshalb an erhöhtem Wert gewonnen, da Lüderitz am 20. November dem Auswärtigen Amt einen Vertrag einreichte, mit dem er im August das lange Küstenstück von der Kapgrenze am Oranje bis zum 26. Breitengrad in einer Tiefe von 150 Kilometern landeinwärts für 500 Pfund gekauft hatte. Die christianisierten Eingeborenen, die nur die englische Meile (1,6 km) kannten, setzten auch dieses Maß für den Vertrag voraus, doch Lüderitz, der sich des Betrugs wohl bewußt war, nahm sofort geographische Meilen (7,5 km) in Anspruch. Nicht zuletzt diese Mitteilung Lüderitz' bestimmte das Auswärtige Amt dazu, das Kanonenboot »Nautilus« von Kapstadt nach Angra Pequena zu dirigieren und Kapitän Aschenborn um einen genauen Bericht über die Erwerbungen von Lüderitz bitten zu lassen. Münster wurde am 22. Februar gebeten, vorläufig nicht beim Foreign Office nachzubohren, bis dieser Bericht in Berlin eingetroffen sei; nur wenn der Botschafter inzwischen den Erlaß vom 27. Dezember »mündlich erörtert« habe, sei eine Berichterstattung allerdings sehr erwünscht. In Kapstadt hatte die »Nautilus« beträchtliches politisches Aufsehen erregt. Konsul Lippert wurde im Gouverneurshaus nervös eröffnet, daß die Kapkolonie Interessen »an der nördlich vom Oranje gelegenen Seeküste« besitze, jedoch auf eine direkte Anfrage Lord Derbys (6. Februar), ob die Kolonie die Annexion und die danach entstehenden Kosten übernehmen wolle, konnte Scanlens Regierung wegen interner Probleme vorerst keine Antwort geben[14].

Inzwischen hatte auch die »Nautilus« Ende Januar 1884 Angra Pequena angelaufen, der Bericht Kapitän Aschenborns erreichte aber erst am 7. März die Berliner Behörden. Sein Urteil über den Hafen fiel positiv aus, die Lüderitzschen Verträge seien »echte«, allgemein billigte Aschenborn optimistisch dem Bremer Unternehmer gute Aussichten zu. »Der Mineralreichtum des Landes soll ein großer sein«, wiederholte auch er; »an möglichst günstig gelegenen Punkten« beabsichtige daher Lüderitz, »Minen anzulegen«. Dieses entschieden positive Gutachten eines kaiserlichen Offiziers, der sich doch im wesentlichen auf die Aussagen der Deutschen in Angra Pequena, denen sich damals Lüderitz angeschlossen hatte, verlassen mußte, blieb offensichtlich im Auswärtigen Amt nicht ohne nachhaltige Wirkung, denn als Lüderitz

---

13. Münster an B., 22. 11. 1883, RKA 1995, 24; Granville an Münster, 21. 11. 1883, ebda., 26 f. (Marg. B.); Aufz. Hatzfeldts, 14. 12. 1883, ebda., 44–50 (von B. überarbeitet); Notenentwurf, Münster an Granville, Dez. 1883, ebda., 58–64; Busch an Münster, 27. 12. 1883, ebda., 69 f.
14. Lüderitz an AA, 20. 11. 1883, StA 43, 283; dazu Aufz. Kusserow, Nov. 1883, RKA 1995, 29 f.; Lüderitz an Vogelsang, 26. 3. 1884, in: Lüderitz Hg., 87, vgl. 96 f. (Betrug mit Meilen); AA an Münster, 22. 2. 1884, RKA 1996, 72–74; Lippert an AA, 22. 1. 1884, StA 43, 287 f. Vgl. Aydelotte, 52–118; Schüssler, 84–134.

zwei Wochen später am 20. März in der Wilhelmstraße vorsprach, wo sein »unruhiges und lautes« Wesen selbst Kusserows »Nerven« »stark in Anspruch« nahm, während er wegen seiner bisherigen Investitionen in Höhe von angeblich 500 000 Mark um Schutz gegen englische Ansprüche bat, wurden ihm dort bemerkenswerte Eröffnungen gemacht.

Es sei »sehr erwünscht«, ließ man nämlich deutlich durchblicken, wenn Lüderitz den restlichen langen Küstenstreifen vom 26. Breitengrad bis hinauf zur portugiesischen Südgrenze von Angola wieder bis zu 150 Kilometer landeinwärts noch zu seinem Besitz hinzuerwerbe! Bereits im März 1884 wurde also Lüderitz angeregt, auch eine Ausdehnung nach Norden zu erstreben, wie sie erst 1886 tatsächlich in den Verhandlungen mit Portugal erzielt werden konnte. Bereits im März visierte man im Auswärtigen Amt offenbar schon ein deutsches Interessengebiet an der südwestafrikanischen Küste an, das nicht mehr auf ein Faktoreigrundstück beschränkt war, sondern das gesamte Küstengebiet der späteren Kolonie Südwestafrika umfaßte. Wer diese Entscheidung vorbereitet hat, läßt sich nicht eindeutig fixieren. Nach der Funktionsweise des Auswärtigen Amts kann jedoch ein Entschluß mit derart weitreichenden Folgen schwerlich ohne die Billigung Bismarcks, der diese prophylaktische Expansion gutgeheißen haben muß, zustande gekommen sein. Außerdem wurde Lüderitz aber auch schon mitgeteilt, daß Reichskommissar Nachtigal von Westafrika aus weiter nach Angra Pequena reisen werde, um dort im Namen des Reiches »Freundschaftstraktate mit den Namaqua und Damara« abzuschließen. Im Hinblick auf diese offiziöse Anregung wünschte Lüderitz dann wenig später, den Reichsschutz ebenfalls auf die Küste bis zum portugiesischen Kap Frio auszudehnen[15].

Wiederum zwei Wochen später, nachdem Lüderitz diese Mitteilungen erhalten hatte, entschloß sich auch Bismarck zur Aktion. Denn als Kusserow ihn fragte, ob in London noch einmal wegen der Note vom 31. Dezember 1883 nachzufragen sei, erklärte ihm Bismarck mit absoluter Entschiedenheit: »Jetzt wollen wir handeln.« Hierzu zwang ihn auch die Notwendigkeit, Nachtigal präzise Instruktionen für seine Afrikareise mitzugeben. Seit dem April verschmolz die südwestafrikanische mit der westafrikanischen und der Kongofrage. Der Konflikt mit dem überall rivalisierenden England spitzte sich zu. Eine große Denkschrift Kusserows vom 8. April erwog nun die Form, in der der erbetene Reichsschutz auch für Lüderitz wirksam werden konnte. Er mußte dabei von dem unverhüllten Widerstreben Bismarcks gegen staatlichen Kolonialerwerb ausgehen – hatte doch Bojanowski soeben noch einem Begleiter Nachtigals, dem Arzt Dr. Max Buchner, in der Wilhelmstraße streng eingeschärft: »Hegen Sie niemals einen Gedanken, der sich auf Kolonien zuspitzt. Unser leitender Staatsmann will davon nichts wissen.«

Kusserow suchte, indem er den Gedanken der Charter-Gesellschaft aufgriff, eine Brücke für ein noch immer indirektes Engagement der Reichspolitik zu bauen. Es »könnte in Betracht kommen«, schlug er vorsichtig in seinem verquollenen Amts-

---

15. Aschenborn an Caprivi, 27. 1. 1884 (7. 3. von Admiralität an AA), RKA 1995, 136–38; RKA 1994, 58; Kusserow an Rohlfs, 14. 8. 1884, in: Lüderitz Hg., 73; Lüderitz an Vogelsang, 26. 3. 1884, ebda., 86, vgl. Lüderitz an AA, 8. 4. 1884, ebda., 65; Lüderitz an AA, o. D. (Mai 1884), RKA 4194, 54 f. Auch Fabri erklärte gleichzeitig, seine eigenen Interessen verfolgend, daß die »Protektion von Angra Pequena sowie von dem Küstengebiet des Großnamaqualandes ... wirtschaftlich und politisch nur dann von einem Wert sei, wenn sie sich »auch auf die ›nördlich‹ gelegenen Küstenstriche erstreckt« (an B., 17. 5. 1884, RK 1996, 26 f.); H. v. B. lehnte – Aufz., 23. 5. 1884, ebda. – damals noch Verhandlungen mit Fabri ab, s. u. 282.

deutsch vor, »Herrn Lüderitz nach Analogie der von der englischen Regierung in Fällen, wo die staatliche Besitzergreifung eines staatlich noch nicht organisierten Gebietes nicht beliebt wird, an Privatpersonen und Gesellschaften, wie z. B. noch im Jahre 1881 an die ›North Borneo Company‹ für die Exploitierung der mit allen Hoheitsrechten ... erworbenen Gebiete verliehenen ›Royal Charter‹ – so Herrn Lüderitz eine seinen Anspruch auf den Schutz des Reiches unter gewissen Voraussetzungen bestätigende und seine Rechte bestimmende Urkunde zu gewähren«. Kusserow erläuterte sodann die Rechte und Pflichten einer Charter-Gesellschaft, wobei er betonte, daß »die Verleihung einer der englischen ›Royal Charter‹ entsprechenden Berechtigung ... für das Reich keine größeren Pflichten und Kosten involvieren« würde, als sie z. B. durch Kriegsschiffsbesuche und die Einrichtung von Berufskonsulaten in der Südsee entstanden seien. Gleich nun welche Entscheidung getroffen werde, so sollte doch durch »den Abschluß eines Vertrages zwischen dem Reich und dem Häuptling von Bethanien ... sowohl den Eingeborenen wie dritten Nationen gegenüber zu bekunden sein, daß wir jenes Gebiet als ein unabhängiges ansehen«. Dieses plumpe Argument provozierte sofort Bismarcks Frage: »Also deutsches Schutzgebiet?« Aber Kusserow versicherte, »ein solcher Vertrag würde in erster Linie die Übertragung des fraglichen Gebiets auf Herrn Lüderitz sanktionieren«. Lüderitz hoffe doch vor allem, erläuterte Kusserow, daß man in Berlin »irgendeine Form finden werde, um die Annexion des fraglichen Gebiets durch eine andere Macht zu verhüten«. »Dazu«, meinte Bismarck, »müßten wir entweder Besitz ergreifen oder Lüderitz als Souverän anerkennen.« Wenn es Lüderitz nach Kusserows Meinung »vom kommerziellen« Standpunkt »wesentlich« auf Anerkennung seiner Zollhoheit ankomme, so fragte Bismarck wieder: »nomine Lüderitz, Häuptling, Deutschland?« Der von Nachtigal zu schließende Vertrag solle die »Landeshoheit bei dem Häuptling von Bethanien« belassen, erklärte Kusserow, dieser solle auch die Zollhoheit behalten oder Lüderitz zu ihrer Ausübung – »unter deutschem Schutz«, bekräftigte Bismarck – ermächtigen. Die Charterfrage solle das Auswärtige Amt mit dem Reichsjustizamt überprüfen, ordnete der Reichskanzler abschließend an, aber »besser« sei jetzt »vielleicht« doch noch ein »Vertrag mit dem Häuptling«.

In diesem Sinn wurde Nachtigal in seinen Instruktionen vom 16. April zum Abschluß des Freundschaftsvertrages, von dem Lüderitz schon am 20. März gehört hatte, ermächtigt. Die letztlich entscheidende, konkrete Frage nach dem materiellen Inhalt des »Schutzes« ließ Bismarck noch überaus vorsichtig offen[16].

Lüderitz hörte zwar am 22. April im Auswärtigen Amt, der Kaiser werde auf Antrag hin vielleicht sein »Land in Besitz nehmen« und Lüderitz »dann zum Lehen übertragen, wodurch« dieser »Souveränitätsrechte bekomme«. Aber offensichtlich spürte Lüderitz selber die Ungewißheit, die noch über der Behandlung seiner Wünsche schwebte. Unverzüglich versicherte er nämlich dem Auswärtigen Amt: »Wenn

---

16. H. v. Kusserow, Fürst Bismarck u. die Kolonialpolitik, DKZ 15. 1898, 299 (vgl. B. über seine Entschlüsse [GW 8, 253, Lucius 137 f., 30. 3. 1878]: »Es sei, als wenn plötzlich eine Feder einschnappe und nun die Waage feststehe, ohne daß man weiß, wie diese Festigkeit nach langem Schwanken plötzlich entstehe.«) Vgl. Poschinger, Stunden, 199–206; M. Buchner, Aurora Colonialis, 1884/85. München 1914, 2 (Ende Febr. 1884 im AA); Denkschrift Kusserows, 8. 4. 1884, RKA 1995, 155–69, gekürzt in: Deutsches Kolonialblatt 1. 9. 1898, Beil.; Zimmermann, 66–68. – Zur Frage der Charter-Gesellschaften s. die Lit. o. 208/15, sowie: Staley, 304–22; W. O. Henderson, Chartered Companies in the German Colonies, in: ders., Studies, 11–32; H. Jäckel, Die Landgesellschaften in den deutschen Schutzgebieten, phil. Diss. Halle 1909; P. Décharme, Compagnies et Sociétés Coloniales Allemandes, Paris 1903, 105–177; K. v. Stengel, Die deutschen Kolonialgesellschaften, Sch. Jb. 12.

mein Besitz keine Reichskolonie werden soll«, werde er oder eine Gesellschaft für eine angemessene Verwaltung sorgen. Er bat allerdings dringend um die Zollhoheit, um den »Import deutscher Industrieerzeugnisse« zu erleichtern, den englischen Warenverkehr aber zu erschweren. Außerdem sollten den Eingeborenenhäuptlingen in dem vorgesehenen Vertrag mit dem Reich »keine Gebietszusicherungen« garantiert werden, denn er habe inzwischen den Auftrag erteilt, über das Küstengebiet zwischen Oranje und dem 26. Breitengrad hinaus noch weiter Land im Norden und Osten zu erwerben. Daraufhin wies Bismarck, der sich mit Lüderitz' Klagen, daß die Kapbehörden den Schutz des Reiches für seinen Besitz bezweifelten, sofort beschäftigte, Konsul Lippert am 24. April entschieden, doch eigentlich noch nicht viel präziser als am 18. August 1883, an, »amtlich« zu erklären, daß Lüderitz »und seine Niederlassungen unter dem Schutz des Reiches stehen«.

Münster informierte auch sogleich Granville, der das Ausstehen einer Antwort auf die Note vom 31. Dezember 1883 ganz unbefangen damit zu erklären suchte, daß es sich um eine »Sache der Kapkolonie« handle. Bismarck mag zwar das Ausmaß der unumgänglichen Rücksichtnahme Londons auf Kolonialinteressen unterschätzt haben, aber ohne Zweifel mit Recht und taktisch richtig ging er davon aus, daß er »nur eine Regierung in England und seinen Kolonien« kenne: »Um uns zu sagen, ob Angra Pequena zu England gehört, ist keine Kolonialverhandlung mit Kap oder Derby erforderlich.« Granvilles erklärenden Hinweis darauf kanzelte er pointiert als »Wechsel-Reiterei« ab[17].

Schon am 1. Mai tat Bismarck einen wichtigen Schritt weiter. Verständlicherweise fragte nämlich Lüderitz bei ihm an, wie denn »der Reichsschutz für das von mir bereits erworbene und das noch zu erwerbende Gebiet zwischen Oranjefluß und portugiesischer Grenze auszuüben sein würde? Ich gehe dabei von der Voraussetzung aus«, wiederholte er, »daß es keine Reichskolonie unter kaiserlich deutscher Verwaltung werden soll, sondern ich bzw. eine von mir zu bildende Gesellschaft« die Verwaltung ausüben und finanzieren solle. Nicht nur billigte Bismarck jetzt unmittelbar die Inanspruchnahme des Reichsschutzes für das vor allem wegen seines »großen Mineralreichtums« »noch zu erwerbende Gebiet« bis nach Kap Frio hin, – wenn er auch einen »Vertrag über Nutzung« für ebenso wertvoll wie einen »Verzicht« Portugals auf seine umstrittenen Rechte hielt, – sondern auch den von Lüderitz umschriebenen Chartergedanken. Mit Caprivi faßt er am 2. Mai ins Auge, durch die Korvette »Elisabeth« schon vor der Ankunft Nachtigals in Angra Pequena die Flagge hissen zu lassen. Nicht nur durfte eine neue geologische Expedition Lüderitz' mit

---

1888, 219–84; V. Ring, Deutsche Kolonialgesellschaften, Berlin 1887; V. Simon, Deutsche Kolonialgesellschaften, Zeitschrift für das gesamte Handelsrecht 34. 1887, 85–161; ganz schwach ist: H. Bechtle, Unternehmertätigkeit u. staatliche Lenkung in der deutschen Kolonialpolitik, Beiträge zur Kolonialforschung 6. 1944, 54–52. Allg. zur Rechtsfrage: E. Dietzel, Der Erwerb der Schutzgewalt über die deutschen Schutzgebiete, jur. Diss. Rostock, Hamburg 1902; R. Adam, Völkerrechtliche Okkupation und deutsches Kolonialrecht, Archiv für Öffentliches Recht 6. 1891, 193–310; G. Meyer, Die staatsrechtliche Stellung der deutschen Schutzgebiete, jur. Diss. Leipzig 1888.

17. Lüderitz an Vogelsang, 22. 4. 1884, in: Lüderitz Hg., 90; an AA, 22. 4. 1884, ebda., 66–69, RKA 1996, 60–63; B. an Lippert, 24. 4. 1884, StA 43, 290; Münster an B., 26. 4. 1884, RKA 1996, 75–80, 136–41; 21. 5. 1884, ebda., 20 (Marg. B. zu beiden Berichten). Den »guten Hasser« (Lerchenfeld, 226) Bismarck reizte vielleicht auch die Persönlichkeit Derbys, da dieser als konservativer Außenminister 1867 nach der Luxemburger Krise seine Unterschrift unter die vertragliche Garantie der Neutralität durch die Mächte nur als moralische Sanktion ausgelegt hatte, vgl. W. Michael, Bismarck, England und Europa, 1866–70, München 1930, 68–71; Fitzmaurice, II, 360.

der »Elisabeth« nach Südafrika reisen, wo das Kriegsschiff nach Lüderitz' Ansicht an der Küste zwischen Kap Frio und dem Oranje die »deutsche Flagge hissen und somit provisorisch ... Besitz ergreifen« sollte; sondern die Lüderitzsche Verwaltung sollte auch statt einer eigenen Fahne – wie die »North Borneo Company« – mit Bismarcks Worten: die »deutsche Flagge« führen dürfen, sobald Nachtigal seine Verträge abgeschlossen hatte.

Nachtigal wurde am 19. Mai instruiert, Angra Pequena der »Schutzherrlichkeit« des Kaisers zu unterstellen, während die Segelordre für die »Elisabeth« den Auftrag enthielt, sowohl die Küste von Oranje bis zum 26. Breitengrad unter »direkten Schutz durch Flaggenhissen« zu stellen, als aber »auch nördlich von dieser Gegend bis zur Grenze der portugiesischen Besitzungen ... bei Kap Frio mit den Eingeborenen Verträge abzuschließen«, denen freilich Verträge mit Lüderitz' Vertretern vorangehen sollten. Es kann schwerlich überraschen, daß Hatzfeldt diese »Sache« so »sehr delikat« schien, daß er, »wenn die Intentionen des Fürsten nicht aktenmäßig feststehen«, »keine Verantwortlichkeit« mehr übernehmen wollte, selbständig in dieser Frage zu entscheiden. In einer Besprechung mit Lüderitz entschied Bismarck, wie der wohlinformierte Hamburger Gesandte berichtete, die Frage nach der Person des »Souveräns« dahin, daß das eben »Lüderitz der Erste« sein müsse. Auch diese Anfang Mai anvisierte und zugesagte Lösung einer staatlich geschützten Handelskolonie unter einer verwaltungsautonomen Gesellschaft, die die Souveränität selber ausübte oder den Eingeborenenhäuptlingen beließ, das Reich aber von direkter Verantwortung freihielt, entsprach durchaus noch dem Modell aktiver Überseepolitik, das Bismarck bisher vorschwebte[18].

Ohne Rücksicht auf Granvilles Versicherung gegenüber Münster, er tue, »was er könne«, um Bismarck in der Angra-Pequena-Frage schnell zufriedenzustellen, fragte Lord Derby am 7. Mai erneut – wie schon am 6. Februar – bei der Kapregierung an, ob die Kolonie die Kosten einer Annexion der südwestafrikanischen Küste tragen wolle. Eine Woche danach bestätigte er einer Deputation aus Kapstadt, daß Großbritannien in der Tat eine »südafrikanische Monroe-Doktrin«: ein »allgemeines Recht, fremde Mächte von der Küste bis zum portugiesischen Gebiet hinauf auszuschließen«, geltend gemacht habe, ein Anspruch, den er auf Anfrage von Lord Sidmouth am 19. Mai formell im Oberhaus bestätigte. Am Kap geriet die annexionistische Politik wieder in Bewegung. Als Bismarck davon erfuhr, verbot er »jede weitere Korrespondenz mit Lüderitz« als »sehr bedenklich«. »Erst handeln«, verlangte er, »Lüderitz verliert die Ruhe und provoziert dadurch möglicherweise englische Prioritätsschritte«. Wenn er Artikel wie im »Export« – der in Angra Pequena den »Hebel für eine fruchtbare koloniale Politik Deutschlands« zu finden glaubte, – als »publizistische Indiskretionen« bedauerte und glaubte, es sei »für Äußerungen, aus denen auf die Absicht, eine Kolonie zu gründen, geschlossen werden könnte, überhaupt noch nicht Zeit«, dann drückte sich darin einmal seine Sorge aus, England könne wie in Westafrika versuchen, der deutschen Schutzerklärung zuvorzukommen, zum anderen dachte er aber dabei noch immer an die Handelskolonie einer deutschen Kolonialgesellschaft. Um warnend auf den deutschen Widerstand gegen kapländische Annexionsabsichten hinzuweisen, ließ er jetzt das Telegramm an Kon-

---

18. Lüderitz an B., 1. 5. 1884, RKA 1995, 185–87 (Marg. B.), auch: Lüderitz Hg., 70–72; Krüger an Petersen, 1. 5. 1884, StA Hamburg, Cl. I, Lit. S^d, Nr. 2, vol. 4b, Fasc. 60; B. an Nachtigal, 19. 5. 1884, RKA 4194, 6–31; Caprivi an Kapitän Schering, 19. 5. 1884, ebda., 32–39; Aufz. Hatzfeldts, 22. 5. 1884, RKA 1996, 14.

sul Lippert offiziell in der »NAZ« abdrucken. Noch während die deutschen Blätter die Meldung aufgriffen, traf ein Telegramm von Kapgouverneur Sir Hercules Robinson im Colonial Office ein, daß die Kapregierung sich entschlossen habe, ihrem Parlament die Annexion der Küste vom Oranje bis zur Walfisch-Bai zu empfehlen[19].

Im Berliner Auswärtigen Amt wurde dieser Entschluß durch eine Meldung Lipperts am 4. Juni bekannt. Ganz unverschnörkelt gab Bismarck noch am selben Tag für die politische Behandlung dieser Frage in London die strikte Direktive aus, »daß wir eine Besitzergreifung der Art nicht anerkennen ... und das Recht dazu bestreiten«. In ungewöhnlich schroffer Form wurde Münster angewiesen, sich über »die völkerrechtliche Abnormität der Monroe-Doktrin zugunsten Englands«, über die »Überhebung« zu beschweren, »welche in der Aufstellung von Theorien und Ansprüchen liegt, die mit dem Prinzip der Gleichheit unabhängiger Mächte sich nicht in Einklang bringen lassen«. Diese »Naivität des Egoismus« könne die »Möglichkeit eines Umschlags unserer Politik wegen Mangels an Gegenseitigkeit« zu einer »ernsthaften Eventualität« machen, drohte er, denn das »Quod licet Jovi etc. kann Deutschland nicht auf sich anwenden lassen«.

In London löste diese scharfe Sprache sowohl bei Münster als auch bei Granville, der Bismarcks bisherige Unterstützung in der Ägyptenpolitik zu schätzen wußte, peinliches Erschrecken aus. Der anglophile, antikolonialistische und bewußt im unklaren gelassene Botschafter beteuerte, er habe seit Beginn der Verhandlungen im Februar 1883 »geglaubt, auf demselben Standpunkt wie Eure Durchlaucht zu stehen«, daß Bismarck nämlich »jetzt wie früher alle überseeischen Projekte fernlägen«. Der neue Inhalt des Begriffs »Reichsschutz« überraschte ihn ganz so wie den englischen Außenminister, der noch immer »unter dem Eindruck« stand, »daß die kaiserliche Regierung eine deutsche Kolonie in Angra Pequena gar nicht gründen will«. Dieser Eindruck war ja im Grunde berechtigt, doch hatte Granville, durch Ampthill und Münster darin immer wieder bestärkt, auch gar keine Zwischenlösungen des Schutzes für deutsche Handelsinteressen erwartet, da ihm Bismarcks hinlänglich bekannte Abneigung gegen einen formellen Kolonialerwerb anscheinend völlige Enthaltsamkeit in Übersee verbürgte. Als Bismarcks Entschlossenheit, weiterzugehen, Granville endlich bewußt wurde, häuften sich seine erschrocken-entschuldigenden Erklärungen, daß er Deutschland nicht »das Geringste in den Weg zu legen« beabsichtige. Daß er aber dem Colonial Office zu lange Entscheidungen in dieser Frage überlassen hatte, konnte damit nicht aus der Welt geschafft werden[20].

19. Derby an Robinson, 7. 5. 1884, StA 44, 103; ders. zur Deputation, 16. 5. 1884, StA 43, 290 f.; Wb. 174; ders., House of Lords, 19. 5. 1884, Hansard 3. S. 288, 645–47; Notiz Hatzfeldts, 23. 5. 1884, RAK 1996, 16; Aufz. dess., 23. 5. 1884, ebda., 47 f. (Marg. B.); Export 6, 325 f. (20. 5. 1884), entsprechende Kritik an Londons Heuchelei und Drängen wegen der Note v. 31. 12. 1883 in: Hatzfeldt an Münster, 24. 5. 1884, RKA 1996, 24; dazu Münster an B., 27. 5. 1884, ebda., 59; Hatzfeldt an B., 20. 5. 1884, ebda., 72–74; B. an AA, 25. 5. 1884, ebda., 39; NAZ 26. 5. 1884. Vgl. Holstein, II, 165 (26. 5. 1884); Deutscher Ökonomist 2, 235 f. (24. 5. 1884); DKZ 1. 1884, 233–36; KZ 22. 4., 28., 29. 5., 20. 6. 1884; S. Gopcevic, Überseeische Stationen, Geg. 25. 1884, 210–12; Koblenzer Zeitung 31. 5. 1884; Hamburger Tageblatt 4. 6. 1884; Hamburger Börsenhalle 30. 7. 1884; Robinson an Derby, 29. 5. 1884, C–4190, Nr. 54.

20. Lippert an AA, 3. 6. 1884; B. an AA, 4. 6. 1884, RKA 1996, 90 f., 93; Hatzfeldt an Münster, 4. 6. 1884, ebda., 111; B. an dens., 1. 6. 1884, ebda., 81–87 (= GP IV, 59–62, vgl. 48–56); Rottenburg an AA, 4. 6. 1884, dazu Notiz Hatzfeldts, 99; Münster an AA, 6. 6. 1884, ebda., 142–49; PA, Akten Botschaft London, 393/3; 7. 6. 1884, RKA 1996, 112; 7. 6. 1884, ebda., 118 f. (= GP IV, 63 f.). Über die die Überseepolitik betreffenden, von Kusserow entworfenen Erlasse erklärte Münster H. v. B. ganz grandseigneural: »Das Zeug, das der schreibt, lese ich nie!« (H. v. B.,

Jetzt weihte Bismarck zum erstenmal Münster und Ampthill teilweise in die seit März in Berlin erwogenen Pläne ein. »Zunächst« sei es sein »Bestreben gewesen, zu verhüten, daß wir ... mit bestehenden oder auch nur behaupteten Rechten anderer Nationen in Kollision gerieten«. Deshalb sei es ihm »erwünscht« gewesen, trotz der klaren Absagen von 1880 eine neue formelle »Erklärung Englands ... bei den Akten zu haben«, also ein »amtliches Anerkenntnis, daß jene Küstenstriche im europäischen Sinne res nullius seien, von England zu erlangen, ohne daß irgendein Schatten von Mißtrauen oder Verletzung auf einer der beiden Seiten entstände«. Seine Anfrage vom Dezember 1883 hätte »in acht Tagen« beantwortet werden können, anstatt sie noch immer offenzulassen. Auf keinen Fall könne England eine »Monroe-Doktrin in Afrika geltend« machen, um Deutschland »das Recht der Besitzergreifung dieser herrenlosen Länder« zu bestreiten. Eine staatliche Verwaltungskolonie – »mit Garnisonen, Gouverneurs und Beamten des Mutterlandes« nach »Analogie des heutigen englischen« Systems – halte er aber noch immer gar nicht für »angezeigt«. Vielmehr denke er an die »englisch-ostindische Kompanie in ihren ersten Anfängen«, wobei das Reich »aber nicht umhin könne«, auch solchen Unternehmen Schutz zu gewähren, »welche mit Landerwerb verbunden sind«. Ampthills Frage, ob er »soweit gehen« würde, »den Beteiligten eine Royal Charter zu bewilligen«, wurde von Bismarck »bejaht«. Dies war der Stand der Dinge, als Bismarck Mitte Juni seinen Sohn Herbert auf eine Sondermission nach London schickte, um in direkten Verhandlungen mit Granville zu einer Klärung zu gelangen[21].

Erneut versicherte Herbert v. Bismarck am 14. Juni im Foreign Office, daß »es nicht die Absicht der Deutschen Regierung sei, irgendwo Staatskolonien zu begründen, sondern nur Deutschen in unzivilisierten Ländern vollen Schutz zu gewähren«. Diese Erklärung fand, als er über das erste Gespräch Berlin telegraphisch unterrichtete, die Billigung Bismarcks. Allerdings notierte sich der Kanzler nachdenklich, er habe zwar »keine Bedenken« gegen solch eine Zusicherung, doch »ich kann darüber nur meine Ansicht von dem, was für Deutschland jetzt zweckmäßig ist, ausdrücken, meine Nachfolger und das Reich aber nicht binden; was sind außerdem ›state colonies‹ und wo ist die Grenze dieses Begriffs?« begann er sich über das Ausmaß seines afrikanischen Engagements zu fragen. Als Granville nachforschte, ob der »Schutz« zur Proklamierung der deutschen »Souveränität« führen werde, erwiderte Herbert »ausweichend, wir würden wohl ähnlich handeln, wie sie (sc. die Engländer) in Borneo«. »Dort«, hakte Granville ein, »haben wir eben nicht die Souveränitätsrechte übernommen, sondern nur eine Charter erteilt.«

Aufz. 50, Nl. Bismarck). Noch am 19. 5. 1884 (Aufz. Hatzfeldts, RKA 1996, 2 f., Marg. B.) ordnete Bismarck auf eine Anfrage Hatzfeldts hin (ob Münster »vielleicht ganz vertraulich soweit von unseren Absichten zu informieren« sei, daß »er den Wert, den wir auf diese Angelegenheit legen, nicht unterschätze«) an: »Nein, keinesfalls irgend jemand, der nicht notwendig mitwirkt.« Vgl. Granville an Gladstone, 7. 9. 1884, in: Ramm, II, 249; an Dilke, 24. 9. 1884, in: Gwynn-Tuckwell, II, 81 f.; an H. v. B., 2. 10. 1884, in: Aydelotte, 41; auch Knaplund Hg., 336 f. (Ampthill an Granville, 28. 6. 1884), sowie Lerchenfeld an Crailsheim, 10. 7., 19. 8., 3. 9., 19. 10., 31. 12. 1884, StA München, Gesandtschaftsakten Berlin 1054.

21. B. an Münster, 10. 6. 1884, RKA 1996, 122; StA 43, 295–97; Wb. 175 f. Vgl. dazu die sehr wohlwollende, harmonisierende Einleitung Bussmanns zu: ders. Hg., 8–67; L. L. Snyder, The Role of H. v. Bismarck in the Angra Pequena Negotiations Between Germany and Britain, Journal of Negro History 35. 1950, 435–52; K. Eberhard, H. v. Bismarcks Sondermission in England, 1882–89, phil. Diss. Erlangen 1949, MS, 54–150; W. Windelband, H. v. Bismarck als Mitarbeiter seines Vaters, Berlin 1921, aber auch M. Harden, H. v. Bismarck, in: ders., Köpfe, II, Berlin 1911[18], 377–91; NDB II, 268.

»Für meine Person denke ich bis jetzt nur an Charter«, bekräftigte daraufhin Bismarck erneut am 16. Juni in einer Richtlinieninstruktion seine Absicht, er »lehne es aber ab, Verpflichtungen einzugehen«. Ob das Reich vielleicht doch einmal die »Souveränität proklamieren« werde, räumte er ein, »hängt von Umständen, sogar von Zufällen ab«. Auf Granvilles Frage nach »der Ausdehnung des Gebiets, das Deutschland unter Protektion nehmen will«, verweigerte Bismarck eingedenk der Erfahrungen mit dem Colonial Office und der Kapkolonie eine Antwort: »Das weiß nur Lüderitz, wir werden schützen, was er rite erwirbt«, eine »Kontrolle« sei nach dem »Mißbrauch der Offenheit, mit welcher ich früher die Sache behandelt habe«, »nicht annehmbar«[22].

Herbert v. Bismarcks entschiedene, häufig sogar rüde Verhandlungsweise überzeugte Granville sofort davon, daß der Reichskanzler offensichtlich bereit schien, eine – wie Bismarck sich jetzt ausdrückte – bisher »gleichsam in dem Rahmen eines prozessualistischen Schriftwechsels behandelte Angelegenheit auf den Boden der europäischen Politik« zu stellen. Denn die ungeschminkten Hinweise beider Bismarcks auf die Bedeutung des deutschen politischen Wohlwollens mußten Granville gerade zu diesem Zeitpunkt nachdenklich stimmen: in Mittelasien hatten die Russen im Februar 1884 Merw eingenommen und stießen weiter nach Afghanistan und Indien hin vor; die Sudankampagne belastete zusammen mit den Schadenersatzforderungen, die auf das Bombardement von Alexandrien zurückgingen, die englische Ägyptenpolitik in ihrer steten Rivalität mit Frankreich, besonders jetzt: dicht vor der im Juli bevorstehenden ägyptischen Finanzkonferenz der interessierten Mächte. Kein Wunder, daß Herbert seinem Bruder Wilhelm schrieb, der »Zankapfel Ägypten« könne »für unsere Politik geradezu ein Geschenk des Himmels genannt werden«.

Auf einer Kabinettssitzung am 21. Juni entschloß sich die über den Streitfall bisher nur spärlich informierte englische Regierung, Bismarck in Angra Pequena »alles, was er nur wünscht« – wie sich Minister Dilke aufzeichnete – zu gewähren. In der englischen Note war dann von der »Anerkennung des Rechtes der Deutschen Regierung, deutsche Staatsangehörige dort zu schützen«, die Rede. Am selben Tag lief das deutsche Kriegsschiff »Elisabeth« mit seiner streng geheimen Segelorder in den Südatlantik aus, das Küstengebiet bis Kap Frio unter »deutschen Schutz« zu stellen, wie es Lüderitz, dessen Expedition an Bord war, am 1. Mai gehofft hatte. Am 30. Juni versicherte Lüderitz dem Reichskanzler, hoffentlich bis zum Jahresende das Gebiet bis zur portugiesischen Grenze erwerben zu können. Die Reichspolitik hatte aber schon im Mai begonnen, auch in Südwestafrika entgegen Bismarcks ursprünglichen Intentionen: daß die Flagge dem Handel folgen solle, zur Abwehr der englisch-kapländischen Rivalen den kaufmännischen Interessen gleichsam voranzueilen. Erst im Juni/Juli 1885 sollte der Handel, d. h. die Erwerbung dieser Küstengebiete durch Lüderitz, der Flagge nachfolgen[23].

22. Granville an Ampthill, 14. 6. 1884, RKA 1997, 27–30 (Marg. B.); vgl. Aydelotte, 109; Tb. H. v. B., 14., 22. 6., 3. 7. 1884, Nl. Bismarck 27; ders., Aufz. 49 f., 52 f., 55–58, ebda.; H. v. B. an W. v. B., 20. 6. 1884, ebda., 36; Reuss VII. an C. A. Busch, 25. 6. 1884, Nl. Busch 65. – H. v. B. an B., 14. 6. 1884, RKA 1996, 159; Münster an B., 17. 6. 1884, ebda., 160 f.; vgl. 19. 6. 1884, RKA 1997, 2 f.; B. an Münster, 18. 6. 1884, RKA 1996, 162 f.; 21. 6. 1884, RKA 1997, 6 f. Vgl. H. v. B. an B., 16., 17., 22. 6., 9. 7. 1884, GP IV, 64–76; RKA 1947, 46–52 (17. 6.), 53–59 (22. 6.); 18. 6. 1884, an W. v. B., 24., 30. 8. 1884, in: Bussmann Hg., 239 f., 251 f., 256; an Holstein, 24. 6. 1884, in: Holstein, III, 106. S. GP IV, 79–83; H. v. B. an B., 1. 10. 1884, ebda., 87.

23. B. an Münster, 14. 6. 1884, RKA 1996, 149–55; H. v. B. an W. v. B., 1. 9. 1884, in: Bussmann Hg., 259; Gwynn-Tuckwell, II, 81; Münster an AA, 22. 6. 1884, RKA 1997, 7 f.; B. an AA, 16. 7.

Der Argwohn, der sich in den Instruktionen für die »Elisabeth« niedergeschlagen hatte, erwies sich erneut als begründet, denn obwohl Lord Derby jetzt der Kapkolonie gestand, daß London den deutschen Schutz über Angra Pequena anerkennen müsse, forderte er sie doch noch zweimal auf, die Kosten für ein Protektorat, das England über die gesamte übrige Küste zu errichten durchaus noch bereit sei, zu übernehmen. Dermaßen ermuntert, ja förmlich gedrängt, beschloß das Kapparlament am 16. Juli die Annexion der Küste bis nach Portugiesisch-Angola! Das Auswärtige Amt erfuhr schon am folgenden Tag von diesem Schritt, der die Loyalität der Londoner Regierung und des Foreign Office, das Münster ganz farblos eine »telegraphische Weisung« an die Kapregierung mitgeteilt hatte, in einem merkwürdigen Licht erscheinen ließ. Lüderitz wurde aber beruhigt, daß selbst dieser Beschluß seine Pläne, die Küste bis zur portugiesischen Grenze am Kunene-Fluß zu kaufen, nicht vereiteln werde. Denn inzwischen, versicherte Hatzfeldt am 26. Juli, werde die »Elisabeth« vermutlich ihr Zielgebiet erreicht haben und »ihrer Weisung gemäß... an einzelnen Punkten« der Küste bis Kap Frio »die Flagge hissen«, da von einer »tatsächlichen Okkupation« durch die Kapkolonie noch nichts bekannt sei. Mit ausdrücklicher Billigung Bismarcks wurden am 29. Juli zudem noch die Kriegsschiffe »Wolf« und »Leipzig« instruiert, die »Elisabeth« beim Flaggenhissen zu unterstützen[24].

Tatsächlich gelang es den deutschen Schiffen genau wie in Westafrika, einer effektiven Besetzung durch die Kapkolonie zuvorzukommen. Bis zum 7. August wurde zuerst die Küste zwischen dem Oranje und dem 26. Breitengrad »unter Schutz Seiner Majestät gestellt«, wie der Admiralität am 14. August aus Kapstadt telegraphisch gemeldet wurde. Jetzt erst ließ Bismarck Granville mitteilen, daß »die Reichsregierung den gleichen Beschluß wie die Kapregierung bezüglich der von dieser beanspruchten Küstenstrecken gefaßt habe«. Er bestand am 19. August auf der Anerkennung des deutschen »Schutzes« durch London, noch ehe das Auswärtige Amt am 6. September von der Admiralität und Konsul Lippert definitiv erfuhr, daß inzwischen auch das Küstengebiet bis Kap Frio »mit Ausschluß der Walfisch-Bai«, mithin die gesamte Küste zwischen dem kapländischen Oranje und dem portugiesischen Kunene, unter deutschen Schutz gestellt worden sei, worüber Granville am 8. September informiert wurde. Zu Bismarcks Verdruß war auch die Kapregierung, die »für uns nicht existiert«, durch einen deutschen Marineoffizier unterrichtet worden.

Aber schon vorher hatte Kapgouverneur Robinson die Erklärung eines Protektorats über das Betschuanaland, das die Lüderitzschen Erwerbungen von den Zentralgebieten Südafrikas, vor allem von der Transvaal-Republik unter Präsident Krüger, abriegelte, ins Auge gefaßt, nachdem dieser Schritt zur Beschneidung des burischen Ausdehnungsdrangs nach Westen noch 1883 abgelehnt worden war. Als Krüger aber jetzt im August einem holländisch-deutschen Syndikat eine Monopolkonzession für den Eisenbahnbau in der Republik gewährte und seine Pläne einer Bahnverbindung Pre-

---

1884, ebda., 36; Ampthill an Hatzfeldt, 19. 7. 1884, ebda., 65 f.; B. an Münster, 24. 7. 1884, ebda., 84 f.; Lüderitz an B., 30. 6. 1884, in: Lüderitz Hg., 78. – Die Fidschifrage, die B. nur als taktisches Druckmittel gedient hatte, wurde sofort geregelt, indem London sich mit einer gemischten Kommission zur Prüfung der deutschen Landansprüche einverstanden erklärte, vgl. Knaplund Hg., 298, 317–19, 325 f.; St 44, 19–87; Wb. Fidschi, 426–55; H. v. B. Tb. 21. 4., 1. 5. 1883, Nl. Bismarck 27.

24. Derby an Robinson, 8., 14. 7. 1884, StA 44, 105–12; C-4190, Nr. 70; Lüderitz an AA, 17., 19. 7. 1884, RKA 1997, 59, 71 f.; Aufz. Biebers, (18.) 7. 1884, ebda., 60; Lippert an AA, 23., 28. 7. 1884, StA 43, 302 f., 305; Aufz. Hatzfeldts, 26., 29. 7. 1884, RKA 1997, 97–99, 111–13; vgl. Times 18. 7. 1884; Aydelotte, 104 f., 106, 113; Holstein, II, 110.

torias mit Angra Pequena und der Santa Lucia-Bai an der Ostküste die bisher ungefährdete Vorrangstellung des Verkehrs mit dem Kap in Frage stellten, forderte Robinson »im Hinblick auf die deutsche Annexion und andere drohende Vorstöße ... entscheidende Maßnahmen zur Erhaltung der britischen Autorität in Südafrika«. In London setzte sich die ihm zustimmende Gruppe im Kabinett durch, so daß eine Expedition unter Oberst Warren, dessen Truppen im Dezember 1884 endgültig Betschuanaland besetzten, die Lüderitzschen Pläne, eine transkontinentale Verbindung zur Ostküste zu gewinnen, zunichte machte. »Diese Aktion wurde hauptsächlich als Vorsichtsmaßnahme gegen ... deutsche Übergriffe« durchgeführt, hielt später das Protokoll einer Kabinettssitzung fest.

Bismarck gab sich über diese englische Intention, das Hinterland von Angra Pequena abzuriegeln, keiner Täuschung hin. »Die Ernennung des Obersten Sir Charles Warren zum Kommissarius nicht bloß für das weder politisch noch geographisch abgegrenzte Betschuanaland, sondern auch für die ›angrenzenden Länder und Gebiete‹ und die deutschen Kommentare, welche diese Ernennung in den Parlamentsverhandlungen gefunden hat«, klagte er Münster, »lassen auf die Absicht schließen, auch unsere Erwerbung von Angra Pequena einzuschnüren.« Granville beteuerte zwar das Gegenteil, doch konnte Bismarck diesem Vorgehen der Engländer genausowenig etwas entgegensetzen wie der Annexion der Kalahari im folgenden Jahr, – und er wollte sich vermutlich auch nicht auf solche Unternehmen im Inneren des Kontinents einlassen, wo wichtige britische Interessen bereits dominierten[25].

Ungeduldig bat Lüderitz Mitte August um die zugesagte Charter. Aber Bismarck wollte den Bericht über die »Besitzergreifung« durch Reichskommissar Nachtigal abwarten, ehe er Lüderitz einen »Freibrief« gab, der allerdings – »nach dem Muster der englischen Royal Charter für Nord-Borneo« – schon »entworfen und soweit fertiggestellt werden« sollte, »daß er sofort nach Eingang der nötigen Meldung von Nachtigal publiziert werden kann«. Ein »Reichsbeamter« für Lüderitz' Gebiet sei »ohne Verzug zu ernennen, jedoch die Anerkennung des »Rechts zur Erhebung von Zöllen« noch »verfrüht«. »Wir müssen erst sehen, wie die Verhandlungen« über Westafrika und das Kongogebiet, »in denen wir ›Freihandel‹ vertreten«, ausgingen. »Was wir Lüderitz versprochen haben«, bestätigte Bismarck jedoch, »werden wir ihm halten, d. h. wir werden ihm Schutz gewähren für seine wirklich und auf ›jungfräulichem‹ Territorium erfolgten Erwerbungen.«

Zweierlei fällt an diesen Äußerungen auf. Einmal hatte doch inzwischen die Aktion der deutschen Kanonenboote bereits eine Küste von mehr als tausend Kilometer Länge unter deutschen Schutz gestellt – vom 26. Breitengrad bis Kap Frio –, die

25. Schering an Admiralität, 14. 8. 1884, RKA 1998, 71; B. an AA, 16. 8. 1884, ebda., 96; 19. 8. 1884, RKA 1999, 19 f.; vgl. Hatzfeldt an Münster, 2. 8. 1884, RKA 1997, 119–21; Münster an B., 8. 8. 1884, RKA 1998, 113–15. – B. an Münster, 12. 8. 1884, GP IV, 77 f.; Caprivi an Hatzfeldt, 6. 9. 1884, RKA 1999, 89; Lippert an AA, 5. 9. 1884, ebda., 91; Busch an Plessen, 7. 9. 1884, StA 43, 312 (8. 9. bei Granville, ders. an Scott, 13. 9. 1884, StA 44, 115 f.); vgl. Aufz. Hatzfeldts, 18. 9. 1884, RKA 2000, 51; Robinson u. a., 203–9; Hagen, 319, 321, 416, 478–9; Times 2. 12. 1884; B. an Münster, 5. 12. 1884, GP IV, 91 f. Münster hatte die Betschuana-Expedition entschuldigt: sie sei nicht entsandt worden, um Angra Pequena »vom Inneren abzuschneiden«. Dieser Bericht machte auf B. »einen unwahren und tendenziösen Eindruck« (Holstein an H. v. B., 13. 12. 1884, Nl. Bismarck 44); KZ 5., 6., 8., 17., 21. 8. 1884; Hamb. Korresp. 6. 8. 1884; Schweinfurter Tageblatt 15. 8. 1884; Korrespondent von und für Deutschland 22. 8. 1884; Hamb. Börsenhalle 8. 9. 1884; auch G. Freitag an A. v. Stosch, 17. 8. 1884, in: Helmolt Hg., 153; Lucius 296 f.

Lüderitz erst zu erwerben vorhatte. Der Reichsschutz war also ohne vorhergehende Kaufverträge prophylaktisch ausgeübt worden. Zum zweiten aber gebrauchte Bismarck Mitte August zum erstenmal im Zusammenhang mit Angra Pequena den Begriff der »Besitzergreifung«. Daß er sich über diese Konsequenz des Reichsschutzes völlig klar geworden war, trat freilich erst einen Monat später ganz unzweideutig zutage.

In der letzten Augustwoche waren Derby und die Kapinteressen den allgemeinen politischen Bedenken in London unterlegen, nachdem Bismarcks entschlossener Anspruch auf die gesamte Küste zwischen Oranje und Kunene bekannt geworden war. Pauncefote und Granville lenkten gegenüber dem deutschen Geschäftsträger v. Plessen ein, und am 22. September sprach sich der britische Chargé Scott, der nach Ampthills Tod die Botschaftsgeschäfte in Berlin wahrnahm, vor Hatzfeldt auftragsgemäß dahin aus, daß London »die Errichtung des deutschen Protektorats« begrüße. Auf seine Frage, ob es auch »territorialen Charakter« besitze und sich »über die ganze Küste« erstrecke, antwortete jetzt Bismarck mit einem klaren »Ja«. Am 8. Oktober besiegelte eine Note an Granville diesen entscheidenden Schritt hin zur formellen Gebietsherrschaft mit der unmißverständlichen Formulierung, daß das deutsche Protektorat »sich nicht lediglich auf die Person der daselbst wohnhaften oder sich aufhaltenden Reichsangehörigen, sondern auf das Gebiet als solches« erstrecke, es »hat mithin territorialen Charakter«! Als Scott nach der »Ausdehnung ins Hinterland« fragte, vermerkte Bismarck, das sei »schwieriger zu sagen« und »hängt vom Erfolg ab«. In die Oktobernote fügte er daher noch selber ein, daß sich die deutsche Regierung »eine genauere Abgrenzung auch nach dem Inneren zu ... nach Maßgabe der Entwicklung der Ansiedlungen und ihres Verkehrs vorbehalte«[26].

Lüderitz hat seine begehrte Charter nie erhalten, wohl aber trat im Frühjahr 1885 eine Interessentengruppe stärker hervor, die seit dem August 1884 ihre Ansprüche offen verfochten, vielleicht der Frage der Ausdehnung des »Schutzlandes« nach Osten erhöhte Bedeutung gegeben hatte, aber vielleicht auch vorher schon für die Berliner Entscheidungen von Bedeutung gewesen war. Im Auftrage der beiden Industriellen F. A. Hasenclever und P. Scheidweiler vom »Westdeutschen Verein« hatten deutsche Ingenieure auf eine Anregung Fabris hin östlich der Walfisch-Bai Gesteinsproben untersucht und im Frühjahr 1883 ein größeres Gebiet vertraglich erworben, um, wie es in der Zeitschrift »Das Ausland« hieß, »Kupferbergbau zu treiben«. Deshalb hatte Fabri auch im Mai 1884 das Auswärtige Amt um den Schutz der Gebiete um die Walfisch-Bai gebeten, dabei aber bei Herbert v. Bismarck noch kein Entgegenkommen gefunden. Das änderte sich genau einen Monat später, denn am 17. Juni kaufte ein Konsortium, das Hansemann zusammen mit Bleichröder und dem Hamburger Großkaufmann Dyes leitete, den westdeutschen Interessenten ihre Rechte ab. Wenn der Geologe Dr. Schenk Lüderitz darauf hinwies, Kupfer komme nur östlich der Wal-

---

26. Lüderitz an B., 12. 8. 1884, RKA 1998, 128 f. (Marg. B., auch: Lüderitz Hg., 81–83); vgl. H. v. B. an Hatzfeldt, 15. 8. 1884, ebda., 137 f.; an AA, 15. 8. 1884, ebda., 141; 18. 8. 1884, ebda., 173; Hatzfeldt an W. v. B., 20. 8. 1884, RKA 1999, 25 f.; Bismarck lehnte es ausdrücklich ab, daß der übereifrige Kusserow weiter mit Lüderitz verhandle (Hatzfeldt an H. v. B., 18. 8. 1884, RKA 1998, 144, Marg B.; Holstein, II, 172). – Plessen an B., 18., 29. 8. 1884, StA 43, 311 f.; Scott an Hatzfeldt, 22. 9. 1884, RKA 2000, 74–79 (Marg. B.); vgl. dazu H. v. B. an AA, 25. 9. 1884, ebda., 86; Entwurf der Note an Granville, Okt. 1884, ebda., 105–10; Ausfertigung, 8. 10. 1884, RKA 2001, 3–7. Vgl. die offizielle Mitteilung Bismarcks an die deutschen Missionen, 13. 10. 1884, RKA 4196, 77–79; abschließend Münster an B., 10. 12. 1884, RKA 2002, 29 f.

fisch-Bai »reichlicher« und in abbauwürdiger Menge vor, weshalb sich dort Erwerbungen lohnen würden, so war jetzt das Gespann Hansemann-Bleichröder zuvorgekommen, das ja auch gleichzeitig im Pazifik aktiv wurde[27].

Mitte August wurde London unterrichtet, daß außer Lüderitz auch noch »andere Reichsangehörige« in der »Umgebung« der Walfisch-Bai »Eigentumsrechte erlangt« hätten. Am 20. August wurde der Admiralität Bismarcks Wunsch mitgeteilt, das Gebiet der »Disconto-Gruppe« durch Flaggenhissung von deutschen Kriegsschiffen »in Anspruch« nehmen zu lassen. Am 23. August wurde auch Nachtigal zusätzlich instruiert, »in den Gebieten, welche die Gesellschaft Hansemann-Bleichröder-Dyes bei der Walfisch-Bai erworben hat, die deutsche Flagge »zu hissen, falls er die englische nicht schon dort »vorfinde«. Als Nachtigal im Herbst an der südwestafrikanischen Küste eintraf, hatten die deutschen Kanonenboote die gesamte Küste zwischen Oranje und Kunene unter deutschen Schutz gestellt. Seine Verträge mit den Eingeborenenhäuptlingen bestätigten ebenfalls die Erwerbung des Berliner Konsortiums.

Auch Nachtigal, der in einem langen, wegen seiner desillusionierenden Kritik geheimgehaltenen Bericht vom 9. Dezember 1884 und in seinem letzten, wegen seines Todes unvollständigen Bericht über das deutsche Schutzgebiet in Südwestafrika starke Zweifel an seinem wirtschaftlichen Wert äußerte, erblickte, da dem Handel »Aussicht auf lohnende Entwicklung« fehle, in den »mineralischen Schätzen die hauptsächlichste Grundlage« für eine »Prosperität« des Lüderitzschen Unternehmens. »Abbauwürdige Kupferminen ... sind aber noch nicht gefunden worden, und man hat kein Recht, mit einiger Sicherheit auf deren Entdeckung zu zählen.« Sie seien jedoch als einzige Erfolgschance »unentbehrlich«. Das wußte Lüderitz sehr wohl, doch konnten die von ihm ausgesandten geologischen Expeditionen von keinem ergiebigen Fund berichten. Er stellte sich erst gut zwanzig Jahre später bei Otavi ein, wo die »Disconto-Gesellschaft« bis 1914 die großen Kupferminen ausbeutete[28].

Die hohen Unkosten, die inzwischen Lüderitz' kleines Betriebskapital und sein Privatvermögen aufgezehrt hatten, zwangen ihn, sich seit dem Herbst 1884 nach Unterstützung umzusehen. Bei einer Besprechung mit den Hamburger Westafrikainteressenten am 29. September, zu der Lüderitz von Bismarck eingeladen worden war, lehnte der Bremer ein gemeinsames Afrika-Syndikat der deutschen Kaufleute noch schroff ab. Als jedoch der erhoffte schnelle Gewinn weiter ausblieb, machte ihn Kusserow mit Hansemann bekannt. Nach mehreren Besprechungen wehrte sich Lüderitz noch immer dagegen, sein »Land für ein Ei und Butterbrot« abzutreten. Er verlangte vielmehr eine halbe Million Mark in bar für seine bisherigen »Kosten« und einen fünfprozentigen Gewinnanteil an der zu bildenden Gesellschaft. Andererseits erkannte er aber auch, daß nur »große Bankinstitute« die Investitionen »zur Gewinnung von Erzen und Mineralien« aufbringen könnten. »Lieb soll es mir sein,

---

27. Ausland 56. 1883, 813; L. Sanders, Die Geschichte der Deutschen Kolonialgesellschaft für Südwestafrika (= DKGSWA), Berlin 1912, I, 25, 28; vgl. RKA 2004, 9 f.; KZ 24. 6. 1885. – Fabri an B., 17. 5. 1884, RKA 1996, 26 f.; Aufz. H. v. B., 23. 5. 1884, ebda.; vgl. RKA 2006, 42–47, u. RKA 1531 (Disconto-Gesellschaft in Südwestafrika); Münch, 247; Fabri in KZ 11. 9. 1883; Schenk an Lüderitz, 2. 12. 1884, Nl. Lüderitz 3a.3; Lüderitz Hg., 98 f.

28. Hatzfeldt an Plessen, 19. 8. 1884, StA 43, 305 f.; Wb. 180; Hatzfeldt an Caprivi, 20. 8. 1884, RKA 1998, 159 f.; H. v. B. an AA, 23. 8. 1884, RKA 1999, 53 (= GP IV, 78); Aufz. Hatzfeldts, 20. 3. 1885, RKA 4199, 49; Nachtigals Verträge in: RKA 2004; Nachtigal an Lüderitz, 18. 11. 1884, Nl. Lüderitz 3a.3d, u. Lüderitz Hg. 94–7; an B., 9. 12. 1884, RKA 2035, 8–27; Bericht vom April 1885, RKA 2004; 2007, 5–8.

wenn der ganze Grund ein kolossales Erzlager ist«, hing er seiner alten Illusion nach, »so daß meinethalben ein Loch aus dem ganzen Gebiet wird durch Abbau der Erze, aber das Loch soll doch mein bleiben.«

Anfang 1885 zwang ihn indessen die finanzielle Misere, nachzugeben. Er drohte im Februar, zum Dank für Bismarcks anhaltende Unterstützung seine Rechte an zahlungskräftige englische Interessenten zu verkaufen. Zu diesem Zeitpunkt schaltete sich Bismarck mit dem Auswärtigen Amt ein, um die soeben inaugurierte »deutsche Kolonialpolitik gegen Kompromittierung« zu schützen. »Der Gedanke, daß dieser erste überseeische deutsche Besitz in englische Hände gehen könne«, eiferte sich der Präsident des »Deutschen Kolonialvereins«, sei ein »überwältigend aufregender«. Rücksichtnahme wegen der drohenden innenpolitischen Auswirkung einer solchen Enttäuschung schien geboten. Hammacher und Miquel begannen Berliner und Frankfurter Banken zu sondieren. Nicht zufällig wohl trat dann Julius Schwabach vom Haus Bleichröder in den Vordergrund und führte mit Hammacher die Verhandlungen mit Lüderitz zu Ende. In einer ausführlichen Denkschrift mußte dieser gleichsam den Offenbarungseid leisten, nachdem Hammacher geklagt hatte, wie »seltsam geartet« der Bremer sei und daß er die »Materialien..., deren Darlegung die Grundlage für Beschaffung des nötigen Kapitals ist«, nicht vorlegen wolle.

Anfang März hatte sich ein Kreis von Interessenten gebildet, doch war er, wie Kusserow später eingestand, nur »unter direkter amtlicher Einwirkung gebildet worden, um die Gefahr zu verhüten, daß das Besitztum des Herrn Lüderitz in englische Hände überginge«. Nach allem, was man bis dahin über Südwestafrika wußte, konnten die Aussichten auch nicht in rosigem Licht erscheinen. »Wie schwer« sei es doch, klagte daher Miquel, »für diese auch nicht sehr verlockende Sache Geld aufzutreiben«. Hammacher bat etwas melodramatisch, Beiträge für die geplante Gesellschaft müßten »in patriotischer Pflichterfüllung, in gewissem Sinn als Opfer dargebracht werden«. Die »von unserem Reichskanzler inaugurierte Kolonialpolitik« müsse »tatkräftig unterstützt« werden, damit »dieselbe in Angra Pequena keine Niederlage erleide«, beschwor er Haniel von der »Gute-Hoffnungshütte«, doch auf »Gewinn für die aufgewendeten Kapitalien ist in absehbarer Zeit nicht zu rechnen«. Wie Miquel machte auch er die Erfahrung, daß »die Betätigung des Nationalgefühls unter allerhand Vorwänden« – z. B. auch von Stumm und Mevissen – abgelehnt wurde. Aber Hammacher und Schwabach, der indes ebenfalls Angra Pequena und Gesellschaft für etwas hielt, »was man seinen Enkeln in die Sparbüchse legen könnte«, ließen nicht nach. Ende März wußte Bleichröder optimistisch: »Die Angra Pequena Angelegenheit... ordnet sich bestens.«

Man einigte sich darauf, für eine »Deutsche Kolonial-Gesellschaft für Südwestafrika« (DKGSWA) ein Kapital von 1,2 Millionen Mark aufzubringen, lehnte aber auch hier die Rechtsform der Aktiengesellschaft wegen der Kontrollbedingungen ab und wünschte vielmehr den weit vorteilhafteren Korporationsstatus nach preußischem Landrecht. »Durchdrungen von der patriotischen Pflicht, die an der Südwestküste Afrikas unter den Schutz des Deutschen Reiches gestellten Territorien in unmittelbarer und dauernder Beziehung zum Deutschen Reich zu erhalten und die... Kolonialpolitik tatkräftig zu unterstützen«, meldeten Bleichröder und Hammacher am 30. März Bismarck, sei ihr Konsortium jetzt in der Lage, Lüderitz' »Besitz« zu kaufen, um ihn »wirtschaftlich zu organisieren«. Da es sich »in erster Linie nur um opferwillige Beiträge, nicht um die Spekulation auf einen Gewinn« handle, scheide die Form der Aktiengesellschaft aus. Der Kolonialwirtschaft entspreche eher die Korporation des Allgemeinen Landrechts, auf der das Konsortium als Dank für seine Hilfestellung bestand.

Am 4. April unterzeichnete Lüderitz gegen eine Entschädigungszahlung von 300 000 Mark den Kaufvertrag mit einem Komitee der Interessenten, das am 13. April vom Kaiser die begehrten Korporationsrechte erhielt und am 30. April offiziell die DKGSWA mit ganzen 800 000 Mark Kapitalvermögen gründete. Ihr gehörten unter dem Präsidium Hammachers und Schwabachs die Bleichröders (mit der Höchstbeteiligung von 200 000 Mark), v. Eckardstein-Prötzel von der »Disconto-Gesellschaft« und die Bankhäuser Delbrück, Mendelssohn, Oppenheim, Warschauer, Erlanger, de Neufville und Stern an; die vorsichtige »Deutsche Bank« und die »Dresdner Bank« waren nach der Verleihung der Korporationsrechte (mit je 30 000 Mark) hinzugestoßen und traten neben den Herzog v. Ujest, Minister Friedenthal, Ohlendorff von der »NAZ«, Haniel, Siegle, Henckel v. Donnersmarck, Graf Frankenberg-Tillowitz, Fürst v. Hatzfeldt-Trachenberg, Hohenlohe-Langenburg und Lüderitz, dem der versprochene Aktienanteil von 200 000 Mark nichts mehr nützte, da er im Herbst 1886 auf einer Expedition ertrank[29].

Schon am 4. April hatte das zukünftige Führungsgremium der DKGSWA, mit der führende Vertreter des Solidarprotektionismus Bismarck eher widerwillig unterstützten, um die Übertragung der Schutzrechte auf die neue Gesellschaft gebeten. Bismarck kam diesem Wunsch sofort nach, wodurch eine der Kontrolle des Reichshandelsrechts entzogene Korporation mit 800 000 Mark Kapital bis zum Oktober 1885 rund 240 000 km² unter Reichsschutz stehenden Landes erhielt. Als die DKGSWA im Juli 1885 aufgefordert wurde, der Reichsstempelsteuerpflicht zu genügen, protestierte sie lebhaft beim Bundesrat, daß sie keine »Erwerbs- oder Handelsgesellschaft« sei, sondern »vielmehr öffentliche Interessen und gemeinnützige Zwecke« verfolge. Die »Erfüllung der patriotischen Pflicht« sei ihr Gründungsmotiv gewesen, das von Bismarck, »dem hohen Protektor unserer Bestrebungen, vollauf gewürdigt« werde. Wegen des »besonderen uneigennützigen Charakters unserer Gesellschaft, die sich nur den Zwecken des Reiches dienstbar macht, eigene Vorteile nicht erstrebt und nicht in der Lage ist, Steueropfer zu den übrigen patriotischen Opfern zu bringen«, bat die DKGSWA um Befreiung von der Stempelsteuer. Dem Antrag wurde stattgegeben. Wenige Tage später, am 4. August, kaufte sie die Hansemannschen Bergwerksrechte im Hinterland von Walfisch-Bai, die der Chef der »Disconto-Gesellschaft« seit April Hammacher offeriert hatte, für 213 000 Mark ab und trat sodann in eine Periode jahrelang währender Stagnation ein. Denn die Enttäuschung, die Hansemann zu seinem vorteilhaften Verkauf bewogen hatte, teilte sich bald auch der DKGSWA mit.

Die Hoffnung, daß »die unterirdischen Schätze«, der »Hauptwert der betreffenden Landesgebiete« mit ihren angeblich reichen »Kupfererzlagerstätten«, sofort gehoben

---

29. Schüssler, 133 f.; Günther, 331–34; GW 8, 515; Lüderitz an Lesser, 1. 12. 1884, in: Lüderitz Hg., 105 f.; Sanders, I, 13; C. A. v. Weimar an Lüderitz, 13. 11., 8. 12. 1884, Nl. Lüderitz 3a.3h, u. Lüderitz Hg., 79 f.; vgl. Facius; Bein, Hammacher, 92 f.; DKG 899, 211 (Hohenlohe-Langenburg, 23. 2. 1885); Lüderitz' Denkschrift, 25. 2. 1885, in: Lüderitz Hg., 107–16; Hammacher an Hohenlohe-Langenburg, 5. 3. 1885, in: Bein, 92; Kusserow an B., 19. 1. 1890, RKA 1547, 27–42; Miquel an Hammacher, 6. 4. 1885, Nl. Hammacher 31; vgl. Herzfeld, II, 43; Hammacher an Haniel, 20. 3. 1885, Nl. Hammacher 21; Schwabach an E. Oppenheim, 11. 3. 1885, Archiv Oppenheim, 113; Bleichröder an Hohenlohe-Schillingsfürst, 30. 3. 1885, Nl. Hohenlohe-Schillingsfürst 100; Bleichröder u. a. an B., 30. 3. 1885, RKA 1532, 3–5; Verzeichnis der Einlagen der DKGSWA, 9. 4. 1885, ebda., 10; Aktionärsverzeichnis in: V. d. Heydts Kolonialhandbuch 8, Berlin 1914, 135. Allg. Sanders, I, 14–24; KZ 22. 7. 1885.

werden könnten, trog. Das Kapital der DKGSWA schmolz bis zum Winter 1885/86 zusammen, übrig blieb eine politische Gefälligkeitsleistung für Bismarck. Außer Hansemanns Rechten mußte die DKGSWA noch die Konzession des deutschen Unternehmers Lilienthal kaufen. »Wir haben in diesen sauren Apfel beißen müssen, weil das Auswärtige Amt es dringend wünschte«, rechtfertigte sich Hammacher. »Die Geschäftslage ist keine günstige«, stellte der Verwaltungsrat auf seiner ersten Tagung fest. »Abbauwürdige Mineralien oder Erze sind bisher nicht aufgefunden, auch sonstige Einnahmequellen nicht erschlossen worden.« »Was den berühmten Minenreichtum des Landes anbetrifft«, spottete der erste Reichskommissar für Südwestafrika, Dr. Göring, »so glaube ich nicht, daß im Namaqualande abbauwerte Minen jemals aufgefunden werden.« Die DKGSWA tröstete sich damit, daß sie ohnehin »lediglich patriotische Zwecke verfolge«[30].

Anfang 1887 mußte sich Bismarck mit dem Gedanken vertraut machen, auch Südwestafrika als staatliche Verwaltungskolonie zu übernehmen. Bis es tatsächlich dazu kam, war eine wichtige Entwicklung: die Ausdehnung nach Osten ins Landesinnere und die Grenzregulierung im Norden abgeschlossen worden. Staatsrechtlich – wenn man diese Begriffe des europäischen Rechtsdenkens einmal übertragen will – bestand das Schutzgebiet in Südwestafrika in den ersten Jahren 1. aus dem käuflich erworbenen Privatbesitz deutscher Staatsangehöriger, deren Verträge und Besitzungen durch Nachtigal bestätigt und unter Reichsschutz gestellt worden waren; 2. aus den Gebieten von Eingeborenenstämmen, deren Häuptlinge 1884 und 1885 ihre »Hoheitsrechte« vertraglich dem Reich übertrugen; 3. aus dem Land derjenigen Häuptlinge, die den Abschluß eines »Schutzvertrags« abgelehnt hatten. Gleichwohl wurden auch ihre Regionen zur deutschen Interessensphäre gezählt. Besonders bei der Ausbreitung der deutschen Schutzherrschaft ins Landesinnere ging es darum, Zessionsverträge abzuschließen, da mit dem englischen Vorstoß nach Norden: ins Betschuanaland ganz offensichtlich der britisch-kapländische Einfluß auch zuerst möglichst weit nach Westen ausgedehnt werden sollte. Während die englischen Expeditionstruppen seit Dezember 1884 im Betschuanaland vorrückten, schloß nämlich der britische Kommissar Palgrave mit den Hereros Schutzverträge ab, die das weite Hinterland von Angra Paquena abtrennten. Bismarck erklärte am 27. Februar 1885 dieses Vorgehen in einem scharfen Protest für unvereinbar mit den Londoner »Zusagen« freundschaftlicher Berücksichtigung der deutschen überseeischen Interessen, worauf Unterstaatssekretär Ashley am nächsten Tag in einer Unterhauserklärung Palgrave desavouierte[31].

In Berlin entschloß sich Bismarck zu einem schnellen Gegenstoß. »Die Zukunft der südwestafrikanischen Erwerbung Deutschland«, erläuterte Hatzfeldt Anfang März,

---

30. Hammacher u. a. an B., 4. 4. 1885, RKA 1522, 6 f.; Moeller an B., 18. 4. 1885, ebda. 5, vgl. 23; DKGSWA an Bundesrat, 6. 7. 1885, RKA 1524, 105 f.; an B., 4. 8. 1885, RKA 1532, 23–7; Sanders, I, 24–33; vgl. RKA 2008, 21; DKGSWA an B., 16. 10. 1885, RKA 1537, 9 f.; L. v. Lilienthal an AA, 20. 1. 1885, RKA 1214, 1 f.; Aufz. Kusserows, Febr. 1885, ebda., 4 f.; H. v. B. an Lilienthal, 22. 6. 1885, ebda., 20–22; Hammacher an Haniel, 6. 12. 1886, Nl. Hammacher 21; Rommel an B., 30. 3. 1886 (Verwaltungsratssitzung, 15. 3. 1886), RKA 1532/1, 5 f.; Göring an B., 3. 5. 1886, RKA 1276, 5–8, vgl. RT 6:2:6, 1637–40, Anl. 307; dazu Berchem an B., 28. 5. 1886, RKA 1522, 34–6 (vielleicht könne Görings Bericht doch zur »Weckung des kapitalistischen Interesses« beitragen!).

31. H. Hesse, Die Schutzverträge in Südwestafrika, Berlin 1905, 6–17; H. Kuhn, Die deutschen Schutzgebiete, jur. Diss. Leipzig, Berlin 1913, 36 f.; F. Schack, Das deutsche Kolonialrecht, Hamburg 1923, 94 f.; Schüssler, 206, 209 f.; Bieber an AA, 25. 2. 1885, RKA 2003, 1; B. an Münster, 27. 2. 1885, ebda., 3; Münster an AA, 28. 2. 1885, ebda., 6; 2. 3. 1885, ebda., 15 f.

»wird durch die Möglichkeit ungestörter Ausdehnung von der wenig fruchtbaren Küste nach dem Inneren bedingt.« Da England inzwischen für das Betschuana-Protektorat den 22. Längengrad als Grenze zugesagt hatte (der tatsächlich bis 1918 die Grenze blieb), könnten »die geeigneten Schritte zur Erweiterung des deutschen Schutzgebietes unternommen werden«. Im Auftrage des Reiches sollte daher der Missionar Büttner das gesamte Gebiet bis zur Protektoratsgrenze unter deutsche »Schutzherrschaft« stellen. Aus dem »Fonds für afrikanische Forschungen« des Reichsamts des Innern wurde seine Expedition »zur Erforschung der Hinterländer von Angra Pequena« finanziert, wo Büttner im Herbst gemäß der kaiserlichen Vollmacht »Freundschafts- und Schutzverträge abzuschließen« hatte, diese gewünschten Verträge auch vereinbarte und die deutsche Schutzherrschaft formell proklamierte. Bundesrat und Reichstag wurden die neuen Verträge wieder nur mitgeteilt, da für die Schutzherrschaft aus kaiserlicher Vollmacht eine nachträgliche Genehmigung »nicht erforderlich« war, wie Herbert v. Bismarck urteilte, – ein Schlaglicht auf die halbabsolutistische Verfassungsstruktur des Kaiserreichs, die während der Kolonialpolitik öfters hervortrat.

Auch jetzt, im Januar 1886, als das Landesinnere im Süden, wo der Oranje die Grenze zum Kapland hin blieb, und im Osten bis hin zum Betschuanaland gewonnen worden war, beharrten die Bismarcks noch darauf, daß diese Schutzherrschaft »für das Deutsche Reich keine direkte Verantwortlichkeit, weder in finanzieller noch in politischer Beziehung« impliziere, »da die Regierung im wesentlichen in den Händen der Häuptlinge bleibt«. Dieser Wunsch, trotz des staatlichen Engagements das Prinzip der indirekten Herrschaft in einem territorialen Protektorat auf längere Dauer beibehalten zu können, sollte sich freilich binnen Jahresfrist als Illusion erweisen[32].

Seit dem Januar 1886 wurde auch im Norden die Arrondierungspolitik vorangetrieben, da es bis dahin noch immer strittig geblieben war, ob der 18. Breitengrad bei Kap Frio die Grenze zu Angola bilden solle. Nachtigal hatte in Erfüllung seiner Instruktionen vom 19. Mai 1884 das südliche Kuneneufer als Grenze bezeichnet. Als Portugal kommerzielle Konzessionen in seinen afrikanischen Besitzungen versprach, wollte das Auswärtige Amt nicht mehr unbedingt auf dem Kunene beharren. Da Lissabon aber diese Zusage nicht eingehalten hatte, brauchten keine Rücksichten mehr genommen werden, riet Kusserow, der inzwischen als preußischer Gesandter in den Hansestädten tätig war. Für die DKGSWA, die »ohnehin in ihrer Entwicklung nach Osten ... durch die Proklamierung des englischen Protektorats über Betschuana« und die Kalahariwüste »gehemmt ist«, sei es »von um so größerer Bedeutung ... sich nach Nordosten auszudehnen«. Damit wurden die Fähigkeit und der Wille der dahindämmernden DKGSWA zur weiteren Ausdehnung von dem unermüdlichen Vertreter deutscher Expansionspolitik wahrscheinlich stark überschätzt. Aber daß die Ausbreitung nach Nordosten: hin zum Sambesigebiet und nach Innerafrika offengehalten werden sollte, war auch die Meinung des Auswärtigen Amts unter Staatssekretär Herbert v. Bismarck, der den Gesandten Schmidthals in Lissabon im März 1886 anwies, »ohne weitere Prüfung der Rechtsfrage« und ohne sich auf »eine theoretische Erörterung mit der portugiesischen Regierung einzulassen«, auf dem Kunene und einer entsprechend weiter nach Osten verlaufenden Grenzlinie zu beharren.

---

32. Hatzfeldt an Wilhelm I., 8. 3. 1885, RKA 2005, 22; Busch an Boetticher, 18. 3. 1885, RKA 1468, 28 f.; Boetticher an Hatzfeldt, 22. 3. 1885, ebda., 38 f.; Kaiserl. Vollmacht für Büttner, Apr. 1885, ebda., 49 f.; Bieber an B., 1. 12. 1885, RKA 1469, 5 f.; H. v. B. an B., 18. 1. 1886, ebda., 56 f.; London wurde korrekt informiert: H. v. B. an Hatzfeldt, 23. 1. 1886, RKA 2078, 10.

In diesem Sinn wurde dann auch schließlich im deutsch-portugiesischen Grenzprotokoll vom 30. Dezember 1886 die Frage entschieden, aber vorher hatte der portugiesische Außenminister diese Konzession zu vermeiden gesucht. Er erkannte klar die deutschen Motive, als er Schmidthals zugestand, daß »der Gesittung und dem Handel die Wege... in das Innere des afrikanischen Kontinents« zu bahnen seien, einer Festlegung der Grenze am Kunene aber auswich. Das Auswärtige Amt ließ sich dadurch von seiner Forderung nicht abbringen. Im August fixierte Unterstaatssekretär v. Berchem erneut als Richtlinie, »die Erweiterung unseres südwestafrikanischen Schutzgebietes gerade nach denjenigen fruchtbaren Gebieten Zentralafrikas« sicherzustellen. »Auch erscheint es für die Zukunft erwünscht, daß wir... bis an den Sambesifluß, der wichtigsten Verkehrsader im Innern Südafrikas, vorrücken«, zumal da England aus dem Betschuanaland sowie dem Matabele- und Maschonaland im Norden Transvaals auf ihn zustoße. Ende November hatte Lissabon diese deutschen Bedingungen akzeptiert, die Deutschland den Weg zum Sambesi freihielten. Sogleich betonte Herbert v. Bismarck, daß Berlin »Wert darauf zu legen« habe, sich nicht von England »vom Sambesi abdrängen zu lassen«, wie es das allmähliche englische Vordringen nach Norden anzukündigen schien. Doch erst im deutsch-englischen Kolonialausgleich vom Juni 1890 gestand London den sogenannten »Caprivizipfel« zu, der im äußersten Nordosten des Schutzgebiets unmittelbar an den Sambesi mit seiner überschätzten Verkehrsbedeutung heranführte[33].

Zur selben Zeit, als auch die Nordgrenzen des südwestafrikanischen Schutzgebiets festgelegt worden waren, hatte sich Bismarck einzugestehen, daß die DKGSWA unfähig oder nicht willens war, »die innere Verwaltung des Schutzgebietes mit eigenen Mitteln und für eigene Rechnung zu regeln«. Wie in Westafrika und bald auch in Ostafrika mußte er sich dazu entschließen, durch das Reich »diese Regelung... einzuleiten«. Freilich sollte dieser letzte Schritt zur staatlichen Verwaltungskolonie noch immer nur eine Übergangsregelung darstellen. »Sobald es dagegen die Verhältnisse der DKGSWA gestatten«, schärfte ihr Herbert v. Bismarck ein, sollte sie »selbständig in die unmittelbare Verwaltung ihres Schutzgebietes« eintreten, Steuern erheben und behalten dürfen. Daß das Reich die Verwaltungskosten tragen sollte, wurde von der DKGSWA sofort dankend akzeptiert, jedoch bekräftigte auch sie, teils aus taktischen Motiven, teils zur Sicherung zukünftiger Chancen, daß damit das Reich trotzdem »die unmittelbare Herrschaft nicht übernommen« habe und »sämtliche Staatshoheitsrechte« im strikten völkerrechtlichen Sinn bei ihr verblieben. Zwar könne sie diese Hoheitsrechte wegen ihrer »beschränkten Mittel noch nicht« durch »eine eigentliche Staatsverwaltung« ausüben, doch dürfte es »keinem Zweifel unterliegen«, daß sie »zur Anregung, zur Hebung und zum Schutz von Industrie, Handel und Kolonisation rechtlich befugt« sei, »Grundbesitz zu verkaufen, das Bergwerksregal

---

33. Kusserow an B., 13. 1. 1886, RKA 1797, 89–91; H. v. B. an Schmidthals, 8. 3. 1886, ebda., 104 f.; vgl. RKA 1621, 52–80; Protokoll, 30. 12. 1886, RKA 1799, 7–10; Barros-Gomes an Schmidthals, 4. 8. 1886, RKA 1798, 63 f.; Prom. Krauels o. D. (Aug. 1886), ebda., 65–70; Aufz. Berchems, 20. 8. 1886, ebda., 71 f.; Schmidthals an AA, 24. 11. 1886, ebda., 105; H. v. B. an Bieber, 26. 1. 1887, RKA 1799, 21 f.; vgl. J. Duffy, Portugal in Africa, Cambridge/Mass. 1962, 47–72; ders., Portuguese Africa, London 1959, 201–24. Im Angola-Vertrag v. 30. 8. 1898 (= GP 14/1, 347 f.) einigten sich zwar England und Deutschland über eine Teilung der portugiesischen Kolonie, doch wurde dieser Vertrag durch die erneute englisch-portugiesische Verständigung im sog. Windsor-Vertrag v. 14. 10. 1899 bald wieder stillschweigend übergangen. Vgl. hierzu R. J. Hammond, Economic Imperialism: Sidelights on a Stereotype, JEH 21. 1961, 592 f.; ders., Portugal in Africa, 1815–1910. A Study in Uneconomic Imperialism, Stanford 1966, 77–132.

auszuüben, den Bergbau zu beaufsichtigen, Konzessionen und Privilegien zu erteilen, Gewerbe- und Handelsbetriebe zu ordnen, öffentliche Anlagen herzustellen und ihre Benutzung zu ordnen, Zölle, Steuern, Abgaben und Gebühren aller Ort zu erheben«. Das bildete einen umfassenden Katalog papierner Ansprüche, doch zeigte sich die DKGSWA weiter außerstande, sie zu realisieren. »Daß deutsche Interessen überhaupt einmal sich ... geltend machen werden«, urteilte dann auch Reichskommissar Göring höchst skeptisch, »dazu scheint mir in der Tat außerordentlich wenig Aussicht vorhanden zu sein.« Da die DKGSWA angeblich nur »mit Verlust« arbeite, »werden sich schwerlich« andere »deutsche Kapitalisten finden, die aus purem Enthusiasmus Geld für derartige kolonisatorische Unternehmungen hergeben«.

Wegen der heiklen finanziellen Verpflichtungen hatte die DKGSWA bisher auch nicht auf der Erteilung eines kaiserlichen Schutzbriefs zusätzlich zu ihren Korporationsrechten, die freilich weit genug reichten, bestanden. Als aber im Herbst 1887 Nachrichten über angebliche Goldfunde auftauchten, fühlte die Gesellschaft im Hinblick auf die Erteilung einer Charter bei Bismarck vor, »in welcher Ausdehnung die Einrichtung der staatlichen Verwaltung ... zunächst für unbedingt erforderlich erachtet« werde. Das Auswärtige Amt vertrat daraufhin die Auffassung, daß die »finanziellen Vorteile«, die der Gesellschaft »bei der wirtschaftlichen Lage des Schutzgebietes« durch Schutzbriefrechte erwachsen könnten, nur »geringe seien«; es wollte jetzt die Anforderungen an die DKGSWA »auf das zulässig geringste Maß« beschränken. Ende 1887 meldete daher die Gesellschaft ihr Vorhaben an, den »Antrag auf Erteilung eines Schutzbriefes für unsere Besitzungen demnächst einzubringen«. Nur wenige Wochen später nahm jedoch der Verwaltungsrat, ohne Gründe zu nennen, davon »vorläufig noch Abstand«, und danach ist diese Frage offensichtlich nicht mehr behandelt worden[34].

Das Schutzgebiet dämmerte gewissermaßen inzwischen weiter dahin. Zu Recht sprachen daher englische Stimmen von einer »schattenhaften Schutzherrschaft« der Deutschen, und auch die »Deutsche Kolonialzeitung« räumte eher widerwillig ein, daß »das deutsche Schutzverhältnis in diesen weiten Ländereien bisher nur dem Scheine nach besteht«. »Kein Mensch« sehe etwas »von der Macht des Deutschen Reiches«. Entweder müsse jetzt etwas geschehen, um das »Ansehen« Deutschlands »zu erhalten, oder es muß die Länder aufgeben, denn der jetzige Zustand« sei schlechthin »beschämend«. Das trat vor aller Augen hervor, als im Herbst 1888 Unruhen im Damaraland ausbrachen, wo die Hereros älteren Verträgen mit einem englischen »Merchant Adventurer« aufgrund lang aufgestauter Unzufriedenheit mit der Behandlung durch Deutsche den Vorzug vor den Abmachungen mit dem »Reich« gaben, und Reichskommissar Göring samt den Vertretern der DKGSWA in die englische Walfisch-Bai floh. Gleichzeitig mit dem großen Aufstand in dem ostafrikanischen Schutzgebiet erreichte auch die deutsche »Herrschaft« in Südwestafrika einen absoluten Tiefpunkt. Das Auswärtige Amt erfuhr Mitte Dezember 1888 diesen Zusammenbruch, seit dem Januar 1889 erschienen Nachrichten darüber – ungeachtet aller Bemühungen um Geheimhaltung – in den deutschen Zeitungen.

Vorerst beschied sich die Berliner Behörde mit Bismarcks allgemeiner Auffassung über militärische Interventionen in den Kolonien, daß nämlich »von Ausübung eines

---

34. H. v. B. an DKGSWA, 13. 2. 1887, RKA 1522, 66; DKGSWA an AA, 16. 2. 1887, ebda.; DKGSWA an B., 21. 3. 1887, ebda., 68–71; Göring an B., 15. 5. 1887, ebda., 74; DKGSWA an B., 5. 9. 1887, ebda., 77; Promem. des AA, RKA 1523, 6–19; DKGSWA an B., 5. 12. 1887, ebda., 35; Protokoll der Verwaltungsratssitzung der DKGSWA, 26. 1. 1888, RKA 1534/1, 48 f.

Zwanges gegen die Hereros ... nicht die Rede sein könne«. Aber Göring glaubte in einem ausführlichen Bericht, daß am besten eine 400–500 Mann starke reguläre Truppeneinheit mit leichten Feldgeschützen die »Ordnung« wiederherstellen könne. Da er Bismarcks Ablehnung, die tatsächlich sogleich ausgesprochen wurde, vorhersah, schlug er als Ersatzlösung vor, daß die DKGSWA ein Kolonialkorps von 600 Mann bilden und schleunigst einsetzen solle. Wie zu erwarten, lehnte diese indessen eine »militärische Expedition in das Hereroland« ebenfalls rundherum ab. Es könne »in einem Gebiete, wo, wie in Südwestafrika, nicht eine mit Schutzbrief versehene Gesellschaft, sondern das Reich selbst die Schutzherrlichkeit ausübt, wohl nicht als die Sache der beteiligten Privaten angesehen werden, die Autorität des Reiches wiederherzustellen. Die dortigen deutschen Privatinteressen sind auf den Schutz des Reiches angewiesen«. Genau wie früher in Kamerun und zur selben Zeit in Ostafrika mußte daher schließlich doch das Reich eine Schutztruppe entsenden, die – wenn auch vorerst nur zwei Dutzend Mann stark – im Juli 1889 in Südwestafrika eintraf.

Zwar war ihrem Kommandeur, C. v. François, vom Auswärtigen Amt eingeschärft worden, keine Gewalt gegen die Hereros anzuwenden, vielmehr nur durch die effektive militärische Präsenz zu wirken und die europäischen »Anführer« der Eingeborenen zu verhaften oder auszuweisen. Im Lande angekommen griff François aber bald zu Repressalien gegenüber den Hereros und bestand auf Verstärkung seiner Truppe, bis er im Januar 1890 damit Erfolg hatte. Ganz klar aber hatte François die Bedeutung seiner Entsendung erkannt: »So klein ... auch die Truppe war, so wichtig war der Schritt, den die Kolonialabteilung durch ihre Heraussendung in die Kolonie getan hatte ... Das war« nach der Entsendung des Reichskommissars von 1885 »der zweite wichtige, prinzipielle Schritt in der Umwandlung der Gesellschafts- in eine Kronkolonie«[35]!

Bis zum Kanzlerwechsel von 1890 bot sich mithin den Bismarcks kein Anlaß mehr, an eine günstigere Entwicklung in Südwestafrika zu glauben. »Unsere südwestafrikanische Gesellschaft ist faul, bankrott und unlustig«, schrieb Herbert v. Bismarck von einem Londoner Besuch im März 1889. Mit »Genugtuung« nahm er Chamberlains Angebot, der aus Rücksicht auf die britische Kappolitik Helgoland gegen Deutsch-Südwestafrika zu tauschen bereit war, zur Kenntnis. Ein solcher Tausch sei »sehr vorteilhaft« und vermutlich »in Deutschland enorm populär«, glaubte der Staatssekretär. »Wer spricht heut noch von Angra Pequena, von Lüderitz-Land und Lüderitz«, hatte Eugen Richter schon 1885 gespottet, »das ist ein ganz verkrachtes Geschäft und ... daß Angra Pequena nichts ist wie ein ödes Sandloch, das bestreitet heute niemand.«

Wenn es auch während der Schlußphase der Regierung Bismarck zu einer Vereinbarung mit England nicht mehr kam, so wurden doch seit diesem Frühjahr 1889 die Grundlagen für den Kolonialausgleich von 1890, das Helgoland-Sansibar-Abkommen, gelegt, wobei sich schließlich die ostafrikanischen Fragen stärker als die Kappolitik in den Vordergrund schoben. »Auf Südwestafrika«, bei dieser Meinung blieb Herbert v. Bismarck, »lege ich bei dem Mangel an deutschem Unternehmungsgeist

---

35. DKZ NF 1. 1888, 123; DKZ 4. 1887, 533; Aufz. AA, 13. 12. 1888, RKA 2103, 8–10; Göring an B., 15. 11. 1888, RKA 2104, 5–25; B. an Göring, 6. 3. 1889, ebda., 150–53; DKGSWA an B., 19. 2. 1889, ebda., 113–24; AA-Instrukt. für Nels, 19. 5. 1889, RKA 2106, 50–57; C. v. François, Deutsch-Südwestafrika, Berlin 1899, 35, 55–58. Vgl. zuerst eingehend hierüber: Drechsler, 54 f., 57 f., 61; Sanders, I, 52 f.

für transozeanische Kapitalanlagen kein großes Gewicht.« Selbst wenn es deutsch bleibe, sei »einstweilen... nicht zu erwarten, daß Handel und Kapital unserer Flagge folgen werden«. Als daher die DKGSWA im September 1889 den Entschluß faßte, zwei Drittel der Küstenländereien an eine englische Gesellschaft zu verkaufen, »spielte« auch Bismarck »mit dem Gedanken«, – wie sein Referent A. v. Brauer in Friedrichsruh feststellte –, »das ganze Gebiet zu abandonnieren«, da er seine Auffassung hinreichend bestätigt gefunden hatte, daß »ohne Unternehmungsgeist und Kapital... da nichts zu machen« sei; beides fehle aber, »und das Reich kann nicht Unternehmer sein«. Für die DKGSWA hätte der Vertrag vom 13. September 1889, der gegen 3 Mill. Mark den Verkauf von 210 000 km² Grundbesitz und 290 000 km² Berggerechtsame (hatte doch die DKGSWA im März 1888 durch kaiserliche Verordnung das Bergregal im ganzen Schutzgebiet erhalten!) vorsah, ein vorzügliches Geschäft bedeutet, da sie bislang allenfalls 1,5 Mill. Mark ausgegeben hatte. Er hing jedoch von der Genehmigung des Auswärtigen Amts ab. Dort wurde in mehreren Gutachten das Für und Wider erwogen. Die Referenten stimmten darin überein, daß die DKGSWA erhalten bleiben und folglich, da sie ohne Verkauf binnen Jahresfrist liquidieren müsse, die Genehmigung bekommen solle; nur so lasse sich Südwestafrika überhaupt halten. Denn »fällt dieses Unternehmen«, hieß es, »so sind nennenswerte deutsche Niederlassungen in dem Schutzgebiete nicht mehr vorhanden. Voraussichtlich ist dann deutsches Kapital für Südwestafrika überhaupt nicht mehr zu haben und das Schutzgebiet für uns definitiv verloren«. Des ungünstigen Eindrucks, den der Verkauf weithin in der deutschen Öffentlichkeit hinterlassen werde, war man sich bewußt. Deshalb hielt die Wilhelmstraße Gegenmaßnahmen für nötig, die die Enttäuschung: »daß mit dem Verkauf der DKGSWA der deutsche Einfluß in dem Schutzgebiet sein Ende erreicht«, auffangen sollten. Es empfahl Bismarck die Billigung des Verkaufs.

Daß Südwestafrika aber nur zu offensichtlich nach dem Vollzug des Vertrags wirtschaftlich eine englische Domäne werden würde, ließ sich trotz alledem nicht bestreiten. Da zudem Bismarcks Kolonialpolitik – namentlich seit der Absage, die er den Verfechtern eines deutschen ost-mittelafrikanischen Großreichs erteilt hatte (s. V. C. a) –, zunehmend der öffentlichen Kritik der imperialistisch gesinnten Interessentengruppen und ihrer Presse ausgesetzt, vor allem aber die Aushöhlung des »Kartells« von 1887 zu befürchten war, schob er erst die Entscheidung hinaus und versagte dann am 25. Februar 1890, kurz vor seiner Entlassung, dem Vertrag seine Billigung.

Erst nachdem der Zufall der Diamantenfunde in der Namibwüste (1908) und die Erschließung der Otavi-Kupferlager bei Tsumeb (1906) ungeahnte Reichtümer verhießen, begann deutsches Kapital in die Kolonie zu fließen, die soeben jahrelang durch die ungemein brutal und blutig unterdrückten Eingeborenenaufstände erschüttert worden war.

Jetzt bestätigte sich auch hier die Prognose eines erfahrenen Spekulanten in deutschen Kolonialunternehmen, des Hamburger Rechtsanwalts J. Scharlach. Mit »höchst schätzenswerten Idealen und patriotischen Gesichtspunkten« könne man zwar »die Massen begeistern und Kolonialschwärmer erziehen, aber nicht das Kapital gewinnen, welches erforderlich ist«, hatte er dem Auswärtigen Amt geschrieben. Dafür müsse man vielmehr »die Möglichkeit eines verhältnismäßig großen Gewinns eröffnen. Man muß dabei davon ausgehen, daß in einem Kolonialbesitz wie z. B. unser Südwestafrika angelegtes Geld entweder verloren ist« oder »jenes Anlagekapital einen unendlich vielfachen Wert in sich hat, wenn die Hoffnungen sich ganz oder auch nur zum Teil verwirklichen«[36]. Sie verwirklichten sich in Südwestafrika während der kurzen acht Jahre vor dem Ersten Weltkrieg, nachdem das Schutzgebiet vorher zwanzig Jahre lang nur steigende Unkosten für das Reich verursacht hatte.

b) Fehlschlag in Südostafrika: Santa-Lucia-Bai und Zululand

Während an der südwestafrikanischen Küste ein deutsches Schutzgebiet entstand, scheiterte ein weiteres Vorhaben von Lüderitz, auch im Zulureservat an der südostafrikanischen Küste Fuß zu fassen. Der Bremer Kaufmann war nicht der erste Deutsche, der die Santa Lucia-Bai – oder sogar die portugiesische Delagoa-Bai – zu erwerben und im Hinterland Verbindung mit den burischen Freistaaten aufzunehmen beabsichtigte. In seiner Denkschrift vom März 1875 hatte Ernst v. Weber, der ihretwegen auch im Juni 1876 erfolglos bei Bismarck vorsprach, den Kauf eines der beiden Häfen gefordert. Von dort solle eine Bahn nach Pretoria gebaut und Anschluß an die Transvaalrepublik gesucht werden. Die Aussicht auf das »Eldorado« eines »großen Absatzgebietes für unsere Industrie«, das eine subventionierte Dampferlinie mit Deutschland verbinden sollte, konnte den Reichskanzler nicht aus seiner höflichen Reserve hervorlocken. Weber kam aber in den folgenden Jahren noch mehrfach auf dieses Projekt zurück. 1879 riet er wieder zur »Akquisition« eines Hafens, der den »Zugang« zum »fruchtbaren Binnenlande von Transvaal« und von dort »zu den unermeßlichen reichen Ländereien des inneren Afrika ... zwischen dem Limpopo, den zentralen Seen und dem Kongostrom« bilde. Die burische Opposition gegen das kapländische Vordringen bewertete er als »Verteidigung ihrer deutschen Nationalität« und als Widerstand gegen die englische »negerverhätschelnde« Politik. Er erregte mit seinen Vorschlägen immerhin soviel Aufsehen, daß der englische Botschafter sich bemüßigt fühlte, Außenminister Granville zu berichten, angesichts der bekannten antikolonialistischen Haltung der Reichsregierung besäßen »unter den gegenwärtigen Umständen« Webers Pläne »keine Aussicht auf erfolgreiche Realisierung«.

Im selben Jahr, 1880, wurde Weber von Fabri unterstützt, der den britisch-burischen Konflikt ausgenutzt sehen wollte, um das Transvaal unter »deutsche Protektion« zu stellen, worauf er freilich ebenso entschieden vom Auswärtigen Amt abgewiesen wurde. Schon damals regte sich in Deutschland gelegentlich eine schwärmerische, mit Expansionsplänen vermischte Sympathie für die Buren. So hielt es Heinrich v. Treitschke 1884 in den »Preußischen Jahrbüchern« für eine durchaus »naturgemäße Wendung der Dinge, wenn das stammverwandte Deutschland ... den

---

36. H. v. B an B., 27. 3. 1889, GP IV, 408 f., vgl. 409–14; RT 6:2:1:37 (Richter, 24. 11. 1885); H. v. B. an Berchem, 21. 6. 1889, GP IV, 416; v. Brauer, 290; H. Brincker an B., 13. 3. 1889, RKA 2105, 32–34 (Marg. B.); DKGSWA an B., 11. 4. 1889, RKA 1545, 5–10; Notiz des AA, RKA 1550, 138; Votum Stemrichs, 26. 9. 1889, RKA 1545, 70–75; Votum Görings, 3. 10. 1889, ebda., 70–75; Votum Kaysers, 22. 9. 1889, ebda., 68 f.; AA an B., 15. 10. 1889, RKA 1546, 8–13. Vgl. Drechsler, 63 f.; Jäckel, 55 f.; Sanders, I, 36, 43, 57 f., sowie Caprivis Reaktion auf das Verkaufsvorhaben (Notiz, 7. 9. 1890, RKA 1548, 72): »Was wird aber, wenn die Gesellschaft keine Käufer findet? ... Lohnt das ganze Westafrika noch den kaiserlichen Regierungsapparat, wenn die Gesellschaft liquidiert hat? Ist es der Mühe wert, das Reich noch mehr zu engagieren?« Zur Zeit nach 1890 die vorzügliche Analyse von H. Bley, Kolonialherrschaft u. Sozialstruktur in Deutsch-Südwestafrika, 1894–1914, Hamburg 1968, u. Drechsler, 70–279. Vgl. Schüssler, 212–21. Denkschrift Scharlachs, Jan. 1893, RKA 1550, 144–63.

Schutz der teutonischen Bevölkerung Südafrikas übernähme und die Erbschaft der Briten anträte«. Gleichzeitig argwöhnte die »Kölnische Zeitung«, die Annexion des Betschuanalands solle nur verhindern, »daß das südafrikanische Deutschtum sich jemals die Hände reiche«. Dagegen spottete der Linksliberale F. C. Philippson mit wohltuender Ironie über diese Versuche, die burische Grenzerbevölkerung als deutsche Minderheit zu beanspruchen, daß die Buren doch nur »Biedermänner« seien, »die mit uns nichts gemein haben als die Hautfarbe und eine Anzahl Wörterwurzeln«[37].

Anfang 1884 lernte Lüderitz den »Afrikaforscher« August Einwald, einen einfältigen Handwerker, kennen, den er – bar wirklicher Menschenkenntnis – im Mai als seinen Beauftragten nach Südafrika entsandte, um an der Zulukuste Land zu kaufen. Zu dieser Zeit wußte sich Lüderitz nicht nur der Unterstützung seines südwestafrikanischen Unternehmens durch Bismarck sicher, sondern er war auch im Auswärtigen Amt zur Ausdehnung seiner Erwerbungen ermuntert worden. Diese günstige Stimmung suchte er wahrscheinlich auszunutzen. Am 30. Mai informierte er Bismarck, er hoffe, bis zum Jahresende »die Erwerbung des von England unabhängigen Teils von Zululand« und der Santa Lucia-Bai melden zu können: »Dann kann Transvaal von Westen und Südosten über deutsches Gebiet ... mit Deutschland in direkte Verbindung treten.«

Vor seinen Augen stand die Vision eines sich quer durch Südafrika vom Atlantischen zum Indischen Ozean hin erstreckenden deutschen Kolonialreichs, ähnlich wie Carl Peters ein mittelafrikanisches Kolonialreich anvisierte. Die Ausführung eines solchen Planes hätte einen Mann mit den Mitteln und der Statur Cecil Rhodes' verlangt – doch gerade auf ihn als weit überlegenen Gegenspieler traf jetzt Lüderitz. Noch während Einwald nach Kapstadt reiste, unterband gegen die von Rhodes mitherbeigeführte Proklamierung des Betschuanaland-Protektorats das Vordringen von Angra Pequena aus nach Osten. Zudem ließ Lüderitz außer acht, daß Bismarck mit seiner pragmatischen Überseepolitik auf ein so uferloses und gefährliches Vorhaben, das Konflikte im Kerngebiet der britischen und burischen Ausdehnung in Südafrika unvermeidbar heraufbeschwor, mit unverhüllter Skepsis reagieren mußte. Kurz nach Lüderitz' Besuch in Friedrichsruh Ende September 1884 warnte ihn daher auch der Reichskanzler, für das »Unternehmen im Osten« biete »sich gegenwärtig so geringe Aussicht, daß es sich empfiehlt, dasselbe aufzuschieben«[38].

Dazu war Lüderitz jedoch nicht bereit, vor allem befand sich auch Einwald schon auf dem Weg vom Kap ins Zululand und wäre schlechthin nicht zu erreichen gewesen. Über die Zurückhaltung Bismarcks, der im Herbst 1884 genug Konflikte in Übersee auszutragen hatte und neue Reibungen vermeiden wollte, durfte indessen seit dieser

---

37. Poschinger, Volkswirt, I, 117 f.; Hahn-Wippermann, V, 3 f.; Weber, 4 Jahre, II, 337; 543 f.; ders., GN 1, 265, 267; ders., Erweiterung, 23; ders., Export 3. 1881, 144, 149. Russell an Granville, 18. 9. 1880 in: Taffs, 364. Fabri an Stolberg, 30. 4. 1880, RKA 2098, 5 f.; ebenso KZ 12. 3. 1881; Treitschke, Kämpfe, 48 f. (zuerst PJ 54. 1884); KZ 8. 8. 1884; Philippson, 35.
38. Lüderitz an B., 30. 6. 1884, RKA 1997, 10 f., u. Lüderitz Hg., 78, vgl. 81, 104, 107; Schüssler, 97, 137, 141–98; A. Einwald, 20 Jahre in Afrika, Hannover 1901, 145; Bixler, 36–49; Lovell, 105–13; L. Michell, The Life of Cecil J. Rhodes, London 1910, I, 153–92; allg. Millin, passim; J. G. Lockhart u. C. M. Woodhouse, Rhodes, London 1963²; F. Gross, Rhodes of Africa, London 1956. – Hagen, 358, 360, 479–86; Drechsler, 35 f.; Hofmann, II, 259 f.; G. v. Schulze-Gävernitz, Britischer Imperialismus u. Englischer Freihandel, Leipzig 1915², 136–45; J. A. Wüd, Die Rolle der Burenrepubliken in der auswärtigen u. kolonialen Politik des Deutschen Reiches in den Jahren 1883–1900, phil. Diss. München, Nürnberg 1927, 12–49; J. Butler, The German Factor in Anglo-Transvaal-Relations, in: Britain and Germany in Africa, 179–91; CHBE 8, 464; Louis, Great Britain, 5.

Zeit wenig Zweifel bestehen. Jedoch am 25. November erhielt Lüderitz schon ein Erfolgstelegramm Einwalds aus Durban, stolz meldete er den Kauf »der Zuluküste« dem Auswärtigen Amt und bat Bismarck um Reichsschutz. Trotz seiner Bedenken stimmte Bismarck jetzt zunächst zu, den mit der »Gneisenau« über Kapstadt nach Sansibar reisenden neuen Generalkonsul Rohlfs »zur Zulukütste« zu dirigieren. Dort »wäre ... nach Prüfung der Kontrakte durch Schiffskommando Besitz zu ergreifen, entweder zum Behalten oder zum Austausch bei Kamerun«.

Daß Bismarck aber dabei das »Behalten« nur als fernliegende Eventualität ansah, ergibt sich daraus, daß er den Chef der Admiralität, Leo v. Caprivi, sogleich informieren ließ, er halte »die beantragte Besitzergreifung im Zululand besonders mit Rücksicht darauf für wünschenswert, daß dieselbe ein England gegenüber verwertbares Kompensationsobjekt bezüglich Kameruns schaffen würde«. Bismarck lag zu dieser Zeit, als nur die südwestafrikanische Frage durch die Errichtung eines territorialen Protektorats geklärt war, an der Abrundung des westafrikanischen Schutzgebiets. Er hat offensichtlich von Anfang an die Santa Lucia-Bai primär unter dem Gesichtspunkt ihres Nutzens als vorteilhaftes Kompensationsobjekt beurteilt. Rohlfs wurde zwar am 2. Dezember instruiert, »die betreffenden Gebiete in der üblichen Form unter den Schutz seiner Majestät« zu stellen. Doch schon drei Tage später wurde die Aktion sistiert, als Generalkonsul Bieber aus Kapstadt telegraphierte, bei Einwalds Nachricht handle es sich um einen Schwindel[39].

Welche Ereignisse hatten sich unterdessen im Zululand abgespielt? Burische Trekker hatten, da ihnen die »Südafrikanische Republik« – also das Transvaal unter Krüger, – Natal und der Oranjefreistaat schon wieder zu beengt erschienen, das britische Betschuanaprotektorat ihnen aber jetzt die Ausbreitung nach Westen vorerst abgeschnitten hatte, den Vorstoß nach Osten ins Land der freien Zulustämme gewagt, wo ihnen der Häuptling Dinizulu anderthalb Millionen Morgen Land abtreten mußte. Mitte August riefen diese Grenzsiedler nach vertrautem Vorbild einen »Freistaat«, die »Neue Republik«, aus, die sogleich durch die ungestillte Landgier der Buren und ihre traditionell brutal-schikanöse Behandlung der Eingeborenen in Konflikte verwickelt wurde, jedoch das gesamte Zululand einschließlich der Santa Lucia-Bai unbeirrt ihrer »Hoheit« unterstellte. Der deutsche Abenteurer Adolf Schiel, der mit den burischen Treckern eingerückt war, stellte sich Dinizulu als »Staatssekretär« zur Verfügung. Bei ihm traf Anfang November 1884 Einwald ein. Schiel riß die Verhandlungen an sich und ließ sich am 13. November ungeachtet der Ansprüche der »Neuen Republik« von Dinizulu die Santa Lucia-Bai »unter der Bedingung« abtreten, »daß die deutsche Regierung nicht allein das Protektorat über die Bai ... ausspreche, sondern das ganze Zululand unter deutsche Herrschaft stelle«, um die Zulus vor dem Zugriff der Buren oder Engländer zu schützen. Schiel versicherte Einwald, daß er seine Vertragsrechte auf die Bai mit 100 000 Acres Land auf Lüderitz bedingungslos übertragen werde und begab sich unverzüglich auf die Reise nach Bremen. Einwald vertraute ihm zunächst, fühlte sich dann aber doch düpiert und löste

---

39. Lüderitz an B., 25. 11. 1884, Tel., RKA 1883, 14; Brief, ebda., 19; an AA, 27. 11. 1884, ebda., 15; Aufz. Hellwigs, 29. 11. 1884, ebda., 26 (Marg. B.); ebda., 26; Rottenburg an AA, 29. 11. 1884, ebda., 28; Caprivi an B., 30. 11. 1884, ebda., 24 f.; Notiz W. v. B., 2. 12., ebda., 37; Hatzfeldt an Rohlfs, 2. 12. 1884, ebda., 39; Bieber an AA, 4. 12. 1884, ebda., 44; Hatzfeldt an Bieber, 4. 12. 1884, ebda., 47; 5. 12. 1884, ebda., 48; Bieber an B., 3. 12. 1884, ebda., 63 f.; 9. 12. 1884, ebda., 131–33; Einwalds Protest, 3. 12. 1884, ebda., 65–70.

durch erregte Beschwerden bei Konsul Bieber die Berliner Gegenorder für Rohlfs aus.

Da der Vertrag mit Schiel Ende November auch in Kapland bekannt wurde, die englischen Behörden aber ohnehin der »Neuen Republik« und überhaupt den Buren unbedingt den Weg zum Indischen Ozean abschneiden wollten, folgte zügig der Gegenschlag. Während sich der zu Kolonialverhandlungen in Berlin weilende britische Unterstaatssekretär Sir Robert Meade am 8. Dezember bei Unterstaatssekretär Busch beschwerte, deutsche Agenten bereisten das »unter englischem Protektorat stehende« Zululand – ein Bluff, der die frühere Ablehnung Derbys, die englische Autorität über das Zulureservat auszudehnen, leugnete –, entschloß sich die Londoner Regierung am selben Tag, in der Santa Lucia-Bai den Union Jack hissen zu lassen. Das Kanonenboot »Goshawk« führte schon am 18. Dezember diesen Auftrag aus. Gladstones Bekenntnis vom 21. Dezember, er »fühle sich hochbeglückt, die Deutschen ... sogar als Nachbarn von Transvaal zu sehen«, nahm sich im Lichte dieser Entwicklung wenig glaubwürdig aus. Eine Woche später traf Schiel tatsächlich mit seinen Urkunden in Bremen ein. Erneut bat Lüderitz, dem die englische Aktion schon bekannt war, um Reichsschutz, ja er phantasierte sogar davon, »mit Hilfe der tapferen Zulus ... den Portugiesen die Delagoa-Bai zu heiß machen zu können, falls Eure Durchlaucht dies wünschen sollten«[40].

Für Bismarck, dem nichts ferner lag, standen jedoch andere Gesichtspunkte im Vordergrund. Er wollte »vermeiden, mit den Engländern über solche Kleinigkeiten in ... direkte Händel zu geraten« und sich sodann vergewissern, »wie die Buren zu der Frage stehen«. Keinesfalls aber dürfe »durch unser Verhalten ein gemeinschaftliches Interesse zwischen den Engländern und den Buren gegen uns geschaffen« werden. Zudem »werde es gut sein«, auch Lüderitz »die Eventualität einer Verwertung seiner neuen Erwerbung als Negotiationsobjekt« zu eröffnen. Zwei Tage später kündigte der deutsche Gesandte im Haag, v. Pourtalés, an, daß der Bevollmächtigte der Transvaalrepublik in den Niederlanden, Beelaerts van Blokland, einen Protest seiner Regierung, die aufgrund alter Verträge von 1840 Ansprüche auf das Zululand erhebe, erwarte. Ohne auch nur einen Tag zu zögern, versicherte Bismarck nach dieser ersten Andeutung burischen Widerstandes, daß »Gebietserwerbungen an der Zuluküste, die nicht im Einverständnis mit der [Transvaal-]Republik stattfänden, keine Aussicht auf Beachtung von seiten der Reichsregierung haben würden«, zumal da eine naheliegende »Verstimmung ... bei England ... außer Verhältnis zu den Vorteilen der Erwerbung stehe«. Vielmehr gehe es der Reichsregierung nur darum, »unsere kommerziellen Beziehungen zu dem Transvaalland, mit dem wir im Begriffe stünden, einen Handelsvertrag abzuschließen«, nicht zu trüben, sondern »durch Eröffnung direkter Verkehrswege von der See aus lebhafter und gedeihlicher zu gestalten«. Im Grunde wurde damit wegen der drohenden Reibungen mit Großbritannien und den Buren das Projekt abgeschrieben[41].

---

40. A. Schiel, 23 Jahre Sturm u. Sonnenschein in Südafrika, Leipzig 1902, 151–58; Schüssler, 157–59; Aufz. Buschs, 8. 12. 1884, RKA 4198, 21–24; Gladstone an Derby, 21. 12. 1884, vgl. 30. 12. 1884, in: Aydelotte, 164 f.; Lüderitz an AA, 29. 12. 1884, RKA 1983, 86 f.; an B., 25. 12. 1884, ebda., 72 f.

41. Aufz. Kusserows nach Diktat B., 1. 1. 1885, RKA 1983, 100 f.; Pourtalés an B., 3. 1. 1884, ebda., 112 f.; B. an Pourtalés, 4. 1. 1885, ebda., 114 f.; 9. 1. 1885, RKA 1984, 4 f.; Pourtalés an B., 6. 1. 1885, ebda., 2 f.; Entwurf der Mitteilung für van Blokland, ebda., 6–10. Bloklands Frage, ob ein burisches Protektorat über das Zululand von Berlin unterstützt werde, verneinte B., da »uns hierzu

Bismarck ging es fortab nur noch darum, den Anspruch auf die Santa Lucia-Bai vorerst dennoch zu verfechten, um London gegenüber den Wert des »Negotitationsobjekts« zu steigern. In den offiziösen »Grenzboten« ließ er Moritz Busch die Buren als »nahe Verwandte von uns«, als »Männer unseres Stammes und Blutes«, die »Nachbarn deutscher Kolonien werden« könnten, preisen. Auch in Südostafrika, wiederholte dieser die antibritischen Tiraden aus der Wahlkampfzeit des Vorjahrs, treffe Deutschland auf Englands »Ländergier«, seine »heuchlerische Selbstzucht, welche die besten Teile der Welt ... dem Geldsack der englischen Kaufleute und Fabrikanten dienst- und tributpflichtig zu machen strebt«. In einer Reichstagskommission nahm H. H. Meier noch am 19. Januar 1885 an, daß an der »Lucia-Bai ... wahrscheinlich eine deutsche Kolonie ... in Verbindung nach dem Transvaal hin« entstehen werde.

Aber als Schiel Anfang Januar bei Bismarck vorsprach, um den Plan eines riesigen transkontinentalen deutschen Schutzgebiets zu entwickeln, zerstörte der Reichskanzler alle utopischen Hoffnungen, die Schiel und Lüderitz noch gehegt haben mochten. »Es lohnt sich für Deutschland nicht, in einer Kolonie von Beginn an zwei Feinde zu haben«, erklärte Bismarck. Da Engländer und Buren opponierten, »würde eine neue Kolonie in jenem Teile Afrikas Deutschland fortwährend Unannehmlichkeiten und Schwierigkeiten bereiten, die die Vorteile nicht aufwiegen würden, die ein derartiges Ausbreiten unserer Interessensphäre mit sich bringt«. Münster wiederum wurde beauftragt, nachzuforschen, ob Großbritannien tatsächlich »auf Besitzungen Lüderitz' an der Santa Lucia-Bai die englische Flagge gehißt habe«. Als der Botschafter die vage Auskunft weiterleitete, das strittige Gebiet »sei seit vielen Jahren an England abgetreten«, parierte Bismarck schroff, er müsse »die Berechtigung der Britischen Regierung, die englische Flagge auf der durch Lüderitz gemachten Erwerbung hissen zu lassen ... bestreiten« und »Verwahrung einlegen«.

Da die Grenzstreitigkeiten in Westafrika und jetzt auch im Pazifik einem neuen Höhepunkt entgegenstrebten, schlug Bismarck am nächsten Tag eine noch schärfere Tonart an. »Wie in Angra Pequena, so in Kamerun, an der Santa Lucia-Bai und schließlich in Neuguinea ist es England, das in dem Augenblick, wo die bisher von ihm unbeachtet gebliebenen Gebiete den Gegenstand deutscher Kolonisation zu bilden anfangen, uns mit unberechtigten Ansprüchen und unerfreulichen Maßnahmen entgegentritt«. »Ich besorge«, drohte er daher, »daß die Behandlung, welche diesen Fragen von seiten Englands zuteil wird, zu einer ernsten und dauernden Trennung unserer Politik von der Englands führen werde«, wobei er freilich »die Notwendigkeit der Erwägung einer uns so unerwünschten Eventualität« auch auf Münsters Versagen zurückführte, das Foreign Office »von dem Ernst unserer Entschließungen bezüglich unserer überseeischen Politik zu überzeugen«[42].

Lord Granville berief sich nun auf einen Vertrag aus dem Jahre 1843, der es ihm gestattete, die englische Schutzerklärung als verspätete Beanspruchung alter Rechtstitel hinzustellen. »Nach 41 Jahren, nur gegen uns als Abwehr«, mokierte sich Bis-

---

die offizielle Legitimation fehle«. – Vgl. B. an Bieber, 8. 1. 1885, RKA 1983, 139–41, u. die von B. redigierte (RKA 1983, 116 f.) beruhigende Notiz für die NAZ, 6. 1. 1885, sowie RB 10, 412 (10. 1. 1885).
42. M. Busch, England u. die Boers, Gb 44. 1885/I, 114, 116, 118; ders. Tb. III. 178, 195 f., 204; Schiel, 159 f. (= GW 8, 515 f.) KZ 2. 1. 1885; DKZ 2. 1. 1885, 59. – B. an Münster, 14. 1. 1885, RKA 1884, 14; Münster an AA, 17. 1. 1885, ebda., 30; B. an Münster; 20. 1. 1885, ebda., 31 f.; 21. 1. 1885, ebda. 35 f.; Meier: RTA 2625, 489 f. (19. 1. 1885); B. an Münster, 25. 1. 1885, GP IV, 98.

marck, der die burische Ausbreitung außer acht ließ, denn »vorher« bestand »kein Bedürfnis für England«. London habe auch keineswegs dem Druck der Kapkolonie nachgegeben, verwahrte sich Granville, sondern selber den Annexionsentschluß »angemessen erwogen«, was Bismarcks Argwohn: auf wohldurchdachte englische Gegenzüge zu treffen, nur bestätigen konnte. »Keineswegs« sei die Aktion der »Goshawk« gegen deutsche Interessen gerichtet, versicherte der Leiter des Foreign Office, zumal da das Reich in Übersee den Freihandel verfechte. Aber »das soeben ganz plötzlich hervortretende Interesse anderer Länder an Landerwerbungen an der afrikanischen Küste, führte Ihrer Majestät Regierung mit Notwendigkeit dazu, Vorsichtsmaßnahmen zu ergreifen, damit ihre Rechte nicht verletzt werden«.

Diese Formulierung beschrieb in der Tat – sofern man den Begriff der »Rechte« nicht allzu eng faßte! – den »preclusive imperialism« der Londoner Zentrale recht genau, konnte aber natürlich Bismarck nicht davon abhalten, die tatsächlich äußerst vagen englischen Rechtsansprüche erneut zu bestreiten und London ausgiebig die wiederholte Ablehnung einer Annexion des Zululandes vorzuhalten. »Was speziell die Santa Lucia-Bai anbelangt«, wiederholte er, »so ist es auffallend, daß die englische Regierung, nachdem sie während 41 Jahren von ihrem angeblichen Rechte aus dem Vertrage von 1843 keinen Gebrauch gemacht hat, das Bedürfnis hierzu erst in dem Moment empfand, wo die Möglichkeit einer deutschen Erwerbung eintrat.« Die »Berechtigung Englands auf den Erwerb des Herrn Lüderitz an der Santa Lucia-Bai »vermöge er daher »nicht zuzugeben«. Der neue englische Botschafter in Berlin, Sir E. Malet, mußte von Bismarck mit demselben Anschein der Unnachgiebigkeit eine Beschwerde entgegennehmen[43].

Nach den Niederlagen, die die englische Politik bis dahin in der Auseinandersetzung mit der neuen deutschen Expansion in Übersee erlitten hatte, war jetzt allerdings der Punkt gekommen, wo London die vitalen südafrikanischen Interessen nicht durch ein deutsches Schutzgebiet an der südostafrikanischen Küste und die Möglichkeit einer deutschen Verständigung mit den burischen Freistaaten gefährden wollte. Daß die Transvaalregierung im August dem holländisch-deutschen Konsortium die Eisenbahnkonzession verliehen hatte, nährte zusätzlich ihr Mißtrauen, obwohl die Buren im Londoner Vertrag vom Februar 1884 der britischen Regierung weitgehende politische Kontrollrechte hatten einräumen müssen und die Warren-Expedition die Besitzergreifung des Betschuanalandes vollzogen hatte. Doch während Bismarck seine Protestnote entwarf, argwöhnte der »Standard« am 3. Februar, daß »ein ununterbrochener Landgürtel von Ost nach West in deutsche Hand« gebracht werden solle. Granville beharrte »auf seinem Standpunkt«, sicherlich nicht zur Überraschung Bismarcks, der nunmehr vor dem Beginn neuer Kolonialverhandlungen mit London im Auswärtigen Amt wieder zugestand, er »lege auf Lucia nicht viel Wert, es bleibt aber Konzessions-Objekt für uns«. Als solches wurde es dann von Herbert v. Bismarck während seiner zweiten Londoner Sondermission gegen Konzessionen in Kamerun verwertet.

Da die Londoner Regierung inzwischen ungleich dringlichere Krisenherde zu bekämpfen hatte – war doch Karthum am 26. Januar von den Kriegerscharen des Mahdi

---

43. Münster an B., 22. 1. 1885, RKA 1984, 56 f. (Marg. B.); 23. 1. 1885, ebda., 69 f.; Note Granvilles, 22. 1. 1885, ebda., 71–74, vgl. 54 f.; B. an Münster, (4.) 2. 1885, ebda., 90–99 (Entwurf B. für Note an Granville); H. Appel, Die ersten deutschen Kolonialerwerbungen im Lichte der englischen Presse, Hamburg 1934, 25; Standard 3. 2. 1885; vgl. RKA 1884, 99; GP IV, 99 f.; E. Malet, Diplomatenleben, Frankfurt 1901, führt nur bis 1871.

erobert und Gordon mit seinen Truppen niedergemacht worden und standen doch seit dem 13. Februar russische Vorausabteilungen vor Herat, eine Welle tiefer Befürchtungen vor einem Zusammenstoß mit Rußland im Kampf um Afghanistan und letztlich um Indien auslösend! – kam eine Einigung schnell zustande. Am 7. März wurde die »Santa Lucia-Bai als Ausgleich« für englisches Entgegenkommen im Kameruner Hinterland »von Lord Granville dankend akzeptiert«. Allerdings bestand der englische Außenminister noch auf der Forderung, daß das Reich auch in Zukunft keine Erwerbungen zwischen Natal und der Delagoa-Bai am Südende von Portugiesisch-Moçambique gutheißen dürfe! Als Bismarck sich am 25. März bereit erklärte, diese Zusage in der Form einer Geheimabmachung zu geben, wurde der Schlußstrich unter das Unternehmen von Lüderitz, Einwald und Schiel gezogen[44].

Beflissen tat jetzt Busch in den »Grenzboten« einen deutsch-englischen Konflikt in Südostafrika als »grundlose Befürchtung« ab. Kusserow mußte Lüderitz verständigen, der dennoch an seinen »mit großen Opfern erworbenen Rechten festhalten« wollte. Da der Bremer inzwischen auch in Südwestafrika gescheitert war, versuchte er hartnäckig und ohne Augenmaß für die Realität, »wenigstens« sein »Privatrecht auf das ... Gebiet der Santa Lucia-Bai« anerkannt zu bekommen. Dazu verspürte man im Auswärtigen Amt keine Lust, zudem teilte das Foreign Office im September mit lapidarer Kürze mit, in einem seit 1843 britischen Gebiet könne es Lüderitz' Vertrag nicht anerkennen.

Damit war auch das Nachspiel beendet. Die Santa Lucia-Bai war wegen des burischen und britischen Widerstandes »nicht soviel wert als es anfangs schien«, rechtfertigte Bismarck 1886 seine Entscheidung. »Wir durften nicht zuviel auf einmal in die Hand nehmen von kolonialen Punkten, und wir hatten deren schon genug für den Anfang[45].«

B. WESTAFRIKA

> »Wir dürfen bei allen patriotischen Gesinnungen niemals die Priorität des Geschäfts außer Augen lassen.«
>
> Adolph Woermann, 1884[46]

a) Woermann, Kamerun und Togo

In den 1870er Jahren waren die hanseatischen Handelshäuser an der westafrikanischen Küste, wo sie seit zwanzig Jahren ihre Geschäfte aufgebaut hatten, neben englischen Firmen in die führende Stellung aufgerückt. Namentlich die Firma C. Woer-

---

44. Münster an B., 2. 3. 1885, RKA 1985, 16 (Marg. B.); B. an H. v. B., 6. 3. 1885, ebda., 18 f. (»Santa Lucia, welches für uns nur Repressalie und Pfand bildet«) u. PA, Lond. Bot., Allg. Kolonialpolitik, 1; an Münster, 7. 3. 1885, RKA 1985, 22; H. v. B. u. Münster an AA, 7. 3. 1885, ebda. 85. Vgl. H. v. B. an B., 7. 3. 1885, GP IV, 100–7; DDF V, 638 f.; Daudet, II, 129 f.; Granville an Münster, 20. 3. 1885, PA; B. an Münster 25. 3. 1885, ebda.

45. M. Busch, Die Luciabucht, Gb 44. 1885/I, 179; Münster an B., 6. 3. 1885, RKA 1985, 56 f. (Marg. Kusserows); Kusserow an Lüderitz, 25. 4. 1885, Nl. Lüderitz 3a.3e; KZ 4. 7. 1885; Lüderitz an AA, 22. 8. 1885, RKA 1987, 52; 3. 10. 1885, RKA 1988, 51 f.; Mitteilung des Foreign Office, 9. 9. 1885, ebda., 53 f.; Kusserow an Lüderitz, 19. 11. 1885, Nl. Lüderitz 3a.3e; B., 5. 1. 1886, Busch, Tb. III, 204; GW 8, 542.

46. T. Bohner, Die Woermanns, Berlin 1935, 146.

mann, die seit 1880 von Adolph Woermann geleitet wurde, spielte an der Küste zwischen Liberia und Angola unstreitig eine wichtige Rolle. Nach zweijährigem Aufenthalt in Gabun bis 1877 zählte Wilhelm Hübbe-Schleiden nur die Firma Woermann und ein Liverpooler Unternehmen zu den Häusern, »welche gegenwärtig dort ... herrschen«. »Kommerziell sind nur sie allein von allgemeinerer Bedeutung für das westliche Äquatorialafrika.« Weitere deutsche Handelsgesellschaften, glaubte Hübbe-Schleiden 1879 in seinem Erfahrungsbericht »Ethiopien«, seien das »richtige Medium« zur weiteren Erschließung Afrikas. Aber noch im selben Jahr hielt er es in der »Deutschen Revue« »gegenwärtig« doch auch schon für »naheliegend«, »Hoheitsrechte« an der westafrikanischen Küste »auf das Deutsche Reich übertragen« zu lassen »und Äquatorialafrika im Namen unseres deutschen Kaisers in Besitz zu nehmen«. In Hamburg bestritt Woermann sofort die »Rentabilität« einer solchen deutschen Kolonie. Neue Handelsgesellschaften, die ihm Konkurrenz gemacht hätten, seien überflüssig, nur die Plantagenwirtschaft biete auf längere Sicht wirkliche Chancen und verheiße auch durch die »Kultivierung« der Neger eine Steigerung des deutschen Exports. »Neuerdings«, bemerkte auch Woermann, sei »in Deutschland das Interesse für überseeische Länder und Verhältnisse ein allgemeines geworden«. »Wir Kaufleute können« den Fabri, v. Weber und Hübbe-Schleiden »natürlich nur zustimmen«[47].

Aber Hübbe-Schleidens Anregung, in Westafrika eine Kolonie zu erwerben, wurde zwei Jahre später lebhaft von Gerhard Rohlfs unterstützt. Das Kamerungebiet stelle, so mahnte er, »eine der wenigen Küsten« dar, »welche noch frei ist und die Zugang bietet zu jenem reichen Binnenlande, dessen Produktivität mit der Indiens verglichen wird. Und zwar mit vollem Recht.« Auch in Westafrika galt von Anfang an die Festsetzung an der Küste nur als Zwischenstation eines energischen Vorstoßes in das Innere des kommerziell völlig überschätzten Landes. Vor der Bayerischen Akademie der Wissenschaften forderte E. Gümbel ebenfalls 1882 »die deutsche Montanindustrie« auf, dort die »Anlage einer Handelskolonie zu veranlassen«, um »einen Küstenstrich in dem noch freien Gebiet Westafrikas für Deutschland in Besitz zu nehmen und dadurch sich einen Zugang in das Innere des hoffnungsreichen Landes zu sichern«. »Um im Inneren des Landes herrschen zu können«, pflichtete ihm Rohlfs bei, »ist es unbedingt notwendig, Küstenstriche zu besitzen.« Die Freihändler der Hansestädte verwarfen die anachronistische »Schwärmerei« solcher Kolonialpläne, doch 1881 bereits vertrat Woermann eben diese Auffassung in der Hamburger Handelskammer, da »namentlich unter dem Gesichtspunkt der Ausfuhr der Kolonialgedanke nicht von der Hand zu weisen sei«. Der Hamburger Senat beschränkte sich in diesem Jahr darauf, zur Unterstützung deutscher Firmen in Westafrika um Besuche von Kriegsschiffen zu bitten. Aber 1882 schloß sich seine »Deputation für Handel« der Petition der Handelskammer an, für diese Kriegsschiffe möglichst auch eine Station

---

47. Hübbe-Schleiden, Ethiopien, 77, 396, vgl. 376–402; ders., Rentabilität, 382; A. Woermann, Kulturbestrebungen in Westafrika, Mitteilungen der Geographischen Gesellschaft in Hamburg 1878/79, Hamburg 1880, 58 f., 68, 70 f. (1. 5. 1879). Über Woermann außer Bohner: G. Jantzen, A. Woermann, ein politischer Kaufmann in den Wandlungen u. Spannungen der imperialistischen Epoche des Reiches, in: Festschrift E. Zechlin, Hamburg 1961, 171–96 (glättend u. harmonisierend); Poschinger, Hamburger Freunde, 102–8; ein Nl. Woermann besteht nicht mehr (er wurde bereits 1936 vergeblich von E. Hieke gesucht, ders. an Verf., 18. 5. 1966). Vgl. auch B., 11. 10. 1884, GW 8, 513; Tb. Versmann, 18. 11. 1884, Nl. Versmann A 5, 67; Friedrichsen, 115 f. Zu den Anfängen des deutschen Westafrikahandels s. o. Kap. IV.

an der Küste des Golfs von Guinea zu erwerben, – Wünsche freilich, die sich noch durchaus im Rahmen freihändlerischer Außenhandelsunterstützung hielten[48].

Zwischen 1879 und 1883 verdoppelte sich der Wert und das Volumen des Imports aus Westafrika nach Hamburg, dem zentralen Umschlaghafen. 1883 wurden für 9,2 Millionen Mark Waren eingeführt, vor allem Palmöl, das für Schiffs- und Nähmaschinen, aber auch für Seifen und Kerzen gebraucht wurde. Zugleich stieg der Export nach Westafrika, der zu drei Fünfteln aus Spirituosen, sodann aus Salz, alten Waffen und Schießpulver bestand, gleichmäßig an. Die Gewinne der beteiligten hanseatischen Firmen lagen außergewöhnlich hoch, da die billigen Exportwaren teuer gegen die Importe eingetauscht oder verkauft wurden, diese auf den europäischen Märkten indessen wieder zu hohen Preisen abgesetzt werden konnten. »Es ist unfraglich«, urteilte die »NAZ«, »daß der Handel in und mit Naturländern ... wie er auch in Westafrika betrieben wird, ein weit lohnenderer ist«, als der Handel mit »Kulturländern«. Bei Palmöl z. B. betrug die Nettogewinnspanne in diesen Jahren gewöhnlich 40 bis 50 Prozent, ehe die Preise seit 1884 starken Fluktuationen ausgesetzt waren und bis zur Jahrhundertwende sanken.

Bis 1884 hatte die Firma Woermann in Liberia sieben, im Kamerungebiet fünf, an der Küste südwärts bis zum Kongo zwölf Faktoreien eingerichtet, die von eigenen Segelschiffen und Dampfern versorgt wurden. 1883 führte Woermann aus dem Gebiet zwischen Kamerun und Kongo für 1,3 Millionen Mark, aus Liberia für 1,15 Millionen Mark, aus Kamerun für 750 000 Mark nach Europa ein, während die Ausfuhrwerte 1,258 Millionen Mark, 819 000 und 606 000 Mark betrugen. In Gabun allein wurde 1883 ein Reingewinn von 200 500 Mark erwirtschaftet. Seit 1882 liefen Dampfer der Reederei Woermann in einem regelmäßigen Liniendienst über Kamerun bis hinunter nach Ambriz und halfen, die Transportkosten weiter zu senken.

Die Firma Jantzen & Thormählen hatte seit 1875 ebenfalls ihren Geschäftsumfang erheblich ausdehnen können. Sie besaß 1884 vier Faktoreien in Kamerun und noch acht Filialen zwischen Batanga und Ogowe. Mit Woermann an der Spitze kontrollierten die hanseatischen Häuser die Hälfte der Gesamtausfuhr im Kamerungebiet, gehörten aber auch sonst an der westafrikanischen Küste von Liberia bis Angola in den vordersten Rang der europäischen Handelsfirmen, denen von den britischen und französischen Konsuln und Kriegsschiffen nach Möglichkeit Schutz gewährt wurde[49].

---

48. Rohlfs, Welche Länder, 358–60 (Gümbel); Facius, 346 (Rohlfs, 19. 9. 1882); Baasch, HK Hamburg, II/2, 318; Wiskemann, 223 f.; Senatsdeputation für Handel, 18. 4. 1882, StA Hamburg Cl. VI, Nr. 15, vol. 6, Fasc. 1.
49. StA 43, 242 f.; Frankfurter Zeitung 24. 7. 1886; Freisinnige Zeitung 19. 9. 1885; Statistisches Jahrbuch 1881, 88; NAZ 14. 10. 1883; Coppius, 120; Schramm, Deutschland, 371; Bohner, 130; Simon, 14; RKA 4091, 145 f.; RKA 4191, 130. – Die erste grundlegende u. ausführliche Untersuchung über die Anfänge der deutschen Kamerunpolitik ist die realistische, im allg. nüchtern urteilende u. aus den Akten gearbeitete, leider undifferenziert nur von »Annexions«-Absichten Bismarcks, also staatlichem Territorialbesitz ausgehende Studie von H.-P. Jaeck, Die deutsche Annexion, in: H. Stoecker Hg., Kamerun unter deutscher Kolonialherrschaft, I, Berlin 1960, 33–87, hier 29–45; s. auch Stoeckers Einleitung, 9–26. Dadurch überholt: M. Friedländer, Die deutsche Kolonialpolitik in Kamerun von ihren Anfängen bis 1914, Wiss. Zeitschrift der Humboldt-Universität, Gesell.- u. Sprachwiss. Reihe, 1955/56, H. 3/4, 309–28, aber auch der über das deutsche Kolonialsystem zu wohlwollend urteilende H. R. Rudin, Germans in the Cameroons, 1884–1918, New Haven 1918, 19–79, 120–29, 178–82. Vgl. knapp u. klar: Turner; sowie Coppius, 153–54; Hagen, 337–56, 381–96, 469–76; Kolonial-Lexikon, II, 169–218; Wb. Togogebiet u. Biafra-Bai, RT 6:1:5: Nr. 41, 114–43; StA 43, 224–74; 44, 289–340; auch C.-4279. Karte: Lange Hg., Nr. 3. Zeitgenössische Schriften: M. Buchner, Aurora; ders., Kamerun

Im Frühjahr 1883 wurde die Aufmerksamkeit der politischen Zentrale in Berlin, die sich soeben mit Südwestafrika, aber auch wieder mit Neuguinea und dem Südpazifik beschäftigt hatte, auch auf die westafrikanische Küste hingelenkt. Zwei Momente kamen hier zunächst zusammen: Adolph Woermann reichte am 4. März dem Auswärtigen Amt eine bemerkenswerte Denkschrift »über die Gestaltung der politischen Verhältnisse an der Westküste Afrikas und Mitwirkung des Reiches bei denselben« ein, und Legationsrat v. Kusserow analysierte einige Tage später die möglichen Auswirkungen des englisch-französischen Sierra-Leone-Abkommens vom 28. Juni 1882, das soeben veröffentlicht worden war.

Woermanns Motive waren in der Furcht vor dem Vordringen anderer europäischer Mächte in Westafrika und in dem Wunsch, angesichts der heimischen Depression die lukrative Handelsstellung in Westafrika zu sichern, begründet. Englische Pläne, das Kamerungebiet zu einer englischen Kolonie zu machen, waren vor allem seit dem Ende der 1870er Jahre mehrfach aufgetaucht. Die Furcht vor dem weiteren Vordringen Frankreichs, dessen diskriminierende Zölle gefürchtet wurden, wirkte sich hierauf wohl am stärksten aus, aber auch die Absicht, das Zwischenhandelsmonopol der Duala-Neger an der Küste aufzubrechen, eine Sicherheit und vorauskalkulierbare Gewinnchancen gewährleistende Verwaltungsordnung zu errichten und angesichts der Stagnation im Mutterland dem Export neue Bahnen ins Landesinnere zu eröffnen. Nicht zuletzt dank der Einwirkung des aktiven britischen Konsuls in der Biafra-Bai, Hewett, baten die Duala-Häuptlinge im November 1881 um die Aufnahme ins Empire. Obwohl Dilke sich für die Annahme des Angebots aussprach, lehnte das liberale Kabinett Gladstone die durchaus unerwünschte weitere Ausdehnung des Formal Empire 1882 ab.

Hewett verhandelte unverdrossen weiter und vergewisserte sich im März/April 1883, daß die meisten europäischen Kaufleute die britische Herrschaft dem profitschmälernden Regime der ihr Monopol eifersüchtig verteidigenden Duala-Häuptlingen vorzogen. Da Hewett die ablehnende Haltung der Londoner Politik kannte, regte er im November 1883 zunächst nur den Abschluß von Verträgen mit den Häuptlingen an, in denen Gebietsabtretungen von der Billigung durch die englische Regierung abhängig gemacht werden sollten. Aus diesem Vorschlag entwickelte sich der Londoner Aktionsplan, der im Frühjahr 1884 zur Konkurrenz mit der deutschen Westafrikapolitik führen sollte. Jedenfalls waren den deutschen kaufmännischen Agenten die Hewettschen Pläne durchaus bekannt und von ihnen genau nach Hamburg berichtet worden. Wegen dieser seit Jahren schwebenden Verhandlungen Hewetts konnte 1884 der Begleiter des Reichskommissars Nachtigal, Dr. Buchner, urteilen, daß an der Kamerunmündung »die Oberhoheit der Neger schon sehr wesent-

---

Leipzig 1887; H. Zöller, Die deutschen Besitzungen an der westafrikanischen Küste, 4 Bde., Berlin 1885; ders., Als Journalist u. Forscher in Deutschlands großer Kolonialzeit, Leipzig 1930, 158–216; B. Förster, Die ļeutschen Niederlassungen an der Guinea-Küste, Weimar 1884; Wagner, Westafrika. – Allg. wichtig: Robinson u. a., 32–41, 163–83; J. D. Hargreaves, Prelude to the Partition of West Africa, London 1963, 316–49; C. W. Newbury, The Western Slave Coast and Its Rulers, Oxford 1961, 110–21; ders., The Development of French Policy on the Lower and Upper Niger, 1880–98, JMH 31. 1959, 16–26; W. B. Thorson, C. de Freycinet, French Empire Builder, Research Studies of the State College of Washington 12. 1944, 257–82; W. R. Louis, Sir Percy Anderson's Grand African Strategy, 1883–93, Eng. HR 81. 1966, 292–314; R. Oliver, Sir H. Johnston and the Scramble for Africa, London 1957; CHBE III, passim; K. O. Dike, Trade and Politics in the Niger Delta, 1830–85, Oxford 1956.

lich getrübt« gewesen sei. »Wenn auch nicht ganz offiziell, so doch stark offiziös und in allen Beziehungen außer den letzten formalen« war Kamerun »englisch«[50].

Außer dieser Aktivität Hewetts fürchtete Woermann ganz wie die Engländer die französische Ausbreitung unter de Brazza in Äquatorialafrika, doch auch von Dahomey aus. Zudem drangen damals die Absichten Portugals, dessen Kolonialzölle dieselben Vorwürfe wie die französischen auf sich zogen, in die Öffentlichkeit, im Zusammenspiel mit England die Kongomündung unter Berufung auf historische Rechte in Besitz zu nehmen. Diese angeblich oder tatsächlich drohenden Gefahren, die das Vordringen anderer europäischer Mächte signalisierten, vor Augen wurde Woermann in Berlin aktiv. Mit der Empfehlung von Bürgermeister Petersen versehen, seine »für Deutschlands Industrie wichtige Sache persönlich in Berlin«, hoffentlich beim »Reichskanzler selbst« zu vertreten, besprach Woermann mit den Räten v. Kusserow und Göring seine Sorgen im Auswärtigen Amt und reichte dann eine Denkschrift ein, die seine Wünsche zusammenfaßte. »Zum Schutze des deutschen Handels« sollte die Regierung eine »Flottenstation« begründen, wofür Spanien vielleicht die Insel Fernando Po abtreten werde, wie auch die spanische Insel Klein-Eloby weiter südlich, »welche schon jetzt Hauptdepot des deutschen Handels ist«, erworben werden und als »Basis einer deutschen Kolonialversuchsstation dienen könnte«. Wenn es zu der offensichtlich dicht bevorstehenden »Annektierung« Kameruns durch England komme, werde »wohl« das Geschäft, das bisher »hauptsächlich in der Hand der beiden deutschen Firmen lag«, in die Hände britischer Kaufleute fallen, argwöhnte Woermann nicht ganz zu Unrecht, da in den englischen Kolonien fremde Spirituosen- und Waffeneinfuhren häufig mit Prohibitivzöllen belegt wurden.

Da aber der afrikanische »Erdteil mehr als je verspricht, in der Industrie und dem Handel ... eine wichtige Rolle zu spielen«, solle das Reich die noch herrenlose Küstenstrecke gegenüber Fernando Po und Klein-Eloby zwischen Bata und Malimba unter seinen Schutz stellen, um dem Zugriff der Engländer vorherzukommen und dem deutschen Handel eine ungefährdete Weiterentwicklung zu sichern. Der strikten Abneigung Bismarcks gegen Reichskolonien eingedenk gab Göring Ende März ein äußerst skeptisches Gutachten über diese Denkschrift ab. Kolonialerwerb liege nicht im Sinne der Berliner Überseepolitik, konstatierte er. Die Stationierung von Kriegsschiffen und die Entsendung eines deutschen Berufskonsuls, – die Wahlkonsuln in Gabun und Monrovia waren Woermannsche Vertreter! –, seien unangebracht, da die meisten deutschen Faktoreien auf ausländischem Territorium lägen, für Kamerun allein der Aufwand sich aber nicht lohne[51].

Ehe sich jedoch dieses Memorandum auswirken konnte, sah Kusserow am 2. April in einer irreführenden oder irrtümlich zu falschen Schlüssen kommenden Analyse des Sierra-Leone-Abkommens ebenfalls unheilvolle Folgen für den deutschen Westafrikahandel voraus. Diese englisch-französische Vereinbarung war nach den Pariser Senatsverhandlungen im März 1883 veröffentlicht worden. Sie regelte strittige Fragen hinsichtlich der Grenzen zwischen dem britischen Sierra Leone und dem französischen Senegambien und räumte Staatsbürgern beider Länder rechtliche Gleich-

---

50. Gwynn, II, 83; Dike, 216 f.; Rudin, 19–29; Newbury, JMH 31, 21; CHBE, III, 164; Robinson u. a., 165–73; Oliver, Johnston, 72, 90 f.; Jaeck, 46 f.; RKA 4191, 140; Buchner, Aurora, 71. Über die Kongofrage s. u. V. 1D.
51. Petersen an Krüger, 2. 3. 1883, StA Hamburg, Cl. VI, Nr. 15, vol. 9, Fasc. 1; Woermann an Busch, 4. 3. 1883, mit Denkschrift v. 1. 3. 1883, RKA 4188, 80–86, auch: Jaeck, 89–92; Gutachten Görings, 31. 3. 1883, RKA 4188, 87–91; Darmstädter II, 70 f.; Jaeck, 48–53.

stellung in ihren westafrikanischen Besitzungen in bezug auf den Schutz ihres Lebens und Eigentums, sowie das Recht auf Grundbesitz ein, das bisher in Sierra Leone Engländern vorbehalten gewesen war. Eine Zollvereinbarung wurde jedoch trotz der Bedeutung der Zollprobleme bei dem vorhergegangenen Grenzstreit ausdrücklich nicht getroffen.

In Kusserows Interpretation der tatsächlich etwas verschwommen gefaßten Konvention tauchte nun die Behauptung auf, die beiden Mächte hätten die Gleichberechtigung ihrer Staatsangehörigen in Sierra Leone vereinbart, »da dort die Praxis bestehe, ohne vorherige Verständigung mit anderen Mächten den Fremden willkürlich hohe Lasten«, – nämlich 25 bis 100 prozentige Wertzölle! –, »aufzuerlegen, während die konkurrierenden britischen Untertanen nur ganz unbedeutende Lasten zu tragen hätten«. Nach Kusserow war die Vereinbarung dazu »bestimmt, für die ganze Westküste von Afrika die gleiche Behandlung der beiderseitigen Unternehmen zu sichern«, – eine irrige Auffassung, die er aber am 22. Juli und am 30. November 1883 noch einmal nachdrücklich wiederholte. Kusserow zog daraus den Schluß, daß Wünsche, wie sie soeben Woermann mündlich und schriftlich dem Auswärtigen Amt »zur Verhütung von Benachteiligungen der Reichsangehörigen in ihrem dortigen Handelsverkehr« vorgetragen habe, »durch diese Konvention unterstützt« würden. Seine Frage, ob deshalb Verhandlungen mit Großbritannien und Frankreich aufgenommen und die Hansestädte vorher um Material gebeten werden sollten, wurde von Bismarck sofort bejaht; dem Reichskanzler schwebte offensichtlich vor, eventuell durch ein Abkommen mit den beiden Staaten diese Probleme zu regeln. Die falsche Auslegung eines unwichtigen Vertrages, dessentwegen das Auswärtige Amt nie eine direkte Beschwerde von Interessenten erhielt, löste die wichtige Anfrage vom 14. April 1883 bei den Hansestädten aus, ob sie Gutachten erarbeiten könnten, damit »die Interessen des deutschen Handels gegen Benachteiligung tunlichst« sichergestellt würden[52].

Es ist fraglos richtig, daß mit der Anfrage in Hamburg auch Woermann, der Kusserow persönlich kannte und zu Hansemanns »Disconto-Gesellschaft« – in deren Aufsichtsrat er bald gewählt wurde – enge geschäftliche Beziehungen besaß, eine neue Möglichkeit geboten wurde, seine Interessen zu verfechten. Eine bewußte Fehlinterpretation der Konvention durch Kusserow hingegen ist zumindest nicht sehr wahrscheinlich, da Kusserow seine ohnehin mühsame Karriere im Auswärtigen Amt wohl nicht wissentlich gefährdet hätte.

Was immer aber Kusserows Motive gewesen sein mögen – anders als Woermanns Klage wirkte jetzt die Aussicht auf die angeblich bereits vertraglich vereinbarte Diskriminierung des gesamten deutschen Westafrikahandels als Initialzündung für die Berliner Politik, die dem Außenhandel zunehmend größere Aufmerksamkeit zuwandte.

Ende April unterstrich Woermann, durch die Berliner Anfrage ermuntert, noch einmal im Auswärtigen Amt die Berechtigung seiner Denkschrift vom 1. März. Einerseits mußte ihm Kusserow auftragsgemäß eröffnen, »wie schwer« es nach der

---

52. Sierra-Leone-Abkommen, 28. 6. 1882, in: Annales de la Chambre des Députés 7. 1883, Débats Parlamentaires, Senat. Annex 12, 10 f. (25. 1. 1883), u. G. Martens Hg., Nouveau Recueil Général de Traités 2. S., 18. 1893, 613 (wegen seiner geringen Bedeutung nicht in DDF; in England erst 1892 veröffentlicht!); Prom. Kusserows, 2. 4. 1883, RKA 4188, 92 f., 100 f. (Marg. Bismarcks); 27. 7. 1883, RKA 4189, 80; 30. 11. 1883, RKA 4192, 1–3; Hatzfeldt an Wentzel, 14. 4. 1883, RKA 4188, 104 f.; vgl. StA 43, 224 f.; Wb. 115; Schramm, Deutschland, 237–43; C. Fyfe, A History of Sierra Leone, London 1962, 445–54.

Samoa-Niederlage »für die Reichsregierung sei, auf den Wunsch und im Interesse einzelner Firmen, ohne sicheren und werktätigen Rückhalt in der Nation und in der Volksvertretung weitergehende überseeische Politik zu treiben«. Andererseits wurde Woermann »zugleich angedeutet, daß es für das Auswärtige Amt von besonderem Wert sein würde, wenn ihm Wünsche wie der vorliegende unter Vermittlung und mit der Befürwortung der Senate der Hansestädte zugingen«, wie ja auch schon der Preußische Gesandte in den Hansestädten direkt um »Gutachten der Interessentenkreise« gebeten hatte. Vorerst hielt es Kusserow im Gegensatz zu Göring auch in den Grenzen der Bismarckschen Überseepolitik für möglich, sowohl die ständige Stationierung eines Kriegsschiffes bei Fernando Po als auch die Einrichtung eines westafrikanischen Berufskonsulats ins Auge zu fassen.

Auch andere Vorgänge zeigten im Frühjahr 1883 symptomatisch an, mit welcher Aufmerksamkeit die Berliner Behörden nach dem Einbruch der zweiten Depression auch den deutschen Afrikahandel zu verfolgen begannen. Die »Harburger Gummi-Compagnie« wurde nachdrücklich bei ihren Bemühungen unterstützt, Rohgummi direkt in Westafrika einzukaufen. Als die Hamburger Firma Witt & Büsch sich beschwerte, daß die französischen Behörden nach der Proklamation eines Protektorats ihre Faktoreien in Porto Novo bei Lagos, also in Dahomey, geschlossen hätten und Bürgermeister Petersen in Berlin wegen »der Wichtigkeit der Sache und den bedeutenden, auf dem Spiele stehenden materiellen Interessen« protestierte, regte Kusserow sogleich an, »amtlich« mit Botschafter Courcel zu verhandeln. Aber Frankreichs Kolonialpolitik entgegenzutreten, widersprach einmal den allgemeinen politischen Überlegungen Bismarcks einer Ablenkung Frankreichs nach Übersee. Zum anderen teilte er noch die freihändlerische Auffassung, daß durch das französische Protektorat »der Zivilisation ein neues Gebiet eröffnet« und »die Befestigung französischen Einflusses in jenen Gegenden mit deutschen Interessen nicht nur nicht kollidieren«, sondern auf längere Sicht »den Interessen der zivilisierten Welt förderlich sein« werde. Als die »Afrikanische Gesellschaft« aber um Zuschüsse für zwei Expeditionen ins Innere Westafrikas bat, befürwortete sie Bismarck, da »wirksamere Maßnahmen zur Unterstützung des deutschen Handels« notwendig seien. Wenn sich die Expeditionen auch »die Eröffnung von Handelsverbindungen angelegen sein lassen«, urteilte er, könnten sie »in dieser Richtung von Nutzen sein«[53].

Inzwischen war Woermann dem unmißverständlichen Fingerzeig, daß sich die Interessenten zu Wort melden sollten, gefolgt. Er legte der Hamburger Handelskammer, als deren Vizepräsident er fungierte, im Juni ein Exposé für die von Berlin gewünschte Denkschrift des Senats vor. Da er es nachhaltig zu vertreten wußte, wurde sein Gutachten schließlich am 21. Juni gegen nur zwei Stimmen als die offizielle Äußerung der Handelskammer angenommen. »Die Notwendigkeit der Hebung des deutschen Exports im Interesse der deutschen Industrie sei stets anerkannt worden«, argumentierte er und wies auf die ungeheuren Aussichten hin, die sich hier dem allgemeinen Handel, der Schiffahrt und der Industrie eröffneten. »Hier liege nun die

---

53. Prom. Kusserows, 26. 4. 1883, RKA 4189, 1–6; Bojanowskis, ebda., 7–9; Wentzel an Petersen, 16. 4. 1883, StA Hamburg, Cl. VI, Nr. 15, vol. 6, Fasc. 4, u. Deputation für Handel, I, A. 1, 9. 1.; RKA 4189 (Korrespondenz mit der der »Harburger Gummi-Co.«); Beschwerden von O'Swald & Co, Witt & Büsch, StA Hamburg, Cl. VI, Nr. 15, vol. 6, Fasc. 3; Petersen an Lerchenfeld-Koefering (als Vertreter Krügers), 19. 7. 1883, RKA 4189, 72 f. (dazu Hieke, Gaiser, 40); Aufz. Kusserows, 27. 7. 1883, ebda., 98–100; Notiz Schmidt, 14. 8. 1883, RKA 4190, 2 f.; Hatzfeldt an Boetticher, 15. 12. 1883, RKA 4192, 21 f.

Möglichkeit vor, ein großes Absatzgebiet sich zu erobern.« »Die Geldopfer... würden durch den Nutzen... reichlich aufgewogen.« »Wenn Deutschland jetzt nicht dort zugreife... so werde man erleben, daß andere europäische Nationen... die Deutschen verdrängen und sich in den Besitz des Landes und damit des dortigen Handels setzen«. Woermann wurde von wichtigen Kaufleuten und Reedern wie Hertz, Witt und Hinrichsen unterstützt. Die Handelskammer-Denkschrift vom 6. Juli 1883 wurde zum größeren Teil von der Senatsdeputation für Handel gebilligt und Ende Juli in Berlin eingereicht, während Lübeck und Bremen, das nur um Unterstützung von Lüderitz bat, sich zurückhielten⁵⁴.

Diese Hamburger Denkschrift ist insofern von hoher Bedeutung gewesen, als sie mit aller Klarheit den Meinungsumschwung im Zentrum des deutschen Überseehandels enthüllte. Hatten die hanseatischen »Interessentenkreise« bisher unentwegt ihren freihändlerischen Überzeugungen gehuldigt, so bewog sie nun der durch die weltwirtschaftliche Depression verschärfte Konkurrenzkampf zu einem Frontwechsel, der auf Bismarck allmählich nicht ohne Einfluß blieb, – neigte er doch oft dazu, dem Urteil von als sachkundig geltenden, aus praktischer Lebenserfahrung urteilenden und natürlich ihren Vorteil bedenkenden Interessenten besonderes Gewicht beizumessen. Nachdem die Westafrikafirmen ihre Klagen über die Benachteiligung in den französischen, portugiesischen und englischen Kolonien, aber auch über das Zwischenhandelsmonopol der Duala wortreich vorgetragen hatten, enthielt die Denkschrift vor allem fünf wichtige Vorschläge:

1. Ein deutscher Berufskonsul sollte für die westafrikanischen Küstengebiete eingesetzt werden.
2. Mit den westafrikanischen Kolonialmächten sollten Verhandlungen geführt werden, um die Gleichberechtigung der deutschen Kaufleute zu sichern, während
3. zugleich Schutz- und Meistbegünstigungsverträge mit den unabhängigen Häuptlingen, vor allem auch im Nigergebiet, zu schließen seien.
4. Damit die deutschen Kaufleute sich auf den »effektiven Schutz des eigenen Landes stützen« könnten, seien regelmäßige Kriegsschiffbesuche, auch zur »pünktlichen Erfüllung« der Verträge, notwendig. Deshalb solle auch eine Flottenstation auf Fernando Po gegründet werden.
5. Die »Erwerbung eines Küstenstrichs am Festland« gegenüber Fernando Po »zur Begründung einer deutschen Handelskolonie« wurde »lebhaft« befürwortet, da, »wenn Deutschland nicht für immer auf den Besitz von Kolonien daselbst verzichten wolle, jetzt gewissermaßen der letzte Augenblick sei, um solche zu erwerben«.

Offensichtlich unter dem Eindruck der neuen Stagnation seit 1882 beschrieb die Denkschrift ausführlich die Chancen des innerafrikanischen Marktes für den Fall, daß eine Ausgangsstellung an der Küste gesichert sei. »Das Innnere Zentralafrikas«, hieß es dort, »biete mit seiner dichten konsumfähigen Bevölkerung und den... großen Märkten ein besonders günstiges Absatzgebiet für europäische Industrieerzeugnisse, besonders da nicht allein alle Landesprodukte, sondern auch jede Arbeitsleistung nicht mit barem Gelde oder Tratten, sondern stets mit fremden Waren bezahlt werde. Die Erschließung dieses Absatzgebietes für die exportbedürftige deutsche Industrie sei da-

---

54. HK Hamburg, Protokolle 1883, 223–37 (22. 6.), vgl. 265, 400. Zit. 230 f.; vgl. HK an Deputation für Handel, 6. 6. 1883, ebda., Beilagen, 365a; Wiskemann, 225; Baasch, II/2, 320–24; StA Hamburg, I. A. 1, 9. 1. (Deputationsprotokoll, 17. 7. 1883) u. Cl. VI, Nr. 15, vol. 6, Fasc. 4; Brackmann, 9; Coppius, 132; Wentzel an B., 11. 7. 1883, RKA 4189, 49 f.; 23. 7. 1883, ebda., 53 f., vgl. 57–59.

her von größtem Werte.« Mit einer Spitze gegen das Zwischenhandelsmonopol der Duala wurde erklärt, daß »zur Erweiterung des Absatzes europäischer Industrieerzeugnisse der direkte Verkehr der Europäer mit den Negern im Inneren erforderlich« sei. »Dieser könne aber nur herbeigeführt werden, wenn die Küste im Besitz einer europäischen Macht sei, und diejenige Macht, welche die Küstenstrecke innehabe, werde den Löwenanteil an dem Verkehr haben.« Auch für den aussichtsreichen Plantagenbau sei dann die Herrschaft eines europäischen Staates, der den notwendigen Schutz für die »Früchte der langjährigen Arbeit und die bedeutenden Kapitalien« gewähre, eine unabdingbare Voraussetzung, zudem seien »die Kamerunhäuptlinge nicht abgeneigt..., die Oberhoheit eines europäischen Staates anzuerkennen«.

Dem deutschen Handel drohe Stillstand oder Verdrängung aus einer mühsam errungenen Position, »wenn Deutschland sich nicht entschließt, durch Erwerbung eines geeigneten Gebietes seinem Handel... Schutz und Rückhalt zu gewähren«. Eine solche Kolonie, unterstrich die Denkschrift, werde »fast allen Zweigen der deutschen Industrie, der gesamten deutschen Erwerbstätigkeit zugute kommen«. Es handele sich daher nicht »um die Interessen einzelner Kreise, sondern der Gesamtheit«. Gerade hiergegen aber opponierten der Hamburger Bürgermeister und die Senatsdeputation für Handel, die in der Erwerbung einer Flottenstation und einer Kolonie den »ersten Schritt auf eine Bahn« sahen, »die Deutschland nicht beschritten und deren Ziele... sich nicht vorher ermessen lassen«. Sie wünschten, vorher »das System der zu befolgenden Kolonial- und Handelspolitik in seinen wesentlichsten Punkten festgestellt« zu sehen und verstanden selber unter einem erfolgreichen »System« doch nur den Freihandel, der allein ein »Gedeihen« ermögliche[55].

Hinter diesen Bedenken mochte man in Berlin den doktrinären Free-Trade-Standpunkt der Hansestädte vermuten, jedenfalls gewann die Handelskammerdenkschrift größeres Gewicht als die gegen sie erhobenen Einwände. Kusserow, der die Antworten der Hansestädte zu bearbeiten hatte, stieß sofort in Woermanns Sinn nach. »Die beantragte staatliche Erwerbung eines solchen Gebietes durch das Reich mit Landeshoheit liegt wohl noch nicht in dem Rahmen der gegenwärtigen Reichspolitik«, formulierte er vorsichtig-fragend, konsularischer Schutz sei jedoch notwendig, und vielleicht könne auf Fernando Po ein Stützpunkt »ohne Erwerbung der Landeshoheit« gepachtet werden. Vielleicht solle doch auch auf Verträge mit den Häuptlingen hingearbeitet und den deutschen Firmen zumindest die Zusage gegeben werden, daß man durch diplomatische Verhandlungen den »Zugriff anderer Mächte« vermeiden wolle? Aber Bismarck wartete noch weiter ab, ob sich die Situation in Westafrika tatsächlich verschlimmern werde. Vorerst gab er keine neuen Direktiven.

Im Oktober erhielt das Auswärtige Amt den Bericht eines deutschen Kriegsschiffkommandanten, der soeben die westafrikanische Küste besucht hatte. Kapitän Hollmann – Stabschef unter Stosch und später Staatssekretär des Reichsmarineamtes – hielt »eine Förderung deutscher Handelsinteressen... innerhalb derjenigen Küstenstriche... die seitens anderer Mächte für Kolonialzwecke noch nicht ausgebeutet sind«, für möglich, »und zwar am wirkungsvollsten vielleicht durch ein Abkommen, welches dem Deutschen Reich Vorrechte sichert und das Dazwischentreten anderer Mächte ausschließt«. Das war die Linie der Hamburger Denkschrift, und General-

---

55. HK-Denkschrift, 6. 7. 1883, RKA 4189, 60–65; Auszüge: StA 43, 226–43; Wb., 116–28; Deputation für Handel, 17. 7. 1883, u. Petersen an Wentzel, 20. 7. 1883, StA Hamburg, Deputation I A. 1, 9. 1.; RKA 4189, 55–9. Vgl. Jaeck, 55–60.

konsul Krauel im Auswärtigen Amt unterstützte Hollmanns Vorschlag mit Nachdruck.

Krauel wurde jetzt auch als Vertreter der Wilhelmstraße zu einer Sitzung der Hamburger Westafrikafirmen am 21. Oktober entsandt, auf der Woermann offen bedauerte, daß die Regierung »nichts tun wolle, um auf dem Kampfplatze internationaler Konkurrenz den bedrohten deutschen Handelsinteressen den erbetenen staatlichen Schutz zu gewähren«. Vielleicht sollte die Kamerunküste wie Lüderitz' Gebiet zuerst in Privatbesitz übergehen, fühlte er vor, ehe der staatliche Schutz erbeten werde. Die Sanktionierung der Verträge durch das Reich und auch die ständige Stationierung eines Kriegsschiffs seien freilich unerläßlich, denn den Eingeborenen »imponiere in letzter Linie doch eigentlich nur die Macht«.

Die taktische Konzession, die Woermann den Vorstellungen Bismarcks mit dem Hinweis auf Angra Pequena machte, wurde von Krauel wohlwollend vermerkt. Er bedauerte in seinem ausführlichen Bericht an den Reichskanzler über den Besuch in den Hansestädten, »wieviel Deutschland dadurch verliert, daß der kühne Unternehmungsgeist seines Handelsstandes in fernen Weltteilen nicht für das Vaterland nutzbar gemacht wird, sondern den Kolonialinteressen anderer Staaten dienen muß«. Betrachte man den wachsenden Export deutscher Waren nach Westafrika, zeigte sich Krauel von der Ausfuhrstatistik der Hansestädte beeindruckt, »so erhält man eine Idee von der Wichtigkeit der westafrikanischen Märkte für unsere heimische Industrie«! »Das Gesamtbild der bisherigen Leistungen der deutschen Firmen ... berechtigt auch zu der patriotischen Erwartung, die Kaiserliche Regierung werde nicht zulassen, daß der zukunftsreiche deutsche Handel in jenen Gebieten aus Mangel an staatlicher Fürsorge in seiner natürlichen Entwicklung gehemmt und durch die Eifersucht fremder Nationen lahmgelegt wird.« Als Beweis für diese Eifersucht wußte Krauel von einem Vertrag zu berichten, den Konsul Hewett im März mit zwei Duala-Häuptlingen geschlossen und durch den fortab alle Streitigkeiten seinem Schiedsspruch unterworfen wurden. »Dieser Vertrag«, folgerte Krauel etwas voreilig, »begründet ... ein englisches Protektorat über das Land der Cameroons-Könige und wird in der Praxis bald zur Annexion führen müssen[56].«

Zwei Wochen später hatte Kusserow wieder eine seiner langen Denkschriften ausgearbeitet, die Staatssekretär Hatzfeldt am 30. November als Promemoria des Auswärtigen Amts über die deutschen Handelsinteressen in Westafrika an Bismarck weiterreichte. Einleitend faßte sie präzise die Grundzüge der Bismarckschen Überseepolitik unmittelbar vor dem Übergang zur gesteigerten Expansion noch einmal zusammen: »Nach Maßgabe der Weisungen, welche der Herr Reichskanzler für die Behandlung von Anträgen auf dem Gebiete der überseeischen Handelspolitik vorgezeichnet hat, ist auf Kolonialprojekte, welche die Erwerbung der Landeshoheit über

---

56. Prom. Kusserows, 27. 7. 1883, RKA 4189, 80–97; vgl. Koch, Stosch, 78 (an Hollmann, Herbst 1883: »Will man denn wirklich auf Fernando Po eine militärische Niederlassung unternehmen? Mir erscheint dies doch über die Maßen ungesund«); Darmstädter, II, 73; Bericht Hollmanns, Aug. 1883, RKA 4190, 111–21; dazu Krauel, 5. 10. 1883, ebda., 138 f.; Prom. dess., 7. 11. 1883, RKA 4191, 135–42 (über Besuch, 31. 10. 1883); ders. an B., 10. 11. 1883, ebda., 126–34; vgl. Rantzau an Busch, 3. 12. 1883, Nl. Busch. – Woermann drängte am 5. 11. 1883 (HK an Deputation für Handel, RKA 4192, 40 f.) erneut den Senat, wegen eines Berufskonsuls u. der Entsendung deutscher Kriegsschiffe in Berlin vorstellig zu werden, da die Besitzergreifung Kameruns durch England direkt bevorstehe. Am 9. 11. 1883 (Merck an Versmann, StA Hamburg, Bevollmächtigte, I, 4, VII) wiederholte der Hamburger Senat in Berlin nur die Forderung nach einem Berufskonsul, vgl. Krüger an Petersen, 14. 1. 1884, ebda., Cl. I, Lit. S^d, Nr. 2, vol. 4b, Fasc. 60; Baasch, II/2, 324 f.

ferne Gebiete zur Voraussetzung oder zur Folge haben können, nicht einzugehen, dagegen der deutsche Handelsstand in seinen überseeischen Unternehmungen auf jede sonst mögliche Weise gegen Benachteiligungen zu schützen und in seiner Konkurrenz mit den Angehörigen der Kolonialmächte zu unterstützen.« Dieser Maxime eingedenk schlug die Denkschrift die Entsendung eines Sonderbeauftragten nach Westafrika vor, zu dessen Unterstützung die Korvette »Sophie« vor der Küste aufkreuzen solle. Dieser Kommissar solle den deutschen Handel unterstützen und Handelsverträge zur Sicherung der Meistbegünstigung mit den noch unabhängigen Häuptlingen abschließen.

Diese Maßnahmen wurden von Bismarck ebenso gebilligt wie die Einrichtung eines Berufskonsulats und die Stationierung eines Kriegsschiffs. Mit Spanien sollten Verhandlungen »nicht wegen Abtretung« Fernando Pos, sondern »Zulassung«, also wegen der Pacht einer Kohlenstation, eingeleitet werden. Auf den Wunsch der Hamburger Handelskammer, einen »Küstenstrich zur Gründung einer Handelskolonie« zu erwerben, reagierte Bismarck jedoch mit der üblichen Skepsis. »Was heißt ›Erwerbung‹?« fragte er, »privat oder völkerrechtlich? Was ist Handelskolonie? mit oder ohne Festung und Garnison?« Als eine »Vorbedingung« für die angekündigten »Privaterwerbungen« deutscher Kaufleute bezeichnete er genauso vorsichtig wie im Falle Lüderitz' die »Feststellung der bestehenden oder beanspruchten Landeshoheitsverhältnisse auf dieser Küste. Das kann nur durch direkte Frage bei den beteiligten Kabinetten geschehen«, weshalb er zunächst Verhandlungen »mit England, Portugal, Spanien und Negerfürsten« empfahl. Es werde sich schon ein Weg finden lassen, um die »Abstellung der Beschwerden und Übergriffe« zu erwirken. Formell-staatliche deutsche Kolonialherrschaft, sei es in Westafrika oder in Angra Pequena, lehnte Bismarck im Winter 1883 auf 1884 weiterhin ab.

Vertraulich wurden die hanseatischen Kaufleute durch den Preußischen Gesandten über diese Pläne informiert und um die genaue Bezeichnung der Küstengebiete gebeten, in denen Verträge abgeschlossen werden sollten. Der Erwerb von Kolonien, wurde ihnen allerdings auch wieder eingeschärft, liege nicht im Interesse der Reichspolitik, und die vorgesehenen Privaterwerbungen könnten nur dann vertraglichen, konsularischen und maritimen Schutz erhalten, wenn es sich nachweislich um bisher unabhängige Gebiete handle. Angesichts der Konkurrenzverhältnisse an der westafrikanischen Küste wurde mit dieser vertraulichen Mitteilung die Warnung vor einer öffentlichen Erörterung der »in Aussicht genommenen ... Maßnahmen« verbunden. Die Admiralität war zugleich um Unterstützung gebeten worden. Kurze Kriegsschiffbesuche entsprächen »nicht mehr dem gegenwärtigen Umfange und Schutzbedürfnis der deutschen Handelsunternehmungen in Westafrika.« Bis ein sofort etatsmäßig einzuplanendes Schiff dort ständig stationiert werden könne, solle die »Sophie« in diesen Gewässern kreuzen.

In diesen Dezemberwochen wurde in London auch Hewetts Denkschrift zugunsten von Abkommen erörtert, die künftige Verträge der Duala über Gebietsabtretungen an die Genehmigung der englischen Regierung binden sollten. Das Kabinett, das das französische Vordringen in Westafrika von Senegambien bis hinunter zum Kongogebiet mißtrauisch verfolgte, beschloß schließlich, Victoria, den langjährigen Sitz der englischen Mission in Kamerun, zu annektieren und ein das Nigerdelta und die Kamerunküste umfassendes Protektorat zu errichten. Da Gladstone die Finanzierung den interessierten Handelsunternehmen überlassen wollte, diese sich aber monatelang sträubten, wurde Hewett erst am 16. Mai 1884 beauftragt, das Vorhaben endlich auszuführen. Von den Überlegungen, die bis dahin in Berlin angestellt worden waren und ebenfalls zu einem Aktionsplan geführt hatten, besaß die englische Regierung überhaupt keine Kenntnis⁵⁷.

Im Berliner Auswärtigen Amt gingen Bismarcks Mitarbeiter, wie Hatzfeldt es formulierte, zu Beginn des neuen Jahres weiterhin von dem seit Jahren gültigen Prinzip des Reichskanzlers aus, »es liege nicht in der Absicht der Reichsregierung, Kolonien zu erwerben; wohl aber liege es in ihrem Interesse, den deutschen Handel auszubreiten und möglichst zu schützen. Das einzige dem Handel noch zu erschließende Land sei Afrika«, hob Hatzfeldt hervor. »Auf diesen Weltteil müsse man sein Augenmerk richten.« Ganz in diesem Sinn wurde jetzt Anfang 1884 mit Spanien wegen einer deutschen Marinestation auf Fernando Po verhandelt. Für das »Gebrauchsrecht an einem geeigneten Hafen« mit Kohlendepots »für die Bedürfnisse unserer Kriegsschiffe« bot Deutschland die Unterstützung der spanischen Souveränitätsansprüche auf den Sulu-Archipel an, wo Madrid mit England im Streit lag. Mitte März willigte Spanien ein. Der erste Punkt der Hamburger Vorschläge vom Juli 1883 war erfüllt. Vergeblich kritisierte jetzt Caprivi, der bisher in dieser Frage völlig übergangen worden war, daß Fernando Po »wenigstens im Interesse der Marine weder notwendig ist noch als zweckmäßig oder wirtschaftlich erachtet werden kann«⁵⁸.

Inzwischen hatten die Hamburger Firmen versucht, den Rechtscharakter der geplanten Handelsverträge zu erweitern. Die Handelskammer wünschte am 12. Februar, durch die künftigen Verträge zwischen Niger und Kongo »einen maßgebenden Einfluß auf die Häuptlinge zu erlangen«, worunter man ein deutsches Protektorat verstehen konnte. Höher auch als einen reinen Handelsvertrag schätzten die Unternehmen ihr Ziel ein, das Zwischenhandelsmonopol der Küstenstämme zu durchbrechen. In Kamerun, gaben Jantzen & Thormählen zu bedenken, »wäre es von der größten Wichtigkeit und von unberechenbarem Vorteil, wenn es zu erreichen wäre, daß diese Chiefs die Navigation des oberen Laufes des Kamerunflusses freigäben.« Da im Landesinnern »noch Millionen von Menschen wohnen..., so läßt sich nicht verkennen, daß durch wirksamen und nachhaltigen Schutz der deutschen Handelsinteressen seitens der Reichsregierung der deutsche Handel ... den deutschen Industrieerzeugnissen ein großes Absatzgebiet eröffnen wird«. Sowohl Woermann als auch Jantzen & Thormählen kauften seit dem Oktober 1883 Land im Kamerungebiet, um auf der Linie der Besprechungen mit Krauel am 31. Oktober Reichsschutz für Privatbesitz verlangen zu können. Kusserow wurde darüber auf dem laufenden gehalten.

Noch während die Verhandlungen mit Madrid auf ein günstiges Ergebnis hinsteuerten, wurden in Berlin weitere Vorbereitungen getroffen. Der deutsche Generalkonsul in Tunis, der Afrikaforscher Dr. Nachtigal, wurde am 29. März 1884 zum »Reichskommissar« für die westafrikanische Küste ernannt und zum Empfang seiner Instruktionen nach Lissabon beordert. Dorthin wurde auch als sein Begleiter der Arzt Dr. Buchner und von der Admiralität das Kriegsschiff »Möwe« entsandt. Die

---

57. Prom. Hatzfeldts, 30. 11. 1883 (Entwurf Kusserow), RKA 4192, 1–16 (Marg. B.); Hatzfeldt an Wentzel, 22. 12. 1883, ebda., 29 f.; gekürzt: StA 43, 244; Hatzfeldt an Caprivi, 11. 12. 1883, ebda., 18–20; Strohschneider, 162; Oliver, 90 f.; Rudin, 25 f., 29, 37; StA 44, 275, 289 f., 292 f.; Fitzmaurice, II, 340 f.; vgl. Hamb. Korrespondent 11. 10. 1883; Hamb. Börsenhalle 22. 12. 1883.
58. Solms an B., 26. 2. 1884, RKA 4192, 61–3 (darin Hatzfeldt); Hatzfeldt an Solms, 28. 2. 1884, ebda., 56–60; an B., 6. 3. 1884, ebda., 65–67; Solms an B., 4. 3. 1884, ebda., 79 f.; vgl. 140 f. (Elduayen an Benomar, 18. 7. 1884); Caprivi an Hatzfeldt, 8. 4. 1884, RKA 4193, 13–15.

ersten vorläufigen Instruktionen für Nachtigal schrieben ihm vor, »die Westküste von Afrika zu bereisen, um unsere Informationen über die Lage des deutschen Handels ... zu vervollständigen«, Fernando Po auf seine Eignung als Marinestation und Sitz eines Berufskonsuls zu überprüfen, britischen Annexionsabsichten nachzuspüren und die Gleichberechtigung der deutschen Kaufleute durch Verträge zu sichern.

Die englische Regierung wurde am 19. April nur über eine »Informationsreise« Nachtigals unterrichtet und um Unterstützung durch ihre westafrikanischen Behörden gebeten, die tatsächlich dieser Bitte gemäß angewiesen wurden. Nach seinen Erfahrungen mit Angra Pequena ging Bismarck sehr vorsichtig vor. »Die Engländer« dürften »in ihrem Argwohn bezüglich diesseitiger Pläne und Aufmerksamkeit auf Afrika nicht bestärkt werden«, schärfte er Kusserow ein. »Bevor unsere Schiffe mit Nachtigal nicht ihre Aufträge ausgeführt haben, müssen wir tun, als ob Afrika für uns gar nicht existierte.« »Vor allem keine Zeitungsartikel mehr, bis Nachtigal gehandelt hat.« Zudem war Bismarck sich wohl auch über die Form des Reichsschutzes noch unschlüssig. Aber Lüderitz klagte über britische Intrigen in Südwestafrika. Der englisch-portugiesische Kongovertrag vom 26. Februar kündigte eine beschleunigte Entwicklung in Westafrika an, die die Hamburger Interessenten seit längerem ausgemalt hatten. Im Februar auch beschwerte sich die Firma Wölber & Brohm, die im Togogebiet tätig war, über die Erschwerung ihrer Handelsgeschäfte[59].

Da fand Mitte April Kusserows Denkschrift vom 8. April, in der er als »Form für den Schutz« der deutschen Handelsexpansion in Übersee die staatlich privilegierte Chartergesellschaft anregte, die Billigung Bismarcks, dessen freihändlerischen Expansionsvorstellungen dieser Gedanke entgegenkam. Dabei wurden von Kusserow nicht nur ausdrücklich Lüderitz und Hansemanns Neuguinea-Projekt, sondern auch »noch andere Deutsche« erwähnt, »die an der Westküste von Afrika ... größere Privaterwerbungen in unabhängigen Gebieten teils gemacht haben, teils beabsichtigen.« Auch ihren Unternehmungen »in abhängigen, aber staatlich nicht organisierten Gebieten, deren Absorbierung durch dritte Mächte gegen unser Interesse wäre«, sollte doch »von Reichs wegen« Schutz gewährt werden. Bismarck ordnete nunmehr an, daß die »nach Analogie der Englischen Royal Charters den deutschen Kolonialunternehmungen zu gewährenden kaiserlichen Schutzbriefe« vorzubereiten seien.

Um die künftigen Mitglieder der westafrikanischen Chartergesellschaft persönlich zur Sache zu hören, ließ Bismarck durch Kusserow auf den 28. April eine Besprechung einberufen, an der außer Lüderitz und Hansemanns Partner in Südwestafrika, dem Bremer Dyes, auch Woermann und der ebenfalls in Westafrika engagierte Kaufmann Colin mit Kusserow zusammen teilnahmen. Am selben Tag wurde Nachtigal telegraphisch aufgefordert, endgültige schriftliche Instruktionen in Lissabon abzuwarten. Der Reichskanzler entwickelte den hanseatischen Interessenten, daß er zwar weiter formeller, »französischer« Kolonialherrschaft abgeneigt, doch »dem deutschen Kaufmann« mit staatlichem Schutz zu folgen bereit sei, »wie das England stets getan habe.« Er denke auch nach dem »Vorbild Englands« in Indien und Borneo an Chartergesellschaften, in deren Händen die »Verwaltung ganz« liegen solle. Die Afrikakaufleute sollten sich doch in einer einzigen Kompagnie zusammenschließen, der die

59. HK an AA, 12. 2. 1884, RKA 4192, 153; Jantzen & Thormählen an HK, 5. 2. 1884, ebda., 157–60; s. StA 43, 245 f., 269; Wb., 129; Aufz. Hatzfeldt, 9. 3. 1884, RKA 4192, 68–71, 83–86; ders. an Nachtigal, 29. 3. 1884, ebda., 150 f.; 16. 4. 1884 (erste Instruktion), RKA 4193, 18–32; StA 44, 291; ders. an Caprivi u. Solms, 5. 4. 1884, ebda., 4–7; Aufz. Kusserows, 25. 5. 1884, RKA 9041, 209–15. Vgl. Oliver, 91; Buchner, Aurora, 2–8; Jaeck; 60–63.

Ein »Deutsches Indien« in Afrika

Regierung dann einen Schutzbrief verleihen könne. Sofort wurde gegen diesen Plan Widerspruch laut: Woermann und Lüderitz beharrten darauf, daß die deutsche Flagge in Kamerun und in Südwestafrika gehißt werden müsse, nur so könne England von seinen Annexionsplänen abgehalten werden, sie bestanden auf dem direkten Engagement des Staates. Beide Kaufleute wurden daraufhin von Bismarck aufgefordert, präzis gefaßte Vorschläge für die Ergänzung der Nachtigalschen Instruktionen sofort schriftlich einzureichen.

Schon am 30. April kam Woermann dieser Aufforderung nach, die, – wie der hanseatische Gesandte vermutete –, die »Sicherstellung der von den deutschen Angehörigen an jener Küste erworbenen Besitzungen ... ernstlich ins Auge« fasse.« »Seit einiger Zeit« wehe »ein ganz anderer Wind im Auswärtigen Amt«, freute sich Hohenlohe-Langenburg, »man will dort jetzt ganz entschieden vorgehen, namentlich, was die Westküste Afrikas betrifft«. Dem britischen Botschafter gegenüber sprach Bismarck sogar direkt – »fast warnend«, meinte Ampthill zu hören – von »den großen und wachsenden Interessen« in Übersee, die »für Deutschland gewaltige Bedeutung« besäßen und von den »großen Handelszentralen Bremen und Hamburg bei ihm verfochten« würden. Als Ende April erste Nachrichten über Nachtigals Reise in die Presse durchsickerten, glaubte die »Allgemeine Zeitung für Franken« mit der »Hamburger Börsenhalle« und der »NAZ«, daß »diese Tätigkeit der Reichsregierung« ganz »dem immer fühlbarer werdenden Bedürfnisse, der deutschen Arbeit neue Absatzwege, dem deutschen Handel und Konsum neue Bezugsquellen zu eröffnen«, entspreche[60].

Woermanns Richtlinien für Nachtigal, die er zwei Tage nach der Konferenz mit Bismarck übersandte, sahen als wichtigste Punkte folgendes vor: Der Reichskommissar oder der Kommandant der »Möwe« dürfe Küstengebiete vom Niger bis nach Gabun, zwischen Bimbia und Kap St. John, durch Flaggenhissung und öffentliche Proklamation »in Besitz nehmen«, sofern die Häuptlinge vorher mit den deutschen Firmen Verträge, in denen sie denselben ihr Land, ihre »Hoheitsrechte« aber an den deutschen Kaiser abzutreten einwilligten, abgeschlossen hätten. Bismarck erklärte die Abtretung des Landes an die Firmen zur »Vorbedingung, die erfüllt oder zu erfüllen ist«. Der deutsche Konsul in Gabun, Woermanns Agent E. Schulze, wurde am 12. Mai aufgefordert, nach Kamerun zu reisen und diese Verträge über »Landerwerbungen« amtlich zu beglaubigen und dadurch möglichst schon vor Nachtigals Eintreffen »gegen ungerechtfertigte Anfechtungen von seiten Dritter tunlich sicherzustellen«. Bismarck billigte auch Woermanns Forderung, daß in der öffentlichen Proklamation die Formulierung gebraucht werden solle, »daß das Land nunmehr deutsches Eigentum sei«, unter der Bedingung, daß »der bisherige Oberherr es abtritt«. Dabei verstand er jedoch unter »deutschem Eigentum« noch kein Reichsterritorium, sondern den Privatbesitz der deutschen Handelshäuser, über dem der Kaiser »Protektorat oder Oberherrschaft« – dazwischen sah Bismarck »keinen grundlegenden

---

60. Denkschrift Kusserows, 8. 4. 1884, RKA 1995, 155–69, dazu Aufz. Hatzfeldts, 11. 7. 1884, RKA 4194, 125 (nach Anweisung B.); Poschinger, Parlamentarier, III, 149 f.; ders., Hamburger Freunde, 102; RKA 3403, 113 f.; Krüger an Petersen, 1. 5. 1884, StA Hamburg, Cl. I, Lit. S^d, Nr. 2, vol. 4b, Fasc. 60; Hohenlohe-Langenburg an Hohenlohe-Schillingsfürst, 15. 5. 1884, Nl. Hohenlohe-Schillingsfürst 53; Ampthill an Granville, 13. 4. 1884, in: Knaplund Hg., 323 f.; Allg. Zeitung für Franken 3. 5. 1884; Hamb. Börsenhalle 21. 4. 1884; NAZ 21. 4. 1884; Hamb. Korresp. 22. 4. 1884; vgl. KZ 17. 4. 1884 (schon über »Möwe«!); Woermann in: Hamburg. Nachrichten 1. 11. 1884, Beil.; Wiskemann, 227; Baasch, II/2, 325 f.

Unterschied« – ausüben werde. Bismarck glaubte offensichtlich noch immer, daß das Reich nur eine Art Schutzgewalt über den privaten Landbesitz deutscher Kaufleute an der afrikanischen Küste zu übernehmen brauche, um die deutsche Handelsstellung dort abzuschirmen.

Wie Woermann war auch er der Meinung, daß die früheren Rechte von Europäern respektiert werden, die Handelsverträge anderer Staaten in Kraft bleiben und überhaupt dem Handel keinerlei Beschränkungen auferlegt werden sollten, – soviel Freihandel wie möglich sollte erhalten bleiben. Allerdings hielt er jetzt auch den Wunsch für berechtigt, daß ein deutscher Zivilbeamter die Schutzherrschaft repräsentieren und gewisse Verwaltungsaufgaben übernehmen solle. Bismarck besprach die neue Woermannsche Denkschrift mit Caprivi, holte sich die Genehmigung des Kaisers ein und sandte Nachtigal am 19. Mai seine endgültigen Anweisungen zu, denen Woermanns Wunschkatalog als Richtlinie für das Vorgehen in Kamerun im Anhang beigefügt wurde.

Nachtigal wurde jetzt in Ergänzung seiner ersten Instruktionen darüber ins Bild gesetzt, wobei Bismarck die wichtigen Stellen selber formulierte, daß der Schutz »der Deutschen und ihres Verkehrs« an einigen westafrikanischen Küstenstrichen »im Namen des Reiches unmittelbar« übernommen werden solle. »Die Einrichtung eines Verwaltungsapparates, der die Entsendung einer größeren Anzahl deutscher Beamter bedingen würde, die Errichtung ständiger Garnisonen mit deutschen Truppen und eine Übernahme einer Verpflichtung des Reiches, den... Deutschen und ihren Faktoreien... auch während etwaiger Kriege mit größeren Landmächten Schutz zu gewähren, wird dabei nicht beabsichtigt«, unterstrich Bismarck. Sorgfältig ersetzte er daher auch den im Entwurf vorkommenden Begriff der »Souveränität«, die die Besitznahme von Land voraussetzte, durch den des »Protektorats«, das Nachtigal proklamieren solle, und sprach die Erwartung aus, daß nach den Privatverträgen der Firmen mit den Häuptlingen »für unseren Zweck... der Abschluß von Freundschafts-, Handels- und Protektoratsverträgen ausreichen« würde, um »die zur Ausübung wirksamen Schutzes deutscher Untertanen erforderlichen Rechte« zu erwerben. Drohe allerdings eine andere Macht, der deutschen Aktion zuvorzukommen, so »würde« es »dann die Aufgabe sein, unsere Besitzergreifung durch nachträglich von den deutschen Firmen oder direkt nomine des Reiches... abzuschließende Verträge zu befestigen.«

Mochte Bismarck auch selber noch des Glaubens sein, durch sein Vorgehen dem Reich keine staatliche Verwaltungskolonie aufzubürden und auch durch seine wohlbedachte, eigenhändige Überarbeitung der Instruktionen Zweifel an seiner Zurückhaltung auszuschließen, so war doch der Übergang von der Schutzgewalt über Privatbesitz zur staatlichen Gebietsherrschaft allen anderen Intentionen zum Trotz durchaus fließend und in der Praxis, wie sich sowohl in Südwestafrika als auch in Westafrika bald herausstellen sollte, in dieser Zeit erhöhter Rivalität, aber auch angesichts der Ablehnung der Chartergesellschafts-Kolonie durch die deutschen Interessenten kaum zu vermeiden. Auch in den letzten Instruktionen für Nachtigal blieb eine so schillernde Formulierung erhalten, daß in dem künftigen Protektorat ein kaiserlicher Kommissar »mit seinerzeit näher zu bestimmenden Regierungsbefugnissen« einzusetzen sei.

Höchst aufschlußreich bleibt indessen, wie Bismarck auch im Hinblick auf Westafrika den Vorstellungen des freihändlerischen Expansionismus so lange wie möglich folgte und nur schrittweise den materiellen Inhalt des Reichsschutzes erweiterte.

»Nicht direkte politische Besitzergreifungen über See zu vollziehen«, sei die Vorstellung der Reichsregierung, konnte die wie häufig vom Auswärtigen Amt inspirierte »Kölnische Zeitung« nachdrücklich versichern, »sondern von Fall zu Fall den hier und dort in freien Ländern sich entwickelnden deutschen Handels- und Kultivationsinteressen mit ihrem politischen Schutze zu folgen«. Es handle sich in Westafrika »nicht um eigentliche Landerwerbungen Deutschlands ..., sondern um Übernahme des Protektorats«, berichtete auch der badische Gesandte, fügte aber skeptisch hinzu: »Ob dieser Modus auf die Dauer genügen wird, um die deutschen Interessen in den fraglichen Gebieten sicherzustellen, ist freilich eine andere Frage!«

Wenn Bismarck sich auch der englischen Konkurrenz durchaus bewußt war, so sollten sich Nachtigals Verträge, wie Herbert v. Bismarck auch dem übereifrigen Kusserow gerade wieder eingeschärft hatte, nur auf »völlig unstreitige Gebiete beziehen«, und Nachtigal selber »jeder Kollision« namentlich mit den französischen Interessen »sorgfältig aus dem Wege gehen«. Der Reichskanzler prägte ihm ein, »an Ort und Stelle die französischen Interessen »zu schonen und ein »Zusammengehen mit Frankreich im Auge« zu behalten, da »mit den englischen Ansprüchen ... keine Aussicht auf Duldsamkeit« bestehe. Überhaupt sollte sich Nachtigal allgemein auf das Erreichbare beschränken. Am 31. Mai lief die »Möwe« mit Nachtigal und Buchner an Bord nach Westafrika aus[61].

Anfang Mai waren die Vertreter von Woermann und Jantzen & Thormählen beauftragt worden, die erwähnten Verträge abzuschließen, in denen die Häuptlinge ihre Hoheitsrechte an die Firmen »für den Kaiser von Deutschland« abtraten. Außerdem sollten die Agenten der hanseatischen Firmen weiter Land kaufen, einmal um die Bitte um Reichsschutz für Privateigentum begründen zu können, sodann um eine günstige Position bei den später erwarteten Landspekulationen zu gewinnen. »Es ist zweifellos«, schrieb Woermann am 6. Mai seinem Vertreter E. Schmidt, »daß für den Fall, daß das Land deutsch wird, manche Bestrebungen dahin gehen werden, dort ausgedehnte Pflanzungen anzulegen, und dann ist es immer gut, wenn das Land bereits in unserem Privateigentum ist, so daß wir es später weiterverkaufen können ... Man kann das Land ja beinahe umsonst bekommen.« Seit Anfang Juli verhandelten E. Schmidt und Woermanns Bruder Eduard Verträge mit den Duala aus, – in aller Verschwiegenheit, um die Engländer nicht aufmerksam zu machen, mit hohen Bestechungen und den üblichen Methoden des Betrugs, da die Häuptlinge hinsichtlich des konkreten rechtlichen Inhalts der Verträge bewußt irregeführt wurden. Die Spannung vor dem Eintreffen Nachtigals wurde am 10. Juli durch den Besuch des englischen Kanonenboots »Goshawk«, das den Häuptlingen Konsul Hewett anmelden sollte, erhöht. Aber am Abend des 11. Juli lief die »Möwe« bei Kamerun ein, bevor »durch Dazwischenkunft der Engländer« ein »Erfolg ... in Frage gestellt« werden konnte.

---

61. Woermann an B., 30. 4. 1884, RKA 4193, 82 f. (Marg. B.), vgl. StA 43, 248 f., Bohner, 140; Caprivi an Hatzfeldt, 2. 5. 1884, RKA 1995, 173–77; Hatzfeldt an Caprivi, 10. 5. 1884, RKA 4193, 99–101; B. an Wilhelm I., 19. 5. 1884, RKA 4194, 32–39; ders. an Nachtigal, 19. 5. 1884, ebda., 6–31 (vgl. RKA 3403, 21–26; gekürzt: StA 43, 246–50; Wb. 129 f., auch in: H. Stoecker Hg., Handbuch der Verträge, 1871–1964, Berlin 1968, 57–59); Bülow an B., 18. 5. 1884, RKA 9041, 176–80, Marg. B.); AA an Schulze, 12. 5. 1884, RKA 4193, 105 (durch Woermann zugestellt); Caprivi an Schering, 19. 5. 1884, RKA 4194, 32; KZ 5. 8. 1884; Marschall an Turban, 5. 10. 1884, GLA 49/57; H. v. B. an Kusserow, 19. 5. 1884, RKA 1995, 190, vgl. Ampthill an Granville, 31. 5. 1884, in: Knaplund Hg., 329 f. Über Nachtigals Auftrag für Südwestafrika s. 274; für das Dubrekagebiet, s. u. B,b.

Nachtigal hatte vorher, am 5. und 6. Juli, »zur Sicherstellung des nicht unbeträchtlichen deutschen Handels« besonders der Firma Wölber & Brohm, die ein englisches Protektorat mit hohen Zöllen auf die deutsche Einfuhr nach der englischen Goldküste befürchtete, »das Togogebiet« bei Bagida und Lome unter kaiserliches »Protektorat« gestellt und einen entsprechenden Vertrag geschlossen, ohne dafür besondere Instruktionen zu besitzen. Als Freihandelsgebiet habe Togo aber »eine glänzende Zukunft«, rechtfertigte sich Nachtigal sofort vor dem Reichskanzler, und dürfe wegen der »Handelswege in das fernere Innere« als »ein vielversprechendes« Schutzgebiet betrachtet werden.

Unter dem Eindruck, den das große Kanonenboot »Möwe« hinterließ, gaben dann die Duala-Häuptlinge, von denen einige bis dahin noch gezögert hatten, sich vertraglich zu binden, trotz ihrer Bedenken wegen der bevorstehenden Auseinandersetzung mit Hewett, aber nach der Anerkennung ihrer Bedingungen (u. a. des Zwischenhandelmonopols!) ihren Widerstand auf. Am 14. Juli ließ Nachtigal die Oberhoheit von den deutschen Firmen an das Reich abtreten, hißte die deutsche Kriegsflagge und versprach, daß »Seine Majestät den ... freien Handel nicht beeinträchtigen wird«. Dr. Buchner blieb als erster deutscher Zivilkommissar in Kamerun, Hewett traf mit dem Kanonenboot »Flirt« am 19. Juli wenige Tage zu spät ein. Es verdient, hervorgehoben zu werden, daß die Häuptlinge, wie Nachtigal am 16. August nach Berlin berichtete, aufgrund ihrer Verhandlungen mit den Engländern »sehr wohl den Unterschied zwischen einem Protektorat und einer Annexion« kannten und »entschieden die letztere« forderten, »da nur diese ihnen die Wohltaten einer zivilisierten Verwaltung, die Einrichtung von Schulen ... und andere Vorteile zu versprechen schien«. Seinen Anweisungen gemäß, versicherte dagegen Nachtigal, habe er jedoch nur die »Schutzherrlichkeit« des Kaisers erklärt, da »eine direkte Verwaltung ... nicht in der Absicht« Berlins liege[62].

Woermann konnte am 12. August als erster das Auswärtige Amt und Bismarck über Nachtigals Erfolg im Kamerungebiet informieren. Dadurch sei »dem Deutschen Reich einer der wichtigsten Zugangspunkte zu dem bevölkerten Hinterlande des Niger-Gebiets gesichert worden. Es ist wohl nicht zu bezweifeln, daß Deutschlands Handel und Schiffahrt davon Nutzen ziehen wird.« Am selben Tage wurde wegen »der erfreulich fortschreitenden Entwicklung der deutschen Interessen« die Stationierung eines zweiten deutschen Kriegsschiffs im Golf von Guinea angeordnet.

Währenddessen hatte Nachtigal nach dem 14. Juli an dieser Küste zwischen Bimbia und Kap St. John mehrfach die deutsche Flagge aufgezogen und die von den deutschen Kaufleuten vorgelegten Verträge wie in Kamerun bestätigt und ausgewertet. Zwischen Ambas-Bai und Rio del Rey kamen ihm freilich die Engländer zuvor, die jetzt überhaupt die ganze weitere Küste bis Lagos an sich brachten. Mehrfach geriet Nachtigal mit vagen französischen und spanischen Rechten in Konflikt, was Bismarck nach

---

62. Woermann an Schmidt, 6. 5. 1884, RKA 4447, 60–64, auch: Jaeck, 82–5; vgl. Wiskemann, 227; Buchner, Aurora, 70, 113; Brackmann, 8 f.; v. Eckardt, II, 115; Rudin, 423, 28, 39 f.; Tb. Ed. Woermanns, in: H. Zache Hg., Das deutsche Kolonialbuch, Berlin 1925, 261–4, sowie: Schmidt an Woermann, 10. 7. 1884, RKA 4202, 5, 21; Schulze an Woermann, 10. 7. 1884, ebda., 19 f.; Voss an Jantzen & Thormählen, 10. 7. 1884, ebda., 17 f., 46; Krohne an Woermann, 11. 7. 1884, ebda., 39 f.; dazu Woermann an AA, 28. 7. 1884, ebda., 24; 6. 8. 1884, ebda., 26–30; 7. 8. 1884, ebda., 32 f.; Jantzen & Thormählen an Kusserow, 7. 8. 1884, ebda., 41–44; Nachtigal an B., 9. 7. 1884, StA 43, 254–60, auch 238, 253; Schmidt an Woermann, 29. 7. 1884, RKA 4203, 22–32; RKA 4202, 201–5; RKA 4447, 10 (Proklamation, 14. 7. 1884), StA 43, 253, 263–71; Allg. über die Vorgänge in Kamerun: Jaeck, 64–71; Bohner, 244–46.

dem Eingang der ersten offiziellen Berichte dazu veranlaßte, die »französischen Ansprüche« sofort für »tabu« zu erklären. Wegen des »unverständigen englischen Widerstands« gegen die deutsche Afrikapolitik seien diese französischen »Rechte, mit besonderer Vorsicht zu schonen und zu berücksichtigen«, denn »wir können nicht gleichzeitig Frankreich und England verstimmen« und »sind darauf angewiesen, uns... mit Frankreich im Einvernehmen zu halten«. Paris wurde ganz in diesem Sinne durch Botschafter Hohenlohe-Schillingsfürst unterrichtet, während Bismarck in Varzin Courcel eröffnete, es liege »keineswegs in unserer Absicht, mit den Rechten und Interessen befreundeter Nationen, namentlich Frankreichs in Rivalität zu treten«. Wenn Nachtigal »in irgendwelchen Punkten jener Küste den Besitz und die Politik Frankreichs berühren sollte, so würde die Verständigung hierüber und die Zurückziehung aller mit dem Besitzstande Frankreichs unerträglichen Maßregeln unsere nächste Aufgabe bilden«.

Der englische Geschäftsträger in Berlin dagegen, der nach Hewetts enttäuschenden Berichten dennoch auf Granvilles Weisung hin die seit Jahren erwogenen englischen Protektoratswünsche im Kamerungebiet anmeldete, wurde hingehalten. Angesichts der offensichtlich bevorstehenden Auseinandersetzungen wünschte Bismarck, der gewöhnlich die Überseefragen von der Handelspolitischen Abteilung des Auswärtigen Amts bearbeiten ließ, daß »alle Kolonialsachen, bei welchen England oder Frankreich in Frage kommen«, ab sofort »als politische Angelegenheiten« von der Politischen Abteilung »behandelt« würden[63].

Bei den nun folgenden Verhandlungen sahen sich die Mächte einer wirren Gemengelage von englischen, französischen, deutschen, aber auch spanischen und portugiesischen Stützpunkten, Protektoraten, »Schutzgebieten« und Kolonien an der westafrikanischen Küste gegenüber, aus denen durch Vereinbarungen zwischen Berlin, Paris und London größere zusammenhängende Komplexe geschaffen werden sollten. »Wir müssen suchen, Kontinuität unseren Besitzungen... zu erhalten« oder zu verschaffen, war Bismarcks Absicht. Seine strikte Direktive blieb auch jetzt noch, »nicht Staatskolonien« zu gründen, sondern die Regierung »mit ihrem Schutz den Privaterwerbungen folgen zu lassen«. Dabei sei eine Lage »für uns sorgfältig zu vermeiden«, die Militär »zur Aufrechterhaltung einer Schutzherrschaft« erforderlich mache.

In Westafrika wünschte Bismarck »nur keine Händel mit europäischen Mächten«, »namentlich mit Frankreich«, das »in erster und England in zweiter Linie zu schonen« sei, damit die Verhandlungen über den Interessenausgleich, bei denen Bismarck von seinem überseepolitischen Einverständnis mit Ministerpräsident Jules Ferry ausgehen konnte, nicht weiter erschwert würden. »Es ist schon mehr Schutzgebiet vor-

---

63. Woermann an AA, 17. 8. 1884, RKA 4202, 45; an B., ebda., 49 (vgl. Bohner, 144); an AA, 9. 9. 1884, ebda., 85 (die Kontrakte, ebda., 87–106); Jantzen & Thormählen an Kusserow, 18. 8. 1884, ebda., 52 f.; Hatzfeldt an H. v. B., 17. 8. 1884, ebda., 23; an Wilhelm I., RKA 4195, 78 f., 85 f.; Berichte Kapitän Hoffmanns an Caprivi, 8. 8. 1884, RKA 4202, 117–29 (Marg. Bismarcks); 19. 8. 1884, RKA 4196, 62–65; 4. 9. 1884, RKA 4197, 6–9. Schulze an Woermann, 12. 8. 1884, RKA 4202, 75–77; B. an Hohenlohe-Schillingsfürst, 29. 8. 1884, RKA 4195, 97; Hohenlohe-Schillingsfürst an B., 31. 8. 1884, ebda., 100; vgl. StA 43, 254; Aufz. W. v. B., 30. 8. 1884, RKA 4109, 38–41; vgl. GP III, 424–26; DDF V, 390–95; Scott an Busch, 29. 8. 1884, RKA 4202, 66 f.; ders. an Anderson, 23. 8. 1884, in: Knaplund Hg., 341; StA 43, 262, vgl. StA 44, 293 f.; Notiz Hatzfeldts, 12. 9. 1884, RKA 4196, 5 (Anweisung B.). Vgl. zur Pressereaktion: KZ 21. 8. 1884; Neue Würzburger Zeitung 21. 8. 1884; Korrespondent von u. für Deutschland, 22. 8. 1884; Fränkischer Kurier 25. 8. 1884; DKZ 1. 8. 1884; KZ 10. 10. 1884: Zöllers Berichte beginnen.

handen, als wir schützen können«, vertraute er den Akten an. »Wir dürfen« keine französischen »Rechte provozieren«, denn »gegen Frankreich wünsche ich in allem, was nicht Elsaß ist, versöhnliches Auftreten«. »Die Engländer« dagegen, erklärte er dem Hamburger Überseekaufmann Thormählen im September, »hätten den Anschluß verpaßt. Der Zug der Weltgeschichte geht auch ohne sie weiter.« Er ging so weit, französische Kaufleute, die als »Douaniers« und Repräsentanten französischer Hoheitsansprüche ausgegeben wurden, »für eine lebendige Flagge« zu erklären, die »mindestens ebenso wie eine solche zu respektieren« seien. »Für vermeintliche Rechtsverletzungen durch Angehörige europäischer Staaten«, ließ er Caprivi Richtlinien für die neue westafrikanische Schiffsstation geben, müsse »der diplomatische Weg offengehalten werden, damit nicht gleich ein Kriegsfall entstände«[64].

Intensiv wurde jetzt zuerst die Verständigung über die Abgrenzung der deutschen und französischen Gebiete betrieben. Als Ferry im Oktober meinte, man müsse sich vor allem über »Prinzipien« und »Rechtsansprüche« verständigen, urteilte Bismarck bezeichnenderweise, daß gerade das »schwierig«, dagegen über »konkrete Fälle leichter« Einigung zu erzielen sei. Zu Beginn der Kongokonferenz, während der die Besprechungen in Berlin fortgesetzt wurden, konnte Botschafter Hohenlohe-Schillingsfürst schon Ferrys Zusage melden, konkrete Demarkationslinien auszuhandeln, obschon Paris dann doch wegen der französischen Expansion in Dahomey hart verhandelte. Erst im Frühsommer 1885 kam es zu einer Einigung hinsichtlich Togo, vor der Bismarck beharrlich auf »territorialem Äquivalent« für deutsche Verzichtsleistungen bestanden hatte, da er auch Paris, erst recht nach Ferrys Sturz, »gratis pour les beaux yeux« nicht konzedieren wollte. Im deutsch-französischen Protokoll vom 24. Dezember 1885 wurde dann auch der Grenzverlauf zwischen dem »Schutzgebiet« Kamerun und der französischen Kolonie Gabun bestimmt. Nachdem Woermann nachdrücklich empfohlen hatte, »mit Rücksicht auf die bereits vorhandenen erheblichen Interessen des deutschen Handels die Küste mindestens bis zum Rio Campo südwärts für Deutsche zu erwerben«, wurde jetzt der Rio Campo tatsächlich als Grenze im Süden, durch spätere Abkommen die genauere Ostgrenze Kameruns vereinbart[65].

Während die deutsch-französischen Verhandlungen gleichsam im Windschutz der kurzlebigen »Kolonialentente« und Zusammenarbeit während der Kongokonferenz vorangetrieben werden konnten, kam es mit England mehrfach zu Zusammenstößen. Die offizielle Mitteilung Bismarcks vom 13. Oktober 1884, daß die Reichsregierung »zur wirksameren Wahrung des deutschen Handels an der Westküste von Afrika einige Gebiete« durch Verträge mit »unabhängigen Häuptlingen« »unter

64. Aufz. Hatzfeldts, 31. 7. 1885, RKA 4217, 97-99 (Marg. B., vgl. Marg. B. zu Aufz. Hatzfeldts, 16. 8. 1885, RKA 4217, 125); Hatzfeldt an Hohenlohe-Schillingsfürst, 10. 6. 1885, RKA 3411, 76 f.; Caprivi an Hatzfeldt, 27. 9. 1884, RKA 4196, 25 f.; RKA 4221, 22 f. Aufz. Thormählens, 25. 9. 1884, nach: G. A. Rein, Bismarcks Afrikapolitik, in: ders., Europa u. Übersee, Ges. Aufsätze, Göttingen 1961, 316. – Notiz W. v. B., 28. 9. 1884, RKA 4196, 33; 22. 10. 1884, ebda., 53.
65. Rotenhan an B., 13. 10. 1884, RKA 4203, 102 f. (Marg. B.); 25. 9. 1884, RKA 4196, 31 f.; Hohenlohe-Schillingsfürst an B., 9. 11. 1884, RKA 4203, 144 f.; 23. 4. 1885, RKA 3729, 134 f.; Aufz. Krauels, 27. 6. 1885, RKA 4217, 53 f. (Marg. B.), vgl. 55-9; Aufz. Hatzfeldts, 16. 8. 1885, RKA 4217, 125; Darmstädter, II, 80; Rudin, 73-75. Über Togo: R. Cornevin, Histoire du Togo, Paris 1962, 167-205; A. Knoll, Togoland Under Imperial Germany, 1884-1914, phil. Diss. Yale Univ. 1964; plattpolemisch: M. Nussbaum, Togo, eine Musterkolonie, Berlin 1962, 12-25. Vgl. Kolonial-Lexikon, III, 497-526. Karte: Lange Hg., Nr. 4. Mit Frankreich einigte sich Deutschland am 27. 4. 1887, mit England am 1. 7. 1890 über die genauere Abgrenzung des Hinterlands von Togo.

ihren Schutz genommen« habe, nämlich Togo an der Sklavenküste und in der Biafra-Bai die Küste zwischen Bimbia und Criby, wurde am 15. Oktober trotz Hewetts Protesten und der unverhüllten Enttäuschung führender englischer Politiker schon formell mit der britischen Anerkennung, die durch die deutsche Freihandelsgarantie erleichtert wurde, beantwortet. Doch der Streit ging um das Hinterland, auf das sich seit je die Absichten der deutschen Firmen gerichtet hatten: um die angeblich reichen Gebiete im Nordwesten, aber auch am Benuë und Niger.

So hatten sich im September die Hamburger Firmen wieder »für die Ausbeutung des noch unerschlossenen, großen und volkreichen Hinterlands«, damit natürlich auch wieder gegen den »kostspieligen Zwischenhandel« ausgesprochen. Daß durch den Vorstoß ins Innere »ein neues, sehr großes Absatzgebiet für die Erzeugnisse deutscher Gewerbetätigkeit« geschaffen würde und »die schon vorhandenen bedeutend« vergrößert würden, »liegt auf der Hand«. »Je weiter ins Innere das Gebiet erschlossen wird, desto größere Fortschritte wird der Absatz machen«, gab die »Kölnische Zeitung« die Berliner Hoffnungen wieder. Nachdem Bismarck am 16. November es für »erwünscht« erklärt hatte, »daß unser Vertreter von den geeigneten Flußmündungen aus ins Innere vorzudringen suche«, wurde Buchner sogleich instruiert, in das Landesinnere zu marschieren, um es »durch Verträge zu sichern«. Die »Vertragsabschlüsse... zur Erweiterung der Hinterländer« sollte die Marine »fördern« und »durch Besitzergreifung wirksam... konfirmieren«.

Dabei blieb Bismarck jedoch peinlich darauf bedacht, die deutsche Stoßrichtung vom Nigergebiet, dessen Wert für die englischen Interessen in Berlin niemand schärfer als er erkannte, fernzuhalten. Buchner wurde entsprechend angewiesen, auch die Admiralität wurde gewarnt, keine deutschen Verträge am Niger durch ihre Kapitäne sanktionieren zu lassen, wie ja auch schon Nachtigal auf Anraten des deutschen Konsuls Bey im nigerianischen Lagos wohlweislich darauf verzichtet hatte, Verträge im Nigerdelta abzuschließen. »Er wünsche nicht«, ließ der Reichskanzler das Auswärtige Amt anweisen, »daß an den Nigermündungen irgend etwas geschehe. England wolle freie Schiffahrt auf dem gesamten Strome gewähren, und das genüge, um der deutschen Konkurrenz fair play zu sichern. Aber auch politisch sei es nicht erwünscht, am Niger Besitzergreifungen vorzunehmen, weil man dadurch in Friktionen« mit Großbritannien, aber vielleicht auch mit Frankreich »kommen würde«. Die Vorstellungen der Hamburger Firmen, auch im Nigerdelta Verträge zu schließen, trafen daher auf taube Ohren[66].

66. B. an die Missionen, 13. 10. 1884, RKA 4196, 77–9; vgl. StA 43, 273 f.; Enttäuschung in London: Oliver, 70–72; J. L. Garvin, Life of J. Chamberlain, London 1932, I, 495 (Dilke, 28. 8. 1884; Chamberlain, 12. 9. 1885; Kimberley, 25. 9. 1884); GP IV, 84; Jantzen & Thormählen an Bieber, 18. 9. 1884, RKA 4202, 180 f. (s. Thormählen in DKZ 1. 1884, 420); KZ 26. 8. 1884; Rottenburg an AA (Diktat B.), 16. 11. 1884, RKA 4197, 57; AA an Buchner, 24. 11. 1884, ebda., 70; B. an Caprivi, 26. 11. 1884, RKA 4198, 4 f.; Caprivi an Knorr, 28. 11. 1884, ebda., 9–12; Aufz. Hatzfeldts, 14. 11. 1884 (über Nachtigals Berichte, 27. 8., 8. 9. 1884), RKA 4197, 56–63, vgl. RKA 4201, 7 f., 30 f.; RKA 3309, 89; RKA 3310, 64, 107; RKA 3311, 12; RKA 4195, 122–30; Baasch, II/2, 326; Coppius, 76; Rudin, 53. Hargreaves (316–49) hat am schärfsten betont, wie B. die englischen Nigerinteressen respektiert hat, falsch dagegen: Robinson u. a., 175–80. – Wegen des Zwischenhandels bohrten die Hamburger Firmen unentwegt weiter, »um den Europäern den Handel mit den Völkern des Hinterlandes« zu öffnen (6. 11. 1885, in: H. v. B. an Kusserow, 18. 11. 1885, RKA 3381, 14). Im Dezember (Kusserow an B., 1. 12. 1885, ebda., 19 f.) schlugen sie vor, den Duala »durch Verordnung einfach« zu verbieten, den Verkehr »mit den Hintervölkern... zu verhindern«. H. v. B. gab jetzt nach (an Soden, 3. 12. 1885, ebda., 21), indem er den Gouverneur zu den notwendigen »strompolizeilichen Maßnahmen« ermächtigte. Vgl. RKA 4206, 26 f.; RKA 4212, 4; Buchner, Aurora, 212–14.

Der eigentliche wunde Punkt der englischen Westafrikapolitik dieser Jahre wurde somit von Bismarck sorgfältig geschont. Aber im Norden und Nordwesten Kameruns trafen englische und deutsche Expansionsinteressen direkt aufeinander. Hatte London soeben an der südwestafrikanischen Küste eine Schlappe hinnehmen müssen, so wurden jetzt zugleich mit der Anerkennung der deutschen Schutzherrschaft in Kamerun britische Konsularbeamte beauftragt, im Hinterland von Kamerun, wie im Betschuanaland vorher, Verträge abzuschließen und die deutsche Sphäre möglichst auf die Küste zu beschränken. Geld wurde zur Verfügung gestellt, außer Hewett auch Konsul White entsandt, der dem russisch-polnischen Afrikareisenden Scholz-Rogozinski Vollmacht zum Abschluß von Verträgen erteilte, worauf dieser in wenigen Wochen weite Gebiete zur britischen Zwergkolonie um Victoria hinzuwarb. In Berlin bezeichnete Bismarck dieses Vorgehen scharf als »unfreundlichen Akt«, jedoch Botschafter Malet stellte die deutschen Befürchtungen: England »erwäge die allmähliche Einzingelung« des deutschen Küstengebiets, um es »von der freien Verbindung mit dem Inneren abzuschneiden«, als »völlig grundlos« hin. Die in Berlin vorliegenden Nachrichten wurden aber von den Agenten der deutschen Firmen erneut bestätigt. Im Wettbewerb mit den Engländern schlossen Buchner und der Journalist H. Zöller, der für die »Kölnische Zeitung« aus Westafrika berichtete und im Auftrage Nachtigals feststellen sollte, »wie nach Durchbrechung der Handelsmonopollinien der Eingeborenen der Weg ins weitere Innere eröffnet werden könne«, im Januar und Februar 1885 weitere Protektoratsverträge im Inneren ab. Ein bewaffneter Zusammenstoß mit Rogozinski wurde knapp vermieden, überhaupt urteilte Zöller ungeschminkt, es könne angesichts des robusten Vorgehens der Deutschen gewiß nicht »von einem ›friedlichen‹ Eroberungszug« gesprochen werden.

Als Bismarck am 10. Januar vehemente Vorwürfe gegen die englische Einschnürungspolitik und namentlich gegen den »Polen Rogozinski« erhob, versuchte Granville zwar noch kurze Zeit, zumindest Hewett zu verteidigen, der nur seine Pflicht in der Ausführung seit Jahren beschlossener Aufträge erfüllt habe. Auch warf er Bismarck die Verschleierung »des wahren Reisezwecks« von Nachtigal vor, – »die Vorsicht ward gerechtfertigt«, beharrte Bismarck –, doch Rogozinski wurde jetzt desavouiert, und Bismarcks neuer Gegenanspruch auf das soeben – nach Bismarck »zur Verhinderung einer Ausdehnung unserer Besitzungen« – unter englisches Protektorat gestellte Gebiet zwischen Ambas-Bai und Rio del Rey, ja bis Calabar hin ernsthaft diskutiert. Die Rücksicht, die das Foreign Office auf die ernste Zuspitzung der Lage in Ägypten und im Sudan, aber auch in Mittelasien nehmen mußte, ebnete den Weg zu ruhigeren Verhandlungen. Am 8. März schlug Granville ein Grenzabkommen vor, das von Herbert v. Bismarck während seiner zweiten Londoner Sondermission im März 1885 im einzelnen vorbereitet wurde. Gegen den deutschen Verzicht auf umstrittene Ansprüche im »Mahinland« (V. 1B, b), Zululand (V. 1A, b) sowie auf weitere Ausdehnung im Nigergebiet zwischen Rio del Rey und Lagos gab die englische Regierung in einem ersten Abkommen vom Mai 1885 ihre »Rechte« auf die Küste bis Rio del Rey, vor allem aber teilweise auch im Kameruner Hinterland auf. Die Ausdehnung bis Calabar, das mit dem Cross River außer dem Niger den wichtigsten Zugangsweg zum Benuëgebiet beherrschte, konnte Bismarck freilich nicht erreichen. Immerhin hoffte er, daß jetzt »unsere koloniale Nachbarschaft ... in einer die Gefahr von Differenzen ausschließenden Gestalt geregelt« werden könne[67].

---

67. Rudin, 43–59; B. an Münster, 5. 12. 1884, GP IV, 92; Memo. Malets, 5. 12. 1884, RKA 4198,

Auch in dieser Phase des diplomatischen Ausgleichs nahm Bismarck, wie die behutsame Behandlung der Calabar-Frage zeigte, Rücksicht auf die britischen Nigerinteressen. Aus diesem Grund bremste er auch das deutsche Vordringen im Benuëgebiet, das der »Deutsche Kolonialverein« durch den Afrikareisenden Flegel gewinnen wollte. Dieses »reich bevölkerte Hochland«, so warb der Verein im Mai 1885 um Spenden, habe »bereits jetzt einen namhaften Bedarf an europäischen Industrieerzeugnissen« und »ganz besondere Wichtigkeit als Kameruns natürliches Hinterland«, so daß »eine dauernde wirtschaftliche Besitzergreifung ... notwendig« sei. »Ich wünsche auf keinen Fall die Erneuerung der Spannung mit England über Kolonialfragen«, gab jedoch Bismarck im Oktober 1885 als Anweisung »zu den Akten«, »und habe in Voraussicht dessen ... von Haus aus die Niger-Richtung« der Flegelschen Expedition »bekämpft; sie ist für das nächste Jahr abzuschneiden«! Tatsächlich blieb auch der Expedition jeder Erfolg versagt.

Da inzwischen die Frage der genauen Abgrenzung des Kameruner Hinterlands nach Westen hin doch noch weitere Probleme aufwarf, wurden noch einmal Verhandlungen mit London notwendig. »Wir wünschen für die Zukunft jede Quelle der Verstimmung beider Nationen abzuschneiden«, steckte Bismarck dafür die Marschroute ab, »die aus dem Bestreben einzelner Untertanen oder Gesellschaften entspringen kann, unbekannte Länder dem Einfluß ihrer Landsleute zugänglich zu machen. Wir sind dabei von der Überzeugung geleitet, daß es sich empfiehlt, eine Demarkationslinie festzulegen, bevor die von ihr zu durchschneidenden Gebiete durch einseitige Okkupation eine Bedeutung gewinnen, welche später die Verständigung über ein Streitobjekt schwierig macht.« Erneut verzichtete Bismarck aus Rücksicht auf das englische Übergewicht in Nigerien darauf, auf dem Längengrad westlich von Rio del Rey als Demarkationslinie zu bestehen, sondern billigte eine nordöstlich bis Yola verlaufende Grenze, die den Benuë völlig ausschloß.

Als selbst sein Sohn Herbert dagegen zu bedenken gab, daß nunmehr »das ganze Handelsgebiet« des Niger und Benuë »englisch« werde, tadelte ihn Bismarck: »Das ist es schon. Nur kein Jingo! ... Ich beabsichtige nicht, das Nigergebiet England streitig zu machen ... Wir haben kaum Aussicht, das zu verdauen, was wir schon gegessen haben und brauchen kolonialen Frieden mit England auf der Basis unseres bisher von England anerkannten Besitzes. In das Nigergebiet rufen uns bisher keine deutschen Handelsbeziehungen.« Der Staatssekretär des Auswärtigen Amts verwies dennoch noch einmal auf die potentiellen Möglichkeiten, dort »wichtige Konsumenten unserer Industrieprodukte« zu finden, aber Bismarck war in dieser Zeit der

---

20 f.; ebenso Aufz. Buschs, 8. 12. 1884 (Gespräch mit Meade), ebda., 21–24; RKA 4204, 185; Zöller, III; ders., Journalist, 177; vgl. R. Scheer, Vom Segelschiff zum U-Boot, Leipzig 1925, 78; Vertragsbeispiel: RKA 4199, 50 (7. 1. 1885); RB 10, 394–430 (RT, 10. 1. 1885); Note Granvilles, 21. 2. 1885, RKA 4206, 16–19 (Marg. B.); Münster an B., 22. 2. 1885, ebda., 14 f.; H. v. B. an Rosebery, in: M. Crewe, Lord Rosebery, London 1931, I, 233; knapp auch: R. R. James, A Biography of Archibald Philip Fifth Earl of Rosebery, London 1963, 158, 191 f.; Granville an Scott, 2. 3. 1885, RKA 4207, 2–5, vgl. StA 44, 311–40; Münster an AA, 8. 3. 1885, RKA 2003, 19 f.; über H. v. B. s. o. 278/21. B. an H. v. B., 6., 9. 3. 1885; H. v. B. an B., 7. 3. 1885, PA, Botschaft London, Allg. Kolonialpolitik 1; H. v. B. an B., 7. 3. 1885, GP IV, 177 f.; B. an Münster, 9. 3. 1885, RKA 2003, 21; an Krauel, 17. 3. 1885, RKA 4207, 46–49 (B. bot hier Togo gegen die weitere Ausdehnung von Kamerun an der Küste bis Calabar an); Münster an B., 12. 3. 1885, RKA 2003, 32 f. – Riebow, Die deutsche Kolonialgesetzgebung, I, Berlin 1893, 215–18; Rudin, 59–73; Darmstädter, II, 79 f.; Busch, Tb, III, 195 (Bucher klagte, H. v. B. habe in London zuviel zugestanden); S. Gopcevic, Die jüngsten überseeischen Erwerbungen, Geg. 27. 1885, 49 f.

Desillusionierung hinsichtlich des Werts der deutschen »Schutzgebiete« auch für dieses Argument nicht mehr zu gewinnen. Wegen der kriegerischen mohammedanischen Stämme »wird es unmöglich sein, dahin Handel zu treiben, ohne Protektoratspflichten zu übernehmen«, die »ohne Nachdruck und Kosten schwer« auszuüben seien. »Unser Prinzip ist«, glaubte der Reichskanzler im Januar 1886 weiterhin, »dem Handel mit Schutz zu folgen.« Damit wischte er diese Einwände beiseite, so daß Mitte 1886 die Grenzlinie bis Yola vertraglich festgelegt werden konnte[68].

Auch in Westafrika erlebte Bismarck eine Enttäuschung, als er glaubte, den kaufmännischen Interessen unter kaiserlicher »Oberherrlichkeit« die Ausbeutung, aber auch die Verwaltung des Schutzgebietes überlassen zu können. Unmittelbar nachdem Woermann ihn über die ersten Nachtigalschen Verträge unterrichtete, hatte er seinen Plan weiterverfolgt, die »Vereinigung der ... an der westafrikanischen Küste interessierten deutschen Firmen zu einer großen Kompagnie« zu betreiben. Da diese Firmen sich bisher geweigert hatten, freiwillig zu einer Charter-Gesellschaft zu fusionieren, übte Bismarck jetzt Druck aus. Konsul Bieber vom Auswärtigen Amt warb tagelang in Hamburg bei den Unternehmern um Verständnis dafür, – wie Bismarck ihn in Friedrichsruh angewiesen hatte –, daß das Auswärtige Amt »unmöglich mit jedem einzelnen hierbei beteiligten Bremer oder Hamburger Kaufmann verhandeln« könne. »Es komme daher darauf an«, zumindest »eine Art Syndikat zu bilden, mit dem sich die Regierung in allen den Schutz der deutschen Niederlassungen an der westafrikanischen Küste betreffenden Fragen ins Benehmen setzen könne. Die ganze Organisation der Verwaltung ... müsse den Beteiligten überlassen bleiben. Das Reich würde die Portefeuilles des Auswärtigen und des Krieges übernehmen, für alles übrige, auch die Anstellung der Beamten, müßten die Herren selber sorgen.« Bismarck ließ eindringlich auf die »East India« und die »North Borneo Company« als Modelle verweisen. Jedoch zuerst traf Bieber nur auf Widerstand. Jantzen & Thormählen hielten eine »Verschmelzung ... für vollständig ausgeschlossen«, während Woermann sogar darauf drang, Kamerun doch sofort zum vollen »Reichsgebiet«, also zu der gerade von Bismarck abgelehnten »Staatskolonie« zu erklären. »Niemals« würden sich die englischen Firmen im Kamerungebiet »einer deutschen Handelskompagnie«, sondern nur der »Reichsautorität« unterwerfen. Die Hamburger wollten »nicht regieren«. Auf den Gedanken an die große Handelsgesellschaft hatte Bismarck daher jetzt widerwillig zu verzichten. Dagegen erhielt Goldies »National African Company« im Juni 1886 die Charter als »Royal Niger Company« mit 20 Millionen Mark Grundkapital. Auf dem Interessensyndikat bestand Bismarck jedoch weiter, als er am 25. September mit Woermann, dessen Schwager E. Bohlen und Jantzen & Thormählen diese Fragen in Friedrichsruh selber besprach.

Die Kaufleute sollten in Afrika »die Departements des Inneren und des Handels« übernehmen, wiederholte er, denn »mit den Bürokraten«, die der »furor regiminalis«

---

68. Aufruf des »Deutschen Kolonialvereins«, Mai 1885, RKA 4201, 55–7. Mit der formell Flegel entsendenden »Afrikanischen Gesellschaft« wurde am 17. 9. 1885 vereinbart (DKG 218, 40), daß alle eventuellen Rechte als Entgelt für den Zuschuß des Vereins an denselben fallen und Jantzen & Thormählen dann eine Benuë-Gesellschaft gründen sollten, vgl. DKG 218, 39, 71, 233, 236; Flegel, Drei Briefe. F. starb im Sept. 1886 in Afrika. Vgl. Neue Freie Volkszeitung 26. 9. 1885; Vossische Zeitung 16., 17. 9. 1885; DKZ 2. 1885, 628; Prager, 45 f.; RKA 3310, 10, 107; RKA 3311, 12. – B. an Münster, 16. 10. 1885, RKA 3685, 25–30 (Marg. B.); Aufz. H. v. B., 14. 11. 1885, ebda., 43 (Marg. B.); 8. 1. 1886, ebda., 84–90 (Marg. B). Rudin, 26–79; A. N. Cook, British Enterprise in Nigeria, London 1964², 84 f; J. E. Flint, Sir G. Goldie and the Making of Nigeria, London 1960, 62–127.

ergreife, könne er keine Überseepolitik betreiben: »Ich kann Ihnen doch keinen preußischen Landrat nach Kamerun setzen!« Die Unternehmer teilten diese Abneigung jedoch keineswegs, sondern baten darum, daß ein »Gouveneuer« möglichst bald die »Landeshoheit im Namen Seiner Majestät« ausübe. Mit der Bildung eines »Syndikats« mußten sie sich notgedrungen einverstanden erklären[69].

Im Oktober entstand das Hamburger »Syndikat für Westafrika«, dem die Firmen Woermann, Jantzen & Thormählen, Wölber & Brohm, Goedelt, Witt & Büsch, Gaiser und Grumbach unter Adolph Woermanns Vorsitz angehörten. Daß es nicht gewillt war, im Stile einer englischen Chartergesellschaft die Landesverwaltung in Kamerun zu übernehmen, sondern nur als Konsultationsorgan gelten wollte, wurde von Woermann gleichzeitig wieder betont. Ganz im Gegensatz zu Bismarck hielt er die französische Verwaltung in der Kolonie Gabun für »vorbildlich«. »Das wird sich unzweifelhaft noch mehr herausstellen«, glaubte er, wenn die in Kamerun »einzuführende Organisation erst Boden gefaßt haben und eine definitive sein wird«. Aber Bismarck, der sich von der Pariser Botschaft über Gabun unterrichten ließ, urteilte noch ablehnend: »Diese Einrichtung geht über unseren Rahmen weit hinaus.« Schon am 15. Oktober drängte das Syndikat wieder auf die Ernennung eines Gouverneurs, dem ein Rat zur Seite stehen sollte, die »Verwaltungskosten trägt das Reich«.

Hatte Bismarck nach der Konferenz am 25. September sogar noch gefragt, »wer« die »Kosten« für das Haus eines Gouverneurs tragen solle, so begann er jetzt einzusehen, daß er nach dem ersten Schritt: der Übernahme der Schutzherrschaft, die Gouverneursfrage angesichts der hartnäckigen Weigerung der Interessenten nicht in der Schwebe lassen konnte, obschon dann eine Parlamentsdebatte über einen Kamerun-Etat nicht mehr zu vermeiden war. Bismarcks Widerstreben, formelle Kolonien durch Reichsbeamte verwalten zu lassen, war ja wahrscheinlich auch von dem Bedenken bestimmt, daß dann der Reichstag aufgrund seines Budgetrechts mitzureden hatte. Er ließ aber jetzt durchblicken, daß er einem Antrag an den Reichstag, aus dem Reichshaushalt Mittel für den Gouverneur zur Verfügung zu stellen, nicht entgegenwirken werde. In einem Nachtrag zum Etat wurden am 20. November 1884 die ersten Gelder für die Verwaltungsaufgaben in Kamerun, »welche als notwendig zur Ausübung des kaiserlichen Schutzrechts anerkannt werden müssen«, beantragt[70].

Ehe der Reichstag darüber diskutieren konnte, brach in Kamerun ein erster Aufstand der Eingeborenen aus. Noch kein halbes Jahr nach der Proklamierung der Schutzherrschaft floß in Kamerun, wie später noch oft, Blut. Nachdem die »Möwe« Kamerun verlassen hatte, tauchten mehrfach englische Kanonenboote auf, die den Duala und den Deutschen doch noch ein britisches Eingreifen anzudrohen schienen. Die Häuptlinge zerfielen angesichts dieser als unsicher empfundenen Lage, die zu

---

69. Bieber an B., 12. 9. 1884, RKA 4195, 120 f. (nach B. Anweisungen, 2., 9. 9. 1884); 11. 9. 1884, ebda., 122–30; 18. 9. 1884, RKA 4196, 10–15; Aufz. Biebers über 25. 9. 1884, RKA 4202, 243–5; vgl. HK Hamburg, Protokolle 1884, 311–17 (6. 9.), 341 (10. 10.); HK-Petition an Deputation für Handel, 7. 5. 1884, Beilage, 224a–32a. RKA 4194, 31 f.; DZA II, Rep. 81, C. Neuere Akten, Kolonialakten, Westafrika, Syndikatsfragen 1884/86; Robinson u. a., 182 f.; Baasch, II/2, 326; Poschinger, Stunden, 293, 297; ders., Hamburger Freunde, 103; ders., Parlamentarier, III, 150–52; StA 43, 271–3; Wb. 142; RB 10, 391–3; KZ 16. 10. 1884. Vgl. Engels an Bebel, 11. 10. 1884, MEW 36, 216: »In diesem Falle halte ich Bismarck für dumm genug zu glauben, Lüderitz und Woermann würden die Kosten tragen.«

70. Woermann an B., 11. 10. 1884, RKA 4196, 76, vgl. 82; an W. v. B., 12. 10. 1884, RKA 4203, 45 f.; an Kusserow, 2. 10. 1884, ebda., 17 f.; Rotenhan an B., 28. 9. 1884, ebda., 9–12; Syndikat an AA, 15. 10. 1884, ebda., 54–6; Kusserow an Wentzel, 27. 10. 1884, ebda., 95 f.; RT 6:1:6: Anl. 8, 51–53; Rudin, 120–29.

einem Rückgang der Geschäfte führte. Sie sammelten Anhänger hinter sich und ließen bei den Deutschen das Gefühl bevorstehender Unruhen aufkommen. Das Hamburger Syndikat leitete maßlos übertriebene Alarmmeldungen an das Auswärtige Amt weiter: angeblich wollte ein englisches Geschwader wie 1882 vor Alexandrien jetzt Kamerun bombardieren, zudem kämen schon »Angriffe« der Duala auf Europäer vor.

Bereits im Oktober hatten jedoch Bismarck und Caprivi beschlossen, daß das neue westafrikanische Geschwader auch vor der Kamerunküste militärische Machtentfaltung demonstrieren sollte, um »den Eindruck zu verstärken, daß Seine Majestät der Kaiser gewillt seien, den zum Schutz deutscher Interessen daselbst getanen Schritten ... den nötigen Nachdruck zu geben«. »Sollten Verletzungen deutscher Rechte« – »durch Eingeborene«, fügte Bismarck hinzu – vorkommen, so sei »mit Waffengewalt einzuschreiten«, lautete die Segelorder, damit »die Eingeborenen ... Respekt vor der deutschen Flagge bekommen«. Ehe das Geschwader unter Admiral Knorr eintraf, klagte Woermanns Agent über »Tumulte« und den »völligen Niedergang des Handelsgeschäfts«. Dr. Buchner beurteilte die wirre Lage der sich befeindenden Negergruppen ruhiger, bat aber auch Knorr, »so schnell als möglich zu unserem Schutze« und zur »Züchtigung« der von englischen Kaufleuten sicher ermutigten deutschfeindlichen »Rebellen« herbeizueilen. Als ein englischer Kanonenbootkommandant die Duala »zur Räson zu bringen« sich anbot, lehnte Buchner aus Prestigegründen ab, forderte aber Knorr zu einer »möglichst strengen und harten Bestrafung« auf, um »den rohen Hochmut der Kamerunleute zu beugen« und »ihnen möglichst eindringlich eine Idee europäischer Gesetzeskraft« beizubringen.

Als die Kriegsschiffe eingetroffen waren, wurden vier Negerdörfer beschossen, von Marinesoldaten besetzt und niedergebrannt, Dutzende von Toten und Verletzten blieben zurück oder wurden von den flüchtenden Negern mitgenommen; ein Deutscher kam um. Abschließend wurde die Hauptniederlassung »vornehmlich des moralischen Eindrucks« wegen, noch einmal beschossen, Knorr telegrafierte nach Berlin, daß die »Autorität« der Flagge und Ruhe am Ort« wiederhergestellt seien. »Mit Genugtuung« wurde sein Bericht von Wilhelm I. »gelesen«, die Aktion mit einem hohen Orden honoriert. »Mit der sogenannten Humanität lassen sich Kolonien« nun einmal »nicht ... schaffen«, lautete Buchners Urteil.

Einige Wochen nach diesem frühen Beispiel deutscher Kanonenbootdiplomatie beugten sich auch die bisher widerstrebenden Duala-Häuptlinge der deutschen Schutzherrschaft. Admiral Knorr hielt allerdings, da nur eine Minderheit der Neger das deutsche Protektorat unterstützte, die Bildung einer deutschen Schutztruppe mit afrikanischen Hilfssoldaten für notwendig. Auch Buchner forderte bald aufgrund seiner Erfahrungen einen größeren Verwaltungs- und Militärapparat, der durch eine Besteuerung der Faktoreien, die »doch unzweifelhaft ... so viel Gewinn« abwürfen, finanziert werden könne. Auf Drängen Woermanns hin mußte Buchner darauf aus dem Regierungsdienst ausscheiden[71].

---

71. Syndikat an AA, 30. 12. 1884, RKA 4204, 185; Caprivi an Knorr, 9. 10. 1884, RKA 4196, 49–52 (Marg. B.), 68–77; Schmidt an Woermann, 8. 12. 1884, RKA 4205, 8; Buchner an Knorr, 19. 12. 1884, ebda., 51 f.; Berichte: Knorr an Caprivi, 25. 12. 1884, ebda., 37 ff.; RKA 4213, 70; KZ an B., 9. 1. 1885, RKA 4204, 167 f.; Nachtigal an B., 12. 2. 1885, RKA 4208, 38 ff.; AA an Caprivi, 10. 1. 1885, RKA 4204, 177 (Wilh. I.); Buchner an AA, 17. 4. 1885, RK 4212, 4, vgl. 4213, 6 f. Vgl. Jaeck, 71–77; Buchner, Kamerun, X; ders., Aurora, 14–57, 194 f., 218, 240, 341 f.; Zöller III, 180 f.; Scheer, 60–86; falsch dagegen: Hagen, 392 f., 470 f.; Zimmermann, 90.

Vor den ersten Meldungen über das Dezember-Gemetzel debattierte der Reichstag den Antrag auf Bewilligung von Geldern für ein »Schutzgebiet« in Afrika. »Mit der Einsetzung eines Gouverneurs von Kamerun«, hatte der »Fränkische Kurier« soeben warnend geklagt, »ist der erste Schritt auf einem Wege« zur staatlichen Verwaltungskolonie getan, von der »der Reichskanzler selber« bisher »entschieden abgeraten hat; wohin wir auf diesem Wege kommen« werden, muß die Zukunft lehren. Bezeichnend für das politische System, in welchem wir leben, ist, daß die erste Aufklärung, welche das deutsche Volk über eine so außerordentlich wichtige Angelegenheit erhält, in die Form einer Geldforderung gekleidet ist.« Im Reichstag erwies sich aber jetzt gegenüber dem Widerstand, der diesen skeptischen Einwänden glich, die Tragfähigkeit des ideologischen Konsensus über die Förderung der deutschen Außenhandelspolitik. Einige Bedenken äußerte Windthorst, der, von bösen Vorahnungen geplagt, »Deutschland vor einem der bedeutsamsten Schritte seines ganzen Lebens«, dem »ersten Schritt zur maritimen Weltstellung« stehen sah. »Wir werden«, befürchtete er, »in Folge dieser kolonialen Angelegenheiten in große auswärtige Verwicklungen kommen, einmal an den Orten der Kolonien selbst und ein anderes Mal mit anderen eifersüchtigen Mächten.« Da aber gewichtige, vom Reichstag allgemein anerkannte ökonomische Gründe für die neue Überseepolitik sprächen und das Reich sich einmal engagiert habe, wollte das Zentrum nicht »auch nur einen Groschen zurückhalten, der erforderlich ist«.

Solange kein »französisches Kolonialsystem« eingerichtet werde, wollte sogar Eugen Richter, »ohne ein Engagement für die rechtliche Stellung dieses Gouverneurs« zu übernehmen, den Regierungsantrag unterstützen, nachdem Woermann mit Emphase versichert hatte, daß die Kameruner »Handelskolonie« eins der wichtigsten »Absatzgebiete ... an der Westküste von Afrika« umschließe. Sie werde keine »wesentlichen Kosten« verursachen, da diese durch »Erhebung von Exportzöllen« gedeckt werden könnten. Woermann spendete der »ruhigen« Reichspolitik in Kamerun, »welche nur im Auge hat, dem Handel und der Industrie des gesamten Vaterlands zu nutzen«, ein Lob. Aber auch der Linksliberale v. Bunsen hielt es wegen der »Überproduktion der Industrie« für angebracht, »den allgemeinen Tanz um den Äquator« mitzumachen. Gerade Kamerun biete die »beste Einfallspforte ... zu dem Gebiet der nördlichen Zuflüsse des Kongo« und sei daher für den Handel »von allergrößter Wichtigkeit«. Von Bismarck lebhaft sekundiert wurde der Antrag am 13. Januar 1885 angenommen[72].

Nur zwei Wochen später erhielt der Reichstag schon die nächsten Forderungen zugesandt, denn um »Ruhe und Ordnung unter der Bevölkerung« der deutschen Schutzgebiete in Westafrika aufrecht erhalten zu können, bat die Regierung um Geld für Beamte und Dienstbauten. Unter dem Eindruck des ersten Blutvergießens in Kamerun hielten es die regierungstreuen Parteien für eine Frage »der Ehre der deutschen Flagge«, wieder zuzustimmen. In ihren Befürchtungen bestätigt sahen dagegen die Linksliberalen das Reich die abschüssige Bahn einer Kolonialpolitik betreten.

---

72. Fränkischer Kurier 10. 11. 1884; vgl. dagegen Koburger Zeitung 15. 11. 1884; RT 6:1:1:530 f., 539 (Windthorst, 10. 1. 1885, vgl. ebenso RT 6:2:1:644, 19. 1. 1886); 535 (Richter); 528-30 (Woermann); 523 (Bunsen). B.: 524-28, 531-5; Annahme: 545, 574. Vgl. RB 10, 394-430. Windthorsts Bedenken teilte Roggenbach (an Stosch, Dez. 1884, in: Heyderhoff, 227), der in der Kolonialpolitik den »Übergang aus der gesicherten Stellung einer zur See nahezu unangreifbaren, Europa seine Geschicke diktierenden kontinentalen Großmacht in die andere einer Weltmacht, ... die entsprechend exponiert ist«, sah. – Ausführlicher zu den Parteien Kap. III, 6.

Während »die größeren Vorteile für die kommerzielle Entwicklung bis jetzt noch Zukunftsmusik sind«, summierten sich schon »die Unkosten für das Reich«, beschwerte sich Richter, der zu Recht die Frage nach der grundsätzlichen »Beziehung Deutschlands« zu seinen Schutzgebieten aufgeworfen sah. Die Kaufleute hätten doch »mit einer gewissen Souveränität« die Schutzgebiete verwalten sollen, bisher aber »noch keine Spur eines Regierungsaktes ausgeübt«. Auch das Hamburger Syndikat »ist weiter nichts als eine Petitionskommission«. Da »nur ganz wenige Firmen ... den ganzen Vorteil von diesen großen Aufwendungen haben«, sollten sie auch durch Einfuhrzölle die Kosten tragen helfen. Richter befürchtete, »daß wir weiter nichts schaffen als Kolonien nach französischem System«, für das er »nicht zu haben« sei, und auch der Freisinnige Stoll sagte bitter voraus: »Die deutsche Kolonialpolitik nimmt jetzt genau denselben weiteren Verlauf wie die französische«, da sie auf formelle Gebietsherrschaft zusteure.

Woermann behauptete, »der Handel« sei »vollständig in der Lage«, »diese Kosten« mitzutragen, verschwieg aber, daß er dazu eben keineswegs willens war, wie er auch das Syndikat als reine »Auskunftsbehörde« bezeichnete. Erneut beschwor er aber die »Hoffnung«, »der deutschen Industrie und dem deutschen Absatz ein neues Feld zu öffnen«. Fortab bestätigte die weitere Entwicklung die linksliberalen Befürchtungen: das von der Regierung und den Interessenten für unvermeidlich gehaltene staatliche Engagement in Übersee verhärtete sich zunehmend, mit ihm stieg die Belastung für den Reichsetat sprunghaft an[73].

»Das Syndikat hat sich seinerzeit auf Veranlassung des Fürsten Bismarck gebildet«, verteidigte Woermann fast trotzig-vorwurfsvoll die Passivität der Firmen, es werde »niemals Beamte einstellen«. »Von dem Syndikat wird man Gutachten und Mitteilungen erwarten können, sonst nichts.« In Kamerun werde »nur dann wirklich etwas geleistet werden«, wenn »der Staat dort« eingreife, »die Einzelnen sind in Kamerun nicht mächtig genug, um das selbst tun zu können«. Die Reichsregierung kam nicht umhin, die Verwaltung auch in Kamerun selber aufzubauen. Im Juli 1885 traf als erster Gouverneur und Kommissar für Togo der frühere Landrat Freiherr Julius v. Soden ein, der außer dieser Aufgabe ganz wie Buchner die beiden Ziele »der territorialen Ausdehnung der Kamerunkolonie« und der »Eröffnung der Hinterländer für den direkten« Handel verfolgen sollte. Als Soden sich auch darangab, den Übergang vom Tauschhandel zum Geldverkehr durch die Abschaffung des »Trustsystems« (der langfristigen Verschuldung der Eingeborenen an die Kaufleute) zu befördern und damit den »Fortschritt« zu unterstützen glaubte, hielt ihn Bismarck zurück: »Wer weiß! Was ist Fortschritt?« fragte er. »Wir haben die Interessen der deutschen Kaufleute, nicht die der Eingeborenen, für jetzt wahrzunehmen[74].«

73. RT 6:1:5: Anl. 155, 547–52 (1. 2. 1885); 6:1:2: 1082–5 (Richter, 4. 2. 1885, vgl. ders., RT 6:2:1: 36 f., 24. 11. 1885); 1089 (Stoll); 1085, 1087 (Woermann, vgl. ders., RT 6:2:1: 643, 19. 1. 1885); vgl. 1092. KZ 10. 1. 1885 (Deutschland habe beim Aufstand »den ersten Blutzoll« gezahlt, sei aber »allen Pfennigpolitikern« zum Trotz »zu Opfern an Gut und Blut freudig bereit«). RT 6:1:6: Anl. 178, 757 (Kommission); RB 11, 49–65.

74. Woermann an Krauel, 24. 3. 1885, in: Wiskemann, 229 f.; Nachtigal an Buchner, 8. 4. 1885, in: Buchner, Aurora, 305; Soden an B., 29. 8. 1885, RKA 3825, 3 f. (Marg. B.). »Im Grunde handelt es sich«, klagte Soden über das »Trustsystem« (an B., 22. 4. 1886, RKA 3827, 40 f.), »um eine Art Sklaverei, die schlimmer ist als die von altersher im Lande bestehende und wie sie ähnlich heutzutage bei uns zu Hause mit Vorliebe ... nur von professionellen Wucherern und Bordellwirten betrieben wird«. Vgl. allg. RKA 4214, 26 f.; F. v. Hellwald, Die deutsche Kolonie Kamerun, Unsere Zeit 23. 1887, II, 313–30; E. Kade, Die Anfänge der deutschen Kolonial-Zentralverwaltung, Würzburg 1939.

Um welche Interessen im engeren, spezifischen Sinn handelte es sich dabei? Der deutsche, das heißt: der hanseatische Export nach Westafrika bestand, wie erwähnt, zu gut drei Fünfteln aus Spirituosen, dem sogenannten veredelten Kartoffelbranntwein. Bevor Dr. Buchner als Begleiter Nachtigals nach Lissabon reiste, besuchte er den größten Hamburger Branntweinfabrikanten, »war ja doch dessen schnödes Erzeugnis eines der nationalsten Motive für die Taten, die sich schürzten«. Als er Nachtigal in Lissabon traf, soll dieser skeptisch über seinen Auftrag geäußert haben: »Und was will man eigentlich dort? Die Hamburger Schnapsinteressen stärken.« Ein Jahr später befürchtete Herbert v. Bismarck, daß die englischen Zölle an der westafrikanischen Küste den »Hamburger Sprit-Import enorm schädigen« könnten.

Die Zeitgenossen haben den Zusammenhang zwischen Agrarkrise, Branntweinexport und Westafrikahandel sehr deutlich gesehen und auch kritisiert. Die Kartoffelbrennerei bildete seit Jahrzehnten einen wichtigen Gewerbezweig der ostelbischen Gutswirtschaften und wurde vor allem seit der Mitte der 1880er Jahre durch fiskalische Begünstigung und staatliche Subventionen unterstützt. Da seit etwa 1860 ein beträchtlicher Prozentsatz der Gesamtproduktion exportiert wurde, zahlte Preußen auch Ausfuhrprämien, die 1885 die Höhe von 15,6 Millionen Mark (16 Mark pro Hektoliter) erreichten. »Ich erkenne die hohe wirtschaftliche Bedeutung, welche die Spirituosenindustrie für einen großen Teil Deutschlands hat, in vollstem Maße an«, versicherte 1876 Bismarck, der selber vier Brennereien in großem Stil betrieb, »und werde wie seither so auch in Zukunft jede Gelegenheit ergreifen«, sie zu unterstützen. Mit der Verschärfung der Agrarkrise, die sich zuerst vornehmlich im Sturz der Getreidepreise ausprägte, versuchten die Großagrarier durch die Forcierung des Spiritus- und Spirituosenexports einen Ausgleich zu schaffen. Hatten die jährlichen Durchschnittsziffern für den Kartoffelspritexport 1860–69 je 39 000 Tonnen und 1870–79 je 49 000 Tonnen betragen, so schnellten sie von 1880–86 auf je 77 000 Tonnen hinauf; von 1877 bis 1886 verdreifachte sich die Ausfuhr.

Diese Durchschnittswerte täuschen freilich über wichtige Schwankungen hinweg. Anfang der 1880er Jahre erreichte der Export seinen Höhepunkt mit: 1880 = 54 700 Tonnen, 1881 = 84 400 Tonnen, 1882 = 91 700 Tonnen, ehe er, wie schon im Herbst 1882 erkennbar wurde, 1883 wegen des Überangebots aus dem Vorjahr, steigender Importzölle wichtiger Einfuhrländer und der zunehmenden russischen und österreichischen Konkurrenz, die bald nicht mehr zu schlagen war, scharf auf 65 000 Tonnen abfiel. Wenn er 1884 = 75 000 Tonnen und 1885 = 89 000 Tonnen wieder kräftig anstieg, so war das einmal aufgrund neuer Handelsverträge vom Juli 1883 und 1884 der zollfreien Einfuhr nach Spanien, das 1884 fast den halben deutschen Export aufnahm, und nach Griechenland zu verdanken, aber auch der steigenden Ausfuhr nach Westafrika, wohin ca. zwei Fünftel der deutschen Gesamtausfuhr verschifft wurden. Hatte 1883 der Wert des deutschen Afrikaexports 31,7 Millionen Mark betragen, so machte der Spirituosenanteil daran 12 Millionen Mark, 1884 sogar 15 Millionen Mark aus. Von der allein maßgebenden Ausfuhr über den Hamburger Hafen betrugen die Spirituosen, deren Export sich von 1875 bis 1884 verdreifachte, 1884 64 Prozent, 1885 58 Prozent, 1886 65 Prozent des Gewichts der Afrikaausfuhr[75].

---

75. Buchner, Aurora, 4, 8; ders., Kamerun, 241; RKA 3410, 59 f.; GW 14/2, 874 (22. 5. 1876); Lucius, 331; Zahlen nach: K. Ritter, 783–805, hier: 796; Schunck, 156–62, hier: 157, Tab. 47; F. M. Zahn, Der überseeische Branntweinhandel, Allg. Missionszeitschrift 13. 1886, 11 f.; Frankfurter

Es wird sich schwerlich behaupten lassen, daß die Zusammensetzung dieser deutschen Exporte nach Afrika der »agrarischen Liebesgabenpolitik« der Regierung Bismarck, die Linksliberale und Sozialdemokraten als »gemeinste Interessenpolitik« der »Kornspekulanten und Branntweinbrenner« (Th. Mommsen) brandmarkten, ein Dorn im Auge war. »Noch immer«, erklärte 1885 Innenminister v. Puttkamer als Stellvertreter des Kaisers bei der Eröffnung des Preußischen Landtags, »lastet ein Druck auf der Landwirtschaft«, und namentlich »der Absatz im Bereich der technischen Nebengewerbe stockt«. Es werde jedoch »ein Gegenstand unausgesetzter Fürsorge der Regierung Seiner Majestät sein ..., die Ursachen dieser schweren Krise aufzuklären und ... Abhilfe zu schaffen«. Trotz aller Widerstände versuchte die Regierung unbeirrbar, mit einem staatlichen Branntweinmonopol die Subventionierung auch reichsgesetzlich zu verankern, obwohl Bismarck sich Mühe gab, die Vorlage vom März 1886 als »zweckmäßigste Form der Besteuerung« zu kaschieren.

Schon bei den Agrarzollberatungen von 1885 hatte Eugen Richter Bismarck seine »Schnapspolitik«, diese »Dotation« für »3000 große Brennereibesitzer«, vorgeworfen und auch kritisiert, daß mit dem Westafrikahandel »die Branntweinausfuhr«, sein »Hauptteil«, gefördert werde. Sarkastisch schlug er Bismarck vor, »Deutschland mit dem Branntweinmonopol«, das er mit Theodor Barth ein »Geschenk« von Dutzenden von Millionen für die Großagrarier nannte, zu »verschonen und es in Kamerun« zur Kontrolle der deutschen Spirituosenimporte einzuführen. Zugleich erhoben Missionare wegen der Wirkungen des Fusels auf die Eingeborenen scharfe Vorwürfe gegen die deutschen Branntweineinfuhren. Sie forderten eine Importbeschränkung, denn »das Eldorado des Branntweins ist ... leider ... in Westafrika«, wie Inspektor F. M. Zahn, der dort lange für die »Norddeutsche Mission« gewirkt hatte, klagte. Im »Schutz des Branntweinhandels« sah er »das Hauptmotiv für die deutsche Besitzergreifung«. »Gerade herausgesagt, so ist das Interesse« der Kaufleute an der deutschen Schutzerklärung dahin motiviert gewesen, »nicht in der Einfuhr von ... Branntwein gestört zu werden«[76].

Da weder die Linksliberalen noch die Missionare sich scheuten, Namen zu nennen, sah sich Woermann zur Verteidigung gezwungen. Wenn der Branntwein für verderblich gehalten werde, hielt er Richter entgegen, müsse er auch im Reich verboten werden. Es sei aber vielmehr eine Erfahrung und »weder etwas Inhumanes, noch etwas Unrechtes«, »daß, wenn die schwarzen Arbeiter etwas Tüchtiges leisten sollen, dann nichts besser zur Arbeit hilft, als wenn sie abends ein Gläschen Branntwein bekommen«. »Wo man Zivilisation schaffen will«, behauptete er gegen Zahn, bedürfe man »eines scharfen Reizmittels«. Man müsse »die große Bedeutung des Spirituosenexports nach Westafrika für den gesamten Handel Deutschlands«, den »beispiellos ungünstige Konjunkturen lähmen«, anerkennen. Erschwerungen des Exports würden mit Sicherheit »ein wichtiges Glied in der Kette des wirtschaftlichen

---

Zeitung 24. 7. 1886. Vgl. Struck, Sch. Jb. 9, 1289; H. Köppe, Branntweinsteuer, HSt 3⁴, 7–27, hier: 14; RKA 6837, 180; Lotz, Ideen, 186 f. Zuerst eingehender hierüber: Stoecker Hg., 19–24.

76. L. M. Hartmann, 120 f.; RB 11, 236 (Puttkamer, 15. 1. 1885); B. an Boetticher, 6. 3. 1886, Nl. Boetticher 46; Richter: RT 6:2:1:37 (24. 11. 1885); vgl. ders., RT 6:1:3:1818 (14. 3. 1885); ders., RT 6:2:1:646 (19. 1. 1886); Barth, ebda., 671 (20. 1. 1886); Röttger, 71; RB 10, 78, vgl. 11, 314–84 (RT 22. 2.–26. 3. 1886); Zahn, 19. 21, 10 f.; ders., Handel und Mission, Gütersloh 1886, 6, 8; ders. in: Weser-Zeitung 3., 4. 2. 1886. Vgl. den Afrikakaufmann J. K. Vietor (Die wirtschaftliche u. kulturelle Entwicklung unserer Schutzgebiete, Berlin 1913, 28 f.): »Vor allem wurde Schnaps verkauft.« Auch Lüderitz handelte in Lagos damit und hoffte auf Ausdehnung nach Südwestafrika, Zahn, 35; Hamburg. Börsenhalle 8. 9. 1884.

Lebens der deutschen Nation schwinden« lassen und »eine wichtige Ausfuhrindustrie Deutschlands« zerstören.

»Wer steht uns näher«, fragte er, »die vielen Tausend Deutsche, die dadurch ihr Brot und Lebensunterhalt verdienen oder die an sich geringe Zahl der Neger, die etwa durch den Branntwein zu Grunde gehen können?« Es sei »eine falsche Sentimentalität, die danach trachte, einen so wichtigen Geschäftszweig Deutschlands zu unterbinden«. Sofort wurde auch bedauert, daß Zahn »sich dazu herbeigelassen hat, gegen einen so verdienstvollen Förderer unseres Kolonisationswesens«, der ein »außerordentlich günstiges, gutes Reizmittel« exportiere, vorzugehen. Später wiederholte Woermann seine Apologetik vor dem Reichstag, daß »dieser Branntweinhandel in Afrika«, der »von fast allen anderen Nationen mit der größten Eifersucht angesehen« werde, »der Punkt gewesen« sei, »wodurch sich die Deutschen überhaupt in den Handel in Westafrika haben hineinbohren können«, so »daß sie jetzt eine ganz bedeutende Macht dort haben ..., der deutsche Handel in Westafrika eine ganz bedeutende Rolle spielt« und »der Hamburger Markt ... dem Liverpooler Markt beinahe ebenbürtig ist«. »Wenn wir diese nicht unbedeutenden Quantitäten Spirituosen an Gewicht und Raum der Reederei wegnehmen wollten«, warnte der Chef der »Woermann-Linie«, »dann würden wahrscheinlich die heutige deutsche Industrie und die heutigen Waren, welche wir von Deutschland nach Westafrika zu exportieren haben, kaum imstande sein, eine Dampfschiffslinie dorthin zu alimentieren.«

Sogar im »Deutschen Kolonialverein« wurden Stimmen gegen den »namentlich auch seit der deutschen Schutzerklärung« steigenden Branntweinexport laut. Schnell wurde jedoch der Einwand anerkannt, es bedeute »einen gewissen Undank des Vereins gegen dessen eigene Förderer Woermann und H. H. Meier, diesen Firmen« durch Einfuhrzölle Hindernisse »in Ausübung ihrer Handelsgeschäfte zu bereiten«. »Es wäre verkehrte Politik«, mahnte Missionsinspektor Fabri, »den Ast abzusägen, auf dem man sitzt.« Nüchtern erkannte er, »daß bei der Lage des deutschen Handels in jenen Gegenden und im Blick auf die agrarischen Verhältnisse der Heimat eine völlige Unterdrückung des Branntweinhandels nicht möglich« sei. Zwar forderte auch die »Kölnische Zeitung«, man dürfe nicht dulden, »daß unsere Kolonialpolitik sich so gestalte, daß sie im wesentlichen« Richters Vorwurf »der Schnapspolitik ... rechtfertigen würde. Wir wissen«, fügte das Blatt jedoch hinzu, »daß die vorliegende Frage mit unseren agrarischen Verhältnissen in nahem Zusammenhang steht«, und in dieser Verbindung »mit gewichtigen wirtschaftlichen Verhältnissen der Heimat« liege »die Hauptschwierigkeit«, die »eine durchgreifende Behandlung ... für heute der Reichsregierung unmöglich machen« werde.

Später wurden zwar die damals geforderten Einfuhrzölle in den deutschen Schutzgebieten eingeführt, blieben aber im Vergleich mit den englischen und französischen Kolonien erheblich niedriger, so daß der Branntweinimport auch in der 1891 begonnenen Außenhandelsstatistik der deutschen Schutzgebiete weiterhin als hoher Posten erschien. »Der Spirituosenhandel«, urteilte ein kritischer, aber sachkundiger Beobachter wie der langjährige Gouverneur Nigeriens, F. D. Lugard, »war in der Tat die Grundlage des deutschen Einflusses in Westafrika« auch noch vor dem Ausbruch des Ersten Weltkriegs.

Von Anbeginn der deutschen Schutzherrschaft an haben die deutschen Kaufleute auf ihr »Recht« auf unbehinderten Handelsverkehr gepocht, es aber peinlich genau vermieden, Ausgaben, die sich nicht mit dem Prinzip der Gewinnmaximierung vereinbaren ließen, auf sich zu nehmen. Woermann ließ sogar seine Waren über Kamerun, wo nur ein Ausfuhrzoll bestand, einführen, aber die Exporte über das französische Gabun, wo nur Einfuhrzölle erhoben wurden, zurückleiten. Zur gleichen Zeit trennte er im Juni 1885 seine Reederei von der Handelsfirma, gründete die »Afrikanische Dampfschiffs-Aktiengesellschaft, Woermann-Linie« mit einem Grundkapital von vier Millionen Mark und gewann für sie eine Art Monopolstellung im deutschen Afrikaverkehr[77].

Wegen Streitigkeiten zwischen den Hamburger Firmen zerfiel im Dezember 1886 das Westafrikanische Syndikat, dessen Mitglieder sich durch Woermann übervorteilt glaubten, auch nicht mehr, wie er es hartnäckig und erfolgreich tat, am »Trustsystem« festhalten wollten. Am 29. Dezember löste sich der Rest dessen, was von Bismarcks Plänen einer »großen Handelskompagnie« übrig geblieben war, formell auf. Herbert v. Bismarck hielt das Syndikat ohnehin für »überlebt« und erklärte sich wie der Reichskanzler mit dem direkten Verkehr mit den Einzelfirmen »einverstanden«. Woermann »hat für Kamerun durchgesetzt, was er wünschte«, schrieb der Hamburger Südseekaufmann Robertson 1886 über die Entwicklung Kameruns zur Staatskolonie, und auch im Reichstag sei Woermann »eben Abgeordneter für Kamerun, only«! »Mit dem Schutzbrief-Schwindel« allein, – der im Hinblick auf Kamerun ja stets nur Projekt geblieben war –, »geht der Kram natürlich nie«, urteilte er über diese Phase der Bismarckschen Schutzgebietspolitik. Als der Reichskanzler 1888 etwas resigniert konstatierte: »In Kamerun regiert das Reich direkt«, zog er selber einen Schlußstrich unter seine früheren Pläne[78].

b) Fehlschlag: Mahinland, Dubreka und Sangareah-Bai

Während es gelang, durch Verträge mit den Eingeborenen und diplomatische Verhandlungen zwischen den Mächten, die Schutzgebiete Kamerun und Togo zu gewinnen, wurden zwei weitere Projekte an der westafrikanischen Küste zum Scheitern verurteilt: die Erwerbung des Mahinlandes zwischen Lagos und Benin durch die Firma G. L. Gaiser und die Festsetzung einer Interessengruppe um den Kaufmann F. Colin am Dubrekafluß bzw. an der Sangareah-Bai in Senegambien nördlich von Sierra Leone.

Das Hamburger Unternehmen Gaiser betrieb als Nachfolger der O'Swalds seit 1866 in Lagos seine Handelsgeschäfte, ohne freilich im Mahinland irgendwelche

---

77. Woermann: RT 6:2:1:641, 648 (19. 1. 1886); ders., Mission u. Branntweinhandel, Hamburg 1886, 18, 21 f., dazu KZ 28. 2. 1886; ders., RT 7:4:3:1743 (14. 5. 1889). Das Hamburger Syndikat lehnte auch entschieden eine Kontrolle der Exportspirituosen durch die Amtliche Lebensmittel-Untersuchungsanstalt ab (RKA 6830, 11). – 3. Versammlung des »Kolonialvereins«: KZ 3. 5. 1886; DKZ 3. 1886, 310; KZ 15. 7. 1885; K. Kucklentz, Das Zollwesen der deutschen Schutzgebiete, Berlin 1914; 36; K. Rathgen, Die Zollbegünstigung des Handels zwischen Deutschland u. seinen Kolonien, Sch. Jb. 35, 1911, 227–50; R. Fitzner Hg., Deutsches Kolonialhandbuch, Berlin 1901², 93, 98; F. D. Lugard, The Dual Mandate, London 1965, 601. Ganz apologetisch dagegen M. S. M. Wright, Die Wirtschaftsentwicklung u. die Eingeborenenpolitik in den ehemaligen afrikanischen Schutzgebieten Deutschlands, 1884–1918, phil. Diss. Heidelberg 1932. – Brackmann, 12 f.; Mathies, 120 f.; Jaeck, 86 f.; Rudin, 178–82. Über die Gesellschaften »Süd-Kamerun« und »Nordwest-Kamerun« behielt Woermann auch nach der Mitte der 1890er Jahre eine führende Stellung in Kamerun.

78. Kusserow an AA, 5. 12. 1886, RKA 3413, 1–7, 13 f.; 6. 12. 1886, ebda., 20; Aufz. H. v. B., 15. 12. 1886, ebda., 27–30 (Marg. B.). Vgl. Rudin, 125 f.; Robertson an Bamberger, 26. 2. 1886, Nl. Bamberger 168; Fabri an H. v. B., 28. 11. 1888, RKA 6924, 56 (Marg. B.). – Zur Zeit nach 1890 vgl. Stoecker Hg., Kamerun unter deutscher Kolonialherrschaft, II, Berlin 1968.

Interessen zu entwickeln. »Ermutigt« durch das Vorgehen der Kamerun-Kaufleute nahmen kaufmännische Agenten der Firma im Spätherbst 1885 Verhandlungen mit den Häuptlingen im Mahinland auf. Ende Januar 1885 trat sein »König« fünfzig Meilen Küstenland mit allen Hoheitsrechten an den Gaiser-Vertreter Zimmern ab, der schon am 14. Januar Reichskommissar Nachtigal um »deutschen Schutz« gebeten hatte. Wahlkonsul Bey in Lagos, ebenfalls ein Angestellter Gaisers, der im Sommer 1884 noch Nachtigal dringend von deutschen Erwerbungen im Nigergebiet abgeraten hatte, unterstützte jetzt diesen Antrag mit dem Argument, daß das Mahinland den »besten Keil« in das englische Gebiet zwischen Lagos und Kamerun hineintreibe. Die englischen Behörden in Lagos erkannten den Kaufvertrag an, Ende Februar erhielt das Auswärtige Amt die ersten Informationen.

Am 11. März bestätigte Nachtigal Zimmerns Kaufvertrag und schloß den üblichen Schutzvertrag mit dem Eingeborenenhäuptling »vorbehaltlich der Ratifikation« in Berlin, wie Nachtigal einschränkte, ab[79]. Warum sich die deutschen Kaufleute von dieser »Eröffnung Benins und des benachbarten Ondolandes« ein »lohnendes Unternehmen« versprachen, teilten sie dem Reichskanzler unmißverständlich mit. Durch die Erwerbung des Mahinlandes werde »der direkteste Weg nach dem oberen Niger« gewonnen und der schon unter englischer Kontrolle stehende untere Niger umgangen. Bereits jetzt schätzten die englischen Zollbeamten in Lagos, daß dadurch ein Zollverlust von angeblich 20 000 Pfund entstehe. Das war fraglos eine stark übertriebene Zahl, aber auch Woermann gegenüber bezeichnete Gaiser es als sein eigentliches Ziel, auf diesem Weg »große Quantitäten von Waren in das Hinterland von Lagos und in das Nigergebiet einführen zu können, ohne die hohen Importzölle bezahlen zu müssen, welche die englische Regierung ... an der Küste Westafrikas erhebt«. Daß diese hohen Zölle nur auf bestimmte Waren erhoben wurden, wußte man im Auswärtigen Amt ganz genau: wenn die Goldküste ausschließlich unter englische Herrschaft gerate, notierte sich Herbert v. Bismarck, würden die Zölle »den Hamburger Sprit-Import enorm schädigen«.

Andererseits widersprach das Mahinprojekt gerade wegen seiner Spitze gegen die englische Vorherrschaft im Nigergebiet der Rücksichtnahme Bismarcks auf diese Interessen. Man kann sich des Eindrucks nicht erwehren, daß Nachtigal nur deshalb einen Vertrag abschloß, um ein Kompensationsobjekt in einem von London für wichtig erachteten Gebiet zu gewinnen. Große Hoffnungen auf die Dauerhaftigkeit dieser plötzlichen Erwerbung hegte auch das Haus Gaiser nicht, denn schon am 13. März ließ der Firmenchef durchblicken, daß er sich, falls das Gebiet »aus politischen Gründen« abgetreten werden müsse, eine Entschädigung vorbehalte[80]!

Noch ehe der offizielle Bericht Nachtigals über den Schutzvertrag im Mahinland am 6. April in Berlin eintraf, war es schon in den deutsch-englischen Ausgleichsverhandlungen vom März wieder aufgegeben worden. Unverzüglich hatte Bismarck, als Münster am 8. März Granvilles Einverständnis mit der Kameruner Schutzherrschaft gegen die Anerkennung der englischen Präponderanz zwischen Rio del Rey und La-

---

79. Aufz. Kusserows, 23. 2. 1885, RKA 3410, 10 f.; Nachtigal an AA, 13. 3. 1885 (ab Lagos), 6. 4. 1885 (ab Madeira); RKA 4199, 58; Aufz. Buschs für B., 6. 3. 1885, RKA 3410, 21–26. Vgl. hierzu: G. Jantzen, Ein deutscher Kolonialversuch im Mahinlande (Nigeria) 1885, KR 28. 1937, 84–96: bieder u. antienglisch; Hieke, Gaiser, 42–60; ders. u. Dreyer, 9–11; Buchner, Aurora, 214 f.; Rudin, 50, 60 f., 64 f.

80. Heldbeck u. Brettschneider an B., 18. 3. 1885, RKA 3410, 40 f.; Woermann an B., 13. 3. 1885, ebda., 35, beide auch: PA, Botschaft London 92/2, Col. Krauel; Aufz. H. v. B., 20. 3. 1885, RKA 3410, 59–62.

gos telegrafiert hatte, seine Zustimmung und den »Verzicht auf unsere Hoheitsrechte« im Mahinland mitgeteilt, allerdings die Entschädigungsfrage offengehalten. Durch einen Schriftwechsel wurde Granvilles Abgrenzung der »Spheres of Action« bis zum 25. März von Bismarck bestätigt, Nachtigal infolgedessen angewiesen, »weitere Schritte bezüglich Mahins« zu »unterlassen«. Als Kompensationsgebiet hatte die Gaisersche Erwerbung ihren Zweck erfüllt, als das deutsch-englische Abkommen vom 29. April 1885 zustande kam[81].

Als Entschädigung forderte die Firma Gaiser zunächst maßlos 20 000 Pfund, mußte sich aber schon bald damit abfinden, daß London sich strikt weigerte, überhaupt irgendwelche Unkosten zu ersetzen. Zugleich wünschten die Westafrikafirmen ein Abkommen mit England, das den deutschen Waren in den britischen Gebieten Westafrikas nicht höhere Zölle auferlegt werden sollten, als sie in Kamerun und Togo auf englische Importe erhoben würden. Eine solche Zusicherung sei »von größtem Interesse für den deutschen Handel«, da dann »keine wesentlichen Nachteile« durch ein englisches Protektorat entständen. Von Bismarck gutgeheißen wurde dieser Wunsch in London vorgetragen und vom Foreign Office mit einer informellen Zusage erfüllt. Die monopolistische Praxis der »Royal Niger Company« Goldies machte sie jedoch schon seit 1886 völlig wertlos, Nigerien wurde fünfzehn Jahre lang eine Domäne dieser neuen englischen Chartergesellschaft[82].

Als im Dezember 1885 Berlin und Paris ein Abkommen über die Grenzfragen in Westafrika abschlossen, wurde auch ein Schlußstrich unter Friedrich Colins Unternehmungen in Afrika gezogen. Der württembergische Kaufmann war bereits 1881 an Bismarck herangetreten, nachdem er vierzehn Jahre lang für eine französische Firma in Senegambien tätig gewesen war. »Westafrika«, so glaubte er seine Erfahrungen zusammenfassen zu dürfen, bilde »den Schlüssel zur Erschließung Zentralafrikas«. Deutschland könne sich aber »einen seiner Bedeutung als Produktionsgebiet entsprechenden Anteil an dem künftigen Handelsverkehr mit Innerafrika nur durch Ländererwerb sichern«. »Handelsbeziehungen« allein entsprächen nicht mehr »der Produktionskraft der deutschen Industrie«, zumal da ihr Export zu oft durch fremde Hände gehe. »Will Deutschland dieser für die Industrie, den Handel und die Schiffahrt so wichtigen Bewegung ›der Kolonialpolitik‹ fremd bleiben?« fragte Colin, ohne damals vom Auswärtigen Amt einer Antwort gewürdigt zu werden.

1883 baute er jedoch eine Faktorei am Dubrekafluß auf und fand durch Vermittlung seines Bruders, eines Direktors der »Württembergischen Vereinsbank«, die Unterstützung G. Siegles, des Generaldirektors der BASF, und des Frankfurter Unternehmers A. v. Brüning, die beide auch in dem Führungsgremium des »Deutschen Kolonialvereins« Gewicht besaßen. Mit dem Häuptling des Baga-Stamms wurde ein »Niederlassungsvertrag« geschlossen, und von Kusserow nachhaltig unterstützt bat Colin im April 1884 um Reichsschutz. Da »die an der Spitze dieses Unternehmens stehenden Persönlichkeiten«, glaubte Hatzfeldt, »dessen kommerziellen Erfolg zu

---

81. Münster an AA, 8. 3. 1885, RKA 3410, 28 f.; B. an Münster, 9. 3. 1885, ebda., 30; an H. v. B., 9. 3. 1885, PA, Botschaft London, Allg. Kolonialpolitik 1; Münster an AA, 12. 3. 1885, ebda. u. RKA 3410, 32; an B., 23. 3. 1885 (darin Granville an Münster, 20. 3. 1885), PA; B. an Münster, 25. 3. 1885, ebda.; Aufz. Hatzfeldts, 8. 4. 1885, RKA 4199, 65 f.; AA an Nachtigal, 8. 4. 1885, ebda., 67.
82. Aufz. H. v. B., 20. 3. 1885, RKA 3410, 59–62; B. an Krauel, 25. 3. 1885, ebda., 63–68; 2. 4. 1885, PA, 92/2; Münster an AA, 30. 3. 1885, RKA 3410, 99; Krauel an AA, 11. 4. 1885, RKA 1886, 5; KZ 25., 26. 4. 1885; Robinson u. a., 177–88.

verbürgen« schienen, wurde Nachtigal schon am 22. April instruiert, die »Rechte und Interessen« der Colin-Gruppe in der »Ihnen geeignet erscheinenden Form, eventuell durch einen ... Vertrag sicherzustellen«.

An der Besprechung, die Bismarck am 28. April mit den hanseatischen Afrikakaufleuten abhielt, durfte auch Colin teilnehmen und anschließend seine Vorschläge einreichen. Das Dubreka-Unternehmen könne sich nur dann weiter ausdehnen, behauptete er, »wenn die Voraussetzung für die Dauer ..., nämlich die Sicherheit, daß die Deutsche Regierung unsere Erwerbungen vor Annexion durch eine andere Macht schützen werde«, erfüllt sei. »Cum grano salis« erklärte sich Bismarck mit diesem Wunsch einverstanden. Colins Angebot, die »Erwerbung der Oberhoheit« über das ganze, bisher unabhängige »Land der Bagas« zu versuchen, lehnte Bismarck nicht von vornherein ab, überlegte, ob ein »Protektorat« eher angebracht sei, meinte aber dann, daß »die Nuance ... praktisch nicht groß« sei, »ob Protektorat oder Oberhoheit« übernommen werde. In seiner endgültigen Instruktion vom 19. Mai wurde daher Nachtigal ein Schutzvertrag mit den Bagas aufgetragen, sofern er sich mit gebührender Berücksichtigung französischer Interessen vereinbaren lasse.

Diese »erste Mission« Nachtigals an der afrikanischen Atlantikküste endete »erfolglos«, da die Bagas bereits ein »französisches Protektorat« über sich anerkannten. »Alle Voraussetzungen hinfällig«, telegraphierte er dem Auswärtigen Amt. »Das Bisherige erweckt nicht gerade Vertrauen zu Herrn Colins Zuverlässigkeit«, kritisierte jetzt Bismarck, offensichtlich sei Colin »ein unzuverlässiger Charakter«, und Kusserow möge erläutern, »was dieser für Garantien für Colins Glaubwürdigkeit gehabt hätte«. Vom Dubreka-Projekt, das unverzüglich fallengelassen wurde, durfte im Auswärtigen Amt eine Zeitlang nicht mehr gesprochen werden[83].

Unmittelbar nach Nachtigals Abfahrt hatte jedoch Colins Faktoreileiter Bauer neue Verträge mit den Häuptlingen von Kobitai und Koba in der benachbarten Sangareah-Bai abgeschlossen, wo angeblich wieder keine Kollision mit englischen oder französischen Ansprüchen zu befürchten stand. Erneut wandte sich Colin im Oktober 1884 mit der Bitte um Reichsschutz an Bismarck. Wegen »der Fruchtbarkeit der Hinterländer« stehe diesem Gebiet »eine bedeutende Zukunft« bevor, zumal da der Vorstoß zum Quellengebiet des Niger möglich sei. Von Siegle und Brüning überzeugt, schaltete sich jetzt auch der Präsident des »Deutschen Kolonialvereins«, Fürst Hermann zu Hohenlohe-Langenburg, ein. Er unterstützte die Colinsche Eingabe bei Bismarck, da Deutschland damit ein Gebiet gewinne, »welches unserer Industrie Gelegenheit zu erweitertem Absatz ihrer Erzeugnisse bietet«. Die Bildung einer großen süddeutschen Handelsgesellschaft hänge »wesentlich« von der Zusage des Reichsschutzes ab. Nun urteilte zwar Bismarck sogleich über Colin, dieses »sujet à caution« habe »uns einmal reinfallen lassen«, und Hohenlohe-Langenburg galt ihm »politisch« als »keine sachkundige Autorität«, aber drei Gründe bewogen ihn vermutlich dazu, dann doch Ende November Colin diesen Schutz zuzusagen und Paris die deutsche »Oberherrschaft« anzukündigen.

---

83. Colin an B., 21. 11. 1881, RKA 3403, 1–7; Denkschrift Colins, 6. 3. 1884, ebda., 9 f.; vgl. Schwäbische Kronik 1. 4. 1884; RKA 3403, 107, 114; Hatzfeldt an Nachtigal, 22. 4. 1884, ebda., 14 f., vgl. 16 f.; Colin an B., 30. 4. 1884, ebda., 18–20 (Colin Marg. B.); B. an Nachtigal, 19. 5. 1884, ebda., 21–26, vgl. 68 f. – Nachtigal an AA, 9. 7. 1884, RKA 3403, 55; Aufz. Hatzfeldts, 21. 7. 1884, ebda., 93 (Marg. B.); W. v. B. an Hatzfeldt, 23. 7. 1884, ebda., 107. Vgl. Jaeck, 63, 79; Schramm. Deutschland, 259, 454; Piloty, 131; Nussbaum, Kolonialenthusiasmus, 102–7. Allg. Newbury, JMH 31; J. M. Gray, A History of the Gambia, Cambridge 1966², 460–65.

Einmal schienen Siegle, Brüning und Hohenlohe-Langenburg dafür zu bürgen, daß tatsächlich »erhebliche Kapitalien süddeutscher Mitglieder des Kolonialvereins in dieser Sache engagiert« seien, wie Unterstaatssekretär Busch annahm. Zweitens eröffnete sich damit die Möglichkeit, von einem bisher unabhängigen Küstenstreifen aus »den Zugang zu dem oberen Niger« dort zu gewinnen, wo noch keine französischen oder englischen Ansprüche erhoben wurden und Berücksichtigung verlangten. Und, last not least, konnte ein Kompensationsobjekt für die bevorstehenden Verhandlungen mit Paris nicht fehl am Platz sein[84].

Diesen Gedanken vor allem verriet Bismarcks Reaktion, als die Admiralität Mitte Januar 1885 hörte, daß die Korvette »Ariadne« Kobitai und Koba am 2. und 6. Januar unter deutschen Schutz gestellt habe, und Botschafter Hohenlohe-Schillingsfürst »selbstverständlich« zu der Erklärung ermächtigt wurde, »daß wir begründete französische Ansprüche bereitwilligst respektieren werden«. Als dann Ferry in der Tat solche »Ansprüche« geltend machte und Botschafter Courcel in der Wilhelmstraße zugleich durchblicken ließ, daß deutsche Niederlassungen in der Nähe von Senegambien wegen der weitgespannten französischen Pläne unerwünscht seien, schlug Bismarck sofort einen »Austausch gegen südlichere französische Parzellen«, nämlich im Kamerun- und Togogebiet, vor. Er sah sich in seinem Argwohn gegenüber Colin bestätigt. Sein Urteil: »Mir gefällt die ganze Gegend nicht«, verhieß für die nach der Schutzerklärung sofort gebildete neue westafrikanische Handelsgesellschaft Colins nichts Gutes. Ihr gehörten u. a. die Bankhäuser de Neufville und Stern aus Frankfurt, G. Godeffroy von der »Norddeutschen Bank« und DHPG, Graf Frankenberg-Tillowitz und der Dürener Textilfabrikant Leopold Schöller an, während Hohenlohe-Langenburg, Siegle, Varnbüler, Kommerzienrat Meckel aus Elberfeld und der DHPG-Direktor E. Schmid aus Hamburg ihren Verwaltungsrat bildeten. Um das Wohlwollen Bismarcks zu gewinnen, erklärte sich in ihrem Antrag an das Auswärtige Amt bereit, auf eigene Kosten die notwendigen Beamten anzustellen[85].

Jedoch umsonst: für das Auswärtige Amt war Kobitai durch Bismarcks Entscheidung ein Kompensationsobjekt geworden. »Der Reichskanzler«, legte Herbert v. Bismarck noch einmal als Direktive fest, »legt wenig Gewicht darauf, in welcher Weise« im einzelnen über die Colinsche Erwerbung »entschieden wird. Das Hauptaugenmerk bittet Seine Durchlaucht immer darauf gerichtet zu halten, daß unsere guten Beziehungen mit Frankreich durch die afrikanische Kolonialfrage nicht alteriert werden.« Das hieß aber nichts anderes, als daß Ferrys und Courcels Einwände schon vor der Gründung der Colinschen Gesellschaft alle ihre Hoffnungen zunichte gemacht hatten. Zugleich drängte die Firma Wölber & Brohm darauf, das Schutzgebiet Togo in Verhandlungen mit Frankreich durch den Verzicht auf Kobitai und Koba abzurunden, wogegen Hohenlohe-Langenburg seinen Familienchef, Botschafter Hohenlohe-Schillingsfürst vor dessen Überwechsel ins Amt eines kaiserlichen Statthalters für das »Reichsland« Elsaß-Lothringen dazu zu bewegen suchte, von Außenminister

---

84. Colin an B., 12. 10. 1884, RKA 3403, 29 f.; Hohenlohe-Langenburg an B., 12. 10. 1884, ebda., 42 f., 53 f.; Aufz. Buschs, 21. 10. 1884, 50–52 (Marg. B.); RKA 4217, 52 f.: über Hohenlohe-Langenburg); B. an Hohenlohe-Schillingsfürst, 27. 11. 1884, ebda., 68 f.; an Colin, 5. 12. 1884, RKA 4198, 15.
85. Caprivi an Hatzfeldt, 16. 1. 1885, RKA 3404, 109; Bericht Kapitän Chüders, RKA 3405, 17 f. (worin er auch »dringend« ein deutsches »Protektorat über Liberia« empfahl); B. an Hohenlohe-Schillingsfürst, 23. 1. 1885, RKA 3404, 117 f.; Aufz. Buschs, 14. 2. 1885, RKA 3405, 73–77 (Marg. B.); Colin an B., 15. 2. 1885, ebda., 78 f.; vgl. Langen an Colin, 7. 2. 1885, Nl. Langen 7 (L. lehnte ab); DKG 256a, 9, 244; Weser-Zeitung 9. 1. 1886.

Freycinet als »Abschiedsgeschenk« den Verzicht auf die Sangareah-Bai zu erbitten, denn die neue Gesellschaft erleide wegen der »Unsicherheit« der Verhältnisse »erhebliche Verluste«. Aber weder konnte der Botschafter dieser Bitte entsprechen, noch entging Hohenlohe-Langenburg die Bemerkung Kusserows, daß »höhere politische Interessen« es »der deutschen Regierung wünschenswert erscheinen« ließen, »einen Konflikt mit Frankreich«, wo die »Compagnie du Sénégal« die deutsche Konkurrenz fürchtete, »zu vermeiden«. Zwar bemühte sich Hohenlohe-Langenburg sogleich, Kusserow selber um Hilfe zu bitten, aber dieser erklärte nur, daß »wenig Aussicht vorhanden« sei, »Frankreich zum Nachgeben zu veranlassen«.

Im Sommer 1885 ruhten die Verhandlungen mit Paris, doch als sie im November wieder aufgenommen wurden, pochten Colin und Hohenlohe-Langenburg vergeblich darauf, sie hätten »mit Bestimmtheit hoffen« dürfen, »daß wir in kurzer Zeit den effektiven Schutz der Kaiserlichen Regierung ... gewinnen würden«. Und nur als Bluff benutzte Herbert v. Bismarck die Drohung gegenüber Paris, Deutschland werde sich notfalls in der Sangareah-Bai »definitiv einrichten«. Vor dem Abkommen vom 24. Dezember 1885 wurde die Bai gegen eine französische Konzession an der Togoküste aufgegeben. Auch der zweite Versuch Colins und seiner Geldgeber scheiterte, da ihre Wünsche rigoros einem befriedigenden Arrangement mit Frankreich untergeordnet wurden[86].

C. OSTAFRIKA

> »Es ist eine Täuschung zu glauben, daß ein Staat Kolonien gründe, um Kultur und Zivilisation unter fremde Völker zu bringen.«
>
> Vossische Zeitung, 1885

> »Kolonialpolitik ... ist und bleibt aber schließlich die rücksichtslose und entschlossene Bereicherung des eigenen Volkes auf anderer schwächerer Völker Unkosten.«
>
> Carl Peters' »Kolonialpolitische Korrespondenz«, 1886[87]

a) Peters und die »Gesellschaft für Deutsche Kolonisation«

Während in Berlin die Entwicklung der deutschen Handelsinteressen an der südwestafrikanischen Küste und im Golf von Guinea seit dem Frühjahr 1883 aufmerksam verfolgt wurde, rückte Ostafrika erst ein Jahr später mit in den Vordergrund der

---

86. Aufz. H. v. B., 16. 6. 1885, RKA 4217, 2; ebenso ders. an W. v. B., 30. 6. 1885, Nl. Bismarck 36; vgl. Wölber & Brohm an B., 19. 2., 14. 3. 1885, PA, Botschaft London, 92/2; Freycinet an Courcel, 3. 6. 1885, DDF 6, 53; Hohenlohe-Langenburg an Hohenlohe-Schillingsfürst, 24., 31. 7. 1885, Nl. Hohenlohe-Schillingsfürst 53. – Colin u. Hohenlohe-Langenburg an B., 13. 11. 1885, RKA 3407, 23 f. (Marg. Krauels: »das Gegenteil ist der Gesellschaft oft genug gesagt«); Eingabe Colins, 8. 8. 1885, ebda., 10–14; Aufz. H. v. B., 23. 11. 1885, ebda., 31 f.
87. Vossische Zeitung 15. 9. 1885; KPK 3. F. Nr. 3 (16. 1. 1886). »Denn auch die Kolonialpolitik will nichts Anderes«, hieß es dort noch in dem Aufsatz »Kolonialpolitik und Sozialismus«, »als die Kraftsteigerung und Lebensbereicherung der stärkeren, besseren Rasse, auf Kosten der schwächeren,

aktivierten deutschen Überseepolitik. Diese auffällige Verspätung lag wohl darin begründet, daß die deutschen Interessenten: die großen Hamburger Handelshäuser wie O'Swald & Co. und Hansing & Co. auf Sansibar keinen Anlaß sahen, in Berlin um staatliche Intervention zu bitten. Sie hatten sich eine sichere Position zur Abwicklung ihrer lukrativen Geschäfte mit dem Inneren des Kontinents erworben und brauchten keine übermächtige Konkurrenz zu fürchten. Die unbestreitbare politische Präponderanz Englands verband sich mit einem Freihandelssystem, das den tüchtigen Hanseaten freie Bahn und seit der Mitte der 1870er Jahre oft den größten Umschlag am Platzgeschäft ließ.

Seit den 1860er Jahren hatte sich im Gefolge der auch hier geschickt ausgenutzten Antisklavereipolitik das englische Übergewicht in dem arabisch-suahelischen Sultanat Sansibar, das von dem Inselzentrum aus die Herrschaft über die zweitausend Kilometer lange Küste zwischen Warscheich im Norden und dem portugiesischen Moçambique im Süden beanspruchte und mit sehr unterschiedlicher Effektivität auch vertrat, immer stärker herausgebildet, zumal als eine wachsende britisch-indische Händlerschicht das kommerzielle Leben zu beherrschen begann. Unter dem Sultan Said Bargasch übte der englische Generalkonsul Dr. John Kirk seit 1873 überaus gewandt und sachkundig die indirekte englische Herrschaft aus. Im Foreign, Colonial und India Office galt das Sultanat Sansibar als durchweg ungefährdete britische Einflußsphäre. Ein Protektoratsangebot des Sultans lehnte die mit diesem Informal Empire vollauf zufriedene Londoner Regierung noch 1881 »aus dem Grund« ab, wie Dilke klagte, »daß unsere Interessen an der Sansibarküste und im Hinterland so überwögen, daß keine Regierung sie bezweifeln werde«[88].

Wenn sich im Frühsommer 1884 die Berliner Politik dennoch eingehender mit Ostafrika zu beschäftigen begann, so war das zuerst ein Ergebnis des durch die zweite Depression beschleunigten Engagements in Südwest- und Westafrika, das allgemein die Blicke auf Afrika zog, vor allem aber der Beschäftigung mit der Zukunft des Kongogebiets, auf das der englisch-portugiesische Kongovertrag und die Aktivität König Leopolds II. von Belgien die Aufmerksamkeit lenkten. Damit wurde der riesige Bereich Innerafrikas mit besonderem Nachdruck zum Gegenstand handelsstrategischer und -politischer Überlegungen erhoben. In diesem Zusammenhang aber wurde im Auswärtigen Amt Sansibar als »der wichtigste Punkt der afrikanischen Ostküste« angesehen; es bilde den »Stapelplatz für die Produkte der Suaheliküste, Zentralafrikas, speziell der Quellengebiete des Kongo, wohin schon jetzt zwei Handelswege führen, ferner für den Handel mit Madagaskar und den Komoren, mit Arabien ...

---

geringeren, die Ausbeutung der nutzlos aufgespeicherten Reichtümer«. Vgl. dazu J. Pfeil (Vorschläge zur praktischen Kolonisation in Ostafrika, Berlin 1888, 1890², 45 f.): »Es handelt sich nur darum, das ganze koloniale Gebiet zum Absatzgebiet für nur mutterländische Industrieerzeugnisse zu gestalten«, da »die Kolonie in erster Linie lediglich wegen des direkten materiellen Vorteils, welchen das Mutterland von ihr beziehen soll, für dieses Wert hat«.

88. C. Dilke, Problems of Greater Britain, London 1890, 454; Gwynn-Tuckwell, I, 535 (an Northbrooke, 16. 11. 1882). Eingehend über die englische Politik: R. Coupland, The Exploitation of East Africa, 1856–90, London 1939, 395–488; Robinson u. a., 41–52, 189–202, 290–300; R. Oliver u. G. Mathew, History of East Africa, I, Oxford 1963, 352–453; E. de Groot, Great Britain and Germany in Zanzibar, JMH, 25. 1953, 120–38; W. R. Louis, Ruanda-Urundi, 1884–1919, Oxford 1964; ders., Anderson; Oliver, Johnston, 72–77; ders., Some Factors in the British Occupation of East Africa, 1884–94, Uganda Journal 15. 1951, 49–64; M. Perham, Lugard, The Years of Adventure, 1858–98, London 1956, 59–208; CHBE, III, passim. Vgl. P. D. Curtin, The British Empire and Commonwealth in Recent Historiography, AHR 65. 1959, 72–91.

und Indien«. Ganz im Sinn der bisherigen Berliner Überseepolitik sah Bismarck sein Nahziel in der Einrichtung eines Berufskonsulats, dessen Vertreter mit dem Sultan einen neuen Handelsvertrag, der an die Stelle des Vertrags mit den Hansestädten aus dem Jahre 1859 zu treten hatte, abschließen sollte.

Bisher hatten die Vertreter der Firma O'Swald das Wahlkonsulat ganz robust im Interesse der beiden großen Hamburger Handelshäuser verwaltet. Schon 1880 wurden deshalb in einer amtlichen Denkschrift verschiedene Gutachten dahin zusammengefaßt, daß ein deutsches Berufskonsulat in Sansibar unbedingt »wünschenswert« sei, da alle Anzeichen auf einen Aufschwung des Handels hindeuteten: es sei »von größtem Werte, zuerst mit am Platze zu sein.« »Ob die Erwartungen, die man an einen Handelsverkehr mit dem Inneren des afrikanischen Kontinents knüpft, nicht vielleicht übertrieben sind«, möge »dahin gestellt bleiben«, hieß es, es könne »auch längere Zeit, als man jetzt glaubt, vergehen, bevor die Wege gebahnt... sein werden«. Andererseits sei »kaum zu zweifeln«, daß Sansibars Anteil am Handel mit Innerafrika »ein erheblicher sein muß. Bei dieser Sachlage erscheint es von Wichtigkeit, daß Deutschland möglichst früh auf dem Feld erscheint, um nicht..: den anderen konkurrierenden Mächten den Markt allein zu überlassen.« Da aber die Hansestädte auf die Anfragen Berlins zurückhaltend reagierten, wurde die Ausführung des Konsulatsplans einige Jahre verschoben.

Im Mai 1884, als die Westafrika- und Kongopolitik schnell an Aktualität gewann, kam Bismarck plötzlich auf ihn zurück. Er trug dem Afrikareisenden Gerhard Rohlfs, den er seit 1880 näher kannte, bei einem Gespräch über die Zukunft des Kongogebiets diese neue Aufgabe in Ostafrika an und bat Rohlfs dringend um seine Zusage, »da wir größere Dinge in Afrika vorbereiten«. Im Juli begründete Bismarck die Übernahme von Rohlfs in den Staatsdienst damit, daß er denselben zum »Schutz des deutschen Handels in Afrika verwenden« wolle. Nach ausgiebigen Informationsgesprächen in Friedrichsruh wurde Rohlfs am 27. September zum Generalkonsul in Sansibar ernannt; er trat seine Reise auf dem Schiffsweg über Kapstadt an. Die Vorschläge, die Rohlfs vorher auf Wunsch Bismarcks für die deutsche Ostafrika-Politik in einer Denkschrift vom August 1884 zusammengestellt hatte, wurden allerdings nicht berücksichtigt. Rohlfs hatte es darin als die Aufgabe des deutschen Konsuls bezeichnet, den Sultan in ein Abhängigkeitsverhältnis zu bringen, wie es zwischen dem Bei von Tunis und Frankreich bestehe, – ein Ziel, das mit »time and money« durchaus zu erreichen sei. Die deutschen Handelshäuser sollten auch an der ostafrikanischen Küste Faktoreien gründen und zum Landerwerb übergehen, vor allem die Somaliküste solle durch Expeditionen als Kolonialgebiet gewonnen werden.

Im Gegensatz zu solchen weitschweifenden Plänen trugen Bismarcks Instruktionen Rohlfs eindringlich auf, er solle »das freundschaftliche Verhältnis mit dem Sultan weiter entwickeln« – worin nicht nur eine Floskel diplomatischer Höflichkeit, sondern ein Grundsatz der Bismarckschen Ostafrikapolitik auch der Folgejahre ausgesprochen wurde. Rohlfs Auftrag lautete, einen neuen Handelsvertrag abzuschließen und dabei möglichst den freien »Transit« für deutsche Waren durch Sansibars »Littoral ins Innere ... und freie Schiffahrt auf den Flüssen« zu erwirken, fraglos ein überaus heikles Problem, da fast die gesamten Einnahmen des Sultans den Zöllen entstammten, folglich eine Konzession an das Reich wegen der Automatik der Meistbegünstigungsklausel in den Handelsverträgen mit Sansibar den finanziellen Ruin Said Bargaschs herbeiführen mußte! Um des unbelasteten Handelsverkehrs mit Innerafrika willen hielt es Bismarck indessen für gerechtfertigt, den Versuch zu wagen.

Im Herbst 1884 begann die Außenhandelsförderung auch im Hinblick auf Ostafrika schärfere Konturen anzunehmen[89].

Ehe Rohlfs nach seiner langen Anreise in Sansibar eingetroffen war, überschnitt sich die Aktion der Reichsregierung mit dem ostafrikanischen »Konquistadorenzug«, den Carl Peters mit seinen Freunden von der unlängst gegründeten »Gesellschaft für Deutsche Kolonisation« (GfDK) fast gleichzeitig unternahm. Damit schob sich ein Faktor in die anhebende deutsche Ostafrikapolitik hinein, mit dem Berlin bei der Vorbereitung der Rohlfsschen Mission nachweislich überhaupt nicht gerechnet hatte. Die beiden Vorstöße erfolgten parallel, jedoch völlig unabhängig voneinander. Auf jeden Fall hatte sich Bismarck zur Intensivierung der ostafrikanischen Handelspolitik bereits entschlossen, ehe Peters und die GfDK ins Spiel traten.

Aus persönlichem Ehrgeiz und unverhüllter Unzufriedenheit mit dem »Deutschen Kolonialverein« von 1882, der seine Aufgabe eher in der vorbereitenden Agitation als in der aktiven Förderung überseeischer Projekte sah, schuf sich Peters einen eigenen institutionellen Rückhalt für seine Expansionspläne, als er am 28. März 1884 die GfDK ins Leben rief. Der niedersächsische Pastorensohn hatte 1879 als 24jähri-

---

89. Aufz. (zur erbetenen Denkschrift des Afrikareisenden W. Joest, an Busch, 9. 10. 1884), 18. 12. 1884, RKA 390, 24 f.; Denkschrift 23. 6. 1880, ebda., 88–91; Günther, 327–29; DZA II, Rep. 89 H, Zivilkabinett, XXVIII/39 (Rohlfs), 150 f.; W. v. B. an Busch, 4. 10. 1884, Nl. Busch 5; Denkschrift Rohlfs' 31. 8. 1884, RKA 950, 2 f.; AA an Rohlfs, 25. 11. 1884, RKA 8892, 4. Im Dezember wiederholte Rohlfs (an B., 15. 12. 1884, RKA 8892, 16 f.; RKA 950, 10), daß die Küste von Gardafui bis Sansibar »im Laufe des nächsten Jahres« deutsch werden müsse. Nach B. (an Rohlfs, 19. 1. 1885, RKA 950, 11) hing das von »Erwerbungen« deutscher Reichsangehöriger ab, »ob deren Unterstellung unter den Schutz des Reiches ohne berechtigten Widerspruch anderer Nationen möglich sein werde«. – Die erste ganz aus den Akten gearbeitete, sehr detaillierte u. informationsreiche Monographie über die deutsche Ostafrikapolitik von 1884–90: F. F. Müller, Deutschland-Zanzibar-Ostafrika. Geschichte einer deutschen Kolonialeroberung, Berlin 1959 (hier: 66–95, 195–99, 522). Die allzu breit angelegte Arbeit leidet aber sehr unter ihrem häufig weitschweifenden, undisziplinierten, agitatorischen Stil, ist im historischen Urteil unsicher u. in der Beurteilung Bismarcks undifferenziert u. widerspruchsvoll, aber K. Büttner (Die Anfänge der deutschen Kolonialpolitik in Ostafrika, Berlin 1959) unendlich überlegen. Die streckenweise realistische Analyse der Politik der Interessentengruppen ist mit biedermoralisierenden Anklagen verbunden, die in der Tradition eines flachen Vulgärmarxismus Kapitalisten, die durchaus ihrer Klassenlage und -ideologie entsprechend handelten, das Prinzip der Gewinnmaximierung und die Profitjagd vorwirft, ja sie als Drahtzieher u. Dunkelmänner im Hintergrund dämonisiert, anstatt daß das sozialökonomische System kritisiert wird. Jedenfalls trägt seine Studie – wie auch die Untersuchungen von Bley, Stoecker, Jaeck, Drechsler u. a. – mit dazu bei, der Legende von der patriarchalisch-wohlwollenden deutschen Kolonialherrschaft endlich den Boden zu entziehen. Im allg. durch M. überholt, aber gelegentlich heranzuziehen sind: G. Jantzen, Ostafrika in der deutsch-englischen Politik, 1884–90, Hamburg 1934; Coppius, 157–60; Hagen, 510–52; Klauss, 155–63; Kolonial-Lexikon, I, 357–407; B. Kurtze, Die Deutsch-Ostafrikanische Gesellschaft, Jena 1913. Von zeitgenöss. Lit. vgl. Fabri, Ostafrika; Arendt, Ziele; G. Westphal, Sansibar u. das deutsche Ostafrika, Weimar 1885; G. A. Fischer, Mehr Licht im dunklen Weltteil, Hamburg 1885; L. Busse, Die Begründung der deutschen Machtstellung in Ostafrika, PJ 58. 1886, 253–82; K. Grimm, Der wirtschaftliche Wert von Deutsch-Ostafrika, Berlin 1886; C. Hager, Deutschlands Beruf in Ostafrika, Hannover 1886; J. Wagner, Deutsch-Ostafrika, Berlin 1886; R. Dilthey, Der wirtschaftliche Wert von Deutsch-Ostafrika, Düsseldorf 1888. Vor allem: C. Peters, Deutsche Kolonialpolitik aus englischer Perspektive, Geg. 25. 1884, 132–4; ders., Deutsch-National, Kolonialpolitische Aufsätze, Berlin 1887; ders., Die deutsch-ostafrikanische Kolonie, Berlin 1888, 1889[2]; ders., Das deutsch-ostafrikanische Schutzgebiet, München 1895; ders., Die Gründung von Deutsch-Ostafrika, Berlin 1906; ders., Lebenserinnerungen, Hamburg 1918; ders., Wie Deutsch-Ostafrika entstand, Leipzig 1912, 1940[2]; ders., Gesammelte Schriften, Hg. W. Frank, 3 Bde., München 1943–44; J. Pfeil, Zur Erwerbung von Deutsch-Ostafrika, Berlin 1907; K. Jühlke, Die Erwerbung des Kilimandscharo-Gebiets, Köln 1886; F. Lange, Reines Deutschtum, Berlin 1904[4], 261–86; Karte: F. Lange Hg., Nr. 2. Über den deutschen Handel bis 1884 s. o. IV. – Ganz unergiebig ist H. Loth, Griff nach Ostafrika, Berlin 1968.

ger in Berlin in Geschichte promoviert und verbrachte bis zum Sommer 1883 zwei Jahre bei einem vermögenden Onkel in London. Diese Berührung mit der englischen Welt hat ihn tief beeinflußt, ihm in mancher Hinsicht neue Maßstäbe gegeben und dazu geführt, daß er sich zeit seines Lebens in einer Art Haßliebe von dem Blick auf das beneidet-bewunderte britische Vorbild nicht freimachen konnte. Seit dem Studium trug er sich mit Habilitationsplänen, die er nicht verwirklichen konnte. Als er im Herbst 1883 nach Berlin zog, wollte er noch »Dozent werden und bald Professor, dann Reichstagsabgeordneter..., Treitschke hat auch so angefangen«. Bald fand er statt Befriedigung in der Wissenschaft Anschluß an den neugegründeten Konservativen-Klub, wo – wie er glaubte – seine »Bekannten... das Schneidige und Pakkende« an ihm lobten. »Stets« ging er dorthin »in Kanonen [-Hosen], Sporen und mit Hetzpeitsche. Das ist schneidig, feudal und meiner würdig.« In diesem Klub lernte er den Kaiserlichen Kammerherrn Graf Felix v. Behr-Bandelin und auch Friedrich Lange, den Herausgeber der »Täglichen Rundschau«, einer chauvinistischen, antisemitischen Berliner Tageszeitung, kennen. Mit ihnen gründete er den neuen Kolonialverein, in dem Behr die gesellschaftlichen Verbindungen, Lange publizistischen Einfluß, aber Peters die treibende Kraft besaß. Drei Motivkomplexe haben fortab Peters' öffentliche Tätigkeit bestimmt: sein unbezähmbarer Ehrgeiz verband sich mit persönlichem Machtstreben zu einem geradezu pathologischen Geltungsbedürfnis. Aus einem schroffen Nationalismus und Sozialdarwinismus leitete er einen vorwiegend ideologisch fundierten Imperialismus ab, dem die durchaus vorhandenen wirtschaftlichen Motive, die die Expansion erheischten, untergeordnet blieben.

Peters spürte, wie das deutsche Bürgertum während der Depressionszeit nach 1873 in den Sog der gesellschaftlichen Umformung geriet, die auch diese Phase der Industrialisierung begleitete. Die mannigfach beengten und hoffnungsarmen Verhältnisse der deutschen Mittelschichten ließen ihn bewundernd anerkennen, daß »die englische Gesellschaft durch ihren staunenswerten Kolonialbesitz imstande« sei, »ihre Mitglieder in anständiger Weise zu versorgen« und ihnen Entfaltungsmöglichkeiten zu bieten, die Deutschland fehlten. Peters wollte nicht »auf die Stufe des Hungernden und Andere belästigenden Proletariers zurücksinken« und klagte im Februar 1884 bitter darüber, er habe mit 28 Jahren »noch gar nichts erreicht im Leben, ich habe es satt, aber gründlich«. Zugleich glaubte er, daß er »in einer ruhigen Existenz schließlich wohl zum Selbstmord kommen« werde. Unrast und Geltungsdrang trieben die Pläne überseeischen Kolonialerwerbs jetzt aus ihm hervor[90].

»Ich werde durch diesen Coup«, schrieb er im September 1884 seiner Mutter über seine Afrikapläne, »nicht nur meine ganze Zukunft in großartige Bahnen bringen..., ich tue auch eine große vaterländische Tat und grabe meinen Namen ein für alle Mal in die deutsche Geschichte ein«. »Ich will versuchen«, erfuhr seine Schwe-

90. Peters an Schwager Hermann, 4. 2. 1884, Nl. Peters 92, DZA I; an Schwester Elli, 8. 12. 1883, ebda., 87 (vgl. 14. 2. 1884, ebda.); Peters, Gründung, 34; ebenso ders., Geg. 25. 133 (= Schriften, I, 327–32); Peters an Elli, 14. 2. 1884, Nl. 87; an Hermann, 8. 2. 1884, ebda., 92 (dort noch: »Ich fühle mich... unter Angelsachsen wohler«); 29. 6. 1888, ebda. Ausführlicher über Peters: Müller, passim, vor allem: 97–114, die ältere Literatur: 24 f. (M. konnte jedoch den Nl. noch nicht benutzen). Aufschlußreich über die Affinität zum Nationalsozialismus: H. Krätschell, C. Peters, 1856–1918, phil. Diss. FU Berlin 1959. M. Baumont, C. Peters, in C. A. Julien Hg., Les Techniciens de la Colonisation, Paris 1947², 17–34; eingehender jetzt auch: H. M. Bair, C. Peters and German Colonialism, phil. Diss. Stanford University 1968, MS; wieder naiv-apologetisch: N. Zimmer, C. Peters, Zu seinem 100. Geburtstag, Neues Archiv für Niedersachsen 8. 1955/56, 285–98. Schriften, III, über das deutschenglische Verhältnis in Peters' Augen.

ster, »ob es mir nicht doch gelingt, meinen Namen tief in die Weltgeschichte einzumeißeln. Das ist mein felsenfester Entschluß, von dem mich nur der Tod abbringen kann. Was die Vorsehung«, mit der auch Peters es ständig hatte, »dazu sagt, weiß ich nicht. Aber ich hoffe und bin überzeugt, daß sie mir einen ruhmlosen Untergang ersparen wird.« Bisher habe sie ihm manchmal hart mitgespielt, aber »schließlich stärkt ja am Ende auch nichts so sehr den männlichen Charakter als das stete Bewußtsein, dem Untergang gegenüberzustehen. Dadurch wird man zum Mann geschmiedet und aus solchen dauernden Situationen gehen schließlich Helden hervor. Ich persönlich bin fest entschlossen, alles an alles zu setzen und eher völlig unterzugehen als ein Leben ohne Ansehen führen zu müssen.« Sein Wunschbild blieb, »mir persönlich ein Reich nach meinem Geschmack zu erwerben«, »ein gewaltiges deutsches Kolonialreich, welches vom Njassa (Sambesi) bis an den Nil reicht und den Kongostaat in kurzer Zeit überholen wird. Es wird Mittelpunkt des gesamten afrikanischen Staatensystems der Zukunft sein, eine Quelle von Reichtum und Macht für unsere deutsche Nation.« »Wir arbeiten für Jahrtausende«, prahlte Peters 1885, »und ob der Ruhm von unseren Erdentagen nicht in Äonen untergehen wird, ist dabei ganz gleichgültig.« »Immerhin hoffe ich, es noch zu erleben, wie Napoleon I. meinen Einzug in Kairo von Süden aus zu halten!«

Sein »Kolonialreich« in Afrika, scheute Peters auch weitere Vergleiche nicht, sollte »nach dem Muster der Schöpfungen von Lord Clive und Warren Hastings« auf dem gewaltigen indischen Subkontinent geschaffen werden, und 1884 »war der weltgeschichtliche Augenblick« gekommen, »wo Deutschland Afrika für sich nehmen konnte. Der Sambesi war der natürliche Ausgangspunkt, von dem aus wir den dunklen Weltteil nach Norden und Süden aufrollen konnten«. Diese gigantische Aufgabe traute er sich in ungetrübtem Selbstbewußtsein zu. »Alles steht auf mir«, glaubte er, »und die anderen sind wie Hühner, unter die ein Stein geworfen.« »Auf mir lastet die ganze Verantwortung, weil ich allein befehle und alles andere gehorcht.« »Die Entscheidung, ob die deutsche oder die arabische Welt in Zukunft an den Westgestaden des Indischen Ozeans herrschen soll..., hängt fast ganz von meinen Maßregeln ab... Da ist nicht viel anders wie ein Feldherr in der Schlacht.«

Diesem manisch übersteigerten Selbst- und Sendungsgefühl von Peters, – »mein Nimbus ist noch nie so groß gewesen wie gerade jetzt«, konnte er noch 1889 schreiben, – entsprach ein rabiater Haß auf seine Gegner. »Gnade Gott meinen Feinden«, drohte er, »ich will sie erbarmungslos zertreten.« »Ich will meine Gegner nur nieder am Boden sehen.« »Leider führt mein Weg über Leichen«, gestand er, da er sein »Ziel mit aller Rücksichtslosigkeit verfolgen« müsse. So sah sich Carl Peters, so trat er auch in Deutschland und Afrika auf. Es gibt vielleicht kein vernichtenderes Urteil über die deutsche Kolonialbewegung bis 1945, als daß sie einen erfolgsamen, gerichtsnotorisch kriminellen Psychopathen wie Peters als eine ihrer Leitfiguren verehrt hat. Ganz zu Recht konnte ihn, der bereits eine explosive Mischung von pangermanistischen, antisemitischen, unverhohlen rassistischen Ideen verfocht, die nationalsozialistische Geschichtsschreibung als frühes Ideal eines »deutschen Herrenmenschen« in Anspruch nehmen[91].

---

91. Peters an seine Mutter, 2. 9. 1884, Nl. Peters, 100; an Elli, 18. 12. 1888, ebda., 87; ders., Wie Deutsch-Ostafrika, 7; Peters an Hermann, 16. 8. 1885, Nl. 92; ders., Gründung, 97, 36; an Elli, 14. 6. 1885, Nl. 87 (vgl. an Mathilde, 27. 6. 1885, Nl. 100, u. an Elli, 3. 10. 1885, Nl. 87: »Napoleon hat einmal gesagt, wenn man die Welt erobern wolle, habe man keine Zeit zum Essen. Ich meine wenigstens, wenn man an der Spitze einer großen nationalen Bewegung mit Recht stehen will, darf man

Der deutschen Öffentlichkeit gegenüber band Peters, ganz wie die liberalen Imperialisten vom Schlage Max Webers und Friedrich Naumanns, die »Zukunft der Nationalität« an den Erfolg der deutschen Expansion. Nur dadurch könne sie der Degradierung des Reichs zum zweitrangigen Staat oder sogar der Absorbierung durch das Angelsachsentum entgehen. Zuvor aber müsse »der nationale Gedanke... auch in der deutschen Welt zum Bewußtsein gebracht werden«, damit »die Entwicklung unserer Art«, – wie Peters ganz direkt die expansive Komponente des modernen Nationalismus geradezu als eine Selbstverständlichkeit hervorhob und mit den Alldeutschen von 1886 und 1891/94 förderte –, nicht »dauernd an jeder Expansion verhindert und auf das Zentrum von Europa beschränkt« bleibe. Peters sprach ziemlich frühzeitig Gedanken aus, die dann viele neorankeanische Historiker und Nationalökonomen um die Jahrhundertwende zum Gemeingut der öffentlichen Diskussion gemacht haben. Die Beschränkung auf Europa »darf... nicht geschehen«, mahnte er 1886, »da die Entwicklung der Geschichte am Ausgang des 19. Jahrhunderts tatsächlich zur Weltgeschichte geworden ist und die europäische Großmachtrolle im Rahmen der Gesamterde tatsächlich über eine Mittelmachtsbedeutung nicht hinauskommt. Großmacht und Weltmacht sind heute schon wesentlich identische Begriffe und werden es jedenfalls durchaus sein im 20. Jahrhundert, wo Europa mit seiner vollen Vorrangstellung gegenüber den anderen Erdteilen noch mehr zurückgetreten sein wird. Will Deutschland seine geschichtliche Stellung in diese neue Phase hinübertragen, so ist es wohl oder übel gezwungen, der angelsächsischen Rasse in ihrer großartigen Weltentwicklung nachzustreben«, – schon 1886 ein schlechthin illusionäres Ziel, das aber auch wieder Peters ambivalenter Bindung an England entsprach.

Indem Peters ein überseeisches Reich als unabdingbar ansah, wenn Deutschland seinen Rang als echte Großmacht und seine Entfaltung als Kulturnation sichern wollte, konnte er – mit vielen anderen vor Max Webers Fanfarenstoß in der Freiburger Antrittsrede von 1895! – »die deutsche Kolonialbewegung« als »die natürliche Fortsetzung der deutschen Einheitsbestrebungen« charakterisieren. Daneben trete dann jedoch die »wirtschaftliche Seite... in den Vordergrund.« Wenn man »über den Mangel an Absatzgebieten für unsere Industrie« klage, so sei das »nicht wunderbar, wenn man sich vergegenwärtige, daß Gebiete wie die Vereinigten Staaten und Australien, wohin unsere Industrie ihre Erzeugnisse absetze, jetzt zu Konkurrenzgebieten geworden« seien. Er betonte, »wie notwendig es für Deutschland sei, seine Absatzgebiete zu erweitern.« »Die Nation, welche wie England in überseeischen Ländern feste Absatzgebiete für ihre Industrie besitze«, argumentierte auch Peters, »werde am ehesten die Krisis überwinden.« Deshalb sei »das Verlangen nach eigenen Absatzgebieten zu dauernder Behauptung... ein berechtigtes, und dieses Verlangen« nannte auch Peters »eine der tieferen Ursachen der Kolonialbewegung«.

Während Bismarck die hanseatischen Kaufleute wie Woermann und auch noch Lüderitz als unmittelbare Interessenten und Repräsentanten des förderungsbedürftigen deutschen Überseehandels anerkannte, behielt er gegenüber Peters' Abenteurer-

---

sich nicht der innerlichen Erholung hingeben... Alle Fäden liegen in meiner Hand und jedermann weiß, daß ich... jetzt allein befehle«); an Elli, 31. 5. 1887, Nl. 87 (»Ich kann gar nicht sagen, mit welcher Gier ich jetzt bemüht bin, durch große Taten, die Eindrücke der elenden... Jahre in Deutschland aus meiner Seele wegzuwaschen«); 31. 7. 1887; ebda. (ebenso an Hermann, 12. 7. 1887, Nl. 92); 10. 1. 1889, ebda. – Typisch für die nationalsozialistische Stilisierung: W. Frank Hg., I, V–VIII, 3–12; seine vorgesehene Peters-Biographie ist uns erspart geblieben. Aus dem Nl. ließe sich von einem Fachmann eine aufschlußreiche psychoanalytische Studie schreiben.

natur mit ihren ausschweifenden Plänen stets eine unüberwindbare Skepsis. »Peters ist ein ganz übler Bursche«, war auch der Eindruck Herbert v. Bismarcks, »mit einem so phantastischen Tölpel« müsse es ein schlimmes Ende nehmen, und Graf Behr-Bandelin machte ihm »auch keinen vertrauenerweckenden Eindruck«[92].

Da Peters weder Handelsinteressen unmittelbar vertrat, denen das Reich gemäß Bismarcks Programm mit seinem Schutz zu folgen bereit war, noch als Persönlichkeit einen günstigen Eindruck in der Wilhelmstraße hinterließ, erhebt sich um so eindringlicher die Frage nach den Motiven, die der Bismarckschen Politik gegenüber den Petersschen Unternehmungen in Ostafrika zugrunde lagen (und im Kapitel VI untersucht werden).

Unmittelbar nach der Gründung warb die GfDK um Mitglieder und Geldspenden. »Der deutsche Export ist abhängig von der Willkür fremdländischer Zollpolitik«, hieß es in ihrem ersten Aufruf »an das deutsche Volk«. »Ein unter allen Umständen sicherer Absatzmarkt fehlt unserer Industrie, weil eigene Kolonien unserem Volke fehlen.« Durch den Import gingen »alljährlich viele Millionen deutschen Kapitals an fremde Nationen verloren«, und auch die Auswanderung sei »ein ungeheurer wirtschaftlicher Nachteil für unser Volk«, ströme sie doch »unmittelbar in das Lager unserer wirtschaftlichen Konkurrenten ab und vermehrt demnach die Stärke unserer Gegner«. Diesem »nationalen Mißstande« fehlender Kolonien wollte die GfDK mit »praktischem und tatkräftigem Handeln« abhelfen. Sie erwog vage Pläne einer Kolonialgründung in Südamerika, im südlichen Kongogebiet und schließlich im Hinterland von Mossamedes in Portugiesisch-Angola, um von dort aus Anschluß an die nach Norden ziehenden Buren zu finden. Im September 1884, kurz vor der Abfahrt der kleinen Expedition, die aus Peters, dem Grafen Joachim v. Pfeil und Karl Jühlke, dem Sohn des Berliner Hofgartendirektors, bestehen sollte, erklärte das Auswärtige Amt, daß Berlin »in der Interessensphäre von Portugal sicherlich keinen Reichsschutz gewähren« werde.

Beraten von Ernst v. Weber und angeregt durch die Lektüre des Livingstone-Berichts von Stanley empfahl Pfeil daraufhin kurzerhand, im Küstenhinterland gegenüber Sansibar, in Usagara, Erwerbungen zu versuchen. Am 16. September ließ sich die Expedition den neuen Auftrag geben, »an der Ostküste Afrikas« die »Anlegung einer deutschen Ackerbau- und Handelskolonie zu vollziehen«. Die GfDK sprach »die feste Erwartung« aus, »daß die Herren keinesfalls ohne den Ankauf von geeignetem Land irgendwo vollzogen zu haben, nach Deutschland zurückkehren werden«. Da die GdDK, ein mittelständischer Verein aus kleinen Gewerbetreibenden, Kaufleuten, Subalternbeamten, Offizieren und Agrariern, nur dank Langes tatkräftiger Propaganda unter den Lesern der »Täglichen Rundschau« einen Reisefonds von 17 000 Mark aufgebracht hatte, der ausschließlich für das Mossamedes-Unternehmen vorgesehen war, wußte Peters, daß nur ein »schneller Expeditionserfolg ... ein solches Vorgehen«: den vor den Geldgebern verheimlichten Wechsel des Zielgebiets, rechtfertigen konnte. »Vor uns lag die Rettung und möglicherweise der Sieg«, be-

---

92. Peters, Geg. 25, 134; ders., ebda., 29. 1886, 274 (nicht in: Schriften); vgl. Dehio, Deutschland u. die Weltpolitik im 20. Jh., Frankfurt 1961, 33–96 (auch in: Imperialismus); Schmoller u. a.; W. Marienfeld, Wissenschaft u. Schlachtflottenbau in Deutschland, 1897–1906, Berlin 1957; sowie ausführlicher zu diesem Argument u. Kap. VI. – Weser-Zeitung 15. 11. 1885 (Peters' Vortrag 13. 11. 1885); KZ 11. 1. 1886 (Vortrag 10. 1. 1886). Vgl. Börsenzeitung 26. 8. 1885; H. v. B. an Holstein, 30. 9. 1888; in: Holstein III, 264; an W. v. B., 12. 6. 1885, in: Bussmann Hg., 283; vgl. 11. 6. 1885, Nl. Bismarck 36; dess. Tb. 10. 11. 1886, Tb. 1886/91, Nl. Bismarck 27.

richtete er später melodramatisch, »hinter uns das Fiasko und elender Untergang«. Dem Auswärtigen Amt teilte Peters noch mit, daß seine Expedition statt nach Südwestafrika nun nach Ostafrika aufbrechen werde, ehe er sich einschiffte.

In der Wilhelmstraße war Unterstaatssekretär Busch sicher, daß man Peters auf »die Abenteuerlichkeit und Unausführbarkeit« seiner Projekte eindringlich hingewiesen hatte. Aber da er vor der Abreise nicht noch einmal persönlich erschienen war, schlug Busch ein Telegramm an den deutschen Konsul in Sansibar des Inhalts vor, daß Peters auf den Reichsschutz nicht rechnen, sondern nur auf eigene Faust vorgehen könne. Unverzüglich wurde tatsächlich dem Konsul aufgetragen, Peters einzuschärfen, »daß der Schutz des Reiches für Landerwerbungen in Ostafrika, speziell in dem Herrschaftsgebiet des Sultans von Sansibar nicht zugesagt sei und daß die Gesellschaft bei ihren etwaigen Unternehmungen lediglich auf eigene Gefahr handeln würde«. Damit nahm das Auswärtige Amt auf Rohlfs' Mission und die beginnende Kongokonferenz Rücksicht, behielt sich aber eine endgültige Entscheidung durchaus noch vor. Als Peters, der am 4. November mit seinen Begleitern in Sansibar eintraf, den abkühlenden Bescheid erhielt, blieb ihm nichts anderes übrig, als devot zurückzukabeln, »daß wir sicherlich nicht versuchen würden, in etwaigen selbstverschuldeten Schwierigkeiten durch Appell an den Reichsschutz die hohe Reichsregierung mit zu verwickeln«. Nach flüchtigen Vorbereitungen brach er dann ins Landesinnere auf[93].

Innerhalb von drei Wochen, vom 23. November bis zum 17. Dezember, schloß Peters mit drei Begleitern in und um Usagara herum zwölf »Verträge« mit Negerhäuptlingen, meist Dorfschulzen, die die deutsche Expedition zu »Sultanen« beförderte, ehe sie sich ein Gebiet von insgesamt 140 000 km² gegen geringfügige Geschenke und nichtssagende Versprechungen abtreten ließ. Über den – nach europäischen Rechtsmaßstäben – betrügerischen Charakter der Verträge war Peters sich vollauf im klaren, doch triumphierend telegraphierte er seinen Erfolg nach Berlin, wo die GfDK am 23. Dezember die Nachricht erhielt und an das Auswärtige Amt weitergab. Auf der Rückreise informierte Peters es dann auch selber über den Umfang der Erwerbungen: »Das Ganze würden wir gern unter die Oberhoheit des Reiches stellen. Dann wäre in der Tat der Keim für ein deutsches Indien geschaffen«, das er, falls das Reich den GfDK-Besitz anerkenne, sogleich bis zum Njassa und Rufidji auszudehnen, sich anheischig machte.

In Sansibar erkannte Konsul Kirk, daß das Usagara-Unternehmen wohl bald Daressalam als »Hafen nötig« haben werde, der Sultanatsbesitz an der Küste mithin unmittelbar gefährdet war. In Berlin pries Behr-Bandelin Bismarck die Petersschen Erwerbungen als das »Paradies von Ostafrika«, ehe Peters am 5. Februar 1885 dort eintraf und in einem formellen Antrag wieder um Reichsschutz bat. Neue GfDK-Expeditionen hätten den Auftrag, das Land bis zu den großen Seen zu gewinnen, da hier »einmal die Zukunft von Afrika liegen wird. Wasserwege an den Nil und an den Sambesi, ... sowie solche an den Kongo machen die Besitzer dieser Länder zum natürlichen Mittelpunkt der ganzen zukünftigen Staatenentwicklung in Afrika überhaupt«. Bismarck möge »Reichshoheit und damit Reichsschutz« verleihen, da gegen

---

93. GfDK-Aufruf, April 1884, RKA 390, 41; Peters an Rottenburg, 13. 8. 1884, ebda., 6 f.; ders., Gründung, 54, 60, 69; F. Lange, 262, 267; Wagner, 23 f.; Müller, 97–114; Peters an AA, 20. 9. 1884, RKA 390, 8; Busch an H. v. B., 30. 9. 1884, ebda., 13; AA an Konsul O'Swald, 3. 10. 1884, ebda., 15 u. Müller, 523; Peters an AA, 6. 11. 1884, ebda. 26 f. u. Müller 524 f.

den mächtigen Widerstand nur sein »gebietendes Wort uns die Möglichkeit und den Raum für eine gesunde Entfaltung schaffen« könne. Auf öffentlichen Versammlungen begann Peters um ein zustimmendes Echo der Öffentlichkeit zu werben[94].

Im Auswärtigen Amt hatte Kusserow den Petersschen Antrag zu bearbeiten. Im Hinblick auf die angeblich zu erwartende Konkurrenz befürwortete er den Reichsschutz »in irgendeiner Form, damit der Besitzergreifung durch eine fremde Macht vorgebeugt werde«. Nach seinem Vortrag erbat Bismarck genauere Angaben »über den Umfang und die wirtschaftliche Bedeutung« des Gebiets, zugleich sei eine »genauere Formulierung der von der Gesellschaft gestellten Anträge« erforderlich. Über den Rechtsanspruch auf die »Erwerbungen« Peters' gab Bismarck sich keinen Illusionen hin: »Der Erwerb von Land ist in Ostafrika sehr leicht«, mokierte er sich, »für ein paar Flinten besorgt man sich ein Papier mit einigen Negerkreuzen.« Dennoch standen solche Papiere bald unter Reichsschutz, da sie für die Verfolgung von Bismarcks Fernzielen in Afrika einen Ausgangspunkt boten. Das zögernde Vorgehen in Südwestafrika und Westafrika entfiel, in Ostafrika wurde schneller gehandelt.

Kusserow ließ Peters eine Denkschrift ausarbeiten, die spürbar Bismarcks Vorstellungen entgegenkam und augenscheinlich auch Kusserows Erfahrungen mit der Überseepolitik des Reichskanzlers Rechnung trug. Nicht nur rühmte Peters die vorzügliche Eignung Usagaras als »Plantagenkolonie«, so daß sich »in nächster Zeit irgendeine Macht ... in den Besitz des Landes setzen wird, um damit den Löwenanteil der wirtschaftlichen Ausbeutung an sich zu reißen«, sondern er betonte neben der Konkurrenzgefahr, daß »ein deutsches Hinterland« zusammen mit der hanseatischen Handelsstellung auf Sansibar »in Zukunft den ganzen Handel hier in unsere Hand bringen« werde. »Wir würden uns im Inneren«, versprach Peters, »nach dem Vorbild der Ostindischen Kompanie, wenn auch zunächst mit geringeren Kräften, selbst konstituieren«, während von einer »politischen Verfassung ... zunächst ganz abgesehen werden« könne. Er deutete geschickt eine Fusion der geplanten »Deutsch-Ostafrikanischen Gesellschaft« (DOAG) »mit den schon bestehenden Interessen in Sansibar« als möglich an, um »einen Mittelpunkt für deutsche Interessen ... in Ostafrika« zu schaffen. Die Voraussetzung bilde jedoch die »Verleihung eines kaiserlichen Charters«.

Bismarck fand es »gut«, daß die DOAG, wie Kusserow ihm am 23. Februar noch einmal pointiert vortrug, »nach dem Vorbilde der Ostindischen Kompanie aus eigener Kraft ein Staatswesen aufrichten« wolle und dafür die »Verleihung eines provisorischen kaiserlichen Schutzbriefs« erbitte. Von der Erwerbung des Küstenstrichs bei Bagamojo wollte der Reichskanzler dagegen noch nichts wissen. »Davon später«, ordnete er an, »erst nur Transit«, denn »ohne Transit ist die Sache wohl nicht gangbar«. In diesem zustimmenden Sinn ließ er einen Immediatbericht an den Kaiser entwerfen.

Da zu dieser Zeit die Kongokonferenz in Berlin tagte, wartete Bismarck noch einige Tage ab, ließ aber sorgfältig feststellen, daß Usagara zwar im Bereich der geplanten Kongo-Freihandelszone liege, jedoch nicht »in das Gebiet des Kongostaats hinreicht«.

94. F. Lange, 268; Müller, 115-33, 528 f.; Peters, Die Usagara-Expedition, in: Schriften, I, 287-318: Pfeil, Erwerbung, 72; Wagner, 38; Coupland, 407; Peters an AA, 8. 1. 1885, RKA 390, 33; Behr an B., 30. 1. 1885, ebda., 39 f.; Peters an AA, 12. 2. 1885, ebda., 87, ähnlich Behr an B., 12. 2. 1885, ebda., 85 f.; DKZ 2. 1885, 213-17, 246; F. Meinecke (Erlebtes, 1862-1919, Stuttgart 1964, 75) besuchte die erste Versammlung von Peters im Februar 1885, wo dieser »über die Gewinnung eines deutschen Ostafrika berichtete. Feurige Hoffnungen regten sich in uns.«

Kusserow informierte Behr-Bandelin über die Auswirkung der Konferenzbeschlüsse und besprach auch »zur Vermeidung von Zeitverlust« den »Inhalt des Schutzbriefes im wesentlichen« mit dem Grafen durch.

Am 26. Februar 1885 wurde die Kongokonferenz feierlich beendet, am selben Tag erbat Bismarck von Wilhelm I. einen Schutzbrief »nach dem Vorbild« der Royal Charter für die »North Borneo Company«. Zugleich sollte die »Oberhoheit des Kaisers« über Usagara, das »sich vorzugsweise zu Plantagenkolonien eignen«, aber »auch für den Bergbau gute Aussichten bieten« solle, proklamiert werden. Schon am 27. Februar wurde der Schutzbrief für die GfDK ausgestellt, durch den Usagara und die angrenzenden Landschaften »unter kaiserlichen Schutz gestellt« und der deutschen Gesellschaft »die Befugnis zur Ausübung aller aus den... Verträgen fließenden Rechte« gegenüber Eingeborenen, Deutschen und anderen Ausländern bestätigt wurden. Der Konsul in Sansibar und die diplomatischen Vertretungen wurden am 2. März über diese neue Aktion der Bismarckschen Überseepolitik unterrichtet, während der Reichskanzler am selben Tag der GfDK den Schutzbrief übersandte und Rohlfs' Aufgabe, den freien Transit zu erreichen, erläuterte, sich jedoch wieder die Entscheidung über den Erwerb der Küste bei Bagamojo vorbehielt. Vorerst riet er davon ab, »die Situation gegenwärtig dadurch zu komplizieren. Die Geneigtheit zur Bewilligung auch nur des Transits könnte darunter leiden.« Hoch konnte er allerdings diese Geneigtheit des Sultans ohnehin nicht einschätzen[95].

In Sansibar löste die erste Reuter-Meldung von der Erklärung der deutschen Schutzherrschaft über ein Gebiet, das Said Bargasch bisher ohne weiteres zu seinem Sultanat gerechnet hatte, »große Aufregung« aus. Aber das Auswärtige Amt betonte am 13. März gegenüber Rohlfs sogar, »daß die Grenzen des von der GfDK erworbenen Gebietes zur Zeit nicht näher zu bezeichnen sind, um der weiteren Entwicklung des im Entstehen begriffenen Unternehmens nicht vorzugreifen«. Zu einer offiziellen Mitteilung an Said wurde Rohlfs noch nicht ermächtigt. Die Londoner Reaktion gestattete Berlin eine solche Anweisung. Eine gewisse Nervosität, die im Herbst 1884 wegen der an Nachtigals Mission erinnernden Entsendung von Rohlfs entstanden war, hatte Bismarck gedämpft, indem er Botschafter Malet mehrfach versicherte, er respektiere die Unabhängigkeit des Sultans und »erstrebe nicht, ein Protektorat über Sansibar zu errichten«.

Als die Nachricht von der Erwerbung Usagaras an der Themse eintraf, erkannte ein Ostafrikakenner wie Frederik Holmwood — bald der Nachfolger Kirk — sofort, daß damit alle wichtigen Handelswege aus dem Inneren nach Sansibar hin durchschnitten würden, und seit dem April 1885 versuchte er mit Erfolg, das Projekt einer »British East Africa Company«, das 1877/78 unter McKinnon gescheitert war, neu zu beleben. Jedoch in Ägypten, im Sudan und an der afghanischen Grenze hart bedrängt, besaß die englische Politik zu dieser Zeit nur einen höchst eingeengten Spielraum. Als Herbert v. Bismarck auf seiner zweiten Londoner Sondermission vor allem wegen Westafrikas am 7. März im Foreign Office vorsprach, versicherte ihm zwar Dilke: »Sansibar interessiert uns nahe«, und »wir müssen« daher »eine besondere

---

95. Aufz. Kusserows, 15. 2. 1885, RKA 390, 83; 23. 2. 1885, ebda., 95 f. (Marg. B.); Aufz. Berchems, 18. 6. 1886, RKA 360, 4–6 u. Müller, 537 f.; Denkschrift Peters' o. D. (vor 23. 2. 1885), RKA 390, 67–76, 98–101; H. v. B. an Kusserow, 24. 2. 1885, ebda., 105 f.; Aufz. Kusserows, 25. 2. 1885, ebda., 107; Schutzbrief v. 27. 2. 1885, RKA 359, 33; Reichsanzeiger 3. 3. 1885; Müller, 525 f. – B. an Missionen, 2. 3. 1885, RKA 359, 18 f. u. 390, 108; an Rohlfs, ebda., 112 (seit 27. 1. in Sansibar); an Peters, 2. 3. 1885, RKA 359, 29 f.

hervorragende Stellung an jener Küste aufrechterhalten«. Aber »was das Hinterland betrifft, das Deutsche jetzt besetzt haben«, so bestehe »dort freie Bahn und Berechtigung«. Dilke glaubte, »daß dieses Gebiet bei weitem das Beste von allen Ihren kolonialen Niederlassungen ist«. Ihrer eigenen Erfahrungen eingedenk standen die englischen Politiker freilich dem Bismarckschen Wunschbild von Chartergesellschaftskolonien unter der »Oberaufsicht« des Kaisers, wie es in der Note vom 2. März geheißen hatte, skeptisch gegenüber. »Wenn Sie ein so großes Schutzgebiet übernehmen«, prophezeite Malet Herbert v. Bismarck, »so müssen Sie auch dort Schutz gewähren, und das wird kostspielig und schwierig sein[96].«

Ende Februar wurde die vorgesehene DOAG von Peters, Behr-Bandelin und Lange als offene Handelsgesellschaft gegründet, aber schon am 2. April in eine Kommanditgesellschaft umgewandelt. Dadurch wurden der GfDK-Spitze zwar bestimmte Privilegien erhalten, jedoch hätte nur die – den Banken entscheidenden Einfluß gewährende – Rechtsform der Aktiengesellschaft die Aufbringung des unbedingt notwendigen Kapitals ermöglichen können. Im Sommer 1885 stieß der Elberfelder Bankier Karl v. d. Heydt als Kommanditist mit einer Einlage von 100 000 Mark zur Gesellschaft, und unter seinem Einfluß wurde die »Diktatur« der Gründer, deren Peters sich brüstete, allmählich eingeschränkt. Am 14. Dezember 1885 wurde die DOAG in ein Syndikat umgegründet, für welches das Bankhaus v. d. Heydt, Kersten & Söhne die Rechnungsführung und Emission der Wertpapiere übernahm. Da aber im Frühjahr und Sommer 1885 der Geldmangel der sich unbeschwert mit der Ostindischen Kompanie vergleichenden DOAG notorisch war, schaltete sich im Juni das Auswärtige Amt ein.

Bis dahin hatte nämlich die Entwicklung der ostafrikanischen Politik mehrere wichtige Etappen durchlaufen. Die DOAG entsandte eine Expedition nach der anderen – 1885 insgesamt zehn –, um ihre Erwerbungen zu vergrößern. Bis zum Sommer, hoffte Peters im März, »ein Gebiet von 18 000–20 000 Quadratmeilen unser nennen zu können«. »Bei der ganzen Behandlung dieser Fragen leitet uns der Gesichtspunkt«, versicherte er Bismarck, »daß es weder juridisch noch moralisch recht sein kann, daß ... der Sultan von Sansibar ... auf immer der freien Entwicklung von Zentralafrika hemmende oder gar verhindernde Schranken auferlegen könne.« Das waren großspurige Worte, die auch Englands Einfluß außer acht ließen, denn trotz ihrer neuen Verträge im Landesinneren blieb die kapitalschwache DOAG ganz auf die Unterstützung durch die Reichspolitik und ihrer Organe angewiesen. Berlin aber war sich bewußt, daß jeder Fortschritt in Ostafrika von dem Sultan und damit von der Verständigung mit London abhängig war[97].

Am 25. April durfte Rohlfs dem Sultan die Proklamierung der deutschen Schutz-

---

96. Rohlfs an B., 13. 3. 1885, RKA 390, 125; AA an Rohlfs, 13. 3. 1885, ebda., 115; Coupland, 398 f., 408, 426; H. v. B. an B., 7. 3. 1885, GP IV, 104; vgl. Scott an Anderson, 14. 3. 1885, in: Knaplund Hg., 389 f.; s. 409–14; Bussmann Hg., 283; H. v. B. an A. de Rothschild, 20. 4. 1885, ebda., 275; 29, 4. 1885; Rothschild an H. v. B., 24. 4. 1885, Nl. Bismarck; Rantzau an H. v. B., 2. 8. 1885, ebda., 47.

97. Müller, 134–76, 220–44: ausführlich zur DOAG, vgl. hier 228 f.; Peters an Hermann, 16. 10. 1885, Nl. Peters 92; vgl. 16. 8. 1885, ebda.; an Elli, 3. 10. 1885, ebda.; 87; 28. 10. 1885, ebda. (»ich wirtschafte hier ganz diktatorisch«); zu v. d. Heydt: M. L. Baum, Die v. d. Heydt aus Elberfeld, Wuppertal 1964, 35–43; H. Kurzrock u. H. Schlösser, 200 Jahre v. d. Heydt-Kersten & Söhne, 1754–1954, o. O. 1954; der Nl. ist leider im 2. Weltkrieg verbrannt. Vgl. Kurtze, 48 f.; Wagner, 99. – Peters an AA, 21. 3. 1885, RKA 390, 117 f.; Rohlfs an B., 11. 3. 1885, ebda., 124; Peters an B., 24. 4. 1885, RKA 391, 11 f. u. Müller 526 f.

herrschaft amtlich anzeigen, worauf Said Bargasch, der zu ausgiebigen Beratungen mit Kirk Zeit genug gehabt hatte, entschieden gegen diese Verletzung seiner Gebietshoheit protestierte, die »deutsche Besitznahme von Usagara als Usurpation« bezeichnete und ihre Anerkennung verweigerte, da er das Land bis zu den großen Seen für sich beanspruche. Die Verhandlungen, die Rohlfs im Mai über den neuen Handelsvertrag und den zollfreien Warenverkehr ins Innere eröffnete, standen folglich unter einem denkbar ungünstigen Stern. Bismarck setzte unverzüglich den Hebel in London an. »In unpassender Form« versuche der Sultan »einen unberechtigten Einspruch gegen deutsche Niederlassungen im Innern Afrikas zu erheben«. Da England jedoch keine Einwendungen erhoben habe und Deutschland die »Souveränität von Sansibar« vollauf respektieren werde, solle Granville Kirk anweisen, daß Said Bargasch den Protest fallen lasse. Wenn London glaubwürdig versichere, »daß sein Einfluß der leitende und maßgebende im Sultanat sei«, so »ist daher anzunehmen, daß der Sultan Schritte, die über sein Verhältnis zu Deutschland entscheiden, nicht ohne Rücksicht auf Englands Haltung und Meinung tun werde«. »Die Freundschaftlichkeit, welche zu unserer Genugtuung von der englischen Regierung in unseren kolonialen Beziehungen neuerdings so stark betont wird, wird, wie ich zuversichtlich hoffe, hier ihre Probe bestehen.«

»Sollte die englische Regierung von der Linie unserer Verabredung, nach der wir die Küstensouveränität des Sultans anerkennen und dafür im Inneren freie Hand haben, abweichen«, instruierte Bismarck Münster wieder mit massiver Deutlichkeit, »so würden wir daraus die Richtschnur zu entnehmen haben, an die wir uns in den allgemeinen englisch-deutschen Beziehungen zu halten haben. Wir können, wenn unsere beiderseitige Politik die befreundeter Mächte bleiben soll, diese Freundschaft nicht auf die europäischen Interessen Englands beschränken und dessen Gegnerschaft in allen anderen Weltteilen hinnehmen.« Nicht genug damit beschwerte sich Bismarck zwei Tage später noch einmal: »Es ist ein eigentümliches Vorkommnis in unseren kolonialpolitischen Beziehungen zu England, daß sich die Erhebung von unerwarteten Schwierigkeiten von Seiten englischer Interessenten in allen Weltteilen regelmäßig wiederholt, nachdem in England eine Frage mit Lord Granville scheinbar zu einem befriedigenden Abschluß gebracht ist, und es ist schwer, den Glauben festzuhalten, daß bei der steten Wiederkehr dieser Erfahrungen nur der Zufall mitspielt ... Daß diese Erfahrungen, welche wir« vielmehr in Südwestafrika, im Golf von Guinea und im Pazifik »gemacht haben, uns mißtrauisch machen müssen, liegt auf der Hand ... Während die englische Zentralregierung aufrichtig und wohlwollend zu verfahren sich bestrebt, ist die englische Kolonialregierung zänkisch, mißgünstig und unaufrichtig«. Für den Fall, daß der Sultan auf seinem Widerstand beharre, drohte Bismarck, »wird uns nichts anderes übrig bleiben, als Gewalt mit Gewalt abzuwehren«. Am selben Tag, dem 30. April, kündigte Bismarck dem Kaiser an, daß er ein Schiffsgeschwader vor Sansibar zusammenziehen werde, um den Sultan in der Protestfrage unter Druck zu setzen und Rohlfs' Vertragsverhandlungen ostentativ zu unterstützen.

Bismarck beklagte sich bitter über »die Engländer«, die »bis vor kurzem offenbar gehofft« hatten, »diesen Teil von Afrika für sich monopolisieren zu können«. »Sollte das Londoner Kabinett in dieser Sache auf die Seite des Sultans treten, so würden wir dieses Verhalten bei unserer Gesamtpolitik England gegenüber in Rechnung ziehen müssen.« Von diesen angeblichen Eventualitäten konnte aber am 30. April schon nicht mehr die Rede sein. Botschafter Malet hatte morgens Kirk desavouiert, was Bismarck Münster sofort befriedigt mitgeteilt hatte! Mit Emphase versicherte auch Granville dem deutschen Botschafter, daß Kirk »allerstrengste Instruktionen« erhalten habe, »Deutschland nicht entgegenzutreten«. Als Kirk, der den englischen Einfluß nachlassen und in gewisser Hinsicht sein Lebenswerk zerbrechen sah, das Foreign Office dennoch um ein englisches Protektorat über das gesamte Sultanat Sansibar bat, – »Sansibar wird bald zerfallen oder ganz an Deutschland übergehen« –, ließ ihm Granville kühl telegrafieren, daß London »deutschen Unternehmungen in Gebieten, die von einer zivilisierten Macht noch nicht besetzt seien, wohlwollend gegenübersteht«. Die ägyptische Zwickmühle und Rußlands Asienpolitik ließen ihm keine andere Wahl. »Wenn Deutschland eine Kolonialmacht wird«, versicherte auch Gladstone, »dann kann ich nur sagen: Gott sei mit ihm[98].«

Die außenpolitische Zwangslage Londons ausnutzend und folglich einer freien Hand in Ostafrika sicher, ließ Bismarck durch Rohlfs schroff Verwahrung gegen Said Bargaschs Protest einlegen und die Flottenaktion gegen Sansibar anlaufen, um seine Ziele: die Sicherung des Protektorats und den Abschluß eines vorteilhaften Handelsvertrags zu erreichen. Peters drängte ihn, »die Meeresküsten zu gewinnen, dies ist die eigentliche Lebensfrage für die Entwicklung der deutsch-ostafrikanischen Kolonie«, aus der er »etwas ... schaffen « wolle, »was dem Kongostaat einigermaßen ebenbürtig an die Seite treten kann«. »Tatsächlich liegt die Sache auch so«, glaubte Peters, »daß entweder unsere Bestrebungen glücken, und dann ist der Sultan von Sansibar im wesentlichen ruiniert, oder er bringt es fertig, uns zu ruinieren. Die Interessen stehen sich diametral gegenüber, und ein Modus vivendi wäre stets nur provisorischer Art.« Deshalb empfahl er ein »energisches Vorgehen«, wodurch der »deutsche Einfluß nicht nur in Sansibar und Ostafrika, sondern auf der ganzen Erde unberechenbar erhöht« würde. So sehr Bismarck aber auf seine Art auch zu energischem Vorgehen entschlossen war, so entschieden lehnte er die Peterssche Alternative ab, er strebte vielmehr jahrelang einen vorteilhaften Modus vivendi mit dem Sultan an. Ganz nach dem Vorbild des freihändlerischen Expansionismus zog er die indirekte Herrschaft vor, da sie das Reich mit Kosten und Verantwortung weniger belastete als eine formelle Kolonialverwaltung. »Um friedliche Beziehungen zu halten«, formulierte er einmal diesen Wunsch, »werden wir uns auf Menschenalter hinaus der Mitwirkung und Unterstützung der Eingeborenen und in erster Linie der jetzt vorhandenen kleinen Staatsmaschine des Sultans mit Nutzen bedienen können.«

Ein Informal Empire hätte Bismarck wohl auch in Sansibar vollauf genügt. Man wird auch feststellen können, daß Bismarck von dem damals so häufigen europäischen Superioritätsdünkel im Verhältnis zu dem Sultan so gut wie frei war. Er behandelte Said Bargasch im Grunde wie einen kleinen europäischen Souverän, den er vor der erwünschten Zusammenarbeit unter Druck setzte; er nahm ihn als politische Potenz in Ostafrika durchaus ernst und suchte kontinuierlich nach Wegen, ihn für

98. Said Bargasch an Wilhelm I., 27. 4. 1885, RKA 391, 2; Rohlfs an AA, 28. 4. 1885, ebda., 130; Coupland, 408, 412 f., 417; B. an Münster, 28. 4. 1885, RK 391, 4–10 u. RKA 8893, 106–25; 30. 4. 1885, RKA 391, 28–34 u. RKA 8893, 140–43; an Wilhelm I., 30. 4. 1885, RKA 391, 16–26; Bitte um französische Rückendeckung: B. an Hohenlohe-Schillingsfürst, 29. 4. 1885, RKA 8893, 130–32; vgl. Lucius, 316 (B. am 1. 6. 1885 im Staatsrat: »Es wiederholen sich jetzt in Sansibar dieselben Intrigen gegen die deutschen Interessen wie in Angra, Neu-Guinea und Kamerun. In London verspreche man alles mögliche, aber in der Lokalinstanz arbeite man gegen Deutschland«); Münster an AA, 3. 5. 1885, RKA 391, 47; Oliver-Mathew, 371; Gladstone, 12. 3. 1885, Hansard 3. S. 295, 964, 979. Vgl. Ramm, II, 300 (Gladstone an Granville, 25. 12. 1884: »in der Sache hat Bismarck vermutlich recht«), sowie 231, 233, 245 f., 260, 264, 276, 293–5, 303.

die deutschen Absichten zu gewinnen, anstatt ihn – wie es der Mentalität der GfDK-Spitze entsprochen hätte – zu beseitigen.

Paris und London ließ der Reichskanzler im Sinne einer allgemeinen Direktive an das Auswärtige Amt ganz offen informieren und sogar seine Intentionen wissen: »Wir erstrebten für uns nichts Besonders.« »Wir haben keine Absichten auf Sansibar, nur auf sicheren Durchgang durch das Litoral nach dem deutschen Schutzgebiet... und nach dem Kongolande!« Deutlich trat seine Auffassung auch während der Vorbereitung der Schiffsdemonstration zutage. Er bat Caprivi darum, »alle zu diesem Zweck gegenwärtig verfügbaren Schiffe nach der Ostküste Afrikas zu dirigieren«. »Wenn deren Erscheinen einstweilen nur demonstrativ den zu führenden Unterhandlungen Nachdruck verleihen soll, so wird das um so wirksamer sein, je stärker die Streitmacht ist; vielleicht überhebt uns die Demonstration der späteren Notwendigkeit, Gewalt zu gebrauchen.« Als Caprivi meinte, die maritime Aktion sei doch unumgänglich, bezweifelte Bismarck das ganz entschieden und wollte sie sich »kaum anders als durch feindlichen Angriff« veranlaßt vorstellen. »Die kriegerische Aktion soll vorbehalten bleiben, bis feststeht, daß die ›Territion‹ nicht wirkt«, schärfte er der Admiralität ein, »und dann sollen erst anderweitige Rüstungen und Mobilmachungen stattfinden, also auch die Möglichkeit weiterer Erwägung und Instruktion gegeben sein. Ich fürchte, daß der Kampf zu sehr als objektiv vorschwebt und nicht die Unterhandlungen, im Falle ihrer Wirkungslosigkeit: die Pfandnahme, womöglich auch der Karawanenmündung.«

Für ein Vorgehen »wie das der Engländer gegen Alexandrien«, ermahnte er Caprivi, »liegt in der ganzen Sansibar-Frage bisher kein so zwingender Anlaß, daß ich die politische Verantwortung dafür auf mich nehmen könnte«. Wenn der Sultan unter dem Druck der Schiffsdemonstration seinen Protest zurücknehme, so »würde das, wenn es gelingt, aus gewichtigen Gründen bei weitem vorzuziehen sein«. Weigere er sich jedoch, und »erweist sich diese Operation der Pfandnahme und der Sperrung des Karawanenverkehrs, aus dem der Sultan sein Einkommen bezieht, als unausführbar, so stehen wir vor der Frage, ob wir ihm formell den Krieg erklären und zunächst seine Insel in Blockade setzen sollen. Ich vermute bisher, daß die anderen interessierten Seemächte und namentlich England, um diese Kriegseventualität zu verhindern, mit uns bemüht sein werden, den Sultan zum Nachgeben und zum Verzicht auf das deutsche Gebiet zu veranlassen. Erst wenn diese Absicht sich als trügerisch bewähren sollte, würde ich den Moment zu voller Kriegführung mit Angriff auf Sansibar selber für gekommen erachten.« Die »Räumung des Protektionsgebiets«, das einer Falschmeldung zufolge von sansibarischen Soldaten besetzt worden war, sei »von großer... Wichtigkeit« und »dringlich, da der Anspruch (und die Besetzung) auf das deutsche Protektorat... eine unverschämte Herausforderung« darstelle, wogegen es ein »von uns unbestrittenes Recht des Sultans« sei, »einen Handelsvertrag zu schließen oder abzulehnen«. Dieses »unbestrittene Recht«, den erwünschten neuen Vertrag abzulehnen, mußte die Anwesenheit eines deutschen Geschwaders zwangsläufig arg beschneiden, aber Bismarck hoffte, mit der »Territion« allein zum Ziele zu gelangen. »Wir... müssen suchen«, lautete seine Anweisung, mit dem Sultan »in gute Verhältnisse zu gelangen, durch richtigen Wechsel von Drohung und Wohlwollen.«

Ganz auf dieser Linie wurden dann auch im Mai die Instruktionen für Admiral Knorr gefaßt, der unlängst die ersten Unruhen in Kamerun blutig niedergeschlagen hatte und den Oberbefehl vor Sansibar übernehmen sollte. »Den Anlaß zur Ausübung eines materiellen Drucks hat uns der Sultan durch sein Verhalten« gegenüber dem deutschen Protektorat gegeben, dessen Besetzung als »eine Verletzung deutscher Territorien« angesehen werden dürfe, rechtfertige Bismarck die Aktion der Kriegsmarine. Jetzt gelte es, drei Ziele zu verfolgen. »Mit der Hauptfrage ist anzufangen«: der »Räumung des Schutzgebiets und der Widerrufung des Protests«. Wegen »der an sich unerwünschten Notwendigkeit, Gewalt anzuwenden«, sei das Vorgehen des Geschwaders »so zu bemessen, daß dadurch dauernd den Interessen unseres Schutzgebietes auf dem Festland gedient und zugleich eine Schädigung des bestehenden europäischen Handels tunlichst vermieden wird. Wir wünschen, wenn irgend möglich, die militärische Aktion auf das geringste Maß von Blutvergießen und Zerstörung zu beschränken.« Als zweite Aufgabe, – und damit bestätigte sich Kirks spontane Vermutung! –, wurde Knorr aufgetragen, den Versuch zu unternehmen, »wenigstens das freie Gebrauchsrecht an dem Hafen von Bagamojo unter der Landeshoheit des Fürsten zu erreichen, wie wir ein solches zur Errichtung von Kohlenstationen in Vavau (Tonga) und Fernando Po erworben haben«. Eine freiwillige Abtretung verdiene »selbstverständlich den Vorzug«, und nur im Konfliktsfall solle das Geschwader sich »in Besitz eines festländischen Hafens« setzen, »der für unser Schutzgebiet der nützlichste ist, und den wir okkupieren und festhalten«, nämlich »Bagamojo«. Als dritter »Zweck« der deutschen Sansibarpolitik wurde Knorr bezeichnet, »einen Freundschafts- und Handelsvertrag mit dem Sultan zu schließen, durch den wir uns insbesondere den Transit nach dem Inneren von Afrika durch das festländische Gebiet von Sansibar sichern«. Und als sei die Instruktion nicht deutlich genug, prägte Bismarck dem Admiral in einem Begleitbrief noch einmal ein: »Die Unabhängigkeit des Sultans dauernd zu beeinträchtigen oder von ihm Abtretungen von Gebieten zu verlangen, welche ihm zweifellos gehören, liegt nicht in unserer Absicht; wir fordern vom Sultan nur die Respektierung des deutschen Schutzgebiets und wünschen einen Handelsvertrag, ohne letzteren erzwingen zu wollen.«

In der Öffentlichkeit war die Entsendung des Geschwaders umstritten. Während man einerseits die »Bedeutung von Sansibar für den deutschen Welthandelsmarkt« statistisch zu untermauern suchte, Sansibar als »wichtigsten und nützlichsten Stützpunkt für alle ... Handelsunternehmungen in Zentralafrika« hinstellte und der »NAZ« in ihrer Verteidigung der Regierungspolitik beisprang, äußerte die Kritik andererseits, wenn »unsere gesamten Interessen im Orient nach der Ansicht des Kanzlers so gering« gewesen seien, »daß es sich nicht lohnte, um ihretwillen die Knochen auch nur eines pommerschen Grenadiers in Gefahr zu bringen, so muß es doch ... befremden, daß heute die Interessen der Herrn Peters und einiger Mitgründer der sogenannten Ostafrikanischen Gesellschaft, einer Gründung von höchst zweifelhaftem Werte, so schwer ins Gewicht fallen sollten, um ihretwillen einen Krieg mit dem Sultan von Sansibar zu riskieren«. Offensichtlich hatte Bismarck aber mehr im Auge als die Interessen »des Herrn Peters«. Am 7. August traf das deutsche Geschwader vor Sansibar ein[99].

99. Hatzfeldt an Rohlfs, 4. 5. 1885, RKA 391, 49; Rohlfs an Said Bargasch, Mai 1885, RKA 8895, 181–84; Peters an B., 2. 5. 1885, RKA 391, 37–42, dazu Notiz Kusserows, 3. 5. 1885, ebda., 43 f. u. Peters an Hermann, 14. 6. 1885, Nl. Peters 92; Aufz. Rantzaus, 18. 9. 1888, RKA 687, 61 f. u. Müller 547; Hohenlohe-Schillingsfürst an B., 6. 5. 1885, RKA 8894, 69 (Marg. B., danach AA an Hohenlohe-Schillingsfürst, 9. 5. 1885, ebda., 72); Direktive B., 7. 5. 1885, ebda., 62. – B. an Caprivi, 7. 5. 1885, ebda., 43–49, 50–55; Caprivi an B., 21. 5. 1885, RKA 8896, 9–11 (Marg. B.); B. an Caprivi, 22. 5. 1885, ebda., 13–18; Malet an Hatzfeldt, 28. 5. 1885, ebda., 127 f. (Marg. B.); Instruktion für Knorr, Mai

Die gleiche Vorsicht, mit der Bismarck die Gewaltandrohung des Geschwaders einzuhegen versuchte, bemühte er sich, Rohlfs nahezulegen, der äußerst ungeschickt, ja geradezu tollpatschig seine Mission erfüllte. Der Bitte um »kräftige« Unterstützung durch die englischen und französischen Konsuln, um »freien Transit nach dem Zentrum von Afrika« zu erwirken, war Bismarck unter Berufung auf die Kongo-Akte mit Anweisungen an die Botschafter in London und Paris nachgekommen. Als Rohlfs aber die Beteiligung an der Bekämpfung des Sklavenhandels anregte und gegen die von Said Bargasch vorgesehene Besetzung der von Frankreich begehrten Komoren-Inseln bat, einen »Protest einlegen, eventuell mit Gewalt es verhindern zu dürfen«, reagierte Bismarck »mit Befremden« dagegen. »Ich untersage unbedingt jede Art von Protest und Gewalt«, ließ er Rohlfs telegraphieren. »Die Komoren und Sklaven gehen Sie nichts an. Sie haben Freundschaft und Transit zu erstreben.« Dieser Ton hätte manchem wohl als unüberhörbare Warnung geklungen, aber Rohlfs ließ sich nicht anfechten. Als er unbeschwert wieder auf die Sklaverei- und die Komorenfrage zurückkam, Probleme, die seine ohnehin heikle Stellung und seine delikaten Verhandlungen erschweren mußten, fuhr ihn Bismarck wegen seiner Geschäftigkeit »außerhalb der Reichsinteressen« an. »Ihr Auftrag besteht darin, freundschaftliche Beziehungen zum Sultanat Sansibar herzustellen und zu pflegen und einen Freundschafts- und Handelsvertrag abzuschließen, namentlich aber zunächst freien Transit zu erstreben.« Wenn aber Rohlfs' »Tätigkeit darin besteht, daß Sie Protest und Gewaltmaßregeln gegen den Sultan vorschlagen, mit dem Sie freundschaftlich unterhandeln sollen«, so müsse ihn diese »Neigung zu Gewalttätigkeiten« mit »Besorgnis über die Art ihrer Verhandlungen und deren Erfolg erfüllen«. »Zur Erreichung Ihrer Zwecke bedürfen Sie des Wohlwollens und der Freundschaft des Sultans.« Wenn dieser die Komoren besetzen wolle, solle Rohlfs ihn unterstützen, anstatt ihn daran zu hindern. Auch an der Antisklavereipolitik, an der »die englischen Handelsinteressen größten Anteil haben wie die Humanität«, habe Rohlfs sich nicht zu beteiligen, wie er sich überhaupt nicht zu fragen habe, »welche Schritte außerhalb im Interesse der Zivilisation tunlich sein können«.

»Unberufenerweise aus angeblich philanthropischen Gründen in dieser Frage gegen den Sultan vorzugehen, ist absolut unvereinbar mit Ihrer ersten Aufgabe, Freundschaft mit demselben zu pflegen.« Rohlfs sollte sich streng an seinen Auftrag halten. »Ich würde, wenn das nicht geschieht«, drohte Bismarck, »von allen mir gesetzlich zustehenden Gegenmitteln Gebrauch machen müssen.« Nun glich Rohlfs' Auftrag fraglos der Quadratur des Kreises: sollte doch der Sultan nicht nur das deutsche Protektorat, das seine festländische Einflußsphäre zu zersprengen drohte, anerkennen, sondern auch noch mit der Zusage freien Transits den Lebensnerv seiner Herrschaftsstellung abschneiden und dann noch seinen Niedergang durch einen Freundschaftsvertrag besiegeln. Zu Recht klagte daher Rohlfs, daß der Sultan völlig freien Transit kaum gewähren könne, da die fünfprozentigen Wertzölle seine »einzige Einnahmequelle« bildeten. Anfang Juni konzedierte ihm Bismarck dann auch, daß freier Transit »nicht nötig« sei, »wenn nur die Zölle mäßig und der Transit sicher« seien. »Da die Gewinnung eines freundschaftlichen Modus vivendi mit dem

1885, ebda., 59–66; Aufz. Hatzfeldts, 11. 7. 1885, RKA 8900, 45 f. (Marg. B.), vgl. RKA 8895, 5–18; dazu Prom., ebda., 33–44; B. an Knorr, 31. 5. 1885, RKA 422, 31–5 u. RKA 8897, 1–8 (ebenso an Münster, 2. 6. 1885, RKA 422, 44–6); zusätzliche Instruktion B. für Knorr, Juni 1885, RKA 8899, 41 f. Export 16. 6. 1885; Bayreuther Tageblatt 11. 8. 1885; NAZ 3. 6. 1885 (vgl. RKA 8897, 56); Fränkischer Kurier 31. 5. 1885; DKZ 2. 1885, 533; KZ 14. 7., 11. 8. 1885.

Sultan ... das anzustrebende Ziel« bleibe, »muß man für den Sultan und zu ihm solche Stellung finden, daß seine Finanzen durch den gesteigerten deutschen Verkehr Vorteil oder doch nicht ersichtlichen Schaden haben. Die Mitwirkung Englands zu diesem Ziel ist durch Konzessionen auf anderen politischen Gebieten wahrscheinlich zu gewinnen, wenn unsere Verträge mit Sansibar den anglo-indischen Handel ungefähr in seinem bisherigen Besitzstande erhalten; auf Verbesserung desselben wird England verzichten müssen, wenn es auf unsere Liebenswürdigkeit in anderen Fragen Wert legt.« Noch ehe das Geschwader in Sansibar eintraf, wurde Rohlfs wegen seiner Ungeschicklichkeit und seiner ungewöhnlichen »Menge Torheiten« abberufen[100].

Den eigentlichen Interessenten, Peters und seiner DOAG, ließ Bismarck in diesen Monaten freie Hand für neue Erwerbungen im Landesinneren. Zur näheren geographischen Bestimmung der DOAG-Ansprüche sollte Peters dem Auswärtigen Amt eine Karte einreichen und »die Grenzen« – »gegen das Innere« – »etwas weit nehmen«, »so daß man noch nachlassen kann«. Als Peters auf diese Aufforderung hin »das ganze Seengebiet von Ostafrika« verlangte, hielt Bismarck das zwar, wie Peters meinte, für »zu unverschämt«, aber dem englischen Botschafter gegenüber wollte der Reichskanzler sich im Juni noch immer nicht auf die genaue Abgrenzung des Schutzgebiets festlegen: »Deutsche Reisende seien noch unterwegs und hätten vielleicht weitere Erwerbungen hinzugewonnen.« Drei Wochen später ließ er Peters ausrichten, die »Gesellschaft mag nehmen, was sie ohne unsere Ermunterung und Einmischung zu nehmen sich getraut. Wir werden dann später sehen, was wir amtlich decken können!«

Zugleich aber wies er die DOAG immer wieder auf die Notwendigkeit hin, sowohl einen völligen Bruch mit dem Sultan und antienglische Tiraden zu vermeiden, als auch durch eine Fusion aller ostafrikanischen Interessen ein einziges starkes deutsches Syndikat zu bilden, so wie es Bismarck auch für Westafrika vorgeschwebt hatte. »Einer Freundschaft müsse man ... völlig sicher sein«, mußten Herbert v. Bismarck und Krauel Peters und Behr »mit Nachdruck abkühlen«, »entweder der englischen oder der des Sultans von Sansibar mit seinen ihm affiliierten Arabern. Lebe man mit beiden im Streit oder auch nur in unaufrichtiger Freundschaft, so habe das neue Schutzgebiet keine Zukunft. Diese Verhältnisse müssen sich die Herren Peters und Konsorten gegenwärtig halten und danach ihr Auftreten halten.« Aber »selbst mit englischer Freunschaft« lasse sich »mit dem Sultan von Sansibar zum Feinde ... in dortiger Gegend nicht viel ... ausrichten«, erkannte Bismarck klarer als die DOAG-Experten die Notwendigkeit ostafrikanischer Kolonialpolitik. »Wir können den Sultan von der See aus bombardieren und seinen Handel ruinieren, aber nicht verhindern, daß er alle Europäer im Inneren erschlagen läßt.« Dagegen gewinne man eine »Stütze«, wenn »es gelingt, mit ihm Freundschaft zu schließen«: »Wenn Admiral Knorr unter dem Druck der Demonstration zu freundschaftlichem Abkommen mit Sansibar gelangen könnte, so wäre das das Beste.«

Wegen der Verletzung vitaler Sultanatsinteressen durch die deutschen Forderun-

---

100. Rohlfs an B., 7. 2. 1885, RKA 8893, 16 (Marg. B.); 16. 2. 1885, ebda., 11 (Marg. B.); vgl. 2. 4. 1885, ebda. 88 f. (zur Bitte um Kriegsschiffsbesuch nach Verhandlungsbeginn das ungerechte, für B. Verärgerung zeugende Marginal: »Zum Unterhandeln von einem Handelsvertrag bedarf es keines Schiffes«, obwohl B. zu diesem Zeitpunkt das Geschwader auch dafür entsenden wollte); B. an Rohlfs, 8. 4. 1885, RKA 8893, 34–37; Rohlfs an B., 30. 4. 1885, RKA 392, 67–73, vgl. 5. 5. 1885, ebda., 19 f. u. Müller 527; Aufz. Hatzfeldts, 10. 6. 1885, RKA 8897, 56–59 (Marg. B.); Hatzfeldt an B., 8. 7. 1885, RKA 421, 10–12 (Marg. B.); vgl. Müller, 192–219.

gen war das ein hochgespanntes Ziel. Aber Bismarck versuchte nicht nur, mit solchen dringenden Ratschlägen mäßigend auf die DOAG einzuwirken, sondern glaubte wohl auch, auf seiner Linie einer unverbrämten Interessenpolitik auf längere Sicht doch ein tragfähiges Arrangement mit dem Sultan, dessen Einfluß er nie unterschätzte und dessen dauernde Demütigung ihm fernlag, zu gelangen. Außer der Verständigung mit England, beharrte er, »werden wir mit Said Bargasch einen Modus vivendi herstellen müssen, der verhütet, daß zwischen ihm und der Gesellschaft permanenter Kriegszustand einreiße. Der Druck unserer Flottendemonstration muß dazu helfen, kann aber nicht dauernd sein.« Deshalb dürfen »wir uns nicht in das Schlepptau der Gesellschaft und ihres unbegrenzten Annexionsdrangs nehmen lassen; der Weg der Verständigung mit England und Frankreich würde dadurch ungangbar werden können«. Da Bismarck gleichzeitig die DOAG zur Ausdehnung im Inneren ermunterte, wo er die Herrschaftsansprüche des Sultans für schwach fundiert oder fiktiv ansehen konnte, hielt er offensichtlich die Übernahme des Risikos dieser Expansion für tragbar und sowohl durch den künftigen Wert der Erwerbungen selber, als auch durch ihre handelsstrategische Bedeutung für gerechtfertigt. Fraglos verlangte das von ihm wieder das vertraute Spiel mit mehreren Bällen: der Berücksichtigung zukünftiger deutscher kommerzieller Interessen, der Interessen Englands, des Sultans, auch Frankreichs. Aber dieser Balanceakt konnte Bismarck schwerlich als außergewöhnliche Aufgabe erscheinen, zumal da ihn die außenpolitische Notlage Englands begünstigte[101].

Im Hinblick auf die Leistungsfähigkeit der deutschen Interessenten erschien es Bismarck als vordringlich, die »Fusionierung der verschiedenen ostafrikanischen Bestrebungen« zu erreichen, d. h. vor allem die DOAG mit den Hamburger Handelshäusern zusammenzuspannen. Auf diese Weise lasse sich das notwendige Kapital, das dem »Behr-Petersschen Unternehmen« fehlte, aufbringen und zugleich ein Block der Ostafrikainteressen schaffen, der wie die Ostindische Kompanie ein »Staatswesen« selber verwalten und ausbeuten könne. Kusserow, der soeben im April 1885 auf den Posten eines Gesandten in den Hansestädten abgeschoben worden war, sondierte in Hamburg das Terrain und fand »die Chancen« für ein Syndikat »nicht ungünstig«. O'Swald sei »nicht blind« für die Handelsvorteile in einem großen deutschen Schutzgebiet, und wenn Bismarck auch für die in Hamburg vorgeschlagene Besetzung Bagamojos »erst Zeit« sah, »wenn gütlich kein Erfolg« möglich wäre, so hielt er doch die Erklärung zum Freihafen »unter allen Umständen« für »richtig«.

Auf Drängen Bismarcks hin betrieb Kusserow die Verhandlungen über »eine Assoziation zwischen den verschiedenen Interessentengruppen« weiter, ohne jedoch Erfolg zu haben. »Gelingt die Fusion nicht«, argwöhnte Herbert v. Bismarck bald, »so kommen wir in sehr unerquickliche Verhältnisse in Ostafrika«. Zwar hoffte sein Vater, »die Verhandlungen mit Sansibar ... im Interesse der Deutschen generell« auch so zu führen, »daß die Regierung das Ergebnis zur Erzwingung der Einigung

---

101. H. v. B. an W. v. B., 11. 6. 1885, Nl. Bismarck 36; Peters an Hermann, 14. 6. 1885, Nl. Peters 92; Coupland, 425; Hatzfeldt an Rantzau, 10. 7. 1885, RKA 384, 5 f. (Marg. B.); H. v. B. an W. v. B., 12. 6. 1885, RKA 392, 32–34 (Marg. B., auch als Notiz Herberts, RKA 8898, 7–10); W. v. B. an AA, 7. 6. 1885, RKA 384, 5 f. (Marg. B.); Hatzfeldt an Rantzau, 11. 7. 1885, RKA 393, 8 f. Übrigens wurde im Mai 1885 eine Handelskonvention mit Madagaskar abgeschlossen. Kusserow hoffte, daß »diese reiche Insel auch ein reiches Absatzgebiet für Deutschland abgeben wird«. Die Meistbegünstigungsklausel werde »dem deutschen Handel ... zu späterem reichen Gewinn die Wege« öffnen, KZ 13. 5. 1885; StA 44, 357; Poschinger, Verträge, II, 225.

der verschiedenen Interessenten verwerten kann«. Aber wegen der begründeten Vorsicht der Hamburger und des anmaßenden Auftretens von Peters ließ sich die »Bildung einer großen Deutsch-Ostafrikanischen-Kompanie« auch nicht erzwingen. Peters machte nämlich dem ohnehin skeptischen Hansing den »impertinenten Vorschlag«, seine Firma »in die kommerzielle Branche der DOAG aufgehen« zu lassen: ein über Millionen verfügendes Unternehmen sollte zugunsten der über knapp 50 000 Mark verfügenden DOAG seine Selbständigkeit aufgeben. Daß das weder Hansing noch anderen Hamburger Unternehmern »zugemutet« werden könne, sah auch Kusserow ein, der Peters »klar zu machen« bat, daß er nicht »die älteren und einstweilen kapitalmächtigeren deutschen Interessenten einfach zu depossedieren« und der DOAG mit »ihrer mangelhaften Organisation dienstbar zu machen imstande ist«. Kusserow schlug dagegen, von Hansing unterstützt, die Gründung einer »mächtigen nationalen Kompanie« vor, die alle Ostafrika-Interessenten vereinigen und ein Kapital von 50 Millionen Mark besitzen sollte, um »an Stelle des Reiches die staatliche Organisation und die wirtschaftliche Ausbeutung« zu übernehmen. Die Eingeborenenherrscher sollten nicht verdrängt werden, man wollte sie »ähnlich ... utilisieren« wie in Holländisch-Ostindien, – ein Gedanke, den Bismarck bezeichnenderweise sofort als »richtig und jedenfalls festzuhalten« anerkannte.

Erreicht wurde statt dieses hochfliegenden Projekts nur ein Vertrag im Dezember 1885, der die Konkurrenz zwischen DOAG auf der einen und den Firmen O'Swald und Hansing auf der anderen Seite ausschließen sollte. Der »abenteuerlichen Diktatur der ... allzu jugendlichen ersten Unternehmer« der DOAG konnte damals noch nicht »ein Ende« bereitet werden. Mehr als diese kümmerliche Vereinbarung blieb von Bismarcks Plänen eines Ostafrika-Syndikats nicht übrig. Wie in Südwestafrika und in Westafrika fanden sich während seiner Kanzlerschaft keine privatkapitalistischen Gruppen, die im Sinne seiner Konzeption finanzstarker, unter Reichsschutz stehender Gesellschaften das ostafrikanische Schutzgebiet ausbeuten und verwalten konnten. Der staatliche Schutz solle doch den Handelsinteressen folgen, spottete Eugen Richter im Reichstag, aber »alles, was in Ostafrika vor sich gegangen ist, liegt völlig außerhalb des Rahmens jener Kolonialpolitik. Wo sind denn da deutsche Handelsunternehmungen gewesen als Grundlage für den Gebietserwerb?« Vergeblich zürnte der Kanzler, daß die »bisherige geschäftliche Leitung« der DOAG »der Finanzwelt kein großes Vertrauen« einflöße und »für das Gedeihen des Unternehmens« erst »dadurch Garantie geschaffen sein wird«, wenn Peters und Behr »durch geeignetere geschäftskundige Personen ersetzt werden«. Seit 1886 leistete die Regierung in wachsendem Maße der DOAG Hilfe, ohne daß sich jedoch Erfolge eingestellt hätten. Zum Teil gab allerdings Bismarck damals wie auch später dem ungeschickten Verhalten der deutschen Konsuln, die »empfindlich und unpraktisch« seien und »immer von ihrem vorgefaßten Standpunkt« ausgingen, die Schuld: »So einer behandelt die Verhältnisse in Bagamojo gerade so, als wenn es Prenzlau wäre[102].«

---

102. Keudell an B., 15. 6. 1885, RKA 421, 1 (Marg. B.); vgl. 8898, 85; Aufz. H. v. B., 12. 6. 1885, RKA 421, 7–10; Kusserow an B., 16. 6. 1885, RKA 392, 56–8 (Marg. B.), vgl. RKA 8898, 58–61; 6. 7. 1885, RKA 421, 2–6; Hatzfeldt an B., 8. 7. 1885, RKA 421, 10–12 (Marg. B.); Rantzau an AA, 8. 8. 1885, RKA 393, 43, auch RKA 8901, 45 u. Müller, 529; Kusserow an B., 8. 8. 1885, RKA 393, 44 f. (Marg. B.); 16. 8. 1885, ebda., 79–86 (Marg. B.), H. v. B. an Rantzau, 1. 9. 1885, Nl. Bismarck 42; Kusserow an B., 20. 8. 1885, RKA 421, 24–27 (Marg. B.); H. v. B. an Kusserow, 28. 8. 1885, ebda., 29 f.; an Travers, 9. 9. 1885, ebda., 47; Peters an AA, 28. 8. 1885 u. Kusserow an B., 2. 9. 1885, ebda., 31–37; 13. 9. 1885, ebda., 49–54; Peters an H. v. B., 3. 11. 1885, RKA 359, 88; 19. 11. 1885, ebda.,

Während die Fusionsverhandlungen liefen und scheiterten, wurden durch enge Zusammenarbeit mit England für die Schiffsdemonstration vor Sansibar Erfolge ermöglicht. Auf einer Deutschlandreise im Mai hatte der mit Herbert v. Bismarck näher bekannte liberale Politiker Earl of Rosebery im Einverständnis mit Granville die Bildung einer Kommission vorgeschlagen, die zur Zufriedenheit beider Regierungen die ostafrikanischen Probleme regeln sollte. Malet spann den Faden weiter, und Bismarck stimmte ihm zu, daß eine Abgrenzung allmählich notwendig sei, damit das deutsche Schutzgebiet »in der Nachbarschaft fanatischer Muselmänner und Menschenfresser« nicht »zu groß würde«. Da es »schwer« sei, »etwas anderes« an Said Bargaschs Stelle zu setzen, sollte der Sultan »disponiert« werden, »zur Eröffnung Ostafrikas behilflich zu sein«. Vielleicht könne sogar englisches Kapital »dort hinzugezogen« werden, »was unseren Leuten bisher fast gänzlich fehlt«.

Bismarck ließ daher seine »Bereitwilligkeit« zu Verhandlungen, »nachdem der Sultan uns klaglos gestellt haben wird«, durchblicken. Inzwischen hatten die Konservativen Gladstone erneut abgelöst, und Salisbury richtete Bismarck zu dessen Befriedigung unverzüglich aus, »daß alle etwaigen Differenzen in Kolonialfragen zwischen England und Deutschland ... sich leicht würden ausgleichen lassen«. Vergeblich mahnte Sir Percy Anderson, der als Leiter der neuen Afrikaabteilung im Foreign Office eine großzügig konzipierte Strategie kontinentaler Vorherrschaft in Afrika verfolgte, man solle Deutschland »den Zugang zu den Märkten im Landesinneren« verwehren. Am 16. Juli nahm das Auswärtige Amt offiziell Salisburys Angebot auf, den »Territorialbestand des Sultans ... durch eine gemeinschaftliche Kommission untersuchen zu lassen«. Seine Verständigungsbereitschaft hielt Salisbury nicht davon ab, »vorläufig« die Küste zwischen Warscheich und Kap Delgado bis zu sechzig Meilen landeinwärts als sansibarisch zu bezeichnen. Bismarck nannte das eine »Petitio Principii«, er wollte Said einzelne Küstenpunkte mit fünf Meilen Hinterland zugestehen und pflichtete der Auffassung bei, daß »in der nunmehr erfolgten Okkupierung« von Teilen des Inneren durch Said Bargasch »nur ein Zeichen der Mißgunst gegen Deutschland zu sehen ist, dem nicht die Anerkennung zugestanden werden kann«, worin ihn Peters' Mitteilung, daß die DOAG das Kilimandscharo-Gebiet erworben habe, bestärken mochte. Jede Partei versuchte, ihre Verhandlungspositionen günstig abzustecken.

Auf Bismarcks Wunsch wurde auch Frankreich, das 1862 mit England zusammen den Besitzstand des Sultans vertraglich garantiert hatte, hinzugezogen, aber das Schwergewicht legte er doch auf die Verständigung mit Salisbury. »Il faut faire la part de l'Angleterre«, ermahnte er Hatzfeldt am 18. August, von zu deutlicher Kritik an den englischen Grenzvorstellungen abzusehen. »Wir müssen nicht mit Feindschaft gegen England debütieren; sobald die dem Sultan erkennbar würde, hätte seine ... Nachgiebigkeit ein Ende.« »Haben wir« aber Englands »Einverständnis, so ist der Sultan Nebensache.« Salisbury spürte noch im August in der russischen und ägyptischen Politik eine gewisse Erleichterung, die er als Gegenleistung Bismarcks für die englische Sansibarpolitik ansah. Bismarck »feilscht wie ein Jude«,

67–9; 4. 12. 1885, ebda., 71–74; DOAG an H. v. Bismarck, 4. 12. 1885, RKA 421, 75; H. v. B. an Wilhelm I., 31. 1. 1886, RKA 359, 104; vgl. Kusserow an B., 28. 4. 1886, ebda., 146; RT 6:2:1:37 (Richter, 24. 11. 1885). Vgl. Müller, 155–69; DZA II, Rep. 81, C. Neuere Akten, Kolonialakten, Ostafrika 4 (Verhandlungen GfDK mit Hansing u. O'Swald). – F. Philipp, Bismarck, Vertrauliche Gespräche, Dresden 1927, 105.

urteilte er, »aber insgesamt habe ich bisher erhalten, was ich für mein Geld erwarten konnte«[103].

Zu dieser Zeit hatte der Sultan in der Tat schon nachgegeben. Noch keine Woche, nachdem sich das deutsche Geschwader im Hafen von Sansibar versammelt hatte, zog Said Bargasch unter dem Druck der Demonstration und auf Kirks Rat hin seinen Protest zurück und erkannte die deutsche Schutzherrschaft an. »Weitere Verhandlungen über den Abschluß eines Handelsvertrages«, teilte Hatzfeldt befriedigt dem Kaiser mit, könnten jetzt »stattfinden«. »Die Freundschaft des Sultans ist nun mehr zu suchen und zu pflegen«, ordnete Bismarck sogleich den Übergang von der »Drohung« zum »Wohlwollen« an. »Es muß wo möglich, so verhandelt werden, daß wir den Sultan nicht zum Feinde behalten, der unsere Kaufleute schikaniert, sobald keine Kriegsschiffe mehr da sind.« Obwohl Peters erneut auf der Abtretung eines Hafens bestand, – »etwa Daressalam«, das auch Kapitän Paschen von Knorrs Geschwader im September als besten Hafen aussuchte! –, meinte Bismarck, »auf die ostafrikanische Gesellschaft dürfe nicht zu sehr Rücksicht genommen« werden. Man könne nicht Zollvergünstigungen und einen Hafen »zugleich vom Sultan fordern, im Gegenteil, man muß ihn durch Geldvorteil zur Hafenkonzession zu bewegen suchen«. Er begnügte sich mit freier Ausfuhr aus dem Inneren, während Said Bargasch den fünfprozentigen Einfuhrzoll und damit seine wichtigsten Einkünfte behalten konnte, denn »sonst haben wir die Feindschaft des Sultans nachher als drohendes Übel«, wie Bismarck unermüdlich wiederholte.

In der Hafenfrage blieb es bei der Gewährung eines Benutzungsrechts für die Marine in Daressalam sowie einer informellen Zusage des Sultans, das deutsche Interesse an einem Hafen demnächst zu berücksichtigen. »Sind wir erst im Sattel, so wird sich manches im Lauf der Jahre anders einleben«, begründete Bismarck sein Einverständnis, woran ihn auch die neue DOAG-Erwerbung im unmittelbaren Hinterland von Daressalam, Usaramo, nicht irre machte. Ihre Aufnahme in das Schutzgebiet lehnte er sogar zunächst einmal ab. Am 20. Dezember bestätigte Said Bargasch die Anerkennung der deutschen Protektoratsherrschaft und die Zollvereinbarung, die

---

103. Crewe, I, 239 f. (R. hatte sich auch der Zustimmung Salisburys vorher vergewissert, vgl. Rantzau an H. v. B., 2. 8. 1885, Nl. Bismarck 47); Aufz. H. v. B., 18. 6. 1885, RKA 8898, 99–102 (Marg. B.); 19. 6. 1885, ebda., 116 f. (Marg. B.); B. an Münster u. Hohenlohe-Schillingsfürst, 19. 6. 1885, RKA 392, 65 f.; Münster an B., 26. 6. 1885, RKA 8899, 62; 1. 7. 1885, ebda., 118 f.; 22. 7. 1885, RKA 423, 21; Coupland, 428 f., u. Louis, Anderson; GP IV, 131–47. – Hatzfeld an Münster, 16. 7. 1885, RKA 393, 14–17; an Caprivi, 30. 7. 1885, RKA 423, 22–5; Salisbury an Scott, 26. 7. 1885, in: Scott an AA, 3. 8. 1885, RKA 596, 2–4; Hatzfeldt an B., 11. 8. 1885, ebda., 11–13 (Marg. B.), dazu Aufz. Hatzfeldts, 11. 8. 1885, RKA 393, 50 f., 52 f.; Rantzau an AA, 13. 8. 1885, ebda., 67; Hatzfeld an Plessen, 16. 8. 1885, ebda., 72–76 u. RKA 596, 17–21; B. an Münster 15. 8. 1885, RKA 8901, 120; Hohenlohe-Schillingsfürst an B., 24. 9. 1885, RKA 596, 50; J. Strandes an Hansing, 6. 7. 1885, RKA 393, 48; Instruktionsentwurf Krauels, 10. 8. 1885, RKA 596, 7 f.; Peters an B., 6. u. 13. 8. 1885, RKA 384, 11–13, 40 f.; Hatzfeldt an B., 18. 8. 1885, ebda., 44–51 (Marg. B.); Salisbury an Iddesleigh, 24. 8. 1885, in: G. Cecil, Life of Robert Marquis of Salisbury, III, London 1931, 230. Vgl. F. H. Hinsley, Bismarck, Salisbury, and the Mediterranean Agreements of 1887, HJ 1. 1958, 76–81; A. P. Thornton, Rivalries in the Mediterranean, the Middle East, and Egypt, 1870–98, NCMH 11, 567–592. Über Salisbury allg.: J. A. S. Grenville, Lord Salisbury and Foreign Policy at the Close of the 19th Century, London 1964, 3–124; A. L. Kennedy, Salisbury, 1830–1909, London 1953; L. M. Penson, Foreign Affairs Under the Third Marquis of Salisbury, London 1962; dies., The New Course in British Foreign Policy, Transactions of the Royal Historical Society, 4. S., 25, London 1943, 121–38; dies., The Principles and Methods of Lord Salisburys Foreign Policy, Cambridge Historical Journal 5. 1935, 87–106.

sofort auch allen anderen Mächten zugute kam, in einem Vertrag mit Knorr, dessen Geschwader dem Reich 1,5 Millionen Mark Unkosten verursacht hatte. Offen blieb nur die heikle Frage nach der genauen Abgrenzung des Sultanats auf dem Kontinent[104].

Sie versuchte jetzt die gemischte deutsch-englisch-französische Kommission zu beantworten, da die Landkäufe der DOAG in dem riesigen Gebiet zwischen Kilimandscharo und Rowuma diese Frage immer dringlicher machten. Von der Untersuchung durch die Kommission müsse »selbstverständlich das unter deutschem Schutz stehende Gebiet ausgeschlossen bleiben«, lautete die eine deutsche Bedingung, die andere, daß Kirk nicht als britischer Delegierter fungieren dürfe. Statt seiner wurde Oberst Kitchener nach Sansibar entsandt, um mit Generalkonsul Schmidt aus Alexandrien und dem französischen Vertreter im »Geist der Mäßigung und Unparteilichkeit« eine »befriedigende Lösung« zu suchen. Vom Dezember 1885 bis zum Frühsommer 1886 tagte nun die Kommission und bereiste die von Sansibar beanspruchte Küste. »Im großen und ganzen«, gestand Schmidt schon im Februar 1886 etwas kleinlaut, lasse sich die Herrschaft des Sultans an der afrikanischen Küste »nicht bestreiten«. Um so nachhaltiger beschwere er sich daher über die Kooperation der beiden anderen Kommissare, die einen Deutschland dennoch begünstigenden Kompromiß zunichte mache. Nun spottete zwar Bismarck, daß solche »Schwierigkeiten« »die gleichen bei allen Verhandlungen mit Pferdejuden und Diplomaten« seien, aber er ließ doch London und Paris andeuten, »wir würden von der Art, wie die beiden andern ihre Aufgabe anfaßten, ein annehmbares Resultat nicht erwarten können, und wenn nicht Remedur erfolgte, von der Kommission zurücktreten und unsere Anerkennung der Ausdehnung der Rechte des Sultans unserem eigenen Urteil vorbehalten«.

Als Schmidts Klagen indessen anhielten, wurde Bismarck massiver. »England hat einen so gewaltigen Kolonialbesitz in allen Weltteilen«, hieß es in einer Beschwerdenote, die Botschafter Hatzfeldt, Münsters Nachfolger in London, zugesandt wurde, »daß es schwer verständlich sein würde, wenn es den verhältnismäßig bescheidenen Kolonialanfängen des ihm stammverwandten deutschen Volkes Mißtrauen und Übelwollen entgegensetzen und seinen traditionellen Einfluß in überseeischen Ländern benutzen wollte, um unsere dortigen Unternehmungen zu kreuzen ... Die sich immer wiederholenden Reibereien zwischen den englischen und deutschen Konsulatsbeamten wirken verstimmend auf das ganze Verhältnis zwischen Deutschland und England in jenen Gegenden zurück, und wir laufen Gefahr, daß wie bei den Familien

---

104. Caprivi an Hatzfeldt, 12., 13. 8. 1885, RKA 393, 61 f., 64; Kusserow an AA, 13. 8. 1885, ebda., 63 u. RKA 8901, 95, 110; Hatzfeldt an Wilhelm I., 14. 8. 1885, ebda., 65; an Rantzau, 14. 8. 1885, RKA 8901, 115 (Marg. B.). Als »Anlaß zu Forderungen dem Sultan gegenüber« hatte ein Kriegsschiff eine Schwester des Sultans mitgebracht, die wegen ihrer Ehe mit dem Hamburger Ruëte verstoßen worden war, aber Erbschaftsansprüche geltend machte. Als Said Bargasch nachgab, verfügte Bismarck sofort (RKA 8901, 50): »Für ihr Schicksal und ihre beaux yeux können wir die Reichsinteressen nicht einsetzen, ... wir« werden »die für Deutschland zu erstrebende Freundschaft des Sultans nicht um seiner Schwester willen gefährden«.). – Aufz. Hatzfeldts, 12. 8. 1885, RKA 8902, 21–23 (Marg. B.); Peters an B., 19. 8. 1885, RKA 393, 91; Rantzau an AA, 19. 8. 1885, ebda. 99; Aufz. H. v. B., 10. 9. 1885, RK 8902, 74–77 (Marg. B.); Peters an AA, 6. 10. 1885, RKA 394, 29; an H. v. B., 19. 12. 1885, u. AA an Peters, 22. 12. 1885, ebda., 84; vgl. H. v. B. an W. W., 31. 1. 1886, RKA 359, 104; Rotenhan an Hohenlohe-Schillingsfürst, 26. 8. 1885, Nl. Hohenlohe-Schillingsfürst 35 (»Sansibar ist ja gut abgelaufen, man ist hier [in Berlin] sehr gemäßigt in den Forderungen.«); KZ 24. 12. 1885; Coupland, 442–8; falsch: DDF 6, 163 f.

Montecchi und Capuletti jeder eben beigelegte Konflikt durch fortgesetzte Streitigkeiten der Untergebenen aufs Neue angefacht wird... Fortdauernde Friktionen auf kolonialen Gebieten können schließlich zu einer politischen Gegnerschaft überhaupt führen«, wurde die inzwischen übliche Warnung wiederholt, »und England würde seine Rechnung schwerlich dabei finden, wenn es in Ägypten und im Orient bezahlen müßte, was seine Beamten in Sansibar... verschuldet haben«. Das Bemerkenswerteste an der eindringlichen Sprache auch dieser Note ist, daß sie Bismarck wegen der Sicherung der deutschen Ausbreitung in Ostafrika zu führen bereit war.

»Majoritätsbeschlüssen« der Kommission erkannte Bismarck auf einmal »eine bindende Kraft« ab. Er bestand seit dem April 1886 auf Einstimmigkeit, wenn die Entscheidung für Berlin »maßgebend« sein solle. London begann daraufhin sofort einzulenken, während Bismarck es insgeheim als »nicht unbedingt« mehr ausgeschlossen bezeichnete, daß Deutschland Sultanatsterritorium »beanspruchen« werde. Der maßvoll urteilende Vertreter des Hauses Hansing, Justus Strandes, berichtete zur selben Zeit aus Sansibar nach Hamburg, daß der »gegenwärtige Zustand« jedenfalls »unhaltbar« sei und hoffentlich durch die »deutsche Annektierung des ganzen Sansibar-Dominiums« abgelöst werde[105].

Daran dachte Bismarck zu keiner Zeit, aber besonders London gegenüber beharrte er auf dem Prinzip der Einstimmigkeit, nur widerspruchslos anerkannte Hoheitsrechte des Sultans werde Deutschland bestätigen, in strittigen Punkten aber auf einer Verständigung unter den Regierungen bestehen. »Wir werden unter Umständen Sansibar usw. aufgeben«, kommentierte er einmal verärgert im Mai die zähflüssigen Verhandlungen, »um endlich wieder freie Hand gegenüber England zu bekommen.« Da Berlin das Wohlwollen der Pariser Regierung durch die ohne Zaudern ausgesprochene Anerkennung des Protektorats, das Frankreich im Frühsommer 1886 über den bisher nominell von Said Bargasch regierten Komoren-Inseln errichtete, gewinnen konnte, zeigte sich London Ende August einverstanden, mit Berlin direkt die Ostafrikafrage zu regeln. »England wünscht im Interesse seiner kommerziellen und politischen Stellung in Ostafrika eine möglichst ausgedehnte Machtsphäre für den unter englischem Einfluß stehenden Sultan«, beschrieb Unterstaatssekretär Berchem den Gegensatz, »wir erstreben im Interesse unserer kolonialen Unternehmungen eine möglichste Einschränkung«. Sofort korrigierte ihn Bismarck, daß Sultanatsrechte »nur soweit die Entwicklung ostafrikanisch-deutscher Ansiedlungen es erfordert«, beschnitten werden sollten, »ein oder der andere Hafen genügt dazu«. Im Oktober wurden umfassendere Rechte in Daressalam mit Billigung Bismarcks als Verhandlungsziel zugegeben. Die zollfreie Benutzung dieses Hafens, »auf dessen Besitz auch

---

105. Peters an AA, 22. 2. 1886, RKA 395, 38 f.; Hoffmann an Caprivi, 5. 6. 1886, RKA 600, 6 f.; H. v. B. an Plessen, 27. 9. 1885, RKA 596, 52–6 (gegen den englischen Instruktionsentwurf, daß Besitzergreifung an der Küste ausreiche, um das Hinterland beanspruchen zu können, die vorsichtige u. Deutschland völlig freie Hand lassende Reservation, »daß von nicht christlichen Staaten einstweilen nur die Türkei mittels des Pariser Friedensvertrages in das Europäische Konzert eingetreten ist; heidnischen oder muselmännischen Machthabern anderer Weltteile gegenüber sind selbst allgemein anerkannte völkerrechtliche Prinzipien deshalb ohne praktische Bedeutung«.); an Schmidt, Instr. Sept. 1885, ebda., 59–62; Schmidt an B., 13. 2. 1886, RKA 597, 5–15; Arendt an B., 14. 2. 1886, RKA 598, 56–63 (Marg. B.); Schmidt an B., 15. 2. 1886, 65–67 (Marg. B.); H. v. B. an Hatzfeldt, 19. 3. 1886, GP IV, 143 f. (vgl. Poschinger, Neues Bismarck-Jahrbuch, 308; GP IV 145–48, auch 166–73); B. an Hatzfeldt, 21. 4. 1886, RKA 598, 173 f.; Crewe, I, 277 (17. 4. 1886); Hatzfeldt an B., 26. 4. 1886, RKA 599, 21–23 (Marg. B.); Strandes an Hansing, 4. 3. 1886, RKA 359, 149 f. Der Nl. des späteren Hamburger Senators (PA) ist für diese Zeit unergiebig.

die kaiserliche Marine für ihre Zwecke Wert legt«, würde aber »vorläufig genügen..., um für die inländischen Besitzungen der Gesellschaft den erforderlichen freien Zugang zum Meere zu sichern«[106].

Als das Foreign Office, das sich der Tragweite dieser Entscheidung wohl bewußt war, keine Einwände erhob, riet Herbert v. Bismarck wegen der günstigen außenpolitischen Lage dazu, noch weiter nachzustoßen, um in Sansibar zu erreichen, »was wir wollen«. »Wir müssen wollen, nur was wir brauchen«, ermahnte ihn der Reichskanzler. Das von Herbert anvisierte Ziel: ein Verhältnis zum Sultan zu schaffen, wie es England zum Khedive gewonnen habe, lehnte Bismarck ohne weiteres als zu »kostspielig und verantwortlich« ab. »Das ginge bei ehrlicher Mitwirkung des Reichstags«, räumte er ein, »mit dieser antideutschen Mehrheit aber können wir das Programm nicht verlassen, welches dahin lautet, daß das Reich der kaufmännischen Entwicklung mit seinem Schutze folgen werde.« An dieses »Programm« aber hatte Bismarck sich in Ostafrika von Anfang an nicht streng gehalten, und schwerer als sein immerhin aufschlußreicher gegen den Reichstag gerichteter Vorwurf, der nur das Parlament als Hemmschuh für einen weitergreifenden Expansionismus hinstellte, aber doch eher der verstimmten Laune eines Augenblicks entsprungen zu sein scheint, – schwerer wog doch die anhaltende Skepsis, die er selber gegenüber einem »unbegrenzten Annexionsdrang« hegte. »Nur die Entdeckungsjingos, gelehrte Reisende, Enthusiasten« sähen keine Schwierigkeiten mehr in dem ostafrikanischen Schutzgebiet voraus. »Zu große Forderungen« während der deutsch-englischen Verhandlungen seien völlig unangebracht: »Dieser Fehler unserer Kolonial-Jingos, deren Begehrlichkeit viel größer ist als unser Bedürfnis und unsere Verdauungsfähigkeit, muß mit Sorgfalt vermieden werden.«

Als der AA-Referent Krauel das von der DOAG beanspruchte Gebiet zwischen Kilimandscharo und Rowuma für »ein so ungeheures« hielt, »daß es auch dem ungemessensten kolonialpolitischen Ehrgeiz genügen und jedenfalls die für eine Erschließung transatlantischer Gebiete überschüssigen Kräfte Deutschlands auf lange Zeit hinaus beschäftigen dürfte«, glaubte Bismarck wieder: »mehr wie das«, und die »auf eine absolute Ausschließung Englands in Ostafrika gerichtete Politik« der »Kolonial-Enthusiasten« verspottete er als »törichten Jingo« und Verkennung der »realen Machtverhältnisse«. Wenn außer in Daressalam sogar noch im nördlichen Pangani die Zollfreiheit gewährt werde – der Sultan war bis dahin der Kongoakte, die Ostafrika in ihre Freihandelszone miteinbezogen hatte, noch immer nicht beigetreten! –, so dürfte das »für unsern Transit nach deutschem Hinterland genügen«. Da das Foreign Office diese »Hafenwünsche« sogleich in der Form erfüllte, daß es einer Verpachtung der Zölle in Daressalam und Pangani an die DOAG, die dem Sultan »einen bestimmten prozentualen Teil der Zolleinnahmen« gewähren sollte, zustimmte, kam schon am 29. Oktober 1886 das deutsch-englische Ostafrikaabkommen durch einen Notenaustausch zustande.

---

106. Hatzfeldt an B., 12. 5. 1886, RKA 599, 65 (Marg. B.); Aufz. Krauels, 5. 5. 1886, RKA 382, 113 (Marg. B.); Hatzfeldt an B., 7. 5. 1886, RKA 599, 52 (Marg. B.); Arendt an B., 15. 5. 1886, ebda., 69 (Marg. B.); Hatzfeldt an B., 19. 5. 1886, ebda., 11 f. (Marg. B.); Rantzau an AA, 21. 5. 1886, ebda., 115 (Marg. B.); Aide Memoire o. D. (Ende Mai 1886), RKA 600, 3 f. – Münster an B., 4. 6. 1886, ebda., 10; Berchem an Arendt, 13. 6. 1886, ebda., 40; Caprivi an Hatzfeldt, 18. 6. 1886, ebda., 41; AA an Hatzfeldt, 23. 8. 1886, RKA 601, 14; Hatzfeldt an AA, 28. 8. 1886, ebda., 17. – Berchem an B., 19. 8. 1886, ebda., 11 f. (Marg. B.); H. v. B. an Plessen, 4. 10. 1886, RKA 603, 21–9; Plessen an AA 7. 10. 1886, ebda., 31; Aufz. H. v. B., 8., 12. 10. 1886, ebda., 3 f., 56 f. (Marg. B.).

Die beiden Mächte garantierten darin dem Sultan seinen Inselbesitz und einen zehn Meilen tiefen, ununterbrochenen Küstenstreifen vom portugiesischen Kap Delgado bis hinauf nach Kipni nördlich des Tanaflusses – dieses Ergebnis der Kommissionsprüfung wurde nicht übergangen. England verpflichtete sich, die Zollverpachtung in Daressalam und Pangani zu unterstützen und zusammen mit Deutschland den Sultan zur Anerkennung der Kongoakte zu bewegen. Das Gebiet zwischen Rowuma und Tana wurde in zwei tief ins Landesinnere hinein verlängerte Interessensphären aufgeteilt. Die deutsche Sphäre wurde im Süden durch den Rowuma (bis hin zum Njassa-See), im Norden durch eine Linie bis zum Viktoria-See abgegrenzt, die das zwischen der DOAG und der neuen »British East Africa Company« Mac Kinnons umstrittene Kilimandscharo-Gebiet Deutschland überließ. Bis auf die Westgrenze, die völlig offen blieb, umfaßte diese Sphäre genau das Schutzgebiet seit 1890.

Dieses Abkommen bedeutete sicher »einen Triumph Bismarcks«, der trotz der gewaltigen Ausdehnung des Gebiets noch immer verhältnismäßig begrenzte Ziele ebenso beharrlich verfolgte, wie er die zeitweilige Schwäche Londons ohne Bedenken ausnutzte: »da der Wind in London sich bald drehen kann« und die Dauer der erregten »ägyptischen Bewegung in Frankreich« ungewiß sei, hatte er im Herbst gedrängt, müsse »jetzt ohne Verzug« ein Abschluß erreicht werden. Mit ihm, urteilte das Pariser »Journal des Débats«, habe Deutschland »auf ganz friedlichem Wege einen Sieg über England davongetragen«. Auf breiter Front sicherte die deutsche Interessensphäre den Zugang nach Innerafrika bis hin zu den »großen Seen«. Sie durchbrach an zwei Stellen die Zollbarriere an der Küste und bekam völligen Freihandel in Aussicht gestellt. England verlor seine jahrzehntelange Vorherrschaft, seine Interessensphäre wurde auf den Streifen zwischen der deutschen Sphäre und dem deutschen Wituprotektorat (vgl. V. 1C, b) beschränkt, der Sultan in seinen Erwartungen auf englischen Beistand unwiderruflich enttäuscht.

Noch immer hielt es Bismarck freilich für »nützlich, daß der Sultan Souverän bleibt und daß wir Verträge mit ihm hätten«, wie er auch der DOAG »raten« ließ, mit dem »Sultan Verständigung ... zu suchen«. Er verlor die Vorteile der indirekten Herrschaft nicht aus dem Auge. »Wir wünschen, mit dem Sultan von Sansibar in guten Beziehungen zu stehen und wollen weder die pekuniäre Basis seiner Existenz noch die Ausdehnung seiner Territorialhoheit, wo wir sie anerkannt haben, schmälern. Wir wünschen im Gegenteil«, ließ er Botschafter Hatzfeld versichern, »seine an der Ostküste Afrikas etablierte Autorität mit ihm gemeinsam zu stützen«. Auch nachdem der Sultan im Dezember das deutsch-englische Abkommen akzeptiert und damit den Niedergang seiner Festlandsherrschaft besiegelt hatte, ließ Bismarck Konsul Arendt in Sansibar instruieren, auch weiterhin sei es »wünschenswert, daß die ganze Kolonialentwicklung wo möglich in Freundschaft mit dem Sultan gemacht würde; bei den ungeheuren Terrains, um die es sich dort handelt, könne es nicht auf einzelne Punkte ankommen«. Bismarck wußte, daß das Abkommen mit England den deutschen Interessen freie Bahn geschaffen hatte, der Sultan ihnen aber dennoch von Nutzen sein konnte. Als Peters sich nun wieder der gewaltigen Erwerbungen der DOAG rühmte, hielt Bismarck fest: »Was heißt Erwerbung? Ein Stück Papier mit Negerkreuzen darunter. Die Sicherstellung, soweit sie überhaupt erreicht, d. h. gegen europäische Rivalen, liegt erst in unserem Abkommen mit England.« Daß er es den »deutschen Afrikafanatikern mit leeren Taschen und vollen Mäulern« nicht recht machen konnte, – wie Krauel das Verhandlungsergebnis kommentierte –, sondern daß sie »ein großes Geschrei wegen Aufgabe der panafrikanischen Kolonisationsprojekte erheben« würden, war ihm bewußt, aber die »definitive Abmachung mit England« besaß für ihn den entscheidenden »Wert«[107].

In diesen Urteilen Bismarcks schwang auch die Enttäuschung mit, die er bislang mit der DOAG erlebt hatte. Denn auch während er mit England verhandelte, kam die Gesellschaft nicht aus ihren steten Finanznöten heraus und war daher auch nicht in der Lage, ihren papiernen Ansprüchen in Ostafrika durch den Aufbau einer Verwaltung und durch reale wirtschaftliche Unternehmungen Substanz zu verleihen. Bis 1890 bestand das Schutzgebiet nur in den Verträgen und in den deutschen und englischen Akten, in der Publizistik und der Rhetorik der DOAG. Seit der Anerkennung der Schutzherrschaft »ist seitens der ostafrikanischen Gesellschaft nichts geschehen, um ... die tatsächliche Herrschaft über die vertragsmäßig erworbenen Länder« auszuüben, berichtete Konsul Arendt aus Sansibar. Da zugleich aber der Einfluß des Sultans schwinde, sei »allmählich ein rechtloser Zustand entstanden«, »vollständige Verwirrung und teilweise wüste Gesetzlosigkeit« herrschten im Inneren. Die DOAG stecke im »Sumpfe«, glaubte er, aber »ohne militärische Okkupation der Gebiete wird die Gesellschaft nie einen Strich Landes so groß wie der Kreuzberg besitzen.«

Zu einer solchen Okkupation fehlten der DOAG die Mittel. Jedoch »erst wenn ein Fundus instructus vorliegt, wenn Geld und Menschen beschafft sind«, wußte auch Bismarck, »gewinnt eine derartige Unternehmung Grund und Boden«. Irritiert entfuhr ihm im Juli 1886, »er würde dem Zusammenbruch der Ostafrikanischen Gesellschaft ruhig zusehen und hege nicht die Befürchtung, daß unser nationales Prestige unter einem derartigen Ereignis leiden würde«. Nicht frei von Widerspruch beharrte er darauf, »als Direktive nach wie vor den Grundsatz« anzuerkennen, »den deutschen Pionieren zu folgen, aber nicht, ihnen den Weg zu bahnen«. Zu dieser Zeit waren nämlich bereits die Unterstützungsmaßnahmen der Regierung für die DOAG angelaufen. Schon während der mißglückten Fusionsverhandlungen hatte Hofmarschall Saint Paul-Illaire, der der DOAG angehörte und einer der größten Plantagenbesitzer in Ostafrika wurde, das Interesse an »Korporationsrechten« und an einer Unterstützung durch die »Preußische Seehandlung« durchblicken lassen. Nach den Erfahrungen der deutschen überseeischen Expansion ließen sich Banken für Gesellschaften mit einer solchen vergleichsweise kontrollfreien Rechtsform eher gewinnen als für eine Aktiengesellschaft. Daher beantragte die DOAG im März 1886 Korporationsstatus nach preußischem Landrecht, um die »Voraussetzung ihrer finanziellen Sanierung« zu schaffen.

Schon im April wurde von Bismarck »in Aussicht genommen«, der DOAG »die-

---

107. H. v. B. an B., 12. 10. 1886, RKA 603, 40–44 (Marg. B.); Hatzfeldt an B., 19. 10. 1886, RKA 604, 12 (= GP IV, 154); Marg. B., danach H. v. B. an Hatzfeldt, 23. 10. 1886, ebda., 31; Krauel an B., 20. 10. 1886, ebda., 14–25 (Marg. B., z. T. gegen KZ 17. 10. 1886); 16. 10. 1886, RKA 603, 65–67 (Marg. B.); vgl. Aufz. H. v. B., 20. 10. 1886, RKA 604, 6–10; 22. 10. 1886, ebda., 26 f. (Marg. B.); Krauel an AA, 24. 10. 1886, ebda., 35; an B., 26. 10. 1886, ebda., 41–50; Hatzfeldt an B., 22. 9. 1886, RKA 603, 32 (Marg. B.). Vgl. das Abkommen: RT 6:4:1, Anl. 56, 369 f.; GP IV, 150, 149–56; DDF VI, 491–93; NAZ 7. 1. 1887 (Journal de Débats 4. 1. 1887); Rantzau an AA, 13. 10. 1886, RKA 603, 62; Arendt an B., 6. 3. 1886, RKA 382, 69 f. (Marg. B.); B. an Hatzfeldt, 14. 10. 1886, GP IV, 153; Hatzfeldt an B., 10. 12. 1886, RKA 605, 67; vgl. Arendt an B., 24. 1. 1887, RKA 384, 90 f.; B. an AA, 25. 12. 1886, RKA 605, 130; ebenso H. v. B. an AA, 25. 12. 1886, RKA 606, 4 (»bei der großen uns in Ostafrika gesicherten Fläche« komme es nach B. auf »Details« nicht an, da »wir in möglichst enger Freundschaft mit dem Sultan v. Sansibar zu leben wünschten«). Bennigsen an H. v. B., 30. 12. 1888 (Marg. B.), in: RKA 730; Krauel an H. v. B., 26. 10. 1886, Nl. Bismarck 18; RKA 2518, 44; Müller 245–66; Coupland, 449–75. Vgl. F. v. Hellwald, Ostafrika u. die Deutschen, Unsere Zeit 23. 1887, I, 320–47.

selben Korporationsrechte zu erteilen, wie sie der südwestafrikanischen Gesellschaft verliehen und für die Neuguinea-Kompanie beantragt sind«. Seehandlungspräsident Rötger und Finanzminister Scholz erklärten sich auch noch im April dazu bereit, die »Seehandlung« als »Zeichenstelle bei Aufbringung des zunächst in Aussicht genommenen Gesellschaftskapitals fungieren zu lassen«. Diese beiden Vorentscheidungen wurden zunächst jedoch vor den Interessenten geheimgehalten. Wie vor sechs Jahren in der Zeit der Samoa-Vorlage oder vor einem Jahr bei der Ablösung des Lüderitzschen Unternehmens durch die DKGSWA schaltete sich nun das Auswärtige Amt ein, um finanzstarke Interessenten für die Sanierung der DOAG zu gewinnen und endlich eine aktionsfähige Kolonialgesellschaft zu schaffen, nicht zuletzt auch, um einen Verkauf der DOAG-Rechte, dessentwegen Peters schon ganz wie Lüderitz ernsthaft, – und seinen häufig beschworenen Nationalstolz daher in ein eigentümliches Licht tauchend –, in England verhandelte, zu verhindern. Hammachers Rolle im Jahre 1885 übernahm sein Fraktionskollege, der einflußreiche Generaldirektor der Dessauer »Kontinental-Gas-AG« und profilierte Vertreter des Solidarprotektionismus, Wilhelm Oechelhäuser, der zusammen mit dem Kölner Großunternehmer Eugen Langen und einigen Banken den Wünschen Bismarcks nachkam.

»Peters ist maßlos eitel, und diese ewigen Reklamen waren die Hauptursache«, meinte Oechelhäuser, »weshalb die Finanzkreise sich von seinen Projekten fernhielten und das Auswärtige Amt sich endlich, um das Unternehmen ins Leben zu rufen, an mich, Geheimrat Delbrück und Kommerzienrat Langen wenden mußte, um die fruchtlos gebliebenen Bemühungen der Herrn Peters und Graf Behr zu unterstützen und zum Ziel zu führen.« Tatsächlich hatten außer v. d. Heydt die Banken ihre durch Peters' Auftreten bekräftigte Skepsis gegenüber dem risikobelasteten ostafrikanischen Unternehmen nicht überwinden können. Auch Kusserows berechtigte »Hinweise« gegenüber den Hamburger Überseekaufleuten, »daß die Kaiserliche Regierung ihr Interesse für das Gelingen dieses Kolonialunternehmens durch ihre politischen und maritimen Aktionen genugsam betätige«, wurden »stets mit der Bemerkung beantwortet, daß solche Erwägungen für die Anziehung von Privatkapital nicht genügten, zumal sich das selber zugegebenermaßen in bestem Falle erst nach fünf Jahren verzinsen könne«. Als es v. d. Heydt gelang, die »Badische Bank« und die »Münchener Noten- und Hypothekenbank« zu interessieren, beharrten auch deren Vertreter darauf, »irgendeine schriftliche Äußerung seitens der hohen Reichsregierung in Händen zu haben, daß hochdieselbe am Abschluß der deutsch-ostafrikanischen Finanzierung Interesse habe..., weil der rein geschäftliche Standpunkt bei der Unsicherheit der Verhältnisse noch immer nicht genüge und deshalb der nationale Gesichtspunkt mit hineingezogen werden müsse«. Als auch Oechelhäuser im Sommer 1886 nur mühsam vorankam und v. d. Heydt drängte, die »Seehandlung« müsse aktiv werden, da die DOAG »des Eingreifens der staatlichen Autorität« bedürfe, trat die preußische Staatsbank aus ihrer Reserve heraus. Als Beteiligung der »Seehandlung« getarnt wurden 500 000 Mark aus der Privatschatulle Wilhelms I., der von Bismarck, Behr-Bandelin und Saint Paul-Illaire zu diesem Vertrauensbeweis »von allerhöchster Stelle« bewogen wurde, einer reorganisierten DOAG zugesagt.

Nun geriet Bewegung in die Verhandlungen. Am 23. Februar 1887 konnte sich die umgebildete DOAG im Reichstagsgebäude konstituieren. Da der Druck aus dem Auswärtigen Amt anhielt, die staatliche Rückendeckung aber jetzt offensichtlich sicher war und sich zudem auch der Aufschwung nach der zweiten Depression belebend auf den Geldmarkt auswirkte, engagierten sich die größeren Bankinstitute, die

Häuser Delbrück, Mendelssohn und Warschauer außer v. d. Heydt, zusammen mit bekannten Unternehmern wie Oechelhäuser, Langen, Krupp, Henckel v. Donnersmarck, W. Haniel, L. Hoesch, H. Gruson, M. Duttenhofer, F. C. Guilleaume u. v. a., sowie endlich auch Hansing & Co., O'Swald & Co. Sie folgten Bismarcks dringendem Appell, brachten mit zumeist kleinen Anteilen das Gründungskapital von 3,48 Millionen Mark auf und erhielten am 27. März 1887 die preußischen Korporationsrechte. Das mit dem Auswärtigen Amt sorgfältig abgesprochene »Statut der DOAG« bezeichnete als ihren »Zweck«, die »unter der Oberhoheit« des Kaisers »übertragenen Rechte der Landeshoheit auszuüben«, die »erforderlichen Einrichtungen zu treffen und zu erhalten« und das gesamte Wirtschaftsleben des Schutzgebiets in ihre Hand zu nehmen. Peters, der schon im Herbst 1886 vom Auswärtigen Amt aufgefordert worden war, sich »jeder Tätigkeit in finanzieller Hinsicht zu enthalten«, durfte auch »nicht in Berlin« mehr tätig sein. Er wurde von der neuen DOAG ausgebootet und als »Direktor« nach Sansibar geschickt[108].

Als er dort im Frühjahr 1887 eintraf, um wegen der Pachtgelder für die beiden Häfen mit Said Bargasch zu verhandeln, bot dieser der DOAG zu Peters' großer Überraschung die Verwaltung des gesamten Küstenstrichs vor der deutschen Interessensphäre einschließlich der Zollerhebung zur Verpachtung an. Erst jetzt erfuhren die Deutschen, daß der Sultan schon im Februar auf nachhaltigen Druck hin der »British East Africa Company« dieselbe Regelung für den Bereich der englischen Interessensphäre zugestanden und im Mai vertraglich besiegelt hatte; auch auf diese Weise begann Salisbury, der einen deutschen Vorstoß direkt nach Norden oder aus dem Hinterland westlich vom Victoria-See her fürchtete, seine Politik der Abriegelung Ägyptens vorsichtig in die Tat umzusetzen. Über die Höhe der Pachtsumme konnte Said sich freilich mit Peters nicht einigen, daher brach er im November schließlich die Verhandlungen ab. »Gewinnen hätte man ihn sollen«, kommentierte Bismarck unwirsch, »indem man ihm Anteil am guten Geschäft gewährt.« »Gewaltpolitik liegt nicht dauernd in Absicht und hilft nicht dauernd.« Zwar wurde jetzt Generalkonsul Michahelles, Arendts Nachfolger, beauftragt, die Verhandlungen im Auftrag der Reichsregierung und zugleich für die DOAG wieder aufzunehmen, doch im März 1888 starb Said Bargasch noch vor einem Vertragsabschluß. Mit seinem Nachfolger Said Khalifa kam aber sogleich der Vertrag zustande, der am 24. April

---

108. Arendt an B., 6. 3. 1886, RKA 382, 69 f. u. Müller 535 f.; 13. 5. 1886, RKA 396, 86 u. Müller, 537, ebenso: Michahelles an Krauel, 26. 9. 1887, RKA 386, 68 f.; Scharrer an H. v. B., 24. 12. 1889, RKA 361, 70 f.; Aufz. Berchems, 18. 7. 1886, RKA 360, 4–6 u. Müller, 537 f. (»Was hat die ostafrikanische Gesellschaft bisher erreicht?«, schimpfte B. weiter vor Rottenburg. »Bergwerke lassen sich in ihrem Gebiet nicht anlegen. Daß sie Weizen anbaut, liegt nicht in unserem Interesse, sie würde dann nur der einheimischen Landwirtschaft weiter Konkurrenz machen. Also muß sie sich auf Plantagenwirtschaft werfen. Wer soll aber all den Kaffee trinken, der auf 30 000 km² wachsen kann?«). Kusserow an B., 19. 11. 1885, RKA 421, 67–9; H. v. B. an Kusserow, 1. 4. 1886, RKA 359, 114; Rötger an H. v. B., 12. 4. 1886, RKA 359, 141; Scholz an B., 16. 4. 1886, ebda., 144; Oechelhäuser an Palézieux, 8. 3. 1887, Nl. Palézieux, BA. Vgl. H. R. v. Poschinger, Geheimer Rat v. Oechelhäusers Teilnahme an den Verhandlungen über Deutsch-Ostafrika, ZfKKK 10. 1908, 945–47; Nl. Langen, 7/8 (Reorganisation der DOAG, Mai 1886–Juli 1887) u. RKA 410, 34 f. Kusserow an B., 14. 11. 1886, RKA 360; Peters an Berchem, 3. 6. 1886, RKA 359; v. d. Heydt an Krauel, 28. 10. 1886, RKA 360, 20 f.; E. Langen an ?, 15. 12. 1886, Nl. Langen 7/1; Statut der DOAG, Berlin 1886 u. RKA 409, 102 f. (21. 5. 1886); Müller, 164–73. Unergiebig hierzu: Die Preußische Staatsbank (Seehandlung), 1772–1922, Hg. v. Dombois, Berlin 1922, 126–32; C. Schauer, Die Preußische Bank, Halle 1912. – »Meine Stellung hat sie hier überhaupt ... ganz unglaublich gehoben, in allen Richtungen«, belog Peters (an Elli, 23. 2. 1886, Nl. 87) seine Schwester, »endlich die Früchte der heillosen Politik des va banque seit etwa drei Jahren«.

1888 ratifiziert wurde und eine neue Phase der deutschen Kolonialpolitik in Ostafrika einleitete.

Der DOAG wurde die Verwaltung der gesamten Küste von der deutschen Interessensphäre im Landesinnern einschließlich der Ausübung aller Hoheitsrechte und der Zollpacht gegen eine prozentuale Beteiligung des Sultans übertragen. Als sie jedoch im August die Regierung an der Küste tatsächlich übernehmen wollte, brach ein Aufstand aus, der sowohl von der arabischen Händlerschicht, die den Verlust ihrer Geschäfte und ihres Einflusses befürchten mußte, als aber auch von der eingeborenen Negerbevölkerung in den Orten, wo die DOAG-Agenten durch ihr brutales Auftreten einen genuinen Fremdenhaß ausgelöst hatten, getragen wurde. Bis Ende September waren alle DOAG-Vertreter aus den Hafenorten, mit Ausnahme von Bagamojo und Daressalam, wo sie belagert wurden, vertrieben worden.

»Die Situation zeigt aufs Klarste«, lautete Bismarcks erste spontane Reaktion auf diese Nachrichten, »wie notwendig es ist, den Sultan dort zum Bundesgenossen zu haben.« Die Chance einer günstigen Entwicklung in Ostafrika »beruht wesentlich auf der Beziehung zu der Bevölkerung weit im Inneren, und die Beziehung können wir nicht durch militärische Expeditionen erzwingen. Die Möglichkeit militärischer Expeditionen ist meiner Ansicht nach absolut ausgeschlossen«, glaubte er, »ich würde lieber die ganzen ostafrikanischen Kolonialversuche aufgeben als militärischen Unternehmungen des Reichs im Inneren zustimmen.« Der DOAG sei mitzuteilen, daß er »an dieser Linie unbedingt festhalten und im Reichstage keine Abweichung von derselben vertreten werde«. Als ihm in diesen Tagen der Bankier v. d. Heydt das »besonnen-kaufmännische Verhalten« der DOAG rühmen wollte, klagte Bismarck: »Das fehlt eben! Chauvins! Das Reich hat nur Schutz zu leisten, nicht selbst pioneer zu sein.« Er klammerte sich geradezu an seine ursprüngliche Konzeption und beklagte mehrfach, wie ungeschickt die DOAG dem Sultan gegenüber vorgegangen sei.

Als Hansing ihm dagegen jetzt wieder vorschlug, Said Khalifa »zu mediatisieren« und »wie die niederländisch-ostindischen Sultane« zu »verwerten«, stimmte Bismarck zu: »Diese Verwertung des Sultans im deutschen Interesse war stets mein Ziel«, versicherte er ganz auf der Linie seiner Politik seit 1884, »störend hat die Flaggenhisserei und das Cortez-Spielen gewirkt!« Jedoch auch in Ostafrika sah sich Bismarck im Oktober 1888 dem Bankrott seiner Chartergesellschafts-Politik gegenüber. »Die Zeiten, wo Gesellschaften kolonisieren, sind vorüber«, konstatierte Gerhard Rohlfs in der »Kölnischen Zeitung«. Es sei unleugbar, »daß Kolonien wirklich nur gut gedeihen, wenn sie direkt vom Staat regiert werden. Die DOAG möge also beizeiten Vorkehrungen treffen«, mahnte er, »daß Deutschland selbst, d. h. der Staat, die ganze Kolonie übernimmt.« Ostafrika, forderte auch Friedrich Fabri, müsse jetzt »deutsche Kronkolonie« werden.

Bismarck sah sich der Alternative gegenüber, entweder – wie er im ersten Anflug gedroht hatte – Ostafrika ganz aufzugeben oder einen kostspieligen Kolonialkrieg zu führen. In einer grundsätzlichen Denkschrift führte Herbert v. Bismarck am 5. November ganz klar aus: »Wir müssen entweder unsere Stellung in Ostafrika aufgeben und England im Alleinbesitz lassen, oder wir müssen die Verwaltung in den unter deutschen Schutz gestellten bzw. vom Sultan von Sansibar gepachteten Gebieten der Gesellschaft von Reichs wegen übernehmen« und militärisch behaupten. Aus mehreren Gründen, die Bismarcks Billigung fanden, entschied sich der Staatssekretär des Auswärtigen Amts für die bewaffnete Intervention der Reichsgewalt: »Ein vollständiger Rückzug würde, nachdem wir uns auf das Gebiet der kolonialen Unternehmungen begeben und durch internationale Abmachungen... ausgedehnte afrikanische Gebiete der Geltendmachung deutschen Einflusses vorbehalten haben, ohne Einbuße an politischem Ansehen dem Auslande gegenüber kaum durchführbar sein.« Aber neben diesem Prestigeargument spielte die Rücksicht auf die kolonialfreundlichen Kartellparteien von 1887 eine wichtige Rolle, denn es »dürfte der scheinbare Triumph«, der »für die parlamentarische Opposition gegen die Kolonialpolitik« in einem deutschen Rückzug liege, »auf innerem Gebiete und bei den Wahlen in unerwünschter Weise ausgebeutet werden. Endlich würden diejenigen Mitglieder der DOAG, welche seinerzeit aus patriotischen Gründen das Unternehmen mit reichen Geldmitteln unterstützten, das Gefühl haben, von der Kaiserlichen Regierung im Stich gelassen zu sein« –, ein Schicksal, das so prominenten Vertretern des Solidarprotektionismus nicht zugemutet werden sollte. Zwei Tage vorher war denn auch schon der DOAG bereits die Reichshilfe zugesagt worden[109].

Während deutsche Kriegsschiffe ohne nennenswerten Erfolg die Küste blockierten und die Hafenorte beschossen, wurde im Auswärtigen Amt ausgerechnet, daß eine schlagkräftige Expedition Unkosten von rund zehn Millionen Mark verursachen werde, ehe wieder »geordnete Verhältnisse« herrschten. Unter der von Bismarck selber ausgegebenen Ablenkungsparole, daß es »im letzten Grunde« nur um die Bekämpfung des Sklavenhandels gehe, warb die regierungsoffiziöse Presse um die Zustimmung des Reichstags. Dem jungen Kaiser erläuterte Bismarck, die ostafrikanische Frage sei »so zu behandeln, daß, falls der Reichstag eine genügende Unterstützung ablehnt, die Verantwortung für die Vertagung bzw. für das Aufgeben der einen oder anderen kolonialen Bestrebung auf den Reichstag fällt, ähnlich wie bei den über Samoa gemachten Vorlagen im Jahre 1880«. »Mit Reichstag und nationalem Wind im Segel können wir vorwärts gehen, ohne das müssen wir Sansibar ad acta Apia schreiben.« Für eine Reichstagsmehrheit sorgten jedoch einmal die Kartellparteien: die Konservativen, Freikonservativen und Nationalliberalen, als deren Vertreter die Parteiführer v. Helldorf, v. Kardorff und v. Bennigsen zusammen mit dem DOAG-Promoter Oechelhäuser die Regierungsvorlage, in der zwei Millionen Mark für die Finanzierung einer Strafexpedition aus Reichsmitteln erbeten wurde, unterstützten. Auf einen von Bismarck nicht unabhängigen gelinden Druck des Papstes hin und aus humanitärer, von Kardinal Lavigerie angefachter Empörung gegen den Sklavenhandel schloß sich ihnen das Zentrum an, so daß im Januar 1889 eine sichere Mehrheit die Vorlage annahm.

Als Bismarck bei der Begründung des Gesetzentwurfs ungeachtet der tatsächlichen Entwicklung die »Pionier«-Rolle des Reiches leugnete, aber die Zivilisierung Afrikas, die angeblich das einzige Motiv der Regierung bildete, als deutsche »Ehrenpflicht« bezeichnete, spottete die »Frankfurter Zeitung«: »Am meisten profitiert vorläufig von jener Übernahme der Ehrenpflicht die DOAG.« Nach der Meinung der Kartellpresse aber tat »das Reich« nur »das Seine, um im letzten Augenblick der Teilung der

---

109. Sanderson, 34; Müller, 267–86, 357–457 (eingehend über den Aufstand); Michahelles an B., 13. 2. 1888, RKA 399 (Marg. B.); Aufz. über B. Reaktion, 18. 9. 1888, RKA 687, 66 f.; vgl. Müller 547 f.; Bamberger, Tb., 432 f. – v. d. Heydt an B., 21. 9. 1888, RKA 360, 113–16 (Marg. B., ähnlich Marg. zu Fabri an H. v. B., 28. 11. 1888, RKA 6924, 56; vgl. Zimmermann, 148); Kusserow an B., 12. 10. 1888, RKA 689 (Marg. B., ähnlich GW 9, 433 [12. 12. 1895]: »Aber diese Pizarro- und F.-Cortez-Politik, das Züchtigen von Negerstämmen, das hatte ich nie im Auge, als vor Jahren die Kolonialpolitik anfing.«); Fabri, 5 Jahre, 40 f.; KZ 30. 9. 1888; ganz ähnlich vorher DKZ 1887, 559; 1888, 187. H. v. B. an B., 5. 11. 1888, RKA 730, 6.

Erde das deutsche Volk nicht zu kurz kommen zu lassen«. Vom Mai 1889 bis zum Januar 1891 schlug dann eine Expeditionstruppe unter Hermann v. Wissmann den Aufstand mit äußerster Schärfe nieder. Sie schuf, nachdem schließlich neun Millionen Mark für sie und die deutschen Kriegsschiffe aufgebracht worden waren, die »geordneten Verhältnisse« als Voraussetzung für die deutsche Gebietsherrschaft[110].

In der Aufstandsfrage ging Bismarck wieder mit äußerster Behutsamkeit London gegenüber vor und stimmte alle wichtigen Schritte mit Salisbury ab. »Könnten wir ohne England die Insel und den Sultan gewinnen, so würde dies mehr Zukunft haben«, meinte er zwar, »aber England ist für uns wichtiger wie Sansibar und Ostafrika.« In diesem Sinn ließ er auch Botschafter Hatzfeldt mitteilen, daß Salisburys »Stellung und sein Verbleiben im Amt ... für uns hundertmal mehr wert« sei »als das gesamte Ostafrika«; im vertrauten Kreis wiederholte er mehrfach, daß »die Freundschaft von Lord Salisbury« ihm »mehr wert« sei »als zwanzig Sumpfkolonien in Afrika«. Die Konstellation der europäischen Politik und die Entlastung Englands in Ägypten und Mittelasien führten ihn zu dem Eingeständnis: jetzt »brauchen wir England, wenn der Frieden noch etwas erhalten werden soll«.

Als daher das deutsch-englische Abkommen von 1886 und überhaupt das Verhältnis der beiden Staaten in Afrika durch neue, weit ausgreifende Expansionspläne der deutschen Kolonialinteressenten gefährdet wurde, schob Bismarck unnachgiebig einen Riegel vor. Diese Pläne wucherten 1887/89 im Zusammenhang mit der Suche nach dem abenteuerumwitterten Emin Pascha, einem im Südsudan in ägyptischen Diensten stehenden deutschen Staatsbürger namens Eduard Schnitzler, empor und gingen davon aus, daß das Abkommen von 1886 die Grenze nach Westen: nach Innerafrika hin offengelassen hatte. Als Nachrichten über das Schicksal Emin Paschas, den der Mahdi von Ägypten abgeschnitten hatte, so daß er sich in Wadelei gleichsam einigeln mußte, nach Europa gelangten, brach der berühmteste Afrikareisende jener Tage, Henry Morton Stanley, im März 1887 in englischem Auftrag zu seiner Befreiung auf. Bis sich ein deutsches »Emin-Pascha-Komitee« im Juni 1888 gebildet hatte, hatte Stanley Emin Pascha schon gefunden. Dem deutschen Interessenkreis, in dem die DOAG, die »Deutsche Kolonialgesellschaft«, Kolonialunternehmer und führende Köpfe des Solidarprotektionismus den Ton angaben, schwebte das Ziel vor, durch eine deutsche Rettungsexpedition unter Peters' Leitung das Hinterland der deutschen Interessensphäre um Uganda und den südlichen Sudan gewaltig zu erweitern. Vielleicht handelte es sich tatsächlich um die letzte Gelegenheit, auf dem Wege der Eroberung das ostafrikanische Schutzgebiet zu einer zentralafrikanischen Großkolonie zu erweitern, wenn man dabei den Einbruch in die britische Interessensphäre nicht scheute. Deshalb aber trat Bismarck dem Projekt schroff entgegen.

»Weder mit Emin noch mit Stanley können wir bisher vorhandene deutsche Interessen fördern. Solche künstlich zu schaffen, ohne Sicherheit des Erfolgs, empfiehlt sich nicht: mettre de l'eau dans les vin colonial!« »Contente estote«, ermahnte er den

---

110. Müller, 414–39; B. an Wilhelm II., 9. 11. 1888, RKA 730, 16; Krauel an B., 23. 11. 1888, ebda., 24 (Marg. B.); Rottenburg an AA, 6. 11. 1888 RKA 360, 167 f. Zur Einstellung der Parteien vgl. auch Kap. III/5. Frankfurter Zeitung 19. 1. 1889; National-Zeitung 20. 1. 1889. – Vgl. auch zu der Bedeutung, die B. der Sklavenfrage beimaß: GW 9, 433 (12. 12. 1895): »Das Sklavenverhältnis hat Tausende von Jahren gedauert, ist gar nicht mal so schlimm aufzufassen in vielen Fällen, und da hätte es nichts verschlagen, wenn man es noch zehn oder zwanzig Jahre auch weiterhin belassen hätte.«

aufgeregten Sansibarkonsul Michahelles. »Wir haben schon mehr afrikanischen Besitz als wir zur Zeit verdauen können, und auch Friktion mit England mehr wie nützlich.« Auch Wissmann wurde informiert, daß der Reichskanzler es »nach Lage der europäischen Politik ... zu vermeiden« wünsche, »in Afrika mit England in einen Gegensatz zu treten«. Nicht weniger deutlich erfuhr Salisbury, daß Bismarck die Peterssche Expedition entschieden mißbilligte. Gegen diese vorsichtige Zurückhaltung Bismarcks richtete sich seit dem Sommer eine von den Kartellparteien zusammen mit der »Deutschen Kolonialgesellschaft« entfesselte Protestkampagne, die nur vordergründig gegen die Stanley fördernde englische Politik, tatsächlich aber gegen die gemäßigte Politik Bismarcks polemisierte. Da inzwischen auch der Aufstand ausgebrochen war, zeigte sich Bismarck aber noch stärker bemüht, Englands Ziele, die sich allmählich auf eine Verbindung zwischen Britisch-Ostafrika und Ägypten, ja manchmal, im engeren Kreis der Interessenten (z. B. um Rhodes) auf die Herrschaft zwischen Kap und Kairo richteten, zu berücksichtigen.

In einer Denkschrift, die er von Friedrichsruh aus an das Führungsgremium des »Emin-Pascha-Komitees« versandte, rechnete er scharf mit dessen hochfliegenden Ambitionen ab. Daß der Versuch einer Befreiung Emin Paschas »eine Ehrensache für Deutschland« darstelle, – ähnliche Töne schlug Bismarck bald im Reichstag bei der Aufstandsvorlage an! –, sei »eine willkürliche und sinnlose Redensart«. Selbst wenn das vage Abhängigkeitsverhältnis der strittigen Gebiete von Ägypten völkerrechtlich »auch unzweifelhaft« sei, »so würde doch der Nutzen einer so exzentrischen Erweiterung unserer schon übermäßig ausgedehnten Ansprüche auf unzugängliche Länder im Inneren Afrikas von keinem absehbaren Nutzen für Deutschland sein, welches schon jetzt nicht im Stande ist, seine unternommene Kulturmission in den unter Schutz genommenen weiten Länderstrecken auch nur auf dem tausendsten Teil ihrer Fläche annähernd zu erfüllen. Die mehr unternehmende als umsichtige Art des Vorgehens« der DOAG, wiederholte Bismarck seine Kritik, »scheint uns die Möglichkeit des friedlichen Vordringens unserer Kultur in jenen Gegenden wesentlich erschwert zu haben. Die ganze Entwicklung unserer ostafrikanischen Beziehungen von der Sansibar-Küste aus lag meiner Ansicht nach auf dem Wege der Anknüpfung befreundeter Beziehungen mit dem Sultanat, um dessen zweckmäßig entwickelte Verbindungen mit dem Inneren des Landes gemeinschaftlich mit ihm zu übernehmen, zu verbessern und auszubeuten, und aus dem Sultan und seinen Organen brauchbare Vermittler der deutschen Kolonialpolitik herzustellen.« Statt dieser vorteilhaften indirekten Herrschaft nötigte jetzt der Aufstand Bismarck sogar zur militärischen Intervention, die er jahrelang perhorresziert hatte. »Die Aufgabe, die wir unserer Kolonialpolitik gestellt haben«, erteilte er dem Komitee eine Abfuhr, »würde noch viel größer und schwerer werden, wenn wir zu den weiten und großen Reichen, die wir bisher durch nichts anderes als durch die Einzeichnung in die Landkarten nominell deutsch gemacht haben, noch die Länder hinzufügen könnten, in denen Emin Pascha gegenwärtig noch gebieten soll!«

Als Peters dennoch im März 1889 in Sansibar landete, ermunterte Bismarck Salisbury, er »würde es natürlich finden, daß England bewaffneten Zügen den Durchgang versagt«. Trotz der englischen Sperrmaßnahmen gelang es aber Peters schließlich doch noch, ins Innere zu marschieren. Sofort ließ Bismarck die »NAZ« anweisen, erneut die scharfe Mißbilligung der Reichsregierung auszudrücken: »Die Freundschaft Englands ist für uns ... von sehr viel größerem Wert als alles, was die Expedition günstigstenfalls erreichen könnte. Wir haben ihr zuliebe Größeres geopfert.«

»Wenn Peters Ägypten im Sudan eine Provinz entreißen wollte, so ist dies ein kriminelles Unternehmen. Herr Peters ist dann ein Flibustier!« Gegen die Entrüstung der Kolonialbewegung betonte die »NAZ« die »Notwendigkeit«, »daß unsere auswärtige Politik von dem verantwortlichen Reichskanzler geleitet werde und nicht von dem Vorsitzenden des Emin-Pascha-Komitees«. Der Rückendeckung Wilhelms II. konnte Bismarck dabei sicher sein, hatte der Kaiser doch schon im März 1889 geäußert: »Wegen dem dummen Kerl wollen wir kein Krakeel mit England.« Als im Oktober die Erfolgsmeldung Stanleys in Europa eintraf, mußte das Komitee sein Unternehmen endlich abblasen. Der letzte deutsche Expansionsversuch in Ostafrika war gescheitert[111].

Schon im August hatte Bismarck jedoch, um dem Eindruck der deutschen Kolonialerregung in England noch einmal entschieden entgegenzutreten, in einer Note verbindlich erklärt, daß Uganda und die anderen Landstriche nördlich des ersten südlichen Breitengrads außerhalb der Sphäre deutscher Kolonialbestrebungen lägen. Damit wurde für das Hinterland der deutschen und britischen ostafrikanischen Interessengebiete ein Teil des Helgoland-Sansibar-Vertrags bereits vorweggenommen! Auch der Tausch Helgolands gegen afrikanischen Kolonialbesitz war seit dem März 1889 auf eine Anregung Chamberlains hin von Bismarck eingehend erwogen worden. Herbert v. Bismarck hatte als Tauschobjekt an Südwestafrika gedacht und wie der Kaiser geglaubt, »daß das Geschäft für uns sehr vorteilhaft ist«. Als Salisbury den Gedanken jedoch nicht sofort aufgriff, ließ Bismarck diese Frage ruhen, so daß erst nach seiner Entlassung der auch von ihm vorgesehene deutsch-englische Vertrag, der aller Kritik an seinem Nachfolger zum Trotz ganz auf der Linie der Bismarckschen Politik seit drei Jahren lag, von Reichskanzler Caprivi am 1. Juli 1890 abgeschlossen wurde.

In ihm wurden die Grenzen von »Deutsch-Ostafrika«, wie sie bis 1918 bestanden, festgelegt. Im Norden verzichtete Deutschland auf alle Ansprüche auf Witu, Somaliland und Uganda (V. 1. C, b), wie Bismarck es im August 1889 angeboten hatte, so daß England das Riesengebiet zwischen Britisch-Ostafrika und Ägypten und sein alles andere überragendes Interesse an der möglichst ungefährdeten Herrschaft über Ägypten, den Sudan und den Nil sichern konnte. Im Westen grenzte jetzt das deutsche Interessengebiet an den Kongostaat und erschwerte die Verwirklichung der

---

111. Aufz. H. v. B., 11. 12. 1888, RKA 730, 170 (Marg. B.); H. v. B. an Hatzfeldt, 19. 12. 1888, GP IV, 176, Anm. u. Marg. B., ebda., 417; H. v. Eckardtstein, Lebenserinnerungen u. Politische Denkwürdigkeiten, I, Leipzig 1919, 307; ebenso RB 12, 574 f. (RT, 26. 1. 1889, vgl. ebda., 517–89, 6. 10. 1888–26. 1. 1889). Der Nl. Emin Paschas (DZA I) ist unergiebig. Vgl. Müller, 458–87; A. Symons, Emin. The Governor of Equatoria, London 1928; E. W. Freissler, Emin Pascha, München 1925; G. Schweitzer, Emin Pascha, Berlin 1898, 383–460; F. Stuhlmann Hg., Die Tagebücher von Dr. Emin Pascha, IV, Braunschweig 1927, sowie C. Peters, Die deutsche Emin-Pascha-Expedition, München 1891 (= Schriften, II). – Generalkonsulat Kairo an AA, 1. 9. 1888, RKA 249/3, 43 (Marg. B.); Aufz. H. v. B. o. D. (Dez. 1888), RKA 248, 5 f. (Marg. B.); Rottenburg an Wissmann, 7. 12. 1888, RKA 249/4; Denkschrift B., 14. 9. 1888, Nl. Bennigsen 181 u. RKA 249/3, vgl. GW 8, 597, 667–9; 9, 46; Oncken, Bennigsen, II, 510; H. v. B. (an Rantzau, 30. 7. 1889, in: Bussmann Hg., 545) meinte etwas früher, daß »Unterhaltungen mit dem transozeanisch gesinnten Bennigsen« bei Wilhelm II. dazu geführt hätten, daß »ein wenig kolonialer Chauvinismus ... erkennbar« werde. – Zur Kartellfrage: Röhl. RKA 249/3, 20; Rottenburg an H. v. B., 11. 8. 1889, RKA 250 (für NAZ); NAZ 14. u. 29. 8. 1889; Brauer an B., 17. 3. 1889, RKA 249/5 (Marg. Wilhelms II.). Vgl. zur Diskussion in der Öffentlichkeit: an., Deutsch-Ostafrika, Gb. 49/I. 1890, 49–60; H. Denicke, Der gegenwärtige Stand der deutschen Kolonialbewegung, Gb 49/II. 1890, 515–21; an., Das deutsch-englische Abkommen, Gb. 49/II. 1890, 604–20; an., Die gegenwärtige kolonialpolitische Strömung, Gb. 49/III. 1890, 241–49.

Kap-Kairo-Pläne. Wegen der deutschen Konzession im Norden räumte Salisbury den Deutschen die begehrte Grenze mit dem Kongostaat bereitwillig ein. Die bisher gepachtete Küste wurde gegen eine Entschädigungszahlung für den Sultan an die DOAG abgetreten, Sansibar unter englisches Protektorat gestellt, Helgoland dagegen an das Reich abgetreten. Das Abkommen zerstörte zunächst einmal alle Illusionen über eine weitere deutsche Expansion von Ostafrika aus. Es zog die heftige Kritik der »Kolonialpartei« auf sich und förderte die Gründung des neuen »Alldeutschen Verbands«, während die antikolonialistischen Linksliberalen wie Richter die »Aufgabe eines Zukunftstraumes über eine mehr als problematische Reichsherrlichkeit in Afrika« lobten oder wie Bamberger pointiert erklärten: »Je weniger Afrika, desto besser.«

Im Herbst 1890 wurde der Sultan mit vier Millionen Mark von der DOAG für die Abtretung der Küste entschädigt. Zugleich erhielt die Gesellschaft, die in einem Vertrag vom 20. November 1890 der Reichsregierung ihre Hoheitsrechte samt dem Privileg der Steuer- und Zollerhebung abtrat, aber alle Rechte der wirtschaftlichen Ausbeutung behielt, nicht nur diese vier Millionen Mark vorgeschossen, sondern weitere 6,25 Millionen Mark als »Entschädigung« für ihre Verzichtleistung aus der Reichskasse überwiesen. Unter Umgehung des Reichstags wurde der Betrag durch eine Reichsanleihe, die dem korrekten Caprivi offensichtlich Skrupel bereitete, aufgebracht[112]. Zusammen mit den Unkosten, die die Niederschlagung des Aufstands verursacht hatte, mußte das Reich zwanzig Millionen Mark aufbringen, ehe es Ende 1890 das Schutzgebiet Ostafrika als staatliche Verwaltungskolonie übernahm. Einige Jahre später als in Kamerun und Südwestafrika wurde auch hier der Schlußstrich unter Bismarcks ursprüngliche Pläne gezogen.

b) Fehlschlag: Witu und Somaliland

Wie in Südostafrika die Santa Lucia-Bai und in Westafrika sowohl das Mahinland als auch die Sangareah-Bai aufgegeben werden mußten, so scheiterten auch in Ostafrika zwei Kolonialprojekte im Norden des deutschen Schutzgebiets: in Witu und an der Somaliküste. Schon 1867 hatte der Häuptling von Witu, das an der Küste

---

112. Müller, 474 f.; GP IV, 407–18 (Helgoland, März–Juni 1889); VIII, 3–39. Vgl. M. Sell, Das deutsch-englische Abkommen von 1890 über Helgoland u. die afrikanischen Kolonien im Lichte der deutschen Presse, phil. Diss. Köln, Berlin 1926; L. v. Caprivi, Die ostafrikanische Frage u. der Helgoland-Sansibarvertrag, phil. Diss. Bonn, Berlin 1934; Müller, 488–511; Coupland, 483 f.; L. W. Hollingsworth, Zanzibar Under the Foreign Office, London 1953; M. P. Hornik, Der Kampf der Großmächte um den Oberlauf des Nil, Wien (1939), 248 f.; Langer, Diplomacy, 118–20; Robinson u. a., 290–300. – Die neuere Diskussion besonders über die englischen Motive: R. O. Collins, Origins of the Nile Struggle: Anglo-German Negotiations and the MacKinnon Agreement of 1890, in: Britain and Germany in Africa, 119–51; ders., The Southern Sudan, 1883–98, New Haven 1962; Sanderson, 17–66; ders., The Anglo-German Agreement of 1890 and the Upper Nile, Eng. HR 78. 1963, 49–72; dagegen D. R. Gillard, Salisbury's Heligoland Offer: The Case Against the ›Witu Thesis‹, ebda., 80. 1965, 538–52; ders., Salisbury's African Policy and the Heligoland Offer of 1890, ebda., 75. 1960, 631–53; W. R. Louis, The Anglo-German Hinterland, Settlement of 1890 and Uganda, Uganda Journal 27. 1963, 71–83; ders., Great Britain, 21 f. – Zu Bismarcks Kritik: GW 9, 272, 288, 433; 15, 562 (allg. Kap. 15); Hofmann, I, 63, 126, 328. Vgl. Eckardtstein, I, 309 f.; Waldersee, II, 131 f.; W. v. Hohenzollern, Ereignisse u. Gestalten aus den Jahren 1878–1912, Leipzig 1922, 46–48; T. A. Bayer, England u. der Neue Kurs, 1890–95, Tübingen 1955; G. Ritter, Bismarcks Verhältnis zu England u. die Politik des ›Neuen Kurses‹, APG 2. 1924, 511–70. – Über die Zeit von 1890 bis 1914 fehlt eine mit Bley und Stoecker vergleichbare Darstellung der deutschen Politik in Ostafrika.

etwa auf der Höhe von Nairobi lag, durch Vermittlung des Afrikareisenden Richard Brenner um ein preußisches Protektorat gebeten, das in Berlin gar nicht erwogen wurde. Der Reisende Clemens Denhardt, der 1878/79 mit seinem Bruder am Tanafluß Forschungen betrieben hatte, bezog dasselbe Gebiet in seine Pläne ein, als er nach der Rückkehr nach Deutschland die Gründung einer »Tana-Gesellschaft« betrieb. Ein provisorisches Komitee entstand nach dreijährigen Bemühungen im November 1882, um »die Erschließung des mittleren Ostafrika für wirtschaftliche Zwecke fördern zu helfen«. In einer Denkschrift hatte C. Denhardt ausgeführt: »Wenn für das äquatoriale Ostafrika die Kolonialfrage jemals in Erwägung gezogen wird, so ist sie zunächst am vorteilhaftesten im Sinne einer Handelskolonie zu erledigen.« Daher wurde die Gründung einer Station am Tana ins Auge gefaßt, um »die Nutzbarmachung dieses bedeutungsvollen und wahrscheinlich sogar besten ostafrikanischen Handelswegs und der durch ihn zugänglichen reichen Hinterländer anzustreben«, wie Denhardt die kümmerlichen Verkehrsverhältnisse dieses abgelegenen und von Sansibar beanspruchten Landstrichs übertrieb, und um damit »dem deutschen Gewerbe und Handel einen vom europäischen Einfluß zur Zeit noch freien Markt zu erschließen«.

Es ist auffällig, daß es Denhardt gelang, vor allem den Linksliberalen angehörende oder ihnen nahestehende Unternehmer und Politiker für seinen Plan zu gewinnen: unter dem Eindruck der soeben voll einsetzenden zweiten Depression besaß die Aussicht auf einen schwungvollen Handel mit Innerafrika durch das Einfallstor am Tana offensichtlich auch für diese freihändlerischen Linksliberalen, denen der Gedanke an koloniale Territorialherrschaft fernlag, genügend Anziehungskraft. Ihr Interesse ist ein weiteres Indiz für den Konsensus über die Notwendigkeit der Außenhandelsförderung. Vorsitzender des Komitees wurde einer der Leiter der »Sezessionisten« von 1881, der Berliner Oberbürgermeister Max v. Forckenbeck. Neben ihn traten der einflußreiche Verleger R. Mosse, der Rüstungsindustrielle J. Löwe, E. Landau, der Mitinhaber des Bankhauses J. Landau, und der Geheime Rat Paul Kayser, der spätere Leiter der Kolonialabteilung des Auswärtigen Amts. Jedoch erst im Juli 1884 wurde das »Komitee für Errichtung einer Station zu wirtschaftlichen Zwecken am Tana im mittleren Ostafrika« formell gegründet, um den Schwung der deutschen Afrikaexpansion auszunutzen. Mit einem kleinen Reisefonds versehen trafen die Denhardts im Dezember 1884 in Sansibar ein und reisten nach Witu weiter, um die geplante Station zu errichten.

Im Auswärtigen Amt bat Forckenbeck um die Unterstützung des Reiches, da das Vorhaben »die günstigsten Aussichten« für eine Erweiterung der Handelsbeziehungen Deutschlands biete. Anstatt ihre Station zu gründen, bewogen indessen die Denhardts den »Sultan« von Witu dazu, ihnen am 7. April 1885 ein Stück Land abzutreten und den Antrag auf ein deutsches Protektorat zu erneuern. Werde er angenommen, so gelinge es, »den Einfluß Deutschlands bis weit ins Innere, namentlich bis zu den großen Seen und dem Quellengebiet des Nil auszudehnen«. Ende April wurde Generalkonsul Rohlfs von den Denhardts darüber unterrichtet und das Berliner Komitee gebeten, auf ein Protektorat hinzuwirken, »wenn Fürst Bismarcks Politik darauf hinausgeht, in dem für den Handel so beachtenswerten Ostafrika festen Fuß zu fassen«[113].

113. Bericht Brenners, 1. 8. 1867, RKA 422, 36–38; Rechenschaftsbericht des Tana-Komitees, 1. 1. 1886, RKA 424, 60 f.; Forckenbeck an AA, 25. 2. 1885, RKA 422, 1–5; Rohlfs an AA, 24. 4. 1885, ebda. 18; Denhardt an Forckenbeck, 14. 5. 1885, ebda., 50. Vgl. Coupland, 402, 516; erstmals ausführlich hierüber wieder: Müller, 287–328.

Nach dem Vorbild der westafrikanischen Politik hielt es Bismarck wahrscheinlich für vorteilhaft, mehrere Eisen im Feuer zu haben. Noch im Mai ermächtigte er Rohlfs, das »Anerbieten des Sultans von Witu vorbehaltlich der Rechte Dritter anzunehmen«. Diesen Auftrag führte Rohlfs sofort aus. Said Bargasch diesen Schritt anzuzeigen, wurde ihm jedoch untersagt, da erst das Geschwader Admiral Knorrs eintreffen sollte. Der Einmarsch sansibarischer Soldaten in Witu, den Said Bargasch zur Ausübung seiner Rechte angeordnet hatte, wurde durch Bismarcks Intervention in London abgebogen. Zur selben Zeit wurde Knorr beauftragt, an Ort und Stelle den Denhardtschen Vertrag zu überprüfen und »wenn derselbe sich hierzu eignet«, definitiv zu »erklären, daß der Sultan von Witu und die in dessen Gebiet von Reichsangehörigen gemachten Erwerbungen unter dem Schutz S. M. des Kaisers stehe«. Vorerst beklagte sich die DOAG jedoch über die unerwartete Rivalität. Peters bat das Auswärtige Amt nicht nur darum, »einen zweiten Schutzbrief für diese Gegenden« zu verweigern, sondern daß die »Erwerbungen der Witu-Interessentengruppe ... mit unter den der GfDK erteilten Schutzbrief einbegriffen sein« sollten. Der zweite Wunsch wurde überhaupt nicht diskutiert, der erste ging in Erfüllung.

Obwohl die Marine über die »Ratsamkeit der Erteilung des Schutzes« über Witu »sehr gut« berichtete und Admiral Knorr sogar den Tausch der DOAG-Erwerbungen gegen Witu und das Küstengebiet um die Tanamündung vorschlug, obwohl auch Konsul Travers die Vorteile Witus »als Basis für eine weitere Ausdehnung unserer Kolonialgebiete nach Norden« hin rühmte, ließ Bismarck es bei der vagen Annahmeerklärung des Schutzgesuchs bewenden. Bis Deutschland mit England, »das aus europäischen Gründen bewogen werden« könne, »unsere Freundschaft der von Bargasch vorzuziehen«, ein Abkommen über die ostafrikanischen Probleme geschlossen habe, gelte es »Maß zu halten in unseren Territorialansprüchen«, ordnete er an und ließ auch nach dem Sommer 1885 die Witufrage in der Schwebe[114].

Am 1. Januar 1886 erklärte daher das Tana-Komitee seine Aufgabe für beendet und schlug die Bildung einer Kommanditgesellschaft vor, die die »wirtschaftliche Nutzung« betreiben sollte. Für das unsichere Geschäft fanden sich jedoch vorerst keine Interessenten. Vergebens lobte C. Denhardt Witus Lage, die »dereinst für den Welthandel und Weltverkehr von Bedeutung sein« werde. Erst im Juli 1886 konnte er seine »Privatrechte« für 50 000 Mark an den Präsidenten des »Deutschen Kolonialvereins«, Fürst Hermann zu Hohenlohe-Langenburg, »zu dessem freien und unbeschränkten Eigentum« verkaufen. Hohenlohe-Langenburg, der auch in Westafrika keine glückliche Hand gezeigt hatte und sich zum Spezialisten für erfolglose Kolonialprojekte heranbildete, warb jetzt um Zeichnungen in Höhe von 70 000 Mark, um »zunächst an einem kleinen Punkt und mit verhältnismäßig geringen Mitteln zu sehen«, wie er bescheiden genug sich ausdrückte, ob Witu »für unser Vaterland nutzbringend und segensreich gemacht werden« könne. Bismarck gab seine Zurückhaltung noch immer nicht auf, erst recht nicht, als die Denhardts sich gegen die Fusion der Ostafrikainteressenten sträubten. Als sie im März 1887 über den Einfall kriege-

---

114. B. an Rohlfs, 27. 5. 1885, RKA 422, 21, vgl. Notiz v. Juni 1886, RKA 424, 82; Rohlfs an Sultan von Witu, 8. 6. 1885, RKA 423, 111; an B., 28. 5. 1885, RKA 422, 22 (Marg. B.); Anweisung B. für London, 29. 5. 1885, ebda., 26 f.; B. an Knorr, 31. 5. 1885, ebda., 31–5; an Münster, 2. 6. 1885, ebda., 44–6; Denkschrift Peters', 6. 6. 1885, RKA 392, 2–4; Caprivi an H. v. B., 9. 9. 1885, RKA 423, 97; H. v. B. an Arendt, 28. 1. 1886, RKA 597, 57 f. (nach Knorr, 21. 12. 1885, ebda., 59 f.); Travers an B., 28. 9. 1885, RKA 423, 111; Hatzfeldt an B., 10. 7. 1885, ebda., 4–9 (Marg. B.); vgl. Kusserow an B., 9., 13. 12. 1885, ebda., 140 f.

rischer Somalis klagten, erklärte Bismarck achselzuckend, sie müßten »Witu wehrhaft machen... Das Reich kann dort nicht Kriege führen; was die Gesellschaft mit ihren Kräften nicht halten kann, muß sie nicht in Besitz nehmen.«

Tatsächlich war die Witu-Gesellschaft Hohenlohe-Langenburgs bis dahin noch immer nicht formell gegründet worden. Erst im Dezember 1887 konstituierte sie sich in Berlin. Zwar beteiligten sich mit kleinen Anteilen der »Deutsche Kolonialverein«, Bleichröder, die »Deutsche Bank«, Henckel v. Donnersmarck, Hammacher, Schwartzkopff, Graf Frankenberg-Tillowitz, Duttenhofer und Fabri, dazu auch wieder Löwe, Mosse, Landau, Mendelssohn und Hohenlohe-Langenburg, der Vorsitzender des Verwaltungsrats wurde. Aber in den ersten anderthalb Jahren verdiente die »Deutsche Witu-Gesellschaft« ganze 4120 Mark und empfahl daher, da sie nach den Küstenverträgen von 1887/88 der Rivalität von MacKinnons »British East Africa Company« mit ihrem Anfangskapital von fünf Millionen Mark nicht gewachsen war, die Auflösung. Zu diesem Zeitpunkt beschloß die DOAG, die schon vor Jahren mit den üblichen Verträgen die Gebiete nördlich von Witu, einschließlich der Tana- und Jubamündung »rechtgültig erworben« hatte, die Witu-Gesellschaft zu übernehmen. Doch wenige Monate, nachdem sie das Witu-Gebiet im Tausch gegen Anteilscheine der DOAG an sich gezogen hatte, annullierte der Helgoland-Sansibar-Vertrag die deutsche Schutzherrschaft, die seit fünf Jahren ohne wesentliche Konsequenzen geblieben war[115].

Noch weniger als das Witu-Unternehmen ist die deutsche Festsetzung an der Somaliküste bekannt geworden. Rohlfs hatte schon 1882 und dann wieder während seiner Konsulatszeit Erwerbungen an der langen, unwirtlichen Küste des Somalilandes empfohlen, um von dort aus den Handel mit dem Inneren aufzunehmen. Er ermunterte die Denhardts, als die Brüder Verhandlungen mit dem Somalihäuptling Ali ben Ismail in Kismaju aufnahmen, aus denen sie mit einem Kaufvertrag über Kismaju und das Jubagebiet sowie einem Schutzgesuch Alis hervorgingen. Rohlfs und der neue Sansibar-Konsul Travers empfahlen die Annahme des Antrags, da dadurch die Jubamündung zur deutschen Einflußsphäre hinzukam. Wegen italienischer Konkurrenz sei Eile geboten, von deutschen Handelsinteressen aber konnten sie nichts berichten. Der Reichskanzler zeigte deshalb keine Neigung, in der Zeit der Flottendemonstration die Expansion an der Somaliküste zu unterstützen. »Nur kein Kolonial-Jingo«, kommentierte er den Schutzantrag. »Die Neigung, überall ohne Prüfung des Nutzens, resp. Bedürfnisses unsere Schutzpflichten auszudehnen, hat ihr Bedenkliches noch mehr, wenn wir dadurch unsere Beziehungen zu anderen Mächten trüben... ohne äquivalente Vorteile für das Reich.« Er behielt sich eine Entscheidung über den Antrag bis nach der Regelung der Sansibarfrage vor, ließ aber das Auswärtige Amt anweisen, daß nirgends die deutsche Flagge gehißt werden dürfe, ohne daß er seine Zustimmung dazu gegeben habe: »Weiteres ›Hissen‹ darf... nicht stattfinden.« Im September und Februar 1886 schlossen aber auch DOAG-Agenten Verträge an der Somaliküste, durch die angeblich das riesige Gebiet zwischen Berbera

---

115. RKA 424, 60 f.; Denhardt an Tana-Komitee, 1. 1. 1886, ebda., 65–68 u. Nl. Paléziuy; Vertrag mit Hohenlohe-Langenburg, 1. 7. 1886, RKA 424, 87–92; Rundschreiben Hohenlohe-Langenburgs, Juni 1886, ebda., 93; ders. an AA, 2. 7. 1886, RKA 946, 103 f.; Berchem an Arendt, 19. 7. 1886, ebda., 100; Arendt an B., 9. 3. 1887, RKA 425, 91 (Marg. B.); Witu-Gesellschaft v. 17. 12. 1887, RKA 427, 25, 32–34; DKG 486, 40 f.; vgl. DKZ 2. F. 1887, 394, 454; Darstellung der Lage des Witu-Unternehmens, 13. 10. 1889, RKA 426, 70 f.; Protokoll der DOAG-Verwaltungsratssitzung, 2. 12. 1889, ebda., 78. Vgl. Kreuz-Zeitung 29. 11. 1889; Berliner Tageblatt 13. 5. 1890.

und Kap Gardafui sowie von dort bis hinunter nach Warscheich erworben worden war. Noch im Februar 1886 bat Peters um ein »Reichsprotektorat« über die gesamte Somaliküste[116].

Inzwischen hatte Travers in einem sogleich angeforderten Gutachten nach Berlin berichtet, daß der »Sultan« Ali ein deutsches Protektorat nur erstrebe, um seine Selbständigkeit gegenüber Sansibar, das dort ein Fort mit Soldaten unterhielt, zu gewinnen, im übrigen herrschten dort »anarchische Zustände«. Im August hatte Bismarck auch noch Rom über den Schutzantrag informiert, um die von einer kleinen Expedition am Jubafluß vertretenen italienischen Interessen zu berücksichtigen. Vorerst erfuhr Botschafter v. Keudell, daß Italien wegen der Ansprüche Sansibars auf eine Besitzergreifung an dieser Küste verzichte. Auf die an London gerichtete Anfrage, ob englische Rechte berührt würden, traf dagegen längere Zeit keine Antwort ein. Bevor die gemischte Kommission die genauen Grenzen des Sultanats festgestellt hatte, weigerte sich Bismarck, »nähere Beziehungen« mit den Somali-Häuptlingen zu erwägen. Auf jeden Fall werde »von der Errichtung eines deutschen Protektorats wegen der für das Reich verknüpften politischen und finanziellen Verantwortlichkeiten abzusehen sein«. Wenn erwiesen sei, daß die Häuptlinge »nicht von Sansibar abhängig sind«, werde es »für die Förderung der deutschen Interessen genügen, wenn mit den einzelnen unabhängigen Sultanen Freundschafts- und Handelsverträge abgeschlossen und sie sich vertragsmäßig verpflichten würden, ihr Land ohne Einwilligung der deutschen Regierung an eine andere Macht nicht abzutreten«.

Als Botschafter Hatzfeldt aus der Verzögerung der englischen Antwort schloß, daß London Deutschland Schwierigkeiten machen wolle, und deshalb empfahl, den »Absichten Englands unsererseits zuvorzukommen«, fragte Bismarck nur: »Was ist da zu holen?« Seine Skepsis hielt ihn freilich nicht davon ab, auf London auch mit der Somalifrage Druck auszuüben, als dauernd Schwierigkeiten mit der Grenzkommission auftraten. Die Frage nach englischen Rechten an der Sansibarküste sei »ein Beweis unserer Rücksichtnahme und unseres Vertrauens zu der Loyalität« der englischen Regierung gewesen, ließ er Rosebery bestellen. »Wenn wir jetzt sehen, daß ähnlich wie vor zwei Jahren bei Angra Pequena der Versuch gemacht wird, einer bestimmten Erklärung auszuweichen, müssen wir ... zu der Ansicht gelangen, daß die Absicht vorliegt, uns dilatorisch zu behandeln, um in der Zwischenzeit durch ein Fait accompli ... der befürchteten Proklamierung einer deutschen Schutzherrschaft zuvorzukommen.« Solch ein Verhalten könne »nicht ohne Rückwirkung auf unser gesamtes Verhältnis zu England bleiben«, warnte Bismarck wieder und wünschte, »keine Zweifel darüber zu lassen, daß wir ... die Priorität der deutschen Ansprüche auf die Somaliküste ... aufrecht erhalten wollen, und daß wir etwaige nach dieser Zeit unternommene Versuche, dort Besitzergreifungen vorzunehmen oder Hoheitsansprüche zu begründen, als einen Eingriff in erworbene deutsche Rechte betrachten würden«. Die Admiralität wurde jetzt sogar ermächtigt, »zunächst Schutz- und Freundschaftsverträge« an der Somaliküste abzuschließen, um dem Vorgehen fremder Länder zuvorzukommen. Aber als London sofort ein deutsches Protektorat als »willkommen« bezeichnete und sich die Verständigung, die zum deutsch-englischen

---

116. Facius, 346; RKA 950, 2 f. (s. o. 335); Rohlfs an B., 8. 8. 1885, RKA 946, 22; Travers an B., 2. 8. 1885, ebda., 30–36; Aufz. H. v. B., 9. 6. 1886, ebda., 83–87; 31. 8. 1885, ebda., 42–44 (Marg. B.); Rantzau an AA, 13. 8. 1885, ebda., 22; Peters an H. v. B., 15. 10. 1885, RKA 950, 13; 27. 2. 1886, ebda., 59; Karte: Müller, 338; vgl. KZ 26. 12. 1885. Auch hierüber zuerst eingehend: Müller, 329–56.

Abkommen vom Oktober 1886 führte, abzuzeichnen begann, hatte die Somalifrage als Druckmittel ihre Schuldigkeit getan und wurde fallengelassen. Der Auftrag für die Marine wurde widerrufen[117].

Wie wenig Bismarck an der Ausdehnung nach Norden lag, erwies auch seine Reaktion auf eine unerwartete italienische Beschwerdenote, die im Juni auf einmal die Mißachtung der Kolonialwünsche Roms beklagte. Den Vorwurf, das deutsche Vorgehen sei Italien gegenüber nicht »korrekt« gewesen, wies Bismarck mit schneidender Schärfe zurück: dieser Ton sei ein »im diplomatischen Verkehr befreundeter Mächte ungewöhnlicher und dem Reichskanzler in den 24 Jahren seines Amts als auswärtiger Minister sonst nicht erinnerlich.« Zugleich fügte er jedoch hinzu, er sei »der Meinung, daß in der ganzen Nordostecke von Afrika auch nicht annähernd Interessen vorhanden sind, welche sich an Bedeutung mit dem für Deutschland und Italien bestehenden Interesse freundschaftlichen Zusammengehens zu messen vermögen«. Die Mißstimmung wurde dadurch sofort beseitigt.

Tatsächlich unternahm Bismarck auch weiterhin nichts zugunsten der Denhardts oder der DOAG. Auf die Nachricht von der Ermordung einer neuen italienischen Expedition und von der feindseligen Stimmung der kriegstüchtigen Eingeborenen gegen die DOAG-Vertreter bekräftigte er, daß »jedenfalls« weiter abzuwarten sei, »schon aus Rücksicht auf die bisherige Kraftentwicklung der ostafrikanischen Gesellschaft. Solange letztere nicht stärker und für Schutz größerer Gebiete leistungsfähiger ist, wird sich weitere Ausdehnung des zu schützenden Gebiets nicht empfehlen.« Als ein deutsches Kriegsschiff die Küste besuchte und die ablehnende Haltung der Häuptlinge bestätigte, wurde Peters kühl und abschließend informiert, »daß es Sache der ostafrikanischen Gesellschaft sein werde, die Häuptlinge von der Somaliküste günstiger zu stimmen und für einen engeren Anschluß an die Interessen der Gesellschaft geneigt zu machen. Unter den gegenwärtig vorliegenden Verhältnissen könne von der Übernahme eines Protektorats über die Somaliküste gegen den Willen der dortigen Sultane nicht die Rede sein.« Über neue fragwürdige Verträge der DOAG im Oktober 1886 wollte sich Bismarck gar nicht einmal mehr äußern.

Die Verhandlungen über den Küstenvertrag mit Sansibar lenkten die DOAG dann auch auf den Süden ab. Die Erwerbungen, die Italien seit dem Februar 1889 im Somaliland unternahm, wurden von Berlin ohne Zaudern anerkannt. Wenn die deutsche Regierung im Oktober 1889 der DOAG erneut den erbetenen Schutzbrief für die Somaliküste abschlug, aber selber über das Gebiet zwischen Witu und Kismaju das sog. Benadir-Protektorat proklamierte, – ohne daß dort ein Deutscher gelebt oder sich niedergelassen, ohne daß dorthin Handelsverbindungen bestanden hätten! –, so erklärt sich dieser Schritt, der von der deutschen Öffentlichkeit auch kaum registriert wurde, aus den Vorbereitungen für den deutsch-englischen Ausgleich, für den Berlin ein Kompensationsobjekt gewinnen wollte. Zehn Monate später hob der Helgoland-Sansibar-Vertrag auch diese papierne Schutzherrschaft über ein Gebiet, in das sich fortab die »Imperial British East Africa Company« und Italien teilten, wieder auf[118].

117. Travers an B., 16. 11. 1885, RKA 946, 50–75; Aktennotiz, 18. 11. 1885, ebda., 47–49; H. v. B. an B., 7. 1. 1886, ebda., 76–78 (Marg. B.) u. RKA 950, 45–48; an Arendt, 11. 1. 1886, RKA 946, 80; B. an Hatzfeldt, 2. 4. 1886, RKA 950, 111–13 (= GP IV, 144 f.); H. v. B. an Caprivi, 15. 4. 1886, RKA 951, 74 f.; Aufz. H. v. B., 9. 6. 1886, RKA 946, 83–87; H. v. B. an Caprivi, 4. 6. 1886, RKA 951, 139.

118. Berchem an Keudell, 30. 6. 1886, RKA 946, 88 f.; an B., 1. 6. 1886, RKA 951, 128 f. (Marg. B.); Caprivi an H. v. B., 27. 9. 1886, RKA 952, 65 (66–78: Bericht der »Möwe«, 7. 9. 1886); Aufz.

D. BISMARCKS »OFFENE TÜR« IN AFRIKA: DIE KONGO-FREIHANDELSZONE

> »Es (ist) mein Bestreben..., das in Ostasien geltende System auf die unabhängigen Länder in Afrika anzuwenden.«
>
> Bismarck, August 1884[119]

Einen anschaulichen Beweis für den pragmatisch-undogmatischen Charakter der deutschen überseeischen Expansion unter Bismarck, zugleich auch für die Heterogenität der Mittel und Formen, deren sich der erste Reichskanzler bediente, bietet die Schaffung der Kongo-Freihandelszone. Sie wurde vom Berliner Auswärtigen Amt seit dem Frühjahr 1884 vorbereitet, von der Westafrikanischen Konferenz in Berlin, der sog. Kongokonferenz, geschaffen und von fünfzehn Staaten in ihrer Generalakte rechtlich verankert. Damit wurde das Ziel der deutschen Kongopolitik erreicht: ein gewaltiges, vom Atlantischen zum Indischen Ozean quer durch Afrika hindurch verlaufendes, über das Kongobecken weit hinausreichendes Gebiet dem Freihandel zu sichern und es vor dem exklusiven, den deutschen Handel benachteiligenden Zugriff einzelner Mächte zu bewahren. Während die Reichspolitik, die den nationalen Binnenmarkt mit steigenden Schutzzöllen abschirmte, in anderen Teilen Afrikas auch den Schritt vom traditionellen Schutz des Handels zu Schutzgebieten und damit zu Kolonialerwerbungen tat, um gegen echte oder vermeintliche Konkurrenz den deutschen Einfluß zu behaupten, wurde sie in der Kongofrage von Anbeginn an zum energischen Anwalt einer Auffassung, der das Ziel: »gemeinsam eine Freihandelspolitik am Kongo« zu betreiben, vorschwebte. Die Kongoakte vom Februar 1885 grenzte nicht nur als abschließende Kompromißlösung widerstreitender Absichten eine afrikanische Freihandelszone aus, – wie es zunächst erscheinen mag –, sondern sie verkörperte eine seit dem Frühjahr 1884 konsequent und beharrlich von der deutschen Politik angestrebte Lösung.

Fraglos bot diese von Berlin verfochtene Politik des Freihandels einmal taktisch den unschätzbaren Vorteil, unter dem Zeichen einer noch immer eminent einflußreichen wirtschaftspolitischen Ideologie und der sie begünstigenden Interessen einer definitiven Aufteilung auch dieses Teils von Afrika entgegenwirken zu können. Nur so schien sich das übliche Ergebnis der Rivalität in Afrika, die Aufteilung in Kolonien und Interessensphären, verhindern zu lassen, allein die Verwirklichung dieser Absicht schien dem deutschen Handel mit Zentralafrika die optimalen Entwicklungschancen sichern zu können, denn angesichts der massiven englischen und französischen Interessen, aber auch der Intentionen Leopolds II. von Belgien und Portugals hätte eine Aufteilung trotz der für Bismarck günstigen Konstellation von 1884/85 den deutschen Einfluß weit eher beschnitten als bewahrt, geschweige denn ausgedehnt. Darüber gab man sich in Berlin keinem Zweifel hin, deshalb auch entschied man sich frühzeitig für den freihändlerischen Kurs.

Krauels, 7. 10. 1886, ebda., 79; Aufz. H. v. B., 28. 10. 1886, RKA 946, 102; ders. an Krauel, 30. 10. 1886, ebda. Vgl. Müller, 323 f., 351 f.; M. J. de Kiewit, History of the Imperial British East Africa Company, 1876–95, phil. Diss. Univ. of London 1955; P. L. McDermott, British East Africa or IBEA, London 1895².
119. Aufz. W. v. B. (nach Diktat B.), 15. 8. 1884, RKA 4109, 13 f.

Zum anderen aber entsprach dieser Kurs auch ohnehin den eigentlichen Neigungen Bismarcks, in Übersee weiterhin möglichst mit den Methoden des Informal Empire der deutschen wirtschaftlichen Ausbreitung beizustehen. Wenn er auch – auf prinzipielle Systematik, wie sie der deutschen linksliberalen Opposition meist vorschwebte, nicht bedacht – mancherorts allmählich den Übergang zur territorialen Schutzherrschaft vollzog, so hätte er es doch unstreitig vorgezogen, allgemein in den unterentwickelten Regionen eine Freihandelspolitik mit begrenzter staatlicher Unterstützung zu verfolgen. Auf formelle Herrschaft hätte er nur zu bereitwillig verzichtet und sich auf das wachsende Schwergewicht des deutschen Wirtschaftspotentials verlassen, ganz so wie es jeweils für ihre Länder die mittelviktorianisch-englischen und die amerikanischen Leitvorstellungen der kommerziellen Expansion auch taten. Angesichts dieser Parallelität der Intentionen ist es daher auch kein Zufall, daß Bismarck vom ersten Augenblick an, in dem die Kongofrage Bedeutung gewann, eine Politik der »Offenen Tür« verfolgte, d. h. eine Freihandelspolitik, wie sie von den okzidentalen Mächten unter der Führung Großbritanniens und der Vereinigten Staaten den ostasiatischen Reichen aufgenötigt worden war, indem sie notfalls auch mit militärischem Druck durch die Vertragshäfen und bestimmte kommerzielle Einfallsstraßen in die bislang meist hermetisch abgeriegelten Länder dem westlichen Vordringen »offene Türen« geschaffen hatten.

»Im Interesse des deutschen Handels«, wünschte Bismarck eine »allgemeine Verständigung ... an der afrikanischen Küste zu erstreben in ähnlicher Weise, wie es in den ostasiatischen Gewässern der Fall sei«. Diese Formulierung, die er im Zusammenhang der Kongopolitik immer wieder gebrauchte, zeigt deutlich, wie Bismarck, der sich ja schon frühzeitig eingehend mit Ostasien beschäftigt hatte (IV, 1A), die von den angelsächsischen Mächten seit den 1840/50er Jahren in Ostasien verfolgte und auch schon so benannte Politik der »Offenen Tür« kannte und auf Afrika zu übertragen wünschte. Nach seinem Kalkül der deutschen Interessen hätte er diese Devise seiner Überseepolitik gern allgemein zugrunde gelegt.

Jetzt bezeichnete sie in der Kongofrage auch die für Deutschland günstigste Marschroute im Konkurrenzstreit der Mächte. Kein neuer Landbesitz am Kongo war Bismarcks Ziel, sondern die »Offene Tür« nach Zentralafrika vertraglich garantiert zu bekommen, um »die Schäden« fremder »Kolonialherrschaft für unseren Handel« abzuwenden. »Bisher« sei »der Handel und Verkehr dort für alle ... gleichmäßig frei von jeder Einschränkung« gewesen. »Unser Bestreben könne sich nur darauf richten, diesen Zustand zu erhalten und durch gegenseitige Übereinkommen zu befestigen«[120].

120. Aufz. W. v. B., 29. 5. 1884, RKA 9043, 15; 2. 6. 1884, ebda., 65 f.; Schmidthals an B, 26. 6. 1884, RKA 9044, 57 f. (Marg. B.). Am besten zur Kongofrage der 1880er Jahre und zur Berliner Kongokonferenz (wobei die Untersuchungen je nach der Nationalität des Verf. die Politik seines Landes akzentuieren, aber den internationalen Konflikt gut berücksichtigen): R. Anstey, Britain and the Congo in the 19th Century, Oxford 1962, 82–227; S. E. Crowe, The Berlin West African Conference, 1884/5, London 1942; Robinson u. a., 169–77; G. Königk, Die Berliner Kongo-Konferenz, 1884/5, Essen 1938; R. S. Thomson, Fondation de l'État Indépendant du Congo, Brüssel 1933 (u. die Lit. in Anm. 122 über Leop. II.); Pletcher, 308–24; Younger, 322–34; Duffy, Portugal, 25–46; Hammond, Portugal, 91–99. Vgl. G. de Courcel, L'Influence de la Conférence de Berlin de 1885 sur le Droit Colonial International, Paris 1936; A. B. Keith, The Belgian Congo and the Berlin Act, Oxford 1919; J. Reeves, The International Beginnings of the Congo Free State, Baltimore 1894; H. M. Stanley, The Congo and the Founding of Its Free State, 2 Bde., N. Y. 1885; überholt: Hagen, 322–32, 425–34, 494–509; schwach ist: H. E. Yarnall, The Great Powers and the Congo Conference in the Years 1884 and

Diese Politik fand auch den Beifall der deutschen Linksliberalen. Das »Programm«, »das der Herr Reichskanzler für das Kongogebiet jetzt zu verwirklichen beabsichtigt«, konnte auch Ludwig Bamberger in einer Polemik gegen die »rand- und bandlose Kolonialschwärmerei« billigen: »da ist Fürst Bismarck schon selbst Freihändler«. »Die Kongofrage« stand für ihn »auf einem anderen Blatt« als die Schutzgebietspolitik, denn »dort wollen wir ja einen Freihandelsstaat machen«. Freihändlerische Zeitungen hielten Bismarck vorwurfsvoll seine Inkonsequenz vor: »eine wahre Ironie« sei es, daß er »hier als der eifrigste Verfechter eines volkswirtschaftlichen Grundsatzes auftritt, den er für Deutschland vollständig aufgegeben hat und durch dessen Aufgabe er der deutschen Industrie und dem deutschen Handel mehr geschadet hat, als ihnen alle Freihandelspolitik am Kongo, Niger und in sonstigen exotischen Länderstrichen nützen wird«. In der Kongofrage gab es keine linksliberal-freihändlerische Opposition gegen Bismarck.

Wegen der Intentionen seiner Politik wird hier die Kongofrage von 1884/85 verfolgt. Die Bedeutung, die der Kongokonferenz zugemessen wird, ist dagegen häufig überschätzt oder als »letzte gesamteuropäische Landnahme« (C. Schmitt) in Übersee verkannt und zum Anlaß genommen worden, den Zerfall des Ius Gentium Europaeum zu beklagen und Ressentiments gegen die durch den modernen Imperialismus miterzwungene, wahrhaft globale Verflechtung der Politik, die für Europa dann aber auch den Verlust seiner Vorrangstellung bedeutete, vorzubringen. Auf längere Sicht ist aber die Kongoakte, von der auch indirekt geringe Wirkungen ausgingen, in jeder Hinsicht zum Scheitern verurteilt worden: die Freihandelszone wurde wie auch die freie Schiffahrt auf Kongo und Niger durch die monopolistischen Handelspraktiken namentlich Leopolds II. und der »Royal Niger Company«, aber auch durch die koloniale Zollpolitik Deutschlands und Frankreichs zerstört. An die Stelle eines internationalisierten Mittelafrikas trat der leopoldinisch-belgische Kongostaat. Das Humanitätsmandat der europäischen Staaten wurde durch die Kongogreuel ebenso zur Phrase wie die Neutralisierung des Kongobeckens durch den Krieg von 1914 illusorisch. Das Prinzip der effektiven Okkupation, das dem Völkerrecht schon lange bekannt war und in Bismarcks Südseepolitik während der 1870er Jahre eine Rolle gespielt hatte, jetzt aber in Berlin noch einmal bekräftigt wurde, erfuhr zahlreiche abschwächende Einschränkungen und Abwertungen. Als Beispiel für die Beilegung eines internationalen Konflikts beim anhebenden »Scramble for Africa«, von dem die »Pall Mall Gazette« schon im November 1884 sprach, und wegen der Aufschlüsse, die sie zu Bismarcks Überseepolitik gewährt, kann die frühe Kongopolitik jedoch Interesse beanspruchen. »Die Teilung Afrikas unter die europäischen Mächte hat begonnen«, hatte man auch in Berlin 1884 erkannt. »Das ist die Signatur der neuen Zeit, die für den Schwarzen Erdteil mit ungeahnter Rapidität sich jetzt entwickelt... Ein überwältigender Umschwung beginnt sich zu vollziehen.« »Allerorten ertönt in Europa der Ruf nach neuen Absatzmärkten für die Produkte der heimischen Industrie«, der Afrika »eine volkswirtschaftliche Bedeutung« verspreche, »deren Umfang noch gar nicht abzuschätzen ist«. Nachdem Afrika »als ein Handelsgebiet ersten

---

1885, phil. Diss. Göttingen 1934; unscharf u. durch enge, vorschnelle Polemik sich das Urteil verbauend: H. Loth, Kolonialismus u. Humanitätsintervention, Berlin 1966, 23-40. Vgl. einzelne Quellenstücke in: Aktenstücke betreffend die Kongo-Frage, Wb, RT 6:1:7:1641-70, Nr. 290; auch: Hamburg 1885; Deutsche Kolonialpolitik, H. 3; Aus den Archiven des belgischen Kolonialministeriums, Berlin 1918; Senate Executive Document 196, 49:1:1886; Senate Report 393, 48:1:1884. Am besten: C.·4361 (= RKA 4181).

Ranges erkannt« worden war, schickte sich die Berliner Politik an, die Tür zu seinem Inneren offenzuhalten[121].

Seit dem Ende der 1870er Jahre war das Kongogebiet zum umstrittenen Kampffeld belgischer und französischer Expansionsinteressen geworden. 1876 hatte Leopold II. von Belgien die »Internationale Afrikanische Assoziation« in Brüssel gegründet, um unter dem Deckmantel wissenschaftlicher Forschung und humanitärer Absicht für sich und Belgien eine Handelskolonie zu gewinnen. Zehn Jahre nach seiner Thronbesteigung und dem Scheitern anderer überseeischer Projekte wandte er sich zuvörerst aus ehrgeizigem monarchischem Geltungsdrang, aber auch um dem hochindustrialisierten Belgien Absatzmärkte und Rohstoffe zu sichern, nach Afrika. Zwei andere Organisationen zur Erforschung des Kongogebiets standen in Wirklichkeit auch unter seiner Leitung. Für sie schloß Henry M. Stanley 1879/83 zahlreiche Verträge am Kongo ab. Zugleich stieß aber im Auftrag französischer Interessengruppen Savorgnan de Brazza auf das Nordufer des Kongo vor und vereinbarte ebenfalls, in direkter Rivalität mit dem Unternehmen Leopolds II., Verträge. Wenn Frankreich neben der Ausbreitung in Senegambien auch am Kongo Erfolg habe, urteilte im Sommer 1883 die »Vossische Zeitung«, so werde es »unbedingt zur ersten Macht in Afrika« aufsteigen. Dieses zielstrebige Vorgehen de Brazzas wurde nicht nur in London mit unruhigem Mißtrauen verfolgt, waren doch auch vor allem englische Handelshäuser bisher am Kongo tätig, sondern auch Portugal versuchte wieder, aus der Entdeckung vor genau vier Jahrhunderten vage Rechte abzuleiten, die Souveränität über die Kongomündung zu beanspruchen und womöglich das gesamte Gebiet mit Angola zu verbinden. Auf eine Lissaboner Anfrage, die Berlin im Frühjahr 1883 beschäftigte, verhielt sich das Auswärtige Amt aber ganz zurückhaltend. Bismarck sah »keinen Grund zur Äußerung«, er wollte die Frage »England überlassen«[122].

1883 erregte die Kongofrage, über die Öffentlichkeit durch ausführliche Berichte über Stanleys und de Brazzas Wettkampf erfuhr, schon soviel Interesse, daß der internationale Völkerrechtskongreß, den das »Institut de Droit International« im September in München abhielt, einen Vorschlag zur Schlichtung der Rivalität unterbreitete. Seine Resolution, die der Schweizer Präsident des Roten Kreuzes, Gustave Moynier, ausgearbeitet hatte, forderte die Neutralisierung des Kongobeckens, Freihandel und freie Schiffahrt, um einen Konflikt zwischen »zivilisierten Nationen« zu

---

121. Bambergers Wahlrede, 12. 10. 1884, Nl. Bamberger 237; vgl. Meier, 19. 1. 1885, RTA 2625, 489; Fränkischer Kurier, 9. 12. 1884; ebenso: Bamberger Journal 30. 11. 1884. C. Schmitt, Der Nomos der Erde, Köln 1950, 188–200; ebenso übertrieben: H. Brunschwig, Vom Kolonialimperialismus zur Kolonialpolitik der Gegenwart, Wiesbaden 1957, 20; Crowe, 3 f.; Pall Mall Gazette 18. 11. 1884; J. Falkenstein, Die Zukunft der Kongo- u. Guineagebiete, Weimar 1884, Anhang; vgl. C. F. Patzig, Die afrikanische Konferenz u. der Kongostaat, Heidelberg 1885.
122. Zur Kongopolitik Leopolds II.: N. Ascherson, The King Incorporated. Leopold II. In the Age of Trusts, London 1963, 85–135; zu allg.: R. Slade, King Leopold's Kongo, London 1962, 35–43; vorzüglich noch immer: Thomson; vgl. ders., Léopold II. et H. S. Sanford, Le Congo 11. 1930/II, 295–331; ders., Léopold II. et le Congo, ebda., 12. 1931/I, 167–96; ders., Léopold II. et la Conférence de Berlin, ebda., II, 325–52; sowie: J. Bruhat, Léopold II., in: Julien Hg., 73–122; J. Stengers, La Place de Léopold II. dans l'Histoire de la Colonisation, La Nouvelle Clio 2. 1950, 513–36; A. Doren, Léopold II. u. die belgische Expansion bis zur Begründung des Kongostaats, in: Festschrift E. Brandenburg, Leipzig 1928, 214–33. Die detaillierten Forschungen vor allem von A. Roeykens, J. Stengers u. a. sind verzeichnet in: J. Willequet, Die Geschichte des Belgisch-Kongo, 1876–1960, in: Jahresbibliographie der Bibliothek für Zeitgeschichte 32, Frankfurt 1960, 357–83. Ganz enttäuschend ist H. Loth, Kongo, Berlin 1965. – Vossische Zeitung 5. 8. 1883; Notiz (10. 4. 1884), RKA 4108, 53–56 Marg. B.); Aufz. Hatzfeldts (4. 5. 1885, ebda., 68–70 (Marg. B.); Anstey, 31.

verhindern. Währenddessen liefen bereits seit dem November 1882 Verhandlungen zwischen Lissabon und London, denn Großbritannien, das die Ausbreitung Frankreichs in Afrika vor allem aus Furcht vor dessen merkantilistischer Zollpraxis, in diesem Fall aber auch wegen der Möglichkeit eines Vorstoßes vom Kongo zum Sudan: also nach Ägypten hin, argwöhnisch registrierte, sah in der Unterstützung der portugiesischen Ansprüche, die es seit vierzig Jahren nicht anerkannt hatte, ein Mittel, die französische Expansion indirekt abzufangen. Am entschiedensten wurden daher auch die portugiesischen »Rechte« von Paris bestritten. Trotz zahlreicher Bedenken kam aber schließlich am 26. Februar 1884 ein englisch-portugiesischer Vertrag zustande, der zwar nie ratifiziert wurde, aber sogleich eine neue Phase der Kongopolitik eröffnete.

Der Vertrag errichtete ein verschleiertes britisches Protektorat, denn London gab »den alten Widerstand« gegen die portugiesischen Ansprüche nur auf, wie auch Botschafter Münster nach Berlin berichtete, »um durch diesen schwachen Staat die Hand im Spiel zu haben«. Das Abkommen erkannte die Rechte Portugals auf beide Kongoufer und die gesamte Küste zwischen dem 5. und 8. Grad südlicher Breite an. Es stipulierte, daß der Handel im Kongobecken allen Nationen gleichberechtigt mit Portugal offenstehen sollte, setzte aber eine portugiesisch-englische Flußkommission ein, die auch Zölle festsetzen sollte, wobei an die Übernahme des umstrittenen portugiesischen Wertzollsystems aus dem südostafrikanischen Moçambique gedacht war. Da England zudem auf jeden Fall die Meistbegünstigung garantiert wurde, erhielt es durch die Kommission fraglos »eine bevorzugte Stellung und die Möglichkeit eingeräumt, seinem Handel ... besondere Vorteile zu verschaffen«. Zwar hatte das Foreign Office das Projekt einer internationalen Kommission, auf der es wohlweislich zuerst bestanden hatte, erst spät auf Lissabons Drängen hin aufgegeben, zwar versicherte auch Unterstaatssekretär Pauncefote jetzt, daß England nur vorhabe, »als Wächter der gemeinsamen Interessen aller Nationen zu wirken«, aber der Vertrag wirkte dennoch als Eklat. Er sperrte Leopolds II. »Internationale Kongo Assoziation« (IKA) vom Meer ab. Er bedrohte die Erwerbungen de Brazzas und die Erweiterung von Gabun nach Mittelafrika hin. Er traf auch den deutschen Handel und warf das Menetekel einer ihm drohenden Abschnürung von Zentralafrika an die Wand[123].

Wenn die deutsche Industrie am Kongo ein neues Absatzgebiet gewinnen könne, hatte die »Deutsche Reichspost« schon 1883 geschrieben, falle ihr ein »zweites Indien« zu. Exportiert wurden über Hamburg vor allem Gewehre, Schießpulver und Branntwein, importiert dagegen Palmöl, Palmkerne, Erdnüsse und Kautschuk. Den Löwenanteil an diesem Geschäft besaß die Firma Woermann. 1882 und 1883 hatte sie fünfzehn Schiffe mit einem Frachtwert von 330 000 Mark zum Kongo laufen lassen. Vom Januar 1883 bis zum März 1884 machte ihr Ausfuhrwert schon 850 000 Mark aus, wobei allein 600 000 Mark auf Waffen und Pulver entfielen. Aber auch das größte Handelshaus am Kongo, ein Rotterdamer Unternehmen, bezog zwei Drittel seiner Waren aus Deutschland. Wenn es zur Übertragung des Moçambique-Zolls kam, so stand auf Waffen ein Wertzoll von 100 bis 120 Prozent, auf Spirituosen von 120 bis 165 Prozent in Aussicht! In Woermanns Westafrika-Eingabe vom 1. März 1883 wurde daher schon ein diplomatischer Protest gegen die portugiesische Kongo-

---

123. Prof. Holtzendorff an B., 26. 10. 1883, RKA 4108, 92 (Resol., ebda., 93 f.); G. Moynier, La Question du Congo, Genf 1883, 4–17; vgl. DKZ 1. 1884, 30. – Schmidthals an B., 9. 2. 1884, RKA 4108, 99; Münster an B., 6. 3. 1884, RKA 9039, 144–47; 12. 5. 1884, RKA 9041, 88–91; Vertrag v. 26. 2. 1884: StA 43, 99–104; Wb. 1645 f.; vgl. Crowe, 17 f., 21.

politik gefordert, damit »die so sehr wichtige Kongomündung mit dem großen bevölkerten Hinterlande für den deutschen Handel und die deutsche Industrie« nicht »ganz verloren« gehe. In ihrer wichtigen Denkschrift vom 6. Juli 1883 regte die Handelskammer Hamburg auch an, auf die Neutralisierung der Kongomündung, der auch die Senatsdeputation für Handel ganz wie Kusserow im Auswärtigen Amt »große Wichtigkeit« beimaß, hinzuarbeiten. Bei Kusserow auch beschwerte sich Woermann sofort im März 1884 über die zu erwartende Benachteiligung. »Der Export deutscher Waren nach dem Kongo ist ein regelmäßig wachsender«, und »eine solche Schädigung«, wie sie der Vertrag ankündigte, würde »nicht nur im Interesse der Reeder, sondern auch im Interesse des deutschen Exporthandels sehr zu bedauern sein«.

Als Münster die nachteiligen Folgen des Vertrags auf Wunsch des Foreign Office abzuschwächen versuchte, notierte sich Kusserow, daß »dem deutschen Handelsstand... diese Versicherung nicht genügen« werde. In Konsulatsberichten an das Auswärtige Amt wurde unterstrichen, »daß im Kongolande große deutsche Interessen im Spiel sind«. Ganz in diesem Sinn sprach sich auch die Hamburger Handelskammer auf Drängen Woermanns hin aus, da »die deutsche Industrie auf das lebhafteste« berührt sei. In einer Eingabe an den Senat beklagten zudem 24 große Firmen die bevorstehende »exorbitante Zollbelastung«. Da »gerade im Kongogebiet ein großer Teil des Imports in deutschen Waren besteht und alle Bedingungen für eine ersprießliche Weiterentwicklung... in diesem noch außerordentlich aufnahmefähigen Gebiet vorhanden sind«, sei das drohende »Erliegen« des Handels um so mehr zu bedauern.

Im April und Mai 1884 traf überhaupt eine Flut von Protestschreiben deutscher Handelskammern im Auswärtigen Amt ein. Ihren Tenor bildete der Protest gegen die portugiesischen Zölle, da bisher »das Kongoland... ein hervorragender Abnehmer für große Quantitäten Waren« gewesen sei. In der Öffentlichkeit wurden diese Befürchtungen auch diskutiert. Da der »deutsche Handel mit den vom Kongo durchströmten weiten und reichen Gebieten... sicher eine Zukunft« habe, schrieb die »National-Zeitung«, müßten »die deutschen Interessen rechtzeitig wahrgenommen werden«. »Afrika ist der letzte Weltteil, der zur Verteilung kommt!«, hieß es in der »Kölnischen Zeitung«. Warum sollten »wir... dem am Kongo entbrannten Wettkampf«, wo »eine genügende Abnahme europäischer Handels- und Industrieerzeugnisse« gesichert sei, »müßig gegenüberstehen bleiben«? Der Afrikaforscher Schweinfurth versicherte, daß am Kongo »dem Konsum europäischer Industrieprodukte stets erweiterte Absatzgebiete« eröffnet würden, und der Kongoreisende Freiherr von Danckelmann bestimmte es als das Ziel der künftigen deutschen Kongopolitik, »daß auch der deutschen Industrie in späteren Jahrzehnten und kommenden Jahrhunderten der... Absatz nach dem Inneren des afrikanischen Kontinents gesichert ist«, denn, so pflichtete ihm der Industrielle Königs auf einer Versammlung des »Westdeutschen Vereins« bei, »das einzige Land, in welchem Deutschland jetzt sein Ostindien finden kann, ist Zentralafrika«[124].

---

124. Deutsche Reichspost 3. 8. 1883; RKA 9039, 161, 193, 243; RKA 9046, 46; Woermann an AA, 1. 3. 1883, RKA 4188, 10–86; HK-Denkschrift 6. 7. 1883, RKA 4189, 60–65; Protokoll der Deputation, 17. 7. 1883, StA Hamburg, Dept. I A. 1, 9. 1; Prom. Kusserows, 27. 7. 1883, RKA 4199, 59–97; Woermann an Kusserow, 3. 3. 1884, RKA 9039, 65 f.; Münster an B., 21. 3. 1884, ebda., 179 f. (Marg. Kusserows); Wb. 1646 f.; HK Hamburg, Protokolle 1884, 141 f. (21. 3.); dies. an Senatsdeputation für Handel, 24. 3. 1884, RKA 9039, 188; Firmendenkschrift, 20. 3. 1884, ebda., 189–93, StA Hamburg, Cl. VI, Nr. 15, vol. 9, Fasc. 1; Deputation an Senat, 25. 3. 1884, ebda. Am nächsten Tag

Bereits am 1. April wurde dem Hanseatischen Gesandten im Berliner Auswärtigen Amt der fortab entscheidende Gedanke erläutert, daß man im Gegenzug gegen den Vertrag England vorschlagen wolle, »die westafrikanische Küste ad modum Ostasiens ... zu behandeln«, indem »die europäischen Mächte« ihr Interesse an einer afrikanischen Freihandelspolitik großen Stils »gemeinsam zur Geltung brächten«. In einer ausführlichen Denkschrift zur Kongofrage betonte auch Kusserow, daß Deutschland »auf die Analogie der Behandlung der ostasiatischen Handelsfragen ... verweisen« könnte. »Das dort seit Jahren zur Geltung gebrachte Prinzip der Gleichberechtigung und Solidarität des Abendlandes darf gewiß den Anspruch auf Anerkennung auch in dem Augenblick erheben, wo es sich« um den freien Handel »mit dem Inneren eines ganzen Weltteils handelt«. Diese handelsstrategische Forderung nach der »Offenen Tür« in Mittelafrika wurde von Bismarck sofort zur Maxime der deutschen Kongopolitik erhoben. Zugleich ließ er wegen einer deutsch-portugiesischen Sonderabmachung in Lissabon sondieren und nach der französischen Reaktion und Neigung, sich über eine »internationale Regelung zu verständigen«, fragen, während London nicht nur zu ignorieren, sondern eventuell mit dem Aufrollen der Nigerfrage zu konfrontieren sei.

Seit viereinhalb Monaten wartete Bismarck auf eine Antwort auf seine Anfrage wegen der Souveränitätsrechte in Angra Pequena, die Nachtigalsche Aktion im umstrittenen Golf von Guinea lief an. Gegen den englischen Schachzug am Kongo galt es, auf der Hut zu bleiben. »Es stehe einstweilen für uns fest«, gab Staatssekretär Hatzfeldt zu den Akten, »daß wir erhebliche Handelsinteressen im Kongogebiet hätten, die wir nicht aufgeben könnten; wir könnten auch nicht zugeben, daß über diese Interessen ohne unsere Mitwirkung von anderer Seite getroffene Abmachungen für uns verbindlich wären.« Am 18. April erfolgte der offizielle deutsche Protest gegen den Kongovertrag in Lissabon, nachdem Frankreich, von Berlin ermuntert, am 13. April schon vorangegangen war. Da die »Freiheit des Handels« durch den Vertrag nicht gewährleistet werde, mußte der Gesandte v. Schmidthals erklären, sei Deutschland »nicht in der Lage«, ihn »als für das Reich und seine Angehörigen verbindlich anzuerkennen«. Ende April wurde London noch um einige Grade kühler über diesen Standpunkt informiert, denn »England«, umschrieb ihn Bismarck, »kann auf Portugal keine Rechte übertragen, die es selbst nicht besitzt«. Obwohl Granville, dem natürlich die allgemein ablehnende Reaktion auf den Vertrag nicht verborgen geblieben war, Münster sofort neue Verhandlungen mit Lissabon und die Rückkehr zum englischen Vorschlag einer internationalen Kommission ankündigte, gab Bismarck sich nicht so schnell zufrieden[125].

wies der Senat den hanseatischen Vertreter an, auf Protest in London hinzuwirken, da der Vertrag »die deutschen Handelsbeziehungen schwer beeinträchtigen« werde: Roeloffs an Versmann, 26. 3. 1884, ebda., Bevollmächtigte, I, 4, Bd. VIII; vgl. Baasch, II/2, 328. Protestschreiben der HK Solingen, Chemnitz, Plauen, Iserlohn, Nürnberg, Pforzheim, Bremen, Hannover, Altona, Offenbach, Dortmund, Stolberg, Mainz, München, Wesel, Köln, Harburg, Frankfurt, Wiesbaden, Elberfeld, Hagen, Mannheim, 1. 4.–16. 5. 1884: RKA 9039, 210–12, 227, 232 f., 236–9, 258–61; RKA 9040, 15 f., 36, 41, 34–5, 67 f., 125 f., 149, 162 f.; RKA 9041, 7–9, 26–28, 96 f.; 186; RKA 9043, 75 f., 128 f. Vgl. Wb. 1647–50; DZA II, Rep. 81, Kolonialakten, Generalia, VII, Bd. I; DKZ 1. 1884, 189, 212 (= GW 14/2, 950); National-Zeitung 8. 4. 1884; Frankfurter Zeitung 25. 5. 1884; KZ 10. 7., 30. 8. 1884; A. Danckelmann, Das Kongo-Gebiet, Elberfeld 1884, u. in: Deutsche Kolonialbestrebungen, 29, 33; KZ 6. 6. 1884; DKZ 1. 1884, 256.

125. Krüger an Petersen, 1. 4. 1884, StA Hamburg, Cl. I, Lit. Sd, Nr. 2, vol. 4b, Fasc. 60; Prom. Kusserows, 10. 4. 1884, RKA 9039, 214–25; Aufz. dess., 12. 4. 1884, ebda., 234 f.; Hatzfeldt an Hohenlohe-Schillingsfürst, 17. 4. 1884, ebda., 250–53 (»Behandlung der Fragen von handelspolitischem

Er wünschte »eine Regelung, welche unserem Handel in den bisher unabhängigen Gebieten volle Gleichberechtigung mit dem Handel jeder anderen Nation sichert und ihn gegen Verdrängung aus seinen in friedlicher Arbeit errungenen Positionen oder gegen Verkürzung der Möglichkeit seiner Ausbreitung« im schwarzen »Weltteil schützt«. Direkt schlug Bismarck am 5. Mai eine internationale Verständigung der Mächte vor, die an die Stelle des englisch-portugiesischen Vertrags treten solle mit dem Ziel, die »bestehenden Handelsverbindungen... unbehelligt« zu lassen. In Paris wie in London regte er an, daß eine »Neutralisierung nützlich« sei.

Auch in England hatte sich beträchtlicher Widerstand gegen den Vertrag geregt, da die dem englischen Handel zugedachten Vorteile nicht sogleich in der Öffentlichkeit bekannt wurden oder die Zusammenarbeit mit dem katholischen, protektionistischen, den Sklavenhandel noch immer deckenden Portugal ohnehin suspekt war. Mit den Protestpetitionen der britischen Handelskammern verknüpfte sich daher die Agitation der Antisklaverei-Bewegung und der protestantischen Missionsgesellschaften. Diese Opposition, die das Foreign Office in seinem Bestreben, Frankreichs Expansion zu bremsen, bisher ignoriert hatte, verband sich jetzt mit der aus unterschiedlichen Gründen gespeisten internationalen Abneigung gegen den Vertrag und bewog das Londoner Kabinett, die Ratifizierungsdebatte des Parlaments zu vertagen. Sofort schwenkte Lissabon um, es befürwortete jetzt eine Konferenz aller beteiligten Mächte, um zu verhindern, daß Frankreich »Herr des ganzen Flußgebietes« werde. Nun betonte zwar Bismarck, ganz auf der Linie seiner Zusammenarbeit mit Ferry, daß »wir... nicht auch noch in Afrika mit Frankreich in Wettstreit geraten« wollen, »wir haben dessen am Rhein genug«, – aber die Unterstützung des Gedankens einer Konferenz, die Kusserow schon am 10. April zur Diskussion gestellt hatte, nahm er befriedigt zur Kenntnis.

Vor allem als Ferry Mitte Mai nach anfänglichen Dementis zugab, am 23. April mit Leopolds IKA eine Vereinbarung getroffen zu haben, in der Frankreich die Erwerbungen Stanleys gegen die Einräumung eines Vorkaufsrechts für den Fall, daß die als finanzschwach geltende IKA fallieren sollte, anerkannt hatte. Damit tauchte die Gefahr auf, daß der französische Kolonialprotektionismus sich am Kongo ausdehnen könne, wodurch Frankreichs Position im Verhältnis zu Deutschland etwas geschwächt wurde, wie überhaupt das eifersüchtige Interesse der Mächte am zukünftigen Geschick des Kongogebiets nach dem Bekanntwerden des französischen Schritts gesteigert wurde. London wiederum, das durch Ferrys Abkommen mit Leopold zeitweilig gestärkt wurde, ließ Bismarck gegenüber erneut seine Bereitschaft zum Entgegenkommen durchblicken. Vergebens, der Reichskanzler betrieb in Paris das Konferenzprojekt. Er schlug sogar zu Botschafter Courcels Überraschung eine gegen Großbritannien gerichtete enge Zusammenarbeit zwischen Deutschland und Frankreich nach dem Vorbild der »bewaffneten Neutralität« des späten 18. Jahrhunderts vor, eine Art Kolonialentente, die Vorschriften niederlegen sollte, wie »herrenlose« Länder von zivilisierten Mächten besetzt werden sollten. Dann wartete er ab.

Außerdem erwog er jedoch noch andere Möglichkeiten. »Ich wäre gar nicht abgeneigt«, eröffnete er am 11. Mai Rohlfs, auch mit Leopold II. »in irgendeiner Weise ein Abkommen zu treffen. Entweder übernehmen wir das ganze Unternehmen, kauf-

---

Interesse« wie »in Ostasien«); Notiz Hatzfeldts, 19. 4. 1884, ebda., 253 f.; B. an Schmidthals, 18. 4. 1884, ebda., 270–77; Hatzfeldt an Münster, 29. 4. 1884, Wb. 1654; Rex an B., 30. 4. 1884, RKA 9041, 10 f. (Marg. B.); Münster an B., 1. 5. 1884, RKA 9040, 124.

ten es dem König der Belgier ab und setzten uns an Stelle der internationalen Gesellschaft, oder wir entschädigten den König..., übernehmen eine Art Protektorat und setzen an die Stelle der internationalen Assoziation eine Art deutsche Handelskompanie ähnlich wie die frühere englische Ostindische Kompanie, die sich selbst regierte, worüber wir nur staatlich die Oberaufsicht hätten. Oder aber drittens... muß man sehen, für die Deutschen dieselben Vergünstigungen zu bekommen, welche den anderen Nationen gewährt sind. Das wäre die Hauptsache. Eigentlich kolonisieren können und wollen wir nicht. Wir werden nie eine Flotte haben wie Frankreich. Und unsere Handwerker, Referendare, ausgedienten Soldaten usw. taugen auch nicht zu kolonisieren.« Diese Überlegungen zeigten, wie Bismarck Alternativen für die Kongopolitik erwog, aber weiterhin die antikolonialistische Haltung seines Laissez-faire-Expansionismus noch nicht aufgab! Vermutlich wäre ihm eine deutsche Kongo-Kompanie nicht unlieb gewesen, wie er ja auch in dieser Zeit Chartergesellschaften für Südwestafrika, Westafrika und Neuguinea ins Auge gefaßt hatte, aber »die Hauptsache« blieb ihm der Freihandel gleichberechtigter Nationen, unter denen sich Deutschland schon behaupten werde[126].

Wenige Tage später wandte sich Leopold II., der im April Auftrieb erhalten hatte, unmittelbar an Bismarck. Der Aufwertung der IKA durch Ferry war nämlich am 22. April die direkte Anerkennung der IKA durch die Vereinigten Staaten, die die IKA-Flagge als die »einer befreundeten Macht« respektieren wollten, vorangegangen. Durch den früheren amerikanischen Gesandten in Brüssel, Henry S. Sanford, der inzwischen als ein enger Mitarbeiter Leopolds II. bei dessen afrikanischen Unternehmungen mitwirkte, waren Präsident Arthur, Außenminister Frelinghuysen, aber auch einflußreiche Senatoren – wie John T. Morgan – mit Leopolds Kongopolitik vertraut gemacht worden. Die Privatgesellschaft des Königs beabsichtigte nur, so nutzte Sanford geschickt einen Leitgedanken des amerikanischen Überseexpansion aus, eine Politik der »Offenen Tür« am Kongo, diesem »Kanal« in die Regionen Innerafrikas mit mindestens »fünfzig Millionen Einwohnern«, zu betreiben. Dort könne auch Amerika »Erleichterung von der Überproduktion suchen, die jetzt einige unserer Industriezweige bedroht«. »In Anbetracht des alle Welt erfassenden Konkurrenzkampfs um die neuen Märkte Afrikas und angesichts unserer Überproduktion«, griffen einflußreiche Zeitungen diesen Wunsch auf, solle sich Washington am Kongo engagieren. Das Interesse, das die amerikanische Politik Anfang 1884 für die Kongofrage entwickelte, paßte zwar nicht zum Klischee der isolationistischen Zurückhaltung gegenüber dem Getriebe der europäischen Politik, entsprach aber durchaus dem weltweiten kommerziellen Expansionismus, der sich schon seit Jahrzehnten, aber unter dem Druck der Wachstumsstörungen auch im Amerika der 1880er Jahre

---

126. Hatzfeldt an Münster, 5. 5. 1884, Wb. 1655 f.; B. an Münster, 5. 5. 1884, GP IV, 51; Hohenlohe-Schillingsfürst an B., 30. 4. 1884, RKA 9040, 102 (Marg. B.); Courcel an Ferry, 24. 4. 1884, DDF V, 264 f.; 25. 4. 1884, ebda., 265 f.; vgl. 267–71, 36–43, 170–72, 173–77, 178–81, 190–93; GW 9, 361; 15, 129; HK Manchester an B., 7. 3. 1884, RKA 9039, 148 f. (Petition v. 5. 3. 1884, ebda., 150 f.); Gwynn-Tuckwell, I, 418, 535. Schmidthals an AA, 13. 5. 1884, RKA 9041, 87; an B., 13. 5. 1884, ebda., 181-3 (Marg. B.). Kusserows hatte (RKA 9039, 225) Berlin schon am 10. 4. als Konferenzort vorgeschlagen, um am besten »mit den zumeist beteiligten deutschen Kreisen in Fühlung« zu bleiben. Hohenlohe-Schillingsfürst an B., 14. 5. 1884, RKA 9041, 108 f.; Bülow an B., 18. 5. 1884, ebda., 176–80 (Marg. B.: nach den Erfahrungen in Angra Pequena »keine Aussicht auf Duldsamkeit« Englands); Günther, 327 (11. 5. 1884). Vgl. B. am 12. 5. 1884 zu Courcel: »Wir haben keinen Ehrgeiz, Kolonien zu schaffen«, nur der Handel müsse geschützt werden; Courcel an Ferry, 12. 5. 1884, DDF V, 289.

unübersehbar verstärkt geltend machte. Washington hoffte, mit der Anerkennung der IKA den Freihandel in Afrika zu unterstützen – auch Senator Morgan vom Außenpolitischen Ausschuß sprach von der »Offenen Tür am Kongo« –, zeigte sich aber auch der humanitären Propaganda und der vorgespiegelten Aussicht auf Negerrepubliken nach dem Vorbild Liberias aufgeschlossen.

Für Leopold II. hingegen bedeutete diese erste Anerkennung einen Schritt nach vorn, zumal da die Vereinigten Staaten ihm nicht als territorial interessierte Macht mit eigenen Wünschen entgegentraten. Als Leopold sich nun Bismarck mit dem Fernziel näherte, auch von Deutschland die Anerkennung der IKA zu erwirken, äußerte er zunächst den Wunsch, daß die Transitfreiheit zu Lande längs des Flusses und je ein Freihafen an jedem Kongoufer erhalten bleibe. »Das ganze Gebiet sollte ›Freihaven‹ sein«, setzte Bismarck dagegen. Er gab sich über Leopolds eigentliche Absicht keine Illusionen hin. Der König, spottete er, »gehe mit einem so naiven und anspruchsvollen Egoismus vor, als ob er ein Italiener wäre, der voraussetzte, daß man pour ses beaux yeux außerordentlich viel tun würde, ohne ein Äquivalent zu verlangen«. Als Gegenleistung galt Bismarck vor allem eine Freihandelsgarantie, damit »die Privilegien unserer Reichsangehörigen erhalten blieben«. Wenn er in den folgenden Wochen ein direktes Arrangement mit Leopold zunehmend höher bewertete, so leitete ihn dabei vor allem der Gedanke, daß angesichts des englischen Widerstandes gegen die deutsche Expansion in Afrika und im Pazifik und wegen der Unsicherheit, die die geplanten Konferenzverhandlungen noch umgab, eine unabhängige, neutralisierte, auf Freihandel festgelegte Handelskolonie Leopolds II. am Kongo den deutschen Interessen weniger gefährlich werden konnte als eine Regelung wie der portugiesisch-englische Vertrag. Deutschland könne es nicht »gleichgültig« sein, ließ er dem Kaiser eine seiner zentralen Vorstellungen beschreiben, »in welche Hände die unermeßlichen Gebiete des mittleren und oberen Kongo und seiner Nebenflüsse übergehen und in welcher Weise der Handelsverkehr dort sich gestaltet«[127].

Vorerst ging er freilich mit äußerster Vorsicht zu Werk. Als der belgische Journalist Gautier im Mai 1884 im Auftrage Leopolds in Berlin sondierte und einen Artikel in der »NAZ« erbat, der die deutschen Sympathien für die IKA ausdrücken sollte, lehnte Bismarck das Ansinnen entschieden ab, denn »es empfiehlt sich nicht, gegenwärtig die Meinung, daß wir uns für Kongo interessieren, durch irgendwelche Publikationen zu bestärken«, damit England nicht noch stärker auf das deutsche Interesse an Afrika hingewiesen werde. Auch über die »Bereitwilligkeit zu unterhandeln« dürfte man in Berlin der Assoziation gegenüber offiziell nichts durchblicken lassen. »Dadurch zeigt man zuviel Eifer und verschlechtert die Verhandlungsbasis. Es ist gar nichts zu tun oder an irgend jemand zu sagen, sondern ohne Redensarten« direkt mit Leopold und seinen Beratern »in Brüssel zu unterhandeln«. »Das wird durch Artikel und Sympathiebekenntnisse nur erschwert und gefährdet.«

Gautier enthüllte aber auch das Ausmaß der Expansionswünsche Leopolds, der die »Kongomündung«, »Provinzen im Inneren Afrikas« und einen »Landstreifen zum Indischen Ozean« für einen »Kongostaat«, der wie Belgien unter die Garantie »Europas« gestellt werden solle, als notwendig bezeichnete. »Wenn man so präzi-

---

127. Brandenburg an B., 19. 5. 1884, RKA 9041, 190 f. (Marg. B.); Pletcher, 308, 311, 322; Thomson, Léopold et Sanford, 297; Königk, 61–70; Senate Ex. Doc. 196, 166; Aufz. W. v. B., 1. 7. 1884 (Diktat B.), RKA 9044, 68–70; Hatzfeldt an Wilhelm I, 26. 5. 1884, RKA 9041, 230–37. Vgl. G. K. Anton, Die Entwicklung des Kongostaates, in: Kongostaat u. Kongoreform, Leipzig 1911, 10.

siert«, warnte Bismarck, »so wird ›Europa‹ – ›wer ist das?‹ – darüber nie einig werden«. Doch schon ein knappes Jahr später hatten Leopolds Kongostaat und die Freihandelszone bis zur afrikanischen Ostküste diese Wünsche in hohem Maße erfüllt!

Ende Mai griff Ferry den Konferenzvorschlag auf, er erklärte sich bereit, über die freie Schiffahrt auf dem Kongo und eine internationale Aufsichtsbehörde zu verhandeln. Territorialfragen sollten dagegen, – damit Frankreichs Ambitionen nicht durchkreuzt und Leopolds IKA nicht weiter gefördert werde –, ausgeschlossen bleiben. Unverzüglich sagte Bismarck zu. Sein anhaltendes Werben um Zusammenarbeit mit Ferry begann die ersten Früchte zu zeigen. Umsonst bot Granville wieder Modifikationen: eine internationale Kommission und anstelle der portugiesischen Wertzölle einen Maximalzoll von zehn Prozent, ja sogar Zollfreiheit für Waffen und Branntwein, die deutschen Hauptexportwaren, an. Bismarck lehnte, der französischen Unterstützung nunmehr sicher, den Vertrag mit Portugal in gleich welcher Form ab. Er kündigte London eine Konferenz an, auf der das Reich sich bemühen werde, »dem deutschen Handel die Vorteile dieses bestehenden Zustandes auch für die Zukunft zu wahren«. Auf keinen Fall könne es »dazu beitragen, daß ein so wichtiges und bisher freies Küstengebiet der portugiesischen Kolonialverwaltung unterworfen werde«. Nachdem das englische Kabinett schon unmittelbar nach Ferrys Abkommen mit Leopold den Vertrag von der Zustimmung der Mächte abhängig gemacht hatte, gab es ihn Ende Juni, nach Herbert v. Bismarcks Londoner Sondermission, nach den Spannungen in der Angra-Pequena-Frage und vor der ägyptischen Finanzkonferenz, ganz auf[128].

Im Juni auch unterstützte Bismarck ein seit 1883 erwogenes Projekt der »Afrikanischen Gesellschaft«, die von einer Expedition im südlichen Kongobecken Stationen, »die den Kern abgeben sollen für die Anlage deutscher Handelsfaktoreien und Plantagen«, errichten lassen wollte. Wenn beim Landungshafen Ambriz portugiesische Ansprüche erhoben würden, ermunterte er sie sogar, »finde ich unbedenklich, daß seitens der Expedition hiergegen protestiert wird«. Bald danach wurde auch ein deutsches Kriegsschiff an der Kongomündung stationiert. Und ebenfalls im Juni kam wieder Bewegung in die Verhandlungen mit Leopold II., der sich seit Mai der Vermittlung Bleichröders bediente, um seine Vorschläge an Bismarck gelangen zu lassen, während dieser auf demselben Wege schon am 4. Juni eine Anerkennung der IKA nach der Erfüllung der deutschen Hauptbedingung: des uneingeschränkten Freihandels, in Aussicht stellte. Am 12. Juni gestand Leopold zum erstenmal selber sein Ziel: einen »Staat« am Kongo zu gründen, Bismarck ein und zeigte sich willens, »Deutschland in dem unabhängigen und neutralen Staat«, den seine IKA »in Zentralafrika aufbaut, diejenigen Garantien zu geben, die Eure Durchlaucht wünschen«. Mit dieser Zusage war wohl im Grunde die Entscheidung Bismarcks für die Anerkennung der IKA gewonnen. Am 23. Juni eröffnete der Kanzler auch schon dem Reichstag, daß er gegen die Zusicherung der »vollen Handels- und Verkehrsfreiheit« die »Errichtung neuer Freistaaten am Kongo«, z. B. durch die IKA, »zu unter-

---

128. Aufz. Kusserows, 25. 5. 1884, RKA 9041, 209–15; Eingabe V. Gautiers, Mai 1884, RKA 9043, 28 (Marg. B.); NAZ 21. 5. 1884; Bülow an B., 29. 5. 1884, RKA 9043, 19 f.; vgl. B. an Bülow, 24. 5. 1884, RKA 9041, 203; Hatzfeldt an Bülow, 5. 6. 1884, Wb. 1656; vgl. DDF V, 286 f., 287–89, 289–91, 337 f., 351 f. – Granville an Ampthill, 26. 5. 1884, Wb. 1656 f.; B. an Münster, 7. 6. 1884, ebda., 1657; Gwynn-Tuckwell, II, 84 f.; Münster an B., 26. 6. 1884, RKA 9044, 37.

stützen gedächte..., um dem deutschen Handel das weite Gebiet von Zentralafrika zu freier Entfaltung offenzuhalten«[129].

Damit war Bismarcks Opposition gegen die englische Kongopolitik auch öffentlich ganz unverhüllt zutage getreten. Auf Courcels sofort geäußerten, durchsichtigen Wunsch, auch die Klärung der Verhältnisse am Niger in die Konferenzagenda miteinzubeziehen, ging er verhalten ein, obwohl er sich wie natürlich auch Ferry bewußt war, daß damit der wunde Punkt der englischen Westafrikainteressen berührt wurde. Als dagegen auch der portugiesische Gesandte auf die sich deutlich abzeichnende Richtung der Berliner Politik reagierte und in einem geradezu verzweifelten diplomatischen Ausverkauf gegen die deutsche Anerkennung der portugiesischen Souveränitätsrechte am Kongo anbot, »eventuell alles zuzugestehen, was wir wünschen möchten«, bezeichnete Bismarck wieder einen »Vertrag ad instar ostasiatische Verhältnisse mit allen Beteiligten« als sein Ziel. Eine in einzelne gehende Vorverständigung mit London lehnte er weiter ab: »Unser Bedürfnis ist die Zwickmühle zwischen Belgien-Portugal und zwischen England-Frankreich.« Auch die Vormacht des Freihandels sollte sich mit der »Offenen Tür« am Kongo abfinden und anstelle der verkappten antifranzösischen Protektoratspolitik »Garantien« für die »Handelsfreiheit« in diesem »wichtigen Wirtschaftsgebiet« mitschaffen. Nur »eine prinzipielle Verständigung mit England im Sinne der ostasiatischen Verkehrsverhältnisse« wurde Münster aufgetragen. Am 8. August erklärte sich Lord Granville, der nach dem Scheitern seiner ursprünglichen Politik, aber auch nach dem Warnzeichen der erfolglosen Ägyptenkonferenz in einer internationalen Regelung für den Kongo durchaus eine vorteilhafte Hürde gegen den französischen und den portugiesischen Kolonialprotektionismus erkannte, mit diesem Verhandlungspunkt einverstanden[130].

Mit Frankreich dagegen, dem Bismarck mit der Torpedierung der ägyptischen Finanzverhandlungen einen Beweis für seine Kooperationsbereitschaft geliefert hatte, wurde im August das gesamte Konferenzprogramm in eingehenden, vertraulichen Gesprächen zwischen Hatzfeldt, Bismarck und Courcel in Berlin und Varzin sowie zwischen Hohenlohe-Schillingsfürst und Ferry in Paris ausgehandelt. »Sobald wir mit Frankreich über die nach Analogie Ostasiens zu formulierenden Grundsätze

---

129. Schleinitz an B., 18. 6. 1884, RKA 4194, 100–11 (zu 1883: RKA 4191, 155: »die südlich vom Kongo gelegenen Lande der deutschen Kultur zu erschließen«, DKG 218, 9 f.); B. an Schleinitz, 28. 6. 1884, ebda., 118 f.; Aufz. W. v. B., 22. 7. 1884, RKA 9044, 123; – Thomson, État, 180 f.; Königk, 85; Leopold II. an Bleichröder, o. D., RKA 9045, 40; Bleichröder an B., 24. 5./6. 8., 8. 9. 1884, Nl. Bismarck, A. Sch. 20; vgl. DDF V, 422; Hatzfeldt an H. v. B., 17. 8. 1884, RKA 9045, 82 f.; RB 10, 170 f. (RT, 23. 6. 1884). – Über die rechtlich-technischen Fragen der Anerkennung: Boetticher an Hatzfeldt, 23. 9. 1884, RKA 9046, 58–61 (Marg. B.: »Entwurf mit Rücksicht auf Inhalt an Woermann«). Auf Leopolds Drängen wegen der territorialen Abgrenzung seines Kongostaats erwiderte B. ausweichend (an Leopold, 4. 9. 1884, in: an., Der Kiwu-Grenzstreit mit dem Kongostaat, Deutsches Kolonialblatt 17. 1916, 173 f.): »Die genaue Abgrenzung eines zukünftigen Staates in herrenlosen und zum Teil unbekannten Gebieten ist eine Aufgabe, deren Schwierigkeiten und Folgen sich der Voraussicht völlig entziehen.«

130. Hatzfeldt an Hohenlohe-Schillingsfürst, 5. 7. 1884, u. Hohenlohe-Schillingsfürst an B., 9. 7. 1884, Wb. 1658; Aufz. Hatzfeldts, 7. 7. 1884, RKA 9044, 99–102 (Marg. B.); vgl. auch Aufz. Kusserows, 31. 7. 1884, RKA 9045, 7–11 (Marg. B.). – AA an Münster, 26. 7. 1884, RKA 9044, 130 f. (Marg. B., gegen die in diesen wortreichen Entwurf Kusserows angeregte Sondierung wegen einer Verständigung mit London protestierte er scharf: »Die Frage nur die: Ist England geneigt, mit uns einen ... neu zu schließenden Kongovertrag zu verabreden. Das hätte kurz, deutlich und ohne ornamentale Weitläufigkeit gesagt werden können«); Hatzfeldt an Münster, 26. 7. 1884, Wb. 1658 f.; an B., 11. 8. 1884, RKA 9045, 57–60; Münster an AA, 8. 8. 1884, ebda. 47–9; DDF V, 361 f., 357 (Ampthills Klage über B. antienglische Haltung) u. Ramm, II, 278, 309 f.

einig sind«, lautete die Devise des Reichskanzlers, »können wir dann gemeinsam die anderen dabei interessierten Mächte« zu einem von der geplanten Konferenz zu vereinbarenden Abkommen über die Handelsfreiheit am Kongo einladen. Da Deutschland den »exklusiven englischen Bestrebungen nach möglichster Alleinherrschaft in den außereuropäischen Meeren« allein nicht entgegentreten konnte, arbeitete es auf eine »Assoziation« der »anderen handeltreibenden Nationen« hin, um »ein Gegengewicht der englischen Kolonialsuprematie herzustellen«. Das war ein kühnes Projekt, das gefährliche Folgen haben konnte, – Ferry charakterisierte es als eine »machine de guerre contre l'Angleterre«. Entsprechend vorsichtig wurde es von dem französischen Ministerpräsidenten, der ohnehin aus innenpolitischen Rücksichten auf den unversöhnlichen gambettistischen Revanchismus seine Zusammenarbeit mit Bismarck tarnen mußte, aufgenommen und in die Diskussion konkreter Einzelfragen umgebogen.

Im einzelnen umschloß das deutsche Programm während der Augustgespräche drei Punkte:

1. Berlin wünschte zuerst die »absolute Freiheit« des Handels im Afrika südlich des Äquators. Sie war dem Pariser Protektionismus eigentlich durchaus unerwünscht, wurde aber schließlich für das eigentliche Kongogebiet eingeräumt, damit eine unzweideutige Gegenposition gegenüber Großbritannien und Protugal gewahrt blieb. Auch nach einer Realisierung des von der IKA gewährten Vorkaufsrechts sollte Deutschland die »Handelsfreiheit für immer« erhalten bleiben.

2. Gegen weitere unvorhersehbare englische Ansprüche, wie sie Bismarck in Südwestafrika und in der Biafra-Bai erlebt hatte, einigte man sich auf das Prinzip der effektiven Okkupation, die fortab allein unbezweifelbare Ansprüche begründen sollte; sie war vor allem auch der französischen Nigerpolitik genehm.

3. Während auch bald Übereinstimmung über freie Schiffahrt auf dem Kongo und seinen Nebenflüssen erzielt wurde, willigte die deutsche Seite nur zögernd ein, denselben Grundsatz für den Niger zu vertreten, wo eventuell, wie Courcels Urteil lautete, »englische Barrieren« zu überwinden seien.

In Varzin wurde dieser »Operationsplan« von Bismarck und Courcel endgültig »verabredet« und Berlin als Konferenzort bestimmt. Für seine Zustimmung durfte Paris der deutschen Unterstützung in Ägypten: dem eigentlichen Drehpunkt seiner Afrikapolitik, weiter sicher sein. Das gab für Ferry den Ausschlag. Mit einer formellen Note bestätigte Bismarck am 13. September das gewonnene Einverständnis und unterstrich noch einmal die Grundtendenz seiner Kongopolitik: »Die Ausdehnung unserer kolonialen Besitzungen ist nicht Gegenstand unserer Politik, wir haben nur im Auge, dem deutschen Handel den Eingang nach Afrika... zu sichern.« Dazu sollten Freihandel, freie Schiffahrt und effektive Besitzergreifung, die sich in der überseeischen Auseinandersetzung mit England vorzüglich als Druckmittel gebrauchen ließen, dienen. Am 6. Oktober wurden die Einladungen zur westafrikanischen Konferenz in Berlin verschickt[131].

131. W. v. B. an AA, 7. 8. 1884 (Diktat B.), RKA 9045, 32 f. (auch: RKA 4109, 1 f.; GP III, 413 f.); Hatzfeldt an B., 11. 8. 1884, RKA 9045, 64 f. (= GP III, 414–17); vgl. W. v. B. an AA, 15. 8. 1884, GP III, 418 f.; ausführlich: Courcel an Ferry, 11. 8. 1884, DDF V, 365; 14. 8. 1884, ebda., 367 (vgl. GP III, 418); 15. 8. 1884, ebda., 368 f.; 16. 8. 1884, ebda., 371 f.; 17. 8. 1884, ebda., 373–75; 25. 8. 1884, ebda., 381–3; 30. 8. 1884, ebda., 390–95; Aufz. Ferrys, Aug. 1884, ebda., 377–80; Hohenlohe-Schillingsfürst an B., 15. 8. 1884, GP III, 419 f.; 23. 8. 1884, ebda., 420 f.; Holstein, II, 173 (30. 8. 1884); vgl. Hohenlohe-Schillingsfürst, II, 351 (24. 8. 1884); Schweinitz, Denkwürdigkeiten, II, 283 f.,

Erst am Vortag hatte Bismarck diese Einladung dem Foreign Office angekündigt, wenn er auch erwog, es werde »England vielleicht zu beruhigen sein, daß ›Afrique‹ in dem hier gemeinten Sinne Ägypten nicht einbegreift«. »Prinzipiell« erklärte sich Granville sofort mit dem Konferenzvorschlag einverstanden, beharrte aber auf näheren Erläuterungen, was denn unter Handelsfreiheit und effektiver Besetzung zu verstehen sei. Diese Bitte wurde ihm rundheraus abgeschlagen. Den Konferenzverhandlungen, ließ das Auswärtige Amt verlauten, dürfe nicht vorgegriffen werden. Darin, daß die englische Präponderanz in Teilen von Westafrika oft nicht formell abgestützt war, gründe, wie Bismarck vermutete, die Abneigung gegen eine »genaue Regulierung der westafrikanischen Verhältnisse überhaupt«, wie er England auch zugleich noch unterstellte, die Zeit bis zur Konferenz »für den Niger utilisieren« zu »wollen«. Denn wie sehr London der Einbeziehung der Nigerfrage in internationale Verhandlungen widerstrebte, war Bismarck vollauf bewußt.

Ende Oktober ließ daher Granville mitteilen, daß Großbritannien »ganz dasselbe Ziel« wie Deutschland: die »Freiheit des Handels und Gleichstellung aller Nationen in afrikanischen Gewässern«, verfolge, aber unverbrämt erklärte Unterstaatssekretär Bourke dem Parlament, daß internationale Gespräche über das Nigergebiet »höchst unbillig« seien und überhaupt »der Niger nicht in derselben Weise wie der Kongo behandelt werden dürfe«. Durch Bleichröder ließ Bismarck Botschafter Malet eine beruhigende Versicherung zukommen. Anfang November nahm daraufhin Granville die Einladung nach Berlin in der Erwartung an, daß »die Rechte Großbritanniens am unteren Niger . . . gewahrt bleiben« und das Prinzip der effektiven Besitzergreifung erst in Zukunft gelten solle.

Noch ehe die Konferenz eröffnet wurde, folgte Bismarcks Überraschungscoup. Seine Verhandlungen mit Leopold II. hatten im Herbst zu einem befriedigenden Ergebnis geführt. Die IKA erklärte sich bereit, in ihrem Gebiet die vollständige Zollfreiheit und das Meistbegünstigungsrecht für Deutsche zu gewähren. Diese Vorteile sollten auch nach einem künftigen Verkauf gewahrt bleiben. Gegen diese Zusicherung sprach Bismarck am 8. November in einem Übereinkommen zwischen dem Reich und der IKA die formelle Anerkennung der leopoldinischen Kolonialgesellschaft als befreundeter Macht aus! Zugleich empfahl er »im Interesse des Handels« auch London der Anerkennung der IKA als »internationales Rechtssubjekt«, wogegen Courcel in Berlin eine gewisse Abkühlung verspürte und Ferry den »ungünstigen Präzedenzfall« beklagte. Mit der Rückendeckung Bismarcks, der sich seinem handelspolitischen Hauptziel am Kongo durch den Vertrag weiter genähert hatte, konnte Leopold den Verhandlungen der Mächte in Berlin in Ruhe entgegensehen[132].

290, 297; Hatzfeldt an B., 17. 8. 1884, GP III, 420; 25. 8. 1884, RKA 4109, 20–25 (= GP III, 421–24); Aufz. W. v. B., 30. 8. 1884, ebda., 38–41 (vgl. B. an Busch, 30. 8. 1884, GP III, 424–26); B. an Courcel, 13. 9. 1884, Wb 1659 f.; Zirkularnote, 6. 10. 1884, ebda., 1661; vgl. ebda., 1660–62 u. Rotenhan an B., 8. 9. 1884, RKA 4109, 53. – Aufz. H. v. B., 7. 9. 1884, GP III, 427; ders. an Bismarck, 6. 10. 1884, ebda., 431–37; 7. 10. 1884, ebda., 438 f.; Aufz. Ferrys, 6. 10. 1884, DDF V, 441–43; Courcel an Ferry, 15. 9. 1884, ebda., 409–13; vgl. 413 f.; 21. 9. 1884, ebda., 418–22; 23. 9. 1884, ebda., 423–25, sowie zu den diplomatischen Verhandlungen im Einzelnen: Königk, 88–113; Crowe, 62–71; Langer, Alliances, 201 f.; Daudet, 106, 109 f.; Wienefeld, 146; Taylor, 53 f.

132. B. an Plessen, 5. 10. 1884, PA, Botschaft London, Col. Afrikan. Konferenz; Entwurf v. 6. 10. 1884, RKA 4109, 162 (Marg. B.); Granville an Plessen, 8. 10. 1884, Wb. 1661 f.; Busch an Plessen, 10. 10. 1884, RKA 4110, 136; Aufz. Buschs, 19. 10. 1884, RKA 4111, 68 f.; W. v. B. an Rotenhan, 17. 10. 1884 (Diktat B.), ebda., 42–44; Münster an B., 19. 10. 1884, RKA 4112, 10–12; 26. 10. 1884, ebda., 84–89; Malet an Granville, 18. 10. 1884, in: Knaplund Hg., 348; an Hatzfeldt, 4. 11. 1884, Wb. 1663; Vertrag Reich-IKA, 8. 11. 1884, Wb 1663 f.; Notenentwurf Münster an Granville, 1. 11. 1884,

Am 15. November wurde vom Reichskanzler selber die Kongokonferenz, an deren zehn Sitzungen die Vertreter von fünfzehn Staaten bis zum 26. Februar 1885 teilnahmen, glanzvoll eröffnet. Danach überließ Bismarck Hatzfeldt, Busch und Kusserow, denen Woermann als »technischer Delegierter« beigeordnet wurde, die Verhandlungen, um aus der Distanz seine schiedsrichterliche und vermittelnde Rolle, seine durch die Konferenz bestätigte »überragende Autoritätsstellung«, besser ausüben zu können. Die Hauptarbeit wurde ohnehin in den Ausschüssen geleistet, wo auch Sanford und Stanley, die formell als Experten der amerikanischen Delegation angehörten, für die offiziell nicht vertretene IKA wirken konnten. Im Vordergrund dieser Kommissionssitzungen standen die drei Programmpunkte der Handelsfreiheit, der freien Schiffahrt auf Kongo und Niger und der effektiven Okkupation. Zugleich wurden aber, der französischen und amerikanischen Abneigung zum Trotz, in Nebenverhandlungen die strittigen Territorialfragen und der Rechtsstatus der IKA behandelt. Diese beiden Komplexe beherrschten namentlich die zweite Phase der Konferenz seit Ende Dezember.

Schon während der Beratung der Freihandelsfrage bildete sich eine Frontstellung heraus, die offen oder versteckt die Konferenz kennzeichnete: Deutschland und Großbritannien, die beiden – wie es im Protokoll hieß – »handeltreibenden und industriellen Nationen, die eine gemeinsame Notwendigkeit zwingt, neue Absatzmärkte zu suchen«, wünschten zusammen mit der IKA eine möglichst große Freihandelszone bis zum Indischen Ozean, nicht dagegen wie Frankreich und Portugal eine möglichst enge geographische Begrenzung auf das eigentliche Kongobecken. Sogleich trat die weitreichende Identität der deutschen und englischen Interessen zutage, die zu einem unübersehbaren Rapprochement der beiden Staaten führte, während die ad hoc gebildete deutsch-französische Kolonialentente zerbröckelte und als anti-englisches Druckmittel noch vor Ferrys Sturz im März 1885 zerfallen war. »So breit wie möglich« wollte Bismarck auch entgegen den französischen Wünschen die Freihandelszone an der Westküste halten, ohne sich freilich hier, wie in der Verlängerung quer durch Innerafrika bis an die Küste des Sultanats Sansibar, durchsetzen zu können. Wenn Frankreich »sich für das Küstengebiet lediglich an die engen Grenzen des eigentlichen Kongobeckens« halten wolle, ließ er Paris wissen, »dann wäre es besser gewesen, nichts gemeinsam mit Frankreich zu unternehmen«.

Auch Woermanns Drängen, aus Rücksicht auf »die deutschen« – seine – Faktoreien zwischen Kamerun und Kongo die gesamte Küste zwischen Kamerun und Angola als »Einheit in kommerzieller Hinsicht« anzusehen und »diese große Region ... soweit wie irgend möglich zum Kongo-Freihandelsgebiet« zu schlagen, blieb trotz seiner Gutachten, die das »gemeinsame Interesse aller zivilisierten Nationen« daran beschworen, wegen der unbeugsamen französischen Opposition erfolglos. Sieht man aber von der schmalen Mündung an der westafrikanischen Küste ab, so einigte sich die Konferenz dank der deutsch-englischen Zusammenarbeit auf eine gewaltige Freihandelszone, die zwanzig Jahre von allen Einfuhrzöllen befreit bleiben solle. Sie verwirklichte Bismarcks Vorstellungen von der »Offenen Tür« in Afrika, wie sehr auch in den folgenden Jahrzehnten vor allem Leopolds Kongostaat die ursprünglichen deutschen Hoffnungen zunichte machte[133].

RKA 4113, 2–7; DDF V, 477, 469 f., 470 f., 488 f. Vgl. KZ 2. 11. 1884; Standard 18. 10. 1884; Observer 19. 10. 1884.
133. Die Akten, Originalprotokolle, Gutachten usw. der Konferenz: RKA 4120–86, vgl. 9039–51, u. StA Hamburg, Cl. VI, Nr. 15, vol. 9, Fasc. 2; die offiziellen Protokolle: Protocoles et Actes

Die freie Schiffahrt auf dem Kongo, die ebenfalls beschlossen wurde, unterlag der Kontrolle durch eine internationale Kommission, während auf englischem Wunsch für den Niger, auf dem auch freier Verkehr herrschen sollte, keine entsprechende Kommission eingesetzt wurde. Darin äußerte sich auch Bismarcks Entgegenkommen, der England zu Konferenzbeginn eine getrennte Behandlung der Nigerfrage, statt der von Frankreich gewünschten strengen Parallelisierung mit den Kongoproblemen, zugesagt hatte. »Offensichtlich« habe Bismarck »mit Großbritannien dessen Sonderstellung am Niger abgesprochen«, wußte Holstein schon am 15. November, und die Ausführung der den Niger betreffenden Konferenzbeschlüsse habe er London als »eine Vertrauenssache« zugestanden. Als während der Konferenzgespräche im November auch für den Niger eine internationale Kommission diskutiert wurde, schob Bismarck sofort und endgültig einen Riegel vor: »Für den Niger wird England die Überwachung allein übernehmen wollen.« Das wollte es auch in der Tat. Dank Hewetts soeben abgeschlossenen Verträgen konnte jetzt auch Großbritannien die gesamte Region des unteren Niger nicht nur kommerziell, sondern auch ›rechtlich‹ beanspruchen. Es setzte dort seine Wünsche, jede fremde Einmischung auszuschalten, fast vollständig durch. Nach dieser neuen Niederlage blieb nur der obere Niger für Frankreich noch offen, denn Goldies »Niger Company« monopolisierte seit 1886 den »freien« Unterlauf.

Allein in einer speziellen Frage, die den englischen Vorherrschaftsanspruch nicht in Frage stellte, widersetzte sich Bismarck den englischen Plänen. Denn die von den britischen Vertretern vorgeschlagene Beschränkung des Waffen- und Spirituosenhandels durch Kontrollen und Einfuhrzölle lehnte er ab. Damit »wäre Kontrolle hergestellt und freier Handel hörte auf«. »Nach Anhörung des Herrn Woermann«, der ihm die Folgen dieses Schlags gegen das Hauptgeschäft der deutschen Handelshäuser in Westafrika beschrieb, mußte die deutsche Delegation »dem Versuch« entgegentreten, »unter dem Vorwand humanitärer Zwecke die erreichte Transitfreiheit durch einseitige Kontrollmaßregeln ... einzuschränken«. Bismarck wünschte, die deutschen »intérêts du commerce« kräftig berücksichtigt zu sehen. Die »ganzen Abmachungen über Handelsfreiheit« würden »illusorisch werden ..., sobald man ... Kontrollen einführte. Die Handelsfreiheit läge alsdann in der Willkür von Kontrollbeamten, und es würde nicht ausbleiben, daß sich unter den Nationen Rivalitäten entwickelten, welche zu einer ungleichen Behandlung führen würden«, denn »wer die Aufsicht führt, würde das Monopol üben«. Die Entwicklung seit 1886 gab ihm darin recht, aber auf der Konferenz setzte sich Bismarck durch.

Im Hinblick auf das völkerrechtliche Problem der effektiven Okkupation, deren Behandlung ursprünglich als Gegenzug gegen die englischen Widerstände in Angra Pequena und Kamerun gedacht war, wurde ein ingeniöser Kompromiß gefunden, der

---

Générals de la Conference de Berlin 1884/5; C.-4361. Ausführlich: Crowe, 95–196; Königk, 114–86; vgl. Poschinger, Hamburger Freunde, 105; Schweinitz, Denkwürdigkeiten, II, 290; W. v. B. an Holstein, 1. 11. 1884, in: Holstein, III, 116. Zit. Tb. Versmann, 18. 11. 1884, Nl. Versmann A 5, 67; vgl. Oldenburg, 92; Radowitz, II, 243 f. Hamburger Nachrichten 1. 11. 1884; Frankfurter Zeitung 10. 12. 1884; Neue Würzburger Zeitung, 14. 2. 1885; DKZ 2. 1885, 1–6; ab 20. 11. ausführliche Berichte der KZ. – Frelinghuysen an Alvensleben, 17. 10. 1884, RKA 4113, 36–38; Protocoles, 87; Aufz. Kusserows, 18. 11. 1884, RKA 4169, 17 f. (Marg. B.); vgl. ebda., 8–10, u. Aufz. Buschs, 22. 11. 1884, RKA 9047, 143–6 (Marg. B.); DDF V, 475; Bieber an B., 27. 9. 1884, RKA 9046, 84 (bei Woermann); Woermann an B., 28. 10. 1884, ebda., 153 u. RKA 4197, 38–40; 4. Protokoll (24. 11. 1884), Annex II, Gutachten Woermanns, RKA 4163, 67–71. Vgl. Lerchenfeld an Crailsheim, 26. 10., 6. 11. 1884, StA München, Gesandtschaftsakten Berlin 1054.

ebenso der deutschen: auf möglichst straffe Handhabung zielenden Ansicht, wie der englischen: auf möglichst elastische Auslegung gerichteten Auffassung Rechnung trug, also der zeitweiligen Entspannung in der deutsch-englischen Überseepolitik entsprach. Auf Anregung des Lordkanzlers Selborne setzte nämlich die englische Delegation den Unterschied zwischen »Annexionen« und »Protektoraten« durch. Das Protektorat galt danach weiterhin als legitime Rechtsform und Ausdruck der Vorherrschaft eines okzidentalen Staates, fiel aber nicht unter die Bestimmungen der Konferenzbeschlüsse. Damit wurde dem englischen Informal Empire eine Konzession gemacht. Die Annexion dagegen verpflichtete zur Aufrechterhaltung von Frieden und Rechtsprechung, damit gewöhnlich zur Einrichtung formeller Gebietsherrschaft, die in Zukunft den Signatarmächten anzuzeigen war. Bismarck durchschaute natürlich den englischen Antrag, lenkte aber nach kurzem Widerspruch ein, da er die Vorteile für die deutsche Ausbreitung erkannte und die Frage als Pressionsmittel inzwischen ausgedient zu haben schien[134].

Während der beiden ersten Konferenzmonate wurden gleichzeitig hartnäckig Verhandlungen zwischen der IKA und Frankreich, aber auch Portugal über die territoriale Abgrenzung der Hoheits- und Interessengebiete am Kongo geführt, nachdem England am 16. Dezember dem amerikanischen und deutschen Vorbild mit der Anerkennung der IKA gefolgt war. Erst im neuen Jahr kam diese Nebenkonferenz jedoch von der Stelle, als Leopold gegen eine Entschädigung Frankreich die Erweiterung Gabuns bis an ein Teilstück des Kongo konzedierte und dafür am 5. Februar die Anerkennung der IKA gewann. Am 15. Februar folgte ein entsprechender Vertrag mit Portugal, das nach dem deutschen und französischen Vorgehen nicht länger mehr seine ablehnende Haltung bewahren konnte. Ungeduldig hatte Bismarck diese langwierigen Verhandlungen kommentiert, er »wünsche nur Handelsfreiheit am Kongo, und es soll mir gleichgültig sein, von welchem die Hoheit beanspruchenden Staat ich sie erhalte«. Da er von Leopold, der dank Bismarcks offener und geheimer Unterstützung für seine IKA die meisten Vorteile erzielt hatte, diese Zusage bereits vor Konferenzbeginn erhalten hatte, zeigte sich Bismarck mit diesem Ausgang des Territorialstreits durchaus zufrieden.

Dieser Konflikt hatte sich auch deshalb so in die Länge gezogen, da er mit der Frage der Neutralisierung des Kongobeckens verquickt war. Leopold insistierte darauf, für das IKA-Gebiet einen mit Belgien vergleichbaren international garantierten Rechtsstatus zu gewinnen, und auch hier fand er den Beistand Bismarcks gegen Frankreich und Portugal, die keine Schmälerung ihrer Hoheitsrechte hinnehmen wollten. Bismarck hielt es jedoch gerade im Hinblick auf die deutschen Wirtschaftsinteressen für vorteilhaft, wenn möglichst die gesamte Kongozone der Rivalität der Mächte entzogen werden konnte. Entgegen der Skepsis Hatzfeldts trat er dafür ein, es »doch zu versuchen, ohne die ›Neutralisierung‹ des Gebiets hat das ganze Abkommen nur temporären Wert, solange die jetzt friedliche Konstellation andauert«. Er ließ daher ein deutsches »Votum« zugunsten der »Neutralität« entwerfen: »Wenn

---

134. Holstein an H. v. B., 15. 11. 1884, Nl. Bismarck 44; vgl. 13. 12. 1884, ebda.; Schiffahrt auf Kongo u. Niger, Projet, Nov. 1884, RKA 4148, 70–80 (Marg. B.); Aufz. Buschs, 21. 12. 1884, RKA 4169, 83–85 (Marg. B.); vgl. 22. 12. 1884, ebda., 81; W. v. B., 22. 12. 1885, ebda., 86 u. RKA 4153, 21 (Marg. B.); Buschs, 6. 1. 1885, RKA 4153, 28 (Marg. B.). – Crowe, 179, 185; Könlig, 159–61; DDF V, 392. Vgl. ebda. über die allmählich zunehmende Abkühlung der deutsch-französischen Beziehungen: 490–93, 494–97, 499–503, 524–27, 541–43, 550–54, 645–52; DDF VI, 6, 21–27, 32–37, 37–40, 40–47. Holstein an Hohenlohe-Schillingsfürst, 30. 3. 1885, Nl. Hohenlohe-Schillingsfürst 100.

wir die erreichen, so werden wir etwas Bedeutendes und Haltbares gemacht haben, ohne die aber nur einen neuen Friktionspunkt.« Erst nach der Anerkennung der IKA durch Paris und Lissabon kam jedoch auch hier die Einigung auf den Kompromißvorschlag einer »fakultativen Neutralität« zustande, nach der die Signatarmächte mit Landbesitz im Kongobecken im Kriegsfall die Möglichkeit besaßen, diesen Besitz als neutral zu erklären. Wohlwissend, daß die Delegationen zu großzügigeren Zugeständnissen nicht ermächtigt waren, fand sich Bismarck mit diesem stark beschnittenen Artikel ab, denn »man muß nehmen, was zu haben ist«.

Die Generalakte der Kongokonferenz besiegelte die Ergebnisse der offiziellen Verhandlungen und der entscheidenderen informellen Gespräche. In der Form eines multilateralen Handelsvertrags schuf sie die Kongofreihandelszone, die Bismarck auf der Schlußsitzung am 26. Februar 1885 als Garantie für »den freien Zutritt in das Innere des afrikanischen Kontinents« darstellte. Zugleich führte er den Kongostaat Leopolds II., dem durch die Anerkennungsverträge mit der IKA die Möglichkeit dauerhafter Existenz gesichert worden war, in den Kreis der Mächte ein. Dank seiner frisch gewonnenen Souveränität trat dieser bis 1908 im Privatbesitz des belgischen Monarchen bleibende Kolonialstaat, – vom achtzigfachen Flächenumfang Belgiens und binnen fünf Jahren Zentralafrika bis nach Uganda, Rhodesien und zur Westgrenze des deutsch-ostafrikanischen Schutzgebiets hin umfassend! –, auch sofort der Kongoakte bei. »Nie ist dringlicher als gerade jetzt«, da »die afrikanische Konferenz ihre Beratungen schließt«, »allen Kaufleuten zum Bewußtsein gekommen, daß Vorwärtskommen und Gedeihen nur möglich ist auf Grundlage vollständiger Ausnutzung aller Erzeugungsvorteile und aller Absatzgelegenheiten«, kommentierte ein typischer Leitartikel den Abschluß der Tagungen. Wenn »zu unseren Lebensaufgaben... jene im Ausland wurzelnde Wirksamkeit« gehöre, dann beweise die deutsche Kongopolitik, »wie die Reichsregierung sich angelegen sein läßt, überall den Wünschen des deutschen Handelsstandes gerecht zu werden und die deutschen Handelsinteressen kräftigst zu fördern«, wie andererseits Industrie und Außenhandel »bemüht« seien, »überall ... der heimischen Produktion immer neue Absatzgebiete zu schaffen«.

Die realen Chancen des Handels mit Zentralafrika lagen zwar noch im Dunkeln, aber sie wurden in den westlichen Industriestaaten hoch eingeschätzt. Auf jeden Fall, informierte eine Zirkularnote die deutschen diplomatischen Missionen im Ausland, habe die Kongokonferenz »in erster Linie« dem »Handel ... mit dem Inneren Afrikas die größtmögliche Erleichterung« gesichert. Fortab bleibe es ein Ziel der deutschen Afrikapolitik, die »Prinzipien« des Freihandels der »Offenen Tür« auf die »Zone bis an die Küste des Indischen Ozeans anzuwenden«[135].

---

135. Poschinger, Tischgespräche, I, 126 (19. 1. 1885); Aufz. Hatzfeldts, 10. 12. 1884, RKA 4152, 15 f. (Marg. B.); Aktennotiz, 13. 12. 1884, ebda., 57 (Marg. B.); Aufz. Buschs, 16. 2. 1885, ebda., 104 (Marg. B.); Generalakte, 26. 2. 1885, Wb. 1664–70; Poschinger, Volkswirt, III, 76 f.; Stoecker Hg., Handbuch, 60–65; KZ 26. 2., 3., 7. 4. 1885; ebenso in USA: N. Y. Herald 24. 6. 1885 (Bedeutung des Kongolands »in Anbetracht unserer Überproduktion und der dadurch beständig kritischer werdenden wirtschaftlichen Lage«), vgl. Alvensleben an Bismarck, 30. 6. 1885, RKA 4178, 39 u. PA, Botschaft London, Col. Afrikan. Konferenz. Note v. 29. 4. 1885, RKA 8893, 127–29. – Schon auf der Brüsseler Konferenz von 1890 fand sich auch Deutschland mit zehnprozentigen Wert- und Branntweinzöllen ab.

2. EXPANSION IM PAZIFIK

> »In Berlin sah man..., daß der Stille Ozean nach Durchstechung der Landenge von Panama... der Schauplatz einer neuen großen Epoche im kommerziellen Leben der Völker werden wird. Mit einem Blick auf diese unausbleibliche und nahegerückte Revolution hat Fürst Bismarck ein gutes Stück von Neu-Guinea für Deutschland erworben.«
>
> »Die Grenzboten«, 1885[1]

A. HANSEMANN, BLEICHRÖDER UND NEUGUINEA

Nach dem ersten gescheiterten Versuch von 1879/80, dem deutschen Pazifikhandel in Polynesien mit den Mitteln des solidarprotektionistischen Interventionsstaats beizuspringen, hatte das Auswärtige Amt Zurückhaltung gewahrt. Zwar hatten schon kurz nach dieser empfindlichen Niederlage der neuen Bismarckschen Außenhandelspolitik gute Kenner der Berliner Politik vermutet, »daß Samoa doch in der einen oder anderen Form wieder aufleben wird«, aber vorerst florierte die DHPG, »die von Bleichröder und Hansemann protegierte Plantagengesellschaft«, auch ohne Staatshilfe, und die Neuguinea-Pläne Hansemanns und der »Kolonistenclique« um Kusserow wurden nicht weiter verfolgt. Im Herbst 1882 regte Rohlfs die Gründung von Faktoreien auf Neuguinea an, aber ein weiteres Echo als seine Denkschrift fand ein Aufsatz in der »Allgemeinen Zeitung«, in der Emil Deckert, ein Vertreter der Expansionspublizistik, es als »eine Pflicht der deutschen Nation« bezeichnete, »die Kultivation Neuguineas in die Hand zu nehmen«, sobald das Reich die Insel besetzt habe. Denn dieser Artikel erregte die Aufmerksamkeit englischer Kolonialkreise und löste eine monatelang währende Diskussion in den australischen Kolonien, in Neuseeland und in Großbritannien selber aus, aus der immer wieder der Ruf der britischen Pazifikkolonien nach einer Annexion Neuguineas herausdrang.

Obwohl das Foreign Office wiederholt die Furcht vor deutschen Kolonialplänen zu zerstreuen suchte und darin von Botschafter Ampthill, der im Auswärtigen Amt die wohlbekannten Dementis hörte, unterstützt wurde, proklamierte die Kolonialregierung von Queensland, das nur durch die Arafurasee, die Torresstraße und das westliche Korallenmeer von Neuguinea getrennt ist, im April 1883 die Annexion der östlichen, nicht unter holländischer Herrschaft stehenden Hälfte der melanesischen Insel. Gladstone lehnte trotz der Unterstützung, den dieser Vorstoß in Australien fand, den Antrag auf Bestätigung scharf ab und verwies den Gouverneur von Queensland in die ihm verfassungsrechtlich gesetzten Schranken. Kolonialminister Derby fragte Angehörige einer Delegation sogar spottend, »ob sie nicht einen ganzen anderen Planeten für sich allein besitzen wollten? Sie schienen das für eine wünschenswerte Regelung zu halten«, wunderte er sich, »die Maßlosigkeit ihrer Vor-

---

1. An., Die Karolineninseln, Gb 44. 1885/III, 444. Vgl. 3. u. 4. Jahresbericht des Württembergischen Vereins für Handelsgeographie 1886, 104: kein Kenner bezweifle, daß »der Schwerpunkt unserer Wirtschaftspolitik in der Zukunft sich nach Osten verlegen wird«, der Pazifik werde daher »das Schlachtfeld«, »auf welchem die wirtschaftlichen Kämpfe der Zukunft ausgefochten werden«.

stellungen ist dem britischen Denken denkbar zuwider... Es ist kaum zuviel behauptet, daß sie die gesamte Südsee de jure als ihren Besitz betrachten... Es ist ja auch sicherlich schwer erträglich, daß vier Millionen englischer Siedler nur ein Kontinent von der Größe Europas zur Verfügung steht!« Ungeachtet dieser Zurückweisung durch London sprach sich eine »Intercolonial Conference« aller australischen Kolonien im Dezember 1883 erneut für die Besetzung Neuguineas aus, worauf Unterstaatssekretär Busch nachdrücklich erklärte, das Reich beabsichtige im Pazifik »nur deutsche Handelsinteressen zu schützen und zu unterstützen«[2].

Die Vertreter dieser Interessen begannen seit dem Sommer 1883, sich zunehmend über die australische Konkurrenz zu beschweren. Und zwar nicht unmittelbar über die kommerzielle Rivalität, sondern über die sog. Abwerbung von Insulanern, die die deutschen Handelshäuser bisher mühelos für ihre Plantagenbetriebe, – allein 330 bestanden auf dem samoanischen Upolu –, rekrutieren konnten. Dabei handelte es sich um ein trübes Kapitel der okzidentalen Expansion in den Pazifik, denn diese Plantagenarbeiter wurden jahrelang gegen minimale Entlohnung unter menschenunwürdigen Bedingungen ausgebeutet. Staatssekretär Hatzfeldt nannte daher die »Arbeiterwerbung« in der Südsee »einen schlecht verhüllten Sklavenhandel«. Nun fragte allerdings Bismarck: »Was geht das uns an?«, und derselben Meinung waren die deutschen Kaufleute und Konsuln. Denn »die Zukunft der deutschen Plantagen«, wiederholten ihre Berichte, beruhe wegen des »abnormen Prozentsatzes von Todesfällen« »auf dem gesicherten Bezuge fremder Arbeitskraft«. Würden aber durch die Expansionsbestrebungen fremder Staaten und durch die australische Konkurrenz die deutschen Unternehmen »vom Arbeitsmarkt« ausgeschlossen, »so würde damit der Lebensnerv unseres Plantagenbaus abgeschnitten sein«. Deshalb müsse man sich hüten, bei der »Beurteilung des Arbeiterhandels eine allzu große Empfindsamkeit an den Tag zu legen«, zumal da der polynesische Arbeiter doch auch »Elemente der Zivilisation« aufnehme und weitervermittle. Die unleugbaren »Ausschreitungen« rechtfertigte auch Kusserow gegen linksliberale Kritik im Reichstag mit der »immensen Bedeutung, welche der Handel mit ... der Südsee für uns hat«.

Zusammen mit diesen Beschwerden über die erschwerte Arbeiterwerbung trafen in Berlin Bitten der großen deutschen Handelsfirmen – wie der DHPG – um staatliche Unterstützung für den Fall ein, daß den Annexionsresolutionen der australischen Kolonien Taten folgen sollten. Obwohl Sir Pauncefote im Foreign Office dem deutschen Botschafter erneut versicherte, Großbritannien besitze genug Kolonien im Pazifik und denke an keine weitere Ausdehnung, so wurde doch Anfang 1884 die Wilhelmstraße auf die Südsee hingelenkt, wo sich ein neuer Zusammenstoß mehrerer Expansionsbewegungen deutlich abzeichnete. »Auch in der Südsee ist der Prozeß

---

2. S. oben, Kap. IV, 1.c. – Langen an Böninger, 14. 8. 1880, Nl. Langen 7/1; Holstein an H. v. B., 19. 3. 1883, Nl. Bismarck 44; vgl. Hübbe-Schleiden an Maltzan, Sept. 1882 (DKG 256a, 117): »Ich habe Anzeichen und Äußerungen genug, daß unser Reichskanzler sich für Kultivationsbestrebungen über See lebhaft interessiert, auch die Samoa-Vorlagen waren solche Anzeichen. Aber was kann denn die Regierung tun, wo nicht die private Initiative vorangegangen ist?« – Facius, 346 (Rohlfs' Denkschrift, 19. 9. 1882); Allg. Zeitung 27. 11. 1882; StA 43, 115–18, 125, 129 (Amptill, 3. 5. 1883); Taffs, 368; vgl. StA 43, 127, 130–33; 44, 162, 168–70. Sydney Morning Herald 7., 10. 2. 1883; Hansard 3. S. 281, 55 (Gladstone, 2. 7. 1883); Derby an Ponsonby, 29. 6. 1883, in: Queen Victoria Letters, 2. S., III, London 1928, 432 f.; Ross, 145–56; St. James' Gazette 6. 12. 1883; Busch, 29. 12. 1883, StA 43, 349. Vgl. hierzu außer der bereits zit. Lit. vor allem den beiden Studien von M. Jacobs (die eine Darstellung der deutschen Südseepolitik bis 1914 vorbereitet): Coppius, 166–72; Klauss, 164 f.; Hagen, 435–68; Kolonial-Lexikon I, 315–56, 582–5; Wb. I, 197–231; II, 687–728. Karte: Lange Hg., Nr. 6.

des Aufteilens der noch nicht in Besitz genommenen Länder in Gange«, berichtete Konsul Stübel, »er kann nicht mehr rückgängig gemacht werden.« Außerdem schien endlich der Bau eines mittelamerikanischen Kanals bevorzustehen: ein französisches Unternehmen war in Panama aktiv, und die Washingtoner Politik erwog als Gegenschlag wieder den Bau eines Nikaragua-Kanals. Dadurch wurden die handelsstrategischen Überlegungen neu belebt, die auch die deutsche Pazifikpolitik seit dem Ende der 1870er Jahre begleitet hatten³!

Zu diesem Zeitpunkt bildete Adolph v. Hansemann mit Bleichröder ein »Neuguinea-Konsortium«, das sich die Erwerbung der Osthälfte der Insel zur Aufgabe setzte. Bleichröder »ergriff« Ende Mai »die Initiative«, in die »Kolonialbestrebungen wieder einzutreten«, schrieb Hansemann einem Teilhaber, dem Kölner Bankier Oppenheim, »da jetzt aus der Wilhelmstraße ein ganz anderer Wind weht!« Das deutsche Vorgehen in Südwestafrika und Westafrika zeigte den vorsichtigen Bankiers an, daß Bismarck der deutschen Wirtschaft in Übersee nunmehr verstärkt den staatlichen Schutz zu gewähren bereit war. Schnell wurden die Vorbereitungen abgeschlossen, der Forschungsreisende Finsch brach mit dem geheimen Auftrag nach Australien auf, auf Neuguinea und in der nördlich vorgelagerten neubritischen Inselgruppe Erwerbungsverträge zu schließen. Durch Kusserow wurde Bismarck über das Projekt eingehend informiert, ja, Kusserow regte auch schon Anfang April eine Charter-Gesellschaft für Neuguinea an. Der Reichskanzler wartete jedoch ab, und als Herbert v. Bismarck im Juni 1884 die afrikanischen Fragen in London besprach, ließ er – anscheinend achtlos oder zur Täuschung – einfließen, daß keine Macht sich darum kümmern werde, falls Großbritannien seine Souveränität »über Neuguinea ausdehnen« werde. Am selben Tage hielt es Konsul Stübel für »den Fortbestand deutscher Interessen in der Südsee« für unerläßlich, im »Archipel von Neubritannien festen Fuß« zu fassen, dazu aber »gehört politisch und geographisch die Nordküste Neuguineas«.

Über ein Konkurrenzunternehmen der DHPG, die Firma Robertson & Hernsheim, hatte inzwischen auch Ludwig Bamberger von den Plänen des Neuguinea-Konsortiums gehört. Er benutzte seine Informationen in einer Reichstagskommissionssitzung am 27. Juni dazu, die zu subventionierende Postdampferlinie in die Südsee als »Gründung« zugunsten der Hansemann-Gruppe und ihrer Zukunftspläne anzugreifen. Da er dabei auch auf die verwandtschaftlichen Beziehungen zu Kusserow anspielte, zog er sich von dem Legationsrat mit seinem neofeudalistischen Ehrenkodex eine – später beigelegte – Duellforderung zu, aber daß die »unpatriotischen Denunziationen des Abgeordneten Bamberger« über »ein auf Landerwerbungen im Archipel von Neubritannien und auf Neuguinea gerichtetes deutsches Unternehmen tatsächlich richtig« waren, mußte man sich auch im Auswärtigen Amt eingestehen.

Am 27. Juni hatte deshalb auch Hansemann Bismarck sofort bestätigt, daß die Finschsche Expedition schon unterwegs sei, um »in weitestem Umfang« Inselbesitz zu erwerben. Sofort unterstrich auch Kusserow »die Notwendigkeit ... gegenüber den Annexionsbestrebungen der australischen Kolonien unsererseits rechtzeitig Gegenmaßregeln zu treffen«. In einer seiner langen Denkschriften erinnerte er Bismarck

---

3. Aufz. Hatzfeldts, 20. 3. 1884, RKA 2788, 34-37 (Marg. B.); vgl. RKA 2990, 3; RKA 2546, 50; Stübel an B., 26. 4. 1884, RKA 2298, 2-12; Wb II, 703; StA 43, 341, 328; RT 6:1:1:399, 403 (Krauel, Kusserow, 16. 12. 1884); Wb. I, 199-213, 216-21, 225-29; StA 43, 320-38, 341-47, u. die Klagen von v. Bunsen u. Bamberger, RT 6:1:1:394, 397 (16. 12. 1884). Wb. II, 705 f., 711 f.; StA 44, 189-91. Vgl Weck, 57-65, Pletcher, Years, 270-83; Wehler, JbLA 3, 231-35.

am 30. Juli daran, daß die deutschen Erfahrungen mit England es »für uns erwünscht« erscheinen ließen, »diejenigen Gebiete, in welchen sich der deutsche Handel in vorherrschender Weise ausgebreitet hat oder wohin kostpielige Expeditionen, deren Berechtigung von niemand bestritten werden kann, in Ausführung begriffen sind, unter den direkten Schutz des Reiches zu stellen«. Während sich australische Ansprüche auf die Südküste Neuguineas schwerlich leugnen ließen, sei »die Ausübung deutschen Schutzes auf der Nordostküste« jedoch noch möglich.

Schon am 28. Juli hatte Bismarck mit Herbert v. Bismarck als Reaktion auf die englische Haltung in der Angra-Pequena-Frage erwogen, daß es »vielleicht« das »Richtigste« sei, »einfach ohne vorher ein Wort zu sagen, Kriegsschiffe nach Neuguinea (zu) schicken und an allen bisher herrenlosen Küsten dieser Inseln die deutsche Herrschaft (zu) proklamieren«. Er willigte daher nach Kusserows Vortrag sofort ein, »es könne dieser Genossenschaft [dem Neuguinea-Konsortium] die generelle Zustimmung gegeben werden, daß sie in demselben Maße wie die hanseatischen Unternehmer ... auf den Schutz des Reiches rechnen könnte«. »Mit dem Hissen der Flagge« erklärte sich der Reichskanzler auch einverstanden, aber er »wiederholte, daß wir uns auf rein staatliche Kolonien nicht einlassen dürften«. »Wir müßten nicht ohne Not und nicht ohne kaufmännische Deckung vorgehen, nur dort, wo schon Niederlassungen bestehen oder gleichzeitig gegründet werden« – fraglos eine elastische Dehnung der Maxime, daß die Flagge dem Handel folgen solle[4]!

Seit dem Juli erwog das Auswärtige Amt aber ebenfalls, London eine allgemeine Abgrenzung der Interessensphären in der Südsee vorzuschlagen. Dadurch sollte einer verschärften Rivalität der beiden Mächte, wie sie sich überraschend in Afrika entwickelt hatte, die Spitze genommen werden, denn vor Abschluß der vorgeschlagenen Verhandlungen sollten sie sich weiterer Ausdehnung enthalten. Am 2. August wurde Münster angewiesen, mit Nachdruck dieses Projekt zu betreiben, da Berlin jeden Tag mit »vollendeten Tatsachen«, d. h. einer erfolgreichen Annexionspolitik der australischen Kolonien rechnete. »Für uns kann es aber nicht gleichgültig sein, wenn die unabhängigen Gebiete der Südsee, auf welchen sich bisher der deutsche Handel frei entfalten konnte und in welchen er ein Feld auch für deutsche Kolonisations-Bestrebungen erblicken durfte, plötzlich für natürliche Domänen Australiens erklärt werden.«

Verschärfend fügte Bismarck nach seinen Erfahrungen mit dem Zusammenspiel zwischen Kapkolonie und Colonial Office gleich hinzu, »daß wir die Verantwortlichkeit der englischen Kolonialregierungen von der der Britischen Reichsregierung nicht trennen können und daß die Behandlung unserer überseeischen Interessen durch England auf unsere auswärtige Politik und deren Anlehnungen nicht ohne Einfluß bleiben kann«. Ausdrücklich wurden die englischen Interessen an der neuguineischen Südküste in einem Aide-mémoire anerkannt, während die Nordküste und die Inseln mit deutschen Handelsniederlassungen den »maßlosen Ansprüchen« der britischen Kolonien entzogen bleiben sollten. Zugleich wurde der englische Vorschlag,

---

4. Hansemann an E. Oppenheim, 30. 5. 1884, Archiv Bankhaus Oppenheim 112; Münch, 227–42; Disconto-Gesellschaft, 227–31; W. Stieda, Südseegesellschaften, HSt 6. 1901², 1179–83; GP IV, 69; Stübel an B., 17. 6. 1884, Wb. II, 711 f.; RTA 2621, 113–17 (Bamberger, 27. 6. 1884); Kusserow an Bamberger, 28. 6. 1884, Nl. Bamberger 114; Bamberger an Broemel, 20., 24. 8. 1884, Nl. Broemel, 4; W. v. B. an Rottenburg, 2., 5. 7. 1884, Nl. Bismarck; Aufz. Hatzfeldts, 10. 7. 1884, RKA 2789, 114–21; Hansemann an B., 27. 6. 1884, ebda., 100–4; 11. 7. 1884, ebda., 139 f.; Prom. Kusserows, 30. 7. 1884, ebda., 201–7; H. v. B. an Holstein, 28. 7. 1884, in: Holstein, III, 108; an Hatzfeldt, 31. 7. 1884, RKA 2790, 5–8.

auch eine Konferenz über die Kontrolle des Waffen- und Branntweinhandels in der Südsee abzuhalten, »dilatorisch« behandelt, damit »eine Abmachung irgendwelcher Art nicht zustande komme«. Einmal, vermutete Bismarck, »sind Waffen, soviel ich weiß, gerade ein Hauptexportartikel Deutschlands«, außerdem aber dürfe man sich überhaupt nicht »zur Unterlassung von Handelsoperationen verpflichten, welche England für sich selbst vorbehält, so daß die Abmachung nur darauf hinausliefe, Englands Handel von anderer Konkurrenz zu befreien«.

Noch ehe der deutsche Botschafter sich seiner Aufträge entledigen konnte, entschloß sich das englische Kabinett am 6. August, dem australischen Drängen doch nachzugeben und in Anbetracht der »deutschen Kolonisationspläne«, die seit dem Vormonat auch offensichtlich die Südsee miteinbezogen, die gesamte Osthälfte Neuguineas unter »britisches Protektorat« zu stellen. Sowohl das Vorgehen der Kapregierung als auch der australischen Kolonien ist eine interessante Beleuchtung des schon von Hobson vertretenen Arguments, daß gerade auch der Partikularimperialismus der weißen Dominions das britische Mutterland in von der Zentrale ungewollte Abenteuer verstrickte. Münster dagegen wurde am 9. August von Granville versichert, wie sehr ihm an einer Verständigung über die Einflußbereiche im Pazifik und einer Erhaltung des Status quo bis zum Abschluß einer solchen Konferenz liege. Allerdings stehe die Besitzergreifung der neuguineischen Südküste dicht bevor. Nach kurzem Abwägen entschloß sich Bismarck, den Fehdehandschuh hinzuwerfen: Hansemann und Bleichröder erhielten am 20. August die feste Zusage, daß »Ihre Unternehmung im westlichen Teil des Südsee-Archipels die zur Sicherung ihres nationalen Charakters erforderliche amtliche Unterstützung zuteil werde«. Sobald die Unabhängigkeit der Gebiete feststehe, also keine Kollision mit den begründeten Rechten Dritter drohe, werde der Reichsschutz folgen, der drei Tage später ja auch für das südwestafrikanische Projekt von Hansemann und Bleichröder zugesagt wurde.

Im Herbst schloß Finsch die vorgesehenen Verträge ab, die dem Berliner Konsortium einen Bereich von mehr als 200 000 km^2 Umfang sicherten. Deutsche Kriegsschiffe bestätigten im November die Abmachungen, in denselben Tagen, als – am 6. November – das englische Protektorat über die Südküste, aber auch Teile der Nordostküste formell proklamiert wurde. Sobald am 17. Dezember der Bericht der Marine über die Flaggenhissungen in Melanesien eingetroffen war, wurde das Foreign Office ins Bild gesetzt. Eine Zirkularnote vom 23. Dezember klärte auch die deutschen Auslandsmissionen auf, daß Neubritannien und das nordöstliche Neuguinea unter den »Schutz« des Kaisers gestellt worden seien[5].

In London löste das auf Bismarcks Wunsch »strenger Geheimhaltung« unterworfene und tatsächlich erst durch die offizielle Mitteilung bekannt gewordene deutsche Vorgehen peinlich betretene Überraschung aus. Chamberlain entrüstete sich sogar über Bismarcks »Gaunermethoden«! Denn während der deutsch-englischen Verhandlungen über die Südsee, die ausgesprochen zähflüssig seit dem August geführt worden waren, hatte das Auswärtige Amt aus begründetem Mißtrauen auch

---

5. Hatzfeldt an Münster, 2. 8. 1884, RKA 2790, 10–13 (Marg. B.); vgl. ebda., 5 f.; H. v. B. an AA, 4. 8. 1884, ebda., 35; 9. 8. 1884, ebda., 56; Hatzfeldt an Plessen, 10. 8. 1884, ebda., 57; Derby an Victoria, 6. 8. 1884, in: Letters, III, 524 f.; Münster an B., 9. 8. 1884, StA 44, 199 f.; Wb. II, 712 f. Notenentwurf Münster an Foreign Office, 23. 2. 1885, PA, Botschaft London, Allg. Kolonialpolitik; B. an Hansemann, 20. 8. 1884, RKA 2790, 95 f.; StA 44, 210 f., 219, 224; vgl. 220–23, 225–27; Wb. II, 716 f.

nicht den geringsten Hinweis auf konkrete, von der Reichspolitik gedeckte deutsche Pläne gegeben. Auf die formelle Ankündigung der britischen Protektoratserklärung hin, hatte es sich eine Stellungnahme vorbehalten und Ende September Kommissionsverhandlungen über einen genauen Grenzverlauf der Interessengebiete vorgeschlagen. Das Foreign Office schloß daraus nicht ohne Grund, daß Bismarck noch seinen ursprünglichen Stillhaltevorschlag aufrechterhalte, obwohl andererseits die englische Protektoratserklärung eine nicht wegzudisputierende Aktion bestätigte. Wochenlang wurde nach der deutschen Notifizierung von den Diplomaten der Streit fortgeführt, bis Bismarcks scharfe Sprache – ein »Naturrecht der Australier auf Neuguinea und die anderen unabhängigen Inselgebiete der Südsee« könne er genau wie die afrikanische Monroe-Doktrin Englands »grundsätzlich« nicht anerkennen –, das mit Ägypten und Afghanistan beschäftigte Foreign Office auch auf Gladstone dringenden Rat hin zum Einlenken bewog. Am 5. Februar 1885 eröffnete Derby den pazifischen Kolonien, daß England kein Recht besitze, dem deutschen Vorgehen zu widersprechen. Damit war für abschließende Verhandlungen, die Herbert v. Bismarck im März 1885 in London auf ein ruhiges Gleis schieben konnte, der Weg frei: der Nordosten Neuguineas wurde zusammen mit Neubritannien im Notenaustausch vom 29. April als das pazifische »Schutzgebiet« des Reiches anerkannt[6].

Sofort, als sich Mitte Februar 1885 die Behauptung der deutschen Ansprüche abzeichnete, mithin auch kein Verzicht im Rahmen von Kompensationsgeschäften mehr zu befürchten war, bat Hansemann um einen kaiserlichen Schutzbrief für die von ihm gegründete »Neuguinea-Kompanie«. An ihrer Spitze standen neben dem Chef der »Disconto-Gesellschaft« und ihren Geschäftsinhabern noch Bleichröder, Oppenheim, Hammacher, Guido Henckel v. Donnersmarck, Fürst Kraft zu Hohenlohe-Öhringen, Fürst Hatzfeld-Trachenberg, Graf Stolberg-Wernigerode, der Herzog v. Ujest, aber auch Konsul Sahl, W. v. Siemens, der mit Hansemann und Kusserow verwandte Eisengroßhändler Ravené und Adolph Woermann. Im März wurde der von Kusserow entworfene Schutzbrief genehmigt. »Der Inhalt desselben«, versicherte Hatzfeldt, »ist mit den Interessenten beraten worden und entspricht deren Wünschen.« Als »erste Voraussetzung für die Möglichkeit, die Zwecke des Kolonialunternehmens auf eigene Kosten zu erfüllen«, hatte Hansemann »die Verleihung des ausschließlichen Rechts bezeichnet ..., über Grund und Boden zu verfügen«. »Diesem Wunsch« wurde in dem Schutzbrief »Rechnung getragen«, denn da die Gesellschaft es übernehme, »aus eigener Kraft ... ein Staatswesen aufzurichten«, wenn ihr die Charter gewährt werde, und »da wir nicht von Reichs wegen die Kolonie begründen ..., noch die Kosten tragen wollen«, bedurfte nach Hansemanns und Hatzfeldts Meinung die »Neuguinea-Kompanie« des Bodenmonopols.

Da das Auswärtige Amt keine divergierenden deutschen Interessen im neuen pazifischen Schutzgebiet wünschte, wurde eine Einigung mit der Firma Robertson & Hernsheim, die in Neubritannien ihre Besitzungen soeben ausgedehnt hatte, unumgänglich. Hansemann sah jetzt die Gelegenheit gekommen, sich für deren Zusammenspiel mit Bamberger zu rächen. Kusserow arrangierte ein Treffen mit den

---

6. Granville an Gladstone, 23. 12. 1884, in: Ramm, II, 299; StA 44, 220; Chamberlain an Dilke, 29. 12. 1884, in: Garvin, I, 497 f., vgl. StA 44, 202, 204–9; Fitzmaurice, II, 366; Ramm, II, 242; Granville an Gladstone, 30. 9. 1884, ebda., 271; Malet an Granville, 14. 12. 1884, in: Knaplund H., 368, StA 44, 258; vgl. 228–30, 234, 244–64, 269, 270–79; Wb. II, 719–26; GP IV 98; Gladstone an Granville, 29., 31. 1. 1885, 3. 2. 1885, in: Ramm, II, 329–33; StA 44, 269; GP IV, 103; vgl. B. an Münster, 17., 18., 25. 2. 1885, PA, Botschaft London, Allg. Kolonialpolitik, 1; Gladstone an Derby, 31. 3. 1885, in: Aydelotte, 168; Krauel an B., 22. 4. 1885, RKA 2835, 115–23.

Hamburger Kaufleuten, auf dem Hansemann wider besseres Wissen erklärte, der vorgesehene Schutzbrief gestehe seiner Gesellschaft das Monopol des Landerwerbs vom Tag der Flaggenhissung ab zu, spätere Käufe seien nichtig. Gegen eine Beteiligung von 10 000 Mark an der »Neuguinea-Kompanie« werde er aber die Erwerbungen von Robertson & Hernsheim als rechtskräftig anerkennen. Als die Hamburger diese Angaben prüfen wollten, ließ Kusserow sich nicht sprechen. Wohl aber brachte Hansemann am nächsten Tag als angeblichen Vertreter der Reichsregierung »Staatssekretär Herzog« mit, worauf Robertson & Hernsheim gutgläubig unterzeichneten. Herzogs Zeit als Staatssekretär in Elsaß-Lothringen lag jedoch bereits vier Jahre zurück, während er damals als Verwaltungsdirektor der »Neuguinea-Kompanie« tätig war. Proteste der hanseatischen Firma blieben erfolglos. Nach ihrem Beitritt konnte Hansemann dem Reichskanzler melden, daß die »Neuguinea-Kompanie« alle deutschen Interessen vertrete. Da sie »ein geordnetes Staatswesen« unter der »Oberhoheit« des Kaisers »errichten« »und auf ihre Kosten ... erhalten« wollte, gewährte ihr der Schutzbrief vom 17. Mai 1885 die »landeshoheitlichen Befugnisse«, schrieb ihr aber auch vor, binnen Jahresfrist die Rechtsverhältnisse der Gesellschaft zu ordnen.

Hansemann weigerte sich, eine Aktiengesellschaft zu bilden. Vielmehr hielt er auch hier wieder die Korporation nach preußischem Recht für vorteilhafter. Da der Gesellschaft »vermöge der nationalen und volkswirtschaftlichen Bedeutung ... ein Zweck vorgesetzt« sei, »der als im vollsten Sinne gemeinnützig bezeichnet werden darf und neben welchem der Erwerb und Gewinn ... in zweite Linie tritt«, wie Hansemann ganz unverhüllt für »größere Freiheit der Bewegung« außerhalb des »unbequemen« Aktiengesellschaftsrechts plädierte, erfülle sie die Bedingungen des Allgemeinen Landrechts. Das Justizministerium schloß sich dem Antrag an, am 12. Mai 1886 erhielt die »Neuguinea-Kompanie« die preußischen Korporationsrechte und erreichte, wie Robertson bitter kritisierte, auch noch das Ziel der Teilhaber, »weniger persönlich haftbar« zu sein[7].

Bismarcks tatkräftiges Interesse an den Schutzgebieten war zu diesem Zeitpunkt schon sehr gedämpft worden. »Wir haben«, kommentierte er etwas mürrisch den Verlauf der langwierigen deutsch-englischen Südseeverhandlungen, auch »dort schon mehr Besitz als wir ausnützen können«. Das deutsch-englische Abkommen über die Abgrenzung der Interessensphären im Pazifik, das endlich im April 1886 zustande kam, fand deshalb sofort seine Billigung, zumal da es den Kaufleuten beider Staaten völlige Handelsfreiheit zusagte. Dagegen protestierte Hansemann, da wegen der günstigen Lage Australiens »die Konkurrenz mit dem Handel und der sich kräftig entwickelnden Industrie jener Kolonien nur schwer zu bestehen« sei, aber Herbert v. Bismarck wies ihn in einer kühlen Antwort ab.

Im Verlauf des Jahres gewann die »Neuguinea-Kompanie« noch Inseln der Salomon-Gruppe zu ihrem Schutzgebiet hinzu und übertrug dem »Norddeutschen

---

7. Hansemann an B., 15. 2. 1885, RKA 2395, 1–4 (im Reichstag [RB 11, 79, 13. 3. 1885] hielt B. »für die aussichtsreichsten Kolonien ... die in Neuguinea«); Hatzfeldt an B., 27. 3. 1885, ebda., 10 f.; an Schelling, 13. 4. 1885, ebda., 17–24; Schelling an Hatzfeldt, 22. 4. 1885, ebda., 30; Hansemann an B., 10. 4. 1885, ebda., 26 f.; Robertson an Kusserow, 16., 28. 4. 1885, ebda., 85 f., 87; vgl. Morsey, 262; Hatzfeldt an Wilhelm I., 16. 5. 1885, RKA 2395, 51–3, vgl. 12–15; Hansemann an Oppenheim, 25. 7. 1885, Archiv Bankhaus Oppenheim 112; an Bismarck, 17. 12. 1885, RKA 2396, 1–3; Schelling an AA, 19. 1. 1886, ebda., 7–21; Schutzbrief: StA 44, 281 f. Robertson an Bamberger, 27. 2. 1886, Nl. Bamberger 168.

Lloyd« die Schiffahrtsrechte. Aber auch in Melanesien wurden die deutschen Erwartungen enttäuscht: Bis zum November 1886 hatte die »Neuguinea-Kompanie« zwar zwei Millionen Mark investiert, aber der erwartete Gewinn blieb jetzt wie in den Folgejahren aus. Die Gesellschaft drängte daher auch darauf, daß das Reich ihr Gebiet als staatliche Verwaltungskolonie übernehmen solle. Nach vergeblichen Bemühungen kam im Oktober 1898 ein Vertrag zustande, in dem gegen eine Ablösung von vier Millionen Mark alle landeshoheitlichen Rechte von der »Neuguinea-Kompanie« an das Reich abgetreten wurden. Später als in Afrika, aber mit derselben Unentrinnbarkeit scheiterte auch diese deutsche Chartergesellschaft in der Südsee[8].

B. AUSBLICK AUF SAMOA

Während die deutsche Expansion 1884/85 zur Bildung eines Schutzgebiets in Melanesien führte, blieb im polynesischen Samoa, das 1879/80 so hitzige Debatten in Deutschland ausgelöst hatte, vorerst der Status quo erhalten. Die Herrschaft der deutschen, englischen und amerikanischen Konsuln, die in Apia einen gemeinsam verwalteten Rechtsbezirk ausgegrenzt hatten, wurde ebenso wenig ernsthaft angefochten wie das wirtschaftliche Übergewicht der reorganisierten DHPG, die den amerikanischen und englisch-australischen Anteil am Platzgeschäft in Apia stets um mehr als das Doppelte übertraf und ihren Plantagenbesitz weiter ausbaute. Bismarck betonte immer wieder, daß Deutschland keine politischen Exklusivrechte erstrebe; es habe »keine andere Absicht als die zu verhindern, daß Samoa in Abhängigkeit von einer konkurrierenden Macht gerate«, blieb sein Grundsatz, den auch die Linksliberalen billigten.

Auf Samoa hielten freilich kleine Rivalitäten die Konsuln, die wegen der fehlenden direkten telegraphischen Verbindung mit den Heimatländern ein beträchtliches Maß an Entscheidungsfreiheit gewannen, in Atem. Als im Frühjahr 1885 auf Upolu Kämpfe zwischen zwei verfeindeten Häuptlingsfamilien ausbrachen, machte der deutsche Konsul übereilig seinen Einfluß für Tamasese geltend, wogegen der amerikanische und englische Vertreter dessen Gegner Malietoa unterstützten. In Washington befürchtete Außenminister Bayard, der wie seine Vorgänger Samoa mit dem vertraglich gesicherten Hafen Pago Pago als Vorposten der amerikanischen kommerziellen Expansion in die Südsee betrachtete, daß die deutsche Politik jetzt endlich die Vorherrschaft gewinnen wolle. Dagegen vertrat er zusammen mit der Regierung Salisbury den Grundsatz der »Offenen Tür«, um »die Freiheit des Handels im Westpazifik zu sichern«. Bismarck aber hatte das »nicht zu rechtfertigende Verhalten« des Konsuls sofort als »Exzesse« des »morbus consularis« angeprangert und ihn an seine Direktiven zurückhaltender Politik erinnert, denn Deutschland dürfe »vor allem nicht dem Verdacht Raum geben, als erstrebten wir mehr wie den verabredeten Status quo«!

Während der deutsch-englischen Verhandlungen von 1885/86 über die Abgren-

---

8. Aufz. H. v. B., 6. 9. 1885, RKA 2518, 73 f. (Marg. B.); Abkommen 6./10. 4. 1886, RKA 2559, 40-43 (RT 6:2:1886, Nr. 291); StA 44, 345-52; vgl. KZ 4. 5. 1886; Post 22. 6. 1886. Das Abkommen v. 6. 5. 1886: RT 6:2:6, Nr. 291. Hansemann an Bismarck, 8. 4. 1886, RKA 2559, 46-51; H. v. B. an Hansemann, 19. 4. 1886, ebda., 55 f.; vgl. Münch, 237-42; Hansemann an Krauel, 22. 11. 1886, RKA 2402, 2 (Marg. Krauels); die dürren Verwaltungsberichte der Neuguinea-Kompanie von 1886-98 in: Archiv Bankhaus Oppenheim 112.

zung der Interessensphären lehnte er andererseits die auf Samoa gerichteten Wünsche des Foreign Office ab, denn »wir können ... die dortigen deutschen Beziehungen und Einrichtungen nicht anderswohin nach Belieben verlegen«, so daß beide Staaten es »vorläufig bei dem jetzigen Zustande bewenden« ließen. Formelle Herrschaftsansprüche auf die Samoainseln lagen Bismarck weiterhin fern, er wünschte nur die »materiellen Handelsinteressen« unbeeinträchtigt zu sehen. Da die Reibereien auf Samoa indessen nicht nachließen, regte Bayard 1886 eine Samoakonferenz der drei interessierten Mächte an, die aber, nachdem sie im Juni und Juli in Washington getagt hatte, ergebnislos auseinanderging. Bayard hatte auf verbriefter Neutralität und einem Dreier-Rat für den samoanischen »König« bestanden, während die deutschen Vertreter dem Staat mit dem wirtschaftlichen Übergewicht auch die Hauptberater zubilligen wollten, also allmählich doch eine verschleierte indirekte Herrschaft anstrebten. Ehe man sich vertagte, wurde nur Einigkeit erzielt, daß der bestehende Zustand nicht weiter untergraben werden sollte[9].

Anstatt sich daran zu halten, schwenkte der deutsche Konsul ganz hinter Tamasese ein, dem jetzt ein deutscher Berater beigegeben wurde. Um mit einem Gewaltstreich Ruhe zu schaffen, wurde Malietoa kurzerhand nach Kamerun deportiert. Sofort sammelte sich jedoch eine schlagkräftige Opposition um den Tamasese-Rivalen Mataafa, der im Herbst 1888 aus den Scharmützeln siegreich hervorging. Argwöhnisch glaubte Staatssekretär Adee in Washington, daß Bismarck, der sich kaum mehr um die ermüdenden samoanischen Wirren kümmerte, Samoa als Bastion gegen »unsere pazifische Flanke« gewinnen wolle, um die amerikanische Stellung »in Pearl Harbor wettzumachen«. Der Kongreß griff die Samoafrage auf, Präsident Cleveland bereitete einen Protest zugunsten der amerikanischen Pazifikinteressen vor. Da erreichte am 5. Januar 1889 die Hauptstädte die Nachricht von offenen Feindseligkeiten auf Samoa.

Der deutsche Konsul hatte in flagranter Mißachtung seiner Anweisungen aus Berlin zur Unterstützung Tamaseses das Kriegsrecht erklärt. Als deutsche Marineinfanterie die Mataafa-Anhänger entwaffnen wollte, entspann sich ein Gefecht, das mit einer unzweideutigen Niederlage der deutschen Einheit, die fünfzig tote oder verwundete Soldaten verlor, ausging. Obwohl Berlin bisher mehrfach seine übereifrigen Konsuln schnell desavouiert hatte, schlug Washington jetzt einen harten Gegenkurs ein; Kriegsschiffe liefen in die Südsee aus. Cleveland trat mit einer Sonderbotschaft vor die Öffentlichkeit, im Kongreß breitete sich eine militante Stimmung aus. Er bewilligte zur angeblich dringenden Verteidigung der amerikanischen Interessen auf Samoa, die »nach dem Bau eines transisthmischen Kanals ... weltweite Wichtigkeit« gewinnen würden, einen Sonderetat von 1,5 Millionen Dollar. Universalgeschichtlich ist überhaupt an dem Hin und Her der samoanischen Konflikte dieser Jahre im Grunde das Wesentliche, mit welcher Intensität und Zielstrebigkeit die Vereinigten Staaten ihre Expansion in dem Stillen Ozean verfolgten und ihren Rang als pazifische Macht behaupteten.

9. S. o. Kap. IV, 1. B; Weck, 66–103; Wehler, HZ 201, 88–109; Stolberg, 254–98, hier 262 f.; Vagts, I, 637; allg. RKA 3011–26; B. an Münster, 11. 12. 1884, RKA 2831, 84–86; Aufz. Kusserows, 20. 3. 1885, RKA 2834, 16–27 (Marg. B., ebenso zu: Stübel an B., 2. 2. 1886, RKA 3012, 81); Aufz. Hatzfeldts, 19. 8. 1885, RKA 2518, 44 (Marg. B.); Hatzfeldt an Kusserow, 22. 8. 1885, ebda., 52–55; an B., 8. 12. 1885, ebda., 94; Stübel an B., 7. 1. 1886, RKA 3012, 74 (Marg. B.); vgl. Aufz. Krauels, 17. 1. 1886, RKA 3011, 78 (Marg. B.); vgl. Aufz. Krauels, 17. 1. 1886, RKA 3011, 78 (Marg. B.). Zur Washingtoner Konferenz: RKA 2841–45; Nl. Moore, LC; Wehler, HZ 201, 91–94; Bussmann Hg., 264 f.; Ryden, 173–321; Plesur, Diss. 36 f.

Die Entspannung bahnte sich aber schnell an, denn am 28. Januar bereits übergab der deutsche Gesandte v. Arco-Valley im State Department eine Note, in der Bismarck eine Konferenz in Berlin, auf der die mißlichen Streitigkeiten endlich geregelt werden sollten, vorschlug. Den deutschen Konsul in Apia wies er erneut wegen seines »furor consularis« in die Schranken. Da auch London zugestimmt hatte, nahm Washington die Einladung unverzüglich an, der Presselärm und die kurzlebige deutsch-amerikanische Spannung klangen ab. Auch die neue republikanische Regierung Harrison ließ ihr Interesse an ruhigen Verhandlungen durchblicken.

Auf der Berliner Konferenz seit dem April 1889 sahen die deutschen und englischen Vertreter, die wie 1887 in Washington eng zusammenarbeiten, den einzigen Ausweg aus dem Dilemma in einer von den drei Mächten gemeinsam ausgeübten Regierungsgewalt. Zugunsten ihrer Pazifikexpansion und der Bewahrung ihrer Rechte auf Pago Pago schreckten auch die antikolonialistischen Amerikaner nicht vor einem solchen Dreier-Protektorat zurück. Bisher hatte kein trilaterales Abkommen die Samoapolitik der drei Staaten reguliert. Nur in einzelnen Verträgen mit den Eingeborenenhäuptlingen hatte sich jeder von ihnen Rechte verbriefen lassen. Die Samoaakte, die am 14. Juni 1889 unterzeichnet wurde und bis zur endgültigen Aufteilung von 1899 zehn Jahre lang Bestand hatte, gehörte zu jenen Rechtsformen, die der imperialistische Konkurrenzkampf der okzidentalen Staaten seit dem letzten Drittel des 19. Jahrhunderts hervorgebracht hat, um gefährliche Rivalitäten in die trügerische Ruhe eines schnell vergehenden Interessenausgleichs überzuleiten. Die Akte führte kein Kondominat ein, da die Fiktion einer autonomen samoanischen Königsherrschaft gewahrt wurde. An die Stelle des endgültig diskreditierten konsularischen Regiments trat ein Gremium von Vertretern der Vertragsmächte, das in Apia, wo fast alle Ausländer wohnten, weitgefaßte Vollmachten besaß. Die Mächte behielten ihre Sonderrechte auf die Häfen. Anstelle einer unmittelbaren Herrschaft wurde also ein Konprotektorat über die auch neutralisierten Inseln errichtet, das eine Vorform der Mandate von 1919 darstellte und den Schutzstaaten schon vor 1899 faktisch die Kontrolle über das Geschick der Inselgruppe gewährte. Gegen Ende der Bismarckzeit folgte auch auf Samoa dem deutschen Wirtschaftseinfluß die rechtlich und politisch formalisierte Gebietsherrschaft nach[10].

C. FEHLSCHLAG: DER KAROLINENSTREIT

Mit der deutsch-amerikanischen Spannung während der Samoakrise von 1889 vergleichbar entwickelte sich im Sommer 1885 ein deutsch-spanischer Konflikt, der die öffentliche Meinung beider Länder unverhältnismäßig tief aufgewühlt und um so mehr erregt hat, als er für sie völlig überraschend ausbrach. Den Gegenstand des Streits bildeten die nördlich von Neuguinea gelegenen mikronesischen Karolinen- und Palauinseln, die das Reich in sein Schutzgebiet in der Südsee einbeziehen wollte, während Spanien plötzlich Rechtsansprüche aus der Entdeckungszeit dagegen geltend

---

10. Im Detail die Literatur o. 211, 214; Cecil, IV, 36, 126–28; Ward, 310; schwach W. Clement, Die Monroe-Doktrin u. die deutsch-amerikanischen Beziehungen im Zeitalter des Imperialismus, JbA 1. 1956, 153–67; Wehler, HZ 201, 95–102; Stolberg, 283–94; A. Vagts, Hopes and Fears of an American-German War, 1871–1915, PSQ 54. 1939, 517–20; ders., I, 654–62; Younger, 349–60; fragwürdig wieder: Eckardstein, II, 34; vgl. Langdon, 648 f. Die Konferenzakten von 1889: RKA 2882–2904. Vgl. Ryden, 452–521. Zit. Lucius, 501.

machte. Nun verfolgte Bismarck dort allenfalls eine Nebenlinie seiner überseeischen Politik, und er war bald nach Beginn der Auseinandersetzung bereit, »diese Lappalien irgendwie aus der Welt zu schaffen«, denn »wir haben uns da mit den Korallen in der Südsee eine langweilige Sache eingebrockt«, aber die Entstehung und Beilegung des Zwists verdient doch dasselbe Interesse wie die anderen gescheiterten Projekte seiner afrikanischen Expansionspolitik[11].

Wie der Sulu-Archipel hatten die Karolinen in der Mitte der 1870er Jahre einmal das Berliner Auswärtige Amt beschäftigt, als Spanien sein philippinisches Zollsystem nach Mikronesien hinein ausdehnen wollte. Schnell verständigte sich jedoch Bismarck mit London darüber, daß Spanien mangels effektiver Besetzung oder anderer völkerrechtlich anerkannter Besitztitel keine Zollhoheit beanspruchen dürfe. In einer abschließenden Note wies die Reichsregierung, die »auf nichts weniger ihr Auge gerichtet hat als auf die Erwerbung spanischer Besitzungen«, jedoch den deutschen Handel »gegen ungegründete Beschränkungen schützen« müsse, im März 1875 zusammen mit England den spanischen Anspruch auf die »tatsächlich herrenlose Inselgruppe« zurück, ohne auf spanischen Widerspruch zu stoßen.

Genau zehn Jahre später, im Januar 1885, bat die Hamburger Firma Robertson & Hernsheim, die inzwischen auf den Karolineninseln ein Handelsmonopol gewonnen hatte, den Reichsschutz über Neuguinea und Neubritannien wegen der englisch-australischen Konkurrenz auch über die Karolineninseln auszudehnen. Bereits im März drang aber das Gerücht zu ihr, daß Spanien die Karolinen besetzen wolle. Tatsächlich hatte ein spanisches Kriegsschiff im Februar die Palauinsel Yap besucht. In deutschen, englischen und französischen Zeitungen tauchten Meldungen über die spanischen Absichten, die auch die deutschen Konsuln in Hongkong und Manila für ernsthaft hielten, auf. Beunruhigt wegen des deutsch-englisch-amerikanischen Konkurrenzkampfs in der Südsee hatte die spanische Regierung tatsächlich beschlossen, ihren Pazifikbesitz zu erweitern, ehe die Philippinen selber, wie es dann 1898 geschah, in den Strudel der Expansionsbestrebungen hineingezogen wurden. Im Auswärtigen Amt sammelte Legationsrat Kraul, der als Konsul in Australien gewirkt hatte, die Meldungen über die »spanischen Annexionsgelüste«, – »Kraul hat die Annexion erfunden«, meinte Herbert v. Bismarck später, »es war immer eine Lieblingsidee von ihm«. Er fragte Bismarck, ob »durch Hissen der deutschen Flagge« einer spanischen Aktion »zuvorzukommen« sei. »Nach Verständigung mit England« billigte Bismarck Ende Mai diesen von Kraul befürworteten Gegenkurs und bestätigte der Admiralität im Juli noch einmal, »die deutsche Flagge auf den Karolinen zu hissen«. Denn »das Regime in den spanischen Kolonien wäre in der Tat der Art, daß unter demselben der Handel nicht existieren könne; deshalb und weil wir gehört hätten, daß Spanien Besitz ergreifen wollte«, rechtfertigte er seinen prophylaktischen Zugriff später, »hätten wir das Prävenire gespielt«. Nach der Erfahrung von 1875

---

11. Raschdau, 3–5. Zusammenfassende Darstellung, jedoch viel zu voreingenommen: H. Baaken, Die Karolinenfrage 1885, phil. Diss. Köln, Düsseldorf 1963. Vgl. R. Reemtsen, Spanisch-deutsche Beziehungen zur Zeit des ersten Dreibundvertrags, 1882–87, phil. Diss. Berlin 1937, 63–84; Stolberg, 238–42; W. Windelband, Berlin, Madrid, Rom, Essen 1939; Hagen, 552–70. Zur zeitgenössischen Reaktion: v. Brauer, 102 f.; Kusserow, 296; Lucius, 318 f., 344; Radowitz, II, 270; Waldersee, I, 261 f.; Holstein, II, 256, 262–64 (vgl. H. v. B. an Rantzau, 7. 9. 1885, Nl. Bismarck 42); Schweinitz, II, 307 f.; 313; an., Gb 44, 438–44; an., Der Streit über die Karolineninseln, ebda., III, 608–14. Das bereits gesetzte deutsche Wb. (PA, Spanische Besitzungen in der Südsee [= PA u. Bandnr.], Beiakten, 1) ist nicht veröffentlicht worden.

durfte das Auswärtige Amt der Meinung sein, daß gültige ältere Rechtstitel Spaniens nicht existierten.

Da inzwischen auch während der deutsch-englischen Südseeverhandlungen die Karolinen zur deutschen Interessensphäre geschlagen worden waren, wurde Ende Juli das Kriegsschiff »Iltis« nach Mikronesien entsandt, um »die dominierende Stellung des deutschen Handels... lediglich unter Berücksichtigung unserer eigenen Interessen zu schützen« und »daher durch Hissen der deutschen Flagge auf den Palau- und Karolineninseln«, – zuerst auf Yap, wo unmittelbar die »Gefahr einer spanischen Okkupation« drohe –, einer »spanischen Besitzergreifung zuvorzukommen«. Auch als die spanischen Pläne bestätigt wurden, ließ Bismarck es am 2. August »jedenfalls« bei den »bisherigen Anordnungen«[12].

Zwei Tage später wurde Madrid offiziell unterrichtet. Außenminister Elduayen bestritt sofort die Berechtigung der deutschen Ausgangsposition, den »Reichsschutz« über die »nach wie vor als vollkommen unabhängig« angesehenen Inseln, die er zu den Besitzungen der spanischen Krone rechnete, proklamieren zu dürfen. Am 12. August trug der Gesandte Benomar dem Auswärtigen Amt den Protest seiner Regierung vor, versicherte aber zur gleichen Zeit, daß die spanische Kolonialverwaltung die Handelsfreiheit der deutschen Kaufleute nicht beschneiden werde. »Das beweist eben«, glaubte Bismarck, »daß es keine spanische Besitzung war, in solchen ist leider das Regime ein anderes.« Auch Hatzfeldt sah in Benomars Zusage »einen unauflöslichen Widerspruch« »mit der bisherigen spanischen Kolonialpolitik«.

In Spanien setzte Mitte August eine aufgeregte Pressekampagne ein, deren schriller Ton in Berlin unstreitig überraschte. Es komme doch »bei der Frage nicht auf Gefühle und Stimmungen« an, verwunderte sich Bismarck in einer bezeichnenden Formulierung, »sondern auf völkerrechtliche Tatsachen«. Wenn spanische Rechtstitel wider Erwarten »existieren und nachweisbar sind«, räumte er ein, »werden wir den unsrigen nicht aufrecht erhalten«. Sei Spanien dazu jedoch nicht imstande, dann komme es nur auf »die Priorität der Okkupation« an, die »bei herrenlosen Gebieten ohne Zweifel entscheidend für den rechtlichen Besitzstand« sei. Angesichts der durchaus vagen spanischen Rechtsposition hing daher die Entwicklung davon ab, welches Kriegsschiff zuerst eine effektive Okkupation vornehmen konnte.

In Spanien wurde die Karolinenfrage aber auch von der republikanischen Opposition aufgegriffen und in heftige antimonarchische Vorwürfe umgebogen, daß König Alfons XII. nicht in der Lage sei, die spanischen Interessen wahrzunehmen. Für seine Regierung wurden die fernen Inseln angesichts der prekären innenpolitischen Gärung zu einem Prestigeproblem, von dessen befriedigender Lösung die Stabilität der Monarchie abzuhängen schien. Schon am 22. August versuchte daher Ministerprä-

---

12. Cordes an AA, 22. 8. 1874; Bülow an Münster, 29., 30. 11. 1874; Münster an Bülow, 4. 12. 1874; Note Hatzfeldts, 4. 3. 1875; Robertson & Hernsheim an AA, 23. 1. 1885, PA, Wb. 1–13; 2. 3., 21. 5. 1885; Wentzel an AA, 13. 3. 1885, PA 1; vgl. NAZ 13. 3. 1885; Hamb. Korresp. 26. 2., 12. 3. 1885. – Hatzfeldt an Solms, 3. 6. 1885; Solms an B., 9. 6. 1885, PA, Wb. 13–16. Aufz. Krauels, 29. 5. 1885 (Marg. B.), H. v. B. an Rantzau, 25. 8. 1885, Nl. Bismarck 42 (= Bussmann Hg., 294), ähnlich Marschall an Turban, 16. 9. 1885, GLA 49/57, H. v. B. an W. v. B., 23. 6. 1885 (Marg. B.); Hatzfeldt an Rantzau, 11. 7. 1885 (Marg. B.), PA 1; Rantzau an AA, 17. 8. 1885, PA 2 (ebenso Aufz. H. v. B., 12. 9. 1885, PA 6, u. Marg. B. zur Aufz. v. 19. 8. 1885, PA 2); Hatzfeldt an Bülow, 18. 7. 1885; an Caprivi, 23. 7., 4. 8. 1885, PA 2); Hatzfeldt an Bülow, 18. 7. 1885; an Caprivi, 23. 7., 4. 8. 1885; Caprivi an Hatzfeldt, 29. 7. 1885; Hatzfeldt an B., 3. 8. 1885 (Marg. B., ebenso Rantzau an AA, 4. 8. 1885; B. an Hatzfeldt, 4. 8. 1885), PA 1; Konsul Kempermann (Manila) an AA, 22. 6., 1. 8. 1885, PA 1; 14. 11. 1885, HA, 3. Hauptabt., Abt. II, 928, 3.

sident Canovas de Castillo, Berlin dazu zu »bewegen, gegen Zusicherung von Marine-Stationen und Handelsfreiheit« auf den Akt der »Besitzergreifung... zu verzichten«. Und am selben Tag lancierte Bismarck, der der unerwarteten Spannung längst überdrüssig war, den Vorschlag, »die Streitfrage der Karolinen dem Schiedsgericht einer befreundeten Macht zu unterbreiten«, denn »die Frage sei nicht von der Bedeutung, daß sie eine Rückwirkung auf die bestehenden guten Beziehungen beider Länder haben könnte«. Wegen der spanischen Reaktion war Bismarck der Meinung, daß »dies... keine Kolonialfrage« mehr sei, »sondern eine politische..., die Karolinen sind Nebensache und die Beziehungen zu Spanien Hauptsache«. Da Madrid andererseits zu einigen für Bismarcks Außenhandelspolitik im Pazifik entscheidenden Konzessionen bereit war, schien eigentlich nach dem 22. August ein schneller Ausgleich nahe, fast greifbar bevorzustehen[13].

Wenn es dennoch nicht so bald dazu kam, so lag das einmal daran, daß die spanischen Beweise für völkerrechtlich unanfechtbare Besitztitel ausblieben, das Auswärtige Amt folglich auch geneigt war, den Bericht des deutschen Schiffskommandanten über eine eventuelle Okkupation erst einmal abzuwarten. Eine verbindliche Antwort auf das Angebot von Canovas wurde daher unter dem Vorwand hinausgezögert, daß angesichts der antideutschen Pressestimmen eine nachgiebige Haltung »mit unserer Ehre nicht verträglich« sei. In Wirklichkeit mokierte sich Bismarck, der nach Herberts Eindruck »die Sache... humoristisch« ansah, über diese Entladungen südländischen Temperaments. »Man müsse diese Spanier behandeln wie Köter, die einem beim Durchreiten durch ein Dorf ankläfften«, riet er, »ernsthaft nehmen« könne er sie nicht, »sie kämen ihm gerade vor wie die Neger in Kamerun.«

Mit dem Kaiser teilte er die Auffassung, daß »die Inseln den ganzen Lärm«, den »die spanische Unverschämtheit... erst geschaffen« habe, »nicht wert« seien. Auf der anderen Seite glaubte er, in der sich steigernden republikanischen Agitation, die neben ihrer antideutschen gelegentlich auch eine sozialrevolutionäre Färbung erhielt, doch auch einen Vorteil für seine konservative Stabilisierungspolitik im Rahmen des Dreikaiservertrags wahrnehmen zu können. »Auch wenn die Spanier ihren König wegjagten, schadet das nichts«, gestand er, »die Etablierung der Republik würde von Nutzen sein, weil dadurch die Allianz der monarchischen Höfe den romanischen Republiken gegenüber gekräftigt würde«. Herbert v. Bismarck sollte dem besorgt nachfragenden Kaiser »plausibel« machen, daß es »bei der Schwäche der Monarchie in Spanien... für uns gleichgültig« sei, »ob sie erhalten oder durch Republik ersetzt würde. Wirkliche starke Monarchien seien nur noch die drei kaiserlichen, und je mehr die westlichen Staaten der republikanischen Verfassung und radikalen Abenteuern verfielen, um so eher würden die drei Kaiserreiche annehmen, daß alle zwischen ihren Regierungen entstehenden kleinen Streitigkeiten nichts wögen gegen die Notwendigkeit ihres festen und dauernden Zusammenschlusses im monarchischen und konservativen Interesse.« Eine spanische Republik, prophezeite Bismarck, werde »anarchischen Parteikämpfen verfallen«. »Es kann das den politi-

---

13. Hatzfeldt an Solms, 4., 7. 8. 1885, PA, Wb. 17 f.; Solms an B., 8., 12. 8. 1885, ebda., 18–20; 15., 16. 8. 1885, PA 2; Aufz. Hatzfeldts, 12., 20. 8. 1885, ebda. Benomar an Hatzfeldt, 14. 8. 1885, PA 2 (Marg. B.); Hatzfeldt an Plessen, 17. 8. 1885, ebda.; Canovas an Benomar, 17. 8. 1885 (Marg. B., ebenso 26. 8., PA 3; vgl. Hatzfeldt an Bismarck, 23. 8. 1885, PA 2), ebda.; Aufz. H. v. B., 12. 9. 1885, PA 6 (Marg. B.); Solms an B., 22. 8. 1885, PA 2, vgl. PA, Wb. 21–33; B. an AA, 22., 23. 8. 1885, PA 2 (vgl. KZ 24. 8. 1885); an Solms, 25. 8. 1885, PA 3 (Marg. B.), auch Wb. 24–26. Rantzau an H. v. B., 27. 8. 1885, Nl. Bismarck 47 (Schiedsgericht u. Freihandel); B. an Solms, 31. 8. 1885, PA Wb. 24–26; Deutscher Reichsanzeiger 10. 9. 1885.

schen Nutzen haben, daß die Unhaltbarkeit republikanischer Einrichtungen für große europäische Staaten ... noch schneller und wirksamer ad oculos demonstriert wird wie in Frankreich.« Zwei Wochen lang nahm deshalb Bismarck die hitzige Diskussion und die Protestdemonstrationen in Spanien ungerührt, ja befriedigt zur Kenntnis. Er fachte seinerseits die ihm zugänglichen deutschen Zeitungen zu schroffer Polemik an, ehe er sie Ende August, als die republikanischen Unruhen die Schwäche des spanischen Regimes hinreichend bloßgestellt hatte, abblasen ließ: »man müsse die Sache jetzt ignorieren«[14].

Gerade jetzt erfuhr aber Madrid, daß die »Iltis« die deutsche Flagge auf Yap gehißt hatte, obwohl ihr ein spanisches Kriegsschiff bereits zuvorgekommen war. Es kam zu einer Massendemonstration, die in einem Angriff auf die deutsche Gesandtschaft endete. Elduayen beschwor den deutschen Vertreter, Graf Solms, es gehe nun um die »Niederhaltung der Revolution«, nur ein Entgegenkommen Berlins könne die innenpolitische Atmosphäre in Spanien entspannen, die Verhandlungen müßten unbedingt fortgeführt werden. König Alfons billigte die Aufhebung der Verfassung, um künftigen »rein revolutionären« Demonstrationen begegnen zu können. Hatte Canovas bisher wegen der Schwäche der spanischen Rechtsansprüche den Schiedsgerichtsvorschlag abgelehnt, so begann er nach dieser neuen Zuspitzung einzulenken, wobei er es »für am besten hielt, wenn man des Nachweises der Besitztitel überhoben wäre«!

Nun hielt zwar Bismarck einen »unmaskierten« Rückzug Berlins nach den letzten Madrider Krawallen für »unmöglich«. Führende deutsche Zeitungen warfen dem spanischen »Pöbel« »Roheit und Unflätigkeit«, einen »hirnverbrannten Chauvinismus« wie bei seinen »Gesinnungsgenossen an der Seine« vor. Plötzlich gewann die bislang zum guten Teil manipulierte deutsche Pressemeinung ein Eigengewicht, und Bismarck wußte, daß »Verstimmungen der öffentlichen Meinung« auch »in Deutschland ... schwer« wogen. Der offizielle Bericht des Kapitäns der »Iltis« aber hatte ihm gezeigt, daß die Spanier vor der Ankunft der Deutschen einen »Akt der Besitzergreifung« vorgenommen hatten, damit aber die Prioritätsfrage: »das einzige Argument«, für sich entschieden hatten[15].

14. Hatzfeldt an B., 28. 8. 1885, PA 3 (Marg. B.); B. an AA, 27. 8. 1885, ebda.; Aktennotiz v. 28. 8. 1885, ebda.; vgl. Aufz. H. v. B., 30. 8. 1885, PA 4; Solms an B., 26. 8. 1885, ebda.; Rantzau an H. v. B., 26. 8. 1885, Nl. Bismarck 47 (= Bussmann Hg., 295); 5. 9. 1885, Nl. 47; vgl. H. v. B. an Rantzau, 27. 8., 6. 9. 1885, Nl. Bismarck 42 (= Bussmann Hg., 304); Rantzau an H. v. B., 7. 9. 1885, Nl. 47 (»vor tollen Hunden kann man sich nicht schützen als daß man sie totschlägt«). - Tb. Versmann, 9. 9. 1885, Nl. Versmann A 5, 75; Aufz. H. v. B., 28. 8. 1885, PA 3 (Marg. B.); Rantzau an H. v. B., 24. 8. 1885, Nl. Bismarck 47 (= Bussmann Hg., 293); H. v. B., Aufz. 60 f., Nl. Bismarck; B. an Plessen, 7. 9. 1885, PA 5; Rantzau an H. v. B., 31. 8. 1885, Nl. Bismarck 47 (B. habe »von der Bearbeitung der Karolinen in der Presse nun genug, ... nach Erledigung der heute mittag abgesandten Presseaufträge solle von uns nichts mehr in die Zeitung geschrieben werden«); H. v. B. an Rantzau, 2. 9. 1885, Nl. Bismarck 42 (»Die Presse ist wegen Karolinen abgestoppt«), vgl. 5. 9. 1885, ebda. (= Bussmann Hg., 303). - KZ 25., 27., 28., 30., 31. 8., 1., 2., 3. 9. 1885; NAZ 24. 8. 1885; Koburger Zeitung, 1. 9. 1885; Fränkischer Kurier 5. 9. 1885; Hamburg. Korresp. 5. 9. 1885; DKZ 2. 1885, 567–67, 597 f.

15. Solms an AA, 4. 9. 1885, PA 4; 6., 9. 9. 1885, PA 5; 8. 9. 1885, PA 6; H. v. B. an Rantzau, 9. 9. 1885, Nl. Bismarck 42 (Marg. B.); Marg. B. zu Canovas an Benomar, 17. 8. 1885, PA 2; KZ 6., 7., 8., 9., 26., 29. 1885; 1. 1. 1886; Caprivi an H. v. B., 9. 9. 1885 (mit Bericht Kapitän Hofmeyers, 4. 9. 1885, auch Wb. 60–66), PA 5; Elduayen an Benomar, 15. 9. 1885, PA 6 (Marg. B.), Wb. 27–34; vgl. Aufz. Rantzaus, 15. 9. 1885, PA 6 (nach B. »wäre die Priorität der spanischen Besitzergreifung vor der unsrigen doch wohl nicht anzuzweifeln«). Vgl. B. an Botschaften, 7. 9. 1885, PA 5; Rantzau an H. v. B., 10. 9. 1885, Nl. Bismarck 47; Marschall an Turban, 16., 20. 9. 1885, GLA 49/57, vgl. PA, Wb. 26–44.

Aber auch außer dieser völkerrechtlichen Klärung gewann eine andere Überlegung zunehmend an Gewicht: die Berücksichtigung des deutsch-spanischen Handelsverkehrs, der unter dem Abbruch von Geschäftsbeziehungen und »Repressalien« spanischer Firmen spürbar zu leiden begann. »Die schwer errungenen Vorteile« des Handelsvertrag, klagte die »Fränkische Tagespost«, würden »vollständig in Frage« gestellt. Statt der Karolinen sollten »die Kolonialschwärmer« doch die Lüneburger Heide kolonisieren. Ludwig Bamberger sah seine »Voraussage künftiger Nasenstüber« in der Kolonialpolitik durch den Karolinenstreit bestätigt. Er bedauerte mit Eugen Richter die »schwere Einbuße« des deutschen Exports, der »mehr geschädigt« worden sei »als jemals die Karolinen ... Nutzen bringen« könnten. Dieser Gesichtspunkt wurde aber nicht nur von den Linksliberalen, sondern auch frühzeitig im Auswärtigen Amt und in Friedrichsruh beachtet. Als der Chef der Firma Robertson & Hernsheim am 22. September dort eine Audienz gewährt bekam, eröffnete ihm Bismarck: »Krieg mit Spanien brauchten wir ja nicht zu fürchten, wir würden sie ja schon leicht zu Paaren treiben. Aber Spanien hätte doch sehr viel Handel mit Deutschland, namentlich mit Hamburg, und da würde ein besiegtes Spanien später sehr rachsüchtig sein« und »schlechte Handelsverträge mit uns abschließen«. Daher lohne auch eine spanische Niederlage nicht, »denn Kuba und die Philippinen würden für uns doch auch sehr zweifelhafte Glücksgüter sein«. Der forcierten deutschen Außenhandelspolitik der 1880er Jahre galt ein wichtiger europäischer Vertragspartner mehr als ein Archipel in Mikronesien.

Der Wert des Exports nach Spanien hatte sich nämlich seit 1879 von 8 auf 80 Mill. frs verzehnfacht, da sich der »günstige Handelsvertrag ... in dieser Richtung«, die die Madrider Regierung zu ihren Gunsten zu korrigieren wünschte, auswirkte. Gerade 1885 erreichte der deutsche Export, der u. a. den größten Anteil der deutschen Branntweinausfuhr umschloß, einen Höhepunkt, den er erst 1900 übertreffen sollte. Als daher zusammen mit zahlreichen Beschwerden deutscher Exportfirmen erneut ein Angebot Elduayens in Berlin eintraf, daß den Deutschen nicht nur die volle Handels- und Niederlassungsfreiheit auf den Karolinen gewährt werden solle, sondern daß das Reich, da es »selbstverständlich ... in Rücksicht auf den Panamakanal ... in jenen Gegenden Kolonien für seine Schiffsstationen, Kohlenniederlagen und Proviantmagazine besitzen müsse«, Stützpunktrechte erhalten könne, brachte Bismarck eine Maxime seiner Überseepolitik: »die ganze Frage ist keine politische, nur eine wirtschaftliche«, wieder zur Geltung. Da im Export »die Bilanz um viele Millionen zu unseren Gunsten stand«, wie Herbert v. Bismarck dem Zahlenmaterial des Auswärtigen Amts entnahm, forderte der Staatssekretär auch noch »die Verlängerung der Handelsvorteile, die unserem Nationalwohlstand in einem Jahr mehr zuführten, als der selbst hoch berechnete Wert der gesamten Karolinen betrug«. Der spanische Gesandte Benomar »griff mit beiden Händen zu« und gab »die geheime Zusage der Verlängerung des für uns so vorteilhaften Handelsvertrags auf sechs Jahre« gegen die Anerkennung der spanischen Souveränität über die Karolinen.

Nach dieser Vorverständigung der beiden Regierungen bestand Bismarck aber weiter auf der äußeren, formellen Klärung durch einen Schiedsrichter, denn »wir können unsere Note von 1875 nicht desavouieren ... Wenn wir anerkennen wollten, daß Spanien von alters her die Karolinen besaß, so wäre unser Verhalten von 1875 als unwissend und von 1885 als brutal zugegeben.« Nicht nur ließ er über die Regierungen in Wien, Rom, St. Petersburg, Paris und London seinen Wunsch in Madrid unterstützen, sondern durch einen ingeniösen Schachzug zwang er selber Spanien zur

Annahme, indem er am 29. September Papst Leo XIII. als Schiedsrichter vorschlug, ihn konnte die Allerkatholischste Majestät nicht ablehnen.

Vorausgegangen war eine geheime Absprache mit dem Papst, daß Deutschland gegen die erwähnten wirtschaftlichen Konzessionen zur Anerkennung der spanischen Souveränität bereit sei und nur einen Schiedsspruch, der sich streng daran halte, akzeptieren werde. Als Leo XIII., der sich durch Bismarcks Antrag geschmeichelt fühlte, sogleich zusagte, wurde Madrid der Vorschlag offiziell unterbreitet, aber »die Spanier«, glaubte Herbert v. Bismarck noch jahrelang später, »haben es niemals erfahren, daß der Urteilsspruch des Papstes ihm von uns suppediert war«. Nicht nur gelang Bismarck mit diesem Coup die Entspannung im Verhältnis zu Spanien, sondern er plante und nutzte ihn auch wegen eines innenpolitischen Effekts. Im vertrauten Kreis verhehlte er nicht »die Absicht einer Courtoisie gegen den Papst, von der ich für unseren Kirchenstreit die Wirkung erwarte, daß der Papst für die Einwirkungen der katholischen Demokratie, an deren Spitze Windthorst steht, unempfänglicher gemacht werde«. Als das Zentrum und seine Presse tatsächlich »Unbehagen« empfanden und nach Bismarcks Meinung »mit dem Papst unzufrieden« waren, sandte er noch einen äußerst verbindlichen Dankesbrief an Leo XIII., »um diesen Eindruck zu vervollständigen«. Vielleicht hat Bismarcks Geste tatsächlich dazu beigetragen, daß die ohnehin schon ruhiger behandelten Probleme des Kulturkampfs fortab vom Vatikan mit unleugbarer Konzilianz weiterdiskutiert wurden[16].

Als auch in den offiziellen Verhandlungen mit dem Papst und Madrid Ende November 1885 Einigkeit darüber erzielt war, »daß wir«, wie Bismarck es abschließend formulierte, »auf die zu Gunsten des deutschen Handels unternommene Besitzergreifung, zu Gunsten Spaniens verzichten gegen Äquivalente, die Spanien dem deutschen Handel gewährt«, stand der Verkündigung des Schiedsspruchs nur noch eins entgegen: die Verlängerung des deutsch-spanischen Handelsvertrags. Daß sie vorher erfolgen müsse, darauf hatte der Reichskanzler ebenso vorsichtig wie entschieden bestanden. »Unter allen Umständen« müsse die Unterzeichnung des Abkommens sicher sein, spornte er Solms an, wie er es sich auch während der Gespräche vorbehalten hatte, »von dem Vertrag zurückzutreten, wenn die spanische Regierung wider Erwarten ihre Zusage wegen Verlängerung des Handelsvertrags nicht erfüllen sollte«. Ohne weitere Verzögerung wurde jedoch am 7. Dezember der Handelsvertrag verlängert, das Protokoll über den Schiedsspruch konnte daraufhin am 17. Dezember in Rom unterzeichnet werden. Nachdem die Karolinenfrage »von der politischen Färbung«, die ihr der Parteikampf in Spanien zu Bismarcks Genugtuung zeitweilig »verliehen« hatte, »frei« gemacht worden war, konnte sie »als das, was sie ist: als eine wirtschaftliche und kommerzielle« zur Befriedigung der Berliner Politik gelöst werden, denn sie erhielt Handelsfreiheit, Niederlassungsrecht und Anlage einer

---

16. Poschinger, Verträge, II, 408–10; vgl. GW 15, 302; Fränkische Tagespost 10. 9. 1885; Bambergers Rede, 25. 10. 1885, Nl. Bamberger 237, vgl. Freisinnige Zeitung 31. 10. 1885; RT 6:2:1:36 (Richter, 24. 11. 1885); H. v. B. an Rantzau, 1. 9. 1885; Nl. Bismarck 42 (= Bussmann Hg., 301 f.); Aufz. Robertsons, 22. 9. 1885, in: Unterlagen von Robertson & Hernsheim für Bamberger, 26. 2. 1886, Nl. Bamberger 168; vgl. auch B. an Wilhelm I., 24. 9. 1885, PA 8, dagegen Hofmann, II, 17–20; Rantzau an H. v. B., 4. 9. 1885, Nl. Bismarck 47; Solms an B., 8. 9. 1885, PA 6; Benomar an H. v. B., 16. 9. 1885, ebda., Aufz. H. v. B., 62 f., Nl. Bismarck; Aufz. dess., 25. 10. 1885, PA 12; H. v. B. an B., 25. 10. 1885, Nl. Bismarck 32 (= Bussmann Hg., 324), vgl. Korrespondent von u. für Deutschland 5., 7. 9. 1885; Freisinnige Zeitung 13. 9. 1885; Times 9. 10. 1885. – Solms an B., 16. 11. 1885, PS 13 (Marg. B.); 19. 9. 1885, PA 7 (Marg. B.); 15. 9. 1885, PA 7; B. an Wilhelm I., 21. 9. 1885, PA 7 (= GW 6c, 324); 18. 12. 1885, PA 14; vgl. Monts an B., 23. 9. 1885, PA 7; Schlözer an B., 25. 9. 1885, PA 8; Solms an B., 23., 24., 27. 9. 1885, PA 8.

Marinestation, wie sie schon vor vier Monaten angeboten worden waren, zugestanden. Genau vierzehn Jahre später, als der spanisch-amerikanische Krieg den endgültigen Zerfall des ehemals weltumspannenden spanischen Kolonialreichs besiegelt hatte, konnte das Reich die Karolinen zu seinem pazifischen Schutzgebiet hinzukaufen[17].

3. UNERFÜLLTE ERWARTUNGEN

Zahlreiche kritische Stimmen haben die deutsche Expansionsagitation von Anbeginn an begleitet, und der Kolonialenthusiasmus wie auch die Ausbreitungspolitik selber mußten sich leidenschaftliche Vorwürfe gefallen lassen. Nicht nur die Linksliberalen und andere engagierte Gegner kolonialer Herrschaft hielten mit Gegenargumenten und Warnungen, mit Spott und Hohn nicht zurück, sondern gelegentlich schienen selbst den Verfechtern deutscher Kolonialpolitik die utopischen Hoffnungen allzu üppig emporzuschießen. So beklagte sogar der »Export« auf dem Höhepunkt des Kolonialenthusiasmus im Herbst 1884 die »Don Quixoterie« des »Kolonialfiebers« und der kolonialen »Phantasmagorien«, und auch die »Kölnische Zeitung« hielt es bald danach auf einmal für einen »bedenklichen Irrtum, wenn wir von unseren überseeischen Besitzungen für die nächsten Jahre irgendwelche besonderen wirtschaftlichen Vorteile erwarteten.« Seit 1885 wirkten sich die genaueren Berichte und Nachrichten über die Verhältnisse in den Schutzgebieten zunehmend ernüchternd aus. Die Einsicht, daß man kein Eldorado für den Handel vorgefunden habe, sondern Jahre mühsamer und kostenreicher »Erschließung« vor sich hatte, dämpfte die ursprünglichen Erwartungen allmählich.

Die ersten Kämpfe mit den Eingeborenen, der kostspielige militärische Aufwand in Kamerun, in Südwestafrika und vor Sansibar, die Enttäuschungen mit den Chartergesellschaften und den auf staatliche Verwaltung drängenden Kolonialinteressenten, – sie bewogen 1886 nicht nur Bamberger zu der Feststellung, daß die »hochschäumenden Erwartungen« nachgelassen hätten; vermutlich werde »unsere ganze Kolonialpolitik nichts sein ..., als ein sehr teures Spielzeug für die nationale Phan-

---

17. B. an Schlözer, 18. 11. 1885, PA 13 (= GW 6c, 325, vgl. GW 9, 481); Rantzaus Notenentwurf, B. an Solms, 22. 11. 1885, PA 13; Solms an B., 7. 12. 1885, PA 14; H. v. B. an Solms, 9. 11. 1885, PA 13; vgl. Korrespondent von u. für Deutschland 6. 12. 1885; Fränkischer Kurier 21. 12. 1885; PA Wb. 44–58, 67–76. »Ich halte die Karolinen noch heute für eine Lumperei«, wiederholte B. 1887 noch einmal im Reichstag (RB 12, 242, 12. 1. 1887), »das, was wir dort erwarten und erstreben konnten, war ein Geschäft von ungefähr ... 60 000 Mark jährlich ... Wegen dieser Sache mit Spanien Krieg zu führen, wäre mir nie im Traum eingefallen, und hätten wir eine Ahnung haben können ..., daß Spanien mit seinen Ansprüchen plötzlich hervortreten würde, so hätten wir von diesem ziemlich wertlosen Besitz die Finger gelassen.« – Ohne Schwierigkeiten wurden die »unbestritten herrenlosen« mikronesischen Marshall-, Providence- und Browninseln im Nov. 1885 zu dem deutschen Schutzgebiet hinzugefügt (Monts an B., 28. 11. 1885, PA 14), nachdem Robertson & Hernsheim und die DHPG seit Anfang 1885, vor allem im August 1885, um die »Proklamation der deutschen Schutzherrschaft« gebeten hatten, damit sie nicht »in ihrer Entwicklungsfähigkeit gehemmt« und »um die Früchte ihrer langjährigen Arbeit« gebracht würden, »wenn sie in fremde Hände fallen«. Nach dem »Modus einer privilegierten Gesellschaft unter Oberaufsicht des Reichs« (Kusserow an B., 28. 8. 1885, H. v. B. an Wilhelm I., 29. 8. 1885, PA 4; Aufz. Berchems, 12. 8. 1885; Rottenburgs, 14. 8. 1885, RKA 2502, 15 f.), verwaltete die von ihnen gebildete »Jaluitgesellschaft« diese Inseln bis 1908, als auch sie ihre Rechte an das Reich abtrat, – die einzige Chartergesellschaft, die so lange aushielt. Vgl. Stieda u. W. Treue, Tradition 7, 107–123.

tasie«, selbst »mit Noch-so-sehr-Herumstochern in alten Sandlöchern und Fiebernestern« lasse sich kein günstigeres Ergebnis erzielen. Auch Dr. Buchner, Nachtigals Begleiter, hielt den »Kolonialrausch« der »Afrikaschwärmer« für überholt. »Absatzgebiete sind in Afrika zweifellos vorhanden«, glaubte er, aber daß sie »nicht zugleich Zahlgebiete« seien oder es doch »sicher nur langsam und spät würden«, werde allmählich erkannt. Sogar die »Deutsche Kolonialzeitung« glaubte 1886, daß die desillusionierenden Berichte »wie ein kalter Wasserstrahl auf die unverständigen Afrikawütenden, die in dem dunklen Erdteil schon jetzt alles Heil für das notleidende Europa erblicken möchten«, wirkten – ein Ton, der ihren Redakteuren noch 1884 Anathema gewesen wäre. Andererseits zeugt gerade die unverhüllte Enttäuschung, die nicht zuletzt auch das deutsche Emin-Pascha-Komitee bewogen hat, doch noch den Erwerb einer reichen afrikanischen Großkolonie zu versuchen, für die Intensität der ursprünglichen Erwartungen. Sogar der kritische Holstein hatte doch im August 1884 geglaubt, daß »unsere Kolonisationspläne ... Hunderttausenden von englischen Arbeitern das Brot vom Munde« wegnehmen würden. Am Ende der Bismarckzeit aber war ein auffälliges Mißverhältnis zwischen den Hoffnungen des ideologischen Konsensus und dem tatsächlichen Wert der Kolonien entstanden[1].

Auch Bismarcks Interesse ließ seit 1886 spürbar nach. Als ungewöhnlich lohnende Geschäftsbeziehungen nicht angeknüpft werden konnten, als die Interessenten, anstatt aktionsfähige und finanzkräftige Syndikate zu bilden, als rivalisierende und oft ohnmächtige Einzelfirmen vorgingen, als die Banken sich von Kolonialinvestitionen zurückhielten, so daß Bismarck klagte: »Bisher trägt die Beteiligung unserer Finanziers an kolonialen Unternehmungen mehr den Charakter einer Gefälligkeit gegen herrschende Strömungen der öffentlichen Meinung und amtliche Einflüsse«, als anstelle von Handelskolonien, – den versprochenen »selbständigen Staatswesen« der Kolonialgesellschaften –, staatliche Verwaltungskolonien mit Aufständen, Militär- und Marineeinsatz das Reich in wachsendem Maße belasteten, kurzum, als Bismarcks anfängliche Vorstellungen und Erwartungen sich nirgendwo voll verwirklichten, da wurden ihm die Kolonialprobleme zunehmend lästiger. An der Geschichte der einzelnen »Schutzgebiete« bis 1890 ist diese Entwicklung oben verfolgt worden. Nachdem dann der große ostafrikanische Aufstand seit dem Sommer 1888 buchstäblich Millionen zu verschlingen begann, sprach der Reichskanzler vollends verärgert vom »Kolonialschwindel«, der ihn zuviel Zeit und Kraft koste, ja, dem italienischen Ministerpräsidenten Francesco Crispi soll er bei dessen Besuch in Friedrichsruh im Mai 1889 kurzerhand den Verkauf »der deutschen Besitzungen in Afrika« angeboten haben, was den ebenfalls unzufriedenen Crispi zu einer gleichartigen Gegenofferte bewog[2].

Wenn Bismarck dem neuen Generalkonsul in Sansibar, Michahelles, im Herbst

---

1. Export 6, 605 f. (23. 9. 1884); KZ 13. 7. 1885; RT 6:2:1:659, 665 (Bamberger, 20. 1. 1886, vgl. Hartwig an Bamberger, 22. 1. 1886: »Die Koloniallügen haben wie alle Lügen kurze Beine«, Nl. Bamberger, 78); M. Buchner, Unsere Hoffnungen auf Afrika, Geg. 30. 1886, 385 f.; DKZ 3. 1886, 788; Holstein, II, 170 (27. 8. 1884). Vgl. G. Fischer; Charpentier; Wolff; Baumgarten; A. Holtzendorff, Die koloniale Frage u. ihre Lösung durch das Reich, Berlin 1889; Die Entwicklung unserer Kolonien, Berlin 1892, u. RKA 6924, 5, 91 f.
2. GW 6c, 413 f.; ebenso Fabri, 5 Jahre, 129 f.; Krauel, 13. – Lucius, 500 f. (17. 8. 1889: »er werde Ostafrika und Samoa ganz fallen lassen«); Schweinitz, Denkwürdigkeiten, II, 374 (16. 1. 1889: B. »verwünscht Samoa und Afrika und sagt, er wolle nichts mehr mit den Kolonien zu tun haben, sondern sie der Admiralität übergeben«); Brauer, 290; F. Crispi, Questioni Internationali, Mailand 1913, 219.

dieses Jahres eröffnen konnte: »ich habe die Kolonien satt«, dann entsprach dieser Enttäuschung auf der anderen Seite mit einer gewissen Folgerichtigkeit die Anstrengung, die informelle Handelsexpansion stärker voranzutreiben. Auch deshalb ist z. B. in der zweiten Hälfte der 1880er Jahre China wieder zunehmend in den Vordergrund der Überlegungen getreten. Schon im Sommer 1886 konnte der für die Handelspolitik mitverantwortliche Unterstaatssekretär v. Berchem die »Annahme« bestätigen, »daß wir uns auf dem ganzen Gebiet unserer volkswirtschaftlichen Unternehmungen für nichts so sehr interessieren wie für die Entwicklung unserer Handelsbeziehungen zu Ostasien«. Unmittelbar versprach man sich große Geschäfte im Eisenbahnbau, der in Deutschland inzwischen erschlafft war und in China ein neues Entwicklungsgebiet finden sollte. Und auf längere Sicht schien die Schimäre des chinesischen Großmarkts, der dann spätestens seit 1895 alle Industriestaaten verfielen, unabsehbare Gewinnchancen zu versprechen. Auch Friedrich Engels gab zu bedenken, daß nach Jahren der Krise die »einzige Aussicht auf Geschäftsbelebung ... noch die mögliche Eröffnung Chinas«, des »letzten Sicherheitsventils der Überproduktion«, biete. Und nicht zufällig beschwor daher jetzt auch die »NAZ« noch einmal die Hoffnungen der vorhergehenden Jahrzehnte, daß das europäische Land, das im Industrieexport nach China die Führung gewinne, »auf lange Jahre hinaus Schutz gegen die wirtschaftlichen und sozialen Krisen erwerbe. Eine solche Perspektive verdient ohne Zweifel Aufmerksamkeit.« Das tat sie nach den Wachstumsstörungen seit 1873 in der Tat.

Bismarck hat deshalb tatkräftig »auf die Errichtung eines starken deutschen Finanzinstituts in China«, das »in dieser Beziehung von allen Ländern das größte Interesse verdient«, hingewirkt. Für ihn war dabei »die Überzeugung maßgebend, daß über kurz oder lang jenes ausgedehnte und stark bevölkerte Gebiet sich dem europäischen Verkehr erschließen und dann der fremden Industrie, in erster Linie dem Bahnbau neue und lohnende Absatzwege eröffnen wird. Tritt aber jener Zeitpunkt ein, so ist ... mit Sicherheit vorauszusehen, daß diejenigen Nationen, welche durch einflußreiche Banken dort vertreten sind, in erster Linie berufen sein werden, die günstige Gelegenheit auszunutzen, um ihrem Handel und ihrer Industrie den Löwenanteil an den dort zu erwartenden großen Unternehmungen zu sichern.« Ganz ähnlich argumentierte er ja auch im Hinblick auf das erwünschte Engagement deutscher Banken in Lateinamerika.

Auch Bleichröder betrieb mit Nachdruck die Bildung eines Bankenkonsortiums, das dem deutschen Exportgeschäft zur Seite stehen bzw. die Bahn brechen sollte. Der als Kundschafter ausgesandte junge Bankier Oppenheim bekräftigte, daß China »unbedingt als das Feld für eine deutsche Bank anzusehen« sei. Aus dem Zusammentreffen der Interessen des Interventionsstaats, der den Außenhandel unterstützen mußte, und der Großbanken ging schließlich im Februar 1889 die »Deutsch-Ostasiatische Bank« hervor, die in der Folgezeit gewiß nicht alle hochgespannten Hoffnungen erfüllen konnte, immerhin aber doch schon mit englischen Banken an der zweiten und dritten großen Reparationsanleihe beteiligt war, die China nach der Niederlage im Krieg mit Japan aufnehmen mußte. Sie hat noch vor der deutschen Festsetzung in Kiautschou und dem Schantungvertrag von 1897/98 die Voraussetzungen für das forcierte Eindringen des deutschen Imperialismus in China geschaffen[3].

3. B. zu Michahelles, Okt. 1889, Nl. Michahelles, ungedruckte Memoiren, PA, ähnlich GW 8, 666–70. – Berchem an Brandt, 16. 7. 1886, in: Stöcker, China, 277–79. – Engels an Bebel, 18. 3. 1886, MEW 36. 1967, 464 f. – NAZ 1886, nach DDF, VI, 275 f. (2. 8. 1886). – B. an Boetticher, 18. 5. 1888, in

Der Blick auf aussichtsreiche Märkte wie den ostasiatischen hat Bismarcks Überdruß hinsichtlich der deutschen »Schutzgebiete« eher noch verstärkt. Mehrfach hat er 1889 die Bildung eines eigenen »Kolonialamts«, das von der Marine oder »von den Hanseaten« verwaltet werden sollte, erwogen. Er dachte schließlich sogar schon daran, ein »Reichsamt für Kolonien und Handel«, wie es ähnlich erst 1907 unter Dernburg aus der seit April 1890 bestehenden Kolonialabteilung des Auswärtigen Amts als selbständige Behörde gebildet wurde, zu gründen oder nur die Fragen, »die unsere Beziehungen zum Ausland berühren«, in der Wilhelmstraße zu bearbeiten, die »innere Kolonialpolitik« aber »am liebsten Hamburg zu überlassen«. Bürgermeister Versmann wurde dieser letzte Gedanke Anfang September 1889 in Friedrichsruh offiziell unterbreitet. Er »wolle die Kolonialangelegenheiten los sein«, eröffnete ihm der Reichskanzler, denn »er empfinde die Bürde der Kolonialangelegenheiten mehr und mehr«: »Mein Gewerbe ist, Europa den Frieden zu erhalten; wenn ich das tue, bin ich bezahlt. Mit anderen Kleinigkeiten kann ich mich nicht mehr abgeben, das übersteigt bei meinem Alter meine Leistungsfähigkeit. Kurz, das Auswärtige Amt wird die Kolonialsachen los oder es wird mich los.«

Als Versmann auf Bismarcks Vorstellung, »der Handel habe doch das eigentliche Interesse an den Kolonien, und so liege der Gedanke der Beteiligung der Hansestädte nahe«, skeptisch einwandte, »als ein Mittel, Deutschland schnell reich zu machen«, habe er »die Erwerbung von Kolonien dagegen niemals betrachten können, vielmehr mit einer gewissen Beängstigung die Kolonialbegeisterung aufwallen sehen, da derselben ein Rückschlag notwendig habe folgen müssen«, reagierte Bismarck scharf, »wenn der Handel kein Interesse an den Kolonien habe, so habe er auch keines daran. Dann tue man ja am besten, es so zu machen, wie der Große Kurfürst es gemacht habe. Soweit sind wir aber noch nicht.«

Jedoch Versmann blieb hartnäckig bei seiner Ablehnung, und der Senat der Hansestadt bot zwar »gute Dienste« an, wollte aber von der »Übernahme der Verwaltung« ebenfalls nichts wissen. Vor seiner Entlassung ist Bismarck daraufhin auf diesen Plan nicht mehr zurückgekommen[4].

Wenn der unermüdliche Fabri 1889 konstatierte, daß »die überschäumende Begeisterung verrauscht, ein Rückschlag eingetreten« sei und »Unsicherheit, wo nicht Entmutigung sich regt«, so hat diese Stimmung noch lange Jahre angehalten. Daß aber diese Enttäuschung nicht schwerwiegendere Auswirkungen zeitigte, wird man sich in erster Linie mit dem Konjunkturanstieg seit dem Herbst 1886 zu erklären haben. Vier Jahre lang hielt diese Aufschwungphase an, und sie schuf die Voraussetzungen dafür, daß man sich, – wie auch in der Hochkonjunkturperiode von 1896 bis 1914 –, über das stagnierende Kolonialgeschäft hinwegsetzen konnte. Ohne die

---

Müller-Jabusch, 50 Jahre, 324. – Bleichröder an B., 8. 9. 1888, A. Sch. 20. – S. an E. Oppenheim, 16. 7. 1888, Archiv Bankhaus Oppenheim, 114. Vgl. allg. Stöcker, 89 f., 125, 132 f., 183–264; ders., Dokumente zur deutschen Politik in der Frage der Industrialisierung Chinas, 1889–94, ZfG 5. 1957, 603–6; o. 244 Anm. 19; IV, 2C, 1A, 2D; W. Annecke, Chinas wirtschaftliche Verhältnisse u. seine Bedeutung für Deutschland, Sch. Jb. 12. 1888, 1–26; ders., DKZ 1, 39; ders., Sch. Jb. 10, 66 f.; R. Jannasch, Die Erschließung Chinas, Charlottenburg 1895. Die Chinaliteratur über die 1890er Jahre bei Wehler, Der amerikanische Handelsimperialismus in China.

4. B. an Boetticher, 26. 6. 1889, Nl. Boetticher, 48; Versmann an Petersen, 3. 9. 1889, ebda.; Aufz. Versmanns, 3. 9. 1889, StA Hamburg, Cl. I, Lit. Sd, Nr. 26, vol. 1, Fasc. 1a (auch in: H. Nirrnheim, Hamburg als Träger der deutschen Kolonialverwaltung, Zeitschrift des Vereins für Hamburgische Geschichte 34, 1934, 184–95); Geheimprotokoll der Senatssitzung, 7. 10. 1889, auf der der Vorschlag abgelehnt wurde: Nirrnheim, dass., ebda., 42. 1953, 1–7. Vgl. auch Fabris Ruf (5 Jahre, 118, auch 135 f.) nach einem »Kolonialamt«.

Rückkehr der Prosperität hätte man sich wahrscheinlich ungleich schwerer mit ihm abgefunden. Denn nicht nur stockte der Kolonialhandel in manchen Schutzgebieten, – wegen der sinkenden Palmölpreise in Westafrika und wegen der ständigen Unruhen in Ostafrika –, sondern er schrumpfte sogar manchmal. Bismarck klagte z. B. im Frühjahr 1889 mißmutig, daß der Handel vor der Schutzübernahme »bedeutender war, als er es heute nach Aufwand erheblicher militärischer Leistungen und beträchtlicher Gelder zu sein scheint«.

Genauere Zahlen sind erst ab 1891 verfügbar, aber es besteht kein Grund zu der Annahme, daß sie in den Jahren seit 1884/85 höher und günstiger waren. Der Export nach den Kolonien sank von 1891 = 6 Mill. M bis 1895 = 4,5 Mill. M absolut, aber auch relativ stärker als der deutsche Gesamtexport, der in diesen Jahren teils stockte, teils abfiel (1891 = 3,5, 1894 = 3,1, 1895 = 3,5 Mrd. M); sein prozentualer Anteil ging von 0,17 auf 0,124 zurück. Seit 1896 zog er allmählich an und erreichte 1898 = 10,9, 1900 = 23,3, 1905 = 43,6 und 1910 = 55,6 Mill. M, während der Anteil am deutschen Gesamtexport auf unbedeutende 0,25, 0,48, 0,74 und 0,73 Prozent kletterte.

Der Import aus den Kolonien sank ebenfalls: von 1891 = 5,9 auf 1895 = 3,3 Mill. M, prozentual in der deutschen Gesamteinfuhr von 0,13 auf 0,08 Prozent. Bis 1900 verharrte er unter 6 Mill. M und stieg dann 1905 = 17,7 auf 1910 = 50 Mill. M, prozentual auf 0,24 und 0,54 an. Zehn Jahre nach der Übernahme der Schutzherrschaft waren erst 60 Mill. M in den Kolonien investiert und 14 km Eisenbahnstrecke gelegt worden. Zwanzig Jahre später handelte es sich auch nur um 100 Mill. M und 832 km Streckenlänge. Zu diesem Zeitpunkt, 1905, lebten in den Kolonien (außer dem Pachtgebiet Kiautschou) mit ihren drei Millionen km² insgesamt 5,951 deutsche Staatsangehörige, davon waren allein ein Drittel Beamte und Soldaten. Vor Kriegsausbruch machte das Geschäft mit den deutschen Kolonien nicht mehr als 0,5 Prozent des deutschen Außenhandels aus, und nur zwei Prozent (505 Mill. M) der deutschen Auslandsanlagen befanden sich in ihnen.

Der geringe Gewinn, den einige Kolonialgesellschaften und Reedereien gemacht hatten, stand im Rahmen einer volkswirtschaftlichen Gesamtrechnung bis 1914 in keinem Verhältnis zu den Abermillionen Unkosten, die die Verwaltung und die Niederschlagung von Aufständen bis dahin dem Reich verursacht hatten. Anders als die älteren englischen Kolonien, – die nach 1880 erworbenen waren größtenteils auch für den Metropolisstaat ökonomisch wenig ergiebig! –, oder die amerikanischen Kolonialbesitzungen sind die deutschen Kolonien trotz einer günstigeren Entwicklung in den letzten Jahren vor Kriegsausbruch kein ökonomischer Gewinn, sondern Ballast gewesen. Mit den Kolonien wurde dem Reich keineswegs »die neue Grundlage« geschaffen, »die es brauchte, wenn es sich als Großmacht in den wirtschaftlichen Kämpfen des 20. Jahrhunderts behaupten sollte«[5]. Diese Grundlage haben die »Schutzgebiete« zu keiner Zeit gebildet. Allein die deutsche Industriewirtschaft und der Außenhandel mit den anderen Industriestaaten haben sie zu schaffen vermocht.

5. Fabri, 5 Jahre, XI; B. an Boetticher, 26. 6. 1889, Nl. Boetticher, 48. Die Zahlen nach: O. Mayer, Die Entwicklung der Handelsbeziehungen Deutschlands zu seinen Kolonien, staatswiss. Diss. Tübingen, München 1913, passim u. Anhang; R. Hermann, Die Handelsbeziehungen Deutschlands zu seinen Schutzgebieten, phil. Diss. München 1899, passim; Statistisches Handbuch 1907, I, 727; E. G. Jacob Hg., Deutsche Kolonialkunde, 1884–1934, Dresden 1934, 40. Vgl. W. O. Henderson, German Trade with Her Colonies, in: ders., Studies, 44–57; C. Clark, The Balance Sheets of Imperialism, N. Y. 1936; gute Tabellen über Ausgaben u. Einnahmen der Kolonien bei Herrfurth, ZKKK 11, 750; ders., Fürst Bismarck u. die Kolonialpolitik, Berlin 1909, Anhang. – Hagen, Bismarck u. England, 51.

6

Bismarcks Imperialismus

> »Die Erwerbung und Anlage von Kolonien ist ja auch nichts weiter als ein weiteres Hilfsmittel zur Entwicklung ... des deutschen wirtschaftlichen Lebens.«
>
> Der »opportunistische Gesichtspunkt«: »den Deutschen ein neues Ziel zu setzen«, »die Deutschen auf neue Bahnen zu lenken.«
>
> Bismarck, 1884/85[1]

1. DAS RÄTSELRATEN ÜBER DIE MOTIVE DER BISMARCKSCHEN »KOLONIALPOLITIK«

Das Urteil über die deutsche überseeische Expansion unter Bismarck hat seit je unter dem Dilemma der widersprüchlichen Äußerungen des Reichskanzlers über die Motive und Ziele dieser Politik auf der einen Seite, ihrer Aktionen und Ergebnisse auf der anderen Seite gelitten. Unbestreitbar hatte sich Bismarck bis zum Beginn der 1880er Jahre nicht nur immer wieder entschieden gegen deutsche Kolonialerwerbungen ausgesprochen, sondern auch die sich bietenden Gelegenheiten nicht ausgenutzt. Sogar in der kurzen Zeitspanne der Übernahme der »Schutzgebiete« erwies er sich nicht als ein neubekehrter Anhänger überseeischen Territorialbesitzes. Vielmehr verbarg er im allgemeinen weder jetzt noch in den Schlußjahren seiner Regierungszeit und danach seine Skepsis, wenn er den Wert von staatlichen Kolonien einschätzte. Andererseits griff aber doch unter ihm der deutsche Industriestaat mit den Polypenarmen der kommerziellen Expansion des modernen »état tentaculaire« (K. Lamprecht) in die Welt hinaus, und unleugbar gewann auch Deutschland unter ihm ein Kolonialreich, das von 1890 bis 1914 nur mehr wenig erweitert wurde. Zur gleichen Zeit mit der deutschen Überseepolitik unter Bismarck hat daher das Rätselraten über seine Beweggründe eingesetzt: weshalb er von der nachhaltig vertretenen Politik des Laissez-faire-Expansionismus zur Kolonialgründung übergegangen sei, wie sich seine Kritik an Verwaltungskolonien mit der deutschen Festsetzung in Afrika und im Pazifik vereinbaren lasse, warum er seine Geringschätzung von Kolonien, die so manchen Anhänger deutscher »Weltpolitik« bekümmerte, nach der Gründung eines Kolonialreichs nicht aufgegeben habe.

Bismarcks »Entschluß, deutsche Kolonien zu gründen«, so hat Friedrich Meinecke eine weit verbreitete Verwunderung ausgedrückt, sei der »erste und einzige seiner großen Entschlüsse« gewesen, der »nicht dem Zentrum seines Wollens« entsprungen

---

1. RB 11, 94 (RT, 14. 3. 1885) u. 469 Anm. 33.

und »darum historisch und psychologisch so überaus merkwürdig« sei. Stellt man die Kritik an der durchaus irreführenden Behauptung, daß Bismarck »deutsche Kolonien« habe gründen wollen, ebenso wie den Nachweis, daß sein Vorgehen »historisch« keineswegs »merkwürdig« gewesen ist, zurück, so kann man doch dieses Urteil als repräsentativ für die irritierende Ungewißheit ansehen, die den vermeintlichen »Gesinnungswandel« Bismarcks von 1884/85 umgeben hat[2].

Die Erklärungsversuche zerfallen bisher in zwei Hauptgruppen. Einmal ist die in Anbetracht der Äußerungen und Handlungen Bismarcks ganz abstrus wirkende Behauptung verfochten worden, Bismarck sei seit jeher, spätestens seit der Übernahme der preußischen Führungsposition ein Anhänger formeller, staatlicher Kolonialpolitik gewesen. Insgeheim habe er seit 1862 stets auf der Lauer gelegen und im ersten günstigen Augenblick zugegriffen, um langgehegte Pläne endlich zu verwirklichen. Empirisch hat sich diese Auffassung auch aus dem bisher gedruckten Quellenmaterial nicht – oder doch nur vermittels gewaltsamer und phantasievoller Konstruktionen – begründen lassen. Selbst ein wohlwollendes Urteil müßte sie, ungeachtet ihrer gelegentlich kritischen Intention, im besten Fall jenen Bemühungen zurechnen, die Bismarck im Sinne des Geniekults heroisieren, ihm seherische Voraussicht und völlig unbeirrbare Zielstrebigkeit beimessen oder ihn gar als einen von den historischen Bedingungen seiner Zeit unbeeinflußten Übermenschen stilisieren wollen. Mit der realen Überseepolitik Bismarcks hat diese Interpretation so gut wie nichts zu tun. Die von ihr behauptete Kontinuität seiner Absichten stellt die Dinge vielmehr geradezu auf den Kopf[3].

Zum zweiten ist eine weit aufgefächerte Vielzahl von Thesen vertreten worden, die in den unterschiedlichsten Motiven und Bedingungen die Gründe dafür zu finden glaubten, daß Bismarck 1884/85 sein bislang ablehnendes Urteil über Kolonien revidiert habe, da sie unter je verschiedenen Gesichtspunkten für ihn Wert gewannen. Ein möglichst vollständiger Überblick kann hier nicht unser Ziel sein, jedoch sollen einige dieser Deutungsversuche, die sich zuweilen auf Äußerungen Bismarcks stützen, auch wohl Teilwahrheiten enthalten, aber so oft als einzig mögliche Erklärung verabsolutieren, kurz charakterisiert und kritisiert werden.

Häufig findet man die in ihrer allgemeinen Form mangels näherer Begründung nichtssagende Behauptung, daß »der Grund für diesen Umschwung« von 1884 »ein außenpolitischer« gewesen sei. Sofern sie sich allein auf den »Primat der Außenpolitik«, der angeblich auch Bismarcks Handeln stets bestimmt habe, als ein nicht mehr zu beweisendes Prinzip, als ein Axiom, beruft, erübrigt sich eine Auseinandersetzung,

---

2. Lamprecht, II, 497; F. Meinecke, Bismarck u. das neue Deutschland, in: ders., Preußen u. Deutschland im 19. u. 20. Jh., München 1918, 523; Rost, 29, ebenso Rudin, 30. – Vgl. allg. hierzu W. O. Aydelotte, Wollte Bismarck Kolonien?, in: Festschrift H. Rothfels, Düsseldorf 1951, 41–68 (teils zutreffend, teils voller Fehler u. falscher Behauptungen, auch der etwas kokettierenden [50], A. habe alle Kolonialakten der 1880er Jahre gelesen, obwohl ihm nur ein winziger Bruchteil vorgelegen hat); Turner; Rein, 310–19; Conze, NCMH 11, 292; Th. Schieder, Das Reich unter der Führung Bismarcks, in: Deutsche Geschichte im Überblick, Hg. P. Rassow, Stuttgart 1962², 553–55; Langer, Alliances, 288–307; Sontag, Germany, 194–210; auch W. Mommsen, Bismarck, München 1959, 182, u. die im Folgenden zit. Lit.

3. Diese Auffassung, die auch in der älteren deutschen Literatur häufig vorkommt (Anhang, 512), ist vor allem von M. E. Townsend verteidigt worden: Origins, 58–77, 151, 179, 194 f.; dies., Rise, 60–118; dies. u. C. H. Peak, European Colonial Expansion Since 1870, N. Y. 1941; ebenso ihr Lehrer: C. Hayes, A Generation of Materialism, N. Y. 1941, 223. Hier wie im Folgenden werden die Meinungen natürlich nur verkürzt wiedergegeben und die Kritik angedeutet; durch die Ausführungen in VI/2 werden sie eingeordnet und wird auch ihr Stellenwert näher bestimmt.

da die wichtigen Probleme gar nicht ins Blickfeld der Untersuchung gezogen werden. Manchmal ist hier gemeint, die außenpolitische Konstellation von 1884 sei für das Reich so günstig gewesen, daß die riskante Kolonialpolitik von Bismarck inauguriert werden konnte. Die vorteilhafte Lage wird man nicht leugnen wollen, aber stillschweigend wird dabei vorausgesetzt, daß dringende Motive für die Expansion schon bestanden und diese nur auf die Gunst der außenpolitischen Verhältnisse zur Verwirklichung angewiesen gewesen sei. Ist man jedoch gerade an diesen Motiven interessiert, so wird – statistisch gesprochen – nur eine für Bismarck fraglos wichtige Randbedingung definiert, deren Erklärungswert für die Ursachen jedoch gering ist.

Lohnender scheint schon diejenige Interpretation zu sein, die sich zwar unter den weiten Deckmantel der außenpolitischen Bedingtheit des Bismarckschen »Kurswechsels« begibt, aber dann das ganz spezifische Ziel der Kolonialpolitik des Reichskanzlers allein in ihrer Einwirkung auf die Beziehungen der großen europäischen Staaten zu erkennen glaubt, eine Vorstellung mithin, die der Kolonialpolitik nur einen funktionellen Wert zubilligt, sie als Schachzug in Übersee zur Gewinnung von vorteilhaften Positionen für Deutschland in seinen Beziehungen zu einigen europäischen Großmächten bewertet. Ganz pointiert hat z. B. A. J. P. Taylor in einer fast ausschließlich auf die veröffentlichten französischen Akten gestützten und von ihnen stark beeinflußten orthodox-diplomatiegeschichtlichen Studie »die deutschen Kolonien das zufällige Nebenergebnis einer mißlungenen deutsch-französischen Entente« genannt. Denn da es »nicht denkbar« sei, »daß Bismarck nach jahrelanger Skepsis plötzlich zum Glauben an den Wert von Kolonien bekehrt wurde«, müsse der Reichskanzler den Großbritannien »bewußt provozierenden Anspruch auf herrenlose Länder, an denen sich die deutsche Regierung bisher nicht interessiert gezeigt hatte«, nur deshalb erhoben haben, um Frankreich dadurch an das Reich heranzuziehen. Damit Paris nämlich die Ernsthaftigkeit des deutschen Kooperationsinteresses bewiesen werden konnte, habe eine allgemeine Unterstützung der französischen Politik gegen England allein nicht genügt. Bismarck wollte vielmehr Frankreich überzeugen, »daß er einen eigenen Konflikt« mit England besaß »und deshalb französischer Hilfe bedurfte. Ein Konflikt mußte geschaffen werden und Bismarck wandte sich der Kolonialfrage zu, die er bisher verachtet hatte«[4].

Genau umgekehrt ist die kurzlebige deutsch-französische Zusammenarbeit, die »Kolonialentente« von 1884/85, nicht die Ursache, sondern vielmehr ein Ergebnis der

---

4. Hagen, Bismarck u. England, 30; ders., Das Bismarckbild in der Literatur der Gegenwart (1915–27), Berlin 1929, 58; ders., Kolonialpolitik, 143, 118–42; W. Richter, Das Bild Bismarcks, Neue Rundschau 63, 1952, 50 f. Gegen die historische Evidenz (vgl. Kap. V) verteidigt Aydelotte (Kolonien?, 60, 65) die »Schuldlosigkeit« Großbritanniens, denn es gebe »nicht den Schein eines Beweises« für britische Monopolisierungsmethoden. – Taylor, Bid, 5 f., 18, 23 (ganz absonderliche u. falsche Meinungen auch 27, 32 f., 55); ebenso ders., The Struggle for Mastery in Europa, 1848–1918, Oxford 1954, 295; ders., The Course of German History, N. Y. 1962², 134–6; ders., Bismarck, München 1962, 206–11; ders., Economic Imperialism, in: ders., Englishmen and Others, London 1956, 76–80; nach T. auch: N. Mansergh, The Coming of the First World War, 1878–1914, London 1949, 47–9; ders., Imperialism: the Years of European Ascendancy: in: Chapters in Western Civilization, II, N. Y. 1962³, 415 f.; B. Ward, Economic Imperialism and Its Aftermath, in: The Legacy of Imperialism, Pittsburgh 1960, 1–20; Coupland, 397. Robinson u. Gallagher (NCMH 11, 593 f., 612; Africa, 17, 48 f., 162, 201, 248 f., 257, 288) paßt die Taylor-These natürlich in ihr Konzept hinein. Ähnlich auch G. Mann, Bismarck, Neue Rundschau 72. 1961, 437 (»nur ein Schachzug gegen England«); ders., Deutsche Geschichte des 19. u. 20 Jh., Frankfurt 1958, II, 30 f.; vgl. Lyons 1885 (Newton, II, 342): »kindische Kolonialpläne... aus Haß gegen uns«. Gegen diese These schon Windelband, Bismarck, 559 f., 601.

deutschen Überseepolitik gewesen. Diese beschwor Konflikte herauf, die Bismarck, der auf das ungewisse französische Wohlwollen ohnehin »keine politischen Häuser zu bauen« vorhatte, mit der Hilfe Frankreichs zu seinen Gunsten entscheiden wollte. In erster Linie bedeutete ihm Ferry ein Gegengewicht gegen das überall mit der deutschen Expansion rivalisierende England. Zudem bot aber Ägypten der deutschen Politik einen idealen Druckpunkt: für Paris – gegen London oder umgekehrt, und hier hat Bismarck ja drei Jahre lang auch immer wieder den Hebel angesetzt. Deutscher Kolonien bedurfte er zur Gewinnung Frankreichs nicht. Sie konnten, wie sich schon 1884/85 herausstellte, eher ein französisch-englisches Arrangement in der für beide Staaten damals entscheidenden ägyptischen Frage fördern! Auf jeden Fall aber hätte eine Erwerbung in Südafrika, hätte eine energischere Politik von Angra Pequena und Santa Lucia aus gegen das Kapland genügt; die ostafrikanische Politik von 1885/86 z. B. muß in einem solchen Zusammenhang als ganz abwegig erscheinen.

Noch weniger vermag die Meinung zu überzeugen, daß Bismarck mit Hilfe der Kolonialpolitik nur England an den Dreibund habe heranzwingen wollen. Auf die Dauer, das wußte Bismarck zu genau, ist »schroffes Verhalten ... immer politisch fehlerhaft«. Und durch einen jahrelang anhaltenden Konkurrenzkampf in Afrika und im Pazifik, jahrelang anhaltenden Druck in Ägypten, Konstantinopel und St. Petersburg ließ sich das Britische Empire weder unter Gladstone noch unter Salisbury für einen Anschluß an diese Allianz geneigt machen. Wohl aber ist diese Bismarcksche Pressionspolitik zugunsten der deutschen Ausbreitung nach Übersee im Bewußtsein mancher englischer Politiker haften geblieben und hat die Vorbehalte gegen ein Zusammengehen mit Deutschland – bis hin zu Sir Eyre Crowes bekanntem Memorandum von 1907 – wachgehalten. Bismarck überdies das Ziel einer dauerhaften, gesamteuropäischen, also Großbritannien einschließenden Mächteverbindung unter latenter deutscher Hegemonie zu unterstellen, heißt doch wohl einmal verkennen, wie sehr er sich der Sonderstellung des englischen Weltreichs im ausgehenden 19. Jahrhundert bewußt war und daher Englands »Freundschaft« für das optimale Ziel hielt, aber auch, daß der Kontinent in den 1880er Jahren bereits unter der kaum noch latenten Hegemonie des Bismarckreiches stand[5]!

Jener Ansicht, daß mittels der Kolonialpolitik England nur vom Wert eines engeren Anschlusses an das Reich überzeugt werden sollte, steht die Anschauung diametral entgegengesetzt gegenüber, daß Bismarck mit den Kolonien nur »künstliche Reibungsflächen« zwischen Deutschland und England im Hinblick auf ein drohendes liberales »Kabinett Gladstone« unter Friedrich III. habe schaffen wollen. Hierin habe Bismarck den »letzten und eigentlichen Grund der von ihm inaugurierten deutschen Kolonialpolitik« gesehen, soll Herbert v. Bismarck sowohl Bernhard v. Bülow als auch Lothar v. Schweinitz anvertraut haben. »Als wir in die Kolonialpolitik hineingingen, war der Kronprinz noch nicht krank, und wir mußten auf eine lange Regierungszeit gefaßt sein, während welcher der englische Einfluß« – die auch durch die Kronprinzessin Victoria vermittelte »englische Intimität« – »dominieren würde. Um diesem

---

5. GP III, 445; Die Auswärtige Politik Preußens, V, Oldenburg 1937, 427; Kluke, 287 f., 290; ähnlich W. Richter, Bismarck, Frankfurt 1965², 438. Vgl. Memo. Crowes, 1. 1. 1907, British Documents, III, 397–420. Ganz unvereinbar mit den Quellen auch das Urteil O. Westphals (Weltgeschichte der Neuzeit, 1750–1950, Stuttgart 1953, 119), Bismarcks Kolonialpolitik habe nur »den Sinn« gehabt, »eine gegen Deutschland gerichtete englisch-französische Entente ... hintan zu halten«, an die ausgerechnet Gladstone in der Zeit des Ägyptenkonflikts gedacht haben soll.

vorzubeugen, mußte die Kolonialpolitik eingeleitet werden, welche ... jeden Augenblick Konflikte mit England herbeiführen« konnte. Denn der Reichskanzler habe »die englische Abhängigkeit« sowohl »vom Standpunkt der auswärtigen Politik ... wie im Hinblick auf unsere inneren Verhältnisse für bedenklich« gehalten[6].

Nun hat Bismarck je nach Situation, Stimmung und Gesprächspartner sehr verschiedene Leitgedanken als die für seine Überseepolitik allein entscheidenden bezeichnet. Beispielsweise hat er 1885 Gladstone gegenüber auch das Motiv vorschieben lassen, daß die deutsche Kolonialpolitik keine »Reibungsflächen« schaffen, sondern im Gegenteil als ein Vertrauensbeweis aufgefaßt werden solle, da die deutsche Landmacht sich durch Kolonien in Abhängigkeit von der englischen Seemacht begebe. Und dieses durchsichtige, auf den Hörer berechnete taktische Argument wird man doch auch nicht dahin verstehen dürfen, daß Bismarck tatsächlich in den Kolonien nur ein Unterpfand für Deutschlands Wohlverhalten gegenüber Großbritannien schaffen wollte, so sehr er natürlich wiederum das neue Maß von Abhängigkeit von der Londoner Politik erkannte, das mit einer deutschen Kolonialpolitik unvermeidbar verbunden war[7].

Wie Herbert v. Bismarcks später Hinweis auf manipulierbare Konfliktchancen wegen der Tendenz eines deutschen »Ministeriums Gladstone« zu innenpolitischer Liberalisierung und außenpolitischer Anlehnung an England einen Nebenaspekt erfaßt, so beleuchtet auch die ungleich wichtigere Überzeugung, daß Bismarck nur aus Rücksicht auf die öffentliche Meinung und Innenpolitik vor allem vor den Reichstagswahlen im Herbst 1884 zur Kolonialpolitik übergegangen sei, wieder nur einen Ausschnitt aus dem Geflecht von Bismarcks Absichten. Auch auf diesen Komplex wird unten noch einzugehen sein, aber als isolierte These vermag diese Vorstellung weder die allmähliche Steigerung der deutschen kommerziellen Expansion während der Jahre vorher angemessen zu erfassen, – wobei auch die Berufung auf eine Maxime amerikanischer Präsidentschaftswahlen: daß am Abend des Wahlsieges der Wahl-

---

6. B. v. Bülow, Denkwürdigkeiten, I, Berlin 1930, 429 (»in den 80er Jahren«); L. v. Schweinitz, Briefwechsel, Berlin 1928, 193 (nach Tb., März 1890); zuerst bei A. v. Taube, Fürst Bismarck zwischen England und Rußland, phil. Diss. Tübingen, Stuttgart 1923, 88 (danach Tb. Schweinitz, 26. 3. 1890). Ähnlich Ponsonby, 471 f., an Victoria, 21. 6. 1894: »Fürst Bismarck war früher diesen Kolonialbestrebungen sehr feindlich gesinnt, nahm sie dann aber plötzlich auf.« Schweinitz gegenüber habe Bismarck erklärt: »Ich glaube auch, daß Deutschland ohne seine Kolonialpolitik besser daran wäre, aber ich muß ein Mittel haben, um den deutschen Ärger gegen England zu nähren, wenn ich ihn brauche, weil der Kronprinz einer Freundschaft mit England allzu stark geneigt ist«, auch wünsche er den »Einfluß britischer Ideen in Deutschland nicht, die den Konstitutionalismus und Liberalismus betreffen«, und müsse »daher ... die deutsche Kolonialbegeisterung anstacheln«, vgl. 473, 346, 394; an Victoria, Mai 1884, Queen Victoria Letters, III, 505 f. Vgl. Taylor, Bismarck, 208; O. Becker, Zu Bismarcks Kolonialpolitik, BM 17. 1939, 252–54; Eyck, III, 394–425; Rothfels, Bündnispolitik, 72–74; H. Oncken, Das Deutsche Reich u. die Vorgeschichte des Weltkrieges, I, Leipzig 1933, 254 f., auch schon Holstein, II, 167 (6. 6. 1884). Vgl. allg. F. B. M. Hollyday, Bismarck and the Legend of the Gladstone Ministry, in: L. P. Wallace u. W. C. Askew Hg., Power, Public Opinion, and Diplomacy, Durham 1959, 92–109; A. Dorpalen, Emperor Frederick III. and the German Liberal Movement, AHR 54. 1948, 1–31; E. Schröder, Stosch; ders., Stockmar; GW 8, 381, 383; Lucius, 243 f.; Bamberger, Tb, passim.

7. Gladstone an Granville, 5./6. 3. 1885, in: Ramm, II, 342 (Herbert v. B. zu Gl.: »Indem wir es tun [sc. die »Aufgabe der Kolonisation ... zu übernehmen«], geben wir Ihnen stärksten Beweis von Vertrauen in die Freundschaft beider Länder. Denn wir wissen, daß wir eine Landmacht, die unsere kleinen Kolonien angreifen würde, wieder mit Krieg überziehen könnten. Aber wir wissen auch, daß Sie unsere Kolonien mit Erfolg angreifen und daß wir an Sie nicht herankommen können, da Sie die See beherrschen«). Vgl. Fitzmaurice, II, 431; ernstgenommen bei H. Herzfeld, Die moderne Welt, I, Braunschweig 1964[4], 232; Oncken, I, 278.

kampf der folgenden vier Jahre beginnt, nicht viel weiterhelfen würde –, noch Bismarcks anhaltende Abneigung gegen Staatskolonien zu berücksichtigen, geschweige denn die ostafrikanische und neuguineische Politik von 1885/86 überzeugend miteinzubeziehen.

Dieser gleichsam zu punktuelle Ansatz unterstellt überdies, daß der keineswegs vorauszusehende, ungewöhnlich lang anhaltende englische Widerstand im rechten Augenblick noch von Bismarck bloßgestellt und die überraschende Insolenz des Foreign Office als Wahlparole genutzt werden konnte. Er unterstellte auch ein Ausmaß von Rücksichtslosigkeit im Wahlkampf von 1884, das bei Bismarck sicher nicht gering war, aber zur unglaubwürdigen Bedenkenlosigkeit übertrieben wird, wenn der alternde, mit zunehmender Sorge auf die Erhaltung des friedlichen europäischen Gleichgewichts bedachte Reichskanzler nur und ausschließlich wegen einer Wahlkampfmachenschaft bewußt ein in seinen langfristigen Auswirkungen nicht übersehbares, bisher abgelehntes staatliches Engagement in Übersee auf sich genommen und das prekäre Verhältnis zu England letztlich nicht vorausberechenbaren Spannungen ausgesetzt haben soll. Man wird ja sicher gut daran tun, das von der orthodoxen Bismarckforschung verklärte Verantwortungsgefühl des Kanzlers auf die richtigen Proportionen zurückzuführen, aber daß er aus verschiedenen Gründen die Verantwortung für außenpolitische Entscheidungen, – und dazu wurde die Kolonialexpansion gegen England ja auch –, ernst genommen hat, wird man deshalb doch nicht leugnen können. Der fadenscheinige Vorwand allerdings, daß ausgerechnet die linksliberale und sozialdemokratische Opposition 1884 die Forderung nach Kolonien zum Kampfgeschrei erheben werde und es ihr mithin selbst auf Kosten des Verhältnisses zu England den Wind aus den Segeln zu nehmen gelte, – wie Bismarck den englischen Botschafter Lord Ampthill tatsächlich glauben machte! –, stellte eine durchsichtige Irreführung dar, da diese Gegner Bismarcks im allgemeinen am allerwenigsten eine Politik formellen Kolonialerwerbs unterstützten[8].

Man kann sich überhaupt nur wundern, welche abwegigen, den Zeugnissen der Zeit auf geradezu schrullige Weise widersprechenden oder von auffallender Bescheidenheit im Bemühen um Verständnis zeugenden Anschauungen über Bismarcks Kolonialpolitik anscheinend geglaubt und mit Verve vertreten worden sind, wie man auch staunen muß, mit welcher methodologischen Unbefangenheit und vorschnellen Befriedigung der intellektuellen Neugier die Politik Bismarck, die doch bis heute auch ihre Kritiker durch ihre Vielseitigkeit und Komplexität fasziniert, hier auf eine Ursache sozusagen festgenagelt worden ist.

Dem einen genügte das mit konkretem Inhalt doch erst aufzufüllende Wort von der

---

8. GW 6c, 239; Eyck, III, 396 f.; Meinecke, Bismarck, 523; Becker, 246 (in Verteidigung der NS-Kolonialpropaganda); Herzfeld, I, 231; D. Oncken, Das Problem des Lebensraums in der deutschen Politik vor 1914, phil. Diss. Freiburg, 1948 (MS), 18; schon Holstein, II, 174, 176. Aufgrund der diplomatischen Berichte aus Berlin (vgl. Knaplund Hg., 317–19, 330–34, 336, 338–40) besonders in England für ausschlaggebend gehalten, vgl. Taffs, 372 (Ampthill an Granville, 27. 6. 1884, wonach Bismarck dem Botschafter sogar weiszumachen versuchte, er könne »unmöglich« den Kolonialpionieren, »deren Energie er bewundere«, nicht zur Seite stehen und damit zugeben: »Deutschland ist für solche Unternehmen zu schwach und arm« – was G. Ritter [unten Anm. 14] für bare Münze genommen hat!); Fitzmaurice, II, 339, 359–62, 420–34; Aufz. Sandersons, 21. 2. 1907, British Documents, III, 422, vgl. Aydelotte, Kolonien?, 58; ders., Bismarck, 18, 25, 27; eingehend VI/2.b. Den Gipfel der Beweihräucherung der Bismarckschen Verantwortungsethik hat L. v. Muralt (Bismarcks Verantwortlichkeit, Göttingen 1955) erklommen in einer Aufsatzsammlung, die an ein Diktum über Sybels Werk über die Reichsgründung, worin aus dem Tiger Bismarck ein Hauskätzchen geworden sei, erinnert.

»staatlichen Pflicht« oder das Bild von »dem dunklen Drang« nach Übersee, der »seit dem Frühjahr 1884 auch im Willen Bismarcks eine feste Stelle eroberte«. Dem anderen waren »nationalethische und idealistische Motive... das Primäre«, die »Bedeutung« der Kolonialpolitik sei mithin »in unwägbaren Werten« zu suchen. Einmal sollte »die Auswanderung« der »Hauptpunkt« gewesen sein, obwohl Bismarck allgemein gegen sie eingestellt war und wußte, daß die deutschen Schutzgebiete für sie ungeeignet waren. Dann wieder wurde sein eigentlicher, sein »höherer Grund« darin entdeckt, daß er als Vertreter einer »älteren Generation das Recht der jüngeren Generation großherzig... aus Respekt vor ihrer Lebenskraft« anerkannt habe. Die Kronprinzessin Victoria fand dagegen weder in der Pflicht noch in verschwommenem Idealismus oder Edelmut, sondern in dem »lächerlichen Hissen der deutschen Flagge an allen möglichen Orten« nur den »Beweis« für Bismarcks »Eitelkeit und Lärmmacherei«. Die Ruhmsucht des Reichskanzlers, eine Triebkraft, die ihn nun wirklich kaum bewegt hat, dränge ihn dazu, sich »eine neue Feder auf seinen Hut zu stecken«. Siebzig Jahre später glaubte ein Historiker, der sich einer »fortschrittlichen Geschichtswissenschaft« zurechnete, daß durch die Verbindung »höfischen Einflusses« mit dem Rat eines Fachreferenten im Auswärtigen Amt »die Entscheidung der Reichsregierung« zugunsten der Festsetzung in Ostafrika gefallen sei – als ob Bismarck sich durch höfischen Einfluß und einen Beamten gegen sein eigenes Urteil zu einer folgenschweren Entscheidung habe zwingen lassen!

Mit diesem Referenten war natürlich Kusserow gemeint, von dem Hallgarten forsch behauptet hat, daß er, – der »maßgebliche Mann« –, »und kein anderer... die ganze deutsche Kolonialpolitik kreiert« habe. Um Widersprüche unbekümmert verband er freilich im selben Atemzug diesen Rückgriff auf die Theorie der Konspiration einiger Verführer – hier Kusserows mit seinem Schwager Hansemann und dessen Geschäftsfreunden – mit dem verwaschenen Determinismus »des im Wesentlichen... soziologischen Bedürfnisses deutscher Kolonien«. Scharfsinnig präzisierend, fügte er, um die Verwirrung voll zu machen, hinzu, daß Bismarck zwar »in seinem ganzen Leben niemals ein Imperialist im eigentlichen Sinn gewesen« sei, – ja, »ihn stets bekämpft« habe –, aber von »seiner soziologischen Position« her, durch die »sein ganzes innen- und außenpolitisches Wollen... bestimmt wurde«, offensichtlich eine imperialistische Politik treiben mußte! Von ähnlich erhellender Luzidität ist Hallgartens Grundthese, daß im individuellen Profitmotiv und im Prinzip der Gewinnmaximierung der eigentliche Antrieb auch des frühen deutschen Imperialismus zu finden sei. Denn da das Gewinnstreben der Unternehmer im Kapitalismus eine Konstante darstellt, – eine geradezu banale Voraussetzung, die man natürlich vor lauter »nationalethischen« Triebkräften nicht ignorieren soll, – so erklärt es für sich genommen spezifische Probleme überhaupt nicht. Bemerkenswert ist hieran allenfalls, wie frühzeitig die Suche nach Bismarcks Motiven abgebrochen und mit welcher Genügsamkeit die einzigen Entscheidungspotenzen für Bismarck im Profitstreben und in den Verwandtschaftsbeziehungen eines untergebenen Beamten lokalisiert werden[9].

---

9. Schüssler, 81 f.; H. Oncken, I, 253; O. Becker, Bismarck u. die Aufgaben deutscher Weltpolitik, in: Festschrift H. Delbrück, Berlin 1928, 108. – Wahl, II, 58; vgl. Hagen, Bismarck u. England, 89 (die Auswanderung »mußte« Bismarck »empfindlich treffen«). – Meinecke, Bismarck, 523; E. C. Corti, Wenn... Sendung u. Schicksal einer Kaiserin, Graz 1954², 372 (an Victoria, 30. 12. 1884). Auch Herzfeld (I, 231) glaubt an den Wunsch nach »nationalem Ansehen« in Übersee; vgl. hierzu GW 9, 448, 468; Müller, 136, 29. – Hallgarten, I, 211, 220, 249 f., 231, 290, vgl. über H. 215, Anm. 23 u. Anhang, 513.

Freilich hat man öfters in Kusserow den Helden, »den ersten Träger der Kolonialidee«, zu loben oder den sinistren Bösewicht der deutschen Kolonialpolitik dingfest zu machen versucht. In dem kleinen Apparat, den das Auswärtige Amt damals darstellte, hat Kusserow tatsächlich als Fachreferent und von Lothar Bucher unterstützt einen unleugbaren Einfluß im Sinne der Förderung und des drängenden Vorantreibens überseeischer Projekte besessen. Aber im Verhältnis zu Bismarck, der Kusserow auch mit persönlicher Reserve gegenüberstand, – »wie bekannt, hat aber H. v. Kusserow nicht immer das Ohr des Reichskanzlers«, drückten die Hohenlohes einen bekannten Tatbestand noch vorsichtig aus –, blieb es ein anregender, keineswegs ein ausschlaggebender Einfluß. Wenn Bismarck irgendwo wie ein Diktator regiert hat, dann im Auswärtigen Amt, wo Kusserow ein Werkzeug seiner »Alleinherrschaft« (H. Oncken) war. Es heißt daher den Entscheidungsprozeß in der Wilhelmstraße völlig verkennen, wenn man in Kusserow die Zentralfigur sieht, der zuliebe Bismarck seine Politik verändert habe.

Bismarck hat auch aus Kusserows langen Denkschriften, die er gelegentlich mit einer boshaften Marginalie als »Tintendiarrhoe« charakterisierte, nur die Elemente herausgegriffen, die – wie die ihm ohnehin bekannte Chartergesellschaft – in seine Pläne und in die graduelle Entwicklung seiner überseeischen Politik hineinpaßten. Und gerade weil er Kusserows Tätigkeitsdrang kannte, ließ er im Sommer 1884 Staatssekretär Hatzfeldt »privatim« schreiben, »er möge Kusserow genau kontrollieren und ihm keine Selbständigkeit gestatten«. Weder sollte Kusserow auf dem Höhepunkt der gesteigerten Expansion mit dem Reichskanzler noch mit der Admiralität »direkt verkehren«, und sogar mit den Interessenten durfte er nach Bismarcks strikter Anweisung zeitweilig »nicht sprechen«! Kaum war die Kongokonferenz, für die Kusserows Detailkenntnisse noch benötigt wurden, abgeschlossen, wurde er trotz der zuerst noch einmal von ihm geführten Verhandlungen mit Peters im Auswärtigen Amt kaltgestellt. Noch im April 1885 wurde der »maßgebliche Mann« aus der Zentrale, wo man seiner schon länger überdrüssig war und ihm Herbert v. Bismarck vorwarf, er habe »uns mit ganz Ostafrika übern Gänsedreck geführt«, auf den Posten eines preußischen Gesandten in Mecklenburg und in den Hansestädten abgeschoben. Von dort aus hat Kusserow die deutsche Überseepolitik noch fünfzehn Jahre lang beobachtend, aber nunmehr ganz einflußlos verfolgt. Nach alledem ist es fraglos völlig unbegründet, den beschränkten Einfluß Kusserows, der allerdings bis zum April 1885 durchaus im Sinne des ideologischen Konsensus seine Ziele formulierte und im Auswärtigen Amt vertrat, mit der Entscheidungsgewalt Bismarcks schlechthin gleichzusetzen[10].

Ungleich näher führt dagegen diejenige Interpretation an eine Kernschicht der Bismarckschen Überseepolitik heran, die sie »aus dem Zusammenhang mit der seit

---

10. Vgl. schon Hagen, 62 (»Bismarcks entscheidende Wendung ... zur aktiven Kolonialpolitik« sei ohne Kusserow »undenkbar«); ähnlich die Tendenz bei Nussbaum, Müller, Jaeck, Büttner, Drechsler u. a. Hohenlohe-Langenburg an Hohenlohe-Schillingsfürst, 31. 7. 1885, Nl. Hohenlohe-Schillingsfürst, 53; H. Oncken, I, 284; Günther, 335; Holstein an H. v. B., 8. u. 2. 8. 1884, Nl. Bismarck, 44, vgl. 14. 7. 1884, 6. 10. 1884 (Bucher: »erster Träger«), ebda.; Holstein, II, 172. Gewiß neidete Holstein dem Kollegen Kusserow, daß ihn B. mit vereinzelten »direkten Vorträgen großgezogen und übermütig gemacht« habe, aber Holstein hatte B.s einschränkende Anweisungen selbst gelesen. Vgl. Krauel, 6 f.; H. an W. v. B., 12. 6. 1885, in: Bussmann Hg., 283; GW 6c, 304. Natürlich, möchte man fast sagen, fehlte unter den von B. später vorgeschobenen Gründen auch der Vorwurf nicht: »Von Kusserow hat mich in den Kolonialtaumel hineingebracht«, nach: E. W. Pavensted, A Conversation with Bismarck, JMH 6. 1934, 38.

1878/79 eingeleiteten neomerkantilistischen Wirtschaftspolitik«, sie »gewissermaßen als ein Korrelat zum Schutzzollsystem« oder auch nur als »eine nebensächliche Konsequenz seines neuen Protektionismus« erklären möchte. Damit wird der Blick auf einen Zusammenhang gelenkt, den Bismarck selber nie geleugnet hat: den wirtschaftlichen, wobei freilich alles darauf ankommt, ihn nicht gleich zu eng, sondern mit dem Blick auf die Konjunkturschwankungen mit ihren gesellschaftlichen und politischen Auswirkungen weit genug zu fassen[11].

Auch in erster Linie diplomatiegeschichtlich orientierte Historiker haben diesen Gesichtspunkt nicht ganz übersehen. »Bekanntlich« sei Bismarck, »dem wirtschaftlichen Anstoße folgend, zum staatsmännischen Begründer unserer Kolonialpolitik geworden«, hat Erich Marcks sich ausgedrückt. »Die wachsende deutsche Wirtschaft sollte in die Welt hineinwachsen dürfen«, ihr habe er »die Bahnen gebrochen.« »Vor allem als die wirtschaftliche Entwicklung den unbedingten Zwang [!] enthielt, dem größeren Felde nicht länger fernzubleiben«, hat auch Wolfgang Windelband in einer 700seitigen Studie über Bismarcks Politik zwischen 1879 und 1885 einmal beiläufig eingeflochten, habe der Reichskanzler »sich ihm zugewendet und das erhöhte Risiko auf sich genommen«. Aber sie wie auch andere Historiker haben darauf verzichtet, diese Linie weiter zu verfolgen. Das Urteil eines Zeitgenossen wie des Marburger Nationalökonomen Karl Rathgen, daß »unter dem Eindruck der schweren wirtschaftlichen Depression, die seit 1873 die Kulturwelt ergriff«, die »Gewinnung neuer Märkte über See ... wichtig« wurde und bei Bismarck »neben den Zollschutz für den inländischen Markt ... ein reges Interesse an der Förderung des Exports« trat, das ihn zu seiner »Kolonialpolitik« bewog, ist weder in Maximilian v. Hagens Monographie noch später je so überprüft worden, wie das die vorliegende Studie versucht hat, an deren Abschluß noch einmal nach den Beweggründen und nach der Bedeutung der Bismarckschen Expansionspolitik zu fragen ist[12].

Schon jetzt aber läßt sich entscheiden, daß die Behauptung falsch ist, es gebe »keinen Grund zu der Annahme, daß Bismarck ... von ökonomischen Überlegungen überhaupt beeinflußt worden ist« und daher heute einer historischen Interpretation »die einzig akzeptierbare Möglichkeit« verbleibe, »daß Bismarck seine Kolonialpolitik einleitete, um damit ganz andere Ziele zu verfolgen«. Mehrere Ziele verfolgte Bismarck wie meistens gewiß, aber mit so leichter Hand läßt sich eins der wichtigsten nicht eskamotieren.

Genausowenig ist einer kritischen Analyse damit gedient, daß einfach per defini-

---

11. Schieder, Reich, 554; ders., Imperialismus, 8; Darmstädter, II, 49; Sontag, Germany, 203; vgl. Becker, BM, 242 (die sich »aus seinem staatssozialistischen Schutzsystem ergebende Notwendigkeit«), 246. Vgl. auch Hallgarten, I, 209; Hagen, 15, 164; V. Valentin, Geschichte der Deutschen, Berlin 1947², II, 143 f.; W. O. Henderson, Economic Aspects of German Colonization, in: ders., Studies, 33–43; W. Woodruff, Impact of Western Man. A Study of Europe's Role in the World Economy, 1750–1960, N. Y. 1966, 51–54. Eingehend die vorzügliche Studie von R. Ibbeken, Das außenpolitische Problem Staat u. Wirtschaft in der deutschen Reichspolitik, 1880–1914, Schleswig 1928, 6–10.

12. E. Marcks, Die imperialistische Idee in der Gegenwart, in: ders., Männer u. Zeiten, II, Leipzig 1922⁶, 304, vgl. 287; ders., Bismarck, Stuttgart 1919¹⁶, 203, vgl. 201 f. Vgl. J. J. Ruedorffer (d. i. K. Riezler), Grundzüge der Weltpolitik der Gegenwart, Berlin 1914, 102. – Windelband, Bismarck, 27, vgl. 559; K. Rathgen, Bismarcks Kolonialpolitik, in: M. Lenz u. E. Marcks Hg., Das Bismarck-Jahr, Hamburg 1915, 207, 209; Hagen, 143–212, 231–45, 12. Vgl. D. Oncken, 20; Ibbeken, 21, 26, 32, 35, 80; M. Treuge, Bismarck u. die Entstehung des Deutschen Kolonialreiches, KR 29. 1938, 71 f. 74; ähnlich auch B. Kautsky, Bismarck u. die deutsche Gegenwart, Der Monat 2. 1950, H. 19, 57 f.; zu allg. dagegen K. Kautsky, Bismarck u. der Imperialismus, Neue Zeit 34. 1915, I, 321–28, 361–72, u. G. Clark, A Place in the Sun, N. Y. 1936, 48–53.

tionem Bismarck aus dem Strom der imperialistischen Politik herausgehoben oder gar seine Ära als schlechterdings nichtimperialistisch von der imperialistischen Politik der »nachfolgenden Periode« scharf geschieden wird. Natürlich liegt dabei – von allen politischen und emotionellen Einflüssen einmal ganz abgesehen – ein Definitionsproblem zugrunde. Aber wenn wie hier die wirtschaftliche Expansion der okzidentalen Industriestaaten vor allem seit den 1870er Jahren als Auftakt des »neuen« Imperialismus angesehen und begründet worden ist, dann erscheint es abwegig, der Bismarckschen Politik eine »Absage« an »wirtschaftlich-imperialistische Ziele« zu unterstellen. Der einem solchen Urteil vorschwebende verengte Imperialismusbegriff ist offensichtlich an dem gesteigerten, von der Hochkonjunktur seit 1896 getragenen Expansionsdrang und Rivalitätskampf bis 1914/18 orientiert, er zerschneidet aber bestimmte Kontinuitäten auch der deutschen Ausbreitungspolitik. Dagegen erscheint es fruchtbar, weil realitätsnäher, verschiedene Stufen der imperialistischen Politik und verschiedene Typen von Politikern in der Zeit der modernen Expansion zu unterscheiden. Die sich daraus ergebenden, vielleicht doch auch unbefangeneren Differenzierungen werden der Epoche der in unterschiedlichen Formen ablaufenden Expansion der hochindustrialisierten Staaten eher gerecht als die künstliche Zäsur von 1890, die zudem nur von Deutschland, in dem sich übrigens Caprivi und auch zuerst noch Hohenlohe-Schillingsfürst auf der Linie Bismarcks hielten, ausgeht[13].

Die meisten der bisher erwähnten Interpretationen erfassen Teilwahrheiten, sie sind zu eng angelegt, als daß sie sich mit den Quellen vereinbaren ließen oder als ohnehin dubiose monokausale Herleitung überzeugen könnten. Auch die naheliegende Summierung führt noch nicht viel weiter, da eine Skala der Prioritäten nicht umgangen werden sollte. Notwendig ist offensichtlich eine weitergespannte Theorie, in der auch die bisherigen Auslegungen aufgehen und einen bestimmten Stellenwert gewinnen oder aber entfallen müssen. Vor allem gilt es jedoch zu vermeiden, wie das hier auch versucht worden ist, die Überseepolitik Bismarcks über Jahrzehnte hinweg nur mit dem Begriff und der Problematik einer »Kolonialpolitik« zu erfassen. Statt dessen muß in der allgemeinen Vorstellungswelt, der jeweiligen Intention und der politischen Aktion danach unterschieden werden, ob der Laissez-faire-Expansionismus des Liberalkapitalismus oder ob staatliche Gebietsherrschaft als erstrebenswert oder unvermeidbar angesehen worden ist. Ohne diese Klärung, die stets besonders auf die gleitenden Übergänge zu achten hat, läßt sich das »missing link« des deutschen überseeischen Expansionismus unter Bismarck: die Entwicklung vom freihändlerischen Informal Empire zu staatlichen Verwaltungskolonien nicht entdecken.

13. Aydelotte, Bismarck, 21 (entsprechend dünn seine Motivliste [27], nach der auch »Forscher« und »Missionare« und der »Kaiser-Wilhelm-Kanal« Bismarck beeinflußt haben); ders., Kolonien? 59; ähnlich Walker, 193, 220 f.; Richter, Bismarck, 437. – H. Rothfels, Zur Stellung Bismarcks im deutschen Geschichtsbild, GWU 12. 1961, 212; ders., Bismarck, Vortrag am 1. 4. 1965, Das Parlament, 7. 4. 1965, 10; ders., Zum 150. Geburtstag Bismarcks, VfZ 13. 1965, 233; ders., Probleme einer Bismarck-Biographie, Deutsche Beiträge, 2. 1948, 182; Hagen, Bismarckbild, 58; überholt ist auch H. Holborn, Deutschlands Eintritt in die Weltpolitik, Zeitwende 4. 1928, 385–96. Vgl. D. Oncken, 28; W. Naef, Die Epochen der Neueren Geschichte, II, Aarau 1946, 308, u. dagegen 320; Conze, NCMH 11, 292; Hallgarten, I, 291; Marcks, Bismarck, 203; auch die ganz unkritische Studie von W. Frauendienst, Deutsche Weltpolitik, WaG 19. 1959, 5 f. – Dagegen Barraclough, Introduction, 17, 51, aber ganz entschieden schon (wenn auch sicher mit aus aktuell-politischen Gründen) Becker, Weltpolitik, 104, 106–8, 111 f. Vgl. B. über »Weltpolitik«: Poschinger, Bismarck-Portefeuille, IV, 127; ders., Neue Tischgespräche, II, 1899, 122; über »Imperialismus«, als die Politik Napoleons III.: GW 14/2, 961; 15, 109.

Ohne sie läßt sich auch die Frage nach Bismarcks Motiven nicht schlüssig beantworten[14].

Erst im Rahmen eines Erklärungsmodells, wie es unserer Studie zugrunde gelegt worden ist, wird man auch dem Kranz von Haupt- und Nebenmotiven, die Bismarcks Überseepolitik geleitet haben, gerecht werden und in der verwirrenden Vielzahl der von Bismarck selber genannten Gründe die wahrscheinlich echten und die irreführenden trennen können.

Wenn man sich des in der Wissenschaftstheorie beliebten Bildes von der Kette der Hypothesen, die man zur Erklärung eines Problems heranzieht, bedient, so werden einzelne Glieder – z. B. die Auswanderung oder die »Eitelkeit« – einfach wegfallen. Andere wird man als unwesentlich bezeichnen können: auch ohne sie hätte Bismarck seine Überseepolitik so und nicht anders betrieben. Nur wenige dagegen werden als Schlüsselglieder übrigbleiben. Den »höfischen Einfluß« kann man getrost gering schätzen, aber ohne die sozialökonomischen und politischen Wirkungen und Begleiterscheinungen der deutschen Hochindustrialisierung in der Trendperiode von 1873 bis 1896 läßt sich Bismarcks Imperialismus nicht verstehen. Bismarck soll dabei keineswegs statt als Heros nun als alleinverantwortlicher Schuldiger stilisiert werden, – die allgemeinen ökonomischen und sozialen Bedingungen seiner Politik sind ja in Kap. II und III eingehender analysiert worden. Aber an der Spitze eines bonapartistischen Diktatorialregimes besaß er doch einen ganz außergewöhnlichen Einfluß und trug für zahlreiche Entscheidungen die Verantwortung, so daß er hier zu Recht oft in den Mittelpunkt gerückt werden kann.

Eine Schwierigkeit kann man dabei nicht leugnen. Da die wenigen wirklich entscheidenden Akteure die wichtigsten Fragen meist mündlich erörterten, läßt sich aus

14. G. Ritter hat zwar den »Wettlauf nach den bisher noch unverteilten Kolonialgebieten, Rohstoff- und Absatzmärkten« für »bedingt durch ökonomische Bedürfnisse einer hochentwickelten Industrie« gehalten (ders., Ausarbeitung, Internationales Jahrbuch für Geschichtsunterricht, IV, Braunschweig 1955, 244 f.; vgl. ders., Europa u. die deutsche Frage, München 1948, 122 f., 138), aber diesen Imperialismus wieder in die Nachbismarckzeit verlegt (ders., Das Deutsche Problem, München 1962, 87, 108–46). In einem zuerst 1958 veröffentlichten Vortrag von 1937 (ders., Geschichtliche Erfahrungen deutscher Kolonialpolitik, in: ders., Lebendige Vergangenheit, München 1958, 126–152, hier: 135, 139 f., 132, 136) hat er schon für das »Ziel aller Kolonialpolitik« am Ende des 19. Jhs. »nicht Ausbeutung, sondern ›Erschließung‹« gehalten. Die deutsche Kolonialbewegung sei »vorwiegend« von »Kreisen der sogenannten Intelligenz« getragen gewesen und »in erster Linie« ein »Ausdruck des deutschen Kraftgefühls«, während »kein Zweifel« herrscht, »daß für die Anfänge deutscher Kolonialpolitik unter Bismarck nicht so sehr ein unmittelbar dringender Wirtschaftsbedarf maßgebend war«, sondern »vor allem« der »ebenso begreifliche wie sachlich berechtigte ... politische Geltungs- und Betätigungsdrang«. Zudem schien es dem empfindsamen Bismarck »unmöglich«, »diese wagemutigen Männer« wie Peters und den »Bankdirektor« Hansemann »in ihren Hoffnungen auf politische Unterstützung des Reiches zu enttäuschen und einfach im Stich zu lassen«. Im übrigen sollen »uns« die preußischen Fortruinen an der Goldküste (von 1683) »ehrwürdig als nationale Erinnerung« sein, während sich über das europäische Vordringen in Afrika das Urteil findet, daß »sich die schwarze Eingeborenenbevölkerung Afrikas weder verdrängen noch vernichten« lasse, »da sie wirtschaftlich ganz unentbehrlich ist«, – fraglos der humanste aller Gründe für einen deutschen Historiker nach 1945, bzw. im Jahre 1957. 1960 heißt es bei Ritter (Staatskunst, II, 176) nach einer angebrachten Kritik an der verspäteten Flottenapologetik a la Hallmann und Hubatsch doch: »Natürlich brauchten wir eine ansehnliche Kriegsmarine, um jenseits der See ... durch Zeigen der deutschen Flagge unter Kanonenschutz unsere Rechtsansprüche und Wirtschaftsinteressen durchsetzen zu können.« Damit wird gerade – z. T. durch das »Verstehen« bedingt – das für »natürlich« erklärt, was der kritischen Analyse unterworfen werden müßte: die Verteidigung privatkapitalistischer Interessen bestimmter Größenordnung durch den staatlichen Machtapparat, wenn »propriété« mithin zur »pouvoir« wird. Vgl. o. 31, Anm. 21 u. 22, sowie A. Dorpalen, Historiography as History: The Work of G. Ritter, JMH 34. 1962, 1–18.

den verfügbaren schriftlichen Quellen nicht immer mit voller wünschenswerter Stringenz ein abschließendes Urteil gewinnen. »Die Hauptsache aber liegt immer in dem«, hat Bismarck einmal gestanden, »was alles nicht zu den Akten kommt.« Öfters müssen wir daher besonders in diesem Kapitel dem methodologischen Grundsatz: vom Ganzen auf die Teile schließen zu dürfen, bzw. dem Verfahren des konkludenten und Analogieschlusses, folgen. Mit diesem Vorbehalt versuchten wir abschließend, die wichtigsten Aspekte herauszuarbeiten, unter denen sich Bismarcks Imperialismus am überzeugendsten erfassen und verstehen läßt[15].

2. DIE BEDEUTUNG DES BISMARCKSCHEN IMPERIALISMUS

A. PRAGMATISCHE EXPANSIONSPOLITIK: WIRTSCHAFTLICHE WACHSTUMSSTÖRUNGEN UND EXPANDIERENDER MARKT

Man hat, das Auge starr auf Kolonialerwerb gerichtet, einen Katalog von Gründen aufgeführt, warum Bismarck bis 1884 keine staatlichen Verwaltungskolonien gegründet habe. Zunächst habe er einen Agrarstaat mit Ausfuhrüberschüssen geleitet und dem Industrieexport nicht Rechnung zu tragen brauchen; sodann habe er wegen des kontinentaleuropäischen Schwerpunkts Preußen-Deutschlands eine Flotte, das notwendige Instrument einer auf die Dauer erfolgreichen Kolonialpolitik, für überflüssig oder doch nicht für notwendig gehalten; im Reichstag sei ihm jahrelang der Block der liberalen Freihändler entgegengetreten, während das Zentrum wegen des Kulturkampfes abseits stand. Vage Angebote – wie Nordborneo – oder wohlmeinende Hinweise – z. B. auf Formosa – hätten keine durch kaufmännische Interessen an Ort und Stelle begründeten Ansprüche abgegeben und so fort. Vor allem aber habe der Reichskanzler zuerst die Konsolidierung des neuen Kaiserstaats von 1871 abwarten wollen. Deutschland sollte als saturiert gelten und sich zusätzlich zu den europäischen Spannungen nicht mit neuen Feindschaften in Übersee belasten. »Im Jahre 1871 betrachtete ganz Europa uns mit Mißtrauen und war darauf gefaßt, wir würden alles an uns reißen, was wir mit den Händen ablangen könnten«, glaubte Friedrich v. Holstein, »Enthaltung von kolonialen Bestrebungen« sei daher »eine Lebensbedingung für uns« gewesen.

An alledem ist im Wesentlichen nur der Gesichtspunkt richtig, daß Bismarck in der Tat das Gebot größtmöglicher Sicherheit für das Reich im Kraftfeld des europäischen Staatensystem als einen der wenigen Fixpunkte seiner Politik betrachtet hat. Er gab sich auch keiner Täuschung darüber hin, daß eine aktive, Territorialbesitz nicht mehr umgehende Überseepolitik für Deutschland eine gesicherte Position in dem wechselnden Spiel der Mächtebeziehungen voraussetzte, wenn es nicht seinen Rivalen allzu empfindliche Druckstellen bieten wollte. In diesem Sinn ist auch, wie die eingehende Analyse seiner Schutzgebietspolitik in den 1880er Jahren gezeigt hat, sein Vorgehen eigentlich fast immer von der europäischen Gesamtlage mitbestimmt gewesen und hat sich von dieser zumeist ziemlich strenge Grenzen ziehen lassen. »Ihre Karte von

---

15. Busch, Tb., II, 171.

Afrika ist ja sehr schön«, hat er daher dem Afrikareisenden E. Wolf, einem Verfechter weiträumiger deutscher Ausbreitung, einmal erwidert, »aber meine Karte von Afrika liegt in Europa. Hier liegt Rußland, und hier ... liegt Frankreich, und wir sind in der Mitte, das ist meine Karte von Afrika.« Als Fabri dem Reichskanzler 1889 versicherte, er hoffe bald im Reichstag Kolonialpolitik »in Übereinstimmung mit den Intentionen« Bismarcks betreiben zu können, bemerkte dieser: »die hängen nicht von der Kolonialfrage allein ab ... Zusagen, die Politik seinem [Fabris] Streben auf einem sekundären Gebiet derselben unterzuordnen, kann ich nicht geben.« Auch wenn man dabei nicht die Desillusionierung hinsichtlich der Kolonien übersieht, wie sie 1889 bei Bismarck Platz gegriffen hatte, tritt in diesen Worten doch eine gewisse Grundhaltung deutlich zutage.

Gerade wer jedoch dem Sicherheitsgedanken Bismarcks und in diesem Sinne außenpolitischen Gesichtspunkten einen seit 1871 konstant hohen Wert beimißt, wird um so schärfer nach den Gründen fragen müssen, warum der Kanzler das vorhersehbare, unvermeidbare und a la longue nicht geringe Risiko einer bis zu überseeischen Besitzungen vorstoßenden Expansion offensichtlich bewußt auf sich genommen hat. Denn daran konnte schlechterdings kaum ein Zweifel bestehen – was ja auch Bamberger, Windthorst und Roggenbach mit manchen anderen sofort erkannt und ausgesprochen haben: daß Deutschlands Sicherheit durch afrikanische und pazifische Erwerbungen nicht befestigt, geschweige denn erhöht wurde, wie denn auch Bismarck seit dem Juni 1884 betont hat, daß vielmehr die europäische Machtstellung des Reiches die Sicherheit dieser Erwerbungen gewährleistete und letztlich »wir die über unseren Kolonialbesitz entscheidenden Schlachten auf dem europäischen Festlande auszufechten haben werden«[1].

Überdies wird man nicht übersehen dürfen, daß Bismarck die seit dem Sommer 1882 einige Jahre lang anhaltende, die Sicherheit des Reiches begünstigende außenpolitische Konstellation nicht voll vorhersehen konnte, als er nach der Abschirmung des Binnenmarkts seine Außenhandelsoffensive anlaufen ließ: als die Südseeverträge, die Samoavorlage, die erste Dampfersubventionsdenkschrift, das Projekt überseeischer Banken, der Umbau des Konsulatswesens, als ein ganzes Bündel von Maßnahmen und Plänen die deutsche kommerzielle Expansion schon vorantrieben und ihre weitere Entfaltung ankündigten.

a) Freihändlerische Expansion als »Realpolitik«

Entgegen allen eingangs erwähnten Versuchen, nach Gründen für die Hinauszögerung einer »Kolonialpolitik« zu forschen, muß man vielmehr zuerst einmal mit allem Nachdruck einen entscheidenden Gesichtspunkt herausstellen: an Bismarcks Überseepolitik besticht die Kontinuität der Vorstellungen und meist auch der Methoden eines freihändlerischen kommerziellen Expansionismus, dem er in klarer Erkenntnis der finanziellen Belastung, der politischen Verantwortung und der militärischen Risiken formell-staatlicher kolonialer Gebietsherrschaft von 1862 bis 1898

---

1. Holstein, II, 149 f. (5. 5. 1884); GW 8, 646 (5. 12. 1888); Fabri an B., 16. 6. 1889, RKA 6924, 99 (Marg. B.); RB 10, 171–73 (RT 23. 6. 1884), Penzler, 7, 371 (Sept. 1897), auch Hohenzollern, 7 (B. zu Wilhelm II.: »die Kolonien würden zuhause verteidigt«). Vgl. Herzfeld, Welt, I, 230–32; Langer, Alliances, 288 f.; H. Oncken, I, 250–86, u. die in VI/1 zit. Lit. zu den »Gründen« gegen eine »Kolonialpolitik«.

angehangen hat. Und dies nicht aus einer ideologischen Überzeugung heraus, sondern aufgrund von Erfahrungen, unter dem Einfluß des ungeheuren Erfolgs des mittelviktorianischen britischen Informal Empire und gemäß einem nüchternen Kalkül der Bedeutung jener Interessen, die durch eine Laissez-faire-Überseepolitik befriedigt werden konnten. Es gibt 1884/86 keinen Bruch in den Wertvorstellungen, keinen Gesinnungswandel, keine plötzliche Begeisterung für Kolonien, keinen eigentlichen Verzicht auf bisher bewährte Grundanschauungen.

Wohl aber gibt es einige Motive, die ihn zeitweilig, entgegen seinen früheren Absichten und Hoffnungen dazu bestimmt haben, auch an wenigen Orten den bisher – und danach wieder – vermiedenen Schritt zu einer Politik staatlichen Engagements in »Schutzgebieten« zu tun, die er ganz unbestreitbar am liebsten privaten Interessensyndikaten als Handelskolonien unter einem locker formalisierten Reichsschutz überlassen hätte. Den Überzeugungen, die Bismarck sich über die überseeische Expansion gebildet hatte, hat auch dieser Schritt keinen entscheidenden Abbruch getan. Er blieb der Meinung, daß ein Informal Empire staatlichen Verwaltungskolonien, – von denen er sich wohl, wäre es nur nach seinen Neigungen gegangen, auch hätte trennen können –, vorzuziehen sei. Er beharrte darauf, daß das wirtschaftliche Interesse in Übersee eigentlich vorangehen, der Staat aber ihm nur folgen sollte, ohne mithin sein Ziel von vornherein in kolonialer Gebietsherrschaft zu sehen. Das »kolonialpolitische Programm der Reichsregierung«, erkannte Fabri bedauernd noch 1889, stehe »auf dem Boden des Laisser-aller«.

Diese Kontinuität der Grundgedanken Bismarcks scheint kaum bestreitbar und evident zu sein. Nur wenn man Kolonien als Attribute einer Weltmacht unschätzbaren Prestigewert beimaß oder ihren wirtschaftlichen Wert wider manche historische und statistische Erfahrungen höher als das meist weitaus lukrativere Informal Empire schätzte, konnte diese Kontinuität geleugnet oder verschüttet werden. Nicht sie stellt das eigentliche Problem dar, sondern ihre Verbindung mit den heterogenen Methoden der Schutzgebietspolitik in den 1880er Jahren.

Läßt man sich aber durch Bismarcks eigene Äußerungen von seiner Grundkonzeption der vorteilhaften Laissez-faire-Expansion überzeugen, dann erscheint seine Politik bis 1884 als ganz folgerichtig, keineswegs aber als ein Warten auf günstige Kolonialchancen. Vor allem aber löst sich auch der Widerspruch weitgehend auf, der zwischen der Übernahme der Schutzgebiete und seiner anhaltenden Kritik an Kolonien zu bestehen scheint. Bismarck hätte es fraglos auch 1884/86 vorgezogen, staatlichen Kolonialbesitz zu vermeiden, – seine Skepsis ist ja hinlänglich in Kap. V dokumentiert worden –, und obwohl derselbe offensichtlich nicht verhindert werden konnte, hat er sich in seiner kritischen Haltung dadurch nicht ganz umstimmen lassen. Kolonien blieben für Bismarck ein Mittel, eine Art Notlösung, wenn man so will, kein an sich erstrebenswertes Ziel. Die Ironie seiner »Kolonialpolitik«, gegen die die freihändlerischen Liberalen so entschieden protestiert haben, besteht darin, wie sehr er eigentlich die meiste Zeit den Standpunkt der Opposition und ihre Bedenken geteilt hat! Durchaus glaubwürdig versicherte er daher noch im September 1884 dem französischen Botschafter Courcel, daß nur die Ausdehnung des unbehinderten Handels, jedoch nicht »die räumliche Ausdehnung der deutschen kolonialen Besitzungen ... das Ziel der deutschen Politik« sei.

»Er schwärme für die überseeische Kolonialpolitik so wenig« wie für die innere Kolonisation im preußischen Osten, gestand Bismarck 1886 dem Landwirtschaftsminister Lucius, und zehn Jahre später, nachdem er seine Bedenken ständig wiederholt hatte, bestätigte er noch einmal seinen ursprünglichen Wunsch, daß sich in den Schutzgebieten »eine kaufmännische Regierung bilden würde. Aber ich hoffe sicher, wir werden auch in Afrika noch einmal zu einem System kommen, wie dasjenige, das England in Ostindien so groß gemacht hat. Da herrscht und regiert nur der Kaufmann.« Als der Hamburger Großkaufmann O'Swald glaubte, die deutsche Überseepolitik werde durch »kluge Anschmiegung an die Eigentümlichkeiten der fremden Länder und Völker«, durch »eine strenge Beschränkung auf kommerzielle Zwecke unter Fernhaltung jedes politischen Gesichtspunkts und jedes Gedankens an territoriale Machterweiterung« am ehesten vorankommen, stimmte ihm Bismarck im Prinzip nachdrücklich zu: »Anschmiegung« »ist auch der mächtigsten Nation in ihren überseeischen Handelsbeziehungen als Regel zu empfehlen, die Gewalt als Ausnahme.« »Unser koloniales Programm«, meinte er, »entspricht dieser Beschränkung: Schutz der deutschen ›pioniere‹, nicht staatlicher Kolonialbesitz.« Daß »mit Innehaltung dieses Programms der deutschen Seestädte ohne Zweifel Großes geleistet« worden sei, erklärte sich Bismarck damit: »weil es in der Hauptsache praktisch und richtig ist«! Man könnte vielleicht sagen, daß Bismarck auch hier in einer für ihn öfters charakteristischen Weise einerseits traditionellen Vorstellungen – aus der Zeit der freihändlerischen Expansion vor allem des mittelviktorianischen Englands, aber auch Preußen-Deutschland während der 1860er und 1870er Jahre – gefolgt ist, andererseits aber doch auch wieder ganz modern wirkt, da nach der Übergangsphase formeller Kolonialherrschaft sich der Freihandelsexpansionismus der hochentwickelten Industriestaaten bis heute, wie nicht nur die Entwicklung des amerikanischen Informal Empire ökonomischen Dominanz zeigt, als das langfristig erfolgreichere System erwiesen hat[2].

Um den Faden jedoch wieder chronologisch aufzunehmen: Bismarck hat seit Beginn der 1860er Jahre Überseepolitik betrieben, – wenn auch, wie sich ergeben hat, mit sehr unterschiedlicher Intensität –, und zwar sogleich zur Förderung des industriewirtschaftlichen Außenhandels. Als er preußischer Ministerpräsident wurde, brach die Industrielle Revolution in Preußen-Deutschland endgültig durch. Er trat in die Fußstapfen der freihändlerischen Außenhandelspolitik seiner Vorgänger, die der Industrialisierung Rechnung getragen hatten, war doch auch Preußen der einzige europäische Staat, dessen Aufstieg und Machtentfaltung seit dem ausgehenden 18. Jahrhundert mit seiner Industrialisierung aufs engste zusammenhing. In Ostasien z. B. verfolgte Bismarck von 1862 bis 1870 eine preußische Politik der »Offenen Tür«, und wären dort seine Intentionen verwirklicht worden, so hätte Preußen vielleicht noch 1870 einen Stützpunkt, – wie später Kiautschou, doch noch ohne einen Schantung-Vertrag! –, erworben. Er kannte die Methoden der britischen und amerikanischen Handelspolitik im Fernen Osten und schloß sich ihnen an. »Erwerbung von

---

2. Fabri, 5 Jahre, 26; DDF V, 404 f. (14. 9. 1884); Lucius, 334 (21. 2. 1886); RB 13, 320 (1. 4. 1895), vgl. Zimmermann, Kolonialpolitik, 148; GW 14/2, 993 f.; 9, 433; Hofmann, II, 286. – Aufz. Krauels zum Schreiben O'Swalds (25. 9. 1888), 9. 10. 1888, RKA 360, 140-49 (Marg. B. Als Krauel hier »politische und militärische Machtentfaltung« in den Schutzgebieten empfahl, widersprach B.: »damit aber? Portugal, Frankreich und Spanien weisen keine Erfolge auf, die zur Nachahmung reizen. Holland besteht die Probe heut zu Tage, und kaum mit Aussicht auf Erfolg. Die Resultate Englands beruhen doch auf geschickter Kombinierung und Abwechslung beider Systeme, des ›hanseatischen‹ und des gouvernementalen, mehr noch des ersteren, nur daß mehr Geld und Energie und öffentliche Gunst in England dahinter war als bei uns, und weniger Parteigeist«). Es ist nach alledem ganz falsch, »die Prägung dieser Haltung durch den Widerstand der Opposition« zu behaupten (K. Büttner, 23). Bismarck stimmte hier eben so lange mit ihr überein.

Land hat dort keinen Sinn«, glaubte er noch 1895, »in Ostasien müssen wir uns durch geeignete Verträge unsere Vorteile wahren«.

Aber nicht nur in China lehnte er Staatskolonien ab. Immer wieder hat er allgemein seine Überzeugung eindringlich bekräftigt, daß »die Kosten« einer staatlichen »Kolonialpolitik sehr oft den Nutzen« überstiegen, daß ihre »Vorteile ... zum größten Teil auf Illusionen« beruhten, daß sie politisch eine möglichst zu vermeidende Belastung darstellten. Er habe »konsequent die Politik verfolgt«, wiederholte er noch einmal 1873 vornehmlich seine politischen Bedenken für den Kaiser, »Gebietserwerbungen außerhalb Europas nicht vorzunehmen. Diese Politik ist begründet in der Überzeugung, daß unsere Kriegsmarine, im Falle eines Krieges, ihre nächsten und wichtigsten Aufgaben nur halb würde erfüllen können, wenn sie zugleich auswärtige Besitzungen zu verteidigen hätte, daß der Erwerb solcher Besitzungen bei den uns befreundeten Seemächten Mißtrauen gegen die Friedlichkeit unserer Gesinnungen erregen würde, mit einem Worte, daß solche Besitzungen eine Quelle nicht der Stärke, sondern der Schwäche für Deutschland werden müßten ... Ich kann nicht dazu raten, diese Politik zu verlassen.«

Aber in jahrelanger Zusammenarbeit mit den freihändlerischen Liberalen, – keineswegs gegen ihren Widerstand! –, setzte Bismarck seine Außenhandelspolitik fort, und wenn er auch nicht den Bau einer Schlachtflotte ernsthaft erwog, so setzte er doch Kanonenboote und Kreuzer in Übersee zur Unterstützung dieser Politik ein. Sowohl die »Ostasiatische« als auch die »Westafrikanische Station« wurden unter ihm gegründet, deutsche Kriegsschiffe kreuzten regelmäßig im Pazifik und wurden um Afrika eingesetzt. Es kann jedoch angesichts der Grundeinstellung Bismarcks nicht überraschen, daß er unnachgiebig und unermüdlich wiederholt hat: »Solange ich Reichskanzler bin, treiben wir keine Kolonialpolitik.«

Noch 1883, als die Expansionspublizistik die überseeischen Fragen schon ständig wachhielt, schien es Bismarck angebracht, den Kolonialwünschen erneut ein regierungsoffizielles, seine Vorbehalte widerspiegelndes Dementi entgegenzusetzen. »Der Ankauf und die fortdauernde Erhaltung der Kolonien würde sehr bedeutende Geldopfer in Anspruch nehmen, zu deren Übernahme jetzt die Mittel fehlen«, hieß es in einer von ihm redigierten Presseerklärung. »In einem Augenblick, in welchem die deutschen Staaten viele sehr wichtige und naheliegende Zwecke nicht ausführen können, weil die Fonds nicht vorhanden sind, können sie sich schwerlich auf weitschichtige Unternehmungen einlassen, aus welchen Verpflichtungen von unabsehbarer Tragweite entspringen. Das Deutsche Reich würde sich mit der Erwerbung von Kolonien eine große Verantwortlichkeit auf den Hals laden. Zudem kann man im Durchschnitt annehmen, daß alle gesünderen Striche und Plätze in überseeischen Ländern bereits okkupiert sind. Diese sind aber auch jetzt schon unseren Auswanderern zugänglich ... Weit entfernt, an sich die Macht eines Staates zu steigern, geben die Kolonien den Kräften desselben eine mehr einseitige Richtung nach außen hin, die dann allerdings für eine Weile den Nimbus seiner Macht erhöhen mag, aber nicht für die Dauer.«

Als Caprivi in diesem Jahr zum Chef der Admiralität ernannt wurde, fragte ihn der Reichskanzler beim Antrittsbesuch: »Ich höre, Sie sind auch gegen Kolonien?« »Ja.« »Ich auch«, versicherte Bismarck. Und typisch für sein Streben, die Verpflichtungen formeller Herrschaft zu vermeiden, wiederholte er noch im März 1884 dem Auswärtigen Amt, »er freue sich über jede Entwicklung nach der Richtung hin, daß wir Nationen unter fremder Landeshoheit uns eröffnen, die wir also im Kriegsfall nicht gezwungen sind zu verteidigen«. Anders hat man sich zu dieser Zeit im Foreign Office oder im State Department über die Vorzüge der informellen kommerziellen Expansion auch nicht ausgedrückt³.

Ein weiteres Moment, das Bismarcks ablehnende Haltung mitbestimmt hat, spielte dort freilich eine untergeordnete Rolle. Staatliche Kolonialpolitik bedurfte über kurz oder lang beträchtlicher Geldmittel, die das Parlament zu bewilligen hatte. An wenigen Dingen jedoch war Bismarck während seiner Regierungszeit geringer interessiert als daran, den Einfluß der Legislative zu erhöhen. Als ihm daher Louis Baare, einer der führenden Männer der Ruhrindustrie, 1881 die Erwerbung Formosas vorschlug, wehrte Bismarck zwar einmal mit den Argumenten ab: »Solange das Reich finanziell nicht konsolidiert ist, dürfen wir an so teure Unternehmungen nicht denken.. Direkte Kolonien können wir nicht verwalten, nur Kompagnien unterstützen«, fügte aber dann auch noch pointiert ablehnend hinzu: »Kolonialverwaltung wäre eine Vergrößerung des parlamentarischen Exerzierplatzes.« Auf eine Eingabe von dreizehn Mitgliedern des im selben Jahr neu geschaffenen »Preußischen Volkswirtschaftsrates«, daß der Reichstag bis 1890 einen jährlichen Blankokredit von zehn Millionen Mark zur Erwerbung von Kolonien »gegen die wirtschaftliche Verarmung« bewilligen solle, ging er auch aus dieser Überlegung heraus gar nicht ein.

Ein anderer Einwand des Reichskanzlers: »ohne einen Impuls aus der Nation« heraus könne der Staat eine Kolonialpolitik überhaupt nicht einleiten, denn »überseeische Politik lege Verantwortlichkeiten auf, die man nur übernehmen könne, wenn die Nation mit Begeisterung der Regierung zur Seite stehe«, wurde allerdings in dem Maße brüchig, in dem sich der ideologische Konsens über die Notwendigkeit gesteigerten Exports als Rettungsmittel gegen die Überproduktion und die mit der wirtschaftlichen Krisenlage zusammenhängenden gesellschaftlichen Spannungen ausbreitete. Denn mochten sich in ihm auch freihändlerische und kolonialexpansionistische Auffassungen verbinden, so ließ sich doch der allgemeine »Impuls« für eine »überseeische Politik« des forcierten Außenhandels, ja häufig genug auch für eine staatliche Kolonialpolitik seit 1879 immer weniger übersehen.

Nun hat Bismarck manchem Vertreter der Expansionspublizistik, z. B. auch Fabri, zuerst vorgeworfen, »sich in seinen Sympathien von unklaren Gefühlen leiten zu lassen«, während doch »nichts ... so vom Übel« sei als »die tatsächlichen, allen Kämpfen zugrundeliegenden Interessengegensätze unberücksichtigt zu lassen.« Indessen trat gerade bei den profilierten Exponenten des ideologischen Konsens in mancher Hinsicht ein unleugbarer Realismus zutage, der ihren Äußerungen über die Interessenkonflikte in der liberal-kapitalistisch-bürgerlichen Wirtschaft und Gesell-

3. Vgl. Stoecker, China, 49–94; IV/1; GW 9, 434 (12. 12. 1895), vgl. auch GW 9, 467. Vgl. III/7; B. an Wilhelm I., 2. 6. 1873, RdI 5266, 23 f. – Die Meinung Hohenlohe-Schillingsfürsts (Denkwürdigkeiten der Reichskanzlerzeit, Hg. K. A. v. Müller, Stuttgart 1931, 320), daß B. eigentlich schon intensiver Flottenpolitik hätte betreiben müssen, erscheint gar nicht so abwegig, wenn man sich die maritime Aktivität der 1870-80er Jahre vergegenwärtigt, doch übersieht dies Urteil die auch auf diesem Gebiet von B. geübte Begrenzung. Vgl. RB 11, 110 (RT 14. 3. 1885: auch ohne Dampfersubvention und Kolonien sei Geld für die Flotte nötig, »weil der deutsche Handel sich ... fortwährend ausbreitet, in die Weite und Breite sich mehrt und also eines größeren Schutzes bedarf«), dazu außer R. Foerster jetzt J. Steinberg, Yesterday's Deterrent. Tirpitz and the Birth of the German Battle Fleet, London 1965, 17–60. – Poschinger, Parlamentarier, III, 54 (1881); auch Holstein, II, 174; Eckardstein, I, 307; Lerchenfeld, 211. – F. K. W. v. Thudichum, Bismarcks parlamentarische Kämpfe u. Siege, II Stuttgart 1890, 345; Holstein, II, 176 (Caprivi, vgl. Graf L. v. Caprivi, Die Reden, Hg. R. Arndt Berlin 1894, 51, 99 f.; Raschdau, 184); vgl. N. Rich, F. v. Holstein, I, Cambridge 1965, 145–50; G Richter, F. v. Holstein, Lübeck 1966. – Aufz. Rantzaus, 8. 3. 1884, RKA 4192, 75.

schaft Überzeugungskraft verlieh. Sie besaßen ein scharfes Auge für die nach ihrer Meinung schon oft bis zur Zerreißprobe gediehenen Spannungen, die ein auf stete Ausdehnung hin angewiesenes und mit voranschreitender Entwicklung die Absatzprobleme steigerndes ökonomisches System beherrschten, deshalb aber auch für den nicht minder kritischen Zustand der Sozialverfassung[4].

In dieser Einsicht liegt ein Berührungspunkt mit Bismarck. Er hat seine Überseepolitik unter Gesichtspunkten betrieben, die es gerechtfertigt erscheinen lassen, von einem pragmatischen Expansionismus zu sprechen. Bismarck selber läßt sich daher auch dem Typus des pragmatischen Expansionspolitikers zuordnen. Im Gegensatz zu einem zumindest zeitweilig überwiegend von Prestigedenken, von nationalistischem Geltungsbedürfnis und Sendungsbewußtsein, von einem stark emotionell beeinflußten Drang nach Selbstbestätigung und Anerkennung als Weltmacht bestimmten Imperialismus geht der pragmatische Expansionismus ganz überwiegend von einem Kalkül der wirtschaftlichen und sozialen Interessen aus, wobei ihn primär nicht die Berücksichtigung individueller Profit- oder Sicherheitswünsche in engem Sinne, sondern als Fernziel sein »magisches Dreieck« leitet: durch Expansion stetiges, gesichertes wirtschaftliches Wachstum und gesellschaftliche Stabilität zu bewahren oder wiederzugewinnen und infolgedessen die soziale Hierarchie und politische Machtstruktur zu erhalten, deren führende Repräsentanten diese Politik leiten und tragen; hier erweist sich auch seine Affinität zum Sozialimperialismus. Der pragmatische Expansionismus reagiert mithin auf immanente Antriebe eines sozialökonomischen Systems, das er als »natürlich« vorauszusetzen geneigt ist, er transzendiert dieses Wirtschafts- und Gesellschaftssystem nicht oder doch nur höchst selten, wie es ideologisch gefärbte Imperialismen im Bann eines Sendungsglaubens oder einer Kulturmission, weltrevolutionärer Ziele oder rassischer Superioritätsvorstellungen tun. Kurzum, er scheint ganz realpolitisch den Utopien abgeschworen zu haben und statt dessen Triebkräften zu folgen, die zuinnerst in der Dynamik des sozialökonomischen System angelegt sind und – angeblich unwiderstehlich – auf Verwirklichung drängen.

Deutschlands »überseeische Ausbreitung«, drückte Fabri das aus, war eine »notwendige Tatsache, begründet in seiner wirtschaftlich-sozialen Lage«. »Es handelt sich bei Inaugurierung einer praktischen deutschen Kolonialpolitik nicht um Konzessionen gegenüber einem politischen Chauvinismus, den wir bekämpfen würden«, schrieb der »Export«, »sondern um eine soziale Notwendigkeit, welche durch die historisch gewordene Entwicklung«, »die gewerbliche Überproduktion, die Ansammlung brachliegender Kapitalien in den Banken ... unabweisbar« geworden sei.

Besonders der pragmatische Expansionismus deckt den vielbestrittenen, jedoch unauflöslichen Zusammenhang auf, in dem der »neue Imperialismus« mit der unaufhaltsamen Entfaltung des kapitalistischen Produktionssystems steht. Als die Devise dieser »realpolitischen« Ausbreitungspolitik könnte man auch das »Fert unda nec regitur« mit seiner Mischung aus einsichtsvoller Nüchternheit und Fatalismus be-

---

4. RKA 7159, 151 f. (Marg. B., nach dem Erfolg der Linksliberalen in den Wahlen von 1881 sei es »mit diesem Reichstag ... schon schwer genug, dem Reich zu erhalten, was es hat«). Vgl. Zimmermann, Kolonialpolitik, 46; Hagen, 57; Hessel an Bennigsen, 30. 8. 1881, Nl. Bennigsen 195 (Baare gehörte übrigens wie Hessel dem »Volkswirtschaftsrat« an). – Hahn-Wippermann, V, 3 f.; Poschinger, Volkswirt, I, 117 f.; RB 10, 167, ebenso: 275, 380, 396; 11, 53, 136; Poschinger, Parlamentarier, III, 106. Vgl. III/1–6. Wegen des ideologischen Konsensus fällt auch die gelegentlich vertretene Behauptung, die politisch ohnehin naiv ist, in sich zusammen, Bismarck habe gegen allgemeinen Widerstand die Überseepolitik der 1880er Jahre ganz im Alleingang durchgesetzt.

zeichnen. Seine Vertreter beugen sich – fern von einer vordergründig wirksamen Ideologie – dem im Interessenkalkül eingefangenen Zwang der Sachlage. Sie führen gleichsam nur die Bewegungsgesetze der politischen Ökonomie, die zur ständigen Ausdehnung des Marktes treiben, aus. Zugleich versuchen sie aber auch, die Wirkungen dieser Entwicklung im Inneren aufzuheben oder doch zu entschärfen. Daher beanspruchen sie auch mit zumeist unbestreitbarer subjektiver Glaubwürdigkeit für ihre Aktionen das Prädikat der Unvermeidbarkeit.

Ein solcher pragmatischer Expansionismus entsprach durchaus bestimmten allgemeinen »realpolitischen« Grundanschauungen Bismarcks, zu denen sich seine Einsicht in die Gewalt von Sachzwängen, von überpersönlichen Tendenzen, – Rankes »Zug der Dinge« –, verfestigt hatte. Immer wieder hat er diese Mächte mit dem Bild des Stroms beschrieben, auch ihn könne man nicht »aufhalten, viel weniger versuchen, gegen ihn zu schwimmen, man muß vorsichtig steuernd mit ihm fahren«. »Denn der Mensch kann den Strom der Zeit nicht schaffen und nicht lenken, er kann nur darauf hinfahren und steuern.« Deshalb heiße auch »von einem Staatsmann in erster Linie ›Konsequenz‹ zu verlangen, ... ihm die Freiheit nehmen, sich nach den wechselnden Bedürfnissen ... zu entscheiden. Er muß sich stets nach den jeweilig obwaltenden Umständen richten, er kann die vorliegenden Tatsachen und Zeitströmungen nicht meistern, sondern sie nur geschickt für seine Zwecke benutzen ... Ob er dabei konsequent verfährt, ist eine völlig gleichgültige Sache.« Da nach Bismarcks Urteil »ein willkürliches, nur nach subjektiven Gründen bestimmtes Eingreifen in die Geschichte ... immer nur das Abschlagen unreifer Früchte zur Folge gehabt« habe, verfocht er die Überzeugung, »daß gewisse elementare Fragen sich ausleben müßten und daß ein Staatsmann seine eigenen Entscheidungen aus dieser naturgemäßen Entwicklung herausnehmen müßte«.

Dabei darf nun weder übersehen werden, daß die Berufung auf die unwiderstehlichen »Zeitströmungen« sich vorzüglich zur Rechtfertigung eignete und politische Entscheidungen mit ihrem gleichwie eingeengten Spielraum freier Wahl ganz als Vollstreckung einer schicksalhaften Notwendigkeit erscheinen ließ, noch daß Bismarck die Anerkennung einer Frage als »elementar« durchaus von seinem Urteil abhängig machte und dieselbe auch – z. B. im Hinblick auf Aspekte des sozialen und politischen Emanzipationsprozesses, der Parlamentarisierung und Demokratisierung – ganz nach seinem »Bedürfnis« verweigerte.

Mit solchen allgemeinen Gedanken war auch eng verwandt Bismarcks Skepsis dagegen, daß dem Politiker Schöpfungen von unwandelbarer Dauerhaftigkeit gelingen oder weit vorausschauende Planungen sich erfüllen könnten. »Alles seit der Schöpfung ist Flickwerk«, notierte er sich einmal. »Wenn wir unsere Bemühungen darauf richten wollen, politische Einrichtungen zu schaffen, deren Dauer gesichert ist, so überschätzen wir die menschlichen Kräfte.« Gewisse Grundlinien könne man sich wohl »vorzeichnen«, aber »es hieße das Wesen der Politik verkennen, wollte man annehmen, ein Staatsmann könne einen weit aussehenden Plan entwerfen und sich als Gesetz vorschreiben«. Es tut hier nichts zur Sache, ob man diese Haltung als Ausfluß lutherischer Demut, als stoizistische Verantwortungsethik oder Mentalität des im 19. Jahrhundert sprungartig vordringenden Empirismus charakterisiert. Unleugbar ist jedoch das stark pragmatische Element, die Bereitschaft zu improvisieren, auch der opportunistische Zug, die »Freiheit von jeder Systematik«, – wie man übertreibend gesagt hat –, eine Haltung, die auch wiederum mit der starren, durchaus systematischen Verteidigung bestimmter Bastionen, sei es der halbabsolutistischen Kriegsverfassung, der ostelbischen Sozialstruktur oder des autoritären Regierungssystems, einhergehen konnte. Zugleich enthielt auch diese Auffassung wieder eine ins Allgemeine gewendete Verteidigung von Bismarcks politischer Handlungsweise, blitzschnell die Chancen des Augenblicks je nach Opportunität auszunutzen; denn »dabei beruhen seine Entscheidungen«, wie sein Mitarbeiter Th. Lohmann erkannte, »auf unmittelbarer Intuition von der Wirkung bestimmter Mittel auf eine bestimmte Situation«[5].

Bismarcks gelegentlich trügerisch resigniert klingende allgemeine Anerkennung überindividueller Zeitströmungen, – der »ganzen Richtung der Zeit«, wie er auch gesagt hat –, seine Bereitschaft zur »Anschmiegung« an die »Verhältnisse«, sein souveräner Pragmatismus, auf dem Strom zu fahren, aber doch auch nach Kräften und manchmal gegen die Strömung zu steuern, erstreckte sich auch auf den Bereich der Wirtschaft. Gerade sein pragmatischer Expansionismus folgte ihren expansiven Tendenzen: ihrer »naturgemäßen Entwicklung« als eines sich stetig ausdehnenden Systems.

Über die Dynamik des wirtschaftlichen Wachstums im »Zeitalter der materiellen Interessen« gab sich Bismarck wenig Illusionen hin, – eher wohl über ihre sozialen Auswirkungen –, und trug ihr weit unbefangener und sachkundiger Rechnung, als jene Historiker, die ihn allein zum Kabinettspolitiker stempeln möchten, wahrgenommen haben. Daß »die treibende Kraft« der »wirtschaftlichen Angelegenheiten« der »modernen Entwicklung überhaupt zugrunde liegt«, hat er für eine unbestreitbare Tendenz seiner Zeit erklärt. Hübbe-Schleidens Überzeugung, daß »Wirtschaftsfragen ... heutzutage das Grundelement aller Politik« bildeten, und Fabris »Grundgesetz der heutigen Weltentwicklung, daß die wirtschaftlichen Fragen sich überall bestimmend in den Vordergrund des Völkerlebens stellen«, diesem bürgerlichen ökonomischen Determinismus stand Bismarck keineswegs ganz fern, sondern er rechnete mit ihnen die wirtschaftlichen zu den »elementaren Fragen«. Unmittelbar nach den national- und verfassungspolitischen Entscheidungen der Reichsgründung, so hat er rückblickend geurteilt, »drängte die elementare Kraft der wirtschaftlichen Interessen diese auf allen Gebieten sofort wieder in den Vordergrund. Ich bin der Ansicht, daß das Vordringen der wirtschaftlichen Fragen in der inneren Entwicklung in unaufhaltsamem Fortschritt begriffen ist.«

Diesen wirtschaftlichen Interessen trug er rund fünfzehn Jahre lang mit einer Freihandelspolitik Rechnung, die den Bedürfnissen der preußisch-deutschen Volkschaft, sowohl der exportierenden Agrar- als auch der hochstrebenden Industriewirtschaft, am ehesten zu entsprechen schien. Gustav Schmoller, der aus eigener Anschauung wußte, daß Bismarck durch Theorien selten zu beeinflussen war, »während ein einziges praktisches Beispiel, zumal ein solches aus seiner Lebenserfahrung, ihn sofort überzeugte«, hat in wenigen nüchtern-prägnanten Sätzen einen Ausschnitt

---

5. Fabri, 5 Jahre, 141; Export 7, 1 (6. 1. 1885), vgl. Münchener Neueste Nachrichten 31. 1. 1885; KZ 12. 1. 1885 (»die wirtschaftliche und soziale Lage Deutschlands« erheische »eine überseeische Ausbreitung des Reiches«, dieser »Grundgesichtspunkt« werde »auch von der Reichsregierung bei allen überseeischen Unternehmungen festgehalten«). – GW 9, 161; 13, 558; 9, 398, 420; 6b, 2 (vgl. GP, II, 64 f., u. GW 13, 468); 8, 340; Lucius, 178 f. u. RB 4, 192; 10, 56; 12, 380; 13, 105. – K. Schünemann, Die Stellung Österreich-Ungarns in Bismarcks Bündnispolitik, APG 7. 1925, 127 f. (Marg. B.); GW 9, 49, 50, 400 f.; GW 15, 352. Immerhin hörte Lerchenfeld (263) von B. »oft«, daß »man Politik höchstens für eine Spanne von 20 Jahren« mache. H. Rothfels Hg., Bismarck u. der Staat, Darmstadt 1958[3], XIX; Lohmann, 9. 1. 1881, in: H. Rothfels, Zur Geschichte der Bismarckschen Innenpolitik, APG 7. 1926, 300.

aus dieser Lebenserfahrung beschrieben. Bismarcks ursprüngliches Freihändlertum sei geradezu selbstverständlich gewesen, denn »der Wohlstand des deutschen Ostens beruhte 1815 bis 1870 auf der Rohproduktenausfuhr nach England. Der Sieg des Freihandels in England brachte 1845 bis 1865 die glücklichsten Jahre für Bauer und Rittergutsbesitzer, die Bodenpreise stiegen von 1820 bis 1875 auf das Dreifache. Der Schutzzoll galt in den feudalen Kreisen damals als ein Irrtum der städtischen Bourgeoisie, die man bekämpfte.«

Aber während bei anderen der Freihandel zum Dogma wurde, griff Bismarck zu protektionistischen Mitteln, als die anhaltende Depression seit 1873, vor allem dann die Agrarkrise sie zu erzwingen schienen. Er kehrte zur Tradition preußischer »Wohlfahrtspolitik« und staatlicher Intervention zurück, um der Krisensituation Herr zu werden. Mit dem »Kartell der staatserhaltenden und produktiven Stände«, wie er die seit 1876 zielstrebig verfolgte Politik der »konservativen Sammlung« von Großagrariern und Großindustrie nannte, baute er das System des Solidarprotektionismus auf. In Preußen-Deutschland, – das ohnehin keinen vorherrschenden Privatkapitalismus, sondern stets ein gemischtes System von Privat-, Kommunal- und Staatsbetrieben besessen hatte! –, trat der moderne Interventionsstaat seither seinen Vormarsch an. Er lieh seine tatkräftige Unterstützung auch dem deutschen Außenhandel, ja, er versuchte hartnäckig, seine Expansionsbestrebungen zu koordinieren und planmäßig sein Vordringen zu fördern, da er anders nicht schnell genug die notwendigen Fortschritte zu machen, auch der bitteren Rivalität ohne diese Hilfe nicht gewachsen zu sein schien.

Die Frage, »ob ich ein System« habe, hielt Bismarck gerade damals für ganz abwegig. Das »einzig Vernünftige und Richtige« treffe hier vielmehr die Behauptung, »ich hätte wohl gar kein System. Das ist zutreffend«, räumte er ein, »wenn man es auf wirtschaftliche Dinge beschränkt, in politischen wird man mir's am Ende nicht bestreiten.« Überwiegend ist denn auch Bismarcks Wirtschaftspolitik von einer pragmatisch-unideologischen Anpassung an die realhistorische Entwicklung gekennzeichnet gewesen. In diese pragmatisch probierende, von keiner ausgefeilten Theorie geleitete, aber jedenfalls vom Staat betriebene antizyklische Konjunkturpolitik fügte sich auch sein pragmatischer Expansionismus ein[6].

Diese Anpassungsfähigkeit und -bereitschaft wird man als ein allgemeines Kennzeichen des pragmatischen Expansionspolitikers bezeichnen dürfen. Im entscheidenden Augenblick ist er auf keine spezifische Form der Wirtschaftspolitik unwiderruflich eingeschworen, beharrt er nicht unnachgiebig auf bestimmten politischen Prinzipien, sondern reagiert auf die Impulse, die in einer konkreten Situation eine Aktionsrichtung zu diktieren scheinen. Trotz seines antikolonialistischen, freihändlerischen Credos, seiner demokratischen, von der Selbstregierung gleichberechtigter Staatsbürger durchdrungenen Überzeugung hat Präsident Cleveland, als es die die innere »Wohlfahrt« Amerikas gewährleistende Handelsexpansion zu gebieten schien, ganz wie sein gleichgesinnter Außenminister Bayard auch eine koloniale Herrschaft

---

6. Hofmann, I, 130; Böhme, Großmacht, 477; III/4. – G. Schmoller, Zur Bismarcks Gedächtnis, Leipzig 1899², 15, 48, vgl. 33, 37 f.; ders., Charakterbilder, München 1913, 35, 64 f., 41: »Unter Bismarcks Gönnerschaft kam das Bündnis des großen Kapitals und des großen Grundbesitzes zustande, das politisch ... Deutschland seit Ende der 70er Jahre beherrscht.« Trotz der unübersehbaren Verehrung scheint mir übrigens Schmollers Aufsatz noch immer eine vorzügliche, knappe u. keineswegs unkritische Würdigung B.s zu enthalten. H. v. Poschinger, Wie Bismarck Schutzzöllner wurde, Gb 68. 1909, IV, 341–46. Hofmann, I, 132, vgl. II, 406–8; Philipp, 106; GW 8, 303 f.; Busch, Tb., II, 543 f.

über Samoa zur Sicherung der Position im Südpazifik hinnehmen wollen. Während der Venezuelakrise von 1895/96 hat ihn auch die enge Verbindung mit England, mit dem die Vereinigten Staaten im Kampf um die ökonomische Vorherrschaft in Lateinamerika lagen, sogar von einer bewußten Übernahme des Kriegsrisikos nicht abgehalten. Um ein Sprungbrett zum ostasiatischen Großmarkt zu gewinnen, hat der nicht minder kolonialfeindliche Präsident McKinley 1898 Hawaii annektiert und die Inselgruppe der Philippinen als amerikanische Kolonie übernommen. Der Ausdehnung des britischen Formal Empire im Grunde abgeneigt hat Salisbury doch, um unabweisbar wirkende Interessen nicht zu ignorieren, schließlich eine afrikanische Annexionspolitik in großem Stil betrieben, hat der auch ideologisch vehement neuem Kolonialerwerb widerstreitende Gladstone die englische Festsetzung in Ägypten, die Ausdehnung im Pazifik besiegelt. Um der noch nicht voll konkurrenzfähigen russischen Industrie einen geschützten Absatzmarkt zu beschaffen und um mit dem Gewinn daraus ihre Modernisierung vorantreiben zu können, hat es Serge Witte, der eigentlich ganz auf den inneren Aufbau gerichtet war, doch für unumgänglich gehalten, die russische Ausbreitung in die Mandschurei und nach China hinein energisch zu unterstützen. Obwohl er seiner Herkunft und Lebenswelt nach eher Verständnis für eine konservativ-agrarische Politik besaß, hat Caprivi eine Liberalisierung der deutschen Außenhandelspolitik zugunsten der Industriewirtschaft aus Einsicht in die Bedürfnisse seines hochindustrialisierten Staates durchgesetzt.

Ob Cleveland und McKinley, ob Salisbury, Witte oder Caprivi, sie folgten in ihrem Handeln überwiegend dem Zwang der Sachlage, obwohl starke Antipathien, Traditionen und persönliche Überzeugungen ihrer Entscheidung entgegenstehen mochten. In einer mutwilligen Expansionspolitik um ihrer selbst willen, in der Ausbreitung an sich hat keiner von ihnen sein Ziel gesehen. Eine unübersehbare Grenzlinie trennt sie daher von Politikern wie Theodor Roosevelt, Woodrow Wilson, Bernhard v. Bülow, Lord Rosebery u. a., die trotz aller Interessenpolitik doch ungleich stärker auch von ideologischen Motiven bewegt gewesen sind.

Ähnlich läßt sich auch Bismarck als pragmatischer Expansionspolitiker verstehen. In einer aufschlußreichen Formulierung, die als paradigmatisch gelten kann, hat er einmal dafür plädiert, die Schutzgebiete als »Versuchsstation ... für deutsche überseeische Unternehmungen« aufzufassen; er habe den »Augenblick wahrgenommen, um dort ein Tor für deutsche Arbeit, deutsche Zivilisation und deutsche Kapitalanlage offen zu halten. Wenn das, was hinter diesem Tor liegt, sich nicht so bewährt, so ist das Aufgeben dessen ja immerhin möglich.« Zugegeben, auch hier mag eine taktische Konzession an die rigorosen Kolonialgegner des Reichstags mit im Spiel gewesen sein, aber das geradezu experimentelle Element wirkt doch durchaus echt. Seine Gegner haben freilich daraus den Vorwurf abgeleitet, ihm fehle der »wirkliche durchdachte Plan«. Bismarcks »Kolonialpolitik«, spottete Bamberger, sei »das Urbild politischer Momentphotographie, die Ausgeburt einer vorübergehenden Anwendung« gewesen, »entstanden unter dem Einfluß höchst zweideutiger Autoritäten und oberflächlicher Liebhabereien, ohne einen eigenen, nachhaltigen Glauben des Kanzlers selbst«. Das Problem ist jedoch nicht der die meiste Zeit fehlende »Glaube« Bismarcks, denn daraus, daß er kein »Enthusiast für Kolonialunternehmungen«, »niemals ein sogenannter Kolonialschwärmer«, eben »kein Kolonialmensch von Hause aus gewesen« sei, hat er ja oft genug kein Hehl gemacht. Und daß er, anstatt einem »durchdachten Plan« mit genauer Marschroute zu folgen, sich eher »lernbedürftig« vorantastete, hat er auch zugegeben.

Zu klären ist vielmehr die Frage, weshalb er sich trotzdem zu einer bestimmten Zeit auf dieses Experiment eingelassen hat, weshalb er es für unvermeidbar, mit seinen Worten: »durch die materiellen Interessen des Deutschen Reiches unbedingt geboten« gehalten hat, weshalb er zeitweilig glaubte, »durch die natürlichen Erfordernisse geleitet« das »für Deutschland Notwendige, dem realen Interesse des Landes« Entsprechende zu tun. Wenn ein erfahrener Beobachter der Berliner Politik seinen Eindruck festhielt: »Fürst Bismarck beliebt bei großen inneren und äußeren Angelegenheiten und Fragen sich stets eine Alternative zu stellen für die Entscheidung derselben je nach zwei entgegengesetzten Seiten«, dann hat Bismarck in seiner Überseepolitik Mitte der 1880er Jahre offensichtlich keine echte Alternative mehr offen gesehen: die Option zwischen freihändlerischer, informeller Expansion und staatlicher Kolonialpolitik, die bisher eindeutig zugunsten der ersteren ausgefallen war, entschwand. Schritt für Schritt, zögernd und alles andere frei von Bedenken übernahm Bismarck, einem sozialökonomischen und politischen Systemzwang folgend, auch koloniale Gebietsherrschaft in Übersee[7].

b) *Depression, Konkurrenzkampf und Kolonialherrschaft*

Auch in Deutschland hat zu dieser Zeit die neue Stockungsphase seit 1882 als Katalysator imperialistischer Politik gewirkt. Gewiß gab es auch hier eine Vorgeschichte, einen allmählichen Übergang. Seit 1879 wurde auch die Unterstützung der Außenhandelsoffensive der deutschen Industriewirtschaft zu den Aufgaben des Interventionsstaats gerechnet. Aber erst die Schockwirkung der zweiten Depression hat dazu geführt, daß auch auf diesem Gebiet die Staatshilfe in vielfältigen Formen intensiviert wurde. Als seit dem Herbst 1882 die Wiederholung der schlimmen Erfahrungen von 1873 bis 1879 drohte und die Wachstumsstörung, deren bereits vergleichsweise abgemilderte Wirkung die Zeitgenossen schwerlich genau ermessen konnten, tatsächlich wieder anhielt, vertiefte sie die traumatische Wirkung der ersten Depressionsphase. Der Protektionismus allein erwies sich außerstande, den weltwirtschaftlichen Abschwung abzufangen. Der Schutz des Binnenmarkts, der eine Zeitlang als wichtigste antizyklische Hilfsmaßnahme gegolten hatte, versagte gegenüber der neuen Lähmung. Zugleich überschnitt sich jetzt die Agrarkrise mit der industriewirt-

---

7. Auch der Typus des pragmatischen Expansionspolitikers beruht natürlich auf Abstraktion und nur gedachter Präzision, die ein in der Wirklichkeit nicht so eindeutiges, jedoch hervorstehendes Merkmal hervorhebt und isoliert. Zur amerikanischen pragmatischen Expansionspolitik s. Lit. o. 32/34 explizit zum Begriff: McCormick, China Market; zur englischen: o. 254/103 die Lit. über Salisbury, vgl. noch A. P. Thornton, The Imperial Idea and Its Enemies, N. Y. 1959; über die russische: s. o. 228/41 u. B. A. Romanov, Russia in Manchuria, Ann Arbor 1952 (z. T. dt. in: Imperialismus); über Caprivi: J. A. Nichols, Germany after Bismarck, The Caprivi Era, 1890–94, Cambridge/Mass. 1958; J. Röhl, Germany After Bismarck, London 1967. Vgl. hierzu Pflanze u. Holborn, Realpolitik, sowie Bismarcks Äußerungen gegen Prestigepolitik: Hofmann, I, 125 f.; Penzler, 7, 371. – RB 11, 141 (RT 16. 3. 1885), 267 (28. 11. 1885). – Etwas überspitzt ausgedrückt hat Fabri von diesem Pragmatismus durchaus etwas erfaßt, als er Mevissen schrieb (12. 11. 1884, Nl. Mevissen 119): »Schon im April hatte ich im Auswärtigen Amt den Eindruck, daß noch mehr zufällige Impulse als wirklich durchdachte, klare Pläne in Kolonialsachen regieren.« – L. Bamberger, Ges. Schriften, V, Berlin 1897, 339; RB 12, 575; GW 9, 163; RB 12, 577; Hofmann, I, 125; GW 9, 163; F. v. Rummel, Das Ministerium Lutz u. seine Gegner, 1871–82, München 1935, 2 (Bericht des bayrischen Gesandten in Berlin, M. v. Perglas, 9. 6. 1875).

schaftlichen Wachstumsstörung. In einer beispiellosen Koinzidenz litten Land und Industrie unter der Konjunkturschwankung.

Die Stoßwellen der andauernden Tiefkonjunktur in den wichtigsten Wirtschaftszweigen trafen die industriellen und jetzt auch die agrarischen Führungsschichten des Reiches mit einer Härte, die oben (in Kap. II und III) beschrieben worden ist. Die Sammlungspolitik von 1876/79 sah sich einer harten Bewährungsprobe gegenüber. Die sozialen Spannungen vertieften sich, die »rote Gefahr« in den Industriegebieten wuchs, das allgemeine Krisenbewußtsein dehnte sich aus. »Die zweifellos allgemein vorhandene Gärung der Gemüter« enthielt, »abgesehen von dem starken ... Bedürfnis für erweiterte Produktions- und Konsumtionsgebiete«, einen »Zwang« zu überseeischer Politik, urteilte der »Export«. »Die der 1789er Revolution vorhergehenden Jahre haben so jähe, ungeheuerliche Ausbrüche der Leidenschaften nicht gezeigt wie die Jetztzeit«, es sei »ein Gebot der Klugheit wie der Selbsterhaltung« für Staat und Gesellschaft, »jene Kräfte zu bemeistern und sie auf Ziele hinzuleiten, wo sie nicht destruktiv« wirkten. Gegenüber diesen in die Wirtschaft, Gesellschaft und Politik ausstrahlenden und sich verästelnden Wirkungen der neuen Stockungsperiode, deren Dauer auch völlig ungewiß war, konnte das politische Zentrum in Berlin nicht passiv-abwartend verharren.

Manche historische Erfahrung hat inzwischen Tocquevilles Verlaufstypus der Revolutionsgeschichte: daß erst, wenn der einschneidendste Druck schon nachgelassen hat, die Eruption erfolge, bestätigt. Jedoch in unserem Zusammenhang kann man feststellen, daß als nach einer siebenjährigen Depression und einer schwachen kurzlebigen Erholung sogleich wieder eine mehrjährige Depression folgte, erst die neue Krisenzeit die Tendenzen zum Vorstoß nach außen: gewissermaßen zur langfristig wirksamen Revolutionierung der unterentwickelten Regionen durch die Ausbreitung der okzidentalen Staaten, verdichtet hat. Als die Schubwirkung der Tiefkonjunktur zum zweitenmal anhielt, löste sie Gegenaktionen aus, vor denen man in den 1870er Jahren noch zurückgescheut hatte. Zu ihnen gehörte die überseeische Expansion in ihren verschiedenen Formen, in der man jetzt – wie in Amerika, England und Frankreich – auch in Deutschland verstärkt eine Möglichkeit sah, die Krisenwirkungen zu lindern oder ihnen gar zu entkommen. »Die industrielle Entwicklung, die zu einer Überproduktion geführt hat«, urteilte der französische Botschafter in Berlin, »treibt Deutschland zu seinen Kolonialunternehmen.«

Wie in der Politik so treten auch in Wirtschaft und Gesellschaft während einer krisenhaften Störung der »normalen« Ordnung die eigentlichen Kraftlinien und Bewegungsgesetze oft klarer hervor. Seit der zweiten Depression nach 1882 erwies sich, daß die den Konjunkturschwankungen unterworfene und auf dauerndem, jedoch unregelmäßig-sprunghaftem Wachstum beruhende liberalkapitalistische Verkehrswirtschaft von der steten Ausdehnung des Marktes über die Grenzen des beengten nationalen Binnenmarkts hinaus in einem fundamentalen Sinn abhängig war und daß dieses expandierende System dabei der Hilfe des staatlichen Machtapparats bedurfte. Das gebot einmal die ungeheure Dimension der Probleme, die die Hochindustrialisierung mit ihrer chronischen Disproportionalität zwischen Produktion und Konsum, mit ihrer systemimmanenten strukturellen Tendenz zur Überinvestition, Überkapazität und Überproduktion der für das Wachstum entscheidenden Leitsektoren aufwarf. Von kaum zu überschätzender Bedeutung war aber auch der Tatbestand, daß die nationalwirtschaftliche Entwicklung sich nicht mehr isoliert vollzog (wie beim Ausbau der einzigartigen britischen Monopolstellung!), sondern vielmehr in einen erbitterten weltwirtschaftlichen Konkurrenzkampf mehrerer, mit den gleichen Wachstumsproblemen ringender Industriestaaten verflochten war. In diesem neuartigen Wettbewerb der okzidentalen Industrieländer hat D. S. Landes geradezu »den wichtigsten Einzelfaktor« ihrer wirtschaftlichen und kommerziellen Entwicklung seit dem Ende der 1870er Jahre und die Grundbedingung des »neuen« Imperialismus gesehen. Ohne energische Staatshilfe aber erschien es illusorisch, in diesem Rivalitätskampf nicht nur sich behaupten, sondern erfolgreich bestehen zu können.

Es ist selbstredend eine Legende, daß der Staat in der Freihandelsära Wirtschaft und Handel nicht unterstützt habe: Er schloß Verträge, verbürgte ihre Einhaltung, setzte seine Kriegsschiffe und Konsuln ein, gewährte Dividendengarantien und übernahm riskante Projekte als Unternehmer, sei es in England, den Vereinigten Staaten oder in Preußen-Deutschland. Insofern war auch der Staat am Laissez-faire-Expansionismus stets mehr oder minder intensiv beteiligt. Der graduelle, aber nicht nur für die doktrinären Freihändler entscheidende Unterschied im Übergang zum Interventionsstaat bestand vielmehr im Ausmaß: im umfassenderen, wachsenden Bereich seines Eingreifens, dann aber auch in seinem entschiedeneren Anspruch auf Steuerung, mithin in der zunehmenden Neigung, sich nicht mehr allein auf den angeblich selbsttätig regulierenden Marktmechanismus mit seiner eindringlich desillusionierenden Häufung von Versagern zu verlassen. In diesem Sinne konnte Bismarck den »Reichsschutz« für die Außenhandelsoffensive direkt als »staatliche Pflicht« bezeichnen! Auf der einen Seite rief der Liberalkapitalismus seit den 1870er Jahren nach Staatshilfe und »Sozialisierung der Verluste«, betrieb er die »Mobilisierung der staatlichen Macht ... zu sehr kräftiger Intervention auf dem Gebiete der Wirtschaft«, auf der anderen Seite beklagte er das Vordringen der Geister, die er rief und die nie wieder weichen sollten, als unerträgliche Bevormundung. Aus diesem Spannungsverhältnis erwuchs eine Verschränkung von Politik und Wirtschaft, der die liberalen ideologischen Schemata von unpolitischer Wirtschaft und wirtschaftsferner Staatspolitik immer weniger gerecht wurden.

In der Anfangsphase dieser säkularen Entwicklung, als die Wachstumsschwankungen immer eindringlicher nach staatlicher Konjunkturpolitik verlangten, hat Bismarck die deutschen Überseekaufleute und die Reeder, allgemein »die Spitze unserer Industrie ... die Exportindustrie« nachdrücklicher zu unterstützen begonnen. Damit sie im Konkurrenzkampf ihr Feld nicht nur verteidigen, sondern erweitern konnten, hat er den Hebel an verschiedenen Stellen gleichzeitig angesetzt. Dampfersubvention, überseeische Bankfilialen, konsularische Unterstützung, Ausfuhrsondertarife im Eisenbahn- und Kanalwesen, die Begünstigung der weiterverarbeitenden Exportindustrie durch die Zolltarife seit 1879, alle diese Maßnahmen zusammen mit zahlreichen neuen Handelsverträgen müssen zusammengesehen werden, wenn man erkennen will, wie sich der Interventionsstaat auf dem Gebiet der Außenwirtschaft gleichsam vorantastete. Die Politik, die in Afrika und im Pazifik zu Kolonien führte, stellte nur einen Ausschnitt aus diesem Repertoire der staatlich geförderten Außenhandelspolitik dar[8].

---

8. Export 7, 113 f. (17. 2. 1885), vgl. Tb. Versmann, 30. 5. 1884, Nl. Versmann A 5, 64; A. de Tocqueville, L'ancien régime et la révolution, Paris 1952; Courcel an Ferry, 28. 9. 1884, DDF, V, 427 f., vgl. 645–50. Landes, CEHE VI, 468, u. Schieder, Europa, 81, 84 f., über das Konkurrenzmotiv; RB 10, 194 (RT 26. 6. 1884); Heller, 113. Vgl. C. Brinkmann, Die moderne Staatsordnung u. der Kapitalismus, GdS 4. Abt., I, Tübingen 1925, 65; Neisser, Overproduction, 397–99; P. Sweezy, Theorie der kapitalistischen Entwicklung, Köln 1959, 181 (dazu G. Rittig, Die Theorie der kapitalistischen

Dabei leidet es schwerlich einen Zweifel, daß auch in Afrika und im Stillen Ozean Bismarcks Ideal weiterhin die Politik der »Offenen Tür« blieb, – so wie er sie in den 1880er Jahren in China, wohin jetzt die Handelsbeziehungen intensiviert wurden, noch verfolgen konnte. Mit begrenztem staatlichen Rückhalt hätten sich seiner Meinung nach die deutschen Interessen im Wettbewerb des überseeischen Freihandels behaupten und ausdehnen können. Gesetzt den Fall, daß Großbritannien und Frankreich und andere Kolonialmächte eine Freihandelsgarantie für Afrika gegeben hätten, so hätte Bismarcks Absichten diese ungehinderte kommerzielle Expansion vollauf genügt, da allein Schwierigkeiten im Verkehr mit den Eingeborenen ihn nicht zur Übernahme einer Schutzherrschaft gebracht hätten. Wo es noch irgend möglich war, – wie mit der Kongofreihandelszone –, hat er diese Politik auch konsequent verfolgt. Aber die eindringliche Erfahrung, die ihn seit 1883/84 allmählich und widerstrebend den »Reichsschutz« in Afrika und in der Südsee zu formalisieren bewog, gründete sich auf den Eindruck, daß, während der Krisendruck im Inneren wuchs und Erleichterung heischte, dort das Ende der Freihandelsepoche bevorstand, daß gesteigerte Konkurrenz und die Übertragung protektionistischer Methoden nach Übersee das direkte staatliche Engagement unvermeidbar machten. Mit anderen Worten: die unübersehbaren Nachteile staatlicher Passivität begannen die ebenso unleugbaren Nachteile erhöhter Aktivität zu überwiegen.

In Westafrika schien die Abhängigkeit von anderen vorrückenden Kolonialmächten mit ihren Schutz-, Differential- oder gar Prohibitivzöllen bevorzustehen. In Südafrika, Ostafrika und auf Neuguinea schienen Großbritannien und/oder seine expansionslustigen Kolonien zum Zugriff anzusetzen. Wenn das Reich nicht handelte, glaubte man in Berlin, kamen die Rivalen ihm zuvor. Überall schien die Benachteiligung, wenn nicht gar praktisch der Ausschluß des deutschen Handels zu drohen. Unverkennbar war auch die Furcht, zu kurz zu kommen, manchmal geradezu schon die Anwandlung einer Torschlußpanik: angesichts der fortschreitenden Aufteilung der Erde, zu spät einzutreffen. »In einer Zeit, wo jeder Kulturstaat sich ein Stück Welt zu erringen sucht«, dürfe Deutschland nicht »ruhig« zusehen, hieß es immer wieder, »wie andere Völker unermeßlichen Strecken mit den reichsten Natur- und Bodenprodukten sich aneignen, bis für uns« bei dieser »wirtschaftlichen Eroberung der noch unausgebeuteten Teile der Erde« »nichts mehr da ist«. Nicht nur die Vertreter der politischen Parteien, wie Holstein, Helldorf, Hammerstein, Hammacher, beschworen diese Gefahr, – sogar der vorsichtige Windthorst wünschte, »daß die Erde überhaupt nicht in einem solchen Maße bereits verteilt wäre« –, sondern auch die Regierung ließ versichern, daß »die um sich greifende Kolonialpolitik anderer Mächte« Deutschland zwinge, sich einzuschalten, »wenn es von der Aufteilung der Erde nicht ganz ausgeschlossen bleiben wollte«. »Wir stehen jetzt vor dem Augenblick, wo der Rest der bewohnbaren Erde wirklich vergeben werden soll an wenige

---

Entwicklung, Hamburger Jahrbuch für Wirtschafts- u. Gesellschaftspolitik 3. 1958, 163–70); ders., The Present as History, N. Y. 1962²; auch Hilferding, 438 f., 473, 518, 502–504. P. J. Bouman, Kultur u. Gesellschaft der Neuzeit, Olten 1962, 254–60. Hervorragend zum allg. Problem: Heimann, Soziale Theorie, u. F. Perroux, Feindliche Koexistenz? Stuttgart 1961, 11–117; ders., L'économie du XXᵉ siècle, Paris 1961; ders., Economie et societé, Paris 1960. Vgl. hierzu auch K. Kautskys (Der Imperialismus, Neue Zeit 32. 1913/14/II, 921) Auffassung, daß der Imperialismus (von ihm zu eng definiert als »das Streben jedes kapitalistischen Großstaates nach Ausdehnung des eigenen Kolonialreichs«) »nur eins unter verschiedenen Mitteln« sei, »um die Ausdehnung des Kapitalismus zu fördern«. – Man könnte hier auch einmal Bismarcks Wort von 1854: »Die großen Krisen bilden das Wetter, welches Preußens Wachstum fördert« (GW 1, 427) auf das Deutschland der 1880er Jahre umdeuten.

herrschende Nationen«, unterstützte sie v. d. Brüggen, »und raffen wir uns heute nicht auf, so werden wir mit blutigem Kampf einst« die »Teilnahme an der Weltherrschaft gewinnen müssen«.

Der Imperialismus der 1880er Jahre entsprang weniger einem überschäumenden Kraftgefühl und Vitalismus, wie man manchmal behauptet hat, sondern oft eher aus der Schwäche der Industriestaaten, mit der explosiven Industrialisierung, im Inneren fertig zu werden, aus dem Unvermögen, die Probleme der Wachstumsstörungen zu bewältigen, wobei die Neuartigkeit und das Ausmaß dieser Probleme sowie die Abhängigkeit von der ebenfalls ungewohnten weltwirtschaftlichen Entwicklung fraglos gewaltige Hindernisse auftürmten. Aber wie im Inneren die Führungsschichten zu einem Kartell der Angst vor Wirtschaftskrise und Sozialrevolution zusammengetrieben wurden, das auch die Expansion über die Grenzen des Nationalstaats und der Nationalwirtschaft hinaus als einen Ausweg verfolgte, so band gleichfalls die rivalisierenden Industriestaaten ihr Argwohn, ihr Mißtrauen und ihre Angst, durch Zurückhaltung Entscheidendes zu versäumen, in ihrer überseeischen Politik zusammen. Ein so vielzitiertes und ironisiertes Wort vom »Platz an der Sonne«, das Bülow um die Jahrhundertwende gebrauchte, drückte durchaus die auch schon zu Beginn der 1880er Jahre vordringende Einstellung aus, daß die Welt endgültig verteilt werde und die Anteile der okzidentalen Staaten auf lange Sicht hinaus über ihre Wohlfahrt und auch ihren Rang unter den Nationen entscheiden würden. Roseberys Wunsch von 1893 des »Pegging out Claims for the Future« war auch zehn Jahre früher in der Überseepolitik der Industrieländer ganz so lebendig wie in den Sorgen der sozialimperialistischen Publizisten und Theoretiker um die Zukunft von Wirtschaft und Gesellschaft[9]!

Auch aus dem Kreis der Interessenten wurde dieses Gefühl, womöglich von der Ausbeutung der unterentwickelten Regionen ausgeschlossen zu werden, ständig genährt. Aus ehrlicher und natürlich auch aus taktisch motivierter Besorgnis haben die Woermann, Lüderitz, Peters, Hansemann u. a. immer wieder auf die mächtige Konkurrenz verwiesen, der sie unterliegen könnten. Da es damals um zuverlässige Nachrichten über die Vorgänge in Übersee schlecht bestellt, die Informationsbasis der Regierung mithin oft denkbar schmal war und die Interessenten als Männer der Praxis nicht zuletzt bei Bismarck Gehör fanden, wird man die Wirkung gerade ihrer Argumente nicht gering veranschlagen. Sogar ein so expansionsfreundlicher Referent des Auswärtigen Amts wie Dr. Krauel fand 1885, »daß man mitunter in Berlin zuviel Gewicht auf die Wünsche und Ansprüche interessierter Privatpersonen legt, deren Informationen und Mitteilungen mit großer Vorsicht aufzunehmen sind«. Als er aber an einem Hamburger Afrikakaufmann kritisierte, daß dieser »im Interesse des Vaterlandes« zu handeln vorgebe, obwohl er doch nur egoistischen Motiven folge, hielt ihm Bismarck vor: »egoistisch sind alle kaufmännischen Geschäfte ihrer Natur nach«, des Hamburgers »Vorteil ist doch auch ein vaterländischer und ein Bruchteil der nationalen Interessen«!

9. Über die Chinapolitik der 8oer Jahre vgl. V/3. – RB 10, 436; RKA 4197, 57; Korrespondent von u. für Deutschland 3. 4. 1883; 25. 6. 1885; D. Oncken, 14, 21; v. d. Brüggen, Gb 43, IV, 546; die Handelsverträge, in: Poschinger Hg., Verträge, II, 66–444. RT 6:2:1:114 (Windthorst, 28. 11. 1885); RT 6:1:3:1501 (Kusserow, 2. 3. 1885); DKZ 2. 1885, 54 (v. d. Brüggen), vgl. auch die Nationalliberale Korrespondenz, Mai 1885 (KZ 12. 5. 1884), daß »der Augenblick gekommen ist, wo vielleicht zum letztenmal die Frage überseeischen Erwerbs an die zivilisierten Nationen herantritt ... und Aussichten von der größten Tragweite« eröffne. – Roseberys Rede im »Royal Colonial Institute«, 1. 3. 1893: Koebner-Schmidt, 202.

Dieser Zangenbewegung von außen und innen: den drohenden Gefahren der Konkurrenz in Übersee und den Warnungen der Interessengruppen: gerade während der Tiefkonjunktur keine Chancen zu verspielen, gab Bismarck allmählich nach. Sein prophylaktischer Expansionismus suchte bestehende Vorteile und potenzielle Chancen vor dem Monopolisierungsanspruch der Rivalen so zu schützen, daß er den Preis staatlicher Schutzherrschaft schließlich zahlen mußte. In ihren Motiven glich diese Politik fraglos demselben »Preclusive Imperialism«, der auch in London während derselben Zeit, zumal gegenüber Deutschland, oft verfolgt wurde. Alarmiert durch die Depression, die Überproduktion und den weltwirtschaftlichen Konkurrenzkampf bemühten sich die Regierungen, gegenwärtige und zukünftige Interessen in Übersee gegen die Wettbewerber zu schützen. Nur der Staat, den die Depression allenthalben zur Unterstützung der Wirtschaft zwang, schien dieser Schutzmachtrolle auf den Außenmärkten gewachsen zu sein. Kolonien oder Einflußsphären waren oft das Ergebnis, denn der oligopolistische Konkurrenzstreit, der in erster Linie ein Ergebnis des allgemein erschwerten industriewirtschaftlichen Wachstums war, ließ die Methoden der freihändlerischen Expansion als ungenügend erscheinen. »Es ist ein Kampf, in dem wir uns auf kolonialem Gebiet befinden«, schrieb v. d. Brüggen zu Beginn des Jahres 1885, »ein wirtschaftlicher Kampf um Absatz und Arbeit, wie er klarer und offener kaum sein kann. Hier reichen die alten Prinzipien nicht aus«, denn zur »Sicherung wirtschaftlicher Herrschaft ... dazu ist nur der Staat heute in der Lage«.

»Ich glaube aber«, erläuterte Bismarck sein Vorgehen, »wenn wir ... lange gewartet hätten, dann würden wir überhaupt nicht in die Lage gekommen sein, uns die Frage vorzulegen, ob wir dort [in Afrika] eine deutsche Kolonie für möglich halten wollen. Längst würden andere zugegriffen haben, wenn wir auch nur einige Monate gewartet hätten.« Die Erinnerung an die englische Politik in Westafrika und auf Neuguinea, an das Vorgehen der Kapkolonie in Südwestafrika, an Betschuanaland, Santa-Lucia-Bai und Uganda konnte ihn in dieser Auffassung bestätigen. »Unsere ganze Besitzergreifung, unsere ganze Neigung, sie zu verteidigen«, hat er rückblickend sogar versichert, »hat sich ja ursprünglich nur gegen andere Mächte, die auch dort Besitz ergreifen wollten, gerichtet.« Es ließe sich in der Tat der Beweis auch nicht führen, daß Bismarck ohne die echte oder vermeintliche Drohung: die konkurrierenden Staaten würden ihm zuvorkommen, dennoch staatliche Schutzherrschaft in überseeischen Gebieten übernommen hätte[10]!

Sogar in der als Zwangslage verstandenen Situation von 1883/86 hat Bismarck aber nicht überall dort nach »herrenlosem« Land gegriffen, wo es noch zu haben war. Er wollte keinen »künstlichen Kolonialerwerb«, keine »Treibhauskolonien, sondern nur den Schutz der aus sich selbst herauswachsenden Unternehmungen«. Nur wo echte Interessen auf dem Spiel standen, sollte der Staat eingreifen, und auch dann noch versuchte er so lange wie möglich, sich nach der Methode der freihändlerischen Expansion auf die Wirtschaftsinteressen selber zu stützen und das staatliche Engagement zu beschränken, nicht zuletzt um einen kostspieligen »Verwaltungsapparat« in Abhängigkeit von den Budgetbeschlüssen des Reichstags zu vermeiden. Es sei »nicht entfernt unsere Absicht, wenigstens die meine nicht«, erläuterte er im Sommer 1884 sein ursprüngliches Programm, als Anfang »eine Anzahl von oberen und unteren Beamten dorthin zu schicken und zunächst eine Garnison dorthin zu legen,

---

10. Krauel an H. v. B., 20. 3. 1885, Nl. Bismarck 18; RKA 360, 140-9 (Marg. B.); Langer, FA 41, 120; vgl. ders., A Critique of Imperialism, ebda. 14. 1935, 102-19; Robbins, Causes, 77; Müller, 64; v. d. Brüggen: DKZ 2. 1885, 55; RB 11, 140 (16 3. 1885); 12, 587 (26. 1. 1889).

Kasernen, Häfen und Forts zu bauen«. Bismarck wiederholte, daß er »gegen Kolonien ... was man jetzt das französische System nennen könnte, gegen Kolonien, die als Unterlage ein Stück Land schaffen und dann Auswanderer herbeizuziehen suchen, Beamte anstellen und Garnisonen errichten«, sei: »daß ich meine frühere Abneigung gegen diese Art Kolonisation, die für andere Länder nützlich sein mag, für uns aber nicht ausführbar ist, heute noch nicht aufgegeben habe. Ich glaube, daß man Kolonialprojekte nicht künstlich schaffen kann.« Dagegen sei es aber seine »Absicht«, »die Verantwortlichkeit für die materielle Entwicklung der Kolonien ebenso wie ihr Entstehen der Tätigkeit und dem Unternehmungsgeiste unserer seefahrenden und handeltreibenden Mitbürger zu überlassen«. Denn »unsere Absicht ist, nicht Provinzen zu gründen, sondern kaufmännische Unternehmungen ... zu schützen ... in der Form von Gewährung von Freibriefen nach Gestalt der englischen Royal Charters«, also auch »den Interessenten der Kolonie zugleich das Regieren derselben im wesentlichen zu überlassen und ihnen nur die Möglichkeit desjenigen Schutzes zu gewähren, den wir ohne stehende Garnison dort leisten können«.

Bismarck verteidigte seine Auffassung, daß Kolonialpolitik »nicht durch Generäle und nicht durch Geheimräte gemacht« werde, »sondern durch Kommis von Handelshäusern«. Daher wollte er ausschließlich »dem deutschen Handel mit unserem Schutze folgen, da wo er sich einrichtet. Das ist mein Ziel, ob wir das nun gleich von Haus aus erreichen können oder ob wir uns Gesellschaften, die stark genug dazu sind, erst heranpflegen müssen, das weiß ich nicht. Mein Ziel ist der regierende Kaufmann und nicht der regierende Bürokrat in jenen Gegenden, nicht der regierende Militär und der preußische Beamte. Unsere geheimen Räte und versorgungsberechtigten Unteroffiziere sind ganz vortrefflich bei uns, aber dort in den kolonialen Gebieten erwarte ich von den Hanseaten, die draußen gewesen sind, mehr, und ich bemühe mich, diesen Unternehmern die Regierung zuzuschieben ... Mein Ziel ist die Regierung kaufmännischer Gesellschaften, über denen nur die Aufsicht und der Schutz des Reiches und des Kaisers zu schweben hat.« Als der englische Außenminister Granville die Bismarcksche Konzeption: »nach wie vor keine Kolonien im englischen Sinn, sondern nur unmittelbare Protektion unserer mit Charter zu versehenden Landsleute« zu wollen, erklärt bekam, und aus Erfahrung vorhersagte: »Dann kommen Sie doch zu Kolonien«, räumte der Reichskanzler ein: »Kann sein, aber wir wollen sie nicht künstlich anlegen; wenn sie entstehen, so werden wir sie zu schützen suchen.«

Durchaus glaubwürdig versicherte Bismarck Botschafter Ampthill, daß er sich »dem ganzen Komplex nur mit großen Vorbehalten zugewandt habe«, und es entsprach in der Tat seinem pragmatischen Vorgehen, wenn er dem Reichstag versicherte: »Wir haben nicht die Prätention, die Kolonisationsbestrebungen des deutschen Volkes zu führen nach einer bürokratischen Vorschrift und nach einem bestimmten System, über das wir uns selbst im klaren wären, sondern wir haben die Absicht, ihnen zu folgen mit dem Schutz des Reiches da, wo wir eine Wahrscheinlichkeit der Entwicklung und Berechtigung auf diesen Schutz anerkennen. Daraus geht schon hervor, daß wir selbst lernbedürftig in der Sache sind.«

Daß mit diesen Worten Bismarcks ursprüngliche Intentionen zutreffend wiedergegeben wurden, scheint schwerlich bestreitbar zu sein. Sie vertrugen sich mit seinen früheren Anschauungen über überseeische Politik, spiegelten die vorsichtig-experimentierende Anpassung an die veränderten Bedingungen wider und haben ihm auch noch nach seiner Entlassung als die angemessene Methode der Schutzgebietspolitik vorgeschwebt. Fraglos hat Bismarck aber auch überall gewissen Richtlinien zu folgen versucht, denen nämlich, die er selbst vorgezeichnet hat: den Kaufleuten möglichst die Verwaltung der Schutzgebiete zu überlassen, Chartergesellschaften zu bilden, Syndikate und Fusionen anzuregen, also kräftige Interessenten »heranzupflegen«, die staatliche Präsenz aber möglichst zu beschränken; die Vorstellung von »Lüderitz I.« in Südwestafrika wird man z. B. durchaus ernst nehmen können. Nicht nur ist er jedoch mit diesem System wegen der Schwäche und des Widerwillens der Interessenten, wegen der Mächterivalitäten und der Kolonialaufstände innerhalb von wenigen Jahren überall gescheitert, sondern er ist auch selber von Anfang an keineswegs konsequent bei seiner »Absicht« geblieben, daß die deutsche Flagge nur dem Handel folgen solle, wie nachdrücklich er auch das Gegenteil bis 1898 behauptet haben mag[11].

An der südwestafrikanischen Küste wurde ein riesiges Küstengebiet unter deutschen Schutz gestellt, ehe sich die kaufmännischen Interessen soweit ausgebreitet hatten, und auch die Ausdehnung ins Landesinnere griff ihnen weit voraus. Das trifft auch vor allem in Ostafrika, wo die Kaufleute überhaupt keinen staatlichen Schutz verlangten, aber ebenfalls in Neuguinea, wo sie nur unter diesem Schutz vorgehen wollten, zu. Und selbst im Kamerungebiet, wo man tatsächlich von beträchtlichen deutschen Handelsinteressen sprechen kann, ging die Politik im Hinterland über die ursprüngliche Begrenzung eigentlich hinaus.

Dieser Widerspruch zwischen Theorie und Praxis erklärt sich einmal aus dem Gefühl der Notwendigkeit, der Konkurrenz zuvorkommen zu müssen. In der konkreten Entscheidungssituation, – z. B. im Mai/Juni 1884 gegenüber der britisch-kapländischen Politik –, ließen sich die eigentlichen Intentionen nicht immer mehr streng verfolgen. Vor allem aber blieb die überseeische Expansion für Bismarck primär Wirtschaftspolitik mit anderen, d. h. bisher nicht eingesetzten und risikobelasteten Mitteln. Trotz aller expliziten und ernstgemeinten Vorsätze folgte er auch hier keinem starren »System«, sondern setzte sich über manche Schranken hinweg, die er unter günstigeren Umständen wohl beachtet hätte. Einmal stellten deutsche Kriegsschiffe gleichsam antizipierend ein Gebiet unter deutschen Schutz, dann bestätigte der Staat durch seinen Reichskommissar frühere Privatverträge und ließ sich daraus Hoheitsrechte übertragen. Hier händigte er einen Schutzbrief für eine gar nicht lebensfähige Kolonialgesellschaft aus, dort sicherte er in diplomatischen Verhandlungen einen Inselbesitz, auf dem sich eine Gesellschaft dann einrichten konnte.

Dem pragmatischen Expansionismus Bismarcks entsprach diese Heterogenität der Methoden und Mittel. »Einförmigkeit im Handel war nicht meine Sache«, dieses Wort Bismarcks trifft auch hier zu. In gewisser Hinsicht bestätigt daher auch seine Überseepolitik die Ergebnisse der Forschungen vor allem von Hans Rothfels über Bismarcks Verhältnis zum Nationalstaat und anderen vorwaltenden Tendenzen des 19. Jahrhunderts: die um eine dogmatische oder ideologische Systematik im Grunde unbekümmerte »Zusammenbindung... widerstreitender Tendenzen«, seine einmal tradierten Vorstellungen, dann aber wieder pragmatisch den Bedürfnissen und Möglichkeiten der historischen Lage folgende Politik, auch den Eindruck des »seiner

---

11. RB 10, 387 (9. 1. 1885); 168, 173; RTA 2621, 83–100 (23. 6. 1885); RB 10, 193, 196 f. (26. 6. 1884); Poschinger, Parlamentarier, I, 231, u. Hamb. Korrespondent 6. 8. 1885; RB 11, 281 (28. 11. 1885); GP, IV, 67 (7. Marg. B., Juni 1884), vgl. 69, 64 (4. Marg. B.: »Was ist Kolonialpolitik? Wir müssen unsere Landsleute schützen«); Taffs, 372 (Ampthil an Granville, 27. 6. 1884); RB 11, 52 f.; Hofmann, I, 125 f., 266 f.; Penzler, 7, 371 (1897: »für koloniale Eroberungspolitik nach französischem Muster hat mir schon als Minister jede Neigung gefehlt... die Flagge soll dem Handel folgen, nicht ihm vorangehen«).

Natur nach Unharmonischen«. Bismarcks Überseepolitik verband mithin freihändlerische mit protektionistischen Methoden, staatliche Subvention mit direkter Intervention, sie folgte den Wirtschaftsinteressen oder schuf ihnen erst Spielraum zur Entfaltung.

Ihre Heterogenität erweist sich bis ins Einzelne, so z. B. am Instrument der Chartergesellschaft. Sie entsprach einerseits Bismarcks langjährigen Vorstellungen der freihändlerischen kommerziellen Expansion: Die Wirtschaftsinteressen sollten eine weitreichende Autonomie unter beschränktem Staatsschutz behalten, sich aber auch ganz im Sinne des Solidarprotektionismus und der Kartellbewegung organisieren, den Wettbewerb der Einzelfirmen eliminieren und als Block auftreten, so daß möglichst nur eine Gesellschaft oder ein Syndikat in je einem Schutzgebiet ein Monopol gewann. Gleichzeitig ging in sie auch das neofeudalistisch-halbabsolutistische Element der Reichspolitik ein, denn nach geradezu lehnsrechtlichem Verfahren verlieh Wilhelm I. – nicht als preußischer König, sondern als Kaiser – ohne Befragung von Bundesrat und Reichstag die Schutzbriefe aus eigener Vollmacht, ein Verfahren, das nicht nur »sehr mittelalterlich« wirkte, sondern vor Erlaß des Reichsgesetzes über die deutschen Schutzgebiete vom April 1886 auch verfassungsrechtlich höchst strittig, wahrscheinlich sogar unzulässig war. Auf diese Weise konnte jedoch im Kaiserreich von 1871 die Exekutive ohne Berücksichtigung des Parlaments oder der »Verbündeten Regierungen« vollendete Tatsachen schaffen und der Reichspolitik schwerwiegende politische Verbindlichkeiten übertragen. Gegen diesen »Absolutismus« der Schutzbriefpolitik protestierte man im Reichstag vergeblich.

Auf einem anderen Blatt steht überdies, daß die Chartergesellschaft scheiterte, da sich keine finanzstarken Gesellschaften bildeten, die nach englischem Vorbild im voraus in ihrer Charter die Verantwortung für Verwaltung und Finanzwesen übernahmen; da eilig Landstriche unter Reichsschutz gestellt wurden, ohne daß vorher eine Chartergesellschaft gebildet worden oder nachher an der Übernahme interessiert war; da sich mehrfach die Überseekaufleute weigerten, ihre Interessen in einer solchen Gesellschaft zu fusionieren, und da die Chartergesellschaften, die für Bismarck ohnehin eine Kompromißlösung bedeuteten, in einer Zeit gesteigerten staatlichen Wettbewerbs kein selbständig erfolgreiches Instrument der Kolonialpolitik mehr darstellten. Auch die englischen Chartergesellschaften in West-, Süd- und Ostafrika waren ja ständig auf die Mobilisierung der Staatsgewalt zur Unterstützung ihrer Interessen angewiesen.

In diesen Zusammenhang gehören auch die Widersprüche, die in Bismarcks Verhalten gegenüber der Rechtsstellung der Schutzgebiete auftauchten. Während er ursprünglich streng darauf achtete, – z. B. auch beim Korrigieren der Referentenentwürfe –, daß vom Schutze »Seiner Majestät« die Rede war, also die vom Reichstag unabhängige Entscheidungsvollmacht der Staatsspitze betont wurde, »frappierte« es nicht nur seinen Sohn Herbert, daß sowohl die Thronrede als auch die erste amtliche »Denkschrift über die deutschen Schutzgebiete« vom November 1885 von dem »Schutz« und der »Aufsicht des Reiches« sprachen. »›Reich‹ in diesem Sinn kann Bundesrat und Reichstag (außer dem Kaiser) implizieren«, wandte Herbert v. Bismarck ein und fürchtete, »daß die Silbenstecher und Klopffechter des Reichstages sich das so auslegen werden«. Einerseits erklärte Bismarck auf eine Zentrumsinterpellation vom November 1885 hin, daß der Jesuitenorden in den deutschen Schutzgebieten verboten sei, da sonst »immer innerhalb des Reichsgebiets [!] im Widerspruch mit den Reichsgesetzen gehandelt« werde. Andererseits ließ er zur selben Zeit wiederholt versichern, und sprach es auch selber aus, daß die Schutzgebiete nicht »Teile des Reiches« werden sollten, sondern »als Ausland anzusehen« seien, ein »Ausland«, für das der Reichstag zu seiner Überraschung Reichsmittel bewilligen sollte. Es kann nicht verwundern, daß Bamberger jetzt klagte, »die Bismarcksche Theorie des kolonisatorischen Laissez-aller verschwindet schon im ersten Stadium«, das »Bescheidenheitsprogramm« des Reichskanzlers werde abgeschrieben, statt seiner werden »wir ... das ganze ABC der Kolonialschwierigkeiten durchzubuchstabieren bekommen und kein Programm wird uns davor schützen«.

Als Zollausland blieben die Schutzgebiete auch später erhalten, nachdem das Schutzgebietsgesetz vom April 1886 endlich die Rechtsverhältnisse geklärt hatte. Die »Schutzgewalt« übte danach »der Kaiser im Namen des Reiches aus«. Er erhielt allmählich die Summe der Staatshoheitsrechte in den Kolonien, die nicht Teile des Reiches, aber zum Territorium des Reiches gerechnet wurden.

Aber auch wenn man hier bei Bismarck das pragmatisch-disharmonische Moment unterstreicht: das Streben nach Sicherung ökonomischer Chancen ohne formelle staatliche Herrschaft im Verein mit Staatsaktionen zum Schutz von Überseemärkten, auf denen dann doch wieder möglichst viel Freihandel erhalten bleiben sollte, die Verbindung von autonomen privilegierten Charterkompanien mit Kanonenbootdiplomatie, – auch wenn man das Experimentieren bei der Wahl der angemessenen Mittel zur Formalisierung des deutschen Einflusses betont, wobei Berlin die Erfahrung fehlte (wie sie die Londoner Ministerien mit ihren sachkundigen Stäben besaßen) und in Unkenntnis der örtlichen Verhältnisse vorging, – selbst wenn man alles dies zugesteht, bleibt doch die Frage zu klären, was Bismarck sich davon versprochen hat.

Alle diese variablen Unterstützungsmaßnahmen setzten wie die Bismarcksche Zoll- und Außenhandelspolitik im allgemeinen das konstante Ziel voraus: wirtschaftliche Vorteile zu sichern, zu gewinnen und zu vermehren. Und zwar sollte die staatliche Unterstützung dazu beitragen, einmal die in der Gegenwart schon existierenden Chancen, dann aber auch die potenziellen Möglichkeiten ausnutzen zu können; nicht zuletzt aber sollte sie psychologisch das Vertrauen der Unternehmer auf staatlichen Beistand bei der Bewältigung der Krisenprobleme stärken, als Teil der antizyklischen Konjunkturpolitik dem Pessimismus der Depressionszeit entgegenwirken und Anreize für die Ausdehnung und Belebung der Geschäfte schaffen.

»Man kennt die Straßen nicht genau, auf denen man zu seinem Ziel gelangt«, hat Bismarck einmal gesagt. »Der Staatsmann gleicht einem Wanderer im Walde, der die Richtung seines Marsches kennt, aber nicht den Punkt, an dem er aus dem Forste heraustreten wird. Ebenso wie er muß der Staatsmann die gangbaren Wege einschlagen, wenn er sich nicht verirren soll«, aber die Richtung freilich »muß man unverrückt im Auge behalten«. Auch in seiner Überseepolitik hat Bismarck verschiedene Wege eingeschlagen, und das Terrain war unübersichtlich genug, aber die »Richtung«: durch eine staatlich geförderte Exportpolitik den Binnenmarkt zu entlasten, Impulse zu einem Konjunkturanstieg zu geben und damit auch den Druck auf das gesellschaftliche und politische Gefüge zu mindern, ist stets dieselbe geblieben[12].

12. GW 9, 50; Rothfels' bisher zit. Schriften, hier: HZ 201. 1965, 140; Jaeckel, 23 f. Vgl. Hübbe-Schleiden an Maltzan (1882, DKG 256a, 113), bei Chartergesellschaften »braucht der Reichstag gar nicht um seine Zustimmung dazu gebeten werden«. Auf der einen Seite klagte B. einmal über eine Initiative Fabris, »der gar keine Fühlung ... mit ihm genommen habe«, obwohl »unsere deutschen

Bismarck hat aus seiner Hoffnung gar kein Hehl gemacht, daß ihm »vor der Hand und nach der Genesis unserer Kolonien« die »Gewinnung neuer Absatzmärkte für unsere Industrie« als Ziel vorgeschwebt habe. »Von den Küstenpunkten, die wir okkupiert haben«, biete sich die Aussicht, »Wege nach Absatzgebieten zu finden und Verbindungen für den Absatz unserer deutschen Industrieprodukte aller Art anzuknüpfen«. Die Thronrede vom November 1884 gab deutlich die Erwartungen seines überseeischen Konjunkturprogramms wider: »Wenn die Anfänge kolonialer Bestrebungen nicht alle Erwartungen, die sich daran knüpfen, erfüllen können, so werden sie doch dazu beitragen«, wurden dort die beschäftigungspolitischen Absichten der Regierung mit einer Warnung vor übertriebenen Hoffnungen verknüpft, »durch Vermittlung der Handelsverbindungen und Belebung des Unternehmungsgeistes die Ausfuhr unserer Erzeugnisse dergestalt zu fördern, daß unsere Industrie zu lohnender Beschäftigung ihrer Arbeit befähigt bleibt«.

In scharfsichtiger Erkenntnis der Konsequenzen einer solchen Konjunkturpolitik, die auch die überseeische Welt notgedrungen in ihr Feld miteinbezog, urteilte daraufhin der hanseatische Gesandte, daß diese Rede »doch die Tatsache« »dokumentiert«, »daß Deutschland ... in die Bahnen einer Weltmacht einzulenken im Begriffe steht«. Nicht deshalb aber ging Bismarck zur Kolonialpolitik über, »Weltmacht« ergab sich vielmehr aus der globalen Wirtschaftsexpansion eines großen Industriestaats –, sondern weil er »einen praktischen Erfolg für unser deutsches wirtschaftliches Leben« erhoffte. »Unsere Kolonialbestrebungen sind Hilfsmittel für die Entwicklung ... des deutschen Exports«, beschrieb er in nuce den funktionellen Wert der Schutzgebiete, die »nichts weiter« darstellten »als ein weiteres Hilfsmittel« seiner Außenhandelspolitik »zur Entwicklung ... des deutschen wirtschaftlichen Lebens«.

Fraglos betrieb Bismarck mit seiner solidarprotektionistischen Wirtschaftspolitik eine Klassenpolitik insofern, als die Arbeitgeber: die Großindustrie und Großagrarier vor allem, bevorzugt wurden. Ihren »Kern« sah daher Eugen Richter mit vielen anderen Kritikern darin, »die Besitzlosen zu belasten zu Gunsten der Besitzenden«. Einige Besitzende wurden auch durch die Überseepolitik unmittelbar gefördert, denn Bismarck arbeitete, wie man das auch in London, Washington und Paris tat, eng mit den Interessenten zusammen.

Andererseits ist die Behauptung ganz unsinnig, daß es ihm nur um die Profite einiger Großkaufleute und Bankiers gegangen sei. Überhaupt kann der frühe deutsche Imperialismus nicht auf einige Interessengruppen oder gar »Monopole« kausal zu-

---

Kolonisationsbestrebungen ... nur« in »Anlehnung an das jetzt mächtig gewordene Auswärtige Amt Erfolg haben« könnten. Umgekehrt forderte er Kolonialregierung durch Unternehmer, erkannte aber: »Das gelingt nicht leicht; die Herren wollen es sich auch leicht machen, die wollen, daß der Staat nach gewohnter preußischer oder deutscher Art die Fürsorge für sie übernimmt und es ihnen bequem macht« (Poschinger, Parlamentarier, III, 106; RB 11, 281). Vgl. de Wiart, 220 f.; Turner. – RT 6:2:1: 655 f. (Rintelen, 20. 1. 1886, vgl. Anl. 81); H. v. B. an B., 20. 11. 1885, in: Bussmann Hg., 348; Schulthess 1885, 146 f.; RB 11, 282; RT 6:2:1:105–11, 126 (B. u. Windthorst, 28. 11. 1885; W. betonte zu Recht, daß sich die Verwaltungsbefugnis des Reichs noch gar nicht auf die Schutzgebiete erstrecke, deshalb könne auch nicht nach Maßgabe der einzuführenden deutschen Gesetze verwaltet werden); RT 6:2:4:134–38, Anl. 44, Denkschrift v. 2. 12. 1885; RTA 1070, 70 (Hellwig, 5. 2. 1885, vor der Budgetkommission, vgl. Kusserow, ebda., 79 f., 6. 2. 1885; Windthorst, ebda., 77, 81); RB 11, 49 (11. 2. 1885); RT 6:1:3:1046 (Köller, 2. 3. 1885, vgl. Anl. 155, 178); Holstein, II, 296 (1. 12. 1884); vgl. Meier an Petersen, 29. 11. 1885, StA Hamburg, Bevollmächtigte, VII, 12; RT 6:2:1:653–69. Bamberger an Broemel, 24. 8., 9. 9. 1884, Nl. Broemel 4; Bambergers Wahlrede, 12. 10. 1884, Nl. Bamberger 237. – Reichsgesetzblatt 1886, 75 (18. 4. 1886), vgl. die Rechtsliteratur 275/16, Anm. 16; GW 9, 49. – Über den prophylaktischen Imperialismus s. auch Grossmann, 450 ff.; Sweezy, 239, 242–59.

rückgeführt und fixiert werden, und vor allem die Bankiers sind damals oft – wie auch z. B. in Belgien von König Leopold II. – eher gedrängt worden, als daß die Staatspolitik ihnen folgte. Aber unabhängig davon: auch heute noch geht die theoretisch ungleich verfeinerte Konjunkturpolitik der spätkapitalistischen Länder davon aus, während der Rezession oder Depression in erster Linie die Produzenten zu unterstützen, um mit Hilfe des Ausbreitungseffekts die Konjunktur, die dann auch der Allgemeinheit bzw. den Konsumenten allmählich wieder zugute kommen soll, anzukurbeln. In diesem Sinn könnte man vielleicht doch auch einmal mit einigen Vorbehalten Bismarck ähnliche Intentionen unterstellen, wenn er den vielkritisierten Ausspruch tat, zur Belebung der Wirtschaft möglichst »viele Millionäre« zu schaffen, und auch für die Überseepolitik beanspruchte: »Wir wirtschaften und streben für die Hebung des wirtschaftlichen Gesamtvermögens der deutschen Nation«, das sich aus vielen »Bruchteilen« zusammensetzte. Deshalb »folgen wir auch unseren Kaufleuten mit unserem Schutze«. Man sollte gewiß nicht aus Bismarck einen klarblickenden und vorausschauenden modernen Konjunkturpolitiker machen, aber es dürfte doch das zulässige Maß einer Interpretation im Lichte späterer Erfahrungen nicht überschreiten, wenn man versucht, auch einmal seine fraglos noch theoretisch vagen konjunkturpolitischen Intentionen hervorzuheben[13].

c) Absatzhoffnungen und afrikanischer Großmarkt: imperialistische Außenhandelspolitik als antizyklische Konjunkturpolitik

In den Schutzgebieten selber hielt Bismarck vor allem den Plantagenbetrieb und den Bergbau für aussichtsreich. Sowohl in Südwest- als auch in Ostafrika erwartete er eine Zeitlang fündige Erzbergwerke. Vor allem aber der Baumwollanbau, dann aber auch Kaffee-, Tee-, Tabak- und Gewürzplantagen würden hohe Gewinne abwerfen, meinte er, wenn sie in großem Stil betrieben werden könnten. Anstelle hoher Importzahlungen »rein à fonds perdu ... aus unserem Vermögen« trete dann »eine Vermehrung des deutschen Nationalreichtums« durch eigene Kolonialprodukte.

13. RB 10, 295 f. (10. 1. 1885); 237 (20. 11. 1884), auch: Schulthess 1884, 497); Krüger an Petersen, 20. 11. 1884, StA Hamburg, Cl. I, Lit. S^d, Nr. 2, vol. 4b, Fasc. 60; vgl. Cohen-Simon, 160; zur »Weltmacht«-Frage s. 483–5. – RB 11, 53 (2. 3. 1885); 94 (14. 3. 1885); 80, 82 (12. 3. 1885). Vgl. auch den indirekten Hinweis: »Wie groß die Mühe ist«, den »Absatz ins Ausland ... zu erkämpfen, beweist schon die Schwierigkeit, die wir bei dem bischen Kolonialgesetzgebung zu überwinden gehabt haben«, RB 10, 488, 12. 2. 1885; RB 11, 80; 10, 343–50. Vgl. Nussbaum (79) als Beispiel für die These von B. als Handlanger der Wirtschaftsinteressen, als »Beauftragter der herrschenden Klassen«. – Vgl. Deutscher Ökonomist 2. 143 f. (6. 4. 1884), der »mit der wachsenden Überproduktion« die verschiedenen staatlichen Hilfsmaßnahmen in klaren Zusammenhang brachte, u. den gut informierten A. Zimmermann noch 1884 (Charpentier, 6, 46): B. begann die »zielbewußte staatliche Förderung des Exporthandels und zu diesem Zweck auch die Erwerbung überseeischer Gebiete«, denn »die Frage nach lohnenden sicheren Absatzmärkten« sei »täglich dringender geworden«, damit auch die Antwort darauf, »ob sich nicht auch für Deutschland überseeischer Besitz empfehle, um der Industrie die Existenz zu erleichtern«. Wenn u. a. Brodnitz (76) meint: »Wir halten es nicht für unmöglich, daß Bismarck den Gesichtspunkt, in unseren Kolonien neue Absatzgebiete zu erwerben, nur deshalb so hervorhob, um der Opposition die ganze überseeische Politik annehmbar zu machen«, also diesem Gesichtspunkt nur taktischen Wert beimißt, übersieht er, 1. daß die Opposition B.s freihändlerische Überseepolitik mittrug und billigte, 2. daß sie mit diesem Argument für Kolonien gerade nicht zu gewinnen war und, 3. daß B. Hoffnungen ganz zwanglos erklärt und akzeptiert werden können. B.s hätte die Auffassung der »Allgemeinen Zeitung« (6. 11. 1886) geteilt, daß Kolonialpolitik »nur dann patriotisch« sei, »wenn sie rentabel ist« – und auf Rentabilität hoffte B. eine Zeitlang.

Ganz im Vordergrund aber hat von Anfang an die Hoffnung auf Absatzmärkte gestanden: einmal in den Schutzgebieten selber, dann aber vor allem im Inneren Afrikas, wohin die deutschen Küstenbesitzungen Zugangswege sichern sollten. Die Absatzfrage hat in den 1880er Jahren noch völlig dominiert, denn in ihr drückte sich das brennende Problem der Überproduktion der Industrieländer aus. Erst in den 1890er Jahren gewann die Jagd nach Rohstoffen ebenbürtige Bedeutung. Und wie seit längerem schon die Schimäre eines unabsehbar aufnahmefähigen ostasiatischen Marktes eine wichtige Rolle spielte, so hat seit den 1880er Jahren auch die Illusion des innerafrikanischen Großmarkts ihre Anziehungskraft ausgeübt. Mancherorts wurden geradezu den Küstenerwerbungen in Afrika überhaupt nur die eine Bedeutung zugemessen, monopolisierbare Verkehrskanäle nach Zentralafrika zu schaffen.

Seit v. Weber, Hübbe-Schleiden, Fabri und die Expansionpublizistik allgemein den Blick auf Innerafrika gelenkt hatten, wurde in Deutschland immer wieder die Hoffnung geäußert, daß der »Weg ins Innere... eine Quelle des Reichtums für unser Volk in ähnlicher Weise erschließen« werde, wie das andere europäische Länder »vor uns getan haben«. Die unmittelbaren Interessenten der deutschen Afrikapolitik haben überall den Vorstoß ins Landesinnere vorgehabt oder schon auszuführen versucht. In Kusserows Denkschrift vom April 1884 über die deutsche Ausbreitung nach dem Vorbild der britischen Charterkompanien wurde bereits »die Zukunft« des Lüderitzschen Unternehmens mit »einem geregelten Handelsverkehr mit dem Inneren des Landes« verknüpft. »Es handelt sich hier«, glaubte Kusserow sogar, »um eine gesicherte Straße nach dem oberen Kongo und Sambesi.« Ganz auf dieser Linie sah der Missionar Büttner, ehe er die Reichsverträge im Hinterland von Angra Pequena abschloß, die »Bedeutung« der »neuen Erwerbung« als »Zuweg zu Innerafrika«. Die vehemente Politik in der deutschen Presse gegen die englische Abschnürungspolitik im Betschuanaland und in der Kalahari, gegen das Bestreben, Angra Pequena »wie einen Seuchenherd« vom Inneren »abzusperren«, entsprang im wesentlichen eben der Befürchtung, vom innerafrikanischen Markt abgeschnitten zu werden. In dieser Hinsicht sprach auch Moritz Busch in den »Grenzboten« eine durchaus repräsentative Forderung aus, wenn er die »Sicherstellung dieses Weges nach den Zentralgegenden Afrikas« forderte.

Einer der zahlreichen Expeditionen, die Lüderitz entsandte, wurde das Ziel gesteckt, »eine Abtretung Damaralands oder soviel davon zu erreichen, daß es einen Weg nach Zentralafrika ermögliche«. Die Erwartungen dieser Gruppe unter Leutnant Israel, die »phantastische Visionen« gehegt hatte, wurden aber völlig enttäuscht, denn der oberste Hererohäuptling schlug 1884 noch jeden Vertrag ab. Das bedeutete den »Todesstoß« für »unseren Plan, nach Zentralafrika vorzurücken«, mußte Israel im Februar 1885 eingestehen. Mißtrauisch verfolgten die kapländischen und britischen Zeitungen diese deutschen Pläne, vor allem auch als im Zusammenhang mit der Santa-Lucia-Bai-Affäre kurze Zeit die Möglichkeit auftauchte, daß ein »breiter Gebietsgürtel« deutscher Besitzungen die »britischen Kolonien von Nord- und Zentralafrika abschneiden« könnte. Mit spürbarer Erleichterung wurde daher die Vereitelung dieses angeblichen Plans der Berliner Politik registriert.

Daß »die Zukunft der südwestafrikanischen Erwerbung Deutschlands... durch die Möglichkeit ungestörter Ausdehnung... nach dem Inneren bedingt« wurde, wie Hatzfeldt es 1885 formulierte, blieb jedoch noch jahrelang eine Auffassung, die der Berliner Politik bei den Grenzverhandlungen mit Portugal und 1890 auch mit England in gewisser Hinsicht trotz allen Enttäuschungen noch zugrunde lag[14].

Nicht minder deutlich behielten die Woermann, Jantzen, Thormählen und die anderen hanseatischen Kaufleute in Westafrika die Märkte des Landesinneren als »großes Absatzgebiet für die Erzeugnisse deutscher Gewerbetätigkeit« im Auge. Das »Hinterland dem Verkehr« zu erschließen, blieb vor allem Woermanns Ziel, denn es handle sich bei der neuen Kolonialpolitik nicht nur um einige Küstenstriche, »sondern um das ganze afrikanische Festland«, das von ihnen aus kommerziell erschlossen werden könne. Auch W. Annecke vom »Deutschen Handelstag« glaubte, daß in »Innerafrika ... noch Millionen Arbeit und Unterhalt finden könnten und zweifellos in einigen Jahrzehnten ein ähnlicher Handel herrschen werde wie beispielsweise jetzt am Colorado und Mississippi«. Auch hier erkannte die englische Kritik sogleich, daß die Besetzung des Küstenstreifens »die Annexion zahlreicher Wege nach Zentralafrika, das zu Recht als der große Zukunftsmarkt für europäische Waren betrachtet werden darf, bedeutet«. Vor allem könne Deutschland, wie auch der Afrikareisende Kersten im November 1884 ausführte, von der Küste aus »zu den Handelsimperien des volkreichen eigentlichen Sudan« vordringen. Die Ausdehnungspolitik im Kameruner Hinterland suchte, so behutsam sie auch im allgemeinen auf englische und französische Interessen Rücksicht nahm, diesen Vorstellungen entgegenzukommen[15].

Daß das ostafrikanische Schutzgebiet jahrelang auch als Sprungbrett für weitere Vorstöße ins Innere betrachtet wurde, daran ließen Peters und die GfDK keinen Zweifel. Auch Fabri glaubte, daß »die deutsch-ostafrikanischen Erwerbungen ... unserer Nation eine beherrschende Stellung in Zentralafrika« versprächen, wo ihr »ein neues Indien« zufallen werde. Der der DOAG und GfDK angehörende Reichstagsabgeordnete Otto Arendt entwarf die Zukunftsvision der Ostafrikainteressenten: »Deutschland die Vormacht am Indischen Ozean, Deutschland die Vormacht auf dem ostafrikanischen Kontinent, der Handel Afrika in deutschen Händen und die Millionen Schwarze fleißige Kunden unserer deutschen Fabriken«, – wenn nur das Reich das ostafrikanische Unternehmen stütze und die Ausdehnung nach Westen mittrage. »Wir suchen nach Mitteln, der notleidenden Industrie zu helfen«, argumentierte Arendt, »was könnte hier besser wirken als Eisenbahnbau in den Kolonien«, ein staatlich subventionierter Bau natürlich, der durch die Verbindung mit dem Inneren »Deutschland das kommerzielle Übergewicht am Indischen Weltmeere

---

14. Vgl. RB 11, 77, 81; 12, 586 f.; Herrfurth, 740–50; ders., Das Kolonialprogramm des Fürsten Bismarck, Annalen des Deutschen Reiches 41. 1908, 505–22; H. v. Poschinger, Fürst Bismarck u. die Kolonialpolitik, ZKKK 12. 1910, 214 f.; 392; ders., Also sprach Bismarck, II, Wien 1911, 420 f.; III/4 u. V/1; Berliner Tageblatt 18. 5. 1882; RKA 1995, 155–69; DKZ 1. 1884, 303 (Büttner); Bamberger Tageblatt 13. 8. 1884, vgl. 30. 6. 1884; Schweinfurther Tageblatt 15. 8. 1884, vgl. 27. 8. 1884; Korrespondent von u. für Deutschland 23. 5. 1884; K. Blind, Deutschland u. England in Afrika, Geg. 26. 1884, 177 f.; Busch, Gb 44, I, 116 f., 119; ders., Tb. III, 172 f.; W. (= Wehrenpfennig), Die Attraktion fremder Weltteile, PJ 54, 1884, 361–70; RKA 2082, 36; Cape Argus 7. 2. 1885, Berichte Israels; Standard 9. 1. 1885; RKA 2002, 90 (Aufz. Reichenbachs 24. 1. 1885); 70. Vgl. auch die Klage im »Kolonialen Jahrbuch« (2. 1889, 179 f.), daß in den Verhandlungen mit Portugal über die Nordgrenze Südwestafrikas diese nicht durch Matabele- und Maschonaland bis hinüber nach Portugiesisch-Ostafrika verlängert worden sei, denn »dadurch sind uns diese beiden Gebiete, die man recht wohl als wenn auch fernes Hinterland von Damaraland betrachten kann und sich in Deutschland in kolonialen Kreisen auch vielfach schon so zu betrachten gewöhnt hatte, ... verlorengegangen ... Dadurch sind wir von einer Ausdehnung unseres südwestafrikanischen Besitzes in der natürlichsten und verheißungsvollsten Richtung abgeschnitten worden.« Vgl. Drechsler, 35 f., 43. – Times, 2. 1. 1885; Appel, 33; RKA 2005, 22 u. o. V/1A.
15. DKZ 1. 1884, 420; Coppius, 76; Bohner, Woermanns, 144 f.; KZ 11. 10. 1884; DKZ 1. 1884, 382, 193; G. Baden-Powell, The Expansion of Germany, 19th Century 16. 1884, 869–78; Nimschowski, 34; o. V/1B.

sichern« und der »deutschen Industrie ein noch ganz unabsehbar weites Absatzgebiet« schaffen werde. Sogar die »Hamburger Nachrichten« meinten, daß »durch die deutschen Niederlassungen ... diese weiten Strecken von Innerafrika« dem Handel geöffnet würden.

Ein ähnliches Wunschbild leitete die deutsche Kongopolitik. Wenn die Londoner »Times« während der westafrikanischen Konferenz schrieb, daß »der Handel im Kongobecken und in ganz Zentralafrika ... von gewaltiger Bedeutung für unsere Handelsinteressen« werden könne, so hat man in Deutschland diese Erwartungen vielerorts geteilt. Auch die Berliner Politik verfolgte zielstrebig ihre Absicht, Deutschland den Handel mit dem »Kongolande« offen zu halten. Noch während der Helgoland-Sansibar-Verhandlungen von 1890 war Salisbury aufgrund seiner Erfahrungen seit 1884/85 vor allem zu Konzessionen an der Westgrenze Deutsch-Ostafrikas bereit, denn »daß die Deutschen es zulassen, fast ganz vom Kongo abgeschnitten zu werden, ist meines Erachtens höchst unwahrscheinlich«.

Von allen Seiten suchte die deutsche Politik »Einfallspforten« zum Inneren von Schwarzafrika zu gewinnen. Denn »die Erschließung Zentralafrikas« biete die »Gewähr«, wie die »Deutsche Kolonialzeitung« auch die deutschen Hoffnungen in einer typischen Wendung beschrieb, daß nach der »wirtschaftlichen Depression« seit 1873 für die Förderung »des Aufschwungs weder die Mittel noch die Ziele fehlen.« Mit seinen afrikanischen Schutzgebieten habe das Reich neue wichtige »Vorbedingungen zu einer gesicherten und direkten Teilnahme an der Weltwirtschaft« geschaffen. Wenn man bedenkt, wie wenig sich diese auf Innerafrika gerichteten Hoffnungen im allgemeinen in den folgenden Jahrzehnten erfüllt haben, – die Gold- und Diamantenfunde in Südafrika oder Leopolds II. Ausbeutungsprofite bildeten doch eine Ausnahme –, dann ließe sich die Geschichte der okzidentalen Afrikapolitik in den 1870-80er Jahren geradezu als Entwicklungsgeschichte einer Illusion beschreiben[16].

Diese euphorischen Erwartungen im Hinblick auf »die wirtschaftliche Erschließung des schwarzen Erdteils« hat Bismarck vor 1885 schwerlich in dieser Form geteilt. Aber er hielt wohl die gleichwie vagen, doch allen Informationen zufolge wichtigen potenziellen Chancen des innerafrikanischen Markts für bedeutend genug, um deutschen Unternehmern die »Wege« nach diesen »Absatzgebieten« freizuhalten. Die Regierung hätte seiner Meinung nach auf jeden Fall »Tadel« verdient, wenn sie es in Afrika versäume, »nach dem Inneren hin für den Absatz unserer Industrie« zu sorgen. Das englische Interesse schien ihm auch zu beweisen, daß Grund zu der »Hoffnung« bestehe, »Manufakturen in großer Masse ... nach dem Inneren Afrikas an die Hunderte von Millionen abzusetzen, die diese Länder bewohnen, und die allmählich an einen größeren Verbrauch von europäischen Waren sich gewöhnen«. Nachdem aber für die deutschen Interessen der »Zugang zum Inlande ... eröffnet worden sei, bestehe jetzt in den Schutzgebieten eine »Unterlage«, »um von dort aus allmählich ... nach dem Inneren« vorzurücken.

Nach den ersten enttäuschenden Erfahrungen hat Bismarck das »allmählich« sehr betont und zugleich auch geradezu im Sinn der Grenznutzentheorie die Bedeutung kleiner Exportgeschäfte für die Belebung der deutschen Wirtschaft gewürdigt. Als z. B. der sächsische Reichstagsabgeordnete Hartwig wegen seines Hinweises auf die

---

16. Vgl. V/1C; Fabri, Deutsch-Ostafrika, 26, 8; Arendt, 7, 32–34; Grimm, passim; Hamburger Nachrichten 15. 6. 1885; vgl. KZ 16., 20., 21., 22. 7., 17. 10. 1884; Export 6, 325 f.; DKZ 1. 1884, 303; 2. 1885, 113. – Times 2. 1. 1885; dazu NAZ 6. 1. 1885; Robinson u. a., 293; RT 6:1:1:524; DKZ 2. 1885, 113.

Ausfuhrmöglichkeiten für Buntpapier und Musikinstrumente im Parlament arg verspottet wurde, hob Bismarck, der ihm sofort beisprang, ausdrücklich hervor, daß die »Gewinnung neuer Absatzmärkte für unsere Industrie auch selbst für die kleinsten Industrien, die aber doch zu Hause, wo sie etabliert sind, eine ganze Menge Deutsche ernähren und mit lohnender Arbeit versehen«, wichtig und Ziel seiner Überseepolitik sei. Es heißt auch nicht dieses Argument überspannen, wenn man annimmt, daß Bismarck nicht nur die unmittelbar einleuchtende Bedeutung absolut hoher Ausfuhrziffern gesehen, sondern auch deutlich erkannt hat, daß die auf dem Inlandsmarkt nicht absetzbaren, auf den Export angewiesenen relativ geringen Marginalmengen für ganze Industriezweige – und ihre Preisniveaus! – von entscheidender Wichtigkeit waren.

Unstreitig wollte Bismarck 1884/85 unmittelbare Erfolge der deutschen Wirtschaftsinteressen mit seiner Schutzgebietspolitik ermöglichen, aber doch auch auf längere Sicht Gewinnchancen erhalten und schützen. Auch hier berührte sich wieder sein nüchternes Urteil mit der Skepsis der linksliberalen Oppositionsführer. Wenn Bamberger einwandte, es würden »Dezennien vergehen, bevor das Innere Afrikas ein begehrenswertes Absatzgebiet sein wird« und daher nicht verstand, weshalb »man einen Bannstrahl nach dem anderen gegen den Handelsstand schleudert«, ihn aber »auf dem Wege zu den Hottentotten preisen und fördern« wolle, so räumte auch Bismarck 1886 ein, man müsse wohl erst allmählich »die Afrikaner an Bedürfnisse gewöhnen und sie zu Abnehmern unserer Produkte machen«. In diesem Sinn konnte er z. B. auch vor den Illusionen warnen, »in Ostafrika eine Art indisches Reich errichten« zu wollen. »Dazu ist das Land nicht angetan«, glaubte er, denn »Indien ist ein reiches Land, ein Land mit alter Zivilisation, während die Afrikaner Wilde sind«.

Andererseits schien ihm doch die zukünftige Bedeutung Afrikas einen Einsatz wert zu sein, und es paßt durchaus zu seiner pragmatischen Expansionspolitik, wenn er mit Geduld die Ergebnisse abwarten wollte, nachdem eine vorteilhafte Ausgangsposition gewonnen und behauptet worden war. In Ostafrika z. B. verlangten die hanseatischen Kaufleute keinen Reichsschutz, Peters' dubiose Persönlichkeit nötigte Bismarck kein Entgegenkommen ab, er durchschaute auch den Rechtscharakter der »Erwerbungen«, zudem ging er aktiver erst nach den Wahlen vom Herbst 1884 vor und verfolgte seine Politik gegen England, nachdem die Spannung von 1884/85 beigelegt worden war. Aber um auch in Ostafrika eine Ausgangsbasis für die deutschen Interessen, namentlich für ihre Ausbreitung zum »Kongolande« hin zu gewinnen, und um sich nicht allein auf die unsicheren Verhältnisse im Osten der Kongofreihandelszone verlassen zu müssen, gewährte er sogar der GfDK Reichsschutz.

Es scheint auch nicht ausschließlich dem Bedürfnis nach Rechtfertigung entsprungen oder allein ein Anzeichen einer gewissen Resignation bei ihm gewesen zu sein, wenn er am Ende der 1880er Jahre mehrfach darauf hinwies, »eine solche koloniale Gründung nicht als einen Lotterieeinsatz zu betrachten, der im nächsten halben Jahre einen ungeheuren Gewinn geben muß, sondern als eine vorbedachte berechnete Anlage«, die »mit Wahrscheinlichkeit« »Gewinn abwirft«, vielleicht in zehn Jahren, aber »wenn es in zwanzig Jahren wäre, wäre es auch kein Unglück«. Die Schutzgebiete könnten nicht »gleich wie ein Gründungspapier eine ungeheure Dividende abwerfen«, plädierte er: »Ich habe mir gedacht, das ist eine Beschlagnahme wie bei der Mutung eines Bergwerksbesitzes oder dem Ankauf eines später zu bebauenden

Grundstücks – und wenn man nicht mit Ruhe einen Erfolg abwarten kann, so hätte man es überhaupt nicht tun sollen«.

Unter solchen Gesichtspunkten hat Bismarck die Erwerbung der Schutzgebiete direkt als »Zukunftspolitik« zu rechtfertigen versucht –, und man wird nicht ohne weiteres der Versuchung nachgeben dürfen, dieses Motiv nur als Deckmantel für eine unleugbare Enttäuschung anzusehen. Im Horizont der Zeit hat die Vorstellung, daß die Erde tatsächlich endgültig verteilt werde, offenbar schon hohe Bedeutung gewinnen können. Nicht nur Bismarck behauptete daher: »Ich muß auf Jahrzehnte an die Zukunft meiner Landsleute denken« und mit der Überseepolitik »Fürsorge« treffen, daß in Afrika den »Erben sichere Grenzen, die von anderen Mächten nicht mehr übertreten werden, übermacht« werden können; auch im Pazifik ist seine Politik offensichtlich stark von handelsstrategischen Überlegungen über die künftige Bedeutung, vor allem nach dem Bau eines mittelamerikanischen Kanals, beeinflußt gewesen. Sondern auch für Ferry handelte es sich bei der Kolonialpolitik nicht ausschließlich, wie er behauptete, »um eine Frage der unmittelbaren Zukunft, sondern um eine Zukunft, die fünfzig oder hundert Jahre vor uns liegt, um die Zukunft des Landes, um das Erbe unserer Kinder«. Und Cleveland, Harrison, McKinley, Salisbury und Rosebery erklärten wiederholt, daß sie auch im Hinblick auf die in Zukunft gesicherte »Wohlfahrt« ihrer Länder in den Imperialismus vorangetrieben würden. Man wird dieses Argument heute eher mit Skepsis aufnehmen und es nicht überschätzen, – namentlich wenn es von Pragmatikern der Politik, die eher mit der Lösung ihrer Gegenwartsaufgaben rangen, zur Rechtfertigung gebraucht wurde –, aber wegen der durchaus neuartigen Erfahrungen mit einem harten globalen Konkurrenzkampf und der möglichen Tragweite erfolggekrönter oder verfehlter Entscheidungen bei der Verteilung der Erde wird man ihm doch ein gewisses Gewicht beimessen dürfen[17].

Überhaupt läßt sich über die jeweilige Priorität der drei entscheidenden ökonomischen Gesichtspunkte in der Bismarckschen Überseepolitik: ob die kurzfristigen, die langfristigen oder die krisenpsychologischen Überlegungen den Ausschlag gegeben haben, nichts zweifelsfrei Sicheres aussagen, obwohl die Hoffnung, auf längere Sicht keinen Mißgriff getan zu haben, nach 1886/87 besonders deutlich hervorgetreten ist. Wohl aber haben sie gleichsam gebündelt die Bismarcksche Konjunktur- und Außenhandelspolitik auch auf das Feld der kolonialen Gebietsherrschaft geführt. Obschon die Schutzgebiete während der Bismarckzeit kaum wirtschaftlichen Gewinn abgeworfen haben (Woermann und einige andere Kaufleute bilden die einzige Ausnahme), so mag doch in einem allgemeineren Sinn die Überseepolitik bis hin zum Formal Empire psychologisch ebenso wichtig und wirksam gewesen sein: sie stärkte das Vertrauen wichtiger Gruppen der Geschäftswelt auf die Staatsintervention zu ihren Gunsten, sie zeigte, wenn auch in einem schwerlich meßbaren Maße, daß Bismarck bei der Bekämpfung der Depression sogar die bisher perhorreszierte territoriale Expansion riskierte, um alle nur möglichen und oft höchst ungewissen Chancen wahrzunehmen, die der deutschen Wirtschaft sofort und auch auf längere Sicht Erleichterung verschaffen konnten. Unter diesem Gesichtspunkt mag die staatliche Expan-

---

17. KZ 12. 5. 1884; RB 10, 395, 379 (8. 1. 1885); 11, 78 (28. 11. 1885); 12, 585 (26. 1. 1889); vgl. 12, 419–24 (10. 3. 1887); RT 6:1:1:507 f. (Hartwig, 9. 1. 1885); RB 10, 395 (10. 1. 1885); Bamberger: RTA 2621, 91 (23. 6. 1884); Wahlrede, 12. 10. 1884, Nl. Bamberger 237; Aufz. 24. 7. 1886, RKA 733; RB 12, 587 f. (26. 1. 1889); 581; vgl. Lucius, 500; RB 12, 538 (15. 1. 1889); Dubois-Terrier, 401 f., 117 Anm. 8 u. o. 117–19.

sionspolitik das ihre zur Überwindung der zweiten Depression beigetragen haben. Wenn sogar ein so nüchterner Interessenpolitiker wie Hauptgeschäftsführer H. A. Bueck vom »Zentralverband Deutscher Industrieller« 1884 mit Emphase die Bismarcksche Überseepolitik begrüßen konnte, da »die ganze Bedeutung dieser Kolonialbewegung für die deutsche Industrie, für unsere Produktion« klar hervortrete, dann durfte sich die Berliner Politik durch solche Zustimmung wohl bestätigt sehen.

In der neueren Imperialismusdiskussion hat man wieder bestätigt, daß »die stärkste Wurzel kapitalistischer Expansion ... ohne Zweifel in der mangelnden Stabilität des Wirtschaftsablaufs« liege. Imperialistische Politik wurde daher »zur Alternative einer Stagnation des ganzen Wirtschaftslebens, was alle Klassen auf den Plan ruft« (Preiser). Mit anderen Worten, diese Politik »glättete den Konjunkturzyklus oder, was dasselbe bedeutet, stabilisierte das Volkseinkommen«, wie das am englischen Beispiel für die Zeit von 1880 bis 1910 auch schon ökonometrisch nachzuweisen versucht worden ist. Der Imperialismus wirkte mithin als »Konjunkturausgleichs-Katalysator« und bildete für die Disproportionalitäts- bzw. Überproduktionsprobleme der liberalkapitalistischen Wirtschaft einen »eigenartigen Krisenüberwindungsmechanismus« aus (Zimmerman).

Diese Ursachenanalyse mag auch zum Teil auf das Deutschland der Bismarckzeit zutreffen, denn vielleicht hat die expansionistische Politik Bismarcks: staatlich unterstützter Außenhandel, staatlich protegierter Kapitalexport, staatlicher Kolonialerwerb mit zur Folge gehabt, die Konjunkturschwankungen abzumildern und in die Aufschwungsphase seit 1886 überzuleiten. Unstreitig hat auch Bismarck eine deutliche Vorstellung, – wenn auch noch kein theoretisch präzises volkswirtschaftliches Wissen –, davon gehabt, daß die »unsichtbare Hand« zur Regulierung der Wirtschaft jetzt noch weniger als früher ausreiche, daß staatliche Hilfe die kapitalistische Dynamik neubeleben mußte. Auch die überseeische Politik sollte, wie seine aufschlußreiche konjunkturpsychologische Formulierung lautete, zur »Belebung des Unternehmungsgeistes« soviel beitragen, daß der Motor der Konjunktur wieder angeworfen wurde, die Exporte anstiegen und die Industrie wieder Prosperität genoß[18].

Vorläufig ist es nur eine Hypothese, daß die kumulative Wirkung der staatlichen Unterstützungsmaßnahmen einschließlich der kommerziellen und kolonialen Expansion seit 1886 zum Aufschwung aus der zweiten Depression beigetragen haben könnte. Da es sich beim Aufschwung um eines der schwierigsten Probleme der Konjunkturgeschichte, -theorie und -politik handelt, wird es vielleicht bei einer Hypo-

---

18. Bueck: Deutsche Kolonialbestrebungen, 31; vgl. KZ 6. 6. 1884, u. E. Langens Resolution im »Verein der Industriellen«: KZ 8. 1. 1885. – E. Preiser, Die Imperialismusdebatte, in: Festschrift Lütge, 370, vgl. 366 (es sei Hobsons u. R. Luxemburgs »Behauptung durchaus richtig, daß der nichtkapitalistische Raum für den Kapitalismus notwendig sei«). – L. J. Zimmerman u. F. Grumbach, Saving, Investment, and Imperialism, WA 71. 1953, 2 (1–19 über England, dagegen S. B. Saul, Comments, WA 79/II. 1957, 105–9); L. J. Zimmerman, Geschichte der theoretischen Volkswirtschaftslehre, Köln 1961², 105. Vgl. H. Neisser, Der ökonomische Imperialismus im Lichte moderner Theorie, Hamburger Jahrbuch für Wirtschafts- u. Gesellschaftspolitik 4. 1959, 224; früher schon ders., Die Unterkonsumtionstheorie als Imperialismustheorie, Kölner Sozialpolitische Vierteljahrsschrift 4. 1925, 218; ders., Some International Aspects of the Business Cycle, Philadelphia 1936, 161–72, sowie Hilferding, 438 f., 473, 518. Auch W. Röpke räumte in einem dogmatischen Aufsatz (Kapitalismus u. Imperialismus, Schweizerische Zeitschrift für Volkswirtschaft u. Statistik 70. 1934, 377), wo die »innere Struktur des Kapitalismus« nicht zu »politischem Druck« zwingt u. der Imperialismus ganz wie bei dem ebenso willkürlich und unhistorisch definierten Schumpeter (s. u. 497/56) als »systemwidrige Begleiterscheinung des Kapitalismus« gesehen wird, beiläufig ein, »daß es ... die Zeit der Depression ist, in denen mit besonderer Energie die Auslandsmärkte aufgesucht werden«.

these bleiben, zumal da es wohl weniger um den direkten und aufs Ganze gesehen objektiv schwer abzuschätzenden ökonomischen Anreiz als vielmehr um die krisenpsychologische Wirkung geht. Aber fest steht dagegen, daß von den drei wichtigen »Säulen« staatlichen Einflusses auf den Konjunkturverlauf: der Geld-, Finanz- und Außenhandelspolitik, die beiden ersten Bismarcks Wirtschaftspolitik während der Wachstumsstörungen seit 1873 nicht stützen konnten.

Da die Reichsbank sich nach den Spielregeln der Goldwährung richtete, gab es keine konjunkturpolitisch orientierte und von der Regierung einsetzbare Geldpolitik. Da es für eine die Wirtschaft des ganzen Reichs beeinflussende Finanzpolitik an einer von der Regierung kontrollierten Zentralinstitution mangelte, entfiel auch dieses Instrument; mit staatlichen Bauaufträgen auf der Linie einer älteren Tradition der Notstandsbekämpfung wurde nur selten und nicht massiert und gezielt genug in einigen Ländern, vor allem in Preußen, Konjunkturpolitik betrieben.

Es blieb daher nach den herrschenden Vorstellungen und den Möglichkeiten der Zeit im Grunde nur die Außenhandelspolitik als Feld antizyklischer staatlicher Konjunkturpolitik übrig. Hier hat denn auch Bismarck den Hebel angesetzt: zuerst hat er mit dem Zollsystem seit 1879 und dem Schutz des Binnenmarktes experimentiert, sich aber, zumal nach dem offensichtlichen Mißerfolg seit 1882, außer der Erhöhung einiger Zollsätze zunehmend auf die staatliche Förderung des Exports verlegt – im System des Organisierten Kapitalismus eine durchaus zukunftsreiche Politik, wie sich seither erwiesen hat. Ihr entsprang auch sein Imperialismus, der für viele Zeitgenossen, geht man von der Hochindustrialisierung und den mächtigen Antriebstendenzen des sozialökonomischen Systems aus, das Signum der Notwendigkeit gewinnen konnte[19].

Bismarck selber hat mehrfach das Unumgängliche dieser Entscheidung zu aktivem Vorgehen umschrieben und den Druck, dem er sich schließlich habe beugen müssen, betont. Nur »zögernd« sei er »an die Kolonialpolitik überhaupt herangegangen«, unterstrich er 1889. »Nachdem ich mich aber überzeugt habe, daß die Mehrheit ... den Versuch ... gutgeheißen hat, so habe ich mich nicht für ermächtigt gehalten, meine früheren Bedenken aufrecht zu erhalten, die – ich erinnere mich sehr wohl – dahin gerichtet waren, daß wir unsere Flagge nirgends als souverän etablieren sollten, sondern höchstens Kohlenstationen errichten sollten, das war meine Ansicht in früheren Jahren. Kurz und gut, ich war gegen die Gründung deutscher Kolonien.« Aber »ich halte mich ... nicht für ermächtigt, der großen Reichslokomotive, wenn sie ihren Bahnstrang einmal gewählt hat, Steine in den Weg zu werfen«.

Das defensiv-rechtfertigende Moment ist hier, im Jahre 1889, aber auch in ähnlichen Äußerungen ganz unübersehbar. Jedoch abgesehen davon und auch von der Metaphorik der Behauptung birgt sie doch einen wahren Kern: der »Zug der Dinge« hat in hohem Maße Bismarck mitbestimmt, vor den expansiven Tendenzen »zu kapitulieren«. »Wenn der deutschen Gesamtheit das Kleid zu Haus zu eng wird«, hatte er schon 1884 eingeräumt, »sind wir genötigt, dem deutschen Unternehmungsgeist .. Protektion zuteil werden zu lassen.« Sein pragmatischer Expansionsimus folgte

19. K. W. Hardach, Beschäftigungspolitische Aspekte in der deutschen Außenhandelspolitik ausgangs der 1870er Jahre, Sch. Jb. 86. 1966, 653 f.; ders., Bedeutung, 70-72. Vgl. R. Stucken, Deutsche Geld- und Kreditpolitik, 1914-53, Tübingen 1964³, 3 f.; H. G. Holtfort, Bismarcks finanz- u. steuerpolitische Auffassung im Lichte der heutigen Finanzwissenschaft, staatswiss. Diss. Bonn 1937; A. J. Bloomfield, Monetary Policy Under the International Gold Standard, 1880-1914, N. Y. 1959, 9-62. Allg. E. Küng, Der Interventionismus, Bern 1941; F. Neumark, Wirtschafts- u. Finanzprobleme des Interventionsstaates, Tübingen 1961.

der »Richtschnur der Zeit«, die auch der »Druck der Mehrheit« an die Politik vermittelte, so daß Bismarck der Wirtschaft mit staatlicher Hilfe beistand, den Markt über die nationalen Grenzen hin erweitern half und sich im Kampf mit den wirtschaftlichen Wechsellagen den Sachzwängen des hochindustriellen Wachstums beugte.

Zumal bei der historischen Analyse des pragmatischen Expansionismus wird sich eine ergiebige Kritik erst in zweiter Linie gegen seine führenden Repräsentanten mit individueller Verantwortlichkeit richten, sondern vielmehr zuerst gegen die »ziellose, blindwütige Dynamik« (Heimann) des auf stete Ausdehnung gerichteten kapitalistischen Systems, denn gerade die pragmatische Expansionspolitik ist ein Ausdruck seiner Motorik, sie folgt seinen Antriebskräften »durch Anschmiegung«, sie spiegelt das Wesen dieses Systems, eben weil der pragmatische Expansionspolitiker sich eher zögernd dem Diktat der Umstände beugt, besonders deutlich wider und hält sich in seinem Rahmen. Die Alternative: eine strukturelle Umwandlung dieses Systems bewußt in Angriff zu nehmen und seine Dynamik rational zu steuern, wird von dieser Politik selten verfolgt, da ihrem Pragmatismus der dafür unumgängliche – wenn man so will: utopische – Entwurf einer besseren Zukunft verdächtig ist.

Im engeren und weiteren Sinne haben wirtschaftliche Überlegungen auch für den deutschen Imperialismus der 1880er Jahre vorrangige Bedeutung besessen. Das ist eigentlich auch nicht sehr verwunderlich. Denn da sich die industriellen Tiefkonjunkturen zum erstenmal so verheerend und so lange, dann auch noch zusammen mit der strukturellen Agrarkrise, auswirkten, ist die Reaktion auf sie direkter, eindeutiger und ungebrochener als später gewesen. Wie so häufig in den frühen Phasen historischer Bewegungen treten auch im Anfangsstadium des modernen deutschen Imperialismus gewisse Grundzüge schärfer, von begleitenden Einflüssen noch nicht überlagert oder gar verhüllt, zu Tage. Der Ausdehnungsdrang eines auf anhaltendem Wachstum basierenden sozialökonomischen Systems und zugleich auch die von den Entwicklungsstörungen und ihren weitverzweigten Wirkungen ausgelöste Staatshilfe mit dem Ziel, auf den Außenmärkten für dieses System Stabilität zurückzugewinnen, enthüllte sich daher während der Trendperiode von 1873 bis 1896 vielleicht noch klarer als in der Folgezeit. Anstatt die Bismarckzeit, wie es öfter geschehen ist, als vorimperialistische Periode und die beiden Jahrzehnte vor dem Ersten Weltkrieg als das »goldene Zeitalter des wirtschaftlichen Imperialismus« zu charakterisieren, kann man geradezu umgekehrt die Expansion in den Jahren bis 1896 mit Hilfe einer sozialökonomischen Theorie am besten erfassen. Auf sie treffen auch eigentlich eher die älteren ökonomischen Imperialismustheorien zu als auf die spätere Entwicklung, aus der sie abgeleitet worden sind.

Nach der Jahrhundertwende, als die Weichen gestellt worden waren, hat Henry Axel Bueck, einer der markantesten Vertreter der solidarprotektionistischen Sammlungspolitik seit der Mitte der 1870er Jahre eine Einsicht beschrieben, die sich seit eben dieser Zeit unaufhaltsam Bahn gebrochen hatte: »Die Erkenntnis, daß das wirtschaftliche Gedeihen die hauptsächliche Grundlage aller modernen Kulturstaaten bildet«, konnte er zwanzig Jahre nach der kritischen Mittelphase der Trendperiode seit 1873 konstatieren, »ist nachgerade allgemein geworden. Dieses Gedeihen unter allen Umständen zu sichern und zu fördern, ist heute Hauptaufgabe der großen Politik[20].«

20. RB 12, 582, 577 f. (26. 1. 1889). Vgl. Raschdau, 184; Waldersee, II, 33; Eckardstein, I, 307; auch Knaplund, 336 f.; Fitzmaurice, II, 355; Münster an Erckert, 26. 12. 1884, Nl. Münster 13 (»Der große Onkel glaubt selbst nicht daran, glaubt aber ... nachgeben zu sollen«), auch 8. 3. 1885, ebda. –

B. MANIPULIERTER SOZIALIMPERIALISMUS

Von Anbeginn an besaß Bismarcks Expansionspolitik ein Janusgesicht. Er ist nicht nur auf dem »Strom der Zeit« gefahren, sondern er hat die deutsche Politik auch mit allem Nachdruck und nach seinen Bedürfnissen auf ihm zu steuern versucht. Wenn daher die überseeische Ausbreitung unter ökonomischen Gesichtspunkten vor allem den Sachzwang, den das industrielle Wachstum in einer Trendperiode heftiger Wechsellagen ausübte, enthüllte, so zeigt sie unter dem Aspekt der inneren Politik: der Gesellschafts- und Parteipolitik, der Wahlkampf- und Parlamentspolitik die aktive, steuernde, ja manipulatorische Rolle Bismarcks. Mit seinem pragmatischen Expansionismus folgte er der wirtschaftlichen Dynamik, die Ausdehnung nach Übersee diente ihm auch als wirtschaftspolitisches Instrument seiner antizyklischen Konjunkturtherapie. Sie gewann aber auch innenpolitisch eine spezielle Integrations- und Ablenkungsfunktion in der Fortsetzung der preußisch-deutschen »Revolution von oben«. Sie bot dem Reichskanzler eine Chance, die allmählich emporgewachsene, zum Teil dann aber auch künstlich angeregte Kolonialbewegung zu innen- und wahlpolitischen Zwecken auszunutzen, neue Ziele am fernen Horizont abzustecken und die von ihnen ausgehende integrierende Wirkung zur Verdeckung schwerer sozialer und politischer Spannungen im Innern des Kaiserreichs, damit aber auch zur Stärkung seiner bonapartistisch-diktatorischen Machtstellung, zur Steigerung der schwindenden Popularität und des angeschlagenen Prestiges der Reichsregierung zu verwerten: erfolgreicher Imperialismus sollte seine Herrschaft erneut legitimieren.

In gewisser Hinsicht hat Bismarck, der die Methode der »Ableitung von Spannungen an die Peripherie und in das koloniale Vorland – Ägypten, Nordafrika – mit Virtuosität gemeistert« hat, dieses bewährte außenpolitische Prinzip damit auch auf die Regulierung von inneren Spannungen übertragen. Seit dem Beginn der 1870er Jahre hatte er ja die französische Ausbreitung »in Nordafrika und dem türkischen Orient«, dann aber auch in Westafrika und Indochina offen oder stillschweigend gefördert, um durch »die Absorbierung der Kräfte, welche Frankreich dort verwendet und festlegt ... einen Abzug für seine aggressiven Tendenzen gegen Deutschland« zu ermöglichen. Diese Politik: in einem »überseeischen Verständigungsgebiet«, »wo eine Kollision mit unseren Interessen nicht vorliegt«, Frankreich eine »gewisse Kompensation« für die »verlorenen Provinzen« und die Kriegsniederlage zu verschaffen, es »dazu zu bringen«, nicht nur seine »Gedanken von Metz und Straßburg abzuwenden«, sondern »Sedan zu verzeihen, wie es Waterloo verziehen hat«, hat er bis Ende der 1880er Jahre zielstrebig verfolgt. Dann räumte er freilich ein, daß »es uns nicht gelungen« sei, »durch Förderung der französischen Politik in jeder anderen Richtung die Franzosen allmählich auf andere Gedanken als die an Elsaß und Rache zu bringen«.

Ebenso versuchte er, Rußland nach Asien und Österreich auf den Balkan hinzulenken, »um ihren Druck auf unsere Grenzen dadurch abzuschwächen«. England

---

Heimann, Soziale Theorie, 46, 48, 329. Vgl. J. A. Schumpeter, Capitalism, Socialism, and Democracy, London 1957[4], 31, 49–56; H. Marcuse, Der eindimensionale Mensch, Neuwied 1967, 253. – Brunschwig, Kolonialimperialismus, 23. Vgl. Schieder, Imperialismus, 5, 8, 13; ders., Staat und Machtpolitik im Industriezeitalter, in: ders., Staat u. Gesellschaft, 98, 104, hierzu auch R. Pares, The Economic Factor in the History of the Empire, EHR 7. 1937, 119. Ganz falsch: Nussbaum, 42; Drechsler, 8–14; Büttner, 14 (mit der grotesken These: »politische und strategische Erwägungen überdeckten« in den 1880er Jahren »völlig die ökonomischen«). – Bueck, Verhandlungen, 102, Jan. 1906; vgl. Kaelble, 149.

legte er ein formelles Engagement in Ägypten nahe, als das britisch-französische Kondominat zerbrochen war. Mehrfach riet er London, ein Protektorat zu übernehmen bzw. das Khedivat dauernd zu besetzen, um durch die unausbleibliche permanente Reibung mit Paris der deutschen Politik Entlastung und Spielraum zu verschaffen. Daß er diese Ratschläge später, als Granville sie 1885 verriet, mit Emphase ableugnete, kann diese beharrlich verfolgten aktenkundigen Absichten der Vorjahre nicht verschleiern[21].

Zugleich versuchte Bismarck, mit dieser Ablenkungspolitik wie auch mit seinen neuartigen Defensivallianzen zur Friedenszeit nicht nur dem deutschen Sicherheitsbedürfnis und der Erhaltung des europäischen Friedens zu dienen, sondern er erblickte in dieser außenpolitischen Entspannung auch eine Voraussetzung für die Rückkehr der Konjunktur. Die »Unsicherheit des europäischen Friedens«, argumentierte er 1879 gegenüber dem Kaiser, finde »auch in der Fortdauer des Mangels an Vertrauen und Verkehr in Europa ihren Ausdruck«. Ein Bündnis mit Österreich-Ungarn und eine Wiederbelebung des Dreikaiserbunds gewähre dagegen auch »das Mittel«, »durch Wiederherstellung des Vertrauens zu einer friedlichen Zukunft Europas für Handel und Verkehr wieder eine Unterlage zu schaffen«. Zwischen außenpolitischer Entspannung und wirtschaftlichem Wiederaufschwung, damit auch der gesellschaftlichen Ruhelage bestand für ihn eine enge Beziehung, ihm schwebte gleichsam eine Gesamtkonstellation außenpolitischer Ruhe und ungestörten inneren Wachstums unter Erhaltung der Gesellschaftshierarchie vor.

a) »Revolution von oben« und Bonapartismus

Während Bismarck »offen« seine Hoffnung zugab, daß er beispielsweise die »berechtigte Expansionspolitik« Frankreichs unterstütze, um »auf diese Weise einen Dammbruch an einer für uns gefährlichen Stelle« zu vermeiden, verwahrte er sich öfters nachdrücklich gegen den Vorwurf, »auswärtige Konflikte zu suchen, um über innere Schwierigkeiten hinwegzukommen«, denn »das würde frivol« sein und stelle viel eher ein »gebräuchliches Mittel« der französischen als der preußisch-deutschen Politik dar. Eben diese bonapartistische Taktik, auf die Bismarck dabei anspielte, beherrschte er aber selber meisterhaft, und gelegentlich gestand er auch zumindest den einen Effekt zu, daß außenpolitische Erfolge den Deutschen »leicht dasjenige, was ihn an den inneren Zuständen verdrießt«, vergessen lasse, daß er einer Regierung, »die uns nach außen hin Bedeutung gibt, ... viel zugute« halte; wenn wir »auswärts Ansehen haben, so lassen wir uns im Hause viel gefallen«[22].

21. Schieder, Staat u. Machtpolitik, 106. – Frankreich: B. an Hohenlohe-Schillingsfürst, 10. 1. 1875, GP, I, 303; 8. 4. 1880, ebda., III, 395; an Weber, 9. 4. 1880, ebda., 396; St. Vallier an Courcel, 12. 11. 1880, DDF, III, 258–60; Courcel an Ferry, 29. 11. 1884, ebda., V, 494–97; B. an Radowitz, 29. 5. 1887, in: Brauer, 132 f., vgl. 130 f. Vgl. DDF II, 362, 408, 482; III, 422; IV, 71 f., 84 f., 197; GP, III, 58, 398 f., 401; IV, 25, 41 (4. Marg. B.); Cohen, in: Marcks u. a., 323; Hohenlohe-Schillingsfürst, II, 291, 306 (= GW 8, 387); Fitzmaurice, II, 236; Windelband, Bismarck, 184 f.; Wienefeld, 79; Langer AHR 31, 55; Queen Victoria, Letters, III, 209; GW 15, 184. – England: GP, II, 71, 152; DDF, II, 263, 283; Taffs, 218; Langer, Alliances, 123; Ponsonby, 346; Schweinitz, Denkwürdigkeiten, I, 426. Ganz so unterstützte B. die italienische Ausdehnung in Afrika, sofern sie nicht mit der französischen kollidierte.

22. B. an Wilhelm I., 7. 9. 1879, GP, III, 58; vgl. hierzu Moltkes Denkschrift, 26. 1. 1877 (Windelband, Bismarck, 49; Böhme, Großmacht, 441): »gerade je trostloser die wirtschaftliche Krisis ist,

Auf dieser Linie wurde sofort seine Kriegspolitik zwischen 1864 und 1870 als der Versuch interpretiert, gegen die Parlamentarisierungs- und Demokratisierungstendenzen, wie sie zuletzt der Verfassungskonflikt wieder gezeigt hatte, mithin gegen einen inneren »Dammbruch«, die traditionelle autoritäre Staats- und Gesellschaftspolitik zu verteidigen. Nicht nur einzelne Führer der jungen Arbeiterbewegung faßten die sog. Einigungskriege so auf und verspotteten wie Wilhelm Liebknecht das neue Reich als »eine fürstliche Versicherungsanstalt gegen die Demokratie«. Könne Bismarck »die Demokratie in Preußen nach seiner Manier bewältigen, ohne sich in Deutschland auszubreiten, so denkt er nicht an Machterweiterung«, urteilte 1865 der österreichische Diplomat Graf Blome, »gebraucht er letztere, um sein System im Inneren zu stützen, so wird er sie rücksichtslos anstreben«. Und frühzeitig äußerte sich auch Jacob Burckhardt wiederholt dahin, daß »die drei Kriege aus Gründen der inneren Politik sind unternommen worden«, »aus dem Wunsch..., inneren Verlegenheiten zu begegnen«, denn »rein vom Gesichtspunkt der Selbsterhaltung aus war es die höchste Zeit«. Bismarck »sah, daß die wachsende demokratisch-soziale Woge irgendwie einen unbedingten Gewaltzustand hervorrufen würde, sei es durch die Demokraten selbst, sei es durch die Regierungen, und sprach: ipse faciam, und führte die drei Kriege«. Mit dieser These, daß Bismarck die Flucht nach vorn in den äußeren Konflikt angetreten habe, als »er drei Kriege genau in dem Zeitpunkt bewerkstelligte, wo sie in seinen Plänen nützlich waren« (Rothfels), steuerte Burckhardt einen Erklärungsversuch zu der heute noch immer offenen Frage nach den Motiven der Bismarckschen Kriegspolitik zwischen 1864 und 1870 bei. Wenn man auch von wirtschaftlichen Zwängen bei der Reichsgründung von 1871 schwerlich wird sprechen können, so würde sich doch eine nähere Untersuchung von Burckhardts Auffassung lohnen, daß die gesellschaftlichen Umwälzungen und die damit verknüpften politischen Ansprüche des Bürgertums und – zaghaft noch – der Industriearbeiterschaft, mithin auch Auswirkungen der Industrialisierung und ökonomische Beweggründe in vermittelter Form, zu den entscheidenden Triebkräften dieser Bismarckschen Politik gehört haben.

Mochten solche Urteile auch der Schroffheit und Einseitigkeit nicht entbehren, zudem großpreußisches Machtstreben, persönlichen Ehrgeiz und nationalstaatliche Bewegung unterschätzen, so erfaßten sie doch einen oft vernachlässigten Aspekt der Bismarckschen »Revolution von oben« in ihrer militärischen Phase und allgemeiner seiner bonapartistischen Herrschaftstechnik, mit deren Hilfe er ein labiles, von starken Kräften der gesellschaftlichen und politischen Veränderung bedrohtes System durch eine »Ablenkung der Interessen nach außen«, aber auch durch begrenztes Entgegenkommen im Inneren verbunden mit unverhohlener Repression zu stabilisieren und damit sich selbst in der Führungsposition zu erhalten strebte. »Auch

---

welche Rußland in diesem Augenblick durchmacht, desto geneigter sind erfahrungsgemäß die leitenden Glieder, einen gewaltsamen Ausweg aus der Kalamität zu suchen«. Henckel v. Donnersmarck an B., 23. 12. 1877 (in: H. Kohl Hg., Anhang zu den »Gedanken u. Erinnerungen« von O. v. Bismarck, Stuttgart 1901, II, 499; vgl. Wienefeld, 45): v. D. bot an, Gambetta nach Varzin bringen, denn dieser wolle Kooperation »in weiterer Ausdehnung bieten, um das, was er für notwendig hält zur Herstellung geordneter, vertrauender Beziehungen in Europa, zur Beseitung des kommerziellen und industriellen Notstandes zu erreichen – nämlich gemeinsame Stellungnahme Deutschlands und Frankreichs«. – Rothfels, Betrachtungen, 174; ders., VfZ 13, 233; ders., GWU 12, 219; ders., Bismarck, der Osten, 168; Rosenberg, Depression, 258–73; F. H. Hinsley, Power and the Pursuit of Peace, Cambridge 1963, 257–71; GP, III, 40; IV, 25; GW 10, 140 (vgl. Muralt, 126); GW 15, 290, 165.

Preußen-Deutschland hatte seit 1862 seinen cäsaristischen Staatsmann« gefunden, hat Heinz Gollwitzer geurteilt. »Der ›bonapartistische‹ Charakter der Bismarckschen Politik wird verdeckt durch das mit Anstand und viel Geschick getragene monarchistische-traditionale Gewand des königlichen Dieners und kaiserlichen Kanzlers ... was ihn aber von früheren Meistern der Kabinettspolitik unterscheidet, das ›Moderne‹ an seinem politischen Spiel, ›the figure in the carpet‹, ist eben der ›bonapartistische‹ Einschlag, erkennbar in der immer wiederholten Politik des Risikos im Inneren und nach außen, in der Manipulation mit dem allgemeinen Wahlrecht, in der agitatorischen Geschicklichkeit, in der Geringschätzung der Legitimität, in der konservativ-revolutionären Doppelpoligkeit.« Geht man von einer Typologie zeitgenössischer Herrschaftsformen aus, so wird man wohl einmal den Bonapartismus einer bestimmten Phase des industriewirtschaftlichen Wachstums zuordnen können (jedenfalls in Frankreich und Deutschland) und zum anderen in Bismarcks Herrschaft mit ihrer charakteristischen Verbindung von traditionalen, charismatischen und modernen Elementen in den letztgenannten spezifische Eigenarten des Bonapartismus finden[23].

Er verweist zugleich darauf, wie diese Politik auch in der Kontinuität der preußischen »Revolution von oben« stand. Schon der preußische Minister Struensee hatte 1799 ihr Programm beschrieben, als er dem französischen Gesandten das Ziel erläuterte, die Revolution, die die Franzosen von unten nach oben gemacht hätten, werde Preußen langsam von oben nach unten vollziehen. »Einer großen und allgemeinen Revolution kann Europa nicht entgehen«, formulierte Carl v. Clausewitz 1809 prägnant seine Überzeugung, und »nur die Könige, die in den wahren Geist dieser großen Reformation einzugehen, ihr selbst voranzugehen wissen, werden sich erhalten können«. Die Ideologie des sozialen Königtums, die später vor allem Lorenz v. Stein und Gustav Schmoller verfochten haben, wurde hier vorweggenommen. Das Werk der Reformbürokratie richtete sich dann an der ganz ähnlichen berühmten Maxime Hardenbergs aus, »eine Revolution im guten Sinne ... durch Weisheit der

---

23. Norddt. RT 1: 2. außerord. Legislaturperiode, 154 (Liebknecht, 9. 12. 1870); Blome an Mensdorff, 14. 8. 1865, nach: R. Stadelmann, Das Jahr 1865 u. das Problem von Bismarcks deutscher Politik, München 1933, 3 f.; Burckhardt an F. v. Preen, 12. 10. 1871, 17. 3., 26. 4. 1872, in: ders., Briefe, Hg. M. Burckhardt, V, Basel 1963, 139, 152, 160; vgl. ders., Weltgeschichtliche Betrachtungen, Köln 1954, 151–53 (Nachtrag zum 4. Kap. über die »Krisen«, vgl. Th. Schieder, Die historischen Krisen im Geschichtsdenken J. Burckhardts, in: ders., Begegnungen, 129–62, sowie G. Ressing, J. Burckhardt u. Bismarck, phil. Diss. Köln 1950, MS). Rothfels, Probleme, 170. Vgl. Sauer, 127; F. Mehring, Zur Deutschen Geschichte, Ges. Schriften, V, Berlin 1964, 164–216; H. Oncken, Lassalle, Stuttgart 1923⁴, 163 (L. über den »unberechenbaren Kraftzuwachs« der Konservativen »für lange« nach dem Sieg von 1870/71). – H. Gollwitzer, Der Cäsarismus Nap. III. im Widerhall der öffentlichen Meinung Deutschlands, HZ 173. 1952, 65 f.; zutreffend auch (75), daß der Begriff des Bonapartismus »in der politischen Geschichte Europas im 19. Jh. mit Nutzen auch typologisch angewandt« werden könne (Disraeli, Cavour, Prim, Schwarzenberg). Die gelegentlich zu grob schematisierende Verwendung des Begriffs sollte davon nicht abhalten. Vgl. E. Engelbergs lesenswerten Aufsatz: Zur Entstehung u. historischen Stellung des preußisch-deutschen Bonapartismus, in: Festschrift A. Meusel, Berlin 1956, 236–51, u. in diesem Zusammenhang auch G. Anschütz' Urteil (Der deutsche Föderalismus in Vergangenheit, Gegenwart und Zukunft, in: Veröffentlichungen der Vereinigung der deutschen Staatsrechtslehrer, I, Berlin 1924, 14 f.) über die Fassade von Bismarcks Föderalismus: »Was Bismarck bekämpfte, war gar nicht der Unitarismus als solcher ..., sondern nur eine bestimmte Richtung ... nämlich der mit dem hegemonischen Unitarismus Preußens konkurrierende demokratisch-parlamentarische Unitarismus, wie er getragen war von der langsam, aber stetig aufsteigenden Macht des Reichstags. Das war für Bismarck der Feind, den er unentwegt niederzuhalten bestrebt war, mit allen Mitteln, guten und unguten. Den anderen Unitarismus aber, den hegemonischen, wollte Bismarck natürlich nicht bekämpfen, sondern ... föderalistisch beschönigen und verschleiern.«

Regierung und nicht durch gewaltsame Impulse von innen« als »leitendes Prinzip« zu verfolgen. Durch wirtschaftliche Förderung und Entwicklung gelang es der preußischen Regierung, die politischen Emanzipationskräfte der bürgerlichen Gesellschaft, die sie selber zum guten Teil freizusetzen half, zu binden und ihre Energie in den wirtschaftlichen Wachstumsprozeß zu lenken. 1848 waren die Spannungen freilich zu groß geworden, jedoch auch noch nach der Revolution konnte sie die politische Enttäuschung zeitweilig durch die Anfachung und Ausnutzung der Hochkonjunktur überdecken.

Als sich seit den 1860er Jahren soziale Klassengegensätze, die um 1848 erst in vagen Umrissen aufgetaucht waren, schärfer herausbildeten, damit auch die seit dem Vormärz perhorreszierte »rote Gefahr« gesteigerte Aktualität erhielt, gelang es Bismarck, das Bürgertum von seinem neuen Anlauf zu politischem Vorrang nicht nur durch die äußeren Kriegserfolge des »Militärstaats« (C. Frantz), sondern auch durch zwei miteinander verknüpfte Methoden des Entgegenkommens im Inneren abzubringen. Er unterstützte die Ausbildung der Industriewirtschaft, wenn auch zunächst eher dadurch, daß die rechtlichen Voraussetzungen für ihre Entfaltung geschaffen wurden, als daß der Staat, wie wieder seit 1879 unmittelbar, intervenierte. Zugleich gewährte er dem um Eigentum und Sicherheit bangenden Bürgertum Schutz gegen die wachsenden Ansprüche des »Vierten Standes«, eine Eindämmungspolitik, die mit dem Anwachsen der Sozialdemokratie zunehmend repressive Züge gewann. Wenn Bamberger aus der persönlichen Erfahrung seiner Pariser Jahre eine Triebkraft des französischen Bonapartismus in der Sehnsucht des »bürgerlichen Ordnungsmenschen« nach dem »Retter der Gesellschaft« erkannte, so wurde auch der Bismarcksche Bonapartismus aus den sozialen Spannungen, namentlich dann seit 1873, genährt. Seinen Erfolg beklagte schon frühzeitig Schulze-Delitzsch mit den Worten: »Um nur die bedrohte Gesellschaft zu retten«, gebe man »lieber den politischen Fortschritt preis« und werfe sich »jeder noch so willkürlichen Gewalt in die Arme..., welche ihr Schutz vor dem gefürchteten Umsturz verspricht«. In historischer Perspektive hat sich freilich die zeitweilig erfolgreiche Politik der »Revolution von oben« durchaus als Pyrrhussieg der Reformkonservativen erwiesen[24].

Während das Bildungsbürgertum in seinen zumeist apolitischen Kulturidealen und Bildungsbestrebungen eine Kompensation für die politische Einflußlosigkeit fand und

---

24. Sauer, 418, allg. wieder 418–36; Clausewitz: H.–U. Wehler, Absoluter u. Totaler Krieg. Von Clausewitz zu Ludendorff, PVS 10. 1969, H. 3; L. v. Ranke, Denkwürdigkeiten des Staatskanzlers Fürst v. Hardenberg, 1806–13, SW 48, 1881, 365 (Denkschrift v. 12. 9. 1807). Vgl. Landes, Japan, 93–182; Rosenberg, Bureaucracy, 202–28; ausführlich jetzt Koselleck, Preußen, passim. Gollwitzer, HZ 173. 39, 50, 52; L. Bamberger, Charakteristiken, Berlin 1894, 84; ders., Erinnerungen, Berlin 1899, 501–517; H. Schulze-Delitzsch, Schriften u. Reden, Hg. F. Thorwart, Berlin 1910, II, 13. Vgl. B. Bauer, Disraelis romantischer u. Bismarcks sozialistischer Imperialismus, Chemnitz 1882; R. Meyer, Gründer, 9 (»cäsaristischer Sozialismus«), 142; Heyderhoff Hg., Ring, 32 (H. Baumgarten: »cäsarische Demagogie«, dagegen Thüngen-Rossbach, daß erst auf die befürchtete Sozialrevolution der »Cäsarismus« folgen werde, RB 8, 53); G. Adler, Louis Napoleon als Staatssozialist, Die Zukunft 18. 1897, 255–66; M. Springer, Nap. III., ein Vorläufer des modernen Imperialismus, APG 9. 1927, 443–56; Rosenberg, Pseudodemokratisierung, 300; Rothfels, Bismarck, der Osten, 171 f.; E. Schraepler, Die politische Haltung des liberalen Bürgertums im Bismarckreich, GWU 5. 1954, 529–44; G. A. Reins (Revolution) Argumente u. Belege gegen Bismarcks Bonapartismus lassen sich mühelos zur Unterstützung der Gegenthese verwenden, enttäuschend ist auch ders., Bonapartismus u. Faschismus in der deutschen Geschichte, Göttingen 1960. Die sozusagen klassische Analyse des »Bonapartismus« als Ausbau einer diktatorialen Exekutivgewalt, die von der Bourgeoisie wegen des ihr gewährten Schutzes gegen die Arbeiterschaft hingenommen und unterstützt wurde, stammt von Marx, Der 18. Brumaire des Louis Napoleon (1852), MEW 8. 1960, 115–207, auch Hg. H. Marcuse, Frankfurt 1965, 143–50.

die Gefahren seines »Vulgäridealismus« (Stern) übersah, da »der Gebildete« zunehmend »dem Glauben« zuneigte, er sei »dank seiner überlegenen Einsicht ›überparteilich‹«, und damit die verführerische Pouvoir-Neutre-Ideologie des konservativen Obrigkeitsstaats, seine »Lebenslüge« (Radbruch), unterstützte, verzichtete das Besitzbürgertum »auf die eigene politische Emanzipation, um die Emanzipation der Arbeiterklasse aufzuhalten« und die wirtschaftliche Entwicklung mit staatlicher Förderung vorantreiben zu können. Es erkannte den Vorrang der traditionellen Führungsschichten »auf politischem und sozialem Gebiet« an, versicherte sich »aber als Entschädigung dafür auf wirtschaftlichem Gebiet der Hilfe des staatlichen Apparats gegenüber der Arbeiterschaft und der ausländischen Konkurrenz«. Nicht ohne Berechtigung hat daher ein sozialdemokratischer Theoretiker zehn Jahre nach der Reichsgründung über diese Entwicklung geurteilt, daß »die bismarcksche Herrschaft... die Vorderseite der Medaille, deren Rückseite der bürgerliche Verfall ist«, bilde[25].

Die Wachstumsstörungen seit 1873, die das sozialökonomische System des Kaiserreichs einer oft direkten und zumindest ständigen latenten Bedrohung unterwarfen, haben besonders dazu beigetragen, das Bürgertum auf die Seite der »Ordnung« zu treiben. Besonders jetzt »war Bismarck geradezu Anhalt und Standarte jenes Mysteriums Autorität« (Burckhardt). Damit wurde einerseits der bonapartistische Stil Bismarckscher Politik erleichtert, zum anderen aber wurde auch durch die verschärfte Problematik der Druck: dem Besitzbürgertum Profit und Sicherheit zu gewährleisten, seine Zufriedenheit mit der autoritäten Staatsführung zu erhalten, erhöht. Bismarck hat daher besonders nach den Erfahrungen der ersten Stockungsphase mit bonapartistischen Stabilisierungsmethoden im Inneren experimentiert. Sein »Preußischer Volkswirtschaftsrat« vom November 1880, der die wirtschaftlichen Interessen bei der politischen Willensbildung unter Umgehung des Parlaments noch stärker berücksichtigen sollte, war z. B., wie Staatssekretär Boetticher offen »die Parallele« eingestand, unmittelbar dem »Conseil Supérieur« Napoleons III., der natürlich ebenfalls für den gescheiterten »Deutschen Volkswirtschaftsrat« Modell stand, nachgebildet. Aber nicht nur diese neoständische Repräsentanz ökonomischer Interessengruppen und die korporativistische Gesetzgebung zur Schaffung anderer manipulierbarer Körperschaften war von diesem Vorbild beeinflußt, sondern auch die Bismarcksche Sozialpolitik, auf deren Bedeutung wegen der fundamentalen Alternative zwischen Sozialimperialismus und Sozialreform, die Sozialpolitik als einen ihrer Bestandteile einschließt, hier kurz einzugehen ist. Denn die Sozialpolitik bildete gleichsam die Innenseite einer Politik, deren Außenseite die Kolonialexpansion enthüllte.

Die Sozialpolitik ist vom Reichskanzler in erster Linie nicht als Sozialreform im Sinne des Arbeiterschutzes und der Humanisierung der industriellen Arbeitswelt, wie wir sie heute verstehen, konzipiert worden. Bismarck lehnte bekanntlich den

---

25. W. Mommsen, Stein, Ranke, Bismarck, München 1954, 279; F. Stern, The Political Consequences of the Unpolitical German, History 3. N. Y. 1960, 122 f.; G. Radbruch, Die politischen Parteien im System des deutschen Verfassungsrechts, in: Handbuch des Deutschen Staatsrechts, I, Tübingen 1930, 289; R. Michels, Probleme der Sozialphilosophie, Leipzig 1914, 186; R. Schramm, Verfall Bismarckischer Herrschaft, Mailand 1882, 128. Ähnliche liberale Kritik von H. Baumgarten, M. Weber u. a. bei: W. J. Mommsen, M. Weber u. die deutsche Politik, Tübingen 1959, 7 f., passim. Vgl. Zunkel, Unternehmer, passim; Zorn, Reichsgründung; Kehr, Primat, passim; W. M. v. Bissing, Autoritärer Staat u. pluralistische Gesellschaft in den ersten Jahrzehnten des Bismarckschen Reiches, Sch. Jb. 83. 1963, 17–45; enttäuschend: L. Beutin, Das Bürgertum als Gesellschaftsstand im 19. Jh., in: ders., Ges. Schriften, Köln 1963, 284–319.

Ausbau der Fabrikinspektion, die Beseitigung der Sonntagsarbeit, die Verkürzung der Arbeitszeit, die Einschränkung der Frauen- und Kinderarbeit, Mindestlöhne usf. bis 1890 im allgemeinen rigoros ab, sie entsprang mithin »keineswegs sozialreformerischen Motiven« (Vierhaus), sondern sie trug vorab bonapartistische Züge, wie nicht zuletzt Bismarck selber unverbrämt einräumte. An Warnungen vor diesem Kurs auf dem Gebiet der Sozialpolitik hatte es freilich, auch in Bismarcks nächster Umgebung, nicht gefehlt, vor allem auch davor, sie durch Repressivmaßnahmen, wie sie dann das verhängnisvoll mit den Versicherungsgesetzen verknüpfte Sozialistengesetz brachte, zu kompromittieren und in der Arbeiterschaft um eine günstige Wirkung zu bringen.

Ein kluger Sozialkonservativer wie Hermann Wagener, der allerdings 1864 Bismarck auch noch zu einer bonapartistischen Politik der rein taktischen Berücksichtigung der Interessen des Kleinbürgertums und der Arbeiterschaft zur Überwindung »der Opposition der Bourgeoisie« geraten hatte, glaubte doch 1873 zugestehen zu müssen, daß der politisch-sozialen Emanzipationsbewegung eine unwiderstehliche Durchschlagkraft eigne. Daraus zog er die kühne, jedoch realistische Folgerung, »daß jeder Versuch der Verständigung und Ausgleichung mit den arbeitenden Klassen durchaus aussichtslos ist, solange man sich nicht auf den Standpunkt vollkommener politischer und sozialer Gleichberechtigung stellt«. Denn die »Periode patriarchalischer Bevormundung und Beherrschung ist für immer dahin... und es ist kein Kompromiß möglich, wenn nicht beiden Teilen, den Arbeitern wie den Besitzenden, gleiche Vorteile gewährt werden, und zwar Vorteile, welche unter die Garantie und die Reformtätigkeit der Staatsgewalt gestellt werden«. Das war ein weitsichtiges Programm moderner staatlicher Gesellschaftspolitik, das in verwandten Umrissen auch Theodor Lohmann, zeitweilig Bismarcks sozialpolitischer Mitarbeiter, vorschwebte. Wenn man immer noch irrtümlich glaube, gab Lohmann seit 1874 zu bedenken, der Arbeiterbewegung gegenüber »das Prinzip der Autorität vertreten zu müssen«, anstatt eine »Gemeinschaft tatsächlich Gleichberechtigter« zu schaffen, so verkenne man die Ziele der emanzipatorischen Kräfte, deren »Befriedigung« deshalb auch »durch die bloße Sicherung der materiellen Existenz niemals erreicht werden« könne. Bismarck warf er deshalb vor, »für die Macht geistiger Strömungen im Guten und Schlechten kein Verständnis« zu haben: »er operiert nur mit mechanischen Machtmitteln und setzt auch bei anderen nur die Berechnung auf Gewinn und Verlust voraus«.

Beide Männer drangen mit ihren Anschauungen gegen Bismarcks autoritäre Vorstellungen, aber auch gegen die liberale Polemik, gegen die »dem innersten Wesen des deutschen Charakters« widersprechende »Sozialbureaukratie« – so Bennigsen – und gegen die Warnungen der Industriellen vor der Schwächung ihrer Konkurrenzfähigkeit durch Sozialabgaben, vor der »Koketterie mit der Begehrlichkeit der Massen« und vor der Gefahr, »zu tief in das sozialistische Fahrwasser herauszugeraten« – so Hammacher –, nicht durch[26].

26. Burckhardt an Preen, 26. 9. 1890, in: ders., Briefe, Hg. F. Kaphahn, Leipzig 1935, 490; RT 4:4:2:1273 (Boetticher, 24. 5. 1881), vgl. J. Curtius, Bismarcks Plan eines deutschen Volkswirtschaftsrates, Heidelberg 1919; Böhme, Großmacht, 576–79; Rothfels, Bismarck u. der Staat, XLVI; über ein »Arbeitersyndikat« im Rahmen von Bismarcks berufsständischen Plänen gegen die Parlamente s. Vogel (u.), 158 f. – R. Vierhaus, O. v. Bismarck, Jahrbuch des Vereins für die Geschichte Berlins 15. 1966, 187; R. Meyer, 100 Jahre konservative Politik u. Literatur, I, Wien (1895), 252 (Wageners Prom. für Bismarck, 249–56; seine hochinteressante Denkschrift, 1. 3. 1864, Nl. Zitelmann 91, DZA II; beide nicht ausgewertet von W. Saile, H. Wageners Verhältnis zu Bismarck, Tübingen 1958); Rothfels, APG 7, 293, 303, 300 (Lohmann, 6. 4. 1874, 17. 11. 1882, 9. 1. 1881), vgl. 289; ders., Th. Lohmann

Bismarck verkannte, nachdem die Wachstumsstörungen fast zehn Jahre lang gewährt, die gesellschaftlichen Erschütterungen der Industrialisierung vorangetrieben und dem Aufstieg der Sozialdemokratie alles andere als Abbruch getan hatten, durchaus nicht »die Schwierigkeiten, welche die soziale Frage bietet«, ja, er erklärte, daß es sich bei ihr »um die Zukunft des gesellschaftlichen und staatlichen Bestandes« handle. Gegen ihre Sprengwirkungen forderte er aus staats- und gesellschaftspolitischen Sicherheitsmotiven einen »Staatssozialismus«, der sich die Einbindung der Arbeiterschaft in den gegenwärtigen Staat und in die bürgerliche Gesellschaft zum Ziel setzen müsse. »Ein Hauptgrund der Erfolge« der Sozialdemokratie mit ihren unklaren »Zukunftszielen« liege eben darin, erkannte er, »daß der Staat nicht Staatssozialismus genug treibt«. Ganz wie er das Sozialistengesetz als »prophylaktische Einrichtung« zu rechtfertigen suchte, wollte er seine Sozialpolitik keineswegs aus der beschworenen Überzeugung des »praktischen Christentums« oder als Fortsetzung »der Stein-Hardenbergschen Gesetzgebung«, sondern als Vorbeugungsmaßnahme gegen den sozialen Umsturz einführen. Er leitete eine Zähmungspolitik ein, um die Arbeiterschaft auch durch materielles Entgegenkommen, besonders nachdem die Schutzzölle ihre Lebenshaltungskosten verteuert hatten, fügsam zu machen. Mit der bei Bismarck nicht seltenen, aber immer wieder verblüffenden Offenherzigkeit gestand er sein Ziel ein, dadurch »in der großen Masse der Besitzlosen die konservative Gesinnung zu erzeugen, welche das Gefühl der Pensionsberechtigung mit sich bringt«. »Wer eine Pension hat für sein Alter, der ist viel zufriedener und viel leichter zu behandeln, als wer darauf keine Aussicht hat. Sehen Sie den Unterschied zwischen einem Privatdiener und einem Kanzleidiener«, erläuterte er Moritz Busch, »der letztere wird sich weit mehr bieten lassen, viel mehr Anhänglichkeit an seinen Dienst haben als jener, denn er hat Pension zu erwarten.«

u. die Kampfjahre der staatlichen Sozialpolitik, 1871–1905, Berlin 1927, 44; Oncken, Bennigsen, II, 454 (Okt. 1881); Hammacher an Haniel, 17. 3. 1882, 26. 3. 1882, Nl. Hammacher, 21; aufschlußreich auch sein typischer Einwand (26. 3. 1882): »Es ist verhängnisvoll für unsere ganze Zukunft, wenn wir die Arbeiter gewissermaßen wie Staatsbeamte sicher stellen und dadurch das Verantwortlichkeitsbewußtsein, den Sinn für Fleiß und Sparsamkeit abschwächen ... Etwas Vollkommenes und absolut Ausreichendes kann mit Zwangskassen nicht erreicht werden, ohne die Industrie zu zerstören und die Tugenden der Menschen zu ersticken.« Vgl. Heyderhoff-Wentzke, II, 59, 380; Oldenburg, 56. – Die letzte, klare, auf Akten u. Nl. gegründete Gesamtdarstellung: W. Vogel, Bismarcks Arbeiterversicherung, Braunschweig 1951, vgl. 25, 29, 38, 117, 158, 162; vorzüglich: A. Manes, Arbeiterversicherung in Deutschland, HSt I³, 795–809. Vgl. H. Heffter, Bismarcks Sozialpolitik, AfS 2. 1963, 141–56; H. Rothfels, Prinzipienfragen der Bismarckschen Sozialpolitik, in: ders., Bismarck, der Osten, 165–181; ders., Bismarck's Social Policy and the Problem of State Socialism in Germany, Sociological Review 30, 1938, 81–84, 288–302; F. Syrup u. O. Neuloh, 100 Jahre staatliche Sozialpolitik, 1839–1939, Stuttgart 1957, 49–109; C. Jantke, Der Vierte Stand, Freiburg 1955, 189–228; F. Lütge, Die Grundprinzipien der Bismarckschen Sozialpolitik, JNS 134. 1931, 580–96; T. Steimle, Bismarck als Sozialpolitiker, Sch. Jb. 64. 1940, 737–47; O. Quandt, Die Anfänge der Bismarckschen Sozialgesetzgebung, Berlin 1938; R. Pense, Bismarcks Sozialversicherungspolitik, phil. Diss. Freiburg 1934; K. Thieme, Bismarcks Sozialpolitik, APG 9. 1927, 382–407; E. Cahn, Bismarck als Sozialpolitiker, Tübingen 1924; E. Hunkel, Fürst Bismarck u. die deutsche Arbeiterversicherung, phil. Diss. Erlangen 1909; G. Adler, Bismarcks Sozialpolitik, Die Zukunft 18. 1897, 303–11; ders., Die imperialistische Sozialpolitik. Disraeli, Napoleon III., Bismarck, Tübingen 1897; jetzt auch: L. Puppke, Sozialpolitik u. soziale Anschauungen frühindustrieller Unternehmer, Köln 1966. Zur Kritik auch: B. Croce, Geschichte Europas im 19. Jh., Zürich 1947², 319 (Bismarck wollte »physische Bedürfnisse befriedigen, um die Geister einzuschläfern und den Willen zu brechen«); Oncken, Lassalle, 515 (»weder eine erfolgreiche, noch eine gute, noch eine konservative Politik«); verblüffend plumpe Verteidigung: Muralt, 226 (auch des Sozialistengesetzes), u. O. Vossler, Bismarcks Sozialpolitik, in: ders., Geist u. Geschichte, München 1964, 215–34.

Wenn Napoleon III. durch staatliche Versicherungsmaßnahmen, Krankenkassen, Rentenverschreibungen für Kleinsparer, Staatszuschüsse für Genossenschaften und Handwerker die Arbeiterschaft seinem Regime zu verpflichten hoffte, dann hatte Bismarck »derartige Absichten ... auf das Vollkommenste verstanden«, wie er auch umgekehrt Napoleons Abneigung gegen den Arbeiterschutz und das Arbeiterorganisationsrecht teilte. »Ich habe lange genug in Frankreich gelebt, um zu wissen«, erklärte er im Reichstag, »daß die Anhänglichkeit der meisten Franzosen an die Regierung ... wesentlich damit in Verbindung steht, daß die meisten Franzosen Rentenempfänger vom Staate sind.« Die deutsche Kranken-, Invaliden- und Altersversicherung werde hoffentlich auch »dem gemeinen Mann das Reich als eine wohltätige Institution anzusehen lehren«. »Es sollte«, hat ein so verständnisvoller Historiker der Bismarckschen Sozialgesetzgebung wie H. Rothfels sein Urteil zusammengefaßt, »eine Schicht kleiner Staatsrentner entstehen[27].«

Wenn man in einer »sozialen Theorie des Kapitalismus« den Unterschied zwischen Sozialpolitik als Verbesserung der Lage der Arbeitnehmer im bestehenden System und dem Umbau der Gesellschaftsordnung durch Sozialreform entwickelt hat, so gehörte Bismarcks sozialpolitischer »Staatssozialismus« unstreitig in die erste Kategorie. Die Herrschaft der Kapitaleigentümer wurde durch die ihnen auferlegten Sozialleistungen für die Versicherungsanstalten in keiner Weise angetastet. Den Standpunkt zahlreicher Unternehmer, daß die Industrie nicht zu sehr belastet werden dürfe, machte Bismarck sich weitgehend zu eigen. Er hat zudem nach den Versicherungsgesetzen wie zum Ausgleich die eigentliche, betriebliche Sozialpolitik eingefroren, ja nach Schmollers Meinung »die Förderung der augenblicklichen Unternehmerinteressen als die Quintessenz der Sozialpolitik« angesehen. Aber gegen allzu kurzsichtige Vorbehalte gegen die finanziellen Lasten mahnte er, daß »die Zufriedenheit der besitzlosen Klasse ... auch mit einer sehr großen Summe nicht zu teuer erkauft« würde. Seine sozialpolitischen Gesetze erstrebten »eine Sicherstellung unserer eigenen Zukunft, damit »eine gute Anlegung des Geldes auch für uns: wir beugen damit einer Revolution vor, die in 50 Jahren ausbrechen kann, aber auch schon in zehn Jahren und die, selbst wenn sie nur für ein paar Monate Erfolg hätte, ganz andere Summen verschlingen würde, direkt und indirekt durch Störung der Geschäfte als unser Vorbeugungsmittel«[28].

Für eine solche Strategie brachten führende Exponenten des Solidarprotektionis-

27. RB 9, 9 (8. 3. 1881); 10, 57 (15. 3. 1884), vgl. 52; 9, 357 f. (12. 5. 1882) u. GW 8, 419 (26. 6. 1881, die bekannte Äußerung zu Busch: »Aber der Staatssozialismus paukt sich durch«, auch GW 8, 391); RB 10, 76 (20. 3. 1885); GW 8, 419; RB 9, 32; 10, 53. – GW 6c, 230 (Dez. 1880); GW 8, 396 (21. 1. 1881, vgl. Busch, Tb., III, 9 f., u. Lohmann, 9. 1. 1881, aus Friedrichsruh [APG 7, 300]: B. bezeichnete es als sein Ziel, daß die Arbeiter »wieder zu einer staatsfreundlichen Gesinnung erzogen werden sollten. Er nannte das ganz offen Staatssozialismus«). – RB 12, 639 f. (18. 5. 1889, vgl. Poschinger, Dokumente, V, 223); Thieme, 385. – Rothfels, Prinzipienfragen, 171, der dort das »Beispiel« Napoleon III. betont, wie auch: Griewank (u. Anm. 51), 42; Hefftler; Steimle, 101; Cahn, 7 f., 18; Thieme, 385, 399–401; Rosenberg, Depression, 195, 200, 209; Vogel, 16–19, 142 f., 89 f. (Rodbertus' frühe Einsicht in diese Motive).

28. E. Heimann, Soziale Theorie des Kapitalismus, Tübingen 1929, 175. Daher auch H. Wageners nicht unberechtigte Feststellung (an R. Meyer, 28. 12. 1882, in: R. Meyer Hg., C. Rodbertus-Jagetzow, Briefe u. sozialpolitische Aufsätze, Berlin 1882, 303), daß B. Sozialpolitik im Falle des Erfolgs »den Kapitalismus« nur »noch zu stärken und zu festigen« beitrage. – RB 9, 208 f. (29. 1. 1882) u. GW 6c, 199 (16. 10. 1880: »Ruin unserer Industrie« durch »Normalarbeitstag«). Schmoller, Charakterbilder, 41, 59; GW 8, 396. Vgl. auch über B. Vorgehen »rein vom staatlichen Zweckmäßigkeitsstandpunkt« (Hohenzollern, 32): Vogel, 179; Lütge, 593.

mus, die wie Baare und Jencke unmittelbaren Einfluß auf die Bismarcksche Sozialpolitik gewannen, viel Verständnis auf, und vermutlich teilten sie auch mit Bismarck die Hoffnung, die Lujo Brentano mit bösen, aber dann doch nicht erfüllten Vorahnungen erfüllte: daß die staatliche Sozialpolitik den Aufstieg der freien Gewerkschaften abbremsen solle! Es fügt sich daher auch in diesen Zusammenhang, daß Parteipolitiker und industriewirtschaftliche Repräsentanten des Solidarprotektionislus wie Kardoff und Stumm, Hohenlohe-Langenburg und Graf Frankenberg, die den sozialimperialistischen Impetus der überseeischen Expansionspolitik verstanden und förderten, schon frühzeitig, seit 1879/80, diese bonapartistische Sozialpolitik zu unterstützen begannen. Durch die fatale Verbindung mit dem Sozialistengesetz ist aber die Bismarcksche Sozialpolitik in den 1880er Jahren fast ganz um ihre entschärfende staatspolitische Wirkung gebracht worden. Die politisch bewußte Arbeiterschaft erkannte wie Lohmann, »daß unserer Zeit ein ... auf Gleichberechtigung gegründetes Verhältnis gebühren muß«. Sie weigerte sich, über dem Zuckerbrot der Sozialpolitik die Repressalien und die Ablehnung des Arbeiterschutzes im Betrieb zu vergessen. Unter diesem politischen Gesichtspunkt bestätigte sich gewissermaßen Rodbertus' Vermutung aus dem Reichsgründungsjahr, daß Arbeiterbewegung und »soziale Frage auch der russische Feldzug von Bismarcks Ruhm« werden könnten. 1890 äußerte sich Bismarck mit unverhohlener Enttäuschung, daß es ihm durch die Sozialpolitik, die gefügige Dankbarkeit hervorrufen, statt Gleichberechtigung und Emanzipation fördern sollte, nicht gelungen sei, die Arbeiter zu einer »staatsbejahenden Haltung« zu bringen.

Dieser Mißerfolg entsprang freilich nicht nur der verfehlten Politik gegenüber der Sozialdemokratie, sondern auch den oft übersehenen geringen quantitativen Leistungen, die die zwangsgenossenschaftlichen Versicherungsgesetze der 1880er Jahre für einen begrenzten Personenkreis festsetzten. »Man kann es zuweilen der Sozialdemokratie kaum verdenken«, räumte Hans Delbrück 1886 ein, »wenn sie höhnt über dieses System der Gesetzgebung, welches in fünf Jahren es glücklich dahin gebracht hat, einen Teil der Arbeiter, man bedenke wohl: erst einen Teil gegen Krankheit und Unfall zu versichern, und sich dafür von der öffentlichen Meinung in ihrer ewigweisen Philiströsität sagen lassen muß, daß man heute zu viele Gesetze mache und mal etwas pausieren möge.« Und ähnlich wurde von Schmoller betont, daß durch die ersten Versicherungsgesetze »keineswegs eine sorgenfreie Existenz im Falle der Invalidität und des Alters geschaffen« worden sei. Das Krankenversicherungsgesetz von 1883, das die Mehrheit der gewerblichen Arbeiter krankenkassenpflichtig erklärte, verlangte zwei Drittel der Beiträge von den Versicherten selber. 1885 zählte man 4,7 Millionen Versicherte (zehn Prozent der Gesamtbevölkerung), für die die jeweilige jährliche Versicherungsleistung ca. 13 M ausmachte (1913: fast 200 M). Aus der 1887 eingeführten Sozialversicherung wurden einschließlich der Hinterbliebenenrenten 1900 rund 598 000 Renten mit einem Jahresdurchschnitt von 155 M gezahlt.

Die historische Fernwirkung der Bismarckschen Sozialpolitik hat natürlich, was die kritische Analyse ihrer Motive und Intentionen nicht übersehen kann, darin bestanden, daß sie den zukunftsträchtigen Gedanken staatlicher Sozialpolitik gegen die Pläne privatwirtschaftlicher und betrieblicher Sozialfürsorge durchsetzte, dann auch die Grundlage für die umfangreiche und in ihren Leistungen erheblich verbesserte Sozialpolitik der Folgezeit bildete, denn zwischen Bismarcks Entlassung und 1914 wurde sie bereits so ausgebaut, daß sie ihr ursprüngliches Gesicht veränderte. Deshalb konnte sie jetzt auch die sozialen Spannungen tatsächlich mindern und zur wachsenden Integration der Arbeiterschaft in die bürgerliche Gesellschaft beitragen[29].

Der bonapartistische Charakter ihrer Entstehungszeit wird dadurch dennoch nicht verwischt, – wie oft geht nach Hegels Diktum aus den Handlungen der Menschen etwas völlig anderes hervor, als sie ursprünglich bezweckten. Die Sozialpolitik gehörte gleichsam in den Köcher bonapartistischer Maßnahmen, mit denen Bismarck die »Revolution von oben« zeitgemäß fortführte, sie gehörte zu jenen »prophylaktischen Einrichtungen«, mit denen er das Vordringen der dynamischen Tendenzen sozialen und politischen Wandels einzudämmen suchte.

b) Der »Kolonialenthusiasmus« als Krisenideologie und die Taktik des Sozialimperialismus

Noch unmittelbar unter dem Eindruck der Ergebnisse von 1864/71 hatte Burckhardt, Bismarcks Mäßigung und Konsolidierungswunsch nach der Erreichung seiner Ziele verkennend, angenommen, daß die inneren Spannungen des von ihm kritisch beurteilten neuen Reichs seinen Kanzler erneut auf den bewährten Weg äußerer Konflikte führen würde: »Wenn die Sache wegen der mehr und mehr bewußt werdenden Mißproportionen aus dem Leim geht, dann hilft nur ein neuer Krieg nach außen«. Zu diesem Extrem ist es nicht mehr gekommen, aber Bismarck hat in der Tat, um der inneren Probleme des Reiches Herr zu werden, auch die bonapartistische Ablenkung nach außen öfters praktiziert. In diesem Zusammenhang gehört nicht nur »der Mißbrauch der Außenpolitik zu Wahlmanövern« (Rothfels), sondern auch die Ausnutzung der Kolonialbewegung und des Kolonialenthusiasmus. Auch hier hatte vielleicht wieder die nordafrikanische, die mexikanische und indochinesische Expansionspolitik Napoleons III. stilbildend gewirkt, indem sich wirtschaftliche Motive mit Ablenkungs- und Prestigeelementen in ihr verbanden. Dieser taktische sozialimperialistische Aspekt gewann seit 1879/80, vor allem seit 1884 für Bismarck unbestreitbar eine hohe Bedeutung, und zwar aufgrund von Entwicklungen, die auch wieder kausal und funktionell mit den sozialökonomischen und ideologischen Veränderungen während der Trendperiode nach 1873 verknüpft waren[30].

---

29. Vogel, 40, 38 (Lohmann, 5. 10. 1884), 171 (ders., 22. 4. 1889); 161, 169; Bacmeister, 225; Hellwig, 296 f.; Lütge, 593; Sheehan, 76; RT 4:3:3: Anl. I, 17 (Interpellation Stumm u. a. zur Alters- u. Invalidenversicherung). Vgl. E. v. Richthofen, Über die historischen Wandlungen in der Stellung der autoritären Parteien zur Arbeiterschutzgesetzgebung, phil. Diss. Heidelberg 1901. F. Hirsch, Die deutsche Arbeiterschutzbewegung im Zeitalter Bismarcks, phil. Diss. Heidelberg 1924 (MS). Rodbertus an Meyer, 29. 11. 1871, Briefe, 131; Lerchenfeld, 297 f. Delbrück, PJ 57, 312; Schmoller, Die Soziale Frage, München 1918, 412, allg. 389–426, u. Vogel, 173–77. K. E. Born, Staat u. Sozialpolitik seit Bismarcks Sturz, 1890–1914, Wiesbaden 1957. Kritik an den Leistungen nach: Rosenberg, Depression, 212 (vgl. ebda., 238, über die ungewöhnlich fortschrittliche österreichische Arbeiterschutzgesetzgebung zwischen 1883 und 1891, die zu einem aufschlußreichen Vergleich mit der reichsdeutschen Sozialpolitik dienen kann); Deutsche Wirtschaftskunde, Berlin 1930, 337–42.

30. Burckhardt, Briefe, V, 152; Rothfels, Probleme, 181; G. Pradalie, Le Second Empire, Paris 1963, 101, 109; H. Euler (Napoleon III., I, Würzburg 1961, II/1, 1967) u. H. Geuss (Bismarck u. Napoleon III., 1851–71, Köln 1959) beschränken sich auf Biographie u. Diplomatiegeschichte, ohne auf das System des Bonapartismus einzugehen. Demn.: A. Wüstemeyer, Der Bonapartismus als politisches System, phil. Diss. Köln 1969. – Vgl. den Ratschlag eines einflußreichen amerikanischen Diplomaten (F. Lee an Außenminister Olney, 22. 7. 1896, Nl. Olney, LC), bewußt eine kriegerische Expansionspolitik in Lateinamerika einzuleiten, da »ein erfolgreicher Krieg ... viel dazu beitragen

Die einheitsstiftende Kraft dreier Kriege und der Reichsgründung von 1871 hatte zehn Jahre später beträchtlich an bindender Wirkung eingebüßt. Das vor allem im national-liberalen Bürgertum weitverbreitete Gefühl nationalpolitischer Erfüllung, das Sybel in den Tagen der Versailler Kaiserproklamation in die Worte gekleidet hatte: »Wodurch hat man die Gnade Gottes verdient, so große und mächtige Dinge erleben zu dürfen? ... Was zwanzig Jahre der Inhalt alles Wünschens und Strebens gewesen, das ist nun in so unendlich herrlicher Weise erfüllt worden!« – dieses Gefühl hat noch keine zehn Jahre vorgehalten, und die politisch bewußten Schichten der Industriearbeiterschaft mit ihrem Ideal des demokratischen Volksstaats haben es ohnhin nicht längere Zeit geteilt. Knapp drei Jahre nach der Jubelstimmung von 1871 und während der Hochkonjunktur der »Gründerjahre« verfinsterte die Depression mit einer von Jahr zu Jahr zunehmenden Gewalt das Leben im Reich. Sybels Frage: »Und wie wird man nachher leben?« gewann jetzt eine ungeahnte Aktualität. »Der Idealismus der Einigungskriege wurde allmählich erstickt von der schweren Luft, die im enger und enger werdenden deutschen Hause sich ansammelte«, umschrieb ein zeitgenössischer Kritiker den Einfluß der Tiefkonjunktur. »Die Erbitterung von Partei zu Partei, von Klasse zu Klasse, von Beruf zu Beruf, von Volk zu Regierung wuchs. Jeder schob die Schuld an der drückenden Lage dem Anderen zu und bei Manchen stellte sich die Bitternis der Enttäuschung ein: ist das der Segen, den wir vom einigen Deutschland erwarten?« Ließen »die innere Not, Erwerbsstörung, Überproduktion ... sozialistische Theorien und Kämpfe« nur übrig, »im Inneren einer trostlosen Zukunft entgegenzusehen, voll fruchtloser Kämpfe um Erwerb, um Raum, um Doktrinen und kleinliche Nörgeleien? Ist Deutschland nun doch so klein, daß wir überall anstoßen, überall die Kräfte wohl wachsen, aber keine Verwendung finden?« »Das Innere des Reiches kann« Bismarck »nicht mehr heilen«, zu diesem bitteren Urteil gelangte Burckhardt schon 1877, und auch Lohmann glaubte immerhin, daß die innere Reichsgründung noch ausstehe.

Auf die sechs Jahre der schwersten deutschen Wirtschaftsdepression folgte der erbitterte Streit um das Schutzzollsystem von 1879, um den neuen konservativ-solidarprotektionistischen Kurs der Reichsregierung, ihre Beamtenpolitik und ihre Monopolpläne, es folgte der Zerfall der großen Regierungspartei der Nationalliberalen, der Aufstieg der Sozialdemokratie trotz des von den Liberalen mitbeschlossenen Ausnahmegesetzes gegen die Partei, das unverhüllt den »Stempel brutaler Klassenherrschaft« (Schmoller) trug. Die vom Nationalstaat verheißene innere Befriedigung seiner Bürger, die vor allem von der nationaldemokratisch-egalitären Komponente des Nationalismus genährte Hoffnung auf das Zusammenleben gleichberechtigter, in zunehmendem Maße an der allgemeinen Wohlfahrt teilhabender Bürger wurde schon während der ersten schlimmen Stockungsphase als Illusion enthüllt: die Realität der klassengespaltenen Industriegesellschaft setzte sich im neudeutschen Obrigkeitsstaat mit seinen besonderen historischen Belastungen und Spannungselementen mit roher Härte durch. Indem Bismarck die Parteien »im Vorhof der Macht gefangen hielt«, so daß ihr »ursprünglicher staatlicher Gestaltungswille« denaturiert wurde, indem er seit 1878/79 mithalf, die Parteien zudem auf eine spezifische soziale Basis zu fixieren, verloren sie auch in Deutschland die Möglichkeit verschiedenartige Interessen zu vertreten und in sich auszugleichen, d. h. sie ent-

würde, die Aufmerksamkeit der Amerikaner von den vermeintlichen Übeln« während der Depression seit 1893 »abzulenken«.

behrten die verschiedene gesellschaftliche Schichten integrierende Kraft, die das politische System einer pluralistischen Gesellschaft, zu der sich auch die deutsche tendenziell entfaltete, funktionsfähig macht. Allgemeiner formuliert wird man sagen können, daß Bismarck, indem er keine essentiellen politischen, geschweige denn sozialökonomischen Oppositionsmöglichkeiten institutionalisierte, – wie es die Verfassungsstruktur einer modernen Industriegesellschaft, die stetem Wandel auf die Dauer gewachsen sein will, verlangt –, von dem politisch-gesellschaftlichen System des Kaiserreichs den Zwang zur Reform und Modernisierung unter legitimiertem Druck fernhielt. Auch darin lag die anhaltende Rückständigkeit dieses Systems begründet, das 1914 erstarrt schien, selbst im Krieg sich nicht rechtzeitig zu wandeln vermochte und zerbrach. Seine Lebensunfähigkeit in der Industriellen Welt hatte sich jedoch schon längst vorher erwiesen. Nicht zuletzt wegen dieses gewissermaßen grundsätzlichen Konstruktionsfehlers standen sich von Anfang an die Interessenverbände in Wirtschaft und Politik als Pressure Groups und Parteien schroff und oft unvermittelt gegenüber. Daß bald schon hinter der verwirrenden Vielfalt der Bewegungen und Ereignisse der autoritär-sozialkonservative Interventionsstaat klarere Konturen gewann, vermochte die meisten Kritiker der Reichsentwicklung erst recht nicht mit ihm zu versöhnen.

Der Nationalstaat als einziger politischer Integrationspol genügte schon bei den Reichstagswahlen von 1877 und 1878 nicht mehr, und in demselben Maße, in dem sich das Fehlen eines dauerhaft verbindlichen Katalogs von Grundnormen über das politische Zusammenleben im Kaiserreich schmerzhaft bemerkbar machte, – wie ihn trotz aller Konflikte doch die Staaten, die sich in einer Revolution auf eine neue Basis gestellt hatten, lange Zeit besaßen –, bedurfte die deutsche Staatsführung, wenn sie nicht vor den zentrifugalen sozialen und politischen Tendenzen kapitulieren wollte, ständig neuer Integrationsmittel, um den von tiefen Spannungen zerrissenen Nationalstaat zusammenzubinden und eine zumindest zeitweilig tragfähige ideologische und parlamentarische Grundlage für ihre Politik zu behalten. Sie mußte die Suche nach wirksamen Aushilfen zum System erheben. Da die außenpolitische Sicherheit des Reiches eine Fortsetzung der »Risikopolitik« von 1864 bis 1871, die die »innere Krise durch Ableitung nach außen wenn nicht zu überwinden, so doch zu neutralisieren und die Spannungen wenigstens zeitweise zu dämpfen« versucht hatte, jetzt verbot, gewannen seither innere Konflikte »integrierende Funktion«.

Indem im Kaiserreich mehrere Fronten im Inneren entstanden, konnte Bismarck »die Mehrheit der widerstreitenden Kräfte unter einer Fahne sammeln« und gegen wechselnde Minderheiten führen, die zwar als »ernsthafte Gefahr« erscheinen mochten, sie aber in Wirklichkeit nicht bedeuteten. Bei diesem Prozeß nutzte die Bismarcksche Herrschaftstechnik die inneren »Reichsfeinde« aus, indem sie sich die Erfahrung zunutze machte, daß eine Gruppe durch Absetzung von einer Gegengruppe, – und sei dieser Gegensatz von »in-group« und »out-group« auch künstlich übersteigert –, an Kohärenz gewinnt. Ließ sich heute die Sozialdemokratie als »Reichsfeind« bekämpfen, so morgen der Linksliberalismus als »Vorfrucht« der Republik und des Sozialismus; einmal ließ sich gegen die »Kryptorepublikaner«: »das Stimmvieh aus den Richterschen Ställen mit dem Fortschrittsbrett vor dem Kopf«, oder gegen die Juden, dann wieder gegen die »nihilistische Faktion« der Polen, gegen Katholiken und Welfen Aggressivität ableiten, um umgekehrt die möglichst geschlossene Front einer Mehrheit zur Unterstützung der Regierungspolitik zu schaffen, aber auch eine »fragwürdige«, gleichsam negativ motivierte, behelfsmäßige und zeitlich durchaus begrenzte Integrationswirkung zur Verdeckung der tiefen Divergenzen zwischen sozialökonomischer Entwicklung und politischer Struktur, aber auch zur Überbrückung der interessenpolitischen und ideologischen Konflikte unter den »staatserhaltenden« Kräften auszulösen.[31]

1878 hatte die »rote Gefahr« die Wahlen beherrscht. »Seit den letzten Wahlen zum Deutschen Reichstag spukt das ›rote Gespenst‹ bis in die letzte Bierstube«, beschrieb Albert Schäffle den Nachklang der Regierungspropaganda. Auch 1881 diente es zusammen mit der Debatte über den wirtschaftspolitischen Umbau im Inneren und mit dem aufkommenden Antisemitismus dazu, die Entscheidung »Für oder Wider Bismarck« zu beeinflussen. Aber obwohl Bismarck die abhängige Presse und den staatlichen Verwaltungsapparat, – gemäß seiner Maxime: »Diesmal sehen wir es nicht mit an, daß unsere Absichten scheitern« –, straff einsetzte, brachten ihm die Wahlen im Herbst 1881 die schwerste parlamentarische Niederlage seit 1863! Zum erstenmal wurde eine oppositionelle Mehrheit in den Reichstag entsandt. Als die Nationalliberalen und die Freikonservativen von 99 auf 47, bzw. von 57 auf 28 Abgeordnete reduziert wurden, – ein Verlust von 81 Mandaten für Bismarcks parlamentarische Hilfstruppen! –, die Linksliberalen dagegen dank der Opposition gegen den Bismarckschen Kurs seit 1878 von 29 auf 115 Abgeordnete (und sogar als einzige numerisch), das Zentrum um 6 Sitze auf 100, die »Sozialistische Arbeiterpartei« von 9 auf 12, auch die Polen von 14 auf 18 Mandate anstiegen, da trat die innenpolitische Krise der bonapartistischen Diktatur Bismarcks grell zu Tage. »Gegen Bismarck braut sich allmählich im Volk ein Wetter zusammen«, hatte sogar Theodor Fontane den Vertrauensschwund beschrieben, »er täuscht sich über das Maß seiner Popularität. Sie war einmal kolossal, aber sie ist es nicht mehr.« Unverhohlen klagte Bismarck nach dem Debakel des Plebiszits gegen ihn, »alles gehe noch einmal auseinander«, wie »ein Meltau der Entmutigung« sei der Wahlausgang auf seinen Glauben an die deutsche Zukunft gefallen, und der erfolglose national-liberale Parteiführer Rudolf v. Bennigsen bestätigte ihm dieses weitere Symptom »einer gewissen nationalen Erschlaffung«[32].

Schon früher hatte Bismarck bemerkt, »alles sei jetzt träge und interesselos, es werde aber schon noch einmal eine nationale Glühhitze eintreten, welche die spröden Metalle zum Schmelzen bringe.« Er wußte, daß »der Deutsche« oft »in praxi ... einer Reizung, die in ihm den Zorn weckt, der zu Taten treibt«, bedürfe. Zwar sei diese »Erscheinung ... ihrer Natur nach keine dauernde Institution«, aber Bismarck ver-

---

31. Sybel an Baumgarten, 27. 1. 1871, in: Heyderhoff-Wentzke, I, 494. Vgl. Conze-Groh, passim; Brüggen, PJ 55, 171. Vgl. auch Bismarck: GW 8, 455; 12, 424 f. Burckhardt an Preen, 14. 5. 1877, in: Briefe, Hg. Kaphahn, 396; Rothfels, Bismarck, der Osten, 168, vgl. ders., APG 7, 290 (Lohmann, 15. 6. 1873, »der improvisierte Charakter des Deutschen Reiches haftet sich unausweislich an alle seine Lebensäußerungen«); Schmoller, Charakterbilder, 52; T. Heuss, Das Bismarck-Bild im Wandel, in: O. v. Bismarck, Gedanken u. Erinnerungen, Berlin 1951, 15; vgl. ähnlich Schieder (Grundlagen, 138) über die »ständige Aushungerung« der Parteien, die »zu einer Verkümmerung ihrer politischen Organe geführt hat«. Allg. vorzüglich: Lepsius; S M. Lipset, Political Man, Garden City 1963, 12 f., 70–79, 81; Sauer, 429–32. – RB 12, 305 (24. 1. 1887); GW 6c, 308; 8, 419; 14/II, 910, vgl. RB 9, 209.

32. A. Schäffle, Die Quintessenz des Sozialismus, Gotha 1878³, 1; Ziekursch, II, 355 f.; Seeber, 72–77; Oncken, Bennigsen II, 465, 482 f.; Eyck, III, 354: Fontane, vgl. K. Schreinert Hg., Briefe T. Fontanes an G. Friedländer, Heidelberg 1954, 70, 77, 84, 125, 133, 149; J. Remak, The Gentle Critic. T. Fontane and German Politics, 1848–98, Syracuse 1964, u. K. H. Höfele, T. Fontanes Kritik am Bismarckreich, GWU 14. 1963, 337–42). Lucius, 215, 288; Rosenberg, Depression, 137; Mommsen, Parteiprogramme, 791. GW 8, 441 (17. 7. 1881), vgl. 438; RB 10, 101 (9. 5. 1884); Busch, Tb., III, 73.

stand es technisch meisterhaft, diese Reizung zu manipulieren: den »Furor Teutonicus« mithin zu »erwecken«, wie er gestand, und seinen Zwecken dienstbar zu machen. Daß er keineswegs gesonnen war, sich mit den Parlamentsverhältnissen und den innenpolitischen Fronten gegen ihn abzufinden, ließ er seit 1881 oft genug durchblicken, und der Widerhall, den die Samoavorlage von 1880 und überhaupt schon die überseeischen Fragen bei den Wahlen von 1881 gefunden hatten, mögen sein Augenmerk auf das integrationspolitische und wahltaktische Potential dieser Politik gelenkt haben, zumal da auch die Expansionsagitation sich zusammen mit dem ideologischen Konsensus unübersehbar ausbreitete. Nach zehn Jahren beispiellos krisenhafter Entwicklung befänden sich Wirtschaft und Gesellschaft des Reichs »in einem Zustand permanenter Krisis«, schrieb der gewöhnlich maßvoll urteilende »Deutsche Ökonomist«, »die soziale Gährung, welche seit Jahr und Tag die ... Welt unter Druck hält ..., ist nichts anderes als ein Ausfluß der Gegensätze, welche sich auf dem gesamten wirtschaftlichen Gebiete ... aus der Inkongruenz von Produktion und Konsum herausgebildet haben«. Nur »entschlossenes Handeln kann das Übel heilen und eine Bewegung« lenken, die »in der vielhundertfachen« Steigerung der »Produktionskraft«, der »Überproduktion auf allen Gebieten« gründend, »die bestehende Ordnung der Dinge mit elementarer Gewalt über den Haufen zu werfen droht«! Der »wirtschaftlichen Klemme«, wie es v. d. Brüggen formulierte, entsprang »der Zwang, der uns trieb, den Blick hinauszurichten in die außerdeutsche Welt«, die die deutsche Öffentlichkeit immer mehr beschäftige. Die »öffentliche Meinung« aber hielt auch Bismarck für »eine der Mächte«, auf die der Staatsmann sich stützen müsse.

Der Reichskanzler erkannte genau wie die führenden Köpfe der Expansionspublizistik, daß der Imperialismus ein neues »Hoffnungsbild« (Fabri), ein »ferneres, größeres Ziel« (Hübbe-Schleiden), einen »neuen, weiteren Inhalt des Lebens« (v. d. Brüggen) schaffen oder doch vortäuschen konnte. Wenn Hübbe-Schleiden für den »inneren Zusammenhalt« Deutschlands »gemeinsame wirtschaftliche Interessen einer überseeischen Politik« als notwendig bezeichnete, dann erfaßte er gleichzeitig auch ihre integrierende Wirkung, denn »nur durch solche äußere Entfaltung«, behauptete er, »kann auch die Einheit unseres Volkes ... konsolidiert werden«.

Die »Intensität« des deutschen Imperialismus hing daher auch damit zusammen, so hat man sagen können, »daß er das Unbehagen an der politischen Struktur des Reiches, den latenten Gegensatz zwischen Parteien und Staat überdeckte, gleichsam zum Ersatzraum gehemmter politischer Aktivität wurde und zudem Klassenspannungen und -kämpfe neutralisieren konnte. Der Imperialismus war das Feld, auf dem sich die Anpassung der bürgerlichen Parteien an den bestehenden Staat, seine Struktur und seine Bedürfnisse« vollzog.

Eben diese ausgleichende und konsolidierende Wirkung schwebte wohl auch Bismarck vor, als er den »opportunistischen Gesichtspunkt« der »ganzen Kolonialpolitik« seinem Rechtsanwalt beschrieb: es sei »alles so von Parteien durchsetzt gewesen, daß er geglaubt habe, man könne dadurch etwas aus dem Parteigetriebe herauskommen«. »Aus dem Munde von Staatssekretär Hatzfeldt« will auch Graf Metternich erfahren haben, daß Bismarck in erster Linie mit seiner Expansionspolitik »den Deutschen ein neues Ziel setzen« wollte, »für das sie sich begeistern könnten, nachdem die große Zeit von 1870/71 in der Vorstellung der damaligen Generation und damit zugleich die Popularität der Regierung zu verblassen angefangen hatte«. »Durch die Erfüllung des populären Wunsches der Kolonialerwerbung« beabsichtigte er, »die Deutschen auf neue Bahnen zu lenken«. Wenige Monate vor den Reichstagswahlen von 1884 charakterisierte Bismarck unter diesem Gesichtspunkt selber »die Kolonisationsfrage« als »eine zukunftsreiche, zu pflegende«, und Friedrich v. Holstein, der sie allerdings nur als »ein Wahlmanöver« abtun wollte, dachte an denselben Zusammenhang: »Erst kamen die Siege, dann der Kulturkampf und Liberalismus, dann die wirtschaftliche Umkehr, jetzt die Kolonien[33].«

Aber auch Bismarcks Nachfolger haben – wie ja schon frühzeitig auch die Spitze des »Deutschen Kolonialvereins«! – diese »überparteiliche«, integrierende Funktion expansionistischer Politik deutlich erkannt. »Nach dem Kriege von 1870 trat eine Politik ein, in der der nationale Geist... zu erlahmen schien«, beschrieb Caprivi dieses Moment. »Es fehlten ihm Objekte, auf die er sich richten konnte; der Idealismus, dessen der Deutsche zu seiner Existenz bedarf... wenn er leistungsfähig bleiben soll... bedarf eines gewissen Brennpunktes, und ein solcher Brennpunkt wurde ihm in der Kolonialpolitik gegeben.« Vorher hatten »die Kriege... ihm praktische Ziele gegeben, jetzt war noch ein Überschuß davon da, der nicht wußte wohin. Da bot sich die Kolonialpolitik« als neues Ziel an. Und ähnlich hat auch Hohenlohe-Schillingsfürst die »koloniale Bewegung... dem erstarkten Nationalgefühl« entspringen sehen, »welches nach Gründung des Reiches ein Feld der Tätigkeit für das gekräftigte nationale Empfinden suchte; sie ist eine wertvolle Stärkung des Einheitsgedankens, und keine Regierung wird dieses neue und feste, die... verschiedenen Schichten der Bevölkerung umschließende Band entbehren können und wollen«! So lautet die Beschreibung des Imperialismus als Integrationsideologie in einem Staatswesen, dem es an stabilisierenden historischen Traditionen mangelte, das aber schroffe Klassengegensätze unter der Decke des Obrigkeitsstaates nicht verbergen konnte. Auch der Imperialismus sollte im neuen Reich – »nach dem napoleonischen Gesetz seines Anfangs« – »mittels gesetzter äußerer Staatsaufgaben innere Probleme zum Schweigen bringen«, die im System des autokratischen Pseudokonstitutionalismus anders kaum lösbar schienen.

Es mag durchaus sein, daß Bismarck außerdem auch noch latente national-expansive großdeutsche Tendenzen, die er besonders wieder nach dem Beginn der engeren Zusammenarbeit mit Österreich-Ungarn befürchten mochte und die vereinzelt in der Presse (z. B. seit 1879 in der Augsburger »Allgemeinen Zeitung«) tatsächlich hervortraten und sich dann 1886 im »Allgemeinen Deutschen Verband« verdichten sollten, ablenken wollte. An ihrer Stoßrichtung nach Südosten ist ihm erklärtermaßen nie gelegen gewesen, und er hat vielleicht die heraufziehende Gefahr frühzeitig abbiegen wollen. Jedenfalls war er der Letzte, diese potenziellen Möglichkeiten der Expansionspolitik in der innenpolitischen Arena zu übersehen. Hier gilt es freilich, noch einmal nachdrücklich zu unterstreichen, daß sie nicht den einzigen wichtigen Grund für diese Politik bildeten: die deutsche kommerzielle Ausbreitung nahm seit Jahren an Schwung zu, die staatliche Förderung wuchs ständig, da auch Konjunkturtherapie primär auf dem Feld der Außenhandelspolitik getrieben werden mußte, und der Konkurrenzkampf hätte Bismarck wohl auch ohnehin zum Reichsschutz für übersee-

---

33. GW 8. 79; 15, 199; Hofmann, III, 184, vgl. 174–98; Deutscher Ökonomist 2, 31 f. (26. 1. 1884), vgl. 451 f. (18. 10. 1884); v. d. Brüggen, PJ 55, 175; vgl. J. L. Christensen, Gegen unsere Kolonialpolitik, Zürich 1885, 14. – GW 9, 359 (ganz naiv Aydelotte, Kolonien?, 62 f.: die Behauptung sei »sinnlos, daß Bismarck nationale oder parlamentarische Unterstützung nötig hatte«). Nipperdey, Grundzüge, 832 f. Philipp, 105; Metternich an Hagen, 11. 9. 1927, in: M. v. Hagen, Graf Wolff Metternich über Haldane, Deutsche Zukunft 3, 5 (6. 1. 1935); Lucius, 297 f.; Holstein, II, 174.

ische Gebiete bewogen. Aber als Bismarck die innenpolitischen Möglichkeiten der Kolonialfrage erkannte, hat er nicht gezögert, sie auszunutzen.

Dieser Entschluß gründete sich auf drei Vorbedingungen: der Kolonialenthusiasmus mußte weitverbreitet, zumindest seine potenzielle Ausstrahlungskraft vielversprechend genug sein, um als Integrationspol zu wirken und auch einen Appell in seinem Zeichen an die Wählerschaft zu lohnen; er mußte auch genügend Illusionen bzw. Befürchtungen enthalten, damit eine gezielte Agitation mit dem Anschein der Glaubwürdigkeit die Kolonialpolitik als eine fundamentale Entscheidung von großer Tragweite hinstellen konnte; nicht zuletzt aber mußte er die Funktion der Ablenkung von den Problemen im Inneren erfüllen.

Die Krisensituation während der Stockungsphase nach 1882 hat besonders günstige Voraussetzungen dafür geschaffen, daß die Kolonialbegeisterung diesen politischen Nutzwert gewinnen konnte. Schon Fabri hatte 1879 die grundlegend wichtige wissenssoziologische Beobachtung gemacht, daß »die durch unsere wirtschaftliche Lage erzeugte Stimmung« die Expansionsdiskussion fördere, und nicht minder deutlich hatten danach andere Publizisten diesen Zusammenhang gesehen, wie ja auch der linksliberale Reichstagsabgeordnete v. Bunsen die »Veranlassung zu der großen Begeisterung ... ohne allen Zweifel in der Hoffnung« auf wirtschaftliche Erleichterung durch eine aktive Überseepolitik, die »ein Absatzgebiet ... für die Überproduktion der Industrie« finden müsse, erkannt hatte. Die durch die Depression ausgelöste und wachgehaltene Unruhe, »die nervöse Erregtheit, die in unserem ganzen Privat- und Wirtschaftsleben noch herrscht«, wie Hammacher 1882 feststellte, die gereizte, oft hektische Suche nach Auswegen verdichtete sich seit Beginn der 1880er Jahre in zunehmendem Maße (wie die Analyse des ideologischen Konsensus gezeigt hat) auch zu der übertriebenen Erwartung, vor allem in überseeischen Absatzmärkten und in eigenen Kolonien Palliativmittel gegen die anhaltende Misere im Inneren zu finden. Und gerade weil dort draußen die realen Möglichkeiten noch so ungewiß waren, konnten sich so hochgetriebene Hoffnungen mit dieser Panazee verbinden.

Der um sich greifende Kolonialenthusiasmus läßt sich daher auch als eine spezifische Krisenideologie begreifen, welche die emotionellen Spannungen, die Hysterie und die gesteigerte Reizsamkeit, die damals wie später der Tiefkonjunktur entsprangen und sie begleiteten, auf ein im Grunde noch vages Ziel hin kanalisierte. Häufig wirkte der »Kolonialrausch« sozialpsychologisch als eine Form des Eskapismus vor den sozialökonomischen Problemen der Depressionszeit und der einschneidenden Transformation zur Industriegesellschaft. Dieser Zusammenhang wird dadurch bestätigt, daß das »Kolonialfieber« fiel, als seit 1886 der Konjunkturpegel wieder anstieg[34].

In mancher Hinsicht läßt sich hier eine Parallele zum politischen Antisemitismus ziehen, denn dieser gehörte auch zu den verschiedenen Formen, die jener Eskapismus annahm. Die Suche nach den vermeintlich Schuldigen für die schlimme Zeit, für die es kaum individuell Schuldige im strengen Sinn gab, richtete sich schon wenige Jahre nach dem Einbruch der Depression seit 1873 auch gegen die Juden. Im politischen Antisemitismus, der in Deutschland eine lange Vorgeschichte besaß, aber seit den 1870er Jahren eng mit den Konjunkturschwankungen korreliert werden kann (wie

---

34. RT 8:1:1:41 (Caprivi, 12. 5. 1890, vgl. ders., Reden, 51) RT 9:3:1:21 (Hohenlohe-Schillingsfürst, 11. 12. 1894); Lipgens, HZ 199, 97; Walker, 204; III/4 u. 6; Hammacher an Haniel, 17. 3. 1882, Nl. Hammacher, 21.

übrigens auch schon mit den Agrar- und Gewerbekrisen der 1820er und 1840er Jahre), suchte die Depressionsstimmung einen Spannungsableiter. Hier stieß auch die Jagd nach dem Sündenbock auf eine schon traditionell diskriminierte Minderheit. Die antisemitischen Anklagen der Marr, Perrot, Glagau, R. Meyer und zahlreicher obskurer Autoren fanden seit 1873 ein breites Publikum, wenn man von den hohen Auflageziffern ihrer Schriften, – zwischen 1873 und 1890 erschienen mehr als 500 zur »Judenfrage«! –, ausgehen darf. Die meisten Topoi des virulenten Antisemitismus im 20. Jahrhundert wurden hier schon voll ausgebildet[35].

Im Berliner Antisemitismusstreit seit dem Herbst 1879, in der antisemitischen Agitation des Hofpredigers Stoecker seit Beginn der 1880er Jahre, aber auch in der erst vom Militär niedergeschlagenen pommerschen Judenverfolgung von 1881 ist dieses Krisenphänomen dann voll in die deutsche Öffentlichkeit getreten. Bitter beklagte sich sogleich Ludwig Bamberger über die »maß- und schrankenlose Entfesselung der Gemeinheit, deren Wonne in Haß und in der Unterdrückung ihres Gleichen oder ihres Besseren liegt. Die eigentlichen Lebensorgane der Nation: Armee, Schule, Gelehrtenwelt sind bis zum Rand damit gefüllt . . . Es ist eine Obsession geworden.« Empört verwahrte sich auch Theodor Mommsen, der furchtlos seinen antisemitischen Universitätskollegen um Treitschke entgegentrat, gegen »unsere« nur im Vergleich mit Rußland »verschämte Barbarei«. Der mit ihm befreundete Linksliberale Friedrich Kapp billigte die von Mommsen angeregte Protesterklärung, denn »wenn man zu solchen frechen Provokationen und unserer Kultur unwürdigen Anfeindungen stillschweigt, so scheint man sie indirekt zu billigen«. Kapp, dessen freiem und selbständigen Geist die Untertanenmentalität des übervorsichtigen Stillschweigens verhaßt war, wehrte sich gegen die Zumutung, »hundert Jahre nach Lessing geistig zu ver-

---

35. Ausführlich hierüber (auch über Antisemitismus u. Konjunkturverlauf): P. W. Massing, Vorgeschichte des politischen Antisemitismus, Frankfurt 1959, 1–62, 274 f.; jetzt vor allem: Rosenberg, Depression, 88–117. Vgl. allg. T. Nipperdey u. R. Rürup, Antisemitismus, in: W. Conze u. a. Hg., Lexikon der politisch-sozialen Begriffe der Neuzeit, I, Stuttgart 1970; A. A. Rogow, Anti-Semitism, IESS 1. 1968, 345–49; H. Liebeschütz, Das Judentum im deutschen Geschichtsbild von Hegel bis M. Weber, Tübingen 1967, 157–219, 341 f.; Puhle, 111–40; 298–302; H. P. Bahrdt, Soziologische Reflexionen über die gesellschaftlichen Voraussetzungen des Antisemitismus in Deutschland, in: W. E. Mosse Hg., Entscheidungsjahr 1932, Tübingen 1965, 135–55; I. Fetscher, Zur Entstehung des politischen Antisemitismus in Deutschland, in: H. Huss u. A. Schröder Hg., Antisemitismus, Frankfurt 1965, 9–33; I. Elbogen u. E. Sterling, Die Geschichte der Juden in Deutschland, Frankfurt 1966, 249–83; E. Silberner, Sozialisten zur Judenfrage, Berlin 1962, 198–230; E. Reichmann, Flucht in den Haß, Frankfurt 1968⁵; P. J. G. Pulzer, Die Entwicklung des politischen Antisemitismus in Deutschland u. Österreich, 1867–1914, Gütersloh 1966. Unbefriedigend sind: J. Parkes, Antisemitismus, München 1964, 22–126; vor allem H. G. Zmarzlik, Der Antisemitismus im Zweiten Reich, GWU 14. 1963, 273–86. S. noch: I. Hamel, Völkischer Verband u. nationale Gewerkschaft, Der Deutsch-nationale Handlungsgehilfen-Verband 1893–1933, Frankfurt 1967; H. M. Klinkenberg, Zwischen Liberalismus u. Nationalismus im Zweiten Kaiserreich, in Monumenta Judaica, Handbuch, Köln 1963, 209–84; F. Stern, The Politics of Cultural Despair, Berkeley 1961, 140–45, 168 f.; H. C. Gerlach, Agitation u. parlamentarische Wirksamkeit der deutschen Antisemitenparteien 1873–95, phil. Diss. Kiel 1956 (MS), 8–72; M. Broszat, Die antisemitische Bewegung im wilhelminischen Deutschland, phil. Diss. Köln 1952 (MS), 3–78; K. Wawrzinek, Die Entstehung der deutschen Antisemitenparteien, 1873–90, Berlin 1927 (84–92: 500 Schriften zu »Judenfrage«); W. Gurian, Antisemitismus in Modern Germany, in: K. S. Pinson Hg., Essays on Antisemitism, N. Y. 1946², 227–35; D. Weinryb, The Economic and Social Background of Modern Antisemitism, ebda., 17–34; T. Parsons, The Sociology of Modern Antisemitism, in: J. Graeber u. S. H. Britt Hg., Jews in a Gentile World, N. Y. 1942, 101–22; G. W. Edwards, The Evolution of Finance Capitalism, N. Y. 1938, 70 f. Vgl. Sontag, Germany, 146 (seit 1873 »stieg der Antisemitismus, wenn der Aktienkurs fiel«). – Frühzeitig hat diesen Zusammenhang von politischem Antisemitismus u. Konjunkturverlauf auch M. Nitzsche in seinem hervorragenden Buch (Die handelspolitische Reaktion in Deutschland, Stuttgart 1905) gesehen.

rohen, unser Bestes, unsere höchsten Errungenschaften zu verleugnen. Wir sind es unsern Kindern schuldig«, forderte er mit einem auch damals seltenen Verantwortungsgefühl, »uns gegen diese Niedertracht zu wehren«.

Seit 1879/80 ist dann der politisch organisierte Antisemitismus vor allem während der Stockungsphasen der Konjunktur bis hin zu den Jahren nach 1929 aus dem öffentlichen Leben Deutschlands nicht mehr verschwunden. Schon 1884 forderten die Konservativen in einem Aufruf die Wähler der Reichshauptadt auf, »der Heerfolge« des Judentums »zu entsagen«. Jeder »wahrhaft deutsche Mann« müsse es zu der »Einsicht« bringen, daß die »undeutsche ›Macht‹ des Judentums« dem »Interesse des deutschen Vaterlandes« nicht dienen wolle. Nur fünfzehn Jahre später nahmen bereits die in der »Deutschsozialen Reformpartei« vereinigten antisemitischen Gruppen in ihr Programm die Forderung nach der »Endlösung« auf. Die »Judenfrage« dürfte im »Laufe des 20. Jahrhunderts zur Weltfrage werden«, hieß es in ihren Hamburger Beschlüssen vom November 1899, sie müsse »endgültig durch völlige Absonderung und ... schließliche Vernichtung des Judentums gelöst werden«[36].

Bismarck hat den Vulgärantisemitismus dieser Zeit fraglos nicht geteilt und auch z. B. trotz mancher Angriffe an seinem jüdischen Bankier Bleichröder, seinem jüdischen Hausarzt und Rechtsanwalt in Friedrichsruh unbeirrt festgehalten. Aber skrupellos hat er die antisemitische Strömung in das Flußbett seiner Wahlpolitik zu lenken versucht, die Stimmungsmache angefacht und für seine Zwecke manipuliert. Einige Tage vor den Wahlen von 1881 gestattete er es einer Zeitung, unwidersprochen eine private Äußerung von ihm zu zitieren: »Die Juden tun, was sie können, um mich zum Antisemiten zu machen«. Man »stoße ... die großen Volksmassen vor den Kopf«, instruierte er noch vor den Wahlen von 1884 den preußischen Innenminister v. Puttkamer, wenn die Regierung sich jetzt offen gegen den Antisemitismus wende. Lasse sie aber ihre Billigung zu deutlich durchblicken, »so treibe man wieder vieles Judengeld in die fortschrittliche Wahlkasse«, denn »die Juden seien von jeher für den Fortschritt eingetreten«. Warum auch solle »man Leuten, die das Herz dazu treibe, verwehren, auf die Juden, die »von lächerlicher Empfindlichkeit« seien, »zu schimpfen«[37]?

Nicht viele besaßen diese zynische Distanz des großen politischen Manipulators. Schon unter Bismarcks eigenen Söhnen machte sich ein rüder emotioneller Antisemi-

---

36. Bamberger an Hillebrand, 17. 12. 1882, Nl. Bamberger, 91; Th. Mommsen an an. jüdische Konvertiten, 13. 8. 1882, ebda., 151; Kapp an Cohen, 21. 11. 1880, Slg. Kapp (der Nl. Wolfg. Kapps, DZA II, enthält keine wichtigen Briefe des Vaters). Sehr instruktiv hierzu: W. Boehlich, Hg., Der Berliner Antisemitismus-Streit, Frankfurt 1965, sein vorzügliches Nachwort (237–63) ist eindringlicher als S. Pfeil (H. v. Treitschke u. das Judentum, Welt als Geschichte 21. 1961, 49–62) u. H. Liebeschütz (Treitschke and Mommsen on Jewry and Judaism, Leo Baeck Institute. Year Book 7. 1962, 153–182). Vgl. W. Kampmann, A. Stoecker u. die Berliner Bewegung, GWU 13. 1962, 552–79, u. A. Rosenberg, Treitschke u. die Juden, Die Gesellschaft 7. 1930, II, 78–83. – Konservativer Wahlaufruf, Nov. 1884, Nl. Goldschmidt, PA; Mommsen, Parteiprogramme, 84.

37. W. Frank, Hofprediger A. Stoecker u. die christlichsoziale Bewegung, Hamburg 1935², 96 (Pommern), 110 (B., 5. 11. 1881); W. v. B. an Rottenburg (für Puttkamer), 23. 5. 1884, Nl. Rottenburg, 5. Vgl. H. v. B. an Rantzau, 2. 11. 1881, Nl. Bismarck, 41 (»endlich wünscht Papa auch, daß in Artikeln über das Wahlresultat hervorgehoben werde, daß die Juden mit den Polen überall gemeinschaftliche Sache gemacht hätten ... Jüdisches Geld« sei auch »das Zahlungsmittel für die fortschrittlichen Republikaner gewesen« – diese Briefe nur als Beispiel für zahlreiche ähnliche Stücke im Nl. Bismarck). S. noch H. v. B. an Münster, 20. 4. 1885 (Nl. Münster, 5) über den »jüdisch denkenden Meade«, einen britischen Unterstaatssekretär, der in Berlin über Kolonialfragen verhandelte. Die fleißige, apologetische Arbeit von Jöhlinger berücksichtigt die politischen Aspekte nicht. Informativ ist: E. Hamburger, Juden im öffentlichen Leben Deutschlands, 1848–1914, Tübingen 1968.

tismus breit. Sein Sohn Herbert wollte dem »Frechling« Bleichröder »gern ... einiges hinter die Judenlöffel schlagen lassen« und erhob es als Staatssekretär des Auswärtigen Amts zur Maxime, daß kein »Judenbengel« aufgenommen werde.

Schon frühzeitig hat wieder Bamberger die nur auf den politischen Nutzeffekt bedachte Haltung Bismarcks zum Antisemitismus, die man einmal mit der von der orthodoxen Bismarckforschung so liebevoll herausgestrichenen »Verantwortlichkeit« Bismarcks kontrastieren sollte, in eindrucksvollen Worten, die man heute schwer vergessen kann, beschrieben. »Es ist das Eigentümliche unserer dermaligen Zustände«, klagte er 1880 seinem Freund Karl Hillebrand, »daß der wirklich große Mann, der uns jetzt beherrscht, alles, was *er* nicht mit eigener Hand beherrscht, an die Herrschaft des wüsten Gesindels abgibt. Das ist die einzige Kollaboration, die er erträgt. Das ist aber vielleicht auch immer so gewesen«, räumte er etwas resignierend ein. Im Hinblick auf den »infamen Geist« des Antisemitismus, »der jetzt an den Universitäten die Zügel an sich reißt«, sei es »aber doppelt schlimm, wenn einem Volk mit barbarischen Neigungen die Brutalitätstheorie als eine Spezies des Idealismus der Kraft, der Männlichkeit und Sittlichkeit angepriesen« werden dürfe[38].

Als Krisenideologie bot auch der Antisemitismus den Frustrationen, die die sozialökonomischen Spannungen der Depressionsjahre in den um ihren wirtschaftlichen und sozialen Status gebrachten Angehörigen und Gruppen vor allem des Mittelstands erzeugten, ein gefährliches Ventil. Er beschleunigte namentlich im unteren Mittelstand die Bildung eines affektiven Syndroms gegen Kapitalismus und Industrialisierung bis hin zu einer Radikalisierung, aus der nach weiteren tiefen Krisen der deutsche Faschismus seinen Nutzen ziehen konnte. In den Vereinigten Staaten entsprach dem Antisemitismus in denselben Jahren sowohl die schon ganz rassistisch begründete, doch auch sozialökonomisch motivierte gewalttätige Animosität gegen die »neue Einwanderung« aus den »nicht-germanischen Ländern«, als auch der Haß des agrarreformerischen Populismus und der Reformpatrizier auf die »jüdische Wall Street«. Für die Herrschaftstechnik Bismarcks aber gewann der Antisemitismus die politische Funktion, daß er den Widerstand gegen seine politischen Gegner mit zu konsolidieren half.

Wie der Antisemitismus plötzlich auf der politischen Bühne erschien, so haben

---

38. H. v. B. an Rottenburg, 8. 8. 1882, Nl. Rottenburg 3; vgl. H. v. B., Aufz. 44, Nl. Bismarck. AA: H. v. B. an Rottenburg, 25. 9. 1887, Nl. Rottenburg 3 – ein weiterer Beweis für Bambergers Behauptung vom 17. 12. 1882. – Selbst der nüchterne, konservative Botschafter Münster teilte die Berliner »Bedenken« gegen einen Besuch Roseberys in Deutschland »wegen der jüdischen Frau« (einer geb. Rothschild) – ein Hinderungsgrund, wohlgemerkt, im Jahre 1884 (Münster an C. A. Busch, 10. 9. 1884, Nl. Busch 9). – Bamberger an Hillebrand, 7. 12. 1880, Nl. Bamberger 91. Bamberger mochte dabei auch an den notorischen, rüden Antisemitismus von Bismarcks »Presselakai« Moritz Busch denken. Vgl. auch E. Bernstein (Geschichte der Berliner Arbeiterbewegung, II, Berlin 1907, 59) über eine der ersten großen Antisemitenversammlungen am 30. 12. 1880 in Berlin: »Organisierte Banden zogen in der Friedrichstadt vor die besuchteren Cafés, brüllten... taktmäßig immer wieder ›Juden raus‹, verwehrten Juden oder jüdisch aussehenden Leuten den Eintritt und provozierten auf diese Weise Prügelszenen, Zertrümmerung von Fensterscheiben und ähnliche Wüstheiten mehr. Aber natürlich unter der Phrase der Verteidigung des deutschen Idealismus gegen jüdischen Materialismus...!« Vgl. allg. D. J. Saposs, The Role of the Middle Class in Social Development, in: Festschrift für W. C. Mitchell, N. Y. 1935, 395–424. – Am Beispiel der Polenpolitik läßt sich dieselbe Taktik gegenüber einer anderen Minderheit von »Reichsfeinden« verfolgt: Polenpolitik, 302–5. Der Antisemitismus spielte auch 1885/87 bei der Ausweisung von ca. 32 000 Polen – ein Drittel davon waren Juden! – schon eine unübersehbare Rolle; vgl. jetzt: H. Neubach, Die Ausweisungen von Polen u. Juden aus Preußen 1885/86, Wiesbaden 1967. – Zum amerikanischen Rassismus gegenüber den Einwanderern: Wehler, JbA 13. 1968, 98–133. – Allg. hierzu auch Lenin, Werke, 31, 16 f.

auch immer wieder kritische, jedoch auch wohlwollende Beobachter aller politischen Schattierungen vor allem, als die Stockungsphase nach 1882 anhielt, den ruckartigen Anstieg des »Kolonialfiebers« verzeichnet. Die »Kolonialschwärmer« seien von einem wahren »Kolonialfieber-Bazillus« befallen, der die Begeisterung »vielfach zum Rausch, zum Enthusiasmus gesteigert« habe. Solche Beobachtungen finden sich in erdrückender Fülle und haben sich offensichtlich geradezu aufgedrängt, wenn man das Stimmungsthermometer seit Beginn der 1880er Jahre aufmerksam verfolgte.

Einen »Verächter kolonialen Schaffungstriebes« wie Bamberger reizte der »Kolonialtaumel« zum Spott auf jene »wackeren Deutschen..., die im Bier schwimmend das wasserlose Angra Pequena für eine der begeisternden Hilfsquellen nationaler Wohlfahrt erklären«. Freilich könne er »vom sicheren Ufer eines ausrangierten Volksbeglückers aus mit besänftigtem Herzen ansehen«, gestand er Hillebrand mit einem Feuerwerk bestechender Ironie, »wie unter der erleuchteten Handlungspolitik der pommerschen Junker und der heiligen Inquisition auch in den meisten Kolonien in Polynesien oder Hottentottien Meisterprüfungen kombiniert mit Phalansterien, Lösung der sozialen Frage, Wiederherstellung der korporativen Gliederung, Kontinentalblocus, Zunftzwang und Recht auf Arbeit aller in Verbindung mit adeligem Grips bzw. mit Offizierskorps hergestellt wird; da muß es herrlich sein, da möcht ich sein!«.

Aber auch in London beklagte Botschafter Münster das »Kolonisationsfieber« als einen »Schwindel, der die Nation erfaßt hat«, als einen »Rausch«, der hoffentlich bald vorübergehe. Auf die »Verherrlichung des nationalen Marktes«, spottete selbst der »Deutsche Ökonomist«, sei eine geradezu »chauvinistische« Begeisterung für Export und Kolonien gefolgt. Nach der jahrelangen Krise sei »bei der heutzutage durch die deutsche Nation gehenden Strömung... überhaupt jedes Unternehmen wärmster Sympathie sicher«, konstatierte die »Kölnische Zeitung«, »in welchem man einen Keim und Anfang einer aktiven überseeischen und Kolonialpolitik erblicken zu können glaubt«[39].

c) »Kolonialrausch«, Anglophobie und Wahlkampf von 1884

Seit dem Frühjahr 1884 begann Bismarck, den Kolonialenthusiasmus auf seine wahlpolitischen Mühlen zu leiten, wobei es an guten Ratschlägen, daß »ein günstiger Erfolg« sich »bei den nächsten Reichstagswahlen als fördernd« erweisen werde, nicht mangelte. Als er – nicht zuletzt wegen des unerwarteten englischen Widerstands – die Chance erkannte, die Kolonialfrage hochspielen zu können, um die Scharte von 1881 auszuwetzen und das Prestige der Regierung vor dem Wahltag in neuem Glanz erstrahlen zu lassen, hat er nicht gezögert. »Er behandelt jetzt die meisten Fragen nach Wahlrücksichten«, hielt damals Lucius v. Ballhausen fest. Als die Wahlagitation schon monatelang mit den Kolonialparolen der Öffentlichkeit einzuhämmern versucht hatte, daß das Wohl und Wehe des Reichs von überseeischen Erwerbungen

39. Bayerischer Kurier 16. 4. 1884; Reform 28. 8., 11. 9. 1884; Weser-Zeitung 4. 12. 1884; Fränkischer Kurier 6. 1. 1885; Vossische Zeitung 15. 9. 1885; Bamberger an Hillebrand, o. D. (August, 1884), Nl. Bamberger 91; Wahlrede, 5. 10. 1884, ebda., 237; Münster an Erckert, 26. 12. 1884, 8. 3. 1885, Nl. Münster 13; an Werthern, 12. 3. 1885, ebda., 12; vgl. an Bennigsen, 15. 5. 1884 (»Kolonialillusionen«), in: Oncken, Bennigsen, II, 519, u. DR 32, 22 f.; Deutscher Ökonomist 2. 315 f. (19. 7. 1884), vgl. 418 f. (27. 9. 1884, über »Das Kolonialfieber«); KZ 12. 5. 1884; vgl. Stengers, Rivalry, 340.

abhänge, verleugnete Bismarck im vertrauten Kreis auch keineswegs, daß er kühlen Kopfes die geläufige Manipulationstechnik ausübte. »Die ganze Kolonialgeschichte ist ja Schwindel«, soll er Boetticher und Caprivi unverhüllt gesagt haben, »aber wir brauchen sie für die Wahlen« – also »zur Hebung der Schützenfeststimmung«, wie Wilhelm v. Bismarck, als er von diesem Gespräch hörte, die Eröffnung kommentierte. Dabei wird man einige Punkte nicht übersehen dürfen: einmal bezog sich diese Äußerung vom September 1884 auf die forcierte Kolonialagitation vor den im Oktober dicht bevorstehenden Wahlen und auf die maßlos übersteigerte Bedeutung, die dieser Frage besonders auch von der abhängigen Regierungspresse zugemessen wurde. Sodann tat sie Bismarck nur gegenüber zwei Männern, die bisher als Anhänger der freihändlerischen Expansion, ja als Kolonialfeinde gegolten hatten und eine solche herablassend-zynische Erklärung vermutlich zu schätzen wußten, wie es Holstein, der diese Worte überliefert hat, wegen seiner Kolonialkritik auch tat. Weiterhin aber hat Bismarck seine Skepsis gegenüber staatlichem Kolonialerwerb, der während des Wahlkampfes in den Vordergrund gerückt wurde, da er gleichsam ein noch griffigeres Thema als die ebenfalls hervorgehobene Unterstützung der kommerziellen Expansion abgab, auch damals nicht aufgegeben. Und schließlich mag er auch mit an die utopischen Hoffnungen gedacht haben, die so häufig mit der Kolonialdiskussion verbunden waren. Denn mit einer fast echt klingenden Verwunderung konstatierte er im Herbst 1884 einmal, daß die »Kolonialfrage die Gefühle der Deutschen in einem größeren Ausmaße gefangen nehme, als es ihr zustehe«.

Wie die Sozialistenfurcht so ließ sich auch der »Kolonialrausch« sozusagen auf drei Ebenen als Integrationsmittel einsetzen: zuerst gegen jeden einzelnen Abgeordneten und vornehmlich gegen die führenden Repräsentanten der politischen Opposition wie Richter und Bamberger; zum zweiten gegen eine oder mehrere Gruppen von »Reichsfeinden«, jetzt vor allem gegen den linksliberalen Block von 1881, und drittens gegen eine äußere Macht, in diesem Fall gegen Großbritannien, so wie früher die sozialistische Internationale, der Katholizismus oder 1887 Frankreich als Gegner herhalten mußten. In jedem Fall aber wurde – sozialpsychologisch gesprochen – ein Zentralisierungsaffekt zugunsten der Regierungspolitik und ein Differenzierungsaffekt durch ihre Abhebung vom Lager der inneren und äußeren Gegner erstrebt, – eine Politik, die sich mutatis mutandis natürlich auch unschwer aus der westdeutschen Wahlkampfpolitik der 1950/60er Jahre herausschälen ließe.

Bereits im Mai 1884 lief die Wahlpropaganda an und entfaltete diese drei Stoßrichtungen, während sie als Generalthema wiederholte, daß »seit Jahren ... keine Frage einen so mächtigen Widerhall in der Nation gefunden« habe, »wie die Kolonialfrage«. Dem Reichskanzler sei »die freudige Zustimmung der ganzen Nation gewiß«, da »der Nutzen der Kolonien für große Reiche ... durch die Handelsgeschichte der Völker nachgewiesen« sei. »Eine große nationale Bewegung gärt an allen Enden unseres Vaterlandes«, erklärte die inspirierte »Kölnische Zeitung«, »alles drängt jetzt« auf »eine Kolonialpolitik«. Daher dürfe »das deutsche Volk nicht wieder eine Majorität« der Opposition in den Reichstag entsenden. Der Linksliberalismus unter Richter und Bamberger, so nahm die Polemik allmählich zu, spiele den »großen Bremser am Reichswagen, der nicht Ketten genug einzulegen weiß, um den Lauf des Reichswagens zu hemmen« und eine »nationale Tat« in Übersee zu verhindern. Bald werde er wohl »das Dankesvotum« des rivalisierenden Auslands erhalten.

Anfang Juni hielt Botschafter Ampthill die koloniale »Agitation schon für sehr scharf«, aber sie wurde zunehmend, am Schluß der Reichstagssession auch von Bismarck selber in seinen Reden über Angra Pequena und die Dampfersubvention, forciert. Mit unverhohlener Befriedigung registrierten die Bismarcks »die Reden Bambergers und Richters über deutsche Kolonialpolitik, die sie in offener Feigheit und Erbärmlichkeit bekämpften«, denn diese ließen sich vorzüglich »bei den Wahlen verwerten«, nachdem sie Bismarck im Reichstag und in der Budgetkommission in die Falle gegangen waren: sich zu kompromißlosem Widerstand provozieren zu lassen. Ampthill hatte den Eindruck, daß der Reichskanzler »überglücklich über den Eindruck« zu sein schien, den seine »niederschmetternden Angriffe gegen seine Feinde Bamberger und Richter« dort erzeugt hatten.

»Gegen ein verlockendes, ideales Bild künftiger deutscher Machterweiterung« bemühe sich der Freisinn, mit »engherzigen Buchhaltereigründen« anzukämpfen, hieß es in süddeutschen nationalliberalen Zeitungen, damit habe diese Partei »die Grenzen, die sie mit dem nationalen Bewußtsein gemein hat«, überschritten, sie nehme »ein nationalgefährliches Wesen« an! Deshalb »fort mit dieser Opposition, diesen Kliquenpolitikern, diesen ewigen Hemmschuhen alles wirklichen Fortschritts«, gaben die offiziösen »Grenzboten« als »Wahlparole« aus, und in einem konservativen Wahlaufruf wurden danach sofort den Linksliberalen »die kleinlichsten Bedenken jämmerlichster Engherzigkeit gegen die Entfaltung der überschüssigen nationalen Kraft in überseeischen Unternehmungen« vorgeworfen.

Den »neidischen Krittlern« und »Reichsnörglern« mit ihrer »mitleiderregenden Haltung« sprach Friedrich Ratzel als Repräsentant des gouvernementalen Nationalliberalismus »unter der Flagge« des Heidelberger Programms, jeden »Sinn für die wahren, in Parteischablonen nicht zu fassenden Bedürfnisses der Nation« ab. Denn »die Kolonialfrage ist so innig verwachsen mit unserem ganzen politischen und wirtschaftlichen Sein, daß eine bare Notwendigkeit vorliegt«, behauptete der Geographieprofessor und Leiter des Münchener »Vereins zum Schutze deutscher Interessen im Ausland«. »Was den Stempel des Nationalen trägt«, müsse für die Nationalliberale Partei »zu ihrem Vorteil ausschlagen«, prophezeite er mit scharfer Spitze gegen die »kleinen Wortkämpfe« der freisinnigen Opposition – »für uns ... paßt überhaupt nicht der Parlamentarismus der Oberflächlichkeit und Geschwätzigkeit«[40]!

Nicht nur Ratzel erkannte die Chance, die die Kolonialfrage den Nationalliberalen bot. Bismarck selber, dem jetzt durchaus wieder an der Stärkung einer rechtsliberal-linkskonservativen Mittelpartei gelegen war, riet »den Nationalliberalen bei dem parlamentarischen Frühschoppen ..., wieder in den Zirkus zu springen bei der ... Kolonisationsfrage«. Auch Miquel griff nun wieder ein Thema auf, das er schon bei

---

40. Thorn (ein süddeutscher Nationalliberaler) an B., 20. 5. 1884, RKA 1996, 19, vgl. 1997, 12 f.; Lucius, 310; Holstein, II, 174 (19. 9. 1884), 176 (23. 9. 1884); III, 122 (W. v. B. an Holstein, 24. 9. 1884); vgl. auch Hohenzollern, 7 (B. auf Wilhelms Begeisterung 1884): »das sei die Sache wohl nicht wert«); Aydelotte, 20; Oldenburg, 92; Hagen, 245–93; Röttger, 65. – Korrespondent von u. für Deutschland 12. 5. 1884; Bayreuther Tageblatt 28. 6. 1884; KZ 11., 14., 25. 7. 1884 (Fabri kandidierte, erfolglos, für Nationalliberale u. Freikonservative in Elberfeld); Korrespondent von u. für Deutschland 25. 5., 26. 6. 1884; Bamberger Neueste Nachrichten 26. 6. 1884; Ampthill an Granville, 7. 6. 1884, in: Knaplund Hg., 331; Rantzau an H. v. B., 24. 6. 1884, Nl. Bismarck, 47; Ampthill an Granville, 28. 6. 1884, in: Knaplund, 336 f., vgl. Fitzmaurice, II, 335; Korrespondent von u. für Deutschland 2., 17. 7. 1884; an., Gb. 43, III, 166, ebenso Deutscher Ökonomist 2, 503 f.; Konservativer Wahlaufruf, Nl. Goldschmidt; F. Ratzel, Wider die Reichsnörgler, ein Wort zur Kolonialfrage aus Wählerkreisen, München 1884, Vorwort, 5, 15, 24, 30 (gelobt: KZ 21. 10. 1884).

der Gründung des »Deutschen Kolonialvereins« verfolgt hatte: eine verlockende »nationale Aufgabe« werde mit der Kolonialfrage den staatserhaltenden Parteien gestellt, eine Aufgabe, »die uns eint, die das patriotische Gefühl hebt« und »ein großes gemeinsames Ziel stets lebendig vor Augen hält«. Von dieser integrierenden Wirkung hofften die Nationalliberalen als Partei des nationalen Besitz- und Bildungsbürgertums zu profitieren. Sie wurden nicht enttäuscht, sondern mit ihrer Wahlparole: »die nationalliberale Partei stimmt mit ganzem Herzen der Kolonialpolitik des Reichskanzlers zu« auf der Welle der nationalistischen Kolonialbegeisterung emporgetragen.

Schon im August beobachtete die »Allgemeine Zeitung«, daß die linksliberale Opposition gegen Kolonialbesitz spürbar ermatte, da sie den politischen Fehler ihres harten Widerstands erkannt habe. Wilhelm v. Bismarck sah sich in seinem Wunsch: daß die »NAZ in der Wahl bloß das Kolonialpferd« reiten solle, bestätigt, und Herbert hatte den Eindruck: »jetzt moussiert alles wegen Kolonialpolitik«; deshalb solle der Wahltermin um einen Monat in den September vorverlegt werden: »Carpe diem«, riet er, »jetzt ist Begeisterung über Kolonialpolitik allgemein..., aber ›Begeisterung ist keine Heringsware‹!«

Um noch einen zusätzlichen Erfolg mit ins Spiel bringen zu können, bemühte sich Bismarck, die Kongokonferenz als Schlußpunkt des Wahlkampfes in Berlin eröffnen zu können. Wilhelm v. Bismarck berichtete Anfang September, ihm sei »klar« geworden, daß der Reichskanzler auch »aus Wahlrücksichten für die Konferenz begeistert« sei; er wolle »den Kongo für die innere Politik ausnutzen... Da legt er sich dahinter.« Wenn der Konferenzbeginn auch erst in die Woche unmittelbar nach dem Wahltag gelegt werden konnte, so wird doch die Aussicht auf diese glanzvolle Tagung, die Bismarcks Stellung in Europa und jetzt auch in der überseeischen Politik so augenfällig unterstrich, im Wahlkampf nicht ohne die gewünschte Wirkung geblieben sein. Bismarck jedenfalls gestand am Abend vor den Wahlen Botschafter Schweinitz, »diese Sache habe unerwartet viel Wind in seine Segel gebracht«! In London durchschaute Friedrich Engels den »Kolonialschwindel«. »Es war die geschickteste Karte, die Bismarck ausgespielt, recht auf die Philister berechnet, überfließend von illusorischen Hoffnungen und mit nur langsam sich realisierenden, aber auch horrend schweren Unkosten[41].«

Empört wandte sich die Opposition gegen die »chauvinistische Strömung im Lande« mit ihrem »unklaren Gefühlsdusel« einer deutschen Kolonialpolitik. Sie warnte vor den Kosten, die allein schon »von den Kolonialschwärmereien auf staatlich-bürokratischer Grundlage kurieren« sollten. Sie protestierte dagegen, »Fragen von solcher Verantwortlichkeit zur Aufstachelung unwissender Massen zu mißbrauchen« und »Schlagworte«, »welche sich allerdings diesmal auf die Autorität des Reichskanzlers berufen«, »mit ganz bestimmter verhetzender Absicht« gegen die Linksliberalen »ins Volk« zu werfen. Der von ihr so beklagten »enthusiastischen Agitation für eine unbestimmte koloniale Gründungspolitik« hatte sie jedoch mit ihrem

---

41. Lucius, 297; vgl. Herzfeld, Miquel, II, 24, 27–29, 38, 41, 45; Miquel, Reden, III, 112, 169; DKZ 3. 1886, 304; vgl. Miquel an Bennigsen, 7. 9. 1884, in: Oncken, Bennigsen, II, 513. KZ 14. 7. 1884; Allg. Zeitung 24. 8. 1884; W. v. B. an Holstein, 1. 9. 1884, in: Holstein, III, 117; H. v. B. an Holstein, 24. 8. 1884, ebda., 114, vgl. 116 u. darauf Holstein an H. v. B., 5. 9. 1884 (Nl. Bismarck, 44): »S. D. hat Eile mit der Sache (Kongokonferenz) der Wahlen wegen.« Vgl. o. V/1D. – Schweinitz, Denkwürdigkeiten, II, 290 (28. 10. 1884); Engels an Bebel, 11. 10. 1884, MEW 36, 215 f. Vgl. ders. an Bernstein, 13. 9. 1884, ebda., 207: »Übrigens hat Bismarck mit dem Kolonialschwindel einen famosen Wahlcoup gemacht. Darauf fällt der Philister hinein, ohne Gnade und massenhaft.«

redlichen Appell an Nüchternheit und genaue Kalkulation der Gewinnchancen keine zugkräftigen Parolen entgegenzusetzen. Sie spürte, wie der Vorwurf der »Reichsfeindschaft«, der »unterminierenden Termitenarbeit« und des fruchtlosen »Parteihaders« Widerhall weckte. Vergeblich wandte sie dagegen ein, daß man »bekanntlich« als »Parteihader ... jede oppositionelle Regung gegen die Absichten der Regierung« diffamiere. Im September und Oktober kämpfte die Opposition nur mehr mit einer gewissen Resignation und offensichtlich mit dem Rücken zur Wand gegen den Sog des Kolonialenthusiasmus an, aus dem die regierungstreuen Parteien nur »für ihre Politik Kapital darauszuschlagen« und »für Wahlzwecke« auszunutzen strebten.

Die vehemente Polemik gegen die inneren »Reichsfeinde« war der deutschen Öffentlichkeit bis 1884 nachgerade vertraut geworden. Sie verfehlte auch diesmal ihre Wirkung nicht. Bitter urteilte daher der Kronprinz, daß »die Kolonialmode ... plötzlich ... in Szene gesetzt« worden sei und man »heute ... ›Reichsfeind‹ genannt« werde, »wenn man nicht begeistert für jede Sandscholle schwärmt, auf welcher unsere Flagge gehißt ward«. Aber da der Gegensatz im Inneren vielleicht nicht hinreichend gewirkt hätte, wie sich 1881 erwiesen hatte, wurde 1884 auch der deutsche Nationalismus gegen Großbritannien mobilisiert.

Monatelang attackierte die Regierungspresse Englands »hinterhältige Scheelsucht« und die »Auswüchse englischen Übermuts«. Unverständlicher Neid verbunden mit »weitgetriebener Verachtung deutschen Wesens und deutscher Kraft« hätten »den deutschen Michel gründlich in Harnisch gebracht«. Triumphierend wurde eine »Ära der Demütigung Englands« versprochen. »Die englische Alleinherrschaft zu brechen«, sei ein würdiges Ziel deutscher Überseepolitik, nachdem England die »patriotische Seite« in Deutschland verletzt habe. Hier wurden die Grundlagen für die Wirksamkeit des späteren Propagandatopos vom mißgünstigen »perfiden Albion« gelegt. »Alle möglichen gehässigen Absichten« würden »England zudekretiert«, war der Eindruck des allerdings nicht ganz unvoreingenommen urteilenden Kronprinzen Friedrich, »es gehört zur guten Gesinnung, jetzt antienglisch zu sein«[42].

Die im Frühsommer 1884 aufflackernde Anglophobie konnte sich zwar, je mehr die wenig glücklich operierende englische Oppositionspolitik gegen die deutsche Ausbreitung in Afrika und dann auch im Pazifik bekannt wurde, auf einige Anlässe berufen. Tatsächlich mußte Bismarck auch das Widerstreben der englischen Politik und einiger Kolonien überwinden, und wegen des Einsatzes, der auf dem Spiel zu stehen schien, scheute er jahrelang nicht vor erheblichem Druck auf London zurück. Aber weder in Bismarcks Umgebung noch im Kreis seiner Kritiker, wo die Gegnerschaft den Blick schärfte, übersah man, daß 1884 die nationalistische Stimmungsmache bewußt angefacht wurde. »Gerade jetzt« sei von dem Kanzler »das nationale Bewußtsein ... wachgerufen worden«, lobte Direktor Sachse, der Fachbearbeiter für die Dampfersubvention im Reichspostamt, diese Methode, die, wie auch Graf Waldersee erkannte, sich »für die Wahlen gut auswerten läßt«. »Immer die Faust machen«, »Vorhaltungen der englischen Schweinereien«, aber »eine offene Brouille mit England ... vermeiden«, – so beschrieb Wilhelm v. Bismarck die Taktik des Reichskanzlers.

Bamberger bedauerte dagegen, daß Kolonien und Englandhaß »herbeigezogen«

42. Fränkischer Kurier 26. 6., 7. 7., 16. 10., 27. 11. 1884; Hamburg. Börsenhalle 14. 8. 1884; Hamburg. Korrespondent 10. 9. 1884; KZ 22. 6. 1884; Neue Würzburger Zeitung 9. 9. 1884; Reform 26. 8. 1884; Kronprinz Friedrich an Münster, 10. 1. 1885, Nl. Münster 3; KZ 21. 6., 5., 6. 8., 13. 9., 29. 9. 1884, u. die Pressestimmen o. V/1A–C.

würden, »um Patriotismus zu machen« und »dem Phantom nationaler Eitelkeit zu frönen«. Mit dem Kronprinz hielt Münster die »Hetzerei, die ... gegen England durch die Presse in Szene gesetzt wurde« für »gefährlich und schädlich«. Ihm erschien »der Chauvinismus und gänzlich unpraktische« – »absichtlich verbreitete« – »Haß gegen die Engländer« als »das Bedenklichste bei dem Kolonisationsfieber«, »Chauvinismus und solche Wut gegen England künstlich anzufachen, halte ich für unvernünftig und schädlich für Gegenwart und Zukunft«. Aber auch Münster erkannte natürlich genau, »daß für den Augenblick Bismarck« durch »den Kolonialrausch« mit seiner antienglischen Spitze »an Popularität gewinnt«[43].

Diese Nahwirkung stellte sich tatsächlich ein. »Unmittelbar vor den bevorstehenden Reichstagswahlen« konnte Bismarck schon befriedigt dem Kaiser den »bisher über Erwarten günstigen Eindruck unserer Kolonialpolitik« melden. Die Wahlen brachten dann den Linksliberalen eine schwere Niederlage. Sie verloren trotz höherer Wahlbeteiligung als 1881 (60,3 zu 56,1 Prozent) als einzige Partei Stimmen und 41 Mandate. Die Nationalliberalen gewannen jetzt denselben Stimmenanteil (17,6 Prozent) wie die Deutsch-Freisinnigen (1881: 21,1 zu 14,6 Prozent)! Zusammen mit den Deutsch-Konservativen, die 78 statt 50 Abgeordnete entsenden konnten und zur zweitstärksten Fraktion aufstiegen, und den 28 Freikonservativen bildeten die 51 Nationalliberalen einen festen Block von 157 Anhängern der Bismarckschen Politik. Obwohl damit bei 397 Parlamentssitzen das Zentrum mit seinen 99 Abgeordneten eine Schlüsselstellung behaupten konnte, galt das Ergebnis als ein Erfolg für die Reichsregierung, für die Linksliberalen dagegen war es »niederschmetternd«.

»Die friedlichen Eroberungen, welche die mit soviel Schneid als Glück inaugurierte Kolonialpolitik des Kanzlers in Aussicht stellt, regten die Phantasie des Volkes mächtig an«, zogen Zeitungskommentare das Fazit, »in weitesten Kreisen« habe »die letzte Wahlbewegung ... das Verständnis für die große praktische Bedeutung der Kolonialfrage« geklärt. »Die klugen Doktrinäre aber, denen der Freihandel Richtschnur und Leitstern ihrer ganzen Politik war«, mußten trotz ihrem »Gejammer« erkennen, daß »die Weiterarbeit der Liberalen« nur mehr »auf Grund des politischen Heidelberger Katechismus« möglich sei. Nachdem sie »zu sehr auf dem hohen Olymp der Doktrin« gesessen, müßten sie jetzt die Überlegenheit Bismarcks anerkennen.

Der Reichskanzler hatte am 25. Oktober noch angedroht, wenn die Wahlen »über Gebühr oppositionell ausfielen, so würde das parlamentarische System um so schneller ruiniert und die Säbelherrschaft vorbereitet werden«. Das Ergebnis vom 28. Oktober konnte er als eine Korrektur des Plebiszits von 1881 mit Hilfe der Kolonialpolitik betrachten«; die »Kartellwahlen« von 1887, die die Linksliberalen auf 32 Abgeordnete dezimierten, ergaben dann als letzten Wahlerfolg im Schatten einer künstlichen

---

43. Sachse an Meier, 27. 10. 1884, Nl. Meier, 23; Waldersee, Denkwürdigkeiten I, 244, vgl. 260; II, 33; vgl. ders., Aus dem Briefwechsel, Hg. H. O. Meisner, Berlin 1928, I, 250, 258 (Loë an Waldersee, 26. 3. 1889: »Es ist in den letzten Jahren eine Antipathie gegen England bei uns emporgewachsen, für welche der natürliche Boden eigentlich gänzlich fehlt«, wenn »von der Kolonialtollheit abgesehen wird«). – W. v. B. an Holstein, 27. 8. 1884, in: Holstein, III, 115; Bamberger, Wahlreden 5. 10. u. 11. 12. 1884, Nl. Bamberger 237; Münster an Erckert, 8. 4. 1885 (»Der große Onkel macht sich für den Augenblick damit populär«; so später an Holstein [13. 1. 1896, PA, England, 78, secr. 3], B. habe Kolonialpolitik getrieben, »um selbst populär zu werden oder vielmehr die Popularität zu erhalten«. In diesem Sinn könnte man auch die Meinung der Kronprinzessin [o. 418 Anm. 9] auslegen); 26. 12. 1884, Nl. Münster, 13; an Werthern, 12. 3. 1885, ebda., 12 (»Die jetzige Stimmung in Deutschland geht vorüber, große Menschen und große Nationen haben ihre Flegeljahre.« Deutschland u. England seien »das zivilisatorische Element der Welt, zerfleischen sich diese, so öffnen wir der Barbarei des Ostens, der moralischen Verwüstung der Gallier Tür und Tor«).

außenpolitischen Spannung den Bismarckblock einer klaren Mehrheit von 220 Parlamentsvertretern.

Indem Bismarck im Sommer und Herbst die Spannungen im Verhältnis zu England anstatt den relativ schnellen Ausgleich in den Kolonialfragen akzentuierte, bewies er erneut seine fragwürdige »Kunst, innere Politik mit der Dampfkraft der auswärtigen zu machen«, konnten doch zu alledem jetzt noch die Oppositionsgruppen nicht nur als »Reichsfeinde«, sondern geradezu als Parteigänger einer auswärtigen Macht attackiert werden! Und als ein sicherlich nicht unwillkommenes Nebenergebnis erwies sich die Kolonialfrage auch als ein »Kampfmittel gegen fremdländische Einflüsse«, wie Holstein im Juni 1884 die Möglichkeit einer künftigen Reibung mit England: um Friedrich III. und die »dermalige Kaiserin mit ihren englischen Tendenzen vor dem deutschen Volk ins Unrecht zu setzen«, erfaßte.

Um diese innenpolitisch motivierte antienglische Politik machte sich Bismarck, ob eines Auswegs nie verlegen, wohl weitaus weniger Gedanken als über die stets im Auge behaltenen außenpolitischen Konsequenzen der kolonialen Auseinandersetzung mit London, denn auch hier mag er geglaubt haben, das Übergreifen innenpolitischer Spannungen auf die Außenpolitik kontrollieren und meistern zu können; öfters hat er ja geradezu behauptet, man könne und solle diese beiden Bereiche völlig getrennt halten, wie sehr er sich selber an dieses, auch taktisch gemeinte Gebot z. B. im Wahlkampf dann nicht gehalten hat. Aber die Fernwirkung dieser inneren Anglophobie erwies sich, – zumal als die Saat in den 1890er Jahren aufging –, als eine schlimme Belastung für die deutsche Politik, wie auch das Intermezzo in England unvergessen blieb. Bismarck habe Deutschlands Eintritt in die Kolonialpolitik gegen erbitterten englischen Widerstand erkämpfen müssen, der Neid Großbritanniens habe der deutschen Ausbreitung überall im Wege gestanden – dieser Eindruck setzte sich fest, und auf den ersten Reichskanzler konnte sich fortab, besonders seit dem Ausgang der 1890er Jahre, der deutsche Englandhaß berufen, den Bismarck selber noch ganz so manipuliert hatte, wie er öfters den deutschen Nationalismus anstachelte und sich als politischen Treibstoff zunutze machte[44].

Außer dem Wahlkampf, – und die integrierende bzw. ablenkende Wirkung der Kolonialexpansion blieb ja nicht auf ihn beschränkt! –, kam noch ein weiteres allgemeines Moment hinzu, weshalb Bismarck zehn Jahre nach dem Einbruch der Depression und nach den innenpolitischen Erschütterungen seit 1879/81 den Nationalismus mobilisierte. Hammacher nannte hier gleichsam das Stichwort, als er eine Kolonialpolitik als »mächtiges Mittel zur Förderung des nationalen Selbstgefühls« empfahl. Eine solche Förderung mochte in der Tat vom Standpunkt der politischen Psychologie aus als angebracht erscheinen. Das Selbstgefühl zahlreicher Individuen, deren ökonomischer und sozialer Status durch die Depression vernichtet oder doch geschmälert wurde, aber auch das kollektive Geltungsbedürfnis breiter sozialer Schichten, die wie das Kleinbürgertum der Handwerker und Kleingewerbetreibenden, Teile der Industriearbeiterschaft, der mittelständischen Landbevölkerung und der

---

44. B. an Wilhelm I., 14. 9. 1884, RKA 4109, 81–86. Seeber, 143–45; Ziekursch, II, 368 f.; Mommsen, Parteiprogramme, 791; KZ 7., 17. 11. 1884; Deutscher Ökonomist 2, 503 f. (15. 11. 1884); Lucius, 304; Bambergers allg. Enttäuschung: Tb., 275, 286, 339. – Oncken, Bennigsen, II, 45; Holstein, II, 167 f. (6. 6. 1884); vgl. GW 8, 525; Busch, Tb., III, 190 f.; auch GW 8, 535. – Kehr, Englandhaß, 149–75; D. Oncken, 18 f., u. O. Pflanze, Bismarck and German Nationalism, AHR 60. 1955, 548–66 (eine ausgesprochen falsche Tendenz wird P. unterlegt von Rothfels [Bismarck, der Osten, 64 f.], vgl. Pflanze, JCEA 23. 90 f.). Ebenso legte u. a. auch Bismarcks Polenpolitik die Grundlagen für die Entwicklung in und nach der wilhelminischen Zeit.

größeren Grundbesitzer von der industriellen Tiefkonjunktur und der Agrarkrise besonders hart getroffen wurden, hatte seit Jahren schwere Einbußen erlitten. Gefühle tiefer Frustration, resignierender Angst um die Zukunft und in Angriffslust – wie den Antisemitismus oder die Anglophobie – umschlagende Enttäuschung: mithin Individual- und Kollektivemotionen, die durch die dunkle, undurchschaubare Anonymität des sozialökonomischen Entwicklungsprozesses noch gesteigert wurden, breiteten sich aus.

Hier sammelte sich ein explosiver Zündstoff an, der die Jagd nach Sündenböcken antrieb, nach aggressiver Entladung drängte oder durch Kompensationen entschärft werden mußte. Eine solche Ersatzbefriedigung für das gedrückte Selbstgefühl bot der emotionelle Vulgärnationalismus, der seit den 1880er Jahren auch in Deutschland so spürbar und vielfach registriert zunahm. In der psychischen Ökonomie der Einzelnen und Gruppen vermochte die Steigerung des nationalen Ansehens, die Bestätigung des internationalen Prestiges der Nation von der Degradierung im Alltags- und Berufsleben abzulenken. Der Nationalismus bot ein Ventil für die während der Krisenzeit wachsenden psychischen Spannungen, einen gewissen Ausgleich für die versagte soziale Anerkennung und den fehlenden Erfolg im Lebenskampf. Nationales Prestige entschädigte für verletztes individuelles Selbstgefühl, nationale Erfolge halfen über Mißerfolge in der privaten Lebenssphäre hinweg, sie boten auch eine Art Beschäftigungstherapie für die erregte Phantasie. Zugleich lenkte der echte oder vermeintliche Gegner nationalen Geltungsstrebens einen Teil der aufgespeicherten Aggressivität, in die Frustrationen so häufig umzuschlagen pflegen, auf sich.

Seit den 1880er Jahren bot sich zumal ein anglophober Nationalismus für Bismarcks Herrschaftstechnik, die den gestauten Druck innerer Probleme nach außen und auch auf äußere Gegner abzulenken suchte, vor allem auch deshalb als Instrument an, da mit dem Wachstum der deutschen Industriewirtschaft England, der gewaltige Rivale mit einem schwer einzuholenden Vorsprung auf den Weltmärkten, oft als schärfster Rivale angesehen wurde. Für das seit 1879 rapide wachsende ökonomische Selbstbewußtsein im Deutschen Reich galt England keineswegs nur als Vorbild, sondern zunehmend auch als der eigentliche Gegner im Konkurrenzkampf, gegen den sich Antipathien geschwind aktivieren ließen. Der im Zusammenhang mit der Depressionszeit aufkommende Englandhaß bot überdies auch die Gelegenheit, antikapitalistische Affekte gewissermaßen zu externalisieren, sie gegen den kapitalistischen Staat par excellence zu richten. Wie der Antisemitismus ermöglichte auch die Anglophobie eine Fixierung antikapitalistischer Ressentiments.

Auf den Kompensationseffekt eines solchen durch die Konjunkturschwankungen und die gesellschaftlichen Erschütterungen mitbedingten überhitzten Nationalismus anspielend, konnte die »Frankfurter Zeitung« die Kolonialpolitik im Kampf gegen Großbritannien als »Mittel zu nationaler Selbstberauschung« kritisieren. In diesem Sinn auch versprachen sich umgekehrt Expansionspublizisten wie Hübbe-Schleiden und v. d. Brüggen einen »sittlichen Einfluß« von der Kolonialpolitik auf »die Nation«, begrüßte sie Miquel, da sie »uns befreit von den ewigen Gedanken an die inneren Streitigkeiten und Zwistigkeiten«, lobte sie Friedrich Ratzel als »ein Stück Nationalerziehung großartigen Stils«, da sie dem Reich »Luft und Licht« verschaffe und die »Weltstellung« vorbereite, »ohne die fürder keine Großmacht denkbar ist«. Auch an diese Entlastungs- und Ausgleichsfunktion des Nationalismus mag Bismarck, der ja seit den 1850er Jahren den innenpolitischen Wert der »Erhöhung« des deutschen »Selbstgefühls gegenüber dem Auslande« mehrfach beschrieben hatte, gedacht haben, als er mit seinem Imperialismus, den außenpolitische Konflikte und nationale Erregung begleiteten, ein »neues Ziel« aufpflanzen wollte. Die »nationale Glühhitze« konnte nicht nur bei Parlamentswahlen und -entscheidungen dienlich sein, sondern auch allgemeiner von den inneren Problemen ablenken. »Der Reichskanzler hatte den kleinen Gegenstand zum Anlaß genommen, um die englische Diplomatie ... zu demütigen«, so urteilte rückblickend die »Vossische Zeitung«, »es gelang dadurch, die Aufmerksamkeit von dem unpopulären Gang der inneren Politik abzulenken«. Man könne Bismarcks Kolonialpolitik nicht richtig verstehen, erklärte auch die »Allgemeine Zeitung für Franken«, »wenn man sie nicht auch als Ablenkung von den Schwächen der inneren Politik auf die glänzende Seite, auf das Auswärtige, betrachtet«[45].

Auch im Hinblick auf die Englandfeindschaft und die innenpolitische Funktion sowohl des Nationalismus als Spannungsableiters als auch einer expansionistischen Politik als Ablenkungsmanöver zeigt wieder ein Vergleich mit den Vereinigten Staaten, daß es sich dabei keineswegs nur um ein isoliertes deutsches Phänomen oder nur um die bonapartistische Technik europäischer Politiker handelte. Als die Vereinigten Staaten seit den 1880er Jahren mit England um den lateinamerikanischen Markt zu ringen begannen und die widerstreitenden Interessen in Chile und Brasilien, Nikaragua und Venezuela aufeinanderprallten, wurde von amerikanischen Politikern der anglophobe Gefühlsnationalismus bewußt angefacht und ausgenutzt, um Wahlergebnisse zu beeinflussen. Sie haben auch immer wieder deutlich erkannt, daß die von nationalistischer Erregung umrankte expansionistische Politik als Ventil für die bedrohlichen psychischen Spannungen der Depressionszeit wirken konnte. Schon während des Chilekonflikts von 1891 wurde Präsident Harrison zu einem aggressiven Kurs geraten, da »er im Effekt die Aufmerksamkeit von der sterilen Auseinandersetzung« im Inneren ablenken werde«, die Regierung solle nicht darauf verzichten, auf diese Weise »das nationale Selbstgefühl zu kräftigen« und dann »daraus Kapital zu schlagen«.

Als sich dann die dritte Depression seit 1893 auswirkte, als Streiks und Protestbewegungen, der Populismus und sozialistische Gedanken sich ausbreiteten, das Verschwinden der »Frontier« eine Epoche der amerikanischen Geschichte abzuschließen schien und der Konzentrationsprozeß der Industrie den Übergang zum oligopolistischen »Corporation Capitalism« der Mammutkonzerne signalisierte, als der schlimmen Tiefkonjunktur und der drohenden, augenscheinlich unaufhaltsamen strukturellen Veränderung Amerikas die »psychische Krise der 90er Jahre« (Hof-

---

45. Hammacher an B., 24. 6. 1884, RKA 1997, 12; vgl. Rosenberg, Depression, 51–57, 62–78, 88–117; H. Mommsen, Neuzeit, in: Fischer-Lexikon 24, 217, 222; Landes, CEHE VI, 468, 553 f. So könnte man vielleicht Reins These von Bismarcks »nationalhygienischem Gesichtspunkt« bei der Kolonialpolitik Sinn abgewinnen (ders., Europa, 313 f.). – Frankfurter Zeitung 15. 10. 1885; v. d. Brüggen, Gb 43, IV, 561; Miquel, Reden, III, 169; Ratzel, 14, 16 f.; Vossische Zeitung 17. 6. 1886; Allgemeine Zeitung für Franken 17. 12. 1884. Die in London irritiert zur Kenntnis genommene »spontane« Anglophobie hat B. englischen Diplomaten und Politikern damit erklärt, daß der Wahlkampf unerquickliche Begleiterscheinungen zeigte, auf jeden Fall müsse er den »Strom der Kolonialbewegung in den Hauptkanal seiner Parlamentspolitik leiten« (28. 9. 1885, zu Sir P. Currie, in: Cecil, III., 1931, 257). B. Erwartung, daß die Berufung auf zugkräftige Wahlparolen und die Atmosphäre vor einem Wahlkampf in England auf Verständnis treffen würde, ging zeitweilig durchaus in Erfüllung (vgl. Fitzmaurice, II, 338 f., 358 f., 361 f.; Knaplund Hg., 318 f., 333 f., 338 f., 340, 393; Ramm, II, 230, 251; Taffs, 362–73; Aydelotte, Bismarck, 121), aber schon im Dez. 1884, nach dem Wahlkampf, erkannte Granville (Knaplund Hg., 371 f.), daß B. die Englandfeindschaft »systematisch« in der Innenpolitik ausnützte.

stadter) entsprang, da gewannen solche Ratschläge an Dringlichkeit. »Wenn man sich die inneren Übel des Landes vergegenwärtigt«, riet der Abgeordnete Paschal während der Venezuelakrise von 1895/96 Außenminister Olney, den Zusammenstoß mit England nicht zu scheuen, dann »leuchten die Möglichkeiten, die ›Blut und Eisen‹ bieten, grell auf. Denken Sie doch nur daran..., wie verteufelt sich die anarchistische, sozialistische und populistische Pestbeule auf unserem politischen Organismus ausnimmt... Ein Schuß über den Bug eines englischen Schiffes ›in Verteidigung der Monroe-Doktrin‹ wird mehr Eiter aus ihr herauspressen, als in den nächsten zwei Jahrhunderten zur Vergiftung unseres Volkes notwendig ist.« »Wir brauchen einen Krieg, um die Dinge wieder ins Lot zu bringen«, glaubte sogar der konservative ehemalige Gesandte Lambert Tree – und nicht nur Theodore Roosevelt! –, wogegen Staatssekretär Moore »die Entstehung einer Kriegspartei«, die seit der neuen Depression von 1893 »einen Krieg für eine gute Sache für unser Land hält«, beklagte. Auch Postminister Wilson erkannte die sozialökonomischen Grundlagen der nationalistischen Erregung, als er in den ungelösten »großen inneren Fragen« die »Ursache des unvernünftigen, verächtlichen, verrückten Jingoismus, der zur Zeit das Land schüttelt«, fand.

Die Entladung dieser aggressiven Tendenzen im Krieg von 1898 wurde dann von Henry Watterson, einem der bekanntesten amerikanischen Zeitungsverleger und Publizisten jener Jahre, mit einem klassischen sozialimperialistischen Argument gerechtfertigt: »So entkommen wir der Drohung und Gefahr des Sozialismus und Populismus, wie auch England ihnen durch seine Kolonial- und Eroberungspolitik entgangen ist«, erklärte er. »Natürlich tauschen wir gegen unsere inneren Gefahren jetzt äußere ein, wir riskieren gewiß auch den Cäsarismus, aber selbst er ist dem Anarchismus vorzuziehen[46].«

Auch hier lassen sich mithin wieder gewisse Parallelen verfolgen, wie sich mit der Expansionspolitik ein Entspannungseffekt verknüpfte: sei es nun, daß die Ablenkung zeitweilig bewußt manipuliert und erreicht wurde, sei es, daß sie erhofft wurde und als Folge der Aktionen sich einstellte. Auch diese Tendenzen und Motive bestätigen noch einmal den globalen Zusammenhang des Sozialimperialismus.

Wird man nun auch sagen können, daß die Überseepolitik und Kolonialexpansion von Bismarck zeitweilig in innenpolitisches Prestige umgemünzt wurde, so hat ihm doch ein Motiv ferngelegen, das z. B. an Bülows Politik nicht zu übersehen ist: der Ehrgeiz nämlich, durch eine solche Expansionspolitik die Anerkennung als »Weltmacht« zu gewinnen. Indem Bismarck Außenhandelspolitik in globalem Stil betrieb, folgte er in erster Linie den expansiven Tendenzen der liberalkapitalistischen Wirtschaft. Dazu experimentierte er mit einer antizyklischen staatlichen Konjunkturpolitik, die ihn ebenfalls auf den Weltmarkt führte. Aber die Ambition, sich ständig als Weltmacht bestätigt zu sehen, Weltpolitik um ihrer selbst willen: als Beweis für den

---

46. R. Hofstadter, Cuba, The Philippines, and Manifest Destiny, in: ders., The Paranoid Style in American Politics, N. Y. 1965, 148–54, 158 f.; Vagts, I, 511; II, 1266; Wehler, JbLA, 3, 293–95; Paschal an Olney, 23. 10. 1895, Nl. Olney, LC; Aufz. Gespräch Moores mit Gresham, März 1895, Nl. Moore, LC; Moore an Bayard, 26. 11. 1895, ebda.; Wilson an Moore, 12. 12. 1895, ebda.; Literary Digest 17, 214 (2. 7. 1898, Watterson). – Vgl. hierzu die Furcht Außenminister Greshams vor einem amerikanischen »Cäsarismus« (an W. MacVeagh, 7. 5. 1894, Nl. Gresham, LC): angesichts der »Symptome der Revolution« in manchen Landesteilen könne sich »ein kühner, fähiger und skrupelloser Mann an die Spitze setzen«; oder von Senator Palmer (Aufz. Moores, 4./5. 5. 1894, Nl. Moore, LC), der wie Gresham ein bonapartistisches »Imperium« für das Ergebnis der scheinbar drohenden amerikanischen Sozialrevolution hielt.

Rang als Großmacht zu betreiben: dem »bloßen Bedürfnisse, überall dabei zu sein«, zu folgen, wie Bismarck spottete, diese Außenseite wilhelminischer Politik hat das Handeln des ersten Reichskanzlers noch nicht beeinflußt. »Auf überseeische Unternehmungen soll sich eine deutsche Regierung nur einlassen, wenn es durch die materiellen Interessen des Deutschen Reiches unbedingt geboten« werde oder zumindest »sichere Vorteile ohne verhältnismäßig großes Risiko ... dabei in Aussicht stehen«, hielt er diesem Geltungsdrang entgegen. Für seine auf die deutsche Kontinentalmacht und sein politisches Genie gegründete Stellung in der internationalen Politik bedeuteten ihm die »Schutzgebiete« in Afrika und im Pazifik eine Quantité Négleabile.

Es verdient aber festgehalten zu werden, daß schon damals in der öffentlichen Meinung sporadisch Gedanken aufgekommen sind, das Reich sei es sich als Großmacht schuldig, Kolonien als Emblem einer wahren Weltmacht zu erwerben. Erst ein Kolonialreich schaffe das höchste Statussymbol, gewähre ihm die endgültige und dauerhafte Bestätigung seines Spitzenranges, den es als rein europäische Macht demnächst verlieren werde. Zehn Jahre bevor Max Weber das machtpolitische Credo seiner Freiburger Antrittsrede vortrug, – »daß die Einigung Deutschlands ein Jugendstreich war, ... wenn sie der Abschluß und nicht der Ausgangspunkt einer deutschen Weltmachtpolitik sein sollte«, die allein unter den Bedingungen der modernen Welt dem Reich seine Großmachtstellung, seine ökonomische Wohlfahrt und seine kulturelle Entfaltung garantieren könne, – schon 1884 hat T. Fabri behauptet, »Sedan ... treibt zu einer deutschen Kolonialpolitik«, wenn Deutschland »seinen Weltruf zu erfüllen« fähig sein wolle; da aus der »europäischen Kultur Weltkultur geworden« sei, müsse vor allem auch vom »Herzen Europas« »Welthandel, Weltpolitik« getrieben werden. Mit einer Kolonialpolitik betrete das Reich nun auch »nach außen hin den Boden unseres Wirkens..., den wir notwendig betreten müssen als Konsequenz... unserer errungenen Einheit«, erklärte auch Graf Helldorf 1885 im Reichstag, wie schon Ernst v. Weber 1878 behauptet hatte, daß nur Deutschlands Aufstieg zur Weltmacht »den Hoffnungen entsprechen« werde, »welche die politische Wiederauferstehung unseres Deutschen Reiches im Jahre 1871 in den Herzen unserer Patrioten erweckt hat«.

In solchen und ähnlichen Äußerungen verbanden sich überbordendes nationales Sendungs- und Geltungsbewußtsein mit einer Rechtfertigungsideologie für Machtstreben, Einsicht in die zunehmende Europäisierung der Erde mit der historischen Erfahrung, daß »Großmachtpolitik... Weltpolitik geworden« sei. Bei Hübbe-Schleiden verknüpfte sich der Prestigewunsch, »das Reich zu einer Weltstellung ersten Ranges«, »zu einer Weltgröße« emporsteigen zu sehen, mit seinem Glauben Fichtescher Provenienz an eine besondere Kulturmission Deutschlands, das nur als »deutsche Weltmacht ... den ihm gebührenden Weltberuf ... als tonangebende Nation im Kreise des Menschengeschlechts« erfüllen könne[47].

---

47. Hofmann, I, 125. M. Weber, Polit. Schriften, Tübingen 1958², 23 (später ähnlich K. Lamprecht, Die Entwicklung des wirtschaftlichen u. geistigen Horizonts unserer Nation, in: G. Schmoller u. a., I, 42); vgl. W. J. Mommsen, Weber, 39–102, auch Th. Schieder, Typologie u. Erscheinungsformen des Nationalstaats in Europa, HZ 202. 1966, 78, 81. – T. Fabri, 5, 7 f. (vgl. Rohrbach 1912, 30 Jahre nach Fabri u. a., über diese Wirkung von Sedan, Schieder, Kaiserreich, 53). Vgl. Hessel an Bennigsen (30. 8. 1881, Nl. Bennigsen, 195, ohne Kolonien sei nach 1871 »bis jetzt ... die Arbeit erst halb getan!«); RT 6:1:3:2031 (Helldorf, 23. 3. 1885); Weber, 4 Jahre, II, 574; Ratzel, 8; Peters, Geg. 29. 274; Hübbe-Schleiden, Übersee, Politik, I, 142, vgl. ders., Äthiopien, 402: »Weltmacht unseres Deutschen Reiches«; ders., Motive (»überseeische Politik vermag auch erst den Grund zu legen zu einer Weltmacht Deutschland«); ders., Deutsche Welt-Hegemonie, DKZ 1890, 182 (auch hier noch nicht

Gelegentlich haben sich überdies auch in der Bismarckära schon pangermanistische Ideen an die Kolonialexpansion geheftet, wollte man »dem ›Greater Britain‹ ein Großdeutschland« und einen »Panteutonismus« entgegensetzen. So konnte etwa Karl v. d. Heydt, ausgerechnet einer der angeblich nur auf Gewinn bedachten, nüchternen Bankiers, Hammacher zu dessen Überraschung eröffnen, daß »für unseren Standpunkt der Kolonialismus nur ein Mittel zur Erreichung der wirtschaftlichen und politischen Weltherrschaft Deutschlands, lediglich also ein Moment des Pangermanismus« darstelle! »Hübsche Politiker«, verwunderte sich daraufhin Hammacher, »während wir es für eine Riesenaufgabe halten, das Deutsche Reich gegen die Stürme der nächsten Zukunft zu schützen, schreiben die Männer der Tat die deutsche Weltherrschaft auf ihre Fahne.« Auf dem »Allgemeinen Deutschen Kongreß« von 1886 schufen sich dann schon die Anhänger solcher Gedanken eine erste, wenn auch kurzlebige Organisation, den »Allgemeinen Deutschen Verband«, – den unmittelbaren Vorläufer des »Alldeutschen Verbands« –, in dem »das erste Mal«, wie sein Mitgründer, der Reichstagsabgeordnete Otto Arendt voreilig triumphierte, »eine pangermanistische Idee praktische Bedeutung erhält«.

Alle diese unausgegorenen Hoffnungen auf eine deutsche »Weltpolitik«, die Sehnsucht nach »Weltgröße«, die abstrusen pangermanistischen Ideen, – sie umrankten damals wie später die vorrangigen sozialökonomischen Expansionsmotive, und der manipulierte Sozialimperialismus Bismarcks mag sie allenfalls als geringfügige Störungselemente mitberücksichtigt haben. Sie wurden in der Publizistik und in der parlamentarischen Debatte nur beiläufig erwähnt, an die schmale Peripherie der eigentlichen interessenpolitischen Argumentation verwiesen, aber auch sie kündigten doch eine spätere Entwicklung an. Auf das politische Entscheidungshandeln der Berliner Zentrale vermochten sie noch keinen Einfluß auszuüben. Durch »ein solches Wirtschaften auf Prestige«, tat Bismarck derartige Vorstellungen ab, werde »die Wohlfahrt des Reiches und seine europäische Stellung geschädigt«. Auch die überseeische Politik müsse in allererster Linie »in dem realen Interesse des Landes« eine »ausreichende Begründung finden«.

Auf die Frage nach dem Stellenwert des Bismarckschen Imperialismus wird man wohl antworten können, daß diese Formen der überseeischen Expansion für ihn nur beschränkte Zeit hohe Bedeutung besessen und nicht durchweg so im Vordergrund gestanden haben wie die europäischen Mächtebeziehungen oder andererseits die »Weltpolitik« nach ihm. Während seiner Regierungszeit begann ja auch erst der Vorstoß mehrerer Industrieländer auf den Weltmarkt und in die Epoche des Imperialismus, lief nach der ersten, der englischen Phase die zweite Runde des »Industriefeldzugs, der über die Herrschaft auf dem Weltmarkt entscheiden« sollte, erst an. Insofern könnte man im Hinblick auf Bismarcks Imperialismus von einer Vorstufe des späteren Imperialismus sprechen, eine Unterscheidung freilich, die im Hinblick auf Antriebskräfte und Verlaufsformen nicht viel hergibt, sondern eher einem irreführenden Schematismus den Weg bereitet. Ganz abwegig aber ist es, von Bismarck zu behaupten, daß für ihn nur »die« Politik, nicht aber die wirtschaftliche Ausbreitung wichtig gewesen sei. Denn diese künstliche Trennung ignoriert eben, daß Politik in jener Zeit in einem fundamentalen Sinn durch ökonomische und soziale Erschütterungen mit den sie begleitenden Veränderungen bestimmt wurde[48].

primär machtpolitisch verstanden, Deutschlands »Weltaufgabe: Die Kulturerziehung der Naturvölker«). Vgl. v. d. Brüggen, PJ 49, 312; Baumgarten, 61.

48. G. Westphal, 65; K. v. d. Heydt an Hammacher, 30. 6. 1886, Nl. Hammacher, 57; darüber

d) Sozialimperialismus unter dem Primat der Innenpolitik

Bei so vieldeutigen und schillernden Begriffen wie der »Wohlfahrt des Reichs« und dem »realen Interesse des Landes« hing jedoch alles davon ab, wie sie verstanden wurden. Daß die Überseepolitik in dem weitgefaßten Sinn der Handels- und Exportförderung bis hin zur Übernahme formeller Kolonialherrschaft den expansiven Tendenzen des deutschen liberalkapitalistischen Industriestaats folgte oder daß doch unter den Bedingungen der Zeit und des sozialökonomischen Systems dieser Weg vorgezeichnet, mithin auch im »realen Interesse« zu liegen schien, erfaßt einen Aspekt dieses Problems. Zugleich wurde dieses »Interesse« aber auch damit verknüpft, die Vorrangstellung der traditionellen Führungsschicht zu behaupten, die bisher verteidigte Gesellschaftshierarchie und autoritäre Machtstruktur des preußisch-deutschen Staates zu erhalten. Und dieser gesellschafts- und innenpolitische Aspekt, dieser Primat der Innenpolitik, die unter den Einwirkungen der globalen Wachstumsstörungen gewaltigen Spannungen ausgesetzt wurde, – er dürfte für Bismarck die höchste Bedeutung besessen haben. Hier befand sich gleichsam auch die Nahtstelle, wo die Tradition der preußischen »Revolution von oben«, zeitgemäß fortführt mit bonapartistischen Methoden, in den Sozialimperialismus eines hochindustrialisierten Nationalstaats, der den gesellschaftlichen Erschütterungen und den Konjunkturschwankungen des Hochkapitalismus unterworfen war, überging.

Unter diesem Gesichtspunkt gehören Sammlungs- und Schutzzollpolitik, Beamtenpolitik und Monopolpläne, Sozialistengesetz und Sozialpolitik zusammen mit der Exportförderung und überseeischen Expansion in einen großen sozialökonomischen und vor allem politischen Zusammenhang, in dem Bismarck mit den verschiedensten Mitteln die soziale und politische Dynamik der industriellen Welt nicht nur zu bändigen, sondern zur »Bewahrung eines Status quo« im Inneren (Bussmann) auszunutzen suchte. Die Agrar- und Industriezölle, die Bismarck-Puttkamerschen Anstrengungen, einen konservativen Beamtenapparat zu schaffen, die Bekämpfung der Sozialdemokratie durch Repression und Aussicht auf ein Staatsrentnerdasein, die seit 1877 zielstrebig verfolgte Sammlungspolitik des »agrarisch-industriellen Kondominiums mit der Spitze gegen das Proletariat« (E. Kehr), die tastende Konjunkturpolitik und interventionsstaatliche Außenhandelspolitik: sie alle zeigen verschiedene Facetten derselben Sisyphusarbeit, noch einmal auch im Zeitalter der Hochindustrialisierung die politisch und »sozial bedrohte Stellung der herrschenden Schichten«, damit aber auch die Bismarcksche »Alleinherrschaft« auf der Spitze der Machtpyramide abzusichern und womöglich zu stärken.

Bismarck selber hat dieser große Zusammenhang deutlich vor Augen gestanden. Deshalb konnte er z. B. 1879 das protektionistische System und das Sozialistengesetz als einen »solidarisch miteinander verbundenen Gesamtplan« bezeichnen. Die »Lösung« der »wirtschaftlichen und praktischen Reformen« lasse sich »von unserer politischen Zukunft nicht mehr trennen«, sie allein garantiere das »monarchische Prin-

---

Hammacher an Hohenlohe-Langenburg, in: Bein, 94. Vgl. auch Maltzans Kritik an »deutschen Kolonien« als »Inbegriff deutscher Weltherrschaft« (6. 12. 1882, DKG 253, 67); Arendt, 15. – Vgl. Münsters »Überzeugung« (an Erckert, 26. 12. 1884, Nl. Münster, 13), daß »im Interesse der germanischen Rasse, die doch dazu bestimmt ist, die Welt zu regieren, Deutschland und England zusammenhalten sollen«; auch KZ 21. 5. 1884: »das vollsaftige Germanentum ... suchte nur nach jungfräulicher Erde, die es mit deutscher Kraft und Gesittung befruchten mag«. – Hofmann, I, 125, vgl. GW 13, 209; MEW 25, 506 (Engels 1894).

zip«, wie er den Fortbestand des sozialkonservativ-autoritären Staats umschrieb, denn es gehe dabei nicht nur um die Bekämpfung der Depression, sondern auch um »eine notwendige Ergänzung der Repressionsmaßnahmen« zur »Abwehr der sozialistischen Gefahr«. »Diese Reformen«, pflichtete ihm der Freiherr v. Thüngen-Rossbach bei, »sind das Korrelat zu dem Sozialistengesetz, das ohne sie ein toter Buchstabe bleiben wird.«

Im Gegensatz zur Mehrzahl seiner Zeitgenossen in Deutschland hat Bismarck das Gefühl dafür, eine wie prekäre Konstruktion das Reich darstelle, wie gefährdet es in Zusammenhalt und Substanz sei, nicht verlassen. In gewisser Hinsicht teilte er das Gefühl der Unsicherheit, das auch etwa Lohmann und Lagarde eigen war. Vor allem glaubte er, den Bestand des großpreußischen Reichs nur für dauerhaft gesichert halten zu können, wenn die Herrschaft der traditionell privilegierten Führungsschichten auf der Grundlage einer konservativen Bürokratie und eines halbabsolutistisch dirigierten, parlamentsautonomen Militärapparats erhalten blieb. Den Parlamentarisierungs- und Demokratisierungstendenzen setzte er sein Credo entgegen: »Man kann nicht ein Land von unten regieren. Das ist unmöglich, denn es ist gegen die natürliche Ordnung der Dinge.« Wenn »Utopien verfolgt« und den »niedersten Klassen... eine Macht gegeben« werde, »die das Königtum verliert«, »so führe dies zum Parlamentarismus und zum Niedergang der monarchischen Gewalt«. Diesem Schreckensbild einer parlamentarisch-demokratischen Zukunftsherrschaft sah er mit tiefer Skepsis entgegen: »die Hungrigen..., die werden uns fressen, ich sehe sehr schwarz in Deutschlands Zukunft«, schon wenn der Liberalismus einmal siege, »so fällt alles wieder auseinander«[49].

Zugleich stemmte er sich daher diesen Kräften, die seinen Obrigkeitsstaat bedrohten, mit aller Macht entgegen, und seinem Erfindungsreichtum entsprangen immer neue Stabilisierungsmaßnahmen. Trotz seiner zunehmenden Kritik am Reichskanzler gestand Friedrich v. Holstein, daß nur Bismarck »die größte aller Aufgaben, das Zurückstauen der Revolution... besorgen« könne: »Dafür ist kein Ersatz zu sehen, weit und breit.« In der Tat hielt Bismarck den »am Inneren der Völker und Staaten nagenden sozialrevolutionären Krebs« für »viel gefährlicher«, den konservativen Deichbau dagegen für dringender als die außenpolitischen Probleme im Verhältnis zu Frankreich. Kleine Anlässe reichten in Deutschland schon aus, klagte er 1879 dem Kaiser in einer an Metternichs ähnliche Bemühungen erinnernden Formulierung, »um der Bewegungspartei gegen mein Streben nach Erhaltung und Konsolidierung beizustehen«. Seine friedliche Außenpolitik war daher, wie schon einmal betont worden ist, unlöslich mit seiner wirtschaftlichen und sozialen Stabilisierungspolitik im Inneren verknüpft und auf sie bezogen, der Wunsch nach zwischenstaatlichem Frieden in Mitteleuropa bildete unter dem Primat der Innenpolitik eine Voraussetzung dieser Stabilisierung im Inneren.

Um der »Bewegungspartei« Erfolge zu verwehren: um sowohl die geschwächten politischen Kräfte des Linksliberalismus mit seinem ohnehin gebrochenen Verhältnis

---

49. Bussmann, Zeitalter Bismarcks, 153; vgl. Böhme, Großmacht, 585, 410 f., 419 f.; Schieder, Kaiserreich, 13. – Kehr, Primat, 164 (der die Sammlungspolitik zwanzig Jahre zu spät mit ihrem neuen Höhepunkt unter Miquel ansetzt; vgl. dagegen die literarische Vorwegnahme in den 1870er Jahren: Bramstedt, 239). B. an alle Regierungen, 13. 3. 1879, nach: Böhme, Großmacht, 547 f.; Rathmann, Getreidezollpolitik, 159; W. Steglich, Beitrag zur Problematik des Bündnisses zwischen Junkern u. Bourgeoisie in Deutschland, 1870–80, Wiss. Zeitschrift der Humboldt-Universität Berlin, Gesell.- u. sprachwiss. Reihe 9. 1959/60, 334; GW 9, 154; 8, 685 (10. 2. 1890); 492 (2. 12. 1883), auch: R. Vierhaus Hg., Das Tagebuch der Baronin Spitzemberg, Göttingen 1963², 202).

Darüber hinaus wird man sagen können, daß Bismarck nicht nur bei der Verteidigung einer Klassengesellschaft half: durch seine Zollpolitik auf Kosten der Verbraucher, durch seinen Kampf gegen die Sozialdemokratie, seine ultrakonservative Beamtenpolitik usf. rauhte er die ohnehin grobkörnigen Reibungsflächen noch mehr auf, vertiefte er bewußt die gesellschaftlichen Bruchlinien, die das Innere des Kaiserreichs durchzogen. Um die Interessengruppen, deren sozusagen natürliche Gegensätze schon schroff genug waren, sich gefügig zu machen und von seiner Entscheidung, die ihre Wünsche erfüllen konnte, abhängig zu halten, wurden »die materiellen Interessen von Industrie und Landwirtschaft« noch »förmlich angereizt« (Rothfels), eine zielbewußt verfolgte Methode, die Linksliberale und Sozialdemokraten, zu ohnmächtiger Kritik verurteilt, durchschauten. Noch lange sollte Eugen Richters warnende Klage nachhallen, daß Bismarcks Taktik, »die Sonderinteressen aufzurufen, Interessenkämpfe zu entzünden und zu schüren ... durch Zersetzung der Volkseinheit und durch politische Demoralisation weiter Kreise der Bevölkerung die Gegenwart schwer belastet« habe und »für die Zukunft unserer nationalen Entwicklung lebhafte Besorgnis wachrufen müsse«. Aber durch die Entscheidungsgewalt, als Supremus Arbiter antagonistische Interessenkonflikte schlichten zu können, ist der autoritäre Charakter charismatisch-patriarchalischer Herrschaft in Deutschland, wie auch die historische Erfahrung seither gezeigt hat, gestärkt worden.

Hier erreichte auch Bismarck sein Ziel. Als schließlich sogar ein so monarchistischer Staatsgelehrter wie Schmoller vor Ausbruch des Weltkriegs glaubte, daß die »großen Veränderungen der letzten zwei Jahrhunderte ... die Notwendigkeit einer Demokratisierung unserer öffentlichen Institutionen« herbeigeführt hätten, hatte Bismarck eben dieser Notwendigkeit nur zu erfolgreich Jahrzehnte entgegengewirkt. Wie noch mancher andere nach ihm versuchte auch Bismarck, den unaufhaltsamen Modernisierungsprozeß der Industriellen Welt unter konservativer Ägide zu verlangsamen, und einige Voraussetzungen für einen kurzlebigen Erfolg: fähige Führung, ein starker bürokratischer Apparat, eine relativ ausgeprägte Abhebung der Regierungsspitze von der Gesellschaft und extremen Einflüssen von rechts und links, waren in seinem bonapartistischen System gegeben. Im Grunde aber stand die Politik dieses Regimes, jenseits dessen politischer Vision die rationale Nutzung der industriellen Technologie zugunsten menschlicher Wohlfahrt lag, auf längere Sicht einem unlösbaren Problem insofern gegenüber, als Modernisierung ohne grundlegende Veränderung der Sozialstruktur und der ihr zugehörigen Machtverhältnisse, ohne soziale und politische Emanzipation nicht möglich ist, wenn der innere und äußere Friede erhalten werden soll. Die fatalen Auswirkungen dieser Politik, durch die die politische Kontrolle oder doch ein maßgebender Einfluß vorindustrieller Führungsschichten bis in die Phase der Hochindustrialisierung hinein erhalten wurde, trat dann zwischen 1914 und 1929 endgültig hervor, als ihre Strukturen zerbrachen. Bis dahin hatte sie die Grundlagen mitgeschaffen, daß sich in Deutschland als einzigem hochindustrialisierten Land der Faschismus durchsetzen konnte: die Blockierung der Emanzipation breiter Gesellschaftsschichten schlug in die »Revolte der déclassés« (W. Sauer) der Industrialisierung um[51].

---

51. K. Griewank, Das Problem des christlichen Staatsmannes bei Bismarck, Berlin 1953, 27, 29, 41, 47; vgl. Rosenberg, Depression, 201. Rothfels, GWU 12, 219; Richter, Reichstag, II, 15; Schmoller, Charakterbilder, 300; allg. Moore, Social Origins, 433-52, 441; W. Sauer, National Socialism: Totalitarianism or Fascism, AHR 73. 1967, 404-24. – Vgl. Bambergers bittere Kritik (an Hillebrand, 14. 6. 1883, Nl. Bamberger, 91), daß »die ganzen inneren Zustände Deutschlands unter diesem bösen

Wenn man den Imperialismus in diesen Verteidigungskampf Bismarcks für seine
Ordnungsvorstellungen und seine Machtposition einbettet, mithin die fundamentale
Bedeutung auch dieser Politik in seinem Bestreben sieht, das Reich, – sei es mit
anachronistischen, sei es mit zukunftsträchtigen sozialimperialistischen Mitteln –,
innerlich standfest zu machen, dann erst versteht man seine Behauptung gegenüber
dem Botschafter Münster, daß »die Kolonialfrage ... aus Gründen der inneren
Politik eine Lebensfrage für uns ist«. Mit dem Begriff der »Lebensfrage« und des
»Lebensinteresses« (im Gegensatz zur bloßen »Interessenfrage«) ist Bismarck bekanntlich
vorsichtig und sparsam umgegangen, und wenn er sich im Januar 1885 zu
einer solchen Formulierung entschloß, dann wollte er vermutlich nicht nur taktisch
die Londoner Politik und den widerspenstigen Münster unter Druck setzen und vom
Ernst seiner Absichten überzeugen, sondern unter den oben skizzierten umfassenderen
Gesichtspunkten konnte er der Expansionspolitik zu dieser Zeit einen solchen
funktionellen Wert zumessen: »daß die Stellung der Regierung im Inneren von dem
Gelingen derselben abhängt«, nachdem »die öffentliche Meinung« unter dem Einfluß
der Depression und der expansionistischen Krisenideologie »gegenwärtig in Deutschland
ein so starkes Gewicht auf die Kolonialpolitik« legte. »Diese Rücksicht auf die
innere Politik« sei es gewesen, erklärte auch Herbert v. Bismarck 1886 auf Anweisung
seines Vaters, die »für uns zwingend geworden« sei, zur formellen Kolonialherrschaft
überzugehen, da »alle reichstreuen Elemente sich für das Gedeihen unserer
kolonialen Bestrebungen aufs lebhafteste interessieren«. Es zeigte dies denselben
sozialimperialistischen Zusammenhang mit der Innenpolitik, der Präsident Grover
Cleveland 1896 über die amerikanische Expansionspolitik in Lateinamerika urteilen
ließ, daß es sich bei ihr »nicht um eine außenpolitische Frage, sondern in ganz besonderem
Maße um eine innere Frage handle«, von der die »Wohlfahrt« der Vereinigten
Staaten abhänge!

Zugleich deckte Bismarck, als er sich auf diese Zwangsläufigkeiten der inneren
Politik berief, den Charakter seines Sozialimperialismus auf, wie überhaupt die
Rücksicht auf den innenpolitischen Prestigegewinn nicht erst, – wie man wohl angenommen
hat –, nach der Enttäuschung über den geringen wirtschaftlichen Wert der
Kolonien an die Stelle realer ökonomischer Hoffnungen trat. Beide Momente sind
von Anfang an miteinander verknüpft gewesen, und bei Bismarck blieb nach 1886
wohl am stärksten das erstgenannte erhalten. Doch schon Münster konnte er im
Winter 1884/85 gestehen, daß »der kleinste Zipfel von Neuguinea oder Westafrika,
wenn derselbe objektiv auch ganz wertlos sein mag, ... gegenwärtig für unsere
Politik wichtiger« sei »als das gesamte Ägypten und seine Zukunft«!

Auch die überseeische Politik diente mithin, sei es durch die Aussicht auf wirt-

und verrückten Alten zu den Hunden gehen«, u. (ders. an Broemel, 5. 8. 1884, Nl. Broemel 4) an
»der ganzen Falschheit, das Wort in seinem üblen Sinn genommen, der ganzen Bismarckschen inneren
Politik, welche mit allen falschen Instikten der Nation ihr infernalisches Spiel spielt und dieselbe von
Grund aus verdirbt«. K. Vogt an Bamberger, 25. 3. 1884, Nl. Bamberger, 210, u. Hartwig (an dens.,
31. 3. 1884, ebda., 78): »Ich würde es für einen Segen für unser Volk ansehen, wenn er (sc. Bismarck)
heute ginge. Denn so sehr ich für den Frieden bin, die politische Demoralisierung unseres Volkes hat
er doch zum guten Teil auf seinem Gewissen, und wenn er noch lange bleibt, wird es immer schlimmer.
Durch sein ewiges Appellieren an die niedrigsten Leidenschaften der Menschen hat er uns so
heruntergebracht.« Vgl. damit Lohmanns (o. 460 Anm. 26) Kapps (180 f./2) Kritik u. Holstein (an.
H. v. B., 13. 12. 1884, Nl. Bismarck 44) über B. »unbegrenzte Menschenverachtung. Er analysiert
seine eigenen Empfindungen mit einer fast krankhaften Feinheit, die Empfindungen irgend eines
anderen Menschen aber wohl nur selten«; auch ders. (I, XXVII), daß »der alte Bismarck eine gemeine
Natur ist«.

schaftlichen Gewinn oder sei es als Spannungsableiter, der Bismarckschen Status-quo-Politik in Staat und Gesellschaft. Obwohl dem Reichskanzler der Sozialdarwinismus seiner Zeit nicht fremd war und er den Kampf als Grundelement der Politik anerkannte, besaß er doch Zielvorstellungen einer gesellschaftlichen und politischen Ruhelage ohne das Unruhemoment ständiger Konflikte, hegte er den Wunsch nach einem Quasi-Stillstand, wie er etwa auch in den Gleichgewichtsmodellen der Ökonomen oder in der ausbalancierten Harmonie einer besseren, statischen Welt der Sozialphilosophen zutage tritt. Und wie jene die dynamische Natur des Kapitalismus, diese die unaufhebbare Natur moderner Sozialkonflikte verfehlen, so umgab auch dieses Ziel Bismarcks der Schein der Illusion. Ungeachtet aller Realpolitik hat er, wie es scheint, die Utopie eines im Inneren bewegungsarmen, möglichst stillstehenden Gemeinwesens, das auch deshalb friedlicher Beziehungen zur Außenwelt bedurfte, verfolgt, und kaum eine andere Utopie ist in der industriellen Welt des permanenten dynamischen Wandels gefährlicher und nachhaltiger zum Scheitern verurteilt als dieses Bestreben, eine historisch gleichsam überholte Gesellschafts- und Staatsverfassung einzufrieren. Bismarck versuchte, in einer Epoche krisenhafter gesellschaftlicher Veränderungen und gehemmten ökonomischen Wachstums konservative Politik zu treiben, auch dann noch, als er die sich der sozialökonomischen Dynamik pragmatisch anschmiegende überseeische Expansion zur Erhaltung der inneren Struktur des preußisch-deutschen Staates ausnutzte. In historischer Perspektive liegt daher das Dilemma seiner Politik, und damit auch seines Sozialimperialismus, darin beschlossen, daß ihn seine konservative Utopie auf eine Zeit rapider Entwicklung mit Repression und Ablenkung reagieren ließ, während eine wahrhaft realistische »Realpolitik« vom politischen und gesellschaftlichen Emanzipationsprozeß hätte ausgehen müssen; das allgemeine gleiche Reichstagswahlrecht für Männer ist ja zuvörderst ein oft bereuter bonapartistischer Schachzug, keine Konzession an die demokratische Strömung gewesen.

Wenn man gesagt hat, daß es die Hauptaufgabe moderner Staats- und Gesellschaftspolitik sei, mit der industriellen Entwicklung Schritt zu halten, dann ist das Kaiserreich unter Bismarck einerseits mit seiner staatlichen Wirtschaftspolitik durchaus wichtigen Tendenzen dieser Entwicklung gefolgt, andererseits hat es ebenso unleugbar mit seiner verfehlten Reaktion auf den emanzipatorischen Prozeß verhängnisvolle, jahrzehntelang unheilbare Antagonismen heraufbeschworen. Daß es doch nicht mehr wie im Gefolge der schweren Krise der 1840er Jahre zu einem revolutionären Ausbruch kam, war – allen Entwicklungsstörungen während der Trendperiode nach 1873 zum Trotz – dem enormen wirtschaftlichen Wachstum der Hochindustrialisierung zu verdanken, das die politische und soziale Gärung (wie schon 1848 in England) sozusagen stillschweigend entschärft und alle Revolutionsfurcht als übertrieben enthüllt hat. Fast möchte man sagen, daß die Automatik permanenten Wachstums nach dem Durchbruch der Industriellen Revolution die stärkste antirevolutionäre Kraft gebildet hat[52].

52. B. an Münster, 25. 1. 1885, GP, IV, 96 f.; vgl. Rothfels, Probleme, 182; H. v. B. an Plessen, 14. 10. 1886, RKA 603, 21–29 (er sei »absichtlich auf die Bedeutung, welche die Kolonialfrage für unsere innere Politik eingegangen«, um »zu beweisen, von wie großem Gewicht für uns sie sind«; Plessen war ein langjähriger Freund H. v. B., der mit ihm, wie sich aus dem Nl. Bismarck, 39, ergibt, sehr freimütig korrespondierte); Rantzau an AA, 29. 9. 1886 (»Rücksicht auf die innere Politik«), ebda., 13 (= GP, IV, 150 f.). – G. F. Parker, Recollections of G. Cleveland, N. Y. 1909, 195; Rosenberg, Depression, 271 f.; GP, IV, 97. – Untersuchungen wie die von F. Brie (Der Einfluß der Lehren Darwins auf den britischen Imperialismus, Freiburg 1927) u. R. Hofstadter (Social Darwinism in

Für die deutsche Politik hat Bismarcks Imperialismus folgenreiche und -schwere Wirkungen gehabt. Indem das Reich zwischen 1879 und 1885 durch Sammlungspolitik und Solidarprotektionismus, durch antisozialistische Politik und überseeische Ausbreitung als sozialkonservativer, emanzipationsfeindlicher, interventionistischer Staat, der auf die Bahnen sozialimperialistischer Expansionspolitik einlenkte, »neugegründet« wurde, Bismarck folglich nach drei Hegemonialkriegen und der Versailler Zeremonie von 1871 noch einmal als »Gründer« wirkte, wurde die Überseepolitik in den Zusammenhang einer »Gründungszeit« gestellt. Und hervorragende Historiker haben von durchaus unterschiedlichen Wertpositionen aus gerade in letzter Zeit wieder die fundamentale Bedeutung solcher »Gründungszeiten«, in denen die sichtbaren und unsichtbaren Weichen für die zukünftige Entwicklung gestellt werden, hervorgehoben. Sie alle teilen, mutatis mutandis, Eugen Rosenstock-Huessys Urteil, daß die »Klimata«, die sich in solchen Zeiten über den Ländern bilden, lange Zeit über ihnen stehen bleiben.

Von einem solchen Gesichtspunkt aus glitt das preußisch-deutsche Reich in der neuen »Gründungszeit« zwischen 1879 und 1885 auch auf das Gleis des Interventionsstaats im Bereich von Gesellschaft und Wirtschaft, namentlich auf dem Gebiet der Außenhandelspolitik, hinüber. Anstatt auf der risikofreieren, lukrativeren Methode des Informal Empire zu beharren, ging jetzt die deutsche Überseepolitik unter dem Druck der Depressionen, sowie des verschärften Konkurrenzkampfes auf dem Weltmarkt und geleitet von sozialimperialistischen Vorstellungen zur formellen Kolonialherrschaft über. Wenn Bismarck Deutschland bisher »zur Partei der Satisfaits« gerechnet hat, – und das öffentlich auch weiterhin tat –, da es als saturierte Macht »alles, was er wünschen könne«, besitze, – auch »durch einen Krieg« könne es »nach keiner Seite hin mehr etwas gewinnen« –, so ging seine Außenpolitik im europäischen Staatensystem unleugbar von diesem Grundsatz aus. Aber das ökonomische Wachstum der deutschen Industriewirtschaft in einer Trendperiode schmerzhafter Entwicklungsstörungen enthüllte nun, daß die macht- und nationalpolitische Saturiertheit, wie zumindest Bismarck sie verstand, von der ökonomischen Dynamik gleichsam unterlaufen wurde. Nachdem schon der deutsch-österreichische Zweibund mit seinen Zollunionsplänen die Begrenzung des kleindeutschen Reiches hatte unsicher erscheinen lassen, bedeutete die überseeische Ausbreitung seit den 1880er Jahren, begleitet zudem von ersten »Mitteleuropa«-Plänen modernen Zuschnitts, einen erneuten Ausbruch aus der europäischen Mittelstellung. Soweit er in formelle Herrschaft in Übersee mündete, blieb er ein Zwischenspiel, – auch für Deutschland erwies sich auf längere Sicht wieder die informelle ökonomische Expansion als gewinnbringender, sicherer und wichtiger –, dem dann 1914 und 1939 der Anlauf zur offenen kontinentalen Hegemonie folgte[53].

American Thought, Boston 1962², vgl. Wehler, JbA 13, 98–133) fehlen für Deutschland noch, vielleicht bringt die bislang ungedruckte Freiburger Habil.-Schrift von H. G. Zmarzlik über den deutschen Sozialdarwinismus Aufschlüsse hierzu. – Vgl. Morazé, 371, u. auch E. Langen an ?, 23. 2. 1882 (Nl. Langen 8): »Es ist erfreulich, daß im allgemeinen die industriellen Verhältnisse sich bessern, das hilft mehr wie alle Gesetzmacherei . . . fehlt's daran [sc. an Arbeit], dann helfen weder Freihandel noch Unfall- und Invalidengesetz.«

53. Rosenstock-Huessy, 526. Vgl. H. Arendt, The Concept of History, in: dies., Between Past and Future, N. Y. 1963, 41–90; H. St. Hughes, Consciousness and Society, 1890–1930, N. Y. 1961²; G. Masur, Propheten von Gestern, Frankfurt 1965; Rosenberg, Depression, passim; Böhme, Großmacht, 411, 419. – GW 8, 342 (14. 12. 1879), 567 (2. 9. 1887); dazu, Sauer, 418–36, u. G. Barraclough, German Unification, an Essay in Revision, in: G. A. Hayes-McCoy Hg., Historical Studies, IV,

Trotz Bismarcks unbestreitbarer Mäßigung beim überseeischen Territorialgewinn unterminierte seine Expansionspolitik, vor allem als ihn der Primat der Innenpolitik zum manipulierten Sozialimperialismus führte, die Nah- und die Fernziele seiner auf die Erhaltung des europäischen Friedens gerichteten Politik, so wie dann auch seine innenpolitisch bestimmte Wirtschaftspolitik gegenüber Rußland dem außenpolitischen Verhältnis zum Zarenreich den tragfähigen Boden mitentzog. Als Bismarck 1889 mit einprägsamen Worten »Englands wohlwollende Haltung« Deutschland gegenüber als den »Schlußstein im Gewölbe, welches den europäischen Frieden trage«, charakterisierte, hatte seine überseeische Politik, die jahrelang mit scharfem Druck auf Großbritanniens wunde Punkte verbunden gewesen war, dazu beigetragen, Reibungsflächen zu schaffen, die bis 1914 das deutsch-englische Verhältnis mitbelastet haben. Und die französischen Politiker, die aus der kurzlebigen Kolonialentente mit Berlin, die deutsch-englische Zusammenarbeit während der Kongokonferenz im Gedächtnis, enttäuscht hervorgingen, fühlten sich düpiert und im Konflikt über Ägypten im Stich gelassen. Weder konnte Frankreich von Elsaß-Lothringen abgelenkt, noch von der Zusammenarbeit mit England dauerhaft abgehalten werden. Keineswegs nur ein Kritiker wie Bamberger befürchtete, daß Bismarcks Taktik, diese beiden Mächte gegeneinander auszuspielen, allzu durchsichtig sei und deshalb »einst ... all der aufgestaute Haß all dieser Völker gegen uns losbrechen« werde. Bismarcks Söhne haben zusammen mit Holstein im Herbst 1884 über die langfristigen außenpolitischen Wirkungen der Kolonialexpansion eine aufschlußreiche Diskussion geführt, die Licht auf die Überlegungen in Friedrichsruh und in der Wilhelmstraße und auf vermeintliche Alternativen zu Bismarcks »Zwickmühlenspiel« wirft.

Holstein, der in der Tat aufgrund seiner Lebensgeschichte »der Gallophilie nicht verdächtig« war, plädierte für eine klare Entscheidung zugunsten einer dauerhaften Kooperation mit Frankreich. »Ich halte die gegenwärtige Situation, wenn auch nicht für bedenklich, so doch für interessant«, präzisierte er seine Kritik am Reichskanzler gegenüber Herbert v. Bismarck. »Eine neue Gruppierung mit ihrer Spitze gegen uns kann sich aus Anlaß der Kolonialpolitik bilden, ehe wir uns versehen. England und Amerika können sich leicht verständigen, *die* Verständigung würde dem liberalen England die liebste von allen sein. Frankreich ist fest entschlossen, nicht länger allein zu bleiben. Geht es nicht mit uns, so geht es irgendwie mit England. Den Eindruck hat auch Seine Durchlaucht... ausgesprochen«. »Wenn England. USA und Frankreich zusammen sind, wird Italien willenlos mitgeschleift, und in Rußland wird, wenn nicht die Regierung, doch jedenfalls die öffentliche Meinung den Wunsch haben, der fünfte im Bunde zu sein.« Deshalb hielt Holstein den »psychologischen Moment« für gekommen, »daß wir Frankreich jetzt an uns fesseln müssen«. Daß diese Bindung voraussetzte, »Gladstone klein zu kriegen« und fortab auf dauerndem Gegensatz zu England beruhen werde, räumte er sogleich ein, wollte aber dieses Risiko als das geringere übernehmen.

Man wird Holsteins Diagnose Weitsicht und Scharfsinn nicht absprechen können, wenn man an die Entwicklung seit 1892/98 denkt, aber ob damals diese erste Verbindung mit Frankreich überhaupt möglich und auch dem Gegensatz zu England vorzuziehen gewesen wäre, bleibe vorerst dahingestellt. Herbert v. Bismarck jedenfalls verteidigte die Politik des Reichskanzlers. Einem »verständigen« englischen Außen-

London 1963, 62–81. Über die fortdauernde Bedeutung indirekter Herrschaft vgl. etwa Behrendt, Strategie, 14; ders., Die Schweiz u. der Imperialismus, Zürich 1932, 108; F. Sternberg, Kapitalismus u. Sozialismus vor dem Weltgericht, Hamburg 1951, 59, 62–66.

minister müsse man sagen: »Wollt Ihr uns in Kolonialsachen gefällig sein, so könnt Ihr das ägyptische Protektorat proklamieren«. Dann müsse eigentlich »England ja sagen, und täte es das nicht«, so sei »Frankreich mit Hilfe von Rußland ... nach Ägypten zu hetzen«. Frankreich »wird doch nie und nimmer unser Freund und wird über uns herfallen, sobald es starke Allianzen findet«, glaubte Herbert entgegen Holsteins Meinung, »mögen wir ihm jetzt zu Gefallen tun, was wir wollen«. Verbünde sich Deutschland aber dennoch fest mit Frankreich gegen England, »so wird letzteres unser Todfeind und verbindet sich dann bei der nächsten Gelegenheit mit Frankreich, um sich an uns zu rächen«. Deshalb aber, so unterstützte Herbert seines Vaters Lavieren zwischen beiden Mächten, »muß man temporisieren«, wobei er einer weitverbreiteten Täuschung erlag: »daß England und Frankreich sich jemals noch für kriegerische Zwecke gegen Dritte vereinigen, halte ich für ausgeschlossen, dafür existieren zwischen ihnen zu viele Friktionspunkte«.

Wie so oft gab Bill Bismarck, dem Bruder widersprechend, ein klügeres Urteil ab, ohne jedoch einen eher gangbaren Weg zeigen zu können. »Papa ist die bisherige Politik bequem, einen gegen den anderen auszuspielen«, resümierte er, »das geht eine Zeitlang, aber der Moment wird kommen, ou il fait prendre une résolution. Das Spiel ist zu klar, als daß es nicht beide längst gemerkt hätten; natürlich sind sie deshalb beide mißtrauisch ... England wird nicht immer so dumme Staatsmänner haben wie jetzt, und wenn den beiderseitigen Leitern erst die Überzeugung durchkommt, daß beide Länder im Bündnis sämtliche überseeischen Konstellationen einfach bestimmen können, so werden sie sich ohne Krieg einigen.«

Es dürfte aber, wird man heute urteilen können, unter den Zwängen des Bismarckschen Systems kaum eine andere Möglichkeit als die des »Temporisierens« mit all seinen möglichen Folgen gegeben haben, wie auch andererseits die Befürchtung der Kritiker der deutschen Kolonialpolitik durchaus gerechtfertigt war, daß sie die außenpolitischen Risiken erhöhen werde. Die Beziehungen zu Frankreich waren, nachdem Bismarck, unstreitig unter starkem Druck, die politische Verantwortung für die Annexion von Elsaß und Lothringen übernommen hatte, unheilbar belastet. Bismarcks Annexionsentschluß hat damit, wie Karl Marx schon im September 1870 von seinem Londoner Exil aus illusionslos erkannte, die außenpolitische Konstellation mitgeschaffen, der das Reich von 1871 bis 1918 nicht mehr entkommen ist. Bismarcks noch so kunstvolle Bemühungen konnten Frankreich nicht »von den verlorenen Provinzen« ablenken, die unüberwindbare Feindschaft Frankreichs trieb es zur Allianz mit dem Zarenreich, und dem Zweifrontenkrieg erlag das Reich im Weltkrieg, der in gewisser Hinsicht auch um die Behauptung Elsaß-Lothringens geführt wurde. Marx' Prognose, daß Deutschland fortab zwischen Frankreich und Rußland mit tödlichen Folgen eingeschnürt werde, wurde schon in den 1880er Jahren nicht nur von hohen deutschen Militärs geteilt, sondern auch Bismarck gestand 1887, fünf Jahre vor der französisch-russischen Militärkonvention von 1892 und nach dem Fehlschlag seiner Bemühungen, Frankreich vom »Reichsland« Elsaß-Lothringen abzulenken, dem preußischen Kriegsminister, »daß wir in nicht zu ferner Zeit den Krieg gegen Frankreich und Rußland gleichzeitig zu bestehen haben werden«. Und wenn Marx vorausgesagt hatte, Deutschland müsse »nicht für einen jener neugebackenen ›lokalisierten‹ Kriege rüsten, sondern zu einem Rassenkrieg gegen die verbündeten ... Slawen und Romanen«, dann sprach Bismarck siebzehn Jahre später ganz ähnlich über diesen befürchteten Zweifrontenkrieg als den »Ausbruch des Existenzkrieges«.

Wie aber ein beständiger Ausgleich mit Frankreich durch die realisierte Kriegszielpolitik von 1870/71 unmöglich gemacht worden war, so schien Bismarck die dauerhafte Verbindung mit Großbritannien einmal vitalen Interessen seiner Politik gegenüber Rußland und Österreich-Ungarn zuwiderzulaufen, sodann aber auch ebenso unwillkommene Rückwirkungen auf die deutsche Innenpolitik einzuschließen, Rückwirkungen, auf die die Linksliberalen, das deutsche »Kabinett Gladstone«, vielleicht auch Friedrich III., jedenfalls die Kronprinzessin Victoria, bauten, die Bismarck aber eingestandenermaßen aufgrund seiner Leitgedanken über die innere Reichsentwicklung zu vermeiden wünschte. Zum Teil wegen der Folgen der Annexion von Elsaß und Lothringen, zum Teil aus Rücksicht auf die Politik der drei konservativen Kaiserreiche und auf die deutsche Innenpolitik blieb Bismarck nur das »Lavieren« übrig. Eine klare Option, wie sie Holstein vorschwebte, war von diesen: von Bismarck geschaffenen oder gewählten Prämissen her kaum ausführbar. Da Bismarck die überseeische Expansionspolitik der wirtschaftlichen Ausbreitung und des Sozialimperialismus unter dem Primat der Innenpolitik für unumgänglich hielt, wurde die ohnehin bedrohlich eingeengte deutsche Außenpolitik auf längere Sicht weiter erschwert[54].

Seit einiger Zeit wird auch eine andere – frühzeitig von Lenin erkannte – Folgeerscheinung auch des deutschen Imperialismus seit Bismarck allgemeiner diskutiert, daß nämlich die Industriestaaten, indem sie ihre Probleme in die unterentwickelten Regionen ableiteten und dadurch langfristig ihre Wirtschafts- und Sozialverfassung stabilisierten, die innerstaatliche Klassenkampfproblematik entschärfen konnten, dieselbe aber in internationalem Maßstab durch den Gegensatz zwischen den hochentwickelten Industrieländern und dem »Proletariat« der unterentwickelten Länder reproduzierten. Heute scheint die Marxsche Analyse eher auf diesen internationalen Konflikt zwischen »Haves« und »Have-nots« zuzutreffen, und auch Wilhelm Liebknechts vieldeutige Warnung von 1885 vor dem »Export der sozialen Frage« in überseeische Kolonien könnte wohl im Licht gegenwärtiger Erfahrung eine gewisse Rechtfertigung erfahren. Der Weltmarkt mit seiner Kluft zwischen entwickelten und unterentwickelten Regionen setzt heute nur »den Imperialismus in verwandelter Form fort« (E. Heimann), nachdem die Metropolisstaaten in den abhängigen Gebieten Monokulturen gefördert oder doch deren vielseitige produktive Eigenentwicklung vernachlässigt, oft zielbewußt unterbunden und in jedem Fall die Bedingungen (z. B. die Terms of Trade) gesetzt haben, unter denen die unterentwickelten Regionen »jetzt am Weltmarkt teilnehmen müssen«[55].

54. Über die deutsch-russ. Beziehungen: Kumpf. B. zu Versmann, 3. 9. 1889, s. o. 410, Anm. 4. Bamberger an Broemel, 15. 11. 1885, Nl. Broemel 4. Die interne Diskussion vor allem nach: Holstein an H. v. B., 4., 1. 9. 1884, Nl. Bismarck, 44 (vgl. Holstein, II, 170, 27. 8. 1884); H. v. B. an W. v. B., 1. 9. 1884, ebda., 36 (= Bussmann Hg., 259); z. T. in: Windelband, Bismarck, 602–6. Vgl. Lipgens, der sich gescheut hat, diese Konsequenzen anzudeuten; Wehler, ZGO 109, 139–52; ders. in: Reichsgründung, 434 f.; ders., Sozialdemokratie, 45–50. – GW 6c, 378 f. (30. 12. 1887), s. auch 416/6 über »englischen Einfluß« unter Friedrich III.
55. Heimann, Wirtschaftssysteme, 223. – Zu diesem großen, hier nur angeschnittenen Thema vgl. o. 21/8, u. vor allem: H. W. Singer, Economic Progress in Underdeveloped Countries, Social Research 16. 1949, 2; L. J. Zimmerman, Arme u. reiche Länder, 12; ders., The Distribution of World Income, 1860–1960 in: E. de Vries Hg., 28–55; H. D. Boris, Zur politischen Ökonomie der Beziehungen zwischen Entwicklungsländern u. westlichen Industriegesellschaften, Das Argument 8. 1966, III, 173–202; B. Gustafson, Versuch über den Kolonialismus, Kursbuch 6. 1966, 86–135; M. Dobb, Wirtschaftliches Wachstum u. unterentwickelte Länder, ebda., 136–64; Baran, Politische Ökonomie; ders., Über die politische Ökonomie unterentwickelter Länder, in: ders., Unterdrückung u. Fortschritt, Frankfurt 1966, 99–128; Behrendt, Strategie, 15; W. A. Williams, The Great Evasion, Chicago 1964. Dazu

Die innenpolitischen Auswirkungen des Bismarckschen Imperialismus sind bereits diskutiert worden. Seine ökonomische Wirkung ist zweifelhaft, aber er mag krisenpsychologisch von Einfluß gewesen sein. Wichtiger waren die Folgen des jetzt inaugurierten Sozialimperialismus, der den autoritären Obrigkeitsstaat zu zementieren half und den Emanzipationsprozeß blockierte. Zwar könnte man, – etwa im Vergleich mit und im Gegensatz zu der amerikanischen Entwicklung –, in der Sozialpolitik den verheißungsvollen Beginn sehen, der in Deutschland die Alternative zwischen Sozialimperialismus und sozialreformerischen Umbau von Wirtschaft und Gesellschaft bereits in demselben Augenblick ankündigte, in dem die gesteigerte Expansion einsetzte. So sehr aber auch die spätere, von anderen Motiven ausgehende und mit anderen Leistungen aufwartende Sozialpolitik diese Alternative zu einer realeren gemacht haben mag, so hat doch Bismarck dadurch, daß er die Sozialpolitik als Instrument seiner bonapartistischen Politik einsetzte, zumindest in der Nahwirkung ihre Bedeutung verwischt und geschwächt.

Überdies läßt sich die Sozialpolitik, die dann mit einer dynamischen Lohnpolitik verbunden werden konnte, vor allem als der Versuch im Rahmen einer Unterkonsumtionstheorie auffassen, innerhalb des Systems durch die Anhebung des Lebensniveaus der breiten Bevölkerungsschichten und die Erweiterung des Binnenmarkts die gewaltige Produktion eines hochindustrialisierten Staates, erst recht seit der Zweiten Industriellen Revolution, aufzufangen und den Drang zur äußeren Expansion abzumildern. Daß auf diese Weise bisher viel geleistet worden ist, kann man schwerlich bestreiten. Seit langem ist aber auch der irrationale Charakter der Verkaufsförderung durch die Reklame- und Werbetechniken der »Gesellschaft im Überfluß«, der Absorbierung eines Großteils der Produktionskräfte und des Surplus durch Rüstungs- und Weltraumprojekte statt durch Sozialinvestitionen deutlich hervorgetreten, und das der Privatwirtschaft weiterhin zugrunde liegende Prinzip der Gewinnmaximierung hat im Verein mit der unveränderten, gesteigerten Entwicklungskraft des gegenwärtigen Kapitalismus die Abhängigkeit von der ökonomischen Expansion, die sich meist der Methoden des Informal Empire bedient, noch nicht aufgehoben.

Eine Unterkonsumtionstheorie, die sich innerhalb der unbestrittenen Grenzen des Systems hält: allein die Distribution verbessern will, ohne Kritik an den Produktionsverhältnissen zu üben und auf ihre Änderung hinzuwirken, erscheint daher, nachdem manch einer sich aus noblen Impulsen von ihrer Beherzigung eine Ideallösung versprochen hatte, heute als zu eng konzipiert, als daß sie eine einleuchtende Anleitung für die Praxis noch länger zu geben vermöchte. Daß mit der Anhebung der Konsumkraft die ungeheure Produktionskraft der Industriewirtschaft noch nicht beherrscht würde, haben schon seit der Trendperiode nach 1873 zahlreiche aufmerksame

auch: R. v. Albertini, Dekolonisation, 1919–60, Köln 1966; F. Ansprenger, Auflösung der Kolonialreiche, München 1966; 12–27; H. Grimal, La Décolonisation, 1919–63, Paris 1965; M. B. Brown, After Imperialism, London 1963; St. C. Easton, The Twilight of European Colonialism, London 1961; R. Emerson, From Empire to Nation, Cambridge/Mass. 1960; J. Strachey, The End of Empire, N. Y. 1960; H. Kohn, Reflections on Colonialism, in: R. Strausz-Hupé u. H. W. Hazard Hg., The Idea of Colonialism, N. Y. 1958, 2–16. – Wie der Imperialismus die »Eine Welt« mitgeschaffen hat (1876 wurden 10,6% Afrikas u. 56,8% Ozeaniens, 1900 90,4 bzw. 98,9% von okzidentalen Staaten beherrscht, nach: A. Supan, Die territoriale Entwicklung der europäischen Kolonien, Gotha 1906, 254), analysiert auch Lüthy, s. 23, Anm. 10. Vgl. vorher K. Renner (Marxismus, Krieg u. Internationale, Stuttgart 1917, 112 f., z. T. in: I. Fetscher Hg., Der Marxismus, Frankfurt 1967, 452 f.); auch H. Bächtold, Der einheitliche Zusammenhang der modernen Weltpolitik, in: ders., Ges. Schriften, Aarau 1939, 461 f.

Beobachter klar erkannt. Weit eher eröffnet daher jene kritische Theorie, die von der permanenten Neigung des Systems zu Überkapazitäten, von seiner »ziellosen Dynamik«, von seiner Tendenz: sich das gesellschaftliche Leben zu unterwerfen, ausgeht, das Wesen eines solchen Systems in Frage stellt und durch rationale Vorausplanung seine Dynamik den Menschen dienstbar machen will, Perspektiven für die Zukunft der industriellen Welt.

In verwandelter Form lebt deshalb die Alternative, wie sie seit den 1870er Jahren zwischen Sozialimperialismus und Sozialreform aufgetaucht ist, auch heute noch weiter fort: als Gegensatz zwischen der durch keine umfassende Rationalität gesteuerten, ihren immanenten Entwicklungstendenzen und der Gewinnmaximierung folgenden expansiven Industriewirtschaft, die ihre Probleme durch stets neue Expansion im Inneren und nach außen zu lösen versucht – und der planrationalen Steuerung der makroökonomischen Prozesse der Wirtschaftsentwicklung gemäß den sozialreformerischen Prinzipien des massendemokratischen Sozialstaats[56].

Wie die Weichenstellung der »Gründungszeit« von 1879/85 sich weiter ausgewirkt hat, zeigt ein Ausblick auf die deutsche Politik nach Bismarcks Entlassung. Um den autoritären Obrigkeitsstaat samt der privilegierten Spitzenstellung seiner Leiter zu verteidigen und andererseits der unaufhaltsamen Entwicklung der deutschen Industriewirtschaft zu folgen, blieb die Sammlungspolitik zwischen Großindustrie und Großagrariern, eines der wichtigsten Ergebnisse der Stockungsphase von 1873

---

56. Vgl. hierzu Heimann, Wirtschaftssysteme, 85, 311 (Charakterisierung des Kapitalismus als Wirtschaftssystem: »Verwendung des Überschusses für Expansion«); E. H. Carr, The New Society, Boston 1961[4]; R. H. Tawney, The Acquisitive Society, N. Y. 1948[2]; Myrdal; Williams; Tawney; Marcuse; Baran; vorzüglich ders. u. P. M. Sweezy, Monopolkapitalismus, Frankfurt 1967, Kemp, 151–74. »Denn bisher«, hat unlängst R. Niebuhr (The Irony of American History, N. Y. 1952, 29), ein des ökonomischen Determinismus gewiß unverdächtiger Kritiker, geschrieben, »haben wir unsere Probleme durch ökonomische Expansion zu lösen versucht – sie kann jedoch nicht ewig anhalten« und müsse durch sozialstaatliche Maßnahmen abgelöst werden. – Schumpeters frühe Imperialismustheorie (Zur Soziologie der Imperialismen [1918], in: ders., Aufsätze zur Soziologie, Tübingen 1953, 72–146; später hat er, was oft übersehen wird, K. Renners [Marxismus, 323–48] Konzeption des Sozialimperialismus für einleuchtender gehalten: Konjunkturzyklen, II, 716) schließt per definitionem den englischen Imperialismus aus, erklärt per definitionem den Kapitalismus für ein friedliches, riskanter äußerer Expansion abgeneigtes System und schreibt den Imperialismus der Mentalität alter feudaler Führungsschichten zu, wobei Sch., wie so oft Bruchstücke der Marxschen Theorie assimilierend, den »Überbau« verabsolutiert. Diese Thesen, offensichtlich ein Gegenstoß gegen Lenins Attacke hin, treffen nicht einmal voll auf Japan zu, gar nicht auf USA, England und Frankreich, und stimmen bedingt (wie vielleicht auch Hobsons Vorstellung vom Imperialismus parasitärer Interessenschichten) für Deutschland, wenn man sie im Sinn unseres Sozialimperialismus deutet, die pragmatische Expansionspolitik würde schon wieder nicht erfaßt. Sch. ist wegen der zahlreichen Widersprüche zwischen seiner Theorie und der historischen Entwicklung, besonders wegen seiner definitorischen Willkür seit je scharf kritisiert worden, vgl. Löwe, 189–228; M. Greene, Schumpeter's Imperialism, Social Research 19. 1952, 453–63 (dt. in: Imperialismus); E. Heimann, Schumpeter and the Problems of Imperialism, ebda., 19. 1952, 177–97; S. P. Schatz, Economic Imperialism Again, ebda., 28. 1961, 355–58; Kruger; Kemp, 86–105; H. B. Davis, Schumpeter as Sociologist, Science & Society, 24. 1960, 13–35; J. H. Kautsky, J. A. Schumpeter und K. Kautsky, Parallel Theories of Imperialism, Midwest Journal of Political Science 5. 1961, 101–28; O. H. Taylor, Schumpeter and Marx: Imperialism and Social Classes in the Schumpeterian System, QJE 65. 1951, 525–55. – Über Hobson vgl. H.-C. Schröders vorzügliche Einleitung zu: Hobson, Imperialismus, 9–27; H. Mitchell, Hobson Revisited, JHI 26. 1965, 397–416; B. Porter, Critics of Empire, 1895–1914, London 1968, 156–238; R. Lekachman, J. A. Hobson, IESS 6, 489–91; Kemp, 30–44; E. E. Nemmers, Hobson and Underconsumption, Amsterdam 1956, 33–59; Kruger; Fieldhouse, EHR 14, 187–209; G. Tullock, Hobson's Imperialism, Modern Age 7. 1963, 157–61. – Mit der Vorstellung von H. J. Morgenthau (Politics Among Nations, N. Y. 1960[3], auch G. Salomon-Delatour, Politische Soziologie, Stuttgart 1959, 203–23), »Imperialismus« als jede Veränderung des Status Quo zu definieren, läßt sich schlechterdings gar nichts anfangen.

bis 1879, das Fundament der Reichspolitik. Daß dieses »Kartell der staatserhaltenden Kräfte« zeitweilig nicht funktioniert oder wegen des wachsenden Übergewichts der Industrie kurzlebigen Zerwürfnissen Platz machte, kann doch die besonders wieder im Weltkrieg erhärtete Kontinuität bis 1918 nicht verbergen. Auch hier wirkte die zweite »Gründung« bis zum Zerfall des Bismarcksreichs weiter.

»Das Zusammenwirken der großen wirtschaftlichen Gruppen sei geeignet, die Parteien zu nähern«, erläuterte Miquel 1897, zwanzig Jahre nach Beginn der Bismarckschen »konservativen Sammlung«, das Programm seiner Sammlungspolitik. Der Imperialismus solle dazu dienen, »uns nach außen zu wenden«, die Ablenkung des »revolutionären Elements« zu fördern und »die Gefühle der Nation ... auf einen gemeinsamen Boden« zu bringen. Damit setzte sich das sozialimperialistische Motiv weiter durch, das seit dieser Zeit in ähnlicher oder verwandelter Form bei den liberalen Imperialisten des wilhelminischen Kaiserreichs, bei Friedrich Naumann und Max Weber, bei Ernst Francke und Ernst v. Halle u. v. a., klar hervorgetreten ist, sei es daß die Sozialpolitik durch Befriedigung der Arbeiterschaft eine von der »Einheit der Nation« abhängige kraftvolle »Weltpolitik« mit ermöglichen sollte oder sei es, daß die Variante vertreten wurde, nur erfolgreiche »Weltpolitik« könne die Sozialpolitik materiell durchzuhalten gestatten. Besonders von Weber und Halle ist diese Interdependenz, bei der die Sozialpolitik überwiegend zum funktionellen Mittel degradiert und Klassenintegration als Voraussetzung einer »Weltpolitik« anvisiert wurde, mit aller wünschenswerten Schärfe herausgestellt worden. Admiral v. Tirpitz faßte dann in seinen »Erinnerungen« die sozialimperialistische Tendenz seit den 1890er Jahren in die klassische Formel, daß »in der neuen großen nationalen Aufgabe und dem damit verbundenen Wirtschaftsgewinn ein starkes Palliativ gegen gebildete und ungebildete Sozialdemokraten liegt«[57].

Wenn in der wilhelminischen »Weltpolitik« das innen- und nun auch das außenpolitische Prestigeelement ungleich stärker als in den Vorjahren hervorgetreten ist, so wird man das nicht nur sozialpsychologisch mit dem gesteigerten Nationalismus, dem überschüssigen Kraftgefühl und mutwilligen Geltungsbedürfnis auf der Woge der Hochkonjunkturperiode seit 1896 erklären können. Man wird vielmehr dazu auch die sozialhistorische Erklärung heranziehen können, daß der inneren Zerrissenheit der

---

57. Vgl. Kaelble (123–204) über Kontinuität u. Unterbrechungen der Sammlungspolitik; Miquels Votum, Staatsministeriumssitzung v. 22. 11. 1897, z. T. in: Böhme (Großmacht, 316), dem ich diesen Text verdanke. Miquels Sammlungspolitik ist glänzend analysiert worden von Kehr, Schlachtflottenbau; knapp auch: Gerschenkron, Bread, 46 f., u. F. Meinecke, Geschichte des deutsch-englischen Bündnisproblems, 1890–1901, München 1927, 6, 8 (»Und alles hing zusammen untereinander: Exportindustrialismus und Flottenbau, Tirpitzsche Flottengesetze und Miquelsche Sammlungspolitik, die die arbeitgebenden höheren Schichten in Stadt und Land gegen das Proletariat zusammenfaßte und den Zwecken der Flottenpolitik, zugleich aber auch den Staat den materiellen Interessen dieser Klassen dienstbar machte und dadurch den sozialen Riß in der Nation vergrößerte!«). Allg. hierzu Kehr, in: Imperialismus, Hg. H.-U. Wehler; vgl. F. Naumann, Weltpolitik u. Sozialreform, Berlin 1899, 2–5, 7–16; W. J. Mommsen, Weber, 77–152; E. Francke, Weltpolitik u. Sozialreform, in: Schmoller u. a., I, 85–132, vor allem: 100 f., 114 f., 118 f., 132; E. v. Halle, Weltmachtpolitik u. Sozialreform, in: ders., Weltwirtschaftliche Aufgaben u. weltpolitische Ziele, II, Berlin 1902, 203–41, vor allem 212, 214 f., 227 f., 229, 240; A. v. Tirpitz, Erinnerungen, Leipzig, 1920², 52, vgl. 96, auch Fabris Wunsch (DKZ 1891, 145) die Kolonialfrage zu einem »volkstümlichen Kampf gegen die Sozialdemokratie« auszunützen. – Ich hoffe, diese fast unzulässig allgemein gehaltenen Hinweise bald mit der gebotenen Differenzierung in einer vergleichenden Untersuchung über den Sozialimperialismus seit den 1890er Jahren näher erläutern zu können; sie wird auch wieder die Vorstellung vom eigenen deutschen Weg der Expansion, der »Weltpolitik« (schon terminologisch ein Versuch, Eigenständigkeit zu behaupten), widerlegen und die Gemeinsamkeiten der Industriestaaten betonen.

Nation in eine Klassengesellschaft, den sozialen und politischen Spannungen zwischen Obrigkeitsstaat, landadeliger Führungsschicht und feudalisiertem Bürgertum auf der einen Seite und den vorandrängenden Kräften der Parlamentarisierung und Demokratisierung, vor allem der Emanzipationsbewegung der Sozialdemokratie, jene Politik entsprang: durch Prestigeerfolge die innere Zerklüftung zu überbrücken oder doch zu verdecken. In diesem Sinn beschrieb Holstein ein durchgängiges Motiv dieser wilhelminischen Prestigepolitik, die auf der Dynamik der sozialökonomischen Entwicklung beruhte, als er 1897 konstatierte, wegen der verfahrenen Innenpolitik brauche »die Regierung Kaiser Wilhelms II. . . . einen greifbaren Erfolg nach außen, der dann wieder nach innen zurückwirken würde. Dieser Erfolg ist nur zu erwarten entweder als Ergebnis eines europäischen Krieges, eines weltgeschichtlichen Hazardspiels oder aber einer außereuropäischen Erwerbung«[58]!

Nachdem der sozialökonomische und politische Zusammenhang des deutschen Imperialismus unter Bismarck entwickelt, seine Ereignisgeschichte dargestellt und seine Bedeutung analysiert worden sind, können – nach diesem Ausblick auf die wilhelminische Politik – seine wichtigsten Aspekte noch einmal zusammengefaßt werden.

Wirtschaftspolitisch bildete Bismarcks pragmatische Expansionspolitik einen Bestandteil seiner staatlich geförderten Außenhandelspolitik und zugleich seiner noch keiner ausgearbeiteten Theorie folgenden, experimentierenden antizyklischen Konjunkturpolitik, mit der der heranwachsende Interventionsstaat, auch den Übergang vom Informal Empire zur formellen Kolonialherrschaft wagend, dem expansiven System des Hochkapitalismus besonders während der wirtschaftlichen Wachstumsstörungen gesichertes Wachstum und Absatz, die Erweiterung des Marktes über die nationalen Grenzen hinaus zu sichern strebte.

Innenpolitisch diente der Imperialismus als Integrationsmittel im klassenzerrissenen Nationalstaat, wobei der als Krisenideologie zu verstehende Kolonialenthusiasmus und anglophobe Vulgärnationalismus besonders auch zu wahl- und parteipolitischen Zwecken manipuliert werden konnte. Mit der Expansionspolitik wurde die preußischdeutsche Politik der »Revolution von oben«, ergänzt durch die Methoden bonapartistischer Herrschaftstechnik, unter den Bedingungen der Hochindustrialisierung in der zeitgemäßen Form des Sozialimperialismus fortgesetzt.

Gesellschaftspolitisch diente damit dieser Sozialimperialismus der Verteidigung der traditionellen Sozial- und Machtstruktur des preußisch-deutschen Staates, ihrer Abschirmung gegen die umwälzenden Auswirkungen der Industrialisierung und der sie begleitenden Parlamentarisierungs- und Demokratisierungstendenzen, und nicht

---

58. Holstein an Kiderlen, 30. 4. 1897, Nl. Kiderlen (Privatbesitz, freundlicherweise von H. Böhme zur Verfügung gestellt). Vgl. H. Mommsen, Neuzeit, 217, 222; H. Kätzel, Die gesellschaftlichen Strukturveränderungen im Zeitalter des Imperialismus, phil. Diss. Erlangen 1949, MS; E. Waechter, Der Prestigegedanke in der deutschen Politik, 1890–1914, Aarau 1941. – Dem oligopolistischen Wettbewerb des Organisierten Kapitalismus entsprach es dann auch, daß der ursprüngliche Gedanke gleichberechtigter Nationen umgebogen wurde zur Vorstellung vom Supremat, dem Monopol nur der eigenen Nation und das Bürgertum auf seinem Weg vom Liberalismus und Freihandel zum »oligarchischen Herrschaftsideal« des imperialistischen Machtstaats gelangte, damit auch für den politisierten Sozialdarwinismus und Rassenideologien anfälliger wurde. Vgl. hierzu: Hilferding, 502–4; O. Bauer, Nationalitätenfrage, 461–507, sowie die sich mit manchen Vorstellungen von M. Weber berührende, erschreckende Prognose Lamprechts (Geschichte, II/2, 1921⁴, 737): »Ausdehnung also zum Größtstaat, Zusammenfassung aller Kräfte der staatlichen Gesellschaft zu einheitlichen Wirkungen nach außen und deren Führung durch einen Helden und Herrn: das sind die nächsten Forderungen des Expansionsstaats.« Auch so wurde einer neuen Diktatur in Deutschland der Boden bereitet.

zuletzt auch der Erhaltung der bonapartistischen Diktatur Bismarckscher »Alleinherrschaft«.

Als Ablenkungspolitik in der Kontinuität der »Revolution von oben« erfüllte der Sozialimperialismus zeitweilig seine wichtigste Funktion darin, den sozialen und politischen Emanzipationsprozeß zu verlangsamen. Seit der zweiten »Gründungszeit« des Reichs blieb dieser Sozialimperialismus gleichsam als politisches Verhaltensmuster eingeschliffen. Und wenn das Kaiserreich vor 1914 »wie erstarrt« dazuliegen schien, »seiner Struktur nach abgeschnitten von dem Zustrom regenerierender Kräfte und daher unfähig zu jener produktiven Wandlungsfähigkeit, wie sie die Anpassung an die sich umschichtenden sozialen und politischen Verhältnisse« (Zmarzlik) erfordert hätte, so hatte seine Führung bis dahin von seinen inneren Gegensätzen auch durch den Imperialismus abgelenkt, damit aber auch einer Pseudolösung für die Probleme der Emanzipationsbewegung, der inneren Reform und der bewußten, rationalen Kontrolle der sozialökonomischen Entwicklung nachgestrebt[59].

Während sich die ungebändigte Dynamik des ökonomischen Systems in der anhaltenden wirtschaftlichen Expansion Deutschlands durchsetzte, – wobei vornehmlich Außenhandel und Kapitalexport wuchsen und Einflußsphären informeller Präponderanz wieder weit wichtiger als die »Schutzgebiete« Bismarcks samt einigen kolonialen Neuerwerbungen wurden –, erhielt sich auch »insbesondere nach dem Sturz Bismarcks ... die Neigung«, die überkommene »tiefe Diskrepanz zwischen gesellschaftlicher Struktur und politischer Ordnung, die die mit der industriellen

---

59. In einer scharfsinnigen Untersuchung hat J. Habermas unlängst skizziert, wie im zeitgenössischen System des staatlich regulierten Spätkapitalismus politische Herrschaft vor allem dadurch legitimiert wird, daß die Staatsleitung durch gezielte Interventionspolitik die Dysfunktionen, also auch die Wachstumsstörungen der Gesamtwirtschaft, zu korrigieren und die Stabilität des Systems zu sichern sucht. Die »Legitimationsforderung«, unter der diese Gesellschaftssysteme stehen, führt dazu, daß an die Stelle der diskreditierten Ideologie der liberalkapitalistischen Marktwirtschaft eine »Ersatzprogrammatik« tritt, die die Herrschenden im Sinn ihrer gesellschaftlichen Interessen und der Systemerhaltung verpflichtet, die »Stabilitätsbedingungen« für das »Gesamtsystem zu erhalten und Wachstumsrisiken vorzubeugen«, zugleich auch eine »Loyalität der lohnabhängigen Massen sichernde Entschädigungs- und d. h.: Konfliktvermeidungspolitik« zu betreiben. Der gesteuerte »wissenschaftlich-technologische Fortschritt«, die erste Produktivkraft der Gegenwart, und gleichmäßiges wirtschaftliches Wachstum übernehmen dann auch »herrschaftslegitimierende Funktionen«. Politik gewinnt damit einen »eigentümlich negativen Charakter: sie ist an der Beseitigung von Dysfunktionalitäten und an der Vermeidung von systemgefährdenden Risiken, also ... an der Lösung technischer Fragen orientiert«. Damit weicht »die manifeste Herrschaft des autoritären Staates ... den manipulativen Zwängen der technisch-operativen Verwaltung«, die Masse wird und bleibt entpolitisiert, die praktischen Ziele einer Humanisierung der Industriellen Welt, allgemein die Wertvorstellungen, wofür das System außer zur Reproduktion der »Gesellschaft im Überfluß« gut sein soll, werden aus der öffentlichen Diskussion möglichst eliminiert. Diese Problematik hat natürlich nicht nur eminente zeitgeschichtliche Bedeutung, sondern auch, wie Habermas andeutet, ihre historischen Wurzeln im letzten Drittel des 19. Jahrhunderts. In Deutschland läßt sich ihre Genesis deutlich bis in die Bismarckzeit zurückverfolgen. Der frühe deutsche Imperialismus kann unter diesen Aspekten – wie viele andere Aktionen des heranwachsenden Interventionsstaats – durchaus einleuchtend schon als eine der Bemühungen begriffen werden, angesichts der zwar noch vorhandenen, aber weithin angezweifelten traditionalen und charismatischen Autorität verbesserte Stabilitätsbedingungen für das ökonomische und soziale System zu schaffen, damit innere Konflikte namentlich um die Verteilung des Volkseinkommens und den Zugang zur Macht zu entschärfen und die Herrschaft einer autoritären Staatsspitze und bestimmter gesellschaftlicher Gruppen zu befestigen. Auch vom Wirtschafts- und Sozialimperialismus – das liegt ganz auf der Linie unserer Interpretation – konnten sich die bonapartistische Diktatur Bismarcks und die sie stützenden Kräfte, vor allem dann auch die Träger der späteren »Weltpolitik« eine »herrschaftslegitimierende« Wirkung versprechen. J. Habermas, Technik u. Wissenschaft als »Ideologie«, Frankfurt 1968, 48–103, hier 74–80, 83 f., 92, 99. Vgl. auch Löwe u. Shonfield.

Revolution geänderte soziale Situation kaum berücksichtigte«, durch »eine Ablenkung des Interessendrucks nach außen im Sinne eines Sozialimperialismus«, der »die längst fällige Reform der inneren Struktur Deutschlands« mitverdeckte, »zu neutralisieren« (Bracher). In der Annexions- und Kriegszielpolitik während des Ersten Weltkriegs lebte dieser starke Impuls weiter fort, denn sie sollte nachweislich nicht zuletzt auch den verschleppten inneren Umbau weiter fernhalten; erneut sollte eine erfolgreiche Expansions- und Außenpolitik eine zeitgemäße Innenpolitik ersetzen bzw. über die fatalen Mängel des preußischen Hegemonialstaats hinwegtäuschen. Auch durch das Debakel von 1918 wurde die Verführungskraft dieser Politik: die innere Emanzipation durch äußere Expansion hinauszuzögern, noch nicht endgültig zerstört, eine letzte extreme Übersteigerung konnte wenige Jahre danach an ihre verhängnisvolle Kontinuität anknüpfen[60].

In der deutschen Überseepolitik unter Bismarck hatte sich ein pragmatischer Expansionismus, der primär von tatsächlichen oder vermeintlichen sozialökonomischen Sachzwängen bestimmt wurde und ein auch vom Bewußtsein der Verantwortung diktiertes Handeln des ersten Reichskanzlers enthüllte, mit einem Sozialimperialismus verbunden, der später, als man unter Berufung auf die Anfänge in der Bismarckära politische Entscheidungen zu legitimieren versuchte, als Vorbild dienen konnte; für Bismarck bildete er freilich einen Motivationskomplex zusammen mit anderen. Unstreitig bleibt es auch stets ein problemreiches Unterfangen, über die Fernwirkungen der Gedanken und Handlungen von Individuen und über das Maß ihrer Verantwortung für dieselben zu urteilen. Aber ebenso unleugbar ist die prägende Kraft, die von politischen Aktionen und ihrer ideologischen Rechtfertigung dann ausgehen kann, wenn sie der Glanz des Erfolgs, mag er sich später auch als böser Scheinerfolg enthüllen, umgibt und sie durch die schier erdrückende Autorität einer überragenden Persönlichkeit gegen Kritik gedeckt werden. Verfolgt man daher einmal ausschließlich diesen einen Entwicklungsstrang: den sozialimperialistischen Widerstand gegen den Emanzipationsprozeß der industriellen Gesellschaft in Deutschland, dann wird man vom historischen Gesichtspunkt aus bis hin zum extremen Sozialimperialismus des Nationalsozialismus, der durch den Ausbruch nach »Ostland« noch einmal den inneren emanzipatorischen Fortschritt aufzuhalten und von der inneren Unfreiheit abzulenken versucht hat, eine Verbindungslinie ziehen können. »Wie lange und verschlungen auch der Weg von Bismarck zu Hitler gewesen ist«, – dieses mutige Wort von Hans Rothfels über die ins Kaiserreich von 1871 zurückreichenden Wurzeln der

---

60. Zit. Zmarzlik nach: H.-U. Wehler, Der Fall Zabern. Rückblick auf eine Verfassungskrise des wilhelminischen Kaiserreichs, WaG 23. 1963, 45; Bracher, Deutschland, 155, 12, vgl. 151, 182 f. Vgl. hierzu auch F. Meineckes (Sammlungspolitik u. Liberalismus, Dez. 1910, in: ders., Politische Schriften u. Reden, Werke II, Darmstadt 1958, 40–42, 87, 215) Unterstützung der »Sammlungspolitik« im Stil des »Bülowschen Blocks«, die allein den unabweisbar notwendigen Imperialismus innenpolitisch tragen könne. Ganz wie Weber u. Naumann, der M. damals wohl beeinflußt hat, wünschte M. für eine deutsche Weltpolitik »die ganze Stoßkraft der Nation und aller ihrer Schichten zu vereinigen und die inneren Spaltungen, die sie bedrohen, zu überwinden«, denn sonst »werden wir innerlich schwach am Tage der Entscheidung dastehen«. Von diesem Gesichtspunkt aus kritisierte er scharf die »heutige innere Politik der Konservativen«, – denen er im Juli 1914 sogar »Kastenhochmut und sozialen Herrendünkel mit Chauvinismus« verbunden vorwerfen konnte –, die »auf einen mit den Waffen des Polizeistaats geführten latenten Bürgerkrieg gegen die Sozialdemokraten hinausläuft«. – K.-H. Janssen (Macht u. Verblendung. Kriegszielpolitik der deutschen Bundesstaaten 1914/18, Göttingen 1963) hat in seinem vorzüglichen Buch schärfer noch als F. Fischer dieses innere Motiv der Kriegszielpolitik herausgearbeitet. Vgl. F. Stern, Bethmann Hollweg u. der Krieg, Tübingen 1968, 22, 38, 45, 47.

»Hemmung bürgerlichen Mündigwerdens« im modernen Deutschland und der »Verherrlichung der Ausflüchte« in seiner Politik wird man auch in diesem Zusammenhang wiederholen dürfen –, »der Reichsgründer erscheint als der Verantwortliche für eine Wendung, mindestens aber für die Legitimierung einer Wendung, deren fatale Steigerung bis zum Gipfel in unseren Tagen nur allzu augenscheinlich geworden ist«[61].

---

61. Rothfels, Probleme, 170; ebenso Griewank (55), Bismarck habe »eine Entwicklung angebahnt, die mindestens Anstoß und Vorbild wurde für Entartungserscheinungen, die wir schaudernd erlebt haben«. Dagegen hat u. a. G. Ritter (z. B. noch 1962, Problem, 87) wiederholt betont, man könne Bismarck »unmöglich für spätere Entwicklungen verantwortlich machen«. Vor der Kritik, die weniger an individuelle Schuld als an die prägenden Wirkungen des Bismarckschen Handels und an die Folgen seiner Aktionen und seines Verhaltens denkt, hat er sich auf einen defensiv-apologetischen Historismus zurückgezogen. – Unstreitig hat dagegen gerade im Hinblick auf den Sozialimperialismus und den Sachzwang steter kapitalistischer Expansion Schumpeters Wort: »daß immer die Toten über die Lebenden herrschen« (Imperialismen, Aufsätze, 146), oft seine Wahrheit erwiesen; so schon Marx, MEW 23, 45.

7

Anhang

1. Abkürzungsverzeichnis

2. Kritische Bibliographie

3. Quellen- und Literaturverzeichnis
   A. Ungedruckte Quellen
      I. Akten
      II. Nachlässe
   B. Literatur
   C. Ergänzungsbibliographie 1983

4. Register der zitierten Reden im Reichstag

5. Sachregister

6. Personenregister

1. Abkürzungsverzeichnis

AER	=	American Economic Review
AHR	=	American Historical Review
AfK	=	Archiv für Kulturgeschichte
APG	=	Archiv für Politik u. Geschichte
A. Sch.	=	Archiv Schönhausen, Nl. Bismarck, Friedrichsruh
ASS	=	Archiv für Sozialwissenschaft u. Sozialpolitik
an.	=	anonymer Verfasser
B.	=	Bismarck
BA	=	Bundesarchiv Koblenz
BM	=	Berliner Monatshefte
CEHE	=	Cambridge Economic History of Europe
CHBE	=	Cambridge History of the British Empire
CR	=	Contemporary Review
DDF	=	Documents Diplomatiques Français
DHPG	=	Deutsche Handels- u. Plantagengesellschaft der Südsee
DKG	=	Deutsche Kolonialgesellschaft
DKGSWA	=	Deutsche Kolonialgesellschaft für Südwestafrika
DKZ	=	Deutsche Kolonialzeitung
DOAG	=	Deutsch-Ostafrikanische Gesellschaft
DR	=	Deutsche Rundschau
DRev	=	Deutsche Revue
DZA	=	Deutsches Zentralarchiv (I, Potsdam; II, Merseburg)
EA	=	Economie Appliquée
EEH	=	Explorations in Entrepreneurial History
EDCC	=	Economic Development and Cultural Change
EHR	=	Economic History Review
EJ	=	Economic Journal
ESS	=	Encyclopaedia of the Social Sciences
Eng. HR	=	English Historical Review
FA	=	Foreign Affairs
GfDK	=	Gesellschaft für Deutsche Kolonisation
GW	=	O. v. Bismarck, Gesammelte Werke, Friedrichsruher Ausgabe, 19 Bde. 1924-35
GWU	=	Geschichte in Wissenschaft u. Unterricht
Gb.	=	Die Grenzboten
GLA	=	Generallandesarchiv Karlsruhe
GN	=	Geographische Nachrichten für Welthandel u. Weltwirtschaft
Geg.	=	Die Gegenwart
HA	=	Hauptarchiv Berlin-Dahlem
HAr	=	Handelsarchiv (bis 1880: Preußisches, seither: Deutsches)
HJ	=	Historical Journal
HK	=	Handelskammer
HSW	=	Handwörterbuch der Sozialwissenschaften
HSt	=	Handwörterbuch der Staatswissenschaften
HZ	=	Historische Zeitschrift
IESS	=	International Encyclopaedia of the Social Sciences
IHK	=	Industrie- u. Handelskammer
IKA	=	Internationale Kongo-Assoziation
JbA	=	Jahrbuch für Amerikastudien
JbLA	=	Jahrbuch für Geschichte Lateinamerikas
JbW	=	Jahrbuch für Wirtschaftsgeschichte
Jber.	=	Jahresberichte
JNS	=	Jahrbücher für Nationalökonomie u. Statistik
JAH	=	Journal of African History
JCEA	=	Journal of Central European Affairs
JEH	=	Journal of Economic History
JHI	=	Journal of the History of Ideas
JMH	=	Journal of Modern History

JPE	= Journal of Political Economy
KPK	= Kolonialpolitische Korrespondenz
KR	= Koloniale Rundschau
KZ	= Kölnische Zeitung
LC	= Library of Congress
Marg.	= Marginalie
MS	= Maschinenschrift
M. Sch.	= Manchester School of Economics
MEW	= Marx-Engels-Werke
NAZ	= Norddeutsche Allgemeine Zeitung
NCMH	= New Cambridge Modern History
NDB	= Neue Deutsche Biographie
NWB	= Neue Wissenschaftliche Bibliothek
N. Y.	= New York
Nl.	= Nachlaß
OEP	= Oxford Economic Papers
PA	= Politisches Archiv des Auswärtigen Amtes, Bonn
PHR	= Pacific Historical Review
PJ	= Preußische Jahrbücher
PSQ	= Political Science Quarterly
PVS	= Politische Vierteljahresschrift
QJE	= Quarterly Journal of Economics
RB	= O. v. Bismarck, Reden, Hg. H. Kohl, 14 Bde., 1892–1905
RES	= Review of Economic Statistics
RH	= Revue Historique
RdI	= Reichsamt des Innern
RKA	= Reichskolonialamt
RoP	= Review of Politics
RT	= Stenographische Berichte über die Verhandlungen des deutschen Reichstages
RTA	= Reichstagsakten, DZA I
RWB	= Rheinisch-Westfälische Wirtschaftsbiographien
Sch. Jb.	= Schmollers Jahrbuch
Sch. VfS	= Schriften des Vereins für Sozialpolitik
StA	= Staatsarchiv
VzK	= Vierteljahrshefte zur Konjunkturforschung
VfZ	= Vierteljahrshefte für Zeitgeschichte
VSWG	= Vierteljahrsschrift für Sozial- u. Wirtschaftsgeschichte
VVPK	= Vierteljahrsschrift für Volkswirtschaft, Politik u. Kulturgeschichte
WA	= Weltwirtschaftliches Archiv
Wb	= Weißbuch
WV	= Wörterbuch der Volkswirtschaft
ZfG	= Zeitschrift für Geschichtswissenschaft
ZGO	= Zeitschrift für die Geschichte des Oberrheins
ZfGS	= Zeitschrift für die Gesamte Staatswissenschaft
ZKKK	= Zeitschrift für Kolonialpolitik, Kolonialrecht u. Kolonialwirtschaft
ZfP	= Zeitschrift für Politik

2. Kritische Bibliographie

Um dem Leser einen gedrängten Überblick zu vermitteln und zugleich den Anmerkungsapparat nicht noch mehr zu belasten, werden hier einige Hinweise zur Literatur über:
A. die Wirtschafts- und Sozialgeschichte der zweiten Hälfte des 19. Jahrhunderts,
B. die Geschichte des deutschen Imperialismus der Bismarckzeit,
C. Bismarck und seine Politik gegeben; ihr folgen
D. einige Angaben über bibliographische Hilfsmittel.

A. Es gibt noch keine deutsche Wirtschaftsgeschichte über das 19. Jahrhundert, die modernen geschichts- und wirtschaftswissenschaftlichen Ansprüchen genügt. Zahllose Vorarbeiten fehlen hierzu, vor allem aber hat die deutsche Wirtschaftshistorie zu lange auf dem Stand der Jüngeren Historischen Schule der Nationalökonomie verharrt; bis heute hat sie daher die moderne Wirtschafts- und Wissenschaftstheorie noch nicht in ihr Arbeitsfeld mit einbezogen. Keine der Wirtschaftsgeschichten des 19. Jahrhunderts geht von dem Wachstumsprozeß des modernen Kapitalismus aus, der den Konjunkturschwankungen mit ihren Auf- und Abschwüngen, die dem wirtschaftlichen Wachstum seine eigentümliche Struktur geben, unterworfen ist.

Eine eingehende Diskussion mit ausführlichen Literaturangaben findet sich in: H.-U. Wehler, Theorieprobleme der modernen deutschen Wirtschaftsgeschichte (1800–1945). Prolegomena zu einer kritischen Bestandsaufnahme der Forschung u. Diskussion seit 1945, in: Festschrift für H. Rosenberg, Berlin 1969.

Eine moderne Gesamtdarstellung der deutschen Sozialgeschichte des 19. Jhs. fehlt ebenfalls, obwohl die Sozialgeschichte bzw. eine sie mit der Wirtschaftsgeschichte verbindende sozialökonomische Geschichte stark in Bewegung geraten ist. Die Literatur, – besonders auch der Vertreter einer realistischen, nicht primär begriffsgeschichtlich orientierten Richtung, – ist in der ersten speziellen Bibliographie in: Moderne Deutsche Sozialgeschichte, Hg. H.-U. Wehler, Köln 1968² (NWB 10), 565–82 (Bibliographie zur deutschen Sozialgeschichte 1789–1965), verzeichnet.

Durch das neue Material und die Interpretation bei H. Rosenberg (Große Depression u. Bismarckzeit, Berlin 1967) u. H. Böhme (Deutschlands Weg zur Großmacht, Köln 1966) sind die meisten älteren Arbeiten zur Handelspolitik der Bismarckzeit im allgemeinen überholt, so z. B. das vorzügliche Buch von M. Nitzsche, Die handelspolitische Reaktion in Deutschland, Stuttgart 1905; W. Gerloff, Finanz- u. Handelspolitik des Deutschen Reichs, Jena 1913; ders., Die deutsche Zoll- u. Handelspolitik, Leipzig 1920; T. Plaut, Die deutsche Handelspolitik, Leipzig 1929³; J. B. Esslen, Die Politik des auswärtigen Handels, Stuttgart 1925; U. Gerber, Deutschlands Zoll- u. Handelspolitik, Berlin 1924; P. Ashley, Modern Tariff History, Germany, United States, France, London 1920³; A. Zimmermann, Die Handelspolitik des Deutschen Reiches, Berlin 1901²; K. Helfferich, Handelspolitik, Leipzig 1901; G. Tischert, Zollpolitische Interessenkämpfe, Berlin 1900; F. v. Brockdorff, Deutsche Handelspolitik im 19. Jh., phil. Diss. Erlangen 1899; W. Lotz, Die Ideen der deutschen Handelspolitik 1860–1891, Leipzig 1892. Vgl. K. Nothacker, Ursachen, Entwicklung u. Bedeutung des ökonomischen Liberalismus in der 2. Hälfte des 19. Jhs. unter besonderer Berücksichtigung der preußischen Handels- u. Gewerbepolitik, phil. Diss. Erlangen 1950 (MS); M. Bühler, Die Stellung Württembergs zum Umschwung der Bismarckschen Handelspolitik, 1878/79, phil. Diss. Tübingen, Göppingen 1935; E. Nübel, Sozialistengesetz, Zollpolitik und Steuerreform als Kampfmittel in Bismarcks Auseinandersetzung mit dem Liberalismus, 1878/79 phil. Diss. Köln, Gelsenkirchen 1934; E. Weiss, Die wirtschaftspolitischen Strömungen in Deutschland, 1879–1900, wiso. Diss. Frankfurt, Leipzig 1926.

Eine neuere Untersuchung, die der Frage des deutschen Kapitalexports vor 1914 nachgeht, fehlt noch immer. Vgl. hierzu: H. Feis, Europe, the World's Banker, 1870–1914, New Haven 1930; K. Strasser, Die deutschen Banken im Ausland, München 1924; W. Steinmetz, Die deutschen Großbanken im Dienste des Kapitalexports, phil. Diss. Heidelberg, Luxemburg 1913; K. Helfferich, Auslandswerte, Bankarchiv 10. 1911, 209–17; A. Sartorius v. Waltershausen, Das volkswirtschaftliche System der Kapitalanlage im Auslande, Berlin 1907; R. Rosendorff, Die deutschen Banken im überseeischen Verkehr, Sch. Jb. 28. 1904, 1245–86; Denkschrift des Reichsmarineamts, Die deutschen Kapitalanlagen in überseeischen Ländern, Berlin 1900. Enttäuschend sind: K. Nehls, Zur Bewegung der Kapitalexporte des deutschen Imperialismus, JbW 1963/IV, 57–91, u. W. H. Laves, German Governmental Influence on Foreign Investments, 1871–1914, PSQ 43. 1928, 498–519. Allg. hierüber O. Morgenstern, International Financial Transactions and Business Cycles, Princeton 1959; J. Viner, Political Aspects of International Finance, Journal of Business of the University of Chicago 1. 1928, 141–73, 324–63; ders., International Finance and Balance of Power Diplomacy, 1880–1914, The Southwestern Political and Social Science

Quarterly 9. 1929, 407–51; ders., International Trade and Economic Development, Oxford 1957; B. Gille, Finance Internationale et Trusts, RH 227. 1962, 291–326. Vgl. zuletzt B. Thomas, The Historical Record of International Capital Movements to 1913, in: J. H. Adler Hg., Capital Movements and Economic Development, London 1967, 3–32.

Zum Vgl. mit der französischen Kapitalausfuhr: H. D. White, The French International Accounts, 1880–1913, Cambridge/Mass. 1933; R. E. Cameron, L'exportation des capitaux français, Revue d' Histoire Economique et Social 33. 1955, 347–53.

Vgl. damit einmal die vorzüglichen Untersuchungen zum englischen Außenhandel u. Kapitalexport: F. Crouzet, Commerce et Empire, Annales 19. 1964, 281–310; H. H. Segal u. M. Simon, British Foreign Capital Issues, 1865–1894, JEH 21. 1961, 566–77; C. H. Feinstein, Income and Investment in the United Kingdom, 1856–1914, EJ 71. 1961, 367–85; ders., Aspects of Home and Foreign Investment, 1870–1913, ök. Diss. Cambridge 1960; S. B. Saul, Studies in British Overseas Trade, 1870–1914, Liverpool 1960; ders., Britain and World Trade, 1870–1914, EHR 7. 1954/55, 49–66; A. H. Imlah, Economic Elements in the Pax Britannica, Cambridge 1958; ders., British Balance of Payments and Export of Capital, 1816–1913, EHR 5. 1952, 208–33; A. K. Cairncross, Home and Foreign Investment 1870–1913, Cambridge 1953 (dazu: D. S. Landes, The Statistical Analysis of Anglo-American Development, World Politics 7. 1954, 526–36); J. H. Lenfant, Great Britain's Capital Formation, 1864 1914, Economica 18. 1951, 151–67; J. S. Pesmazoglu, A Note on the Cyclical Fluctuations of British Home Investment, OEP 3. 1951, 39–61; K. Zweig, Strukturwandlungen u. Konjunkturschwingungen im englischen Außenhandel der Vorkriegszeit, WA 30. 1929/II, 54*–104*; L. H. Jenks, The Migration of British Capital, N. Y. 1927, 1963³; C. K. Hobson, The Export of Capital, N. Y. 1914; sowie jetzt W. J. Mommsen, Nationale u. ökonomische Faktoren im britischen Imperialismus vor 1914, HZ 206. 1968, 618–64, u. A. R. Hall Hg., The Export of Capital from Britain 1870–1914, London 1968 (darin vor allem Ford u. Simon); vgl. J. Tinbergen, Business Cycles in the United Kingdom, 1870–1914, Amsterdam 1951.

Desgleichen steht eine neue Analyse der deutschen Bankenkonzentration vor 1914 noch immer aus. Die letzte Untersuchung der Bankgeschichte bis ca. 1880 findet sich bei H. Böhme, Deutschlands Weg zur Großmacht, Köln 1966; vgl. ders., Gründung u. Anfänge des Schaaffhausenschen Bankvereins, der Bank des Berliner Kassenvereins, der Direktion der Disconto-Gesellschaft u. der (Darmstädter) Bank für Handel u. Industrie, Tradition 10. 1965, 189–212; 11. 1966, 34–56; s. dazu W. Däbritz, D. Hansemann, A. v. Hansemann, Krefeld 1954; M. J. Wolf, Die Disconto-Gesellschaft, Berlin 1930. Wichtig: M. Gehr, Das Verhältnis zwischen Banken u. Industrie in Deutschland, 1850–1931, staatswiss. Diss. Tübingen 1960. Vgl. weiter: W. Hagemann, Das Verhältnis der deutschen Großbanken zur Industrie, Berlin 1931; W. Strauss, Die Konzentration im Bankgewerbe, Berlin 1928; H. Jopp, Bedeutung u. Einfluß des Bankkapitals in der industriellen Entwicklung Deutschlands, jur. Diss. Münster 1925 (MS); A. Weber, Depositenbanken u. Spekulationsbanken, München 1923³; G. v. Schulze-Gävernitz, Die deutsche Kreditbank, Tübingen 1915; L. Metzler, Studien zur Geschichte des deutschen Effektenbankwesens, Leipzig 1911; J. Riesser, Die deutschen Großbanken u. ihre Konzentration, Jena 1912⁴; R. Hilferding, Das Finanzkapital (1910), Frankfurt 1966; G. Diouritch, L'expansion des banques allemandes à l'étranger, Paris 1909; E. Steinberg, Die Konzentration im Bankgewerbe, Berlin 1906; O. Warschauer, Die Konzentration im deutschen Bankwesen, JNS 87. 1906, 145–62; H. Schumacher, Die Ursachen u. Wirkungen der Konzentration im deutschen Bankwesen, Sch. Jb. 30. 1906, 1–43; O. Jeidels, Das Verhältnis der Großbanken zur Industrie, Leipzig 1905; A. Blumenberg, Die Konzentration im deutschen Bankwesen, phil. Diss. Heidelberg, Leipzig 1905; P. Wallich, Die Konzentration im deutschen Bankwesen, Stuttgart 1905; E. Dépitre, Le mouvement de concentration dans les banques allemandes, Paris 1905; P. Model, Die großen Berliner Effektenbanken, Jena 1896; H. Sattler, Die Effektenbanken, Leipzig 1890. Speziell über das Ruhrrevier: E. Roos, Das Verhältnis der Banken zur rheinisch-westfälischen Schwerindustrie vom Beginn des 19. Jhs. bis 1875, wiso. Diss. Köln 1953 (MS). Vgl. die Übersichten über die neue Lit. (überwiegend Firmenfestschriften) bei: W. Zorn, Beiträge zur Geschichte der deutschen Banken seit 1950, Tradition 1. 1956, 69–74; 5. 1960, 231–35.

Außer aus der im Text erwähnten Lit. über Konjunkturprobleme habe ich besonderen Gewinn gezogen aus: A. Maddison, Economic Growth in the West, London 1964; R. C. O. Matthews, The Business Cycle, Cambridge 1959; W. Fellner, Trends and Cycles in Economic Activity, N. Y. 1956, 75–84; F. Vito, Le Fluttuazioni cicliche, Mailand 1954⁵; W. A. Jöhr, Die Konjunkturschwankungen, Tübingen 1952; L. H. Dupriez, De mouvements économiques généraux, 2 Bde., Löwen 1951²; ders., Philosophie des conjunctures économiques, Paris 1959 (dt. Konjunkturphilosophie, Berlin 1963); M. Dobb, Economic Crises, in: ders., Political Economy and Capitalism, London 1937, 79–126; E. James u. A. Marchal Hg., Fluctuations économiques, 2 Bde., Paris 1954; H. Guitton, Les fluctuations économiques, Paris 1951; A. F. Burns u. W. C. Mitchell, Measuring Business Cycles, New York 1946; F. Simiand, Les fluctuations économiques à longue période, Paris 1932; W. C. Mitchell, Der Konjunkturzyklus, Leipzig 1931; ders., Business Cycles, ESS II/1, 92–107; J. Lescure, Hausses et baisses de prix de longue durée, Paris 1933; ders., De crises générales et périodiques de surproduction, Paris 1932[4]; E. Wagemann, Struktur u. Rhythmus der Weltwirtschaft, Berlin 1931; S. S. Kuznets, Secular Movements in Production and Prices, New York 1930; C. A. R. Wardwell, An Investigation of Economic Data for Major Cycles, Philadelphia 1927; A. H. Hansen, Business Cycles Theory, Boston 1927; ders., Business Cycles and National Income, N. Y., 1951; E. Lederer, Konjunkturen u. Krisen, Tübingen 1925, 354–413; A. Aftalion, Les crises périodiques de surproduction, 2 Bde., Paris 1913; ders., The Theory of Economic Cycles Based on the Capitalistic Technique of Production, RES 9. 1927, 165–70; E. Preiser, Grundzüge der Konjunkturtheorie, Tübingen 1933; W. Röpke, Krise u. Konjunktur, Leipzig 1932; R. Stucken, Die Konjunkturen im Wirtschaftsleben, Jena 1932; W. Woytinski, Die Welt in Zahlen, Berlin 1926, V, 347–56. – Enttäuschend sind: H. Ardant, Les crises économiques, Paris 1948; J. A. Lesourd u. C. Gérard, Histoire économique XIXe et XXe siècles, Paris 1963; E. Mandel, Traité d'Economie Marxiste, Paris 1962 (dt. Marxistische Wirtschaftstheorie, Frankfurt 1968, 359–401, 452–501); J. Eaton, Political Economy, London 1953[2], 135–54; L. Sartre, Esquisse d'une Théorie Marxiste des Crises Périodiques, Paris 1937; J. Duret, Les Marxisme et les Crises, Paris 1933. Ganz vulgärmarxistisch: F. Oelssner, Die Wirtschaftskrisen, I, Berlin 1949, 244–84. Sehr unbefriedigend: G. Schmölders, Konjunkturen u. Krisen, Hamburg 1955.

Über die internationalen Wachstumsstörungen in der Trendperiode von 1873 bis 1896, die sog. »Große Depression«, gibt es für verschiedene Länder eine recht eingehende Literatur. Vgl. z. B. über:

England: A. E. Musson, The Great Depression in Britain, 1873–96, JEH 19. 1959, 199–228; ders., British Industrial Growth During the Great Depression, EHR 15. 1963, 529–33; ders., British Industrial Growth, 1873–96, EHR 17. 1964, 397–403. D. J. Coppock, The Causes of the Great Depression, M. Sch. 29. 1961, 214–26; ders., Mr. Saville on the Great Depression, ebda., 31. 1963, 171–84; ders., British Industrial Growth During the Great Depression, EHR 17. 1964, 387–96; J. Saville, Mr. Coppock on the Great Depression, M. Sch. 31, 1963, 47–71. Abgerundete Zusammenfassung: C. Wilson, Economy and Society in Late Victorian Britain, EHR 18. 1965, 183–98. Vgl. H. L. Beales, The Great Depression in Industry and Trade, EHR 5. 1934/35, 65–75, auch in: E. M. Carus-Wilson Hg., Essays in Economic History, I, London 1954, 406–15; T. W. Fletcher, The Great Depression of English Agriculture, 1873–96, EHR 13. 1961, 417–32; W. W. Rostow, The Depression of the 70's, 1874–79, in: ders., British Economy, 179–221; ders., Explanations of the Great Depression, ebda., 145–60; ders., Investment and the Great Depression, ebda., 58–89; ders., Investment and Real Wages, 1873–1886, EHR 9. 1939, 144–50; G. D. H. Cole, British Trade and Industry, London 1932, 77–97; M. Dobb, Studies in the Development of Capitalism, N. Y. 1947, 300–13; J. H. Clapham, An Economic History of Modern Britain, Cambridge 1963[2], II, 227 f., 378–85; natürlich auch: M. Tugan-Baranowsky, Studien zur Theorie u. Geschichte der Handelskrisen in England, Jena 1901, 149–73. Vgl. J. R. T. Hughes, Measuring British Economic Growth, JEH 24. 1964, 60–82.

Die Vereinigten Staaten: A. G. Auble, The Depression of 1873 and 1882, phil. Diss. Harvard University 1949, MS; R. Fels, American Business Cycles, 1865–97, Chapel Hill 1959; ders., The American Business Cycle of 1879–85, JPE 60. 1952, 60–75; S. Rezneck, Distress, Relief, and Unrest During the Depression of 1873–78, ebda. 58. 1950, 494–512; ders., Patterns of Thought and Action in an American Depression, 1882–86, AHR 61. 1956, 284–307; R. L. Andreano Hg., New Views on American Economic Development, Cambridge/Mass. 1965, 333–434; J. Kendrick, Productivity Trends in the United States, Princeton 1961; M. Abramovitz, Resource and Output Trends in the United States Since 1870, AER 46. 1956 (Papers), 5–23; ders., Long Swings in Economic Growth in the United States, 41. Annual Report of the National Bureau of Economic Research, New York 1961, 27–30; ders., 42. Annual Report, 1962, 46–48; S. S. Kuznets, Capital in the American Economy, Princeton 1961; Trends in the American Economy in the 19th Century, Princeton 1960; E. Frickey, Economic Fluctuations in the United States, 1866–1914, Cambridge/Mass. 1942; N. J. Silberling, The Dynamics of Business, N. Y. 1943; M. Simon, The Great Depression, 1873–97, and American Foreign Policy, M. A. Thesis, Columbia Univ. 1941, MS; N. S. B. Gras u. H. Larson, Casebook in American Business History, New York 1939, 661–743; A. F. Burns, Production Trends in the United States Since 1870, New York 1934.

Über die einschneidende Depression von 1893–96 vor allem: D. W. Steeples, The Panic of 1893. Contemporary Reflections and Reactions, Mid-America 47. 1965, 155–75; C. Hoffman, The Depression of the Nineties, JEH 16. 1956, 137–64; ders., The Depression of the Nineties, phil. Diss. Columbia University 1954, MS; S. Rezneck, Unemployment, Unrest, and Relief in the United States During the Depression of 1893–97, JPE 61. 1953, 324–45; E. H. Phelps-Brown u. S. J. Hanfield-Jones, The Climacteric of the 1890s: A Study in the Expanding Economy, OEP 4. 1952, 266–307; G. T. White, The United States and the Problem of Recovery after 1893, phil. Diss. University of California 1938, MS; F. P. Weberg, The Background of the Panic of 1893, phil. Diss. Catholic University,

Washington D. C. 1929, MS; O. C. Lightner, The History of Business Depressions, N. Y. 1922; O. M. W. Sprague, History of Crises Under the National Banking System, Washington 1910, 123–215; W. J. Lauck, The Causes of the Panic of 1893, Boston 1907; F. S. Philbrick, The Mercantile Conditions of the Crisis of 1893, Nebraska University Studies 2/4. 1902, 299–320; T. E. Burton, Financial Crises and Periods of Industrial and Commerical Depression, N. Y. 1902, sowie E. v. Halle, Die wirtschaftliche Krisis des Jahres 1893 in den Vereinigten Staaten, Sch. Jb. 18. 1894, 1181–1294.

Österreich: J. Neuwirth, Bank u. Valuta in Österreich-Ungarn, 1862–73, 2 Bde., Leipzig 1874, II: Die Spekulationskrisis von 1873; B. Weber, Einige Ursachen der Wiener Krisis vom Jahre 1873, Leipzig 1874; A. Beer, Die österreichische Handelspolitik im 19. Jahrhundert, Wien 1891; M. Migerka, Das Wachstum der österreichischen Industrie... in den letzten 50 Jahren, in: Die Großindustrie Österreichs, Wien 1898; enttäuschend: H. Benedikt, Die wirtschaftliche Entwicklung der Franz-Josephs-Zeit, Wien 1958. Dagegen ist sehr instruktiv: K. H. Werner, Österreichs Industrie- u. Außenhandelspolitik, 1848–1948, in: H. Mayer Hg., 100 Jahre österreichischer Wirtschaftsentwicklung, 1848–1948, Wien 1949, 359–479.

Italien: S. B. Clough u. C. Livi, Economic Growth in Italy, in: B. Supple Hg., The Experience of Economic Growth, N. Y. 1963, 354–66; A. Gerschenkron, Notes on the Rate of Growth in Italy, 1881–1913, in: ders., Economic Backwardness in Historical Perspective, Cambridge/Mass. 1962, 72–89; E. Cianci, La lunga crisi de 1874–96 e la crisi odierna, La Reforma Sociale 46. 1935, 80–90; ders., Dinamica dei prezzi delle merci in Italia dal 1870 al 1929, Annali di Statistica, Serie 6, Bd. 20. 1938; R. Soldi, La crisi economica in Italia dal 1882 al 1896, Rivista di Politica Economica 23. 1933, 1002–16, 1124–34.

Rußland: R. Portal, The Industrialization of Russia, CEHE VI/II, 822–26; Gerschenkron, Russia, Patterns and Problems of Economic Development, in: ders., Backwardness, 119–51; ders., The Early Phases of Industrialization in Russia, in: Supple Hg., 426–43; ders., The Rate of Industrial Growth in Russia Since 1885, JEH Suppl. 7. 1947, 144–74; R. W. Goldsmith, The Economic Growth of Tsarist Russia, 1860–1913, EDCC 9. 1961, 441–75; S. A. Pervushin, Cyclical Fluctuations in Agriculture and Industry in Russia, 1869–1926, QJE 42. 1928, 563–92; ders., Versuch einer Theorie der wirtschaftlichen Konjunkturen auf die Konjunkturentwicklung der Vorkriegszeit in Rußland angewandt, VzK, Sonderheft 12, Berlin 1929, 44–78; E. Zweig, Die russische Handelspolitik seit 1877, Leipzig 1906, 26 f.; Kumpf (dadurch überholt: H. Bornemann, Die deutsch-russischen Handelsbeziehungen in der 2. Hälfte des 19. Jahrhunderts, phil. Diss. Berlin 1957, MS; J. Kuczynski u. G. Wittkowski, Die deutsch-russischen Handelsbeziehungen in den letzten 150 Jahren, Berlin 1947). Vgl. auch J. Nötzold, Wirtschaftspolitische Alternativen der Entwicklung Rußlands in der Ära Witte u. Stolypin, Berlin 1966; T. v. Laue, S. Witte and the Industrialization of Russia, New York 1963, sowie: E. Ames, A Century of Russian Railroad Construction, 1837–1936, The American Slavonic and East European Review 6. 1947, 57–74; W. Treue, Rußland u. die Eisenbahnen im Fernen Osten, HZ 157. 1938, 504–40.

Frankreich: R. E. Cameron, France and the Economic Development of Europe, Princeton 1961; ders., Economic Growth and Stagnation in France, 1814–1914, JMH 30. 1958, 1–13, auch: Supple Hg., 328–39; ders., Profit, croissance et stagnation en France aus XIXe siècle, EA 10. 1957, 409–44; J. Marczewski, Some Aspects of the Economic Growth of France, 1660–1958, EDCC 9. 1961, 369–86; ders., The Take-Off Hypothesis and French Experience, in: Rostow Hg., 119–38; J. Bouvier, Etudes sur le Krach de l'Union Générale, 1878–85, Paris 1960; ders., Le Crédit Lyonnais de 1863 à 1882, Paris 1961, II, 866–902; J. Weiller, Les liaisons structurales de l'économie française, 1873–1914, Cahiers de l'Institut de Science Économique Appliquée 62. 1957, 47–83; F. Perroux, Prise de vues sur la croissance de l'économie française, 1780–1950, in: Income and Wealth, V, Cambridge 1955, 41–78; D. S. Landes, French Entrepreneurship and Industrial Growth in the 19th Century, JEH 9. 1949, 45–61, auch: Supple Hg., 340–53; C. P. Kindleberger, Economic Growth in France and Britain, 1851–1950, Cambridge/Mass. 1964; ders., Foreign Trade and Economic Growth: Lessons from Britain and France, 1850–1913, EHR 14. 1961/62, 289–305; E. O. Golob, The Méline Tariff, N. Y. 1944, 17–82; F. Perrot, Der Fall Bontoux, Heidelberg 1882; E. Struck, Zur Geschichte der Pariser Börsenkrisis vom Jan. 1882, Sch. Jb. 7. 1883, 242–72; B. Franke, Der Ausbau des heutigen Schutzzollsystems in Frankreich, Leipzig 1903, 3–32; A. Sartorius v. Waltershausen, Die Entstehung der Weltwirtschaft, Jena 1931, 338.

Im Hinblick auf einige Wirtschaftswissenschaftler, deren empirische und theoretische Arbeiten für unsere Untersuchung von besonderem Nutzen waren, sollen hier noch Hinweise auf die Literatur, die sich als besonders aufschlußreich erwiesen hat, gegeben werden. Es versteht sich, daß dabei nur jeweils eine ganz knappe Auswahl angeführt werden kann.

Über Marx vgl. in diesem Zusammenhang vor allem E. Mandel, Entstehung u. Entwicklung der ökonomischen Lehre von K. Marx, 1843–1863, Frankfurt 1968; ders., Die Marxsche Theorie der ursprünglichen Akkumulation u. die Industrialisierung der Dritten Welt, in: Folgen einer Theorie. Essays über »Das Kapital«, Frankfurt 1967, 71–93; A. Löwe, Politische Ökonomik, Frankfurt 1968; L. Goldmann, Fragen zur kritischen Theorie der Ökonomie, in: ders., Dialektische Untersuchungen, Neuwied 1966, 259–82; J. Schumpeter, Geschichte der ökonomischen Analyse, Göttingen 1965, I, 480–91, passim; ders., The Great Economists, N. Y. 1951, 3–73; ders., Capitalism, Socialism, and Democracy, London 1957⁴, 21–44; E. Heimann, Geschichte der volkswirtschaftlichen Lehrmeinungen, Frankfurt 1949, 158 f., 180–86; IESS X, 34–46; IV, 446–54; B. F. Hoselitz, K. Marx on Secular Economic and Social Development, Comparative Studies in Society and History 6. 1963/64, 142–63; J. Witt-Hansen, Historical Materialism, I, Kopenhagen 1960; K. Löwith, M. Weber u. Marx, in: ders., Ges. Abhandlungen, Stuttgart 1960, 1–67; P. Sweezy, Theorie der kapitalistischen Entwicklung, Köln 1959; J. P. Henderson, Contemporary Growth Economics, Science & Society 21. 1957, 135–53; W. Fellner, Marxian Hypotheses and Observable Trends Under Capitalism, EJ 67. 1957, 16–25; H. Peter, Die Politische Ökonomie bei Marx, in: W. Markert Hg., Der Mensch im kommunistischen System, Tübingen 1957, 24–38; H. Peter, Dynamische Theorie bei Marx u. Keynes, JNS 162. 1950, 260–77; S. Tsuru, Essays on Marxian Economics, Tokio 1956; R. Meek, Studies in the Labor Theory of Value, London 1956; O. Morf, Das Verhältnis von Wirtschaftstheorie u. Wirtschaftsgeschichte bei K. Marx, Bern 1951; J. Robinson, Grundzüge der Marxschen Ökonomie, Wien 1951; dies., Collected Economic Papers, Oxford 1951, 133–45; dies., Die fatale Politische Ökonomie, Frankfurt 1968; E. M. Winslow, The Pattern of Imperialism, 111–47; J. D. Wilson, A Note on Marx and the Trade Cycle, Review of Economic Studies 5. 1938, 107–13; H. Smith, Marx and the Trade Cycle, ebda., 4. 1936/37, 192–204; O. Lange, Marxian Economics and Modern Economic Theory, ebda., 2, 1934/35, 189–201; K. Shibata, Marx' Analysis of Capitalism and the General Economic Theory of the Lausanne School, The Kyoto University Economic Review 8. 1933, 107–36; N. Moszkowska, Das Marxsche System, Berlin 1929; dies., Zur Kritik moderner Krisentheorien, Prag 1935; dies., Zur Dynamik des Spätkapitalismus, Zürich 1943; E. Preiser, Das Wesen der Marxschen Krisentheorien, in: Festschrift F. Oppenheimer, Frankfurt 1924, 249–74; M. Tugan-Baranowski, Theoretische Grundlagen des Marxismus, Leipzig 1905; ziemlich steril sind: F. R. Gottheil, Marx's Economic Predictions, Evanston 1966; M. Wolfson, A Reappraisal of Marxian Economics, N. Y. 1966. Zuletzt: Kritik der Politischen Ökonomie Heute. 100 Jahre »Kapital«, Frankfurt 1967; R. Rosdolsky, Zur Entstehungsgeschichte des Marxschen »Kapitals«, Frankfurt 1967; J. Habermas, Erkenntnis u. Interesse, Frankfurt 1968, 36–87; ders., Technik u. Wissenschaft als »Ideologie«, Frankfurt 1968, 48–103.

Über Kondratieff vgl. vor allem G. Imbert, Des mouvements de longue durée Kondratieff, Aix 1959; G. Garvy, Kondratieff's Theory of Long Cycles, RES 25. 1943, 203–20, auch in: A. H. Hansen u. R. V. Clemence, Hg., Readings in Business Cycles, N. Y. 1953, 438–66; ders., Kondratieff, IESS 8, 443 f.; R. Wagenführ, Die Konjunkturtheorie in Rußland, Jena 1929, 80–86; N. Spulber Hg., Foundations of Soviet Strategy for Economic Growth, 1924–30, Bloomington 1964.

Über Spiethoff vgl. A. Schweitzer, Spiethoffs Konjunkturlehre, Basel 1938; ders., Spiethoff's Theory of the Business Cycles, in: University of Wyoming Publications 8. 1940, 1–30; G. Clausing, A. Spiethoffs wissenschaftliches Lebenswerk, in: A. Montaner Hg., Geschichte der Volkswirtschaftslehre, Köln 1967 (NWB 19), 247–72; ders., Spiethoff, IESS 15, 131–34.

Über Schumpeter vgl. F. Perroux, La Pensée Economique de J. A. Schumpeter, Genf 1965; R. V. Clemence u. F. S. Doody, The Schumpeterian System, Cambridge/Mass. 1950; G. Haberler, J. A. Schumpeter, in: H. C. Recktenwald Hg., Lebensbilder Großer Nationalökonomen, Köln 1965, 500–32; W. Stolper, Schumpeter, IESS 14, 67–72; J. Werner, Das Verhältnis von Theorie u. Geschichte bei J. A. Schumpeter, in: Montaner Hg., 277–95.

B. Mit Arbeiten zur Geschichte des deutschen Imperialismus der Bismarckzeit war es bis vor kurzem schlecht bestellt. In älteren und neueren Darstellungen wurde er, z. T. bedingt durch eine revisionsbedürftige Periodisierung, entweder geleugnet oder m. E. von der Fragestellung und Methodik her gar nicht oder doch nicht scharf genug erfaßt. Vgl. hierzu einmal: H. Herzfeld, Die Moderne Welt, I, Braunschweig 1964⁴; K. E. Born, Von der Reichsgründung bis zum Ersten Weltkrieg, in: G. Gebhardt, Handbuch der Deutschen Geschichte, III, Stuttgart 1970⁸, 194–313; ders., Deutschland als Kaiserreich, 1871–1918, in: T. Schieder Hg., Handbuch der Europäischen Geschichte, VI, Stuttgart 1968, 198–230; J. Vidalenc, Das Kolonialsystem von 1814 bis 1919, in: Historia Mundi, X, Bern 1961, 425–72; G. Mann, Deutsche Geschichte des 19. Jhs., Frankfurt 1958; R. Schnerb, Histoire Générale des Civilisations, VI: Le XIXᵉ Siècle, Paris 1957; W. Bussmann, Das Zeitalter Bismarcks, Konstanz 1965³; B. F. Haselmayr, Diplomatische Geschichte des Zweiten Reiches, 1871–1918, II, München 1956; Th. Schieder, Das Reich unter der Führung Bismarcks, in: P. Rassow Hrsg., Deutsche Geschichte im Überblick, Stuttgart 1962², 523–72; F. Hartung, Deutsche Geschichte, 1871–1919, Stuttgart 1952⁶; H. Lohmeyer,

Die Politik des Zweiten Reiches, 2 Bde., Berlin 1939; E. Brandenburg, Die europäische Expansion, 1871–1914, in: ders., Europa u. die Welt, Hamburg 1937, 107–207; E. Marcks, Der Aufstieg des Reiches. Deutsche Geschichte 1807–1878, II, Stuttgart 1936; H. Oncken, Das Deutsche Reich u. die Vorgeschichte des Weltkrieges, I, Leipzig 1933; R. J. Sontag, European Diplomatic History, 1871–1932, London 1933; A. Rein, Die europäische Ausbreitung über die Erde, Potsdam 1931; ders., Über die Bedeutung der überseeischen Ausdehnung für das europäische Staatensystem, Darmstadt 1953²; A. Wahl, Deutsche Geschichte 1871–1914, II, Stuttgart 1920; J. Ziekursch, Politische Geschichte des Neuen Deutschen Kaiserreichs, II, Frankfurt 1927; E. Vermeil, L'empire allemand, 1871–1900, Paris 1926; J. Hohlfeld, Geschichte des Deutschen Reiches, 1871–1924, Leipzig 1924; sehr enttäuschend sind: O. Westphal, Weltgeschichte der Neuzeit, 1750–1950, Stuttgart 1953; H. Kramer, Die Großmächte u. die Weltpolitik, 1789–1945, Innsbruck 1952; W. Windelband, Die auswärtige Politik der Großmächte in der Neuzeit, 1494–1919, Stuttgart 1964⁶; F. Rachfahl, Deutschland u. die Weltpolitik, 1871–1914, I, Stuttgart 1923. Davon heben sich vorteilhaft ab: P. Renouvin, Histoire des Relations Internationales, VI: 1871–1914, Paris 1955; M. Baumont, L'essor industriel et l'impérialisme colonial, Paris 1965³; H. Hauser u. a., Du Libéralisme à l'Impérialisme, Paris 1939. Einige ältere französische Arbeiten sind völlig überholt: H. Lichtenberger u. P. Petit, L'impérialisme économique allemand, Paris 1918; H. Hauser, Les méthodes allemandes d'expansion économique, Paris 1916; H. Andrillon, L'expansion de l'Allemagne, Paris 1914; E. Tonnelat, L'expansion allemande, Paris 1908; M. Lair, L'impérialisme allemand, Paris 1914⁴. Alten Klischees verhaftet sind: W. Drascher, Schuld der Weißen? Die Spätzeit des Kolonialismus, Tübingen 1960 (vgl. die scharfe Rez., JAH 2. 1961, 346–49, auch 3. 1962, 503 f.); ders., Die Perioden der Kolonialgeschichte, Göttingen 1961; C. G. Wingenroth, Des Weißen Mannes Bürde, Köln 1961. Dogmatisch: J. Kuczynski, Studien zur Geschichte des deutschen Imperialismus, 2 Bde., Berlin 1952; ders., Zur Soziologie des imperialistischen Deutschland, JbW 1962/II, 11–90.

Die speziellen älteren Darstellungen zur sog. Bismarckschen »Kolonialpolitik« – natürlich noch ohne Benutzung der Akten und Nachlässe gearbeitet – können heute nicht mehr befriedigen. Vgl. z. B.: M. v. Koschitzky, Deutsche Kolonialgeschichte, 2 Bde., Leipzig 1888; G. Adler, Bismarck als Kolonialpolitiker, Der Lotse 1. 1900, 405–10, 448–54; A. Chéradame, La colonisation et les colonies allemandes, Paris 1905; D. Schäfer, Kolonialgeschichte, Leipzig 1906; O. Cannstatt, Fürst Bismarcks kolonialpolitische Initiative, Berlin 1908; K. Herrfurth, Fürst Bismarck u. die Kolonialpolitik, Berlin 1909; ders., Bismarck als Kolonialpolitiker, ZKKK 11. 1909, 721–55; A. Zimmermann, Geschichte der deutschen Kolonialpolitik, Berlin 1914; ders., Kolonialgeschichtliche Studien, Leipzig 1895; ders., Weltpolitische Beiträge u. Studien zur neueren Kolonialbewegung, Berlin 1901²; V. Valentin, Die Kolonialgeschichte der Neuzeit, Tübingen 1915, 193–215; K. A. v. Müller, England u. die deutsche Kolonialpolitik, Süddeutsche Monatshefte 12/2. 1915, 787–819; G. Irmer, Bismarck u. die deutsche Kolonialpolitik, Der Panther 3. 1915, I, 312–23; T. Sommerlad, Der deutsche Kolonialgedanke u. sein Werden im 19. Jh., Halle 1918; P. Darmstaedter, Geschichte der Aufteilung u. Kolonisation Afrikas, 2 Bde. Berlin 1919–20; Deutsches Kolonial-Lexikon, 3 Bde., Berlin 1920; E. Kalkschmidt, Anfänge der deutschen Kolonialpolitik, Zeitwende 10. 1934, II, 40–52; W. Windelband, Bismarcks Außenpolitik in den 80er Jahren, in: Essener Almanach 1. 1936, 13–18; ders., Bismarcks Kolonialkonflikt mit England, DR 66. 1939, 261, 81–84; O. Prammer, Bismarcks Kolonialpolitik im Lichte der Wiener Außenpolitik, phil. Diss. Heidelberg 1941, MS; auch die z. T. schon stark von der nationalsozialistischen Propaganda gefärbten Schriften von: E. Schultz-Ewerth, Deutschlands Weg zur Kolonialmacht, Berlin 1934; E. G. Jacob, Deutsche Kolonialkunde 1884–1934, Dresden 1934; ders., Deutsche Kolonialpolitik in Dokumenten, Leipzig 1938; G. Wegener, Das deutsche Kolonialreich, Potsdam 1937; A. Meyer, Das Werden des Bismarckschen Kolonialreichs, Hamburg 1937; K. H. Dietzel, Die Grundzüge der deutschen Kolonialpolitik vor dem Weltkrieg, Bonn 1941. Über die diplomatiegeschichtlich orientierten älteren Arbeiten siehe oben 263, Anm. 6.

Von der zwischen 1933 und 1945 erschienen monographischen Literatur (vgl. die Bemerkungen in der Einleitung) sind zu nennen: G. Königk, Die Berliner Kongokonferenz, 1884–85, Essen 1938; W. Schüssler, A. Lüderitz, Bremen 1936; zu Peters: W. Frank Hrsg., C. Peters, Ges. Schriften, 3 Bde., München 1943/44, u. die Literatur bei F. F. Müller, Deutschland-Zanzibar-Ostafrika, Berlin 1959, 24 f. Allg. Koloniales Schrifttum, Berlin 1939; zu erwähnen sind, da sie auf Akten bzw. Nachlaßkenntnis beruhen: E. Kade, Die Anfänge der deutschen Kolonial-Zentralverwaltung, Würzburg 1939; P. E. Schramm, Hamburg, Deutschland u. die Welt, München 1943 (Hamburg 1952²).

Zum auffälligen Tatbestand der auch nach 1945 nicht stockenden deutschen Imperialismusforschung vgl. einmal die wichtigsten Periodika u. die dort besprochene Literatur: HZ 169. 1949–206. 1968 (gerade auch Bd. 187!); VSWG 38. 1951–55. 1968; Welt als Geschichte 10. 1950–23. 1963; GWU 1. 1950–19. 1968; Saeculum 1. 1950–19. 1968; AfK 33. 1951–50. 1968; Historisches Jahrbuch 62/69. 1942/49–87. 1968; Hansische Geschichtsblätter 69. 1950–86. 1968; Archiv für Sozialgeschichte 1.

1961–8. 1968; VfZ 1. 1953–16. 1968; JbLA 1. 1963–5. 1967; JbA 1. 1956–13. 1968; ZfP NF. 1. 1954–15. 1968; PVS 1. 1960–9. 1968. Die Arbeiten von L. Dehio (Gleichgewicht oder Hegemonie, Krefeld 1948–1964²–; ders., Deutschland u. die Weltpolitik im 20. Jh., Frankfurt 1961); H. Gollwitzer (Die Gelbe Gefahr, Göttingen 1962; ders., Esquisse d'une histoire générale des idées politiques ... du nationalisme et de l'impérialisme, Cahiers d'histoire mondiale 4. 1957, 83–120) u. P. E. Schramm (Deutschland u. Übersee, Berlin 1950) sind doch sehr herkömmlichen Fragestellungen und vor allem einer ideengeschichtlichen Methode verhaftet. Ganz auf bestimmte Persönlichkeiten und die Zeit nach 1890 konzentriert sind die vorzüglichen Studien von: W. J. Mommsen, M. Weber u. die deutsche Politik, 1890–1920, Tübingen 1959, 77–102; W. Conze, F. Naumann, 1895–1903, in: Festschrift S. Kaehler, Düsseldorf 1950, 355–86; R. Nürnberger, Imperialismus, Sozialismus u. Christentum bei F. Naumann, HZ 170. 1950, 525–48. – W. Frauendienst (Deutsche Weltpolitik, WAG 19. 1959, 1–39) ist überaus apologetisch. Die beiden Bände von G. W. F. Hallgarten (Imperialismus vor 1914, München 1963²; ders., Le choc des impérialismes, in L'europe du XIXe et du XXe siècle, 1870–1914, Mailand 1962, II, 1095–1132, bietet eine Zusammenfassung des Buches) sind vor 1933 geschrieben, aber erst 1951 veröffentlicht worden. Sie sind sicher eine Fundgrube (keineswegs immer zuverlässiger!) Informationen, geben bisweilen eine aufschlußreiche Darstellung (Südafrika, China), bleiben theoretisch und in der Durchführung aber auch noch in der sehr unzulänglich überarbeiteten 2. Aufl. höchst anfechtbar, vgl. meine ausführliche Rez.: KZfS 17. 1965, 146–50. Von neueren Untersuchungen nenne ich: H. C. Schröder, Sozialismus u. Imperialismus (phil. Diss. Köln 1966), Hannover 1968; D. Glade, Bremen u. der Ferne Osten, 1782–1914 (phil. Diss. Kiel 1965), Bremen 1966; H. Bley, Die deutsche Herrschaft in Südwestafrika, 1884–1904 (phil. Diss. Hamburg 1965) = Kolonialherrschaft u. Sozialstruktur in Deutsch-Südwestafrika, 1894–1914, Hamburg 1968; S. Rost, Bismarcks Kolonialpolitik im Spiegel der fränkischen Presse, phil. Diss. Erlangen 1957 (MS); G. Strohschneider, Die Stellungnahme der Hamburger Presse als Ausdruck der öffentlichen Meinung zu den Anfängen der Bismarckschen Kolonialpolitik, phil. Diss. Hamburg 1956 (MS); A. Neubert, Die Schutzherrschaft in Deutsch-Südwestafrika 1884–1903, phil. Diss. Würzburg 1954 (MS); D. Oncken, Das Problem des Lebensraums in der deutschen Politik vor 1914, phil. Diss. Freiburg 1948 (MS); auch noch: E. Verchau, Europa u. der Ferne Osten, 1894–98, phil. Diss. Tübingen 1957 (MS); O. Diehn, Kaufmannschaft u. deutsche Eingeborenenpolitik in Togo u. Kamerun, 1900–1914, phil. Diss. Hamburg 1956 (MS); H. Prehl, Die deutschen Kolonialpioniere, phil. Diss. Heidelberg 1945 (MS). – Zur Zeit laufen Arbeiten von: H. G. Schumann, Die Auseinandersetzung um die Kolonialpolitik in Deutschland, 1880–1945, Studien zum Verhältnis von Reichsbürokratie u. Interessenverbänden, phil. Habil.-Schrift Marburg; K. Hausen, Die Verwaltungsorganisation in der Kolonie Kamerun, 1907–14, phil. Diss. Münster; E. Spilker, Die Verwaltung Deutsch-Ostafrikas, 1884–1906, phil. Diss. Hamburg; H. Pogge v. Strandmann, Der Kolonialrat, phil. Diss. Oxford. Neuerdings H. Washausen, Hamburg u. die Kolonialpolitik des Deutschen Reiches, 1880–90 (phil. Diss., Göttingen 1967), Hamburg 1969.

Bei den in der Einleitung erwähnten Arbeiten aus der DDR denke ich an: H. Stoecker, Deutschland u. China im 19. Jh., Berlin 1958; F. Katz, Deutschland, Diaz u. die mexikanische Revolution. Die deutsche Politik in Mexiko, 1870–1920, Berlin 1964; F. F. Müller, Deutschland, Zanzibar, Ostafrika, 1884–90, Berlin 1959; vgl. noch H. Drechsler, Südwestafrika unter deutscher Kolonialherrschaft, Berlin 1966; H. Loth, Kolonialismus u. ›Humanitätsintervention‹, Berlin 1966; K. Klauss, Die Deutsche Kolonialgesellschaft u. die deutsche Kolonialpolitik bis 1895, phil. Diss. Berlin 1966 (MS); I. Winkelmann, Die bürgerliche Ethnographie im Dienst der Kolonialpolitik des Deutschen Reichs, 1870–1900, phil. Diss. Berlin 1966 (MS). Eine tiefe Kluft trennt die Bücher von Stoecker, Katz u. Müller von: K. Büttner, Die Anfänge der deutschen Kolonialpolitik in Ostafrika, Berlin 1959, u. M. Nussbaum, Vom ›Kolonialenthusiasmus‹ zur Kolonialpolitik der Monopole, Berlin 1962; ders., Togo, Berlin 1962. Einige Aufsätze in der ZfG 1. 1953–16. 1968, u. dem JbW 1. 1960–9. 1968, erscheinen mir zu sehr an ein orthodox-leninistisches Schema gebunden.

Im Hinblick auf das ausländische Schrifttum seit den frühen 1930er Jahren vgl. A. Vagts, Deutschland u. die Vereinigten Staaten in der Weltpolitik, 2 Bde., N. Y. 1935; dieses Buch das erst 1890 einsetzt (über die Zeit vorher: O. Stolberg-Wernigerode, Deutschland u. die Vereinigten Staaten von Amerika im Zeitalter Bismarcks, Berlin 1933) ist in der Endphase der Weimarer Republik entstanden und zu Beginn der Emigration niedergeschrieben worden. H. Rudin (Germans in the Cameroons, 1884–1918, New Haven 1938) bietet einen soliden, jedoch zu wohlwollenden Überblick, W. O. Aydelotte (Bismarck and British Colonial Policy, 1883–85, Philadelphia 1937) eine orthodox-diplomatiegeschichtliche Studie über Südwestafrika, während A. J. P. Taylors Magisterarbeit (Germany's First Bid for Colonies, 1885–85, London 1938) nicht nur eine unhaltbare These verficht, sondern eigentlich auch nur auf den »Documents Diplomatiques Français« beruht. W. O. Hendersons Aufsätze (Studies in German Colonial History, London 1962) sind recht trocken u. beruhen ebenso wie H. Brunschwig (L'expansion allemande outre-mer du XV siècle a nos jours, Paris 1957) auf einer schmalen Basis gedruckter Literatur. W. W. Schmokel (Dream of Empire, New Haven 1964) behandelt die koloniale Propaganda von 1919 bis 1945; bei A. S. Jerussalimski (Die Außenpolitik des Deutschen Imperialismus Ende des 19. Jhs., Berlin 1954) ist ein ausgesprochen nationalistischer, großrussischer Wertakzent spürbar, der den Wert der z. T. informativen Darstellung, die freilich auch vom vulgärleninistischen Schema ausgeht, erheblich mindert; enttäuschend ist die Aufsatzsammlung dess., Der deutsche Imperialismus, Geschichte u. Gegenwart, Berlin 1968.

Ein Großteil der älteren u. neueren Imperialismusliteratur trägt zu den bisher u. im Folgenden behandelten Fragen oder der zugrunde gelegten Theorie nicht sonderlich viel bei. Genannt seien aber außer der bisher schon zit. Lit.: W. Zorn (Wirtschaft u. Politik im deutschen Imperialismus, in: Festschrift Lütge, 340–54) behandelt die Zeit nach 1890; J. Berque u. J. P. Charnay (Hg., De l'Impérialisme à la Décolonisation, Paris 1965) nach 1900. Schwach: H. Brunschwig, Empires et Impérialismes, RH 234. 1965, 11–22; lohnend dagegen L. Köllner, Stand u. Zukunft der Imperialismustheorie, Jb. für Sozialwissenschaft 11. 1960, 103–24. Enttäuschend ist W. Sulzbach, Imperialismus u. Nationalbewußtsein, Frankfurt 1959, auch ders., Imperialismus, Handwörterbuch der Soziologie, Stuttgart 1959², 253–58; ders., Nationales Gemeinschaftsgefühl u. wirtschaftliches Interesse, Leipzig 1929. – Vgl. R. Aron, Frieden u. Krieg, Frankfurt 1963, 306–25; ders., Nations et Empires, in: ders., Dimensions de la conscience historique, Paris 1961, 171–259; ders., Imperialism and Colonialism, Leeds 1959; H. C. Meyer, Das Zeitalter des Imperialismus, Prophylaen-Weltgeschichte 9. 1960, 27–74; M. Blaug, Economic Imperialism Revisited, Yale Review 50. 1960, 335–49; J. Gumpert, Erscheinungsformen u. Wesen des Imperialismus, Sch. Jb. 74. 1954, 305–49; H. B. Davis, Conservative Writers on Imperialism, Science & Society 18. 1954, 310–25; ders., Imperialism and Labor, ebda., 26. 1962, 26–45; L. Ragatz, Must We Rewrite the History of Imperialism?, Historical Studies-Australia and New Zealand 6. 1953, 90–98; T. Brockway, Economic Imperialism, in: G. Hoover Hg., 20th Century Economic Thought, N. Y. 1950, 65–80; A. Grabowsky, Das Problem des Imperialismus u. die Wissenschaft, Schweizerische Zeitschrift für Volkswirtschaft u. Statistik, 70. 1934, 560–76; ders., Das Wesen der imperialistischen Epoche, ZfP 12. 1923, 30–66; A. Salz, Das Wesen des Imperialismus, Leipzig 1931; ders., Die Zukunft des Imperialismus, WA 32. 1930, II, 317–48; A. Lauterbach, Zur Problemstellung des Imperialismus, ASS 65. 1931, 580–99; J. Hashagen, Zur Deutung des Imperialismus, WA 26. 1927, 134–51; ders., Der Imperialismus als Begriff, WA 15. 1919, 157–91; ders., Über historische Imperialismusforschung, Internationale Monatsschrift 13. 1919, 505–11; P. T. Moon, Imperialism and World Politics, N. Y. 1926; C. Brinkmann, Imperialismus als Wirtschaftspolitik, in: Festschrift für L. Brentano, I, München 1925, 81–105; A. Viallate, Economic Imperialism, N. Y. 1923; L. Woolf, Economic Imperialism, N. Y. 1920. S. auch O. Hintze, Imperialismus u. Weltpolitik, in: Ges. Abh. II, 1962², 457–69; ders., Imperialismus u. deutsche Weltpolitik, in: Die deutsche Freiheit, Gotha 1917, 114–69; ders., Förderalistischer Imperialismus, in: Ges. Abh., II, 210–15; ders., Wirtschaft u. Politik im Zeitalter des modernen Kapitalismus, ebda., 437–52; ders., Historische Zusammenhänge zwischen dem modernen Kapitalismus u. dem Imperialismus in der neueren Staatenwelt, Forschungen u. Fortschritte 4. 1928, 228 f.; ders., Der moderne Kapitalismus als historisches Individuum, Ges. Abh. II, 374–426. Ganz verfehlt: O. Spann, Imperialismus, HSt 5. 1923⁴, 383–5; G. Franz, Imperialismus, in: Sachwörterbuch zur deutschen Geschichte, München 1958, 448. – Demnächst hierzu: H. Gollwitzer, European Imperialism, 1880–1918 (London 1969).

Eine knappe Zusammenfassung der wichtigen Lit. findet sich jeweils zu Beginn der Kapitel u. Abschnitte.

C. Die Bismarckliteratur bis ca. 1930 findet sich verzeichnet in: Dahlmann-Waitz, Quellenkunde zur deutschen Geschichte, 2 Bde., Leipzig 1931⁹, Nr. 15667–731, u. M. v. Hagen, Das Bismarckbild in der Literatur der Gegenwart (1915–1927), Berlin 1929; sodann bei dems., Das Bismarckbild der Gegenwart, ZfP 19. 1930, 539–75; ders., dass., Neue Jahrbücher für Wissenschaft u. Jugendbildung 6. 1930, 569–80; ders., dass., ZfP 22. 1932, 369–94, 466–81; ders., dass., ebda. 28. 1938, 196–202, 241–52, 404–12; ders., Neue Literatur zur Geschichte der deutschen Kolonialpolitik, ebda. 29. 1939, 121–26; G. Ritter u. W. Holtzmann, Die deutsche Geschichtswissenschaft im II. Weltkrieg, 1939–45, Marburg 1951, 4209–4326; G. Franz, Bücherkunde zur deutschen Geschichte, München 1951, 220–31; seit 1945 in: Jahresberichte für Deutsche Geschichte, NF 1. 1949, Berlin 1952 – 15./16. 1963/64, Berlin 1967; Bismarck in der Deutschen Geschichte, Hrsg. L. Gall, Köln 1970 (NWB); Bussmann, passim; Historische Forschungen in der DDR, Berlin 1960, 286–99; demnächst: Dahlmann-Waitz, Stuttgart 1965 ff.¹⁸; ca. 6000 Titel bei: W. Hertel u. K. E. Born, Bismarck-Bibliographie, Köln 1966.

In gewisser Hinsicht einen Ausklang der zahlreichen Studien nach dem Ersten Weltkrieg bildeten die Monographien von W. Windelband (Bismarck u. die europäischen Großmächte, 1878–85, Essen 1942²); W. Vogel (Bismarcks Arbeiterversicherung, Braunschweig 1951), wie O. Becker (Bismarcks

Ringen um Deutschlands Gestaltung, Hrsg. A. Scharff, Heidelberg 1958) während des Krieges vorbereitet und z. T. geschrieben, aber erst nachher veröffentlicht; sowie die in schwülstiges Pathos verfallende, ganz unkritische Biographie A. O. Meyers (Bismarck, Leipzig 1944, Stuttgart 1949²).

Aus der Diskussion, die um Eycks Biographie entstand, erwähne ich: F. Schnabel, Das Problem Bismarck, Hochland 42. 1949, 1–27; ders., Bismarck u. die Nationen, La Nouvelle Clio 1/2. 1949/50, 87–102, u. in: Europa u. der Nationalismus, Baden-Baden 1950, 91–108; ders., Bismarck u. die klassische Diplomatie, Außenpolitik 3. 1952, 635–42 (alle demnächst in dem Aufsatzband der Schnabelschen Nachlaßausgabe); H. R. v. Srbik, Die Bismarck-Kontroverse, Wort u. Wahrheit 5. 1950, 918–31; dagegen: G. Ritter, Das Bismarckproblem, Merkur 4. 1950, 647–76; ders., Großdeutsch u. Kleindeutsch im 19. Jh. in: Festschrift S. A. Kaehler, Düsseldorf 1950, 177–201; W. Schüssler, Noch einmal: Bismarck u. die Nationen, La Nouvelle Clio 1/2. 1949/50, 432–555, auch in: ders., Um das Geschichtsbild, Gladbeck 1953, 102–22; ders., Der geschichtliche Standort Bismarck, ebda., 99–141; sowie die Aufsätze von Rothfels, v. Muralt, Bussmann unten; vgl. hierzu noch: W. Mommsen, Der Kampf um das Bismarck-Bild, Universitas 5. 1950, 273–80; A. v. Martin, Bismarck u. wir. Zur Zerstörung einer politischen Legende, Welt als Geschichte 2. 1950, H. 20, 215–18; E. Franzel, Das Bismarck-Bild in unserer Zeit, Neues Abendland 5. 1950, 223–40; Th. Heuss, Das Bismarck-Bild im Wandel, in: O. v. Bismarck, Gedanken u. Erinnerungen, Berlin 1951, 7–27; W. Richter, Das Bild Bismarcks, Neue Rundschau 63. 1952, 43–63; M. v. Hagen, Das Bismarckbild der Gegenwart, ZfP NF. 6. 1959, 79–83; W. Mommsen, Der Kampf um das Bismarck-Bild, Neue Politische Literatur 4. 1959, 210–32; B. Knauss, Neue Beiträge zum Bismarckbild, Politische Studien 10. 1959, 260–68.

Aus der Bismarckliteratur seit den 1950er Jahren verweise ich noch vor allem auf: Th. Schieder, Bismarck u. Europa, Festschrift H. Rothfels, Düsseldorf 1951, 15–40, auch in: ders., Begegnungen mit der Geschichte, Göttingen 1962, 236–62; ders., Nietzsche u. Bismarck, Krefeld 1963; H. Rothfels, Einleitung, in: ders. Hrsg., Bismarck u. der Staat, Darmstadt 1958², XVII–XLVIII; ders., Bismarck u. das 19. Jh., in: ders., Zeitgeschichtliche Betrachtungen, Göttingen 1959, 54–70; ders., Bismarck u. der Osten, in: ders., Bismarck, der Osten u. das Reich, Darmstadt 1960, 1–25; ders., Zur Stellung Bismarcks im deutschen Geschichtsbild, GWU 12. 1961, 209–20; W. Bussmann, Wandel u. Kontinuität der Bismarck-Wertung, Welt als Geschichte 15. 1955, 126–36; S. A. Kaehler, Studien zur deutschen Geschichte des 19. u. 20. Jhs., Hg. W. Bussmann, Göttingen 1961; K. Griewank, Das Problem des christlichen Staatsmanns bei Bismarck, Berlin 1953; H. Michaelis, Königgrätz, Welt als Geschichte 12. 1952, 177–202. Eine gewisse Sonderstellung als größere Darstellungen nehmen ein: G. Ritter, Staatskunst u. Kriegshandwerk, I, München 1965³; W. Mommsen, Stein-Ranke-Bismarck, München 1954; ders., Bismarck, München 1959, sowie M. Lehmann, Bismarck, Hrsg. G. Lehmann, Berlin 1948.

Als Vertreter der neuen Bismarck-Orthodoxie haben sich vor allem vorgestellt: L. v. Muralt, Bismarcks Verantwortlichkeit, Göttingen 1955; G. Rein, Die Revolution in der Politik Bismarcks, Göttingen 1957; W. Poels, Sozialistenfrage u. Revolutionsfurcht, Lübeck 1960; besonders E. R. Huber, Bismarck u. der Verfassungsstaat, in: ders., Nationalstaat u. Verfassungsstaat, Stuttgart 1965, 188–223; O. Vossler, Bismarcks Ethos, HZ 171. 1951, 263–92, auch in: ders. Geist u. Geschichte, München 1964, 235–61; H. Kober, Studien zur Rechtsanschauung Bismarcks, Tübingen 1961. – Ein Überblick über die Diskussion seit 1945 bei Gall u. O. Pflanze, Bismarck, I, Princeton 1963, 3–14.

Zu Bismarcks 150. Geburtstag am 1. Arppil 1965 sind einige nachdenklich-wohlwollende als kritische Aufsätze erschienen: H. Rothfels, Zum 150. Geburtstag Bismarcks, VfZ 13. 1965, 225–35; W. Mommsen, Bismarck GWU 16. 1965, 197–207; W. Bussmann, O. v. Bismarck, Wiesbaden 1966; Th. Schieder, Bismarck – gestern u. heute, Beilage zu »Das Parlament«, 31. 3. 1965; H. G. Zmarzlik, Bismarck u. wir – eine Bilanz, Die Zeit 28. 1. 1966, 32; R. Vierhaus, O. v. Bismarck, in: Der Bär von Berlin, Jahrbuch des Vereins für die Geschichte Berlins 15. 1966, 166–89; Gedenkreden anläßlich des 150. Geburtstags des Reichskanzlers O. v. Bismarck, Geesthacht 1965; zusammenfassend: H.-G. Zmarzlik, Das Bismarckbild der Deutschen – gestern u. heute, Freiburg 1967.

Bismarcks sog. »Kolonialpolitik« ist seit den Darstellungen von v. Hagen u. Townsend bzw. seit den Spezialstudien von Aydelotte u. Taylor, also seit 50 bzw. 30 Jahren, nicht mehr behandelt worden. Vgl. hierzu die Auseinandersetzung u. die Lit. in Kap. VI.

D. An bibliographischen Hilfsmitteln habe ich neben den bekannten laufenden u. stationären Bibliographien zur deutschen Geschichte als besonders nützlich empfunden: J. Köhler, Deutsche Dissertationen über Afrika, Bonn 1962; L. J. Ragatz, The Literature of European Imperialism, 1815–1939, Washington 1944; Bibliographie zur Außen- u. Kolonialpolitik des Deutschen Reiches, 1871–1914, Stuttgart 1943; A. Martineau Hrsg., Bibliographie d'histoire coloniale, 1900–30, Paris 1932; Deutsche Kolonien, ein Bücherverzeichnis, Leipzig 1939; O. P. Austin, Colonial Administration, 1800–1900, Washington D. C. 1901; M. Brose, Bearb., Die deutsche Kolonialliteratur, 1884–95, Berlin 1897; ders.,

Repertorium der Deutschen Kolonialen Literatur, 1884–90, Berlin 1891. Ein vorzüglicher Überblick: H. Pogge v. Strandmann u. A. Smith, The German Empire in Africa and British Perspectives: A Historiographical Essay, in: Britain and Germany in Africa, New Haven 1967, 709–95. Reine Polemik bei: M. Nussbaum, Die gegenwärtige westdeutsche Historiographie zur deutschen Kolonialgeschichte, JbW 1963/II, 237–45. – Bibliographie zur Geschichte der deutschen IHK u. des Deutschen Industrie- und Handelstages, Bonn 1963; Verzeichnis der Fest- und Denkschriften von Unternehmungen u. Organisationen der Wirtschaft, Hamburg 1961; H. Corsten, 100 Jahre Deutscher Wirtschaft. Eine Bibliographie zur Firmen- u. Wirtschaftsgeschichte, Köln 1936. Über einen großen Teil der Nachlässe unterrichtet: W. Mommsen, Die schriftlichen Nachlässe in den zentralen deutschen und preußischen Archiven, Koblenz 1969²; über wichtige Aktenbestände (außer den natürlich in den Archiven vorhandenen, nur z. T. gedruckten Findbüchern): H. Lötzke, Quellen zur Wirtschaftsgeschichte in der Epoche des Imperialismus im Deutschen Zentralarchiv Potsdam, JbW 1961/I, 239–83.

3. Quellen- und Literaturverzeichnis

A. UNGEDRUCKTE QUELLEN

I. AKTEN

1. Deutsches Zentralarchiv I, Potsdam

a. Reichskolonialamt (RKA)

248, 249/3 u. 4, 250, 359, 360, 382, 386, 390–99, 400, 409–11, 421–27, 433/4–6, 596–99, 600–8, 610, 687, 689, 730, 733, 913, 914, 946, 947, 950–3, 1214, 1215, 1276, 1284, 1468–70, 1522–6, 1531, 1532/1, 1534/1, 1537, 1545–48, 1550, 1742, 1797–99, 1838, 1940, 1947, 1948, 1983–88, 1994–99, 2000–11, 2014–9, 2026, 2027, 2031, 2035, 2078, 2079, 2080, 2098, 2099, 2100, 2103–6, 2207, 2298, 2299, 2300, 2316, 2335, 2395–7, 2402, 2502, 2518–20, 2532, 2546, 2559, 2642–7, 2657, 2785–99, 2800–2845, 2882–99, 2900–4, 2927–9, 2976–8, 2990, 3011–26, 3199, 3309, 3310, 3381–4, 3403–13, 3426, 3684–8, 3717–21, 3729, 3730, 3800, 3801, 3814, 3826–29, 3840, 4108–16, 4120–41, 4146, 4148–66, 4168–81, 4183, 4186–99, 4200–14, 4217–21, 4447, 6830, 6837, 6924, 6933, 6934, 6936/1, 7010, 7154–61, 8822, 8864, 8891–99, 8900–5, 8908–11, 8916–8892, 8941, 8942, 8950–61, 8963, 8964, 8996–99, 9000, 9035–7, 9039–51.

b. Deutsche Kolonial Gesellschaft (DKG)

218, 253–6, 256/a, 264–7, 486–8, 854, 866, 899.

c. Reichsamt des Innern (RdI)

2980–4, 3845/1, 5266, 8774.

d. Reichskanzlei

918, 925.

e. Reichstagsakten (RTA)

1051, 1070, 1084, 1092, 1114, 1116, 1120, 1128, 2621, 2625.

2. Hauptarchiv Berlin-Dahlem
III. Hauptabteilung, Abt. II

928/3, 1065/44.

3. Politisches Archiv des Auswärtigen Amts, Bonn

I. AA, a. Presseberichte, 7 Bde.; 50, Bd. 1–3 u. geh. Bd. 1–3; Deutschland, Nr. 103, Bd. 1–4, 122, 3, 177, 2 Bde.
I. AB, i. Rußland, Nr. 65, adh. 1–3
Hansestädte, 34
Deutschland Generalia, 126, Nr. 1, Bd. 1, 2; Nr. 1a, 12 Bde.; 1b, 3 Bde.; 1c, 2 Bde.
Presseakten, Ia, Kolonialpolitik
Verträge, 51
Spanische Besitzungen in der Südsee, 1, 15 Bde.; adh., 1 Bd.
Allg. Angelegenheiten Spaniens, Spanien 40, 24–27; 44, 4–5; 51, 1–7, sec. 1; adh. 2–4.
Botschaft London
Col. Afrikan. Konferenz, 1 Bd.; Allg. Kolonialpolitik, 5 Bde.; Westafrika, Kommission Krauel, 1 Bd.; Zanzibar, 5 Bde.; Neuguinea, 1 Bd.; Fidschi, 1 Bd.; Palau- u. Karolineninseln, 1 Bd.; 393/3–4, 2 Bde. secr.
Botschaft Paris

Col. III Nr. 1 Neue Hebriden, 1 Bd.; 2 Neuguinea, 1 Bd.; 3 Neukaledonien, 1 Bd.; 4 Marshallinseln, 1 Bd.; 5 Salomoninseln, 1 Bd.; 6 Samoa, 1 Bd. − 54a, b; 55a; 63a, b.
Ägypten, 1, 1−10; 2, 1−2; 3, 1−56; 3, adh. 1−7; 4, Nr. 1, 1−14; 5, 1−39; adh. 1, 1−3; 7, 1−3.

4. Staatsarchiv Bremen

Hanseatische Gesandtschaft Berlin, 4.70
I. Auswärtige Politik
I, C, 1−3, Konsularische Fragen

5. Archiv der Handelskammer Bremen

Hp II, 18, 20, 83, 90−109

6. Senats-Registratur, Senat Bremen

R. l. g, Deutsche Kolonien

7. Staatsarchiv Hamburg

Hanseatische Gesandtschaft in Berlin, 132−5/2
Ältere Registratur, G IV^c, Fasc. 1−3; G IV^d, Fasc. 1−3; G IVa, Bd. VII, VIII.
Cl. I, Lit. S^d, Nr. 2, vol. 4^b, Fasc. 54, 55, 55b, 57, 57b, 58−62; Nr. 26, vol. 1, Fasc. 1a.
Hamburg. Bevollmächtigter beim Bundesrat; Instruktionen, I, 4, Bd. III−X; Berichte, I, 1, Bd. XIII−XIX; Cl. I, Lit. T, Nr., vol. 2^b, Fasc. 19−24.
V. Schiffahrtswesen, 7−9
VII. Kolonien, 12
Senat: Cl. I, Lit. S^d, Nr. 26, vol. 1, Fasc. 1, Inv. 1, 2a, 2b, 3; Cl. VI, Nr. 15, vol. 6, Fasc. 1−5; 6b, Fasc. 1; 9, Fasc. 1, 2; Cl. VI, Nr. 17b, Fasc. 5−7, 7b, 7c.
Deputation für Handel, Schiffahrt u. Gewerbe: II, Spezialakten, 371−8^{II}, Bd. 3−5; I. A. 1, 9. 1; III. C. 13−20; XIX, B, C 1−8; C, 1−42; XXI, C, Nr. 3, Bd. I.

8. Commerzbibliothek Hamburg

Ungedruckte Protokolle der Handelskammer 1870−90

9. Generallandesarchiv Karlsruhe

Badische Gesandtschaft in Berlin: 49, Conv. 1, Fasc. 2014, 2015; 233, Fasc. 57, 58.

10. Bundesarchiv Koblenz

Kleine Erwerbungen, 340; P 135/4976−78.

11. Stadtarchiv Lübeck

Hanseatische Gesandtschaft in Berlin: Schutzgebiete, Xa, 1; Xb, 1−4.
Neues Senatsarchiv, Gruppe 24; 4, 5, 8, 11.

12. Deutsches Zentralarchiv II, Merseburg

Rep. 81, Gesandtschaft zu Hamburg
C. Neuere Akten, Politische Akten, P. XXVIII, XXX, XXXI, XXXII; General Akten, G, XI, Bd. 3, 4, adh.; Kolonial Akten, Generalia 3, 4/1, Westafrika, Südafrika, Ostafrika, Südsee, Dampferlinien.
Rep. 89 H, Zivilkabinett, Generalia, Abt. XII, Nr. 5; Nr. 10^a; XXI; XXVIII, 39; VI, 2. 4.
Rep. 120, Ministerium für Handel u. Gewerbe, C XIII, 1, Nr. 5, Bd. I; C XIII, 20, 51−54.

13. Bayrisches Hauptstaatsarchiv München, Abteilung II, Geheimes Staatsarchiv

MA 76160−69, 95340−45, 95355−67, Münchener Ministerialakten, Ministerium des Äußeren
Gesandtschaftsakten Berlin, 1049−60, 1711−14, 1718−22

14. Archiv des Bankhauses Oppenheim, Köln

27, 27a, 112–14

15. Hauptstaatsarchiv Stuttgart

Berliner Gesandtschaftsakten
E 14/765, 766, 826
E 46–48/370, 591, 592, 1274, 1293
E 74/76, CVII 1, 3; 159–69

II. NACHLÄSSE

B. Adams, Houghton Library, Harvard University, Cambridge/Mass.
L. Bamberger, DZA I
W. Barker, LC
Th. Barth, DZA I
T. F. Bayard, LC
R. v. Bennigsen, DZA I
A. Beveridge, LC
H. v. Bismarck u.
O. v. Bismarck, Schloß Friedrichsruh
K. H. v. Boetticher, BA
L. Brentano, BA
M. Broemel, DZA I
B. v. Bülow d. Ä., PA
B. v. Bülow d. J., BA
G. v. Bunsen, DZA II
C. A. Busch, PA
M. Busch, DZA II
W. Chandler, LC
G. Cleveland, LC
E. Cohen, BA
R. v. Delbrück, DZA II
K. v. Eisendecher, PA
Emin Pascha, d. i. E. Schnitzler, DZA I
P. v. Eulenburg-Hertefeld, BA
M. v. Forckenbeck, DZA II
R. v. Gneist, DZA II
H. Goldschmidt, PA
W. Q. Gresham, LC
P. Güssfeldt, HA
F. Hammacher, DZA I
C. zu Hohenlohe-Schillingsfürst, Schloß Schillingsfürst u. DZA I
W. Junker, DZA I
F. Kapp, LC
W. Kapp, DZA II
K. Kautsky, IISG, Amsterdam
R. Keudell, DZA II
D. Lamont, LC
E. Langen, Rheinisch-Westfälisches Wirtschaftsarchiv, Köln
H. C. Lodge, LC u. Massachusetts Historical Society Boston
J. D. Long, Massachusetts Historical Society Boston
A. Lüderitz u. H. H. Meier, StA Bremen
G. v. Mevissen, Historisches Archiv der Stadt Köln
H. Michahelles, PA
J. B. Moore, LC
G. H. zu Münster, Schloß Derneburg
R. Olney, LC

H. v. Palézieux gen. Falconett, BA
C. Peters, DZA I
J. v. Pfeil, DZA I
K. Pindter, PA
J. M. v. Radowitz, DZA II
W. Reid, LD
O. v. Richthofen, PA
T. Roosevelt, LC
F. J. v. Rottenburg, HA
J. Rusk, Wisconsin State Historical Society, Madison, Wisc.
K. v. Schloezer, PA
C. Schurz, LC
L. v. Schweinitz, DZA I
J. Strandes, PA
B. Strousberg, DZA II
J. Versmann, StA Hamburg
H. Wagener, DZA I
W. Wehrenpfennig, DZA II
A. Zimmermann, HA
K. Zitelmann, BA, DZA II

B. LITERATUR*

Abeken, H., Ein schlichtes Leben in bewegter Zeit, Berlin 1898.
Abel, H., Bremen u. die deutschen Kolonien, in: H. Knittermeyer u. D. Steilen Hg., Bremen, Bremen 1941², 318–32.
Abel, W., Agrarkonjunktur, HSW 1. 1953, 49–59.
–, Agrarkrisen u. Agrarkonjunkturen, Berlin 1966².
–, Die drei Epochen der deutschen Agrargeschichte, Hannover 1964².
–, Geschichte der deutschen Landwirtschaft vom frühen Mittelalter bis zum 19. Jh., Stuttgart 1962.
–, Wirtschaftliche Wechsellagen, Berichte über Landwirtschaft NF 21. 1936, 1–23.
Abendroth, W., Das Unpolitische als Wesensmerkmal der deutschen Universität, in: Universitätstage 1966, Berlin 1966, 189–208.
Abramovitz, M., The Nature and Significance of Kuznets Cycles, EDCC 9. 1961, 225–48, auch in: Readings in Business Cycles, London 1966, 519–45.
Accounts and Papers, 1884, Bd. 56 (C. 4190), Correspondence Respecting the Settlement at Angra Pequena.
1834–1934. 100 Jahre Rickmers, Hamburg 1934.
Adam, R., Völkerrechtliche Okkupation u. deutsches Kolonialrecht, Archiv für Öffentliches Recht 6. 1891, 193–310.
Adams, M., The British Attitude to German Colonization, 1880–85, M. A. Thesis, London 1935, MS (vgl. Bulletin of the Institute of Historical Research 15. 1937, 190–93).
Adler, G., Bismarcks Sozialpolitik, Die Zukunft 18. 1897, 303–11.
–, L. Napoleon als Staatssozialist, Die Zukunft 18. 1897, 255–66.
–, Die imperialistische Sozialpolitik, D'Israeli, Napoleon III., Bismarck, Tübingen 1897.
Die Ältesten der Kaufmannschaft von Berlin Hg., Übersicht über die Entwicklung des Handels u. der Industrie von Berlin, 1870–1894, Berlin 1895.
Aktenstücke betreffend die Kongofrage, Hamburg 1885.
Albers, P., Reichstag u. Außenpolitik, 1871–79, Berlin 1927.
Albert, H., Marktsoziologie u. Entscheidungslogik, Neuwied 1967.
–, Hg., Theorie u. Realität, Tübingen 1964.
v. Albertini, R., Dekolonisation, 1919–60, Köln 1966.
Alberty, M., Der Übergang zum Staatsbahnsystem in Preußen, Jena 1911.
Albion, R. G., The ›Communications Revolution‹, AHR 37. 1932, 718–20.
Aldao, M., Les idées coloniales de J. Ferry, Paris 1933.

* Enthält die in Kap. I–VI, nicht jedoch die nur in der Kritischen Bibliographie zitierten Titel.

Allard, A., Die wirtschaftliche Krisis, Berlin 1885.
Anderson, P. R., The Background of Anti-English Feeling in Germany, 1890–1902, Washington 1939.
Andic, S. u. J. Veverka, The Growth of Government Expenditure in Germany Since the Unification, Finanzarchiv 23. 1963/64, 169–278.
Andreas, W. Hg., Gespräche Bismarcks mit dem badischen Finanzminister M. Ellstätter, ZGO 82. 1930, 440–51.
Andrews, E. B., The Bimetallist Committee of Boston and New England, QJE 8. 1894, 319–27.
Andrews, H. D., Bismarck's Foreign Policy and German Historiography, 1919–45, JMH 37. 1965, 345–56.
Annales de la Chambre des Députés 7. 1883, Débats Parlementaires, Senat, Session Ordinaire de 1883, Annex Nr. 12
Annecke, W., Zur Begründung einer deutschen überseeischen Bank, Zeitschrift für Deutsche Volkswirtschaft 1886, 50–54.
–, Chinas wirtschaftliche Verhältnisse u. seine Bedeutung für Deutschland, Sch. Jb. 12. 1888, 1–26.
–, Die staatlich subventionierten Dampferlinien, Sch. Jb. 10. 1886, 47–67.
An., Die Abgeschlossenheit der Chinesen unter besonderer Berücksichtigung des deutschen Handels, Hildesheim 1881.
An., Das deutsch-englische Abkommen, Gb. 49. 1890, II, 604–20.
An., Die deutsche Ansiedlung in außereuropäischen Ländern, PJ 52. 1883, 52–77.
An., Über Auswanderung u. Kolonisation, Sch. Jb. 5. 1881, 225–45.
An., Bedarf Deutschland der Kolonien?, Gb 38. 1879, II, 165–73.
An., Deutsch-Ostafrika, Gb. 49. 1890, I, 49–60.
An., Die Getreidepreise in Deutschland seit dem Ausgang des 18. Jh., Vierteljahreshefte zur Statistik des Deutschen Reiches 44. 1935, H. 1, 273–321.
An., History of »The Times«, III: 1884–1912, London 1947.
An., Die Karolineninseln, Gb. 44. 1885, III, 438–44.
An., Der Kiwusee-Grenzstreit mit dem Kongostaat, Deutsches Kolonialblatt 17. 1916, 172–85.
An., Deutsche Kolonialpolitik, Gb. 43. 1884, III, 156–66.
An., Die diplomatische u. die Konsularvertretung des Deutschen Reiches, PJ 47. 1881, 380–96.
An., Die Pflichten des Reiches gegen die deutsche Auswanderung, Gb. 42. 1883, II, 112–22.
An., Deutsche Seeschiffahrt und deutscher Export, Sch. Jb. 5. 1881, 333–345.
An., Der Streit über die Karolineninseln, Gb. 44. 1885, III, 608–14.
An., Die gegenwärtige kolonialpolitische Strömung, Gb. 49. 1890, III, 241–49.
An., Überproduktion, Gb. 46. 1887, IV, 8–14, 67–72.
Anschütz, G., Der deutsche Föderalismus in Vergangenheit, Gegenwart und Zukunft, in: Veröffentlichungen der Vereinigung der deutschen Staatsrechtslehrer 1. 1924, 11–32.
Ansprenger, F., Auflösung der Kolonialreiche, München 1966.
Anstey, R., Britain and the Congo in the 19th Century, Oxford 1962.
Anton, G. K., Die Entwicklung des Kongostaates, in: Kongostaat und Kongoreform, Leipzig 1911, 1–54.
Appel, H., Die ersten deutschen Kolonialerwerbungen im Lichte der englischen Presse, Hamburg 1934.
Archiv für Post und Telegraphie 13. 1885, 193–219; 14. 1886, 185–89, 341–44; 449–60.
Aus den Archiven des belgischen Kolonialministeriums, Berlin 1918.
Arendt, H., The Concept of History, in: dies., Between Past and Future, N. Y. 1963, 41–90.
–, Elemente und Ursprünge totaler Herrschaft, Frankfurt 1955.
Arendt, Otto, Ziele deutscher Kolonialpolitik, Berlin 1886.
Arndt, H. Hg., Bibliographie Konzentration, 1960–66, Berlin 1967.
–, Hg., Die Konzentration in der Wirtschaft, 3 Bde. (Sch. VfS, NF 20/1–3), Berlin 1960.
Aron, R., The Leninist Myth of Imperialism, in: ders., The Century of Total War, Boston 1955, 56–73.
–, The Dawn of Universal History, N. Y. 1961.
Ascher, A., Baron v. Stumm, JCEA 22. 1962/63, 271–85.
–, Imperialists Within German Social Democracy Prior to 1914, JCEA 20. 1960/61, 397–422.
–, Professors as Propagandists: The Politics of the Kathedersozialisten, JCEA 23. 1963/64, 282–302.
Ascherson, N., The King Incorporated. Leopold II. in the Age of Trusts, London 1963.
Averdunck, H. u. Ring, W., Geschichte der Stadt Duisburg, Essen 1949².
Avineri, S., The Social and Political Thought of K. Marx, Cambridge 1968.
Aydelotte, W. O., Bismarck and British Colonial Policy, 1883–85, Philadelphia 1937.
–, Wollte Bismarck Kolonien?, in: Festschrift H. Rothfels, Düsseldorf 1951, 41–68.
–, The First German Colony and the Diplomatic Consequences, Cambridge Historical Journal 5. 1937, 291–313.

Baaken, H., Die Karolinen-Frage 1885, phil. Diss. Köln, Düsseldorf 1963.
Baar, L., Die Berliner Industrie in der Industriellen Revolution, Berlin 1966.
Baasch, E., Geschichte Hamburgs, 2 Bde., Gotha 1925.
–, Die Handelskammer zu Hamburg, 2 Bde., Hamburg 1915².
Bacmeister, W. L. Baare, Essen 1937.
Baden-Powell, G. The Expansion of Germany, Nineteenth Century 16. 1884, 869–78.
Bächtold, H., Der einheitliche Zusammenhang der modernen Weltpolitik, WA 16. 1921, 459–72, u ders., Gesammelte Schriften, Aarau 1939, 181–95.
Bähren, E., Strukturwandlung der Wirtschaft des Siegerlandes im 19. Jh., wiso. Diss. Köln, Weidenau 1931.
Bahr, E. W., De l'impérialisme. Étude critique de la thèse de Lénine, phil. Diss. Genf 1948.
Bahrdt, H. P., Soziologische Reflexionen über die gesellschaftlichen Voraussetzungen des Antisemitismus in Deutschland, in: Entscheidungsjahr 1932, Hg. W. E. Mosse, Tübingen 1965, 135–55.
Bahse, M. F., Zur Frage der Subvention deutscher Postdampfer u. der Errichtung deutscher Bankfilialen im Ausland, Leipzig 1884 (DKZ 1. 1884, 220–23).
–, Die Wirtschafts- und Handelsverhältnisse der Fidschi-, Tonga- und Samoainseln, Leipzig 1881.
Bair, H., C. Peters, phil. Diss. Stanford 1968, MS.
Bairoch, P., Niveau de développement économique de 1810 à 1910, Annales 20. 1965, 1091–1117.
Ballhaus, J., Die Gesellschaft Nordwest-Kamerun. Ein Beitrag zur Geschichte der kolonialen Konzessionspolitik des deutschen Imperialismus, phil. Diss. Berlin 1966, MS.
v. Ballhausen, Lucius R., Bismarck-Erinnerungen, Stuttgart 1921.
Ballod, C., Deutschlands wirtschaftliche Entwicklung seit 1870, Sch. Jb. 24. 1900, 493–516.
Bamberger, L., Bismarcks großes Spiel, Die geheimen Tagebücher, Frankfurt 1934².
–, Charakteristiken, Berlin 1894.
–, Erinnerungen, Berlin 1899.
–, Die Geschäftswelt angesichts der Geschäftslage in Deutschland, Mainz 1875.
–, Die fünf Milliarden, PJ 31. 1873, 441–60.
–, Die Nachfolge Bismarcks, Berlin 1889².
–, Gesammelte Schriften, 5, Berlin 1897.
Banfi, R., Appunti sull' »Accumulazione del Capitale« di R. Luxemburg, Rivista storica del socialismo 3. 1960, 551–62.
Deutsche Überseeische Bank, 1886–1936, Berlin 1936.
Banze, A., Die deutsch-englische Wirtschaftsrivalität, Berlin 1935.
Baran, P. A., The Political Economy of Growth (dt. Politische Ökonomie des wirtschaftlichen Wachstums, Neuwied 1966).
–, Über die politische Ökonomie unterentwickelter Länder, in: ders., Unterdrückung u. Fortschritt, Frankfurt 1966, 99–128.
–, u. P. M. Sweezy, Monopoly Capital, N. Y. 1966 (dt. Monopolkapitalismus, Frankfurt 1967).
Barnett, P., Business-Cycle Theory in the United States, 1860–90, phil. Diss. Chicago 1941.
Barraclough, G., Europe and the Wider World in the 19th and 20th Century, in: Essays Presented to G. P. Gooch, Hg. A. O. Sarkission, London 1961, 364–82.
–, Das europäische Gleichgewicht und der neue Imperialismus, in: Propyläen Weltgeschichte, 8, Berlin 1960, 705–39.
–, Introduction to Contemporary History, London 1964 (dt. Tendenzen der Geschichte im 20. Jh., München 1967).
–, Universal History, in: Approaches to History, Hg. H. P. R. Finberg, London 1962, 83–110.
–, German Unification, an Essay in Revision, in: Historical Studies, IV, London 1963, 62–81.
Barrows, C. L., W. M. Evarts, Chapel Hill 1941.
Barth, H., Wahrheit und Ideologie, Zürich 1961².
Barth, Th., Die handelspolitische Stellung der deutschen Seestädte, Berlin 1880.
Barthelt, R., Trendfunktionen u. Konjunkturzyklen, wirtwiss. Diss. Marburg 1960.
Bartholdy, M., Der Generalpostmeister H. v. Stephan, Berlin 1938.
Bastian, A., Einige Blätter zur Kolonialfrage, Berlin 1884.
–, Die Kolonie der Tagesdebatte und koloniale Vereinigungen, Berlin 1884.
–, Europäische Kolonien in Afrika und Deutschlands Interessen sonst und jetzt, Berlin 1884.
–, Zwei Worte über Kolonialweisheit, Berlin 1883.
Batsch, Admiral Prinz Adalbert v. Preußen, Berlin 1890.
Bauer, B., Disraelis romantischer und Bismarcks sozialistischer Imperialismus, Chemnitz 1882.
Bauer, O., Die Nationalitätenfrage u. die Sozialdemokratie (1907), Wien 1924².
Baum, E. M., Bismarcks Urteil über England u. die Engländer, München 1936.

Baum, M. L., Die v. d. Heydt aus Elberfeld, Wuppertal 1964.
Baumgarten, J., Die deutschen Kolonien und die nationalen Interessen, Köln 1887.
Baumgarten, O., Freihandel und Schutzzoll als Mittel der Agrarpolitik, jur. Diss. Halle 1935.
Baumont, M., C. Peters, in: C. A. Julien Hg., Les Techniciens de la colonisation, Paris 1947², 17–34.
Bayer, T. A., England u. der Neue Kurs, 1890–95, Tübingen 1955.
v. Bazant, J., Die Handelspolitik Österreich-Ungarns, 1875–92, Leipzig 1894.
Beazley, R., Zur Geschichte der deutsch-englischen Beziehungen. Lord Salisbury und die Jahre 1885–95, Europäische Revue 14. 1938, 943–51.
Bebel, A., Briefwechsel mit F. Engels, Hg. W. Blumberg, Den Haag 1965.
–, Aus meinem Leben, Frankfurt 1964.
Bechtel, H., Unternehmertätigkeit und staatliche Lenkung in der deutschen Kolonialpolitik, Beiträge zur Kolonialforschung 6. 1944, 45–52.
Beck, F., Die wirtschaftliche Entwicklung der Stadt Greiz während des 19. Jh., Weimar 1955.
Beck, L., Die Geschichte des Eisens, 4, 5, Braunschweig 1899/1903.
Becker, H., Die Entwicklung der nicht-monetären Überproduktions- und Überinvestitionstheorien als Krisen- und Konjunkturerklärung, staatswiss. Diss. Bonn 1952, MS.
Becker, J., Baden, Bismarck u. die Annexion von Elsaß u. Lothringen, ZGO 115, 1967, 1–38.
Becker, O., Bismarck und die Aufgaben deutscher Weltpolitik, in: Festschrift H. Delbrück, Berlin 1928, 103–22.
–, Zu Bismarcks Kolonialpolitik, BM 17. 1939, 239–55.
–, u. Scharff, A., Bismarcks Ringen um Deutschlands Gestaltung, Heidelberg 1958.
v. Beckerath, H., Großindustrie und Gesellschaftsordnung, Tübingen 1954.
Beelitz, Die deutsche Kolonisation an der Westküste Afrikas, Köln 1885.
Beer, A., Geschichte des Welthandels im 19. Jh., 2, Wien 1884.
–, Die österreichische Handelspolitik im 19. Jh., Wien 1891.
Beer, B., L. Schwartzkopff, Leipzig 1943.
Beer, J. J., The Emergence of the German Dye Industry, Urbana 1959.
Beheim-Schwarzbach, B., Bedarf Deutschland eigener Kolonien, Geg. 24. 1883, 257–59.
Behrendt, R., Die Schweiz und der Imperialismus, Zürich 1932.
–, Soziale Strategie für Entwicklungsländer, Frankfurt 1965.
Bein, A., Moderner Antisemitismus, VfZ 6. 1958, 430–61.
–, F. Hammacher, 1824–1904, Berlin 1932.
–, F. Hammacher, RWB 2. 1934, 46–67.
–, »Der jüdische Parasit«, VfZ 13. 1965, 121–49.
Bendix, R., The Comparative Analysis of Historical Change, in: Social Theory and Economic Change, Hg. T. Burns u. S. B. Saul, London 1967, 67–86; dt. NWB 31, Köln 1969.
–, The Lower Classes and the »Democratic Revolution«, Industrial Relations 1. 1961.
–, Nation Building and Citizenship, N. Y. 1964.
Benjamin, S. G. W., Persia and the Persians, Boston 1887.
Bennathan, E., German National Income, Business History 5. 1962/63, 45–53.
Bennauer, W., Die Übererzeugung im Siegerländer Eisenbergbau und Hochofengewerbe von 1870–1913, Jena 1935.
Berdrow, W., A. Krupp, 2 Bde., Berlin 1927.
v. Bergmann, E., Die Wirtschaftskrisen, Geschichte der nationalökonomischen Krisentheorien, Stuttgart 1895.
Bergmann, K., Die wirtschaftsgeschichtliche Entwicklung des Ruhrkohlenbergbaus seit Anfang des 19. Jhs., wiso. Diss. Köln, Kettwig 1937.
Bergsträsser, L. u. Mommsen, W., Geschichte der Politischen Parteien in Deutschland, München 1965¹¹.
Bericht der Enquete-Kommission für die Baumwoll- und Leinen-Industrie, in: Drucksachen zu den Verhandlungen des Bundesrats des Deutschen Reichs 1879, I, Nr. 39.
Bericht der Eisen-Enquetekommission, in: Drucksachen zu den Verhandlungen des Bundesrats des Deutschen Reichs 1879, I, Nr. 24.
Bericht über die Verhandlungen des Allgemeinen Deutschen Kongresses zur Förderung überseeischer Interessen in Berlin, Berlin 1886.
Bericht über die Verhandlungen des 1. Kongresses für Handelsgeographie und Förderung deutscher Interessen im Ausland, Berlin 1880.
Bericht über die Verhandlungen des 19. Kongresses Deutscher Volkswirte, Berlin 1880.
Bernstein, E., Geschichte der Berliner Arbeiterbewegung, 2, Berlin 1907.
Berliner, A., Die wirtschaftliche Krisis, Hannover 1878.

Berrill, K., International Trade and the Rate of Economic Growth, EHR 12. 1960, 351–59.
Berteaux, P., Afrika, Frankfurt 1966.
Bessell, G., Norddeutscher Lloyd, 1857–1957, Bremen 1957.
Besson, W., Geschichte als Politische Wissenschaft, in: Festschrift H. Rothfels, Göttingen 1963, 66–85.
Besters, H., Wirtschaftliche Konjunkturen, Staatslexikon 8. 1963, 738–53.
Beumer, W., 25 Jahre Tätigkeit des Vereins zur Wahrung der gemeinsamen wirtschaftlichen Interessen im Rheinland und Westfalen, Düsseldorf 1896.
Beutin, L., Bremen und Amerika, Bremen 1953.
–, Das Bürgertum als Gesellschaftsstand im 19. Jh., in: ders., Gesammelte Schriften, Hg. H. Kellenbenz, Köln 1963, 284–319.
–, Geschichte der Südwestfälischen IHK zu Hagen, Hagen 1956.
–, Handel und Schiffahrt Bremens bis zum Weltkrieg, in: H. Knittermeyer u. D. Steilen Hg., Bremen, Bremen 1941², 292–317.
–, Der Norddeutsche Lloyd, in: ders., Bremen und Amerika, Bremen 1953, 79–87.
Beutner, Die deutschen Handels-, Freundschafts-, Schiffahrts-, Konsular- und Literarischen Verträge, Berlin 1883.
Biedermann, K., 50 Jahre im Dienste des nationalen Gedankens, Breslau 1892.
Biermer, M., Fürst Bismarck als Volkswirt, Greifswald 1899².
Neue Deutsche Biographie, 7 Bde., Berlin 1953–66.
Birck, L. V., Technischer Fortschritt u. Überproduktion, Jena 1927.
v. Bismarck, O., Die Gesammelten Werke, 15 Bde., Berlin 1924–35.
–, Die politischen Reden des Fürsten Bismarck, Hg. H. Kohl, 14 Bde., Stuttgart 1892–1905.
Bismarck-Jahrbuch, Hg. H. Kohl, Berlin 1896.
Neues Bismarck-Jahrbuch, Hg. H. v. Poschinger, Wien 1911.
v. Bissing, W. M., Autoritärer Staat u. pluralistische Gesellschaft in den ersten Jahrzehnten des Bismarckischen Reiches, Sch. Jb. 83, 1963, 17–45.
Bittermann, E., Die landwirtschaftliche Produktion in Deutschland, 1800–1950, Halle 1956.
Bixler, R. W., Anglo-German Imperialism in South Africa 1880–1900, Baltimore 1932.
Black, C. E., The Dynamics of Modernization, N. Y. 1967².
Bläser, C. F., Deutschlands Interesse an der Erwerbung und Kolonisation der nordafrikanischen Küsten Tunis u. Tripolis, Berlin 1882.
Blankertz, S., Die Ursachen der Stockungen im Erwerbsleben der modernen Industriestaaten, Zeitschrift für Deutsche Volkswirtschaft 1881, 717–38; 1882, 378–403.
Blatzheim, E. A., Die Gestaltung der landwirtschaftlichen Betriebsgrößen in der Zeit von 1871–1914 in Deutschland, wiso. Diss. Köln 1947 (MS).
Bley, Kolonialherrschaft u. Sozialstruktur in Deutsch-Südwestafrika, 1894–1914, Hamburg 1968.
Blind, K., Deutschland u. England in Afrika, Geg. 26. 1884, 177–78.
Bloch, M., Pour une histoire comparée des sociétés européennes, Revue de Synthèse Historique 46. 1928, 15–50, auch in: ders., Mélanges Historiques, I, Paris 1963, 16–40.
Blömer, H., Die Anleihen des Deutschen Reiches von 1871–1924, staatswiss. Diss. Bonn 1947 (MS).
Bloemers, K., W. T. Mulvany, Essen 1922.
Bloomfield, A. J., Monetary Policy Under the International Gold Standard, 1880–1914, N. Y. 1959.
Blum, R., Die Entwicklung der Vereinigten Staaten von Nordamerika in Hinsicht ihrer Produktion auf landwirtschaftlichem Gebiete, Leipzig 1882.
Blumberg, H., Die Finanzierung ... der Aktiengesellschaften, in: H. Mottek Hg., Studien zur Geschichte der Industriellen Revolution in Deutschland, Berlin 1960, 165–207.
–, Die deutsche Textilindustrie in der Industriellen Revolution, Berlin 1965.
Bluntschli, J. C., Denkwürdigkeiten aus meinem Leben, III, Nördlingen 1884.
–, Das Wachstum des Deutschen Reiches, DRev 3. 1878, I, 402–5.
Bodelsen, C. A., Studies in Mid-Victorian Imperialism, London 1960².
Boehlich, W. Hg., Der Berliner Antisemitismus-Streit, Frankfurt 1965.
Böhme, H., Die Erwerbung der deutschen Schutzgebiete, jur. Diss. Rostock, Hamburg 1902.
Böhme, H., Big-Busines, Pressure Groups and Bismarck's Turn to Protectionism, 1873–79, HJ 10. 1967, 218–36.
–, Deutschlands Weg zur Großmacht, 1848–1881, Köln 1966.
– Hg., Probleme der Reichsgründungszeit, 1848–79, Köln 1968 (NWB 26).
–, Prolegomena zu einer Sozial- u. Wirtschaftsgeschichte Deutschlands im 19. u. 20. Jh., Frankfurt 1968.
– Hg., Die Reichsgründung, München 1967.
Bösselmann, K., Die Entwicklung des deutschen Aktienwesens im 19. Jh., Berlin 1939.

Böthlingk, A., Bismarck als Nationalökonom, Wirtschafts- und Sozialpolitiker, Leipzig 1908.
Boge, H., Wirtschaftsinteressen und Orientalische Frage, wiso. Diss., Frankfurt 1958.
Bohner, Th., Der deutsche Kaufmann über See, Berlin 1939.
-, Die Woermanns, Berlin 1935.
Bombach, G., Wirtschaftswachstum, HSW 12. 1965, 763–801.
Bondi, G., Deutscher Außenhandel, 1815–70, Berlin 1958.
Bonhard, O., Geschichte des Alldeutschen Verbandes, Berlin 1920.
Bonn, M. J., Imperialism, ESS IV/1, 605–13.
-, Schlußwort, in: C. Landauer u. H. Honegger Hg., Internationaler Faschismus, Karlsruhe 1928.
Bopp, K. R., Die Tätigkeit der Reichsbank von 1876–1914, WA 72. 1954, 34–56, 179–224.
Borchard, H. H., Bismarck als preußischer Handelsminister, ZfP 19. 1929/30, 576–80.
-, 50 Jahre Preußisches Ministerium für Handel und Gewerbe, 1879–1929, Berlin 1929.
Borchardt, K., Zur Frage des Kapitalmangels in der ersten Hälfte des 19. Jhs. in Deutschland, JNS 173. 1961, 401–21.
Borell, A., Die soziologische Gliederung des Reichsparlaments, phil. Diss. Gießen 1933.
v. d. Borght, R., Dampfersubvention, WV 1. 1898, 535–37, 1086 f.
-, Das Wirtschaftsleben Südamerikas, Cöthen 1919.
Boris, H. D., Zur politischen Ökonomie der Beziehungen zwischen Entwicklungsländern u. westlichen Industriegesellschaften, Das Argument 8. 1966/3, 173–202, auch in: E. Krippendorff Hg., Friedensforschung, Köln 1968 (NWB 29), 320–52.
Born, K. E., Staat u. Sozialpolitik seit Bismarcks Sturz, 1890–1914, Wiesbaden 1957.
Born, W., Die wirtschaftliche Entwicklung der Saar-Großeisenindustrie seit der Mitte des 19. Jhs., staatswiss. Diss. Tübingen, Berlin 1919.
v. Borsig, A., Die Kartellgeschichte der deutschen Lokomotiv-Industrie, staatswiss. Diss. München 1927.
Bosc, L., Zollallianzen und Zollunionen, Berlin 1907.
Bouman, P. J., Kultur u. Gesellschaft der Neuzeit, Olten 1962.
Bouvier, J., A Propos d'origines de l'impérialisme: l'installation des groups financières au Moyen-Orient, 1860–82, La Pensée 100. 1961, 57–68; 101. 1962, 115–29.
-, u. a., Le mouvement du profit en France aus XIXe siècle, Paris 1965.
Bouvier-Ajam, M., Les mouvements cycliques des Prix, Paris 1948[2].
Bowden, W. u. a., An Economic History of Europe Since 1750, N. Y. 1937.
Bowen, R. H., German Theories of the Corporative State, 1870–1919, N. Y. 1947.
Bracher, K. D., Kritische Betrachtungen über den Primat der Außenpolitik, in: Festschrift E. Fraenkel, Berlin 1963, 115–48; auch: ders., Deutschland zwischen Demokratie und Diktatur, Stuttgart 1964, 337–72.
-, Deutschland zwischen Demokratie u. Diktatur, München 1964.
Brackmann, 50 Jahre deutscher Afrikaschiffahrt, Berlin 1935.
Bramsted, E. K., Aristocracy and the Middle Classes in Germany, Social Types in German Literature, 1830–1900, Chicago 1964[2].
Brandau, G., Ernteschwankungen und wirtschaftliche Wechsellagen von 1874 bis 1913, Jena 1936.
v. Brandt, A., Zur sozialen Entwicklung im Saargebiet, Leipzig 1904.
Brandt, H. H., Von der Fürstlich-Hessischen Commerz-Cammer zur IHK Kassel, 1710–1960, Kassel 1960.
v. Brandt, M., 33 Jahre in Ostasien, III, Leipzig 1901.
Brandt, O., Tiedemann, in: H. v. Arnim u. G. v. Below Hg., Deutscher Aufstieg, Berlin 1925, 233–42.
v. Brauer, A., Im Dienste Bismarcks, Hg. H. Rogge, Berlin 1936.
Braun, K., Die Kolonisationsbestrebungen der modernen europäischen Völker und Staaten, Berlin 1886.
Brebner, J. B., Laissez Faire and State Intervention in 19th Century England, JEH, Suppl. 8. 1948, 59–73, auch in: E. M. Carus-Wilson Hg., Essays in Economic History, 3, London 1962, 252–62.
Breitenbach, W., Kurze Darstellung der neuesten deutschen Kolonialgeschichte, Hamburg 1888.
Brentano, L., Die Arbeiter und die Produktionskrisen, Jahrbuch für Gesetzgebung und Verwaltung 2. 1878, 565–632.
-, Die Arbeiterversicherung, Leipzig 1879.
-, Die deutschen Getreidezölle, Stuttgart 1911.
-, Über eine zukünftige Handelspolitik des Deutschen Reichs, Sch. Jb. 9. 1885, 1–29.
-, Mein Leben im Kampf um die soziale Entwicklung Deutschlands, Jena 1931.
-, Über die Ursachen der heutigen sozialen Not, Leipzig 1889.
Brie, F., Der Einfluß der Lehren Darwins auf den britischen Imperialismus, Freiburg 1927.
Briefs, G., Betriebsführung und Betriebsleben in der Industrie, Stuttgart 1934.

Brinkmann, C., The Place of Germany in the Economic History of the 19th Century, EHR 4. 1932/33, 129–46.
–, Die moderne Staatsordnung und der Kapitalismus, Tübingen 1925, 49–67.
–, Weltpolitik und Weltwirtschaft im 19. Jh., Leipzig 1921.
Brockhage, B., Zur Entwicklung des preußisch-deutschen Kapitalexports (1816–40), Leipzig 1910.
Brodnitz, G., Bismarcks nationalökonomische Anschauungen, Jena 1902.
Brookes, J. I., International Rivalry in the Pacific Islands, 1800–75, Berkeley 1941.
Broszat, M., Die antisemitische Bewegung im Wilhelminischen Deutschland, phil. Diss. Köln 1952, MS.
Brown, B. H., The Tariff Reform Movement in Great Britain, 1881–95, N. Y. 1943.
Brown, M. B., After Imperialism, London 1963.
Bruce, R. V., 1877: Year of Violence, Indianapolis 1959.
v. d. Brüggen, E., Auswanderung, Kolonisation und Zweikindersystem, PJ 49. 1882, 290–319.
–, Der Kanzler und die Kolonisation, PJ 55. 1855, 171–80.
–, Der »Deutsche Kolonialverein«, PJ 51. 1883, 64–69.
–, The Colonial Movement in Germany, CR 47. 1885, 40–50.
–, Unsere überseeische Politik und ihre Gegner, Gb. 43. 1884, IV, 545–63.
–, Einige Worte zur Kolonisation, PJ 54. 1884, 34–43.
Brünner, E. R. J., De Bagdadspoorweg, Groningen 1956.
Bruhat, J., Léopold II., in: C. A. Julien Hg., Les politiques d'expansion impérialiste, Paris 1949, 73–122.
Brunn, G., Deutschland und Brasilien, 1889–1914, phil. Diss. Köln 1967, MS.
Brunschwig, H., L'avènement de L'Afrique noire, Paris 1963.
–, La Colonisation française, Paris 1949.
–, L'Expansion allemande, Paris 1957.
–, Vom Kolonialimperialismus zur Kolonialpolitik der Gegenwart, Wiesbaden 1957.
–, Mythes et réalités de l'impérialisme colonial français, 1871–1914, Paris 1960.
Bry, G., Wages in Germany, 1871–1945, Princeton 1960.
Buchner, M., Aurora Colonialis, 1884/85, München 1914.
–, Unsere Hoffnungen auf Afrika, Geg. 30. 1886, 385–87.
–, Kamerun, Leipzig 1887.
Bücher, K., Lebenserinnerungen, I, Tübingen 1919.
Bueck, H. A. Hg., Verhandlungen, Mitteilungen u. Berichte des Zentralverbandes Deutscher Industrieller, 1878, 1906.
–, Der Zentralverband Deutscher Industrieller, 1876–1901, 3 Bde., Berlin 1902.
v. Bülow, B., Denkwürdigkeiten, I, Berlin 1930.
Bünemann, R. J. P., The Anglo-German Colonial Marriage, 1885–94, B. Litt. Thesis, Oxford 1955.
Büttner, G. G. Angra Pequena, Das Ausland 56. 1883, 714–16, 935.
–, Das Hinterland von Walfisch-Bai und Angra Pequena, Heidelberg 1884.
Büttner, K., Die Anfänge der deutschen Kolonialpolitik in Ostafrika, Berlin 1959.
Buff, S., Das Kontokorrentgeschäft im deutschen Bankgewerbe, Stuttgart 1904.
Burckhardt, J., Weltgeschichtliche Betrachtungen, Köln 1954.
–, Briefe, Hg. F. Kaphan, Leipzig 1935.
–, Briefe, Hg. M. Burckhardt, 5, Basel 1963.
Burgdörfer, F., Migrations Across the Frontiers of Germany, in: International Migrations, Hg. W. F. Willcox, II, N. Y. 1931, 313–89.
Burmeister, H., Die geschichtliche Entwicklung des Gütertarifwesens der Eisenbahnen Deutschlands, Leipzig 1899.
Burns, A. F., Business Cycles, IESS II, 226–49.
Busch, E., Ursprung und Wesen der wirtschaftlichen Krisis, Leipzig 1892.
Busch, F., Tribute und ihre Wirkungen, untersucht am Beispiel der französischen Zahlungen nach dem Krieg 1870/71, wiso. Diss. Basel 1936.
Busch, M., England und die Boers, Gb. 44. 1885, I, 1–10, 60–69, 109–119.
–, Die Luciabucht, Gb. 44. 1885, I, 161–70.
–, Tagebuchblätter, 3 Bde., Leipzig 1899.
Buss, G., Die Berliner Börse, 1865–1913, Berlin 1913.
Busse, L., Die Begründung der deutschen Machtstellung in Ostafrika, PJ 58. 1886, 253–82.
Bussmann, W. Hg., Staatssekretär Graf H. v. Bismarck. Aus seiner politischen Privatkorrespondenz, Göttingen 1964.
–, Treitschke, Göttingen 1952, 1967².
–, Treitschke als Politiker, HZ 177. 1954, 249–79.

–, Das Zeitalter Bismarcks, Konstanz 1965³.
Butler, J., The German Factor in Anglo-Transvaal Relations, in: Britain and German in Africa, New Haven 1967, 179–214.
Caasen, H.-G., Die Steuer- u. Zolleinnahmen des Deutschen Reiches, 1872–1944, staatswiss. Diss. Bonn 1953 (MS).
Cady, J. F., The Roots of French Imperialism in Eastern Asia, Ithaca 1954.
Cahn, E., Bismarck als Sozialpolitiker, Tübingen 1924.
The Cambridge History of the British Empire, III. 1959; VIII, 1963².
The Cambridge History of British Foreign Policy, III, 1922.
v. Caprivi, L., Die ostafrikanische Frage und der Helgoland-Sansibarvertrag, phil. Diss. Bonn, Berlin 1934.
v. Caprivi, L., Die Reden, Hg. R. Arndt, Berlin 1894.
Carnegie, A., Deutschland und Amerika in ihren wirtschaftlichen Beziehungen, Berlin 1907.
Carr, E. H., The New Society, Boston 1961⁴ (dt. Die Neue Gesellschaft, Frankfurt 1968).
Carroll, E. M., Germany and the Great Powers, 1866–1914, N. Y. 1938.
–, French Public Opinion and Foreign Affairs, 1870–1914, London 1965².
Cecil, G., Life of Robert Marquis of Salisbury, 4 Bde., London 1921–1931.
Cecil, L., A. Ballin: Business and Politics in Imperial Germany, 1888–1918, Princeton 1967.
Chapman, M. K., Great Britain and the Bagdad Railway, 1888–1914, Northampton 1948.
Charles-Roux, Allemagne, Question d'Égypte et Affairs Coloniales de 1884 à 1887, L'Afrique Française 38. 1928, Suppl. Nov., 665–77.
–, L'Allemagne et les Questions de Tunisie, du Maroc et d'Égypte de 1879 à 1884, L'Afrique Française 38. 1928, Suppl. 6, 345–55.
Charpentier, D. (d. i. A. Zimmermann), Entwicklungsgeschichte der Kolonialpolitik des Deutschen Reiches, Berlin 1886.
Christensen, J. L., Gegen unsere Kolonialpolitik, Zürich 1885.
Christians, W., Die deutschen Emissionshäuser und ihre Emissionen in den Jahren 1886–1891, Berlin 1893.
Volkswirtschaftliche Chronik für das Jahr 1901, Jena 1902.
Churchward, L. G., Towards the Understanding of Lenin's Imperialism, Australian Journal of Politics and History 5. 1959, 76–83.
v. Ciriacy-Wantrup, S., Agrarkrisen und Stockungsspannen, Berlin 1936.
Clapham, J. H. Economic Development of France and Germany, 1815–1914, Cambridge 1961⁴.
–, An Economic History of Modern Britain, II, Cambridge 1963².
Clark, C., The Conditions of Economic Progress, London 1957³.
Clark, G., The Balance Sheets of Imperialism, N. Y. 1936.
–, A Place in the Sun, N. Y. 1936.
Clark, J. J. u. Cohen, M. Hg., Business Fluctuations, Growth, and Economic Stabilization, N. Y. 1963.
Clausing, G., Die Überzeugung in der Ziegelei von 1867 bis 1913, Jena 1931.
Clausen, H., Überproduktion und Krisis, PJ 44. 1879, 490–517.
Clement, W., Die Monroe-Doktrin u. die deutsch-amerikanischen Beziehungen im Zeitalter des Imperialismus, JbA 1. 1956, 153–67.
–, Die amerikanische Samoapolitik und die Idee des Manifest Destiny, phil. Diss. Marburg 1949, MS.
Clough, S. B., France, A History of National Economics, 1789–1939, N. Y. 1964².
Cochran, T. C., Did the Civil War Retard Industrialization?, Mississippi Valley Historical Review 48. 1961/62, 197–210; auch in: ders., The Inner Revolution, N. Y. 1964, u.: R. Andreano, The Economic Impact of the American Civil War, Cambridge/Mass. 1962, 148–60.
Cohen, A., u. Simon, E., Geschichte der HK München seit ihrer Gründung 1869, München 1926.
Cohen, S., Die Finanzen des Deutschen Reiches seit seiner Begründung, Berlin 1899.
Cole, W. A. u. Deane, P., The Growth of National Income, CEHE VI/1, 1965, 1–55.
Collins, R. O., Origins of the Nile Struggle: Anglo-German Negotiations and the McKinnon Agreement of 1890, in: Britain and Germany in Africa, New Haven 1967, 119–51.
–, The Southern Sudan 1883–98, New Haven 1962.
Conant, C. A., The United States in the Orient, N. Y. 1901.
Conrad, J., Agrarkrisis, HSt I. 1903³, 206–21.
v. Conring, A., Marokko, Berlin 1884².
Conroy, H., The Japanese Seizure of Korea, 1868–1910, Philadelphia 1960.
Conze, W. u. Groh, D., Die Arbeiterbewegung in der nationalen Bewegung, Stuttgart 1966.
–, The German Empire, NCMH 11. 1962, 274–99.
–, Hg., Staat und Gesellschaft im deutschen Vormärz, 1815–48, Stuttgart 1962.

– u. Raupach, H. Hg., Die Staats- u. Wirtschaftskrise des Deutschen Reiches 1929/33, Stuttgart 1967.
Cook, A. N., British Enterprise in Nigeria, London 1964².
Coppius, A., Hamburgs Bedeutung auf dem Gebiete der deutschen Kolonialpolitik, Berlin 1905.
Coppock, D. J., The Causes of the Great Depression, M. Sch. 29. 1961, 203–32.
Corden, W. M. u. a., International Trade Controls, IESS VIII, 113–39.
Cordier, H., Histoire des relations de la Chine avec les puissances occidentales, 3 Bde., Paris 1901–2.
Cornevin, R., Histoire du Togo, Paris 1962.
– u. M., Geschichte Afrikas, Stuttgart 1966.
Corrigan, H. S. W., British, French and German Interests in Asiatic Turkey, 1881–1914, phil. Diss. London 1954.
Corti, E. C. C., Wenn . . . Sendung und Schicksal einer Kaiserin, Graz 1954².
Coupland, R., The Exploitation of East Africa, 1856–90, London 1939.
de Courcel, G., L'influence de la conférence de Berlin de 1885 sur le droit colonial international, Paris 1936.
Court, W. H. B., The Communist Doctrines of Empire, in: W. K. Hancock, Survey of British Commonwealth Affairs, London 1940, II/1, 293–300.
Creighton, D. G., The Victorians and the Empire, Canadian Historical Review 19. 1938, 138–53.
Crewe, M., Lord Rosebery, 2 Bde., London 1931.
Crispi, F., Questioni Internazionali, Mailand 1913.
Croce, B., Geschichte Europas im 19. Jh., Zürich 1947², Frankfurt 1968³.
Crowe, S. E., The Berlin West African Conference 1884–85, London 1942.
Cunow, H., Allgemeine Wirtschaftsgeschichte, 4, Berlin 1931.
Curtin, P. D., The British Empire and Commonwealth in Recent Historiography, AHR 65. 1959 72–91, auch: Changing Views on British History, Hg. E. C. Furber, Cambridge/Mass. 1966, 379–400.
Curtius, J., Bismarcks Plan eines deutschen Volkswirtschaftsrats, Heidelberg 1919.
Czempiel, E. O., Der Primat der auswärtigen Politik, PVS 4. 1963, 266–87.
Daalder, H., Capitalism, Colonialism, and the Underdeveloped Areas: The Political Economy of (Anti-)Imperialism, in: E. de Vries Hg., Essays on Unbalanced Growth, Den Haag 1962, 133–65.
–, Imperialism, IESS VII, 101–9.
Däbritz, W., Die typischen Bewegungen im Konjunkturverlauf, Leipzig 1929.
–, Bochumer Verein, Düsseldorf 1934.
–, 75 Jahre Verein Deutscher Eisenhüttenleute, 1860–1935, Stahl u. Eisen 55. 1935, 1257–1450.
–, Gründung und Anfänge der Disconto-Gesellschaft Berlin, 1850–75, München 1931.
–, Unternehmergestalten aus dem rheinisch-westfälischen Industriebezirk, Jena 1929.
Dahlkötter, E. M., F. v. Roggenbachs politische Zeitkritik, phil. Diss. Göttingen 1952 (MS).
Dahrendorf, R., Demokratie und Sozialstruktur in Deutschland, in: ders., Gesellschaft und Freiheit, München 1961, 260–99.
–, Gesellschaft und Demokratie in Deutschland, München 1965.
Dallin, D. J., The Rise of Russia in Asia, New Haven 1949.
v. Danckelmann, A., Das Kongo-Gebiet, Elberfeld 1884.
Daniels, E., Rez. v. Fitzmaurice, PJ 123. 1906, 220–60.
Darius, R., Die Entwicklung der deutsch-mexikanischen Handelsbeziehungen, 1870–1914, wiso. Diss. Köln 1927.
Darmstädter, P., Geschichte der Aufteilung und Kolonisation Afrikas, II, Berlin 1920.
Daudet, E., La France et l'Allemagne après le Congrès de Berlin, 2 Bde., Paris 1918.
David, C., L'époque Bismarckienne, in: Histoire de la Littérature Allemande, Hg. F. Mossé, Paris 1958, 719–84.
Davidson, B., Vom Sklavenhandel zur Kolonialisierung. Afrikanisch-europäische Beziehungen, 1500–1900, Reinbek 1966.
D'Avis, Die wirtschaftliche Überproduktion und die Mittel zu ihrer Abhilfe, JNS 51. 1888, 564–90.
Davis, H. B., Schumpeter as Sociologist, Science & Society, 24. 1960, 13–35.
Décharme, P., Compagnies et Sociétés Coloniales Allemandes, Paris 1903.
v. d. Decken, H. u. Wagenführ, R., Entwicklung und Wandlung der Sachgüterproduktion, VzK 11. 1935, 145–63.
Deckert, E., Die Kolonialreiche und Kolonisationsobjekte der Gegenwart, Leipzig 1888².
Dehio, L., Deutschland und die Weltpolitik im 20. Jh., Frankfurt 1961.
Dehn, P., Deutschland und Orient in ihren wirtschaftspolitischen Beziehungen, München 1884.
–, Deutschland und die Orientbahn, München 1883.
Delbrück, H., Die wirtschaftliche Not. Die Überproduktion. Die Währungsfrage, PJ 57. 1886, 309–18.

v. Delbrück, R., Lebenserinnerungen, II, Leipzig 1905.
Demeter, K., Die soziale Schichtung des deutschen Parlaments seit 1848, VSWG 39. 1952, 1–29.
Denicke, H., Der gegenwärtige Stand der deutschen Kolonialbewegung, Gb. 49. 1890, II, 515–21.
Denis, H., La depression économique et sociale et l'histoire des prix, Brüssel 1895.
Dennet, T., Americans in Eastern Asia, N. Y. 1963².
Denzel, E., Wirtschafts- und Sozialgeschichte der Stadt Wetter, Dortmund 1952.
Dermietzel, O., Statistische Untersuchungen über die Kapitalrente der größeren deutschen Aktiengesellschaften, 1876–1902, phil. Diss. Göttingen 1906.
Desai, A. V., Real Wages in Germany, 1871–1913, Oxford 1968.
Deschamps, H., Les méthodes et les doctrines coloniales de la France, Paris 1953.
Deutschlands Interessen in Ostasien, Berlin 1871, auch: A. Bastian, Europäische Kolonien in Afrika, Berlin 1884, 41–60.
Devers, A., La politique commerciale de la France depuis 1860, Sch. VfS 49, 1892, 127–308.
Diener, G., Die preußische und die deutsche Politik im Verhältnis zu England u. zu Rußland in der zweiten Hälfte des 19. Jhs., phil. Diss. München 1951, MS.
Dieterlen, P., La dépression des prix après 1873 et en 1930, Revue d'Économie Politique 44. 1930, 1519–68.
v. Dietze, C., Agrarkrisen, Konjunkturzyklen und Strukturwandlungen, JNS 134. 1931, 513–28.
Dietzel, E., Der Erwerb der Schutzgewalt über die deutschen Schutzgebiete, jur. Diss. Leipzig 1909.
Dietzel, H., Bismarck, HSt 3. 1909², 47–84.
–, Die Theorie von den drei Weltreichen, Berlin 1900.
Diezmann, M., Deutschlands außereuropäischer Handel, Chemnitz 1882.
Dike, K. O., Trade and Politics in the Niger Delta, 1830–85, Oxford 1956.
Dilke, C., Problems of Greater Britain, London 1890.
Dilthey, R., Der wirtschaftliche Wert von Deutsch-Ostafrika, Düsseldorf 1888.
Diouritch, G., L'expansion des banques allemandes à l'étranger, Paris 1909.
Die Disconto-Gesellschaft 1851–1901, Berlin 1901.
Dobb, M., Imperialism in: ders., Political Economy and Capitalism, London 1968², 223–69.
–, Der historische Materialismus und die Rolle des ökonomischen Faktors, in: ders., Organisierter Kapitalismus, Frankfurt 1966, 58–73.
–, Studies in the Development of Capitalism, N. Y. 1947 (dt. Köln 1969).
–, Wirtschaftliches Wachstum und unterentwickelte Länder, Kursbuch 6. 1966, 136–64.
Documents Diplomatiques Français, 1. Serie, 7 Bde., Paris 1929 ff.
British Documents on the Origins of the War, 1898–1914, 1–3, London 1926.
Döhler, W., Die ökonomische Lage der Zwickauer Bergarbeiter im vorigen Jh., Leipzig 1963.
Donner, O., Die Kursbildung am Aktienmarkt, VzK, Sonderheft 36, Berlin 1934.
Doogs, K., Die Berliner Maschinenindustrie, ing. Diss. TH Berlin 1928.
Doren, A., Leopold II. u. die belgische Expansion bis zur Begründung des Kongostaats, in: Festschrift E. Brandenburg, Leipzig 1928, 214–33.
Dorpalen, A., Emperor Frederick III. and the German Liberal Movement, AHR 54. 1948, 1–31.
–, The German Historians and Bismarck, RoP 15. 1953, 53–67.
–, Historiography as History: the Work of G. Ritter, JMH 34. 1962, 1–18.
–, H. v. Treitschke, New Haven 1957.
Douglass, P. H., An Analysis of Strikes, 1881–1921, Journal of the American Statistical Association 18. 1923, 869–72.
Drechsler, H., Südwestafrika unter deutscher Kolonialherrschaft, Berlin 1966.
Dresler, A., Die deutschen Kolonien und die Presse, Würzburg 1942.
Droz, J., L'Europe Centrale: Evolution Historique de l'Idée de Mitteleuropa, Paris 1960.
Drucksachen zu den Verhandlungen des Bundesrats des Deutschen Reiches 1879, Berlin 1879.
Dubois, M., u. Terrier, A., Les colonies Françaises, Paris 1902.
Duffy, J., Portugal in Africa, Cambridge/Mass. 1962.
–, Portuguese Africa, Cambridge 1959.
Dulberg, F., Der Imperialismus im Lichte seiner Theorien, phil. Diss. Basel 1936.
Dulles, F. R., America in the Pacific, Boston 1932.
Dupriez, L., Einwirkungen der langen Wellen auf die Entwicklung der Wirtschaft seit 1800, WA 42. 1935/II, 1–12.
Dyer, B., The Public Career of W. M. Evarts, Berkeley 1933.
Earle, E. M., Turkey, The Great Powers and the Bagdad Railways, N. Y. 1923.
Easterbrook, W. T., Long-Period Comparative Study, JEH 17. 1957, 571–95.
Easterlin, R. A. u. a., Economic Growth, IESS IV, 395–429.

Easton, S. C., The Twilight of European Colonialism, London 1961.
Eberhard, K., H. v. Bismarcks Sondermissionen in England, 1882–89, phil. Diss. Erlangen 1949, MS.
v. Eckardt, J., Lebenserinnerungen, 2, Leipzig 1910.
v. Eckardtstein, H., Lebenserinnerungen, 3 Bde., Leipzig 1919–20.
Edwards, G. W., The Evolution of Finance Capitalism, N. Y. 1938.
Ehlers, W., 50 Jahre Norddeutscher Lloyd, Bremen 1907.
Ehrenberg, R., Durchschnittsverdienste und Verdienstklassen der Arbeiterschaft von F. Krupp in Essen, 1845–1906, Thünen-Archiv 2. 1909, 204–20.
–, Die Fondsspekulation und die Gesetzgebung, Berlin 1883.
Ehrke, K., Die Übererzeugung in der Zementindustrie, 1858–1913, Jena 1933.
Eichholtz, D., Junker u. Bourgeoisie vor 1848 in der preußischen Eisenbahngeschichte, Berlin 1962.
Einwald, A., 20 Jahre in Afrika, Hannover 1901.
Eisenbacher, H., Die Stellung der württembergischen Presse zu den Anfängen von Bismarcks Kolonialpolitik, 1878–1885, phil. Diss. Tübingen, Stuttgart 1928.
v. Eisenbhart-Rothe, W., Die volkswirtschaftlichen Anschauungen G. v. Mevissens, phil. Diss. Gießen 1930.
Elbogen, I. u. Sterling, E., Die Geschichte der Juden in Deutschland, Frankfurt 1966.
Ellison, J. W., Opening and Penetration of Foreign Influence in Samoa to 1880, Corvallis 1938.
–, The Partition of Samoa, a Study in Imperialism and Diplomacy, PHR 8. 1939, 259–88.
Emerson, R. u. Fieldhouse, D. K., Colonialism, IESS III, 1–12.
Emerson, R., From Empire to Nation, Cambridge/Mass. 1960.
Engel, J., Diskussionsbeitrag, HZ 198. 1964, 62–66.
Engelberg, E., Deutschland von 1871 bis 1897, Berlin 1965.
–, Zur Entstehung und historischen Stellung des preußisch-deutschen Bonapartismus, in: Festschrift A. Meusel, Berlin 1956, 236–51.
Engels, W. u. Legers, P., Aus der Geschichte der Remscheider und Bergischen Werkzeug- und Eisenindustrie, 2 Bde., Remscheid 1928.
Engelsing, R., Bremen als Auswandererhafen, 1683–1880, phil. Diss. Göttingen 1954, MS (Bremen 1961).
Engermann, S. .L, The Economic Impact of the Civil War, EEH 3. 1966, 176–199.
Engler, G., Koloniales, Hamburg 1889.
Die Entwicklung unserer Kolonien, Berlin 1892.
Epstein, F. T., Argentinien und das deutsche Heer, in: Festschrift O. Becker, Wiesbaden 1954, 286–94.
Ernle, L., English Farming, London 1961^6.
Esterhuyse, J. H., Suidwes-Africa, 1880–94, phil. Diss. Cape Town University 1964.
Eulenburg, F., Die Preissteigerung des letzten Jahrzehnts, Leipzig 1912.
Euler, H., Napoleon III. in seiner Zeit, I, II/1, Würzburg 1961/67.
Die Preußische Expedition nach Ostasien, 4 Bde., Berlin 1864–73.
Export 1. 1879–12. 1890.
Eyck, E., Bismarck, 3 Bde., Zürich 1963^2.
–, Bismarck und das Deutsche Reich, Zürich 1955.
–, Gladstone, Zürich 1938.
van Eyll, K., Die Geschichte einer HK, Essen 1840–1910, Köln 1964.
Faber, R., The Vision and the Need. Late Victorian Imperialist Aims, London 1966.
Fabri, F., Bedarf Deutschland der Kolonien?, Gotha 1879.
–, 5 Jahre deutscher Kolonialpolitik, Gotha 1889.
–, Deutsch-Ostafrika, Köln 1886.
–, Ein dunkler Punkt, Gotha 1880.
Fabri, T., Kolonien als Bedürfnis unserer nationalen Entwicklung, Heidelberg 1884.
Facius, F., Carl Alexander v. Weimar und die deutsche Kolonialpolitik, KR 32. 1941, 339–53.
–, Wirtschaft u. Staat, Boppard 1959.
Fage, J. D., An Atlas of African History, London 1958.
–, British and German Colonial Rule: A Synthesis and Summary, in: Britain and Germany in Africa, New Haven 1957, 691–706.
Falkenstein, J., Die Zukunft der Kongo- und Guineagebiete, Weimar 1884.
Fay, C. R., Imperial Economy, Oxford 1934.
–, The Movement Towards Free Trade, CHBE 2. 1961, 388–414.
Fehling, M., Bismarcks Geschichtskenntnis, Stuttgart 1922.
Feis, H., Europe, the World's Banker, 1870–1914, New Haven 1930; N. Y. 1965^2.
Fellner, W., Zum Problem der universellen Überproduktion, ASS 66. 1931, 522–56.

Fels, R., Long Wave Depression, 1873–97, RES 31. 1949, 69–73.
Ferry, J., Discours et Opinions, V, Paris 1897.
–, Le Tonkin et la Mère Patrie, Paris 1890.
Ferns, H. S., Britain and Argentina in the 19th Century, Oxford 1960.
–, Britain's Informal Empire in Argentina, 1806–1914, Past & Present 1953, H. 3, 60–75.
–, Investment and Trade Between Britain and Argentina in the 19th Century, EHR 3. 1950, 208–18.
v. Festenberg-Packisch, H., Der deutsche Bergbau, Berlin 1886.
Festschrift zum 8. Allgemeinen Deutschen Bergmannstag 1901, o. O. o. J.
Fetscher, I., Zur Entstehung des politischen Antisemitismus in Deutschland, in: Antisemitismus, Hg H. Huss u. A. Schröder, Frankfurt 1965, 9–33.
–, Hg., Der Marxismus, Frankfurt 1967.
Fieldhouse, D. K., Imperialism, EHR 14. 1961, 187–209.
–, Die Kolonialreiche seit dem 18. Jh., Frankfurt 1965.
– Hg., The Theory of Capitalist Imperialism, London 1967.
Finck v. Finckenstein, H. W., Die Entwicklung der Landwirtschaft in Preußen und Deutschland, 1800–1930, Würzburg 1960.
–, Die Getreidewirtschaft Preußens von 1800 bis 1930, VzK, Sonderheft 35, Berlin 1934.
–, Das Problem des Trends, Bern 1946.
Fischer, F., Fürst Bismarck und die Handelskammern, Köln 1882.
Fischer, F., Griff nach der Weltmacht, Düsseldorf 1964².
Fischer, G. A., Mehr Licht im dunklen Weltteil, Hamburg 1885.
Fischer, W., Ökonomische u. soziale Aspekte der frühen Industrialisierung, in: ders. Hg., Wirtschafts- u. sozialgeschichtliche Probleme der frühen Industrialisierung, Berlin 1968, 1–20.
–, Herz des Reviers. 125 Jahre Wirtschaftsgeschichte des IHK-Bezirks Essen, Mülheim, Oberhausen, Essen 1965.
–, Staatsverwaltung u. Interessenverbände im Deutschen Reich, 1871–1914, in: Festschrift G. v. Eynern, Berlin 1967, 431–56.
–, Unternehmerschaft, Selbstverwaltung u. Staat. Die HK in der deutschen Wirtschafts- u. Staatsverfassung des 19. Jh., Berlin 1964.
Fischer-Frauendienst, I., Bismarcks Pressepolitik, Münster 1963.
Fitger, E., Die wirtschaftliche und technische Entwicklung der deutschen Seeschiffahrt von der Mitte des 19. Jhs. bis zur Gegenwart, Leipzig 1902.
Fitzmaurice, L. E., The Life of Lord Granville, 2 Bde. London 1905³.
Fitzner, R. Hg., Deutsches Kolonialhandbuch, Berlin 1901².
Flegel, E. R., Drei Briefe an die Freunde der deutschen Afrikaforschung, kolonialer Bestrebungen und der Ausbreitung des deutschen Handels, Berlin 1885.
Flegel, K. u. Tornow, M., Die Entwicklung der deutschen Montanindustrie 1860–1912, Berlin 1915.
Fletcher, M. E., The Suez Canal and World Shipping, 1869–1914, JEH 18. 1958, 556–59.
Flint, J. E., Sir G. Goldie and the Making of Nigeria, London 1960.
Foeldes, B., Die Getreidepreise im 19. Jh., JNS 3. F. 29. 1905, 467–514.
Förster, B., Die deutschen Niederlassungen an der Guinea-Küste, Weimar 1884.
Förster, R., Politische Geschichte der preußischen und deutschen Flotte bis zum ersten Flottengesetz von 1898, phil. Diss. Leipzig, Dresden 1928.
Forkel, O., Fürst Bismarcks Stellung zur Landwirtschaft 1847–90, phil. Diss. Erlangen, Bamberg 1910.
Forstreuter, K., Zu Bismarcks Journalistik. Bismarck und die NAZ, Jahrbuch für Geschichte Mittel- und Ostdeutschlands, 2. 1954, 191–210.
Foss, B., Die deutsch-französischen Beziehungen in den Jahren 1881–85, phil. Diss. Berlin 1935.
Francke, E., Weltpolitik und Sozialreform, in: G. Schmoller u. a., Handels- und Machtpolitik, Stuttgart 1900, I, 85–132.
–, Zollpolitische Einigungsbestrebungen in Mitteleuropa, in: Sch. VfS 90. 1900, 187–272.
Francke, L., Preußens Handel und Industrie im Jahre 1881, Zeitschrift des Königlich Preußischen Statistischen Bureaus 23. 1883, 110–71.
v. François, C., Deutsch-Südwestafrika, Berlin 1899.
Frank, W., Hofprediger A. Stoecker und die christlich soziale Bewegung, Hamburg 1935².
Franke, B., Der Ausbau des heutigen Schutzzollsystems in Frankreich, Leipzig 1903.
Franke, B. W., Handelsneid und Große Politik in den engl.-deutsch. Beziehungen, ZfP 29. 1929, 455–75.
Franz, G., Bismarcks Nationalgefühl, Leipzig 1926.
Frauendienst, W., Deutsche Weltpolitik, Welt als Geschichte 19. 1959, 1–39.
–, Th. Hassler, Aufzeichnungen über Bismarck und den Zentralverband Deutscher Industrieller, Tradition 7. 1962, 223–33.

v. Frauendorfer, S., Ideengeschichte der Agrarwirtschaft und Agrarpolitik, 2 Bde., München 1957/58.
Freissler, E. W., Emin Pascha, München 1925.
Frey, W., Gebt uns Kolonien!, Chemnitz 1881.
Freye, G., Motive und Taktik der Zollpolitik Bismarcks, jur. Diss. Hamburg 1926, MS.
Freyer, H., Die Bewertung der Wirtschaft im philosophischen Denken des 19. Jh., Leipzig 1939².
–, Weltgeschichte Europas, Stuttgart 1954².
Freymond, J., Lénine et l'Impérialisme, Lausanne 1951.
Freytag, C. F., Die Entwicklung des Hamburger Warenhandels, 1871–1900, Berlin 1900.
Fricke, D. Hg., Die bürgerlichen Parteien, 1830–1945, I, Leipzig 1968.
Friedel, E., Die Gründung preußisch-deutscher Kolonien im Indischen und Großen Ozean mit besonderer Rücksicht auf das östliche Asien, Berlin 1867.
Friedjung, H., Das Zeitalter des Imperialismus, 2 Bde., Berlin 1919–22.
Friedländer, M., Die deutsche Kolonialpolitik in Kamerun von ihren Anfängen bis 1914, Wiss. Zeitschrift der Humboldt-Universität Berlin, Gesellschafts- und Sprachwiss. Reihe, 1955/56, H. 3/4, 309–28.
Friedrichsen, L., Familien- und Lebenserinnerungen, Hamburg 1941.
Fritsch, B. Hg., Entwicklungsländer, Köln 1968 (NWB 24).
Zur 50-Jahrfeier der Deutschen Kolonialgesellschaft, 1882–1932, Berlin 1932.
Fünfzig Jahre Verein der Industriellen des Regierungsbezirks Köln, Köln 1931.
Fürstenberg, C., Die Lebensgeschichte eines deutschen Bankiers, 1870–1914, Berlin 1931; Wiesbaden 1961².
Fueter, E., Geschichte der neueren Historiographie, München 1936³.
Fyfe, C., A History of Sierra Leone, London 1962.
G., England's Foreign Policy, Fortnightly Review 41. 1884, 705–11.
G., Rez. von Roscher, DR 43. 1885, 150 f.
Galbraith, J. S., Myths of the ›Little England‹, Era, AHR 67. 1961, 34–48.
Gall, L. Hg., Bismarck in der deutschen Geschichte, Köln 1970 (NWB).
–, Zur Frage der Annexion von Elsaß u. Lothringen, 1870, HZ 206. 1968, 265–326.
–, Sozialistengesetz und innenpolitischer Umschwung, Baden in der Krise des Jahres 1878, ZGO 111. 1963, 473–577.
Ganiage, J., Les origines du protectorat français en Tunisie, 1861–81, Paris 1959.
Gardner, L. C., Economic Aspects of New Deal Diplomacy, Madison 1964.
Gareis, C., Die Börse und die Gründungen, Berlin 1874.
Garvin, J. L., Life of J. Chamberlain, 1, London 1932.
Gebhard, H., Die Berliner Börse von den Anfängen bis zum Jahre 1905, phil. Diss. Erlangen, Berlin 1928.
Gebhardt, G., Ruhrbergbau, Essen 1957.
Geffcken, F. H., Deutsche Kolonialpolitik, DR 41. 1884, 120–31.
–, Deutsche Kolonisation, DR 31. 1882, 39–59, 206–19.
Gehlert, A., Überproduktion und Währung, Berlin 1887.
Gehre, F. M., Über die europäische Kolonisation in der südlichen Hälfte des tropischen Afrika, phil. Diss. Leipzig 1877.
Geiger, T., Ideologie und Wahrheit, Stuttgart 1953; Neuwied 1968.
Genrich, W., Die Stellungnahme der Kölnischen Zeitung zu den handelspolitischen Strömungen der Bismarckschen Ära, wiso. Diss. Köln 1931.
Gensel, J., Der Deutsche Handelstag, 1861–1901, Berlin 1902.
Gerhard, D., Alte und Neue Welt in vergleichender Geschichtsschreibung, Göttingen 1962.
v. Gerlach, H., Von Rechts nach Links, Zürich 1937.
Gerlach, H. C., Agitation und parlamentarische Wirksamkeit der deutschen Antisemitenparteien 1873–95, phil. Diss. Kiel 1956, MS.
Gerschenkron, A., Economic Backwardness in Historical Perspective, Cambridge/Mass. 1962; N. Y. 1965².
–, Bread and Democracy in Germany, Berkeley 1943; N. Y. 1968².
–, Continuity in History, Cambridge/Mass. 1968.
–, Die Vorbedingungen der europäischen Industrialisierungen im 19. Jh. in: W. Fischer Hg., Wirtschafts- und sozialgeschichtliche Probleme der frühen Industrialisierung, Berlin 1968, 21–28.
Geschichte der Frankfurter Zeitung, Frankfurt 1911².
Geschichte der HK zu Frankfurt, Frankfurt 1908.
Die Geschichte des Hauses O'Swald, Hamburg 1931.
Geuss, H., Bismarck u. Napoleon III., 1851–71, Köln 1959.

Giffen, R., Trade Depression and Low Prices, CR. 47, 1885, 800–22.
Gillard, D. R., Salisbury's Heligoland Offer: The Case Against the ›Witu Thesis‹, Eng. HR 80. 1965, 538–52.
–, Salisbury's African Policy and the Heligoland Offer of 1890, Eng. HR 75. 1960, 631–53.
Gillman, J. M., The Falling Rate of Profit, London 1957.
Ginger, R., The Age of Excess, 1877–1914, London 1965.
Girard, L., Transport, CEHE VI/I. 1965, 212–73.
Gitermann, V., Die geschichtsphilosophischen Anschauungen Bismarcks, ASS 51. 1924, 382–440.
Glade, D., Bremen und der Ferne Osten, 1782–1914, Bremen 1966.
Gläsel, E. J., Die Entwicklung der Preise landwirtschaftlicher Produkte, Berlin 1917.
Glagau, O., Der Bankrott des Nationalismus und die ›Reaktion‹, Berlin 1878[8].
–, Der Börsen- und Gründungsschwindel in Berlin, Leipzig 1876.
–, Der Börsen- und Gründungsschwindel in Deutschland, Leipzig 1877.
v. Glahn, G. E. L., The German Demand for Colonies, phil. Diss. Northwestern University, Evanston 1940 (MS).
Gleitze, B. Hg., Wirtschafts- und Sozialstatistisches Handbuch, Köln 1960.
Glenday, R., Long Period Economic Trends, Journal of the Royal Statistical Society 101. 1938, III, 511–52.
v. Gneist, R., Die nationale Rechtsidee von den Ständen u. das preußische Dreiklassenwahlsystem (1894), Darmstadt 1962[2].
–, Der Rechtsstaat u. die Verwaltungsgerichte in Deutschland (1879), Darmstadt 1958[3].
Godeffroy, G., Schutzzoll und Freihandel, Berlin 1879.
Goetzke, W., Das Rheinisch-Westfälische Kohlensyndikat, Essen 1905.
Goldberg, H. Hg., French Colonialism, N. Y. 1959.
Goldenberg, A., Über die projektierten Zollgesetze und die Handelskrise, Straßburg 1879.
Goldschmidt, C., Über die Konzentration im deutschen Kohlenbergbau, Karlsruhe 1912.
Goldschmidt, H., Mitarbeiter Bismarcks, PJ 235. 1934, 29–48, 126–56; 236. 1934, 27–51, 236–61.
Goldstein, G., Die Entwicklung der deutschen Roheisenindustrie seit 1879, phil. Diss. Halle 1908.
Goldstein, J., Deutschlands Sodaindustrie in Vergangenheit und Gegenwart, Stuttgart 1896.
Gollwitzer, H., Der Cäsarismus Napoleons III. im Widerhall der öffentlichen Meinung Deutschlands, HZ 173. 1952, 23–75.
–, Die Standesherrn, Göttingen 1964[2].
Gooch, G. P., History and Historians in the 19th Century, Boston 1962.
Goodwin, M. Hg., Nineteenth-Century Opinion, Harmondsworth 1951.
Gopcevic, S., Die jüngsten überseeischen Erwerbungen, Geg. 27. 1885, 49–50.
–, Die Samoa-Inseln, Unsere Zeit 15. 1879, II, 641–48.
–, Überseeische Stationen, Geg. 23. 1884, 210–12.
Goschen, V., Essays and Addresses on Economic Questions, 1865–93, London 1905.
Gottschalch, W., Strukturveränderungen der Gesellschaft und politisches Handeln in der Lehre von R. Hilferding, Berlin 1962.
Grabower, R., Die finanzielle Entwicklung der Aktiengesellschaften der deutschen chemischen Industrie und ihre Beziehungen zur Bankwelt, Leipzig 1910.
Grabowsky, A., Der Primat der Außenpolitik, ZfP 17. 1928, 527–42.
–, Der Sozialimperialismus als letzte Etappe des Imperialismus, Basel 1939.
Graham, H., G. S., Cobden's Influence on Bismarck, Queen's Quarterly 38. 1931, 436–43.
Grassmann, J., Die Entwicklung der Augsburger Industrie im 19. Jh., Augsburg 1894.
Gray, J. M., A History of the Gambia, Cambridge 1966[2].
Greene, M., Schumpeter's Imperialism, Social Research 19. 1952, 453–63 (dt.: Imperialismus, Köln 1969).
Greger, A., Die Montanindustrie in Elsaß-Lothringen seit Beginn der deutschen Verwaltung, phil. Diss. München 1909.
Grenville, J. A. S., Lord Salisbury and Foreign Policy at the Close of the 19th Century, London 1964.
Greve, W., Seeschiffahrtssubventionen der Gegenwart, Hamburg 1903.
Grewe, H., Die soziale Entwicklung der Stadt Essen im 19. Jh., wiso. Diss. Köln 1949, MS.
Griewank, K., Das Problem des christlichen Staatsmannes bei Bismarck, Berlin 1953.
Grimal, H., La Décolonisation, 1919–63, Paris 1965.
Grimm, K., Der wirtschaftliche Wert von Deutsch-Ostafrika, Berlin 1886.
de Groot, E., Great Britain and Germany in Zanzibar, 1886/87, JMH 25. 1953, 120–38.
Gross, F., Rhodes of Africa, London 1956.
Grosse, O., Stephan, Berlin 1931.

Grossmann, H., Das Akkumulations- und Zusammenbruchsgesetz des Kapitalistischen Systems, Leipzig 1929; Frankfurt 1967².
–, Eine neue Theorie über Imperialismus und die soziale Revolution, Archiv für die Geschichte des Sozialismus 13. 1928, 141–92.
Grumbach, F. u. König H., Beschäftigung u. Löhne der deutschen Industriewirtschaft, 1888–1954, WA 79. 1957, II, 125–55.
Grunert, G., 10 Jahre deutsche Kolonialbestrebungen in der Abteilung Berlin der Deutschen Kolonialgesellschaft, 1884–94, Berlin 1894.
Grünewald, N., Wie kann Deutschland Kolonialbesitz erwerben?, Mainz 1879.
Grunzel, J., Der Sieg des Industrialismus, Leipzig 1911.
Güssfeld, P., u. a., Die Loango-Expedition, 1873–76, 3 Bde., Leipzig 1879.
Günther, K., G. Rohlfs, Freiburg 1912.
Guggenheimer, W., Der Imperialismus im Lichte der marxistischen Theorie, jur. Diss. München 1928.
Guillen, P., L'Allemagne et le Maroc, 1870–1905, Paris 1967.
–, u. Miège, J. L., Les débuts de la politique allemande au Maroc, 1870–77, RH 234. 1965, 323, 52.
Gurian, W., Antisemitism in Modern Germany, in: K. S. Pinson Hg., Essays on Antisemitism, N. Y. 1946², 218–65.
Gustafsson, B., Rostow, Marx, and Economic Growth, Science & Society 25. 1961, 229–44.
–, Versuch über den Kolonialismus, Kursbuch 6. 1966, 86–135.
Gwynn, S. u. Tuckwell, G. W., Life of Sir Charles Dilke, 2 Bde., London 1917.
Habakkuk, H. J., Free Trade and Commercial Expansion, CHBE 2. 1961, 751–805.
Haber, L. F., The Chemical Industry During the 19th Century, Oxford 1959.
Haberler, G., Prosperität und Depression, Tübingen 1955².
–, u. a. Hg., Readings in Business Cycle Theory, London 1944.
Habermas, J., Erkenntnis und Interesse, Frankfurt 1968.
–, Zur Logik der Sozialwissenschaften, Tübingen 1967.
–, Strukturwandel der Öffentlichkeit, Neuwied 1965².
–, Technik u. Wissenschaft als »Ideologie«, Frankfurt 1968.
–, Theorie und Praxis, Neuwied 1967².
v. Hagen, M., Bismarck und England, Stuttgart 1941.
–, Das Bismarckbild in der Literatur der Gegenwart, 1915–27, Berlin 1929.
–, Bismarcks Freihandelspolitik, Gb. 70. 1911, I, 57–64.
–, Bismarcks parlamentarischer Kampf um die Kolonien, Das neue Deutschland 1. 1912/13, 400–3.
–, Bismarcks Kolonialpolitik, Stuttgart 1923.
–, England und Ägypten, Bonn 1915.
–, Graf Wolff Metternich über Haldane, Deutsche Zukunft 3. 1935, 5.
–, Freisinnige Kolonialpolitik unter Bismarck, Gb. 72. 1913, IV, 193–201.
–, Staatsstreichsgedanken Bismarcks bei den parlamentarischen Kämpfen um die Kolonien, PJ 153. 1913, 121–24.
–, Voraussetzungen und Veranlassungen für Bismarcks Eintritt in die Weltpolitik, Berlin 1914.
–, Zentrums-Kolonialpolitik unter Bismarck, Gb. 72. 1913, IV, 262–69.
Hager, C., Deutschlands Beruf in Ostafrika, Hannover 1886.
Hahn, L. u. Wippermann, C., Fürst Bismarck, 5 Bde., Berlin 1878–91.
Halbenz, W., Handelspolitische Zusammenschlußbestrebungen in Mitteleuropa im 19. u. ersten Drittel des 20. Jh., phil. Diss. Hamburg 1947, MS.
Halévy, E., Franco-German Relations Since 1870, History 9. 1924, 18–29.
v. Halle, E., Weltmachtpolitik und Sozialreform, in: ders., Weltwirtschaftliche Aufgaben und weltpolitische Ziele, II, Berlin 1902, 203–41.
Hallgarten, G. W. F., Imperialismus vor 1914, 2 Bde., München 1963².
–, H. v. Treitschke, History 36. 1951, 227–43.
Hallmann, H., Bismarck und Marokko, Sch. Jb. 66. 1936, 195–208.
Hamburger, E., Juden im öffentlichen Leben Deutschlands, 1848–1914, Tübingen 1968.
Hamel, I., Völkischer Verband und nationale Gewerkschaft. Der Deutsch-nationale Handlungsgehilfen-Verband, 1893–1933, Frankfurt 1967.
Hammen, O. J., The Spectre of Communism in the 1840's, JHI 14. 1953, 404–20.
Hammond, R. J., Economic Imperialism, JEH 21. 1961, 582–98.
–, Portugal and Africa, 1815–1910. A Study in Uneconomic Imperialism, Stanford 1966.
Hancock, W. K., Survey of British Commonwealth Affairs, II: Problems of Economic Policy, 1918–39, 1. T., London 1940.
Statistisches Handbuch für das Deutsche Reich, 1, Berlin 1907.

Handelsarchiv (bis 1879: Preußisches, seither: Deutsches), 1873–90.
Die HK zu Breslau, 1849–1924, Breslau 1924.
Der Deutsche Handelstag, 1861–1911, 2 Bde., Berlin 1911–13.
Deutscher Handelstag Hg., Das Deutsche Wirtschaftsjahr 1. 1880, 2. 1881; 3. 1882, Berlin 1881–84.
Der Deutsche Handelsverein in Berlin, Bonn 1881.
Hanotoux, G. u. Martineau, A., Histoire des colonies françaises, 6 Bde., Paris 1930–33.
Hansard's Parliamentary Debates, 3. Serie, 286, 288, 294, 295, 1884–85.
Hansen, J., G. v. Mevissen, 2 Bde., Berlin 1906.
Hansen, P. C., Die Errichtung direkter Postdampferschiffsverbindungen zwischen Deutschland und Ostasien sowie Australien, PJ 54. 1884, 330–38.
Hardach, K. W., Beschäftigungspolitische Aspekte in der deutschen Außenhandelspolitik ausgangs der 70er Jahre, Sch. Jb. 86. 1966, 641–64.
–, Die Bedeutung wirtschaftlicher Faktoren bei der Wiedereinführung der Eisen- u. Getreidezölle in Deutschland 1879, Berlin 1967.
–, Die Haltung der deutschen Landwirtschaft in der Getreidezolldiskussion von 1878/79, Zeitschrift für Agrargeschichte u. Agrarsoziologie 15. 1967, 33–48.
Hardegen, F., u. Smidt, K., H. H. Meier, 1809–98, Berlin 1920.
Harden, M., Richter, in: ders., Köpfe, I, Berlin 1911[39], 213–45.
Hardy, G., Histoire de la colonisation française, Paris 1947[5].
–, La politique coloniale, Paris 1937.
Hargreaves, J. D., Prelude to the Partition of West Africa, London 1963.
Harnetty, .P, The Imperialism of Free Trade: Lancashire and the Indian Cotton Duties, 1859–62, EHR 18. 1965, 333–49.
Harrington, F. H., God, Mammon and the Japanese, Dr. H. N. Allen and Korean-American Relations, 1884–1905, Madison 1944.
v. Hartmann, E., 2 Jahrzehnte deutscher Politik, Leipzig 1888.
Hartmann, L. M., Th. Mommsen, Gotha 1908.
Haselmayr, B. F., Diplomatische Geschichte des Zweiten Reiches, 1871–1918, II, München 1956.
Hashagen, J., Marxismus und Imperialismus, JNS 113. 1919, 193–256.
Hasse, E., Auswanderung und Kolonisation, JNS 4. 1882, 306–25.
–, Auswanderung und deutsche Kolonisation, in: Meyers Konserv.-Lex., 2. Suppl. Bd. 1880/81, 70–82.
–, Kolonien und Kolonialpolitik, HSt 4. 1892, 702–79.
Hasslacher, A., Das Industriegebiet an der Saar, Saarbrücken 1912.
Haug, W. F., Der hilflose Antifaschismus, Frankfurt 1967.
Haupts, L., K. Hillebrand, phil. Diss. Köln 1959.
Hauser, R., Die deutschen Überseebanken, Jena 1906.
Haushofer, H., Die deutsche Landwirtschaft im technischen Zeitalter, Stuttgart 1963.
Hauth, D., Die Reedereiunternehmungen im Dienste der deutschen Kolonialpolitik, rer. pol. Diss. TH München 1943 (MS).
Hawtrey, R. G., The Economic Aspects of Sovereignty, London 1930, 1952[2].
Hayes, C., A Generation of Materialism, N. Y. 1966[2].
Heaton, H., The Economic History of Europe, London 1948[2].
Heffter, H., Bismarcks Sozialpolitik, Archiv für Sozialgeschichte 3. 1963, 141–56.
–, Die Kanzlerdiktatur Bismarcks, Abhandlungen der Braunschweigischen Wissenschaftlichen Gesellschaft 1962, 14/1, 73–89.
–, Vom Primat der Außenpolitik, HZ 171. 1951, 1–20.
–, Die deutsche Selbstverwaltung im 19. Jh., Stuttgart 1950.
Heimann, E., Schumpeter and the Problems of Imperialism, Social Research 19. 1952, 177–97.
–, Zur Ökonomie und Soziologie des Imperialismus, in: ders. Wirtschaftssysteme und Gesellschaftssysteme, Tübingen 1954, 175–94.
–, Soziale Theorie des Kapitalismus, Tübingen 1929.
–, Soziale Theorie der Wirtschaftssysteme, Tübingen 1963.
Heitz, E., Ursachen und Tragweite der nordamerikanischen Konkurrenz mit der westeuropäischen Landwirtschaft, Berlin 1881.
Helfferich, K., Deutschlands Volkswohlstand, 1888–1913, Berlin 1917[7].
–, Das Geld, Leipzig 1910[2].
–, G. v. Siemens, 3 Bde., Berlin 1922.
Hell, J., Deutschland und Chile, 1871–1918, Wiss. Zeitschrift der Universität Rostock, Gesellschafts- und Sprachwiss. Reihe 14. 1965, 81–105.
Heller, H., Hegel und der nationale Machtstaatsgedanke in Deutschland, Aalen 1963[2].

–, Staatslehre, Leiden 1934.
Hellgrewe, H., Dortmund als Industrie- und Arbeitsstadt, Dortmund 1951.
Helling, G., Berechnung eines Index der Agrarproduktion in Deutschland im 19. Jh., JbW 1965, IV, 125–43.
–, Zur Entwicklung der Produktivität in der deutschen Landwirtschaft im 19. Jh., JbW 1966, I, 129–41.
v. Hellwald, F., Zur Frage der Auswanderung und Kolonisation, Geg. 29. 1886, 65–67.
–, Die deutsche Kolonie Kamerun, Unsere Zeit 23. 1887, II, 313–30.
–, Ostafrika u. die Deutschen, Unsere Zeit 23. 1887, I, 320–47.
Hellwig, F., Freiherr v. Stumm-Halberg, Heidelberg 1936.
Helmolt, H. F. Hg., G. Freytags Briefe an A. v. Stosch, Stuttgart 1914.
Helten, J., Die Kölner Börse 1553–1927, Köln 1928.
Henderson, W. O., Economic Aspects of German Colonisation, in: ders., Studies in German Colonial History, London 1962, 33–43.
–, Chartered Companies in the German Colonies, ebda., 11–32.
–, The German Colonial Empire, 1884–1918, ebda., 1–10.
–, German Economic Penetration in the Middle East, 1870–1914, EHR 18. 1948, 54–64.
–, German Trade with her Colonies, in: ders., Studies in Germany Colonial History, London 1962, 44–57.
–, Trade Cycles in the 19th Century, History 18. 1933, 147–53.
–, Mitteleuropäische Zollvereinspläne, 1840–1940, ZGS 122. 1966, 130–62.
v. Henk, Deutsche Auswanderung und Kolonisation, DRev. 8. 1883, III, 165–77.
–, Deutschlands Kolonien und deren Einfluß auf unsere Marine, DRev. 10. 1885, III, 99–108.
Hennis, W., Zum Problem der deutschen Staatsanschauung, VfZ 7. 1959, 1–23.
–, Verfassungsordnung und Verbandseinfluß, PVS 2. 1961, 23–35.
Henoch, H., A. Lüderitz, Berlin 1900.
Herkner, H., Die oberelsässische Baumwollindustrie, Straßburg 1887.
–, Krisen, HSt 4. 1892, 891–912.
Hermann, R., Die Handelsbeziehungen Deutschlands zu seinen Schutzgebieten, phil. Diss. Mü. 1899.
Hermes, G., Statistische Studien zur wirtschaftlichen und gesellschaftlichen Struktur des zollvereinten Deutschlands, ASS 63. 1929, 121–62.
Hernsheim, F., Südsee-Erinnerungen, Berlin 1882.
Herrfurth, K., Bismarck als Kolonialpolitiker, ZKKK 1. 1909, 721–55.
–, Fürst Bismarck und die Kolonialpolitik, Berlin 1909.
–, Das Kolonialprogramm des Fürsten Bismarck und seine praktische Durchführung, Annalen des Deutschen Reiches 41. 1908, 505–22.
Herrmann, W., Bündnisse und Zerwürfnisse zwischen Landwirtschaft und Industrie seit der Mitte des 19. Jhs., Dortmund 1965.
–, Entwicklungslinien montanindustrieller Unternehmungen im rheinisch-westfälischen Industriegebiet, Dortmund 1954.
Hertel, L., Die Preisentwicklung der unedlen Metalle u. der Steinkohlen seit 1850, phil. Diss. Halle 1911.
Hertz, R., Das Hamburger Seehandelshaus J. C. Godeffroy und Sohn, Hamburg 1922.
Herzfeld, H., J. v. Miquel, 2 Bde., Detmold 1938.
–, Die moderne Welt, I, Braunschweig 1964[4].
Herzog, C., Was fließt den Vereinigten Staaten von Amerika durch die Auswanderung zu und was verliert Deutschland durch überseeische Auswanderung?, Sch. Jb. 9. 1885, 31–73.
Hesse, H., Die Schutzverträge in Südwestafrika, Berlin 1905.
– u. Gahlen, B., Das Wachstum des Nettoinlandprodukts in Deutschland, 1850–1913, ZfGS 121. 1965, 452–97.
Heuss, A., Th. Mommsen und das 19. Jh., Kiel 1956.
–, Zur Theorie der Weltgeschichte, Berlin 1968.
Heuss, Th., Das Bismarck-Bild im Wandel, in: O. Bismarck, Gedanken und Erinnerungen, Berlin 1951, 7–27.
Heyderhoff, J. u. Wentzke, P., Deutscher Liberalismus im Zeitalter Bismarcks, 2 Bde., Bonn 1925/26.
–, Im Ring der Gegner Bismarcks. Denkschriften und persönlicher Briefwechsel F. v. Roggenbachs mit der Kaiserin Augusta u. A. v. Stosch, 1865–96, Leipzig 1943.
Von der Heydts Kolonialhandbuch 8, Hg. J. Hellmann, Leipzig 1914.
Hieke, E., G. L. Gaiser, Hamburg-Westafrika, Hamburg 1949.
–, u. A. Dreyer, Zur Geschichte des deutschen Handels mit Westafrika. Das hamburgische Haus G. L. Gaiser, Hamburg 1941.

–, Hamburgs Stellung zum deutschen Zollverein, 1879–1882, phil. Diss. Hamburg 1935.
–, u. Schramm, P. E., Zur Geschichte des deutschen Handels mit Ostafrika. Das hamburgische Handelshaus W. O'Swald & Co., I: 1831–70, Hamburg 1939.
–, Das hamburgische Handelshaus W. O'Swald & Co. und der Beginn des deutschen Afrikahandels, 1848–53, VSWG 30. 1937, 347–74.
Hildebrand, C., Der Einbruch des Wirtschaftsgeistes in das deutsche Nationalbewußtsein zwischen 1815–71. Der Anteil der Wirtschaft an der Reichsgründung von 1871, phil. Diss. Heidelberg 1936.
Hilferding, R., Das Finanzkapital (1910), Berlin 1947; Frankfurt 1968.
Hilgerdt, F., Industrialization and Foreign Trade, Genf 1945.
Hillerbrand, D., Bismarck in der angelsächsischen Geschichtsschreibung seit 1945, AfK 48. 1966, 387–402.
Hinkers, H.-W., Die geschichtliche Entwicklung der Dortmunder Schwerindustrie seit der Mitte des 19. Jhs., wiso. Diss. Köln, Dortmund 1926.
Hinrichs, C., Ranke u. die Geschichtstheologie der Goethezeit, Göttingen 1954.
Hinsley, F. H. Bismarck, Salisbury, and the Mediterranean Agreement of 1887, HJ 1. 1958, 76–81.
–, Power and the Pursuit of Peace, Cambridge 1963.
Hintrager, O., Südwestafrika in der deutschen Zeit, München 1955.
Hintze, O., Soziologische und geschichtliche Staatsauffassung (1929), in: ders., Soziologie und Geschichte, Ges. Abh., Hg. G. Oestreich, II, Göttingen 1964, 239–305.
v. Hirsch, D., Stellungnahme der Zentrumspartei zu den Fragen der Schutzzollpolitik in den Jahren von 1871 bis zu Bismarcks Rücktritt, wiso. Diss. Köln, München 1926.
Hirsch, F., Die deutsche Arbeiterschutzbewegung im Zeitalter Bismarcks, phil. Diss. Heidelberg 1924 (MS).
Hirschmann, A. O., The Strategy of Economic Development, New Haven 1958; dt. Strategie der wirtschaftlichen Entwicklung, Stuttgart 1967.
Hobsbawm, E. J., Industry and Empire, London 1968 (dt. Sozial- u. Wirtschaftsgeschichte Englands, Frankfurt 1969).
Hobson, J. A., Imperialism, London 1954; dt. Imperialismus, Köln 1968.
–, Die neue Phase des Imperialismus, Jahrbuch für Soziologie 2. 1926, 314–31.
Hodge, A. L., Angra Pequena, phil. Diss. München 1936.
Höfele, K. H., T. Fontanes Kritik am Bismarckreich, GWU 14. 1963, 337–42.
Höhn, R., Die vaterlandslosen Gesellen, 1878–1914, I, Köln 1964.
Hölling, A., Das deutsche Volkseinkommen 1852–1914, wiso. Diss. Münster 1955, MS.
Hoerder Bergwerks- und Hüttenverein, 50 Jahre seines Bestehens als Aktiengesellschaft, 1852–1902, Aachen 1902.
Hoffman, R. J. S., Great Britain and the Trade Rivalry, 1875–1914, Philadelphia 1933.
Hoffmann, W. G., Die unverteilten Gewinne der Kapitalgesellschaften in Deutschland, 1851–1957, ZfGS 115. 1959, 271–91.
–, Long-Term Growth and Capital Formation in Germany, in: F. A. Lutz und D. C. Hague Hg., The Theory of Capital, N. Y. 1961, 118–40.
–, British Industry, 1700–1950, Oxford 1950 (dt. Wachstum u. Wachstumsformen der englischen Industriewirtschaft 1700 bis zur Gegenwart, Jena 1940).
–, Stadien und Typen der Industrialisierung, Jena 1931.
–, The Take-Off in Germany, in: W. W. Rostow Hg., The Economics of Take-Off into Sustained Growth, London 1963, 95–118.
– u. Müller, J. H., Das deutsche Volkseinkommen, 1851–1957, Tübingen 1959.
– u. a., Das Wachstum der deutschen Wirtschaft seit der Mitte des 19. Jhs., Heidelberg 1965.
Hofmann, H., Fürst Bismarck, 3 Bde., Stuttgart 1913/14.
Hofstadter, R., Cuba, The Philippines and Manifest Destiny, in: ders., The Paranoid Style in American Politics, N. Y. 1965, 145–87.
–, Social Darwinism in American Thought, Boston 1962[5].
Denkwürdigkeiten des Fürsten Chlodwig zu Hohenlohe-Schillingsfürst, Hg., F. Curtius, 2 Bde., Stuttgart 1907[4].
Hohenlohe-Schillingsfürst, C., Denkwürdigkeiten der Reichskanzlerzeit, Hg. K. A. v. Müller, Stutt. 1931.
Hohenzollern, W. v., Ereignisse und Gestalten aus den Jahren 1878–1912, Leipzig 1922.
Holborn, H., Bismarck's Realpolitik, JHI 21. 1960, 84–98.
–, Deutschland und die Türkei, 1878–90, Berlin 1926.
–, Deutschlands Eintritt in die Weltpolitik, Zeitwende 4. 1928, 385–96.
–, Der deutsche Idealismus in sozialgeschichtlicher Beleuchtung, HZ 174. 1952, 359–84, und: Moderne Deutsche Sozialgeschichte, Köln 1968[2], 85–108.

Hollingsworth, L. W., Zanzibar Under the Foreign Office, 1890–1913, London 1953.
Hollyday, F. B. M., Bismarck and the Legend of the Gladstone Ministry, in: L. P. Wallace und W. C. Askew Hg., Power, Public Opinion and Diplomacy, Durham 1959, 92–109.
–, Bismarck's Rival A. v. Stosch, Durham 1960.
v. Holstein, F., Die Geheimen Papiere, Hg. W. Frauendienst, 4 Bde., Göttingen 1956/63.
Holtfort, H.-G., Bismarcks finanz- u. steuerpolitische Auffassung im Lichte der heutigen Finanzwissenschaft, staatswiss. Diss. Bonn, Würzburg 1937.
v. Holtzendorff, A., Die koloniale Frage und ihre Lösung durch das Reich, Berlin 1889.
Holzschuher, V., Soziale und ökonomische Hintergründe der Kartellbewegung, staatswiss. Diss. Erlangen-Nürnberg 1962.
Homburger, P., Die Entwicklung des Zinsfußes in Deutschland, 1870–1903, staatswiss. Diss. Frankfurt 1905.
Horkheimer, M., Traditionelle u. kritische Theorie, Zeitschrift für Sozialforschung 6. 1937, 245–92, auch in: ders., Kritische Theorie, II, Frankfurt 1968, 137–91.
–, Ideologie u. Handeln, in: Sociologica II, Frankfurt 1962, 38–47.
Hornik, M. P., Der Kampf der Großmächte um den Oberlauf des Nil, (Wien 1939).
Hoselitz, B. F., Sociological Aspects of Economic Growth, Glencoe 1960.
– Hg., Theories of Economic Growth, Glencoe 1965².
Hostert, W., Die Entwicklung der Lüdenscheider Industrie vornehmlich im 19. Jh., Lüdenscheid 1960.
Hovde, B. J., Socialistic Theories of Imperialism Prior to the Great War, JPE 36. 1928, 569–91.
Hovikian, A., L'impérialisme économique, Paris 1927.
Huber, E. R., Bismarck und der Verfassungsstaat, in: ders., Nationalstaat und Verfassungsstaat, Stuttgart 1965, 188–223.
– Hg., Quellen zum Staatsrecht der Neuzeit, I., Tübingen 1949.
–, Deutsche Verfassungsgeschichte seit 1879, III, Stuttgart 1963.
Huber, F. C., Die Ausstellungen und unsere Exportindustrie, Stuttgart 1886.
–, Deutschland als Industriestaat, Stuttgart 1901.
–, Festschrift zur Feier des 50jährigen Bestehens der württembergischen HK, 2 Bde., Stuttgart 1906/10.
–, 50 Jahre deutschen Wirtschaftslebens, Stuttgart 1906.
Hübbe-Schleiden, W., Die Erschließung des Inneren Afrikas, Greifswald 1882.
–, Ethiopien, Hamburg 1879.
–, Deutsche Kolonisation, Hamburg 1881.
–, Motive zu einer überseeischen Politik Deutschlands, KZ 4. 8. 1881, 1. B.; Export 3. 1881, 47 f.
–, Überseeische Politik, 2 Bde., Hamburg 1881/83.
–, Rentabilität der Kultur Afrikas, DRev. 3. 1879, III, 367–82.
–, Deutsche Welt-Hegemonie, DKZ NF 3. 1890, 182.
–, Warum Weltmacht?, Hamburg 1906.
–, Weltwirtschaft und die sie treibenden Kräfte, Hamburg 1882.
Hübener, E., Die deutsche Wirtschaftskrisis von 1873, Berlin 1905.
Hughes, H. St., Consciousness and Society, 1890–1930, N. Y. 1961².
Hughes, J. R. T., The Commercial Crisis of 1857, OEP 8. 1956, 194–222
– u. Moore, W. E., Industrialization, IESS VII, 252–70.
Hundert Jahre Borsig-Lokomotiven, 1837–1937, Berlin 1937.
Hundert Jahre IHK und Kaufmannschaft zu Lübeck, Lübeck 1953.
Hunkel, E., Fürst Bismarck und die deutsche Arbeiterversicherung, phil. Diss. Erlangen 1909.
Hutchison, T. W., A Review of Economic Doctrines, 1870–1929, Oxford 1953.
Hyam, R., The Partition of Africa, HJ 7. 1964, 154–69.
Ibbeken, R., Das außenpolitische Problem Staat und Wirtschaft in der deutschen Reichspolitik, 1880–1914, Schleswig 1928.
Iha, S. S., Marxist Theories of Imperialism, Lenin, Luxemburg, and F. Sternberg, Kalkutta 1959.
Ilseder Hütte, 1858–1918, Hannover 1928.
Imbert, G., Des mouvements de longue durée Kondratieff, Aix 1959.
Die IHK Krefeld, 1804–1954, Krefeld 1954.
IHK Wuppertal, 1831–1956, Hg. IHK Wuppertal und W. Köllmann, Wuppertal 1956.
Der Deutsche Industrie- u. Handelstag in seinen ersten 100 Jahren, Hg. Deutscher Industrie- u. Handelstag, Bonn 1962.
Ipsen, G., Die atlantische und deutsche Wanderung des 19. Jhs., Ostdeutsche Wissenschaft 8. 1961, 48–62.
Jacob, E. C., Deutschland und die Koloniale Expansion, Afrikanischer Heimatkalender 30. 1959, 70–75.
–, Grundzüge der Geschichte Afrikas, Darmstadt 1966.

–, Deutsche Kolonialkunde, 1884–1934, Dresden 1934.
–, Deutsche Kolonialpolitik in Dokumenten, Leipzig 1938.
Jacob, H., German Administration since Bismarck, New Haven 1963.
Jacob, K., Bismarck und die Erwerbung Elsaß-Lothringen, 1870/71, Straßburg 1905.
Jacobs, A., Preis-Preisgeschichte, HSW 8. 1964, 475 f.
– u. Richter, H., Die Großhandelspreise in Deutschland von 1792 bis 1934, Berlin 1935.
Jacobs G., Die deutschen Textilzölle im 19. Jh., phil. Diss. Erlangen, Braunschweig 1907.
Jacobs, M. G., Bismarck and the Annexation of New Guinea, Historical Studies, Australia and New Zealand 5. 1951, Nr. 17, 14–26.
–, The Colonial Office and New Guinea, Historical Studies 5. 1952, Nr. 18, 106–118.
Jacobsohn, A., Zur Entwicklung des Verhältnisses zwischen der deutschen Volkswirtschaft und dem Weltmarkt in den letzten Jahrzehnten, ZfGS 64. 1908, 248–92.
Jaeck, H. .P, Die deutsche Annexion, in: H. Stoecker Hg., Kamerun unter deutscher Kolonialherrschaft, I, Berlin 1960, 33–87
Jäckel, H., Die Landgesellschaften in den deutschen Schutzgebieten, phil. Diss. Halle 1909.
Jaeger, H., Unternehmer in der deutschen Politik, 1890–1918, Bonn 1967.
Jaensch, G., Die deutschen Postdampfersubventionen, Berlin 1907.
Jahrbuch der Deutschen Kolonialpolitik 1885, Leipzig 1885.
Koloniales Jahrbuch, Hg. G. Meinecke, 1. 1888, 2. 1889, Berlin 1889/90.
Statistisches Jahrbuch für das Deutsche Reich, 2. 1881; 3. 1882, 9. 1888.
Jahresberichte deutscher HK, 1873–90.
Jahresberichte des Württembergischen Vereins für Handelsgeographie und Förderung deutscher Interessen im Ausland, 1. 1882–6. 1888.
James, R. R., A Biography of Archibald Philip Fifth Earl of Rosebery, London 1963.
Jannasch, R., Die Aufgaben des Zentralvereins für Handelsgeographie und Förderung deutscher Interessen im Ausland, GN 1. 1879, 1–10.
–, Die Erschließung Chinas, Charlottenburg 1895.
–, Exporthandel und Kolonisation, GN 1. 1879, 341–43.
–, Der Zentralverein für Handelsgeographie und Förderung deutscher Interessen im Ausland, Sch. Jb. 7. 1883, 177–92.
Janssen, K.-H., Macht u. Verblendung. Kriegszielpolitik der deutschen Bundesstaaten, 1914–18, Göttingen 1963.
Jantke, C. u. Hilger, D. Hg., Die Eigentumslosen, Freiburg 1965.
–, Der Vierte Stand, Freiburg 1955.
Jantzen, G., Ein deutscher Kolonialversuch im Mahinlande, 1885, KR 28. 1937, 84–96.
–, Ostafrika in der deutsch-englischen Politik, 1884–90, Hamburg 1934.
–, A. Woermann, in: Festschrift E. Zechlin, Hamburg 1961, 171–96.
Jenkins, R., Sir C. Dilke, London 1958.
Jentsch, C., Die Agrarkrisis, Leipzig 1899.
Jöhlinger, O., Bismarck und die Juden, Berlin 1921.
Jöhr, W. u. Clausing, G., Konjunkturen, HSW 6. 1959, 97–141.
Jostock, P., The Long-Term Growth of National Income in Germany, in: Income and Wealth, Serie V, Hg. S. Kuznets, London 1955, 79–122.
Jühlke, K., Die Erwerbung des Kilima-Nscharo-Gebiets, Köln 1886.
Jüngst, E., Festschrift zur Feier des 50jährigen Bestehens des Vereins für die Bergbaulichen Interessen im Oberbergamtsbezirk Dortmund, Essen 1908.
Juglar, C., Des crises commerciales et de leur retour périodique, Paris 1889².
Julien, C. A., J. Ferry, in: ders. Hg., Les politiques d'expansion impérialiste, Paris 1949, 11–72.
Jung, E., Handelsgeographische Gesellschaften, in: Meyers Deutsches Jahrbuch 1879/80, Leipzig 1880, 813–18.
Jungnickel, F., Staatsminister A. v. Maybach, Stuttgart 1910.
v. Juraschek, F., Übersichten der Weltwirtschaft 6. (1885–89), Berlin 1896.
Kade, E., Die Anfänge der deutschen Kolonial-Zentralverwaltung, Würzburg 1939.
Kaelble, H., Industrielle Interessenpolitik in der Wilhelminischen Gesellschaft. Centralverband Deutscher Industrieller, 1895–1914, Berlin 1967.
Kätzel, H., Die gesellschaftlichen Struktruveränderungen im Zeitalter des Imperialismus, phil. Diss. Erlangen 1949 (MS).
Kahn, J., Geschichte des Zinsfußes in Deutschland seit 1815, Stuttgart 1884.
–, Münchens Großindustrie und Großhandel, München 1913.
Kaldor, N., Stability and Full Employment, EJ 48. 1938, 642–57 (dt. Stabilität u. Vollbeschäftigung,

in: W. Weber Hg., Konjunktur- u. Beschäftigungstheorie, Köln 1967 [NWB 14], 75–90).
Kalle, E., Über die Welthandelskrisis, Geg. 30. 1886, 193 f., 209–11.
Kampmann, W., A. Stöcker u. die Berliner Bewegung, GWU 13. 1962, 558–79.
Kapp, F., Die amerikanische Weizenproduktion, Berlin 1880.
v. Kardorff, S., W. v. Kardorff, 1828–1903, Berlin 1936.
v. Kardorff, W., Gegen den Strom, Berlin 1875.
Kastendieck, H., Der Liberalismus in Bremen, phil. Diss. Kiel 1952, MS.
Katz, F., Deutschland, Diaz und die mexikanische Revolution. Die deutsche Politik in Mexiko, 1870–1920, Berlin 1964.
–, Hamburger Schiffahrt nach Mexiko, 1870–1914, H. Gb. 83. 1965, 94–108.
Kautsky, B., Bismarck und die deutsche Gegenwart, Der Monat 2. 1950, 19, 49–61.
Kautsky, J. H., J. A. Schumpeter and K. Kautsky: Parallel Theories of Imperialism, Midwest Journal of Political Science 5. 1961, 101–28.
Kautsky, K., Bismarck und der Imperialismus, Neue Zeit 34. 1915/I, 321–328, 361–72.
–, Der Imperialismus, Die Neue Zeit 32. 1913/14, II, 908–22.
–, Sozialismus und Kolonialpolitik, Berlin 1907.
Kehr, E., Die Diktatur der Bürokratie, in: ders., Der Primat der Innenpolitik, Berlin 1965, 244–53.
–, Zur Genesis der preußischen Bürokratie und des Rechtsstaats, ebda., 31–52.
–, Englandhaß und Weltpolitik, ebda., 149–75.
–, Das soziale System der Reaktion in Preußen unter dem Ministerium Puttkamer, ebda., 64–86.
–, Der Primat der Innenpolitik, Gesammelte Aufsätze zur preußisch-deutschen Sozialgeschichte im 19. Jh., Hg. H.-U. Wehler, Berlin 1965.
–, Schlachtflottenbau und Parteipolitik, 1894–1901. Versuch eines Querschnitts durch die innenpolitischen, sozialen und ideologischen Voraussetzungen des deutschen Imperialismus, Berlin 1930, N. Y. 1966^2.
Keibel, R., Aus 100 Jahren deutscher Eisen- und Stahlindustrie, Essen 1920^2.
Keiler, H., Amerikanische Schiffahrtspolitik, Kiel 1913.
Keith, A. B., The Belgian Congo and the Berlin Act, Oxford 1919.
Kellen, T., F. Grillo, Essen 1913.
Keller, K., W. V. Kardorff, in: H. v. Arnim und G. v. Below, Deutscher Aufstieg, Berlin 1925, 261–76.
–, K. F. Freiherr v. Stumm-Halberg, ebda., 277–86.
Kemp, T., Theories of Imperialism, London 1967.
Kempken, F., Die wirtschaftliche Entwicklung der Stadt Oberhausen, Stuttgart 1917.
Kennedy, A. S., Salisbury, 1830–1909, London 1953.
Kessel, E., Vom Imperialismus des europäischen Staatensystems zum Dualismus der Weltmächte, AfK 42. 1960, 239–66.
–, Rankes Auffassung der amerikanischen Geschichte, JbA 7. 1962, 19–52.
Kestner, F., Die deutschen Eisenzölle, 1879–1900, Leipzig 1902.
Kettenbach, H. W., Lenins Theorie des Imperialismus, I, Köln 1965.
Keynes, J. M., Allgemeine Theorie der Beschäftigung, des Zinses und des Geldes, Berlin 1952.
Kiernan, E. V. G., British Diplomacy in China, 1880–85, Cambridge 1939.
Kiewit, M. J. de, History of the Imperial British East Africa Company, 1876–95, phil. Diss. London 1955.
Kindleberger, C. P., Group Behavior and International Trade, JPE 50. 1951, 30–46.
–, Economic Development, N. Y. 1965^2.
–, Foreign Trade and Economic Growth, Lessons from Britain and France, 1850–1913. EHR 2. S. 14. 1961/62, 289–305.
Kirchhoff, A., Was bedeutet uns Angra Pequena?, Unsere Zeit 20. 1884, II, 145–152.
–, Die Südseeinseln und der deutsche Südseehandel, Heidelberg 1880.
Kirkland, E. C., Industry Comes of Age, 1860–97, N. Y. 1961.
Kitchin, J., Cycles and Trends in Economic Factors, RES 5. 1923, 10–16.
Klatt, S., Zur Theorie der Industrialisierung, Köln 1959.
Klauss, K., Die Deutsche Kolonialgesellschaft und die deutsche Kolonialpolitik bis 1895, phil. Diss. Berlin 1966, MS.
Kleine, M., Deutschland und die ägyptische Frage, 1875–90, phil. Diss. Münster, Greifswald 1927.
Kleinwächter, F., Die Kartelle, Innsbruck 1883.
Klinkenberg, H. M., Zwischen Liberalismus u. Nationalismus im 2. Kaiserreich, 1870–1918, in: Monumenta Judaica, Handbuch, Köln 1963, 309–84.
Kluke, P., Bismarck und Salisbury, HZ 175. 1953, 285–300.
Knaplund, P., Gladstone's Foreign Policy, London 1935.

zu Macht und Emanzipation, aber auch die aus der Arbeiterschaft nachdrängenden Ansprüche auf soziale Gleichberechtigung und politische Mitbestimmung in engen Grenzen zu halten, übte Bismarck mit Virtuosität die bonapartistischen Methoden begrenzten Entgegenkommens, der Unterdrückung und Ablenkung aus, namentlich auch wegen dieses Ziels tat er den Schritt zum Sozialimperialismus. Des Beifalls der Kräfte, die die durch die Sammlungspolitik erweiterte soziale Basis dieser Politik bildeten, konnte er dabei gewiß sein, und ihre Zufriedenheit bildete ein Unterpfand seiner Machtstellung. Nicht nur ein Außenseiter wie Burckhardt billigte, – »so widrig mir das Individuum von jeher gewesen ist!« –, die Wirkung dieser Bismarckschen »Autorität« in Deutschland, sondern auch der politische Rechtsliberalismus, der sich von den Spurenelementen vergangener Kritik seit 1879 wie vom Aussatz zu reinigen suchte und nicht nur zu Bambergers Leidwesen dem »Geist pomphafter Unterwürfigkeit« ergab, huldigte der »Diktatur im Neuen Reich«, die gegen politische Verzichtsleistungen das vom vierten Stand bedrohte Bürgertum schützte. »Die Not der arbeitenden Klassen in der industriellen Gesellschaft, die Ungleichheit der Lebensgenüsse bei wachsender Zugänglichkeit für Alle, die Begierde zum Genuß, die wechselnde Gunst und Ungunst der wirtschaftlichen Zustände und das Selbstgefühl der Massen«, sie hätten zu einer »revolutionären Propaganda« geführt, ereiferte sich Rudolf v. Gneist 1879 nach einsichtiger Diagnose, bei der es sich »um eine Negation des Staates und der naturgemäßen Ordnung der Gesellschaft, um eine Heiligsprechung der sinnlichen Begierden, um einen zucht- und zügellosen Kampf« handle. Diesen Lastern müsse »durch die Macht des Staates Ruhe geboten« werden[50].

Ruhe versuchte Bismarck mit bonapartistischen und schließlich auch mit sozialimperialistischen Mitteln zu erzwingen, zeitweilig die Illusion kurzlebigen Erfolgs auf seiner Seite, schließlich Zeuge des beginnenden Scheiterns seiner Politik. Denn alle seine »Zugeständnisse hatten ihre Grenzen an der obrigkeitlich-erbmonarchischen Grundstruktur des Staates, an dem autoritativen, stark aristokratischen Aufbau der Gesellschaft«, hat Karl Griewank geurteilt, und »bei aller seiner Anpassungsfähigkeit« blieb der Kanzler »doch in der Kanonisierung einer Staats- und Gesellschaftsform stecken..., die nicht dauernd sein konnte und schon wesentliche Kräfte seiner eigenen Zeit zu vergewaltigen strebte«. Entgegen den »liberalen Duldungs- und Auflockerungstendenzen seiner Zeit« half er bei der »Verteidigung einer Klassengesellschaft«, und »der obrigkeitliche Aufbau des preußisch-deutschen Staates ließ die Verbindung von Staat, offiziellem Christentum und bürgerlich-aristokratischer Klassenpolitik hier« noch »schroffer als anderswo hervortreten«.

50. Holstein, II, 181 (17. 11. 1884); Hofmann, III, 154; B. an Wilhelm I., Okt. 1879, Nl. Bismarck, 13. Vgl. Ampthill an Granville, 31. 12. 1881: »Das Idol, das Bismarck verehrt, heißt ›Autorität‹«, in: Knaplund Hg., 241; s. 248; GW 14/II, 996; schwach dazu: Rein, Revolution, 287–99. – Burckhardt, Briefe, Hg. Kaphahn, 490; Bamberger, Tb. 339 (6. 6. 1887, vgl. dazu E. Cohen, Bismarcks gut nationalliberalen Hamburger Arzt, an Kapp, 14. 1879: »Wer weiß, ob die gemeinsame Peitsche [Bismarcks] nicht ein besserer Kitt ist als die Erweiterung der individuellen Freiheit.«) u. 328 (8. 8. 1878: »Die inhaltsleere, bloß auf Ausübung der Macht gerichtete Politik kommt immer mehr zum Durchbruch«). Vgl. Roggenbachs Klage (an Stosch, 7. 11. 1883, in: Heyderhoff, Ring, 223) über Bismarcks »Staatsabsolutismus, verziert mit parlamentarischem Beiwerk und naiver Spielerei mit Scheinkonstitutionalismus«. Zu lange hätten die »Berliner Staatssophisten... das Lied gesungen, daß der Staat das vollkommenste Gebilde sei, welches der menschliche Geist ersinnen könne«; ders., an Oncken, in: Oncken, Bennigsen, II, 503; ders. an Freytag (9. 12. 1886, in: Schröder, Stockmar, 35) über die »verheerenden Folgen« der Periode, die das deutsche Volk »als seine größte und ruhmreichste in seiner Geschichte empfindet«. Hierzu F. M. Dahlkötter, F. v. Roggenbachs politische Zeitkritik, phil. Diss. Göttingen 1952 (MS). – Gneist, Rechtsstaat, 328 f.

–, Gladstone and Britain's Imperial Policy, London 1927.
– Hg., Letters from the Berlin Embassy, Washington 1944.
Knetsch, S., Lange Konjunkturwellen u. Wirtschaftswachstum, wirtwiss. Diss. Marburg 1959.
Knies, K., Die politische Ökonomie vom Standpunkte der geschichtlichen Methode, Braunschweig 1853.
Knight, M., The German Executive, 1890–1933, Stanford 1952.
Knirsch, P., Die ökonomischen Anschauungen N. I. Bucharins, Berlin 1959.
Knoll, A., Togoland Under Imperial Germany, 1884–1914, phil. Diss. Yale University 1964.
Knorr, K., Theories of Imperialism, World Politics 4. 1951/52, 402–32.
–, British Colonial Theories, 1570–1850, N. Y. 1963².
Koch, A., Deutsche Schiffs- und Seeposten, Archiv für Deutsche Postgeschichte 1964, I, 1–46; II, 21–52.
Koch, P., A. v. Stosch als Chef der Admiralität, Berlin 1903.
Koch, U., Botschafter Graf Münster, phil. Diss. Göttingen 1937.
Koebner, R., The Concept of Economic Imperialism, EHR 2. 1949, 1–29.
–, The Emergence of the Concept of Imperialism, Cambridge Journal 5. 1952, 726–41.
– u. H. D. Schmidt, Imperialism, Cambridge 1965².
Köhler, O., Versuch, Kategorien der Weltgeschichte zu bestimmen, Saeculum 9. 1958, 446–57.
Köllmann, W., Politische und soziale Entwicklung der deutschen Arbeiterschaft, 1850–1914, VSWG 50. 1964, 480–504.
–, Sozialgeschichte der Stadt Barmen im 19. Jh., Tübingen 1960.
Köllner, L., Der Imperialismus in marxistischer Sicht, in: Aus Politik und Zeitgeschehen, Beilage zu »Das Parlament«, 22. 7. 1964.
v. König, B. W., Handbuch des deutschen Konsularwesens, Berlin 1902⁶.
König, H. Hg., Wachstum u. Entwicklung der Wirtschaft, Köln 1968 (NWB 23).
Königk, G., Die Berliner Kongo-Konferenz, 1884–85, Essen 1938.
Köppe, H., Branntweinsteuer, HSt 3⁴, 7–27.
Körner, G., Bismarcks Finanz- und Steuerpolitik, phil. Diss. Leipzig 1944, MS.
Körner, G., Die norddeutsche Publizistik und die Reichsgründung im Jahre 1870, Hannover 1908.
Kofler, L., Zur Geschichte der bürgerlichen Gesellschaft, Neuwied 1966³.
Kohl, H. Hg., Anhang zu den ›Gedanken u. Erinnerungen‹ von O. v. Bismarck. Aus Bismarcks Briefwechsel, 2 Bde., Stuttgart 1901.
Kohn, H., Reflections on Colonialism, in: R. Strausz-Hupé und H. W. Hazard Hg., The Idea of Colonialism, N. Y. 1958, 2–16.
Deutsche Kolonialbestrebungen, Elberfeld, 1884.
Deutsches Kolonial-Lexikon, Hg. H. Schnee, 3 Bde., Berlin 1920.
Die deutsche Kolonialpolitik, Leipzig 1886.
Deutsche Kolonialzeitung, 1. 1884–4. 1887; NF 1. 1888 ff.
Kondratieff, N. D., Die Preisdynamik der industriellen und landwirtschaftlichen Waren, ASS 60. 1928, 1–85.
–, Die langen Wellen der Konjunktur, ASS 56. 1926, 573–609.
Die Korporation der Kaufmannschaft von Berlin 1820–1920, Berlin 1920.
Kolonial-Politische Korrespondenz, 1. 1883; 2. 1885–87.
Korrespondenzblatt der Afrikanischen Gesellschaft, Berlin 1873–76.
Koselleck, R., Historia Magistra Vitae, in: Festschrift K. Löwith, Stuttgart 1967, 196–219.
–, Preußen zwischen Reform und Revolution, 1791–1848, Stuttgart 1967.
–, Staat und Gesellschaft in Preußen, 1815–48, in: Moderne Deutsche Sozialgeschichte, Köln 1968², 55–84.
Kowalik, T., R. Luxemburg's Theory of Accumulation and Imperialism, in: Festschrift M. Kalecki, Warschau 1964, 203–19.
Krätschell, H., C. Peters, 1856–1918, phil. Diss. Berlin 1959.
Kraft, H. H., Chartergesellschaften als Mittel zur Erschließung kolonialer Gebiete, Hamburg 1943.
Kral, F., Geldwert und Preisbewegung im Deutschen Reiche, 1871–84, Jena 1887.
Krausnick, H., Neue Bismarck-Gespräche, Hamburg 1940.
–, Botschafter Graf Hatzfeldt und die Außenpolitik Bismarcks, HZ 167. 1943, 566–83.
Kremer, W., Der soziale Aufbau der Parteien des Deutschen Reichstages von 1871–1918, phil. Diss. Köln 1934.
v. Kresz, C., Die Bestrebungen nach einer mitteleuropäischen Zollunion, phil. Diss. Heidelberg 1907.
Krickeberg, E., H. v. Stephan, Dresden 1897.
Krieger, L., The German Idea of Freedom, Boston 1957.
Krippendorff, E., Ist Außenpolitik Außenpolitik?, PVS 4. 1963, 243–66.
Kruck, A., Geschichte des Alldeutschen Verbandes, 1890–1939, Wiesbaden 1954.

Kruger, D. H., Hobson, Lenin and Schumpeter on Imperialism, JHI 16. 1955, 252–59.
Krzymowski, R., Geschichte der deutschen Landwirtschaft, Berlin 1961³.
Kucklentz, K., Das Zollwesen der deutschen Schutzgebiete, Berlin 1914.
Kuczynski, R., Arbeitslohn und Arbeitszeit in Europa und Amerika, 1870–1909, Berlin 1913.
–, Die Entwicklung der gewerblichen Löhne seit der Begründung des Deutschen Reiches, 1871–1908, Berlin 1909.
Kuczynski, J., Die Geschichte der Lage der Arbeiter unter dem Kapitalismus, II: 1849–70, Berlin 1962; III: 1871–1900, Berlin 1962.
–, Zur politökonomischen Ideologie in Deutschland, 1850–1914, Berlin 1961.
–, Das Problem der langen Wellen und die Entwicklung der Industriewaren-Preise in den Jahren 1820–1933, Basel 1934.
–, Studien zur Geschichte des deutschen Imperialismus, 2 Bde., Berlin 1952.
–, Studien zur Geschichte der zyklischen Überproduktionskrisen in Deutschland, 1873–1914, Berlin 1961.
Kühne, K., K. Marx und die moderne Nationalökonomie, Die Neue Gesellschaft 2. 1955, H. 1. 61–65; 2. 63–66; 3. 62–67; 4. 61–65.
Küng, E., Der Interventionismus, Bern 1941.
Küppers, P., L. Baare, RWB 1. 1932, 230–45.
Kuhn, H., Die deutschen Schutzgebiete, jur. Diss. Leipzig, Berlin 1913.
Kulemann, W., Politische Erinnerungen, Berlin 1911.
Kumpf-Korfes, S., Bismarcks »Draht nach Rußland«, 1878–91, Berlin 1968.
Kurtze, B., Die Deutsch-Ostafrikanische Gesellschaft, Jena 1913.
Kurzrock, H. u. H.-L. Schlösser, 200 Jahre v. d. Heydt-Kersten & Söhne, 1754–1954, o. O. 1954.
Kuske, B., E. Langen, RWB 1. 1932, 264–97.
v. Kusserow, H., Fürst Bismarck und die Kolonialpolitik, DKZ 15. 1898, 295–301.
Kuznets, S., Economic Change, N. Y. 1953.
–, International Differences in Capital Formation and Financing, in: M. Abramovitz Hg., Capital Formation and Economic Growth, Princeton 1956, 19–106.
–, Economic Growth and Structure, N. Y. 1965.
–, Modern Economic Growth, Rate, Structure, Spread, New Haven 1966.
–, Six Lectures on Economic Growth, Glencoe 1959.
Labini, S. P., Le problème de cycles économiques de longue durée, EA 3. 1950, 481–95.
Lackner, H., Koloniale Finanzpolitik im Reichstag, 1880–1919, staatswiss. Diss. Königsberg, Berlin 1939.
LaFeber, W., The New Empire, Ithaca 1963.
Lagler, E., Theorie der Landwirtschaftskrisen, Berlin 1935.
Lambi, I. N., The Agrarian-Industrial Front in Bismarckian Politics, JCEA 20. 1961, 378–96.
–, The Protectionist Interests of the German Iron and Steel Industry, 1873–79, JEH 22. 1962, 59–70, auch als: Die Schutzzoll-Interessen der deutschen Eisen- u. Stahlindustrie, 1873–79, in: H. Böhme Hg., Probleme der Reichsgründungszeit, 1848–79, Köln 1968 (NWB 26), 317–27.
–, Free Trade and Protection in Germany, 1868–79, Wiesbaden 1963.
Lamers, R. J., Der englische Parlamentarismus und die deutsche politische Theorie im Zeitalter Bismarcks, Lübeck 1963.
Lammers, A., Kolonial-Prospekte, DR 19. 1879, 486–88.
–, Kolonisation und Kultivation, Geg. 22. 1882, 353 f.
Lamprecht, K., Die Entwicklung des wirtschaftlichen und geistigen Horizonts unserer Nation, in: G. Schmoller u. a., Handels- und Machtpolitik, I, Stuttgart 1900, 41–62.
–, Deutsche Geschichte der jüngsten Vergangenheit und Gegenwart, 2 Bde., Berlin 1912/13, 1921⁴.
Landauer, C., European Socialism, 2 Bde., Los Angeles 1959.
Landes, D. S., Bankers and Pashas, International Finance and Economic Imperialism in Egypt, London 1958.
–, Technological Change and Development in Western Europe, 1750–1914, CEHE VI/I. 1965, 274–601.
–, Entrepreneurship in Advanced Industrial Countries. The Anglo-German Rivalry, in: Entrepreneurship and Economic Growth, Cambridge/Mass. 1954, VI, F.
–, Industrialization and Economic Development in 19th Century Germany, in: Première Conférence Internationale d'Histoire Économique, Stockholm 1960, Paris 1960, 83–86.
–, Japan and Europe-Contrasts in Industrialization, in: W. W. Lockwood Hg., The State and Economic Enterprise in Japan, Princeton 1956, 93–182 (dt. Die Industrialisierung in Japan u. Europa, in: W. Fischer Hg., Wirtschafts- und sozialgeschichtliche Probleme der frühen Industrialisierung, Berlin 1968, 29–117).

–, Hg., The Rise of Capitalism, N. Y. 1966.
–, The Structure of Entreprise in the 19th Century: the Case of Britain and Germany, in: XIe Congrès International des Sciences Historiques, Stockholm 1960, Rapports, V, Uppsala 1960, 107–28, u. ders. Hg., The Rise of Capitalism, 99–111.
–, Some Thoughts on the Nature of Economic Imperialism, JEH 21. 1961, 496–512 (dt. Imperialismus, Köln 1969).
Landry, A., La politique commercial de la France, Paris 1934.
Langdon, F. C., Expansion in the Pacific and the Scramble for China, NCMH 11. 1962, 641–67.
Lange, F., Reines Deutschtum, Berlin 1904[4].
Lange, F. Hg., Deutscher Kolonial-Atlas, Berlin 1939[21].
Lange, H., Zur Kolonisationsfrage in Deutschland, Deutsche Rundschau für Geographie und Statistik 2. 1880, 197–202; 261–66.
Langen, P., Das Zollsystem u. die Zollpolitik in Deutschland seit der Reichsgründung von 1871, staatswiss. Diss. Bonn 1957 (MS).
Langer, W. L., European Alliances and Alignments, 1871–90, N. Y. 1962[2].
–, A Critique of Imperialism, FA 14. 1935, 102–19.
–, The Diplomacy of Imperialism, 1890–1902, N. Y. 1960[2].
–, Farewell to Empire, FA 41. 1962, 115–30.
–, The European Powers and the French Occupation of Tunis, AHR 31. 1925/26, 55–78; 251–65.
Laurat, L., L'Accumulation du Capital d'aprés R. Luxemburg, Paris 1930.
Laurence, P., Life of J. X. Merriman, London 1930.
Lebovics, H., »Agrarians« versus »Industrializers«. Social Conservative Resistance to Industrialism and Capitalism in Late 19th Century Germany, International Review of Social History 12. 1967, 31–69.
Leckebusch, G., Die Beziehungen der deutschen Seeschiffswerften zur Eisenindustrie an der Ruhr in der Zeit von 1850 bis 1930, Köln 1963.
Lederer, E., Das ökonomische Element und die politische Idee im modernen Parteiwesen, ZfP 5. 1912, 535–57.
Legge, J. D., Britain in Fiji, 1858–80, London 1958.
Leiskow, H., Spekulation u. öffentliche Meinung in der ersten Hälfte des 19. Jhs., Jena 1930.
Lekachman, R., J. A. Hobson, IESS VI, 489–91.
Lenel, E., K. Kapp, Leipzig 1935.
Lenin, W. I., Werke, 40 Bde., 4. Aufl., Berlin 1955/66.
Lenk, K. Hg., Ideologie, Neuwied 1967[3].
Lenz, O., Timbuktu. Reise durch Marokko, 2 Bde., Leipzig 1884.
Leontief, W., The Significance of Marxian Economics for Present-Day Economic Theory, AER 28. 1938, 1–9.
Lepsius, M. R., Parteiensystem und Sozialstruktur: Zum Problem der Demokratisierung der deutschen Gesellschaft, in: Festschrift F. Lütge, Stuttgart 1966, 371–93.
v. Lerchenfeld-Koefering, H., Erinnerungen und Denkwürdigkeiten, 1848–1925, Berlin 1935[2].
Lerner, F., Wirtschafts- und Sozialgeschichte des Nassauer Raumes, 1816–1964, Wiesbaden 1965.
Leroy-Beaulieu, P., De la colonisation chez les peuples modernes, Paris 1908.
–, Essai sur le répartition des richesses, Paris 1881.
Lesourd, J. A. u. Gérard, C., Histoire économique XIXe et XXe siècles, Paris 1963.
Lesser, R. Hg., Weltpost, 3 Bde., Leipzig 1881–83.
Levine, A. L., Industrial Retardation in Britain, 1880–1914, N. Y. 1967.
Lewinsohn, R., Das Geld in der Politik, Berlin 1931.
Lewis, W. A., International Competition in Manufactures, AER 47. 1957, 578–87.
–, World Production, Prices and Trade, 1870–1960, M. Sch. 20. 1952, 105–38.
– u. O'Leary, P. J., Secular Swings in Production and Trade, 1870–1913, M. Sch. 23. 1955, 133–52, auch in: Readings in Business Cycles, London 1966, 546–72.
–, Die Theorie des wirtschaftlichen Wachstums, Tübingen 1956.
Lexis, W., Krisen, WV II. 1898, 119–25.
–, Überproduktion, HSt. 6. 1894, 295–301.
–, Überproduktion, WV 2. 1898, 712–14.
v. d. Leyen, A., Die Eisenbahnpolitik des Fürsten Bismarck, Berlin 1914.
Lidtke, V., The Outlawed Party, Social Democracy in Germany, 1878–90, Princeton 1966.
Lieber, H. J., Wissen und Gesellschaft, Tübingen 1952.
Liebeschütz, H., Das Judentum im deutschen Geschichtsbild von Hegel bis M. Weber, Tübingen 1967.
–, Treitschke and Mommsen on Jewry and Judaism, Leo Baeck Institute Year Book 7. 1962, 153–82.

Liefmann, R., Kartelle und Trusts, Stuttgart 1910.
Liesenberg, W., Wohin auswandern?, Berlin 1881².
Lindeman, M., Der Norddeutsche Lloyd, Bremen 1892.
Linden, W., Eisenbahn und Konjunktur, Karlsruhe 1926.
Lindenberg, O., 50 Jahre Geschichte einer Spekulationsbank, Berlin 1903.
Lipgens, W., Bismarck u. die Frage der Annexion 1870, HZ 206. 1968, 586–617.
–, Bismarck, die öffentliche Meinung und die Annexion von Elsaß und Lothringen, 1870, HZ 199. 1964, 31–112.
Lipset, S. M., Political Man, Garden City 1963 (dt.: Soziologie der Demokratie, Neuwied 1963).
–, The First New Nation, N. Y. 1963.
– u. Bendix, R., Social Mobility in Industrial Society, Berkeley 1962².
Livonius, O., Kolonialfragen, Berlin 1884.
Locher, T. S. G., Die Überwindung des europäozentrischen Geschichtsbildes, Wiesbaden 1954.
Lockhart, J. G. u. Woodhouse, C. M., Rhodes, London 1963².
Loehnis, Denkschrift über die Stiftung der Deutschen Handelsgesellschaft für die Levante, o. O. 1881.
–, Die Europäischen Kolonien, Bonn 1881.
–, Der Marasmus in Handel und Industrie 1877, Straßburg 1878.
Löwe, A., Zur ökonomischen Theorie des Imperialismus, in: Festschrift F. Oppenheimer, Frankfurt 1924, 189–228; ders. Politische Ökonomik, Frankfurt 1968.
Logan, R. W., The German Acquisition of South Africa, Journal of Negro History 18. 1933, 369–95.
Lohmeyer, E., Die Entwicklung der Getreidepreise in Deutschland u. im internationalen Verkehr, landwirt. Diss. Jena 1953 (MS).
Lohren, A., Das System des Schutzes der nationalen Arbeit, Potsdam 1880.
Long, D. C., An Austro-German Customs Union, in: University of Michigan Historical Essays, XI, Ann Arbor 1937, 45–74.
Lorenz, O., Kaiser Wilhelm und die Begründung des Reichs, 1866–71, Jena 1902².
Lorwin, V. R., Working-Class Politics and Economic Development in Western Europe, AHR 63. 1958, 338–51.
Loth, H., Griff nach Ostafrika, Berlin 1968.
–, Kolonialismus und Humanitätsintervention, Berlin 1966.
–, Kongo, Berlin 1965.
–, Die christliche Mission in Südwestafrika, 1842–93, Berlin 1963.
Lotz, W., Die Ideen der deutschen Handelspolitik, 1860–91, Leipzig 1892.
–, Verkehrsentwicklung in Deutschland seit 1800, Leipzig 1920⁴.
Louis, W. R., Sir Percy Anderson's Grand African Strategy, 1883–93, Eng. HR 81. 1966, 292–314.
–, Great Britain and German Imperialism in Africa, 1884–1914, in: Britain and Germany in Africa, New Haven 1967, 3–46.
–, The Anglo-German Hinterland Settlement of 1890 and Uganda, Uganda Journal 27. 1963, 71–83.
–, Ruanda-Urundi, 1884–1919, Oxford 1963.
Lovell, R. J., The Struggle for South Africa, 1875–99, N. Y. 1934.
Lowe, C., The Tale of a Times Correspondent, London 1928.
Lowe, C. J., The Reluctant Imperialists, 1878–1902, 2 Bde., London 1967.
Lüderitz, C. A. Hg., Die Erschließung von Deutsch-Südwestafrika durch A. Lüderitz, Oldenburg 1945.
Lüke, R. E., Die Berliner Handelsgesellschaft 1856–1956, Berlin 1956.
Lütge, F., Die Grundprinzipien der Bismarckschen Sozialpolitik, JNS 134. 1931, 580–96.
–, Deutsche Sozial- und Wirtschaftsgeschichte, Berlin 1960².
Lüthgen, H., Das Rheinisch-Westfälische Kohlensyndikat, Leipzig 1926.
Lüthy, H., Colonization and the Making of Mankind, JEH 21. 1961, 483–95 (dt.: Imperialismus, Köln 1969).
–, Die Epoche der Kolonisation und die Erschließung der Erde, in: ders., In Gegenwart der Geschichte, Köln 1967, 181–311.
–, Ruhm und Ende der Kolonisation, in: ders., Nach dem Untergang des Abendlandes, Köln 1964, 362–86.
Lugard, F. D., The Dual Mandate, London 1965⁶.
Lukács, G., Geschichte u. Klassenbewußtsein, Berlin 1923; Neuwied 1968².
–, Deutsche Realisten des 19. Jhs., Berlin 1956.
Luxemburg, R., Die Akkumulation des Kapitals (1913), Frankfurt 1966.
McCormick, T. J., China Market. America's Quest for Informal Empire, 1893–1901, Chicago 1967.
–, Insular Imperialism and the Open Door: The Spanish-American War and the China Market, PHR 32. 1963, 155–70 (dt.: Imperialismus, Köln 1969).

McDermott, P. L., British East Africa or IBEA, London 1895².
McDonagh, O., The Anti- Imperialism of Free Trade, EHR 14. 1961, 489–501.
McIntyre M. D., Anglo-American Rivalry in the Pacific and the British Annexation of the Fiji Islands in 1874, PHR 29. 1960, 370–76.
McKay, D. V., Colonialism in the French Geographical Movement, 1871–81, Geographical Review 33. 1943, 214–32.
McPherson, C. B., The Political Theory of Possessive Individualism, Oxford 1964² (dt. Politische Theorie des Besitzindividualismus, Frankfurt 1967).
McPherson, W. J., Investment in Indian Railways, 1845–75, EHR 8. 1955, 177–86.
Maddison, A., Growth and Fluctuation in the World Economy, 1870–1960, Banca Nazionale del Lavoro Quarterly Review 15. 1962, 127–95.
Maenner, L., Deutschlands Wirtschaft und Liberalismus in der Krise von 1879, Berlin 1928.
März, J., Aus der Vorgeschichte der deutschen Kolonialpolitik, KR 26. 1934, 86–101.
Malet, E., Diplomatenleben, Frankfurt 1901.
v. Maltzan, H., Handelskolonien – eine Lebensfrage für Deutschland, Berlin 1882.
Manchester, A. K., British Preeminence in Brazil, Chapel Hill 1933.
Mandrou, R., Wirtschaftsgeschichte-Neuzeit, HSW 12. 1962, 166–77.
Manes, A., Arbeiterversicherung in Deutschland, HSt I. 1903³, 795–809.
Mann, G., Bismarck, Neue Rundschau 72. 1961, 431–48.
–, Bismarck and Our Times, International Affairs 38. 1962, 3–14.
–, Deutsche Geschichte des 19. Jhs., Frankfurt 1958.
Mansergh, N., The Coming of the First World War, 1878–1914, London 1949.
–, Imperialism, in: Chapters in Western Civilization, II, N. Y. 1962², 401–40.
Marburg, T. F., Government and Business in Germany, Public Policy Towards Cartels, Business History Review 38. 1964, 78–101.
Marchand, H., Säkularstatistik der deutschen Industrie, wiso. Diss. Köln, Essen 1939.
Marcks, E., Der Aufstieg des Reiches, 1807–78, 2 Bde., Stuttgart 1936.
–, O. v. Bismarck, Stuttgart 1909¹⁶.
– u. a. Hg., Erinnerungen an Bismarck, Berlin 1915².
–, Die imperialistische Idee in der Gegenwart, Dresden 1903, auch: ders., Männer und Zeiten, II, Leipzig 1922⁶, 285–309.
Marcuse, H., Der eindimensionale Mensch, Neuwied 1967.
Mariaux, F., Gedenkwort zum 100jährigen Bestehen der IHK Bochum, Bochum 1956.
Marienfeld W., Wissenschaft u. Schlachtflottenbau in Deutschland, 1897–1906, Berlin 1957.
Martens, G. Hg., Nouveau Recueil Général de Traités, 2. S., 18, Göttingen 1893.
Martin, G. B., German-Persian Relations, 1873–1912, Den Haag 1959.
Martin, R., Die Eisenindustrie in ihrem Kampf um den Absatzmarkt, Leipzig 1904.
–, Deutsche Machthaber, Leipzig 1910³.
Martini, F., Die deutsche Literatur des bürgerlichen Realismus, 1848–98, Stuttgart 1962.
Marwedel, F., 200 Jahre Commerz-Collegium zu Altona, Hamburg 1938.
Marx, K., Grundrisse der Kritik der Politischen Ökonomie, Berlin 1953.
– u. Engels, F., Werke, 39 Bde., Berlin 1957–68.
Marzisch, K., Die Vertretung der Berufsstände als Problem der Bismarckschen Politik, phil. Diss. Marburg 1934.
Maschke, E., Grundzüge der deutschen Kartellgeschichte bis 1914, Dortmund 1964.
–, Die Industrialisierung Deutschlands im Spiegel der Parlamentszusammensetzungen von 1848 bis heute, Tradition 10. 1965, 230–45.
Massing, P. W., Vorgeschichte des politischen Antisemitismus, Frankfurt 1959.
Masterman, S., The Origins of International Rivalry in Samoa, 1845–1884, Stanford 1934.
Masur, G., Prophets of Yesterday, 1890–1914, N. Y. 1961 (dt. Propheten von Gestern, Frankfurt 1965).
Mathies, O., Hamburgs Reederei, 1814–1914, Hamburg 1924.
Matlekovits, A., Bibliographie der Mitteleuropäischen Zollunionsfrage, Budapest 1917.
–, Die Zollpolitik der österreichisch-ungarischen Monarchie ... seit 1868, Leipzig 1891.
Matschoss, C., Ein Jh. deutscher Maschinenbau, Berlin 1919.
Mauro, F., L'expansion européenne, 1600–1870, Paris 1964.
–, Towards an ›Intercontinental Model‹, European Overseas Expansion Between 1500 and 1800, EHR 14. 1961, 1–17.
Maus, H., Imperialismus, HSW 5. 1956, 185–91.
May, R. E., Das Grundgesetz der Wirtschaftskrisen, Berlin 1902.

Mayer, G., Die Freihandelslehre in Deutschland, Jena 1922.
Mayer, H., Der deutsche Roman des 19. Jhs., in: ders., Deutsche Literatur und Weltliteratur, Berlin 1955, 268–84.
Mayer, L., Kartelle, Kartellorganisation und Kartellpolitik, Wiesbaden 1959.
Mayer, O., Die Entwicklung der Handelsbeziehungen Deutschlands zu seinen Kolonien, staatswiss. Diss. Tübingen, München 1913.
Meeker, R., History of Shipping Subsidies, in: Publications of the American Economic Association 6. 1905, 1–171.
Mehring, F., Zur Deutschen Geschichte, Gesammelte Schriften, V, Berlin 1964.
Meine, K., England und Deutschland in der Zeit des Übergangs vom Manchestertum zum Imperialismus, 1871–76, Berlin 1937.
Meinecke, F., Bismarck und das neue Deutschland, in: ders., Preußen und Deutschland im 19. Jh. und 20. Jh., München 1918, 510–31.
–, Erlebtes, 1862–1919, Stuttgart 1964.
–, Geschichte des deutsch-englischen Bündnisproblems, 1890–1901, München 1927.
–, Reich und Nation von 1871–1914, in: ders., Staat und Persönlichkeit, Berlin 1933, 165–205.
–, Politische Schriften u. Reden, Werke II, Darmstadt 1958.
Meisner, H. O., Hg., Kaiser Friedrich III. Tagebücher von 1848–66, Leipzig 1929.
– Hg., Friedrich III., Das Kriegstagebuch von 1870/71, Berlin 1926.
v. Merensky, V. A., Kolonisation und Mission, Allgemeine Konservative Monatsschrift 42. 1885, I, 406–12.
Mertes, P. H., Das Werden der Dortmunder Wirtschaft, 1863–1914, Dortmund 1942².
Meusel, A., Der klassische Sozialismus, in: Die Wandlungen der Wirtschaft im kapitalistischen Zeitalter, Hg. G. Briefs, Berlin 1932, 36–70.
Meyer, A. G., Leninism, Cambridge/Mass. 1965³.
Meyer, A., Das Werden des Bismarckschen Kolonialreichs, Hamburg 1937.
Meyer, A. O., Bismarck, Stuttgart 1949².
Meyer, G., Die staatsrechtliche Stellung der deutschen Schutzgebiete, jur. Diss. Leipzig 1888.
Meyer, H. C., Mitteleuropa in German Thought and Action, 1815–1945, Den Haag 1955.
Meyer, J. R., An Input-Output-Approach to Evaluating the Influence of Export on British Industrial Production in the Late 19th Century, EHR 8. 1955, 12–34; auch in: ders. u. A. H. Conrad, The Economics of Slavery, Chicago 1964, 183–220.
Meyer, R. Hg., Briefe u. sozialpolitische Aufsätze von Dr. Rodbertus-Jagetzow, 2 Bde., Berlin 1882.
–, Politische Gründer und die Korruption in Deutschland, Leipzig 1877.
–, 100 Jahre konservative Politik und Literatur, I, Wien o. J.
–, Der Kapitalismus fin de siècle, Wien 1894.
–, Die Ursachen der amerikanischen Konkurrenz, Berlin 1883.
v. Miaskowski, A., Zur deutschen Kolonialpolitik der Gegenwart, Sch. Jb. 9. 1885, 271–83.
Michael, W., Bismarck, England und Europa, 1866–70, München 1930.
Michel, E., Sozialgeschichte der industriellen Arbeitswelt, Frankfurt 1960⁴.
Michell, L., The Life of C. J. Rhodes, 2 Bde., London 1910.
Michels, R., Probleme der Sozialphilosophie, Leipzig 1914.
Middleton, T. H., The Recent Development of German Agriculture, London 1916.
Miège, J., Le Maroc et l'Europe, IV, Paris 1963.
Miksch, L., Gibt es eine allgemeine Überproduktion?, jur. Diss. Tübingen, Jena 1929.
Miller, S., Das Problem der Freiheit im Sozialismus, Frankfurt 1967².
Millin, S. G., Rhodes, London 1952.
Mintz, I, American Exports During the Business Cycles, 1879–1958, N. Y. 1961.
v. Miquel, J., Reden, Hg. W. Schultze und F. Thimme, III, Halle 1913.
Mitchell, H., Hobson Revisited, JHI 26. 1965, 397–416.
Mitchell, P. B., The Bismarckian Policy of Conciliation with France, Philadelphia 1935.
Mitteilungen der Afrikanischen Gesellschaft in Deutschland, 1. 1878/79–5. 1886/89, Berlin 1878–89.
Mitteilungen über ein Unternehmen zur Förderung der Erschließung von Ost-Äquatorial-Afrika, Stuttgart 1877.
v. Mittnacht, F., Erinnerungen an Bismarck, Berlin 1904⁵; NF 1905².
v. Moellendorf, R., P. G. v. Moellendorf, Leipzig 1930.
Mönckmeyer, W., Die deutsche überseeische Auswanderung, Jena 1912.
Moldenhauer, F. H., Erörterungen über Kolonial- und Auswanderungswesen, Frankfurt 1878.
Moltke, S., Die IHK Leipzig 1862–1937, Leipzig 1937.
Mommsen, H., Neuzeit, in: Fischer-Lexikon 24. 1961, 203–23.

Mommsen, W. Hg., Deutsche Parteiprogramme, München 1960.
–, Bismarck, München 1959.
Mommsen, W. J., Nationale u. ökonomische Faktoren im britischen Imperialismus vor 1914, HZ 206. 1968, 618–64.
–, Imperialismus in Ägypten, München 1961.
–, Universalgeschichte, in: Fischer-Lexikon 24. 1961, 322–32.
–, M. Weber und die deutsche Politik, 1890–1920, Tübingen 1959.
–, Das Zeitalter des Imperialismus, Frankfurt 1969.
Monroe, A. E., The French Indemnity of 1871 and Its Effects, RES 1. 1919, 269–81.
Montaner, A. Hg., Geschichte der Volkswirtschaftslehre, Köln 1967 (NWB 19).
Moore, B., Social Origins of Dictatorship and Democracy, Boston 1967² (dt. Soziale Ursprünge von Diktatur u. Demokratie, Frankfurt 1968).
Moore, R. J., Imperialism and Free Trade Policy in India, 1853–54, EHR 17. 1964, 135–45.
Morazé, C., Das Gesicht des 19. Jhs., Düsseldorf 1959.
Morgenthau, H. J., Politics Among Nations, N. Y. 1954².
Morrell, W. P., Britain in the Pacific Islands, Oxford 1960.
Morsey, R., Die Oberste Reichsverwaltung unter Bismarck, 1867–90, Münster 1957.
–, Zur Pressepolitik Bismarcks, Publizistik 1. 1956, 177–81.
Mosthaft, W., Die württembergischen IHK Stuttgart, Heilbronn, Reutlingen, Ulm, 2 Bde., Ulm 1955.
Motschmann, G., Das Depositengeschäft der Berliner Großbanken, Leipzig 1915.
Mottek, H., Die Gründerkrise, JbW 1966, I, 51–128.
– u. a., Studien zur Geschichte der Industriellen Revolution in Deutschland, Berlin 1960.
–, Die Ursachen der Eisenbahnverstaatlichung des Jahres 1879, ök. Diss. Berlin 1950, MS.
–, Wirtschaftsgeschichte Deutschlands, II, Berlin 1964.
Mowat, R. B., The Life of Lord Pauncefote, Boston 1929.
Moynier, G., La Question du Congo, Genf 1883.
Mühlbauer, T., Die deutschen Agrarzölle, staatswiss. Diss. Erlangen 1926 (MS).
Müller, F. F., Deutschland-Zanzibar-Ostafrika, 1884–90, Berlin 1959.
Müller, H., Die Übererzeugung im Saarländer Hüttengewerbe von 1856 bis 1913, Jena 1935.
Müller, P. A., Die Entwicklung der subventionierten Reichs-Postdampferlinien, Berlin 1901.
Müller, R., Die Einnahmequellen des Deutschen Reiches u. ihre Entwicklung in den Jahren 1872–1907, Mönchen-Gladbach 1907.
Müller-Jabusch, M., So waren die Gründerjahre, Düsseldorf 1957.
–, 50 Jahre Deutsch-Asiatische Bank, 1890–1939, Berlin 1940.
Münch, H., A. v. Hansemann, München 1932.
Müssig, E., Eisen- und Kohlenkonjunkturen seit 1870, Augsburg 1929⁴.
v. Muralt, L., Bismarcks Verantwortlichkeit, Göttingen 1955.
Murken, E., Die großen transatlantischen Linienreederei-Verbände, Pools und Interessengemeinschaften bis zum Ausbruch des Weltkriegs, Jena 1922.
Murphy, A., The Ideology of French Imperialism, Washington 1948.
Musson, A. E., The Great Depression in Britain, 1873–1896, JEH 19. 1959, 199–228.
Myrdal, G., Ökonomische Theorie und unterentwickelte Regionen, Stuttgart 1959.
–, Economic Theory and Underdeveloped Regions, London 1957.
Geographische Nachrichten für Welthandel und Weltwirtschaft, Hg. O. Kersten, Leipzig 1879–81.
Naef, W., Bismarcks Außenpolitik, 1871–90, St. Gallen 1925.
–, Die Epochen der Neueren Geschichte, 2 Bde., Aarau 1945/46.
Nasse, E., Das Sinken der Warenpreise während der letzten 15 Jahre, JNS, NF. 17, 1888, 50–66, 129–81.
–, Über die Verhütung der Produktionskrisen durch staatliche Fürsorge, Jahrbuch für Gesetzgebung 3. 1879, 145–89.
Die Natur, 28. 1879.
Naujoks, E., Bismarck u. die Organisation der Regierungspresse, HZ 205. 1967, 46–80.
–, Bismarcks auswärtige Pressepolitik u. die Reichsgründung, 1865–71, Wiesbaden 1968.
Naumann, F., Weltpolitik und Sozialreform, Berlin 1899.
Neidlinger, K., Studien zur Geschichte der deutschen Effektenspekulation, Jena 1930.
Neisser, H., Der ökonomische Imperialismus im Licht moderner Theorien, Hamburger Jahrbuch für Wirtschafts- und Gesellschaftspolitik 4. 1959, 209–24.
–, Economic Imperialism Reconsidered, Social Research 27. 1960, 63–82.
–, Some International Aspects of the Business Cycle, Philadelphia 1936.
–, General Overproduction, in: Readings in Business Cycle Theory, London 1950, 385–404.
–, Die Unterkonsumtionstheorie als Imperialismustheorie, Köln. Sozialpol. Vierteljahrs. 4. 1925, 205–18.

Nemmers, E. E., Hobson and Underconsumption, Amsterdam 1956.
Nettl, P., R. Luxemburg, Köln 1967.
Neu, H., Bismarcks Versuch einer Einflußnahme auf die »Kölnische Zeitung«, Rheinische Vierteljahrsblätter 30. 1965, 221–33.
Neubach, H., Die Ausweisungen von Polen u. Juden aus Preußen 1885/86, Wiesbaden 1967.
Neubaur, P., Der Norddeutsche Lloyd, 1857–1907, 2 Bde., Leipzig 1907.
–, Die deutschen Reichspostdampfer und ihre Bedeutung für den Welthandel, DKZ 3. 1886, 440–42.
–, Die deutschen Reichspostdampferlinien nach Ostasien und Australien in 20jährigem Betriebe, Berlin 1906.
Neubert, A., Die Schutzherrschaft in Deutsch-Südwestafrika, 1884–1903, phil. Diss. Würzburg 1954, MS.
Neumann, F., Behemoth, London 1944; dt. Neuwied 1969.
–, Ökonomie und Politik im 20. Jh., ZfP 2. 1955, 1–11, auch in: ders., Demokratischer u. autoritärer Staat, Frankfurt 1967, 248–60.
Neumark, F., Wirtschafts- u. Finanzprobleme des Interventionsstaates, Tübingen 1961.
v. Neumann-Spallart, F. X., Von den europäischen Kolonien, DR 37. 1883, 368–92.
–, Die Krise in Handel und Wandel, DR 10. 1877, 410–28; 11. 1877, 98–119.
–, Die Lage des Welthandels, in: Meyers Deutsches Jahrbuch 1879/80, Leipzig 1880, 797–808.
–, Die wirtschaftliche Lage, DR 14. 1878, 447–65.
–, Übersichten über Produktion, Welthandel und Verkehrsmittel, Geographisches Jahrbuch 5. 1874, 390–471.
–, Übersichten der Weltwirtschaft I. 1878, Berlin 1878; II. 1879, 1880; III. 1880, 1881; IV. 1881/82, 1884; V. 1883/84, 1887.
Neurath, W., Die wahren Ursachen der Überproduktionskrise, Leipzig 1892.
–, Elemente der Volkswirtschaftslehre, Wien 1892, 1903[4].
Newbold, J. T. W., The Beginnings of the World Crisis, 1873–96, EJ, Suppl. Economic History, II. 1930/32, 425–41.
Newbury, C. W., The Development of French Policy on the Lower and Upper Niger, 1880–98, JMH 31. 1959, 16–26.
–, The Western Slave Coast and Its Rulers, Oxford 1961.
–, Victorians, Republicans and the Partition of West Africa, JAH 3. 1962, 493–501.
Newton, L., Lord Lyons, 2 Bde., London 1930.
Nichols, J. A., Germany After Bismarck, The Caprivi Era, 1890–94, Cambridge/Mass. 1958.
Niebuhr, R., The Irony of American History, N. Y. 1952.
Niemann, L., Soziologie des naturalistischen Romans, Berlin 1934.
Nimschowski, H., Marokko als Expansionssphäre der deutschen Großbourgeoisie im letzten Viertel des 19. Jhs., in: Kolonialismus und Neokolonialismus in Nordafrika und Nahost, Berlin 1964, 11–68.
Nipperdey, T. u. Rürup, R., Antisemitismus, in: W. Conze u. a. Hg., Lexikon der politischen-sozialen Begriffe der Neuzeit, I, Stuttgart 1969.
Nipperdey, Th., Über einige Grundzüge der deutschen Parteigeschichte, in: Festschrift H. C. Nipperdey, München 1965, II, 815–41.
–, Interessenverbände und Parteien in Deutschland vor dem Ersten Weltkrieg, PVS 2. 1961, 262–80, auch: Moderne Deutsche Sozialgeschichte, Köln 1968[2], 369–88.
–, Die Organisation der deutschen Parteien vor 1918, Düsseldorf 1961.
Nirrnheim, H., Hamburg als Träger der deutschen Kolonialverwaltung, Zeitschrift des Vereins für Hamburgische Geschichte 34. 1934, 184–95; 42. 1953, 1–7.
Nitzsche, M., Die handelspolitische Reaktion in Deutschland, Stuttgart 1905.
Noble, H. J., The United States and Sino-Korean Relations, 1885–1887, PHR 2. 1932, 292–304.
Noell v. d. Nahmer, R., Bismarcks Reptilienfonds, Mainz 1968.
Nolte, E., Zur Konzeption der Nationalgeschichte heute, HZ 202. 1966, 603–621.
North, D. C., The Economic Growth of the United States, 1790–1860, Englewood Cliffs 1961.
–, Industrialization of the United States, CEHE VI/2. 1965, 673–705.
–, Ocean Freight Rates and Economic Development, 1750–1913, JEH 18. 1958, 537–55.
v. Nostiz, H., Bismarcks unbotmäßiger Botschafter. Fürst Münster v. Derneburg, 1820–1902, Göttingen 1968.
Novack, D. E. u. Simon, M., Commercial Responses to the Amercian Export Invasion, 1871–1914, EEH 3. 1966, 121–43.
Novotny, A., Über den Primat der äußeren Politik, in: Festschrift H. Hantsch, Wien 1965, 311–32.
Noyes, P., Organziation and Revolution. Working-Class Associations in the German Revolutions of 1848/49, Princeton 1966.

Nußbaum, M., Vom ›Kolonialenthusiasmus‹ zur Kolonialpolitik der Monopole. Zur deutschen Kolonialpolitik unter Bismarck, Caprivi, Hohenlohe, Berlin 1962.
–, Togo – eine Musterkolonie, Berlin 1962.
Nutzinger, R., u. a., K. Röchling, 1827–1910, Saarbrücken 1931.
O'Boyle, Liberal Political Leadership in Germany, 1867–1884, JMH 28. 1956, 338–52.
–, Theories of Socialist Imperialism, FA 28. 1950, 290–98.
Oechelhäuser, W., Die wirtschaftlichen Krisen, Berlin 1876.
Der Deutsche Ökonomist 1. 1882/83–8. 1890.
Oehlrich, C., A. Lüderitz, Neue Rundschau 50. 1939, II, 166–76.
Ohnesseit, W., Unter der Fahne Schwarz-Weiß-Rot. Erinnerungen eines kaiserlichen Generalkonsuls, Berlin 1926.
Oldenburg, K., Aus Bismarcks Bundesrat, 1878–85, Hg. W. Schüssler, Berlin 1929.
Oliver, R., Some Factors in the British Occupation of East Africa, 1884–94, Uganda Journal 15. 1951, 49–64.
– u. Mathew, G., History of East Africa, I, Oxford 1963.
–, Sir H. Johnston and the Scramble for Africa, London 1957.
Olpp, J., Angra Pequena, Elberfeld 1884.
Oncken, A., Die Maxime Laissez-Faire, Bern 1884.
Oncken, D., Das Problem des Lebensraums in der deutschen Politik vor 1914, phil. Diss. Freiburg 1948, MS.
Oncken, H., R. v. Bennigsen, 2 Bde. Stuttgart 1910.
– Hg., Aus den Briefen v. Benningsen, DRev. 32. 1907, IV, 23–26; III, 304–16.
–, Großherzog Friedrich I. von Baden und die deutsche Politik von 1854–71, 2 Bde., Berlin 1927.
–, F. Lassalle, Stuttgart 1923[4]; 1966[5].
–, Das alte u. das neue Mitteleuropa, Gotha 1917.
–, Das Deutsche Reich und die Vorgeschichte des Weltkrieges, 2 Bde., Leipzig 1933.
Paasche, H., Über die wachsende Konkurrenz Nordamerikas für die Produkte der mitteleuropäischen Landwirtschaft, JNS 33. 1879, 92–125, 195–231.
Paige, D. u. a., Economic Growth: the Last 100 Years, National Institute Economic Review Nr. 16. 1961, 24–49.
Pajewski, J., Mitteleuropa, Posen 1959.
Pallmann, R., Der deutsche Exporthandel der Neuzeit und die nordamerikanische Konkurrenz, Hamburg 1881.
Pares, R., The Economic Factors in the History of the Empire, EHR 7. 1937, 119–44; auch in: ders., The Historian's Business, Oxford 1961, 49–76, u. E. M. Carus-Wilson Hg., Essays in Economic History, I, London 1954, 416–38.
Parisius, L., Hoverbeck, 2 Bde., Berlin 1900.
Parker, G. F., Recollections of G. Cleveland, N. Y. 1909.
Parker, J., Antisemitism, London 1962 (dt. Antisemitismus, München 1964).
Parker, W. N., Coal and Steel Output Movements in Western Europe, 1880–1956, EEH 9. 1956/57, 214–30.
Parsons, T., Demokratie und Sozialstruktur in Deutschland vor der Zeit des Nationalsozialismus, in: ders., Beiträge zur Soziologischen Theorie, Hg. D. Rüschemeyer, Neuwied 1964, 256–81.
–, The Sociology of Modern Anti-Semitism, in: J. Graeber und Britt, St. H. Hg., Jews in a Gentile World, N. Y. 1942, 101–22.
Pascal, R., The German Novel, Manchester 1953.
Patel, S. J., Rates of Industrial Growth in the Last Century, EDCC 9. 1961, 316–30, auch: B. Supple Hg., The Experience of Economic Growth, N. Y. 1963, 68–80.
Patzig, C. A., Deutsche Kolonialunternehmung und Postdampfer-Subvention, Hannover 1884.
–, Die afrikanische Konferenz und der Kongostaat, Heidelberg 1885.
Paullin, C. O., The Opening of Corea by Commodore Shufeldt, Boston 1910.
Pavenstedt, E. W., A Conversation with Bismarck, JMH 6. 1934, 36–39.
Pedersen, J., u. Petersen, O. S., An Analysis of Price Behavior During the Period 1855–1913, London 1938.
Peez, A., Zur neuesten Handelspolitik, Wien 1895.
–, Die amerikanische Konkurrenz, Wien 1881.
Peffer, N., The United States in the Far East, PSQ 54. 1939, 1–14.
Pehl, H., Die deutsche Kolonialpolitik und das Zentrum, 1884–1914, phil. Diss. Frankfurt, Limburg 1934.
Pelcovits, N. A., Old China Hands and the Foreign Office, N. Y. 1948.

Pense, R., Bismarcks Sozialversicherungspolitik, phil. Diss. Freiburg 1934.
Penson, D. L. M., Foreign Affairs Under the Third Marquis of Salisbury, London 1962.
—, The New Course in British Foreign Policy, 1892–1902, Transactions of the Royal Historical Society, 4. S., 25, 1943, 121–38.
—, The Principles and Methods of Lord Salisbury' Foreign Policy, Cambridge Historical Journal 5. 1935, 87–106.
Pentmann, J., Die Zollunionsidee, Jena 1917.
Penzler, J., Fürst Bismarck nach seiner Entlassung, 7 Bde., Leipzig 1898.
Perham, M., Lugard, The Years of Adventure, 1858–98, London 1956.
Perla, L., What is ›National Honor‹?, N. Y. 1918.
Perrot, F., Der Bank-, Börsen- und Aktienschwindel, 3 Bde., Rostock 1873–76.
Perroux, F., L'économie du XXe siècle, Paris 1961.
—, Economie et société, Paris 1960.
—, Feindliche Koexistenz, Stuttgart 1961.
Pesmazoglu, J. S., Some International Aspects of German Cyclical Fluctuations, 1880–1913, WA 64. 1950, I, 77–110.
—, A Note on the Cyclical Fluctuations of the Volume of German Home Investment, 1880–1913, ZfGS 107. 1951, 151–71.
Peters, C., Deutsch-National, Berlin 1887.
—, Wie Deutsch-Ostafrika entstand, Leipzig 1912, 1940².
—, Die deutsche Emin-Pascha-Expedition, München 1891.
—, Die Gründung von Deutsch-Ostafrika, Berlin 1905.
—, Deutsche Kolonialpolitik aus englischer Perspektive, Geg. 25. 1884, 132–34, auch: ders., Ges. Schriften, I, München 1943, 327–32.
—, Der deutsche Kolonialverein und die Gesellschaft für Deutsche Kolonisation, Geg. 29. 1886, 273 f.
—, Die deutsch-ostafrikanische Kolonie, Berlin 1888.
—, Lebenserinnerungen, Hamburg 1918.
—, Gesammelte Schriften, Hg. W. Frank, 3 Bde., München 1943/44.
—, Das deutsch-ostafrikanische Schutzgebiet, München 1895.
v. Petersdorff, H., Graf F. Frankenberg, in: H. v. Arnim u. G. v. Below Hg., Deutscher Aufstieg, Berlin 1925, 223–26.
—, Robert Lucius v. Ballhausen, ebda., 227–32.
Peters, M., Die Entwicklung der deutschen Reederei seit Beginn dieses Jhs., II, Jena 1905.
Petit, J. Hg., R. Luxemburg, L'Accumulation du Capital, Paris 1968.
Petzet, A., H. Wiegand, Bremen 1932.
v. Pfeil, J., Zur Erwerbung von Deutsch-Ostafrika, Berlin 1907.
—, Vorschläge zur praktischen Kolonisation in Ostafrika, Berlin 1890².
Pfeil, S., H. v. Treitschke u. das Judentum, Welt als Geschichte 21. 1961, 49–62.
Pfitzer, A., Prinz Heinrich VII. Reuss, General v. Schweinitz, Fürst Münster als Mitarbeiter Bismarcks, phil. Diss. Tübingen 1931.
Pflanze, O., Bismarck and the Development of Germany, I: 1815–71, Princeton 1963.
—, Bismarck and German Nationalism, AHR 60. 1954/55, 548–66.
—, Bismarck's ›Realpolitik‹, RoP 20. 1958, 492–514.
Phelps-Brown, E. H. u. Hopkins, S. V., The Course of Wage Rates in Five Countries, 1860–1939, OEP 2. 1950, 226–96.
Philipp, F., Bismarck Gespräche, Dresden 1927.
v. Philippovich, E., Dampfersubvention, HSt 3. 1900², 101–8.
Philippson, F. C., Über Kolonisation, Berlin 1880.
Pierard, R. V., The German Colonial Society, 1882–1914, phil. Diss. Iowa State University 1964.
Piloty, R., G. Siegle, Stuttgart 1910.
Pinner, F., Die großen Weltkrisen im Lichte des Strukturwandels der kapitalistischen Wirtschaft, Leipzig 1937.
Pisani-Ferry, F., J. Ferry et le partage du monde, Paris 1962.
Plate, R., Die Getreidekrisen in der 2. Hälfte des 19. Jhs., staatswiss. Diss. Berlin 1933.
Platt, D. C. M., Economic Factors in British Policy During the »New Imperialism«, Past & Present 39. 1968, 120–38.
—, Finance, Trade, and Politics in British Foreign Policy, 1815–1914, Oxford 1968.
—, The Imperialism of Free Trade: Some Reservations, EHR 21. 1968, 296–306.
—, The Role of the British Consular Service in Overseas Trade, 1825–1914, EHR 15. 1963, 494–512.
Plessner, H., Die verspätete Nation, Stuttgart 1962³.

Plesur, M., America Looking Outward, Historian 22. 1959/60, 280–95.
–, Looking Outward. American Attitudes Toward Foreign Affairs in the Years From Hayes to Harrison, 1877–89, phil. Diss. University of Rochester 1954, MS.
–, Across the Wide Pacific, PHR 28. 1959, 73–80.
–, Rumblings Beneath the Surface, in: H. W. Morgan Hg., The Gilded Age, Syracuse 1963, 140–68.
Pletcher, D. A., The Awkward Years, American Foreign Relations Under Garfield and Arthur, 1881–85, Columbia 1961.
–, Rails, Mines and Progress, Seven American Promoters in Mexico, 1867–1911, Ithaca 1958.
Plönes, R., Die Übererzeugung im rheinischen Braunkohlenbergbau 1877–1914, Jena 1935.
Pöls, W., Sozialistenfrage und Revolutionsfurcht, Lübeck 1960.
Pönicke, H., Die Hedschas- und Bagdadbahn, Düsseldorf 1958.
Pohle, L., Bevölkerungsbewegung, Kapitalbildung und Periodische Wirtschaftskrisen, Göttingen 1902.
Die Auswärtige Politik Preußens, V., Oldenburg 1935.
Die Große Politik der Europäischen Kabinette, 1871–1914, 1–6, Berlin 1926².
Pollard, S., Economic History, a Science of Society, Past & Present 30. 1965, 3–22.
Ponsonby, F. Hg., Briefe der Kaiserin Friedrich, Berlin 1929.
Porri, N., La politique commercial de l'Italie, Paris 1934.
Porter, B., Critics of Empire, 1895–1914, London 1968.
v. Poschinger, H. Hg., Aktenstücke zur Wirtschaftspolitik des Fürsten Bismarck, 2 Bde., Berlin 1890/91.
–, Bismarck und die Anfänge der deutschen Kolonialpolitik, KZ 19. 8. 1907.
–, Bismarck und das Tabakmonopol, Sch. Jb. 35. 1911, 213–25.
–, Bismarck in Kusserowscher Beleuchtung, in: ders., Stunden bei Bismarck, Wien 1910, 199–206.
–, Fürst Bismarck und die Kolonialpolitik, ZKKK 12. 1910, 214 f.
– Hg., Also sprach Bismarck, 3 Bde., Wien 1911.
–, Wie Bismarck Schutzzöllner wurde, Gb. 68. 1909, IV, 341–46.
–, Aus dem Briefwechsel L. Buchers mit dem Geheimrat v. Kusserow, Tägliche Rundschau 4. 9. 1906, Beil.
–, Aus den Denkwürdigkeiten von H. v. Kusserow, DRev. 63. 1908, 63–72, 186–97, 267–74.
– Hg., Dokumente zur Geschichte der Wirtschaftspolitik in Preußen und im Deutschen Reich, 5 Bde., Berlin 1890/91.
– Hg., Fürst Bismarck und der Bundesrat, 4 Bde., Berlin 1897–1901.
– Hg., Fürst Bismarck und seine Hamburger Freunde, Hamburg 1903.
– Hg., Fürst Bismarck und die Parlamentarier, 3 Bde., Breslau 1894/96.
– Hg., Fürst Bismarck als Volkswirt, 3 Bde., Berlin 1889/91.
– Hg., Bismarck-Portefeuille, 5 Bde., Stuttgart 1898–1900.
–, Geh. Rat v. Oechelhäusers Teilnahme an den Verhandlungen über Deutsch-Ostafrika, ZKKK 10. 1908, 945–47.
–, Der Gesandte v. Kusserow, in: ders., Bismarck-Portefeuille V. 1900, 71–161.
– Hg., Stunden bei Bismarck, Wien 1910.
– Hg., Neue Tischgespräche und Interviews, 2 Bde., Stuttgart 1895/99.
– Hg., Die wirtschaftlichen Verträge Deutschlands, 3 Bde., Berlin 1892/93.
Pounds, N. G. u. Parker, W. N., Coal and Steel in Western Europe, London 1957.
–, The Ruhr, London 1952.
Power, T. F., J. Ferry and the Renaissance of French Imperialism, N. Y., 1944.
Pradalié, G., Le Second Empire, Paris 1963.
Prager, E. Hg., Die Deutsche Kolonialgesellschaft, 1882–1907, Berlin 1908.
Predöhl, A., Das Ende der Weltwirtschaftskrise, Hamburg 1962.
Preiser, E., Die Imperialismusdebatte, in: Festschrift F. Lütge, Stuttgart 1966, 355–70.
–, Das Wesen der Marxschen Krisentheorien, in: Festschrift F. Oppenheimer, Frankfurt 1924, 249–74.
v. Preradovich, N., Die Führungsschichten in Österreich und Preußen, 1804–1918, Wiesbaden 1955, 1966².
Priestley, H. J., France Overseas. A Study of Modern Imperialism, N. Y. 1938.
Prion, W., Das deutsche Wechseldiskontgeschäft, Leipzig 1907.
Protocoles et Actes Générales de la Conference de Berlin 1884/85.
Protokolle über die Verhandlungen des Bundesrats, 1880.
Prüser, F., Bremer Kaufleute als Wegbereiter Deutschlands in Übersee, KR 33. 1942, 71–91.
–, C. A. v. Weimar und A. Lüderitz, Tradition 4. 1959, 174–88.
Prüser, J., Die Handelsverträge der Hansestädte Lübeck, Bremen und Hamburg mit überseeischen Staaten im 19. Jh., Bremen 1962.

Prym, A. M., Staatswirtschaft und Privatunternehmung in der Geschichte des Ruhrkohlenbergbaus, Essen 1950.
Puhle, H.-J., Agrarische Interessenpolitik u. preußischer Konservatismus im wilhelminischen Reich. Ein Beitrag zur Analyse des Nationalismus in Deutschland am Beispiel des »Bundes der Landwirte« und der Deutsch-Konservativen Partei, 1893–1914, Hannover 1966.
Pulzer, P. J. G., Die Entwicklung des politischen Antisemitismus in Deutschland und Österreich, 1867–1914, Gütersloh 1966.
Puppke, L., Sozialpolitik u. soziale Anschauungen frühindustrieller Unternehmer in Rheinland u. Westfalen, Köln 1966.
Quandt, O., Die Anfänge der Bismarckschen Sozialgesetzgebung, Berlin 1938.
Rabius, W., Der Aachener Hütten-Aktien-Verein in Rote Erde, 1846–1906, Jena 1906.
Radbruch, G., Die politischen Parteien im System des deutschen Verfassungsrechts, in: Handbuch des deutschen Staatsrechts, I, Tübingen 1930, 285–94.
v. Radowitz, J. M., Aufzeichnungen und Erinnerungen aus dem Leben des Botschafters, 1839–90, Hg. H. Holborn, 2 Bde, Stuttgart 1925.
Ragatz, L., The Question of Egypt in Anglo-French Relations, 1875–1904, Edinburgh 1922.
Ragey, L., La Question du Chemin de Fer de Bagdad, 1893–1914, Paris 1936.
Rambaud, A., J. Ferry, Paris 1903.
Ramirez Necochea, H., Englands wirtschaftliche Vorherrschaft in Chile, 1810–1914, in: Lateinamerika zwischen Emanzipation und Imperialismus, Berlin 1961, 112–66.
Ramm, A. Hg., Political Correspondence of Mr. Gladstone and Lord Granville, 1876–86, 2 Bde., Oxford 1962.
v. Ranke, L., Sämtliche Werke 38. 1874 43/44. 1893; 48. 1881.
Raschdau, L., Unter Bismarck und Caprivi, Berlin 1939².
Rathgen, K., Bismarcks Kolonialpolitik, in: M. Lenz und E. Marcks Hg., Das Bismarck-Jahr, Hamburg 1915, 207–14.
–, Freihandel u. Schutzzoll, in: Festschrift G. Schmoller, Leipzig 1908, II, XXVII (1–54).
–, Der deutsche Handel in Ostasien, Sch. Jb. 9. 1885, 211–32.
–, Die Zollbegünstigung des Handels zwischen Deutschland und seinen Kolonien, Sch. Jb. 35. 1911, 227–50.
Rathmann, L., Berlin-Bagdad, Berlin 1962.
–, Bismarck und der Übergang Deutschlands zur Schutzzollpolitik, 1873/75–79, ZfG 4. 1956, 899–944.
–, Die Getreidezollpolitik der deutschen Großgrundbesitzer in der 2. Hälfte der 70er Jahre des 19. Jhs., phil. Diss. Leipzig 1956, MS.
–, Zur Legende vom »antikolonialen« Charakter der Bagdadbahnpolitik, in: Zur Geschichte des Kolonialismus und der nationalen Befreiung, ZfG 11. 1961, 246–70.
–, Die Nahostexpansion des deutschen Imperialismus vom Ausgang des 19. Jhs. bis zum Ende des 1. Weltkriegs, phil. Habil.-Schrift Leipzig 1961, MS.
–, Stoßrichtung Nahost, Berlin 1963.
Ratzel, F., Wider die Reichsnörgler, München 1884.
Rauchhaupt, A., Die Samoa-Inseln und der Konflikt mit Deutschland, Gb. 37. 1878, IV, 333–45.
Rauers, F., Bremer Handelsgeschichte im 19. Jh., Bremen 1913.
Rausch, E., Französische Handelspolitik vom Frankfurter Frieden bis zur Tarifreform von 1882, Leipzig 1900.
Reclus, M., J. Ferry, 1832–93, Paris 1947.
–, J. Ferry et la ›doctrine‹ coloniale, Revue Politique et Parlamentaire, 188. 1946, 148–62.
Redlich, F., Toward Comparative Historiography, Kyklos 11. 1958, 362–88.
–, Der Unternehmer, Göttingen 1964.
Reemtsma, R., Spanisch-deutsche Beziehungen zur Zeit des ersten Dreibundvertrags 1882–87, phil. Diss. Berlin 1937.
Reeves, J., The International Beginnings of the Congo Free State, Baltimore 1894.
Reichmann, E., Hostages of Civilization, London 1950; dt. Flucht in den Haß, Frankfurt 1968⁵.
Reichstag-Drucksachen: Norddeutscher Bund 1:2:Anl. 13, Nr. 15, 44; RT 1:3:3:Anl. 57, 220–32; RT 3:1:3:Anl. 80, Denkschrift, 278–84; RT 3:1:3:Anl. 205, 554–57; RT 4:2:6:Anl. 339, 1539; RT 4:3:3:1, Nr. 17; RT 4:3:3:Anl. 49, 329–50; RT 4:4:3:Anl. 95, 528-35; RT 4:4:4:Anl. 126, 723–750; RT 4:4:4:Anl. 200, 1045–50; RT 5:4:4:Anl. 111, 826–30; RT 5:4:4:Anl. 171, 1303–22; RT 6:1:5: Anl. 8, 51–53; RT 6:1:5:Anl. 16, 7078; RT 6:1:5:Anl. 155, 547–52; RT 6:1:6:Anl. 178, 757 f.; RT 6: 1:6:Anl. 208, 803–24; RT 6:2:4:Anl. 9, 57–63; RT 6:2:4:Anl. 44, 134–38; RT 6:2:4:Anl. 89, 508–16; RT 6:2:6:Anl. 291; RT 6:2:6:Nr. 307, 1637–40; RT 6:4:1:Anl. 56, 369–70.
Rehbein, E., Zum Charakter der preußischen Eisenbahnpolitik von ihren Anfängen bis zum Jahre

1879, ök. Diss. Dresden 1953, MS, z. T. in: Wiss. Zeitschrift der Hochschule für Verkehrswesen 2. 1954, 57–79.
Reichsamt des Inneren Hg., Die Handelsverträge des Deutschen Reiches, Berlin 1906.
Rein, A., Bismarcks Afrikapolitik, HZ 160. 1939, 81–89, auch: ders., Europa und Übersee, Göttingen 1961, 310–19.
–, Bonapartismus und Faschismus in der deutschen Geschichte, Göttingen 1962.
–, Die Revolution in der Politik Bismarcks, Göttingen 1957.
Rein, J. J., Zur Kolonial- und Auswanderungsfrage, Im Neuen Reich 11. 1881, I, 581–90.
Reitböck, G., Der Eisenbahnkönig Strousberg, Beiträge zur Geschichte der Technik und Industrie 14. 1924, 65–84.
Foreign Relations of the United States 1877.
Remak, J., The Gentle Critic: T. Fontane and German Politics, 1848–98, Syracuse 1964.
Renner, K., Marxismus, Krieg und Internationale, Stuttgart 1917.
Renouvin, P., La Question d'Extrème Orient, 1840–1940, Paris 1946.
Annual Report Upon the Commercial Relations of the United States, House Executive Document 102, 45:2, Nr. 1814.
Final Report of the Royal Commission Appointed to Inquire into the Depression of Trade and Industry, London 1886 (C-4893).
House Report 2561, 51:1, Nr. 2814.
Ressing, G., J. Burckhardt u. Bismarck, phil. Diss. Köln 1950 (MS).
Reuleaux, F., Briefe aus Philadelphia, Braunschweig 1877².
Rezai, N., Die Beziehungen zwischen dem Iran und Deutschland, 1870–1914, phil. Diss. Heidelberg 1958, MS.
Rezneck, S., The Influence of Depression upon American Opinion, 1857–59, JEH 2. 1942, 1–23.
Rich, N., F. v. Holstein, 2 Bde., Cambridge 1965.
Richter, E., Im alten Reichstag, 2 Bde., Berlin 1894/96.
–, Die neuen Zoll- und Steuervorlagen, Berlin 1879.
Richter, G., F. v. Holstein, Lübeck 1966.
Richter, S., Die Struktur des deutschen Außenhandels, 1872–92, ök. Diss. Halle 1961, MS.
– u. R. Sonnemann, Zur Problematik des Übergangs vom vormonopolistischen Kapitalismus zum Imperialismus in Deutschland, Jb W 1963, II, Berlin 1964, 39–78.
Richter, W., Das Bild Bismarcks, Neue Rundschau 63. 1952, 43–63.
–, Bismarck, Frankfurt 1965².
v. Richthofen, E., Über die historischen Wandlungen in der Stellung der autoritären Parteien zur Arbeiterschutzgesetzgebung u. die Motive dieser Wandlungen, phil. Diss. Heidelberg 1901.
v. Richthofen, F., China, II, Berlin 1882.
Ridker, R. G., Discontent and Economic Growth, EDCC 11. 1962, 1–15.
Riebow, Die deutsche Kolonialgesetzgebung, I, Berlin 1893.
Riedel, M., Der Staatsbegriff der deutschen Geschichtsschreibung des 19. Jhs., Der Staat 2. 1963, 41–63.
Riehl, W. H., Land und Leute, Stuttgart 1908¹¹.
Rieker, K., Die Konzentrationsbewegung in der gewerblichen Wirtschaft, 1875–1950, Tradition 5. 1960, 116–31.
Riesser, J., Die deutschen Großbanken und ihre Konzentration, Jena 1912⁴.
Ring, V., Deutsche Kolonialgesellschaften, Berlin 1887.
Rippy, J. F., British Investments in Latin America, 1822–1949, Minneapolis 1959.
–, German Investments in Latin America, The Journal of Business of the University of Chicago 21. 1948, 63–73.
Rips, F., Die Stellung der deutschen Eisenindustrie in der Außenhandelspolitik, 1870–1914, jur. Diss. Jena 1941.
Ritter, G., Ausarbeitung, Internationales Jahrbuch für Geschichtsunterricht 4., Braunschweig 1955, 233–46.
–, Das Bismarckproblem, Merkur 4. 1950, 657–76.
–, Bismarcks Verhältnis zu England u. die Politik des »Neuen Kurses«, APG 2. 1924, 511–70.
–, Die Dämonie der Macht, Stuttgart 1947.
–, Geschichtliche Erfahrungen deutscher Kolonialpolitik, in: ders., Lebendige Vergangenheit, München 1958, 126–52.
–, Europa und die deutsche Frage, München 1948.
–, Gegenwärtige Lage und Zukunftsaufgaben deutscher Geschichtswissenschaft, HZ 170. 1950, 1–22.
–, Das deutsche Problem, München 1962.

–, Staatskunst und Kriegshandwerk, I, München 1954; II. 1960.
Ritter, K., Agrarwirtschaft und Agrarpolitik im Kapitalismus, I, Berlin 1955.
Rittershausen, H., Die deutsche Außenhandelspolitik von 1879–1948, ZfGS 105. 1949, 126–68.
–, Internationale Handels- und Devisenpolitik, Frankfurt 1955².
Rittig, G., Die Theorie der kapitalistischen Entwicklung, Hamburger Jahrbuch für Wirtschafts- und Gesellschaftspolitik 3. 1958, 163–70.
Robb, J. H., The Primrose League, 1883–1906, N. Y. 1942.
Robbins, L., The Economic Causes of War, London 1939.
–, The Theory of Economic Policy in English Classical Political Economy, London 1952.
Robert, F., Afrika als Handelsgebiet, Wien 1883.
Roberts, S. H., History of French Colonial Policy, 1870–1925, 2 Bde., London 1963².
Robinski, A., Die Vorkämpfer eines größeren Deutschlands in zollpolitischer Hinsicht bis 1914, phil. Diss. Heidelberg 1917.
Robinson, E. A. G., Structure of Competitive Industry, N. Y. 1932.
Robinson, R., Gallagher, E., u. Denney, A., Africa and the Victorians, The Official Mind of Imperialism, London 1961.
– u. Gallagher, E., The Imperialism of Free Trade, EHR 6. 1953, 1–15 (dt.: Imperialismus, Köln 1969).
–, The Partition of Africa, NCMH 11. 1962, 593–640.
Rodbertus, K., Overproduction and Crises, N. Y. 1898.
Rodd, J. R., Social and Diplomatic Memoirs, I, London 1921.
Rode, F., Die Entwicklung der deutschen Seeschiffahrt nach Afrika, phil. Diss. Marburg 1930.
Röhl, J. C. G., Germany After Bismarck, London 1967; dt. Deutschland nach Bismarck, Tübingen 1969.
–, The Disintegration of the Kartell and the Politics of Bismarck's Fall from Power, 1887–90, HJ 9. 1966, 60–89.
–, Staatsstreichplan oder Staatsstreichbereitschaft? Bismarcks Politik in der Entlassungskrise, HZ 203. 1966, 610–24.
Röhll, H., Die wirtschaftlichen Wechsellagen in der Peine-Ilseder Eisenindustrie von 1860–1913, Jena 1940.
Röpke, W., Kapitalismus und Imperialismus, Schweizerische Zeitschrift für Volkswirtschaft und Statistik 70. 1934, 370–86.
–, German Commercial Policy, London 1934.
Rössler, K., L. v. Rankes Weltgeschichte, PJ 60. 1887, 153–80.
Röttger, H., Bismarck und E. Richter im Reichstage, 1879–90, phil. Diss. Münster, Bochum 1932.
Rogge, H., Bismarcks Kolonialpolitik als außenpolitisches Problem, Historische Vierteljahrsschrift 21. 1922/23, 305–33, 423–43.
Rogow, A. A., Anti-Semitism, IESS I, 345–49.
Rohlfs, G., Angra Pequena, Leipzig 1884.
–, Neue Beiträge zur Entdeckung und Erforschung Afrikas, Leipzig 1876, 1881².
–, Welche Länder können Deutsche noch erwerben?, Unsere Zeit 1882, II, 354–67.
Romanov, B. A., Russia in Manchuria, Ann Arbor 1952.
Romein, J., Über integrale Geschichtsschreibung, Schweizer Beiträge zur Allgemeinen Geschichte 16. 1958, 207–20.
Roscher, W., u. Jannasch, R., Kolonien, Kolonialpolitik und Auswanderung, Leipzig 1885³.
Rosenbaum L., Beruf und Herkunft der Abgeordneten zu den deutschen und preußischen Parlamenten, 1874–1919, Frankfurt 1923.
Rosenberg, A., Entstehung u. Geschichte der Weimarer Republik (1928/35), Frankfurt 1955.
–, Treitschke u. die Juden, Die Gesellschaft 7. 1930, II, 78–83.
Rosenberg, H., Die zoll- und handelspolitischen Auswirkungen der Weltwirtschaftskrise von 1857–59, WA 38. 1933, 368–83.
–, Bureaucracy, Aristocracy and Autocracy. The Prussian Experiment, 1660–1815, Cambridge/Mass. 1958, 1966².
–, Political and Social Consequences of the Great Depression of 1873–96 in Central Europe, EHR 13. 1943, 58–73.
–, Große Depression und Bismarckzeit, Wirtschaftsablauf, Gesellschaft und Politik in Mitteleuropa, Berlin 1967.
–, The Economic Impact of Imperial Germany, Agricultural Policy, JEH, Suppl. 3, The Tasks of Economic History, 1943, 101–7 (dt. in: ders., Probleme der deutschen Sozialgeschichte, Frankfurt 1969).
–, Die Pseudodemokratisierung der Rittergutsbesitzerklasse, in: Moderne Deutsche Sozialgeschichte, Köln 1968², 287–308.

–, The Struggle for a German-Austrian Customs Union, 1815–1939, The Slavonic and East European Review 14. 1936, 332–342.
–, Die Weltwirtschaftskrisis von 1857–59, Stuttgart 1934.
–, Wirtschaftskonjunktur, Gesellschaft und Politik in Mitteleuropa, 1873–96, in: Moderne Deutsche Sozialgeschichte, Köln 1968⁸, 225–53.
Rosenstock-Huessy, E., Die Europäischen Revolutionen und der Charakter der Nationen, Stuttgart 1962³.
Ross, A., New Zealand Aspirations in the Pacific in the 19th Century, Oxford 1964.
Rost, S., Bismarcks Kolonialpolitik im Spiegel der fränkischen Presse, phil. Diss. Erlangen 1957, MS.
Rostow, W. W., The Economics of Take-Off into Sustained Growth, London 1963.
–, British Economy of the 19th Century, London 1948.
–, Investment and the Great Depression, EHR 7. 1938, 136–58.
–, The Process of Economic Growth, N. Y. 1962.
–, Leading Sectors and the Take-Off, in: ders. Hg., The Economics of Take-Off into Sustained Growth, London 1963, 1–21.
–, The Stages of Economic Growth, N. Y. 1962 (dt. Stadien wirtschaftlichen Wachstums, Gött. 1967²).
–, The Take-Off into Self-Sustained Growth, EJ 66. 1956, 25–48.
Rothfels, H., Zeitgeschichtliche Betrachtungen, Göttingen 1959.
–, Bismarck und Marx, Jahresheft 1959/60 der Heidelberger Akademie der Wissenschaften, Heidelberg 1961, 51–67.
–, Bismarck, der Osten und das Reich, Darmstadt 1960, 165–81.
–, Bismarck und der Staat, Darmstadt 1958².
–, Bismarcks englische Bündnispolitik, Stuttgart 1924.
–, Bismarcks Social Policy and the Problem of State Socialism in Germany, Sociological Review 30. 1938, 81–84, 288–302.
–, Zum 150. Geburtstag Bismarcks, VfZ 13. 1965, 225–35.
–, Zur Geschichte der Bismarckschen Innenpolitik, APG 7. 1926, 284–310.
–, Gesellschaftsform und auswärtige Politik, Laupheim 1952.
–, Th. Lohmann und die Kampfjahre der staatlichen Sozialpolitik, 1871–1905, Berlin 1927.
–, Prinzipienfragen der Bismarckschen Sozialpolitik, in: ders., Bismarck, der Osten und das Reich, Darmstadt 1960, 165–81.
–, Probleme einer Bismarck-Biographie, Deutsche Beiträge, 2, München 1948, 162–83.
–, Sinn und Grenzen des Primats der Außenpolitik, in: ders., Zeitgeschichtliche Betrachtungen, Göttingen 1958, 167–78.
–, Zur Stellung Bismarcks im deutschen Geschichtsbild, GWU 12. 1961, 209–20.
Rothstein, M., America in the International Rivalry for the British Wheat Market, 1860–1914, Mississippi Valley Historical Review 47. 1960, 401–18.
Rottsahl, R., Bismarcks Reichseisenbahnpolitik, phil. Diss. Frankfurt, Gelnhausen 1936.
v. Rottenburg, F., Eine falsche Anklage gegen den Fürsten Bismarck, DRev. 31. 1906, IV, 273–84.
Ruby, J., Die Badische Bank, 1870–1908, Karlsruhe 1911.
Rudin, H. R., Germans in the Cameroons, 1884–1918, New Haven 1938.
Ruedorffer, J. J., (d. i. K. Riezler), Grundzüge der Weltpolitik in der Gegenwart, Berlin 1914.
v. Rummel, F., Das Ministerium Lutz und seine Gegner, 1871–1882, München 1935.
Deutsche Rundschau für Geographie und Statistik, 1. 1879–2. 1880.
Russier, H., Le partage de l'Oceanie, Paris 1905.
Rust, H., Reichskanzler Fürst Chlodwig zu Hohenlohe-Schillingsfürst, Düsseldorf 1897.
Ryden, G. H., The Foreign Policy of the United States in Relation to Samoa, New Haven 1933.
S., F., Zur Dampfersubventionsvorlage, Gv. 43. 1884, IV, 57–60.
Saile, W., H. Wagener u. sein Verhältnis zu Bismarck, Tübingen 1958.
Salin, E., Zur Methode und Aufgabe der Wirtschaftsgeschichte, Sch. Jb. 45. 1921, 483–505.
Salomon, F., Der britische Imperialismus, Leipzig 1916.
Salomon-Delatour, G., Politische Soziologie, Stuttgart 1959.
Die Samoavorlage im Reichstage, Berlin 1880.
Sanders, L., Die Geschichte der Deutschen Kolonialgesellschaft für Deutschsüdwestafrika, 2 Bde., Berlin 1912.
Sanderson, G. N., The Anglo-German Agreement of 1890 and the Upper Nile, Eng. HR 78. 1963, 49–72.
–, England, Europe, and the Upper Nile, 1882–99, Edinburgh 1965.
Saposs, D. J., The Role of the Middle Class in Social Development: Fascism, Populism, Communism, Socialism, in: Festschrift W. C. Mitchell, N. Y. 1935, 395–424.

Sartorius v. Waltershausen, A., Deutsche Wirtschaftsgeschichte, 1815–1914, Jena 1923².
Sass, J., Deutsche Weißbücher zur auswärtigen Politik, 1870–1914, Berlin 1928.
Sauer, W., National Socialism: Totalitarianism or Fascism, AHR 73. 1967, 404–24.
–, Das Problem des Deutschen Nationalstaats, in: Moderne Deutsche Sozialgeschichte, Köln 1968², 407–36, u. in: H. Böhme Hg., Probleme der Reichsgründungszeit, 1848–79, Köln 1968 (NWB 26), 448–79.
Sauermann, H., Kapitalbildung u. Kapitalverwendung im volkswirtschaftlichen Wachstumsprozeß, Sch. VfS NF 5. 1953, 25–43.
Saul, S. B., Comments, WA 79. 1957, II, 105–9.
–, The Economic Significance of »Constructive Imperialism«, JEH 17. 1957, 184–96.
Saur, L., Die Stellungnahme der Münchener Presse zur Bismarckschen Kolonialpolitik, phil. Diss. München, Würzburg 1940.
Schacht, H. H. G., Zur Finanzgeschichte des Ruhrkohlenbergbaus, Sch. Jb. 37, 1913, 1231–69.
Schack, F., Das deutsche Kolonialrecht, Hamburg 1923.
Schade, K. H., Die politische Vertretung der deutschen Landwirte seit 1867, landwirt. Diss. Bonn 1956 (MS).
Schäfer, H., Die Geschichte von Herne, Herne 1912.
Schäffle, A., Der große Börsenkrach des Jahres 1873, ZfGS 30. 1874, auch: ders., Gesammelte Aufsätze, II, Tübingen 1886, 67–131.
–, Die Kartelle, ebda., I, Tübingen 1885, 150–57.
–, Die Quintessenz des Sozialismus, Gotha 1878³.
Schäffner, R., Zur Geschichte der Agrarkrisen im 19. Jh., staatswiss. Diss. Heidelberg, Bruchsal 1933.
Scharlach, J., Koloniale und politische Aufsätze und Reden, Hg. H. v. Poschinger, Berlin 1903.
Schatz, S. P., Economic Imperialism Again, Social Research 28. 1961, 355–58.
Schauer, C., Die Preußische Bank, Halle 1912.
Scheer, R., Vom Segelschiff zum U-Boot, Leipzig 1929.
Schelle, K., Die langen Wellen der Konjunktur, staatswiss. Diss. Tübingen 1951 (MS).
v. Scherzer, K., Wirtschaftliche Tatsachen zum Nachdenken, Leipzig 1881.
Schieder, Th., Bismarck, gestern und heute, Das Parlament, 31. 3. 1965, Beil.
–, Political and Social Developments in Europe, NCMH 11. 1962, 243–73.
–, Europa im Zeitalter der Nationalstaaten u. europäische Weltpolitik bis zum I. Weltkrieg, in: ders. Hg., Handbuch der Europäischen Geschichte, VI, Stuttgart 1968, 1–196.
–, Die geschichtlichen Grundlagen und Epochen des deutschen Parteiwesens, in: ders., Staat und Gesellschaft im Wandel unserer Zeit, München 1958, 133–71.
–, Über Ideen und Ideologien in der Geschichte, in: Festschrift P. H. Pfeiffer, Düsseldorf 1965, 521–30.
–, Imperialismus, in: K. Strupp – H. J. Schlochauer, Wörterbuch des Völkerrechts, II, Berlin 1961, 5–10.
–, Imperialismus in alter und neuer Sicht, Moderne Welt 2. 1960, 3–18.
–, Das deutsche Kaiserreich von 1871 als Nationalstaat, Köln 1961.
–, Die historischen Krisen im Geschichtsdenken J. Burckhardts, in: ders., Begegnungen mit der Geschichte, Göttingen 1962, 129–62.
–, Möglichkeiten und Grenzen vergleichender Methoden in der Geschichtswissenschaft, HZ 200. 1965, 529–51; auch: ders., Geschichte als Wissenschaft, München 1965, 187–211.
–, Das Problem der Revolution im 19. Jh., in: ders., Staat und Gesellschaft, München 1958, 11–57.
–, Das Reich unter der Führung Bismarcks, in: Deutsche Geschichte im Überblick, Hg. P. Rassow, Stuttgart 1953, 523–72 (1962²).
–, Staat und Machtpolitik im Industriezeitalter, in: ders., Staat und Gesellschaft, München 1958, 89–109.
–, Typologie und Erscheinungsformen des Nationalstaats in Europa, HZ 202. 1966, 58–81.
Schiel, A., 23 Jahre Sturm und Sonnenschein in Südafrika, Leipzig 1902.
Schilling, K., Beiträge zu einer Geschichte des radikalen Nationalismus in der wilhelminischen Ära, 1890–1909, phil. Diss. Köln 1967.
Schippel, M., Das moderne Elend und die moderne Übervölkerung, in: M. Wirth, Wagner, Rodbertus, Bismarck, Leipzig 1883, 1885², 221–326.
Schlenker, M., Die wirtschaftliche Entwicklung Elsaß-Lothringens, 1871–1918, in: Das Reichsland Elsaß-Lothringen, I, Frankfurt 1931.
Schlier, O., Der deutsche Industriekörper seit 1860, Tübingen 1922.
Schlote, W., British Overseas Trade from 1700 to the 1930's, Oxford 1952 (dt.: Entwicklungen u. Strukturwandlungen des englischen Außenhandels von 1700 bis zur Gegenwart, Jena 1938).
Schmack, K., J. C. Godeffroy und Söhne, Hamburg 1938.
Schmitt, K., Der Nomos der Erde, Köln 1950.

Schmitz, O., Die Bewegung der Warenpreise, Berlin 1903.
Schmölders, G., Konjunkturen und Krisen, Hamburg 1955.
Schmokel, W. W., Dreams of Empire, German Colonialism, 1919–45, New Haven 1954 (dt.: Der Traum vom Reich. Der deutsche Kolonialismus, 1918–45, Gütersloh 1967).
Schmoller, G. u. a., Zu Bismarcks Gedächtnis, Leipzig 1899².
–, Briefe über Bismarcks volkswirtschaftliche und sozialpolitische Stellung und Bedeutung, Soziale Praxis 7. 1898, 1241–49, 1273–79, 1297–1306, 1353–63; auch: ders., Charakterbilder, München 1913, 27–76.
–, Die Soziale Frage, München 1918.
–, Die soziale Frage und der preußische Staat, PJ 33. 1874, 323–42.
–, Grundriß der Volkswirtschaftslehre, 2 Bde., Leipzig 1904².
–, Die amerikanische Konkurrenz und die Lage der mitteleuropäischen, besonders der deutschen Landwirtschaft, Sch. Jb. 6. 1882, 247–84.
–, Korreferat über die Zolltarifvorlage, Sch. VfS 16. 1879, 19–29.
–, Nachschrift zu K. Rathgen, Der Deutsche Handel in Ostasien, Sch. Jb. 9. 1885, II, 232.
–, Zur Sozial- und Gewerbepolitik der Gegenwart, Leipzig 1890.
–, Die Wandlungen der europäischen Handelspolitik im 19. Jh., Sch. Jb. 24. 1900, 373–82.
–, Die wirtschaftliche Zukunft Deutschland und die Flottenvorlage, in: ders. u. a., Handels- und Machtpolitik, Stuttgart 1900, I, 1–38.
Schneider, L., Der Arbeiterhaushalt im 18. u. 19. Jh., Berlin 1967.
Schneider, O., Bismarcks Finanz- und Wirtschaftspolitik, München 1912.
–, Bismarck und die preußisch-deutsche Freihandelspolitik, 1862–76, Sch. Jb. 34. 1910, 1048–1108.
Schneider, R., Die Entwicklung des niederrheinisch-westfälischen Bergbaus und der Eisenindustrie seit der Mitte des 19. Jhs., Bochum 1899.
Schön, M., Die deutsche Auswanderung und Kolonisation, München 1888.
Schönemann, J., Die deutsche Kali-Industrie, Hannover 1911.
Schönlank, B., Die Kartelle, Archiv für soziale Gesetzgebung und Statistik, 3. 1890, 489–538.
Schoeps, H. J., Ein Beitrag zur Ideengeschichte des Sozialismus – R. Meyer und der Ausgang der Sozialkonservativen, in: ders., Studien zur unbekannten Religions- und Geistesgeschichte, Göttingen 1963, 335–44.
Schofield, J. M., u. Alexander, B. S., Report on Pearl Harbor, 1873, AHR 30. 1925, 561–9.
Scholefield, G. H., The Pacific, London 1919.
v. Scholz, A., Erlebnisse und Gespräche mit Bismarck, Stuttgart 1922.
Schraepler, E., Die politische Haltung des liberalen Bürgertums im Bismarckreich, GWU 5. 1954, 529–44.
Schramm, P. E., Der deutsche Anteil an der Kolonialgeschichte bis zur Gründung eigener Kolonien, in: Göttinger Beiträge zur Kolonialgeschichte, Göttingen 1940, 34–63.
–, Deutschland und Übersee, Berlin 1950.
–, Deutschlands Verhältnis zur englischen Kultur nach der Begründung des Neuen Reiches, in: Festschrift S. A. Kaehler, Düsseldorf 1950, 289–319.
–, Englands Verhältnis zur deutschen Kultur zwischen der Reichsgründung und der Jahrhundertwende, in: Festschrift H. Rothfels, Düsseldorf 1951, 135–75.
–, Hamburg, Deutschland und die Welt, Hamburg 1952².
–, Das 19. Jh. Europa im Zeichen der Kräfteausweitung nach Übersee, Die Sammlung 3. 1948, 457–70.
Schramm, R., Verfall Bismarckischer Herrschaft, Mailand 1882.
Schraut, M., System der Handelsverträge und die Meistbegünstigungsklausel, Leipzig 1884.
Schreinert, K. Hg., Briefe Th. Fontanes an G. Friedländer, Heidelberg 1954.
Sch. VfS 49, Leipzig 1892.
Schröder, E., C. F. v. Stockmar, Essen 1950.
–, A. v. Stosch, Berlin 1939.
Schröder, H.-C., Aspekte historischer Rückständigkeit im ursprünglichen Marxismus, in: Festschrift Th. Schieder, München 1968, 199–218.
–, Einleitung, J. A. Hobson, Imperialismus, Köln 1968, 9–27.
–, Sozialismus und Imperialismus, I, Hannover 1968.
Schröter, A. u. Becker, W., Die deutsche Maschinenbauindustrie in der Industriellen Revolution, Berlin 1962.
Schubert, H. R., The Steel Industry, in: C. Singer u. a., The History of Technology, V, Oxford 1958, 53–71.
Schuchardt, J., Die Wirtschaftskrise vom Jahre 1866 in Deutschland, JbW 1962, II, Berlin 1962, 91–141.
Schüddekopf, E.-O., Die Stützpunktpolitik des Deutschen Reiches, 1870–1914, Berlin 1941.

Schünemann, K., Die Stellung Österreich-Ungarns in Bismarcks Bündnispolitik, APG 7. 1925, 118–52.
Schüssler, A., Lüderitz, Berlin 1936.
Schulthess' Europäischer Geschichtskalender 25. 1884.
Schultz, B., Die volkswirtschaftliche Bedeutung der Eisenbahnen, Jena 1922.
Schulz, G., Über Entstehung und Formen der Interessengruppen, PVS 2. 1961, 124–54.
Schulze, B., Der Disconto-Ring und die deutsche Expansion 1871–1890, phil. Diss. Leipzig 1965, MS.
Schulze, H., Die Presse im Urteil Bismarcks, Leipzig 1931.
Schulze-Delitzsch, H., Schriften und Reden, Hg. F. Thorwart, II, Berlin 1910.
v. Schulze-Gävernitz, G., Der Großbetrieb, Leipzig 1892.
–, Britischer Imperialismus und Englischer Freihandel, Leipzig 1906.
Schumpeter, J. A., Capitalism, Socialism and Democracy, London 1957⁴ (dt.: Kapitalismus, Sozialismus u. Demokratie, Bern 1950²).
–, Geschichte der ökonomischen Analyse, 2 Bde., Göttingen 1965.
–, Konjunkturzyklen, 2 Bde., Göttingen 1961.
–, Die Krise des Steuerstaates, in: ders., Aufsätze zur Soziologie, Tübingen 1953, 1–71.
–, Zur Soziologie der Imperialismen, ASS 46–1918, 1–39, 275–310, u. ders., Aufsätze zur Soziologie, Tübingen 1953, 73–146.
–, Theorie der wirtschaftlichen Entwicklung, Berlin 1952⁵.
–, Die Wellenbewegung des Wirtschaftslebens, ASS 39. 1915, 1–32.
Schunck, H., Die Ausfuhr landwirtschaftlicher Erzeugnisse aus dem Deutschen Reich seit 1880. staatswiss. Diss. Tübingen, Lübeck 1912.
Schunder, F., Tradition und Fortschritt. 100 Jahre Gemeinschaftsarbeit im Ruhrbergbau, Stutt. 1959.
Schupp, F., H. Freiherr v. Maltzan, Moderne Rundschau 3. 1891, 308–14.
Schuyler, E., American Diplomacy and the Furtherance of Commerce, N. Y. 1886, 1895².
Schwarz, B., Ein deutsches Indien und die Teilung der Erde, Leipzig 1884.
Schwarz, M. Hg., MdR. Biographisches Handbuch der deutschen Reichstage, Hannover 1965.
v. Schweinitz, L., Briefwechsel, Berlin 1928.
–, Denkwürdigkeiten, 2 Bde., Berlin 1927.
Schweitzer, G., Emin Pascha, Berlin 1898.
Seeber, G., Zwischen Bebel und Bismarck, Zur Geschichte des Linksliberalismus in Deutschland, 1871–1893, Berlin 1965.
Seidler, E. u. Freud, A., Die Eisenbahntarife in ihren Beziehungen zur Handelspolitik, Leipzig 1904.
Sell, M., Das deutsch-englische Abkommen von 1890 über Helgoland und die afrikanischen Kolonien im Lichte der deutschen Presse, phil. Diss. Köln 1926.
Semler, H., Die wahre Bedeutung und die wirtschaftlichen Ursachen der nordamerikanischen Konkurrenz in der landwirtschaftlichen Produktion, Wismar 1881.
Semmel, B., On the Economics of »Imperialism«, in: B. Hoselitz Hg., Economics and the Idea of Mankind, N. Y. 1965, 192–232.
–, Imperialism and Social Reform, 1885–1914, Cambridge 1960.
–, The Philosophical Radicals and Colonization, JEH 21. 1961, 513–25 (dt.: Imperialismus, Köln 1969).
Senate Executive Document 196, 49:1:1886.
Senate Report 393, 48:1:1884.
Senkel, W., Wollproduktion und Wollhandel im 19. Jh., ZfGS, Erg. Heft 2, Tübingen 1901.
Sering, M., Agrarkrisen und Agrarzölle, Berlin 1925.
–, Entwicklungslinien der landwirtschaftlichen Weltproduktion, WA 32. 1930, 223–34.
–, Geschichte der preußisch-deutschen Eisenzölle von 1818 bis zur Gegenwart, Leipzig 1882.
–, Die landwirtschaftliche Konkurrenz Nordamerikas, Leipzig 1887.
–, Die landwirtschaftliche Konkurrenz Nordamerikas in Gegenwart u. Zukunft, Sch. Jb. 12. 1888, 685–93.
Seward, F. W., Reminiscences of a War-Time Statesman and Diplomat, 1830–1915, N. Y. 1916.
Sewin, H., Wie kann dem deutschen Gewerbe durch Gründung überseeischer Kolonien geholfen werden?, Konstanz 1884.
Shannon, F. A., The Farmer's Last Frontier, 1860–97, N. Y. 1961².
Shaw, A. G. L., A Revision of the Meaning of Imperialism, The Australian Journal of Politics and History 7. 1961/62, 198–213.
Sheehan, J. J., The Career of Lujo Brentano, Chicago 1966.
–, Political Leadership in the German Reichstag, 1871–1918, AHR 74. 1968, 511–28.
Shepperson, G., Africa, the Victorians, and Imperialism, Revue Belge de Philologie et d'Histoire 40. 1962, 1228–38.

Shonfield, A., Geplanter Kapitalismus, Köln 1968.
Shukow, J. M., Die internationalen Beziehungen im Fernen Osten, 1870–1950, Berlin 1955.
Siemens, W., Lebenserinnerungen, Leipzig 1943.
Siemers, B., Japans Eingliederung in den Weltverkehr, 1853–1869, Berlin 1937.
–, Preußische Kolonialpolitik, 1861–62, Nippon 3. 1937, 20–26.
Silberner, E., Sozialisten zur Judenfrage, Berlin 1962.
Silberschmidt, M., Wirtschaftshistorische Aspekte der neueren Geschichte, HZ 171. 1951, 245–61.
Simon, H. A., Die Banken und der Hamburger Überseehandel, Stuttgart 1909.
Simon, M. u. Novack, D. E., Some Dimensions of the American Commercial Invasion of Europe, 1871–1914, JEH 24. 1964, 591–605.
Simon, V., Deutsche Kolonialgesellschaften, Zeitschrift für das gesamte Handelsrecht 34. 1887, 85–161.
Simonsfeld, H., Die Deutschen als Kolonisatoren in der Geschichte, Hamburg 1885.
Singer, H. W., Economic Progress in Underdeveloped Countries, Social Research 16. 1949, 1–11.
Slade, R., King Leopold's Kongo, London 1962.
Smith, W. B., u. Cole, A. H., Fluctuations in American Business, 1790–1860, Cambridge/Mass. 1935.
Snyder, C., Growth of World Trade vs. Basic Production, Revue de l'Institut International de Statistique, 2. 1934, 26–36.
Snyder, L. L. Hg., The Imperialism Reader, Princeton 1962.
–, The Role of Herbert v. Bismarck in the Angra Pequena Negotiations Between Germany and Britain, Journal of Negro History 35. 1950, 435–52.
Soetbeer, A., Die 5 Milliarden, Berlin 1874.
Soetbeer, H., Kosten der Beförderung von Getreide u. Sinken der Getreidepreise seit 1870, JNS 66. 1896, 866–81.
Solger, H., Für deutsche Kolonisation, Leipzig 1882.
Soltau, F., Statistische Untersuchungen über die Entwicklung u. die Konjunkturschwankungen des Außenhandels, VzK 1. 1926, Erg. H. 2, 15–48.
Sombart, W., Entwickeln wir uns zum Exportindustriestaat?, Soziale Praxis 8. 1898/99, 633–37.
Sonnemann, R., Die Auswirkungen des Schutzzolls auf die Monopolisierung der deutschen Eisen- und Stahlindustrie, 1879–92, Berlin 1960.
– u. Richter, S., Zur Rolle des Staates beim Übergang vom vormonopolistischen Kapitalismus zum Imperialismus in Deutschland, JbW 1964, II/III, 240–55.
Sontag, R. J., European Diplomatic History, 1871–1932, London 1932.
–, Germany and England, 1848–94, N. Y. 1964².
Soyaux, H., Deutsche Arbeit in Afrika, Leipzig 1888.
–, Der deutsche Reichstag und die deutsche Afrikaforschung, Gb. 37. 1878, II, 213–17.
v. Sp., H., Die deutschen Handelsbeziehungen zu den Südseeinseln, Geg. 16. 1879, 409–11.
Spellmayer, H., Deutsche Kolonialpolitik im Reichstag, Stuttgart 1931.
Spiethoff, A., Krisen, HSt 6. 1925⁴, 8–91.
–, Overproduction, ESS VI/1, 513–17.
–, Vorbemerkungen zu einer Theorie der Überproduktion, Sch. Jb. 26. 1902, 721–59.
–, Die wirtschaftlichen Wechsellagen, Hg. E. Salin, 2 Bde., Tübingen 1955.
Spiller, R. E. u. a., Literary History of the United States, 2 Bde., N. Y. 1948.
Das Tagebuch der Baronin Spitzemberg, Hg. R. Vierhaus, Göttingen 1960.
Springer, M., Napoleon III., ein Vorläufer des modernen Imperialismus, APG 9. 1927, 443–56.
v. Srbik, H., Geist und Geschichte vom deutschen Humanismus bis zur Gegenwart, 2 Bde., München 1950/51.
Das Staatsarchiv 36. 1880–46. 1886.
Die Preußische Staatsbank (Seehandlung), 1772–1922, Hg. v. Dombois, Berlin 1922.
Stadelmann, R., Deutschland und die westeuropäischen Revolutionen, in: ders., Deutschland und Westeuropa, Leupheim 1948.
–, Soziale und Politische Geschichte der Revolution von 1848, München 1948, 1962².
–, Das Jahr 1865 und das Problem von Bismarcks deutscher Politik, München 1933.
–, Der neue Kurs in Deutschland, GWU 4. 1953, 538–64.
Staley, E., War and the Private Investor, N. Y. 1935.
Stanley, H. M., The Congo and the Founding of its Free State, 2 Bde., N. Y. 1885 (dt.: Der Kongo u. die Gründung des Kongostaats, 2 Bde., Leipzig 1885).
Historical Statistics of the United States, Washington 1961².
Statistik der Bundesrepublik Deutschland, Bd. 199, Stuttgart 1958.
Statut der Deutsch-Ostafrikanischen Gesellschaft, Berlin 1886.
Stead, W. T., History of Mystery, London 1897.

Steffan, F., u. Diehm, W., Die Bayerische Staatsbank, 1870–1955, München 1955.
Steglich, W., Beitrag zur Problematik des Bündnisses zwischen Junkern und Bourgeoisie in Deutschland 1870–80, Wiss. Zeitschrift der Humboldt-Universität Berlin, Gesellschafts- u. sprachwiss. Reihe 9. 1959/60, 323–40.
–, Eine Streiktabelle für Deutschland, 1864–80, JbW 1960/II, Berlin 1961, 235–83.
Steigerwalt, A. K., The National Association of Manufacturers, 1895–1914, Ann Arbor 1964.
Steimle, T., Bismarck als Sozialpolitiker, Sch. Jb. 64. 1940, 737–47.
Steinberg, J., Yesterday's Deterrent. Tirpitz and the Birth of the German Battle Fleet, London 1965.
Steinmann-Bucher, A., Die Reform des Konsulatswesens aus dem volkswirtschaftlichen Gesichtspunkte, Berlin 1884.
Steinthal, M., H. Wallich, Der Deutsche Volkswirt 2. 1928, 1230–33.
v. Stengel, K., Die deutschen Kolonialgesellschaften, ihre Verfassung u. ihre rechtliche Stellung, Sch. Jb. 12. 1888, 219–84.
Stengers, J., L'impérialisme colonial de la fin du XIXe siècle, Mythe ou réalité, JAH 3. 1962, 469–91.
–, British and German Imperial Rivalry: A Conclusion, in: Britain and Germany in Africa, New Haven 1967, 237–47.
–, La place de Léopold II. dans l'histoire de la colonisation, La Nouvelle Clio 1/2. 1949/50, 513–36.
Stern, F., The Politics of Cultural Despair, Berkeley 1961; dt.: Der Kulturpessimismus als politische Gefahr, München 1963.
–, Bethmann Hollweg u. der Krieg: die Grenzen der Verantwortung, Tübingen 1968.
–, The Political Consequences of the Unpolitical German, History 3. N. Y. 1960, 104–34.
Sternberg, F., Die extensive Ausdehnung der kapitalistischen Produktionsweise, Kölner Vierteljahrshefte für Soziologie 8. 1929, 165–89.
–, Der Imperialismus, Berlin 1926.
–, Kapitalismus und Sozialismus vor dem Weltgericht, Hamburg 1951.
–, Der »Imperialismus« und seine Kritiker, Berlin 1929.
–, Krise und Außenhandel, WA 29. 1929, I, 247–73.
Stieda, W., Deutschlands Handel in Ozeanien und Australien, Das Ausland 57. 1884, 706, 724.
–, Südseegesellschaften, HSt 6. 1901^2, 1179–83.
Stoecker, H., Deutschland und China im 19. Jh., Berlin 1958.
–, Dokumente zur deutschen Politik in der Frage der Industrialisierung Chinas, 1889–94, ZfG 5. 1957, 603–6.
–, Der Eintritt Preußens und Deutschlands in die Reihe der in China bevorrechteten Mächte, ZfG 5. 1957, 249–63.
–, Hg., Handbuch der Verträge, 1871–1964, Berlin 1968.
– Hg., Kamerun unter deutscher Kolonialherrschaft, I, Berlin 1960; II, Berlin 1968.
–, Zur Politik Bismarcks in der englisch-russischen Krise von 1885, ZfG 4. 1956, 1187–1202.
Stoecklin, J., Les colonies et l'emigration allemande, Paris 1888.
Stöpel, F., Die Handelskrisis in Deutschland, Frankfurt 1875.
Stokes, E., Imperialism and the Scramble for Africa, o. O. 1963.
Stolberg-Wernigerode, O., Deutschland und die Vereinigten Staaten im Zeitalter Bismarcks, Berlin 1933.
Strachey, J., The End of Empire, London 1959.
Streisand, J. Hg., Studien über die deutsche Geschichtswissenschaft, 2 Bde., Berlin 1963/65.
Strohschneider, G., Die Stellungnahme der Hamburger Presse als Ausdruck der öffentlichen Meinung zu den Anfängen der Bismarckschen Kolonialpolitik, phil. Diss. Hamburg 1955, MS.
Strousberg, B., Dr. Strousberg und sein Wirken, Berlin 1877.
Struck, E., Die Weltwirtschaft und die deutsche Volkswirtschaft in den Jahren 1881–83, Sch. Jb. 9. 1885, 1283–1300.
Strupp, K. Hg., Wörterbuch des Völkerrechts, I, II, Berlin 1924/25.
– u. Schlochauer, H. J. Hg., Wörterbuch des Völkerrechts, 3 Bde., Berlin 1960/62.
Stucken, R., Deutsche Geld- u. Kreditpolitik, 1914–1953, Tübingen 1964^3.
Studensky, A., Entwicklungslinien der landwirtschaftlichen Weltproduktion, WA 31. 1930, 471–90.
Studenski, P., The Income of Nations, N. Y. 1958.
Stuebel, H., Staat und Banken im preußischen Anleihewesen, 1871–1913, Berlin 1935.
Stützel, W., Konjunkturbeobachtung, -theorie, Enzyklopädisches Lexikon des Geld-, Bank- u. Börsenwesens, II, Frankfurt 1957, 1013–17, 1027–39.
Stuemer, W., 50 Jahre Deutsche Kolonialgesellschaft, Berlin 1932.
Stuhlmacher, W., Bismarcks Kolonialpolitik, Halle 1927.
Stuhlmann, F. Hg., Die Tagebücher von Dr. Emin Pascha, IV, Braunschweig 1927.

v. Stumm-Halberg, Reden, Hg. A. Tille, II, Saarbrücken 1906.
Sturz, J. J., Der wiedergewonnene Weltteil, ein neues gemeinsames Indien, Berlin 1877².
Stuth, H., Preußisch-deutsche Innenpolitik zum Schutze der Landwirtschaft im letzten Viertel des 19. Jhs., wiso. Diss. Köln, Gelsenkirchen 1927.
Suchan, E., Die deutsche Wirtschaftstätigkeit in der Südsee vor der ersten Besitzergreifung, phil. Diss. Berlin, Hamburg 1940.
Sumner, B. H., Tsardom and Imperialism in the Far and Middle East, 1880–1914, Proceedings of the British Academy 1941, London o. J., 25–65 (dt.: Imperialismus, Köln 1969).
Supan, A., Die territoriale Entwicklung der europäischen Kolonien, Gotha 1906.
Supple, B. E. Hg., The Experience of Economic Growth, N. Y. 1963.
Suttner, I., Die Sonderstellung des Getreidemarkts in der deutschen Handelspolitik, staatswiss. Diss München 1946 (MS).
Svennilson, I., Growth and Stagnation in the European Economy, Genf 1954.
Sweezy, P., The Present as History, N. Y. 1962².
–, Theorie der kapitalistischen Entwicklung, Köln 1959.
Symons, A., Emin. The Governor of Equatoria, London 1928.
Syrup, F. u. Neuloh, O., Hundert Jahre staatliche Sozialpolitik, 1839–1939, Stuttgart 1957.
v. Szczepanski, M., Rankes Anschauungen über den Zusammenhang zwischen der auswärtigen u. der inneren Politik, ZfP 7. 1914, 489–623.
Taffs, W., Ambassador to Bismarck, Lord O. Russell, London 1938.
Tarnowski, H., Die deutschen IHK u. die großen geistigen, politischen und wirtschaftlichen Strömungen ihrer Zeit, staatswiss. Diss. Mainz 1952.
v. Taube, A., Fürst Bismarck zwischen England und Rußland, phil. Diss. Tübingen, Stuttgart 1923.
Tawney, R. H., The Acquisitive Society, N. Y. 1948².
Taylor, A. J. P., Bismarck, München 1962.
–, The Course of German History, N. Y. 1962².
–, Germany's First Bid for Colonies, 1884/85, London 1938.
–, British Policy in Morocco, 1886–1902, Eng. HR 66. 1951, 342–74.
–, The Struggle for Mastery in Europe, 1848–1918, Oxford 1954.
Taylor, G. R., The Transportation Revolution. 1815–60, N. Y. 1962².
Taylor, O. H., Schumpeter and Marx: Imperialism and Social Classes in the Schumpeterian System, QJE 65. 1951, 525–55.
Techentin, K., H. v. Stephan, Leipzig 1899.
Teschner, M., Wirtschaftskonjunkturbewegung u. -theorie, Handwörterbuch der Betriebswirtschaft, IV, Stuttgart 1962³, 6407–23.
Theophile, R., Die Verschuldung des deutschen ländlichen Grundbesitzes u. die Entschuldungsmaßnahmen im 19. u. 20. Jh., wiso. Diss. Frankfurt 1934.
Thieme, H., Statistische Materialien zur Konzessionierung von Aktiengesellschaften in Preußen bis 1867, JbW 1960/II, Berlin 1961, 285–300.
Thieme, K., Bismarcks Sozialpolitik, APG 9. 1927, 382–407.
Thimme, A., H. Delbrück als Kritiker der wilhelminischen Epoche, Düsseldorf 1955.
Thimme, F., Das Memorandum E. A. Crowes vom 1. 1. 1907, BM 7. 1929, 732–68.
–, Das »berühmte Schwindeldokument« E. A. Crowes, BM 7. 1929, 874–9.
Thomson, R. S., Fondation de l'état indépendant du Congo, Brüssel 1933.
–, Léopold II. et le Congo, Le Congo 12. 1931, I, 167–96.
–, Léopold II. et la Conférence de Berlin, Le Congo 12. 1931, II, 325–52.
–, Léopold II. et H. S. Sanford, Le Congo 11. 1930, II, 295–331.
Thorner, D., Investment in Empire, India 1825–49, Philadelphia 1950.
Thornton, A. P., British Policy in Persia, Eng. HR 69. 1954, 554–79; 70. 1955, 55–71, auch in: ders., For the File on Empire, London 1968, 171–218.
–, Rivalries in the Mediterranean, the Middle East, and Egypt, 1870–98, NCMH 11, 567–592.
–, Doctrines of Imperialism, N. Y. 1966.
–, The Imperial Idea and Its Enemies, N. Y. 1959.
Thorp, W. L., Business Annals, N. Y. 1926.
Thorson, W. B. C., de Freycinet, French Empire Builder, in: Research Studies of the State College of Washington 12. 1944, 257–82.
Thrupp, S. L., The Role of Comparison in the Development of Economic Theory, JEH 17. 1957, 554–70.
v. Thudichum, F. K. W., Bismarcks parlamentarische Kämpfe und Siege, II, Stuttgart 1890.
Thun, A., Der 19. volkswirtschaftliche und der 1. handelsgeographische Kongreß in Berlin im Okt. 1880, Sch. Jb. 5. 1881, 319–31.

–, Die Industrie am Niederrhein und ihre Arbeiter, 2 Bde., Leipzig 1879.
–, Zur Kolonialfrage, Geg. 26. 1884, 375 f.
Thurn, M., Landwirtschaftliche Preisstützungen, wiso. Diss. Köln, Emsdetten 1936.
v. Thiedemann, C., Aus 7 Jahrzehnten, II: 6 Jahre Chef der Reichskanzlei, Leipzig 1909.
Tilly, R., The Political Economy of Public Finance and the Industrialization of Prussia, 1815–66, JEH 26. 1966, 484–97.
–, Germany 1815–70, in: R. E. Cameron u. a., Banking in the Early Stages of Industrialization, N. Y. 1967, 151–82.
–, Financial Institutions and Industrialization in the Rhineland, 1815–70, Madison 1966.
v. Tirpitz, A., Erinnerungen, Leipzig 1920².
de Tocqueville, A., L'ancien régime et la révolution, Œuvres complètes, II, Paris 1952.
–, Über die Demokratie in Amerika, I, Stuttgart 1959.
Topitsch, E., Hg., Logik der Sozialwissenschaften, Köln 1965 (NWB 6).
Tormin, W., Geschichte der deutschen Parteien seit 1848, Stuttgart 1966.
Totzke, A., Deutschlands Kolonien und seine Kolonialpolitik, Minden 1885.
Townsend, M. E., u. Peak, C. H., European Colonial Expansion Since 1870, N. Y. 1941.
–, The Impact of Imperial Germany, Commercial and Colonial Policies, JEH, Suppl. The Tasks of Economic History, 1943, 124–34, auch in: G. H. Nadel u. P. Curtis Hg., Imperialism and Colonialism, N. Y. 1964, 130–39.
–, Macht und Ende des Deutschen Kolonialreichs, Leipzig 1932.
–, Origins of Modern German Colonialism, 1871–85, N. Y. 1921.
–, The Rise and Fall of Germany's Colonial Empire, 1884–1918, N. Y. 1930.
Trachtenberg, J., Monetary Crises, 1821–1938, Moskau 1939.
Trautmann, F. E., Das Problem der Wirtschaftskrisen in der klassischen Nationalökonomie, staatswiss. Diss. München 1926.
Tregonning, K. G., American Activity in North Borneo, 1865–81, PHR 23. 1954, 357–72.
–, Under Chartered Company Rule, North Borneo 1881–1946, Singapur 1958.
v. Treitschke, H., Historische und Politische Aufsätze, II, Leipzig 1886⁵.
–, Deutsche Kämpfe, Leipzig 1896.
–, Politik, 2 Bde., Berlin 1922⁵.
–, Die ersten Versuche deutscher Kolonialpolitik, PJ 54. 1884, 555–66, auch: ders., Deutsche Kämpfe, 334–52.
Treue, Wilh., Die Feuer verlöschen nie. A. Thyssen-Hütte 1819–1926, Düsseldorf 1966.
–, Die Geschichte der Ilseder Hütte, Peine 1960.
–, Konzentration u. Expansion als Kennzeichen der politischen u. wirtschaftlichen Geschichte Deutschlands im 19. u. 20 Jh., Dortmund 1966.
–, Deutsche Wirtschaftsführer im 19. Jh., HZ 167. 1943, 548–65.
–, Wirtschafts- und Sozialgeschichte Deutschlands im 19. Jh., in: B. Gebhardt, Handbuch der Deutschen Geschichte, III, Stuttgart 1960⁸, 314–413.
Treue, Wolfg., Koloniale Konzessionsgesellschaften, KR 33. 1942, 173–83.
–, Die Jaluit-Gesellschaft, Tradition 7. 1962, 107–23.
–, Hg., Deutsche Parteiprogramme, 1861–1954, Göttingen 1961².
Treuge, M., Bismarck und die Entstehung des Deutschen Kolonialreiches, KR 29. 1938, 69–79.
Treutler, H., Die Wirtschaftskrise von 1857, Hamburger Überseejahrbuch 1927, 301–20.
Trimble, W., Historical Aspects of the Surplus Food Production of the United States, 1862–1902, in: Annual Report of the American Historical Association 1918, I, 223–39.
Troeltsch, E., Aufsätze zur Geistesgeschichte u. Religionssoziologie (Ges. Schriften IV), Tübingen 1925.
–, Der Historismus u. seine Probleme (Ges. Schriften III), Tübingen 1922.
Troeltsch, W., Über die neuesten Veränderungen im deutschen Wirtschaftsleben, Berlin 1899.
Tsiang, T. F., Labor and Empire, A Study of the Reaction of British Labor to British Imperialism Since 1880, N. Y. 1923.
Tucker, G. S. L., Progress and Profits in British Economic Thought, 1650–1850, Cambridge 1960.
Tullock, G., Hobson's Imperialism, Modern Age 7. 1963, 157–61.
Turlington, E., Mexico and Her Foreign Creditors, N. Y. 1930.
Turner, H. A., Bismarck's Imperialist Venture. Anti-British in Origin?, in: Britain and Germany in Africa, New Haven 1957, 47–82.
Tyler, J. E., The Struggle for Imperial Unity, 1868–95, London 1938.
v. Tyszka, C., Löhne und Lebenskosten in Westeuropa im 19. Jh., München 1914.
Ullner, R., Die Idee des Föderalismus im Jahrzehnt der deutschen Einigungskriege, Lübeck 1965.

United States Department of Agriculture, Report 1883.
Utsch, R., Die Entwicklung und volkswirtschaftliche Bedeutung des Eisenerzbergbaus und der Eisenindustrie im Siegerland, staatswiss. Diss. Tübingen, Görlitz 1913.
Vagts, A., Deutschland u. die Vereinigten Staaten in der Weltpolitik, 2 Bde., N. Y. 1935.
–, Hopes and Fears of an American-German War, 1871–1915, PSQ 54. 1939, 514–35.
Valentin, V., Geschichte der Deutschen, 2 Bde., Berlin 1947².
–, Foreign Policy and High Finance in the Bismarckian Period, JCEA 5. 1945/46, 165–75.
Varga, E., World Economic Crises, 1848, 1935, I, Comparative Data For the Leading Capitalist Countries, Moskau 1937.
Veblen, T., Imperial Germany and the Industrial Revolution (1915), Ann Arbor 1966.
Verhandlungen des Deutschen Handelstags, 8. 1878, Berlin 1878 – 16. 1889, Berlin 1889.
Verträge und Übereinkünfte des Deutschen Reichs mit den Samoa-Inseln, Hamburg 1879.
Victor, M., Das sog. ›Gesetz der abnehmenden Außenhandelsbedeutung‹, WA 36. 1932, 59–85.
Letters of Queen Victoria, 2. S., III, London 1928.
Vierhaus, R., O. v. Bismarck, Der Bär von Berlin – Jahrbuch des Vereins für die Geschichte Berlins 15. 1966, 166–89.
Viëtor, J. K., Die wirtschaftliche und kulturelle Entwicklung unserer Schutzgebiete, Berlin 1913.
Vogel, W., Bismarcks Arbeiterversicherung, Braunschweig 1951.
Vogelstein, T., Die finanzielle Organisation der kapitalistischen Industrie und die Monopolbildungen, Tübingen 1914, 187–246.
Vogt, J., Wege zum Historischen Universum, Stuttgart 1961.
Die deutsche Volkswirtschaft am Schlusse des 19. Jhs., Hg. Kaiserliches Statistisches Amt, Berlin 1900.
Vossler, O., Bismarcks Sozialpolitik, HZ 167. 1943, 336–57, auch: ders., Geist und Geschichte, München 1964, 215–34.
Voye, E., Über die Höhe der verschiedenen Zinssätze und ihre wechselseitige Abhängigkeit. Die Entwicklung des Zinsfußes in Preußen, 1807–1900. Jena 1902.
Waechter, E., Der Prestigegedanke in der deutschen Politik von 1890 bis 1914, Aarau 1941.
Wätjen, H., Die Weltwirtschaftskrisis des Jahres 1857, WA 38. 1933, 356–67.
Wagemann, W., Konjunkturlehre, Berlin 1928.
Wagener, H., Erlebtes, Berlin 1884².
Wagenführ, R., Die Bedeutung des Außenmarkts für die deutsche Industriewirtschaft. Die Exportquote der deutschen Industrie von 1870–1936, VzK, Sonderheft 41, Berlin 1936.
–, Die Industriewirtschaft. Entwicklungstendenzen der deutschen und internationalen Industrieproduktion, 1860–1932, VzK, Sonderheft 31, Berlin 1933.
Wagner, A., Grundlegung der politischen Ökonomie, II, Leipzig 1894³.
Wagner, F., Die Europazentrik des klassischen deutschen Geschichtsbilds und ihre Problematik, Saeculum 14. 1963, 42–47.
–, Moderne Geschichtsschreibung, Berlin 1960.
–, Der Historiker und die Weltgeschichte, Freiburg 1965.
Wagner, H., Über die Gründung deutscher Kolonien, Heidelberg 1881.
Wagner, J., Deutsch-Ostafrika, Berlin 1886, 1888².
–, Unsere Kolonien in Westafrika, Berlin 1884.
Wagon, E., Die Finanzielle Entwicklung deutscher Aktiengesellschaften, 1870–1900, Jena 1903.
Wahl, A., Deutsche Geschichte von der Reichsgründung bis zum Ausbruch des Weltkrieges, II, Stuttgart 1929.
v. Waldersee, A., Aus dem Briefwechsel, Hg., H. O. Meisner, I, Berlin 1928.
–, Denkwürdigkeiten, Hg. H. O. Meisner, I, Stuttgart 1923.
Walker, M., Germany and the Emigration, 1816–85, Cambridge/Mass. 1964.
Wallich, H., Aus meinem Leben, Berlin 1929.
Wallich, P., Beiträge zur Geschichte des Zinsfußes von 1800 bis zur Gegenwart, JNS 97. 1911, 289–312.
Ward, B., Economic Imperialism and Its Aftermath, in: The Legacy of Imperialism, Pittsburgh 1960, 1–20.
Ward, J. M., British Policy in the South Pacific, 1780–1893, London 1950².
Wasserab, K., Preise und Krisen, Stuttgart 1889.
Wawrzinek, K., Die Entstehung der deutschen Antisemitenparteien 1873–90, Berlin 1927.
v. Weber, E., Deutschlands Interesse an Südost-Afrika, GN 1. 1879, 259–73.
–, Die Erweiterung des deutschen Wirtschaftsgebiets, Leipzig 1879.
–, Vier Jahre in Afrika, 2 Bde., Leipzig 1878.
–, Der Unabhängigkeitskampf der niederdeutschen Bauern in Südafrika, Export 3. 1881, 143–50.
Weber, M., Gesammelte Politische Schriften, Tübingen 1958².

–, Wirtschaft und Gesellschaft, 2 Bde., Tübingen 1956⁴.
–, Die Wirtschaftsethik der Weltreligionen, in: ders., Gesammelte Aufsätze zur Religionssoziologie, Tübingen 1963⁵, 237–75.
Weber, W. Hg., Konjunktur- und Beschäftigungstheorie, Köln 1967 (NWB 14).
Weck, A., Deutschlands Politik in der Samoafrage, phil. Diss. Leipzig, Waldenburg 1933.
Wehler, H.-U., 1889 – Wendepunkt der amerikanischen Außenpolitik. Die Anfänge des modernen Panamerikanismus – Die Samoakrise, HZ 201. 1965, 57–109.
–, Cuba Libre und amerikanische Intervention. Der kubanische Aufstand seit 1895 und die Vereinigten Staaten bis zum Interventionsentschluß im Herbst 1897, JbLA 5. 1968, 303–45.
–, Elsaß-Lothringen von 1870–1918. Das »Reichsland« als politisch-staatsrechtliches Problem des zweiten deutschen Kaiserreichs, ZGO 109. 1961, 133–99.
–, Das »Reichsland« Elsaß-Lothringen 1870–79, in: H. Böhme Hg., Die Reichsgründung 1848–79, Köln 1969 (NWB 26), 431–47.
–, Der Fall Zabern. Rückblick auf eine Verfassungskrise des wilhelminischen Kaiserreichs, Welt als Geschichte 23. 1963, 27–46.
– Hg., Geschichtswissenschaft u. Psychoanalyse, Frankfurt 1969.
–, Der amerikanische Handelsimperialismus in China, 1844–1900, JbA 14. 1969.
–, Handelsimperium statt Kolonialherrschaft. Die Lateinamerikapolitik der Vereinigten Staaten vor 1898, JbLA 3. 1966, 183–317.
– Hg., Imperialismus, Köln 1969 (NWB).
– Hg., F. Kapp. Vom radikalen Frühsozialisten des Vormärz zum liberalen Parteipolitiker des Bismarckreichs, Briefe 1843–84, Frankfurt 1969.
– Hg., E. Kehr, Der Primat der Innenpolitik, Berlin 1965.
–, Absoluter u. Totaler Krieg. Von Clausewitz zu Ludendorff, PVS 10. 1969.
–, Krisenherde des Kaiserreichs von 1871–1918. Studien zur Sozial- u. Verfassungsgeschichte, Köln 1969.
–, Die Polen im Ruhrgebiet bis 1918, VSWG 48. 1961, 203–35, auch: ders. Hg., Moderne Deutsche Sozialgeschichte, Köln 1968², 437–55.
–, Die Polenpolitik im Deutschen Kaiserreich, 1871–1918, in: Festschrift Th. Schieder, München 1968, 297–316.
–, Sendungsbewußtsein und Krise, Studien zur Ideologie des amerikanischen Imperialismus, JbA 13. 1968, 98–133.
–, Sozialdemokratie und Nationalstaat, Würzburg 1962.
– Hg., Moderne Deutsche Sozialgeschichte, Köln 1968² (NWB 10).
–, Sprungbrett nach Ostasien. Die amerikanische Hawaipolitik bis zur Annexion von 1898, JbA 10. 1965, 153–81.
–, Stützpunkte in der Karibischen See. Die Anfänge des amerikanischen Imperialismus auf Hispaniola, JbLA 2. 1965, 397–426.
–, Theorieprobleme der modernen deutschen Wirtschaftsgeschichte (1800–1945), Prolegomena zu einer kritischen Bestandsaufnahme der Forschung u. Diskussion seit 1945, in: Festschrift H. Rosenberg, Berlin 1969.
–, Zum Verhältnis von Geschichtswissenschaft u. Psychoanalyse, HZ 208. 1969.
Wehner, S., Der Alldeutsche Verband und die deutsche Kolonialpolitik der Vorkriegszeit, phil. Diss. Greifswald 1935.
W(ehrenpfennig, W.), Die Attraktion fremder Weltteile wiederum Faktor der europäischen Politik, PJ 54. 1884, 361–70.
–, Dampfersubventionslinien, PJ 54. 1884, 97–99.
Weihe, C., F. Reuleaux, Berlin 1925.
Weil, H., Die Entstehung des deutschen Bildungsprinzips, Bonn 1930.
Weinryb, B. D., The Economic and Social Background of Modern Antisemitism, in: K. S. Pinson Hg., Essays on Antisemitism, N. Y. 1946², 17–34.
Weinstock, U., Das Problem der Kondratieff-Zyklen, Berlin 1964.
Weisbrodt, G., Überseeische Eroberungen, Geg. 25. 1884, 385.
Deutsche Weißbücher: Togogebiet und Biafra-Bai, RT 6:1:5:Nr. 41.
Angra Pequena, ebda., Nr. 61.
Deutsche Interessen in der Südsee, I, ebda., Nr. 63.
Deutsche Land-Reklamationen auf Fidschi, ebda., Nr. 115.
Deutsche Interessen in der Südsee, II, RT 6:1:6:Nr. 167.
Aktenstücke betreffend die Kongo-Frage, RT 6:1:7:Nr. 290.
Aktenstücke betreffend Ägypten, ebda., Nr. 371.

Wells, D. A., Recent Economic Changes, N. Y. 1889.
-, The Great Depression of Trade, CR 59. 1887, 275-93.
Aus allen Weltteilen 11. 1880.
Wendland, H., Die deutschen Getreidezölle, phil. Diss. Leipzig, Berlin 1892
Wergo, H., Freihandel und Schutzzoll, Jena 1928.
v. Werner, A., Erlebnisse und Eindrücke, 1870-90, Berlin 1913.
Werner, K. F., NS-Geschichtsbild u. Geschichtswissenschaft, Stuttgart 1967.
Werner, L., Der alldeutsche Verband, 1890-1918, Berlin 1935.
Werner, R., Erinnerungen und Bilder aus dem Seeleben, Berlin 1880.
Wertheimer, M. S., The Pan-German League, 1890-1914, N. Y. 1924.
Westphal, G., Sansibar und das deutsche Ostafrika, Weimar 1885.
Westphal, O., Weltgeschichte der Neuzeit, 1750-1950, Stuttgart 1953.
Westphal, E., Bismarck als Gutsherr, Leipzig 1922.
de Wiart, C., Les grandes compagnies coloniales anglaises du XIXe siècle, Paris 1899.
Wiche, Die Ziele der handelsgeographischen Vereine in Deutschland, Oberhausen 1883.
Wicksell, K., Überproduktion oder Übervölkerung, ZfGS 46. 1890, 1-12.
Wiedenfeld, K., Ein Jh. rheinische Montanindustrie, 1815-1915, Bonn 1916.
-, Das Rheinisch-Westfälische Kohlensyndikat, Bonn 1912.
Wiedfeldt, O., Statistische Studien zur Entwicklungsgeschichte der Berliner Industrie, 1720-1890, Leipzig 1898.
Wienefeld, R. H., Franco-German Relations 1878-85, Baltimore 1929.
Willequet, J., Die Geschichte des Belgisch-Kongo, 1876-1960, in: Bibliographie für Zeitgeschichte 32, Frankfurt 1960, 357-83.
Williams, W. A., The Contours of American History, N. Y. 1961.
-, The Great Evasion, Chicago 1964.
-, The Shaping of American Diplomacy, I, Chicago 1962[2].
-, The Tragedy of American Diplomacy, N. Y. 1962[2].
Williamson, F. T., Germany and Morocco before 1905, Baltimore 1937.
Wilson, C., Economic Conditions, NCMH 11. 1962, 49-75.
Winch, D. N., Classical Economics and the Case for Colonization, Economica 30. 1963, 387-99.
-, Classical Political Economy and Colonies, London 1965.
Windelband, W., Berlin-Madrid-Rom. Bismarck und die Reise des deutschen Kronprinzen, 1883, Essen 1939.
-, Bismarck und die europäischen Großmächte, 1879-85, Essen 1942[2].
-, Bismarcks Ägyptenpolitik, Bulletin of the International Committee of the Historical Sciences 12. 1943, 115-27.
-, Herbert Bismarck als Mitarbeiter seines Vaters, Berlin 1921.
Winkelmann, I., Die bürgerliche Ethnographie im Dienste der Kolonialpolitik des Deutschen Reichs, 1870-1900, phil. Diss. Berlin 1966, MS.
Winschuh, J., Der Verein mit dem langen Namen, Berlin 1932.
Winslow, E. M., The Pattern of Imperialism, N. Y. 1948.
-, Marxian, Liberal and Sociological Theories of Imperialism, JPE 39. 1931, 713-58.
v. Winterfeld, L., Geschichte der freien Hanse- und Reichsstadt Dortmund, Dortmund 1960[2].
Wirth, M., The Crisis of 1890, JPE 1. 1893, 214-36.
-, Geschichte der Handelskrisen, Frankfurt 1890[4].
-, Die Krisis in der Landwirtschaft und Mittel zur Abhilfe, Berlin 1881.
-, Die Quellen des Reichstums mit Rücksicht auf Geschäftsstockungen und Krisen, Köln 1886.
-, Ursachen der gegenwärtigen Geschäftsstockung, VVPK 23. 1886/91, 129-64.
-, Über die Ursachen des jüngsten Fallens der Preise, VVPK 16. 1879/64, 147-62.
Rheinisch-Westfälische Wirtschaftsbiographien, I. 1932 ff.
Deutsche Wirtschaftskunde, Berlin 1930.
Wiskemann, E., Hamburg und die Welthandelspolitik, Hamburg 1929.
Wittram, R., Die Möglichkeit einer Weltgeschichte, in: ders., Das Interesse an der Geschichte, Göttingen 1958, 122-36.
-, Möglichkeiten und Grenzen der Geschichtswissenschaft in der Gegenwart, in: Festschrift K. v. Raumer, Münster 1966, 1-28.
Woermann, A., Die deutsche Kolonialpolitik, in: Verhandlungen des 13. Deutschen Handelstags zu Berlin, Berlin 1885, 2-8.
-, Kulturbestrebungen in West-Afrika, Mitteilungen der Geographischen Gesellschaft in Hamburg 1878/79, Hamburg 1880, 58-71.

–, Mission und Branntweinhandel, Hamburg 1886.
Wolf, J., Die gegenwärtige Wirtschaftskrise, Tübingen 1888.
Wolfers, A., Das Kartellproblem, Leipzig 1933.
–, Überproduktion, fixe Kosten und Kartellierung, ASS 60. 1928, 382–95.
Wolff, W., Die Verwertung unserer äquatorialen Kolonien in Westafrika, Berlin 1889.
Wolfframm, P., Die deutsche Außenpolitik und die großen deutschen Tageszeitungen, 1871–90, Leipzig 1936.
Wolin, S. S., Politics and Vision, Boston 1960.
Woodruff, W., Impact of Western Man. A Study of Europe's Role in the World Economy, 1750–1960, N. Y. 1966.
Woytinsky, W., Das Rätsel der langen Wellen, Sch. Jb. 55, 1931, 1–42.
Wright, C. D., Industrial Depressions, Washington 1886.
–, The Industrial Evolution of the United States, N. Y. 1897.
Wright, M. S. J., Die Wirtschaftsentwicklung und die Eingeborenenpolitik in den ehemaligen afrikanischen Schutzgebieten Deutschlands, 1884–1918, phil. Diss. Heidelberg 1932.
Wüd, J. A., Die Rolle der Burenrepubliken in der auswärtigen und kolonialen Politik des Deutschen Reiches in den Jahren 1883–1900, phil. Diss. München, Nürnberg 1927.
Wülffing, Der Erwerb von Ackerbau- und Handelskolonien durch das Deutsche Reich, Köln 1881.
Wulff, H., Die Norddeutsche Bank, 1856–1906, Hamburg 1906.
Wunderlich, F., Farm Labor in Germany, 1820–1945, Princeton 1961.
Wygodzinski, W., Wandlungen der deutschen Volkswirtschaft im 19. Jh., Köln 1927.
Yarnall, H. E., The Great Powers and the Congo Conference, 1884/5, phil. Diss. Göttingen 1934.
Younger, E., J. A. Kasson, Iowa City 1955.
Zache, H. Hg., Das deutsche Kolonialbuch, Berlin 1925.
Zahn, F. M., Der überseeische Branntweinhandel, Allgemeine Missionszeitschrift 13. 1886, 9–39.
–, Handel und Mission, Gütersloh 1886.
Zapf, W., Wandlungen der deutschen Elite, München 1965.
Zebel, S. H., Fair Trade: An English Reaction ot the Breakdown of the Cobden Treaty System, JMH 12. 1940, 161–86.
Zeitlin, L., Fürst Bismarcks sozial-, wirtschafts- und steuerpolitische Anschauungen, Leipzig 1902.
Zeitschrift für das Berg-, Hütten- und Salinenwesen im Preußischen Staate, 1884, 1885.
Zeitschrift der Gesellschaft für Erdkunde zu Berlin 6. 1871.
Zeller, J., Über die plötzlichen und zeitweisen Stockungen der volkswirtschaftlichen Bewegung, ZfGS 34. 1878, 652–83, 35. 1879, 22–67.
Zetzsch, A., Die Ozeandampfschiffahrt und die Postdampferlinien, Weimar 1886.
Zieber, P., Die Entstehung der marxistischen Imperialismustheorie, Osteuropa-Wirtschaft 4. 1959, 100–8.
Ziegel, O., Die marxistische Imperialismus- und Krisentheorie, jur. Diss. Hamburg, Bochum 1933.
Ziekursch, J., Politische Geschichte des Neuen Deutschen Kaiserreichs, 3 Bde., Frankfurt 1927/32.
Zimmer, N., K. Peters, Neues Archiv für Niedersachsen 8. 1955/56, 13, 285–98.
Zimmerman, L. J., The Distribution of World Income, 1860–1960, in: E. de Vries Hg., Essays on Unbalanced Growth, Den Haag 1962, 28–55.
–, Geschichte der theoretischen Volkswirtschaftslehre, Köln 1961.
–, Arme und reiche Länder, Köln 1963.
– u. Grumbach, F., Saving, Investment and Imperialism, WA 71. 1953, 1–19.
Zimmermann, A., Geschichte der deutschen Kolonialpolitik, Berlin 1914.
Zimmermann, K., Das Krisenproblem in der neueren nationalökonomischen Theorie, Halberstadt 1927.
Zmarzlik, H.-G., Der Antisemitismus im 2. Reich, GWU 14. 1963, 273–86.
– u. Stavenhagen, G., Imperialismus, Staatslexikon 4. 1959, 203–210.
Zöller, H., Die deutschen Besitzungen an der westafrikanischen Küste, 4 Bde., Berlin 1885.
–, Rund um die Erde, 2 Bde., Köln 1881.
–, Als Journalist und Forscher in Deutschlands großer Kolonialzeit, Leipzig 1931.
Zorn, W., Typen und Entwicklungskräfte deutschen Unternehmertums, in: Moderne Deutsche Wirtschaftsgeschichte, Hg. K. E. Born, Köln 1966 (NWB 12), 25–41.
–, Wirtschafts- und sozialgeschichtliche Zusammenhänge der deutschen Reichsgründungszeit, 1850–79, HZ 197–1963, 318–42, auch: Moderne Deutsche Sozialgeschichte, Köln 1968^2, 254–84, u. in: H. Böhme Hg., Probleme der Reichsgründungszeit, 1848–79, Köln 1968 (NWB 26), 296–316.
Zunkel, F., Der Rheinisch-Westfälische Unternehmer, 1834–79, Köln 1962.
Zweig, E., Die russische Handelspolitik seit 1877, Leipzig 1906.

C. ERGÄNZUNGSBIBLIOGRAPHIE 1983

Hier werden die wichtigsten Neuerscheinungen und Nachträge von 1969 bis 1983 aufgeführt. Umfassendere Bibliographien finden sich in: J. F. Halstead u. S. Porcari, Modern European Imperialism, 2 Bde., Boston 1974; J. Bridgman u. D. E. Clarks, German Africa: A Select Annotated Bibliography, Stanford 1965; A. R. Carlson, German Foreign Policy 1890–1914, and Colonial Policy to 1914. A Handbook and Annotated Bibliography, Metuchen/N. J. 1970; H. Bley, The History of European Expansion: A Review of German Language Writing Since World War II, in: P. C. Emmer u. H. L. Wesseling Hg., Reappraisals in Overseas History, Leiden 1979, 140–60; H.-U. Wehler, Bibliographie zum Imperialismus, Göttingen 1977; ders. Hg., Imperialismus, Königstein 1979⁴, 443–69; ders. Hg., Bibliographie zur modernen deutschen Wirtschaftsgeschichte, Göttingen 1976.

Abrams, L. u. D. J. Müller, Who Were the French Colonialists? A Reassesment of the Parti Colonial 1890–1914, in: HJ 19. 1976, 685–725.
Ageron, C.-R., Gambetta et la reprise de l'expansion coloniale, in: Revue française d'histoire d'outre mer 59. 1972, 165–204.
Alavi, H., Imperialism, Old and New, in: Socialist Register 1964, 104–26.
v. Albertini, R. Hg., Moderne Kolonialgeschichte, Köln 1970.
– u. A. Wirz, Europäische Kolonialherrschaft 1880–1940, Zürich 1976.
Alter, P., Der Imperialismus, Stuttgart 1979.
Amin, S., Die ungleiche Entwicklung, Hamburg 1975.
Austen, R. A. Hg., Modern Imperialism 1776–1965, Lexington/Mass. 1969.
–, Northwest Tanzania under German and English Rule 1889–1939, New Haven 1968.
Avineri, S. Hg., K. Marx on Colonialism and Modernization, Garden City 1969.
Axelson, E., Portugal and the Scramble for Africa 1875–1891, Johannesburg 1967.
Bade, K. J., Antisklavereibewegung u. Kolonialkrieg in Deutsch-Ostafrika 1888–1890: Bismarck u. F. Fabri, in: Geschichte u. Gesellschaft 3. 1977, 31–58.
–, F. Fabri u. der Imperialismus der Bismarckzeit, Zürich 1975.
– Hg., Imperialismus u. Kolonialmission, Freiburg 1981.
–, Imperialismusforschung u. Kolonialhistorie, in: Geschichte u. Gesellschaft 9. 1983, 138–50.
Barratt Brown, M., The Economics of Imperialism, N. Y. 1975.
Bastin, P., La rivalité commerciale anglo-allemande et les origines de la Première Guerre Mondiale 1871–1914, Brüssel 1959.
Batsch, G. v. Stosch über die deutsche Marine u. die Kolonisation (1886), in: D. Rev. 22/I, 1897, 53–64.
Baumgart, W., »Das Größere Frankreich«. Neue Forschungen über den französischen Imperialismus 1880–1914, in: VSWG 61. 1974, 185–98.
–, Der Imperialismus. Idee u. Wirklichkeit der englischen u. französischen Kolonialexpansion 1880–1914, Wiesbaden 1975.
–, Deutsche Kolonialherrschaft in Afrika. Neue Wege der Forschung, in: VSWG 58. 1971, 468–81.
Baumhögger, G., Die Geschichte Ostafrikas im Spiegel der neueren Literatur, in: GWU 22. 1971, 678–704, 747–68.
Beazley, R. C., Das deutsche Kolonialreich, Großbritannien u. die Verträge von 1890, in: BM 9. 1931, 444–59.
Betts, R. F., The False Dawn. European Imperialism in the 19th Century, Minneapolis 1976.
–, Europe Overseas. Phases of Imperialism, N. Y. 1968.
Birken, A., Das Verhältnis von Außenhandel u. Außenpolitik u. die Quantifizierung von Außenbeziehungen. Beobachtungen zum Zeitalter des Imperialismus, in: VSWG 66. 1979, 317–61.
Bley, H., Hobsons Prognose zur Entwicklung des Imperialismus in Südafrika u. China, in: Fs. G. W. F. Hallgarten, München 1976, 43–69.
Blussé, L. u. a. Hg., History and Underdevelopment, Leiden 1980.
Böhm, E., Überseehandel u. Flottenbau. Hanseatische Kaufmannschaft u. deutsche Seerüstung 1879–1902, Düsseldorf 1972.
Böhme, H., Thesen zur Beurteilung der gesellschaftlichen, wirtschaftlichen u. politischen Ursachen des deutschen Imperialismus, in: Der moderne Imperialismus, Hg. W. J. Mommsen, Stuttgart 1971, 31–59.
Boulding, K. E. u. T. Mukerjee, Unprofitable Empire: Britain in India 1800–1967. A Critique of the Hobson-Lenin-Thesis of Imperialism, in: Peace Research Society, International Papers 16. 1971, 1–21.
–, Economic Imperialism, Ann Arbor 1972.

Bouvier, J., Les traits majeur de l'impérialisme française avant 1914, in: Mouvement Social 1974, 3–24.
Bradley, M. E., R. Luxemburg's Theory of the Growth of the Capitalist Economy, in: Social Quarterly 52. 1971, 318–30.
Brewer, A., Marxist Theories of Imperialism, London 1980.
Brunschwig, H., L'impérialisme en Afrique Noire, in: RH 249. 1973, 129–42.
–, Le Partage de l'Afrique Noire, Paris 1971.
Cain, P. J., European Expansion Overseas 1830–1914, in: History 59. 1974, 243–49.
Chamberlain, M. E., The New Imperialism, London 1970.
Chickering, R., Patriotic Societies and German Foreign Policy 1890–1914, in: International History Review 1. 1979, 470–89.
Cohen, B. J., The Question of Imperialism, London 1974.
Collins, R. O. Hg., The Partition of Africa, Chichorter 1969.
Cooke, J. J., New French Imperialism 1880–1910, Newton Abbot 1973.
Coquéry-Vidrovitch, C., De l'impérialisme britannique à l'impérialisme contemporaine, in: L'Homme et la Societé 18. 1970, 61–90.
Cornevin, R., Histoire de la colonisation allemande, Paris 1969; dt. Geschichte der deutschen Kolonisation, Goslar 1974.
Cunliffe, M., The Age of Expansion 1848–1916, London 1974.
Curtin, P. D. Hg., Imperialism, N. Y. 1971.
Deutsch, K. W., Imperialism and Neocolonialism, in: Papers of the Peace Science Society (International) 23. 1974, 1–25.
Eldrige, C. C., England's Mission. The Imperial Idea 1868–1880, London 1973.
Eley, G., Social Imperialism in Germany, in: Fs. G. W. F. Hallgarten, München 1976, 71–86.
–, Defining Social Imperialism: Use and Abuse of an Idea, in: Social History 1. 1976, 265–90.
Emmanuel, A., Unequal Exchange. A Study of the Imperialism of Trade, N. Y. 1972.
Emmer, P. C. u. H. L. Wesseling Hg., Reappraisals in Overseas History, Leiden 1979.
Farrar, L. L., Arrogance and Anxiety, The Ambivalence of German Power 1848–1914, Iowa City 1981.
Fieldhouse, D. K., Colonialism 1870–1945, London 1981.
–, Economics and Empire 1830–1914, London 1973.
Firth, S. G., The New Guinea Company 1885–1899. A Case of Unprofitable Imperialism, in: Historical Studies 15. 1972, 361–77.
Fisch, J. u. a., Imperialismus, in: Geschichtliche Grundbegriffe 3. 1982, 171–236.
Fischer, F., Bündnis der Eliten. Zur Kontinuität der Machtstrukturen in Deutschland 1871–1945, Düsseldorf 1979.
Galbraith, J. S., The Chartering of the British North Borneo Company, in: Journal of British Studies 4. 1965, 102–26.
–, Italy, the British East Africa Company, and the Benadir Coast 1888–93, in: JMH 42. 1970, 549–63.
–, McKinnon and East Africa 1878–1895, Cambridge 1972.
Gall, L., Bismarck, Berlin 1980.
Galtung, J., A Structural Theory of Imperialism, in: Journal of Peace Research 8. 1971, 81–118; dt. Eine strukturelle Theorie des Imperialismus, in: D. Senghaas Hg., Imperialismus u. strukturelle Gewalt, Frankfurt 1972, 29–104.
Ganiage, J., L'expansion coloniale et les rivalités internationales 1871–1914, Paris 1968.
Gann, L. H. u. P. Duignan Hg., Colonialism in Africa 1870–1960, 5 Bde., Cambridge 1969/1977.
–, The Rulers of German Africa 1884–1914, Stanford 1977.
Gantzel, K. J. Hg., Herrschaft u. Befreiung in der Weltgesellschaft, Frankfurt 1975.
Geiss, I., The German Empire and Imperialism, in: Australian Journal of Politics and History 20. 1974, 11–21.
–, German Foreign Policy 1871–1914, London 1976.
–, Die Stellung des modernen Imperialismus in der Weltgeschichte, in: Fs. G. W. F. Hallgarten, München 1976, 19–41.
Geschichte Afrikas, I: T. Büttner, Afrika . . . bis 1884; II: H. Loth, Afrika 1884–1945, Berlin 1976.
Gifford, P. u. W. R. Louis Hg., France and Britain in Africa, New Haven 1971.
Gilson, R. P., Samoa 1830–1900, Melbourne 1970.
Gollwitzer, H., Europe in the Age of Imperialism 1880–1914, London 1969.
–, Geschichte des weltpolitischen Denkens, 2 Bde., Göttingen 1971/1982.
Gottschalch, W. u. a., Geschichte der sozialen Ideen in Deutschland, München 1969, 190–224.
Gottwald, H., Zentrum u. Imperialismus, phil. Diss. Jena 1965.
Gründer, H., Christliche Mission u. deutscher Imperialismus, Paderborn 1982.
Grupp, P., Deutschland, Frankreich u. die Kolonien, Tübingen 1980.

Gutsche, W., Zur Interpretation der Anfänge des deutschen Imperialismus in der Historiographie der BRD, in: ZfG 23. 1975, 1274–86.
Hampe, P., Die ökonomische Imperialismustheorie, München 1976.
Hargreaves, J. D., West Africa Partitioned, I: 1885–89, London 1974.
Hausen, K., Deutsche Kolonialherrschaft in Afrika. Wirtschaftsinteressen u. Kolonialverwaltung in Kamerun vor 1914, Zürich 1970.
Headrick, D. R., The Tools of Empire: Technology and European Imperialism in the 19th Century, N. Y. 1981.
Henderson, W. O., German East Africa 1884–1918, in: W. Harlow u. a. Hg., History of East Africa, II, Oxford 1965, 123–62.
Henning, H., Bismarcks Kolonialpolitik – Export einer Krise?, in: K. E. Born u. a. Hg., Gegenwartsprobleme der Wirtschaft u. der Wirtschaftswissenschaft, Tübingen 1978, 53–83.
Hess, R. L., Italian Colonialism in Somalia, Chicago 1966.
Hillgruber, A., Die gescheiterte Großmacht. Eine Skizze des Deutschen Reiches 1871–1945, Düsseldorf 1980.
Hobsbawm, E. J., The Age of Capital, London 1975; dt. das Zeitalter des Kapitals, München 1977.
Hockerts, H. G., Eine neue Theorie des Imperialismus? Bemerkungen zu H.-U. Wehlers Studie über Bismarck u. der Imperialismus, in: Civitas 10. 1971, 263–70.
Hodgart, A., The Economics of European Imperialism, London 1977.
Höhler, G. u. a., Repetitorium der deutschen Geschichte, Neuzeit 3: 1871–1914, München 1972/1981.
Holdsworth, M., Lenin's Imperialism in Retrospect, in: C. Abramsky Hg., Essays in Honor of E. H. Carr, London 1974, 341–51.
Holl, K. u. G. List Hg., Liberalismus u. imperialistischer Staat, Göttingen 1975.
Hyam, R., Britain's Imperial Century 1815–1914, N. Y. 1976.
Imperialismus im 20. Jh., Fs. G. W. F. Hallgarten, Hg. J. Radkau u. I. Geiss, München 1976.
Judd, D., Victorian Empire 1837–1901, London 1970.
Kanya-Forstner, A. S., The French Colonial Party 1885–1914, in: HJ 14. 1971, 99–128.
Karsten, E. G., Economic Imperialism, in: Intermountain Economic Review 2. 1971, 30–44.
Kennedy, P. M., The Rise of the Anglo-German Antagonism 1860–1914, London 1980.
–, Bismarck's Imperialism: The Case of Samoa 1880–90, in: HJ 15. 1972, 261–83.
–, German Colonial Expansion: Has the ›Manipulated‹ Social Imperialism Been Ante-Dated?, in: P&P 54. 1972, 134–41.
–, Anglo-German Relations in the Pacific and the Partition of Samoa 1885–99, in: Australian Journal of Politics and History 15. 1971, 56–72.
–, The Samoa Tangle 1878–1900, Dublin 1974.
Kennedy, W. P., Foreign Investment, Trade and Growth in the United Kingdom 1870–1913, in: Explorations in Economic History 11. 1974, 415–44.
Kiernan, V. G., From Conquest to Collapse. European Empires 1815–1960, N. Y. 1982.
–, The Lords of Human Kind, Harmondsworth 1972².
–, Marxism and Imperialism, London 1974.
Klafkowski, M., Zur Theorie der Außenwirtschaft: Ökonomischer Imperialismus – Kaufkraftparität, Berlin 1967.
Knoll, A. J., Togo under Imperial Rule 1884–1914, Stanford 1978.
Kresl, P. K., N. Bukharin on Economic Imperialism, in: Review of Radical Political Economics 5. 1973, 3–12.
Krippendorff, E., Imperialismusbegriff u. Imperialismustheorien, in: Neue Politische Literatur 21. 1976, 141–55.
–, Zum Imperialismusbegriff, in: ders. Hg., Probleme der internationalen Beziehungen, Frankfurt 1972, 177–203.
Lee, G., R. Luxemburg and the Impact of Imperialism, in: EJ 81. 1971, 847–62.
Lehmann, H., Zu R. Luxemburgs ökonomischer Erklärung des Imperialismus, in: Sozialistische Politik 18. 1972, 21–32.
Lichtheim, G., Imperialism, N. Y. 1971; dt. Imperialismus, München 1972.
Lloyd, T., Africa and Hobson's Imperialism, in: P&P 55. 1972, 130–53.
Louis, W. R. Hg., Imperialism. The Robinson and Gallgher Controversy, N. Y. 1976.
McLean, D., Finance and Informal Empire before the First World War, in: EHR 29. 1976, 291–305.
Mandeng, P., Auswirkungen der deutschen Kolonialherrschaft in Kamerun 1894–1914, Hamburg 1973.
Mayer, A. J., Internal Causes and Purposes of War in Europe 1870–1956, in: JMH 41. 1969, 291–303.
–, Dynamics of Counterrevolution in Europe 1870–1956, N. Y. 1971.
Merritt, H. P., Bismarck and the First Partition of East Africa, in: Eng. HR 91. 1976, 585–97.

–, Bismarck and the German Interest in East Africa 1884/85, in: HJ 21. 1978, 97–116.
Miége, J.-L., Expansion européene et décolonisation de 1870 à nos jours, Paris 1973.
Mitchell, A., Bismarck and the French Nation 1848–1890, N. Y. 1971.
Mommsen, W. J., Europäischer Finanzimperialismus vor 1914, in: HZ 224. 1977, 17–81.
–, Imperialismus, in: Handwörterbuch der Wirtschaftswissenschaft 4. 1978, 85–98.
– Hg., Imperialismus. Seine geistigen, politischen u. wirtschaftlichen Grundlagen, Hamburg 1977.
–, Der europäische Imperialismus, Göttingen 1979.
–, Der moderne Imperialismus als innergesellschaftliches Phänomen, in: ders. Hg., Der moderne Imperialismus, Stuttgart 1971, 14–30.
–, Imperialismustheorien, Göttingen 1980².
–, Power, Politics, Imperialism, and National Emancipation 1870–1914, in: T. W. Moody Hg., Nationality and the Pursuit of National Independence, Belfast 1979, 121–40.
–, Triebkräfte u. Zielsetzungen des deutschen Imperialismus vor 1914, in: Text u. Kontext, Sonderreihe 11. 1981, 98–129.
Morrell, W. P., British Colonial Policy in the Mid-Victorian Age, Oxford 1969.
Moses, J. A. u. P. M. Kennedy Hg., Germany in the Pacific and Far East 1870–1914, St. Lucia/Queensland 1977.
Müller-Link, H., Industrialisierung u. Außenpolitik. Preußen-Deutschland u. das Zarenreich 1860–1890, Göttingen 1976.
Nadel, G. H. u. P. Curtis Hg., Imperialism and Colonialism, N. Y. 1964.
Narr, W. D., Imperialismus als Innenpolitik, in: Neue Politische Literatur 15. 1970, 199–212.
Newbery, C. W. u. A. S. Kanya-Forstner, French Policy and the Origins of the Scramble for West Africa, in: JAH 10. 1969, 253–76.
Owen, R. u. R. Sutcliffe Hg., Theories of Imperialism, London 1972 u. ö.
Penner, C. D., Germany and the Transvaal before 1896, in: JMH 12. 1940, 31–58.
Pflanze, O., Bismarcks Herrschaftstechnik als Problem der gegenwärtigen Historiographie, in: HZ 234. 1982, 561–99.
Platt, D. C. M. Hg., Business Imperialism 1840–1930, Oxford 1977.
–, Further Objections to an »Imperialism of Free Trade«, in: EHR 26. 1973, 77–91.
Pogge-v. Strandmann, H., Domestic Origins of Germany's Colonial Expansion Under Bismarck, in: P&P 42. 1969, 140–59.
Porter, B., The Lion's Share, London 1975.
Reichartz, W., Analyse u. Kritik neuerer Imperialismustheorien, Diss. Bonn 1977.
Reinhard, W., ›Sozialimperialismus‹ oder ›Entkolonialisierung der Historie‹? Kolonialkrise u. ›Hottentottenwahlen‹ 1904–07, in: Historisches Jahrbuch 97/98. 1978, 384–417.
Reisin, I., Allgemeine Untersuchung oder bloße empirisch-historische Anwendung. Zur sog. Kritik der Imperialismustheorie, in: Sozialistische Politik 19/1972, 51–78; 21/1972, 1–48.
Rhodes, R. I. Hg., Imperialism and Underdevelopment, N. Y. 1970.
Rohe, K., Ursachen u. Bedingungen des modernen britischen Imperialismus vor 1914, in: W. J. Mommsen Hg., Der moderne Imperialismus, Stuttgart 1971, 60–84.
Rosen, S. J. u. J. R. Kurth, Hg., Testing Theories of Economic Imperialism, Lexington/Mass. 1974.
Rosenbaum, J., Frankreich in Tunesien. Die Anfänge des Protektorats 1881–86, Zürich 1971.
Rothfels, H., Bismarck, Stuttgart 1970.
Rumpler, H., Zum gegenwärtigen Stand der Imperialismusdebatte, in: GWU 25. 1974, 257–71.
Sanderson, G. N., The European Partition of Africa: Coincidence or Conjuncture? in: Journal of Imperial and Commonwealth History 3. 1974, 1–54.
Schäfer, H.-B., Imperialismusthesen u. Handelsgewinne, Düsseldorf 1972.
Schieder, T., Staatensystem als Vormacht der Welt 1848–1918, Berlin 1977.
Schleier, H., Explizite Theorie, Imperialismus u. Herr Wehler, in: Jahrbuch für Geschichte 6. 1972, 477–500.
Schmidt, A., Imperialismus-Forschung, in: Leviathan 1. 1973, 533–43.
Schmitt-Egner, P., Kolonialismus u. Faschismus. Eine Studie zur historischen u. begrifflichen Genesis faschistischer Bewußtseinsformen am deutschen Beispiel, Gießen 1975.
Schrecker, J. E., Imperialism and Chinese Nationalism. Germany in Shantung, Cambridge/Mass. 1971.
Schröder, H.-C., Sozialistische Imperialismusdeutung, Göttingen 1973.
Semmel, B., The Rise of Free Trade Imperialism, Cambridge 1970.
Senghaas, D. Hg., Imperialismus u. strukturelle Gewalt, Frankfurt 1972.
–, Peripherer Kapitalismus, Frankfurt 1974.
Seton-Watson, H., The New Imperialism, London 1961.
Smith, T., The Pattern of Imperialism (since 1815), N. Y. 1981.

Smith, W. D., The German Colonial Empire, Chapel Hill 1978.
–, The Ideology of German Colonialism 1840–1906, in: JMH 46. 1974, 641–62.
–, German Imperialism after Wehler, in: Central European History 12. 1979, 387–91.
Stern, F., Gold and Iron. Bismarck, Bleichröder, and the Building of the German Empire, N. Y. 1977; dt. Gold u. Eisen. Bismarck u. sein Bankier Bleichröder, Berlin 1978.
Stoecker, H. Hg., Drang nach Afrika. Die koloniale Expansionspolitik u. Herrschaft des deutschen Imperialismus in Afrika von den Anfängen bis 1945, Berlin 1977.
Stokes, E., Late 19th Century Colonial Expansion and the Attack on the Theory of Economic Imperialism: a Case of Mistaken Identity, in: HJ 12. 1969, 285–301.
Stretton, H., The Political Sciences, London 1969, 73–140.
Stürmer, M., Bismarck in Perspective, in: CEH 4. 1972, 291–331; dt. Bismarck-Mythos u. Historie, in: Aus Politik u. Zeitgeschichte, B/3/71 (16. 1. 1971).
–, Bismarckstaat u. Cäsarismus, in: Der Staat 12. 1973, 467–98.
– Hg., Das Kaiserliche Deutschland. Politik u. Gesellschaft 1871–1914, Düsseldorf 1970/Kronberg 1977².
– u. S. Ziegler, Das Deutsche Kaiserreich u. die europäischen Großmächte im Zeitalter des Imperialismus, München 1978.
–, Regierung u. Reichstag im Bismarckstaat 1871–1880, Düsseldorf 1974.
–, Das ruhelose Reich 1866–1918, Berlin 1983.
–, Staatsstreichgedanken im Bismarckreich, in: HZ 20. 1969, 566–615.
Tetzlaff, R., Wirtschafts- u. Sozialgeschichte Deutsch-Ostafrikas 1885–1914, Berlin 1970.
The Theory of Imperialism and the European Partition of Africa, Edinburgh 1967.
Tierney, B. u. a. Hg., The Origins of Modern Imperialism – Ideological or Economic, N. Y. 1967.
Trachtenberg, M., The Social Interpretation of Foreign Policy, in: RoP 40. 1978, 328–50.
Treue, W., Die Jaluit-Gesellschaft auf den Marshall-Inseln 1887–1914, Berlin 1976.
Valier, J., La Théorie de l'impérialisme de R. Luxemburg, in: Temps Modernes 24. 1968, 537–58.
Vilmar, R., Ursachen u. Wandlungen des modernen Imperialismus, in: D. Senghaas Hg., Friedensforschung u. Gesellschaftskritik, München 1970, 97–111.
Wehler, H.-U., Der Aufstieg des amerikanischen Imperialismus. Studien zur Entwicklung des Imperium Americanum 1865–1900, Göttingen 1974.
–, Der Aufstieg des Organisierten Kapitalismus u. Interventionsstaats in Deutschland, in: H. A. Winkler Hg., Organisierter Kapitalismus, Göttingen 1974, 36–57.
–, Bismarck's Imperialism, in: P&P 48. 1970, 119–55; u. in: J. J. Sheehan Hg., Imperial Germany, N. Y. 1976, 180–222.
–, Bismarcks Imperialismus 1862–90, in: ders. Hg., Imperialismus, Königstein 1979⁴, 259–88; u. in: ders., Krisenherde des Kaiserreichs, Göttingen 1979², 135–61; u. in: G. Ziebura Hg., Grundfragen der deutschen Außenpolitik seit 1871, Darmstadt 1975, 88–131.
–, Bismarcks Imperialismus u. späte Rußlandpolitik unter dem Primat der Innenpolitik, in: M. Stürmer Hg., Das Kaiserliche Deutschland, Düsseldorf 1970, 235–64; u. in: H.-U. Wehler, Krisenherde des Kaiserreichs, Göttingen 1979², 163–80.
–, Noch einmal: Bismarcks Imperialismus, in: GWU 23. 1972, 226–35; 24. 1973, 116 f.; als: Deutscher Imperialismus in der Bismarckzeit, in: ders., Krisenherde des Kaiserreichs, Göttingen 1979², 309–36.
–, Industrial Growth and Early German Imperialism, in: R. Owen u. R. Sutcliffe Hg., Theories of Imperialism, London 1972, 71–92.
– Hg., Imperialismus, Köln 1970/Königstein 1979⁴.
–, Das Deutsche Kaiserreich 1871–1918, Göttingen 1973/1983⁵.
–, Krisenherde des Kaiserreichs 1871–1918. Studien zur deutschen Sozial- u. Verfassungsgeschichte, Göttingen 1970/1979².
–, The Robinson/Gallagher Theory and Bismarck's Colonial Policy, in: W. R. Louis Hg., Imperialism: The Robinson and Gallagher Controversy, N. Y. 1976, 208–11.
–, Sozialdarwinismus im expandierenden Industriestaat, in: Fs. Fritz Fischer, Düsseldorf 1974², 133–42 u. in: ders., Krisenherde des Kaiserreichs, Göttingen 1979², 281–89.
–, Zur Theorie des Imperialismus, in: Militärgeschichtliche Mitteilungen 1972/II, 192–202; 1973/II, 302 f.; als: Deutscher Imperialismus in der Bismarckzeit, in: ders., Krisenherde des Kaiserreichs, Göttingen 1979², 309–36.
– Hg., A. Vagts, Bilanzen u. Balancen. Aufsätze zur internationalen Finanz u. internationalen Politik, Frankfurt 1979.
Weidenfeller, G. VDA. Verein für das Deutschtum im Ausland. Allgemeiner deutscher Schulverein 1881–1918. Ein Beitrag zur Geschichte des deutschen Nationalismus u. Imperialismus im Kaiserreich, Frankfurt 1976.

Weinberger, G., Die deutsche Sozialdemokratie u. die Kolonialpolitik, in: ZfG 15. 1967, 402–23.
West, K., Theorising about ›Imperialism‹, in: Journal of Imperial and Commonwealth History 1. 1972/73, 148–54.
Wilkinson, P., Neo-Marxist Theory of Imperialism, in: Political Studies 21. 1973, 388–93.
Winks, R. W. Hg., The Age of Imperialism, Englewood Cliffs 1969.
–, On Decolonization and Informal Empire, in: AHR 81. 1976, 540–56.
–, British Imperialism, N. Y. 1963.
Wirz, A., Die deutschen Kolonien in Afrika, in: R. v. Albertini, Europäische Kolonialherrschaft 1880–1940, Zürich 1976, 302–27.
–, Vom Sklavenhandel zum Kolonialen Handel. Wirtschaftsräume u. Wirtschaftsformen in Kamerun vor 1914, Zürich 1972.
Wolfe, M. Hg., The Economic Causes of Imperialism, N. Y. 1972.
Wolff, R. D., The Economics of Colonialism. Britain and Kenya 1870–1930, New Haven 1974.
–, Modern Imperialism, in: AER 1970, Papers, 225–30; dt. Der gegenwärtige Imperialismus aus der Sicht der Metropolen, in: D. Senghaas Hg., Imperialismus u. strukturelle Gewalt, Frankfurt 1972, 187–200.
Wolter, H., Alternative zu Bismarck. Die deutsche Sozialdemokratie u. die Außenpolitik Preußen-Deutschlands 1871–1890, Berlin 1970.
–, Zum Verhältnis von Außenpolitik u. Bismarckschem Bonapartismus, in: Jahrbuch für Geschichte 16. 1977, 119–37.
Wright, H. M. Hg., The »New Imperialism«, Boston 1961.
Zeitlin, I. M., Capitalism and Imperialism. An Introduction to Neo-Marxian Concepts, Chicago 1972.
Ziebura, G., Interne Faktoren des französischen Hochimperialismus 1871–1914, in: Der moderne Imperialismus, Hg. W. J. Mommsen, Stuttgart 1971, 85–139.
–, Neuere Forschungen zum französischen Kolonialismus, in: Neue Politische Literatur 21. 1976, 156–81.
–, Sozialökonomische Grundfragen des deutschen Imperialismus vor 1914, in: Sozialgeschichte Heute. 2. Festschrift H. Rosenberg, Hg. H.-U. Wehler, Göttingen 1974, 495–524.

Register

4. REGISTER DER ZITIERTEN REDEN IM REICHSTAG

Norddt. RT 1 : 2 : 40 f., 30. 11. 1870, Adickes.
1 : 2 : 41, 30. 11. 1870, Ross.
1 : 2 : 41, 30. 11. 1870, Schleiden.
1 : 2 : 42, 30. 11. 1870, Meier.
1 : 2 : 42, 30. 11. 1870, v. Hoverbeck.
1 : 2 : 42 f., 30. 11. 1870, Miquel.
1 : 2 : 43, 30. 11. 1870, Mende.
1 : 2 : 154, 9. 12. 1870, Liebknecht.
RT 1 : 1 : 2 : 921, 25. 5. 1871, Bebel.
3 : 1 : 1 : 378 f., 11. 4. 1877, Kapp.
3 : 1 : 2 : 633, 20. 4. 1877, v. Philipsborn.
3 : 1 : 2 : 638 f., 20. 4. 1877, v. Bunsen.
3 : 1 : 2 : 639, 20. 4. 1877, v. Bülow.
4 : 1 : 1 : 149–51, 10. 10. 1878, Hasselmann.
4 : 2 : 2 : 1252 f., 16. 5. 1879, Richter.
4 : 2 : 2 : 1242, 16. 5. 1879, v. Stumm.
4 : 2 : 2 : 1602 f., 13. 6. 1879, v. Bülow.
4 : 2 : 2 : 1603–05, 13. 6. 1879, Mosle.
4 : 2 : 2 : 1605, 13. 6. 1879, v. Kusserow.
4 : 2 : 2 : 1608 f., 13. 6. 1879, Bamberger.
4 : 2 : 2 : 1614, 13. 6. 1879, Haerle.
4 : 2 : 2 : 1614, 13. 6. 1879, v. Bülow.
4 : 2 : 2 : 1652, 16. 6. 1879, v. Radziwill.
4 : 2 : 2 : 1653, 16. 6. 1879, v. Kusserow.
4 : 3 : 1 : 405, 15. 3. 1880, v. Philipsborn.
4 : 3 : 1 : 408, 15. 3. 1880, v. Bunsen.
4 : 3 : 2 : 858, 22. 4. 1880, v. Scholz.
4 : 3 : 2 : 859 f., 22. 4. 1880, Hohenlohe-Langenburg.
4 : 3 : 2 : 862–70, 22. 4. 1880, Bamberger.
4 : 3 : 2 : 873–79, 22. 4. 1880, Mosle.
4 : 3 : 2 : 881–84, 22. 4. 1880, Meier.
4 : 3 : 2 : 884–88, 22. 4. 1880, v. Kusserow.
4 : 3 : 2 : 889 f., 22. 4. 1880, Staudy.
4 : 3 : 2 : 891–94, 22. 4. 1880, Bamberger.
4 : 3 : 2 : 895, 22. 4. 1880, v. Scholz.
4 : 3 : 2 : 946, 27. 4. 1880, Hohenlohe-Schillingsfürst.
4 : 3 : 2 : 947, 27. 4. 1880, Loewe.
4 : 3 : 2 : 948, 27. 4. 1880, v. Bunsen.
4 : 3 : 2 : 949 f., 27. 4. 1880, Hohenlohe-Langenburg.
4 : 3 : 2 : 950, 27. 4. 1880, Reuleaux.
4 : 3 : 2 : 953–58, 27. 4. 1880, Bamberger.
4 : 3 : 2 : 960, 27. 4. 1880, v. Kusserow.
4 : 4 : 1 : 199, 8. 3. 1881, Lasker.
4 : 2 : 2 : 1273, 24. 5. 1881, v. Boetticher.
5 : 1 : 1 : 110, 30. 11. 1881, v. Bismarck.
5 : 2 : 1303 f., 5. 2. 1883, Hasenclever.
5 : 4 : 2 : 723–33, 14. 6. 1884, Bamberger.
5 : 4 : 2 : 733–35, 14. 6. 1884, v. Bismarck
5 : 4 : 2 : 736, 14. 6. 1884, v. Holstein.
5 : 4 : 2 : 737, 14. 6. 1884, v. Stephan.
5 : 4 : 2 : 740, 14. 6. 1884, Richter.
5 : 4 : 2 : 744, 14. 6. 1884, Meier.
5 : 4 : 2 : 746, 14. 6. 1884, Reichensperger.
5 : 4 : 2 : 1050, 26. 6. 1884, v. Maltzan-Gültz.
5 : 4 : 2 : 1051 f., 26. 6. 1884, Kapp.
5 : 4 : 2 : 1052, 26. 6. 1884, Richter.
5 : 4 : 2 : 1053 f., 26. 6. 1884, v. Boetticher.
5 : 4 : 2 : 1055 f., 26. 6. 1884, Windthorst.
5 : 4 : 2 : 1059, 26. 6. 1884, Rickert.
5 : 4 : 2 : 1059–62, 26. 6. 1884, v. Bismarck.
5 : 4 : 2 : 1063–66, 26. 6. 1884, Bamberger.
5 : 4 : 2 : 1068–70, 26. 6. 1884, v. Minnigerode.
5 : 4 : 2 : 1071, 26. 6. 1884, Meier.
5 : 4 : 2 : 1072 f., 26. 6. 1884, Richter.
5 : 4 : 2 : 1074–77, 26. 6. 1884, v. Bismarck.
5 : 4 : 2 : 1117, 27. 6. 1884, Richter.
6 : 1 : 1 : 120 f., 1. 12. 1884, v. Stephan.
6 : 1 : 1 : 126, 1. 12. 1884, Stiller.
6 : 1 : 1 : 127 f., 1. 12. 1884, v. Holstein.
6 : 1 : 1 : 131, 1. 12. 1884, v. Stephan.
6 : 1 : 1 : 132, 1. 12. 1884, Grad.
6 : 1 : 1 : 132–34, 1. 12. 1884, Woermann.
6 : 1 : 1 : 135 f., 1. 12. 1884, v. Behr-Behrenhoff.
6 : 1 : 1 : 136–42, 1. 12. 1884, Bamberger.
6 : 1 : 1 : 142, 1. 12. 1884, v. Bismarck.
6 : 1 : 1 : 145, 1. 12. 1884, Gerlich.
6 : 1 : 1 : 147, 1. 12. 1884, Richter.
6 : 1 : 1 : 381, 16. 12. 1884, Hammacher.
6 : 1 : 1 : 382, 16. 12. 1884, Woermann.
6 : 1 : 1 : 394, 16. 12. 1884, v. Bunsen.

6 : 1 : 1 : 397, 16. 12. 1884, Bamberger.
6 : 1 : 1 : 399, 16. 12. 1884, Krauel.
6 : 1 : 1 : 403, 16. 12. 1884, v. Kusserow.
6 : 1 : 1 : 502, 9. 1. 1885, v. Bunsen.
6 : 1 : 1 : 503, 9. 1. 1885, v. Massow.
6 : 1 : 1 : 505, 9. 1. 1885, Windthorst.
6 : 1 : 1 : 507 f., 9. 1. 1885, Hartwig.
6 : 1 : 1 : 515, 9. 1. 1885, Richter.
6 : 1 : 1 : 521 f., 10. 1. 1885, Langwerth v. Simmern.
6 : 1 : 1 : 522, 10. 1. 1885, v. Stauffenberg.
6 : 1 : 1 : 522–24, 10. 1. 1885, v. Bunsen.
6 : 1 : 1 : 524–28, 10. 1. 1885, v. Bismarck.
6 : 1 : 1 : 528–30, 10. 1. 1885, Woermann.
6 : 1 : 1 : 530 f., 10. 1. 1885, Windthorst.
6 : 1 : 1 : 531–35, 10. 1. 1885, v. Bismarck.
6 : 1 : 1 : 535 f., 10. 1. 1885, Richter.
6 : 1 : 1 : 538, 10. 1. 1885, v. Hammerstein.
6 : 1 : 1 : 539, 10. 1. 1885, Windthorst.
6 : 1 : 1 : 543, 10. 1. 1885, Richter.
6 : 1 : 2 : 743 f., 20. 1. 1885, Hasenclever.
6 : 1 : 2 : 747, 20. 1. 1885, Richter.
6 : 1 : 2 : 1082–85, 4. 2. 1885, Richter.
6 : 1 : 2 : 1085–87, 4. 2. 1885, Woermann.
6 : 1 : 2 : 1089, 4. 2. 1885, Stoll.
6 : 1 : 3 : 1046, 2. 3. 1885, v. Köller.
6 : 1 : 3 : 1501 f., 2. 3. 1885, v. Kusserow.
6 : 1 : 3 : 1501–04, 2. 3. 1885, v. Bismarck.
6 : 1 : 3 : 1507, 2. 3. 1885, Windthorst.
6 : 1 : 3 : 1540 f., 4. 3. 1885, Liebknecht.
6 : 1 : 3 : 1762, 12. 3. 1885, Haerle.
6 : 1 : 3 : 1773, 12. 3. 1885, Dietz.
6 : 1 : 3 : 1774, 12. 3. 1885, v. Stephan.
6 : 1 : 3 : 1778, 12. 3. 1885, v. Bismarck.
6 : 1 : 3 : 1787–91, 13 3. 1885, v. Helldorf.
6 : 1 : 3 : 1793–98, 13. 3. 1885, Rintelen.
6 : 1 : 3 : 1798–1801, 13. 3. 1885, v. Bismarck.
6 : 1 : 3 : 1802, 13. 3. 1885, v. Behr-Behrenhoff.
6 : 1 : 3 : 1803–06, 13. 3. 1885, Windthorst.
6 : 1 : 3 : 1808, 13. 3. 1885, v. Stephan.
6 : 1 : 3 : 1810, 13. 3. 1885, Langwerth v. Simmern.
6 : 1 : 3 : 1811–20, 14. 3. 1885, Richter.
6 : 1 : 3 : 1821–28, 14. 3. 1885, v. Bismarck.
6 : 1 : 3 : 1829–31, 14. 3. 1885, Hammacher.
6 : 1 : 3 : 1842, 16. 3. 1885, Reuleaux.
6 : 1 : 3 : 1846, 16. 3. 1885, Dietz.
6 : 1 : 3 : 1849 f., 16. 3. 1885, Zorn v. Bulach.
6 : 1 : 3 : 1851 f., 16. 3. 1885, Lohren.
6 : 1 : 3 : 1855–62, 16. 3. 1885, Virchow.
6 : 1 : 3 : 1862–65, 16. 3. 1885, v. Bismarck.
6 : 1 : 3 : 1867 f., 16. 3. 1885, Racke.
6 : 1 : 3 : 1869 f., 16. 3. 1885, Meier.
6 : 1 : 3 : 2022–30, 23. 3. 1885, Bamberger.
6 : 1 : 3 : 2031, 23. 3. 1885, v. Helldorf.
6 : 1 : 3 : 2032–34, 23. 3. 1885, Virchow.
6 : 1 : 3 : 2034–36, 23. 3. 1885, Woermann.
6 : 2 : 1 : 36 f., 24. 11. 1885, Richter.
6 : 2 : 1 : 45–47, 24. 11. 1885, Liebknecht.
6 : 2 : 1 : 105–11, 28. 11. 1885, v. Bismarck.
6 : 2 : 1 : 114, 28. 11. 1885, Windthorst.
6 : 2 : 1 : 115–17, 28. 11. 1885, v. Bismarck.
6 : 2 : 1 : 126, 28. 11. 1885, Windthorst.
6 : 2 : 1 : 640 f., 19. 1. 1886, Schrader.
6 : 2 : 1 : 641–43, 19. 1. 1886, Woermann.
6 : 2 : 1 : 644, 19. 1. 1886, Windthorst.
6 : 2 : 1 : 646, 19. 1. 1886, Richter.
6 : 2 : 1 : 648, 19. 1. 1886, Woermann.
6 : 2 : 1 : 653, 20. 1. 1886, v. Schelling.
6 : 2 : 1 : 654 f., 20. 1. 1886, Rintelen.
6 : 2 : 1 : 659 f., 20. 1. 1886, Bamberger.
6 : 2 : 1 : 661, 20. 1. 1886, v. Helldorf.
6 : 2 : 1 : 665, 20. 1. 1886, Bamberger.
6 : 2 : 1 : 670 f., 20. 1. 1886, Barth.
6 : 2 : 1 : 674 f., 20. 1. 1886, Burchard.
6 : 2 : 2 : 680–84, 21. 1. 1886, Broemel.
6 : 2 : 1 : 685 f., 21. 1. 1886, Burchard.
7 : 4 : 1 : 38, 28. 11. 1888, Liebknecht.
7 : 4 : 3 : 1743, 14. 5. 1889, Woermann
8 : 1 : 1 : 39, 12. 5. 1890, v. Caprivi.
8 : 1 : 1 : 43 f., 12. 5. 1890, v. Vollmar.
8 : 2 : 1 : 76, 1. 12. 1892, Liebknecht.
8 : 2 : 2 : 1372, 2. 3. 1893, v. Caprivi.
9 : 2 : 1 : 104, 27. 11. 1893, Bebel.
9 : 3 : 1 : 21, 11. 12. 1894, Hohenlohe-Schillingsfürst.

5. SACHREGISTER

Wenn nicht anders vermerkt, beziehen sich die Stichworte des Sachregisters auf die Entwicklung und Politik in Deutschland.

Afrikanische Gesellschaft in Deutschland 158 f., 383
Ägyptenpolitik der 1880er Jahre 261–63, 366 f., 414 f.
Agrarkrise (seit 1876) 87–95, 110, 325 f.
Agrarpreise 88, 90 f.
Agrarzölle 92, 326
Aktiengesellschaften (Rolle; Entwicklung bis 1890) 55, 81 f.
Anglophobie (Mittel der Innenpolitik) 474–82
Aktienkurse 59 f., 82 f.
Alldeutscher Verband (s. Allgemeiner Deutscher Kongreß) 153 f., 367, 485
Allgemeiner Deutscher Kongreß zur Förderung überseeischer Interessen (s. Alldeutscher Verband) 153 f., 485
Angola 299
Antisemitismus (politischer, als Krisenideologie, s. Faschismus) 470–74
Arbeiterbewegung s. Sozialdemokratie
Arbeitsproduktivität 56, 69, 91
Ausbreitungseffekt (der wirtschaftlichen Leitsektoren) 18, 51
Auswanderung (nach Übersee, Statistik) 155–57

Badische Bank 360
Bagdadbahn 228
Benadir-Protektorat 372
Berliner Handelsgesellschaft 165, 167
Berufsständische Organisationen (»Volkswirtschaftsrat«) 183, 459
Betschuanaland 281, 286 f., 293, 297
Bimetallismus 74
Bonapartismus, bonapartistische Diktatur (als Herrschaftssystem, in Preußen-Deutschland) 180–82, 455–64, 464–74, 488
Borneo 207 f.
Branntweinexport (nach Afrika) 325–27
Bund der Landwirte 94

Chartergesellschaften (deutsche in Afrika u. im Pazifik), s. Syndikat für Westafrika, DOAG, Jaluit-Gesellschaft, Neuguinea-Kompanie 273 f., 289, 320–24, 327 f., 344–67, 393–98, 407, 442 f.

–, englische
British North Borneo Company (von 1881) 208, 274, 281, 310
British South Africa Company (von 1889) 208
British East Africa Company (von 1877/8) 343
Imperial British East Africa Company (von 1888) 208, 361, 372
Royal Niger Company (von 1886) 208, 320
Chinapolitik 197–201, 205 f., 409
Compagnie du Sénégal 333
Curaçao 226

Dahomey (französische Kolonie) 302, 304
Dampfersubventionen (1881–90, Innen- u. parteipolitische Kontroverse) 205, 239–57
– im Ausland 239 f.
Demonstrationseffekt (der Führungsindustrien) 18, 51
Depressionen in Deutschland (als Periodisierungseinheit) 22
– 1873–79 62 f.
– 1882–86 64 f.
– 1890–96 65
–, »Große Depression« 43, 47
Deutsche Handelsgesellschaft 161
Deutsche Handels- u. Plantagen-Gesellschaft der Südsee (DHPG) 215–23, 246, 392
Deutsch-Afrikanische Gesellschaft 158
Deutsche Bank 165, 167, 235, 237, 285
Deutsche Exportbank 236
Deutsche Fortschrittspartei 173 f., 245, 467
Deutsche Gesellschaft zur Erforschung Äquatorial-Afrikas 158
Deutsche Kolonialgesellschaft 168, 364 f.
Deutsche Kolonial-Gesellschaft für Südwestafrika (DKGSWA) 284–81, 360
Deutscher Kolonialverein von 1882 162–68
Deutscher Handelstag 102, 130 f.
Deutscher Handelsverein 161
Deutsche Überseebank 237
Deutsch-Freisinnige Partei 173 f., 249, 253, 479

Deutsch-Konservative Partei 169 f., 244, 249, 253, 479
Deutsch-Ostafrikanische Gesellschaft (DOAG) 344–67, 370–72
Disconto-Gesellschaft 165, 167, 215, 217, 237 f., 254, 283, 285, 303
Diskontsätze 85
Disproportionalitätstheorie (vgl. ungleichmäßige Entwicklung, Theorie der Überproduktion) 50–53
Dividenden 82 f.
Dubreka-Gebiet 330 f.
Duke of York-Inseln 209
Dumping (als Methode der Exportsteigerung) 72 f.
Eisenbahnbau (als Leitsektor der Industrialisierung, Statistik) 51 f., 57 f., 65 f.
Elliceinseln 209, 211
Elsaß-lothringische Protestpartei 174 f.
Emin-Pascha-Komitee 364–67
Erster Kongreß für Handelsgeographie 159
Expansionsagitation (für Exportoffensive u. Kolonialpolitik) s. Öffentliche Meinung 142–55, 191, 428 f., 468
Export (Statistiken) 71–74
Exportmuseen(-lager) 234 f.
Exportsubvention, -hilfe 179, 186, 230–57, 325 f.
Faschismus (Vorgeschichte des deutschen, s. Antisemitismus) 470–74, 489, 500–02
Fidschiinseln 207, 209 f.
Fixes Kapital 19, 95–100
Formosa 199
Freihandel (s. Handelspolitik; Schutzzollsystem von 1879) 177, 195–97
Freikonservative Partei (Deutsche Reichspartei) 163, 170 f., 244, 249, 467, 479
Führungsschichten s. Großgrundbesitzer, Beamtenpolitik, Unternehmer

Gabun (französische Kolonie) 228, 299 f.
Gesellschaft für Deutsche Kolonisation (GfDK) 168, 336–67
Gesellschaftsinseln 207, 209
Getreidezölle s. Agrarzölle
Gewinnverteilung (der Aktiengesellschaften, Statistik) 81–84
Gilbertinseln 209, 211
Großbanken (s. Deutsche Bank, Disconto-Gesellschaft, Berliner Handelsgesellschaft, Eigennamen bedeutender Bankiers) 56 f., 85

Großbetriebe (-unternehmung, -industrie) 95–97
Großgrundbesitzer (Großagrarier, Ritterguts-, Gutsbesitzer) 87–95, 110, 325 f.
»Gründerjahre« 55–59
Hamburg-Amerikanische-Packetfahrt-Actien-Gesellschaft (HAPAG) 249, 257
Handelsimperialismus (s. Informal, Empire) 147, 191–93, 195–97, 207, 212, 267, 373–75, 424–34
Handelskammern (Industrie- u. Handelskammern) 127–34, 304–06
Handelspolitik, s. Freihandel, Schutzzollsystem von 1879, Handelsimperialismus, Informal Empire
Hawaiinseln 207, 210
Historiographie (Probleme)
–, Bismarckforschung nach 1945 33–37
–, Imperialismusforschung 28–33
–, Bismarcks Imperialismus 412–23
–, s. Vergleich
Historismus 14
Ideologischer Konsensus (über Expansionspolitik) 112–93, 168 f.
Imperial Federation League 162
Imperialismus, Definition (s. Historiographie) 23
–, Motive des Bismarckschen I. 412–23, 423–502
Imperialismustheorien 13–25
Industrialisierung (als historischer Prozeß) 16–20, 37 f.
–, Periodisierung der deutschen I. 39–44, 61–66
Industrielle Revolution (s. Industrialisierung)
–, Definition 17
– in Deutschland 53–61, 194 f.
Informal Empire (deutsche Vorstellungen s. Handelsimperialismus) 195, 207, 267, 373–75, 424–34
Innovationen (ökonomisch-technologische Triebkräfte des Wirtschaftswachstums) 52
International Kongo-Assoziation (IKA) 377–90
Interessenverbände s. Bund der Landwirte, Zentralverband deutscher Industrieller, Vereinigung der Steuer- u. Wirtschaftsreformer, Kongreß Deutscher Volkswirte, Kongreß Deutscher Landwirte, »Langnam«-Verein, Verein deutscher Ei-

sen- u. Stahlindustrieller, Deutscher Kolonialverein, Gesellschaft für Deutsche Kolonisation, Verein für Handelsgeographie u. Kolonialpolitik, Münchener Verein zum Schutze deutscher Interessen im Ausland, Westdeutscher Verein für Kolonisation, Württembergischer Verein für Handelsgeographie, Zentralverein für Handelsgeographie

Jaluit-Gesellschaft 209, 407
Japanpolitik 206

Kamerun (-Gebiet, deutsche Kolonie) 228, 299–328
Kapland (-Kolonie) s. Südwestafrika
Kapitalbildung 81
Kapitalexport 86 f.
Kapitalüberhang (s. Kapitalexport) 84–87, 238
Karolineninseln 211, 400–07
Kartelle 97–99
Kingsin-Linie 255
Kolonialenthusiasmus (-rausch, -fieber, s. Krisenideologie Expansionsagitation) 464–85
Kongo-Freihandelszone 373–90
Kongo (-Gebiet, belgische Kolonie) 300 f., 334 f., 373–90
Kongo- (westafrikanische) Konferenz in Berlin 1884/85 382–90, 477
Kongreß Deutscher Landwirte 104
Kongreß Deutscher Volkswirte 148
Konjunktur- u. Krisentheorien (zeitgenössische nach 1873) 135–38
Konsulatswesen (und Export) 231–34
Konzentrationsprozeß 19, 86, 95–111
Koreapolitik 206
Kriegsziele von 1870/71 (Hinterindien) 201–04
Krisen (wirtschaftliche, s. Weltwirtschaftskrisen, Depressionen)
– 1857 56
– 1866 56
– 1873 58–61
Krisenideologien s. Antisemitismus, Kolonialenthusiasmus, Vulgärnationalismus
Kritische Theorie 14 f.

Landwirtschaft (Statistiken s. Agrarkrise) 69, 87–95, 110, 325 f.
»Lange Wellen« der Konjunktur (s. Wechselspannen, Wachstumsstörungen) 41 f.

»Langnam«-Verein (»Verein zur Wahrung der gemeinsamen wirtschaftlichen Interessen in Rheinland u. Westfalen«) 105, 247
Lebenshaltung (-Kosten) 78–81
Leitsektoren (Cycle Leader, Areas of Innovation)
– vor der Industriellen Revolution 16 f.
– der Industriellen Revolution 17, 51
Liberale Vereinigung 173, 245
Liberalismus (Diskreditierung, Entliberalisierung, s. Schutzzollsystem von 1879, Sozialimperialismus) 101–09, 454–502
Liberia 228, 299, 300
Linksliberale (s. Deutsche Fortschrittspartei, Deutsch-Freisinnige Partei, Liberale Vereinigung)
Löhne (Real-, Nominallöhne, Statistik) 78–81

Mahinland 318, 328–30, 367
Malaischer Archipel 207–09
Marine (Kriegsmarine) 197–99, 205, 226, 273–80, 313–15, 322 f., 346–50, 353, 371 f., 392–407
Marokko 229 f.
Marquesasinseln 207
Marschallinseln 209, 211, 407
Maschonaland 288
Matabeleland 288
Melanesien 207, 209 f., 393–98
Mexiko (Wirtschaftsinteressen in M.) 225 f.
Mikronesien 207, 400–07
Ministerialbürokratie (über Wirtschafts- u. Expansionspolitik) 177–80
Missions-Handels-Aktiengesellschaft 264 f.
»Mitteleuropa«-Pläne (1878–90) 109–11
Mittelstand als Rekrutierungsfeld des s. Antisemitismus, Kolonialenthusiasmus, Faschismus
Monroe-Doktrin 204, 213, 271, 276, 277, 278, 396
Münchener Noten- u. Hypothekenbank 360
Münchener Verein zum Schutze deutscher Interessen im Ausland 159 f., 165

Naher Osten (deutsche Wirtschaftsinteressen, s. Bagdadbahn) 227 f.
Natal 294
National Association of Manufacturers (NAM) 102
National Fair Trade League 162

Nationalliberale Partei 171 f., 183 f., 244, 249, 467, 479
Nettoinlandsprodukt (Statistik) 68 f.
Nettosozialprodukt (Statistik) 68 f.
Neue Republik (burische) 294 f.
Neuguinea 209, 223–25, 310, 391–98
Neuguinea-Kompanie 393–98
Neukaledonien 207
Neuhebriden 207
Nigeria (englische Nigerinteressen) 317–19, 329 f., 388 f.
Norddeutsche Bank 215, 238
Norddeutscher Lloyd 172, 202, 243, 248–57, 397 f.

Obligationen (Bedeutung festverzinslicher Wertpapiere seit 1873) 85
Offene-Tür-Politik (s. Informal Empire, Handelsimperialismus) 195–201, 259, 373–90, 437
Öffentliche Meinung (über die deutsche Expansion, s. Expansionsagitation, Kolonialenthusiasmus) 139–42, 142–55, 191, 428 f., 468
Oranje-Freistaat 294
Organisierter Kapitalismus (Corporation Capitalism, Definition) 53
Ostafrika (Sansibar; deutsche Handelsinteressen; deutsches Schutzgebiet, Kolonie) 228, 333–67
Ostafrikanischer Aufstand von 1888/89 362–65

Palauinseln 211, 400–07
Parteipolitiker (über Wirtschafts- u. Expansionspolitik) 168–77
Pazifikpolitik 206–25, 391–407
Persien (deutsche Wirtschaftsinteressen) 227 f.
Pfandbriefe (s. Obligationen, Wertpapiere) 85
Polenpolitik (Zusammenhang mit der Agrarkrise) 93 f.
Polynesien 207, 209–23, 398–400
Preise (Statistik) 75–78
Pragmatische Expansionspolitik (Definition) 432–34
Preußische Seehandlung 217 f., 236
»Primat der Außenpolitik« 30–33
»Primat der Innenpolitik« 32 f., 142–57, 454–502
Primrose League 162
Protektionismus s. Schutzzollsystem von 1879

Puttkamersche Beamtenpolitik 103, 177, 486
Ralickinseln 209
Reichsbank 236 f.
Reichstagswahlen
– 1881 242, 467, 479
– 1884 249 f., 474–80
– 1887 479 f.
Renditen (nach 1873) 82 f.
»Revolution von oben« 123, 455–64
Rheinisch-Westfälisches Kohlensyndikat 99

Säkulartrend (als wachstumstheoretischer Begriff) 40, 42
Saigon (s. Kriegsziele von 1870/71) 202–04
Salomoninseln 397
Sammlungspolitik (seit 1876) 171, 486, 498
Samoainseln 210–23, 398–400
Samoa-Konferenz
– von 1886 399
– von 1889 400
Samoa-Vorlage von 1880 215–23, 230, 239
Sangareah-Bai (s. Senegambien) 331–33, 367
Sansibar s. Ostafrika
Santa-Lucia-Bai 228, 281, 292–98, 367
Schutzzollsystem (von 1879, s. Handelspolitik, Freihandel, Linksliberale, Interessenverbände) 100–108, 177 f., 185, 215, 222, 420, 486
Lange Schwingungen (der wirtschaftlichen Entwicklung, Definition) 41–43
Deutsche Seehandels-Gesellschaft (DSG, s. Samoa-Vorlage) 218–23
Senegambien (s. Dubreka, Sangareah-Bai) 330–33, 367, 376
Sierra Leone 301–03
Somaliland (Protektorat) 335, 366, 370–72
Sozialdemokratie (Sozialistische Arbeiterpartei, SPD) 139, 146, 175 f., 187–91, 249, 251, 467
Sozialimperialismus, s. Pragmatische Expansionspolitik, »Revolution von oben«, Imperialismus, Motive Bismarcks 22, 115–20 (Definition), 142–57, 454–502
Sozialpolitik (staatliche) 188, 459–64, 486
Sozialwissenschaftliche Theorie (Kriterien des Werts) 26

Stadientheorien (Rostows) 39 f.
Streiks (Statistik) 79 f.
Südwestafrika (deutsche Kolonie) 263–92
Sulu-Archipel 208 f.
Syndikat für Westafrika s. Chartergesellschaften 320–24, 327 f.
Syndikate (s. Kartelle) 98 f.
Theorie der Überproduktion (Überinvestition, Überkapazität, vgl. Disproportionalitätstheorie, ungleichmäßige Entwicklung) 50–53, 66, 70, 91, 135–38
Theorien der wirtschaftlichen Entwicklung 16–25, 39–54
Togo (-Gebiet, deutsche Kolonie) 228, 314, 316
Tongainseln 210 f.
Transvaal (Südafrikanische Republik) 280, 292, 294 f.
Trendperioden (wirtschaftlichen Wachstums, s. Depressionen, Krisen) 17–20, 32 f., 39–87
Tuamotuinseln 207
Überseeische Banken 235–38
–, Brasilianische Bank 238
–, Deutsch-Asiatische Bank 238, 409

Ungleichmäßige Entwicklung (ökonomische Probleme, politische Folgen), s. Disproportionalitätstheorie, Theorie der Überproduktion, Sozialimperialismus 18 f., 39–111, 423–502
United Empire League 162
Universalgeschichte (Theorie) 27
Unternehmer s. Großbetriebe, Personenregister
Verein deutscher Eisen- u. Stahlindustrieller 101 f., 166 f., 247
Verein für Handelsgeographie u. Kolonialpolitik 159 f., 165
Vereinigung der Steuer- u. Wirtschaftsreformer 94, 104, 106
Vergleich (vergleichende Geschichtsschreibung) 11, 26 f.
Volkseinkommen (Statistik) 68 f.
Vulcan-Werft Stettin (s. Dampfersubvention) 250, 255 f.
Vulgärnationalismus s. Anglophobie, Kolonialenthusiasmus, Krisenideologien 474–85
Wachstum (wirtschaftliches, grundsätzliche Probleme) 16 f.
Wachstumsraten (Statistik)

–, globale 44–47
–, deutsche industriewirtschaftliche (Statistik) 67–71, 74
Wachstumsstörungen, -schwankungen (s. Depressionen, Krisen, ungleichmäßige Entwicklung, Theorie der Überproduktion) 17 f.
–, globale 43–49
–, britische 47 f.
–, amerikanische 49, 63
–, deutsche 56, 58–66, 70 f., 423–53
Wechsellagen, wirtschaftliche (Definition) 42
Wechselspannen, wirtschaftliche (Definition, s. Lange Wellen) 42
Welfenpartei 174
»Weltpolitik« (innenpolitische Triebkräfte) 171, 483–85, 498–501
Weltwirtschaftskrise (s. Krisen, Depressionen, Wachstumsstörungen)
–, erste, 1857/9 56
–, zweite, 1873 58–61
–, dritte, 1929 32
Wert, wirtschaftlicher, der deutschen Kolonien 407–11
Wertpapiere s. Aktienkurse, Obligationen, Pfandbriefe
Wertschöpfung (der Volkswirtschaft) 68 f.
Westafrika (s. Kamerun, Togo, Nigeria) 228, 298–328
Westafrikanische Handelsgesellschaft 332 f.
Westdeutscher Verein für Kolonisation 160 f., 165, 265, 282
Witu (Protektorat, s. Ostafrika) 358, 366, 367–70
Witu-Gesellschaft 369 f.
Württembergischer Verein für Handelsgeographie u. Förderung deutscher Interessen im Ausland 161 f.
Württembergische Vereinsbank 163

Zentralverband Deutscher Industrieller (von 1876) 102–05, 167, 247
Zentralverein für Handelsgeographie u. Förderung deutscher Interessen im Ausland 158–60, 165, 236
Zentrumspartei 171, 245, 249, 253, 406, 467, 479
Zinssätze 85
Zollunion (mitteleuropäische s. »Mitteleuropa«-Pläne, Konzentrationsprozeß) 109 f.
Zululand (deutsche Politik im) 292–98, 318

6. PERSONENREGISTER

Abeken, Heinrich 204
Abel, Wilhelm 91
Abramovitz, Moses 42
v. Achenbach, Heinrich 177
Adalbert v. Preußen, Prinz 198, 199, 203
Adams, Brooks 74
Adee, Alva A. 399
Adickes, Ernst F. 202
Aftalion, Albert 136
Ali ben Ismail, Häuptling 370 f.
Alphons XII., König v. Spanien 402, 404
Ampthill, Lord Odo (Russell) 182, 192, 267, 278, 282, 292, 311, 391, 417, 440, 476
Anderson, Percey 353
Andreae, Unternehmer 160
Annecke, Wilhelm 130, 148, 159, 166, 244, 447
Anschütz, Gerhard 457
v. Arco-Valley, Graf 400
Arendt, Otto 141, 447, 485
v. Arnim-Boitzenburg, Adolf H. 164, 166
Arthur, Chester A. 135, 381
Aschenborn, Kapitän 272
Ashley, Sir 186
Auberlen-Ostertag, Ferdinand 162

Baare, Louis 79, 97, 101, 104, 128, 130, 164 f., 199, 428 f., 463
Bacon, Francis 113
Bamberger, Ludwig 92, 124 f., 173, 194, 214, 219, 220, 245, 246–48, 250 f., 367, 375, 393, 407, 433, 443, 449, 458, 471, 473–76, 478, 488, 493
Baring, Bankhaus 44, 215, 218, 246
Baring, Evelyn (Lord Cromer) 261
Barraclough, Geoffrey 120
Barth, Theodor 174, 326
Bastian, Adolf 148, 159, 203, 205
Bauer 331
Baumgarten, Johannes 154
v. Baussnern, Guido 109
Bayard, Thomas F. 210, 398 f., 432
Bebel, August 121, 139, 176, 187, 251
Beelaerts van Blokland, J. 295
v. Behr-Bandelui, Felix 337, 340 f., 343 f., 351 f., 360
v. Behr-Behrenhoff, Karl 170
Behrendt, Richard 18
v. Bennigsen, Rudolf 140, 164, 166, 220, 363, 366, 460, 467

Benomar, Gesandter 402, 405
v. Berchem, Max 237, 288, 356, 409
Berenberg Gossler & Co., Bankhaus 254
v. Bergmann, Eugen 135
Bertelsmann, Conrad 166
Beutner, Wilhelm 128
Bey, Konsul 317, 329
Bieber, Konsul 294, 295, 320
Biedermann, Karl 186
v. Bismarck, Herbert 190, 210, 216, 248, 266 f., 278 f., 282, 287 f., 290, 297 f., 313, 319, 325, 328 f., 332 f., 340, 343 f., 350 f., 353, 357, 362, 366, 383, 393 f., 396 f., 401, 403, 405 f., 415 f., 442, 473, 476 f., 490, 493 f.
v. Bismarck, O. 13, 34–37, 61, 63, 75, 85, 92 f., 97, 99, 100, 102–07, 109 f., 122 f., 125, 150, 157, 163, 171, 176–78, 180–93, 196–200, 203 f., 210–12, 215–19, 222, 224 f., 227–32, 234, 236 f., 239, 241, 243, 245 f., 248–50, 253 f., 256–58, 260–63, 266 f., 269–98, 303, 305–326, 328–33, 335 f., 339–66, 368–76, 380–406, 408–26, 428–34, 436–45, 448–70, 472–96, 498–502
v. Bismarck, Wilhelm 279, 475–78, 493 f.
Bitter, Karl Hermann 178
Blanc, Louis 21
v. Bleichröder, Georg 254, 285
v. Bleichröder, Gerson 84 f., 165 f., 184 f., 218, 226, 236, 254, 264, 282–85, 370, 383, 386, 391, 393, 395 f., 409, 473
Bloch, Marc 11, 27
Blohm & Voss, Firma 250
v. Blome, Graf Gustav 456
Bluntschli, Johann C. 139
Böhme, Helmut 35
v. Bötticher, Heinrich 164, 178 f., 236, 248 f., 251, 255, 459, 475
Bohlen, E. 320
v. Bojanowski, G. 269, 273
Borsig, August 55, 73, 84, 86
Bosse, Robert 249
Bracher, Karl Dietrich 115, 501
v. Brandt, Max 199, 205 f., 240
v. Brauer, Arthur 291
Braun, Karl 149
de Brazza, Savorgnon 302, 376
Brenner, Richard 368
Brentano, Lujo 98, 107, 110, 136 f., 463
Broemel, Max 173, 174

Brougham, Lord 21
v. d. Brüggen, Ernst 150, 153, 164–66, 438 f., 465, 468, 481
v. Brüning, A. 164 f., 330–32
Bryan, William J. 118
Bucher, Lothar 200, 419
Buchner, Max 273, 301, 309, 317 f., 322, 325, 408
Bueck, Henry Axel 101, 103 f., 160, 164, 451, 453
v. Bülow, Bernhard E. d. Ä. 212 f., 216, 219, 229
v. Bülow, Bernhard d. J. 125, 215, 415, 433
Büttner, G. 268, 287, 446
v. Bunsen, Georg 173, 196, 210, 212, 220, 323, 470
Burchhard, Franz 179, 180, 218
Burckhardt, Jacob 456, 459, 464 f.
Burns, Arthur F. 42
Busch, Clemens A. 232, 271, 332, 341, 387
Busch, Moritz 296, 298, 446, 461
Bussmann, Walter 486

Cairnes, J. E. 21
v. Camphausen, Otto 103, 177 f., 185, 215
Canovas de Castillo, Antonio 403 f.
v. Caprivi, Leo 275, 289, 294, 309, 312, 317, 322, 347, 366, 367, 421, 427, 433, 469, 475
Capuletti, Familie 356
Carlyle, Thomas 116
Carnegie, Andrew 72
Caro, Direktor 108
Cavour, Camillo 457
Chamberlain, Joseph 162, 290, 366, 395
Churchill, Randolph 100
v. Clausewitz, Carl 186, 457
Cleveland, Grover 399, 432, 450, 490
Clive, Lord 338
Cobden, Richard 100
Cohen, Eduard 180, 472
Colin, Friedrich 163, 164, 310, 329, 330–33
Commons, John A. 138
Conant, Charles A. 119, 138
Condillac, Etienne 112
Conrad, Johann 137
v. Conring, A. 230
Cooke, Jay 49
Cortez, Ferdinand 362
Courcel, Alphonse 304, 315, 332, 380, 384–86

Crispi, Francesco 408
Crocker, Uriel 138
Crowe, Sir Eyre 415
Cuny, Ludwig 166

Darner, Kapitän 216
v. Dechend, Hermann 236
Deckert, Emil 391
Dehn, Paul 228
Dehnhardt, Clemens 142, 164, 368–70
Delbrück, Bankhaus Adelbert 285, 360, 361
Delbrück, Hans 141, 463
v. Delbrück, Rudolph 101 f., 104, 177, 179, 192, 197 f., 204
Derby, Lord 272, 275 f., 280, 282, 295, 391, 396
Destutt de Tracy, A. L. C. 112
Dietz, Johann H. W. 175 f., 251
Diezmann, Max 141
Dilke, Charles 279, 301, 334, 343 f.
Dinizulu, Häuptling 294
Disraeli, Benjamin (Earl of Beaconsfield) 457
Droysen, Johann G. 30
Duckwitz, A. 263
Düllberg, Bankier 236
Duttenhofer, M. 162, 165 f., 361, 370
Dyes, Kaufmann 282 f., 310

v. Eckardtstein-Prötzel, Ernst 165 f., 285
Eggert, Prof. 167
Eichhorn, Karl 132
Einwald, August 293, 298
Elduayen, Gesandter 402, 404 f.
Emin Pascha (d. i. Eduard Schnitzler) 364–66, 408
Engelhard, Unternehmer 164
Engels, Friedrich 98, 137 f., 176, 189, 409, 477
Erlanger, Bankhaus, Ludwig 285
Eugénie, Kaiserin 203
v. Eulenburg, August 198
v. Eulenburg, Friedrich A. 198
Evarts, William R. 233
Eyck, Erich 34

Fabri, Friedrich 142, 145–47, 149, 155, 159, 160 f., 164, 173, 175, 220, 222, 259, 264 f., 268, 282, 292, 299, 327, 370, 410, 424, 428 f., 431, 446 f., 468, 470
Fabri, Thimotheus 151, 484

Ferry, Jules 116 f., 121, 315 f., 332, 380 f., 383–87, 415, 450
Finsch, Robert 393, 395
Fischer, Dr. 221
Fischer-Frauendienst, Irene 35
Fisher, Horace N. 119
Flegel, Robert 319
Fontane, Theodor 467
v. Forckenbeck, Max 220, 368
Foster, John W. 126
Francke, Ernst 498
v. François, C. 290
v. Frankenberg-Tillowitz, Fred 164, 166, 285, 332, 370, 463
Frantz, Constantin 458
Frege, Arnold W. 170
Frelinghuysen, Frederick 381
Freytag, Gustav 164
v. Friedberg, Heinrich 178
Friedel, Ernst 199
v. Friedenthal, Karl R. 164, 166, 285
Friedrich I. von Baden 180, 203 f.
Friedrich III. v. Hohenzollern 150, 203, 415, 478–80, 495
Friedrichs, Industrieller 160, 164 f.
Frye, William P. 119
Fürstenberg, Carl 66, 86, 165

Gaiser, Firma G. L. 321, 328–30
Gambetta, Léon 456
Gautier, Victor 382
Geffcken, Heinrich 150 f., 166
Gehlert, Arthur 46
van Geldern, J. 41
Gerlich, Heinrich 170, 251
v. Gerlach, Leopold 198
v. Gerolt, Freiherr 197
Gerschenkron, Alexander 40, 53, 57, 122
Gladstone, William E. 261, 295, 301, 308, 346, 353, 391, 396, 415 f., 433, 495
Glagau, Otto 471
v. Gneist, Rudolf 107, 183, 488
Godeffroy, Firma Johann Cesar 215–18, 221
Godeffroy, Gustav 215 f., 238, 254, 332
Godeffroy, Johann C. 211
Goedelt, Firma 321
Göring, Dr. E. 286, 289, 290
Göring, Karl 302, 304
Goldie, Sir George Taubman 208, 320, 330, 388
Gollwitzer, Heinz 457
Gordon, Charles 298

Gould, Jay 118
Grad, Charles 174
Grant, Ulysses S. 211
Granville, Lord 264, 267, 271, 275–80, 282, 292, 296–98, 315, 319, 329 f., 345 f., 353, 379, 384, 386, 395, 455, 482
Gresham, Walter Q. 118, 483
Griewank, Karl 488, 502
Grillo, Friedrich 96
Grumbach, Firma 321
Gruson, Hermann 159, 361
Gümbel, E. 299
Güssfeldt, Paul 158
Guilleaume, F. C. 96, 361

Habermas, Jürgen 15, 139, 500
Hachfeldt & Co., Firma 216
v. Hagen, Maximilian 13, 35, 420
Hahn, Theophil 267
v. Halle, Ernst 498
Hallgarten, G. W. F. 215, 418
Hallmann, Hans 422
Hammacher, Friedrich 62, 77, 98 f., 104, 121, 126, 164–66, 170–72, 176, 181, 212, 236, 246, 253, 284–86, 360, 370, 396, 437, 460, 470, 480, 485
v. Hammerstein, Wilhelm 169, 437
Hancock, Keith 24
Haniel, Hugo 62, 96, 98, 104, 165, 171, 284, 285
Haniel, W. 361
v. Hanneken, Constantin 192
v. Hansemann, Adolph 57, 96, 159, 165, 215, 217 f., 221, 223–25, 230, 236, 238, 240 f., 246, 254, 264, 282 f., 285 f., 303, 310, 391, 393, 395–97, 418, 438
Hansemann, David 194
Hansing, Firma 228, 334, 352, 356, 361 f.
Harden, Maximilian 184
v. Hardenberg, Karl A. 457
Hardt, R. 166, 236
Harriman, E. H. 58
Harrison, Benjamin 400, 450, 482
v. Hartmann, Ernst 140
Hartwig, Gustav E. L. 448
Hasenclever, F. A. 165, 268, 282
Hasse, Ernst 159 f., 165
Hastings, Warren 338
v. Hatzfeldt, Paul 260, 266, 269, 271, 276, 280, 283, 286, 307, 309, 330, 353–55, 358, 364, 371, 384, 387, 389, 392, 396, 402, 419, 446, 468

v. Hatzfeldt-Trachenberg, Fürst 285, 396
Haurand, Industrieller 164
Hawley, J. 138
Hedemann & Co., Firma 216
Hegel, Georg F. W. 464
Heimann, Eduard 453, 495
Heimendahl, A. 164 f.
v. Helldorf, Otto 170, 253, 363, 437, 484
v. Hellwald, H. 164
Henckel v. Donnersmarck, Guido 127, 163, 165, 193, 285, 361, 370, 396, 456
v. Henk, Admiral 148, 152, 166
Herkner, Heinrich 137
Hernsheim & Co., Firma 216
Herzog, Karl 397
Hess, Moses 21
Hessel, Ernst 140, 429
Heusner, Admiral 199
Hewett, Konsul 301, 302, 307 f., 313–15, 317 f., 389
v. d. Heydt, Karl 344, 360, 362, 485
v. d. Heydt, Kersten & Söhne, Bankhaus 344, 361
Hildebrand, Bruno 152
Hill, James 58, 118
Hillebrand, Karl 473 f.
Hintze, Otto 26
Hitler, Adolf 501
Hobbes, Thomas 114
Hobrecht, Arthur 166
Hobson, John A. 119, 395, 497
Hödur 253
Hoesch, Leopold 58, 73, 96, 165, 361
v. Hofmann, Karl 177
Hofstadter, Richard 482 f.
v. Hohenlohe-Langenburg, Hermann 163–67, 170, 219, 246, 285, 331–33, 369 f., 419, 463
v. Hohenlohe-Öhringen, Kraft 396
v. Hohenlohe-Schillingsfürst, Chlodwig, 163, 193, 219 f., 315 f., 333, 384, 419, 421, 428, 469
v. Hohenzollern-Sigmaringen, Karl A. 198
Hollmann, Admiral 199, 306
Holmwood, Frederik 343
v. Holstein, Conrad 169, 244, 437
v. Holstein, Friedrich 389, 408, 419, 469, 475, 480, 487, 493–95, 499
v. Holtzendorff, Franz 202
Horkheimer, Max 114
v. Hoverbeck, Leopold 203
Howaldtwerke 250
Hubatsch, Walther 422

Huber, Ernst R. 35
Huber, F. C. 130, 133, 138, 232, 235
Hübbe-Schleiden, Wilhelm 121, 142, 144–47, 149, 157, 160, 164, 173, 175, 240, 258 f., 299, 431, 446, 468, 481, 484
Hume, David 21

Israel, Leutnant 446

Jannasch, Robert 124, 158–60, 166, 244
Jantzen, W. 164, 166, 447
Jantzen & Thormählen, Firma 228, 300, 309, 313, 320 f.
Jencke, Johann F. 463
v. Jobst, Unternehmer 164
Jonas, Bankier 236
Joseph Fredericks v. Bethanien 268, 270, 274
Juarez, Benito 225
Jühlke, Karl 340
Jung, Ernst 164
v. Juraschek, Franz 45

Kaldor, Nicholas 65
v. Kalnóky, Gustav 227
Kapp, Friedrich 148, 159, 180, 189, 196, 212, 471
v. Kardorff, Wilhelm 102, 104, 139, 165 f., 170, 363, 463
Kasson, John A. 118, 182
Kautsky, Karl 155, 176
Kayser, Paul 368
Kehr, Eckart 31, 486
Kersten, K. 447
v. Keudell, Robert 371
Keynes, John M. 119
Kirchhoff, Alfred 164, 166, 213
Kirdorf, Emil 96, 160, 165 f.
Kirk, John 334, 341, 343, 345 f., 348, 354 f.
Kitchener, Herbert 355
Kleinwächter, Franz 97
Klügmann, Senator 164
v. Knebel-Döberitz, Hugo 106
Knies, Karl 39, 152
Knorr, Admiral 322, 347 f., 350, 354 f., 369
Königs, Industrieller 378
Kondratieff, N. D. 41, 50
Krauel, R. 251, 307, 357 f., 401, 426, 438
Krüger, Paul 280
Krüger, Daniel 379
Krupp, Alfred 58, 73, 79, 96, 103, 128, 165

Krupp, Friedrich Alfred 165, 229, 361
Kumpf-Korfes, Sigrid 35
v. Kusserow, Henrich 159, 163, 167, 214, 216 f., 219 f., 223–25, 240, 242, 264, 273 f., 283 f., 287, 298, 301–04, 306 f., 310, 331, 333, 342 f., 351 f., 360, 378–80, 387, 391, 393 f., 396 f., 418 f., 446
Kuznets, Simon 42, 51

Laeisz, F. L. Reederei 254
Lagarde, Paul A. (d. i. Bötticher) 487
Lammers, A. 164 f.
Lamprecht, Karl 31
Landau, Ernst 368, 370
Landau, Bankhaus 368
Landes, David S. 436
Lange, Friedrich 337, 340, 344
Langen, Eugen 160, 165 f., 360 f.
Langer, William L. 120
Langwerth v. Simmern, Heinrich 174 f.
Lasker, Eduard 180
Lassalle, Ferdinand 185
Lavigerie, Kardinal 363
Lenin, Wladimir I. 21, 24, 28, 495
Lent, Alfred 254
Lenz, Oskar 164
Leo XIII., Papst 363, 406
Leontief, W. 20
Leopold II. von Belgien 334, 373, 375–77, 380–83, 386 f., 389 f., 445, 448
v. Lerchenfeld-Koefering, Hugo 92
Leroy-Beaulieu, Paul 117
Lescure, J. 50
de Lesseps, Ferdinand 216
Lesser, R. 150
Lewis, William A. 42
Lexis, Wilhelm 137
Liebknecht, Wilhelm 139, 175 f., 187, 456, 495
Liesenberg, Wilhelm 149, 159
v. Lilienthal, L. 186
v. Limburg-Stirum, Friedrich W. 225
Lincoln, Abraham 207
Lindeman, Moritz 268
Lipgens, Walter 35
Lippert, Konsul 270, 272, 275, 277, 280
Livingstone, David 340
Livonius, Admiral 154, 250
Locke, John 114
Lodge, Henry C. 74, 119
Loehnis, H. 149
Loesener, Unternehmer 164
Löwe, J. 368, 370

Löwe, Wilhelm 104
Lohmann, Theodor 431, 460, 465, 487
Lohren, A. 106, 170
Loki 253
Long, John D. 119
Lotichius, Unternehmer 164
Louis XIV. 181
Lucius v. Ballhausen, Robert 93, 166 f., 185, 198, 425, 474
Ludwig II. von Bayern 189
Lüderitz, F. E. A. 28, 263–70, 272–76, 279–85, 292–98, 310 f., 326, 339, 360, 438, 446
Lueg, Karl 160
Lugard, F. D. 327
Lukács, Georg 12

Machiavelli, Niccolo 115
McKinley, William 100, 199, 240, 358, 433, 450
McKinnon, William 208, 343, 370
Mahdi 298, 364
Malet, Sir Edward 297, 318, 343–45, 386
Malietoa 398 f.
v. Maltzan, Hermann 162–64
Mannesmann, Firma 96
Marcks, Erich 420
Markwald, Prof. 159
Marr, Wilhelm 471
Marschall v. Bieberstein, Adolf 164, 250, 313
Marx, Karl 13, 20 f., 28 f., 47, 51, 61, 69, 95 f., 112, 138, 176, 184, 494 f.,497
Mataafa 399
Maximilian, Kaiser v. Mexiko 225
Meade, Kapitän 207
Meade, Sir Robert 295, 472
Meckel, Wilhelm 332
Mehring, Franz 94
Meier, Hermann H. 107, 160, 164, 166 f., 172, 202, 219, 242, 244, 248 f., 251, 254 f., 296, 327
Meinecke, Friedrich 180, 412, 501
Meister, Industrieller 165
Meitzen, August 166
Mende, Fritz 203
v. Mendelssohn, Bankhaus, F. 165, 236, 285, 361, 370
Metternich, Wolff Graf 468
v. Metternich, Klemens W. 487
v. Mevissen, Gustav 58, 106, 127 f., 181, 194, 284
Meyer, Rudolf 471

v. Miaskowski, A. 153
Michahelles, Konsul 408
Michel, Ernst 80
Mill, John St. 21, 51, 116, 147
Miller, John F. 260
v. Minnigerode, Wilhelm 169
v. Miquel, Johannes 163–65, 167, 202, 249, 284, 481, 498
v. Mirbach-Sorquitten, Julius 165
Moldenhauer, Franz 121, 142, 164
de Molinari, Guilleaume 109
Mommsen, Theodor 24, 107, 326, 471
Montecchi, Familie 356
Moore, John B. 223, 483
Morgan, John T. 381 f.
Morrill, Justus 100
Morsey, Rudolf 35
Mosle, A. 202, 208, 214, 220, 240
Mosse, Rudolf 368, 370
Moulton, S. W. 134
Moynier, Gustave 376
Müller, Fritz F. 418
Münster von Derneburg, Georg Herbert 210, 264–67, 270–72, 275–78, 280 f., 345 f., 355, 378, 392, 395, 473 f., 479, 490
Müser, Robert 96
Mulvany, William Th. 98
Myrdal, Gunnar 39

Nachtigal, Gustav 273 f., 276, 281, 283, 287, 301, 309–14, 317 f., 325, 329, 343, 379, 441
Napoleon I. 338
Napoleon III. 201, 459, 462, 464
Nasse, Erwin 75, 136, 164, 166 f.
Naujoks, Eberhard 35
Naumann, Friedrich 339, 498, 501
de Neufville, Bankhaus 164 f., 285, 332
v. Neumann-Spallart, F. Xaver 45, 87, 135, 137, 189, 244
Neurath, Wilhelm 138
Niebuhr, Reinhold 497
Niethammer, Albert 172

Öchelhäuser, Wilhelm 60, 360 f,. 363
v. Ohlendorff 246, 285
Oldenburg, Karl 104, 174, 181
Olney, Richard 483
Oncken, Hermann 419
Oppenheim, Bankhaus 194, 285
Oppenheim, D. 165
Oppenheim, E. 392, 396

Oppenheim, H. 165
Oppenheim, S. 409
O'Swald, Firma 228, 329, 334 f., 351 f., 361, 426
v. Overbeck, Baron 208

Palgrave, Kommissar 286
Palmer, Senator 483
Pareto, Vilfredo 41
Parvus-Helphand, Alexander 41
Paschal, Thomas 483
Paschen, Kapitän 354
Pastor, Unternehmer 96, 165
Patzig, Karl 152
Pauncefote, Julian 208, 267, 282, 377, 392
Peez, Alexander 89
Perrot, F. F. 471
Perry, Matthew 197
Petermann, August 142
Peters, Carl 28, 168, 293, 333, 336–42, 344, 346, 348, 350–54, 358, 360 f., 364–66, 369, 371 f., 419, 438, 447, 449
Petersen, Bürgermeister 302, 304
Pfeiffer, Unternehmer 160
v. Pfeil, Joachim 340
Pflanze, Otto 35
Philipp, Franz 472
Philippson, F. C. 46, 148, 293
v. Philipsborn, Max 210, 212
v. Pless, Hans H. 165
v. Plessen, H. 282
Poensgen, A. 84
v. Pourtalés, Albert 295
Preiser, Erich 451
Prim, General 457
Pustau, Firma 240
v. Puttkamer, Robert 103, 177, 326, 472

Racke, Josef A. N. 252
Radbruch, Gustav 459
v. Radowitz, Josef M. 190
v. Radziwill, Ferdinand 214
v. Ranke, Leopold 26, 29 f., 166, 180
v. Rantzau, Kuno 190
Raschdau, Ludwig 186, 237
vom Rath, Industrieller 165
Rathenau, Emil 86
Rathgen, Karl 244, 420
v. Ratibor, Herzog Viktor 164 f.
Ratzel, Friedrich 159, 164–66, 476, 481
Ravené, L. 396
v. Rehfues, Guido 200
Reichensperger, Peter 246

Reuleaux, Franz 219, 234, 248 f., 253
Reuter, Unternehmer 227
Rhodes, Cecil 116, 208, 271, 293
Ricardo, David 116
Richter, Eugen 73, 104, 174, 180, 245, 251, 253, 290, 323 f., 326 f., 352, 405, 444, 475 f.
v. Richthofen, Ferdinand 199, 205, 220
Rickmers, Peter 202
Riehl, Wilhelm H. 107
Rintelen, Victor 171
Ritter, Gerhard 422, 502
Robertson, Kaufmann 216, 328, 393, 397
Robertson & Hernsheim, Firma 396 f., 401, 405, 407
Robinson, Sir Hercules 277, 280 f.
Rodbertus-v. Jagetzow, Karl 21, 46, 121, 137 f., 141, 463
Röchling, Louis 96, 165
Röpke, Wilhelm 451
Rötger, Präsident der »Seehandlung« 236, 360
v. Roggenbach, Franz 175, 180, 424
Rohlfs, Gerhard 164, 229, 259, 294 f., 299, 335 f., 341, 343, 345, 349 f., 368 f., 370, 380
v. Roon, Albrecht 191, 203
Roosevelt, Franklin D. 74
Roosevelt, Theodore 433, 483
Roscher, Wilhelm 124, 152, 164
Rosebery, Archibald Earl M. 261, 353, 371, 433, 438, 450, 473
Rosenberg, Arthur 31, 189
Rosenberg, Hans 17, 30 f., 35, 85, 95, 99
Rosenstock-Huessy, Eugen 121, 492
Ross, Edgar 202
Rostow, Walt W. 39 f., 47, 57, 136
Rothfels, Hans 441, 457, 462, 464, 489, 501
Ruëte 355
Ruge, Firma 216
Rusk, Jeremias 118
Russel, Emil 165
Russel, Lord Odo s. Ampthill

Sachse, Direktor 478
Sahl, Konsul 210, 396
Said Bargasch, Sultan 334 f., 343–51, 353–58, 361, 369
Said Khalifa, Sultan 361–63, 367
Saint Paul-Illaire, Hofmarschall 359 f.
Saint-Vallier, Botschafter 193
Salisbury, Robert Marquis of 208, 227, 262, 271, 353, 361, 364–67, 398, 433, 448, 450
Salomonsohn, Adolph 165
Sanford, Henry S. 381, 387
Sauer, Wolfgang 34, 489
v. Savigny, Karl 199
Scanlen, Thomas 270
Schäffle, Albert 97, 467
v. Schaffgotsch, Hans U. 165
Scharlach, Julius 291
Scheidweiler, P. 282
v. Schelling, Hermann 235
Schenk, Dr. 282
Schieder, Theodor 35, 113, 120, 187
Schiel, Adolf 294–96, 298
Schippel, Max 141
Schleiden, Rudolf 202
v. Schleinitz, Freiherr 166, 222
v. Schleinitz, Alexander 198
Schliemann, Heinrich 164, 166
v. Schloezer, Kurd 213
Schmid, E. 332
Schmidt, E. 313
Schmidt, Konsul 355
Schmidthals, Gesandter 187, 379
Schmitt, Carl 375
v. Schmoller, Gustav 42, 88, 99, 103, 110, 136, 138 f., 164, 166, 189, 253, 431, 457, 462 f., 465, 489
Schnabel, Franz 34
Schöller, Leopold 332
Schoenlank, Bruno 97
v. Scholz, Adolf 217, 219, 237, 360
Scholz-Rogozinski, P. 318
Schüller, Industrieller 140
Schulze, Emil 311
Schulze-Delitzsch, Hermann 458
Schumpeter, Joseph A. 19, 31, 41, 51 f., 54, 58, 451, 497, 502
Schwabach, Julius 165, 284 f.
Schwartzkopff, Louis 73, 165 f., 370
v. Schwarzenberg, Felix 457
Schweinfurth, Georg 378
v. Schweinitz, Lothar 181, 415, 477
Scott, C. 282, 315
Selborne, Lordkanzler 389
Servaes, August 101 f., 166
Seward, Frederic W. 213
Seward, William H. 207, 213
Shufeldt, Robert W. 206, 213
Sidmouth, Lord 276
Siegle, Gustav 163, 285, 330–32
v. Siemens, Georg 159, 165, 236

v. Siemens, Werner 159, 396
Simiand, F. 41, 50
de Sismondi, S. 20 f., 116, 147
Sloman, Robert 166, 254 f.
Smith, Adam 114, 177
v. Soden, Julius 324
Solms, Graf 404, 406
Sombart, Werner 41
Spencer, Herbert 113
Spiethoff, Arthur 41 f., 50 f., 54, 66, 71, 138
Spindler, Direktor 166
v. Spitzemberg, Carl H. 199
Stadelmann, Rudolf 122
Stanford, Leland 58
Stanley, Henry M. 340, 364–66, 376, 387
v. Stauffenberg, Franz 173
v. Stein, Lorenz 457
Steinberg, Oberst 211
Steinmann-Bucher, Arnold 233 f.
Steinthal, Bankier 165
v. Stephan, Heinrich 179, 236, 240, 249, 251, 253
Stephani, Martin E. 172
Stern, Fritz 459
Stern, Bankhaus, J. 165, 285, 332
Stinnes, Hugo 96
Stöcker, Adolf 166, 471
Stöpel, F. 106, 139
v. Stolberg-Wernigerode, Otto 164, 166, 217, 396
Stoll, Abgeordneter 324
Stolypin, Peter A. 116
v. Stosch, Albrecht 205, 306
Strandes, Justus 356
Strousberg, Bethel H. 58
Struck, W. 136
Struensee, Karl Gustav 457
Stübel, Konsul 393, 398
v. Stumm-Halberg, K. F. 73, 96, 105, 163–65, 170, 284, 463
Sturz, J. J. 142, 259
Sultan von Sansibar 228
Sultan von Witu 368 f.
v. Sybel, Heinrich 166, 417, 465

Tamasese 398 f.
Taylor, A. J. P. 414
Thacker, S. O. 118
Thormählen, Kaufmann 164, 166, 316, 447
v. Thüngen-Rossbach, Karl E. 140, 487
Thyssen, August 96

v. Tiedemann, Christoph 73, 104, 178
Tillman, Benjamin 118
v. Tirpitz, Alfred 498
de Tocqueville, Alexis 112, 435
Torrens, R. 21, 116
Townsend, Mary E. 35
Travers, Konsul 369–71
Tree, Lambert 483
v. Treitschke, Heinrich 109, 141, 156, 166 f., 247, 292, 337
Troeltsch, Ernst 29
Troeltsch, W. 138
Tucker, Josiah 21
v. Türckheim, Industrieller 164
Tugan-Baranowski, Michael 41

v. Ujest, Herzog 165, 285, 396

Vagts, Alfred 31
v. Varnbüler, Friedrich 104, 164, 166, 332
Veblen, Thorstein 122
Versmann, Johann 106, 221, 236, 255, 410
Victoria, Kaiserin 418, 480, 495
Vietor, Firma I. K. 228, 326
Virchow, Rudolf 174
Vierhaus, Rudolf 460
Vogel, Julius 116
Vogelsang, Heinrich 267
v. Vollmar, Georg 175

Wachsmuth & Krogmann, Firma 216
Wagener, Hermann 460
Wagner, Adolf 137, 166
Wagner, H. 150, 166
Wakefield, E. G. 21, 116
v. Waldersee, Alfred 478
Wallich, Hermann 165 f., 218
Warren, Charles 281, 297
Warschauer, Bankhaus, Robert 165, 285, 361
Watterson, Henry 483
v. Weber, Ernst 112, 142–45, 147, 149, 155, 175, 193, 201 f., 208, 240, 259, 292, 299, 340, 446, 484
Weber, Max sen. 172
Weber, Max 95, 112, 119, 172, 339, 484, 498, 504
Weber, Theodor 211, 213, 222
Wehrenpfennig, Wilhelm 247
Wells, D. A. 45, 134, 138
de Wendel, Hugo 73, 128
v. Wenzel, Gesandter 248
Werner, Admiral 226

Weyermann, Industrieller 160
White, Konsul 318
Wilhelm I. v. Hohenzollern 101, 103, 178, 182, 186 f., 269, 276, 285, 312, 322, 343, 345, 354, 360, 369, 403, 442, 455, 487
Wilhelm II. v. Hohenzollern Kaiser 199, 363, 366, 499
Wilkens & Co., Firma 216
Wilson, William L. 483
Wilson, Woodrow 433
Windelband, Wolfgang 420
Windom, William 134
Windthorst, Ludwig 171, 323, 424, 437
Wislicenus, Professor 166 f.
v. Wissmann, Hermann 364 f.
Witt & Büsch, Firma 304, 321
Witte, Serge 47, 116, 433
Wölber & Brohm, Firma 228, 310, 314, 321, 332
Woermann, Adolph 153, 166, 236 f., 242, 250–52, 254 f., 298 f., 301–07, 310–14, 316, 320 f., 323 f., 326–29, 339, 378, 387 f., 396, 438, 447
Woermann, Carl, Firma 228, 298–300, 321, 377
Woermann, Eduard 313
Wolf, E. 424
Wolf, J. 137
Wolff 165
de Wolff, S. 41
Wright, C. D. 134, 138
Wülffing 149
Wilhelm v. Württemberg, Prinz 161

Zahn, F. M. 326 f.
Zimmerman, Louis 451
Zimmern 329
Zmarzlik, Hans-Günther 500
Zöller, H. 150, 318
Zorn v. Bulach, Hugo 174